潮汕人物辞典

古代卷

罗仰鹏 主编

SPM
南方出版传媒
广东人民出版社
·广州·

图书在版编目（CIP）数据

潮汕人物辞典. 古代卷 / 罗仰鹏主编. —广州：广东人民出版社，2019.9
（潮汕文库）
ISBN 978-7-218-13490-1

Ⅰ.①潮… Ⅱ.①罗… Ⅲ.①人物-潮汕地区-古代-词典 Ⅳ.①K820.865-61

中国版本图书馆CIP数据核字（2019）第060962号

CHAOSHAN RENWU CIDIAN

潮汕人物辞典

罗仰鹏　主编　　　　　　　　　　　　版权所有　翻印必究

出　版　人：肖风华

责任编辑：张贤明　刘露露　李沙沙
装帧设计：彭　力
责任技编：周　杰　易志华　吴彦斌

出版发行：广东人民出版社
地　　址：广州市海珠区新港西路204号2号楼（邮政编码：510300）
电　　话：（020）85716809（总编室）
传　　真：（020）85716872
网　　址：http://www.gdpph.com
印　　刷：广州市浩诚印刷有限公司
开　　本：787mm×1092mm　1/16
印　　张：55　插页：1　字　数：970千
版　　次：2019年9月第1版　2019年9月第1次印刷
定　　价：180.00元

如发现印装质量问题，影响阅读，请与出版社（020-85716849）联系调换。
售书热线：（020）85716826

《潮汕文库》编委会

名誉主编：刘　峰
主　　编：罗仰鹏
副 主 编：陈汉初　陈荆淮　吴二持

《潮汕人物辞典（古代卷）》编委会

顾　　问：杨方笙
主　　任：罗仰鹏
副 主 任：陈荆淮　吴二持
委　　员：（以姓氏笔画为序）
　　　　　孙杜平　陈贤武　陈新杰　陈嘉顺
　　　　　杨映红　周修东　林志达　黄迎涛
　　　　　黄晓丹　黄树雄　曾旭波　蔡文胜

主　　编：罗仰鹏
执行副主编：黄树雄　陈新杰

《潮汕文库》序

吴南生

我常常回忆着三十年前，同样是"四厢花影怒于潮"的初春季节，在周恩来总理的亲切关怀下，老舍、曹禺、阳翰笙先生等一行十几人，专程来访潮汕。潮汕的山山水水和那古老独特的文化，深深打动了客人们的心。在这里，老舍先生写下了满怀深情的诗：

莫夸骑鹤下扬州，渴慕潮汕数十秋；
得句驰书傲子女，春宵听曲在汕头。

彼时，我奉命在汕头迎候他们。当老舍先生等将回归北京的时候，一再握别叮咛："要珍重潮汕的文化遗产，要好好发掘和整理呀！"可是，时隔不久，一场"史无前例"的大灾难铺天卷地而来，一切都无从说起了。

党的十一届三中全会后，改革开放政策的实行，使国家的经济从濒于崩溃的边缘走向兴旺发达的大道。弘扬中华文化，增强中华民族凝聚力，已成为举国上下共同重视的课题。随着汕头经济特区的建立，潮汕地区的经济建设取得了前所未有的繁荣发达。和全国一样，如何继承和发扬潮汕的优秀文化遗产，使之为社会主义的物质文明和精神文明建设服务，也引起海内外的重视。1990年11月，中国历史文献学会第十一届年会暨潮汕历史文献与文化国际学术讨论会在汕头大学召开。1991年9月，在法国巴黎召开的第六届国际潮团联谊年会上，又议定着手筹建"国际潮人文化基金会"。与此同时，汕头大学成立了"潮汕文化研究中心"，汕头市也成立了"潮汕历史文化研究中心"。这两个专门机构，密切配合，组织协调有关的研究工作。最近，他们商定了学术研究规划，决定出版《潮汕文库》，准备在今后若干年内陆续整理出版一批丛书，包括《潮汕历史文献丛编》《潮汕历史文化研究》等十个项目,每个项目又分出若干细目和专题。这是一项浩大的工程,是一件很有意义、很有远见的工作。

潮汕地区的文化,历史悠久,源远流长。古代文化,特别是两宋以后的文化,内容十分丰富。它是浩瀚的中华文化中一支富有特色的细流。自唐、宋开始,潮州的陶瓷就远销海外。随着岁月的迁移,潮州与海外交往也愈加密切。潮人对开拓海上丝绸之路做出了不可磨灭的贡献。明末清初之后,大量的潮人移居东南亚。近几十年来,又散布到世界各地。数逾千万的海外潮人,与当地人民和睦相处,把中华文化传播到五洲四海,又不断地把海外的先进文化引进桑梓故园。中外文化在潮汕融聚化合,经过历代潮汕人民的创造、探求和推陈出新,形成了具有鲜明特色的潮汕文化。海外潮人对传播和丰富中华文化是做出了贡献的。认真研究潮汕的历史和文化,对增强中华民族凝聚力,增强与世界各国人民的友谊和文化交流,对推动潮汕地区的两个文明建设,提高人民群众的思想和文化素质,都具有深远的意义。

在"潮汕历史文化研究中心"成立时,大家议定,研究潮汕历史文化,一定要坚持实事求是的科学态度。为了坚持实事求是的原则严谨治学,使研究工作取得踏实丰硕的成果,首先应该做好历史资料的搜集、整理、考证和出版工作。现在准备出版的《潮汕文库》,就是按这一要求迈出的第一步。

潮汕的历史文物、文献,得以完整保存的不算多,这给研究工作造成了一定的困难。但是,现存的还有相当数量的文物、文献,有待我们去整理、研究;埋藏在地下的还可能陆续出土;地方上熟悉掌故的老人们的口述也相当丰富;散布在民间和海外的文物、资料和古籍也有一定的数量。只要各方重视,抓紧发掘、采集,一定会有可观的收获。

有一个很能说明上述观点的事例:1956年初,梅兰芳先生和欧阳予倩先生率领艺术团到日本访问,日本友人赠送了两份明代戏曲刻本的摄影本,当时不知是哪一个剧种的。当全团经香港回到广州时,刚好潮剧团正在这里演出《荔镜记》。梅先生等观看演出后,一查对才知道两份刻本都是潮剧的古本。这两份刻本,一是嘉靖四十五年(公元1566年)的《重刊五色潮泉插科增入诗词北曲勾栏荔镜记戏文全集》(附刻《颜臣》),现藏于日本天理大学;后又发现,同一刊本的又一印本现藏于英国牛津大学。二是万历刻本《重补摘锦潮调金花女大全》(附刻《苏六娘》),此件无刊刻年份,可能是万历初年刊本,现藏于东京大学东洋文化研究所。在这之后又八年,即1964年,再发现有万历九年（公元1581年）潮剧刻本，卷一首题"潮州东月李氏编集"的《新刻增补全像乡谈荔枝记》，现藏于奥地利维也纳国家图书馆。更引起国内外学术界瞩目的是：1958年在揭阳县明代墓葬中出土发现的嘉靖年间戏曲手抄本《蔡伯皆》（即《琵琶记》），戏文中夹杂潮州方言，现藏于广东省博物馆。1975年12月又在潮安县的明初墓葬中出土了宣德年间手写本《刘希必金钗记》，文中先后写明书写时间是"宣德六年（公元1431年）六月十九日"和"宣德七年（公元1432年）六月"。这是我国目前所见最早的戏文写本，现藏于潮州市博物馆。这些都是稀世之宝。上面这些事例充分说明了潮汕文化有丰富的遗产，也说明了还有一定数量的宝贵文物、文献，或者埋藏在地下，或者散藏在海内外，有待我们去发现。这方面，有大量的工作正在等待我们和后人去做。

显然，《潮汕文库》的出版，对于唤起海内外人士发掘、搜集潮汕文物、文献的热情，对于系统地积累潮汕历史文化资料，顺利地开展有关的研究工作，都将起着积极的作用。我想，这也是编辑出版《潮汕文库》的目的。

主办这项工作的同志们要我为《潮汕文库》写篇序言。我在历史文化研究工作的面前，只是一个渴望学习的小学生，说不出什么。但往事历历如在眼前，老舍先生和历代众多的名贤学者们的期望，今天终于能够开始实现，我从心底感到高兴，因而乐于借这个机会，祝愿《潮汕文库》早日问世，祝愿研究潮汕历史文化的工作顺利进展，尽快取得丰硕的成果。

1992年2月15日于广州

目　录

序言 …………………………………………………………… 001
前言 …………………………………………………………… 001
凡例 …………………………………………………………… 001
笔画索引 ……………………………………………………… 1~60

正文 …………………………………………………………… 001~774
　　汉 ………………………………………………………… 001
　　隋 ………………………………………………………… 003
　　唐 ………………………………………………………… 005
　　五代 ……………………………………………………… 009
　　宋 ………………………………………………………… 011
　　元 ………………………………………………………… 049
　　明 ………………………………………………………… 061
　　清 ………………………………………………………… 347

参考文献 ……………………………………………………… 775~804

目次

序　言

潮汕指的是今广东省东部汕头市、潮州市、揭阳市所辖地区（历史上它还包括过今丰顺县及今海陆丰部分地域），约占中国面积的千分之一、广东省面积的十八分之一，由于她独特的地理自然环境及长期的历史人文积淀，这处地方逐步形成疆域相通、经济相连、语言及风俗习惯相同且长期较为稳定的地域。受韩愈、李德裕等人贬潮诗文的影响，这儿不免要被认为是僻远蛮荒之地，但这绝非这方土地的完整面貌。宋代的陈尧佐曾将她誉为"海滨邹鲁"，明代林大钦曾谓其"五岭钟其秀，河海毓其英，以故环奇瑰异之士，风流俊伟之人，相望后先"。已故的汕头市委副书记陈厚实同志曾称赞它"南海扬波，聚山川之灵气；莲峰挺秀，积沃土之精华"，可谓钟灵毓秀、人才辈出之地。

潮汕人民以中原汉族移民为主体。除承继汉族文化外，还吸取了古闽越文化、周边地域文化以及后来的海外文化，形成了具有鲜明特色的潮汕文化。从历史过程看，这儿的文化"植基于唐，兴于宋，厄于元，盛于明，至清代更有新的发展"（潮汕著名学者蔡起贤语）。到了近代，由于人多地少，潮汕先后有1000多万人徙居国外尤其是东南亚一带，形成一个凝聚力很强的海外潮人社会，与家乡经济上密切交集。汕头市也发展为海滨要邑，同外地外国有了更多接触交往。20世纪80年代以后，在中国共产党领导下，国家实行改革开放，潮州被列入中国历史文化名城，汕头则与深圳、珠海、厦门一起成为我国四个经济特区之一，潮汕地区各方面取得突出性进步，也陆续涌现出一批包括两院院士在内的杰出人才。

确实，潮汕不乏杰出人物。人们一提到韩愈便不能不提及赵德，提到苏轼便不能不提及吴复古，提到陆秀夫便不能不提及蔡盘溪（陆遭贬到澄海，全家十余口即受到蔡的照拂，后来蔡更尽捐家资随陆赴闽勤王）。赵德、吴复古、蔡盘溪便都是潮人。然而，韩愈、苏轼、陆秀夫闻名全国，赵、吴、蔡等人却"名不出境外"。潮人之所以在全国名气不彰，或由于其人不求闻达，如赵德；

◆ 序　言 ◆

或由于其人自有抱负,如吴复古;或由于其人享年不永,如苏福等等,而其中最重要的原因还是潮汕处于"省尾国角"位置,偏于一隅,与全国的政治、文化中心(北京),与广东的政治、文化中心(广州)相距较远,交流较少,因而纵使出现杰出人物,名气也得不到彰显。

上面提及的潮汕人物还是"著于载籍",也即见诸公开文字记载的。其实潮人爱国爱乡,留居乡里时往往热心于公益慈善事业,如修整本乡道路、捐资办学等等,侨居国外后也总是牢记乡愁,不忘故土,慷慨投资于家乡公益事业。像以上这些潮汕人中的"好人好事",载于地志、族谱、家乘的,真是数不胜数。

所谓知名人物,自然也包括反面的一类。对这些人物从事负面活动的社会原因、历史原因、个人原因,我们也有必要加以记录,从中获取历史教训,这才是历史唯物主义的态度。

位于汕头市的潮汕历史文化研究中心成立已逾30年,向来致力于潮汕历史文化也即"潮学"的研究,已经编写、出版了数百部潮学著作,受到社会的注意和好评。2016年,在"中心"现任理事长罗仰鹏的重视下,又广泛组织人力,遍搜潮汕各市县乡镇史志及各姓的族谱家乘,参以历代潮汕人的诗文集及私家记载,去伪存真,初步撰成《潮汕人物辞典》的古代部分。至于近代、当代部分,还当竭尽全力继续撰写。之所以要这样做,是我们始终认为,在社会发展和人类进步的事业中,人是第一因素。潮汕的乡土开辟,经济的兴盛繁荣,文化的发达成长,环境的改善优化,精神生活的充实丰富,一切都离不开千千万万人民尤其是杰出人物的努力。编写这一部大型工具书,将能使我们有机会继承前哲的精神和事业,提升潮汕地域人民的文化素养和软实力,发展潮汕的内生动力,我们殷切地期望潮汕新的一代发奋追赶前人,使潮汕进一步腾飞奋起。

由于所涉人物分布的地理范围较广,历史跨度较长,加上有关史料在长期历史流转中散落、漫漶,不全不备,我们这部人物辞典缺点与遗憾之处势所难免。依通例,人物辞典或名人录将每隔若干年修补增订一次,在陆续增补中使其更加完美。

我们热切希望读者诸君对本书提出批评或建议!

杨方笙

前 言

潮汕地区位于广东省东部,与福建省接壤。由于地理环境影响,这片地域形成了颇为独特的潮汕文化

人是历史文化的创造者,潮汕文化是潮汕人创造的文化。改革开放后,潮汕文化的研究已日益为学界所重视,但其中的潮汕人物研究还有着很大的空间。编纂人物志是我国历代史学的优良传统。然而,由于种种原因,不少有影响的历史人物,其事迹不彰,传记也多有错漏抵牾,无论是普通读者还是专业研究人员,都需要花大量时间去搜索和辨别,极为不便。鉴于此,潮汕历史文化研究中心理事会整合学术研究队伍,成立《潮汕人物辞典(古代卷)》编委会,自2016年起,将该项目列为重点工作。为了能够较全面、系统地发掘潮汕历史人物资源,在新时代更好地弘扬潮汕优秀传统文化,潮汕文化研究中心理事长罗仰鹏亲自部署,陈荆淮、吴二持两位副理事长具体主持实施,多次召开会议来讨论方案,制定编撰体例;时任华侨大学副教授的陈景熙也参与了前期筹备工作;编委会成员分工合作、互补互校。在各位编委会成员的共同努力下,积数年之功,最终形成了这部收录5000多位人物,共84万余字的工具书。

潮汕的政区设置代有变更。本书收录的人物,除了包括清代"潮州府九县"(海阳、潮阳、揭阳、饶平、惠来、澄海、普宁、大埔、丰顺)外,还包括今南澳县,以及清雍正十一年(1733)之前属于潮州府的平远、程乡、镇平三县。收录人物出生时间下限为1911年(平远、程乡、镇平三县为1733年)。

本书收录的人物以潮汕各地本籍人物为主,含来潮创祖、落籍人物,暂不收录客籍、流寓人物。编委会注重评估历史人物的历史作用与知名程度,即该人物是否具有一定的代表性和影响力,是否为历史所公认,是否有可信的文献支撑。编纂中,编委会以全、简、新为指导思想:全,即注意选收各时期、各方面的人物,重要人物不遗,生平事功反映较全面;简,即行文简明扼要,内

◆前 言◆

容力求准确,注重学术性;新,即充分利用新材料,提供新信息,创立新词目。

选收历史人物是一项要求高、学术性强、影响面广的工作,在各辞条编纂中,编撰人员对收录人物的姓名、生卒时间、字号、籍贯,以及履历、事功、著述等,进行归纳整理,具体要求如下:

一是慎收人物。主要以正史、官修历史档案、潮汕历代府县志为基础,广泛参取其他府县志人物志资料,以及相关文集、族谱、墓志等历史文献资料,借助中国方志库、四库全书等,补充修订本府县志记载之未详与错漏。在研读史料和当代学界相关研究成果的基础上,谨慎取舍,不泥古拘今,注意创立新的人物词条。比如充斥方志人物传中的历代贞烈传,反映了古代社会对妇女的评判标准,在新时代应当适当扬弃,此次编写注意认真甄别,选取人物事迹、精神可发扬者存目。又如对于以子孙贵的人物,而家谱族谱中常有附会溢美之词,此次编写比较多方材料,严格甄别取舍,避免以讹传讹。古人著述由于年代久远,流存不易,因此凡有著述者,尽量收集材料,为其立目。再如本籍人士长期外仕,在当地影响较大,本地府县志却失载或记载过于简单,则通过搜寻其仕地府县志等资料,重新组织人物词条。同时,注意名门望族的人物传承情况。无事迹有功名者,如其亲属有传,则依附主传。亲属之间都有事迹可叙述者,分列条目独立叙述,其亲属关系见上不见下。

二是史实考证。本辞典收录人物众多,涉及面广,故以人立目,汇编资料,订讹补缺,综合研究,相互补充,力求客观表述。诸如旧志中对人物冠以"贼""寇""盗"等定性词语,往往带有一定的历史局限性,编委会也特别注意甄别转换。而对于存在歧义的内容,则通过考证加以取舍,对于未能考明的,则适当归纳,多说并存。对于人物的评价,不用"伟大""杰出""著名"等定性词语。

三是详略分明。对人物条目进行分级。有重要贡献、在某一领域有相当影响的人物立长条目,一般字数200—500字。其他人物立短条目,字数200字以下。对人物履历适当剪裁。注意任职排列顺序、官名表述一致性,不用别称。如履历过长,记载主要官职。介绍人物以在潮汕的经历为主,潮汕之外的经历为辅。重要人物适当增录寓所旧址等信息。

四是分县组稿。辞典作为工具书,编撰工作量大,要求严格,组稿工作方式非常重要。本辞典人物虽以朝代分排,然而组稿方式却以县分工,这一方面能够整合和发挥各位撰稿人的学术研究专长及地缘优势,一方面也适应了方志、族谱等历史文献以地域集结人物的编纂特点,使编纂工作有序高效地进行。而一些活动及影响地域范围较大的人物,往往为多个县志重复收录,编委会研究确定人物地域归属,协调分工,避免重复。

科举年代,科举功名是考察历史人物地位的重要标准之一。然而选举志、登科录等记载的科举人物,错漏待补之处尚多,编委会原计划编订历代选举表附录辞典末尾,著录历代进士、举人信息,以全面反映潮汕地区古代科举人物情况。但因考订工作量大、时间仓促,未及列入,寄望于不久将来能够刊行,共飨读者。

本辞典为集体智慧结晶,由于多人执笔编写词条,虽经多次讨论修改并统稿,人物主次、文字详略、语言风格等仍难以完全统一。而且,涉及人物范围广,时间跨度大,虽经同人努力,挂一漏万,在所难免,尚祈方家和读者批评指正。

广东人民出版社领导及编辑以认真专业且敬业的精神,为本书的编辑出版付出了辛勤的劳动,特此志谢!

《潮汕人物辞典》编委会

凡 例

一、本辞典收录人物的地理范围,包括清代"潮州府九县"(海阳、潮阳、揭阳、饶平、惠来、澄海、普宁、大埔、丰顺),今南澳县,以及清雍正十一年(1733)之前的平远、程乡、镇平三县。收录的人物出生时间下限为1911年(平远、程乡、镇平三县为1733年)。

二、本辞典所收录的人物,为具有一定历史地位,成就较突出,在当时社会上具有一定知名度者。具体如下:

1. 见于旧志以及各种文献,有事迹可述者。

2. 取得进士功名者,全收录。举人有功名无事迹者,暂不收。

3. 仅以子孙贵而无事迹者,不收。

4. 一门多人物者,如附属人物事迹简略,则附于主传后。

三、本辞典条文包括人物姓名、生卒时间、字号、籍贯、主要经历和事迹、著述等。

1. 姓名以本名收录。改姓改名者,分列词条,注明互见。

2. 姓名相同者以①②③排列。

3. 人物生卒年采用公元纪年。生卒年难以稽考者不注。

4. 人物籍贯尽量至都(相当于乡镇)一级,部分人物资料有缺,则至县一级。古旧地名酌注今属地名,无法确定者不注。

四、本辞典人物以所属朝代分排,各朝代人物以姓名笔画顺序排列。跨朝代人物以其主要活动时间为依据,适当参照惯例。

五、本辞典使用简体字。部分人名、地名,如用简体字易产生歧义,则保留其繁体字或异体字。

六、本辞典行文以浅白文言表述,过于艰涩者酌作处理。

七、本辞典每一条目后,注明主要参考文献,书后有全书征引文献书目。

1. 参考文献尽量以最接近人物生活时代的文献为主,再参考其他。参考文献一般不超过三种。

  2．行文中一般不注引文。

  3．引用文章，只注书名，不列篇名。

  4．资料考订只下结论，以免繁琐。

 八、本辞典为多人合作，每一条文后作者各自署名。

笔画索引

1. 本索引依照汉、隋、唐、五代、宋、元、明、清的朝代次序分类，各个朝代下的人物则依姓氏笔画数多少排列。

2. 索引左边为词条，右边数字为本词条所在页码。

汉

吴 砀 …………… 002

隋

程 杉 …………… 004
程 旻 …………… 004

唐

冯氏女 …………… 006
杜德轩 …………… 006
吴 驹 …………… 006
陈假庵 …………… 006
范思颙 …………… 006
林存古 …………… 007
赵 德 …………… 007

洪 圭 …………… 007
洪附凤 …………… 007
洪奋虬 …………… 007
黄 僚 …………… 008
释宝通 …………… 008
释惠照 …………… 008

五代

洪宗启 …………… 010

宋

三至四画

马 发 …………… 012
马 荣 …………… 012
王大圭 …………… 012
王大纲 …………… 012

王大宝 …………… 013
王大鼎 …………… 013
王与箕 …………… 013
王中行 …………… 013
王介石 …………… 013
王仲荀 …………… 014
王 汲 …………… 014
王 志 …………… 014
王 沂 …………… 014
王良弼 …………… 014
王昌时 …………… 014
王 洙 …………… 014
王 桂 …………… 015
王 淮 …………… 015
王 棐 …………… 015
王 湜 …………… 015
王 谦 …………… 015
方 可 …………… 015
方 扩 …………… 015

1

方宝印	015
方瑶	015
方默	016
方骥之	016

五 画

古凤仪	016
古巩	016
古成之	016
古良弼	017
古宗悦	017
古革	017
古堇	017
石子建	017
卢侗	017
卢顺之	018
叶大经	018
邝靖	018

六 画

朱炎	018
刘少集	018
刘允	018
刘光宅	019
刘颀	019
刘汶	019
刘表	019
刘其男	019
刘松	019
刘昉	019

刘泽	020
刘洛	020
刘济	020
刘浯	020
刘涣	020
刘景	021
刘渭	021
刘滋	021
刘默	021
刘潞	021
刘瀚	021
许申	021
许尧民	022
许因	022
许仲礼	022
许仲进	022
许并	022
许璜	022
许君辅	022
许居仁	023
许居安	023
许居辅	023
许珏	023
许珀	023
许闻一	023
许闻义	023
许闻海	023
许宣	024
许勘	024
许舜民	024

许骞	024
纪善甫	024
孙少勉	024

七 画

麦进成	024
严祖洽	024
苏泽	024
苏震	024
巫悙	025
杨更	025
杨弼	025
杨献章	025
杨霆	025
杨谭	025
李果	025
李南仲	025
吴山	025
吴少颜	025
吴丙	025
吴廷宪	026
吴廷宝	026
吴应辰	026
吴复古	026
吴宣	026
吴说	027
吴桂	027
吴悦	027
吴继祖	027
吴椿	027

吴　慎 …… 027	陈洵仁 …… 030	林绍坚 …… 034
何垂裕 …… 027	陈原父 …… 031	林经国 …… 034
何崇儒 …… 027	陈秘政 …… 031	林莘夫 …… 034
余时亨 …… 028	陈梦龙 …… 031	林桂生 …… 035
宋巨济 …… 028	陈景肃 …… 031	林得一 …… 035
张　达 …… 028	陈景雍 …… 031	林密子 …… 035
张希傅 …… 028	陈　辑 …… 032	林　巽 …… 035
张　玭 …… 028	陈璧娘 …… 032	林　冀 …… 035
张昌裔 …… 028		林翼龙 …… 035
张　参 …… 028	八　画	金　亮 …… 035
张彬之 …… 028	范真老 …… 032	周梅叟 …… 036
张　縠 …… 028	范应午 …… 032	周　裕 …… 036
张　雷 …… 028	林士平 …… 032	周霆震 …… 036
张　夔 …… 028	林大受 …… 032	周　镐 …… 036
陈王猷 …… 029	林从可 …… 032	郑之才 …… 036
陈开峰 …… 029	林从先 …… 032	郑开先 …… 036
陈文晦 …… 029	林从周 …… 033	郑　升 …… 036
陈仕颖 …… 029	林东乔 …… 033	郑民宪 …… 036
陈幼顺 …… 029	林东注 …… 033	郑　沂 …… 037
陈　式 …… 029	林东美 …… 033	郑　补 …… 037
陈仲达 …… 029	林东起 …… 033	郑国翰 …… 037
陈汤征 …… 029	林　权 …… 033	郑南升 …… 037
陈希佽 …… 029	林　成 …… 033	郑　宥 …… 037
陈　甸 …… 030	林刚中 …… 034	郑　焕 …… 037
陈应辰 …… 030	林伯达 …… 034	郑　淳 …… 037
陈　忭 …… 030	林亨甫 …… 034	郑慈珍 …… 037
陈昌言 …… 030	林　纮 …… 034	郑　禋 …… 038
陈经国 …… 030	林若谷 …… 034	郑　徽 …… 038
陈昭锡 …… 030	林　定 …… 034	郑　夔 …… 038
陈修卿 …… 030	林　庚 …… 034	

九 画

赵夔夫	038
赵师正	038
赵师丞	038
赵师宣	038
赵嗣观	038
赵嗣泰	038
赵汝篪	038
赵希真	039
赵希逸	039
赵良略	039
赵若龙	039
赵嗣助	039
胡申甫	039
胡仲堪	039
胡 斌	039
胡道夫	040
柯起龙	040
钟大鸣	040
钟元潜	040
钟平仲	040
钟 英	040
侯安国	041
洪 立	041
洪 柱	041
洪 桐	041
洪勤之	041
洪福之	041
姚宏中	041

十 画

姚 鼎	041
秦伯瑜	042
秦 度	042
秦唐辅	042
秦舜先	042
袁焕章	042
莫 凝	042
夏侯旻	042
夏侯履道	042
徐 源	042
翁士龙	042
翁庆僎	042
翁真姑	043
翁舆权	043
郭叔云	043
郭瑶臣	043

十一画

黄中立	043
黄氏（王文元妻）	043
黄幼可	043
黄时晦	043
黄犹衮	043
黄经德	044
黄 唐	044
黄 教	044
黄梦锡	044
黄焕国	044

黄景祥	044
黄 程	044
黄 詹	044
黄 麟	045
萧 规	045
萧 洵	045
萧御疾	045

十二画

彭少龙	045
彭延年	045
彭拱辰	045
释大峰	045
释来逻	045
释道隆	046
释慧元	046
谢 时	046
谢 言	046

十三画以上

蓝 奎	046
蓝震龙	046
蔡规甫	047
蔡若霖	047
蔡定夫	047
蔡 济	047
蔡 谭	047
蔡 渤	047
蔡蒙吉	048
蔡 震	048

戴安之	048
魏元受	048
魏思问	048
魏思兼	048

元

二至六画

丁宜卿	050
马景东	050
毛冲元	050
方元壮	050
古文龙	050
古再思	051
石国珍	051
丘政兴	051
朱旺	051
刘万齐	051
刘文振	051
刘文谅	051
刘文谊	051
刘世荣	051
刘用宾	051
刘应雄	051
刘南海	051

七画

杨达夫	052
杨茂男	052
杨宗瑞	052

李关	052
吴仕彦	052
吴来庆	052
吴都	052
余英	052
张来苏	053
张伯良	053
张奂	053
陆师功	053
陈士显	053
陈与言	053
陈义	053
陈天祐	053
陈天麟	053
陈元龙	054
陈元宝	054
陈元祐	054
陈文治	054
陈文瑶	054
陈节	054
陈佑中	054
陈良甫	054
陈垂裕	055
陈牧隐	055
陈肃	055
陈思善	055
陈㞧	055
陈振南	055
陈逢原	055
陈野仙	055
陈遂	056

| 陈德兴 | 056 |
| 陈禧 | 056 |

八画

范天麟	056
林九姨	056
林元煜	056
林利用	056
林莨	056
林腾	056
欧良辅	057
郑千山	057
郑子贤	057
郑仁靖	057
郑必大	057
郑佐龙	057
郑留耕	057

九画

赵光国	057
赵光祖	057
赵次偕	058
赵次清	058
赵次潜	058
赵宗源	058
胡禄	058
钟元则	058

十画以上

| 袁玉琳 | 058 |
| 袁英祐 | 058 |

元 十画以上

袁英祐 …………… 058
徐 震 …………… 058
高天麟 …………… 059
郭宗文 …………… 059
黄 点 …………… 059
萧 昂 …………… 059
萧梅轩 …………… 059
萧德俊 …………… 059
梁秀实 …………… 059
彭 捷 …………… 060
释必琼 …………… 060
温义全 …………… 060
温 弼 …………… 060
谢天佑 …………… 060
谢均正 …………… 060
谢 鹏 …………… 060
蔡庆存 …………… 060
戴希文 …………… 060

明

二至三画

丁大鼎 …………… 062
丁 杞 …………… 062
丁 良 …………… 062
丁 钦 …………… 062
卜志夫 …………… 062
马从纪 …………… 062
马文表 …………… 062
马光龙 …………… 063

马廷臣 …………… 063
马时中 …………… 063
马宏泮 …………… 063
马宪文 …………… 063
马朝纪 …………… 063
马锋锦 …………… 063
马 燧 …………… 063

四画

王一经 …………… 063
王之骥 …………… 064
王天性 …………… 064
王 化 …………… 064
王氏（杜一命妻）… 064
王氏（林荣凤妻）… 064
王氏（林象仪妻）… 064
王文明 …………… 065
王以萃 …………… 065
王玉振 …………… 065
王本祥 …………… 065
王 业 …………… 065
王 立 …………… 065
王宁俭 …………… 065
王 让 …………… 066
王邦祯 …………… 066
王 臣 …………… 066
王尧钦 …………… 066
王光烈 …………… 066
王 兴 …………… 066
王孚嘉 …………… 066
王启泽 …………… 066

王君恪 …………… 067
王 纲 …………… 067
王国俊 …………… 067
王国善 …………… 067
王明举 …………… 067
王 昂 …………… 067
王 制 …………… 067
王宗昌 …………… 068
王宗泰 …………… 068
王 实 …………… 068
王建康 …………… 068
王 经 …………… 068
王 树 …………… 068
王 钦 …………… 069
王 度 …………… 069
王 宦 …………… 069
王 宬 …………… 069
王 振 …………… 069
王 轼 …………… 069
王 恩 …………… 069
王 冕 …………… 070
王 崑 …………… 070
王 铨 …………… 070
王 铭 …………… 070
王 隆 …………… 070
王敬宾 …………… 070
王朝佐 …………… 070
王朝科 …………… 070
王 弼 …………… 070
王锡明 …………… 071
王 靖 …………… 071

王　瑶 …… 071	方绍伯 …… 075	叶　万 …… 079
王　彰 …… 071	方　钦 …… 075	叶元晖 …… 079
王　徵 …… 071	方　度 …… 075	叶巨卿 …… 079
王　澄 …… 071	方起龙 …… 075	叶公养 …… 079
王　璘 …… 071	方逢皋 …… 076	叶氏（叶廷模女）… 079
韦　阳 …… 071	方鋐朔 …… 076	叶文保 …… 079
韦　忠 …… 072	方　鲁 …… 076	叶　芝 …… 080
韦　绍 …… 072	方　舆 …… 076	叶廷模 …… 080
韦　济 …… 072	方　德 …… 076	叶　茂 …… 080
毛绍龄 …… 072	方　霖 …… 076	叶茂清 …… 080
毛　钺 …… 072	方　鏞 …… 077	叶　郁 …… 080
卞之璧 …… 072	邓维坤 …… 077	叶　显 …… 080
方一凤 …… 072	邓　植 …… 077	叶　著 …… 080
方一位 …… 073	邓　像 …… 077	叶　盛 …… 081
方一佳 …… 073	孔克法 …… 077	叶喜雨 …… 081
方一命 …… 073		叶鹏举 …… 081
方一清 …… 073	◆ 五　画 ◆	叶　溥 …… 081
方大受 …… 073	古　铠 …… 077	叶　蕚 …… 081
方大谦 …… 073	石　玉 …… 077	叶德茂 …… 081
方公贵 …… 073	龙　兴 …… 078	史　亨 …… 082
方氏（林万钟妻）… 073	卢一翰 …… 078	史益修 …… 082
方文英 …… 074	卢　升 …… 078	史　智 …… 082
方　正 …… 074	卢　正 …… 078	丘人凤 …… 082
方廷兰 …… 074	卢功名 …… 078	丘士奋 …… 082
方兆元 …… 074	卢应科 …… 078	丘大复 …… 082
方应祉 …… 074	卢　昊 …… 078	丘子康 …… 082
方应福 …… 074	卢　重 …… 078	丘　仁 …… 082
方明作 …… 075	卢　载 …… 078	丘文显 …… 083
方明健 …… 075	卢　钺 …… 079	丘世乔 …… 083
方宗琪 …… 075	卢谢显 …… 079	丘　员 …… 083
方承榜 …… 075	卢　锷 …… 079	丘应麟 …… 083

丘　杰 …………… 083	成子学 …………… 087	庄元吉 …………… 092
丘　尚 …………… 083	成子宽 …………… 087	庄以苣 …………… 092
丘泥金 …………… 083	成明时 …………… 088	庄呈龟 …………… 092
丘　泓 …………… 083	吕大宾 …………… 088	庄希益 …………… 092
丘宗文 …………… 083	吕氏（陈守庆妻）… 088	庄　典 …………… 092
丘孟冈 …………… 084	吕文峰 …………… 088	庄　侗 …………… 093
丘　栋 …………… 084	吕廷会 …………… 088	庄姑婆 …………… 093
丘　贵 …………… 084	吕应璜 …………… 088	庄　珏 …………… 093
丘　俊 …………… 084	吕　养 …………… 088	庄临民 …………… 093
丘　恭 …………… 084	吕　朔 …………… 089	庄　秋 …………… 093
丘　陵 …………… 084	吕惊娘 …………… 089	庄　洪 …………… 093
丘　隅 …………… 085	朱广章 …………… 089	庄　济 …………… 093
丘　辉 …………… 085	朱氏（方裕夫妻）… 089	庄继善 …………… 093
丘　峻 …………… 085	朱氏（林原孙妻）… 089	庄梯云 …………… 093
丘道光 …………… 085	朱孔美 …………… 089	庄　铨 …………… 093
丘道兴 …………… 086	朱廷臣 …………… 090	庄淑礼 …………… 094
丘道美 …………… 086	朱廷宪 …………… 090	庄景良 …………… 094
丘　瑄 …………… 086	朱　衣 …………… 090	刘一扬 …………… 094
冯万浓 …………… 086	朱　亮 …………… 090	刘一松 …………… 094
冯　仕 …………… 086	朱　泰 …………… 090	刘一锜 …………… 094

六　画

	朱梦魁 …………… 090	刘一夔 …………… 094
	朱嘉璟 …………… 090	刘三杰 …………… 094
邢之桂 …………… 086	朱　端 …………… 090	刘三振 …………… 095
邢　节 …………… 086	伍云行 …………… 091	刘　义 …………… 095
邢　昌 …………… 086	伍德显 …………… 091	刘广治 …………… 095
邢　淦 …………… 087	伍德隆 …………… 091	刘广洙 …………… 095
邢　谦 …………… 087	全　生 …………… 091	刘子兴 …………… 095
邢　瑞 …………… 087	邬氏（邬须觉女）… 091	刘子荣 …………… 095
吉弘祖 …………… 087	邬如领 …………… 091	刘公仰 …………… 096
吉　泰 …………… 087	邬须明 …………… 091	刘氏（吴孔澜妻）… 096
成大勋 …………… 087	庄一德 …………… 092	刘氏（林士登妻）… 096

刘氏（谢元汴妻）…096	刘荫 …… 100	许公望 …… 104
刘文 …… 096	刘俊 …… 100	许训导 …… 104
刘文理 …… 096	刘恢 …… 100	许有宙 …… 104
刘以节 …… 096	刘举 …… 100	许有豊 …… 105
刘以贯 …… 096	刘益 …… 100	许有寰 …… 105
刘本立 …… 096	刘继善 …… 101	许伦 …… 105
刘本 …… 097	刘铭 …… 101	许守愚 …… 105
刘仕定 …… 097	刘得 …… 101	许岌 …… 105
刘汉 …… 097	刘寅 …… 101	许珊 …… 105
刘有生 …… 097	刘琳 …… 101	许克忠 …… 105
刘光岳 …… 097	刘琯 …… 101	许时谦 …… 106
刘兴学 …… 097	刘敬心 …… 101	许利 …… 106
刘守元 …… 097	刘斐 …… 101	许希周 …… 106
刘纪 …… 098	刘道璋 …… 102	许尚静 …… 106
刘玘 …… 098	刘瑞葵 …… 102	许国佐 …… 107
刘志弘 …… 098	刘瑞鹤 …… 102	许昕 …… 107
刘志学 …… 098	刘瑞爵 …… 102	许忠 …… 107
刘志渊 …… 098	刘源涌 …… 102	许鸣谦 …… 107
刘志遹 …… 098	刘翱 …… 102	许岸 …… 107
刘芳 …… 098	刘瓒 …… 103	许岳英 …… 107
刘轩 …… 099	刘罐 …… 103	许定理 …… 108
刘怀仁 …… 099	江龙 …… 103	许孟遂 …… 108
刘沛 …… 099	池子学 …… 103	许春 …… 108
刘纲 …… 099	池佛养 …… 103	许珊 …… 108
刘若奇 …… 099	汤浚 …… 103	许栋 …… 108
刘岩 …… 099	汤谦 …… 104	许昱 …… 108
刘侨 …… 099	汤瑞 …… 104	许昭麟 …… 109
刘金 …… 100	安正己 …… 104	许信 …… 109
刘承光 …… 100	许一先 …… 104	许洪宥 …… 109
刘孟长 …… 100	许大用 …… 104	许祖武 …… 109
刘垓 …… 100	许大权 …… 104	许原 …… 109

许 晟 …………… 109	孙耀祖 …………… 113	杨任斯 …………… 118
许继先 …………… 109		杨向荣 …………… 118
许 焖 …………… 109	七 画	杨守道 …………… 118
许绰卿 …………… 109	麦 育 …………… 113	杨 安 …………… 118
许 喆 …………… 110	苏子受 …………… 113	杨时乔 …………… 118
许朝光 …………… 110	苏世杰 …………… 113	杨时芬 …………… 118
许 鼎 …………… 110	苏 光 …………… 113	杨时英 …………… 118
许 瑞 …………… 110	苏志仁 …………… 113	杨希说 …………… 119
许 慎 …………… 110	苏志颛 …………… 114	杨应试 …………… 119
许源自 …………… 110	苏时雨 …………… 114	杨应春 …………… 119
许 源 …………… 110	苏 侃 …………… 114	杨 闱 …………… 119
许嘉谟 …………… 110	苏孟凯 …………… 114	杨 良 …………… 119
许 銮 …………… 110	苏 信 …………… 114	杨 玮 …………… 119
许 聪 …………… 110	苏 瑀 …………… 114	杨武奇 …………… 120
许 翰 …………… 110	苏 福 …………… 114	杨学儒 …………… 120
许 錞 …………… 111	苏 簧 …………… 115	杨 泷 …………… 120
许 憨 …………… 111	杜一寅 …………… 115	杨宗先 …………… 120
阮 瑄 …………… 111	杜仕浩 …………… 115	杨宗辅 …………… 120
纪文绪 …………… 111	杜观光 …………… 115	杨 绅 …………… 120
纪朝武 …………… 111	杨一廉 …………… 115	杨 珍 …………… 120
纪 锦 …………… 111	杨士蔚 …………… 115	杨 挺 …………… 120
孙一校 …………… 111	杨子静 …………… 116	杨 昭 …………… 121
孙氏（方有乾妻）… 111	杨 开 …………… 116	杨 顺 …………… 121
孙 丙 …………… 111	杨元伟 …………… 116	杨 俊 …………… 121
孙光校 …………… 112	杨元杰 …………… 116	杨 洁 …………… 121
孙 齐 …………… 112	杨元儒 …………… 116	杨 逊 …………… 121
孙充益 …………… 112	杨日赞 …………… 117	杨 泰 …………… 121
孙 铁 …………… 112	杨氏（陈确轩妻）… 117	杨 珣 …………… 121
孙春芳 …………… 112	杨世乔 …………… 117	杨栖鸾 …………… 121
孙 琼 …………… 112	杨世俊 …………… 117	杨萃粤 …………… 121
孙 森 …………… 112	杨廷燦 …………… 117	杨梦得 …………… 121

杨 鸾 …… 122	李元祯 …… 127	李尚义 …… 131
杨惟执 …… 122	李云翔 …… 127	李尚贤 …… 131
杨琪华 …… 122	李日炜 …… 127	李尚理 …… 131
杨 琠 …… 122	李日荣 …… 127	李尚靖 …… 131
杨 最 …… 123	李日烜 …… 127	李明拙 …… 131
杨景充 …… 123	李日森 …… 127	李 岳 …… 131
杨景徽 …… 123	李日新 …… 128	李 质 …… 132
杨 储 …… 123	李 凤 …… 128	李服玄 …… 132
杨 善 …… 123	李文龙 …… 128	李 泓 …… 132
杨愈登 …… 123	李文程 …… 128	李宗淳 …… 132
杨 廉 …… 123	李文缵 …… 128	李宜允 …… 132
杨 镒 …… 123	李 方 …… 128	李春芳 …… 132
杨德威 …… 123	李允鏊 …… 128	李 春 …… 133
杨毅道 …… 123	李世宗 …… 129	李春魁 …… 133
杨 璧 …… 124	李 平 …… 129	李 南 …… 133
杨 骥 …… 124	李东素 …… 129	李南翰 …… 133
李一庄 …… 124	李有实 …… 129	李思成 …… 133
李一阳 …… 124	李尧时 …… 129	李思振 …… 133
李一轩 …… 124	李廷用 …… 129	李思悦 …… 133
李一桢 …… 124	李仲仁 …… 129	李思寅 …… 134
李一望 …… 125	李 华 …… 129	李 钢 …… 134
李一楫 …… 125	李兆寅 …… 130	李秋蓉 …… 134
李一翰 …… 125	李 兴 …… 130	李 复 …… 134
李士长 …… 125	李 宇 …… 130	李彦卿 …… 134
李士淳 …… 125	李 安 …… 130	李 炤 …… 134
李士濂 …… 126	李时宪 …… 130	李宪琳 …… 134
李大纲 …… 126	李伯宗 …… 130	李 素 …… 135
李大标 …… 126	李希靖 …… 130	李 圃 …… 135
李万庄 …… 126	李若林 …… 130	李特万 …… 135
李万祥 …… 127	李 苹 …… 130	李继先 …… 135
李子象 …… 127	李 郁 …… 131	李 梅 …… 135

李溁 ………… 135	吴从周 ………… 141	吴季芳 ………… 145
李瑛 ………… 135	吴氏（陈本洁妻）… 141	吴经 ………… 145
李琼贞 ………… 136	吴氏（林应文妻）… 141	吴春 ………… 145
李越 ………… 136	吴氏（郑文参妻）… 142	吴胄 ………… 145
李联芳 ………… 136	吴氏（蓝端芳妻）… 142	吴思谅 ………… 145
李敬 ………… 136	吴以汀 ………… 142	吴钦绅 ………… 145
李森 ………… 136	吴以诚 ………… 142	吴胤 ………… 146
李椅 ………… 136	吴以谦 ………… 142	吴亮 ………… 146
李惠 ………… 137	吴书绅 ………… 142	吴洲 ………… 146
李景钟 ………… 137	吴仕训 ………… 142	吴宣 ………… 146
李瑀 ………… 137	吴仕诚 ………… 143	吴真义 ………… 146
李龄 ………… 137	吴必登 ………… 143	吴逢春 ………… 146
李鹍 ………… 137	吴邦宁 ………… 143	吴悦 ………… 146
李潍 ………… 137	吴贞 ………… 143	吴朔 ………… 146
李璋 ………… 138	吴同敕 ………… 143	吴继乔 ………… 147
李蕴 ………… 138	吴廷桢 ………… 143	吴继澄 ………… 147
李樟 ………… 138	吴廷瑄 ………… 143	吴球 ………… 147
李德辉 ………… 138	吴廷璧 ………… 143	吴梓 ………… 147
李懋 ………… 138	吴乔 ………… 143	吴铮南 ………… 147
连达 ………… 138	吴价 ………… 144	吴惇绥 ………… 148
连攀 ………… 138	吴向 ………… 144	吴清 ………… 148
吴一贯 ………… 139	吴时佐 ………… 144	吴清 ………… 148
吴士华 ………… 139	吴时亨 ………… 144	吴琳 ………… 148
吴士斑 ………… 139	吴时烛 ………… 144	吴琠 ………… 148
吴大道 ………… 139	吴时鼎 ………… 144	吴朝喜 ………… 148
吴大、吴三 ……… 140	吴时嘉 ………… 144	吴道坤 ………… 148
吴与言 ………… 140	吴男 ………… 144	吴焻 ………… 149
吴万雄 ………… 140	吴伯彰 ………… 144	吴禄 ………… 149
吴子坚 ………… 140	吴良栋 ………… 145	吴裕 ………… 149
吴天汉 ………… 141	吴良竖 ………… 145	吴愚 ………… 149
吴元 ………… 141	吴鸣夏 ………… 145	吴鹏 ………… 149

吴溥 …………… 149	余熙 …………… 154	张子龙 ………… 158
吴殿邦 ………… 149	余聪 …………… 154	张天保 ………… 158
吴㻋 …………… 150	余磐 …………… 154	张仁 …………… 159
吴聪 …………… 150	余蕴 …………… 154	张氏（周乔蒨妻）… 159
吴德修 ………… 150	佘国明 ………… 154	张氏（饶机妻）…… 159
吴璃 …………… 150	佘国玺 ………… 154	张凤翼 ………… 159
吴衡 …………… 150	余荐卿 ………… 155	张文宝 ………… 159
吴燮 …………… 150	角韶 …………… 155	张存诚 ………… 159
吴耀 …………… 150	邹旷 …………… 155	张成龙 ………… 160
何大章 ………… 151	邹迪 …………… 155	张会宗 ………… 160
何天锡 ………… 151	邹鋈 …………… 155	张旭 …………… 160
何世枢 ………… 151	汪巨瀚 ………… 155	张志可 ………… 160
何仕浩 ………… 151	沈一芝 ………… 156	张护 …………… 161
何仕家 ………… 151	沈仕 …………… 156	张护保 ………… 161
何仲 …………… 151	沈玑 …………… 156	张希载 ………… 161
何其蕴 ………… 151	沈乔楠 ………… 156	张纲 …………… 161
何野云 ………… 151	沈旺 …………… 156	张杰 …………… 161
何朝谷 ………… 152	沈鲁瞻 ………… 156	张昊 …………… 161
何源义 ………… 152	沈殿一 ………… 156	张秉忠 ………… 161
余广孝 ………… 152	宋仕明 ………… 156	张珆 …………… 161
余成 …………… 152	宋永奎 ………… 156	张显志 ………… 162
余应 …………… 152	宋兆襘 ………… 157	张奕灵 ………… 162
余春槪 ………… 152	宋汝翼 ………… 157	张洪 …………… 162
余奕黄 ………… 152	宋茂柏 ………… 157	张埙 …………… 162
余洪 …………… 153	宋翰 …………… 157	张琏 …………… 162
余祐 …………… 153	张一言 ………… 157	张鸿图 ………… 162
余琪 …………… 153	张一明 ………… 158	张鸿猷 ………… 163
余真 …………… 153	张一清 ………… 158	张琚 …………… 163
余朔 …………… 153	张大会 ………… 158	张景 …………… 163
余浚 …………… 153	张万钟 ………… 158	张瑀 …………… 163
余善 …………… 153	张上治 ………… 158	张谨恪 ………… 163

张 璿 …… 163	陈 广 …… 168	陈 文② …… 173
陆大策 …… 163	陈氏（陈思鸣女）… 168	陈文复 …… 173
陆 正 …… 163	陈子佐 …… 169	陈文举 …… 174
陆应珪 …… 164	陈王郁 …… 169	陈文卿 …… 174
陆学龄 …… 164	陈王恩 …… 169	陈以鼎 …… 174
陆 宝 …… 164	陈 历 …… 169	陈孔诚 …… 174
陆载岳 …… 164	陈天佑 …… 169	陈世荣 …… 174
陆 卿 …… 164	陈天资 …… 169	陈世俊 …… 174
陆 宽 …… 164	陈无隐 …… 170	陈 古 …… 174
陆宸箴 …… 165	陈元庄 …… 170	陈可晰 …… 174
陆 黼 …… 165	陈 元① …… 170	陈由衷 …… 175
陈一元 …… 165	陈 元② …… 170	陈仕宝 …… 175
陈一松 …… 165	陈元勋 …… 170	陈仕辅 …… 175
陈一定 …… 166	陈元烈 …… 171	陈 立 …… 175
陈一厚 …… 166	陈元谅 …… 171	陈 玄 …… 175
陈一唯 …… 166	陈元谦 …… 171	陈民则 …… 175
陈一敬 …… 166	陈元鏴 …… 171	陈邦宠 …… 175
陈一储 …… 166	陈见龙 …… 171	陈邦奎 …… 175
陈九畴 …… 166	陈长遂 …… 171	陈邦埈 …… 176
陈大有 …… 166	陈 介 …… 171	陈邦基 …… 176
陈大纶 …… 166	陈从矱 …… 172	陈邦琠 …… 176
陈大咸 …… 167	陈氏（方高妻）…… 172	陈达衢 …… 176
陈大朔 …… 167	陈氏（许光大妻）… 172	陈成允 …… 176
陈大期 …… 167	陈氏（孙隆甫妻）… 172	陈 成 …… 176
陈大智 …… 167	陈氏（李溪仙妻）… 172	陈成周 …… 176
陈大器 …… 167	陈氏（吴喜妻）…… 173	陈成宜 …… 177
陈与成 …… 167	陈氏（辛鼎任妻）… 173	陈至言 …… 177
陈才用 …… 168	陈氏（周维藩妻）… 173	陈至德 …… 177
陈万卷 …… 168	陈氏（程鸣龙妻）… 173	陈光世 …… 177
陈 乂① …… 168	陈氏（谢元汴母）… 173	陈光泰 …… 177
陈 乂② …… 168	陈 文① …… 173	陈光朝 …… 177

陈同安 …… 177	陈汭 …… 181	陈秉铨 …… 186
陈则崧 …… 178	陈良弼 …… 181	陈岳 …… 186
陈廷臣 …… 178	陈启光 …… 182	陈质 …… 186
陈廷相 …… 178	陈铁 …… 182	陈所献 …… 186
陈廷策 …… 178	陈纯 …… 182	陈炜 …… 186
陈传 …… 178	陈纲 …… 182	陈学可 …… 186
陈延浩 …… 178	陈者高 …… 182	陈学乾 …… 187
陈仲庄 …… 178	陈其诏 …… 182	陈宗虞 …… 187
陈齐 …… 178	陈其美 …… 182	陈宗器 …… 187
陈兴道 …… 179	陈若山 …… 183	陈建 …… 187
陈江 …… 179	陈英 …… 183	陈参前 …… 188
陈汝桂 …… 179	陈尚志 …… 183	陈承勋 …… 188
陈守钥 …… 179	陈尚① …… 183	陈孟壮 …… 188
陈安 …… 179	陈尚② …… 183	陈经效 …… 188
陈观 …… 179	陈尚恪 …… 183	陈垣 …… 188
陈孝念 …… 179	陈果 …… 183	陈政 …… 188
陈志道 …… 179	陈国英 …… 183	陈荣 …… 188
陈志颐 …… 179	陈国卿 …… 184	陈南野 …… 188
陈芳塘 …… 180	陈昌言① …… 184	陈思谦 …… 189
陈克昌 …… 180	陈昌言② …… 184	陈钥 …… 189
陈轩 …… 180	陈录 …… 184	陈钦 …… 189
陈求默 …… 180	陈明表 …… 184	陈钦宸 …… 189
陈时进 …… 180	陈明禹 …… 184	陈香 …… 189
陈时溢 …… 180	陈明俊 …… 185	陈复昌 …… 190
陈助 …… 180	陈明职 …… 185	陈修 …… 190
陈佐 …… 181	陈明德 …… 185	陈俊 …… 190
陈言 …… 181	陈临节 …… 185	陈衍 …… 190
陈应豸 …… 181	陈昂① …… 185	陈衍祺 …… 190
陈应宾 …… 181	陈昂② …… 185	陈胤庆 …… 190
陈应梦 …… 181	陈昂③ …… 185	陈亮 …… 190
陈应麟 …… 181	陈季芳 …… 185	陈彦恭 …… 190

陈　总 …… 190	陈　谏 …… 195	陈　璨 …… 199
陈举立 …… 191	陈　琥 …… 195	陈　懋① …… 199
陈　洸 …… 191	陈　琠 …… 195	陈　懋② …… 199
陈　宪 …… 191	陈紫微 …… 195	陈　颢 …… 199
陈祖训 …… 191	陈景遇 …… 195	陈　彝 …… 199
陈　昶 …… 191	陈　铿 …… 195	陈　骥 …… 199
陈　统 …… 191	陈舜文 …… 195	陈　瓒 …… 200
陈　哲 …… 192	陈　童 …… 195	陈　耀 …… 200
陈　珖 …… 192	陈　谟 …… 195	陈　穟 …… 200
陈　珠 …… 192	陈　瑚 …… 196	陈　馨 …… 200
陈　珽 …… 192	陈瑞龙 …… 196	
陈　珣 …… 192	陈　瑄 …… 196	八　画
陈　致 …… 192	陈献经 …… 196	
陈振翮 …… 192	陈　鉴 …… 196	范守巳 …… 200
陈致中 …… 192	陈　猷 …… 196	范时馨 …… 200
陈　钰 …… 192	陈　瑸 …… 197	范嘉桂 …… 200
陈　高 …… 193	陈嘉猷 …… 197	林一豸 …… 200
陈　益 …… 193	陈　鉥 …… 197	林一星 …… 200
陈　祥 …… 193	陈端言 …… 197	林一清 …… 201
陈继英 …… 193	陈　慧 …… 197	林一新 …… 201
陈继登 …… 193	陈　璋 …… 198	林　干 …… 201
陈骏惠 …… 193	陈　璇 …… 198	林士选 …… 201
陈　理 …… 193	陈　敷 …… 198	林士科 …… 201
陈　珵 …… 193	陈　镐 …… 198	林大有 …… 201
陈　教 …… 194	陈德纯 …… 198	林大达 …… 201
陈　敏 …… 194	陈德麟 …… 198	林大材 …… 201
陈惇临 …… 194	陈　價 …… 198	林大春 …… 201
陈添民 …… 194	陈　徵 …… 198	林大钦 …… 202
陈添桂 …… 194	陈　褒 …… 198	林大俊 …… 202
陈　渊 …… 194	陈器玉 …… 198	林大策 …… 202
陈谋道 …… 194	陈　衡 …… 199	林万化 …… 202
		林万春 …… 202

林　义 …………… 203	林有造 …………… 207	林　昕 …………… 212
林子仪 …………… 203	林有源 …………… 207	林明元 …………… 212
林子峻 …………… 203	林光祖 …………… 207	林鸣鸾 …………… 212
林友珩 …………… 203	林廷举 …………… 208	林　岩 …………… 212
林日昭 …………… 203	林廷皋 …………… 208	林秉乐 …………… 213
林日章 …………… 203	林乔松 …………… 208	林　佳 …………… 213
林日谕 …………… 203	林乔新 …………… 208	林佳相 …………… 213
林从茂 …………… 203	林　壮 …………… 208	林　岱 …………… 213
林氏（方一鸣妻）… 203	林　兴 …………… 208	林学贤 …………… 213
林氏（方曰燧妻）… 204	林兴祖 …………… 208	林宗英 …………… 213
林氏（陈有备妻）… 204	林汝桂 …………… 209	林孟森 …………… 213
林氏（周瑚妻）…… 204	林寿芝 …………… 209	林　绍 …………… 213
林氏（萧守绅妻）… 204	林进之 …………… 209	林绍宗 …………… 214
林氏（詹一泰妻）… 204	林　杞 …………… 209	林春长 …………… 214
林　凤① ………… 205	林吾翰 …………… 209	林　垌 …………… 214
林　凤② ………… 205	林肖吾 …………… 210	林　荣 …………… 214
林凤朝 …………… 205	林时芳 …………… 210	林树薰 …………… 214
林凤腾 …………… 205	林时雨 …………… 210	林　厚 …………… 214
林文华 …………… 205	林伯春 …………… 210	林　挺① ………… 215
林文寿 …………… 205	林希荫 …………… 210	林　挺② ………… 215
林　文 …………… 205	林应春 …………… 210	林　贵 …………… 215
林文璁 …………… 206	林应选 …………… 210	林　顺 …………… 215
林世赏 …………… 206	林灵芝 …………… 211	林奕兰 …………… 215
林平阳 …………… 206	林际亨 …………… 211	林　总 …………… 215
林仕猷 …………… 206	林若峰 …………… 211	林济民 …………… 215
林尔张 …………… 206	林枝香 …………… 211	林　祖 …………… 215
林　训 …………… 206	林　松 …………… 211	林　统 …………… 216
林永熙 …………… 206	林　昊 …………… 211	林　逊 …………… 216
林在宸 …………… 206	林国显 …………… 212	林　琪 …………… 216
林有纪 …………… 207	林国祥 …………… 212	林　堋 …………… 216
林有声 …………… 207	林　昇 …………… 212	林真寿 …………… 216

林桂森 …… 216	林湜 …… 220	岳 镇 …… 225
林 钰 …… 216	林 鉴 …… 221	金文业 …… 225
林隽胄 …… 217	林 锦 …… 221	金 宽 …… 225
林衷葵 …… 217	林源远 …… 221	周士俨 …… 225
林益封 …… 217	林 谨 …… 221	周氏（胡宜之妻）… 226
林继习 …… 217	林熙春 …… 221	周凤冈 …… 226
林继业 …… 217	林 锷 …… 222	周文翰 …… 226
林继伦 …… 217	林 璇 …… 222	周 用 …… 226
林萃芳 …… 217	林 璞 …… 222	周 乐 …… 226
林 彬 …… 218	林 璘 …… 222	周 成 …… 226
林 梓 …… 218	林懋晋 …… 222	周光训 …… 227
林 爽 …… 218	林馨椿 …… 222	周光阳 …… 227
林 辅 …… 218	林 夒 …… 222	周光命 …… 227
林 崧 …… 218	欧阳初 …… 222	周光镐 …… 228
林 崇① …… 218	欧 琼 …… 223	周光德 …… 228
林 崇② …… 218	欧景珠 …… 223	周光穆 …… 228
林 铭 …… 218	罗大力 …… 223	周则义 …… 228
林铭球 …… 219	罗万杰 …… 223	周多迥 …… 229
林 章 …… 219	罗氏（黄一攒妻）… 223	周多益 …… 229
林 淳 …… 219	罗拱阳 …… 224	周多遇 …… 229
林维翰 …… 219	罗 洪 …… 224	周 观 …… 229
林绵道 …… 219	罗 统 …… 224	周 孝 …… 229
林 瑛 …… 219	罗 铭 …… 224	周伯玉 …… 229
林朝臣 …… 220	罗惟政 …… 224	周孚先 …… 229
林朝曦 …… 220	罗淑予 …… 224	周 钎 …… 230
林 森 …… 220	罗 琳 …… 224	周宗礼 …… 230
林 敞 …… 220	罗 惠 …… 225	周宗道 …… 230
林 嵘 …… 220	罗 普 …… 225	周 政 …… 230
林 鲁 …… 220	罗 瑞 …… 225	周 钥 …… 230
林 善 …… 220	岳 琬 …… 225	周笃庆 …… 231
林道乾 …… 220	岳 嵩 …… 225	周笃初 …… 231

周笃畀 …………… 231	郑元复 …………… 236	郑守逵 …………… 240
周笃祐 …………… 231	郑仁安 …………… 236	郑安宁 …………… 240
周笃裴 …………… 231	郑仁慈 …………… 236	郑　安 …………… 240
周彦作 …………… 232	郑月江 …………… 237	郑志谨 …………… 240
周彦敬 …………… 232	郑氏（陈所学妻）… 237	郑应可 …………… 240
周彦器 …………… 232	郑氏（莫如虚妻）… 237	郑应发 …………… 240
周继绶 …………… 232	郑氏（萧守镇妻）… 237	郑　灿 …………… 241
周淑妹（周大奇女）	郑　文 …………… 237	郑国士 …………… 241
………… 232	郑文奎 …………… 237	郑国臣 …………… 241
周淳风 …………… 232	郑文显 …………… 237	郑　昇 …………… 241
周舜卿 …………… 233	郑文卿 …………… 237	郑　昂[①] ………… 241
周　富 …………… 233	郑以让 …………… 238	郑　昂[②] ………… 241
周　琫 …………… 233	郑允升 …………… 238	郑　旻 …………… 241
周　猷 …………… 233	郑　生 …………… 238	郑　忠 …………… 242
周　濂 …………… 233	郑用光 …………… 238	郑岳端 …………… 242
郑一初 …………… 233	郑用康 …………… 238	郑育渐 …………… 242
郑一统 …………… 234	郑　立 …………… 238	郑学乾 …………… 242
郑一箴 …………… 234	郑弘彝 …………… 238	郑　绅 …………… 242
郑士庶 …………… 234	郑邦宁 …………… 238	郑绍烋 …………… 242
郑大仑 …………… 234	郑　玑 …………… 238	郑经正 …………… 242
郑大忠 …………… 234	郑　臣 …………… 239	郑　昺 …………… 243
郑大章 …………… 235	郑有周 …………… 239	郑昭姐 …………… 243
郑　义[①] ………… 235	郑贞姑 …………… 239	郑　贵 …………… 243
郑　义[②] ………… 235	郑光泒 …………… 239	郑思诚 …………… 243
郑广文 …………… 235	郑同玄 …………… 239	郑科伟 …………… 243
郑广姐 …………… 235	郑廷佐 …………… 239	郑　重 …………… 243
郑之驯 …………… 236	郑廷望 …………… 239	郑　俊 …………… 243
郑天叙 …………… 236	郑　迁 …………… 240	郑养孝 …………… 243
郑天爱 …………… 236	郑　任 …………… 240	郑　冠 …………… 243
郑天宪 …………… 236	郑　全 …………… 240	郑　祜 …………… 243
郑　元 …………… 236	郑庆宸 …………… 240	郑祖绍 …………… 244

郑泰明 …………… 244	郑 颢 …………… 247	胡嘉用 …………… 251
郑 泰 …………… 244	郑 寓 …………… 248	柯化鹏 …………… 251
郑 顼 …………… 244	郑 璠 …………… 248	柯氏（许何俞妻）… 251
郑 埙 …………… 244	郑 璘 …………… 248	柯文绍 …………… 251
郑 恭 …………… 244	郑儒修 …………… 248	柯 汉 …………… 252
郑 朔 …………… 244		柯廷慎 …………… 252
郑 谅 …………… 244	**九 画**	柯良缙 …………… 252
郑黄道 …………… 244	赵日新 …………… 248	柯国楹 …………… 252
郑 曼 …………… 245	赵氏（周敦艮妻）… 248	柯 河 …………… 252
郑 崇 …………… 245	赵凤仪 …………… 248	柯挺之 …………… 252
郑 隆 …………… 245	赵 允 …………… 249	柯振鄂 …………… 253
郑 琼 …………… 245	赵 宁 …………… 249	柯 班 …………… 253
郑朝泽 …………… 245	赵必先 …………… 249	柯 望 …………… 253
郑景振 …………… 245	赵时举 …………… 249	柯翔凤 …………… 253
郑舜举 …………… 245	赵良弼 …………… 249	柳国桢 …………… 253
郑普逊 …………… 246	赵即耀 …………… 249	柳 彧 …………… 253
郑 荣 …………… 246	赵 相 …………… 249	柳 彰 …………… 253
郑 谦 …………… 246	赵 勋 …………… 249	钟士楚 …………… 253
郑瑞岳 …………… 246	赵 通 …………… 250	钟以义 …………… 253
郑 瑄 …………… 246	赵 瑀 …………… 250	钟仕杰 …………… 254
郑 亶 …………… 246	赵 鹏 …………… 250	钟永清 …………… 254
郑廉恭 …………… 246	赵嘉宾 …………… 250	钟吉甫 …………… 254
郑静人 …………… 246	赵熙绍 …………… 250	钟 伦 …………… 254
郑嘉惠 …………… 246	胡氏（姚一慎妻）… 250	钟 华 …………… 254
郑嘉誉 …………… 247	胡文奎 …………… 250	钟 镛 …………… 254
郑熙运 …………… 247	胡文惠 …………… 250	侯秉度 …………… 254
郑 銮 …………… 247	胡世和 …………… 251	侯惟吉 …………… 254
郑精辉 …………… 247	胡 佑 …………… 251	侯谨度 …………… 254
郑 璋① …………… 247	胡明汉 …………… 251	侯 畿 …………… 255
郑 璋② …………… 247	胡 侪 …………… 251	饶与焕 …………… 255
郑聪也 …………… 247	胡 惠 …………… 251	饶与龄 …………… 255

饶氏（唐文明妻）… 255	姚从茂 ………… 261	**十　画**
饶必篆 ………… 256	姚　从 ………… 261	
饶希燮 ………… 256	姚氏（詹光升妻）… 261	袁大敬 ………… 265
饶陆海 ………… 256	姚玉润 ………… 261	袁氏（陈蓬屿妻）… 265
饶其臧 ………… 256	姚东阳 ………… 261	袁　龙 ………… 266
饶　典 ………… 256	姚孙炳 ………… 261	袁秀襟 ………… 266
饶　金 ………… 256	姚孙焜 ………… 262	袁　修 ………… 266
饶　珀 ………… 257	姚时旸 ………… 262	袁　莪 ………… 266
饶　相 ………… 257	姚时益 ………… 262	袁　敏 ………… 266
饶　点 ………… 257	姚时聘 ………… 262	袁　鲁 ………… 266
饶　埙 ………… 257	姚亨衢 ………… 262	袁　温 ………… 266
饶　球 ………… 258	姚明诚 ………… 262	袁　鉴 ………… 267
饶　堪 ………… 258	姚明理 ………… 262	莫应魁 ………… 267
饶　鉴 ………… 258	姚明清 ………… 262	夏大勋 ………… 267
饶　橙 ………… 258	姚和玉 ………… 262	夏本仁 ………… 268
洪世传 ………… 259	姚学古 ………… 262	夏光天 ………… 268
洪　幼 ………… 259	姚　绍 ………… 263	夏含辉 ………… 268
洪先志 ………… 259	姚复古 ………… 263	夏　宏 ………… 268
洪　声 ………… 259	姚继宗 ………… 263	夏　宠 ………… 268
洪应聘 ………… 259	姚继选 ………… 263	夏建中 ………… 268
洪良弼 ………… 259	姚继恒 ………… 263	夏　璇 ………… 269
洪宜进 ………… 259	姚继睦 ………… 263	夏懋学 ………… 269
洪梦栋 ………… 259	姚淑允 ………… 264	顾　瓒 ………… 269
洪　淑 ………… 260	姚淑明 ………… 264	徐允中 ………… 269
洪朝璋 ………… 260	姚　琛 ………… 264	徐廷净 ………… 269
洪　廉 ………… 260	姚喜臣 ………… 264	徐志道 ………… 269
姚一夫 ………… 260	姚　瑷 ………… 264	徐宗铭 ………… 269
姚一兑 ………… 260	姚嘉义 ………… 264	徐　洤 ………… 269
姚元荐 ………… 260	姚霁云 ………… 265	徐　珩 ………… 269
姚日熙 ………… 260	贺一弘 ………… 265	徐　虔 ………… 270
姚升闻 ………… 260	贺复初 ………… 265	徐　铿 ………… 270

徐道成 …………… 270	郭之奇妾及女 …… 276	唐有实 …………… 281
徐嘉祉 …………… 270	郭世治 …………… 276	唐伯元 …………… 281
徐韶奏 …………… 270	郭仕儁 …………… 276	唐具兆 …………… 281
翁万化 …………… 271	郭用章 …………… 277	唐　泽 …………… 282
翁万达 …………… 271	郭　老 …………… 277	唐祖荫 …………… 282
翁万琮 …………… 271	郭贞姑 …………… 277	
翁万善 …………… 272	郭廷秀 …………… 277	**十一画**
翁氏（方石秀妻）… 272	郭廷序 …………… 277	
翁　玉 …………… 272	郭守命 …………… 277	黄一谊 …………… 282
翁延寿 …………… 272	郭　吾 …………… 277	黄一渊 …………… 282
翁　凯 …………… 272	郭应发 …………… 278	黄一道 …………… 282
翁孟统 …………… 272	郭应试 …………… 278	黄三槐 …………… 283
翁思任 …………… 273	郭张善 …………… 278	黄万金 …………… 283
翁思佐 …………… 273	郭　武 …………… 278	黄子伟 …………… 283
翁耆硕 …………… 273	郭明作 …………… 278	黄　乡 …………… 283
翁　理 …………… 273	郭　弧 …………… 278	黄元溥 …………… 283
翁梦徵 …………… 273	郭承祚 …………… 279	黄巨林 …………… 283
翁　辅 …………… 274	郭　经 …………… 279	黄仁华 …………… 283
翁端锡 …………… 274	郭　俨 …………… 279	黄氏（方有裔妻）… 283
翁　橪 …………… 274	郭真顺 …………… 279	黄氏（林东奇妻）… 284
高曰化 …………… 274	郭辅畿 …………… 279	黄氏（林良缉妻）… 284
高文贡 …………… 274	郭维坤 …………… 279	黄凤翔 …………… 284
高以礼 …………… 274	郭维藩[①] ………… 280	黄文炳 …………… 284
高廷焕 …………… 274	郭维藩[②] ………… 280	黄　文[①] ………… 284
高作宾 …………… 275	郭　绶 …………… 280	黄　文[②] ………… 284
高惟一 …………… 275	郭敬贤 …………… 280	黄以裕 …………… 285
高　惠 …………… 275	郭　源 …………… 280	黄允德 …………… 285
高　瑜 …………… 275	郭嘉贺 …………… 280	黄　龙 …………… 285
郭大鲲 …………… 275	郭　聪 …………… 281	黄仕凤 …………… 285
郭与三 …………… 275	郭　潜 …………… 281	黄用直 …………… 285
郭之奇 …………… 275	唐以典 …………… 281	黄　用 …………… 285
		黄　宁 …………… 285

黄　礼 …………… 286	黄　相 …………… 290	黄源禄 …………… 295
黄　训 …………… 286	黄　贵 …………… 290	黄殿龄 …………… 295
黄廷诤 …………… 286	黄　勋 …………… 290	黄　嘉 …………… 295
黄廷新 …………… 286	黄复香 …………… 290	黄　榜 …………… 296
黄夙兴 …………… 286	黄　俊 …………… 290	黄　鼎 …………… 296
黄夙盛 …………… 286	黄衍熙 …………… 290	黄毅中 …………… 296
黄兴义 …………… 286	黄　炯 …………… 290	黄鹤龄 …………… 296
黄汝弼 …………… 286	黄　举 …………… 290	黄履谦 …………… 296
黄守谦 …………… 286	黄洪钟 …………… 290	黄儒馨 …………… 296
黄如麟 …………… 287	黄　琪 …………… 291	黄　濂 …………… 296
黄孝先 …………… 287	黄真远 …………… 291	黄翼坦 …………… 296
黄　辰 …………… 287	黄真福 …………… 291	黄瞻之 …………… 297
黄秀川 …………… 287	黄　准 …………… 291	黄　耀 …………… 297
黄希奭 …………… 287	黄　宸 …………… 291	萧士瑛 …………… 297
黄　亨 …………… 287	黄　理 …………… 291	萧大和 …………… 297
黄应朝 …………… 287	黄　鎹 …………… 292	萧大经 …………… 297
黄怀德 …………… 287	黄　铢 …………… 292	萧大继 …………… 297
黄良丰 …………… 287	黄梦泮 …………… 292	萧与成 …………… 297
黄　诏 …………… 287	黄梦星 …………… 292	萧与洁 …………… 297
黄茂桂 …………… 288	黄梦选 …………… 292	萧之益 …………… 298
黄奇遇 …………… 288	黄　爽 …………… 292	萧子名 …………… 298
黄尚锦 …………… 288	黄渠林 …………… 293	萧元澄 …………… 298
黄　昆 …………… 288	黄　琦 …………… 293	萧日华 …………… 298
黄国芳 …………… 288	黄　琮 …………… 293	萧氏（郑中穆妻）… 298
黄国卿 …………… 289	黄　雄 …………… 294	萧文郁 …………… 298
黄鸣夏 …………… 289	黄　锐 …………… 294	萧文明 …………… 298
黄河清 …………… 289	黄道临 …………… 294	萧引龙 …………… 298
黄河渊 …………… 289	黄　瑚 …………… 294	萧正四 …………… 299
黄　参 …………… 289	黄　锦 …………… 294	萧　龙 …………… 299
黄春华 …………… 289	黄　鹏 …………… 295	萧弘化 …………… 299
黄　荧 …………… 290	黄　滢 …………… 295	萧　弘 …………… 299

萧弘德 …… 299	萧端贡 …… 304	梁养辉 …… 309
萧廷玉 …… 299	萧端渐 …… 304	梁惟宝 …… 309
萧廷达 …… 299	萧端蒙 …… 304	梁瑛 …… 309
萧廷国 …… 300	萧瞪 …… 304	
萧汝为 …… 300	萧懋道 …… 305	**十二画**
萧守镇 …… 300	萧瓒 …… 305	彭安 …… 310
萧来凤 …… 300	曹杨山 …… 305	彭郁 …… 310
萧时丰 …… 300	曹宗 …… 305	彭悌 …… 310
萧时馨 …… 300	曹鼎 …… 305	彭寅 …… 310
萧伯清 …… 300	龚昌衍 …… 306	董世廉 …… 310
萧良卿 …… 300	龚萧钦 …… 306	韩元勋 …… 310
萧良球 …… 300	龚誉 …… 306	辜兰凰 …… 310
萧玱 …… 301	盛凤仪 …… 306	辜朝采 …… 310
萧茂新 …… 301	盛若林 …… 306	辜朝荐 …… 311
萧学夔 …… 301	盛若果 …… 306	程世鹏 …… 311
萧定 …… 301	盛若树 …… 306	程光颐 …… 311
萧居成 …… 301	盛端明 …… 306	程宏道 …… 311
萧贻祝 …… 301	盛瀚 …… 307	傅大聘 …… 311
萧贻朔 …… 301	盛夔 …… 307	傅天佑 …… 312
萧信 …… 302	崔士风 …… 307	释法宣 …… 312
萧泰 …… 302	章曰慎 …… 307	释超月 …… 312
萧铃 …… 302	章焕 …… 307	曾大德 …… 312
萧逢机 …… 302	章程 …… 307	曾子传 …… 312
萧清 …… 302	章熙 …… 307	曾仕贵 …… 312
萧敬德 …… 302	淡文升 …… 308	曾用升 …… 312
萧鼎 …… 303	梁之屏 …… 308	曾用临 …… 313
萧景清 …… 303	梁仕仁 …… 308	曾迈 …… 313
萧善登 …… 303	梁存义 …… 308	曾传 …… 313
萧游 …… 303	梁应龙 …… 308	曾守基 …… 313
萧銮 …… 303	梁应华 …… 309	曾希尧 …… 313
萧端升 …… 303	梁岳 …… 309	曾纲 …… 313

曾国光 …… 313	谢乐夫 …… 318	谢 荣 …… 323
曾 牧 …… 313	谢 永 …… 318	谢 思 …… 323
曾宗器 …… 314	谢有相 …… 318	谢 勋 …… 323
曾 荣 …… 314	谢光业 …… 319	谢 珪 …… 323
曾养志 …… 314	谢光阳 …… 319	谢 城 …… 323
曾继兴 …… 314	谢光秋 …… 319	谢 恭 …… 323
曾 球 …… 314	谢光宾 …… 319	谢 浩 …… 323
曾捷第 …… 314	谢 屿 …… 319	谢野亨 …… 324
曾 敬 …… 315	谢兆熙 …… 319	谢铭举 …… 324
曾 瑚 …… 315	谢兆熊 …… 319	谢 琳 …… 324
曾 瑀 …… 315	谢名选 …… 320	谢 琦 …… 324
曾 源 …… 315	谢安岳 …… 320	谢 琥 …… 324
曾缙绶 …… 315	谢 纪 …… 320	谢景祥 …… 324
曾懋孝 …… 315	谢 钊 …… 320	谢 湖 …… 324
曾 璧 …… 315	谢应时 …… 320	谢 鉴 …… 324
温若渊 …… 315	谢应诏 …… 320	谢 雍 …… 325
温 绅 …… 315	谢良介 …… 320	谢 猷 …… 325
温唯道 …… 316	谢良庆 …… 321	谢嘉宾 …… 325
温 楫 …… 316	谢良奎 …… 321	谢 銮 …… 325
温 禧 …… 316	谢君锡 …… 321	谢 澍 …… 325
谢一麟 …… 316	谢国宾 …… 321	谢 濬 …… 325
谢大昂 …… 316	谢 昌 …… 321	
谢大宾 …… 316	谢 咏 …… 321	十三画
谢天庆 …… 317	谢宗侯 …… 321	蓝田学 …… 325
谢天经 …… 317	谢宗誉 …… 322	蓝遇试 …… 325
谢元汴 …… 317	谢宗鋐 …… 322	蓝遇奎 …… 326
谢五娘 …… 317	谢承志 …… 322	蓝遇选 …… 326
谢以质 …… 317	谢绍传 …… 322	蓝嗣兰 …… 326
谢孔成 …… 318	谢绍讷 …… 322	蒲 芳 …… 326
谢正蒙 …… 318	谢绍祖 …… 322	赖其肖 …… 326
谢 仕 …… 318	谢绍谊 …… 322	赖 顺 …… 327

简廷辉 …… 327	蔡志宁 …… 331	蔡 瑾 …… 335
詹一纲 …… 327	蔡 材 …… 331	蔡 颙 …… 335
詹一惠 …… 327	蔡肖夫 …… 331	蔡德璋 …… 335
詹元尊 …… 327	蔡时声 …… 331	蔡 徽 …… 335
詹氏（方孟川妻）… 327	蔡希仁 …… 331	蔡耀初 …… 335
詹氏（张秉文妻）… 328	蔡亨嘉 …… 331	廖广渤 …… 335
詹氏（林一桂妻）… 328	蔡际春 …… 331	廖见一 …… 335
詹早华 …… 328	蔡 纯 …… 331	廖长椿 …… 336
詹安国 …… 328	蔡若中 …… 332	廖 正 …… 336
詹启祚 …… 328	蔡尚义 …… 332	廖京元 …… 336
詹宗亨 …… 328	蔡国宾 …… 332	廖拱辰 …… 336
詹梦魁 …… 329	蔡 泽 …… 332	廖钦训 …… 336
	蔡宗瑚 …… 332	廖 泰 …… 336
十四画	蔡 宜 …… 332	廖衷赤 …… 337
蔡 萼 …… 329	蔡居尧 …… 332	廖登元 …… 337
蔡一慎 …… 329	蔡承瑚 …… 332	廖 瑚 …… 337
蔡大用 …… 329	蔡 春 …… 333	廖 睿 …… 337
蔡天应 …… 329	蔡 荣 …… 333	熊 佐 …… 337
蔡元祯 …… 329	蔡 俨 …… 333	熊伯璘 …… 337
蔡长宜 …… 329	蔡 信 …… 333	
蔡文兰 …… 329	蔡 俊 …… 333	**十五画**
蔡正绪 …… 330	蔡 晟 …… 333	樊贞女 …… 338
蔡 本 …… 330	蔡 朔 …… 333	颜 志 …… 338
蔡 厉 …… 330	蔡 铨 …… 333	潘大宾 …… 338
蔡用生 …… 330	蔡喜时 …… 334	潘友焕 …… 338
蔡邦纪 …… 330	蔡雄元 …… 334	潘 氏 …… 338
蔡廷用 …… 330	蔡 锜 …… 334	潘文明 …… 338
蔡 伦 …… 330	蔡福南 …… 334	潘 泗 …… 339
蔡汝汉 …… 330	蔡嘉豪 …… 334	潘思用 …… 339
蔡守文 …… 330	蔡 端 …… 334	潘 高 …… 339
蔡 阶 …… 331	蔡肇胤 …… 334	潘 恕 …… 339

潘惟大 ……… 339	魏志简 ……… 344	马有略 ……… 351
潘维翰 ……… 339	魏宪举 ……… 345	马成勋 ……… 351
潘　谦 ……… 339	魏　斌 ……… 345	马光甲 ……… 351
潘　璘 ……… 339	魏锡元 ……… 345	马汝奇 ……… 351
		马如龙 ……… 352
十六画以上	**清**	马时立 ……… 352
薛　元 ……… 340		马岳眘 ……… 352
薛氏（陈邦基妻）… 340		马绍祖 ……… 352
薛守经 ……… 340	**二至三画**	马胜柔 ……… 352
薛谷光 ……… 340	丁乃潜 ……… 348	马梦龙 ……… 352
薛林氏 ……… 340	丁大发 ……… 348	马登云 ……… 352
薛　昊 ……… 340	丁日昌 ……… 348	马韶华 ……… 353
薛　侃 ……… 341	丁成章 ……… 349	
薛　侨 ……… 341	丁志德 ……… 349	**四　画**
薛　采 ……… 341	丁培珊 ……… 349	王三命 ……… 353
薛学参 ……… 341	丁黄榜 ……… 349	王三颂 ……… 353
薛宗铠 ……… 342	丁维忠 ……… 349	王三锡 ……… 353
薛　俊 ……… 342	丁惠康 ……… 349	王士广 ……… 353
薛　洪 ……… 342	丁韵初 ……… 350	王士城 ……… 353
薛虞畿 ……… 343	万年馨 ……… 350	王士铨 ……… 353
薛　雍 ……… 343	马士璧 ……… 350	王大勋 ……… 353
薛　　 ……… 343	马大迖 ……… 350	王万春 ……… 353
戴次甬 ……… 343	马飞龙 ……… 350	王之彦 ……… 353
戴　冏 ……… 343	马飞雄 ……… 350	王之瑀 ……… 354
戴　玠 ……… 343	马天球 ……… 350	王之福 ……… 354
戴　昊 ……… 343	马氏（陈名望继室）	王飞鹏 ……… 354
戴宗辅 ……… 344	……… 350	王　开 ……… 354
戴　晃 ……… 344	马氏（郑环妻）… 350	王日昌 ……… 354
戴　瑀 ……… 344	马功显 ……… 350	王　氏 ……… 354
戴　儒 ……… 344	马龙图 ……… 351	王氏（高伯允妻）… 354
魏　白 ……… 344	马有宠 ……… 351	王丹绍 ……… 354

王凤岐 …………… 355	王　金 …………… 358	方士贤 …………… 363
王文正 …………… 355	王命佑 …………… 359	方士昌 …………… 363
王文礼 …………… 355	王　朋 …………… 359	方士第 …………… 363
王文鹭 …………… 355	王周成 …………… 359	方士雄 …………… 363
王心广 …………… 355	王　学 …………… 359	方士敦 …………… 364
王世佳 …………… 355	王　泽 …………… 359	方大业 …………… 364
王世德 …………… 355	王定邦 …………… 359	方大进 …………… 364
王石庵 …………… 355	王定镐 …………… 359	方广益 …………… 364
王仙溪 …………… 355	王　拱 …………… 360	方之孝 …………… 364
王永吉 …………… 356	王　钦 …………… 360	方习圣 …………… 364
王邦武 …………… 356	王彦士 …………… 360	方子隆 …………… 364
王式正 …………… 356	王　洪 …………… 360	方　丰 …………… 365
王成高 …………… 356	王逢禄 …………… 360	方开元 …………… 365
王同书 …………… 356	王家桢 …………… 360	方开达 …………… 365
王刚斋 …………… 356	王梦扬 …………… 360	方开亨 …………… 365
王廷选 …………… 356	王　辅 …………… 360	方开树 …………… 365
王兴顺 …………… 356	王铨衡 …………… 361	方天机 …………… 365
王寿仁 …………… 357	王得权 …………… 361	方天宝 …………… 365
王寿石 …………… 357	王　清 …………… 361	方天锦 …………… 366
王吾先 …………… 357	王淑园 …………… 361	方元炳 …………… 366
王利见 …………… 357	王　琳 …………… 361	方云起 …………… 366
王应兰 …………… 357	王景仁 …………… 361	方日足 …………… 366
王应铨 …………… 357	王雷阳 …………… 361	方日煌 …………… 366
王宏图 …………… 358	王锡章 …………… 361	方日耀 …………… 366
王良弼 …………… 358	王履祥 …………… 362	方　长 …………… 366
王　纲 …………… 358	王懋修 …………… 362	方仁勇 …………… 366
王纶召 …………… 358	王泽高 …………… 362	方氏（王玉振妻）… 366
王者香 …………… 358	王麟书 …………… 362	方氏（谢光登妻）… 367
王若庇 …………… 358	韦　乙 …………… 362	方氏（翁朝聘妻）… 367
王国充 …………… 358	方士仪 …………… 363	方氏（林拔志妻）… 367
王国璋 …………… 358	方士达 …………… 363	方氏（林尔疆妻）… 367

方　文 …… 367	方青钱 …… 371	方逢吉 …… 375
方文灿 …… 367	方　直 …… 371	方逢源 …… 375
方文振 …… 367	方林捷 …… 371	方留耕 …… 375
方文璘 …… 368	方　轮 …… 371	方兼斋 …… 375
方玉云 …… 368	方国乔 …… 371	方　祥[①] …… 376
方玉堂 …… 368	方国斌 …… 372	方　祥[②] …… 376
方正镐 …… 368	方昌岐 …… 372	方继兴 …… 376
方世祥 …… 368	方金亮 …… 372	方　菁 …… 376
方　发 …… 368	方　宝 …… 372	方　营 …… 376
方　吉 …… 368	方　录 …… 372	方辅臣 …… 376
方先声 …… 368	方承显 …… 372	方　野 …… 376
方廷标 …… 369	方绍伸 …… 372	方野春 …… 376
方廷辅 …… 369	方经纶 …… 373	方　彩 …… 376
方廷萦 …… 369	方　茹 …… 373	方　象 …… 377
方　华 …… 369	方　树 …… 373	方惟义 …… 377
方仰欧 …… 369	方挺芳 …… 373	方鸿元 …… 377
方　壮 …… 369	方显嘉 …… 373	方　隆 …… 377
方壮猷 …… 369	方　勋 …… 373	方联升 …… 377
方　江 …… 369	方贻蕙 …… 373	方朝安 …… 377
方声鸣 …… 369	方钟岳 …… 374	方鼎爵 …… 377
方声亮 …… 369	方修良 …… 374	方策韬 …… 377
方苍璧 …… 370	方　恬 …… 374	方敦际 …… 377
方连山 …… 370	方美利 …… 374	方道崇 …… 377
方时偕 …… 370	方美和 …… 374	方献年 …… 378
方　利 …… 370	方炳文 …… 374	方献荣 …… 378
方应丁 …… 370	方宪韶 …… 374	方献泉 …… 378
方应芝 …… 370	方　恭 …… 374	方锡道 …… 378
方应奎 …… 370	方桂东 …… 374	方锦芳 …… 378
方应祷 …… 371	方　崃 …… 374	方　鹏 …… 378
方宏道 …… 371	方　峰 …… 375	方　煜 …… 378
方　武 …… 371	方　豹 …… 375	方　源 …… 378

方　福 …………… 379	丘世机 …………… 384	朱天泽 …………… 388
方静臣 …………… 379	丘权达 …………… 384	朱乌姐 …………… 388
方嘉发 …………… 379	冯开得 …………… 384	朱孔璋 …………… 388
方嘉登 …………… 379	冯氏（徐明哲妻）… 384	朱光鼎 …………… 389
方毓麟 …………… 379	冯秉铨 …………… 384	朱　陈 …………… 389
方衡山 …………… 379	冯衍经 …………… 384	朱鸣玉 …………… 389
方　禧 …………… 380	弘觉禅师 ………… 384	朱学俊 …………… 389
方　鳌 …………… 380	**六 画**	朱　黄 …………… 389
方　瀚 …………… 380		朱　雄 …………… 389
方　耀 …………… 380	邢九雏 …………… 384	朱遍昱 …………… 389
邓尔瑱 …………… 381	邢光熙 …………… 385	朱锦洲 …………… 390
邓林梅 …………… 381	邢维新 …………… 385	朱演潮 …………… 390
邓熙载 …………… 381	邢朝凤 …………… 385	朱　樑 …………… 390
五 画	邢雄高 …………… 385	朱　翼 …………… 390
	邢麟阁 …………… 386	朱攀桂 …………… 390
石　榴 …………… 381	戎世芳 …………… 386	邬士煌 …………… 390
卢士芳 …………… 381	吕一麟 …………… 386	邬有备 …………… 390
卢氏（方秉国妻）… 382	吕三阳 …………… 386	庄大进 …………… 390
卢氏（林翼之妻）… 382	吕玉璜 …………… 386	庄大受 …………… 391
卢文杰 …………… 382	吕玑璜 …………… 386	庄　山 …………… 391
卢邦栋 …………… 382	吕光裕 …………… 386	庄子爵 …………… 391
卢　和 …………… 382	吕廷铨 …………… 387	庄氏（马维盘妻）… 391
卢逸兴 …………… 382	吕应恭 …………… 387	庄氏（陈时达妻）… 391
卢淑娘 …………… 382	吕应璜 …………… 387	庄东来 …………… 391
叶士聘 …………… 383	吕茂凯 …………… 387	庄尔猷 …………… 391
叶志宽 …………… 383	吕钟琇 …………… 387	庄汝济 …………… 391
叶拂云 …………… 383	吕祥麟 …………… 387	庄应元 …………… 392
叶　湑 …………… 383	吕瑞麟 …………… 387	庄炎煌 …………… 392
叶照林 …………… 383	朱之伟 …………… 387	庄春馨 …………… 392
史　晟 …………… 383	朱之法 …………… 388	庄　政 …………… 392
丘元俊 …………… 384	朱子贵 …………… 388	庄标振 …………… 392

清　六画

庄勋士 …… 392	刘世登 …… 396	刘彭年 …… 400
庄钧清 …… 393	刘世德 …… 396	刘景祉 …… 400
庄起凤 …… 393	刘本盛 …… 396	刘善元 …… 401
庄常春 …… 393	刘召选 …… 396	刘道璋 …… 401
庄得球 …… 393	刘廷锁 …… 397	刘　璜 …… 401
庄朝荐 …… 393	刘　任 …… 397	羊英科 …… 401
庄道康 …… 393	刘守正 …… 397	关济嬴 …… 401
庄　曾 …… 393	刘进翔 …… 397	江凤鸣 …… 401
庄富发 …… 393	刘克江 …… 397	江鸣祝 …… 402
庄腾飞 …… 393	刘时达 …… 397	江　岱 …… 402
庄嘉受 …… 394	刘时颖 …… 397	江钟琰 …… 402
庄韶光 …… 394	刘学遴 …… 398	江留篇 …… 402
庄德容 …… 394	刘　注 …… 398	江御阁 …… 402
庄赞采 …… 394	刘铮一 …… 398	江　毅 …… 402
刘九韬 …… 394	刘居敬 …… 398	池延宗 …… 402
刘于山 …… 394	刘承昆 …… 398	汤　宽 …… 403
刘士煌 …… 394	刘绍耀 …… 398	汤锡锜 …… 403
刘大力 …… 394	刘映华 …… 398	许一松 …… 403
刘大河 …… 394	刘映春 …… 399	许乃英 …… 403
刘大栋 …… 395	刘勋猷 …… 399	许士宪 …… 403
刘大斌 …… 395	刘祖谟 …… 399	许大略 …… 403
刘飞澜 …… 395	刘起凤 …… 399	许大彰 …… 404
刘天柱 …… 395	刘起振 …… 399	许山斗 …… 404
刘元伯 …… 395	刘振汉 …… 399	许飞翔 …… 404
刘公显 …… 395	刘振耀 …… 400	许开泰 …… 404
刘氏（陈义妻）… 396	刘峰锐 …… 400	许元龙 …… 404
刘氏（陈有豪妻）… 396	刘家修 …… 400	许日进 …… 404
刘文华 …… 396	刘　铮 …… 400	许日钦 …… 404
刘文浚 …… 396	刘焕登 …… 400	许日炽 …… 404
刘玉树 …… 396	刘淑奇 …… 400	许日章 …… 405
刘世振 …… 396	刘维坤 …… 400	许日新 …… 405

许　晃 …………… 405	许炳荣 …………… 410	孙永藩 …………… 414
许从尚 …………… 405	许炳煌 …………… 410	孙玑光 …………… 414
许氏（马景受妻）… 405	许觉全 …………… 410	孙在京 …………… 414
许氏（方立名妻）… 406	许起穆 …………… 410	孙有伦 …………… 414
许世钟 …………… 406	许莲峰 …………… 410	孙廷相 …………… 414
许　龙 …………… 406	许　峰 …………… 410	孙克家 …………… 415
许加晋 …………… 406	许梓材 …………… 410	孙时宪 …………… 415
许弁瑟 …………… 406	许雪秋 …………… 410	孙伯谋 …………… 415
许达凛 …………… 406	许得升 …………… 411	孙君壮 …………… 415
许成章 …………… 406	许　琦 …………… 411	孙奋扬 …………… 415
许廷奎 …………… 406	许联元 …………… 411	孙国武 …………… 416
许廷弼 …………… 407	许雄标 …………… 411	孙国球 …………… 416
许兴泰 …………… 407	许鼎新 …………… 411	孙国乾 …………… 416
许步云 …………… 407	许　斌 …………… 411	孙受育 …………… 416
许希逸 …………… 407	许　禄 …………… 412	孙定安 …………… 416
许启铎 …………… 407	许登庸 …………… 412	孙承亮 …………… 416
许启铨 …………… 407	许虞音 …………… 412	孙映辉 …………… 416
许　尾 …………… 407	许腾鹤 …………… 412	孙　俊 …………… 417
许武安 …………… 407	许　瑶 …………… 412	孙庭俊 …………… 417
许其琛 …………… 408	许德枢 …………… 413	孙炳奎 …………… 417
许茂苑 …………… 408	许德树 …………… 413	孙宪夫 …………… 417
许茂芜 …………… 408	纪士苑 …………… 413	孙家栋 …………… 417
许茂繁 …………… 408	纪之彝 …………… 413	孙家盛 …………… 417
许国卿 …………… 408	纪绍典 …………… 413	许登元 …………… 417
许和俞 …………… 408	孙士奇 …………… 413	孙家梁 …………… 417
许栳合 …………… 409	孙大凤 …………… 413	孙家榜 …………… 418
许宜璧 …………… 409	孙天喜 …………… 414	孙家橙 …………… 418
许绍英 …………… 409	孙文煌 …………… 414	孙容光 …………… 418
许春熙 …………… 409	孙方谷 …………… 414	孙　教 …………… 418
许钟英 …………… 409	孙正夫 …………… 414	孙跃龙 …………… 418
许钟岳 …………… 409	孙仕隆 …………… 414	孙敬德 …………… 418

孙朝财 …… 418	杜士乐 …… 422	杨玉辉 …… 428
孙畯夫 …… 418	杜纯修 …… 422	杨玉衡 …… 428
孙虞声 …… 418	杜学诗 …… 422	杨世达 …… 428
孙　煌 …… 418	杜孟喜 …… 422	杨世勋 …… 428
孙静山 …… 419	杜　潜 …… 422	杨世基 …… 428
孙寿山 …… 419	巫马光 …… 423	杨世鼎 …… 428
孙嘉猷 …… 419	杨九畴 …… 423	杨世榜 …… 429
孙　徽 …… 419	杨士薰 …… 423	杨仕添 …… 429

七　画

	杨大和 …… 423	杨立高 …… 429
	杨万宁 …… 423	杨兰芳 …… 429
麦逢春 …… 419	杨上擎 …… 424	杨必诜 …… 429
芮　思 …… 419	杨之茂 …… 424	杨必振 …… 429
严世垣 …… 419	杨之徐 …… 424	杨必蕃 …… 430
严诚宾 …… 420	杨子玕 …… 424	杨永德 …… 430
苏　才 …… 420	杨子琅 …… 425	杨　吉 …… 430
苏飞腾 …… 420	杨开会 …… 425	杨　芝 …… 430
苏子宾 …… 420	杨天培 …… 425	杨有伟 …… 430
苏文正 …… 420	杨天梁 …… 425	杨有祐 …… 431
苏文燦 …… 420	杨天衢 …… 426	杨有聘 …… 431
苏　汉 …… 420	杨中龙 …… 426	杨有禔 …… 431
苏　权 …… 420	杨中迪 …… 426	杨成梧 …… 431
苏　成 …… 421	杨长发 …… 426	杨　贞 …… 431
苏光岳 …… 421	杨仁风 …… 426	杨廷才 …… 431
苏华国 …… 421	杨从龙 …… 426	杨廷科 …… 432
苏后来 …… 421	杨氏（姚扬辉妻）… 427	杨仲兴 …… 432
苏兆龙 …… 421	杨氏（詹平治侧室）	杨名博 …… 432
苏作哲 …… 421	…… 427	杨州俊 …… 432
苏彤绍 …… 421	杨文宠 …… 427	杨州弼 …… 432
苏其来 …… 422	杨文振 …… 427	杨兴耀 …… 433
苏景眉 …… 422	杨为檖 …… 427	杨寿鼎 …… 433
苏　游 …… 422	杨允玺 …… 427	杨寿磐 …… 433

杨芳泽 …………… 433	杨祥鑫 …………… 437	杨㵦 …………… 442
杨克教 …………… 433	杨黄氏 …………… 437	杨黼时 …………… 442
杨时宪 …………… 433	杨梦史 …………… 437	杨缵烈 …………… 443
杨应箕 …………… 433	杨梦时 …………… 437	杨缵绪 …………… 443
杨启浩 …………… 433	杨 捷 …………… 437	李三捷 …………… 444
杨启遴 …………… 433	杨铭瑜 …………… 437	李于钰 …………… 444
杨其琛 …………… 433	杨清裔 …………… 438	李士加 …………… 444
杨奇谟 …………… 434	杨 淞 …………… 438	李士茂 …………… 444
杨昆山 …………… 434	杨维翰 …………… 438	李士恭 …………… 444
杨国崧 …………… 434	杨 琼 …………… 438	李士桂 …………… 444
杨昌时 …………… 434	杨联长 …………… 438	李士璞 …………… 444
杨 秉 …………… 434	杨朝斗 …………… 438	李大猷 …………… 445
杨岱生 …………… 434	杨朝端 …………… 439	李上园 …………… 445
杨受昭 …………… 434	杨 森 …………… 439	李之蕃 …………… 445
杨受道 …………… 434	杨辉振 …………… 439	李 乡 …………… 445
杨周若 …………… 435	杨遇恩 …………… 439	李丰植 …………… 445
杨宗雯 …………… 435	杨景灏 …………… 439	李开发 …………… 445
杨 孟 …………… 435	杨 瑞 …………… 439	李开科 …………… 445
杨绍图 …………… 435	杨揩云 …………… 440	李天保 …………… 445
杨绍琦 …………… 435	杨锦鹏 …………… 440	李天章 …………… 445
杨思恭 …………… 435	杨缙铨 …………… 440	李元枢 …………… 445
杨钟嶅 …………… 435	杨潄弓 …………… 440	李元顺 …………… 446
杨钟岳 …………… 435	杨演时 …………… 441	李元皋 …………… 446
杨钟岱 …………… 436	杨 暹 …………… 441	李云翔 …………… 446
杨钟嵤 …………… 436	杨德贤 …………… 441	李日业 …………… 446
杨 炯 …………… 436	杨德瑞 …………… 441	李长源 …………… 446
杨洪简 …………… 436	杨德徵 …………… 441	李从龙 …………… 447
杨昶时 …………… 436	杨毅道 …………… 442	李氏（李奕大女）… 447
杨载岳 …………… 436	杨 潮 …………… 442	李氏（吴廷蔚妻）… 447
杨乘时 …………… 437	杨翰周 …………… 442	李丹林 …………… 447
杨高士 …………… 437	杨儒经 …………… 442	李文山 …………… 447

李文龙 …… 447	李 纪 …… 451	李明构 …… 456
李文芳 …… 447	李芳兰 …… 452	李明造 …… 456
李文英 …… 448	李芳园 …… 452	李明珽 …… 456
李文液 …… 448	李芳菲 …… 452	李明德 …… 456
李斗耀 …… 448	李秀仪 …… 452	李鸣球 …… 456
李允升 …… 448	李作梅 …… 452	李 呢 …… 456
李正绳 …… 448	李应甲 …… 453	李季开 …… 456
李世进 …… 448	李应春 …… 453	李岳英 …… 457
李世参 …… 448	李怀肃 …… 453	李 质 …… 457
李世瑜 …… 449	李际运 …… 453	李金声 …… 457
李可元 …… 449	李 玮 …… 453	李学存 …… 457
李仕义 …… 449	李 青 …… 453	李 学 …… 457
李仕学 …… 449	李其仪 …… 453	李宝森 …… 457
李汉玉 …… 449	李其昌 …… 453	李宗臣 …… 457
李永锡 …… 450	李其相 …… 454	李实联 …… 457
李亚纂 …… 450	李其造 …… 454	李孟开 …… 458
李芝升 …… 450	李茂盛 …… 454	李绍芳 …… 458
李再梅 …… 450	李英澄 …… 454	李经文 …… 458
李成渠 …… 450	李 直 …… 454	李经国 …… 458
李成梁 …… 450	李坛岁 …… 454	李春芳 …… 458
李扬烈 …… 450	李 松 …… 454	李标桂 …… 458
李贞澍 …… 450	李郁阶 …… 454	李树英 …… 458
李光宗 …… 450	李拔萃 …… 455	李树勋 …… 458
李廷璋 …… 450	李国龙 …… 455	李奎光 …… 459
李 乔 …… 451	李国权 …… 455	李拱星 …… 459
李华艳 …… 451	李国材 …… 455	李映梅 …… 459
李兆新 …… 451	李国柄 …… 455	李思高 …… 459
李旭升 …… 451	李国栋① …… 455	李 勋 …… 459
李兴友 …… 451	李国栋② …… 456	李钦明 …… 459
李如兰 …… 451	李国选 …… 456	李俊芳 …… 459
李 如 …… 451	李国桐 …… 456	李俊英 …… 459

李俊耀 …… 460	李登云 …… 464	吴元韬 …… 468
李衍济 …… 460	李 瑜 …… 464	吴日炎 …… 468
李奕馨 …… 460	李 榠 …… 464	吴 升 …… 468
李炳正 …… 460	李嵩德 …… 464	吴 凤 …… 468
李炳勋 …… 460	李 焜 …… 464	吴氏（吴六奇女）… 468
李洽赐 …… 460	李 滉 …… 465	吴凤章 …… 468
李 泰 …… 460	李嘉元 …… 465	吴六奇 …… 468
李恭臣 …… 460	李 嘉 …… 465	吴文升 …… 469
李振标 …… 460	李 端① …… 465	吴文郁 …… 469
李振祥 …… 461	李 端② …… 465	吴玉振① …… 469
李晓伯 …… 461	李精基 …… 465	吴玉振② …… 469
李特万 …… 461	李德元 …… 466	吴世正 …… 469
李称先 …… 461	李磐石 …… 466	吴世杰 …… 469
李隽友 …… 461	李澄栋 …… 466	吴世勋 …… 470
李逢亨 …… 461	李霞藻 …… 466	吴世璜 …… 470
李逢春① …… 461	李耀祖 …… 466	吴世骥 …… 470
李逢春② …… 461	李麟也 …… 466	吴 汉 …… 470
李高士 …… 461	连吉锦 …… 466	吴永智 …… 470
李 高 …… 461	连 兴 …… 466	吴式亨 …… 470
李培英 …… 462	连 美 …… 467	吴有功 …… 471
李象元 …… 462	连逢时 …… 467	吴成炽 …… 471
李清时 …… 462	连登瀛 …… 467	吴成勋 …… 471
李清昭 …… 462	吴干将 …… 467	吴成象 …… 471
李鸿勋 …… 462	吴大玮 …… 467	吴光楸 …… 471
李鸿章 …… 462	吴 万 …… 467	吴廷桢 …… 471
李维桢 …… 463	吴广誉 …… 467	吴廷鸿 …… 471
李维彬 …… 463	吴之彦 …… 467	吴延梓 …… 471
李联章 …… 463	吴子豪 …… 467	吴庆平 …… 471
李联登 …… 463	吴开歧 …… 467	吴庆腾 …… 472
李雄科 …… 463	吴天锡 …… 467	吴亦材 …… 472
李景昉 …… 464	吴元发 …… 468	吴 江 …… 472

吴佐熙 …… 472	吴屏翰 …… 477	吴潘强 …… 482
吴伯楣 …… 473	吴耿临 …… 477	吴履和 …… 482
吴伯龄 …… 473	吴　恭 …… 477	吴　翱 …… 482
吴应凤 …… 473	吴砥柱 …… 478	邱工鳌 …… 482
吴应奎 …… 473	吴　烈 …… 478	邱开拓 …… 482
吴宏亮 …… 473	吴恩培 …… 478	邱元遂 …… 482
吴启丰 …… 473	吴效爵 …… 478	邱云龙 …… 483
吴启志 …… 474	吴　羔 …… 478	邱世德 …… 483
吴启虬 …… 474	吴　凌 …… 478	邱　石 …… 483
吴启相 …… 474	吴家璋 …… 479	邱对欣 …… 483
吴启晋 …… 474	吴祥光 …… 479	邱对勤 …… 483
吴启镇 …… 474	吴梦龙 …… 479	邱对颜 …… 483
吴启爵 …… 474	吴　梓 …… 479	邱有造 …… 484
吴际盛 …… 475	吴常恭 …… 479	邱光汉 …… 484
吴纯声 …… 475	吴常嘏 …… 480	邱传芳 …… 484
吴　青 …… 475	吴惇绥 …… 480	邱名雄 …… 484
吴其瀚 …… 475	吴　清 …… 480	邱壮临 …… 484
吴若赐 …… 475	吴　淞 …… 480	邱　兴 …… 484
吴茂凯 …… 475	吴彭翰 …… 480	邱玖华 …… 484
吴忠恕 …… 475	吴斯道 …… 480	邱轩昂 …… 485
吴金锡 …… 476	吴敬受 …… 480	邱步琼 …… 485
吴　炎 …… 476	吴朝升 …… 480	邱步瑢 …… 485
吴宝球 …… 476	吴舒熹 …… 481	邱作霖 …… 485
吴宝瑜 …… 476	吴善长 …… 481	邱应发 …… 485
吴定标 …… 476	吴道扬 …… 481	邱应鳌 …… 486
吴绍宗 …… 477	吴　焯 …… 481	邱京堂 …… 486
吴珍如 …… 477	吴　锡 …… 481	邱青藜 …… 486
吴　南 …… 477	吴　鹏 …… 481	邱性善 …… 486
吴树棠 …… 477	吴腾龙 …… 481	邱建猷 …… 486
吴秋园 …… 477	吴肇昌 …… 481	邱承载 …… 486
吴修敏 …… 477	吴德崑 …… 482	邱顺升 …… 486

邱晋昕 …… 487	余云会 …… 492	佘士俊 …… 496
邱宸徽 …… 487	余文烺 …… 492	佘之麟 …… 496
邱梦赍 …… 487	余文辉 …… 492	佘开东 …… 496
邱清联 …… 487	余世芳 …… 492	佘元起 …… 496
邱琼章 …… 487	余世泽 …… 492	佘日照 …… 496
邱崙泰 …… 487	余世德 …… 493	佘有进 …… 496
邱嗣琼 …… 487	余用宾 …… 493	佘运珽 …… 497
邱殿章 …… 488	余兰溪 …… 493	佘志贞 …… 497
邱德钦 …… 488	余西邻 …… 493	佘良佐 …… 497
邱 澍 …… 488	余刚毅 …… 493	佘启祥 …… 498
邱攀桂 …… 488	余壮猷 …… 493	佘启锽 …… 498
邱耀德 …… 488	余克长 …… 493	佘启鋐 …… 498
何以告 …… 488	余步瑶 …… 493	佘学善 …… 498
何龙翔 …… 488	余时光 …… 493	佘学暹 …… 498
何同璋 …… 489	余作祥 …… 494	佘章文 …… 498
何行之 …… 489	余 昂 …… 494	佘就中 …… 498
何如璋 …… 489	余鸣冈 …… 494	佘 筠 …… 498
何寿朋 …… 489	余钟秀 …… 494	邹兰绮 …… 498
何孚光 …… 490	余钟岳 …… 494	邹庆昌 …… 499
何君晋 …… 490	余既成 …… 494	邹庆春 …… 499
何秉钧 …… 490	余家学 …… 494	邹国瑜 …… 499
何 亮 …… 490	余密娘 …… 495	邹祖培 …… 499
何探源 …… 490	余隐豹 …… 495	邹祝耀 …… 499
何寅初 …… 491	余 辉 …… 495	邹桐乡 …… 499
何朝章 …… 491	余景星 …… 495	邹鸾章 …… 499
何斌全 …… 491	余 颖 …… 495	邹清华 …… 500
何 鑫 …… 491	余道启 …… 495	邹朝阳 …… 500
余大有 …… 491	余嗣襄 …… 495	邹鼎祺 …… 500
余大进 …… 491	余慎修 …… 495	邹 瑞 …… 500
余飞鸿 …… 492	余 黎 …… 496	邹锡朋 …… 500
余元绮 …… 492	余 襄 …… 496	邹锡祺 …… 500

邹鹏飞 …… 500	张日辉 …… 504	张更生 …… 509
邹缵功 …… 501	张中札 …… 505	张时勉 …… 509
辛氏（黄右妻）… 501	张中阳 …… 505	张　虬 …… 509
辛　雄 …… 501	张见龙 …… 505	张作舟 …… 509
沈佩金 …… 501	张壬正 …… 505	张　位 …… 509
沈大力 …… 501	张长发 …… 505	张应韬 …… 509
沈文琳 …… 501	张氏（林木生妻）… 505	张　灿 …… 509
沈心正 …… 501	张氏（林文韬妻）… 505	张启华 …… 510
沈以诹 …… 502	张凤彩 …… 506	张际云 …… 510
沈允升 …… 502	张文爀 …… 506	张奇进 …… 510
沈廷良 …… 502	张书云 …… 506	张国栋 …… 510
沈志通 …… 502	张世钱 …… 506	张国瑛 …… 510
沈声兴 …… 502	张可标 …… 506	张昌甸 …… 510
沈良弼 …… 502	张可栋 …… 506	张明杰 …… 511
沈佳谟 …… 502	张可梯 …… 506	张岸舫 …… 511
沈河清 …… 502	张龙云 …… 507	张金全 …… 511
沈绍远 …… 503	张　汉 …… 507	张　庚 …… 511
沈朝柱 …… 503	张礼仁 …… 507	张　炜 …… 511
沈潜学 …… 503	张必成 …… 507	张河书 …… 512
张士柱 …… 503	张对墀 …… 507	张　宝 …… 512
张士宪 …… 503	张对潮 …… 507	张宗衍 …… 512
张士登 …… 503	张夺元 …… 507	张　实 …… 512
张大纲 …… 503	张成章 …… 508	张诗深 …… 512
张大武 …… 503	张光训 …… 508	张祈爵 …… 512
张大衡 …… 503	张　传 …… 508	张建侯 …… 512
张万杰 …… 504	张全斌 …… 508	张绍华 …… 512
张千秋 …… 504	张汝树 …… 508	张绍祖 …… 512
张开泰 …… 504	张　宇 …… 508	张　经 …… 512
张云经 …… 504	张如衡 …… 508	张　标 …… 513
张友称 …… 504	张克壮 …… 508	张树勋 …… 513
张日炽 …… 504	张克诚 …… 508	张　奎 …… 513

张显文 …… 513	张 瑶 …… 518	陈大观 …… 522
张 勋 …… 514	张嘉宾 …… 518	陈大来 …… 522
张 钟 …… 514	张 橙 …… 518	陈大坤 …… 522
张钦龙 …… 514	张 蝌 …… 518	陈大捷 …… 522
张亮采 …… 514	张 薇 …… 519	陈 才 …… 523
张奕灵 …… 514	张 翱 …… 519	陈万元 …… 523
张彦醇 …… 514	张 灏 …… 519	陈万盛 …… 523
张送娘 …… 515	陆元武 …… 520	陈万善 …… 523
张炳珩 …… 515	陆日升 …… 520	陈上玉 …… 523
张 莹 …… 515	陆文振 …… 520	陈上苑 …… 523
张 桐 …… 515	陆文蔚 …… 520	陈义勇 …… 523
张振南 …… 515	陆正臣 …… 520	陈义章 …… 523
张 辂 …… 515	陆尔峰 …… 520	陈之元 …… 524
张倬云 …… 516	陆亨州 …… 520	陈之论 …… 524
张凌云 …… 516	陆得勇 …… 520	陈飞龙 …… 524
张家绂 …… 516	陆焕文 …… 520	陈飞鹏 …… 524
张家缙 …… 516	陆应瑄 …… 520	陈子良 …… 524
张展成 …… 516	陆鹏腾 …… 520	陈子京 …… 524
张继宗 …… 516	陈乃贤 …… 520	陈子承 …… 524
张梦葵 …… 516	陈又正 …… 521	陈子瑜 …… 525
张 淇 …… 516	陈于燨 …… 521	陈王文 …… 525
张越云 …… 517	陈士元 …… 521	陈王昭 …… 525
张超群 …… 517	陈士伟 …… 521	陈王猷[①] …… 525
张朝龙 …… 517	陈士孚 …… 521	陈王猷[②] …… 525
张朝栋 …… 517	陈士规 …… 521	陈开哲 …… 525
张鼎臣 …… 517	陈士显 …… 521	陈天玉 …… 525
张登瀛 …… 517	陈士修 …… 521	陈天生 …… 525
张锦江 …… 518	陈士振 …… 522	陈天达 …… 526
张鹏翼 …… 518	陈士鼎 …… 522	陈天成 …… 526
张腾蛟 …… 518	陈士献 …… 522	陈天材 …… 526
张 溶 …… 518	陈大成 …… 522	陈天纯 …… 526

陈天眷 …… 526	陈六三 …… 531	陈石先 …… 535
陈元才 …… 527	陈文合 …… 531	陈石珍 …… 535
陈元和 …… 527	陈文茂 …… 531	陈龙光 …… 535
陈元祝 …… 527	陈文选 …… 531	陈龙章 …… 535
陈元哲 …… 527	陈文炳 …… 531	陈平之 …… 536
陈元浚 …… 527	陈文萃 …… 531	陈占鳌 …… 536
陈元德 …… 528	陈文裕 …… 531	陈业振 …… 536
陈　云 …… 528	陈文韬 …… 531	陈甲第 …… 536
陈云栖（沈凤石妻）…… 528	陈文蔚 …… 532	陈仕进 …… 536
陈云鹤 …… 528	陈方平 …… 532	陈仕志 …… 536
陈艺蘅 …… 528	陈予迈 …… 532	陈立善 …… 536
陈日正 …… 528	陈　玉 …… 532	陈必捷 …… 537
陈日光 …… 528	陈玉钰 …… 532	陈必勤 …… 537
陈日亮 …… 528	陈玉球 …… 532	陈永锡 …… 537
陈长民 …… 529	陈正开 …… 532	陈弁瑟 …… 537
陈长墉 …… 529	陈正运 …… 533	陈邦长 …… 537
陈公来 …… 529	陈正夏 …… 533	陈邦光 …… 538
陈氏（方士虬妻）… 529	陈　功 …… 533	陈　式 …… 538
陈氏（方天佐妻）… 529	陈世会 …… 533	陈吉常 …… 538
陈氏（方应祐妻）… 530	陈世英 …… 533	陈吉祺 …… 538
陈氏（吴淑秀继妻）…… 530	陈世显 …… 533	陈亚六 …… 538
陈氏（张美辉妻）… 530	陈世钢 …… 534	陈　芝 …… 538
陈氏（张懋悦妻）… 530	陈世俊 …… 534	陈西铭 …… 538
陈氏（陈开义女）… 530	陈世盛 …… 534	陈有义 …… 539
陈氏（洪国惠妻）… 530	陈世章 …… 534	陈有光 …… 539
陈氏（翁懋川妻）… 530	陈世彰 …… 534	陈有联 …… 539
陈氏（萧名山妻）… 530	陈世璁 …… 534	陈存泽 …… 539
陈氏（魏兴亨妻）… 530	陈世瑾 …… 534	陈成宝 …… 539
陈凤翔 …… 530	陈本一 …… 535	陈成钧 …… 539
	陈可奇 …… 535	陈成麟 …… 539
	陈丕谟 …… 535	陈贞标 …… 539

陈光岐 …… 540	陈守锫 …… 545	陈启只 …… 549
陈光峡 …… 540	陈守鈖 …… 545	陈启益 …… 549
陈光梁 …… 540	陈守镔 …… 545	陈君谔 …… 550
陈光韶 …… 540	陈守镛 …… 545	陈阿十 …… 550
陈光桢 …… 540	陈守镶 …… 545	陈纶开 …… 550
陈光翰 …… 540	陈 观 …… 545	陈纶会 …… 550
陈 屿 …… 540	陈寿祺 …… 545	陈青瀛 …… 550
陈先声 …… 541	陈进德 …… 545	陈其章 …… 550
陈廷光 …… 541	陈孝天 …… 545	陈英华 …… 550
陈廷国 …… 541	陈来凤 …… 546	陈英明 …… 551
陈廷辉 …… 541	陈 来 …… 546	陈英洽 …… 551
陈廷墀 …… 541	陈步云 …… 546	陈英猷 …… 551
陈廷耀 …… 541	陈步青 …… 546	陈林每 …… 551
陈伟士 …… 542	陈步梯 …… 546	陈松龄 …… 551
陈延秀 …… 542	陈时夏 …… 547	陈雨亭 …… 552
陈延阁 …… 542	陈时联 …… 547	陈贤龄 …… 552
陈华先 …… 542	陈时谦 …… 547	陈尚发 …… 552
陈 华 …… 542	陈秀升 …… 547	陈 尚 …… 552
陈华国 …… 542	陈秀魁 …… 547	陈尚锦 …… 552
陈华堂 …… 543	陈作舟 …… 548	陈尚瑾 …… 553
陈 全 …… 543	陈作梅 …… 548	陈国玑 …… 553
陈兆兰 …… 543	陈作霖 …… 548	陈国标 …… 553
陈旭年 …… 543	陈伯良 …… 548	陈国泰 …… 553
陈名仪 …… 543	陈希之 …… 548	陈国望 …… 553
陈名荣 …… 544	陈应时 …… 548	陈国瑞 …… 553
陈名显 …… 544	陈应联 …… 549	陈国煌 …… 553
陈庄重 …… 544	陈 沆 …… 549	陈国鋐 …… 554
陈兴耀 …… 544	陈良才 …… 549	陈昌年 …… 554
陈汝梅 …… 544	陈良位 …… 549	陈昌期 …… 554
陈 汤 …… 544	陈良谟 …… 549	陈鸣阳 …… 554
陈守钥 …… 544	陈启丰 …… 549	陈鸣鹤 …… 554

陈周礼 …… 554	陈秋启 …… 559	陈 浩③ …… 564
陈性睿 …… 555	陈复平 …… 559	陈润平 …… 564
陈学典 …… 555	陈 修① …… 559	陈涌波 …… 564
陈学宽 …… 555	陈 修② …… 559	陈 浚 …… 564
陈学棨 …… 555	陈衍隆 …… 560	陈能夏 …… 564
陈 河 …… 555	陈衍虞 …… 560	陈继馨 …… 565
陈治才 …… 555	陈施博 …… 560	陈骏烈 …… 565
陈宝瑜 …… 555	陈奕传 …… 560	陈梦日 …… 565
陈宗功 …… 556	陈炳荣 …… 560	陈梦凤 …… 565
陈宗虞 …… 556	陈炳然 …… 561	陈盛辉 …… 565
陈宗桂 …… 556	陈宣直 …… 561	陈捷升 …… 565
陈定举 …… 556	陈 勇 …… 561	陈 常 …… 565
陈实馨 …… 556	陈 骅 …… 561	陈 冕 …… 565
陈诗正 …… 556	陈泰年 …… 561	陈敏捷 …… 565
陈经邦 …… 556	陈班瑞 …… 561	陈彩园 …… 566
陈春英 …… 557	陈起凤 …… 562	陈象观 …… 566
陈 珏 …… 557	陈 都 …… 562	陈章汉 …… 566
陈 贲 …… 557	陈振绪 …… 562	陈清辉 …… 566
陈荣光 …… 557	陈钱奕 …… 562	陈鸿璧 …… 566
陈荣华 …… 557	陈钱浩 …… 562	陈绳祖 …… 566
陈树屏 …… 557	陈钱瀚 …… 562	陈琴如 …… 566
陈树基 …… 557	陈逢泰 …… 562	陈 琳 …… 566
陈树徽 …… 557	陈高飞 …… 562	陈 琼 …… 567
陈咸星 …… 558	陈 高 …… 563	陈 超 …… 567
陈奎璧 …… 558	陈高经 …… 563	陈喜渭 …… 567
陈显仁 …… 558	陈高耀 …… 563	陈喜滨 …… 567
陈思齐 …… 558	陈效和 …… 563	陈期昌 …… 567
陈勋士 …… 558	陈益洵 …… 563	陈联甲 …… 568
陈 钟 …… 558	陈益滉 …… 563	陈联魁 …… 568
陈钟麒 …… 558	陈 浩① …… 563	陈 敬 …… 568
陈钦楫 …… 558	陈 浩② …… 564	陈朝会 …… 568

陈朝昌 …… 568	陈新禧 …… 573	**八 画**
陈植公 …… 568	陈溶德 …… 573	
陈 惠 …… 568	陈嘉年 …… 573	范一梅 …… 578
陈 雄 …… 568	陈嘉谟 …… 573	范士芳 …… 578
陈雄思 …… 569	陈聚英 …… 574	范氏（姚鸣岐妻）… 578
陈雄略 …… 569	陈睿俊 …… 574	范文绪 …… 578
陈 辉 …… 569	陈鹗荐 …… 574	范引颐 …… 578
陈鼎铭 …… 569	陈翠岚 …… 574	范生浣 …… 579
陈鼎新 …… 569	陈 璜 …… 574	范 沄 …… 579
陈 策 …… 569	陈增华 …… 574	范国栋 …… 579
陈斌才 …… 569	陈 蕃 …… 574	范秉元 …… 579
陈 斌 …… 569	陈震源 …… 575	范秉中 …… 579
陈 善 …… 570	陈德进 …… 575	范绍蕃 …… 579
陈善卿 …… 570	陈德润 …… 575	范 经 …… 580
陈焜耀 …… 570	陈德楷 …… 575	范荣怀 …… 580
陈禄昌 …… 570	陈德静 …… 575	范祖庚 …… 580
陈 强 …… 570	陈毅斋 …… 576	范振芳 …… 580
陈登仕 …… 571	陈赞尧 …… 576	范家驹 …… 580
陈登泰 …… 571	陈赞襄 …… 576	范营勋 …… 581
陈登榜 …… 571	陈糖娘 …… 576	范 彪 …… 581
陈瑞龙 …… 571	陈懋桂 …… 576	范登潢 …… 581
陈瑞芝 …… 571	陈 翼 …… 576	范蕾淑 …… 581
陈瑜瑛 …… 572	陈翼高 …… 576	范锡朋 …… 581
陈颐璧 …… 572	陈 彝 …… 576	林一荣 …… 582
陈虞耕 …… 572	陈 藻 …… 577	林一铭 …… 582
陈锡书 …… 572	陈 攀 …… 577	林于达 …… 582
陈锡祺 …… 572	陈攀桂 …… 577	林士骐 …… 582
陈锡龄 …… 572	陈 耀 …… 577	林士猷 …… 582
陈魁梅 …… 573	陈耀振 …… 577	林士璠 …… 582
陈颖发 …… 573	陈耀禄 …… 578	林大川 …… 582
陈颖道 …… 573		林大茂 …… 583

林万里 …………… 583	林氏（郑世简妻）… 587	林有潾 …………… 591
林万锦 …………… 583	林氏（郑靖波妻）… 587	林达泉 …………… 591
林上发 …………… 583	林氏（詹肖峰妻）… 587	林成名 …………… 592
林上睿 …………… 583	林丹桂 …………… 587	林成海 …………… 592
林之朴 …………… 583	林文起 …………… 587	林光炽 …………… 592
林之茂 …………… 583	林文衡 …………… 587	林吕韬 …………… 592
林之幹 …………… 583	林孔焕 …………… 587	林则璋 …………… 592
林之槛 …………… 583	林正华 …………… 588	林廷元 …………… 592
林飞腾 …………… 583	林世宏 …………… 588	林廷玉 …………… 593
林子章 …………… 583	林世忠 …………… 588	林廷宝 …………… 593
林天木 …………… 584	林世雄 …………… 588	林廷珪 …………… 593
林　天 …………… 584	林世楣 …………… 588	林廷琪 …………… 593
林天贵 …………… 584	林世榕 …………… 588	林廷琬 …………… 593
林天部 …………… 584	林世璋 …………… 588	林廷燏 …………… 593
林天章① ………… 584	林　本 …………… 589	林　乔 …………… 593
林天章② ………… 584	林　龙 …………… 589	林乔松 …………… 593
林天翼 …………… 585	林平州 …………… 589	林乔槐 …………… 593
林元扩 …………… 585	林仕科 …………… 589	林华春 …………… 593
林元抡 …………… 585	林用宏 …………… 589	林兆圣 …………… 594
林元振 …………… 585	林　礼 …………… 590	林兆贤 …………… 594
林元棪 …………… 585	林必高 …………… 590	林如锦 …………… 594
林　云 …………… 585	林邦杰 …………… 590	林如榜 …………… 594
林日华 …………… 585	林邦鉴 …………… 590	林　孙 …………… 594
林日郁 …………… 586	林　芝 …………… 590	林志上 …………… 594
林中凤 …………… 586	林芝泰 …………… 590	林连茹 …………… 594
林中权 …………… 586	林西成 …………… 590	林连福 …………… 595
林中蓝 …………… 586	林有凤 …………… 590	林时香 …………… 595
林氏（张康荫妻）… 586	林有年 …………… 590	林秀芝 …………… 595
林氏（陈载之妻）… 586	林有槐 …………… 591	林秀华 …………… 595
林氏（方君淡妻）… 586	林有楣 …………… 591	林秀丽 …………… 595
林　氏 …………… 587	林有源 …………… 591	林作栋 …………… 595

林亨士 …… 595	林宗金 …… 599	林振图 …… 604
林亨蔚 …… 595	林建勋 …… 599	林振辉 …… 604
林应世 …… 595	林承谟 …… 599	林殷臣 …… 604
林应春 …… 595	林绍铉 …… 599	林爱霖 …… 604
林应璧 …… 596	林绍鹗 …… 599	林逢春 …… 604
林怀贵 …… 596	林柳兴 …… 600	林逢熙 …… 604
林沛章 …… 596	林挺芝 …… 600	林 涛 …… 604
林 泛 …… 596	林显荣 …… 600	林宽城 …… 604
林宏明 …… 596	林映日 …… 600	林家浚 …… 604
林宏勋 …… 596	林思德 …… 600	林铭勋 …… 605
林 良 …… 596	林 峙 …… 600	林梦鹗 …… 605
林良铨 …… 597	林峥嵘 …… 600	林梦熊 …… 605
林启镐 …… 597	林 钟 …… 600	林铭光 …… 605
林武略 …… 597	林 保 …… 601	林铭玺 …… 605
林青门 …… 597	林 信 …… 601	林彩云 …… 605
林若澜 …… 597	林 泉① …… 601	林鸾翔 …… 606
林茂春 …… 597	林 泉② …… 601	林鹿鸣 …… 606
林英麟 …… 597	林 俊 …… 601	林望欧 …… 606
林 苑 …… 597	林彦邦 …… 602	林 鸿 …… 606
林松龄 …… 598	林恒亨 …… 602	林鸿冕 …… 606
林述曾 …… 598	林炳星 …… 602	林鸿琛 …… 606
林尚长 …… 598	林炳章 …… 602	林鸿瑶 …… 606
林尚镌 …… 598	林炳蔚 …… 602	林 淏 …… 606
林国栋 …… 598	林济川 …… 602	林绿园 …… 607
林国清 …… 598	林载振 …… 603	林琼芝 …… 607
林国梁 …… 598	林起凤 …… 603	林琼苑 …… 607
林 昂 …… 598	林振业 …… 603	林琼瑞 …… 607
林岱生 …… 598	林振江 …… 603	林喜霖 …… 607
林征麟 …… 598	林振声 …… 603	林朝相 …… 607
林学信 …… 599	林振钊 …… 603	林 植 …… 607
林学养 …… 599	林 振 …… 603	林景拔 …… 607

林舜贤 ………… 608	罗元辑 ………… 612	周日典 ………… 617
林道三 ………… 608	罗云藻 ………… 612	周日新 ………… 618
林焯镕 ………… 608	罗长斌 ………… 612	周　壬 ………… 618
林焜耀 ………… 608	罗龙光 ………… 612	周氏（廖国高妻）… 618
林遐龄 ………… 608	罗成章 ………… 613	周氏（萧鸣扬妻）… 618
林献会 ………… 608	罗光照 ………… 613	周氏（谢锡庆妻）… 618
林腾凤 ………… 608	罗廷柱 ………… 613	周凤来 ………… 618
林　缙 ………… 608	罗时宜 ………… 613	周为宪 ………… 619
林　槟 ………… 608	罗松槝 ………… 614	周玉亮 ………… 619
林毓田 ………… 609	罗尚德 ………… 614	周世锁 ………… 619
林觐标 ………… 609	罗国珍 ………… 614	周弘进 ………… 619
林德华 ………… 609	罗昌龄 ………… 614	周召虎 ………… 619
林德镛 ………… 609	罗明伦 ………… 614	周发祥 ………… 619
林　澍 ………… 609	罗鸣銮 ………… 614	周协和 ………… 619
林　璘 ………… 609	罗佳雄 ………… 614	周同俊 ………… 620
林　馥 ………… 610	罗佩卿 ………… 615	周廷凤 ………… 620
林攀龙 ………… 610	罗宗璜 ………… 615	周华锦 ………… 620
林耀龙 ………… 610	罗孟震 ………… 615	周英高 ………… 620
欧阳春 ………… 610	罗钦若 ………… 615	周英鸿 ………… 620
欧阳赋 ………… 610	罗　绳 ………… 615	周治源 ………… 620
欧　亮 ………… 610	罗鼎明 ………… 615	周奇英 ………… 620
卓仕杰 ………… 610	罗锐文 ………… 616	周佳鼎 ………… 620
卓　兴 ………… 610	罗　强 ………… 616	周金华 ………… 620
卓伯先 ………… 611	罗跻瀛 ………… 616	周姑媛 ………… 621
卓宗元 ………… 611	罗燮堃 ………… 616	周荣千 ………… 621
卓起元 ………… 611	罗　濬 ………… 616	周荣光 ………… 621
卓宴春 ………… 611	金茂和 ………… 616	周荣阳 ………… 621
卓继茂 ………… 612	金博辅 ………… 617	周俊英 ………… 621
罗士鉁 ………… 612	周一士 ………… 617	周钱浩 ………… 621
罗万善 ………… 612	周士郁 ………… 617	周逢时 ………… 621
罗上国 ………… 612	周大新 ………… 617	周逢源 ………… 621

周雪溪 …… 622	郑天潜 …… 627	郑廷治 …… 631
周瑛 …… 622	郑元灏 …… 627	郑廷相 …… 631
周雄 …… 622	郑氏（方承烈妻）… 627	郑廷修 …… 631
周辉川 …… 622	郑氏（孙献谟妻）… 627	郑廷洽 …… 631
周渭 …… 622	郑氏（吴斯鉴妻）… 627	郑廷楫 …… 632
周锡文 …… 623	郑氏（陈育开妻）… 627	郑廷櫆 …… 632
周锡龄 …… 623	郑氏（林杰妻）…… 627	郑乔龄 …… 632
周靖邦 …… 623	郑氏（周廷拨妻）… 628	郑名先 …… 632
周殿元 …… 623	郑氏（姚盛赞妻）… 628	郑名高 …… 632
周慕濂 …… 623	郑氏（黄飞鹏妻）… 628	郑江氏 …… 632
周增祥 …… 623	郑文海 …… 628	郑安邦 …… 632
周儒经 …… 623	郑心经 …… 628	郑安清 …… 632
周禧 …… 623	郑以勋 …… 628	郑安道 …… 632
周璧 …… 623	郑玉珩 …… 628	郑如玉 …… 633
郑士翘 …… 624	郑世兰 …… 629	郑芸经 …… 633
郑士翼 …… 624	郑世会 …… 629	郑克明 …… 633
郑士镳 …… 624	郑世泽 …… 629	郑材 …… 633
郑大成 …… 624	郑龙光 …… 629	郑李嘉 …… 633
郑大进 …… 624	郑业宏 …… 629	郑岐山 …… 633
郑大钊 …… 625	郑仕芳 …… 629	郑怀敬 …… 634
郑大坦 …… 625	郑兰枝 …… 630	郑宏名 …… 634
郑大栋 …… 625	郑兰茱 …… 630	郑良臣 …… 634
郑大略 …… 625	郑永镠 …… 630	郑启秀 …… 634
郑大瑜 …… 625	郑章 …… 630	郑君赤 …… 634
郑大楠 …… 625	郑匡夏 …… 630	郑君重 …… 634
郑大瑾 …… 625	郑邦任 …… 630	郑其崇 …… 634
郑上 …… 625	郑邦杰 …… 630	郑茂蕙 …… 634
郑之材 …… 626	郑邦俊 …… 631	郑英才 …… 635
郑之侨 …… 626	郑吉庆 …… 631	郑松 …… 635
郑开科 …… 626	郑有伦 …… 631	郑坝 …… 635
郑开莲 …… 627	郑光 …… 631	郑奋扬 …… 635

郑卓越 …… 635	郑高华 …… 639	郑 镂 …… 644
郑国光 …… 635	郑高祥 …… 639	郑精玉 …… 644
郑国位 …… 635	郑 浩 …… 640	郑福元 …… 645
郑国栋 …… 635	郑 润 …… 640	郑肇奎 …… 645
郑国瑰 …… 635	郑 浚 …… 641	郑觐扬 …… 645
郑昌时 …… 636	郑家兰 …… 641	郑德仁 …… 645
郑昌国 …… 636	郑继进 …… 641	郑澄光 …… 645
郑秉高 …… 636	郑继耀 …… 641	郑豫开 …… 645
郑 岳 …… 636	郑象德 …… 641	郑鹰扬 …… 645
郑佩书 …… 636	郑 垫 …… 641	郑瀚光 …… 646
郑金龙 …… 636	郑焕章 …… 642	郑耀光 …… 646
郑宗利 …… 636	郑 清 …… 642	郑耀坤 …… 646
郑肩维 …… 636	郑鸿文 …… 642	郑耀祥 …… 646
郑建修 …… 636	郑鸿谟 …… 642	练大佐 …… 646
郑建就 …… 636	郑淑芳 …… 642	
郑承烈 …… 637	郑维祉 …… 642	九 画
郑奎扬 …… 637	郑维祜 …… 643	赵九龄 …… 646
郑奎垣 …… 637	郑维藩 …… 643	赵乃赓 …… 647
郑科斌 …… 637	郑朝栋 …… 643	赵大振 …… 647
郑重璧 …… 637	郑策名 …… 643	赵元英 …… 647
郑顺周 …… 637	郑 焞 …… 643	赵元镳 …… 647
郑 信 …… 637	郑登麟 …… 643	赵氏（方宪仁妻）… 647
郑 恪 …… 638	郑瑞信 …… 643	赵氏（萧茂惠妻）… 647
郑养心 …… 638	郑雷震 …… 643	赵文耀 …… 647
郑养性 …… 638	郑 锜 …… 644	赵世成 …… 647
郑 逊 …… 638	郑锡三 …… 644	赵圭锡 …… 648
郑泰观 …… 638	郑锦芳 …… 644	赵廷魁 …… 648
郑振武 …… 639	郑锦城 …… 644	赵志昂 …… 648
郑振乾 …… 639	郑鹏扬 …… 644	赵纯熙 …… 648
郑振藻 …… 639	郑腾飞 …… 644	赵 茂 …… 648
郑 倩 …… 639	郑腾奎 …… 644	赵奇芳 …… 648

赵举鹏 ……… 648	钟芝贵 ……… 652	饶重庆 ……… 657
赵家璋 ……… 649	钟声和 ……… 653	饶炳麟 ……… 658
赵维城 ……… 649	钟 灵 ……… 653	饶咨畴 ……… 658
赵鼎辅 ……… 649	钟佩芳 ……… 653	饶 峻 ……… 658
赵瑞星 ……… 649	钟南麟 ……… 653	饶宰扬 ……… 658
赵勤全 ……… 649	钟桂芳 ……… 653	饶恕斋 ……… 658
赵鹏翼 ……… 649	钟倬芳 ……… 653	饶 堂 ……… 658
胡 山 ……… 649	钟鸿逵 ……… 653	饶崇魁 ……… 659
胡氏（黄文钟妻）… 649	钟 锠 ……… 653	饶 商 ……… 659
胡丹陛 ……… 650	侯如树 ……… 654	饶雄两 ……… 659
胡进思 ……… 650	侯亨仕 ……… 654	饶 慎 ……… 659
胡良谟 ……… 650	侯宗耀 ……… 654	饶 溶 ……… 659
胡 涵 ……… 650	侯家达 ……… 654	饶毓衡 ……… 659
胡 瓒 ……… 650	侯殿祯 ……… 654	饶 璋 ……… 660
柯天成 ……… 650	饶于磐 ……… 654	饶觐光 ……… 660
柯氏（邱维良妻）… 650	饶云骧 ……… 654	饶褒甲 ……… 660
柯氏（柯翔凤女）… 650	饶 芝 ……… 655	饶 霖 ……… 660
柯光魁 ……… 651	饶华元 ……… 655	饶赞采 ……… 660
柯先春 ……… 651	饶华太 ……… 655	饶燮勋 ……… 660
柯先荣 ……… 651	饶庆中 ……… 655	施氏（余振祖妻）… 660
柯廷珠 ……… 651	饶庆捷 ……… 655	施 阵 ……… 661
柯茂青 ……… 651	饶访图 ……… 656	洪日升 ……… 661
柯国栋 ……… 651	饶访濂 ……… 656	洪氏（吴立道妻）… 661
柯振捷 ……… 651	饶阶平 ……… 656	洪凤集 ……… 661
柯振蛟 ……… 652	饶步元 ……… 656	洪名香 ……… 661
柯 焕 ……… 652	饶应春 ……… 656	洪国宝 ……… 662
柯淑玉 ……… 652	饶应就 ……… 657	洪秉钧 ……… 662
柯滋荣 ……… 652	饶鸣阳 ……… 657	洪 钟 ……… 662
柳恒森 ……… 652	饶鸣镐 ……… 657	洪朝和 ……… 662
蚁东星 ……… 652	饶宗韶 ……… 657	洪遇春 ……… 662
钟万成 ……… 652	饶咸中 ……… 657	洪 鈇 ……… 662

洪　福 …… 662	姚弼唐 …… 666	徐必桢 …… 670
姚士裘 …… 663	姚瑞长 …… 666	徐仲山 …… 670
姚万桂 …… 663	姚锦川 …… 667	徐国华 …… 670
姚天健 …… 663	贺南凤 …… 667	徐宗尧 …… 670
姚氏（马麟祥妻）… 663	贺穗联 …… 667	徐荣贵 …… 671
姚氏（萧钦妻）… 663		徐　勇 …… 671
姚氏（蔡茂明妻）… 663	**十　画**	徐悦吾 …… 671
姚凤仪 …… 664	秦崖璨 …… 667	徐梦凤 …… 671
姚文登 …… 664	秦联科 …… 667	徐梦麒 …… 671
姚可用 …… 664	袁标青 …… 667	徐　韩 …… 671
姚有庆 …… 664	袁　骏 …… 667	徐　巽 …… 672
姚夺标 …… 664	袁　绮 …… 667	徐耀光 …… 672
姚成仪 …… 664	袁　链 …… 668	翁一琪 …… 672
姚光先 …… 664	袁　斌 …… 668	翁氏（方光汴妻）… 672
姚光祖 …… 664	袁韬略 …… 668	翁氏（方亮淑妻）… 672
姚光辉 …… 665	袁　镇 …… 668	翁氏（方光缵妻）… 672
姚先登 …… 665	袁　骧 …… 668	翁文斗 …… 673
姚廷标 …… 665	夏　健 …… 668	翁文焕 …… 673
姚廷琇 …… 665	钱士峰 …… 668	翁　兰 …… 673
姚应梦 …… 665	钱广用 …… 668	翁邦祥 …… 673
姚应镳 …… 665	钱长青 …… 669	翁有仪 …… 673
姚序美 …… 665	钱学就 …… 669	翁廷资 …… 673
姚振武 …… 665	倪大猷 …… 669	翁如麟 …… 674
姚振球 …… 665	倪元藻 …… 669	翁进取 …… 674
姚逢熙 …… 666	倪仕基 …… 669	翁奇勋 …… 674
姚　高 …… 666	倪立德 …… 669	翁国正 …… 674
姚敏升 …… 666	倪呈材 …… 669	翁宗藩 …… 674
姚鸿猷 …… 666	倪明达 …… 669	翁　荃 …… 674
姚鼎科 …… 666	倪明进 …… 670	翁继斌 …… 674
姚赓臣 …… 666	倪明蔚 …… 670	翁　盛 …… 674
姚弼贤 …… 666	徐　上 …… 670	翁彩云 …… 675

翁淑韩 …………… 675	郭光海 …………… 680	唐开俊 …………… 685
翁彭龄 …………… 675	郭光墀 …………… 680	唐元勋 …………… 685
翁辜龙 …………… 675	郭廷集 …………… 680	唐　凤 …………… 685
翁朝升 …………… 675	郭时邦 …………… 680	唐世炫 …………… 685
翁　雅 …………… 675	郭　宏 …………… 680	唐其翺 …………… 686
翁嘏龄 …………… 676	郭良栋 …………… 681	唐拱极 …………… 686
高　升 …………… 676	郭林氏 …………… 681	唐　宽 …………… 686
高氏（方振正妻）… 676	郭昌时 …………… 681	唐　培 …………… 686
高氏（林氏妻）…… 676	郭迪道 …………… 681	唐　璇 …………… 686
高氏（林仕显媳）… 676	郭鸣岐 …………… 681	
高凤池 …………… 676	郭学琠 …………… 681	十一画
高凤清 …………… 676	郭注庄 …………… 682	黄丁巳 …………… 686
高亮正 …………… 676	郭绍宗 …………… 682	黄士高 …………… 687
高亮福 …………… 677	郭绍唐 …………… 682	黄士魁 …………… 687
高祖谕 …………… 677	郭　经 …………… 682	黄大光 …………… 687
高鹏飞 …………… 677	郭春华 …………… 683	黄大武① ………… 687
高满华 …………… 677	郭　荣 …………… 683	黄大武② ………… 687
郭于钰 …………… 677	郭树云 …………… 683	黄大荣 …………… 687
郭于瑾 …………… 678	郭振翮 …………… 683	黄大养 …………… 687
郭万桂 …………… 678	郭留楫 …………… 683	黄大卿 …………… 687
郭之宰 …………… 678	郭　铨 …………… 683	黄大鹏 …………… 688
郭天桢 …………… 678	郭铭勋 …………… 683	黄万英 …………… 688
郭天健 …………… 678	郭敏高 …………… 683	黄万选 …………… 688
郭天禔 …………… 678	郭维屏 …………… 684	黄义德 …………… 688
郭元龙 …………… 679	郭超南 …………… 684	黄之骥 …………… 688
郭日缋 …………… 679	郭朝凤 …………… 684	黄飞腾 …………… 688
郭升裕 …………… 679	郭朝宗 …………… 684	黄子震 …………… 688
郭　仁 …………… 679	郭敦业 …………… 684	黄天祐 …………… 688
郭氏（周大受妻）… 679	郭瑞秉 …………… 684	黄天寅 …………… 689
郭光祖 …………… 679	郭殿捷 …………… 684	黄元长 …………… 689
郭　光 …………… 679	郭德杞 …………… 685	黄元臣 …………… 689

清 十一画

黄元枢	689	黄邦纶	693	黄秀文	697
黄元榜	689	黄邦彦	693	黄应泰	697
黄元裳	689	黄再全	693	黄应旌	697
黄元骧	690	黄有清	693	黄灿	697
黄日高①	690	黄有德	693	黄良才	698
黄日高②	690	黄至刚	694	黄君容	698
黄日攀	690	黄师印	694	黄陈氏	698
黄仁勇	690	黄廷栋	694	黄武贤	698
黄从龙	690	黄廷勇	694	黄其蕃	698
黄氏（吴禹昭妻）	691	黄乔岳	694	黄英钟	698
黄氏（林良贤妻）	691	黄伟连	694	黄英	698
黄氏（徐作揖妻）	691	黄伟球	694	黄松亭	699
黄氏（萧美峰妻）	691	黄伟	694	黄杰者	699
黄氏（颜著明妻）	691	黄传茂	694	黄雨珠	699
黄凤鸣	691	黄仲惠	695	黄奋飞	699
黄凤	691	黄华珍	695	黄卓喜	699
黄文学	691	黄华	695	黄尚贡	699
黄文秸	691	黄兆荣	695	黄昆藏	699
黄文烓	692	黄旭吉	695	黄国宝	699
黄正忠	692	黄色秀	695	黄国辅	699
黄世杰	692	黄庆元	695	黄昌期	700
黄世谟	692	黄壮略	696	黄昌遇	700
黄龙遇	692	黄汝坚	696	黄昌霣	700
黄平运	692	黄如松	696	黄垂裕	700
黄平	692	黄进平	696	黄和长	700
黄甲	692	黄远登	697	黄金	700
黄仕俊	692	黄劳谦	697	黄金福	700
黄仙春	693	黄克瑕	697	黄学亮	700
黄立庄	693	黄杨氏	697	黄河	700
黄永山	693	黄连茹	697	黄宗有	700
黄永昌	693	黄时荣	697	黄承贻	701

黄承箕 …… 701	黄乾正 …… 705	黄嘉祥 …… 710
黄春川 …… 701	黄梦华 …… 706	黄裳 …… 710
黄苍臣 …… 701	黄梦缉 …… 706	黄肇开 …… 710
黄标 …… 701	黄辅臣 …… 706	黄德祖 …… 711
黄咸熙 …… 702	黄跃 …… 706	黄德容 …… 711
黄显生 …… 702	黄崇光 …… 706	黄鹤举 …… 711
黄钟 …… 702	黄敏 …… 706	黄器用 …… 711
黄俊升 …… 702	黄敏惠 …… 706	黄熺 …… 711
黄俊民 …… 702	黄章 …… 706	黄藏韬 …… 711
黄俊英 …… 702	黄鸿飞 …… 707	黄鎏 …… 711
黄俊德 …… 702	黄鸿学 …… 707	黄璧 …… 712
黄衍启 …… 702	黄寅 …… 707	黄蟾桂 …… 712
黄衍参 …… 703	黄维纲 …… 707	黄耀华 …… 712
黄庭经 …… 703	黄琮 …… 707	黄耀武 …… 712
黄客青 …… 703	黄朝恩 …… 708	黄麟科 …… 712
黄炱 …… 703	黄鼎辅 …… 708	黄麟阁 …… 712
黄桂荣 …… 703	黄遇春 …… 708	黄麟趾 …… 712
黄桂桢 …… 703	黄遇澄 …… 708	黄衢 …… 712
黄振刚 …… 704	黄智节 …… 708	萧一经 …… 713
黄振纲 …… 704	黄道 …… 709	萧大中 …… 713
黄振科 …… 704	黄道禧 …… 709	萧山 …… 713
黄振烈 …… 704	黄登庸 …… 709	萧之祐 …… 713
黄振蛟 …… 704	黄瑞升 …… 709	萧飞翔 …… 713
黄峰 …… 704	黄瑞吉 …… 709	萧元溥 …… 713
黄钰 …… 704	黄瑞光 …… 709	萧云龙 …… 713
黄逢泰 …… 704	黄勤饶 …… 709	萧见龙 …… 713
黄逢清 …… 704	黄锡侯 …… 710	萧介臣 …… 713
黄海如 …… 704	黄鹏飞 …… 710	萧氏（周成章妻）… 714
黄家桢 …… 705	黄鹏奋 …… 710	萧氏（郑乔龄妻）… 714
黄祥瑞 …… 705	黄新德 …… 710	萧凤翥 …… 714
黄继英 …… 705	黄煌色 …… 710	萧玉电 …… 714

萧永华 …… 714	萧苠卿 …… 718	梁大有 …… 724
萧永声 …… 715	萧树人 …… 719	梁大勇 …… 724
萧永康 …… 715	萧咸 …… 719	梁日映 …… 724
萧永章 …… 715	萧钦 …… 719	梁日暾 …… 724
萧丝纯 …… 715	萧重光 …… 719	梁为经 …… 724
萧邦炽 …… 715	萧豹变 …… 720	梁作则 …… 724
萧有高 …… 715	萧宸捷 …… 720	梁犹龙 …… 724
萧成中 …… 716	萧常经 …… 720	梁奇定 …… 725
萧成龙 …… 716	萧彩凤 …… 720	梁梦剑 …… 725
萧光日 …… 716	萧象行 …… 720	梁衡 …… 725
萧乔木 …… 716	萧象钜 …… 720	
萧庄娘 …… 716	萧焕新 …… 721	**十二画**
萧步云 …… 716	萧琰 …… 721	彭开亮 …… 725
萧系尹 …… 716	萧斯 …… 721	彭日高 …… 725
萧连高 …… 716	萧雄光 …… 721	彭秀宇 …… 725
萧系成 …… 716	萧翙材 …… 721	彭顺懿 …… 725
萧系闵 …… 717	萧敦 …… 721	彭骋骅 …… 726
萧系禹 …… 717	萧虞 …… 721	彭盛武 …… 726
萧应选 …… 717	萧殿芳 …… 721	彭捷任 …… 726
萧良芳 …… 717	萧殿章 …… 722	彭景云 …… 726
萧际荣 …… 717	萧肇泰 …… 722	彭龄 …… 726
萧纯佑 …… 717	萧翶材 …… 722	彭腾瑞 …… 726
萧纶焕 …… 717	萧彝章 …… 722	董泽 …… 726
萧纶锡 …… 718	梅春魁 …… 722	董宗鲁 …… 726
萧其宽 …… 718	曹俊 …… 722	韩古真 …… 726
萧若谷 …… 718	曹飞扬 …… 722	辜氏（陈绍德妻）… 727
萧昆产 …… 718	盛良弼 …… 723	辜文麟 …… 727
萧秉中 …… 718	康寿峰 …… 723	辜叶简 …… 727
萧金声 …… 718	康耀美 …… 723	傅玉林 …… 727
萧肃端 …… 718	章纯儒 …… 723	傅廷珍 …… 727
萧荣阳 …… 718	章捷升 …… 724	傅延烝 …… 727

傅孙铭	728	曾其名	733	谢天官	737
傅 岩	728	曾国凤	733	谢天锤	737
傅 修	728	曾命毅	733	谢元选	737
傅家正	728	曾学思	733	谢 元	737
傅家桢	729	曾栋奇	733	谢元瀛	737
傅清河	729	曾逢春	733	谢友德	737
释仁智	729	曾 高	733	谢日进	738
释本果	729	曾益盛	733	谢文在	738
释印元	729	曾 掌	733	谢心悟	738
释明意	729	曾赓隆	734	谢玉娘	738
释语山	729	温天水	734	谢 汀	738
释振际	730	温文桂	734	谢出类	738
释海德	730	温安海	734	谢式南	738
释超雪	730	温奇欻	734	谢光耀	739
释道忞	730	温学思	734	谢廷诏	739
释鉴辨	730	温奎龙	734	谢名嵩	739
释照唐	731	温恒炫	735	谢如晦	739
释德薪	731	温 清	735	谢运卄	739
童德光	731	游氏（黄宏雨妻）	735	谢志远	739
曾日省	731	游世标	735	谢宏恩	739
曾日羲	731	游定海	735	谢陈荣	739
曾中孚	731	游殷享	735	谢国史	740
曾氏（林来青妻）	731	寒 婆	735	谢国泰	740
曾文正	732	谢士峰	736	谢国恩	740
曾文树	732	谢大海	736	谢忠哲	740
曾世进	732	谢大略	736	谢秉成	740
曾成元	732	谢万琮	736	谢金度	740
曾廷兰	732	谢 义	736	谢学圣	741
曾华盖	732	谢及时	736	谢绍举	741
曾刘氏	732	谢之浩	736	谢思恭	741
曾声高	733	谢天泽	736	谢炳经	741

谢 炼 …… 741	**十三画**	詹志远 …… 750
谢起凤 …… 741		詹时光 …… 750
谢晋爱 …… 741	蓝 山 …… 745	詹时敏 …… 751
谢振瑛 …… 742	蓝子超 …… 745	詹良弼 …… 751
谢衷寅 …… 742	蓝文煜 …… 746	詹其渊 …… 751
谢 祥 …… 742	蓝作楫 …… 746	詹肯构 …… 751
谢梦春 …… 742	蓝应袭 …… 746	詹宗纬 …… 751
谢捷发 …… 742	蓝明高 …… 746	詹实颖 …… 751
谢捷榜 …… 742	蓝金升 …… 746	詹经方 …… 751
谢 铭 …… 742	蓝采薰 …… 747	詹经纶 …… 752
谢清荣 …… 743	蓝钦奎 …… 747	詹春光 …… 752
谢 涵 …… 743	蓝 植 …… 747	詹星斗 …… 752
谢绳武 …… 743	蓝辞青 …… 747	詹钟奇 …… 752
谢 琦 …… 743	蓝蔚雯 …… 747	詹耿道 …… 752
谢赐履 …… 743	赖 长 …… 748	詹豹略 …… 752
谢曾炎 …… 743	赖文经 …… 748	詹 珽 …… 753
谢 棨 …… 743	赖 营 …… 748	詹 琮 …… 753
谢 谦 …… 743	赖惠宇 …… 748	詹敬文 …… 753
谢献玉 …… 744	詹一渐 …… 748	詹 斌 …… 753
谢锡勋 …… 744	詹士广 …… 748	詹道跃 …… 753
谢简捷 …… 744	詹士翀 …… 749	詹登高 …… 753
谢简撰 …… 744	詹广誉 …… 749	詹 璇 …… 753
谢腾瑞 …… 744	詹子淦 …… 749	詹 韶 …… 753
谢 漺 …… 744	詹云翼 …… 749	詹德钦 …… 754
谢嘉龙 …… 745	詹仁锡 …… 749	詹德莹 …… 754
谢镇藩 …… 745	詹立名 …… 749	詹德瑛 …… 754
谢 藩 …… 745	詹式正 …… 749	詹 鲲 …… 754
谢 懿 …… 745	詹朴山 …… 750	詹黼黻 …… 754
谢麟书 …… 745	詹成梁 …… 750	詹耀彩 …… 754
	詹光先 …… 750	詹耀璘 …… 754
	詹志达 …… 750	

十四画

蔡一克 …… 754	蔡廷荻 …… 759	蔡彦 …… 763
蔡一诚 …… 755	蔡廷魁 …… 759	蔡说 …… 763
蔡士正 …… 755	蔡兴珠 …… 759	蔡恭 …… 764
蔡士杰 …… 755	蔡兴哲 …… 759	蔡振华 …… 764
蔡大孙 …… 755	蔡兴嘉 …… 760	蔡轼 …… 764
蔡大娘 …… 755	蔡次岳 …… 760	蔡旅平 …… 764
蔡之宾 …… 755	蔡安国 …… 760	蔡家泰 …… 764
蔡之基 …… 755	蔡芳璧 …… 760	蔡继绅 …… 764
蔡子庸 …… 756	蔡连辉 …… 760	蔡菁 …… 764
蔡开隆 …… 756	蔡步云 …… 760	蔡盛威 …… 764
蔡元泗 …… 756	蔡应龙 …… 761	蔡跃 …… 765
蔡元 …… 756	蔡应堂 …… 761	蔡得贵 …… 765
蔡云芳 …… 756	蔡怀清 …… 761	蔡朝琦 …… 765
蔡中孚 …… 757	蔡启懋 …… 761	蔡雄略 …… 765
蔡氏（马天球妻）… 757	蔡纯悫 …… 761	蔡登云 …… 765
蔡氏（李克生妻）… 757	蔡青钱 …… 761	蔡献图 …… 765
蔡氏（陈有年妻）… 757	蔡若坤 …… 761	蔡嗣令 …… 765
蔡氏（洪祇先妻）… 757	蔡茂植 …… 761	蔡瓒 …… 765
蔡氏 …… 757	蔡茂椒 …… 762	蔡熙 …… 766
蔡凤 …… 757	蔡奇逢 …… 762	蔡璜 …… 766
蔡文正 …… 758	蔡叔度 …… 762	蔡蕃 …… 766
蔡心依 …… 758	蔡鸣冈 …… 762	蔡德永 …… 766
蔡申 …… 758	蔡秉进 …… 762	蔡德新 …… 766
蔡召似 …… 758	蔡学渊 …… 762	蔡澄仪 …… 766
蔡西基 …… 758	蔡学瀛 …… 762	蔡澄西 …… 767
蔡贞女 …… 758	蔡相体 …… 763	蔡澄彩 …… 767
蔡当辉 …… 758	蔡相枚 …… 763	蔡樾 …… 767
蔡同高 …… 759	蔡思仁 …… 763	蔡燧兴 …… 767
蔡先攀 …… 759	蔡钟英① …… 763	蔡攀龙 …… 767
	蔡钟英② …… 763	蔡麟祥 …… 767
	蔡俊心 …… 763	廖日昌 …… 768

廖文旦 ………… 768	谭锡璋 ………… 770	薛培瑶 ………… 772
廖世麟 ………… 768	谭嘉碧 ………… 770	薛联桂 ………… 772
廖应秋 ………… 768	谭 夔 ………… 771	薛 然 ………… 773
廖振起 ………… 768	熊 卓 ………… 771	戴凤来 ………… 773
廖树震 ………… 768		戴邦彦 ………… 773
廖润湖 ………… 768	**十五画以上**	戴廷恩 ………… 773
廖森娘 ………… 768	颜世德 ………… 771	戴春荣 ………… 773
谭 元 ………… 769	潘义勇 ………… 771	戴 荣 ………… 773
谭 史 ………… 769	潘 允 ………… 771	戴 高 ………… 773
谭廷俊 ………… 769	潘宗赵 ………… 771	戴清源 ………… 774
谭宏谟 ………… 769	潘 隆 ………… 771	戴漉巾 ………… 774
谭益盛 ………… 769	薛子珊 ………… 772	魏文华 ………… 774
谭 深 ………… 769	薛邦伟① ………… 772	魏以德 ………… 774
谭紫蟾 ………… 770	薛邦伟② ………… 772	魏廷俊 ………… 774
谭 策 ………… 770	薛廷江 ………… 772	魏起泰 ………… 774
谭登佑 ………… 770	薛贻谋 ………… 772	魏 寅 ………… 774
谭嵩鹏 ………… 770	薛培琳 ………… 772	

汉

【吴 砀】

吴砀，字叔山，揭阳人。建安初年举孝廉，为安成长。二十年（215），孙权使吕岱攻下长沙等三郡，砀据攸县，与关羽首尾呼应。权复遣鲁肃攻攸县，砀曰："砀受天子命为长，知有汉不知有吴也。"卒以突围而去。后权统有交、广，遣步骘为交州刺史，感砀忠义而不见责，砀亦不复仕。（《三国志》、《百越先贤志》、雍正《揭阳县志》）——孙杜平

【程　杉】

程杉，字仲材，程乡义化（今属梅州平远）人。程旻次子。开皇中，举茂才，历弘农郡守，寿百余岁。（康熙《程乡县志》、乾隆《嘉应州志》）——黄晓丹

【程　旻】

程旻，程乡义化（今属梅州平远）人。生于南齐，历梁、陈及隋。自幼好读书，不慕荣达，为人忠信，隐于江滨，以德行著。程旻平生办事公道，乐于为人排忧解难。乡里偶有纠纷，不讼于官，而请其调解。凡有劳者，以理开导，明辨是非，使争忿消除。久之，乡人多明道义，望其庐即反思己过。开皇中，年九十余乃卒。乡人思慕其德，命其都名"义化"，乡名"程乡"，源名"程源"，江名"程江"。（康熙《程乡县志》、乾隆《嘉应州志》、光绪《嘉应州志》）——黄晓丹

◆ 唐 ◆

【冯氏女】

冯氏女,潮州人。潮州南山寺始建于唐初,原未有寺产,开元二十二年(734),邑人冯氏女以父母早卒,无其他兄弟,遂修表持地券赠于寺院,寺得租田一千二百余石。后无疾而终。寺为其建祠。(《潮州南山寺记》)——陈贤武

【杜德轩】

杜德轩,字均莆,潮阳兴仁乡人。大历时(766—779)避居古洞寨,寨与马嘶岩相连。读书习静,迥出尘表。继与大颠谈佛法,相得甚欢,遂结茅岩前以居之。继迁于浤水之西陇。时多寇警,躬率丁壮捍御,乡赖以安。岁值荒歉,倾仓赈恤,义侠可风。(乾隆《普宁县志》、嘉庆《潮阳县志》)——陈新杰

【吴 驹】

吴驹(841—?),号升乔,原籍福建晋江。初举明经,咸通十三年(872)登进士,授承事郎。光启三年(887)任潮阳令。秩满,因乐潮阳风土,遂择潮阳新兴乡芦溪(今属汕头潮南)以居,为芦溪吴姓始祖。(光绪《潮阳县志》、《吴氏世谱》)——陈新杰

【陈假庵】

陈假庵,江西龙虎山道士。咸亨二年(671),于潮阳东山开创东岳庙。复于东山玄帝庙西创超真观,卒葬东山。二十世纪八十年代,假庵墓重现,出土一碑,上书"开山假庵真宅",未镌年月。(隆庆《潮阳县志》)——陈新杰

【范思颙】

范思颙,潮阳新兴乡人。晋孝廉郎官昌谷十一世孙。慕义好施,永徽间(650—655),捐屋址为黉宫。元和十四年(819),潮州刺史韩愈徙邑新兴乡,思颙之裔移祖墓于西山麓,让地建县治。县令吴文鼎嘉其有裨学校,义概可风,详请春秋丁祭,厚颁胙肉,永为定例。(康熙《潮阳县志》、嘉庆《潮阳县志》、光绪《潮阳县志》)——陈新杰

【林存古】

林存古（826—866），潮州人。会昌元年（841），户部侍郎、同中书门下平章事杨嗣复贬为潮州刺史，是年林存古入杨府为奴。大中二年（848）嗣复去潮返京，存古与同乡女子阿罗从行。途中经岳州，嗣复病卒，存古等仍从嗣复妻子入都，为嗣复次子、工部侍郎杨授下指使人（奴婢）。后与阿罗结为夫妇，自育两男一女。林存古在杨府二十五年后因病卒于杨家，葬于洛阳城外正东三公里处。杨授亲撰《林存古墓志》称存古"谨厚小心，忠孝皆有"，阿罗"其为功勤，与夫相类"。次子佛奴、女小评皆为杨府下代奴婢。（《洛阳发现唐代奴仆林存古墓志》）——陈贤武

【赵　德】

赵德，海阳人，世称"天水先生"，大历十三年（778）进士。元和十四年（819），韩愈贬为潮州刺史，请赵德摄海阳县尉、衙推官，负责州学事务，以督生徒。在赵德主持下，乡校得到恢复、发展。同年十月末，韩愈移官袁州，邀其同往，赵德不愿离开故乡，婉言辞谢。韩愈深受感动，赋诗为别，并赠以平生所作文章七十二篇。赵德将这些文章辑成《昌黎文录》，为之作序。这是第一本编集传世的韩愈文选，成为后世校理韩文的重要本子。后人思其功德，奉为乡贤，配享于韩愈祠庙中。（《韩愈全集校注》、嘉靖《潮州府志》、光绪《海阳县志》）——陈贤武

【洪　圭】

洪圭（746—826），字大丁，原籍福建莆田。以进士官工部郎中，出为潮州刺史。览潮阳山水之胜，始家龟山，继迁岐北，为潮阳洪氏始祖。时地旷人稀，圭募夫垦荒，遂成巨室。因信悦大颠，贞元七年（791），舍"袖影地"予灵山寺。十三年（797），复舍院前田十二顷入寺，名曰"贞元庄"。祖孙先后共施田地四千六百亩入灵山寺，永为常住，刻石立碑。复造湄泥石桥。后嗣擢高科，登显仕者，代不乏人。（嘉庆《潮阳县志》、《洪氏族谱》）——陈新杰

【洪附凤】

洪附凤（805—870），潮阳兴仁乡人。工部郎中洪圭曾孙。穆宗朝（821—824）举乡荐，选山东清平县主簿，转宣化县令。居家，辟岐南市一所，造本里洪使桥一座通岐南市，铺设街路一条，刻立石碑存记，名曰"嘉定岐南市"。（嘉庆《潮阳县志》、《洪氏族谱》）——陈新杰

【洪奋虬】

洪奋虬（806—874），潮阳兴仁乡人。宣化令附凤弟。文宗朝

（827—840）进士，官韶州通判。豁达大度，岁时饥荒，捐资赈恤，全活甚众。大中六年（852），尝舍南婆庄、竹山庄田地近二千亩入灵山寺，造潇湘桥七墩，刻石存记。与其曾祖圭俱塑像寺内。（隆庆《潮阳县志》、嘉庆《潮阳县志》、《洪氏族谱》）——陈新杰

【黄　僚】

黄僚，字良臣，程乡东石（今属梅州平远）人。博学通经，唐宝历二年（826）以三礼出身官朝奉郎、大理寺丞，知琼州。梅州黄氏尊之为开基始祖。（康熙《潮州府志》、乾隆《嘉应州志》、雍正《平远县志》）——黄晓丹

【释宝通】

释宝通（732—824），号大颠，俗姓陈，先世颍川人。开元末生于潮。生而灵异，髫龄即遁栖云林，超然物外。大历间（766—779）与惟俨同师事西山惠照。复与之同游南岳，参石头希迁和尚，得大无畏法。贞元五年（789）回潮阳。翌年开辟白牛岩。七年（791），于县西幽岭下置立灵山禅院，是时已大悟禅宗，真得曹溪之绪，传法弟子千余人。元和十四年（819），韩愈刺潮，召至州郭与语，异之。其年愈祭神海上，因造其庐。会移袁州，遂留衣为别。著有《多心经释义》，又自写《金刚经》一千五百卷，《法华经》、《维摩经》各三十部，藏之山中。（《明一统志》、隆庆《潮阳县志》、嘉庆《潮阳县志》）——陈新杰

【释惠照】

释惠照，旧亡里氏，潮阳人。与石头希迁和尚同为六祖再传弟子，深契佛教南宗之旨，常栖止西山，精持戒律。有诗名，士林重之。大历元年（766），释惟俨与大颠同师惠照。惟俨后归药山，李翱任朗州刺史时每与之游。世传翱著《复性书》三篇，多惟俨宗旨，亦即惠照所授者。（隆庆《潮阳县志》、嘉庆《潮阳县志》）——陈新杰

【洪宗启】

洪宗启（905—990），号月山，潮阳兴仁乡人。唐工部郎中洪圭七世孙。后唐明宗朝（926—933）进士，选惠州河源县令，官声政绩，人多传颂。乾祐二年（949），舍田九顷、年入一千石予灵山寺；又捐创韩祠一区。与其先祖圭、奋虬俱塑像寺内。文存岐北《洪氏族谱序》一篇。（嘉庆《潮阳县志》、《洪氏族谱》）——陈新杰

三至四画

【马 发】

马发（？—1278），海阳人，南宋德祐元年（1275）任潮州摧锋寨正将。德祐二年（1276）三月初，元兵压境，知州、县令纷纷弃印逃走。五月，益王赵昰在福州即位，改元景炎。发奉命暂代知州，称安抚使。景炎二年（1277）十月，元将索多率兵攻潮州，发率众据城固守。元兵久攻不下，只得退兵转攻惠州。三年（1278）二月，叛将陈懿引索多围攻潮州城。历二十多天，潮城巍然不动。元兵攻破城外宋军大营，潮城孤立无援。不久，南门巡检黄虎子通敌，作为陈懿内应，潮城陷落。发收集剩下的一百多名勇士，退守金山子城，浴血奋战。至三月初一，终寡不敌众，令妻儿自缢后，饮鸩殉职。后人缅怀马发，将其一家尸骨收葬于金山，立"宋安抚使摧锋寨正将知潮州事马公暨阖门全节之墓"，并在墓前种下松树，人称"马丘松翠"，后改为"金山古松"，为潮州八景之一。（《永乐大典》、嘉靖《潮州府志》、光绪《海阳县志》）——陈贤武

【马 荣】

马荣（1108—?），原籍福建莆田。官淮南团练，升广南东路转运使。后归隐于潮阳新兴乡蚝坪，为今和平下寨、里美、塘围等村马姓始祖。（嘉庆《潮阳县志》）——陈新杰

【王大圭】

王大圭，字元象，海阳汤头（今属潮州潮安）人。王大宝三弟。官承务郎。（《潮汕王氏族谱》）——陈贤武

【王大纲】

王大纲，字元记，海阳汤头（今属潮州潮安）人。王大宝四弟。绍兴二十八年（1158），得长兄王大宝推荐，补将仕郎，赐紫章服一袭，转文林郎、东莞知县。（嘉靖《潮州府志》、光绪《海阳县志》、《宋潮州七

贤年谱丛刊》、《潮汕王氏族谱》）——陈贤武

【王大宝】

王大宝（1091—1165），字元龟，海阳汤头（今属潮州潮安）人。建炎二年（1128）廷试进士第二，历官至礼部尚书。为官期间，以宽民务、苏民困、解民忧为己任。从连州知州任上回朝述职时，奏免了连、英、循、惠、新、恩六州的"免行钱"。在国子监司业任上，又针对"月桩钱""折帛钱"的弊端，直抒己见，被宋高宗采纳。任提点福建刑狱时，捐俸三十万文，修筑临漳官道。坚持抗金主张，全然不顾秦桧的阴险毒辣，与受迫害贬斥的抗战派领袖赵鼎、张浚交往不辍。宋孝宗即位，上疏力主北伐。后张浚北伐失败，以宰相汤思退为首的主和派议与金媾和，他三上奏章劾其误国罪。赵鼎赞他"文章学识，直谅刚正，廷臣无出其右"。近代学者吴道镕在《广东文徵》中说："盖吾粤，宋南渡后，高孝两朝人物，当以大宝为首屈一指，不止潮州八贤之冠。"著有《周易证义》、《谏垣奏议》等。（嘉靖《潮州府志》、光绪《海阳县志》、《宋潮州七贤年谱丛刊》、《广东文徵》）——陈贤武

【王大鼎】

王大鼎，字元龙，海阳汤头（今属潮州潮安）人。王大宝二弟。官承奉郎。（嘉靖《潮州府志》、光绪《海阳县志》、《宋潮州七贤年谱丛刊》、《潮汕王氏族谱》）——陈贤武

【王与箕】

王与箕，海阳人。王良弼之侄孙。淳熙二年（1175）登进士。（嘉靖《潮州府志》、光绪《海阳县志》）——陈贤武

【王中行】

王中行，揭阳人。隆兴元年（1163）进士，初任教授。淳熙十二年（1185），以宣教郎知广州东莞县。在任期间以振兴学校、崇尚教化为首务。以学宫狭小不合体制，为改迁于邑人黎氏之地，右庙左学，规模体制大备，文风以振。又劝民勤于农桑，均租赋，平徭役，恩惠广被，有古循良之风。中行为人慈祥恺悌，博识洽闻，文章高简。有《潮州图经》、《广州图经》二卷、《增江志》四卷，皆佚。次子秉爵（1200—1277），官淮东制置使，兼知扬州。后挈家徙居东莞。（崇祯《东莞县志》、《直斋书录解题》、《永乐大典》、《广东考古辑要》、《广东文徵作者考》、《壮其遗集》）——孙杜平

【王介石】

王介石，潮州人，尝客于儋县。绍圣四年（1097），苏东坡贬至此，"初就官舍以避风雨，有司犹以为不

可。五年（1098），买地筑屋污池之侧，小客王介石等，有士君子之趣，起屋一行，介石躬身劳辱，然没丝发之求也"。东坡将茅庵命名为"桄榔庵"，作《桄榔庵铭》以记之。元符元年（1098）十二月，又尝与泉人许珏以酒子饷东坡。东坡感其意厚，作《酒子赋》为谢。二年（1099）三月二十四日，东坡与介石等游于渝江之阴，作《城北放鱼记》。（《苏轼文集》、民国《儋县志》）——陈贤武

【王仲荀】

王仲荀，海阳汤头（今属潮州潮安）人。先祖坦，为五代时闽王王审知玄孙，由福建温陵迁来潮州登荣都。宋神宗时，诏求唐、五代功臣之后，赐官赠禄，仲荀以忠懿王王审知后裔得授登仕郎、南安府南康县尉，摄县令；转承直郎、东头供奉。（嘉靖《潮州府志》、光绪《海阳县志》、《宋潮州七贤年谱丛刊》、《潮汕王氏族谱》）——陈贤武

【王　汲】

王汲，海阳汤头（今属潮州潮安）人。隆兴元年（1163）以父王大宝恩补通仕郎，转文林郎、肇庆府高要知县。（嘉靖《潮州府志》、光绪《海阳县志》、《潮汕王氏族谱》）——陈贤武

【王　志】

王志，潮阳人。嘉定十三年（1220）正月，显化于晋江青阳山石鼓庙，里人塑像祀之。越年（1221），敕封殿前太尉。德祐（1275）时，封护国上将军。明永乐（1403—1424）中，敕封"顺正王"。（道光《晋江县志》）——陈新杰

【王　沂】

王沂，海阳汤头（今属潮州潮安）人。王大圭次子。乾道三年（1167）以伯王大宝恩补登仕郎，转从政郎、潮州程乡知县。（嘉靖《潮州府志》、光绪《海阳县志》、《潮汕王氏族谱》）——陈贤武

【王良弼】

王良弼，海阳人。建炎二年（1128）进士。（嘉靖《潮州府志》、光绪《海阳县志》）——陈贤武

【王昌时】

王昌时，海阳汤头（今属潮州潮安）人。仲荀三弟仲良次子。王大宝堂叔。宣和三年（1121）四甲进士。官迪功郎，调静江府仪曹参军。（嘉靖《潮州府志》、光绪《海阳县志》、《宋潮州七贤年谱丛刊》、《潮汕王氏族谱》）——陈贤武

【王　洙】

王洙，海阳汤头（今属潮州潮安）人。王大鼎长子。绍兴十一年（1141）以伯王大宝恩补将仕郎，转从政郎、肇庆府新兴知县。（嘉靖《潮州府志》、光绪《海阳县志》、

《潮汕王氏族谱》）——陈贤武

【王　桂】

王桂，海阳人。淳祐七年（1247）进士。（《潮汕金石文徵》）——陈贤武

【王　淮】

王淮，潮阳（今属揭阳惠来）人。咸淳元年（1265）特奏进士。（乾隆《潮州府志》）——周修东

【王　棐】

王棐，潮阳人。崇宁二年（1103）登第四甲进士。（《粤大记》、道光《广东通志》）——陈新杰

【王　湜】

王湜，海阳汤头（今属潮州潮安）人。王大圭长子。乾道三年（1167）以伯王大宝恩补登仕郎，转迪功郎、梅州户录参兼司户。（嘉靖《潮州府志》、光绪《海阳县志》、《潮汕王氏族谱》）——陈贤武

【王　谦】

王谦，海阳汤头（今属潮州潮安）人。王汲孙。南宋时任迪功郎，封州签判。（嘉靖《潮州府志》、光绪《海阳县志》、《潮汕王氏族谱》）——陈贤武

【方　可】

方可，海阳人。登建炎二年（1128）进士。（嘉靖《潮州府志》、光绪《海阳县志》）——陈贤武

【方　扩】

方扩（1107—1166，旧志或庙讳佚其名，或擅书作"慎"），字端立，福建莆田人。金紫长官之长子员外郎，其后有寓南者。扩荐送自潮始，故潮志载为潮人。登绍兴二年（1132）第五甲进士。释褐调南雄州保昌县尉，差补建安县丞，用荐者知闽县。移知温州平阳县，有部使者按县，以平阳政有善状，同侍郎张九成、尚书王大宝白于朝。得旨，增秩，迁临安府通判。求外补，得知岳州。孝宗登极，恩转朝散大夫。乾道元年（1165），主管台州崇道观。著有《小蜡堂集》、《岳阳唱和集》各十卷及《丹丘别集》。（《铁庵集》、《艾轩集》、《宋史翼》、嘉靖《潮州府志》、康熙《福建通志》、《宋潮州七贤年谱丛刊》）——陈新杰　孙道平

【方宝印】

方宝印（1217—？），字景符，海阳人。治《春秋》免举，登宝祐四年（1256）进士。（嘉靖《潮州府志》、光绪《海阳县志》、《宝祐四年登科录》）——陈贤武

【方　瑶】

方瑶（1242—1322），字伯玉，号濂溪，先世居福建莆田。宋季，瑶为诸生，富于著作，声甲流辈。宋亡，瑶守义不仕，日游名山胜迹以自

适。既而恐受风尘物色，诸昆弟家于潮郡，而瑶独羡洪阳（今属揭阳普宁）形势，谓诸峰巉岏四水环归，爰即厚屿而家焉。为普宁方姓始祖。（乾隆《普宁县志》、《方氏奉先堂族谱》）——陈新杰

【方　默】

方默，原籍福建莆田，绍兴间（1131—1162）居于潮阳（今属揭阳惠来），遂为潮人。其玄孙有三，名教、达、发，颇知书达礼，撰有《潮阳方氏族谱》。淳祐四年（1244）十月，其族人宝章阁直学士、广州知州方大琮为之跋。（《铁庵方公文集》）——周修东

【方骥之】

方骥之，字文郘，原籍福建莆田。淳熙十年（1183）授潮阳县尉，寻迁县丞。操守狷介，不名一钱。潮阳其时多有盗贼，天旱民饥，田地荒芜。骥之致力消灭盗匪，赈济饥民，开垦荒地。风调雨顺，民歌其德。庆元三年（1197）春，调任东莞，潮阳县民挽留不得，镌刻去思碑以志不忘。到任东莞，正值寇贼蜂起，骥之统率弓兵与盗贼战于野外，死于阵中。朝廷荫恤其子份守为县丞。后因家贫，不能归闽，遂落籍惠来。祀惠来县乡贤祠。今惠来方氏为其后裔。（雍正《广东通志》、雍正《惠来县志》、光绪《潮阳县志》）——周修东

【古凤仪】

古凤仪（1040—1098），程乡（今属梅州梅县）人。以文才授潮州府典尉。熙宁元年（1068）诰授四品朝议大夫，生三子同登进士。（《嘉应古氏源流考》）——黄晓丹

【古　巩】

古巩（1078—1162），字仲逊，号丹泉，程乡（今属梅州梅县）人，北宋末落籍长乐黄砂乡（今属梅州五华）。自幼聪明颖悟，力学不息，博涉群籍，文章盖世。绍圣四年（1097）与兄革、堇同登进士榜。任广西宾州知府，授中顺大夫。为官清廉，政简民安，为世人钦仰。徽宗年间（1100—1124），金兵攻陷东京，巩辞官归里，负母杨太夫人骸迁居长乐黄砂乡邱山虾子塘，结庐定居，广辟田畴，为长乐古氏始祖。编有《古氏族谱》三册。（康熙《程乡县志》、《梅州进士录》）——黄晓丹

【古成之】

古成之（972—1038），字亚奭，号紫虚，生于河源古岭，后随父延绶迁居入籍程乡（今属梅州梅县）。端拱二年（989）进士。初授校书郎，历任益州青都县令、绵州魏城县令、汉州绵竹县令，多善政。著有《删易

注疏》并诗集行世。祀乡贤。（康熙《程乡县志》、乾隆《嘉应州志》、光绪《嘉应州志》）——黄晓丹

【古良弼】

古良弼（1122—1211），字舜肱，程乡（今属梅州梅县）人。绍兴中辟茂才，任长乐县簿尉，职满隐居不仕。（康熙《程乡县志》、《嘉应古氏源流考》）——黄晓丹

【古宗悦】

古宗悦（1007—1062），字裔臣，程乡（今属梅州梅县）人。父古成之。皇祐五年（1053）春，以三礼出身，任英州司户，迁新兴县令，捕盗有功。而后金幕广西宾州知府。穷经博约，忠君泽民，因改奉礼部侍郎，金幕宾州知府，升殿中丞，授勋骑都尉。王安石任江宁府尹时，为其撰《古府君宗悦墓志铭》。（康熙《程乡县志》）——黄晓丹

【古　革】

古革（1074—1154），字仲通，号云泉，程乡（今属梅州梅县）人。古凤仪子。绍圣四年（1097），与弟堇、巩同榜登进士第，任秘书省校书郎。同年调任琼州教授。在琼州卓有政绩，六年（1099）擢守潮州。守潮二十余载，惠政功绩显扬，士民誉为"潮州公"。（康熙《程乡县志》、乾隆《嘉应州志》、《梅州进士录》）——黄晓丹

【古　堇】

古堇（1076—1164），字仲达，号林泉，程乡（今属梅州梅县）人。绍圣四年（1097）与兄革、弟巩同登进士榜。任广西象州知州，授中议大夫。在任时扶耕立学，轻徭薄赋，待人友善，深受官宦器重，百姓爱戴。北宋末，金陷汴京，掳二帝北去，堇与兄革商议北上光复大计，因时令不许，扶宋匡复大计未酬。遂回河源龙岭定居。（康熙《程乡县志》、《梅州进士录》）——黄晓丹

【石子建】

石子建，潮阳人。政和五年（1115）第二甲进士。（《粤大记》、万历《广东通志》、道光《广东通志》）——陈新杰

【卢　侗】

卢侗（1023—1094），字元伯，海阳人。为人纯朴正直，孝顺父母。余暇常手不释卷，博览群书，尤其精通《易经》，并为之作注。五次应乡荐，宋皇祐五年（1053）始以应恩科登进士，授本州长史。嘉祐年间（1056—1063）调任归善县主簿。余靖任广东经略安抚使时，征聘其为参赞幕府机宜。宋英宗治平（1064—1067）初年，为英宗所召见，授官国子监直讲。熙宁年间（1068—1077），力言新法不便，请求出任地方官。历任柳州、循州知州。以太子中舍致

仕。回乡后结庐读书于潮州西湖山，在城中设馆授郡中子弟。捐资修堤，筑涵沟引水汇集冠陇大潭，民称"中舍潭"。（嘉靖《潮州府志》、光绪《海阳县志》、《宋潮州七贤年谱丛刊》）——陈贤武

【卢顺之】

卢顺之，卢侗之孙。事母孝，好学笃行。宋绍兴二年（1132）登进士，绍兴间（1131—1162）任肇庆节度推官，只任职三年，因挂念家中老母，便乞请回家养母。母死，守丧三年。卒年三十九，官终文林郎。（嘉靖《潮州府志》、光绪《海阳县志》、《宋潮州七贤年谱丛刊》、万历《肇庆府志》）——陈贤武

【叶大经】

叶大经（1202—1279），字伯常，号封川，原居河南开封汴梁。宝庆二年（1226）进士，授朝奉大夫。历官二十余年，廉明清正，咸淳二年（1266），升授八闽制置使。德祐二年（1276），元兵大举南下，文天祥固守抗元，以精兵驻福建益江东，而轻广域，不报制置使。大经愤而成疾，以病上书朝廷自求免官，时兵灾战火，难民逃亡，南北道路阻梗，奏书无法呈上，遂流寓于曾井（今属梅州梅江），每言及国事，痛心流涕。自称宋之遗臣，郁郁而终。卒葬梅州西岩前油坑口。后世裔孙尊其为梅州叶氏开基祖。（康熙《程乡县志》、《梅州进士录》）——黄晓丹

【邝　靖】

邝靖，潮阳人。嘉祐二年（1057）登进士第。（万历《广东通志》、道光《广东通志》）——陈新杰

六　画

【朱　炎】

朱炎，字仲晦，程乡人。弱冠举乡书。官青阳尉，再转恩平理问。（康熙《程乡县志》）——黄晓丹

【刘少集】

刘少集，字承勤，刘汶子，海阳（今属潮州湘桥）人。乾道八年（1172）举进士。淳熙间（1174—1189）任南恩州教授，后官大中大夫、太子中舍。（嘉靖《潮州府志》、光绪《海阳县志》、万历《肇庆府志》、《宋潮州七贤年谱丛刊》）——陈贤武

【刘　允】

刘允（1069—1125），字厚中，刘默之孙，海阳（今属潮州湘桥）人。胸怀坦白，通晓经史，博览群书。宋绍圣四年（1097）登进士，初任循州户曹。徽宗政和（1111—1117）初，任梅州程乡（今属梅州梅县）知县，正逢大旱，据实上报灾情，梅州百姓得以免除租税。政和五

年（1115），任桂州知州。宣和二年（1120），擢升化州知州。化州濒海，官府每年在此定购大量玳瑁和翠鸟羽毛。刘允为了减轻人民负担，停办这一差事。吴川县盐户数十人被诬私蓄兵器而获罪，允辨明冤屈，救活五十多人。后又授新州、循州知州，未赴任。卒于乡。喜韩愈文章，搜集京、浙、闽、蜀各地刊本及先贤赵德所编的韩愈文章旧本，参考石刻，订正刊行，乃宋代潮州最早编辑的韩愈文集。（嘉靖《潮州府志》、光绪《海阳县志》、《宋潮州七贤年谱丛刊》）——陈贤武

【刘光宅】

刘光宅，潮州人。贡士。绍定二年（1229），因买山业，被人拦占，讼至于州。知州孙叔谨遂拨隶于学，抽收山税，以为修郡学、韩庙之费。（《永乐大典》）——孙杜平

【刘　颎】

刘颎，刘景七子，海阳（今属潮州湘桥）人。官迪功郎，直史馆五经博士。（《宋潮州七贤年谱丛刊》、《粤东桃坑刘氏家族史》、《潮州桃坑刘氏族谱》）——陈贤武

【刘　汶】

刘汶，字源甫，刘昉三子，海阳（今属潮州湘桥）人。南宋淳熙五年（1178）应博学宏词科召对，赐章服，官至朝散大夫、广西经略宣抚使。（《宋潮州七贤年谱丛刊》、《粤东桃坑刘氏家族史》、《潮州桃坑刘氏族谱》）——陈贤武

【刘　表】

刘表（962—1025），海阳（今属潮州湘桥）人。举贤良方正，官授承直郎、大理寺评事。卒于洛阳。平生好善乐施，赈贫扶弱，蒙惠者以长者称。崇祀乡贤。（嘉靖《潮州府志》、光绪《海阳县志》、《宋潮州七贤年谱丛刊》）——陈贤武

【刘其男】

刘其男，号梅溪，潮州人。为人博学，工于词赋。宋季为万安州教。入元，隐居其地，不复仕进。年八十卒。（正德《琼台志》）——孙杜平

【刘　松】

刘松，字盛之，刘涣长子，海阳（今属潮州湘桥）人。官文林郎、惠州河源知县。（《宋潮州七贤年谱丛刊》、《粤东桃坑刘氏家族史》、《潮州桃坑刘氏族谱》）——陈贤武

【刘　昉】

刘昉（1086—1150），字方明，海阳（今属潮州湘桥）人，宣和六年（1124）进士。官至太常寺少卿。绍兴十年（1140）因不附和议而被劾罢职回乡，不久被重新起用为荆湖转运副使，知虔州。十三年（1143）移知潭州，十七年（1147）移夔州。曾重修武侯八阵图及杜甫故居。次年直

龙图阁，主管台州崇道观，不久又知潭州，二十年（1150）卒于任所。因曾任龙图阁学士，后人多称之为"刘龙图"。任荆湖南路安抚使期间，与乡贡进士王湜共同编集《幼幼新书》，书中引用医学文献一百四十一种，引用条目一万零九十六条，许多早期儿科医疗文献得以保存，是我国古代儿科医学的一部重要著作。南京博物院藏有其手书《范隋告身题跋》，这是目前所知存世最早的广东名人墨迹，它为广东书法史研究提供了宝贵的资料。（嘉靖《潮州府志》、光绪《海阳县志》、《宋潮州七贤年谱丛刊》）——陈贤武

【刘 泽】

刘泽，字润甫，刘景四子，海阳（今属潮州湘桥）人。官承事郎。（《宋潮州七贤年谱丛刊》、《粤东桃坑刘氏家族史》、《潮州桃坑刘氏族谱》）——陈贤武

【刘 洛】

刘洛，字仁甫，刘景五子，海阳（今属潮州湘桥）人。官骑散机宜。（《宋潮州七贤年谱丛刊》、《粤东桃坑刘氏家族史》、《潮州桃坑刘氏族谱》）——陈贤武

【刘 济】

刘济，字实甫，刘景长子，海阳（今属潮州湘桥）人。官判遂昌。（《宋潮州七贤年谱丛刊》、《粤东桃坑刘氏家族史》、《潮州桃坑刘氏族谱》）——陈贤武

【刘 浯】

刘浯，字洁甫，刘昉长子，海阳（今属潮州湘桥）人。南宋绍兴间（1131—1162）授迪功郎、浙江运干。（《宋潮州七贤年谱丛刊》、《粤东桃坑刘氏家族史》、《潮州桃坑刘氏族谱》）——陈贤武

【刘 涣】

刘涣，字明甫，又字伯顺，刘景次子，海阳（今属潮州湘桥）人。以父荫官，初仕梅州尉、朝散郎。淳熙九年（1182），升任清远宰。十三年（1186），以承事郎、新权通判肇庆军府兼管内劝农事。庆元元年（1195），通判琼州。在任上剔蠹夷奸，民用靖安。于是创小学，集群童，延师训导，时出清俸以勉其进。又为鬻民田募耕，辟官地收租，岁入数百缗供小学廪。复修府学崇文宣王庙像、祭器。时至黉堂，与诸生讲学。士民感其政绩，有《借徇》歌谣颂之。庆元五年（1200），以朝散郎知梅州。在任增饰学宫，广学田，增生员。别创小学四斋，捐千余缗市田塘，岁收租息以供。重建贡院。任间，曾召对改秩，赐紫金袋，食邑三百户。嘉泰四年（1204），官朝散大夫，知惠州。开禧元年（1205）创建博罗县学。仰杨万里诗学，多次致书

求其诗，先刊刻了杨万里的诗集《南海集》、《江湖集》、《荆溪集》、《西归集》、《朝天集》等。(《宋潮州七贤年谱丛刊》、《粤东桃坑刘氏家族史》、《潮州桃坑刘氏族谱》) ——陈贤武

【刘　景】

刘景（1103—1163），刘允次子，海阳（今属潮州湘桥）人。靖康二年（1127）举贤良方正，授朝奉郎。以课最，擢卫尉寺丞。绍兴二十四年（1154），任广州通判。二十五年（1155），知台州。二十七年（1157），安南发生叛乱，尝奉敕前往，协和外邦，兵不血刃而乱平，受宋高宗褒奖。乾道元年（1165），任广东市舶提举、银青光禄大夫，赐爵开国男，食邑三百户。转任南雄知州。乾道二年（1166）去职。(嘉靖《潮州府志》、光绪《海阳县志》、《宋潮州七贤年谱丛刊》) ——陈贤武

【刘　渭】

刘渭，字澄甫，刘昉次子，海阳（今属潮州湘桥）人。南宋绍兴间（1131—1162）官至大中大夫、宝谟阁待制。(《宋潮州七贤年谱丛刊》、《粤东桃坑刘氏家族史》、《潮州桃坑刘氏族谱》) ——陈贤武

【刘　滋】

刘滋，字成甫，刘昉四子，海阳（今属潮州湘桥）人。登南宋乾道八年（1172）壬辰科进士，官太常奉礼郎。(《宋潮州七贤年谱丛刊》、《粤东桃坑刘氏家族史》、《潮州桃坑刘氏族谱》) ——陈贤武

【刘　默】

刘默（1036—1065），刘表子，海阳（今属潮州湘桥）人。以五经举宋景祐二年（1035）特奏名，官文林郎、化州推官。性至孝，父丧三年，不近女色。(嘉靖《潮州府志》、光绪《海阳县志》、《宋潮州七贤年谱丛刊》) ——陈贤武

【刘　潞】

刘潞，刘景六子，海阳（今属潮州湘桥）人。官至县尉。(《宋潮州七贤年谱丛刊》、《粤东桃坑刘氏家族史》、《潮州桃坑刘氏族谱》) ——陈贤武

【刘　瀚】

刘瀚，字元甫，刘景三子，海阳（今属潮州湘桥）人。官佥书建武节度判官。(《宋潮州七贤年谱丛刊》、《粤东桃坑刘氏家族史》、《潮州桃坑刘氏族谱》) ——陈贤武

【许　申】

许申（约975—?），字维之，潮阳人。生而颖异，早岁能属文。咸平（998—1003）中，陈尧佐通判潮州，见而奇之。大中祥符二年（1009），会天子东封，献文者数百人。帝阅申

等文有可采，召试，赐草泽申进士及第，特授将仕郎、秘书省校书郎。久之，出知邺县。天禧元年（1017），知韶州，迁阶州，移吉、柳、建三州。所至俱有治迹。天圣四年（1026），任广西提点刑狱。景祐元年（1034），以工部郎中擢度支判官。申在三司，建议以药化钱与铜杂铸钱币，费省而利厚，朝廷诏申用其法铸于京师，时人以为官造伪钱，颇以此见讥。二年（1035）为江南东路转运使、朝请大夫，改知江西洪州。三年（1036）徙湖南路转运使。稍迁广南东路转运使。因上书言新法不便，忤旨，谪刑部郎中。著有《高阳集》。终宋世，子孙多以科名显，居官者四十一人（一说三十八人）。（《宋会要辑稿》、《续资治通鉴长编》、《明一统志》、嘉靖《潮州府志》、隆庆《潮阳县志》、《宋潮州七贤年谱丛刊》）——陈新杰

【许尧民】

许尧民，海阳人。许仲礼长子。袭巡检使。（嘉靖《潮州府志》、光绪《海阳县志》、《宋潮州七贤年谱丛刊》）——陈贤武

【许　因】

许因，字仍甫，潮阳人。刑部郎中许申子。景祐元年（1034；或作"景祐三年"，误，是年停贡举，《宋登科记》景祐仅"元年"一榜）登进士第。官秘书省校书郎，知筠州高安县。满三年，升大理寺评事，仕至太子中舍。善书法，其父申撰灵山寺碑，即因所书。（《粤大记》、隆庆《潮阳县志》、《宋潮州七贤年谱丛刊》）——陈新杰

【许仲礼】

许仲礼，海阳人。许珏长子。官武节郎，为东南第十一将。（嘉靖《潮州府志》、光绪《海阳县志》、《宋潮州七贤年谱丛刊》）——陈贤武

【许仲进】

许仲进，海阳人。许珏次子。官韶州教谕。（嘉靖《潮州府志》、光绪《海阳县志》、《宋潮州七贤年谱丛刊》）——陈贤武

【许　并】

许并（一作"许弁"），潮阳人。刑部郎中许申曾孙。元丰二年（1079）进士，历官宾州知州、兵马都监，终朝议大夫。（嘉靖《潮州府志》、隆庆《潮阳县志》、万历《广东通志》）——陈新杰

【许　瑆】

许瑆，海阳人。许闻义次子。官至主簿。（嘉靖《潮州府志》、光绪《海阳县志》、《宋潮州七贤年谱丛刊》）——陈贤武

【许君辅】

许君辅（1214—?），字舜臣，海

阳人。迪功郎元泰子。登宝祐四年（1256）丙辰科第三甲进士，初授漳州南靖知县。有德政，惠于民，士民感德，刻像立碑于文庙。官至户部主事。（嘉靖《潮州府志》、光绪《海阳县志》、《宝祐四年登科录》）——陈贤武

【许居仁】

许居仁，潮阳人。刑部郎中许申五世孙。元符三年（1100）进士，授奉议郎。尝于贵州任职。能诗，有宣和三年（1121）题刻，存揭阳之石佛岩寺。（嘉靖《潮州府志》、隆庆《潮阳县志》、万历《广东通志》、《潮汕金石文徵》）——陈新杰

【许居安】

许居安，潮阳人。刑部郎中许申五世孙。绍兴五年（1135，或作"元符三年"，误）进士，官太常寺奉礼郎。（嘉靖《潮州府志》、隆庆《潮阳县志》、万历《广东通志》）——陈新杰

【许居辅】

许居辅，海阳人。许珪子。官韶州教谕。（嘉靖《潮州府志》、光绪《海阳县志》、《宋潮州七贤年谱丛刊》）——陈贤武

【许 珏】

许珏，字国玺，潮阳（一作"海阳"）人。卫尉寺丞闻诲子。尚宋英宗长女德安公主，初授左班殿直，敕封宾州观察使，累官广南西路兵马都监。府第位于今潮州市区中山路葡萄巷东府埕四号，始建于宋英宗治平年间（1064—1067）。历代屡有修建，被誉为"国内罕见的府第建筑"。（嘉靖《潮州府志》、光绪《海阳县志》、《宋潮州七贤年谱丛刊》）——陈贤武

【许 珀】

许珀，海阳人。许闻一子。官至县尉。（嘉靖《潮州府志》、光绪《海阳县志》、《宋潮州七贤年谱丛刊》）——陈贤武

【许闻一】

许闻一，字季立，潮阳人。太子中舍许因季子。皇祐元年（1049）第五甲进士，官刑部郎中。（嘉靖《潮州府志》、隆庆《潮阳县志》、万历《广东通志》、《潮汕金石文徵》）——陈新杰

【许闻义】

许闻义，潮阳人。太子中舍许因次子。初知宾州，终国子监博士。（嘉靖《潮州府志》、康熙《潮阳县志》、《潮汕金石文徵》）——陈新杰

【许闻诲】

许闻诲，字伯述，潮阳人。太子中舍许因长子。官卫尉寺丞。潮州西湖山存其皇祐五年（1053）题名石刻。（《直斋书录解题》、嘉靖《潮州府志》、《潮汕金石文徵》）——陈

新杰

【许　宣】

许宣，潮阳人。刑部郎中许申八世孙。绍熙四年（1193）登进士第二甲。（隆庆《潮阳县志》、万历《广东通志》、道光《广东通志》）——陈新杰

【许　勘】

许勘，海阳人。举元符三年（1100）特奏名进士。（嘉靖《潮州府志》、光绪《海阳县志》）——陈贤武

【许舜民】

许舜民，海阳人。许仲礼次子。官驿使。（嘉靖《潮州府志》、光绪《海阳县志》、《宋潮州七贤年谱丛刊》）——陈贤武

【许　骞】

许骞（1166—1204），潮阳人。刑部郎中许申八世孙。绍熙四年（1193）登进士第五甲。累迁从事郎、南恩州签书判官厅公事。居官有守，遇事不诡随。庆元二年（1196），在惠州判官任上，撰《西新桥记》。五年（1199），潮州辟西湖，骞撰《重辟西湖记》。卒年三十九。（隆庆《潮阳县志》、万历《广东通志》、《潮州西湖山志》、《揭阳许氏宗谱》）——陈新杰　陈贤武

【纪善甫】

纪善甫，海阳人。淳祐四年（1244）登进士。（嘉靖《潮州府志》、光绪《海阳县志》、《潮汕金石文徵》）——陈贤武

【孙少勉】

孙少勉，揭阳人。绍熙元年（1190）进士，官广州司户参军。（雍正《揭阳县志》）——孙杜平

七　画

【麦进成】

麦进成，海阳人（今属潮州饶平），淳祐七年（1247）进士，官主簿。（《东里志》、康熙《饶平县志》、道光《广东通志》）——黄树雄

【严祖洽】

严祖洽，潮阳（今属揭阳惠来）人。大观三年（1109）第三甲进士。靖康元年（1126）尝以从政郎权康州端溪县令，管勾劝农公事。曾为康州知州吴揆所撰《赐额记》书丹，该碑已佚，有拓片存世。该碑楷书形体方正，笔画平直，为难得的宋代书法碑帖精品。（嘉靖《潮州府志》、乾隆《潮州府志》、道光《广东通志》、《德庆悦城龙母祖庙碑刻考之一》）——周修东　孙杜平

【苏　泽】

苏泽，潮州人。著有《先天太极论》。（《潮州艺文志》）——陈贤武

【苏　震】

苏震，海阳人。元祐三年

(1088)特奏名。(嘉靖《潮州府志》、光绪《海阳县志》)——陈贤武

【巫惇】

巫惇,程乡人。以武爵出身,入峒诱剧贼,骂三日,降之。掌权者嘉其才,荐之朝。累历边郡,著劳绩,名声赫然。诏归班师,宠以内殿承旨。官至武功大夫、勋武骑尉。及卒,敕归葬。(康熙《程乡县志》)——黄晓丹

【杨 更】

杨更,海阳人。登淳祐七年(1247)进士。(《潮汕金石文徵》)——陈贤武

【杨 弼】

杨弼,海阳人。举淳熙十一年(1184)特奏名。(嘉靖《潮州府志》、光绪《海阳县志》)——陈贤武

【杨献章】

杨献章(一作"献璋"),潮阳人。政和五年(1115)第五甲进士。(嘉靖《潮州府志》、万历《广东通志》、道光《广东通志》)——陈新杰

【杨 霆】

杨霆,潮阳(今属揭阳惠来)人。淳祐十年(1250)特奏进士第四等。(嘉靖《潮州府志》、乾隆《潮州府志》)——周修东

【杨 谭】

杨谭,海阳人。登建炎二年(1128)进士,官国子监祭酒。(光绪《海阳县志》)——陈贤武

【李 果】

李果,潮阳(今属揭阳惠来)人。咸淳元年(1265)特奏进士。(乾隆《潮州府志》)——周修东

【李南仲】

李南仲,海阳人。登政和八年(1118)进士。(嘉靖《潮州府志》、光绪《海阳县志》)——陈贤武

【吴 山】

吴山,潮阳新兴乡人。惠州通判吴丙仲子。咸淳六年(1270)解元。(康熙《潮阳县志》、嘉庆《潮阳县志》)——陈新杰

【吴少颜】

吴少颜,潮阳新兴乡(今属汕头潮南)人。嘉定元年(1208,复有"七年"、"十六年"诸说)进士第七十一名,官迪功郎。淳祐元年(1241),捐资创石塔寺,构立韩祠,子吴椿董其役。(《吴氏世谱》、道光《广东通志》、光绪《潮阳县志》)——陈新杰

【吴 丙】

吴丙(1186—1251),字景南,原籍福州永福。性耿介,负节义。嘉定十年(1217)进士,授松溪县主簿。教授贵州,通判兴化、惠州。监

左藏西库，秩止朝散郎。素与丞相文天祥善。祥兴间（1278—1279），天祥起兵趋潮，丙与俱。知大厦不支，遂挈眷家潮阳。舍园地六十余亩于东山超真观，晦迹为方外游。博学，工文辞。有《宗范》及《杂咏》诸篇。（《后村先生大全集》、淳熙《三山志》、《八闽通志》、隆庆《潮阳县志》）——陈新杰

【吴廷宪】

吴廷宪，号桂山居士，潮阳兴仁乡人。唐潮阳令吴驹六世孙。庆历间（1041—1048），徙居桂屿之仙家村，筑园于山麓，号"仙境园"。子孙蕃衍，有"桂屿吴"之称。南宋时有白玉蟾（葛长庚）者，诗仙也，适来海上，游仙境园，有诗纪咏。（《吴氏世谱》、《桂屿文学社季刊》）——陈新杰

【吴廷宝】

吴廷宝（一作"廷宾"），潮阳新兴乡人。唐潮阳县令吴驹六世孙。建炎二年（1128）第四甲进士，官兴宁县丞。仕至从政郎、南恩州知录事。（嘉靖《潮州府志》、嘉靖《广东通志初稿》、《吴氏世谱》）——陈新杰

【吴应辰】

吴应辰，名枢，字应辰，以字行，潮阳兴仁乡人。高士桂山六世孙。咸淳元年（1265）特奏进士，任南康录事参军。居家倡议卜构二厅堂，以尽追远之诚。暇日偕族人修《宗谱》，咏八景以遗后人。元兵南下，应诏勤王，倾家资以给海上军。（《吴氏世谱》、嘉靖《潮州府志》、万历《广东通志》、嘉庆《潮阳县志》）——陈新杰

【吴复古】

吴复古（1004—1101），字子野，号远游先生，本揭阳人。初以父荫当官，乃逊于庶兄。居祖母忧，庐于墓者三年，手植木于墓旁。后离开妻子，入潮阳麻田山中，绝粒不食。间出，遍历名山大川，所与游皆知名士。待制李师中，世少所属，及见复古，称赞不已。苏轼与弟苏辙当时名士，皆倾下之。尝论养生出世法，以安和为主本，以炼气服药为土苴。在州城筑庵以居，熙宁十年（1077），轼为名曰"远游"，且为《铭》。元祐八年（1093），于北海得十二石置所居岁寒堂下，轼为作《北海十二石记》。绍圣间（1094—1097），苏轼谪惠州，子野往晤，无一言及得失休戚事。遇疾而殂，轼以文祭之。（《舆地纪胜》、《粤大记》、嘉靖《潮州府志》、隆庆《潮阳县志》）——陈新杰

【吴　宣】

吴宣，字汝光，号以昜，潮阳兴仁乡人。高士桂山五世孙。以省荐为

州文学，知安溪县事。（《吴氏世谱》）——陈新杰

【吴　说】

吴说，字宇原，更字道原，号桂轩，潮阳兴仁乡人。高士桂山孙。大观二年（1108），其父惠成（号"云林逸叟"）创造贵屿桥，南渡间桥为黎寇所断。隆兴二年（1164），说捐资重修。又其父纂修《宗谱》，世次校定而疾作不起，说得先世行略及遗文，厘定成书，以传于后。（《吴氏世谱》、隆庆《潮阳县志》）——陈新杰

【吴　桂】

吴桂，潮阳新兴乡（今属汕头潮南）人。迪功郎少颜子。恺悌中和，学业专精。尝为潮州知州事孙淑谨所奖，以舍选授宣教郎，施田入石塔寺为常住。（吴禄《吴氏世谱》）——陈新杰

【吴　悦】

吴悦，字文炤，潮阳兴仁乡人。高士桂山七世孙。咸淳（1265—1274）中，仕为新繁主簿。宋亡不仕，遁迹清水山中。元至元二十一年（1284），兄慎纂《宗谱》，悦为作序，自署"宋祥兴甲申年子月长至日宋室遗臣"，以志忠贞。（《吴氏世谱》）——陈新杰

【吴继祖】

吴继祖，潮阳新兴乡人。惠州通判吴丙孙。官户部检法。墓葬青篮山。（康熙《潮阳县志》）——陈新杰

【吴　椿】

吴椿，潮阳新兴乡（今属汕头潮南）人。迪功郎少颜子。悯兄侄沦亡，宗嗣弗继，慨然不以兼得其产为利，规田一十三顷入石塔寺为常住。考妣合葬于北山和平铺后乌树山，碑镌"宝祐乙卯孝男椿自立"字样。（《吴氏世谱》、《宝光寺吴公施田记》）——陈新杰

【吴　慎】

吴慎，字文焕，潮阳兴仁乡人。高士桂山七世孙。乡贡。两上春闱，会元兵迫临安而止。纂《延陵宗谱世系》。（《吴氏世谱》）——陈新杰

【何垂裕】

何垂裕，见"何崇儒"条。

【何崇儒】

何崇儒，号赞卿，海阳（今属梅州大埔）人。宋季曾随文天祥为参议，因病归里，天祥赠以诗云："世事方相倚，沉疴别路歧。从兹挥手去，匡复在何时。"后卒于家。子垂裕，恪守父志，博览群书。尤精于《尚书》。宋亡不仕。卒后，墓碑题曰"处士垂裕之墓"，以见其气节。（同治《大埔县志》、民国《大埔县志》、《大埔何氏族谱》）——黄树雄

【余时亨】

余时亨（一作"金时亨"），潮阳（今属揭阳惠来）人。开庆元年（1259）特奏进士。（乾隆《潮州府志》）——周修东

【宋巨济】

宋巨济，海阳人。宣和三年（1121）登进士。（嘉靖《潮州府志》、光绪《海阳县志》）——陈贤武

【张　达】

张达，见"陈璧娘"条。

【张希傅】

张希傅，字作霖，海阳人。宣和六年（1124）登进士。（嘉靖《潮州府志》、光绪《海阳县志》）——陈贤武

【张　玭】

张玭，宋时为海丰县主学，落籍海丰龙江（今属揭阳惠来），世为书香门第。其十世孙张宗保，于嘉靖四年（1525）与方宗珙请立惠来县。（雍正《惠来县志》）——周修东

【张昌裔】

张昌裔，见"张夔"条。

【张　参】

张参，海阳人。以三礼举绍圣四年（1097）特奏名。（嘉靖《潮州府志》、光绪《海阳县志》）——陈贤武

【张彬之】

张彬之，潮阳（今属揭阳惠来）人。开庆元年（1259）特奏进士。（乾隆《潮州府志》）——周修东

【张　毂】

张毂，海阳人。登建炎二年（1128）进士。（嘉靖《潮州府志》、光绪《海阳县志》）——陈贤武

【张　雷】

张雷（1172—1221），字稚春，曾祖夔，祖昌裔，父嗣宗。雷幼颖悟力学，能文，登嘉定七年（1214）进士，授广东南海尉，未赴，改授广西藤州司理参军，秩满，升广西象州签判。卒于官，年五十。其墓在大埔茶阳，清康熙年间其墓志铭出土，大埔学者杨天培等有考证。（顺治《潮州府志》、《饶平县志补订》）——黄树雄

【张　夔】

张夔（1069—1161），字致尧，海阳人，潮州前七贤之一。政和八年（1118）进士。南宋初年曾任广东茂名知县，劾豪贿，黜猾吏，有廉名，诸司荐章称其为"南中诸县清介一人"。宋高宗特赐玺书奖谕。擢广西廉州通判。该地产沉香、生金，官此者皆囊括以归，夔独一毫无取。又化谕群盗，令投戈自散。迁广东新州知州。首兴学校，捐俸刊印五经，颁给民间子弟学习。又筑陂储水，灌田千余顷，民称"张侯陂"。宋高宗曾书其名于屏，曰"南有张夔，北有周

昕"。夔五十登第，七十致仕，卒年九十三。著有《禄隐集》。子昌裔，宣和六年（1124）进士，仕广西容州通判，夔曾示以诗云："慎勿与人交水火，好尊名节重丘山。"后改广东琼州通判，廉节一如其父。（《粤大记》、顺治《潮州府志》、《宋潮州七贤年谱丛刊》）——黄树雄

【陈王猷】

陈王猷（？—1150），潮州人。绍兴十五年（1145），知梅州。卒于官。（《夷坚甲志》、万历《广东通志》）——孙杜平

【陈开峰】

陈开峰，原籍福建莆田。循州判致庵子。以翰林侍讲知潮州，因择河浦乡家焉，遂占籍于潮。族以蕃衍，诗书科第，代不乏人。（《补纂叠石山房志》）——陈新杰

【陈文晦】

陈文晦（1095—1173），潮阳奉恩乡人。潮阳令汤征子。绍兴二十三年（1153），以子景肃诰封承议郎。乾道五年（1169），赐金紫袍带，进朝奉大夫。卒葬狮山山地，朝散大夫翁待举制铭。（光绪《漳州府志》、民国《诏安县志》、民国《溪南陈氏族谱》）——陈新杰

【陈仕颖】

陈仕颖，原籍福建莆田。端平间（1234—1236），由乡贡知潮阳县事，多惠政，士民爱之。因乐其风土之胜，遂立籍潮阳而居焉，为县廓南门陈氏始祖。（康熙《潮阳县志》、《潮阳陈氏族谱》）——陈新杰

【陈幼顺】

陈幼顺，海阳人。举淳熙二年（1175）特奏名。（嘉靖《潮州府志》、光绪《海阳县志》）——陈贤武

【陈　式】

陈式，号承凤，字宗举，海阳人。绍兴十八年（1148）进士，官承奉郎。（嘉靖《潮州府志》、光绪《海阳县志》）——陈贤武

【陈仲达】

陈仲达，潮阳人。政和五年（1115）第五甲进士。（嘉靖《潮州府志》、万历《广东通志》、道光《广东通志》）——陈新杰

【陈汤征】

陈汤征（1071—1123），字云卿，号竹乡，原籍福建莆田。宣和三年（1121）进士，授太学录，转博士。知潮阳县，崇礼教，重农桑，有政声。秩满，遂立籍于潮阳奉恩乡之柳冈。为柳冈陈氏始祖。（顺治《潮州府志》、《柳冈陈氏族谱》）——陈新杰

【陈希伋】

陈希伋，字思仲，海阳（今属揭阳空港）人。元丰年间（1078—

1085），入太学肄业十余年。曾上书数万言向朝廷指陈利害，皆切时病。又推荐太学生马锡，请加擢用。神宗嘉言之，由是声誉日隆，士人目为"广南夫子"。初举经明行修不第。元祐九年（1094），旋试特奏，时取诸科、进士三百四十六人，希侃为第一，赐假承务郎。累官梅州知州。值朝廷下令索取黄牛皮及珍珠，以作国家礼品之备，各州无不供应。希侃独以为黄牛乃农事之根本，不忍敷求于百姓，于是上书请罢其举。后卒于官。著有《揭阳集》，凡四百余篇。（《永乐大典》、《宋会要辑稿》、雍正《揭阳县志》）——孙杜平

【陈　甸】

陈甸（《粤大记》作"陈旬"，误），字师禹，潮阳人。熙宁九年（1076）第四甲进士。元丰元年（1078）重阳，与吕拚等游潮阳东山，题名镌石。（嘉靖《潮州府志》、万历《广东通志》、《潮汕金石文徵》）——陈新杰

【陈应辰】

陈应辰，潮阳人。嘉祐三年（1058）特奏进士。官长史。（嘉靖《广东通志初稿》、嘉靖《潮州府志》）——陈新杰

【陈　忏】

陈忏，海阳人。举熙宁六年（1073）特奏名，官长史。（嘉靖《潮州府志》、光绪《海阳县志》）——陈贤武

【陈昌言】

陈昌言，海阳秋溪（今属潮州湘桥）人。登淳祐十年（1250）进士，由宣教郎官至节度判官。《古瀛诗苑》录其诗《邺都》。（嘉靖《潮州府志》、光绪《海阳县志》、《潮汕金石文徵》）——陈贤武

【陈经国】

陈经国（1219—?），字伯夫，小字定父，海阳城南坊人。治赋，三举，登宝祐四年（1256）第四甲进士。（嘉靖《潮州府志》、光绪《海阳县志》、《宝祐四年登科录》）——陈贤武

【陈昭锡】

陈昭锡，海阳人。登淳祐七年（1247）第四甲进士。（《潮汕金石文徵》）——陈贤武

【陈修卿】

陈修卿，揭阳人。绍兴年间（1131—1161），为清远吏。会洪适省父英州，客旅相遇，一见如故，为作《陈氏四子字序》。（《盘洲文集》）——孙杜平

【陈洵仁】

陈洵仁，潮州人。绍圣四年（1097）进士，官韶州教授。（嘉靖《潮州府志》、同治《韶州府志》）——孙杜平

【陈原父】

陈原父（1071—1162），福建莆田人（一作"仙游人"，或称其即陈嘉邵）。进士，任海丰县令，赠朝议大夫。传至元初梅峰居士陈正功（1265—1356），卜居龙溪岐石里（今属揭阳惠来），为岐石陈氏始祖。裔孙有明巨野知县陈光世。（康熙《惠来县志》、乾隆《海丰县志》、雍正《福建通志》、雍正《广东通志》）——周修东

【陈秘政】

陈秘政，名籍失考。官秘政、迪功郎，故称。为潮阳奉恩乡陈氏秘政系始祖。墓葬直浦都。（嘉庆《潮阳县志》、光绪《潮阳县志》）——陈新杰

【陈梦龙】

陈梦龙（？—1278），字应辰（一作"五参"），潮阳新兴乡人。潮阳县令仕颖子。少有才略。开庆元年（1259）特奏进士，授石首主簿。建言改扬州司法。及二王浮海，梦龙散家资起兵赴援，复奉命招抚潮郡诸寇。祥兴元年（1278），丞相文天祥至潮阳，讨陈懿，梦龙与有力焉。十二月二十日，天祥于海丰五坡岭被执。张弘范下海往崖山，置天祥舟中，守护弥谨。越年二月六日，崖山行朝溃。张弘范百计说降，不可，乃送天祥于京师，遣都镇抚使石嵩护之行。梦龙伏乡兵于潮阳海口谋夺之，不克，战死古堤，乡人哀而收葬之。（嘉靖《潮州府志》、康熙《潮阳县志》、雍正《惠来县志》）——陈新杰

【陈景肃】

陈景肃（约1130—约1210），字和仲，号石屏，潮阳奉恩乡人。潮阳令汤征孙。少与长兄景雍入闽师事高东溪。绍兴二十一年（1151）进士，授左承议郎。以题咏多讥刺，桧党恶之。乞归，讲学渐山。乾道初（1165），提举湖南，入知制诰。淳熙四年（1177），以朝奉郎知仙游县，薄赋轻徭，旌善罚恶。累官至朝议大夫，除知台、湖等州。庆元二年（1196），知南恩州。致仕已八十余矣。卒赠资政殿大学士，谥廉献。著《撷翠集》、《礼疏》、《诗疏》等。明人尝刊《石屏集》。（《仙溪志》、《永乐大典》、《八闽通志》、《闽书》、万历《漳州府志》、康熙《诏安县志》）——陈新杰

【陈景雍】

陈景雍（约1126—？），字恭伯，号方屏，潮阳奉恩乡人。潮阳令汤征长孙。幼颖悟，性刚决。少能文，语多峻拔。年十五，父命其偕弟入闽师事东溪先生高登。尝撰语斥骂时宰，为父所焚，遂入太学。隆兴元年（1163），孝宗诏天下郡县，征直言诣

阙敷陈王道。后奉诏往陈，书上，与江哲、萧华俱赐官爵。然刚方不屈，卿相短之，出知休宁县。后见绩无所建，而县不屑治，遂去职，纵观山水，混迹醉乡以终。（民国《溪南陈氏族谱》）——陈新杰

【陈　辑】

陈辑，海阳人。建炎二年（1128）登进士。绍兴间（1131—1162）任南恩州教授。（嘉靖《潮州府志》、光绪《海阳县志》、万历《肇庆府志》）——陈贤武

【陈璧娘】

陈璧娘（？—1279），福建漳浦人。南恩知州景肃女孙，适都统饶平张达。景炎年间（1276—1278），宋帝为元兵所逐，至泉州，又遇蒲寿庚之叛，登舟入海，驻跸红螺山下。璧娘之夫张达等输粟饷军，率义勇护驾。祥兴二年（1279），宋亡，达死于崖山之役，璧娘闻讯不食卒。当达赴红螺山时，陈璧娘送至洲上（其地后名"辞郎洲"），又作《平元曲》寄之。其事在潮传颂甚广。（《宋史》、嘉靖《潮州府志》、乾隆《潮州府志》）——黄树雄

八　画

【范真老】

范真老，潮阳新兴乡人，进士应午子。以经术充秘阁修撰。（康熙《潮阳县志》、嘉庆《潮阳县志》）——陈新杰

【范应午】

范应午，字正阳，潮阳新兴乡人。义行思颙嫡孙。生质颖异，抱负不凡。淳祐元年（1241）进士，授宣教郎。奉差知兴国军州事，因铮谏不合，解绶归隐，朝论高之。（康熙《潮阳县志》、嘉庆《潮阳县志》、道光《广东通志》）——陈新杰

【林士平】

林士平，潮阳湖东（今属揭阳普宁）人。咸淳二年（1266），募创湖东桥石梁五孔。（隆庆《潮阳县志》）——陈新杰

【林大受】

林大受（1121—？），字叔容，揭阳人。绍兴十八年（1148）进士（《绍兴十八年同年小录》）——孙杜平

【林从可】

林从可，海阳人。元祐六年（1091）以三礼举特奏名，授宣德郎。（嘉靖《潮州府志》、光绪《海阳县志》、《宋潮州七贤年谱丛刊》）——陈贤武

【林从先】

林从先，海阳人。元丰三年（1080）以三礼举特奏名。（嘉靖《潮州府志》、光绪《海阳县志》、《宋潮州七贤年谱丛刊》）——陈

贤武

【林从周】

林从周（975—1025），海阳人。林巽之侄。景德二年（1005）登进士，授福建泉州南安县主簿，调任佐贰官，常谏言，后被派往南剑州监管银矿开采，有政绩。大中祥符元年（1008），升任大理寺评事，监永嘉税务。后升大理寺丞，知开封考城县，著有政绩。天禧元年（1017），任殿中丞，兼管诸司粮料院。三年（1019），改授太常寺博士，通判杭州军州事。从周刚直不阿，办案不徇私情，不避权贵。天圣元年（1023）十一月冬至日，宋仁宗举行即位后的第一次祭祀天地大典，从周以府僚开封府推官身份得以陪祭。天圣二年（1024）调任度支员外郎，提点浙江东西路刑狱。在任上，多平反冤狱。按制度可荫一子做官，因弟从善早死，上奏把荫职给予侄儿。三年（1025）五月，卒于任上。后入祀乡贤祠。其亲属食禄于朝的有二十余人。（《武溪集》、嘉靖《潮州府志》、《潮汕金石文徵》、《宋潮州七贤年谱丛刊》）——陈贤武

【林东乔】

林东乔，海阳人。林从周长子。历官光禄寺丞、司门郎中。治平二年（1065），以朝奉郎、大理寺丞知福建汀州事。（《武溪集》、嘉靖《潮州府志》、《宋潮州七贤年谱丛刊》）——陈贤武

【林东注】

林东注，海阳人。治平四年（1067）举特奏名，官通直郎。（《武溪集》、嘉靖《潮州府志》、《宋潮州七贤年谱丛刊》）——陈贤武

【林东美】

林东美，海阳人。林从周次子，嘉祐五年（1060）以学究举特奏名，官比部员外郎，知雷州事。《永乐大典》录有其七律《西湖亭》。（《武溪集》、嘉靖《潮州府志》、《宋潮州七贤年谱丛刊》）——陈贤武

【林东起】

林东起，海阳人。元丰三年（1080）举特奏名。（嘉靖《潮州府志》、《宋潮州七贤年谱丛刊》）——陈贤武

【林　权】

林权，潮阳（今属揭阳惠来）人。林纮孙。淳祐四年（1244）乡荐，宝祐元年（1253）特奏进士。任雷州参军，迁南恩州团练推官。（嘉靖《广东通志》、乾隆《潮州府志》、康熙《惠来县志》、雍正《惠来县志》）——周修东

【林　成】

林成，海阳人。大中祥符八年（1015）登进士。（嘉靖《潮州府志》、光绪《海阳县志》）——陈

贤武

【林刚中】

林刚中,潮州人。官从事郎、福州闽清县尉。端平二年(1235),与知州叶观㮣、黄梦锡等续修《潮州图经》。(《永乐大典》)——孙杜平

【林伯达】

林伯达,潮州人。贡士。政和二年(1112)省试,因试卷杂犯被黜落。明年(1113),诏送永州编管,永不入学。事连翰林学士蔡薿、吏部侍郎慕容彦逢、给事中宇文粹中等,并以贡举官,各降两官。(《宋会要辑稿》)——孙杜平

【林亨甫】

林亨甫,潮阳人。淳祐十年(1250)登进士第。(嘉靖《潮州府志》、万历《广东通志》、《潮汕金石文徵》)——陈新杰

【林 纮】

林纮,潮阳(今属揭阳惠来)人。元丰五年(1082)贤良科正奏第二甲进士,授集贤校理。元祐间(1086—1093)迁秘书丞。(嘉靖《广东通志》、嘉靖《潮州府志》、雍正《惠来县志》)——周修东

【林若谷】

林若谷,潮阳(今属揭阳惠来)人。庆元四年(1198)明经乡荐,尝任连州司户,开禧间(1205—1207)任梅州教授。(成化《广州志》、康熙《程乡县志》、乾隆《潮州府志》、雍正《惠来县志》)——周修东

【林 定】

林定,字正甫,潮阳人。元符年间(1098—1100),任广西融州通判。尝与提刑许端卿、知州刘泽偕游郡真仙岩、老君洞等名胜,并勒诸石。(《柳州石刻集》)——孙杜平

【林 庚】

林庚,海阳人。淳熙二年(1175)登进士。(嘉靖《潮州府志》、光绪《海阳县志》)——陈贤武

【林绍坚】

林绍坚,字民望,原籍福州,绍兴二十四年(1154)进士,拜侍御史,历官银青光禄大夫,移家来潮。施田六千八百四十八亩给潮州开元寺,所施远超该寺所置之田亩数。赵师惠奏闻,奉旨敕寺院建祠。寺有檀越祠(林公祠)。(光绪《海阳县志》)——陈贤武

【林经国】

林经国,潮阳(今属揭阳惠来)人。秘书丞林纮子。崇宁五年(1106)贤良科正奏第四甲进士,授永兴军司理,迁大理寺评事。(嘉靖《潮州府志》、乾隆《潮州府志》、雍正《惠来县志》)——周修东

【林莘夫】

林莘夫,潮阳(今属揭阳惠来)

人。林纮六代孙。景定三年（1262）特奏进士，仕连州教授，升秘阁校书郎。（嘉靖《广东通志初稿》、雍正《惠来县志》、乾隆《潮州府志》）——周修东

【林桂生】

林桂生，潮阳（今属揭阳惠来）人。林纮曾孙。淳祐四年（1244）明经乡荐，任四川夔州金判，补宣义郎。（嘉靖《潮州府志》、乾隆《潮州府志》）——周修东

【林得一】

林得一，海阳人。登绍兴二十七年（1157）特奏名。（嘉靖《潮州府志》、光绪《海阳县志》）——陈贤武

【林崈子】

林崈子，潮阳（今属揭阳惠来）人。淳祐十年（1250）特奏进士第四等。（嘉靖《潮州府志》、乾隆《潮州府志》）——周修东

【林 巽】

林巽（1005—1031），字巽之，海阳人。天圣五年（1027），参加"才识兼茂，明于体用"科的考试。由于在对策中敢于直言，切中时弊，冒犯权贵，主考官员不敢录取。六年（1028）或七年（1029），投匦论事，得到仁宗赏识，授官徐州仪曹，不受，毅然南归读《易经》，先后写有《卦元》、《卦经》、《卦纬》、《丛词》、《起律》、《吹管》、《范余》、《叙和》等八篇，并定名《易范》。人称为"草范先生"。外有文集若干卷。（《舆地纪胜》、嘉靖《潮州府志》、《宋潮州七贤年谱丛刊》）——陈贤武

【林 冀】

林冀（986—1039），字希圣，海阳人。林巽兄。登大中祥符八年（1015）进士，授湖南辰州从事。天圣三年（1025），在惠州推官任上，以试身言书判第一，授大理丞，入尚书省为屯田员外郎。五年（1027），调知歙州绩溪县、歙县，兼总运盐事，有善政。六年（1028），改知广东梅州。八年（1030），官通判杭州。宝元二年（1039），终于官所。（《端明集》、嘉靖《潮州府志》、《宋潮州七贤年谱丛刊》）——陈贤武

【林翼龙】

林翼龙，潮阳（今属揭阳惠来）人。秘书丞林纮六代孙。开庆元年（1259）特奏进士，授建安书院山长，升秘书正字。（嘉靖《广东通志》、康熙《惠来县志》、雍正《惠来县志》、乾隆《潮州府志》）——周修东

【金 亮】

金亮，海阳人。登淳祐七年（1247）进士。（《潮汕金石文徵》）——陈贤武

【周梅叟】

周梅叟（1211—?），原名子亮，字梅叟，以字行，改字春卿，湖南道州宁远人。省试第一，嘉熙二年（1238）进士第九名，授连州教授。淳祐七年（1247）四月以国子监丞除秘书郎，十一月除著作郎。八年（1248）正月兼权兵部郎官，是月差知潮州军州事。以潮州为先祖周敦颐按部之地，作元公书院于郡学右，与韩山书院规模相同。约十年（1250）去职奉祠，后起任广东提点刑狱。宝祐四年（1256）至五年（1257），尝任广东转运判官、广东转运使。以世乱道梗，遂落籍于潮阳泗港（今属汕头潮南）。潮人以祔祀于州府城濂溪祠。（《南宋馆阁续录》、《宝祐四年登科录》、万历《粤大记》）——周修东

【周　裕】

周裕（1233—?），字益之，海阳人。治赋一举，登宝祐四年（1256）第二甲进士。（嘉靖《潮州府志》、光绪《海阳县志》、《宝祐四年登科录》、《潮汕金石文徵》）——陈贤武

【周霆震】

周霆震，海阳人。登淳祐七年（1247）进士。（《潮汕金石文徵》）——陈贤武

【周　镐】

周镐，潮阳人。绍兴二十四年（1154）第四甲进士。（嘉靖《潮州府志》、万历《广东通志》、道光《广东通志》）——陈新杰

【郑之才】

郑之才，潮阳（今属揭阳惠来）人。政和二年（1112）第五甲进士，宣教郎，尝任职四川巴中。道光《保宁府志》录有其七律《南龛山》一首。参与建造潮阳"泗洲普照真际菩萨宝塔七层"。（嘉靖《潮州府志》、《粤大记》、乾隆《保宁府志》、光绪《潮阳县志》）——周修东

【郑开先】

郑开先（?—1278），字通显，潮阳丰欢乡（今属汕头潮南）人。运使郑徽曾孙。官侍讲。（康熙《潮阳县志》、《郑氏受姓著代世系》）——陈新杰

【郑　升】

郑升，号铁石，原籍福建莆田。尝任都劝掾。宋季游潮，因家潮阳新兴乡深浦。升乐善好施，目睹里人病涉，于深浦潮东水路造石桥四座济之，乡民受惠。为金浦郑氏始祖。（《明农山堂集》、康熙《潮阳县志》）——陈新杰

【郑民宪】

郑民宪，潮阳（今属揭阳惠来）人。崇宁五年（1106）贤良科正奏第五甲进士。（嘉靖《潮州府志》、乾隆《潮州府志》、雍正《惠来县

志》）——周修东

【郑沂】

郑沂，海阳人。大观三年（1109）以三礼举特奏名。历官至信安令、南恩州从事。尝读书西湖山，榜其庐名"蒙斋"，有水石之胜。（嘉靖《潮州府志》、光绪《海阳县志》、崇祯《肇庆府志》、《潮州西湖山志》）——陈贤武

【郑补】

郑补，海阳人。政和五年（1115）以三礼举特奏名。（嘉靖《潮州府志》、光绪《海阳县志》）——陈贤武

【郑国翰】

郑国翰（1098—?），原名翰，字宁夫，以避元勋曹翰名，改国翰，字良佐，海阳（今属梅州丰顺）人。父希孟，仕州教授。绍兴十八年（1148）进士，授福建莆田知县，历升至兵部郎中。致仕归里，在县之飞泉岭筑以书庄，集生徒讲学其中。学者称为"澹轩先生"。朱熹游揭阳时，尝主其家。（《绍兴十八年同年小录》、雍正《揭阳县志》、《韩江见闻录》）——孙杜平

【郑南升】

郑南升，字文振，潮阳人。绍熙间（1190—1194），与揭阳郭叔云（字子从）负笈师从朱晦翁，因得共闻格致合一之旨。而南升尤潜心《论语》、《孟子》，多所发明，晦翁亟称焉。及晦翁去世，南升、叔云暨同门陈淳辈，复相与讲明正学，往来辨析不倦，一时后进视其言行为准则。今人辑有《郑南升先生语录》。（《粤大记》、嘉靖《潮州府志》、隆庆《潮阳县志》）——陈新杰

【郑宥】

郑宥（?—1241），字宏泽，潮阳丰欢乡（今属汕头潮南）人。运使郑徽孙。官宣教郎。因地处海滨，水咸，人苦缺少泉水，乃观察地脉，开凿清泉二十四井，乡民饮用灌溉，均有所依赖。（嘉庆《潮阳县志》、《郑氏受姓著代世系》）——陈新杰

【郑焕】

郑焕，海阳人。本路类试省元，建炎二年（1128）登进士。（嘉靖《潮州府志》、光绪《海阳县志》）——陈贤武

【郑淳】

郑淳，海阳人。元丰五年（1082）举特奏名。（嘉靖《潮州府志》、光绪《海阳县志》）——陈贤武

【郑慈珍】

郑慈珍（1223—1264），号念三，潮阳丰欢乡（今属汕头潮南）人。运使郑徽玄孙。幼颖异笃学，弱冠举孝廉，淳祐四年（1244）特奏进士。六年（1246），授翰林检讨。宝祐元年（1253），知夔州军州事。时夔州

经战乱之后，民苦于兵，无安土之志。慈珍到任，一意安抚引导，下令属地修整荒废城垣，招收流亡百姓，教导耕读，远近争附。离任时，吏民遮道攀辕，多泣涕者。当地建祠奉祀。（康熙《潮阳县志》、道光《广东通志》、《潮阳神山郑氏族谱》）——陈新杰

【郑 裡】

郑裡，海阳人。景祐元年（1034）进士。（嘉靖《潮州府志》、光绪《海阳县志》）——陈贤武

【郑 徽】

郑徽（？—1151），字种德，原籍福建莆田。宣和四年（1122）福建乡荐第一，官广东三泊漕运货泉都运使，孜孜奉公，立志清白。际宋室南渡，偕子孙自莆迁潮，创居丰欢乡之神山里（今属汕头潮南）。居恒以礼教淑人，周睦里党，赈恤孤寒，力施不倦。（康熙《潮阳县志》、乾隆《潮州府志》、《郑氏受姓著代世系》）——陈新杰

【郑 夔】

郑夔，海阳人。景祐元年（1034）进士。（嘉靖《潮州府志》、光绪《海阳县志》）——陈贤武

【赵寏夫】

赵寏夫（1210—？），字兴叔，海阳人。治《易》，宝祐四年（1256）登第四甲进士，知东莞县。（光绪《海阳县志》、《宝祐四年登科录》、康熙《东莞县志》）——陈贤武

【赵师正】

赵师正，潮阳人。绍兴三十年（1160）第四甲进士。（嘉靖《潮州府志》、嘉靖《广东通志初稿》）——陈新杰

【赵师丞】

赵师丞，潮阳人。师正弟。乾道五年（1169）第四甲进士。（嘉靖《潮州府志》、万历《广东通志》、道光《广东通志》）——陈新杰

【赵师宣】

赵师宣，潮阳人。师正弟。乾道五年（1169）第四甲进士。（嘉靖《潮州府志》、万历《广东通志》、道光《广东通志》）——陈新杰

【赵嗣观】

赵嗣观，潮阳新兴乡人。秘阁预制诰若龙长子。官泉州知监。留家于泉州。（康熙《潮阳县志》、赵氏《祖保公派下齿录》）——陈新杰

【赵嗣泰】

赵嗣泰，潮阳新兴乡人。秘阁预制诰若龙第三子。官太常寺丞、国子监司业。（康熙《潮阳县志》、赵氏《祖保公派下齿录》）——陈新杰

【赵汝篪】

赵汝篪，不详其里籍。道士。咸

淳二年（1266），移西山古塔砖石在潮阳县城新旧两街之界创建千佛塔堂。（隆庆《潮阳县志》、康熙《潮阳县志》）——陈新杰

【赵希真】

赵希真，海阳人。淳祐十年（1150）进士。（嘉靖《潮州府志》、光绪《海阳县志》、《潮汕金石文徵》）——陈贤武

【赵希逸】

赵希逸，海阳人。淳祐四年（1244）进士。（嘉靖《潮州府志》、光绪《海阳县志》、《潮汕金石文徵》）——陈贤武

【赵良略】

赵良略，潮州人。绍熙年间（1190—1194），任东莞主簿。（民国《东莞县志》）——孙杜平

【赵若龙】

赵若龙，字云翔，潮阳新兴乡人。潮阳县丞时侬子。早岁颖悟能文。淳祐四年（1244）进士。历秘书省预撰制诰，见知于御史陈垓。文章节义，一时推重。（康熙《潮阳县志》、道光《广东通志》）——陈新杰

【赵嗣助】

赵嗣助（1247—1320），字衍奖，号东斋，潮阳新兴乡人。秘阁预制诰若龙仲子。自少明敏异凡。咸淳四年（1268）进士，任连州知录，累迁提辖行在左藏库、通判惠州，以治最，加紫金鱼袋，进阶朝奉大夫。景炎初（1276），以母老乞归。会丞相文天祥入潮讨陈懿、刘兴，移驻潮阳，嗣助为具刍粮劳军，因与计画，斩兴以殉。后宋亡，竟不仕元。至大间（1308—1311），尝倡义建双忠祠，及置田以供祀事。（成化《广州志》、隆庆《潮阳县志》、顺治《潮州府志》、道光《广东通志》）——陈新杰

【胡申甫】

胡申甫，潮阳（今属揭阳惠来）人，为入潮胡氏始祖胡道夫玄孙。咸淳间（1265—1274）进士，尝任县主簿，焯有惠政，名闻于时。父仕球，能笃前烈，复增置田租千有余石，以供祭祀，而赒给族人。申甫继武先徽，建京山书院，祀朱熹、胡瑗。咸淳五年（1269）林希逸为撰记赠诗。仲弟申锡，居家以孝友端谨闻。（《竹溪鬳斋十一稿续集》、《宫詹遗稿》、雍正《惠来县志》）——周修东

【胡仲堪】

胡仲堪，潮阳人。皇祐五年（1053）第五甲进士。（万历《广东通志》、道光《广东通志》）——陈新杰

【胡　斌】

胡斌，海阳人。南宋殿前司将

官。江、闽寇作乱,知邵武有备,未敢犯。胡斌率领弱卒数百留于城中。绍定三年(1230)闰月,盗众大至,将士多临阵脱逃,胡斌奋身迎战,杀敌甚众。贼再增兵,但官军所存仅数十人,有人劝其回避,不肯,而是与敌展开巷战,最终兵尽矢穷而遇害。事后朝廷赠其"武节大夫"称号,并录用他的后人一人。枢密院编修官王野上言,邵武民希望朝廷为之立庙,以"武节"为庙额。朝廷允之。(康熙《潮州府志》、光绪《海阳县志》)——陈贤武

【胡道夫】

胡道夫,字宗传,号建潮,原籍福建漳浦。宋朝中期来居于潮阳县南之京陇(今属揭阳惠来),始创产业,以贻后人。道夫子胡成皋(宣义)有两子,长子胡朝散留荆陇乡守祧,次子胡朝聚迁创新兴乡华渚(今属汕头潮南)。(《宫詹遗稿》)——周修东

【柯起龙】

柯起龙,海阳上沙洲(今属潮州潮安)人。淳祐四年(1244)甲辰科第三甲进士。(嘉靖《潮州府志》、光绪《海阳县志》、《潮汕金石文徵》)——陈贤武

【钟大鸣】

钟大鸣(1170—1238),字子鸿,潮阳人。嘉定八年(1215),尝应广东运司进士试。后官秘书正字。生平博识天文地理及方外书,见解精到。为文上窥先秦,诗拟唐之孟郊、贾岛。与莆田方信儒、刘克庄,台州戴复古,番禺李昂英等交契。(《文溪集》、《后村集》、《石屏诗集》、《南宋馆阁录》、《桂胜》)——孙杜平

【钟元潜】

钟元潜,潮州人,义士。宋季,义士七人同起兵,卫丞相文天祥至潮阳之和平桥,皆死于乱兵。旧修志者失其姓名。明弘治九年(1496),同知车份修《潮州府志》,时饶平盛端明预纂辑此役,夜梦一武人,状貌甚伟,自称是钟元潜,笔书七人名字于案上。端明既觉,仅记元潜一人而已。(隆庆《潮阳县志》)——陈新杰

【钟平仲】

钟平仲,潮州人。为人贫而有操,读书不辍。与福清郑侠相友,侠颇重之,谓其"文章有星斗,胸臆藏璀璨"。会州欲修学,例当输纳,坐困不能置办,几欲投窜。侠见而悯之,助以六镮,平仲坚辞。卒以诗慰谕之,始受。(《西塘集》)——孙杜平

【钟 英】

钟英,潮阳人。军校。传熙宁间(1086—1077),州遣英部领方物贡于朝,道经归德,乃谒张许庙丐灵,夜梦神语以神像十二、铜辊一置后殿柜

中，俾奉归以祀潮阳东山。明发趋京。竣事回，具修脯答神贶毕，记梦中语，取神所与者，星驰而还，置之岳庙，俄而立化。张、许二神册尊王爵，英亦封嘉佑侯。(《灵威庙碑》、隆庆《潮阳县志》)——陈新杰

【侯安国】

侯安国，福建宁化人，淳祐间(1241—1252)由乡贡进士，教授梅州，见风俗淳美，遂隶籍于城东攀桂坊并定居，为梅县侯氏始祖。初，梅州僻处岭南，经学未开，侯安国竭力倡办教育，开经讲学，以《春秋》大义教授门徒。时人比之赵德，蠲复其家徭役。祀乡贤祠。(康熙《程乡县志》、乾隆《嘉应州志》、光绪《嘉应州志》)——黄晓丹

【洪　立】

洪立，潮阳兴仁乡人。绍定元年(1228)乡贡。官御史。(康熙《潮阳县志》、嘉庆《潮阳县志》)——陈新杰

【洪　柱】

洪柱，潮阳兴仁乡人。政和五年(1115)乡贡。(嘉庆《潮阳县志》)——陈新杰

【洪　桐】

洪桐，潮阳兴仁乡人。绍兴四年(1134)乡贡。(嘉庆《潮阳县志》)——陈新杰

【洪勤之】

洪勤之，潮阳兴仁乡人。乾道元年(1165)乡贡。(嘉庆《潮阳县志》)——陈新杰

【洪福之】

洪福之，潮阳兴仁乡人。绍熙元年(1190)乡贡。(嘉庆《潮阳县志》)——陈新杰

【姚宏中】

姚宏中(约1181—1209)，字安道，海阳塘湖(今属潮州潮安)人。天资聪敏，悟性奇佳，专心好学，术业精湛。性格特立不群，狂傲耿介。少年时期就跟随地方前辈学者学习，志向远大，醉心于濂、洛诸理学名家的著作。嘉定七年(1214)进士。礼部贡试时，因其文以义理为根本，被选拔为第一，一时间名动京师。殿试时，由于其对策大胆切直，触及当时的政治禁忌，终只夺得第三探花郎。后调任为静江府教授，未赴任即逝，年仅二十九岁。著有《姚安道稿》。(嘉靖《潮州府志》、光绪《海阳县志》)——陈贤武

【姚　鼎】

姚鼎(1232—?)，字宪民，号宗工，潮阳丰欢乡(今属汕头潮南)人。祖莆田乡贡姚粲，姚粲为潮阳尉，始家于邑南。鼎才智、人望素负君臣大义。祥兴元年(1278)，文天祥入潮阳讨贼，择人望辟知县事。当

时百计拮据，鼎督民兵筹备粮草，遥相应援。至宋亡乃去位。（康熙《潮阳县志》、乾隆《潮州府志》）——陈新杰

十　画

【秦伯瑜】

秦伯瑜，海阳人。元丰六年（1083）举特奏名。（嘉靖《潮州府志》、光绪《海阳县志》）——陈贤武

【秦　度】

秦度，潮阳人。皇祐五年（1053）第五甲进士。（万历《广东通志》、道光《广东通志》）——陈新杰

【秦唐辅】

秦唐辅，潮阳人。绍兴三十年（1160）第四甲进士。（嘉靖《潮州府志》、万历《广东通志》、道光《广东通志》）——陈新杰

【秦舜先】

秦舜先，海阳人。嘉祐五年（1060）举特奏名，官长史。（嘉靖《潮州府志》、光绪《海阳县志》）——陈贤武

【袁焕章】

袁焕章，海阳人。绍兴七年（1137）登特奏名。（嘉靖《潮州府志》、光绪《海阳县志》）——陈贤武

【莫　凝】

莫凝，海阳龙溪（今属潮州潮安）人。绍兴五年（1135）举特奏名，官长史。（嘉靖《潮州府志》、光绪《海阳县志》）——陈贤武

【夏侯旻】

夏侯旻，潮州人。绍兴八年（1138）进士。是年，上书论海阳令柯权自医学入官，其不法凡十二事。朝廷因命宪臣究实上闻。（《建炎系年要录》）——孙杜平

【夏侯履道】

夏侯履道，潮阳（今属揭阳惠来）人（一作"韶州人"）。崇宁五年（1106）贤良科第五甲进士。（嘉靖《广东通志》、嘉靖《潮州府志》、乾隆《潮州府志》）——周修东

【徐　源】

徐源，海阳人。淳祐四年（1244）第四甲进士。（嘉靖《潮州府志》、光绪《海阳县志》、《潮汕金石文徵》）——陈贤武

【翁士龙】

翁士龙，海阳宣化都（今属潮州饶平）人，淳祐四年（1244）特奏名进士。（《东里志》、康熙《饶平县志》）——黄树雄

【翁庆偰】

翁庆偰，揭阳（今属汕头金平）人。翁與权子。淳熙十一年（1184）正奏名进士，曾知福建闽县。（康熙

《澄海县志》）——黄树雄 杨映红

【翁真姑】

翁真姑，名贞慧，翁舆权姊，揭阳（今属汕头金平）人。真姑十六岁丧父，弟舆权年幼，族人谋害之，以图其家产。真姑携弟走避他乡，自誓不嫁，抚弟成人。后舆权中进士，真姑结庵持素以终。"翁氏家庙"岁祭真姑，后世子孙称之为"祖姑祠"。（康熙《澄海县志》）——黄树雄 杨映红

【翁舆权】

翁舆权，揭阳（今属汕头金平）人。绍兴十二年（1142）正奏名进士，官真阳主簿。（康熙《澄海县志》）——黄树雄 杨映红

【郭叔云】

郭叔云，字子从，揭阳人。朱熹弟子。学重实践，不尚虚文。朱子殁后，与同门陈淳（世称"北溪先生"）往来论学，极论先后天太极图，《易》、《书》之旨。熟于礼学，有《礼经疑》，并辑《宗礼》、《宗义》二编及晦翁、蒙谷先生家法各一册。明弘治九年（1496），举祀潮州乡贤。浙江副使林大春称与潮阳郑南升同为一郡儒宗。（嘉靖《广东通志初稿》、隆庆《潮阳县志》、《考亭渊源录》、《潮州艺文志》）——孙杜平

【郭瑶臣】

郭瑶臣，海阳人。崇宁五年（1106）以三礼举特奏名。（嘉靖《潮州府志》、光绪《海阳县志》）——陈贤武

【黄中立】

黄中立，海阳（今属汕头澄海）人。黄程子。嘉祐五年（1060）《三礼》出身特奏名。（乾隆《澄海县志》）——黄树雄 杨映红

【黄氏（王文元妻）】

黄氏（王文元妻），佚其名，潮州人，有文才，尤工于诗。文元家贫，独耽吟咏。夫妇共持雅操，文元每中夜得句，黄氏即燃烛，供笔砚以待。诗文唱和，可称"双璧"。潮人之工画者，或图其事，以为美谈。（《合璧事类》、民国《潮州志》、《潮州诗萃》）——陈贤武

【黄幼可】

黄幼可（1210—?），字宗大，揭阳人。宝祐四年（1256）进士。（《宝祐四年登科录》）——孙杜平

【黄时晦】

黄时晦，海阳（今属汕头澄海）人。宋高宗绍兴二年（1132）正奏第四甲进士，官知县。（乾隆《澄海县志》）——黄树雄 杨映红

【黄犹衮】

黄犹衮，潮州人。绍熙年间（1190—1194），任东莞县尉。（民国

《东莞县志》）——孙杜平

【黄经德】

黄经德，字腾茂，号平谿，原籍福建莆田。乡贡。尝任程乡县令。性慈祥，多善政。后调潮阳，方莅任，以病解组，即家于奉恩乡之夏林。（嘉庆《潮阳县志》、光绪《潮阳县志》）——陈新杰

【黄　唐】

黄唐，海阳人。绍兴三年（1133）登特奏名。（嘉靖《潮州府志》、光绪《海阳县志》）——陈贤武

【黄　教】

黄教，潮阳奉恩乡人。潮州知州黄詹子。官广州文学。（康熙《潮阳县志》、嘉庆《潮阳县志》）——陈新杰

【黄梦锡】

黄梦锡，潮州人。官朝奉郎，主管袭庆府东岳宫。绍定、端平年间（1228—1236），知州孙叔谨、叶观两檄梦锡偕同志编修《潮州图经》。《黄氏族谱辑略》谓梦锡字君泽，号春亭，登隆兴进士，官武节郎。（《永乐大典》）——孙杜平

【黄焕国】

黄焕国（1186—1245），字章卿，揭阳人。天资明敏，经史淹博。宝庆二年（1226）进士，授福建长汀知县。在任力能戡乱，政协民心。淳祐四年（1244），升汀州通判。明年致仕，汀民挽留不得，为其立祠于南安岩。卒年六十，前汀州知州郭正己铭其墓，有云："仁波德泽，雨露均施。忠肝义胆，日月争辉。誉著三阳，功全五陟。生佛见称，汀民庙食。"（开庆《临汀志》、雍正《揭阳县志》、《黄氏族谱》）——孙杜平

【黄景祥】

黄景祥，潮州人。庆元五年（1199）撰有《湖山记》，记述了潮州州守林嶪辟西湖而建三亭，又在湖山上立三亭，以便游人休憩，歌颂林"公之乐不在山而在民，故能因民之乐而乐其乐"。（《永乐大典》）——陈贤武

【黄　程】

黄程（1002—1074），海阳（今属汕头澄海）人。尝结庐读书于潮州西湖山。与许申、林从周同为潮州通判陈尧佐所奖引。咸平四年（1001），尧佐离潮，欲携其同行，以恩泽通籍，不受。天圣五年（1027）第三甲进士。官太子中舍。年七十三卒。（嘉靖《潮州府志》、光绪《海阳县志》、《惠来黄氏统宗族世谱》、《宋潮州七贤年谱丛刊》）——陈贤武

【黄　詹】

黄詹，又名汝詹，原籍福建莆田。大观三年（1109）特奏进士，建炎间（1127—1130），任潮州通判，

后知军州事。廉洁爱民,莅治有声。秩满落籍潮阳奉恩乡龙陂村,为陂尾黄姓始祖。(康熙《潮阳县志》、嘉庆《潮阳县志》)——陈新杰

【黄　麟】

黄麟,潮阳奉恩乡人。潮州知州黄詹孙。官浙江盐运提举。(康熙《潮阳县志》、嘉庆《潮阳县志》)——陈新杰

【萧　规】

萧规(1208—1274),潮阳新兴乡人。潮阳令萧洵孙。乡贡第一。咸淳四年(1268)进士。官容州文学,有声于时。(嘉靖《潮州府志》、道光《广东通志》、《萧氏族谱》)——陈新杰

【萧　洵】

萧洵(1152—1221),字仲川,号启祥,原籍福建龙溪。状元漳州知州国梁孙。以明经知潮阳县,清慎廉洁,礼士恤民,多布惠政。因爱潮阳山川土俗,卜筑于潮阳县治之南桥而家焉,遂为潮阳萧氏始祖。(康熙《潮阳县志》、嘉庆《潮阳县志》、《萧氏族谱》)——陈新杰

【萧御疾】

萧御疾(1236—1276),潮阳新兴乡人。潮阳令萧洵曾孙。官海阳县主簿,历修职郎、巡海宪佥。(嘉庆《潮阳县志》、《萧氏族谱》)——陈新杰

十二画

【彭少龙】

彭少龙,潮阳(今属揭阳惠来)人。景定三年(1262)特奏进士。(乾隆《潮州府志》)——周修东

【彭延年】

彭延年,海阳人。绍兴三年(1133)特奏名。(嘉靖《潮州府志》、光绪《海阳县志》)——陈贤武

【彭拱辰】

彭拱辰,海阳人。淳祐七年(1247)第三甲进士。(《潮汕金石文徵》)——陈贤武

【释大峰】

释大峰(1039—1127),不详里氏,始来自闽。宣和二年(1120),至潮阳,结庐县西蚝坪(今属汕头潮阳)。蚝坪有大川(即今练江)横截,广而深,波流湍急,每遇风涛,行者以覆舟为患。大峰发愿,欲建石梁以渡众生。于是募众出资,度水之浅深、高下,计木石、工役。宣和五年(1123),悉载所募金归闽。建炎元年(1127),忽航海至,糇粮、木石、工作咸备。周岁而桥成,计十六孔,惟南北距岸三孔未完。是年十月圆寂。(隆庆《潮阳县志》、康熙《潮阳县志》)——陈新杰

【释来逻】

释来逻,里氏无可考。以戒行名

于闽越间，因年高，号曰"来老"。托迹于潮阳麻田山中，创长生院，时有五色雀见其上，人称"来老岩"。（隆庆《潮阳县志》、康熙《潮阳县志》）——陈新杰

【释道隆】

释道隆，俗姓黄，海阳人。于汝州广慧元琏座下得法，至和（1054—1055）初游汴京，挂单景德寺，被宋仁宗召至偏殿，问佛教胜义，奏对称旨，即赐他到大相国寺驻，王公贵人争相求见。数年后请求辞归，仁宗不许，在护国寺旁立华严禅院，留他住下，礼遇特优，并赐紫方袍，赐号"圆明大师"。（乾隆《潮州府志》、光绪《海阳县志》）——陈贤武

【释慧元】

释慧元（1037—1091），俗姓倪，揭阳人。为南岳十三世。垂髫凝然，群儿戏于前，袖手趺坐而已。竟拜辞父母，依城南精舍诵《法华经》。年十九剃落受具，游方至京师华严寺，圆明法师见而异之，慧元得解悟。乃自洛京游襄汉，遍历名山。治平三年（1066）春至洪州黄龙寺。熙宁元年（1068），住吴江寿圣堂，后住昆山慧严院。元祐四年（1089）住承天万寿寺，复由苏州持钵至湖州报本禅院。六年（1091）十一月十六日升座说偈，有"万里秋空片月明"之句，言讫而化。遗言葬于岘山之阳。（《禅林僧宝传》、《五灯会元》、《明一统志》、《大清一统志》）——陈新杰

【谢　时】

谢时，海阳人。淳熙二年（1175）进士。（嘉靖《潮州府志》、光绪《海阳县志》）——陈贤武

【谢　言】

谢言，海阳人。草泽应诏，太平兴国四年（979）进士。官御史。（嘉靖《潮州府志》、隆庆《潮阳县志》、光绪《海阳县志》）——陈贤武

十三画以上

【蓝　奎】

蓝奎，字秉文，程乡龟浆（今属梅州蕉岭）人。博文强记，借书而读辄成诵，越宿即归还之。元祐三年（1088）进士，官文林郎博士。受诏校文福州，文章为时所重，世称"蓝夫子"。（康熙《程乡县志》、乾隆《嘉应州志》、光绪《嘉应州志》）——黄晓丹

【蓝震龙】

蓝震龙，潮州人。嘉熙二年（1238）进士。尝为州人张雷之妻作墓志铭，并为州守郑良臣销豁身丁钱一事作碑记。（《永乐大典》、乾隆《潮州府志》）——孙杜平

【蔡规甫】

蔡规甫，字德员，号盘溪，福建莆田人，蔡襄六世孙。笃学好古，选贡籍，初为福建惠安、古田知县，升潮州通判、连州通判，继又任潮州知州。居官廉介，训子弟以清白。规甫仕潮，就其族弟蔡渤（西溪公）之所居而居焉，后裔遂迁潮州。其居于潮，值陆秀夫与陈宜中议不合，宜中使言官核罢之，安置辟望司。蔡与陆秀夫朝夕相处，论言不倦，并遣其子济（即蔡丰湖）从陆讲学有年。生平志趣雅逸，中年休官终承议郎，卒于家，年六十有几。（康熙《澄海县志》、《海阳辟望蔡氏族谱》）——黄树雄　杨映红

【蔡若霖】

蔡若霖（1183—1266），字惠普，号甘轩，程乡曾井（今属梅州梅江）人。嘉定四年（1211）中式，会魁进士，选钦州推官。在任时，为人端严重厚，明而廉，慈而断，凡无辜之民，必详鞫而赦宥。钦民感德，称其为"端廉先生"。任满致仕，修饰松源故居，新辟曾井宦室。（《蔡氏族谱·梅县白渡沙坪诒燕公支系谱》）——黄晓丹

【蔡定夫】

蔡定夫（1197—1272），程乡曾井（今属梅州梅江）人，若霖之子。年十五，父中进士，旋仕钦州，随游任所，虽贵宦公子，而立志不骄。专好读书，子史百家，毕窥堂奥，典坟经传，成熟胸怀，屡困场屋，而志益坚。淳祐四年（1244）进士，旋擢清海军节度通判。（《蔡氏族谱·梅县白渡沙坪诒燕公支系谱》）——黄晓丹

【蔡　济】

蔡济，字可川，号丰湖，蔡规甫子。娶宋宗室之女。咸淳年间（1265—1274），宋帝避元兵迁都闽地，济以世受宋恩，忠忱感激，悉捐家资，随陆公勤王，运粮以饷军士，帝乃册封为驸马都尉，任漳浦主簿，继赐还乡。（康熙《澄海县志》、《海阳辟望蔡氏族谱》）——黄树雄　杨映红

【蔡　谆】

蔡谆，字宗建，号兴谊，原籍福建莆田。游学入潮，创居潮阳新兴乡蚝坪。建炎元年（1127），僧大峰倡建和平桥，先完十六孔，尚欠南北距岸三孔（含引桥一孔）而告逝。绍兴十一年（1141），谆捐资续建成之。淳熙二年（1175）乡贡第一。乐善好施。乡人建祠以祀。（隆庆《潮阳县志》、南田《蔡氏族谱》）——陈新杰

【蔡　渤】

蔡渤，海阳人。登淳祐七年（1247）第二甲进士。（《潮汕金石文徵》）——陈贤武

【蔡蒙吉】

蔡蒙吉（1245—1276），程乡曾井（今属梅州梅江）人。宝祐四年（1256）进士，与祖父若霖、父定夫并称"一门三进士"。蒙吉八九岁能诵五经，从乡贡进士侯安国学《春秋》，精通其义。年十二应童子科，赐进士出身，授迪功郎，再试铨衡，复中第一，加三资，授从政郎、韶州司户兼司法。未到任，因元兵南下，战乱已起，知州汤执中檄权梅州签书事、义兵统督，捐己俸及家产充军饷。德祐二年（1276），易正大陷梅州，州官降敌，蒙吉坚持抵抗，守城半月，终因援绝而兵败被俘，监禁于兴宁县，元将令其部下陈一元迫其投降，蒙吉痛斥之，遂为一元所杀，时年三十二岁。翌年，文天祥光复梅州，嘉其忠，为文祭之，棺殓其骸还葬于饶塘堡练坑。后人于梅城、松口先后建有七贤堂、七贤亭及蔡蒙吉纪念碑等，以资纪念。（康熙《程乡县志》、乾隆《嘉应州志》、光绪《嘉应州志》）——黄晓丹

【蔡　震】

蔡震（1228—？），字长卿，小名庆翁，小字有卿，潮阳新兴乡人。承直郎蔡圆孙。宝祐四年（1256）进士。以府判致仕，卜居瓯坑陇上（今属汕头潮南），世业儒。（《宝祐四年登科录》、嘉靖《潮州府志》、《明农山堂集》）——陈新杰

【戴安之】

戴安之，海阳人。绍圣四年（1097）进士。（嘉靖《潮州府志》、光绪《海阳县志》）——陈贤武

【魏元受】

魏元受，海阳人。思问弟。绍兴五年（1135）进士。（嘉靖《潮州府志》、光绪《海阳县志》）——陈贤武

【魏思问】

魏思问，字原道，潮州人。建炎二年（1128）进士。绍兴年间（1131—1161），官德庆府端溪县令。（嘉靖《潮州府志》、道光《广东通志》、光绪《德庆州志》）——孙杜平

【魏思兼】

魏思兼，海阳人。思问弟。绍兴五年（1135）进士。（嘉靖《潮州府志》、光绪《海阳县志》）——陈贤武

二至六画

【丁宜卿】

丁宜卿,海阳仙田(今属潮州湘桥)人。元贞元年(1295)解元。(乾隆《潮州府志》、光绪《海阳县志》)——陈贤武

【马景东】

马景东,潮阳(今属揭阳惠来)人。荐辟诸科,儒学教授。(康熙《惠来县志》、雍正《惠来县志》、乾隆《潮州府志》)——周修东

【毛冲元】

毛冲元(一作"毛冲子"),原籍不详。道人。至正二年(1342)游惠来东福阜村,与乡民方元壮友善,同游赤山,因建道院于山阳。乡民翁至善争院地,集众围之,元壮乃白冲元,为诵咒三遍,雷雨暴至,众人乃散。居逾年,一日整襟危坐,须臾羽化。石上有足痕,相传其迹也。后元壮之裔建祠院左,并祀之,遗像犹存。(雍正《惠来县志》、乾隆《潮州府志》)——周修东

【方元壮】

方元壮,字善堂,潮阳(今属揭阳惠来)人。祖方峤为宋金紫光禄大夫之裔。少仗气节,每谈文天祥入潮遗事,辄为感慨不已。至正元年(1341),遇云游仙毛冲元,遂拜以为师。睹赤山形胜,捐资筑庙宇三座,拨田一顷五十亩,山十二亩,以居毛冲元。及冲元化去,元壮朝夕焚修不辍。十余年后,土贼以威胁元壮,元壮拟王师且至,姑俟之,竟被执,并其子三人沉于渊。人咸惜之,称为义士。(康熙《惠来县志》、雍正《惠来县志》、乾隆《潮州府志》)——周修东

【古文龙】

古文龙(1259—1335),号野舟,程乡石窟(今属梅州蕉岭)人。古再思长子。由荐辟任肇庆、德庆、南思等八路教授。晚年归里。(《广东通志》、《嘉应古氏源流考》)——黄晓丹

【古再思】

古再思（1221—1292），程乡石窟（今属梅州蕉岭）人。领荐吏部，授梅州学录，敕授登侍郎。（康熙《程乡县志》、《广东省蕉岭县古氏概况》）——黄晓丹

【石国珍】

石国珍，潮州人。儒人。为潮州元公书院山长。至元三十一年（1294），广东儒学提举熊炎檄郡修元公书院，委与山长张圭英协力合办。泰定间（1324—1328），郡新文庙，拟易石柱，国珍自请输力助修。（《永乐大典》）——孙杜平

【丘政兴】

丘政兴，程乡人。豪宕有志略。元季结民兵保障乡曲，寇不敢犯，民赖以安。行省檄署梅州事。（光绪《嘉应州志》）——黄晓丹

【朱　旺】

朱旺，潮州人。以荐辟曾任封川主簿。（嘉靖《潮州府志》、万历《肇庆府志》）——陈贤武

【刘万齐】

刘万齐，潮州人。至正年间（1341—1368），任崖州学正。（正德《琼台志》）——孙杜平

【刘文振】

刘文振，潮州人。以荐辟曾任潮州州同。（嘉靖《潮州府志》）——陈贤武

【刘文谅】

刘文谅，潮阳人。副使世荣次子。官潮州路知事。父子一门三贵。（《宫詹遗稿》）——陈新杰

【刘文谊】

刘文谊，潮阳人。副使世荣长子。广东道宣慰使司元帅府都事。（《宫詹遗稿》）——陈新杰

【刘世荣】

刘世荣，潮阳人。官广东道副使，清白持身。暮年致仕棉南，仁恩广布。县南二里白塔埔有治平寺，至大二年（1309），世荣舍田七百九十余亩，园百余亩入寺。（《宫詹遗稿》、康熙《潮阳县志》）——陈新杰

【刘用宾】

刘用宾，号谦斋，揭阳人。为乡善士，官程乡主簿。至大三年至四年（1310—1311），县倡修双峰寺，用宾偕邑人林叔翊（号友梅）随喜助修。（《永乐大典》）——孙杜平

【刘应雄】

刘应雄，潮阳人。尝任吉安路龙洲书院山长。皇庆元年（1312），潮阳东山修建灵威庙落成，应雄撰碑记。（隆庆《潮阳县志》）——陈新杰

【刘南海】

刘南海，潮阳人。县西青洋山上有巨石，至正八年（1348），南海大

书"朝阳"二字镌石,摩崖犹存。(隆庆《潮阳县志》)——陈新杰

七 画

【杨达夫】

杨达夫,潮州人。以荐辟曾任照磨。(嘉靖《潮州府志》)——陈贤武

【杨茂男】

杨茂男,潮阳人。县西贵屿山上有避暑岩,茂男读书于此。(隆庆《潮阳县志》)——陈新杰

【杨宗瑞】

杨宗瑞,揭阳人。泰定四年(1327)进士,官翰林学士。有《茂林》七绝一首。(乾隆《揭阳县志》)——孙杜平

【李 关】

李关,字子羽,号北源先生,海阳人。早年丧父,事母至孝。性敏好学,通春秋诸子史。至正年间(1341—1368),元军逼城而乘夜背负母亲避难,隐居不仕,教授郡邑弟子。有贫者,辄与之书籍。乡人有争讼,宁闻于官府,耻于其知。(嘉靖《潮州府志》、光绪《海阳县志》)——陈贤武

【吴仕彦】

吴仕彦,号心泉,原籍福建漳州。至元(1335—1340)初,任潮州路总管。至正间(1341—1368),任肇庆路总管。甫下车,即以苏民为己任,劝农桑,节财用,修学校,育人材,亲访民间疾苦,凡一切有裨于民者,无不次第举行。未几卸任,家于潮不归,遂为浦东(今属汕头潮南)吴氏始祖。(嘉庆《潮阳县志》、道光《广东通志》)——陈新杰

【吴来庆】

吴来庆(1329—?),潮阳新兴乡(今属汕头潮南)人。溪头乡人吴良玉女。父母早逝,年十八许字郑姓,有弟四人,俱女抚之。迨吉,彩舆已临门矣,见诸弟幼者尚鼾睡,长者不谙整衣裳,于是却聘,教养诸弟皆成立。年八十以寿终,葬尖山之阿,族人题其碣曰"孝女吴氏之墓"。(嘉庆《潮阳县志》、光绪《潮阳县志》)——陈新杰

【吴 都】

吴都,字文燫,潮阳兴仁乡人。宋高士桂山七世孙。延祐五年(1318)进士。尝为其叔应辰所修《宗谱》作序。(嘉庆《潮阳县志》、《吴氏世谱》)——陈新杰

【余 英】

余英(1257—1322),号节翁,海阳(今属梅州大埔)人,后迁居黄冈(今属潮州饶平)。至正间(1341—1368)进士,历任至封川节度判官。为人慷慨好义,乡人信服之。时元政酷烈,民多欠赋,英为捐

资代完，赖以全活者数千家。建义学，修桥梁，以清远（今属梅州大埔）田庄一区给乡人之贫者，以小榕（今属潮州饶平）田庄一区施开元寺僧。（《东里志》、顺治《潮州府志》、康熙《饶平县志》）——黄树雄

【张来苏】

张来苏，潮阳（今属揭阳惠来）人。荐辟诸科，仕清远县尹。（康熙《惠来县志》、雍正《惠来县志》、乾隆《潮州府志》）——周修东

【张伯良】

张伯良，潮州人。以荐辟曾任安东知州。（嘉靖《潮州府志》）——陈贤武

【张奂】

张奂，号鲁庵，海阳人。潜心性理之学，静处一室玩味经旨，衣冠俨然，端坐终日。从学者众。元朝邑吏、士绅劝他出山帮理政事，婉言辞却，避居海口，高隐不仕，以琴、书自娱。卒葬潮阳海门莲花峰北侧，墓联"横琴榻在秋云满，点易朱残晓露晞"，为明潮州府教授林仕猷撰。（嘉靖《潮州府志》、光绪《海阳县志》、1997年《潮阳县志》）——陈贤武

【陆师功】

陆师功，潮阳奉恩乡人。能通星数。举茂异，授钦天监丞。有五绝《寨陵谶歌》二首。（《凤山文献录》）——陈新杰

【陈士显】

陈士显，字大云，潮阳丰欢乡（今属汕头潮南）人。宋扬州司法梦龙孙。少颖异，博通群书。初举贤良方正，至京都受业于刘静修，得程、朱正学。元贞二年（1296）登进士，召赴殿试，擢高第，授国子监助教，累迁集贤直学士、侍御史，仕至朝议大夫。大德间（1297—1307），天现流星、日食异象，士显言事切直，出为江西道副使。卒于官。（康熙《潮阳县志》、嘉庆《潮阳县志》）——陈新杰

【陈与言】

陈与言，海丰龙溪（今属揭阳惠来）人。野仙弟，并以诗名，元季卜居凤山。有《溪头渔唱》、《凤山钓矶》二诗。（康熙《惠来县志》）——周修东

【陈义】

陈义，潮州人。以荐辟曾任嘉议大夫，临江路总管。（嘉靖《潮州府志》）——陈贤武

【陈天祐】

陈天祐，潮州人。以荐辟曾任淮阳主簿。（嘉靖《潮州府志》）——陈贤武

【陈天麟】

陈天麟（1241—1292），潮阳新兴乡人。宋扬州司法梦龙子。举茂异，授迪功郎、海丰县丞。居官有善

政，及归，颇治家业，光前裕后。（康熙《潮阳县志》、陈长胜《世系资料录》）——陈新杰

【陈元龙】

陈元龙，见"陈肃"条。

【陈元宝】

陈元宝，潮州人。以荐辟曾任谏议郎。（嘉靖《潮州府志》）——陈贤武

【陈元祐】

陈元祐，潮州人。以荐辟曾任太常博士。（嘉靖《潮州府志》）——陈贤武

【陈文治】

陈文治，潮阳新兴乡人。海丰县丞天麟第四子。举茂异，官提领。墓葬古戌。（光绪《潮阳县志》）——陈新杰

【陈文瑶】

陈文瑶，名湛，字文瑶，以字行，潮阳丰欢乡（今属汕头潮南）人。天资聪颖，少有逸志。每厌习俗，卓立不群。时当末造，文瑶雅念先德，竟学避秦，挈其妻子，隐于华古岩，有翱翔千里之风。通经史，善诗赋。每触一景，辄留连比类，多所题咏。著有诗集二部，传至十一世，为裔孙曰佳者焚之，现仅存诗数首。（雍正《惠来县志》、《潮州诗萃》、《世系资料录》）——陈新杰

【陈　节】

陈节，字维理，号南村，潮阳新兴乡人。器度过人，通兵法。至正间（1341—1368），屡立战功，官护驾将军，升南京道宣慰使都元帅。后因病告归，睦族恤邻。（嘉庆《潮阳县志》、光绪《潮阳县志》）——陈新杰

【陈佑中】

陈佑中，潮州人。以荐辟曾任广州路总管。（嘉靖《潮州府志》）——陈贤武

【陈良甫】

陈良甫，福建清流人。海丰教谕陈震子。少业儒，有勇略。元季随父之任，寓龙溪都月潭村。至正十二年（1352），循州贼曾贵甫等寇海丰、潮、揭等县，官兵不能御，良甫献谋，率众奋击，斩获百数，余悉招降，所全活者万家。海丰县尹邓从事以功荐授海阳参簿。十五年（1355），梅花洋贼李先锋、铁山贼张有作等攻据潮城，良甫募兵克复。十七年（1357），升潮州府推官。翌年迁判官，捐输资产以给军饷，助修潮阳、兴宁、长乐等处城关及海丰驿路。十九年（1359）升同知，加惠潮总管。二十一年（1361）升广东道宣慰副使、佥都元帅，捍卫江西汀赣、湖广等处七路，民赖以安。元运不造，弃官终隐。入明籍为编氓。（雍正《惠

来县志》）——周修东

【陈垂裕】

陈垂裕（1308—1390），字徵远，号悠久，原籍福建漳浦。特举贤良方正，文林郎，授知平江路崑山州。服官三载。至正十六年（1356），明太祖克定金陵，乃解绶还乡，潜逸托迹，玩适胜概，遍历吴、楚、闽、粤名山大川。洪武五年（1372），游至潮阳和平文忠过化之区，览厥里风淳俗美，因而家焉。缘值海寇橹侵内地，不得久居，复避住于东溪乡。彼处潮侵卤斥，居食维艰，子辈复开创隶籍洋汾（今属汕头潮南）。为洋汾陈氏始祖。（《陈氏族谱》）——陈新杰

【陈牧隐】

陈牧隐，海丰县龙溪（今属揭阳惠来）人。宋海丰令陈原父之裔。少博览群书，有时名。元季不造，遂隐不仕。有题《凤山古寨》诗。（康熙《惠来县志》）——周修东

【陈　肃】

陈肃，字文端，海阳县人，宋季避乱鮀江（今属汕头金平），聚徒讲学。文天祥过潮，召与语，奇之，署为参谋，不就。元至元（1264—1294）初，以贤良应聘出仕，曾署潮州路总管府事，修文庙及济川桥，即广济桥也。至元二十一年（1284）枢密使月的迷失莅潮，访知其贤，保升朝列大夫，任宣慰使司同知，总抚湖广常德路，有奇勋，迁枢密同知，卒于官。所著有《莲峰集》，已佚。肃孙元龙，字仲章，亦以"经明行修"授福建廉访使，政声洋溢，以疾归，结庐于龟山，阐明理学濂洛之道，学者多从之。有《遥峰集》。（嘉靖《潮州府志》、顺治《潮州府志》、康熙《澄海县志》）——黄树雄　杨映红

【陈思善】

陈思善，潮阳新兴乡人。海丰县丞天麟孙。举明经，官江华教谕。（康熙《潮阳县志》）——陈新杰

【陈　垕】

陈垕，潮州人。以荐辟曾任海丰主簿。（嘉靖《潮州府志》）——陈贤武

【陈振南】

陈振南，潮阳丰欢乡（今属汕头潮南）人。朝议大夫士显子。举儒士，授将仕郎，国子监学录。（嘉庆《潮阳县志》）——陈新杰

【陈逢原】

陈逢原，潮州人。以荐辟曾任扬州府同知。（嘉靖《潮州府志》）——陈贤武

【陈野仙】

陈野仙，海丰龙溪（今属揭阳惠来）人。陈牧隐从子。值元季中原板荡，与牧隐共逍遥泉石，以诗文自娱，自号为"野仙"。有《登乌石》等诗。

(康熙《惠来县志》）——周修东

【陈 遂】

陈遂，潮阳新兴乡人。土豪。元末占据县治。（隆庆《潮阳县志》）——陈新杰

【陈德兴】

陈德兴（1313—1354），字朝旺，又名德卿。进士。诰授中顺大夫。至正年间（1341—1368），由福建宁化迁居嘉应州古山古塘坪，为梅县陈氏开基始祖。（《梅州进士录》、《西山陈氏族谱》）——黄晓丹

【陈 禧】

陈禧，潮阳人。年甚少而笃志于经，世武功而从事于文，天质异人。尝为唐邢璹《周易略例注》补释，著《周易略例补释》，多所发明，吴澄为之序，称赞备至。（《吴文正集》、《潮州志补编》）——陈新杰

八 画

【范天麟】

范天麟，潮阳新兴乡人。义行思颙世孙。习其父兄之教，尊信韩愈，至正九年（1349），捐其所居之地以拓明伦堂，县尹雷杭为勒石于学宫，丰碑犹存。（隆庆《潮阳县志》、康熙《潮阳县志》、嘉庆《潮阳县志》）——陈新杰

【林九姨】

林九姨，女，潮阳新兴乡（今属汕头潮南）人。生有异征，性洁，茹素。幼时父母为择配，辄固辞。稍长，修真于翠峰岩，以佣工芟草为活，夜独宿空山，不避狼虎。居惟铁锅一、犬一。忽一日，犬至乡人家，哀吠若奔告者。人随之至，则姨已化去，遗一小石像，绝肖其形；据传犬亦立化。乡人遂奉像石室中，号曰"圣母岩"。前后诸乡皆祀之。（乾隆《潮州府志》、《潮阳翠峰岩林圣母庙碑记》）——陈新杰

【林元煜】

林元煜，潮州人。至元二十一年（1284），总管丁聚守潮，命与州人王伯老同摄郡学事。（《永乐大典》）——孙杜平

【林利用】

林利用，揭阳（今属汕头金平）人。绍坚七世孙。举明经，授潮州路学正。（康熙《澄海县志》）——黄树雄　杨映红

【林 葰】

林葰，潮阳人。官提领。墓葬东山邮亭左。（康熙《潮阳县志》）——陈新杰

【林 腾】

林腾，潮阳（今属揭阳惠来）人。林纮七世孙。至元二十五年（1288）举茂才异等，任梅州路判官。迁循州，平定贼首钟明亮，升池州路总管。（康熙《惠来县志》、雍正《惠

来县志》、乾隆《潮州府志》）——周修东

【欧良辅】

欧良辅，潮州人。以荐辟曾任巡检。（嘉靖《潮州府志》）——陈贤武

【郑千山】

郑千山，名铁汉，号石冈，潮阳丰欢乡（今属汕头潮南）人。库使仁靖孙。县南四十五里有大岭，一名卓氏岭。千山不乐仕进，储粮筑舍，隐耕此山，卒后葬于此，地因名"千山寮"。（隆庆《潮阳县志》、《潮阳神山郑氏族谱》）——陈新杰

【郑子贤】

郑子贤，潮阳新兴乡人。延祐元年（1314）进士，官国子监学正。（嘉庆《潮阳县志》、光绪《潮阳县志》）——陈新杰

【郑仁靖】

郑仁靖，号君畴，潮阳县丰欢乡（今属汕头潮南）人。县尹留耕子。官库使。神山之巅有"春风亭"三字勒于石，即仁靖所书。墓葬横山。（隆庆《潮阳县志》、《潮阳神山郑氏族谱》）——陈新杰

【郑必大】

郑必大，潮州（一作"潮阳"）人。由荐辟授潮州教授，升提举。至元、大德间（1264—1307），广东廉访佥事张处恭、江西儒学提举张思敬先后巡历至潮，必大请续修文庙及置学田，皆从所请，且命董役。（《永乐大典》、嘉靖《潮州府志》）——孙杜平

【郑佐龙】

郑佐龙，字云海，号许平，潮阳新兴乡人。官袁州路分宜县务使。豁达大度，喜赈贫恤寡，乡邻有丧，助赙不胜计。旅人殁，无所归，辄殡葬之。孙支繁衍，科甲蝉联。（康熙《潮阳县志》、嘉庆《潮阳县志》）——陈新杰

【郑留耕】

郑留耕，号英泰，潮阳丰欢乡（今属汕头潮南）人。宋夔州知州慈珍子。官云南某县尹。墓葬横山。（嘉庆《潮阳县志》、《潮阳神山郑氏族谱》）——陈新杰

九　画

【赵光国】

赵光国，潮阳县廓人。惠州教授次偕子。举茂异，官将仕郎、惠州总管府知事。至正十年（1350），土寇揭阳陈君宝、海阳吴子安合攻潮阳，光国督兵守御，军声大振，贼夜遁。（康熙《潮阳县志》、嘉庆《潮阳县志》）——陈新杰

【赵光祖】

赵光祖，潮阳县廓人。封州州判次潜子。举孝廉，授循州教授。至正十一年（1351），惠州路总管从事徐

来撰《报德堂记》,光祖为书丹。(隆庆《潮阳县志》、光绪《潮阳县志》)——陈新杰

【赵次偕】

赵次偕,字宗普,号靖山。潮阳新兴乡人。宋惠州通判嗣助次子。举明经,任惠州教授。(康熙《潮阳县志》、西港《赵氏族谱》)——陈新杰

【赵次清】

赵次清,潮阳新兴乡人。宋惠州通判嗣助三子。举明经,任梧州学正。(康熙《潮阳县志》、西港《赵氏族谱》)——陈新杰

【赵次潜】

赵次潜,潮阳新兴乡人。宋惠州通判嗣助长子。举贤良方正,官封州州判。墓葬峡山都蔡和陂山前。(康熙《潮阳县志》、西港《赵氏族谱》)——陈新杰

【赵宗源】

赵宗源,潮阳(今属揭阳惠来)人。荐辟诸科,儒学教授。(康熙《惠来县志》、雍正《惠来县志》)——周修东

【胡 禄】

胡禄(1336—1369),号万山,潮阳京陇(今属揭阳惠来)人。申甫曾孙。当元季,率宗族占据荆陇,力捍患难,保障乡闾。尝任广东道宣慰使司副都元帅,膺嘉议大夫,县民

数百年后仍称道有加。(《宫詹遗稿》、《漳湖建潮公胡氏族谱》)——周修东

【钟元则】

钟元则,海阳(今属潮州饶平)人,大德八年(1304)进士,未仕卒。相传其墓在饶平下岱北山。(《东里志》、顺治《潮州府志》、康熙《饶平县志》)——黄树雄

十画以上

【袁玉琳】

袁玉琳,揭阳人。至正年间(1341—1368),任本县教谕。(雍正《揭阳县志》)——孙杜平

【袁英祐】

袁英祐,名敦,号椿峤,揭阳人。由荐辟。至元年间(1264—1294),任广西思明路教授。(嘉靖《潮州府志》、雍正《揭阳县志》、《潮汕袁氏族谱》)——孙杜平

【袁英祐】

袁英祐,潮州人。以荐辟曾任儒学教授。(嘉靖《潮州府志》)——陈贤武

【徐 震】

徐震,潮州人。举荐辟。初授海阳县尹。延祐四年(1317),擢知循州。明年,以庙学偏狭,不称制度,遂度材鸠匠,循故址而一新之。举凡殿宇、廊庑、斋舍,无不完备。又置

籍田以赡士。改知连州。泰定三年（1326），再改梅州。造四十二舟为浮桥，以利行涉。终惠州总管。（嘉靖《潮州府志》、嘉庆《龙川县志》、光绪《嘉应州志》、光绪《惠州府志》、《潮汕金石文徵》）——孙杜平

【高天麟】

高天麟，潮阳（今属揭阳惠来）人。荐辟诸科，仕漳浦县尹。（康熙《惠来县志》、雍正《惠来县志》、乾隆《潮州府志》）——周修东

【郭宗文】

郭宗文，海阳凤廓（今属潮州潮安）人。皇庆二年（1313）岁辟，官教授。女郭真顺。（乾隆《潮州府志》、光绪《海阳县志》）——陈贤武

【黄　点】

黄点，揭阳人。延祐五年（1318）进士。至正三年（1343），曾捐建县之官溪桥。（乾隆《揭阳县志》）——孙杜平

【萧　昂】

萧昂（1327—1390），字伯梁，号南泉，潮阳新兴乡人。程乡教谕德俊子，以荐辟官海丰教谕。（隆庆《潮阳县志》、《萧氏族谱》）——陈新杰

【萧梅轩】

萧梅轩（1249—1352），字乐叟，号隐逸，又号五十郎。江西泰和人。宋元交汇，梅轩越赣闽交界之武夷山，暂避于福建宁化石壁葛藤凹，后南迁程乡松源都（今属梅州梅县）开基。其时程乡人烟稀少，荆棘丛生。梅轩率子开荒种地，遂至家境渐丰，创建"师俭堂"堂号。享一百零三寿，百岁时，松源绅士旌表"上寿堂"牌匾，以为志庆。（《入粤始祖·萧梅轩宗支统谱》）——黄晓丹

【萧德俊】

萧德俊（1306—1359），字用章，号晦斋，潮阳新兴乡人。宋潮阳令萧洵裔孙。性敏好学，通经史，恒存孝悌忠信、济人利物之心，乡之士大夫咸敬重之。举茂异，辟为程乡教谕。规度严明，训谕有方。秩满归家。卒葬城南赤锁山麓，墓称"风吹罗带"，形制罕见。（嘉庆《潮阳县志》、《萧氏族谱》）——陈新杰

【梁秀实】

梁秀实，程乡人。与弟秀成家巨富，粮甲一县。县令委秀成亲自解粮至京，回途不测，秀实在家办十户之粮候解，陡遭贼劫，亦殁于难。妻温氏骂贼不屈，自尽于松江坪。秀成妻叶氏遭家多难，忽死避仇，携子罕质，侄南坡、南阳由松源迁居水南杨古状。秀实孙纲欲报祖仇，徒步数千里赴京上疏通政司，得旨饬广东按察司提贼研讯，卒伏法泄冤，秀实旌千四郎。秀成，字雪梅，元庠生，旌千八郎，而南坡、南阳裔孙追念叶氏抚养之德，

◆元◆ 十画以上

尊之为"恩婆太"。(光绪《嘉应州志》)——黄晓丹

【彭 捷】

彭捷,潮州人。以荐辟曾任上杭(今属福建龙岩)县丞。(嘉靖《潮州府志》)——陈贤武

【释必琼】

释必琼,号石山禅师,揭阳双峰寺住持。寺旧在县双山,宋绍兴十年(1140)创。鼎革之际,罹劫而毁。至大间(1308—1311),县尹彭振捐俸倡复,命必琼董其役,遂移于县治。必琼罄囊毕力,三载而工告竣。明邑人郭之奇有《怀石山禅师》诗,有"预为法界传灯钵,故入尘寰试色空"之句。(《永乐大典》、雍正《揭阳县志》)——孙杜平

【温义全】

温义全,程乡万安(今属梅州梅县)人。宋袭授梅州务官温寿隆子。有大志,熟武略。至元六年(1269)奉上台黄宣札,充梅州义师督领。时长乐土寇猖獗,义全统官兵征剿屡捷,后于香藤潭战殁。(光绪《嘉应州志》)——黄晓丹

【温 弼】

温弼,程乡人,由儒士保任儒学训导。(康熙《程乡县志》)——黄晓丹

【谢天佑】

谢天佑(1282—1337),字元相,

号吉卿。程乡(今属梅州梅县)人,延祐五年(1318)解元,六年(1319)联捷进士,任广东节制副使,后升粤南观察使、中宪大夫。(《梅州进士录》、丙村镇程江村《谢氏族谱》)——黄晓丹

【谢均正】

谢均正,潮阳新兴乡人。土豪。元末占据和平。(隆庆《潮阳县志》)——陈新杰

【谢 鹏】

谢鹏,潮州人。以荐辟授将仕郎。(嘉靖《潮州府志》)——陈贤武

【蔡庆存】

蔡庆存,潮州人。宋名臣蔡襄之后。天历年间(1328—1330),任乐会教谕。(正德《琼台志》)——孙杜平

【戴希文】

戴希文,名昌,海阳人。博通经史,敦行谊,不乐仕进,自号"野民",为乡里所推重。至正年间(1341—1368),潮州各地反元战事纷起,学校荒废。总管王翰治潮时,把韩山书院迁往大隐庵,聘为掌教。著有《航录》行世。入祀乡贤祠。(嘉靖《潮州府志》、光绪《海阳县志》)——陈贤武

二至三画

【丁大鼎】

丁大鼎，海阳东厢都（今属潮州湘桥）人。举人丁钦子。治《书经》，弘治十一年（1498）中举人。（嘉靖《潮州府志》、光绪《海阳县志》、《济阳丁氏仙田社光洋系族谱》）——陈贤武

【丁　杞】

丁杞，字国政，号仙纪，海阳东厢都（今属潮州湘桥）人。明初举儒士，官江西浮梁知县。（嘉靖《潮州府志》、光绪《海阳县志》、《济阳丁氏仙田社光洋系族谱》）——陈贤武

【丁　良】

丁良，字秉贞，海阳东厢都（今属潮州湘桥）人。宣德六年（1431）岁贡生。官湖广武昌府通判。（嘉靖《潮州府志》、光绪《海阳县志》、《济阳丁氏仙田社光洋系族谱》）——陈贤武

【丁　钦】

丁钦，海阳东厢都（今属潮州湘桥）人。治《书经》，天顺三年（1459）举人。成化间（1465—1487），由福建汀州训导升龙岩知县。（嘉靖《潮州府志》、光绪《海阳县志》、《济阳丁氏仙田社光洋系族谱》）——陈贤武

【卜志夫】

卜志夫，程乡人。由干济人材，任广西博白县知县。（康熙《程乡县志》）——黄晓丹

【马从纪】

马从纪，潮阳举练都人。官鸿胪寺序班。（光绪《潮阳县志》）——陈新杰

【马文表】

马文表，潮阳峡山都人。嘉靖三十三年（1554）贡生，官罗源训导。子有翼，嘉靖三十四年（1555）举人。（嘉靖《潮州府志》、隆庆《潮阳县志》）——陈新杰

【马光龙】

马光龙，字受攀，潮阳峡山都人。赠中书舍人宏泮子。有夙慧，九岁能文，每试辄冠军。崇祯九年（1636）举人。丁国变，浮沉岭外。以凤负时名，起授中书舍人，终无意当世事，遂归，结庐于和平里（今属汕头潮阳）西之中洲。和平濒海，清康熙三年（1664），迁界，光龙上书极陈要害，当事者善其议，和平一里获免。十二年（1673）董修《潮阳县志》，未脱稿而乱作。光龙风度蕴藉，博览群书，自经史、稗官、今古文词及琴音、字学，无不考究。晚更号确乎，与二三知啸咏山水之间，卒年七十一。（康熙《潮阳县志》、乾隆《潮州府志》）——陈新杰

【马廷臣】

马廷臣，潮阳峡山都人。万历间（1573—1620）岁贡，官上林教谕。（光绪《潮阳县志》）——陈新杰

【马时中】

马时中，潮阳峡山都人。天顺七年（1463）例监，官福安知县。（嘉靖《潮州府志》、隆庆《潮阳县志》）——陈新杰

【马宏泮】

马宏泮，字启宫，潮阳峡山都人。有至性。少丧父，事母以孝闻。明季盗起，乡里濒危。宏泮倾资捍御，保全甚众。尝被掠入贼营，有悉其平素品行者护之归。终年八十七岁。以子光龙贵，赠中书舍人。（康熙《潮阳县志》、乾隆《潮州府志》）——陈新杰

【马宪文】

马宪文，潮阳峡山都人。官浔州经历。（光绪《潮阳县志》）——陈新杰

【马朝纪】

马朝纪，潮阳峡山都人。万历间（1573—1620）岁贡，官龙溪训导。（康熙《潮阳县志》）——陈新杰

【马锋锦】

马锋锦，潮阳人。附监，官两淮盐运司运副。（光绪《潮阳县志》）——陈新杰

【马 燧】

马燧（1439—1487，一作"马璲"），字淡薄，号明光，潮阳举练都人。天顺三年（1459）举人。成化十二年（1476）任南安知县。（嘉靖《潮州府志》、民国《南安县志》、《贵屿古今人物辞典》）——陈新杰

四 画

【王一经】

王一经，海阳人。正德十年（1515）贡生。嘉靖年间（1522—1566）任浙江昌化县训导。（乾隆《潮州府志》、光绪《海阳县志》、康熙《昌化县志》）——陈贤武

【王之骥】

王之骥，号蓬村，澄海人。明季诸生，著有《存笑稿》。（《潮州艺文志》、《明季潮州忠逸传》）——黄树雄 杨映红

【王天性】

王天性（1526—1609），字则衷，号槐轩，别号半憨，澄海蓬洲都外砂（今属汕头龙湖）人。嘉靖三十一年（1552）举人，三十九年（1560）任南直盱眙县教谕。以才望晋江西上高县知县。方莅任，作誓曰"官欲钱，死他乡"，使人敲木铎宣示于道，同僚侧目。四十四年（1565）升南昌府通判，兼署丰城知县。秉公执正，不阿权贵，名闻远迩，而见忌同僚。万历初年，科道官闻风劾其不职，吏部复核，得复职。后又以前事论去。居乡为民请命，减赋役，筑堤以防水患，乡人立怀德祠以报其功德。天性素喜为古文，晚年益工。澄海初建县，未有县志，天性留心考辑，万历二十二年（1594）修成《澄海县志》。著有《半憨集》。子启泽，由贡士中天启元年（1621）顺天乡试举人。孙本祥，另见"王本祥"条。曾孙锡明，顺治八年（1651）举人。（康熙《澄海县志》、同治《南昌府志》）——黄树雄 杨映红

【王　化】

王化（？—1582），字钦孚，别号赞宇，海阳龙溪都（今属潮州潮安）人。生而颖异，自垂髫辄有大志，居田间无所师，日读书百行成诵。嘉靖二十八年（1549）补诸生，三十四年（1555）、四十三年（1564）均中副榜，都人咸愿师之。自是斯文自任，论说非濂、洛、新安不道。居恒迟迟若不出口，至讲学津津然评说典谟，上下今古，发前人所未发，故出其门者，皆通知经术。万历十年（1582），自羊城归，殁于梅州。门人林熙春为葬于潮阳棉阳。（顺治《潮州府志》、光绪《海阳县志》、《林忠宣公全集》、《庵埠志》）——陈贤武

【王氏（杜一命妻）】

王氏（杜一命妻），饶平苏湾（今属汕头澄海）人。嘉靖年间（1522—1566），"海寇"朱良宝闻其美，率党掠之，王自颈死。知府郭子章旌其门曰"烈节流芳"。（顺治《潮州府志》）——黄树雄 杨映红

【王氏（林荣凤妻）】

王氏（林荣凤妻），潮阳人。为流贼所掠，欲犯之，且以刃其子相胁。王氏见邻姬得释，以计脱其子付之归。遂骂贼不绝，被害。（嘉庆《潮阳县志》）——陈新杰

【王氏（林象仪妻）】

王氏（林象仪妻），潮阳县廓都人。王敬宾次女。夫象仪为安化令林

继习孙。象仪死，王氏年二十，未有子，惟存姑及六岁夫弟，时举目无依，独执杖治丧。事姑抚小郎不懈。年七十一卒。崇祯间（1628—1644），知县杨灼旌其门曰"操凛冰玉"。（康熙《潮阳县志》）——陈新杰

【王文明】

王文明，字壁远，号濛川，王树子，饶平苏湾（今属汕头澄海）人。嘉靖四十三年（1564）举人，曾任广西博白知县，升云南潞南州知州。（《嘉靖四十三年甲子科广东乡试录》、《隆庆四年庚午科广西乡试录》、《万历元年癸酉广西乡试录》、嘉庆《澄海县志》、康熙《路南州志》、《醉经楼集》）——黄树雄　杨映红

【王以萃】

王以萃，揭阳人。训导王继南子。嘉靖三十四年（1555）举人。万历十五年（1587），授浙江嘉兴通判。（雍正《揭阳县志》、万历《嘉兴府志》）——孙杜平

【王玉振】

王玉振，字调元，揭阳人。参议王宗昌父。崇祯间（1628—1644）岁贡生。操行谨饬，学问渊博。教授生徒，力振关闽濂洛之学。出其门者，先重行义，次论才艺，大都显达，玉振独困诸生三十年。居恒所得修脯，遇有故人贫乏，则分给之，世益叹其难能。（雍正《揭阳县志》）——孙杜平

【王本祥】

王本祥，澄海蓬洲都外砂（今属汕头龙湖）人。王天性孙。万历二十八年（1600）举人，四十三年（1675）任浙江定海知县。内和而外刚，不屈于豪右。鞫讼于庭，洞烛情伪，一字不游移，民呼为"王铁笔"。持论多公允。终以劳瘁，卒于定海。工诗，有《野人集》。（康熙《续定海县志》、乾隆《潮州府志》、嘉庆《澄海县志》）——黄树雄　杨映红

【王　业】

王业，海阳苏湾（今属汕头澄海）人。成化元年（1465）举人。二十三年（1487）任江西零都知县。（天启《赣州府志》、嘉庆《澄海县志》）——黄树雄　杨映红

【王　立】

王立，潮阳峡山都人。正统十一年（1446）岁贡，官崇安知县。（嘉靖《潮州府志》、隆庆《潮阳县志》）——陈新杰

【王宁俭】

王宁俭，饶平苏湾（今属汕头澄海）人。弘治二年（1489）举人，官福建南靖教谕。弘治十四年（1501）被聘为应天府乡试同考官。（《弘治十四应天府乡试录》、康熙

《饶平县志》、乾隆《南靖县志》）——黄树雄 杨映红

【王让】

王让（1470—?），字朝谦，号懒夫，海阳登瀛都（今属潮州潮安）人。由布政司知印任广西武缘博涩寨巡检司巡检。（嘉靖《潮州府志》、光绪《海阳县志》、《潮汕王氏族谱：汤头存本》）——陈贤武

【王邦祯】

王邦祯，澄海苏湾（今属汕头澄海）人。万历间（1573—1619）贡士。曾任四会县教谕，升陕西石城州学正。享年逾百岁，百岁时赴宾宴，杖履安健，时称人瑞。（顺治《潮州府志》、康熙《澄海县志》、光绪《四会县志》）——黄树雄 杨映红

【王臣】

王臣，揭阳人。县学生。寿九十二。（雍正《揭阳县志》）——孙杜平

【王尧钦】

王尧钦，普宁洴水都人。为人恬静自守，隶锡匠为生业。白银渡头泥淤深阔，涉者常病之。万历二十四年（1596），尧钦至彼，于地拾银少许，不以自私，仍出囊中物佐之，付渡家雇工填土，行人称便。（康熙《潮州府志》、乾隆《普宁县志》）——陈新杰

【王光烈】

王光烈，潮阳峡山都（今属汕头潮南）人。海阳籍。天启间（1621—1627）贡生，官福安训导，升琼州府会同教谕。（康熙《潮阳县志》、顺治《潮州府志》、光绪《海阳县志》、道光《琼州府志》）——陈新杰、陈贤武

【王兴】

王兴，字电辉，大埔古野（今属梅州大埔）人。本姓黄，其先世以避仇改姓王。兴少好勇尚气，有膂力，十五岁道行遇狼，手搏杀之。好结交豪侠少年，遇事精细，人号为"绣花针"。辗转流落恩平。值明季扰乱，遂聚众起兵。清军陷广州，屡攻之，不下。永历九年（1655）南明李定国部克阳春，据阳江城，兴应之。不久定国败，兴退守新宁之文村，清平南王尚可喜下全力攻之，顺治十六年（1659）八月，终破，兴与母及妻妾十五人皆自缢死。（康熙《埔阳志》、民国《大埔县志》、乾隆《新宁县志》）——黄树雄

【王孚嘉】

王孚嘉，潮阳人。万历间（1573—1620）岁贡，官峡江教谕。（康熙《潮阳县志》）——陈新杰

【王启泽】

王启泽，见"王天性"条。

【王君恪】

王君恪,揭阳人。两次被举府、县乡宾。尝捐修七乡崩塌堤岸,众人感德,有碑纪功。卒年八十。(雍正《揭阳县志》)——孙杜平

【王　纲】

王纲,潮阳县廓都人。洪武二十九年(1396)举人,官怀远教谕。为诸生时,有上江林姓携子佣于潮,纲见其子秀慧,试授书,辄成诵,异之。留之学三年,厚赠以归。宣德中(1426—1435),林子已由进士任侍郎,纲亦官藤县教谕。林子上疏荐纲,擢兵科给事中,转户科,迁浔州知府。有许指挥者占民田,纲论如法,闻于朝。会皇帝南巡,召见于行在,称其"实心为民"。(乾隆《潮州府志》、乾隆《普宁县志》)——陈新杰

【王国俊】

王国俊,海阳人。万历元年(1573)岁贡。二十五年(1597)任广西藤县训导。(乾隆《潮州府志》、光绪《海阳县志》、同治《藤县县志》)——陈贤武

【王国善】

王国善,字用彰,揭阳人。嘉靖二十九年(1550)贡生,初授福建安溪训导,升琼州琼山教谕。四十三年(1564),升广西临桂知县。(嘉靖《安溪县志》、乾隆《揭阳县志》、乾隆《琼州府志》、嘉庆《广西通志》)——孙杜平

【王明举】

王明举,号浙泉,海阳人。万历二十二年(1594)举人。三十八年(1610)仕湖广黄陂知县。整顿地方治安,务教化,劝以逊睦,使讼渐省。兴办社学,出俸金以葺贤祠。邑介楚藩,人多投献农田于宗老,予以禁止滥献。性简率,不喜媚合司官。而廉约洁己之操,三年如一日。(顺治《潮州府志》、光绪《海阳县志》、光绪《黄陂县志》)——陈贤武

【王　昂】

王昂(1449—1495),字抑之,号可庵,揭阳人。成化二十年(1484)进士,授江西永丰知县。居官廉洁无私,振作有方。先后厘定诡籍,痛革巫俗,大新学宫,复修欧阳修墓,首刻罗伦文集,追捕惯匪,辩白民冤。士民感戴之,称为"揭阳公"。擢升太仆寺丞,分理顺天二十七州县马政。穷其利弊,将上疏陈述,未上而疾卒。王昂天资颖敏,学务赅博,涉猎经史,有《宋史补》及诗文数卷。(嘉靖《潮州府志》、万历《吉安府志》、《吹剑集》)——孙杜平

【王　制】

王制,字作之,饶平苏湾(今属汕头澄海)人。嘉靖四年(1525)

举人。授福建闽县教谕。卓有成绩，选为国子监博士，再出为福州府通判。时年饥荒，制捐俸赈济饥民，平治盗贼，有廉能声。（康熙《澄海县志》、顺治《潮州府志》、正德《福州府志》）——黄树雄　杨映红

【王宗昌】

王宗昌（？—1680？），字谔士，原名象枢，字子龙，一字君宰，揭阳人。天启四年（1624）举人第六名，崇祯七年（1634）副榜。两历教谕，升国子学录，转大理司务。升户部主事，监督旧太仓。剔弊更新，同时六仓皆以为法。超升本部郎中。十六年（1643），升山东参议，督理天津粮道。维时军储百万，梯山航海，宗昌殚心竭力以济时艰。明年国变，与巡抚、总兵等商议誓师勤王，然而无一响应。宗昌知事不可为，乃航海南归。里居卖文自给，绝迹公庭。年八十三卒。（雍正《揭阳县志》、《崇祯长编》）——孙杜平

【王宗泰】

王宗泰，洪武年间（1368—1398）程乡人。生平好行其德，乡有路崎岖十余里，修除平坦，造石桥三处，利济行人，又造乌泥坑石桥，后人题曰"宗德桥"，饶塘堡观音凹为各乡要衢，宗泰倡建茶亭，指田租十五石为茶费，又恐所修桥日久废坏，拨田以遗子孙，俾以时修理之，名曰"桥尝"。（光绪《嘉应州志》）——黄晓丹

【王　实】

王实，揭阳（今属汕头金平）人。性鲁钝少文。家境贫寒，能孝养父母。父病笃，割股代药；父殁未葬，值飓风大作，海水荡覆民居，实抱父棺号泣，随风飘逝。未几风反，棺泊邻居。时人皆以为孝感所致。嘉靖六年（1527），官府核实其事，上闻朝廷。卒，祀县孝义祠。（乾隆《揭阳县志》）——孙杜平

【王建康】

王建康，惠来大坭都人。万历三十四年（1606）岁贡，天启三年（1623）任海丰县训导，历仕广州府教授。（乾隆《潮州府志》、乾隆《海丰县志》）——周修东

【王　经】

王经（1479—1514），字朝典，号玉斋，海阳登瀛都（今属潮州潮安）人。正德五年（1510）举人。赴京会试，至汀州卒。（嘉靖《潮州府志》、光绪《海阳县志》、《潮汕王氏族谱：汤头存本》）——陈贤武

【王　树】

王树（1512—1576），字端立（一作"瑞宏"），号灏溪，饶平苏湾（今属汕头澄海）人。嘉靖十年（1531）举人。曾任南直建德知县。邑事繁剧，又疲于兵事，树以直道行

事,忤上司,三十五年(1556)改为杭州府学教授,再改周王府教授,遂辞官归,卒于家。其为文雅隽,学者宗之。为教职,砥砺学问,以师道自重,号称"善教者"。子文明,另见"王义文"条。(《醉经楼集》、《明农山堂集》、康熙《澄海县志》、万历《杭州府志》)——黄树雄 杨映红

【王 钦】

王钦,潮阳县廓都人。成化十七年(1481)贡生,官监利县丞。(嘉靖《潮州府志》、隆庆《潮阳县志》)——陈新杰

【王 度】

王度,海阳苏湾(今属汕头澄海)人,正统六年(1441)举人,曾任漳州府学教授。(万历《漕州府志》、康熙《澄海县志》、康熙《饶平县志》)——黄树雄 杨映红

【王 宧】

王宧(1452—?),字邦显,号恕翁,海阳登瀛都(今属潮州潮安)人。正德四年(1509)中岁贡,补太学生。嘉靖元年(1522)照恩例授云南大理卫经历。(嘉靖《潮州府志》、光绪《海阳县志》、《潮汕王氏族谱:汤头存本》)——陈贤武

【王 宬】

王宬(1440—1483),字邦杰,一字容之,海阳登瀛都(今属潮州潮安)人。成化十一年(1475)进士。任刑部贵州清吏司主事,升户部员外郎。卒年四十四。(嘉靖《潮州府志》、光绪《海阳县志》、《潮汕王氏族谱:汤头存本》)——陈贤武

【王 振】

王振,潮阳人。道士。洪武十六年(1383),为本县道会,创立道场。(隆庆《潮阳县志》)——孙杜平

【王 轼】

王轼,字国瞻,一字敬甫,揭阳人。寺丞王昂侄。正德五年(1510)举人。九年(1514),授南直怀远教谕。善于训诲,务端矩范、正士习。执礼自严,人亦以严见惮。凡四时俗仪,诸生有献,以义辞之。且推俸周贫乏,率以为常。十五年(1520),升芜湖知县。时值宁藩宸濠反,朝廷讨叛大军奄至,太监倚势作威,县吏逃去,轼独当之。大军所需粮草,轼委积咸备。太监无有刁难,反而待以殊礼。武宗驻跸南京,抚、按二司檄行各县率部民赴役,轼备银募工。天时暑热,死者过半。为人诬告上闻,巡抚命应天通判查覆。轼无馈遗,被劾别用。轼飘然弃官归。(嘉靖《潮州府志》、嘉靖《怀远县志》、乾隆《太平府志》)——孙杜平

【王 恩】

王恩,字世沾,揭阳(今属汕头金平)人。事母以孝闻。正德五年(1510),由府学中式举人,数上春闱

不第。嘉靖十年（1531），授福建归化知县。（《正德庚午科广东乡试录》、康熙《归化县志》、雍正《揭阳县志》、《薛侃集》）——孙杜平

【王冕】

王冕，号巾山，饶平苏湾都（今属汕头澄海）人，王隆子。成化二十二年（1486）举人，弘治十七年（1504）官福建南安知县。（嘉靖《潮州府志》、万历《泉州府志》、康熙《澄海县志》）——黄树雄　杨映红

【王崑】

王崑，潮阳隆井都（今属汕头潮南）人。成化三年（1467）贡生，官余干县丞。（嘉靖《潮州府志》、隆庆《潮阳县志》）——陈新杰

【王铨】

王铨，潮阳贵山都人。刑部主事王靖之子。景泰四年（1453）举人，天顺八年（1464）进士，官礼科给事中。成化间（1465—1487），擢河南左参政，升右参议。（隆庆《潮阳县志》、雍正《河南通志》）——陈新杰

【王铭】

王铭，潮阳县廓都人。永乐十五年（1417）岁贡，官上林主簿。（嘉靖《潮州府志》、隆庆《潮阳县志》）——陈新杰

【王隆】

王隆（1431—?），字宗道，号静斋，海阳苏湾都（今属汕头澄海）人。王彰子。其父彰卒于山西平城贬所，隆时年十六，万里奔赴，扶梓归葬。天顺三年（1459）中举人，授南直滁州学正。勤于教育，常以身先。以礼训士，风俗渐淳。任满，辞归养母，终身不出。乡居十余年，以寒士自持，无与民竞者。（康熙《澄海县志》、康熙《滁州志》）——黄树雄　杨映红

【王敬宾】

王敬宾，潮阳隆井都（今属汕头潮南）人。举人一益从侄。天启间（1621—1627）贡生。官阳江教谕。（康熙《潮阳县志》）——陈新杰

【王朝佐】

王朝佐，潮阳人。崇祯间（1628—1644）贡生，官海丰教谕。（康熙《潮阳县志》）——陈新杰

【王朝科】

王朝科，字国振，揭阳（今属汕头金平）人。嘉靖十年（1531）举人，授江西袁州教授。三十年（1551），升南直旌德知县，以劲去职。（康熙《袁州府志》、乾隆《揭阳县志》、嘉庆《旌德县志》）——孙杜平

【王弼】

王弼，揭阳鮀江（今属汕头金

平）人。府学生员。嘉靖十六年（1537）举人。曾任福建永定知县，二十九年（1550）任南直沭阳知县。（《嘉靖十六年丁酉科广东乡试录》、顺治《潮州府志》、康熙《澄海县志》、民国《沭阳县志》）——黄树雄 杨映红

【王锡明】

王锡明，见"王天性"条。

【王　靖】

王靖，潮阳贵山都人。永乐十二年（1414）举人。十六年（1418）成进士，官刑部主事，改蜀府审理正。（隆庆《潮阳县志》、雍正《广东通志》）——陈新杰

【王　瑶】

王瑶（1416—1490），字孟璿，号质直，海阳登瀛都（今属潮州潮安）人。治《春秋》，成化八年（1472）由国子生任福建建宁县丞。享寿七十五。（嘉靖《潮州府志》、光绪《海阳县志》、嘉靖《建宁县志》、《潮汕王氏族谱：汤头存本》）——陈贤武

【王　彰】

王彰（1395—1446），字廷显，号乐庵，海阳苏湾（今属汕头澄海）人。宣德十年（1435）解元，正统四年（1439）进士，澄海王姓以功名显者自彰始。授刑部广西司主事，持法平允，决狱如流。升郎中。以失误谪居山西平城，为藩王府属官，晋教授，不就，卒于贬所。彰资性明敏，潜心风雅。善诗文，著有《金台集》、《云中稿》，已佚。曾以范仲淹"生无以恤祖宗，没何以见祖宗"自励，修成族谱。（康熙《澄海县志》、乾隆《潮州府志》、《正统四年己未科进士登科录》）——黄树雄 杨映红

【王　徵】

王徵，澄海上外（今属汕头澄海）人，万历二十八年（1600）举人，崇祯七年（1634）官邹县知县。（乾隆《潮州府志》、乾隆《澄海县志》、康熙《邹县志》）——黄树雄 杨映红

【王　澄】

王澄，潮阳贵山都人。永乐十八年（1420）举人，官罗城教谕。（嘉靖《潮州府志》、隆庆《潮阳县志》）——陈新杰

【王　璘】

王璘，海阳人。永乐十六年（1418）贡生。正统六年（1441）任江西赣州府推官。（嘉靖《潮州府志》、光绪《海阳县志》、同治《赣州府志》）——陈贤武

【韦　阳】

韦阳，海阳人。永乐四年（1406）贡生。官江西南安府推官。（嘉靖《潮州府志》、光绪《海阳县

志》）——陈贤武

【韦　忠】

韦忠，普宁人。贡生。仕阳江县学训导。（乾隆《普宁县志》）——陈新杰

【韦　绍】

韦绍，海阳人。举人韦济孙。嘉靖十年（1531）举人。二十七年（1548）任湖广邵阳知县。（顺治《潮州府志》、光绪《海阳县志》、光绪《邵阳县志》）——陈贤武

【韦　济】

韦济，字子舟，海阳人。景泰元年（1450）举人。成化七年（1471）任福建龙岩知县。时初设守御千户所，措置经营，举合程度，拓旧土城，砌以石，修学庙，迁社稷坛，改厉坛，建行署铺舍、预备仓，十二年（1476）重建养济院，修龙津虎渡二桥。会汀寇发，邻境皆受害，独龙岩赖以全。升福州府同知。祀名宦。（嘉靖《潮州府志》、光绪《海阳县志》、《八闽通志》、民国《龙岩县志》）——陈贤武

【毛绍龄】

毛绍龄，字鹤汀，海阳人。嘉靖十三年（1534）举人。二十五年（1546）任湖广衡山知县，三十年（1551）转广西来宾知县。嘉靖元年（1522）曾刊刻南宋张杲撰《医说》一书。著有《毛鹤汀集》六卷、《山家杂治》，已佚。卒，祀乡贤祠。（顺治《潮州府志》、光绪《海阳县志》、郭子章《潮中杂纪》、乾隆《柳州府志》、《中国古籍版刻辞典》、《岭南医学史》）——陈贤武

【毛　钺】

毛钺，海阳人。景泰元年（1450）举人。官广西苍梧知县。（嘉靖《潮州府志》、光绪《海阳县志》）——陈贤武

【卞之璧】

卞之璧，更名文载，海阳人。万历三十一年（1603）举人。官潮州卫中千户所职。（顺治《潮州府志》、光绪《海阳县志》）——陈贤武

【方一凤】

方一凤，字肖左，惠来县惠来都人。浮梁县丞方鲁长子。十岁能文，稍长驰声艺林。数赴省试不第。应万历十九年（1591）岁贡，廷试落第后当谒选，念其母年老，随即归家奉养。五年后（1596），在其母催促下，始赴京谒选，授江西上犹县训导。到任甫三月，便致仕以奉母。归后，抚养庶弟一鸣及孤侄应福、应祉，友爱备至。侍母暇日，讲求正学。创建祠堂，崇祀先祖，捐献田产，赡助士人，建造桥梁，布施棺木，遍行古贤之风义。入祀惠来县乡贤祠、上犹县名宦祠。（康熙《惠来县志》、康熙《上犹县志》）——周修东

【方一位】

方一位，字茂锡，惠来县惠来都人。弱冠为廪膳生，蜚声县学。治《礼经》，万历十六年（1588）中举人，与华亭董其昌（后任南京礼部尚书）相友善。教授生徒，大都成名，同榜举人林世赏乃其门下弟子。未及出仕而逝。曾孙首拔，举人。（雍正《惠来县志》、乾隆《潮州府志》）——周修东

【方一佳】

方一佳，惠来县惠来都人。万历四十八年（1620）岁贡，天启四年（1624）任肇庆府高明县训导，升教谕，历仕广西柳州府教授。（乾隆《潮州府志》、康熙《高明县志》、光绪《高明县志》）——周修东

【方一命】

方一命，字耿葵，惠来县惠来都人。福建连城丞方正之孙。弱冠增补为生员，蜚声县学，三中省试副榜，后应万历二十五年（1597）岁贡。当其为生员时，其兄肖玉任吏掾，得罪潮阳知县，知县欲毙肖玉于杖下。一命舍去儒生冠服，愿以己身代为受刑，哀求宽贷，知县爱其才学而嘉其谊，遂释以归。一命到京谒选，未及授职而逝。（雍正《惠来县志》）——周修东

【方一清】

方一清，惠来隆井都人。德庆州学正方文英子。万历二十三年（1595）岁贡，二十七年（1599）任广州府新安县训导，三十三年（1605）任广西来宾县教谕。（乾隆《潮州府志》、光绪《广州府志》、民国《来宾县志》）——周修东

【方大受】

方大受，惠来县惠来都人。嘉靖三十年（1551）岁贡，授浔州教授，升岷王府纪善。（乾隆《潮州府志》）——周修东

【方大谦】

方大谦，惠来西头都人。隆庆四年（1570）岁贡，万历年间（1573—1620）任崖州训导，升教授。（康熙《惠来县志》、雍正《惠来县志》、乾隆《潮州府志》、乾隆《琼州府志》）——周修东

【方公贵】

方公贵，惠来隆井都人。嘉靖十九年（1540）岁贡，仕福建闽县主簿。（乾隆《潮州府志》）——周修东

【方氏（林万钟妻）】

方氏（林万钟妻），惠来县惠来都方希周女，酉头都林万钟妻。十七岁出嫁，万钟苦读早逝，方氏时年二十三岁，遗下一岁孤儿。方氏哀毁不食者七日，以遗孤在，矢志不再嫁。公婆接连而逝，方氏既办毕丧葬大事，孤儿渐长，课以诗书，与侄子应

楚同学。方氏勤作女红，以助二人读书饮用，衣服必备二副，无分彼此。与妯娌相处，终身无间言。享年七十二，无疾而逝。（雍正《惠来县志》）——周修东

【方文英】

方文英，惠来隆井都人。万历三年（1575）岁贡，后任德庆州学正，升益州教授。子一清，来宾县教谕。（雍正《惠来县志》、乾隆《潮州府志》、光绪《德庆州志》、宣统《来宾县志》）——周修东

【方　正】

方正，字木轩，惠来县惠来都人。嘉靖十四年（1535）岁贡，入读国子监。二十六年（1547），授福建汀州连城县丞，署理知县。代纳赎金而释放狱囚，捐献俸银而修缮学宫。致仕回乡后，垂训子孙，追怀祖德，崇祀先人，扩创祭祀田租。享年七十五。去世之日，乡人感慕，称其为笃行君子。（乾隆《潮州府志》、康熙《惠来县志》、民国《连城县志》）——周修东

【方廷兰】

方廷兰（1572—1629），字华畹，惠来县惠来都人。父亲早逝，家贫孤苦，勤奋教学，以酬金养母。万历二十七年（1599）应岁贡，入南京国子监读书，赴京闱乡试，成绩优等，为势者所排挤。遂赴京谒选，三十一年（1603）授浙江处州府通判，署理龙泉、缙云和青田三县，所至申明文教，裁抑侥竞，清正廉洁，善施仁政。升云南巨津知州，以不能奉母而辞官归。捐资修祠造坟，乐善好施，解纷息争。崇祀乡贤祠。子鐩，举人。（康熙《惠来县志》、雍正《惠来县志》、光绪《处州府志》）——周修东

【方兆元】

方兆元，字辉鼎，惠来隆井都人。幼岁父丧，稍长攻苦读书，有志科举业，考试名列高等，屡次省试俱落第。应崇祯间（1628—1644）岁贡。服事其母林氏孝顺而恭谨，母年老患眼疾，凡饮食，必亲为喂饭，如是者十年。友爱教诲生徒，温厚接人，襟怀高洁。年八十，不仕卒于家。（康熙《惠来县志》、乾隆《潮州府志》）——周修东

【方应祉】

方应祉，惠来县惠来都人。浮梁县丞方鲁孙。与兄应福同时蜚声艺苑，怡怡友恭，辅助兄长营建先祖墓室，扩充祭田；营葬外祖雪中，表奏陈宗玑之冤，时称"二惠"。（康熙《惠来县志》）——周修东

【方应福】

方应福，字辉斗，惠来县惠来都人。浮梁县丞方鲁孙，上犹县训导一凤侄。十龄父丧，应福痛父一鲲为县

学名生员,未登科举而早逝,乃潜心攻读,图继父志。万历四十三年(1615)省试,仅中副榜。天启三年(1623)由岁贡考授州判,以母老辞不就。母八旬去世,应福悲慕不已,至刻像以祀。从侄可健幼孤,抚之如己子。弟应祉,同时蜚声艺苑。(康熙、雍正《惠来县志》)——周修东

【方明作】

方明作,字复恭,普宁洪阳人。廪生。生而凝重,言动不苟,学问淹贯,为士林所推重。嘉靖四十二年(1563),设县治于贵屿。万历三年(1575),明作倡率李、黄、侯等七姓呈请移治厚屿,且割己地盖学宫。(乾隆《普宁县志》)——陈新杰

【方明健】

方明健,字复乾,普宁洪阳人。天姿明敏,笃信好学,少丧父,母孀守,竭诚奉养。长补县学生,设家塾课督宗人子弟。嘉靖四十二年(1563),置普宁,以贵屿为县治。万历三年(1575),倡请移治厚屿,复割己地建学。享年八十三。(乾隆《普宁县志》、乾隆《潮州府志》)——陈新杰

【方宗琪】

方宗琪,潮阳县隆井都(今属揭阳惠来)人。东陇乡初属潮阳,嘉靖四年(1525)以地方空旷,盗贼聚集,宗琪倡设惠来县,朝廷允可,有司命宗琪督办建城事务,先后创建城墙、官衙,皆借宗琪办理之力。(康熙《惠来县志》、雍正《惠来县志》)——周修东

【方承榜】

方承榜,潮阳峡山都(今属汕头潮南)人。崇祯九年(1636)举人,官顺德县教谕。(康熙《潮阳县志》)——陈新杰

【方绍伯】

方绍伯(?—1648),字燕祚,普宁洪阳人。岁贡。博学能文,万历三十八年(1610),知县阮以临修《普宁县志》,赖绍伯捃摭事实,成一县文献。南明永历二年(1648)八月,土寇陷城,绍伯率僮仆以御,力不敌,遂遇害。(乾隆《普宁县志》、乾隆《潮州府志》)——陈新杰

【方　钦】

方钦,海阳人。永乐十二年(1414)举人。官江西瑞州府教授。(嘉靖《潮州府志》、光绪《海阳县志》)——陈贤武

【方　度】

方度,海阳人。永乐十六年(1418)贡生。官刑部主事。(嘉靖《潮州府志》、光绪《海阳县志》)——陈贤武

【方起龙】

方起龙,字海吟,惠来县人。明末诸生,有诗名。有《夜起听圃人锄

《月声》等诗七首。（雍正《惠来县志》）——周修东

【方逢皋】

方逢皋，字明允，惠来县惠来都人，连城县丞方正子。万历十二年（1584）岁贡，授福建莆田县训导。教导诸生以孝友为务，不斤斤于文艺、科举之学。逢皋赋性正直诚谨，温良忠厚，淡泊自守，刚直不阿，执政者以其辅佐宗藩，必有裨益，迁江西淮府教授，署永丰王府事。任期届满归，行囊萧条。二藩赋诗赠别，赠其庐曰"清修贤辅"。年七十五卒。子尚友，嗜古笃学，能世其业。（康熙、雍正《惠来县志》，乾隆《潮州府志》）——周修东

【方鋐朔】

方鋐朔，字乐山，普宁洪阳人。增广生。赋性敦厚，敏慧好学。乐善不倦，闾里咸推重之。万历三年（1575），鋐朔率侄明作，倡同李、黄、侯、苏、马、蔡等七姓，公吁呈准，建县治于厚屿，且割己地建学宫。（乾隆《普宁县志》、《方氏奉先堂族谱》）——陈新杰

【方鲁】

方鲁（1516—1586），字启之，号左峰，惠来县惠来都人。由嘉靖四十四年（1565）岁贡，初授广西灵川县丞，以继母过世，回家守孝。万历初守丧期满，补为江西浮梁县丞，以贤能称著。后署知县，清除积弊，杜绝羡金，清廉勤勉，多有惠政，民众感其恩德。升靖江王府审理，没有赴任。缙绅庶民为之奖誉，赠序为别。传家诗书，躬敦古谊，捐资以建祠，捐田以赡祭。子一凤，上犹训导。（乾隆《潮州府志》、康熙《惠来县志》、雍正《灵川县志》、同治《饶州府志》）——周修东

【方舆】

方舆，海阳人。成化年间（1465—1487）贡生。授浙江嵊县训导。（嘉靖《潮州府志》、光绪《海阳县志》）——陈贤武

【方德】

方德（？—1643），普宁人。崇祯十六年（1643）冬，击山贼朱晚、张十一等，与知县朱统鎝同殁于阵。当统鎝御贼时，方德、吴必登为乡总，刘文、颜志、陈尚为乡壮，俱奋勇薄阵，及贼围数匝，统鎝为贼迕中要害，五人誓不生还，同时战死，可谓见危授命。时乡壮死者尚有三人，惜亡其名。（乾隆《普宁县志》）——陈新杰

【方霖】

方霖（1370—1439），字若时，号坦翁，海阳（今属潮州潮安）人。永乐元年（1403）以人材举。四年（1406），授广西道御史，征蛮，夺回主簿池佛养，功升应天府治中，卒。

(《兰台法鉴录》、嘉靖《潮州府志》、光绪《海阳县志》、《潮汕文化宗亲会成立二十周年纪念》）——陈贤武

【方鐄】

方鐄，字巽中，惠来县惠来都人。巨津知州方廷兰季子。笃学嗜古，弱冠入籍县学。天启七年（1627）中举人，为冯元飚首拔士。适逢饥荒之年，方鐄尽倾所藏粮食，发赈灾民。崇祯七年（1634）上京赴考，落第归，仲兄为族中仇人所杀，方鐄悲痛愤激，奔走上告当道，以劳致瘁，年仅三十三岁。（康熙、雍正《惠来县志》）——周修东

【邓维坤】

邓维坤，字贞起，程乡丙村（今属梅州梅江）人。万历二十五年（1597）举人。授湖广新化令。询疾问苦，治行卓异，两台交疏上荐，赠两尊人如其官。居家孝友，任恤族党。抚养二弟皆成名，维藩以岁贡任长乐训导；维翰，万历四十六年（1618）举人，授长宁教谕，皆有政声。兄弟世德多可为风范。（顺治《潮州府志》、康熙《程乡县志》、乾隆《嘉应州志》）——黄晓丹

【邓植】

邓植，揭阳人。家道贫寒，农樵为业，能以孝养双亲。其母病笃，割股以进，服之得愈。明崇祯四年（1631），山寇发难，植阖家被掠，混于众中，有贼识之，曰："此人是割股孝子。"于是全部释放。邻村嘉赞其孝，招入寨中避乱。举人杨世乔、诸生许克申等将其事迹，呈报署县江愈敏，甑查有据，准登县志。（雍正《揭阳县志》）——孙杜平

【邓像】

邓像，海阳人。永乐元年（1403）贡生。官广西柳州兴宁主簿。（嘉靖《潮州府志》、光绪《海阳县志》）——陈贤武

【孔克法】

孔克法，字学士，南康照磨思溥子。值元季兵乱，克法以随宦故，因寓潮州。洪武间（1368—1398），入籍潮阳，居和平里。（康熙《潮阳县志》、嘉庆《潮阳县志》）——陈新杰

五 画

【古铠】

古铠（1320—1389），字廷美，程乡石窟（今属梅州蕉岭）人。以明经修行领任程乡县学训导，致仕后主修《古氏族谱》。（《嘉应古氏源流考》）——黄晓丹

【石玉】

石玉，潮阳县廓都人。洪武十八年（1385）贡生，官广西象州知州。（嘉靖《潮州府志》、隆庆《潮阳县志》）——陈新杰

【龙兴】

龙兴,字子潜,海阳人。嘉靖十九年(1540)举人。授南直通州学正。易直清谨,与人为善,笃于情理。及门之士,贤愚皆获其益,尤能周恤贫者。三十年(1551),升湖北孝感知县。时邑徭赋多,宿蠹偏累,平之。有贼患,率民兵歼之。因得请于上,垒土城崇其制。寻迁福建盐运副使。三十六年(1557),迁严州同知,晋长史。(康熙《潮州府志》、光绪《海阳县志》、万历《通州志》、光绪《孝感县志》、《福建盐运司志》、光绪《严州府志》)——陈贤武

【卢一翰】

卢一翰,揭阳人。遥授训导卢应科父。寿九十,经上报,被赐绢帛。(雍正《揭阳县志》)——孙杜平

【卢升】

卢升,澄海下外(今属汕头澄海)人。卢谢显子。崇祯十二年(1639)举人。清顺治年间(1644—1661)任从化教谕,升金县知县。(康熙《澄海县志》、乾隆《潮州府志》、康熙《广东通志》)——黄树雄 杨映红

【卢正】

卢正,海阳人。永乐六年(1408)贡生。官河南都司断事。(嘉靖《潮州府志》、光绪《海阳县志》)——陈贤武

【卢功名】

卢功名,海丰龙溪都(今属揭阳惠来)人。洪武八年(1375)举人,授江西南城知县。[一作"建文元年(1399)己卯科举人,仕江西南城教谕"]。为政首在表扬前烈,建庙崇祀乡贤,劝民开荒勤耕田地,多种粳稻,县民粮食得以富足。三年期满留任原职,功名以父母年老辞官归乡。著有《经史汇纂》、《郁林石诗文集》。(乾隆《陆丰县志》、雍正《惠来县志》、光绪《惠州府志》)——周修东

【卢应科】

卢应科,揭阳人。诸生,遥授训导。万历四十六年(1618),礼举县正宾。卒年七十八。(雍正《揭阳县志》)——孙杜平

【卢昊】

卢昊,海阳人。明初以儒士授潮州训导。(嘉靖《潮州府志》、光绪《海阳县志》)——陈贤武

【卢重】

卢重(1435—?),潮阳举练都人。景泰五年(1454)贡生,官宾州判官。(嘉靖《潮州府志》、《贵屿古今人物辞典》)——陈新杰

【卢载】

卢载,潮阳峡山都人。宣德七年(1432)乡试第三,官柳城训导。

（嘉靖《潮州府志》、隆庆《潮阳县志》）——陈新杰

【卢　铖】

卢铖（1472—1528），字诗锋，潮阳举练都人。弘治八年（1495）举人，官泸州知州。（嘉靖《潮州府志》、《贵屿古今人物辞典》）——陈新杰

【卢谢显】

卢谢显（？—1649），字贞弼，澄海下外（今属汕头澄海）人。贡生。家贫，读书有志，教授郡邑间，言动不苟。曾赴省会，遇贼，贼知其名，释之去。顺治六年（1649）卒，及门之士多设位以哭。（顺治《潮州府志》、嘉庆《澄海县志》）——黄树雄　杨映红

【卢　锷】

卢锷（1439—1487），字文锋，潮阳举练都人。成化四年（1468）举人，官镇江通判。（嘉靖《潮州府志》、《贵屿古今人物辞典》）——陈新杰

【叶　万】

叶万，潮阳县廓都人。成化七年（1471）贡生，官南宁教谕。（嘉靖《潮州府志》、隆庆《潮阳县志》）——陈新杰

【叶元晖】

叶元晖，潮阳人。南宁教谕叶万子。弘治八年（1495）举人，官福州通判。（嘉靖《潮州府志》、隆庆《潮阳县志》）——陈新杰

【叶巨卿】

叶巨卿，潮阳洋乌都（今属汕头潮南）人。万历间（1573—1620）贡生，官长宁教谕。（康熙《潮阳县志》）——陈新杰

【叶公养】

叶公养，字可仕，揭阳人。永乐年间（1403—1424）岁贡，授刑部主事。因上疏谏净用刑，谪四川岳池知县。时值定都北京，朝廷敕令四川上贡木材。公养备文上请本省三司，俱为上奏而未能免其役。为此亲赴北京，陈诉军民疾苦，终得朝廷同意。越一年，官复主事，仍署岳池知县。后卒于官，百姓哀之，为其立祠祭祀。公养孙进，字怀中，正统六年（1441）举人，官武定同知。（雍正《揭阳县志》）——孙杜平

【叶氏（叶廷模女）】

叶氏（叶廷模女），澄海中外都（今属汕头澄海）人。奉新知县叶廷模之女，适冠山廪生周毓杰。毓杰赴省试，归道病卒。叶氏殓殡尽礼，汤饭不入口，谓："夫既亡，妇生何为？"七日后竟死。都人士闻之，报官府使旌其门。（雍正《澄海县志》）——黄树雄　杨映红

【叶文保】

叶文保（1345—？），号梅隐，程

乡西陂（今属梅州梅江）人。好义知书，为人忠直。父被贼害，誓不与共戴天，戮力将贼人歼灭殆尽。倾尽家资筑梅城西北城垣数百丈，以捍卫城中百姓安全，并开垦石扇、南口、梅塘三处屯田，以备战用。洪武十四年（1381），县吏陈伏纠合海阳、三饶贼首饶隆海攻县，并为内应，城陷。文保驰告府卫，平之。二十年（1387），安远贼周三协、程文名为党，官军征剿，县官遣文保领民兵前导，奋力抗击，贼败，立殊功。后凡县人有被贼扰，或被军掠者，均有赖文保保障。县人思其德，祀乡贤祠。（康熙《程乡县志》、乾隆《嘉应州志》、光绪《嘉应州志》）——黄晓丹

【叶　芝】

叶芝，字国英，晚号园公，澄海冠山（今属汕头澄海）人。父廷模，兄蕚。芝幼即能文，县试院试皆第一。中万历三十一年（1603）乡试副榜。五十岁之后弃举业，隐于澄海冠山西麓园，筑小山石莲洞、半舫亭、紫竹坞诸胜，与羽士墨客拈韵赋诗，所著有《小山寓言》、《石莲洞诗》、《西园稿》、《五云纪游》、《一指月咏史绝句》等。又工行楷小隶，兼善兰菊。（康熙《澄海县志》、乾隆《潮州府志》）——黄树雄　杨映红

【叶廷模】

叶廷模，号立斋，海阳中外（今属汕头澄海）人。嘉靖二十八年（1549）举人，授浙江上虞教谕。三十八年（1559）任江西奉新知县。（万历《南昌府志》、顺治《潮州府志》、康熙《澄海县志》、光绪《上虞县志》）——黄树雄　杨映红

【叶　茂】

叶茂，潮阳洋乌都（今属汕头潮南）人。景泰元年（1450）贡生，官合浦县丞。（嘉靖《潮州府志》、隆庆《潮阳县志》）——陈新杰

【叶茂清】

叶茂清，程乡人。以人材任广西梧州寨巡检。（康熙《程乡县志》）——黄晓丹

【叶　郁】

叶郁，潮阳招收都（今属汕头濠江）人。万历间（1573—1620）贡生，官训导。（康熙《潮阳县志》）——陈新杰

【叶　显】

叶显，海阳上外（今属汕头澄海）人。永乐十八年（1420）举人，经魁，官浙江宁海训导，升教谕。（嘉靖《潮州府志》、康熙《澄海县志》、光绪《宁海县志》）——黄树雄　杨映红

【叶　著】

叶著，字绅中。程乡人。生而颖

异，沉潜好学，手不释卷，夜读达旦。为文醇雅清朗，试辄冠军。崇祯九年（1636）乡试中解元。其初本以父病坚不欲赴，父促之行。场毕亟旋，母、父相继辞世，哀切病作，屡停上京会试。邑令陈燕翼深加器重，序其刻稿行世，赞曰："文犀健笔，白凤雕章。"生平谦谨，不矜贤知，而严正气节，不为威武所屈。藏修山林，虽薄田数亩，茅屋几间，处之宴如。因避乱，卒于莆心，年六十五。李士淳私谥曰"潜介"。（康熙《程乡县志》、乾隆《嘉应州志》、光绪《嘉应州志》）——黄晓丹

【叶 盛】

叶盛，潮阳洋乌都（今属汕头潮南）人。天顺七年（1463）例监，官桐城县丞。（嘉靖《潮州府志》、隆庆《潮阳县志》）——陈新杰

【叶喜雨】

叶喜雨（一作"起雨"），字承恩，叶溥子，饶平人。岁贡。弘治（1488—1505）末正德（1506—1521）初，任广西修仁知县。修仁孤城荒落，不堪为邑，喜雨怡然安之。结以恩信，驭以方略，边境稍宁。擢永安知州。（《正德二年丁卯科广西乡试录》、康熙《饶平县志》、雍正《广西通志》、《粤西文载》）——黄树雄

【叶鹏举】

叶鹏举，号乔生。程乡人。叶著长子。行敦孝友，举业博洽经史，朴不逢时，故知之者鲜。崇祯十三年（1640），父上公车，鹏卖己田佐资。及受产多分，辞不受，仍兄弟均焉。顺治三年（1646），寇陷城，母病不能避，母死，潜出觅棺，遇贼加刃，误中一犬，贼骇而止。从不厉声加人，负债与欠租者无碎语，每曰："量自己须量他人。"存心积德，有父风。（康熙《程乡县志》）——黄晓丹

【叶 溥】

叶溥，字思周，饶平宣化都（今属潮州饶平）人。正统九年（1444）举人，经魁，授湖广大治知县。政务宽简，情操过人。乞疾归，行李萧然，皆往时所携带衣物而已。（《粤大记》、康熙《饶平县志》）——黄树雄

【叶 蕚】

叶蕚，字国华，廷模子，澄海冠山（今属汕头澄海）人。万历三十一年（1603）举人。平生淡泊寡营。有郭外田六十亩，终其身无所益。晚年筑别业于郡城之南，啸歌自得焉。（康熙《澄海县志》、乾隆《潮州府志》）——黄树雄 杨映红

【叶德茂】

叶德茂，程乡人。以聪明正直，

任福建上杭县知县。（康熙《程乡县志》）——黄晓丹

【史 亨】

史亨，海阳人。洪武二十九年（1396）举人。官广西平乐县教谕。（嘉靖《潮州府志》、光绪《海阳县志》）——陈贤武

【史益修】

史益修，惠来大坭都人。嘉靖二十一年（1542）岁贡，授湖广临武县训导，升巴东县教谕。（乾隆《潮州府志》、光绪《湖南通志》）——周修东

【史 智】

史智，字仲乐，揭阳人。弘治二年（1489）举人。四年（1491），授广西北流教谕。在职善于启迪，学生有所依赖。改福建浦城。正德间（1506—1521），升江西九江教授。宅心中正，乐于教人。推分己禄作为育士之需，购置义田应对公务之费。曾聘为河南乡试同考官。在任九年，不携妻子，人以为难。后擢王府纪善。子载阁，字叔秘，嘉靖四年（1525）举人；子载笔，嘉靖间（1522—1566）贡生。（《正德十四年河南乡试录》、嘉靖《潮州府志》、嘉靖《九江府志》、嘉靖《建宁府志》、光绪《北流县志》）——孙杜平

【丘人凤】

丘人凤，海阳归仁都（今属潮州枫溪）人。崇祯六年（1633）监生，授涂州卫经历。（顺治《潮州府志》、光绪《海阳县志》、新编《枫溪区志》）——陈贤武

【丘士奋】

丘士奋，号直庵，海阳归仁都（今属潮州枫溪）人。成化二十二年（1486）举人。弘治间（1488—1505）由福建南安教谕升泉州教授。（嘉靖《潮州府志》、光绪《海阳县志》）——陈贤武

【丘大复】

丘大复，大埔人。崇祯十二年（1639）举人，曾任南雄教瑜。（顺治《潮州府志》、康熙《埔阳志》、乾隆《南雄县志》）——黄树雄

【丘子康】

丘子康，大埔白堠（今属梅州大埔）人，与同里陈日维、丘照璘、吕士奇、吴必显等人俱以义勇著。崇祯十六年（1643）八月，陈鸾、丘缙集众数千，由饶平进屯大埔枫朗，各乡震动，百侯、湖寮乡勇御于圆潭头，五人领丁壮，奋勇拼杀，卒以腹背受敌，寡不敌众，皆殁于阵。（乾隆《潮州府志》、民国《大埔县志》）——黄树雄

【丘 仁】

丘仁，海阳归仁都（今属潮州枫溪）人。正统十四年（1449）恩贡生。官湖广长沙府经历。（嘉靖《潮

州府志》、光绪《海阳县志》）——陈贤武

【丘文显】

丘文显，程乡人。由年高德劭，任福建光泽知县。（康熙《程乡县志》）——黄晓丹

【丘世乔】

丘世乔（1462—1504），字民望，一字松岩，海阳归仁都（今属潮州枫溪区）人。举人丘尚第七子。弘治十五年（1502）进士。授福建光泽知县。弘治十六年（1503），将旧射圃治修为邵武府馆。移光泽儒学棂星门稍西向，以对文笔峰，复修明伦堂。十七年（1504）改沙县。莅政一月于官卒。（嘉靖《潮州府志》、光绪《海阳县志》、嘉靖《邵武府志》、《重修沙县志》）——陈贤武

【丘　员】

丘员，女，小字宜正，潮阳峡山都人。年十九归吴克绍为妻。明年克绍死，员时有孕，姑怜其少，且念异时遗腹者未知为男为女也，因暗示其改嫁。员泣拒之。后果举男，延续吴氏香火。邑人李若林为之传。（隆庆《潮阳县志》、康熙《潮阳县志》、嘉庆《潮阳县志》）——陈新杰

【丘应麟】

丘应麟，潮阳招收都人。万历十三年（1585）举人。历仕乐平、石埭知县。（康熙《潮阳县志》、乾隆《普宁县志》）——陈新杰

【丘　杰】

丘杰，海阳人。永乐二十一年（1423）贡生。授四川忠州千卫所吏目。（嘉靖《潮州府志》、光绪《海阳县志》）——陈贤武

【丘　尚】

丘尚，海阳归仁都（今属潮州枫溪）人。成化十三年（1477）举人。十四年（1478）试，居会试乙榜，授福建惠安教谕。在任教条一新，士类向服。又得知县张德威支持，政教相为流通，以是学校精神，视昔加数倍。二十二年（1486）福建乡闱，一县得三人，为惠安前此所未有。升江西抚州通判。（嘉靖《潮州府志》、光绪《海阳县志》、《虚斋集》）——陈贤武

【丘泥金】

丘泥金，饶平人。嘉靖元年（1522）聚众劫掠，为海阳通判周箕所讨平。（乾隆《潮州府志》、《天下郡国利病书》）——黄树雄

【丘　泓】

丘泓，见"丘宗文"条。

【丘宗文】

丘宗文，字纯御，号敬所，大埔白堠（今属梅州大埔）人。事继母孝，葬尽礼。家训森严，常以诗书力田为本务相劝勉，有不遵者绳以家法。崇祯十二年（1639）被推举为乡

饮大宾。卒年九十有二。子泓，邑诸生，亦以孝闻。明季动乱，泓率乡勇捍御有方。（乾隆《潮州府志》、嘉庆《大埔县志》、《百侯丘氏族谱》）——黄树雄

【丘孟冈】

丘孟冈，潮阳县廓都人。永乐十八年（1420）贡生，官虔州推官。（嘉靖《潮州府志》、隆庆《潮阳县志》）——陈新杰

【丘 栋】

丘栋，字吉宇，程乡人。庠生。孝友持躬，义方训子。幼贫舌耕，陶成多士。晚富好礼，惠洽里邻，族党咸孚，初终不渝。万历四十五年（1617），出粟赈饥，知县林欲昂旌曰"慕义"。知府敦请乡饮宾，士论推为祭酒。（康熙《程乡县志》、乾隆《嘉应州志》）——黄晓丹

【丘 贵】

丘贵，海阳人。景泰四年（1453）举人。授江西安远教谕。（嘉靖《潮州府志》、光绪《海阳县志》）——陈贤武

【丘 俊】

丘俊（1391—1457），字世杰。程乡西阳（今属梅州梅江）人。永乐十五年（1417）举人，二十二年（1424）进士，授河南道监察御史。革奸抑暴，拔滞清冤，深得风宪之体。二十八年（1430）转任四川道监察御史，三十五年（1437）改山东道监察御史，后升福建按察司副使。恰值余寇未平时，剿抚有方略，民赖以宁。（康熙《程乡县志》、乾隆《嘉应州志》、光绪《嘉应州志》）——黄晓丹

【丘 恭】

丘恭，海阳人，适赵氏子，能诗。清顺治十年（1653），郡城陷，恭被掳北去，过惠州龙川县通衢驿官梅阁，题诗于壁。次日，其小姑赵玑继至，见而悲之。因用其韵续题于后，有序："儿与嫂共笔砚者四载矣。癸巳城陷，被俘至此。见壁间诗，知出嫂手。嫂乎嫂乎，儿和在斯。倘嫂一日生还，重过此地，睹儿泪笔，儿死犹生矣。"恭等被掳，当由通衢至省。诗迹至清乾隆时尚存。（《潮州诗萃》、民国《潮州志》）——陈贤武

【丘 陵】

丘陵，字寿朋。程乡龟浆（今属梅州梅县）人。天启七年（1627）举人。宅心简静，立品谨严。为诸生，贫，授妇子田数亩，饭食不继无问也。风雨一灯，寒暑不易。万历三十一年（1603）乡试，闱文见赏，临放榜才被放弃，无尤容。越二十五年乃中举，为闽名进士黄文焕首拔士，名噪一时。都人传其乡墨，争识其人。年逾八十尚赴会试，人比之梁大

素，士类自叹不及。(康熙《程乡县志》、乾隆《嘉应州志》、光绪《嘉应州志》)——黄晓丹

【丘隅】

丘隅，揭阳人。永乐年间（1403—1424）岁贡，授浙江湖州通判。在官以廉洁能干著称。升江西南康知府。致政归，爱惠州逍遥岩之胜，终隐其中。(嘉靖《潮州府志》、光绪《惠州府志》、《广东摩崖石刻》)——孙杜平

【丘辉】

丘辉（？—1683），绰号"臭红肉"，潮阳招收都（今属汕头濠江）人。康熙五年（1666），辉踞达濠。八年（1669）正月二十日，辉与其党李虎子经海门，由练江入和平，直抵峡山、黄陇二都，破八寨，大肆剽掠，越宿乃饱扬而去，又断和平桥截劫，男妇、米谷悉载出海。九年（1670），辉受郑经之命，开府达濠埠，置市廛擅鱼盐之利。沿海内地贫民乘夜窃负货物入境，而童叟无欺，其达濠货物亦聚而转输台湾。十九年（1680），清副将蔡茂植、周琬剿之。相持数月，辉始扬帆去。二十二年（1683），施琅攻台湾，郑克塽投降，辉独不降，战死于台湾之七鲲身。(雍正《广东通志》、《钦定八旗通志》、乾隆《潮州府志》、《明季潮州忠逸传》)——陈新杰

【丘畯】

丘畯，字稷登，程乡松口（今属梅州梅县）人。邱栋仲子。少英卓不群，长师李士濂、李士淳两先生。天性孝友，生尽养，殁尽礼。自少至老，家庙朝夕焚香，虽疾革前一日，犹亲诣焉。建莹祠，修祖墓，犹捐己费。又立祭祀，赡丁田，恤贫睦族，里党咸称之。兄庠生畴先逝，嫂遇乱，侄贫，将己田十余亩，分侄力耕赡养。弟庠生祜，为土寇所掠，以腴田三十石脱弟之难。年八十，知县王仕云旌曰"望重耆英"。康熙十年（1671）县奉诏特行养老，畯以德寿，兼受肉帛之赐，时人以为希觐。(康熙《程乡县志》、光绪《嘉应州志》)——黄晓丹

【丘道光】

丘道光（1578—？），字厚卿，大埔（今属梅州大埔）人。万历二十五年（1597）举人，三十八年（1610）授云梦知县，摄孝感县事，有治绩，民无遁情，巡按考语曰"手握双符，才高八面"。以性刚不媚权要，万历四十二年（1614）谪福建长乐教谕，四十七年（1619），升肇庆府教授，俱卓有师模。升贵州镇远府推官，讼平刑清，监狱为空。署同仁府知府。有苗民叛，单骑往抚之，被誉为才德黔省第一。闻父丧归，卒于长沙。所著有《来青楼》、《大雅堂》

诸稿，未付梓。（康熙《埔阳志》、崇祯《肇庆府志》、康熙《云梦县志》）——黄树雄

【丘道兴】

丘道兴，海阳归仁都（今属潮州枫溪）人。嘉靖二十一年（1542）岁贡。授福建建宁教谕。（顺治《潮州府志》、光绪《海阳县志》）——陈贤武

【丘道美】

丘道美，海阳归仁都（今属潮州枫溪）人。嘉靖十七年（1538）岁贡。授广西藤县训导。（顺治《潮州府志》、光绪《海阳县志》）——陈贤武

【丘 瑄】

丘瑄，海阳归仁都（今属潮州枫溪）人。弘治十七年（1504）岁贡。授江西上高教谕。（嘉靖《潮州府志》、光绪《海阳县志》）——陈贤武

【冯万浓】

冯万浓，海阳人。成化十年（1474）举人。授福建漳平教谕。（嘉靖《潮州府志》、光绪《海阳县志》）——陈贤武

【冯 仕】

冯仕，海阳人。弘治二年（1489）贡生。官知县。（嘉靖《潮州府志》、光绪《海阳县志》）——陈贤武

【邢之桂】

邢之桂（？—1646），字仙友，揭阳人。知县邢节玄孙。天启元年（1621）举人。崇祯十五年（1642），授江西临江推官。执法平允，为大学士杨廷麟所重。尝摄安福县事。有僧人聚众数千人为乱，之桂设法剿捕之，县赖以保全。将行取御史，值国变，见时事日非，解官归里。隆武二年（1646），卒于邑变。（雍正《揭阳县志》、乾隆《揭阳县志》、《皇朝通志》）——孙杜平

【邢 节】

邢节（1456—1526），字亨礼，号敬斋，揭阳人。弘治间（1488—1505）岁贡，授广西博白知县，廉洁方正。甫六年致政。玄孙之桂，天启元年（1621）举人。（雍正《揭阳县志》、《邢氏族谱》）——孙杜平

【邢 昌】

邢昌（1433—1506），字元轩，号伯轩，揭阳人。天顺间（1457—1464）岁贡。弘治六年（1493），授福建建宁主簿。县依山入险，渡有巨浪，昌罄俸造桥修路，有便民功。甫四年致政，民怀去思。（雍正《揭阳县志》、康熙《建宁县志》、《邢氏族谱》）——孙杜平

【邢　淦】

邢淦，海阳大和都（今属潮州潮安）人。成化年间（1465—1487）贡生。授广西怀集训导。（嘉靖《潮州府志》、光绪《海阳县志》）——陈贤武

【邢　谦】

邢谦，号碧湖，海阳大和都（今属潮州潮安）人。隆庆元年（1567）贡生。万历三年（1575）授福建泉州训导，七年（1579）任福建乡试同考官，晋淮王府长史。（顺治《潮州府志》、光绪《海阳县志》）——陈贤武

【邢　瑞】

邢瑞，揭阳人。官光禄署丞。尝捐银千两，用以助边，晋为署正。并敕建"忠义臣邻"坊于里，以旌表之。子铉、镛，并武英殿中书舍人。（雍正《揭阳县志》）——孙杜平

【吉弘祖】

吉弘祖，海阳人。吉泰子。天顺八年（1464）贡生。官州判。（嘉靖《潮州府志》、光绪《海阳县志》）——陈贤武

【吉　泰】

吉泰，海阳人。洪武二十九年（1396）举人。官湖广均州学正。（嘉靖《潮州府志》、光绪《海阳县志》）——陈贤武

【成大勋】

成大勋，揭阳人。万历三年（1575）贡生。二十年（1592），授福建宁洋教谕。升建宁教授。（康熙《建宁府志》、康熙《宁洋县志》、乾隆《揭阳县志》）——孙杜平

【成子学】

成子学（1504—?），字怀道，号井居，海阳隆津都（今属潮州潮安）人。嘉靖十六年（1537），举乡试第十一名，二十三年（1544）进士，授峡江知县。质直廉平，务以德化民。二十八年（1549），选授试江西道监察御史。巡按两淮，不避权贵。建泗州香华门渡石堤，居民称便。三十二年（1553）八月，升江西佥事。三十五年（1556），迁湖广右参议。迁山东副使，转广西。四十三年（1564），擢太仆寺卿。曾从游于薛侃。曾与罗洪先往复寓书，阐明理学。崇祀乡贤。（《明世宗实录》、乾隆《潮州府志》、光绪《海阳县志》、光绪《安徽通志》、光绪《泗虹合志》、嘉靖《江西通志》、隆庆《临江府志》、同治《郧阳府志》、万历《广西通志》）——陈贤武

【成子宽】

成子宽，海阳隆津都（今属潮州潮安）人。年十五，补邑弟子员，有神童之目。天启元年（1621）举人。授蒲江知县。择地建泮宫，由是邑有科第。再令博白，歼倭寇数千人，迁思明府同知。有奸人假称总督府中

军，招摇恫吓。子宽辨其伪，捕置诸法，上官壮之。梧州经历郭青霞从弟移镇廖州，道经博白，为乱兵所杀，掠其妻女去。子宽赎之，召青霞而归焉。南明永历三年（1649），起户部河南司主事，迁员外郎。旋乞休。卒祀乡贤。（乾隆《潮州府志》、光绪《海阳县志》）——陈贤武

【成明时】

成明时，海阳人。崇祯十二年（1639）中副榜。授广东和平教谕。（顺治《潮州府志》、光绪《海阳县志》）——陈贤武

【吕大宾】

吕大宾，潮阳峡山都人。普宁学。嘉靖间（1522—1566）岁贡生。仕开建县学教谕。（乾隆《普宁县志》、光绪《潮阳县志》）——陈新杰

【吕氏（陈守庆妻）】

吕氏（陈守庆妻），潮阳县胪岗人，惠来酉头都（今属揭阳惠来）陈守庆妻。吕氏幼年失母，继母严厉，吕氏服事继母，使其欢心。出嫁陈门，能尽妇道。不久，夫亡无子，吕氏即欲从死，公婆勉谕再三，乃矢节苦守。公婆去世后，以妇代子，殡葬尽礼。家资颇丰，吕氏能施与，有赠给族戚和读书人，有资助婚者，有救济贫乏者。晚年乃立祭租百石，付族侄辈为公婆、夫君衬祀之资。卒年七十。（雍正《惠来县志》）——周修东

【吕文峰】

吕文峰（1534—1607），字世华，潮阳峡山都（今属汕头潮南）人。十岁能文，府同知诸燮器重之。嘉靖三十七年（1558）举人。万历八年（1580），授广西荔浦知县，开建县城东西二门，增修县署，重建县学殿堂斋舍，修《荔浦县志》。调新城知县，均有惠政。迁湖州府同知，湖州原为盐盗渊薮，文峰至，悉捕治之，群奸敛迹。历摄乌程、德清两县篆，寻署府事，以丁内艰归。有诗文若干首传世。（康熙《潮阳县志》、雍正《广西通志》、乾隆《潮州府志》、《千顷堂书目》）——陈新杰

【吕廷会】

吕廷会，号振川，饶平弦歌都（今属潮州饶平）人。为人敦厚，周恤亲族。以诗书教子。子应珙、应璜皆中举人。应璜曾任贵州龙泉知县。诸孙成名者亦众。同里礼部尚书黄锦深器重之。享寿八十八。（康熙《饶平县志》、乾隆《贵州通志》）——黄树雄

【吕应璜】

吕应璜，见"吕廷会"条。

【吕　养】

吕养，潮阳竹山都人。生于元时，能谙天机。入明之后，授长乐县十二

都巡检。有"自古山寨"四字镌于凤山寨顶石上，尚存。（康熙《长乐县志》、《凤山文献录》）——陈新杰

【吕　朔】

吕朔，潮阳县廓都人。嘉靖二十年（1541）贡生。官归化训导，升铅山教谕。（嘉靖《潮州府志》、隆庆《潮阳县志》）——陈新杰

【吕惊娘】

吕惊娘（？—1517），潮阳峡山都人。诸生吕镛之女也。生眇一目，年及笄，父母欲厚以资奁，女固辞曰："为天地间弃人，愿修身俟死足矣。"亲知不可强，赡以腴田，用成其志。正德十二年（1517），家被寇掠，女厉声骂贼，遂受刃死。葬金鸡埔山。知县宋元翰表其墓曰"贞烈"。（隆庆《潮阳县志》）——陈新杰

【朱广章】

朱广章，字怀远，号连怀，饶平宣化都（今属潮州饶平）人。隆庆四年（1570）举人。事继母以孝闻。历任福建上杭县教谕、广西桂林府通判、四川达州知州。卸职归，行囊空如。（《东里志》、康熙《饶平县志》、乾隆《上杭县志》）——黄树雄

【朱氏（方裕夫妻）】

朱氏（方裕夫妻），惠来龙溪都（今属揭阳惠来）朱崔女，惠来方裕夫妻。裕夫早逝，遗下孤儿才五岁，朱氏时年二十六。兵火频仍，家资索然。朱氏勤于女红，以奉养公婆，抚育孤子。孤子既婚娶，生下一孙，未久，子媳俱丧，其孤寒困苦，人所难堪，朱氏独立支撑，以维方氏一脉，名孙曰有守，以寄托其志向。去世时年逾七十，而有守也已成家立业。（雍正《惠来县志》）——周修东

【朱氏（林原孙妻）】

朱氏（林原孙妻），潮阳人。永乐初（1403），夫林原孙从征海上，战死于石头。朱氏年未三十，讣至，即携二幼子奔赴之，得原孙遗骸于故战场中。时贫甚不能归，因即其地葬焉。及礼成，负孤以还。后年近八十卒，号曰"端节"，邑人刘玘为之传。（隆庆《潮阳县志》、康熙《潮阳县志》）——陈新杰

【朱孔美】

朱孔美，惠来人。崇祯末，以捐纳授浙江乐清县丞，升江西南昌知县。因世乱，解组归。甲申鼎革，林学贤起兵漳潮间，集党万人，踞饶邑虎头山，攻陷城邑，劫掠村庄。孔美曰："彼势方张，无所藉以守，奚以御寇？"乃与乡民筑鹿湖堡，即今鹿湖寨也。由是高埔、梅林诸乡得资保聚，且战且耕。一夕贼伙林赞南攻寨甚急，集乡勇击走之。（乾隆《潮州府志》）——周修东

【朱廷臣】

朱廷臣（1493—?），字敬之，号东川，海阳人。嘉靖十一年（1532）进士，观兵部政，十七年（1538）八月由南直吴县知县选刑科给事中，二十年（1541）升江西建昌知府。免官。嘉靖二十二年（1543）刻印明陈克昌辑《麻姑集》十二卷、湛若水《甘泉先生两都风咏》四卷。（顺治《潮州府志》、光绪《海阳县志》、《掖垣人鉴》、《中国古籍版刻辞典》）——陈贤武

【朱廷宪】

朱廷宪，潮阳县廓都人。嘉靖十九年（1540）贡生，官泰宁训导。（嘉靖《潮州府志》、隆庆《潮阳县志》）——陈新杰

【朱　衣】

朱衣，潮阳峡山都人。万历间（1573—1620）拔贡，官象州学正。（康熙《潮阳县志》）——陈新杰

【朱　亮】

朱亮（1471—1511?），字廷相，揭阳人。弘治十一年（1498）举人第五名，正德六年（1511）进士，未仕卒。从弟廷文，字道甫，正德十四年（1519）举人，官湖广武昌知县。（《正德六年进士登科录》、雍正《揭阳县志》）——孙杜平

【朱　泰】

朱泰，海阳人。正德四年（1509）贡生，授江西雩都县训导，升直隶歙县教谕，晋广西平乐府教授。（嘉靖《潮州府志》、光绪《海阳县志》、同治《雩都县志》）——陈贤武

【朱梦魁】

朱梦魁，号学迁，饶平隆眼城（今属汕头澄海）人。万历四十三年（1615）举人，天启三年（1623）任福建长乐教谕。文规行矩，学者宗之。崇祯间（1628—1644）任福建永定知县。（康熙《饶平县志》、康熙《长乐县志》）——黄树雄

【朱嘉璟】

朱嘉璟，字瑶水，惠来龙溪都（今属揭阳惠来）人。十四岁入选县学生员，登万历三十四年（1606）举人，授贵州都匀府推官，代理知府一职。适逢苗民叛乱，贵州巡抚朱燮元知其才干，委派其至苗地，晓以利害，即日苗民解甲输诚。崇祯间（1628—1644），以功升江西南安府练兵同知。到任时，有白莲教密密教主横行府县，攻城掠地，江西巡抚解之良命其督府兵往剿，擒获贼首。在任七年，爱民抚兵。归乡之日，府民拈香送别。享寿八十。（康熙《惠来县志》、同治《南安府志》）——周修东

【朱　端】

朱端，潮阳县廓都人。成化十一

年（1475）贡生，官岑溪训导。（嘉靖《潮州府志》、隆庆《潮阳县志》）——陈新杰

【伍云行】

伍云行，程乡人。庠生。天性笃孝，亲殁，庐墓三年，晨夕哭奠，哀动行人。父圹有蚁，泣而吞之。学道旌曰"孝行可风"。（康熙《程乡县志》、乾隆《嘉应州志》）——黄晓丹

【伍德显】

伍德显，程乡人。以聪明正直，任河南济源县知县。（康熙《程乡县志》）——黄晓丹

【伍德隆】

伍德隆，程乡人。由"干济人材"任浙江上虞县知县。（康熙《程乡县志》）——黄晓丹

【全　生】

全生，字兴德，揭阳人。洪武二十六年（1393）岁贡，授福建道御史。谪福建按察司知事。永乐改元（1403），补岷府副审理。改授广西宜山知县。县有虎患，告神逐之。在任五年，民颂其德。以小罪谪交趾。后归乡卒。（雍正《揭阳县志》、《兰台法鉴录》）——孙杜平

【邬氏（邬须觉女）】

邬氏（邬须觉女），大埔湖寮人。为萧以继继室，结婚三载，年甫二十有二，夫以病故，逾月始生子，名曰宁。先是，以继娶杨氏，生子早夭，独存一女六娘。遗命以从兄之次男日安为后。邬氏抚一女，抱二孤，孀守矢志。有觊其遗产者谋夺之，迫其改嫁，邬氏拒之。早晚纺绩育孤，毕婚嫁，前女嗣男一如己出。日宁有子五人，长翱材，后成进士。（康熙《埔阳志》）——黄树雄

【邬如领】

邬如领，字以顺，大埔湖寮（今属梅州大埔）人。嘉靖间（1522—1566）以岁贡生任福建泰宁县训导。时有通试之例，如领参加福建乡试，首场已录取，至发榜，以外省籍而被裁，士林惜之。历任全椒县教谕、高州府教授。生平孝友，严课儿孙。喜诗，与其子须明有汇刻诗文稿藏于家。（嘉庆《大埔县志》、万历《高州府志》、康熙《滁州志》）——黄树雄

【邬须明】

邬须明，字仲昭（康熙《埔阳志》作"仲哲"），邬如领子，大埔湖寮（今属梅州大埔）人。弱冠中嘉靖四十三年（1564）举人，授山东德州学正，万历八年（1580）擢福建寿宁知县，才识明敏，允惬众心，去后民为勒去思碑。致仕归，伯仲六人同寝食，怡怡如也。同学鲍生有冤，力为营救，口不言功。暮年清贫恬守，诗酒自娱，地方官吏敬慕之，每

至其庐访问焉。(顺治《潮州府志》、康熙《埔阳志》、康熙《寿宁县志》)——黄树雄

【庄一德】

庄一德,饶平苏湾(今属汕头澄海)人。嘉靖十三年(1534)岁贡。嘉靖四十二年(1563)任广西隆安县教谕。重建文庙,并为作记。(嘉靖《南宁府志》、乾隆《潮州府志》、乾隆《澄海县志》)——黄树雄

【庄元吉】

庄元吉,海阳人。嘉靖十六年(1537)举人。官直隶淮安通判。(顺治《潮州府志》、光绪《海阳县志》)——陈贤武

【庄以苣】

庄以苣,潮阳人。崇祯间(1628—1644)贡生,官广州府教授。(康熙《潮阳县志》)——陈新杰

【庄呈龟】

庄呈龟,潮阳人。儒士。景泰六年(1455),预修《潮阳县志》。尝有诗咏灵山寺。(隆庆《潮阳县志》)——陈新杰

【庄希益】

庄希益,字舜卿,揭阳(今属潮州潮安)人。为人顾硕美髯,不苟言笑。尝曰:"士心不可污,士气不可抑。"嘉靖四十三年(1564)举人,授南直绩溪教谕。到官慨然以扶植名教为己任,县学岁有租息,将其散给学生,又捐俸助贫。万历二年(1574),升广西平乐知县。迁应天通判。十一年(1583),升河南开封同知。(雍正《揭阳县志》、嘉庆《绩溪县志》、嘉庆《江宁府志》、光绪《平乐县志》、万历《开封府志》)——孙杜平

【庄 典】

庄典(1466—1515,一作"庄琠"),字惇之,揭阳(今属潮州潮安)人。年十四补府学,复不同俗。弘治九年(1496)进士,授江西安福知县。在任捐俸创学,执法不少徇人,或以速谤惧之,典行之如初。因体羸弱,两疏恳乞改教。十四年(1501),调国子博士。寻升德府长史。建言五疏以明心术之微,王嘉纳之。起复,任淮府长史。时淮王游戏无度,左右倚势暴横,百姓苦之。典以辅导失职,自请免官,廷诏不许。正德十年(1515),宁、淮二藩互讦,宁王疾典与谋,设计杖死,时咸悼之。妻子无所依,淮府恤助之,得归其榇。嘉靖改元(1522),御史王完疏其直节,得旨赐祭一坛,赠太常少卿。万历四十六年(1618),广东巡按田生金复为请谥,不报。(《弘治九年进士登科录》、《明世宗实录》、《明神宗实录》、《明史》、嘉靖《潮州府志》、《钦定国子监志》)——孙杜平

【庄 侗】

庄侗,字廷孚,惠来县惠来都人。县学生员侃之胞弟。自少生母早丧,服事继母,以孝顺闻名。抚育侄子生员尊爵,侄孙监生禧、禨,教诲体恤备至。饥荒之年,捐粟赈济,施医赠药,收葬尸骨,乡人感德。弘光元年(1645)援例考授州同。子受爵,孙社,俱监生,恪守家训,有祖父风。(康熙《惠来县志》)——周修东

【庄姑婆】

庄姑婆,潮阳举练都人。举人陈隆姑母也。父母兄嫂俱逝,遗隆三岁。姑择吉将归,亲迎到门,隆牵衣啼哭不舍,姑遂毅然解妆,割发归夫以示志决。视侄如子,教育备至。成化十六年(1480),隆中举人而姑已老矣。将终,嘱隆曰:"余死,题墓曰'胜前乡庄贞女之墓',余愿足矣!"今其墓尚存。(嘉庆《潮阳县志》、光绪《潮阳县志》)——陈新杰

【庄 珏】

庄珏,潮阳峡山都人。建文三年(1401)举人,官湖广都司断事。(嘉靖《潮州府志》、隆庆《潮阳县志》)——陈新杰

【庄临民】

庄临民,潮阳隆井都(今属汕头潮南)人。成化十九年(1483)贡生,官安徽陆安卫经历。(嘉靖《潮州府志》、隆庆《潮阳县志》)——陈新杰

【庄 秋】

庄秋,潮阳隆井都(今属汕头潮南)人。天顺七年(1463)例监,官太仓卫经历。(嘉靖《潮州府志》、隆庆《潮阳县志》)——陈新杰

【庄 洪】

庄洪,潮阳隆井都(今属汕头潮南)人。嘉靖十七年(1538)贡生,官建宁训导。(嘉靖《潮州府志》、隆庆《潮阳县志》)——陈新杰

【庄 济】

庄济,潮阳竹山都人。永乐二十年(1422)贡生,官平乐寨巡检。(嘉靖《潮州府志》、隆庆《潮阳县志》)——陈新杰

【庄继善】

庄继善,字绍复,揭阳人。正德十四年(1519),以《书经》中式第七十三名举人,官江阴教谕。(雍正《揭阳县志》、《正德十四年广东乡试录》)——孙杜平

【庄梯云】

庄梯云,番禺人,海阳籍。崇祯九年(1636)举人。官福建永宁知县。(顺治《潮州府志》、光绪《海阳县志》)——陈贤武

【庄 铨】

庄铨,潮阳县廓都人。天顺七年

（1463）例监，官安仁县丞。（嘉靖《潮州府志》、隆庆《潮阳县志》）——陈新杰

【庄淑礼】

庄淑礼（？—1563），潮阳招收都（今属汕头濠江）人。嘉靖四十二年（1563），倭寇攻城，知县郭梦得依林大春之议，从达濠招募善战勇士四百余人入城捍御，庄淑礼、胡世和两人均在应募之列。时倭寇悉以精锐攻城西南隅，以云梯十道攀堞而上，庄、胡当先奋勇抗击，斩倭寇数十人。倭寇退却，两人身被重创，犹跃城下，割下倭首，中鸟枪而死。淑礼之父抚尸哭曰："儿死城完，夫复何憾！"因令其少子乘城击贼，闻者壮之。万历二十四年（1596），知县吴万全于际留仓左即二人旧日战死处建专祠以祀，题额"义勇"。（乾隆《潮州府志》、嘉庆《潮阳县志》）——陈新杰

【庄景良】

庄景良，揭阳龙溪都（今属潮安）人。弘治元年（1488）贡生。授福建永宁教谕。（嘉靖《潮州府志》、光绪《海阳县志》、《庵埠志》）——陈贤武

【刘一扬】

刘一扬，海阳人。嘉靖四十五年（1566）岁贡。官四川剑州知州。（顺治《潮州府志》、光绪《海阳县志》）——陈贤武

【刘一松】

刘一松，号晚涯，海阳东莆都（今属潮州潮安）人。进士刘斐子。正德十四年（1519）举人第五名。历官江西临川、宜黄知县。（嘉靖《潮州府志》、光绪《海阳县志》）——陈贤武

【刘一锜】

刘一锜，海阳东厢都（今属潮州湘桥）人。万历十五年（1587）贡生。三十三年（1605）授广东从化县训导，三十六年升淮府教授。（顺治《潮州府志》、光绪《海阳县志》、康熙《从化县志》、《潮州桃坑刘氏族谱》）——陈贤武

【刘一夔】

刘一夔，海阳登瀛都（今属潮州湘桥）人。嘉靖元年（1522）举人。二十三年（1544），官福建将乐知县。廉洁自持，遇事精敏，惠爱小民，摧折豪悍。时新改学宫，极力完之，俾灿然雅观。诸政绩多可纪，尤好接引士类。公论见题石碑。（乾隆《潮州府志》、光绪《海阳县志》、乾隆《将乐县志》）——陈贤武

【刘三杰】

刘三杰，字尚之，海阳东厢都（今属潮州湘桥）人。成化元年（1465）贡生。授广西梧州府训导。（嘉靖《潮州府志》、光绪《海阳县

志》、《潮州桃坑刘氏族谱》）——陈贤武

【刘三振】

刘三振，字起再，海阳东厢都（今属潮州湘桥）人。举人刘继善子。万历三十五年（1607）贡生。任陕西邠州判官，升广西南宁都司经历。（顺治《潮州府志》、光绪《海阳县志》、《潮州桃坑刘氏族谱》）——陈贤武

【刘　义】

刘义，字孟宜，海阳东厢都（今属潮州湘桥）人。永乐二十一年（1423）与侄垓同中举人。官广西桂平知县。（嘉靖《潮州府志》、光绪《海阳县志》、《潮州桃坑刘氏族谱》）——陈贤武

【刘广治】

刘广治，潮阳县廓都人。正德十四年（1519）举人，官分水知县。（嘉靖《潮州府志》、隆庆《潮阳县志》）——陈新杰

【刘广洙】

刘广洙，潮阳县廓都人。嘉靖十五年（1536）贡生，官绍兴训导。（嘉靖《潮州府志》、隆庆《潮阳县志》）——陈新杰

【刘子兴】

刘子兴（1517—1582），字宾之，号见湖，海阳隆津都（今属潮州潮安）人。嘉靖十九年（1540），子兴二十四岁，登举人，二十年（1541）进士及第。初授浙江临海知县，有廉名，以"浙东治行第一"征召赴阙。迁兵部主事、车驾郎中，出为福建参议。丁母忧。服满，补湖北按察副使。嘉靖四十年（1561），迁四川按察副使、建昌兵备道。四十四年（1565）转广西布政司参政。隆庆元年（1567）二月，升福建按察使。二年（1568）正月，晋福建右布政使，调广西左布政使。居官近三十年，端介自持，俸禄之外不贪一钱，迨归，行李萧然。著有《见湖遗稿》。（《井丹林先生文集》、顺治《潮州府志》、光绪《海阳县志》）——陈贤武

【刘子荣】

刘子荣，号见津，海阳隆津都（今属潮州潮安）人。刘子兴弟。嘉靖二十五年（1546）举人，授湖广蓝山知县。劳心抚字，政持大体。锄抑强横而豪右敛迹，剔划宿蠹而猾吏潜形。创祭器以崇圣祀，刊《家礼》尤有补于风教。建东塔以补文笔，竖楼阁以卫学宫。修城筑堤以利民，创田置店以赡士。四十五年（1566），升饶州通判。隆庆三年（1569），调湖州。明年，迁福建市舶提举。升长史。（顺治《潮州府志》、光绪《海阳县志》、同治《蓝山县志》、同治《饶州府志》、万历《潮州府志》）——陈贤武

【刘公仰】

刘公仰，揭阳人。例监，历官兵马副指挥、河南陈州同知。天启三年（1623），迁云南琅井提举。在任擘画新政，廉静不扰，百姓咸歌颂之。（雍正《揭阳县志》、康熙《陈州志》、康熙《琅盐井志》）——孙杜平

【刘氏（吴孔澜妻）】

刘氏（吴孔澜妻），大埔人。刘氏嫁吴孔澜，生儿大奇。孔澜病没，生遗腹子大宾。族中有觊其薄业者，逼之改适。刘氏携二孤返其父家。迨二子稍长，刘氏严督其学，后二子并为郡邑教官，而刘氏以寿终。（康熙《埔阳志》）——黄树雄

【刘氏（林士登妻）】

刘氏，海阳（今属潮州潮安）人。广西布政刘子兴女、光禄署丞林士登妻。天资聪慧，通晓文墨。事翁姑，能得其欢，抚异生，如同己出。及士登死，闺阃肃然。氏善秉家政，持筹握算，童仆辈不敢欺。知县潘应龙制匾嘉奖之。（雍正《揭阳县志》）——孙杜平

【刘氏（谢元汴妻）】

刘氏（谢元汴妻），澄海人。明末变乱，扶家姑出避，以致相失。刘氏遇贼，厉声呵斥，不屈而死。（康熙《澄海县志》）——黄树雄　杨映红

【刘　文】

刘文，见"方德"条。

【刘文理】

刘文理，字存城，海阳东厢都（今属潮州湘桥）人。举人刘本堂兄弟。成化二十二年（1486）举人。官广西融县知县。（嘉靖《潮州府志》、光绪《海阳县志》、《潮州桃坑刘氏族谱》）——陈贤武

【刘以节】

刘以节（1524—？），字叔度，海阳人。嘉靖三十二年（1553）进士。三十六年（1557）由湖广武昌府推官擢御史。三十七年（1558）巡按四川，四十年（1561）巡按应天。四十三年（1564）升福建副使。疏请养病。嘉靖四十年（1561）曾刊刻《洪武正韵》十六卷。（《兰台法鉴录》、乾隆《潮州府志》、光绪《海阳县志》、《明代科举与文学编年》）——陈贤武

【刘以贯】

刘以贯，海阳人。明初以儒士授潮州训导。（嘉靖《潮州府志》、光绪《海阳县志》）——陈贤武

【刘本立】

刘本立，海阳人。明初举儒士，授广东端州通判。（嘉靖《潮州府志》、光绪《海阳县志》）——陈贤武

【刘 本】

刘本，字伯宁，海阳东厢都（今属潮州湘桥）人。永乐十五年（1417）举人，由布政司吏员中举人。授右军都督府经历，升湖广永州府知府，修府廨厅事，府治为之一新。在任一年，丁内艰去职。（嘉靖《潮州府志》、光绪《海阳县志》、道光《永州府志》、《潮州桃坑刘氏族谱》）——陈贤武

【刘仕定】

刘仕定，潮阳人。万历间（1573—1620）岁贡，官岷府教授。（康熙《潮阳县志》）——陈新杰

【刘 汉】

刘汉，字宗之，揭阳人。正德八年（1513）举人。知州刘纪从侄。嘉靖六年（1527），授南直滁州学正。为人驯雅蕴藉，平居无厉言忿色，与人信不侵，重然诺，诸生不忍犯之。在任尝征为福建同考试官。十年（1531），升湖广安化知县。甘清苦，杜请托。平赋节财，爱民育士。尝新厅事，民不告劳。后以疾去，宦囊萧然。后任知县在廨舍缝壁中，得其手书小帖十数，皆自誓语，大为叹服。（康熙《滁州志》、乾隆《长沙府志》、雍正《揭阳县志》）——孙杜平

【刘有生】

刘有生，潮阳人。上林知县刘纲子。嘉靖四年（1525）举人，官会稽教谕，升国子监助教，大理寺评事。（嘉靖《潮州府志》、隆庆《潮阳县志》）——陈新杰

【刘光岳】

刘光岳，字秀水，海阳登瀛都（今属潮州湘桥）人。万历四十三年（1615）岁贡。四十四年（1616）授广东开建教谕，四十六年（1618）升德庆州学正，晋楚王府教授。（顺治《潮州府志》、光绪《海阳县志》）——陈贤武

【刘兴学】

刘兴学，海阳人。嘉靖四十年（1561）举人。初署福建宁化教谕，有声。隆庆间（1567—1572）升将乐知县。会十年重造版籍之期，事必躬亲，不畏委琐，节蓄甚多。豪右噤不得逞，中以飞语，所部籍不及格，改调湖广桂东。士民惜之。（顺治《潮州府志》、光绪《海阳县志》、何乔远《闽书》、乾隆《将乐县志》）——陈贤武

【刘守元】

刘守元，字宗乾，号健庵，饶平宣化都（今属潮州饶平）人。嘉靖四十三年（1564）举人，经魁。任岳州府通判，以刚直忤权贵而去。守元博学善谋，留心世务。建议在南澳设镇，以为闽粤门户。朝廷于万历四年（1576）在南澳置镇，人服其有见。

曾为陈天资《东里志》作后序。知县吴楚材聘其修县志，未竣卒。（《嘉靖四十三年甲子科广东乡试录》、万历《潮广总志》、康熙《饶平县志》）——黄树雄

【刘 纪】

刘纪，揭阳人。成化四年（1468），以《书》中举人第五十三名。十四年（1678），授无为知州。（《成化四年广东乡试录》、雍正《揭阳县志》、乾隆《无为州志》）——孙杜平

【刘 玘】

刘玘，字允璋，潮阳县廓都人。怀安教谕刘金之侄。生而聪敏，博学强记。永乐十五年（1417）解元。十九年（1421）登进士，授南京兵部主事。久之，坐忤大臣，以年老乞归田里。后辈文章、学业，得其指授为多。每乘暇登临，辄有题咏，篇什甚富。明初自周彦敬以后，潮阳能为诗歌古文者，玘实倡之。以疾卒于家。（《粤大记》、隆庆《潮阳县志》、康熙《潮阳县志》）——陈新杰

【刘志弘】

刘志弘，字任甫，号中洲，海阳东厢都（今属潮州湘桥）人。刘继善子。治《书经》，中正德十一年（1516）举人。未仕。刊《（潮州）八贤言行录》。（嘉靖《潮州府志》、光绪《海阳县志》、《潮州桃坑刘氏族谱》）——陈贤武

【刘志学】

刘志学，字行甫，号肯斋，海阳东厢都（今属潮州湘桥）人。刘志弘堂弟。治《书经》，中嘉靖七年（1528）举人。任广西建昌府新城知县。嘉靖二十年（1541），转江西黎川知县。二十五年（1546）丁忧离任。服满，补江西南城知县，升福建漳州府同知，进阶朝列大夫。嘉靖三十年（1551）任南城知县时重修《东津刘氏族谱》。编有《东湖胜概集》。（顺治《潮州府志》、光绪《海阳县志》、新编《黎川县志》、《潮州桃坑刘氏族谱》）——陈贤武

【刘志渊】

刘志渊，字深浦，号笔峰，海阳东厢都（今属潮州湘桥）人。刘志弘堂兄弟。嘉靖年间（1522—1566）岁贡。授广西马平教谕，升浔州府训导，晋淮王府教授，致仕。（顺治《潮州府志》、光绪《海阳县志》、《潮州桃坑刘氏族谱》）——陈贤武

【刘志遁】

刘志遁，潮阳县廓都人。安乡教谕瑞葵子。有隐德，潮州府通判翁梦鲤旌其家。有诗二首存世。（隆庆《潮阳县志》、康熙《潮阳县志》）——陈新杰

【刘 芳】

刘芳，潮阳县廓都人。怀安教谕

刘金子。正统九年（1444）举人，官铅山教谕，升桂林府教授。（嘉靖《潮州府志》、隆庆《潮阳县志》）——陈新杰

【刘　轩】

刘轩，字景冕，潮阳县廓都人。早丧父，母黄氏孀居，时令读书。母遘疾危甚，轩斋戒虔祷于天，请以身代。轩为人谦恭纯笃，凡百家子史莫不究竟，为文章得古体，乡人多师慕之。（《粤大记》、嘉靖《潮州府志》）——陈新杰

【刘怀仁】

刘怀仁，饶平苏湾（今属汕头澄海）人。嘉靖二十八年（1549）举人，四十四年（1565）任江西宜春知县。寿六十二。（康熙《澄海县志》、光绪《海阳县志》、康熙《袁州府志》）——黄树雄　杨映红

【刘　沛】

刘沛，字一川，号静泉，海阳隆津都（今属潮州潮安）人。嘉靖十九年（1540）举人。官山东文登知县。（顺治《潮州府志》、光绪《海阳县志》）——陈贤武

【刘　纲】

刘纲，潮阳峡山都（今属汕头潮南）人。成化十六年（1480）举人，官上林知县。（嘉靖《潮州府志》、隆庆《潮阳县志》）——陈新杰

【刘若奇】

刘若奇，字标一，程乡龟浆（今属梅州梅县）人。锐志举子业，壮岁游太学。礼部尚书王弘诲深器重之，王弘诲致仕归里，携其逾海从游，三载不忍别。归时赠以《海天秋别》一帙并序。初授松江照磨，厘奸剔弊，考居最，升邵武知事，又升湖广卫经历，皆有贤声，民爱之。以年六旬，厌宦情，遂以襄府典膳致仕。生平不嗜利，服官数任，囊箧萧然，惟诗画图书琴剑而已。居林下，笃意庭训。嘉礼贤士，尤重义轻财。潮州太守马鸣霆敦请诣府学乡饮正宾，旌曰"士绅模楷"。年九十卒。（康熙《程乡县志》、乾隆《嘉应州志》、光绪《嘉应州志》）——黄晓丹

【刘　岩】

刘岩（一作"刘严"），潮阳县廓都人。桂林教授刘芳子。成化二十一年（1485）贡生，官万安训导。（嘉靖《潮州府志》、隆庆《潮阳县志》）——陈新杰

【刘　侨】

刘侨，饶平宣化都（今属潮州饶平）人。万历四十三年（1615）岁贡，天启二年（1622）任广东英德县教谕，四年（1624）参与广东乡试事务，为巡按御史所器重，委为执事。事毕，荐为广西兴业知县，英德士子赋《十善》诗赠别。未赴任卒。侨

风雅有诗名,著有《游宴集》。(道光《英德县志》、同治《韶州府志》、《饶平县志补订》)——黄树雄

【刘 金】

刘金,祖籍福建莆田,元大德(1297—1307)末,祖上始来潮阳,居县廓。先世多隐。永乐三年(1405)举人,官怀安县教谕。(隆庆《潮阳县志》、乾隆《福建通志》)——陈新杰

【刘承光】

刘承光,字举进,号凤川,海阳东厢都(今属潮州湘桥)人。举人刘志弘堂侄。隆庆六年(1572)贡生。授福建沙县教谕、湖广耒阳训导,升湖广辽府教授。(顺治《潮州府志》、光绪《海阳县志》、《潮州桃坑刘氏族谱》)——陈贤武

【刘孟长】

刘孟长,海阳人。明初举人材,授太仆寺丞。(嘉靖《潮州府志》、光绪《海阳县志》)——陈贤武

【刘 垓】

刘垓,字友举,海阳东厢都(今属潮州湘桥)人。永乐二十一年(1423)与叔刘义同中举人。授广西陆川知县。(嘉靖《潮州府志》、光绪《海阳县志》、《潮州桃坑刘氏族谱》)——陈贤武

【刘 荫】

刘荫,程乡人。景泰元年(1450)举人,五年(1454)进士,授北京刑部主事。(《梅州进士录》)——黄晓丹

【刘 俊】

刘俊,潮阳县廓都人。成化元年(1465)贡生,冠带荣身。(嘉靖《潮州府志》、隆庆《潮阳县志》)——陈新杰

【刘 恢】

刘恢,海阳人。正统六年(1441)举人。授广西藤县教谕。(嘉靖《潮州府志》、光绪《海阳县志》)——陈贤武

【刘 举】

刘举,字邦贤,海阳人。成化四年(1468)举人。弘治间(1488—1505)曾任福建长乐知县,七年(1494)至十五年(1502)改广西武缘,又改永从,皆清约自守。解官归,与弟侄同居,一无所私。(嘉靖《潮州府志》、光绪《海阳县志》、新编《武鸣县志》)——陈贤武

【刘 益】

刘益,字朝玉,海阳人。少与杨骥善,闻薛侃与陈明德讲学,欣然向往,因以果名斋,自励勇往。师事潮州同知、王阳明弟子刘魁(晴川)。刘颇爱之,益卒,为恤其家。(《薛侃集》、光绪《海阳县志》)——陈贤武

【刘继善】

刘继善（1465—1543），字宗一，号晚丹，海阳东厢都（今属潮州湘桥）人。治《书经》，弘治十一年（1498）举人，授福建侯官教谕。正德（1506—1521）末年任福建南平知县。嘉靖元年（1522）纂修《南平县志》，为现存最早《南平县志》。致仕回乡，建祠堂，刊《宗祠录》。（嘉靖《潮州府志》、光绪《海阳县志》、《延平文史资料》、《潮州桃坑刘氏族谱》）——陈贤武

【刘　铭】

刘铭，海阳隆眼城（今属汕头澄海）人。永乐三年（1405）举人，授广西平乐县主簿。（嘉靖《潮州府志》、康熙《饶平县志》）——黄树雄　杨映红

【刘　得】

刘得，海阳人。景泰元年（1450）举人。授山东朝城县教谕。（嘉靖《潮州府志》、光绪《海阳县志》）——陈贤武

【刘　寅】

刘寅，潮阳县廓都人。成化十五年（1479）贡生。十九年（1483）应天乡试第六。弘治二年（1489），纂修《潮阳县志》。（嘉靖《潮州府志》、隆庆《潮阳县志》）——陈新杰

【刘　琳】

刘琳，字静庵，海阳东厢都（今属潮州湘桥）人。天顺六年（1462）举人第三名。官湖广沔阳知州。（嘉靖《潮州府志》、光绪《海阳县志》）——陈贤武

【刘　琯】

刘琯，字伯衡，号畏斋，海阳东厢都（今属潮州湘桥）人。刘文理堂兄弟。天顺六年（1462）举人。成化八年（1472），任广西横州学正。督士入学舍，每日授书讲解不怠。州学祭器不具，备置之。在任八年。致仕回乡，修祖坟，建祠堂，立宗子，置祭田，定祭器。（嘉靖《潮州府志》、光绪《海阳县志》、《潮州桃坑刘氏族谱》）——陈贤武

【刘敬心】

刘敬心，海阳东厢都（今属潮州湘桥）人。万历年间（1573—1620），简拔贡元。任清远大使，升广西南宁府经历。（顺治《潮州府志》、光绪《海阳县志》、《潮州桃坑刘氏族谱》）——陈贤武

【刘　斐】

刘斐，字文夫，号木亭，海阳东莆都（今属潮州潮安）人。弘治十二年（1499）进士，任户部北新关主事、南京户部郎中、浙江处州知府。正德九年（1514）五月，升江西布政司右参政。任上刻叶子奇《太玄本

旨》九卷。十四年（1519）宁王朱宸濠在南昌发动叛乱，被迫胁从守城。乱平，刘谪职戍边。（《明实录》、《苍括汇纪》、嘉靖《潮州府志》、光绪《海阳县志》）——陈贤武

【刘道璋】

刘道璋，号丹霞，饶平弦歌都（今属潮州饶平）人，崇祯九年（1636）举人。清顺治五年（1648）冬，有流寇扰饶平，刘道璋助县令率乡兵御之。顺治十六年（1659）任广东阳山教谕。（顺治《潮州府志》、康熙《饶平县志》、乾隆《连山县志》）——黄树雄

【刘瑞葵】

刘瑞葵，字世贞，一字原向，潮阳县廓都人。桂林教授刘芳孙。其父性严，瑞葵奉教惟谨。已复师事白沙门人余善，及从南海张诩游，因尽得江门之旨。正德五年（1510）举人，任安乡教谕，建学宫棂星门，置学田以赡诸生。尝典文衡，得人居最。迁绍兴教授，再聘不往，因病求去。适有耒阳知县之任，乃取道南游南岳，过耒阳，逾月而还。后卒于碧山精舍，称"碧山先生"。著《碧山漫稿》。（隆庆《潮阳县志》、康熙《潮阳县志》）——陈新杰

【刘瑞鹤】

刘瑞鹤，潮阳人。万安训导刘岩子。嘉靖十三年（1534）选贡，官福宁州同知。（嘉靖《潮州府志》、隆庆《潮阳县志》）——陈新杰

【刘瑞爵】

刘瑞爵，潮阳县廓都人。桂林教授刘芳孙。正德十一年（1516）举人，官江都教谕，升新昌知县。（嘉靖《潮州府志》、隆庆《潮阳县志》）——陈新杰

【刘源涌】

刘源涌，海阳登瀛都（今属潮州湘桥）人。刘源深弟。嘉靖二十八年（1549）举人。两赴会试不第，选授直隶金溪教谕，三十七年（1558）任贵州乡试同考官。丁忧。服满补福建邵武县教谕。四十一年（1562）至四十四年（1565）任福建龙岩知县。祀乡贤。（顺治《潮州府志》、光绪《海阳县志》）——陈贤武

【刘 翱】

刘翱，字腾霄，号恕斋，程乡水南（今属梅州梅江）人。幼笃爱敬，每外归，趋揖拱侍，无故不离左右。遇长者避路以俟，乡族奇之。比长，敦慕古道，事亲益尽孝。亲染痢疾，粪秽之具，躬自沅涤。亲丧三年，衣经食蔬，未尝见齿，庐墓直至服阕，见遗物、逢忌日痛哭不绝。子侄兄弟贫者，曰："吾亲同气也。"粟米周之。督学咸帀檄旌之，通判陈硕署县榜曰"孝行之家"。年八十一而卒。

嘉靖二十年（1541），巡按广东御史陈储秀，表其墓曰"孝行遗光"。（康熙《程乡县志》、乾隆《嘉应州志》、光绪《嘉应州志》）——黄晓丹

【刘瓒】

刘瓒，字子襄，号栖斋，饶平宣化都（今属潮州饶平）人。弘治四年（1491）岁贡，入太学，后授通州判官，升本州同知，摄州事。正德七年（1512），流寇围城。瓒决死守城。登城拒敌，亲射中一敌。日暮敌退，舟遇飓风覆灭，城乃安。瓒有干才，为大军备粮草，咄嗟立办。论功本当超迁，以不赂吏部官员，至是年秩满，仅得福州府通判，升同知。嘉靖二年（1523）致仕。居家二十余年，年九十卒。所著有《子襄诗文集》，未梓，遇乱散佚。（《东里志》、正德《福州府志》、万历《通州志》、《潮州艺文志》）——黄树雄

【刘罐】

刘罐，潮阳人。庠生。弘治二年（1489），赞画《潮阳县志》。（隆庆《潮阳县志》）——陈新杰

【江龙】

江龙，字禹门，大埔蓝树窑（今属梅州大埔）人。有气力，善用稍，明末起兵据县城，后以粮竭，溃围，出攻福建永定，不克，遂投于郑成功，署为镇将。顺治十年（1653），潮州总兵郝尚久反清，遣人至厦门乞援于郑成功。十一年（1654）十月，郑成功右都督黄廷统十八镇攻饶平之乌石楼，龙于是役中炮死。（乾隆《潮州府志》、嘉庆《大埔县志》）——黄树雄

【池子学】

池子学，揭阳人。万历三十五年（1607）贡生。四十年（1612），授廉州训导。升湖广永明教谕。（崇祯《廉州府志》、康熙《永明县志》、乾隆《揭阳县志》）——孙杜平

【池佛养】

池佛养，字文盛，揭阳人。援例授福建宁化主簿。永乐（1403—1424）初年，为交人所俘。及朝廷征交趾，御史方霖夺回佛养，以功升应天治中。曾孙世用，字中甫，号明山，正德十四年（1519）举人。（《兰台法鉴录》、雍正《揭阳县志》、《池家渡村谱志》）——孙杜平

【汤浚】

汤浚，字潜溪，号潜斋，饶平宣化都（今属潮州饶平）人。弘治十二年（1499）岁贡，授广西宾州训导，迁贵州都匀府推官。性俭约无华，平生不事夸饰，人以"老子"呼之。居官俸入外一毫不染。家居杜门，隐卧不出。（《东里志》、康熙《饶平县志》）——黄树雄

◆ 明 ◆ 六画

【汤谦】

汤谦，海阳人。明初以荐辟士，授广西武宣教谕。（嘉靖《潮州府志》、光绪《海阳县志》）——陈贤武

【汤瑞】

汤瑞，字廷秀，号简轩，饶平大埕（今属潮州饶平）人。弘治五年（1492）举人。十年（1497）前后为广东临高教谕。（正德《琼台志》、顺治《潮州府志》、康熙《饶平县志》）——黄树雄

【安正己】

安正己，海阳人。天启七年（1627）举人第二名。官潮卫右千户。以争地毙人命，革职。（顺治《潮州府志》、光绪《海阳县志》）——陈贤武

【许一先】

许一先，号莲山，揭阳蓬洲（今属汕头市区）人。平生多善行，曾还遗金以百计，割自家郭田以备宗祀。年至百岁，入市，与人谈古事不倦。（康熙《澄海县志》）——黄树雄 杨映红

【许大用】

许大用，字体约，饶平苏湾（今属汕头澄海）人。嘉靖九年（1530）举人，十一年（1532）任江西萍乡训导，十二年（1533）任赣州训导，以丁忧去。（嘉靖《赣州府志》、康熙《袁州府志》、乾隆《潮州府志》）——黄树雄

【许大权】

许大权，见"许时谦"条。

【许公望】

许公望（1523—1595），字思志，号尚斋，揭阳人。少博通经籍。隆庆元年（1567）举人。万历二年（1574），授湖广祁阳知县。在祁颇有惠政，如均徭役、宽逋赋、平狱讼、整纲纪，与民相安，凋敝立苏。雅好经术，勖人士以古学。尝拔参政申在廷于童子试中，时方髫龄，大加赏识，曰："此社稷器也！"后果如其言。九年（1581），补福建顺昌知县。刻意除害，留心学校。十一年（1583）乞归，遂不出。（光绪《揭阳县续志》、同治《祁阳县志》、《闽书》、《醉经楼集》）——孙杜平

【许训导】

许训导，海阳人。洪武间（1368—1398）授广东河源县儒学。（光绪《海阳县志》）——陈贤武

【许有宙】

许有宙（？—1625），字汝亘，号粤石，揭阳人。知州许有寰弟。万历十九年（1591）中举人第七名。天启五年（1625）会试，考选推官，未选而卒。有宙生平朴素如寒士，书札从不及公门。（雍正《揭阳县志》）——孙杜平

【许有豊】

许有豊，字万石，揭阳人。郎中许国佐父。县学生。博学能文。性善良，有孝道。祖、父俱官知县，有豊席先业，乐于施予。岁饥捐赈，活人以万计；宗祠颓废，修葺之，增置田，俾礼无缺。（《许氏宗谱》）——孙杜平

【许有寰】

许有寰（1562—1643），字汝镇，号凤石，揭阳人。知县许公望子。万历二十二年（1594）举人，授浙江处州通判。五署县篆，秋毫不染。职管粮盐，尽革陋规。署松阳，捐资修学。及迁官去，尚捐置府庠学田，以济贫士及宾兴路费。官终云南剑川知州。子国柱，字钦擎，崇祯十三年（1640）贡生。（雍正《揭阳县志》、顺治《松阳县志》、光绪《浙江通志》、《许氏宗谱》）——孙杜平

【许 伦】

许伦（1403—1458），潮阳举练都人。建阳训导许信子。正统九年（1444）举人，景泰二年（1451）进士第三名，户部观政，官清军御史。（隆庆《潮阳县志》、嘉庆《潮阳县志》）——陈新杰

【许守愚】

许守愚（1508—1578），字敏之，号蒙泉，揭阳人。性好闻博学。嘉靖十六年（1537）举人。三十二年（1553），授南直东流知县。时吏治废弛，赋法无定，富户负隅抗征，尽索市居寡弱之民。守愚治赋有方，参伍错综，均其厚薄，调剂悉得其平。又县近南京，民多健讼，皆不诣县，而径赴台省。守愚遇有赴诉者，即与平反。以故，民不复赴台，讼争衰息。继又修堤防、劝农桑、招流亡、兴学校。在任五年，县称大治。寻中蜚语，谢病告归。生平奉母克孝，教子以严。卒年七十一。（嘉庆《东流县志》、光绪《揭阳县续志》、《许氏宗谱》）——孙杜平

【许 岚】

许岚，海阳人。万历三十九年（1611）拔贡，由普宁学。授长乐训导。（顺治《潮州府志》、光绪《海阳县志》）——陈贤武

【许 珊】

许珊，海阳人。正统元年（1436）贡生。官湖广永州府通判。天顺五年（1461）潮州韩文公祠重修时，作为致仕绅士参与其事，并助银。（嘉靖《潮州府志》、光绪《海阳县志》）——陈贤武

【许克忠】

许克忠，隆澳人。任潮州卫左所正千户协防后宅。万历二十七年（1599）六月初七日，倭酋率七十余人，突至后宅，船适坏，占民房，肆抢掠。克忠带队兵数人，挺身赴贼，

见势不敌，以计买舟送之，阴使人走告副总兵孟宗文，而以身为质，与倭偕入镇城旗纛庙。居二日，宗文督兵擒斩之，克忠被贼伤，不数日死。倭贼初登岸时，各兵仓卒难集，若非克忠之身饵计诱，则后宅人无遗类矣。（民国《南澳县志》、1952年《饶平县志续补》）——黄迎涛

【许时谦】

许时谦，饶平隆眼都（今属汕头澄海）人。万历十年（1582）举人。二十年（1592）为广东龙川县教谕。迁福建建宁府推官，列名主修《建宁县志》。二十九年（1601）升广西养利州知州，修葺州治，于州西门外建萃绿亭、观鱼亭，成当地胜迹。在任六年，迁湖广襄阳府同知，致仕归。其为官以廉慎著称。家居敦睦间里。乡有大堤，濒韩江，万历四十五年（1617）毁于大水，时谦倡筑，力任其事，至有"大夫胼胝"之颂。时谦父大权，隆庆时（1567—1572）为海盗朱良宝劫持，不屈自杀，良宝厚葬之。（万历《建阳县志》、康熙《养利州志》、嘉庆《澄海县志》）——黄树雄

【许 利】

许利，海阳人。洪武二十三年（1390）举人。永乐二年（1404），授福建连城主簿，公平谨慎，佐政有方，决壅如流。去任之后，民犹思

之。后历官刑科给事中。卒于任。（嘉靖《潮州府志》、《八闽通志》、光绪《海阳县志》）——陈贤武

【许希周】

许希周，揭阳人。嘉靖四十四年（1565）岁贡，初授湖广云梦训导。为人敦行有修养，毅然以师道为己任。学生馈遗，一无所受。发现品学兼优者，且推己俸以奖给之。督促学生聚会论文甚力，间尔亲自作文以示学生，对于先儒道理，颇有发挥。万历四年（1576），升广东电白教谕。在官师范端严，正己率士。至其爱才惜贤，轻财济物，一如既往。日与学生商榷文艺，教先注重品行。又督修学宫，捐置器物。离任之时，宦囊如洗。官终贵州铜仁教授。（乾隆《揭阳县志》、康熙《云梦县志》、道光《电白县志》）——孙杜平

【许尚静】

许尚静，字原仁，饶平苏湾都（今属汕头澄海）人。嘉靖二十八年（1549）举人。授福建连江教谕，四十年（1561）升连城知县。计剿流寇，民赖以安。以平寇功，隆庆元年（1567）擢江西南昌府同知，万历三年（1575）致仕。（万历《南昌府志》、康熙《澄海县志》、民国《连城县志》、《嘉靖二十八年己酉科广东乡试录》）——黄树雄 杨映红

【许国佐】

许国佐（1605—1646），字钦翼，号班王，一号旧庵，揭阳人。崇祯四年（1631）进士。六年（1633），选授四川富顺知县。时缙绅势横，民多不便，国佐遇事每加裁抑，世家弗堪。八年（1635），为忌者所逻，系论部狱。事白，调贵州遵义。擢兵部主事，历升本部郎中，兼督九江饷务。甲申国变，偕官民哭于学宫。弘光、隆武继立，皆以原官召用，未能成行。隆武二年（1646），九军贼刘公显等破揭阳，国佐被执，骂贼而死，时年四十二。国佐为文直抒性灵，崛奇峭峭，诗尤工。初，太仓张溥、张采倡为复社，与东林相应，国佐偕番禺黎遂球、同郡陈衍虞等与其事。所著有《百洲堂集》、《蜀弦集》、《旧庵拙稿》、《班斋数句话》等。（《明史》、光绪《揭阳县续志》、乾隆《富顺县志》、《复社姓氏校录》、《陈文忠公遗集》、《翁山文钞》）——孙杜平

【许　昕】

许昕，潮阳峡山都人。永乐三年（1405）举人，官承事郎、山东道监察御史。六年（1408），尝为本县蔡氏族谱作序。（嘉靖《潮州府志》、南田《蔡氏族谱》）——陈新杰

【许　忠】

许忠，海阳隆津都（今属潮州潮安）人。永乐十九年（1421）进士。官户部主事。（嘉靖《潮州府志》、光绪《海阳县志》）——陈贤武

【许鸣谦】

许鸣谦，揭阳人。教授许希周子。万历十三年（1585）举人。二十六年（1598），授直隶雄县教谕。学生敬服其教不改。三十一年（1603），补北隶任丘。三十三年（1605），升国子助教。三十五年（1607），外升山东莒州知州。在任大兴学校，建启圣祠、尊经阁、泮池、石桥等。（雍正《揭阳县志》、康熙《雄县志》、乾隆《任丘县志》、嘉庆《莒州志》、《钦定国子监志》）——孙杜平

【许　岸】

许岸，字景登，海阳隆津都（今属潮州潮安）人。隆庆四年（1570）第四名举人。万历十四年至十七年（1586—1589）任福建归化知县。在任捐俸修县学棂星门，左右竖立两坊，于泮池右构省牲所。（顺治《潮州府志》、光绪《海阳县志》、民国《明溪县志》）——陈贤武

【许岳英】

许岳英，海阳人。天顺三年（1459）举人。官浙江嵊县知县。在任"以教化风俗为急"，新创社学，九年（1465）重建官办二戴书院，并且"丈田均赋，以盈田充学田"。成化十年（1474），主修成化《嵊志》，

由县人钱悌主纂,计十卷。宁波天一阁残存明抄本卷一至卷五(缺首页与卷六至卷十)。(嘉靖《潮州府志》、光绪《海阳县志》、新编《嵊县志》)——陈贤武

【许定理】

许定理,潮阳人。文士。永乐十七年(1419),预修《潮阳县志》。(隆庆《潮阳县志》)——陈新杰

【许孟遂】

许孟遂,海阳人。明初以举秀才,授海阳训导。(嘉靖《潮州府志》、光绪《海阳县志》)——陈贤武

【许 春】

许春,海阳人。景泰四年(1453)贡生。官浙江游龙知县。(嘉靖《潮州府志》、光绪《海阳县志》)——陈贤武

【许 珊】

许珊,字仕选,揭阳人。少负异资,读书不倦,为同县太卿吴裕所重。成化十九年(1483)中举人,授广西柳城知县。在任增拓明伦堂,设立社学,使士子知学。自宣宗以来,柳城瑶民不向朝廷纳税,许珊到任,无不投诚。因病致仕归。弘治间(1488—1505),会稽车份同知潮州,许珊与其交善,未尝一干以私。(嘉靖《潮州府志》、雍正《揭阳县志》)——孙杜平

【许 栋】

许栋,饶平黄冈(今属潮州饶平)人。曾与养子许朝光集众数千人,多次劫掠潮阳招收等处。嘉靖三十七年(1558)春,栋自往日本,谋纠合倭寇,及还,为许朝光所杀。朝光尽有其众,号为澳长,势力益大,踞海阳之辟望村(今属汕头澄海)、潮阳之牛田洋、揭阳之鮀浦(今属汕头金平)等地,计舟征税,商船来往皆给票抽税,名曰"买水"。朝光后为部下陈沧海所杀。(乾隆《潮州府志》)——黄树雄

【许 昱】

许昱(1415—1486),字景晰,号拙庵,揭阳人。少嗜学。景泰年间(1450—1456)贡生,入国子监读书。时英宗被掳,景帝佞佛,瓦剌方大举入寇,昱偕太学诸生数百人,抗疏切谏,一时名震中外。选授应天江宁县丞,职司清戎。南京为军民辐辏之地,书吏倚法,贪缘为奸,卒伍逃亡,多难究诘。昱至,严惩内外舞弊。吏难行其私,而卒日归。又都民当供"杂调"者,其富户者,大致为权贵私役,而官府需给,独倚办于下户。昱为核实,均平征赋,宿弊一清。寻补广西按察司经历。与上官不合,遂拂衣归。生平著作颇丰,然多弃去。(光绪《揭阳县续志》、《许氏宗谱》)——孙杜平

【许昭麟】

许昭麟,字希孔,海阳隆津都(今属潮州潮安)人。嘉靖元年(1522)举人。授太湖教谕。(乾隆《潮州府志》、光绪《海阳县志》)——陈贤武

【许 信】

许信,潮阳举练都人。永乐十二年(1414)举人,官建阳训导,知县。(嘉靖《潮州府志》、隆庆《潮阳县志》、雍正《广东通志》)——陈新杰

【许洪宥】

许洪宥,字舜仁,海阳隆津都(今属潮州潮安)人。弘治十四年(1501)举人。正德(1506—1521)初授广西临桂县教谕,严考课程,兴古礼士。五年(1510)三月,以学行优秀征为南京山东道御史。六年(1511)十月,刑科给事中窦明因上疏言事而下狱,洪宥上疏力救之,获免。八年(1513)二月,劾左都御史、总制江西等处军务陈金进剿江西暴乱数年不能平,以招抚冒功领赏,致使贼势日盛。十年(1515),丁父忧。期满,召回朝任职,行至福建汀州而卒。著有《龙江集》、《南台日录》、《易经管见》。(《明实录》、嘉靖《广东通志稿》、嘉靖《潮州府志》、光绪《海阳县志》)——陈贤武

【许祖武】

许祖武,字文继,号事天,海阳隆津都(今属潮州潮安)人。正德五年(1510)贡生,授浙江秀水训导。(嘉靖《潮州府志》、光绪《海阳县志》)——陈贤武

【许 原】

许原,潮阳人。洪武间(1368—1398),举儒士,官赣县教谕。(嘉靖《潮州府志》、隆庆《潮阳县志》)——陈新杰

【许 晟】

许晟,揭阳人。万历四十六年(1618),任惠州长乐训导,卒于官。(康熙《长乐县志》)——孙杜平

【许继先】

许继先,潮阳举练都人。举人许伦孙。弘治十七年(1504)岁贡,官柳州训导,后升学正,致仕。(嘉靖《潮州府志》、隆庆《潮阳县志》)——陈新杰

【许 焖】

许焖,海阳人。成化十三年(1477)岁贡。授福建永春训导。(嘉靖《潮州府志》、光绪《海阳县志》)——陈贤武

【许绰卿】

许绰卿,海阳人。明初以儒士,授潮州训导。(嘉靖《潮州府志》、光绪《海阳县志》)——陈贤武

【许 喆】

许喆,海阳人。永乐十二年(1414)贡生。官四川顺庆府检校。(嘉靖《潮州府志》、光绪《海阳县志》)——陈贤武

【许朝光】

许朝光,见"许栋"条。

【许 鼎】

许鼎,海阳人。嘉靖十七年(1538)贡生。官广西桂林卫经历。(顺治《潮州府志》、光绪《海阳县志》)——陈贤武

【许 瑞】

许瑞,澄海人。随其舅曾一本聚众为海盗。一本死,瑞继领其余众。隆庆元年(1567)受招安。四年(1570)三月,入居溪东寨,与原居溪东寨之林道乾旧部魏朝义争海利,互相仇杀,乃徙海丰。瑞死,头目林奇才领其众。(乾隆《潮州府志》、嘉庆《澄海县志》)——黄树雄 杨映红

【许 慎】

许慎,字汝徽,澄海苏湾(今属汕头澄海)人。宣德三年(1628)贡生。不乐仕进,结庐于莲花山麓,躬耕而食。潮州知府题其居曰"许由遗风"。有海贼入其里。叹曰:"公,善人也。"竟率其党而去。(顺治《潮州府志》、嘉庆《澄海县志》)——黄树雄 杨映红

【许源自】

许源自,海阳人。万历间(1573—1620)授广西灵川县主簿,署知县事。(光绪《海阳县志》)——陈贤武

【许 源】

许源,惠来隆井都人。万历二十九年(1601)岁贡,仕琼州府感恩县教谕。(乾隆《潮州府志》、雍正《惠来县志》、乾隆《琼州府志》)——周修东

【许嘉谟】

许嘉谟,海阳隆津都(今属潮州潮安)人。正统十二年(1447)举人。官湖广沔阳知州。(嘉靖《潮州府志》、光绪《海阳县志》)——陈贤武

【许 銮】

许銮,海阳人。嘉靖七年(1528)拔贡。授淮府典膳正。(顺治《潮州府志》、光绪《海阳县志》)——陈贤武

【许 聪】

许聪,海阳人。景泰元年(1450)举人。成化五年至十一年(1469—1475)任广东仁化知县。(嘉靖《潮州府志》、光绪《海阳县志》、嘉靖《仁化县志》)——陈贤武

【许 翰】

许翰,海阳人。景泰七年至天顺

八年（1456—1464）任顺天河北知县。（嘉靖《潮州府志》、光绪《海阳县志》、新编《临城县志》）——陈贤武

【许錞】

许錞，潮阳峡山都人。天顺七年（1463）例监，官绩溪县丞。（嘉靖《潮州府志》、隆庆《潮阳县志》）——陈新杰

【许慇】

许慇，字遂孜，号体庵，海阳隆津都（今属潮州潮安）人。南宋进士许君辅四世孙，进士许忠弟。宣德元年（1426）举人第五名。授湖广安陆县教谕。正统二年（1437）丁艰。升广西浔州府教授。——陈贤武

【阮瑄】

阮瑄，海阳城东人。永乐十三年（1415）进士。官大理寺评事。（嘉靖《潮州府志》、光绪《海阳县志》）——陈贤武

【纪文绪】

纪文绪，号坦然，揭阳人。尝任都总。天顺间（1457—1464），海贼侵县，文绪与知县陈爵合力捍御，贼不敢逼境。有碑记勒陈公祠后及钓鳌桥上。（《宋元宠纪公族谱》）——孙杜平

【纪朝武】

纪朝武（1484？—1553），字仕美，号蓝坡，揭阳人。增广生员，累举不第。曾寓省城，会友人谢屿罹御史狱，朝武与患难逾年，抚其妾如子，进士陈洸、苏信极口称之。（《宋元宠纪公族谱》、民国《谢氏宗谱》）——孙杜平

【纪锦】

纪锦，潮阳峡山都人。万历间（1573—1620）贡生，官增城训导。（康熙《潮阳县志》）——陈新杰

【孙一校】

孙一校，号南川，揭阳人。嘉靖三十七年（1558）岁贡。四十一年（1562），授江西都昌训导。在任捐置学田，以惠多士。升广西马平教谕，终江浦知县。（乾隆《揭阳县志》、康熙《都昌县志》）——孙杜平

【孙氏（方有乾妻）】

孙氏（方有乾妻），惠来西头都生员孙隆甫女。二十二岁时，有乾去世，无子，有劝之改嫁者。孙氏曰："先夫苦志读书，吾改嫁去，谁为其祭祀香火？"从容谢之，苦节自甘。享年七十。（雍正《惠来县志》）——周修东

【孙丙】

孙丙，号醇翁，揭阳人。弱冠尝因高祖坟山在普宁，被土豪毁坏侵占，屡次控告，未能伸雪，跋涉上京诉冤。官司再行勘查，终获改正。永乐年间（1403—1424），朝廷嘉其诚孝，诏赐冠带。卒年八十。（乾隆

《揭阳县志》、《京岗志》）——孙杜平

【孙光校】

孙光校，揭阳人。府学生。治《书经》，万历七年（1579）中举人第四十三名。（雍正《揭阳县志》、《万历七年广东乡试录》）——孙杜平

【孙 齐】

孙齐，揭阳人。永乐二十一年（1423）举人，官教谕。子瑀，字文灿。文章德行，为乡推重。正统年间（1436—1449）贡生。成化六年（1470），授湖广澧州同知。太常卿陈音为序以赠。（雍正《揭阳县志》、《隐相堂文献录》）——孙杜平

【孙充益】

孙允益，号醇果，揭阳人。大性沉静恬淡，才学高深广博。于六经子史，无不淹贯，兼通六艺，精于楷书。尝修家乘，族称"白眉"。生平韬光养晦，不求闻达，有古人风度，一时人士皆尊崇之。（雍正《揭阳县志》）——孙杜平

【孙 铁】

孙铁，字志良，号后庵，海阳东莆都（今属潮州潮安）人。成化十九年（1483）举人。历任广西左州知州、桂林同知。（嘉靖《潮州府志》、光绪《海阳县志》、《潮州西林孙氏族谱》）——陈贤武

【孙春芳】

孙春芳，号傲所，揭阳人。隆庆元年（1567）恩贡，初授浙江鄞县主簿。有惠政，及迁官，民多乞留。时侍郎范钦致仕在里，赋诗赠行，中有"赋罢茧丝官自好，障成鲸海惠长留"，可窥其政一二。转福建连江县丞。万历十六年（1588），升湖广华容知县。时值岁歉，春芳力请当道停罢征敛，复请移邻郡粟以济。亲历穷乡，散之灾民。再调广西马平。二十二年（1594），升上思州知州。请建州城，赋役一遵汉制，土著纳为编户。二十七年（1599），转楚府左长史，以朝议大夫致仕。（雍正《揭阳县志》、《钦定大清一统志》、乾隆《马平县志》、崇祯《南宁府志》、《天一阁集》、《孙春芳墓碣题字》）——孙杜平

【孙 谅】

孙谅，海阳人。永乐二十一年（1423）举人。授广西博白训导。（嘉靖《潮州府志》、光绪《海阳县志》）——陈贤武

【孙 森】

孙森（？—1634？），字灼卿，又字恒泰，号匪莪，或作蜚莪，海阳东莆都（今属潮州潮安）人。万历二十八年（1600）举人。四十三年（1615），任安徽滁州知州，任间惩贪治污，兴学教士，赈饥备荒，整顿邮

政，安抚乱兵，清审赋役，行均田法。迁台州同知，天启二年（1622），擢安顺知府。安顺经奢崇明、安邦彦之乱后，仅存空城。森至，初僦民舍以居。森生聚招徕，民气渐复。崇祯元年（1628），擢屯田监军副使。为奸人所诬，巡抚疏纠逮勘。总督朱燮元上章雪之，复原官。崇祯四年（1631），辞官里居不复出。卒祀乡贤。（顺治《潮州府志》、光绪《海阳县志》、咸丰《安顺府志》）——陈贤武

【孙耀祖】

孙耀祖（1608—1670？），字承发，号戒庵，揭阳人。自少品行耿直，笃学不倦。登崇祯十五年（1642）举人。会国运沧桑，家园荡析，遂绝意进取。又率族人筑寨，捍卫桑梓。营建亲墓，置庵守之，时称其孝。性喜静，耽内典，晚构静室以自娱，不闻世事。生平与吏部罗万杰志同道合，及卒，万杰为文祭之。（雍正《揭阳县志》、道光《广东通志》、《瞻六堂集》、《上阳罗氏族谱》）——孙杜平

七　画

【麦　育】

麦育，号充寰，饶平隆眼城（今属汕头澄海）人。万历三十四年（1606）举人。崇祯元年（1628）任广西昭平知县，升沔阳知州。（顺治《潮州府志》、道光《广东通志》、民国《昭平县志》）——黄树雄

【苏子受】

苏子受，海阳大和都（今属潮州潮安）人。岁贡苏世杰子，举人。嘉靖四年至八年（1525—1529）任萧县知县。（嘉靖《潮州府志》、光绪《海阳县志》）——陈贤武

【苏世杰】

苏世杰，海阳大和都（今属潮州潮安）人。进士苏光子。弘治十五年（1502）岁贡。正德十一年（1516）任山东东平州同。（嘉靖《潮州府志》、光绪《海阳县志》、光绪《东平县志》）。——陈贤武

【苏　光】

苏光，号恕庵，海阳大和都（今属潮州潮安）人。治《诗经》，中正统十年（1445）乙丑科进士。官工部虞衡司主事。（嘉靖《潮州府志》、道光《广东通志》、光绪《海阳县志》）——陈贤武

【苏志仁】

苏志仁（1516—1553），字道先，号似峰、粤峰，海阳县大和都（今属潮州潮安）人。嘉靖二十三年（1544）进士，除池州推官，署宁国知府，曾破获伪楚王世子案。二十七年（1548）为吏部稽勋司主事，历验封、考功、文选诸司。三十一年

（1552）七月，因直得罪尚书万镗，外补两浙运判。未到任乡居，后量移兴化同知，迁江西按察佥事，均未赴任。于书无所不读，尤精天文律历之学，下至金石彝鼎之文，山川草木虫鱼之细，靡不毕究。著有《抱拙堂稿》、《中兴别响》、《日纪存疑》。殁后，同榜进士揭阳人黄国卿为撰《苏天官年谱》。（《井丹林先生文集》、乾隆《潮州府志》、光绪《海阳县志》、《潮州艺文志》）——陈贤武

【苏志颛】

苏志颛，海阳大和都（今属潮州潮安）人。进士苏志仁弟。隆庆元年（1567）岁贡。授福建南靖训导。（顺治《潮州府志》、光绪《海阳县志》）——陈贤武

【苏时雨】

苏时雨，潮阳县廓都人。嘉靖三十四年（1555）举人，官义安教谕，升靖安知县。（隆庆《潮阳县志》）——陈新杰

【苏 侃】

苏侃，海阳大和都（今属潮州潮安）人。永乐六年（1408）举人。官户部主事。（嘉靖《潮州府志》、光绪《海阳县志》）——陈贤武

【苏孟凯】

苏孟凯，饶平弦歌都（今属潮州饶平）人，充牙人于市，自称"斗老"，能以公平服人心。弘治十四年（1501）聚众起举事，旬月间聚众千余，杀县丞倪禄。广东参议冯良辅、潮州知府叶元玉督兵捕杀之。（乾隆《潮州府志》）——黄树雄

【苏 信】

苏信（1477—?），字宗玉，号确轩，饶平大埕（今属潮州饶平）人。正德五年（1510）举人，十二年（1517）进士，授南京监察御史，不久入朝，仍为御史。嘉靖十年（1531）以监察御史巡按福建。决狱明恕，为政宽平，不轻举劾，人服其厚。信早有文名。嘉靖十一年（1532）在福建刻《晦庵先生朱文公文集》一百卷，嘉惠学者。十二年（1533），经泉州，重建北宋名臣苏颂祠庙，并作碑记。不久告病归里。嘉靖十四年（1535），海盗郭老攻陷大埕，掳信浮海去，抵琼南，后释归，卒于里。（《东里志》、乾隆《潮州府志》、《饶平县志补订》、《正德十二年进士登科录》）——黄树雄

【苏 瑀】

苏瑀，揭阳人。知州苏崇本孙。治《书经》，成化二十二年（1486）中式第二十七名举人。（雍正《揭阳县志》、《成化二十二年广东乡试录》）——孙杜平

【苏 福】

苏福（1372—1385），潮阳隆井都（今属汕头潮南）人。生有凤慧，

再岁而孤。五岁不言，一日，见道旁死蛙，忽作声讶曰："此非'出'字乎？"闻者惊异。自是矢口成章，下笔若有神助。洪武十八年（1385），举赴京应童子科，以其年绝少未用，送之归，令里有司给月米，待壮。未几病卒，年十四。所遗有诗辞若干篇，以《三十夜月诗》最有名。后人辑有《苏神童集》。（《明一统志》、《万姓统谱》、隆庆《潮阳县志》）——陈新杰

【苏簧】

苏簧，潮阳贵山都人。嘉靖元年（1522）贡生，官零陵县学训导。（嘉靖《潮州府志》、隆庆《潮阳县志》）——陈新杰

【杜一寅】

杜一寅，饶平苏湾都（今属汕头澄海）人。嘉靖三十一年（1552）举人第三名，经魁，授福建侯官教谕。（《嘉靖三十一年壬子科广东乡试录》、万历《福州府志》、顺治《潮州府志》、康熙《饶平县志》）——黄树雄

【杜仕浩】

杜仕浩，海阳人。万历二十八年（1600）任嘉定典史。（康熙《嘉定县志》）——陈贤武

【杜观光】

杜观光，饶平苏湾都（今属汕头澄海）人。成化十九年（1483）举人，弘治元年（1488）授福建长汀县教谕，修葺县学。调补江西铅山教谕，以学问宏博，预修宪宗、孝宗两朝实录。曾撰（弘治）《汀州府志》。（嘉靖《汀州府志》、康熙《澄海县志》）——黄树雄　杨映红

【杨一廉】

杨一廉（1507—1566），字思介，号湛泉，晚号泰泉山人，大埔白堠（今属梅州大埔）人。自幼颖悟力学，嘉靖四年（1525）补饶平县学生员。五年（1526）新设大埔县，改隶大埔县学。三十年（1551），以岁贡廷试，授江西新淦县训导。以礼自律，贫而向学者加意汲引，新淦士子多出其门。三十八年（1559），调福建德化教谕。律己作人，视新淦有加，时论推为人伦师表。四十一年（1562），擢河南唐府教授。时诸藩雅重儒术，士竞以词章献媚，一廉独侃侃陈大义，援经比事，以庄严见惮。四十四年（1565），致政归。是冬卒，年六十。著有《金川集》、《湛泉诗稿》、《游燕集》等。子三人：淳、泷、润。（顺治《潮州府志》、嘉庆《大埔县志》、《大埔百侯杨氏善庆堂祠记》）——黄树雄　陈贤武

【杨士蔚】

杨士蔚（1621—1675），大埔白堠（今属梅州大埔）人。永历八年（1674），潮州总兵刘进忠响应耿精忠

反清,用南明永历年号,人心震动。士蔚素怀明室,与其次子梧、三子椅谋应之,事泄,父子被执,庭讯直认不讳,遂被害,年五十有五。(民国《大埔县志》)——黄树雄

【杨子静】

杨子静,潮阳贵山都人。嘉靖间(1522—1566)例监,官临川县丞。(嘉靖《潮州府志》、隆庆《潮阳县志》)——陈新杰

【杨 开】

杨开(1590—1643),字今泰,一字泰生(蓝鼎元《鹿洲集》作"字悦之"),号符六,杨泷孙,杨时芬子,大埔白堠(今属梅州大埔)人。天启元年(1621)举人。崇祯三年(1630),"山寇"钟凌秀犯大埔,开聚族人谋,募丁输饷,誓师悬赏,大破钟凌秀,百侯近境得安。崇祯十年(1637),以贤良方正召对,称旨,用为四川合江知县,三月以母丧去职。十四年(1641)服丧期满,起补湘阴知县,养士恤民,厉行团练。十六年(1643)八月,张献忠破岳阳,逼湘阴,城陷,开被执,抵湘潭时自沉于湘水死,妻、子、仆、婢同时自沉死者六人。(顺治《潮州府志》、康熙《埔阳志》、《大埔百侯杨氏善庆堂祠记》)——黄树雄 陈贤武

【杨元伟】

杨元伟,字复一,程乡溪南(今属梅州梅县)人。府庠增广生。兄弟四人皆以孝友著声,元伟孺慕尤笃,为人寡言笑,恂恂如也。至大义所在,则勇往莫能争,有族弟为豪所陷,不惜数百金为之排解。岁饥出粟赈济,全活甚众。怜人贫困,往往贳贷焚券。(康熙《程乡县志》、乾隆《嘉应州志》、光绪《嘉应州志》)——黄晓丹

【杨元杰】

杨元杰(1597—1667),字储一,号奕梁,程乡溪南(今属梅州梅县)人。贡生。性刚直。父綵早殁,元杰抚三幼弟教育成材,事母至孝,耆年不少懈,家庭雍肃,士林称之。里有不平,必据理剖断,无所阿徇。顺治三年(1646),山寇攻城,元杰易服避匿。五年(1648)邑大饥,捐粟倡赈,全活甚多。时土弁猖獗,悉索良民,元杰执正不阿,数犯弁忌。其严气正性,足以服人。(康熙《程乡县志》、乾隆《嘉应州志》、光绪《嘉应州志》、《绍德堂杨氏族谱》)——黄晓丹

【杨元儒】

杨元儒,字清一,号雨人,程乡人。崇祯十六年(1643)拔贡,选授福建汀州同知。明末世乱,隐而不出,惟以诗书自娱,文学为仕林所重。著有《悼钗吟集》数卷,因兵燹焚毁。(《绍德堂杨氏族谱》)——

黄晓丹

【杨日赞】

杨日赞,字克臣,号东淇,揭阳人。嘉靖七年(1512)举人,以铨试第一,授浙江衢州同知,起补徽州,升南京刑部员外、户部郎中。三十六年(1541),出为云南姚安知府。时值苴却蛮(云南八种彝族之一)作乱,百姓流离失所。日赞上报当道,与副使沈桥、指挥王经纶等督兵合剿,卒平其乱。又为长治久安之计,建议在苴却设立督捕营守御。在任刚方廉洁,断狱明允,又兴修学宫、武侯祠等。去任,民感其德,请大理李元阳作《遮留记》,勒石以颂其功。官终云南副使。日赞曾游本县薛侃之门,学宗良知,公余与士子讲学不倦。(天启《衢州府志》、《滇志》、民国《姚安县志》、雍正《揭阳县志》、《南京刑部志》、《芹山集》、《薛侃集》、《循夫先生集》、《中溪文集》)——孙杜平

【杨氏(陈确轩妻)】

杨氏(陈确轩妻),饶平秋溪都(今属潮州潮安)人。年二十四而亡夫,侍老抚幼,声名播于乡里。时海盗猖獗,远近乡多受其害,至杨氏寨,则曰:"此陈节妇乡也。"不犯而去,一方赖以全。(顺治《潮州府志》、康熙《饶平县志》、道光《广东通志》)——黄树雄

【杨世乔】

杨世乔,更名宫,号柳主,揭阳(今属梅州丰顺)人,原籍大埔。长于诗赋。中天启七年(1627)举人。性豪迈,喜谈兵,有国士风。鼎革之际,数解县城、金瓯之难,力歼马殿、黄甲诸贼。又导清军,诱杀九军贼首刘公显、傅逮等;谋之总兵,削平蓝田、霖田等寇。全揭底定,多赖其力。乡人有染匪类者,皆感化从善。世乔心系明室,不受清禄。永历初年(1647),起为兵部主事,参与总兵郝尚久反正。事败,避居县之沙腹湖而卒。(雍正《揭阳县志》、民国《丰顺县志》、《百侯杨氏文萃》)——孙杜平

【杨世俊】

杨世俊(?—1646),字元生,揭阳人。崇祯十五年(1642)举人。南明隆武二年(1646),九军贼破县城,抢掠妇女,屠杀绅士,世俊被害。(雍正《揭阳县志》、道光《广东通志》)——孙杜平

【杨廷燦】

杨廷燦,号翠峰,揭阳人。天生聪慧,精通医道,自《素问》、《难经》以及历代医书,俱精心研习,无不贯通。知县张明弼尝患眼疾,得其施治而愈,以诗奖之,有"翠峰杨子有金鎞,饮我焦腋以凉飔"之句。生平救人无数,遇贫穷者,并赠药饵。

又好施与，捐资修路，舍粥赈饥，屡被当道旌奖。（雍正《揭阳县志》、《榕城二集》）——孙杜平

【杨任斯】

杨任斯，号乐庵，饶平弦歌都（今属潮州饶平）人。少负文誉，曾读书澄海丹砂古寺。生性恬淡，不汲汲于功名。天启七年（1627）举人，崇祯元年（1628）中进士，授山西沁水知县，清廉有惠政。预感世道将乱，遂辞官归。曾捐资筑饶平城北塘陂，灌溉北社田五千余亩，当地乡民为立碑记功。清代潮州名家陈衍虞盛赞其文才为"雕龙"，诗如"珠玉"。（康熙《饶平县志》、康熙《沁水县志》）——黄树雄

【杨向荣】

杨向荣，字仁卿，海阳人。隆庆四年（1570）举人。万历十一年至十四年（1583—1586）任江西龙南知县。（顺治《潮州府志》、光绪《海阳县志》、新编《龙南县志》）——陈贤武

【杨守道】

杨守道，号敬斋，澄海下外（今属汕头澄海）人。举明经，嘉靖二十一年（1542）授南直海门训导，升山东金乡教谕，卒于官。其为人重义轻利，周人缓急。在金乡任，遇贫士有志于学者，所入俸银悉以给之。教金乡时，置学田三顷六十亩以赡学者，诸生感激，禀于督学，祀于名宦。（顺治《潮州府志》、康熙《澄海县志》、道光《海门县志》、咸丰《金乡县志》）——黄树雄 杨映红

【杨 安】

杨安，潮阳县廓都人。弘治间（1488—1505）例监，官万安县丞。（嘉靖《潮州府志》、隆庆《潮阳县志》）——陈新杰

【杨时乔】

杨时乔，海阳人。万历二十一年（1593）贡生。授广东清远教谕。（顺治《潮州府志》、光绪《海阳县志》）——陈贤武

【杨时芬】

杨时芬（1565—1597），字叔邕，号文谷，杨泷子。大埔白堠（今属梅州大埔）人。治诸经，通《礼记》。诗宗李白，字学欧阳询，片纸残札，人争秘之，著有《楚游集》、《沤游馆稿》。（嘉庆《大埔县志》、《潮州艺文志》、《大埔百侯杨氏善庆堂祠记》）——黄树雄 陈贤武

【杨时英】

杨时英（1574—1610），字季实，号复寅，杨泷子，大埔白堠（今属梅州大埔）人。万历二十八年（1600）举人。能诗，负才名，有《秋兴》诗八首传于世。（嘉庆《大埔县志》、《大埔百侯杨氏善庆堂祠记》）——黄树雄 陈贤武

【杨希说】

杨希说,海阳人。嘉靖二十八年(1549)举人。三十五年(1556)任咸宁教谕,后历升广西修仁知县、湖广茶陵州知州。(顺治《潮州府志》、光绪《海阳县志》、同治《咸宁县志》)——陈贤武

【杨应试】

杨应试,字敷虞,海阳上莆都(今属潮州潮安)人。隆庆元年(1567)举人。任福建邵武府推官,清慎爱民。升直隶松江府通判,漕粮烦剧,厘核催运,军民两得其便。以母老乞归养。卒年八十。(顺治《潮州府志》、光绪《海阳县志》)——陈贤武

【杨应春】

杨应春,海阳人。天启年间(1621—1627)岁贡。崇祯元年(1628)授广东从化训导,五年(1632)升新宁教谕,广州府教授。(顺治《潮州府志》、光绪《海阳县志》、康熙《从化县志》)——陈贤武

【杨 闻】

杨闻(1584—1674),字承之,号今鹤,杨泷之孙,时芬子,大埔白堠(今属梅州大埔)人。涉猎百家诸史,工诗善书。壮岁即弃科举,徜徉山水,与友人酬唱无虚日。后偕郭之奇、黄奇遇游吴越、江楚、齐梁,入都门,诗学日进。曾修《揭阳县志》、《大埔县志》,归老海阳之龟湖,年九十一卒,所著诗稿盈尺,揭阳知县张明弼为作序。(乾隆《潮州府志》、嘉庆《大埔县志》、《大埔百侯杨氏善庆堂祠记》)——黄树雄 陈贤武

【杨 良】

杨良(1362—?),字敬玄,号文庵,揭阳(今属潮州潮安)人。天资聪敏,积学修行。洪武年间(1368—1398)岁贡,授大理寺评事。时值明初,法制森严,治用重典,杨良辅以宽恕。乡邦有六十三人因聚党饮酒,被诬图谋不轨,官府问治,拟判死罪,并解送大理寺。杨良察知众人无辜,力为伸救,奏请开释,终得赦免。后卒于官。(雍正《揭阳县志》、《庵埠杨氏族谱》)——孙杜平

【杨 玮】

杨玮(1466—1520?),字景琦,号约斋,揭阳(今属潮州潮安)人。御史杨琠弟。天性颖异,幼励志力学,慨然以天下民物为己任。与兄同师事陈献章。弘治十五年(1502)进士,授南京户部主事。尝奉命稽察江南粮储,办事廉能公正,吏民畏服。历升本部郎中。在部八年,多裨国计。正德九年(1514),出知湖广辰州府。十四年(1519),擢贵州副使。明年到任,广布恩信,抚循灾民,境

内大治。旋以前在辰州防守不严，致土兵劫狱，为都御史吴廷举所劾，按律逮治。未几丁艰归，抵家十余日卒。士论惜之。子彦诚，字时省，嘉靖四年（1525）举人。（《明武宗实录》、万历《贵州通志》、雍正《揭阳县志》、乾隆《揭阳县志》、乾隆《辰州府志》）——孙杜平

【杨武奇】

杨武奇，海阳上莆都（今属潮州潮安）人。隆庆间（1567—1572）授揭阳训导。（光绪《海阳县志》）——陈贤武

【杨学儒】

杨学儒，程乡人。嘉靖四十一年（1562）贡生，任福安教谕，升庆远教授。（康熙《程乡县志》）——黄晓丹

【杨泷】

杨泷（1536—1604），字用仁，号讷初，杨一廉子。大埔白堠（今属梅州大埔）人。隆庆四年（1570）举人，授辰州府通判，因得罪权贵，以小事被谪为经历，凡六月，复迁浙江嘉兴府通判。有在籍吏部郎欲夺民居为别墅，致人死，泷置之法，以此得罪吏部郎之故人浙江巡按，罢为经历。然直声大振，士民皆称之为"骨鲠杨君"。万历十八年（1590）任江宁县丞，署知县。岁歉赈恤，民赖活者甚众。升山东武定州知州，自以为峭直难行于宦途，乃乞休。居乡则足迹罕至城市，曾在百侯修马山寺，为当地名胜。子时英、时芬，孙闱、开，皆有传。（嘉庆《大埔县志》、万历《嘉兴府志》、万历《江宁县志》、《大埔百侯杨氏善庆堂祠记》）——黄树雄　陈贤武

【杨宗先】

杨宗先，程乡人。万历三年（1575）例监，任北城兵马司，升南昌府通判。（康熙《程乡县志》）——黄晓丹

【杨宗辅】

杨宗辅，程乡人。以干济人才任山东聊城主簿。（康熙《程乡县志》）——黄晓丹

【杨绅】

杨绅，程乡人。万历三十年（1602）例监，龙溪县丞，升永宁卫经历。（康熙《程乡县志》）——黄晓丹

【杨珍】

杨珍（1590—1643），本姓马，字聘三，潮阳贵山都人。天启间（1621—1627）贡生，官沂州州同。（光绪《潮阳县志》、《贵屿古今人物辞典》）——陈新杰

【杨挺】

杨挺，海阳人。嘉靖四十四年（1565）贡生。授广东增城教谕。（顺治《潮州府志》、光绪《海阳县

志》）——陈贤武

【杨昭】

　　杨昭，程乡人。正统七年（1442）例监，任广西上林县训导。（康熙《程乡县志》）——黄晓丹

【杨顺】

　　杨顺，揭阳人。洪武年间（1368—1398）岁贡，授广西恭城训导。永乐三年（1405），中式广西乡试举人，调福建将乐训导，升长汀教谕。在任曾聘为乡试考官，致仕归里。平生行事，即使时间仓促，也不逾于正道。从兄学古，永乐年间（1403—1424）岁贡，官工部主事。（雍正《揭阳县志》、万历《将乐县志》）——孙杜平

【杨俊】

　　杨俊，海阳人。景泰四年（1453）举人。官广西太平府通判。（嘉靖《潮州府志》、光绪《海阳县志》）——陈贤武

【杨洁】

　　杨洁，揭阳龙溪都（今属潮州潮安）人。正德十六年（1521）贡生。授广西恭城训导。（嘉靖《潮州府志》、光绪《海阳县志》、《庵埠志》）——陈贤武

【杨逊】

　　杨逊，潮阳县廓都人。永乐十二年（1414）举人，官南直灵璧知县。（嘉靖《潮州府志》、隆庆《潮阳县志》）——陈新杰

【杨泰】

　　杨泰，海阳人。嘉靖四十三年（1564）贡生。授教谕。（顺治《潮州府志》、光绪《海阳县志》）——陈贤武

【杨珣】

　　杨珣，潮阳县廓都人。弘治二年（1489）举人，官麻城教谕。升闽清知县，赋平用节，民有去思。（嘉靖《潮州府志》、隆庆《潮阳县志》、万历《福州府志》）——陈新杰

【杨栖鸾】

　　杨栖鸾，程乡人。万历十八年（1590）贡生，任江西冲人县训导。（康熙《程乡县志》）——黄晓丹

【杨萃粤】

　　杨萃粤，惠来县人。万历四十三年（1615）岁贡（一作"饶平岁贡"），天启中（1621—1627）任安乡县训导，性温厚。（乾隆《潮州府志》、康熙《安乡县志》、光绪《湖南通志》）——周修东

【杨梦得】

　　杨梦得（1556—1632），字若益，号箕余，潮阳贵山都人。万历二十三年（1595）岁贡，授通州同知，清军政，严盗防，奉职惟谨。历摄海门、如皋县篆，所至有廉能声。改审理正，晋襄府右长史。解组归家，捐资筑贵屿堡。岁饥发赈，全活甚众。

（康熙《潮阳县志》、乾隆《潮州府志》）——陈新杰

【杨鸾】

杨鸾（1492—1526），字士（仕）鸣，又字少默，号复斋。正德十一年（1516）与兄骥同中举人，又同游于湛甘泉之门。会试不第，返乡讲学于东津别业之玉林精舍，兄弟互相砥砺学问，又得诸朋辈讲学。十三年（1518），赴南海听湛甘泉讲学。甘泉为南京国子监司业，鸾又往从学，前后三年。嘉靖五年（1526），三赴会试，遇疾，卒于南京。（《薛侃集》、嘉靖《广东通志初稿》、嘉靖《潮州府志》）——黄树雄

【杨惟执】

杨惟执，字昆中，号一溪，揭阳人。嘉靖二十五年（1546），由海阳学中举人。三十年（1551），授湖广靖州知州。存心忠信，宽仁得众。调四川剑州。四十年（1561），迁浙江严州同知，以廉爱称。隆庆四年（1570），调广西永安知州。时府江瑶反，其首领杨公满、黄公东等连攻荔浦、永安，兵民屠戮无数。公、东设伏山湾，执惟执，夺其印，以厚赎始得出。事闻，朝廷命总督殷正茂、巡抚郭应聘合土汉官兵六万征讨。惟执誓雪前辱，具机宜，画山谷，选向导，合官军剿之。至六年（1572），悉平之。致仕归，分俸弟侄，一无所私；置义庄以济族之贫者。年八十余卒。子以佳、以俱，俱万历（1573—1620）贡生，以佳官广东博罗教谕。（《嘉靖十六年广东乡试录》、雍正《揭阳县志》、乾隆《靖州志》、《续修严州府志》、《粤西文载》、《明史》）——孙杜平

【杨琪华】

杨琪华（？—1646），字素庵，揭阳人。崇祯十二年（1639）举人。清顺治三年（1646），九军贼破县城，抢掠妇女，屠杀绅士，琪华被害。（雍正《揭阳县志》、道光《广东通志》）——孙杜平

【杨琠】

杨琠（1464—1516），字景瑞，号谨斋，揭阳（今属潮州潮安）人。性刚方，居家孝友。弱冠慷慨有大志。从游新会陈献章，讲明正学。登正德三年（1508）进士。明年，授南京山西御史。在官弹劾不避权贵。奏徙牧马草场以防火患；请留潮州盐税以备堤患。巡按南直，保全冤狱百余人性命。十年（1515），以养病乞归。著有《宗训》、《族规》、《乡约》等，化行于乡。生平与王守仁善。子思元，从学王守仁。（《明武宗实录》、《正德三年进士登科录》、嘉靖《广东通志初稿》、乾隆《潮州府志》、雍正《揭阳县志》、《王阳明全集》、《马窖宗周公家谱》）——孙杜平

【杨　最】

杨最，揭阳（今属梅州丰顺）人。举人杨世乔父。诸生。侍母朱氏以孝闻。家贫，尝作《瓮牖》、《寝处》二铭以示子孙。（雍正《揭阳县志》、民国《丰顺县志》、《百侯杨氏文萃》）——孙杜平

【杨景充】

杨景充，海阳人。崇祯年间（1628—1644）贡生。八年至九年（1635—1636）授广东连平州训导。（顺治《潮州府志》、光绪《海阳县志》、光绪《惠州府志》）——陈贤武

【杨景徽】

杨景徽，海阳人。举人杨向荣子。天启七年（1627）贡生。崇祯十年至十三年（1637—1640）任江西石城县教谕，仕连平训导，升广西南宁教授。（顺治《潮州府志》、光绪《海阳县志》、光绪《石城县志》）——陈贤武

【杨　储】

杨储，程乡人。杨愈登子。崇祯二年（1629），由按察使司员任顺天府宛平县县丞。（康熙《程乡县志》）——黄晓丹

【杨　善】

杨善，字公宝，别字静春，大埔白堠（今属梅州大埔）人。嘉靖三十三年（1554）由廪生入国子监肄业，为人所推许。例得官，不就。家居教子，甚有义方。祀先睦族，极尽其诚。好善乐施，常倾囊以济人之急。（嘉庆《大埔县志》、同治《大埔县志》、民国《大埔县志》）——黄树雄

【杨愈登】

杨愈登，程乡人。天启二年（1622），由按察使司员历任河南卫辉获嘉县丞。（康熙《程乡县志》）——黄晓丹

【杨　廉】

杨廉，海阳人。正德十年（1515）贡生。授广西梧州训导。（嘉靖《潮州府志》、光绪《海阳县志》）——陈贤武

【杨　镒】

杨镒，潮阳洋乌都人。正统三年（1438）贡生，官阳朔训导。（嘉靖《潮州府志》、隆庆《潮阳县志》）——陈新杰

【杨德威】

杨德威（？—1646），揭阳人。万历间（1573—1620）武举人。清顺治三年（1646），九军贼破县城，抢掠妇女，屠杀绅士，德威因罹难。（雍正《揭阳县志》）——孙杜平

【杨毅道】

杨毅道，字仲永。程乡溪南（今属梅州梅县）人。杨元伟子，克佩父训，励志行，能文章，名噪庠序。康

熙十二年（1673），学使迟某奇其文，拔贡。书法追钟元，当极神似。（康熙《程乡县志》、乾隆《嘉应州志》、光绪《嘉应州志》）——黄晓丹

【杨璧】

杨璧，海阳人。监生。洪武二十四年（1391）进士。官刑部郎中。（嘉靖《潮州府志》、光绪《海阳县志》）——陈贤武

【杨骥】

杨骥（1484—1520），字士（仕）德，号毅斋，饶平信宁都人，迁居潮州府城金山下。父潜斋，曾游陈白沙之门。骥与弟鸾同中正德十一年（1516）举人。从湛甘泉学，服膺其"随处体认天理以求自得"之教。及还潮，甘泉为文赠之，期许至深。十二年（1517）赴会试，遇乡人薛侃，闻王阳明讲学赣州，遂往从游。十三年（1518）还乡，宣讲阳明"天人合一"之道，以主张万物皆一体，圣人为可学而至，潮州士风为之一变。十四年（1519），复赴赣，适值宁藩之乱，道阻而止。在乡与薛侃等互相砥砺讲学。十五年（1520）卒。阳明悼之，谓"潮有二凤，今失其一"。（《薛侃集》、嘉靖《广东通志初稿》、嘉靖《潮州府志》）——黄树雄

【李一庄】

李一庄（1506—1591），字达卿，号见川，海阳隆津都（今属潮州潮安）人。进士李春芳侄。嘉靖十六年（1537）举人。二十六年（1547）授河南汝宁通判，勤听断，缓征需，法无苛从，无滞狱。因刚直得罪上司，被劾罢。（顺治《潮州府志》、光绪《海阳县志》、《鹳巢乡志》）——陈贤武

【李一阳】

李一阳（？—1553），字我山，普宁桂江都人。其先原籍福建同安。一阳天姿颖异，少而能文，因游学于祖家，复以同安籍游泮，嘉靖三十一年（1552）登福建举人，越年成进士，授潮州推官，未赴任而终。生平具经济学，饬躬励行，以"有为有守"自勖。蓝门子孙存焉。（乾隆《普宁县志》、雍正《福建通志》）——陈新杰

【李一轩】

李一轩，潮阳县廓都人。詹事府丞李龄玄孙。万历十三年（1585）举人，官古田教谕，升陆川知县。（万历《福州府志》、康熙《潮阳县志》）——陈新杰

【李一桢】

李一桢，程乡溪南（今属梅州梅县）人。赋性严正。居家孝友。以岁贡铨试第一，授广西隆安令。隆民众顽而多盗，一桢初到，辄与民休息。不越月，境内帖然。厘蠹剔弊，课士

训民,治化聿新,百姓颂之。归林下,每月朔望,捐粟济贫困,数十年如一日。岁荒发粟煮粥,饥民赖生全者无算。崇祯初,镇平石窟贼首伍总、钟凌秀等相继作乱,官府提兵合剿,不无玉石俱焚之虑。一桢力请列宪,分别泾渭,全活良善甚多。岁科两试生员,例派工墨捐、铺地资赡之,并积其租三年,分为科举卷资。碑勒学宫,享年八十五。祀乡贤祠。(顺治《潮州府志》、康熙《程乡县志》)——黄晓丹

【李一望】

李一望(1500—1544),字远侯,号白湖,海阳隆津都(今属潮州潮安)人。进士李春芳子。正德间(1506—1521)监生。嘉靖七年(1528)被推荐入史馆,预修《大明会典》。因勤劳得授鸿胪寺丞、内阁中书舍人。二十一年(1542)奉敕出使湖南、两广。以病卒于京师,年四十五。(顺治《潮州府志》、光绪《海阳县志》、《鹳巢乡志》)——陈贤武

【李一楫】

李一楫,字巨川,程乡松江(今属梅州梅县)人。李一桢弟。天性孝友,嗜古文词,淹贯经史。恤贫抚孤,岁饥,发粟赈济,平价发粟,令人自量,不假僮仆。族党有事,咸向取平,众皆悦服。春秋享家庙,务尽诚敬,一依文公家礼,老而不懈。选岁贡,任晋江训导,优贫士,免其修脯,训诸生依礼法,士大夫高其行谊。著有《咏史约言》、《月令采奇》、《帝王歌》等集。(顺治《潮州府志》、康熙《程乡县志》、乾隆《嘉应州志》)——黄晓丹

【李一翰】

李一翰,海阳隆津都(今属潮州潮安)人。隆庆元年(1567)贡生。万历四年至六年(1576—1578)授直隶宝应县丞。(顺治《潮州府志》、光绪《海阳县志》、《宝应历代县志类编》)——陈贤武

【李士长】

李士长,字次公,海阳隆津都(今属潮州潮安)人。进士李思悦孙,举人李廷柱弟。崇祯十二年(1639)举人。(顺治《潮州府志》、光绪《海阳县志》)——陈贤武

【李士淳】

李士淳(1584—1665),字仲垒,号二何,父李鹗。程乡松口(今属梅州梅县)人。幼年读书阴那山,万历三十七年(1609)解元,崇祯元年(1628)进士。四年(1631)授山西翼城县令,惠民训士,朔望诣明伦堂,集诸生讲学课文,捐俸建翔山书院,一时文风丕振。六年(1633)调任曲沃县令,十一年(1638)以治行卓异,应诏入京。平台召对称旨,擢

置第一，授翰林院编修，充东宫侍读。清兵入关后，潜归故里，隆武二年至永历四年（1646—1650），接奉南明隆武帝、永历帝敕谕，筹济军饷二万余两，在惠潮一带组织抗清，任永历朝吏部右侍郎兼翰林院侍读学士，协理詹事府事。抗清失败后隐居乡里，在阴那山设粲花馆课士，清廷征召起用，敦促不出。永历六年（1652），变卖家产得五百金重建松江书院，以读法造士，学者宗之。八年（1654），在城东攀社坊建先贤书院课士，并修《程乡县志》。年劭而学笃，著有《阴那山志》、《古今文苑》、《三柏轩集》、《燕台近言》、《素言》、《逸言》等。九年（1655）卒于松江书院，崇祀乡贤祠，并以先贤书院、松江书院为崇祀专祠。（康熙《程乡县志》、光绪《嘉应州志》）——黄晓丹

【李士濂】

李士濂，字匪何。程乡松口（今属梅州梅县）人。李士淳胞兄。持心敬谨，竖品端方。兴学教人，先德行而后文章，四方师事者尝百余人。事亲笃孝，晨夕衣冠，承颜怡志。连丁父母及祖母忧，九年足不入户庭。虽囊无余金，而施予日广。自其弟士淳中解元以至为官，只字不干公门，乡里德之，称之为"圣人伯"。（康熙《程乡县志》、乾隆《嘉应州志》、光绪《嘉应州志》）——黄晓丹

【李大纲】

李大纲（1455—1488），字弘举，别号诚庵，海阳隆津都（今属潮州潮安）人。成化二十二年（1486）举人。幼遭母（进士许忠女）丧，事父以孝闻。父殁，水浆不入口者五日，庐墓三年。哀辍，著《家礼易览》一书，使乡人可依仿而行。娶进士萧鼎女。祀乡贤。（嘉靖《潮州府志》、光绪《海阳县志》、《鹳巢乡志》）——陈贤武

【李大标】

李大标（1514—1601），字世准，号竹川，潮阳贵山都人。少颖异博洽。嘉靖十六年（1537）举人，授永安知县。时县民苦于虎患，大标刚到任，即驱虎去。莅任二载归，行箧萧然，挽辕送行者千计。居家扶危济急，郡司理李一阳殁，驰奔百余里，为其治丧，恤其家人，人所难能。（康熙《潮阳县志》、乾隆《普宁县志》、雍正《福建通志》）——陈新杰

【李万庄】

李万庄，程乡雁洋（今属梅州梅县）人。世居雁洋，地苦草，明正德间（1506—1521）就乡石壁山麓筑坡开沟，引松溪水，环乡四五里灌溉田畴，瘠土成为沃壤。乡人赖以生存。（光绪《嘉应州志》）——黄晓丹

【李万祥】

李万祥,程乡人。性纯孝,母熊氏沾疯疾,饮食汤药必亲奉,历七年不懈。万历四年(1576),邑令王公,教谕陆公,训导王公,以匾旌之。四十年(1612),邑令吴公复旌以"孝义耆宾"额,并赐冠带奖劝。(光绪《嘉应州志》)——黄晓丹

【李子象】

李子象,号渐斋,揭阳人。嘉靖三十七年(1558)举人,授福建武平教谕。在任曾聘为广西乡试考官。万历元年(1573),升江西乐平知县。居官清廉勤恳,严正刚毅,吏民帖服。升云南镇南知州。从弟子珩,号槐斋。隆庆四年(1570)举人。(康熙《武平县志》、雍正《揭阳县志》、乾隆《乐平县志》、《尖山村志》)——孙杜平

【李元祯】

李元祯(一作"元正"),潮阳贵山都人。刑部主事若林孙。弘治十一年(1498)举人,官兴化教谕。(嘉靖《潮州府志》、雍正《广东通志》、乾隆《普宁县志》)——陈新杰

【李云翔】

李云翔(1597—1636),号凤冈,乳名肖,书名世才,字家美,潮阳竹山都人。国子博士希靖孙。天启元年(1621)例贡。五年(1625),授怀远知县。崇祯元年(1628),迁上思州知州。有诗数首传世。(康熙《潮阳县志》、庄山《凤山文献录》)——陈新杰

【李日炜】

李日炜,号乾室,澄海下外(今属汕头澄海)人。泰昌元年(1620)恩贡生。任湖广岳州照磨。张献忠犯湖广,岳州告急,日炜竭力周旋,以功升浙江江山知县。江山小邑,介于闽浙之间,民苦徭役。日炜着意安抚,因力而用之,公私不困,当道倚重。升户科给事中。明亡,赋归,卒于惠州。贫而无子,士论哀之。(康熙《澄海县志》、同治《江山县志》)——黄树雄　杨映红

【李日荣】

李日荣,澄海下外(今属汕头澄海)人。万历十六年(1588)举人。三十三年(1605)任北直真定教谕。(康熙《澄海县志》、乾隆《正定府志》)——黄树雄　杨映红

【李日烜】

李日烜,日荣弟,澄海人。万历四十三年(1615)举人。崇祯六年(1633)任晋州知州,曾建河神庙。(康熙《澄海县志》、乾隆《正定府志》)——黄树雄　杨映红

【李日森】

李日森,字子遂,号三浦,揭阳人。嘉靖四年(1525)举人。二十九

年（1550），授福建漳州推官。明年（1551），重建龙溪县厉坛。三十一年（1552），差委福建乡试誊录官。在官六载。（《嘉靖三十一年福建乡试录》、万历《漳州府志》、雍正《揭阳县志》、《尖山村志》）——孙杜平

【李日新】

李日新，字举仁，号怀左（一作"怀玉"），饶平宣化都人。万历三十七年（1609）举人，崇祯元年（1628）任湖广耒阳知县。莅任九载，清介自持。洞悉民情，剔奸除弊，兴建县学，文教蔚然。任满，乞假归，不复出，令誉播于乡里。（康熙《饶平县志》、康熙《耒阳县志》）——黄树雄

【李 凤】

李凤，字符昌，海阳苏湾（今属汕头澄海）人。明初以人才特辟为行人司正。因守正不阿，外调为福建长乐知县。莅政公平，以安养为务，劝民乐田，吏民悦之。调连江知县。廉洁刚介，首务安养。建观稼亭，以示重本。靖难之变，建文帝被"革除"，李凤心怀不平，遂弃官归。（顺治《潮州府志》、康熙《澄海县志》、嘉庆《连江县志》、道光《广东通志》）——黄树雄　杨映红

【李文龙】

李文龙，惠来县惠来都人。天启七年（1627）岁贡，崇祯六年（1633），任惠州府教授。（乾隆《潮州府志》、光绪《惠州府志》）——周修东

【李文程】

李文程（1616—1688），字仲霖，号贞澍，揭阳人。崇祯间（1628—1644）补府学生。早丧父母，事祖母以孝著名。于族人敦厚而笃实，约己以济人。卒年七十三。（雍正《揭阳县志》、《李氏族谱》）——孙杜平

【李文缵】

李文缵，饶平苏湾（今属汕头澄海）人。成化十六年（1480）举人，弘治十二年（1499）任福建泰宁教谕。（嘉靖《潮州府志》、万历《邵武府志》、乾隆《澄海县志》）——黄树雄　杨映红

【李 方】

李方（？—1484），字时端，海阳（今属汕头澄海）人。少孤贫，业渔为生。事母至孝，出入必告，鱼有美者必以供母，然后以其余鬻诸市，不二价。成化二十年（1484）发飓风，海潮暴涨，仓皇不及避，抱母以死。人收其尸，尚抱不解。官府给衣棺敛之，并请旌焉。（嘉靖《潮州府志》、康熙《澄海县志》、康熙《饶平县志》）——黄树雄　杨映红

【李允鳌】

李允鳌，海阳人。崇祯十四年（1641）特贡。授南直隶泗州吏目。

（顺治《潮州府志》、光绪《海阳县志》）——陈贤武

【李世宗】

李世宗，号惕衷。程乡雁洋（今属梅州梅县）人。性仁孝，九岁失怙，事母得欢心，生奉养，死葬祭，必诚必敬。友爱兄弟，毫粒不私，抚孤侄，教育一如其子。待人谦厚温和，遇贫贱无倨色。乡有忿争，躬诣劝释，平而后已。惠爱族邻，不惜厚施。喜博览群书，至耄不倦。敦本励行，善化乡人，有先贤程处士风。寿八十八卒。邑令王仕云甚加隆重，旌曰"齿德俱尊"。（康熙《程乡县志》、乾隆《嘉应州志》、光绪《嘉应州志》）——黄晓丹

【李 平】

李平，潮阳县廓都人。永乐二十一年（1423）举人，官上饶教谕。（嘉靖《潮州府志》、隆庆《潮阳县志》）——陈新杰

【李东素】

李东素，海阳人。嘉靖十一年（1532）岁贡。授江西鄱阳教谕。（顺治《潮州府志》、光绪《海阳县志》）——陈贤武

【李有实】

李有实，字厚峰，普宁洪阳人。庠生。嘉靖四十二年（1563），新设县治于贵屿，诸凡草创。万历三年（1575），因同方、苏、马、蔡诸姓，呈请移建厚屿，割居地立衙宇。生平好善喜施，尝创介公庙，建龙应庵。子孙至今殷盛。（乾隆《普宁县志》）——陈新杰

【李尧时】

李尧时（1522—1599），字平庵，又名垂范，字传心，号正山，潮阳竹山都人，普宁籍。灵璧教谕李瑀次子。夙承旧业，力习遗经，弱冠游普宁县学，为廪膳生廿五年。万历十三年（1585）岁贡，署江宁县事。二十三年（1595），任定南知县，居官能断，定民思其善政，立专祠以祀之。以老告归。有诗若干传世。（庄山《凤山文献录》、乾隆《普宁县志》、顺治《定南县志》）——陈新杰

【李廷用】

李廷用（1431—1509），揭阳人。成化十六年（1480）举人，官广西贺县知县。（雍正《揭阳县志》、《官硕村志》）——孙杜平

【李仲仁】

李仲仁，程乡人。以人材任浙江桐庐县丞。（康熙《程乡县志》）——黄晓丹

【李 华】

李华，潮阳县廓都人。弘治间（1488—1505）例监，官安州州判、邵武通判。（嘉靖《潮州府志》、隆庆《潮阳县志》）——陈新杰

【李兆寅】

李兆寅，见"李特万"条。

【李 兴】

李兴，惠来县龙溪都人。天启七年（1627）岁贡，仕香山县训导。（乾隆《潮州府志》）——周修东

【李 宇】

李宇，号松蹊，程乡人。读书务实行。师事翰林博士周诚。归而立祀田，建家庙，正祭器，礼遵古制，庭训惟《孝经》。嘉靖末寇乱，负父骸逃。及葬，庐墓三年，目不绝涕。岁腊诣茔伴宿，元旦乃归。邑令林潭旌而额之。海阳进士章熙私谥曰"诚孝"。乾隆九年（1744）祀忠义孝悌祠。（康熙《程乡县志》、乾隆《嘉应州志》、光绪《嘉应州志》）——黄晓丹

【李 安】

李安，海阳人。宣德年间（1426—1435）贡生。官广西容县教谕。（嘉靖《潮州府志》、光绪《海阳县志》）——陈贤武

【李时宪】

李时宪，字拱章，普宁洪阳人。天启元年（1621）岁贡，选任莆田县丞，佐理县篆八阅月，兴利除害，士民怀之。满考，升长沙府经历。生平孝友醇厚，始授生徒，谈经讲艺，履满户外，迨七十辞官家居，犹课训子弟不倦。卒年八十二。（乾隆《普宁县志》、乾隆《潮州府志》）——陈新杰

【李伯宗】

李伯宗，海阳苏湾（今属汕头澄海）人。宣德年间（1426—1435），举儒士，授武昌府学训导。（康熙《澄海县志》、乾隆《潮州府志》、道光《广东通志》）——黄树雄　杨映红

【李希靖】

李希靖，号宴逸，潮阳竹山都人。嘉靖七年（1528）拔贡，试用国子监经学博士。告归家居，自乐适志，优游不为世事所羁。寿八十四。有诗文若干首传世。（庄山《凤山文献录》）——陈新杰

【李若林】

李若林（1404—1483），字兰阁，潮阳贵山都人。宣德元年（1426）乡试亚元。五年（1430）成进士，授刑部主事。讯狱务得其情，又必折衷于法。每狱辞具，尚书辄嗟异，以为老吏不如也。会以疾告归。为人长于议论，善奖掖引导后生，一时远近闻风来集其门者甚众。晚年诗文与李龄相伯仲，称"二李"。（隆庆《潮阳县志》、康熙《潮阳县志》、乾隆《普宁县志》）——陈新杰

【李 苹】

李苹，字文海，程乡溪南（今属梅州梅县）人。秉心诚厚，友爱尤

笃。因避乱，兄弟移居邑东攀桂坊。其长兄禀生李芝，就寓舍埋金七百两，时惟苹知此事。既而芝卒，子刚四岁。越十余年，芝子婚毕，苹携至寓舍，告以金数，示以埋金处。侄往挖取，果如其数。又次兄李芩壮年病革，亦因子幼，暗地托付三百金与苹，嘱后留遗其子。苹受之，及侄长，竟以原封识还侄。（康熙《程乡县志》、乾隆《嘉应州志》、光绪《嘉应州志》）——黄晓丹

【李 郁】

李郁（1571—1650），名曰灼，字郁木，号启文，潮阳竹山都人。通经学，里居教授为学者师，文名擅于府县。秉质敦厚，赈济贫穷，不望其报，乡里称为德门。崇祯九年（1636）知县漆嘉祉荐举名儒，召对不就。南明隆武二年（1646），山寇逼寨，郁集子侄督众以御。寇围邑北城，率乡勇引官兵击散。知府高公具匾额，旌表义行。祀郡乡贤。有诗数首存世。（康熙《潮阳县志》、嘉庆《潮阳县志》、《凤山文献录》）——陈新杰

【李尚义】

李尚义，程乡西阳（今属梅州梅江）人。李素从子。岁贡，授抚州临川县丞，革里役常例陋规，著绩有声。（康熙《程乡县志》、光绪《嘉应州志》）——黄晓丹

【李尚贤】

李尚贤（1470—?），程乡西阳（今属梅州梅江）人。李素子。年十九中弘治二年（1489）举人。（康熙《程乡县志》、乾隆《嘉应州志》、光绪《嘉应州志》）——黄晓丹

【李尚理】

李尚理，程乡西阳（今属梅州梅江）人。李素子。嘉靖四年（1525）举人，授琼州教授，历顺昌、诏安知县。居官清慎，有惠政，尤邃于理学，与湛若水善。咏阴那昙花，有"贝叶来僧榻"之句。湛语人曰："读此可当卧游。"学者称为"明山先生"。（康熙《程乡县志》、乾隆《嘉应州志》、光绪《嘉应州志》）——黄晓丹

【李尚靖】

李尚靖，饶平上湾（今属潮州饶平）人。敦厚孝义，不责人过。岁饥，佃户所晒盐悉许自鬻以糊口。其他素行多称是。（康熙《饶平县志》）——黄树雄

【李明拙】

李明拙，以字行，潮阳（今属揭阳普宁）人。道学宗淳之子。少入县学，试皆前列，以诗书传家，至老不倦，其后裔皆续书香焉。（乾隆《普宁县志》）——陈新杰

【李 岳】

李岳，潮阳峡山都人。天顺七年

（1463）例监，官松阳县丞。（嘉靖《潮州府志》、隆庆《潮阳县志》）——陈新杰

【李质】

李质，字我冲，普宁黄坑都人。道学宗淳之孙。髫龄为诸生，学使者五试皆冠军。以选贡授庆元知县。有邻县青田袭诚意伯刘世延者，借族刘胜玉土田混占民田四万七千亩，致书于质，质复书峻拒之。及岁稔，刘遣族子豪奴数十人，由山通县竖碑收租，莫敢谁何。质计擒讯鞫，供招定罪，拟戍徒，有差上官龊之，遂解组乞归。里居惟敦族训子，日垂钓水滨以自适。能诗，有《泉矶闲吟》。（康熙《潮州府志》、乾隆《普宁县志》）——陈新杰

【李服玄】

李服玄，字德显，澄海鸥汀（今属汕头龙湖）人。万历十九年（1591）举人。居家孝友，所创产业悉分堂兄弟侄，族人义之。（顺治《潮州府志》、嘉庆《澄海县志》、道光《广东通志》）——黄树雄　杨映红

【李泓】

李泓，字赓明，程乡溪南（今属梅州梅县）人。隆安令李一桢子。性至孝。父归林下，享年八十有五，泓年亦逾五十，生尽养，死尽哀，孺慕之心，老而弥笃。兼能好善乐施，死者施之棺，寒者给以衣，岁荒则煮粥活人，减价发粜，乡里德之。少年成廪生，潜心举业，惜运气不佳未能中举。病笃，嘱其子于钰，捐资买田赡族丁。（康熙《程乡县志》、乾隆《嘉应州志》、光绪《嘉应州志》）——黄晓丹

【李宗淳】

李宗淳，号拙庵，潮阳人。庠生。少游陈白沙门下，得道学薪传，淡于仕进，遁迹读书于岱嘉山，有诗镌石，山中人因识为拙庵。山间读书处今隶普宁。（乾隆《普宁县志》、乾隆《潮州府志》）——陈新杰

【李宜允】

李宜允，字子诚，揭阳人。嘉靖十六年（1537）举人。二十九年（1550），授广西梧州推官，调四川夔州。隆庆元年（1567），迁广西象州知州，升思明同知，晋阶四品。子达，万历贡生。（乾隆《揭阳县志》、嘉庆《广西通志》、道光《夔州府志》、同治《象州志》）——孙杜平

【李春芳】

李春芳（1476—1517），字资元，号三峰，海阳隆津都（今属潮州潮安）人。举人李大纲侄。弘治十一年（1498）解元，十五年（1502）进士，授江西新建知县。十八年（1505）擢南京四川道御史。正德四年（1509）巡按浙江，五年（1510）

任浙江乡试同考官。七年（1512）晋湖广长沙知府，未几丁外艰。服满，于十年（1515）补直隶顺德府知府。为官期间体恤百姓，断狱严明，民有"包侍制（指宋代包拯）"之谣。卒于官。（嘉靖《潮州府志》、光绪《海阳县志》、《明代科举与文学编年》、《鹳巢乡志》）——陈贤武

【李　春】

李春，海阳人。进士李惠子。景泰七年（1456）举人第五名。授大理寺司务。（嘉靖《潮州府志》、光绪《海阳县志》）——陈贤武

【李春魁】

李春魁，字应元，号方崖，海阳隆津都（今属潮州潮安）人。进士李春芳三弟。正德十四年（1519）举人。嘉靖十四年（1535）官浙江浦江知县。廉政自持，政密而有条，严而不苛。曾书"事可对天"四字于堂自省。浦人称为"铁面父母"。卒于官。（嘉靖《潮州府志》、光绪《海阳县志》、《鹳巢乡志》）——陈贤武

【李　南】

李南，海阳隆眼都（今属汕头澄海）人。洪武二十九年（1396）举人，授南直芜湖县教谕。子安，宣德十年（1435）举人，授广西容县教谕。（嘉靖《潮州府志》、康熙《饶平县志》）——黄树雄

【李南翰】

李南翰，程乡人。李敏子。万历四年（1576）举人，初任福建同安教谕，升福建连城知县，改授江西吉安教授。十三年（1585）应聘分考南京诗五房，得士九人，中甲科四人。（康熙《程乡县志》）——黄晓丹

【李思成】

李思成，海阳隆津都（今属潮州潮安）人。贡生李一翰子。隆庆二年（1568）恩贡。官福建长泰知县。（顺治《潮州府志》、光绪《海阳县志》、《鹳巢乡志》）——陈贤武

【李思振】

李思振（1546—1593），字子育，号韦箴，海阳隆津都（今属潮州潮安）人。举人李一庄侄。万历十七年（1589）乙丑科进士，授铜陵知县。为官冰清镜澈，赈饥恤哀，人歌"李父"。（顺治《潮州府志》、光绪《海阳县志》、《鹳巢乡志》）——陈贤武

【李思悦】

李思悦（1531—1606），字子传，号仰山，海阳隆津都（今属潮州潮安）人。举人李一庄第三子。嘉靖三十五年（1556）进士，观政兵部，翌年授无锡知县，三十八年（1559）转浙江寿昌县，四十二年（1563）擢应天府通判，四十四年（1565）升南京户部主事，次年晋郎中。在寿昌任上修县学宫，主持重修成《寿昌县志》

十二卷。(乾隆《潮州府志》、光绪《海阳县志》、《明代科举与文学编年》、《鹳巢乡志》)——陈贤武

【李思寅】

李思寅(1527—1571),字子衷,号侗山,海阳隆津都(今属潮州潮安)人。举人李一庄长子。嘉靖四十四年(1565)进士,翌年任福建建阳知县。在任六年,邑大治。隆庆四年(1570)擢刑部清吏司郎中,民为立去思碑。年四十五卒于京。(乾隆《潮州府志》、光绪《海阳县志》、《明代科举与文学编年》、《鹳巢乡志》)——陈贤武

【李钢】

李钢,号荣先,海阳(今属梅州大埔)人。生性至孝,笃行力学,有名于时。明洪武间(1368—1398),授海康县教谕,训迪诸生,首重孝道,谓孝为人生大本,本立而文章事功皆从中出。一日,思老母,遂乞归养,承欢膝下,人以老莱子目之。暇则集乡人,为讲解《孝经》,一时妇孺群起兴孝母之风。卒年七十二。(民国《大埔县志》)——黄树雄

【李秋蓉】

李秋蓉,海阳人。万历十二年(1584)贡生。由福建浦城训导升广西藤县知县。(顺治《潮州府志》、光绪《海阳县志》、嘉庆《新修浦城县志》)——陈贤武

【李复】

李复,揭阳人。道士。洪武年间(1368—1398),为本县道会。二十八年(1395),移建道会司址。(雍正《揭阳县志》)——孙杜平

【李彦卿】

李彦卿,惠来县惠来都人。嘉靖二十四年(1545)岁贡,仕福建闽县主簿。(乾隆《潮州府志》)——周修东

【李炤】

李炤,字伯明,号少白,大埔滦洲都(今属梅州大埔)人。嘉靖三十四年(1555)举人,四十四年(1565)授获嘉教谕,四十五年(1566)擢华容知县,以缺积仓谷,降为泗州判官,调广西都司经历,再升南安通判。其任华容也,县遭水患,民生凋敝,炤筑堤捍灾,给种劝农。在南安时,息刑罚,却例金,治状甚伟。归里,凡有利地方者,直言于当事。能诗,与大埔进士饶相唱和。(嘉庆《大埔县志》、民国《大埔县志》、乾隆《华容县志》)——黄树雄

【李宪琳】

李宪琳,大埔草田里(今属梅州大埔)人。为河南西阳幕友。时有"盗匪"犯境,县官潜逃,全县惶骇。琳率民兵抵御,县赖以安,民感其功,举琳权代署县事。过三月,原

县官回，恨夺其职，鸩之，遂卒，年仅三十有二。（民国《大埔县志》）——黄树雄

【李 素】

李素（1439—？），程乡西阳（今属梅州梅江）人。年十七以儒生乡试，天顺四年（1460）会试乙榜，授滨州训导，历任上犹、贵溪、当涂教谕，告归。后筑书室松岗，名"拙庵"，学者远近宗之，称为"拙庵先生"。明末，松岗为土弁占踞。康熙十一年（1672），县令王仕云清复旧址，因吊拙庵，书其祠曰"山中宰相"。（康熙《程乡县志》、乾隆《嘉应州志》、光绪《嘉应州志》）——黄晓丹

【李 圃】

李圃，原名甫，字崇学，揭阳人。永乐六年（1408），中式顺天乡试举人。初授南直宝应训导，升东安教谕。起补湖广江华教谕。会代理知县，进表朝廷，成祖览名，御笔添口作圃，后因以为名。（雍正《揭阳县志》）——孙杜平

【李特万】

李特万，澄海鸥汀（今属汕头龙湖）人。业儒，课生徒。顺治十四年（1657）鸥汀寨为郑成功所破，屠寨之际，特万偕弟兆寅及母陈氏、妻庄氏、兆寅妻陈氏、男女各二人，共九口，自焚死。（康熙《澄海县志》、乾隆《潮州府志》）——黄树雄　杨映红

【李继先】

李继先（1507—1593），又名英毅，字君孝，号见塘，海阳隆津都（今属潮州潮安）人。嘉靖三十八年（1559）恩贡，授广西宣化县丞，旋升天河知县。政治严明，民安吏服，而廉介过执，难应额外谋求，遂挂冠归里。（顺治《潮州府志》、光绪《海阳县志》、《鹳巢乡志》）——陈贤武

【李 梅】

李梅，海阳苏湾（今属汕头澄海）人。永乐十七年（1419）由明经授福建漳浦教谕，升王府伴读。（康熙《澄海县志》、康熙《漳浦县志》）——黄树雄　杨映红

【李 渶】

李渶，字擢明。程乡溪南（今属梅州梅县）人。李一桢次子。闭户力学，学传而行方，多士翕然宗之。万历四十三年（1615）举人。（康熙《程乡县志》、乾隆《嘉应州志》、光绪《嘉应州志》）——黄晓丹

【李 瑛】

李瑛，饶平人。虽为小吏，而有儒者风，曾引《尚书·舜典》以议狱，上司刮目。家贫甚，为福建平和幕友，积俸置产，均分二弟，不私其子。（顺治《潮州府志》、康熙《饶

平县志》）——黄树雄

【李琼贞】

李琼贞，大埔人，通判李焰之女。幼通书史，工诗能文，适大埔县城饶汝盛为妻。妆台之侧，别有书室，设文房四事，简册鳞次。每有闲暇，辄烹茗焚香，与丈夫促膝论文，俨若师友，极伉俪之乐事。性情温肃，不作靡词，深明大义，教二子先后入学，为名诸生，人称"有苏母程夫人家法"，乡里莫不叹异敬礼。遗诗文数卷，藏于家，子孙不知宝之，没于水火。（民国《大埔县志》）——黄树雄

【李越】

李越，普宁人。性嗜诗书，家贫，事父甚孝。嘉靖元年（1522），父年七十，为贼所掠，越奔救，贼索闻其孝，不加一刑，遂释之。至父殁，寝苫枕块，哀毁骨立，不沾酒肉，不入房室，历三年如一日，众咸称叹焉。（乾隆《普宁县志》）——陈新杰

【李联芳】

李联芳，饶平苏湾（今属汕头澄海）人。嘉靖三十四年（1555）举人。四十一年（1562）任陕西天长县教谕。襟怀洒落，才识老成，尤长于诗。四十二年（1563）升苏州府学教授。隆庆三年（1569）任福建龙溪知县，建起凤山石塔，修南门桥，增学田，为士民所称。（康熙《澄海县志》、乾隆《龙溪县志》、道光《苏州府志》、同治《天长县志》）——黄树雄　杨映红

【李敬】

李敬，海阳人。明初以儒士授广东香山教授。（嘉靖《潮州府志》、光绪《海阳县志》）——陈贤武

【李森】

李森，海阳人。进士李惠曾孙。正德年间（1506—1521）贡生。授训导。（嘉靖《潮州府志》、光绪《海阳县志》）——陈贤武

【李椅】

李椅，字其韵。程乡松口（今属梅州梅县）人。李士濂长子。性孝友，事父怡颜养志，父殁尽哀，葬祭咸尽礼节。析箸日，弟埨力学不治生产，以父腴田与之，己受其薄者。里有明经，贫不能廷试，以百金助之。得授广文，其人归谢，不受。会斥海，迁民云集求济，给银米全活甚多。捐资建五通宫、安济侯庙二所。临终嘱二子恒炱、恒煌筑松口大石桥一座，名"五龙桥"，所费不赀。并建松溪书院，有志力学之士皆得肄业其中。又捐田租，协建南华冈甘露茶亭。（康熙《程乡县志》、乾隆《嘉应州志》、光绪《嘉应州志》）——黄晓丹

【李惠】

李惠（1415—?），字廷吉，海阳人。景泰二年（1451）进士。天顺间（1457—1464）任直隶松江知府。（嘉靖《潮州府志》、光绪《海阳县志》、《明代科举与文学编年》）——陈贤武

【李景钟】

李景钟，澄海下外（今属汕头澄海）人，李日荣孙。崇祯三年（1630）举人，曾任福建瓯宁知县。（顺治《潮州府志》、康熙《澄海县志》）——黄树雄　杨映红

【李瑀】

李瑀，号良金，潮阳竹山都人。嘉靖元年（1522）恩贡，官灵璧教谕，聘四川副考官。为人有智虑。寿七十五。有诗文传世。（嘉靖《潮州府志》、《凤山文献录》）——陈新杰

【李龄】

李龄（1406—1469），字景龄（一作"景熙"），潮阳县廓都人。兴化教授宪举子。宣德四年（1429）举人。以正统元年（1436）乙榜授宾州学正。尚书胡濙、祭酒李时勉荐补国子学录，转江西道监察御史，提督北畿学政。正统末（1449），晋詹事府丞。景泰初（1450），选充宫僚入史局，与修《历代帝纪》。五年（1454），入礼部为同考官，翌年春补鸿胪寺唱赞。会生母忧归。天顺初（1457），补太仆寺丞，六年（1462），出任江西提学佥事，崇雅黜华，裁抑奔竞。复白鹿书院，建二陆讲堂。以才名，为时所忌，竟坐蜚语归。成化五年（1469）致仕。著《宫詹遗稿》。（《翰林记》、《明一统志》、嘉靖《潮州府志》、隆庆《潮阳县志》、雍正《广东通志》）——陈新杰

【李鹗】

李鹗，号秋宇，程乡松口（今属梅州梅县）人。补平远庠增生。天性孝友，贫而能养，不以疾老衰倦。亲殁，哀毁三年。值平远初建，人文草昧，邑令重其品行才名，延为宾师。倡学数年，士风丕振。素以平心率物，乡里事无大小，咸来取决。乡有保甲之役，值之令人废产，鹗设法均助，以免偏累。积馆谷以立先人蒸尝，设岁祭以延外氏血食。抚弟教养，老而愈笃，义方垂训，成其子（士淳）为盛世元魁。崇祀程、平、镇三邑乡贤。（康熙《程乡县志》、光绪《嘉应州志》）——黄晓丹

【李潍】

李潍，字弼明，程乡溪南（今属梅州梅县）人。李一桢季子。师事徐即登先生，讲明正修之学，遂以理学名世。（康熙《程乡县志》、乾隆《嘉应州志》、光绪《嘉应州志》）——黄晓丹

【李璋】

李璋，普宁人。成化七年（1471）举人。仕修仁知县。（乾隆《普宁县志》）——陈新杰

【李蕴】

李蕴，字毓真，程乡西阳（今属梅州梅江）人。李素孙。性孝友，为人诚实不欺，里有争者，悉为取平。族有贫不能输差者，捐资立田赡之。万历四十四年（1616）大饥，煮粥以赈，全活多人。崇祯年间（1628—1644），流寇掠野，总兵陈某奉命剿，土宄引入乡，乡人大骇。蕴乃请谒陈帅，抵掌以谈，帅大喜。适逻卒获乡民七人，将杀，力救得免。自是日为进见，以临刑获免者二十七人。会上催剿急，帅以一小白旗授曰："持此可无恐。"蕴泣告曰："乡尽良善，尽杀之，留某一人，是某不获与良善也，愿还公旗，与一乡偕死。"帅为之动容，少延数日，适汀州王中尊督粮至，蕴向恳祷，王驰巡道白之，乃止。赖以活者万命，乡人德之。蕴曰："此汀州王爷力，某何有焉？"捐资建祠以祀王。康熙十年（1671），邑令王仕云旌曰"潜德幽光"。（康熙《程乡县志》、乾隆《嘉应州志》、光绪《嘉应州志》）——黄晓丹

【李樟】

李樟，号怀蓼，程乡松口（今属梅州梅县）人。李士淳长子。赋性敦厚，尤笃孝友。逢乱，奉亲隐祖居，膳寝不少缺。亲卒，尽哀尽礼。少年攻举子业，科岁屡试高等，以恩贡老。训迪诸弟，梗成举人，梓选贡。尝考正难字音义为后学指南。享年七十有二。逝之日，远近咸悼恸之。（康熙《程乡县志》、乾隆《嘉应州志》、光绪《嘉应州志》）——黄晓丹

【李德辉】

李德辉，海阳人。明初以儒士授广东海阳教谕。（嘉靖《潮州府志》、光绪《海阳县志》）——陈贤武

【李懋】

李懋，揭阳人。宣德四年（1429）举人，授江西万安训导，升湖广云阳教谕。（嘉靖《云阳县志》、康熙《万安县志》、雍正《揭阳县志》）——孙杜平

【连达】

连达，字任道，饶平宣化都（今属潮州饶平）人。弘治十七年（1504）举人。正德十二年（1517）为祁阳知县。清以自持，仁以待众，百姓爱戴，唯恐其去。为官不喜邀誉，九载不迁。乞休不许，嘉靖三年（1524）弃官归。（《饶平县志补订》、道光《永州府志》）——黄树雄

【连攀】

连攀，号爱山，大埔黄兰（今属梅州大埔）人。家素富有，好善乐

施。万历四十五年（1617），潮州饥馑，施赈三月。曾捐修大埔北门桥、游西岭、九峻岭、茶亭、安兰寺、西泉寺香田及同仁乡津渡等，种种济施，指不胜屈，寿臻百岁加一，被推举为乡饮正宾。（嘉庆《大埔县志》、同治《大埔县志》、民国《大埔县志》）——黄树雄

【吴一贯】

吴一贯（1455—1512），字道夫，海阳上莆都（今属潮州潮安）人。成化十三年（1477）广东乡试第十五名，十七年（1481）进士，授江西上高知县，转安徽黟县。勤慎廉能，民无所扰。成化二十二年（1486）擢御史。弘治二年（1489）实授福建道、江西道御史，历按福建、浙江、南畿，以强干闻，黜贪墨，均徭役，平漳寇，所至肃然。擢大理寺右丞。畿辅、河南饥，请发粟二十万石以赈，又别请二万石给京邑及昌平民。弘治十七年（1504），奉使经略边务，上安边策数万言，皆见采用。又规划创建八达岭关城，功完复命，孝宗称为"文吏第一"。是年，辽东都指挥张天祥袭杀房为冒领军功，帝命一贯往勘，得实，审其死罪，会天祥死于狱。帝密令东厂廉其事，还奏所勘皆诬。帝信之，亲鞫于廷，遂治一贯罪，得刑部尚书闵珪与都御史戴珊力救奏，乃谪嵩明州同知。正德（1506—1521）初，迁江西按察副使。讨华林贼有功，晋按察使。行军至奉新卒。士民为立忠节祠。（《西园闻见录》、嘉靖《广东通志稿》、嘉靖《潮州府志》、光绪《海阳县志》）——陈贤武

【吴士华】

吴士华，字舜协，潮阳峡山都（今属汕头潮南）人。举人正伟之子。少尚气节。万历三十七年（1609）举人，授汉州学正。遇事先辨义利，能以正学维士风。升夔州新宁知县，适逢流贼寇城，士华督壮士守御，城陷身殉。（康熙《潮阳县志》、乾隆《潮州府志》）——陈新杰

【吴士斑】

吴士斑，字摺臣，大埔旧寨（今属梅州大埔）人。通经籍，素负智略。崇祯十年（1637），以军功保升为福建龙岩知县，政绩卓卓。崇祯时（1628—1644）修《大埔县志》，士斑为主笔之一。（同治《大埔县志》、民国《大埔县志》）——黄树雄

【吴大道】

吴大道，揭阳人。嘉靖九年（1530）贡生，授浙江宣平训导，改福建兴化，升王府教授。（乾隆《揭阳县志》、乾隆《扬州府志》）——孙杜平

【吴大、吴三】

吴大、吴三,饶平柘林人。曾聚众驾船十余艘,流劫惠潮等地。嘉靖五年(1526),为潮州卫指挥赖俊所捕杀。(乾隆《潮州府志》)——黄树雄

【吴与言】

吴与言(1535—1585),字志默(一作"志说"),号少柏,大埔湖寮(今属梅州大埔)人。父大宾,官宁国府教授。与言嘉靖四十年(1561)中举人,四十四年(1565)成进士,观政通政司,授汉阳府推官,隆庆三年(1569)升杭州府同知,五年(1571)擢兵部职方司员外郎。以父丧归。万历二年(1574)服阕,补户部员外郎,三年(1575)升兵部职方司郎中,掌武职黜陟,权幸请托一切弗启视,举黜必以公,诸将咸服。时林凤在粤东势力大炽,地方有主剿和主抚两派。与言主用兵,事终平。万历五年(1577)十一月升江西左参议,转漕京师无失期。八年(1580)二月晋四川按察司副使,备兵重庆。九年(1581)大计,因不附首辅张居正,被降黜。十一年(1583)致仕归,十三年(1585)卒。(《嘉靖四十四年进士履历便览》、《明神宗实录》、民国《大埔县志》)——黄树雄

【吴万雄】

吴万雄(?—1648),字孝俊,号明英,海阳丰政都(今属梅州丰顺)人。明诸生。年少聪明,博览群书。二十岁游京城,应试未中。崇祯十六年(1643),兵部尚书史可法奉命招天下奇才谋士,吴万雄上《平贼议》万言书。史可法召见,赏识其才,留在军中参与谋划。能罗致义勇,深得兵士拥护。指挥作战,屡获捷报,升任直隶真定大名总兵。后奉调镇守广东肇庆。十七年(1644),甲申国变,弘光帝即位南京,特遣使加为镇南将军。次年,两广总督丁魁楚、侍郎瞿式耜等拥桂王朱由榔在肇庆监国,授左都督,挂印平虏将军,晋太子少保。监国正位,改元永历,复加武经略职,管理防剿事宜。永历二年(1648)正月,清将尚可喜、李成栋率兵攻肇庆,派使者招降。大怒,投招降书于火中,并杀使者。不久,清军大举进攻,督师死守,血战月余。城中兵马、粮草久缺,孤军绝援,城破,巷战力竭殉国。永历帝闻讯震悼,追赠为太子太保,特进荣禄大夫,谥忠烈。(民国《丰顺县志》)——陈贤武

【吴子坚】

吴子坚,字定斋,潮阳黄陇都(今属汕头潮南)人。嘉靖七年(1528)岁贡,授福建延平训导。十

七年（1538），任广西宣化教谕，每升堂论学，首严义利之辨。及迁庆远府教授，士人建植松亭，镌石以识去思。辞官后隐于凤谷，冲淡幽贞。曾为贼掳至海澳，询知为有道之士，乃送其归家。(康熙《潮阳县志》、《粤西文载》、雍正《福建通志》、雍正《广西通志》）——陈新杰

【吴天汉】

吴天汉，饶平宣化都（今属潮州饶平）人。正德六年（1511）岁贡。性行狷洁，临财不苟。与诸生语，虽盛暑必衣冠齐整，手不挥扇。读书国子监，考列上舍，国子监祭酒评为"学行第一"。归，卒于家。乡人称为"圣人之徒"。(《东里志》、顺治《潮州府志》、康熙《饶平县志》）——黄树雄

【吴　元】

吴元，潮阳县廓都人。思恩主簿吴男孙。天顺六年（1462）举人。少颖脱不凡，博涉古典，有逸才，所至人慕之，江南诸名士皆与从游焉。(康熙《潮阳县志》、嘉庆《潮阳县志》）——陈新杰

【吴从周】

吴从周（1537—1599），字思宪，号镜堂，晚号清隐处士，潮阳县廓都人。幼孤，承母萧氏教育。比长，事母孝。明季寇乱近郊，乃奉母避地海口，得先贤张夬旧隐处，辟海镜堂以居焉。博极诸典籍奥秘，旁通青乌、仓、扁诸方技，往往起人之死。时海盗杀人盈野，从周倾资代瘗。贡舶过，军弁相谋掩杀邀首功，从周力阻乃止，全活者数十人。倡建忠贤祠祀文信国，而以张鲁庵配，时称"隐君"。卒后祀忠贤祠。著《海镜堂集》、《六经汇编史论》。（《明农山堂集》、康熙《潮阳县志》）——陈新杰

【吴氏（陈本洁妻）】

吴氏（陈本洁妻），惠来隆井都人。吴伯光女。十七岁时嫁与本洁，生育一子。未久，本洁去世，吴氏泣誓相从，绝粒数日，自缢以殉。家婆将其救醒，以二世仅存一脉、呱呱待哺相劝，吴氏乃强起听从家婆之言，勉力亲劳家事。不久，家婆去世，吴氏拮据经营，按照礼节办理丧事。及其子稍长，课督有方，得见成立。七十岁去世。知县游之光详报宪司，褒以"柏舟完节"。（雍正《惠来县志》）——周修东

【吴氏（林应文妻）】

吴氏（林应文妻），惠来隆井都人。二十二岁时，应文去世，未生子女，父母欲令其再嫁，吴氏严词拒绝。乃亲自纺绩，以为供养，以苦节称于世。七十余岁去世。（雍正《惠来县志》）——周修东

【吴氏（郑文参妻）】

吴氏（郑文参妻），潮阳县廓都人。文参为侍御郑文奎弟，少有文名。吴氏年二十而寡，无子，或以此动之。吴氏不为所动，乃立嗣子而抚教之，抱节三十年如一日。（隆庆《潮阳县志》、康熙《潮阳县志》）——陈新杰

【吴氏（蓝端芳妻）】

吴氏（蓝端芳妻），澄海人。端芳师事薛侃，发愤力学，不幸早亡。吴氏哀伤过度，形容憔悴，誓不再嫁，以孝事舅姑。及舅姑死，父母怜其年少，让其改嫁，吴氏不从，以投井抗争，方作罢。（康熙《澄海县志》）——黄树雄　杨映红

【吴以汀】

吴以汀，揭阳人。知县吴继乔孙。生平乐善好施，曾增拓祭田，创建社学，又赈济饥民，收埋枯骨。官府赐给冠带，礼请乡宾。年九十三卒。（雍正《揭阳县志》）——孙杜平

【吴以诚】

吴以诚，惠来隆井都人，泉州府教授以谦堂弟。嘉靖四十二年（1563）岁贡，任太平府教授。（乾隆《潮州府志》）——周修东

【吴以谦】

吴以谦，字泗乔，惠来县隆井都人。为人孝敬父母，友爱兄弟。善于撰述。应嘉靖十八年（1539）岁贡，授福建延平顺昌训导，迁汀州训导，升泉州教授，尝署理泉州知府。训导士子，首重品行道谊，其次辞章文艺，士风益振。大学士李廷机为诸生时，以谦阅其文章，以大器相期许。任满回乡，集子侄训导。从侄吴升，庠生，敦本仗义。（康熙《惠来县志》、道光《顺昌县志》、同治《汀州府志》、万历《泉州府志》）——周修东

【吴书绅】

吴书绅，字学行，揭阳人。治《书经》，嘉靖十九年（1540）中举人第十一名。（雍正《揭阳县志》、《嘉靖十九年广东乡试录》）——孙杜平

【吴仕训】

吴仕训（1569—?），字光卿，潮阳县廓都人。处士从周子。万历二十五年（1597）举人。因师事吉水邹南皋，得其宗旨，授福安教谕。未几，升柳城知县。时值兵荒之后，招徕抚绥，著有循声。柳人并祀于柳州庙。天启四年（1624），充同考官，所得皆知名士。崇祯间（1628—1644），任福州府同知，历署府篆，多善政。寻引疾归，闽人祀名宦祠。其在乡修文光塔，造斗门桥，舍网地澳，亦有利桑梓。所辑有潮阳、福安二志，皆足见史才。有《东山稿》、《长溪

草》、《龙城草》、《三山小草》等。（《明农山堂集》、康熙《潮阳县志》、《徐氏笔精》、雍正《福建通志》、《吴仕训诗文辑目》）——陈新杰

【吴仕诚】

吴仕诚，海阳人。万历十三年（1585）岁贡。授江西广信府教授。（顺治《潮州府志》、光绪《海阳县志》）——陈贤武

【吴必登】

吴必登，见"方德"条。

【吴邦宁】

吴邦宁（？—1414），字子康，号胪叟，潮阳峡山都人。贞女来庆仲弟。性质淳良克和，族里人爱之。洪武二十三年（1390）举为"申明老人"。宣召进京，面觐圣祖，敷陈民情风土可兴可革数十事，称旨，敕谕纠察有司。（吴禄《吴氏世谱》、光绪《潮阳县志》）——陈新杰

【吴　贞】

吴贞，字秉巳，海阳人。洪武二十一年（1388）贡生。二十八年（1395）任四川道御史。（《兰台法鉴录》、嘉靖《潮州府志》、光绪《海阳县志》）——陈贤武

【吴同赦】

吴同赦，海阳人。事亲至孝，平居以礼自闲。父谦约不命之坐，不敢坐。日诵《孝经》以自励。谦约临终口占一诗，有"有子由来能养志"之句。乡人士争传之。（乾隆《潮州府志》、光绪《海阳县志》）——陈贤武

【吴廷桢】

吴廷桢，海阳丰政都（今属梅州丰顺）人。勇艺迈伦。万历（1573—1620）初任侍卫大将军。崇祯间（1628—1644）授贵州贵阳总兵官兼提督全省军务，晋荣禄大夫，赠封四代。崇祯十七年（1644）甲申国变，在贵阳任内殉国。（光绪《丰顺县志》、民国《丰顺县志》）——陈贤武

【吴廷瑄】

吴廷瑄，海阳人。成化十九年（1483）举人。弘治间（1488—1505）知寿宁，以清白闻。邑旧无城，弘治十八年（1505），廷瑄始筑之，民恃以安。正德元年至十年（1506—1515）任广西养利知州。（嘉靖《潮州府志》、光绪《海阳县志》）——陈贤武

【吴廷璧】

吴廷璧，海阳人。弘治二年（1489）举人。举人吴廷瑄弟。官湖广益阳知县。（嘉靖《潮州府志》、光绪《海阳县志》）——陈贤武

【吴　乔】

吴乔，海阳人。崇祯十三年（1640）岁贡。授广东曲江训导。（顺治《潮州府志》、光绪《海阳县

志》）——陈贤武

【吴　价】

吴价，海阳人。嘉靖三十九年（1560）岁贡。官广西桂平知县。（顺治《潮州府志》、光绪《海阳县志》）——陈贤武

【吴　向】

吴向，字宗卿，号鲁庵，潮阳峡山都（今属汕头潮南）人。读书不仕，受业陈白沙之门，偕湛甘泉、张东所往来辨复，阐明性道，皆体认至到语。归隐黄冈山，种梅栽莲，白沙寄题有"至虚元受道，真隐或逃名"之句。督学魏庄渠下檄府县，聘主文会，向力辞之。独与周孚先、郑经正昆仲唱和于月庭间。著《鲁庵逸稿》。（《康熙《潮阳县志》、嘉庆《潮阳县志》）——陈新杰

【吴时佐】

吴时佐，海阳人。举人吴廷璧子。嘉靖四十一年（1562）贡生。官湖广益阳知县。（顺治《潮州府志》、光绪《海阳县志》）——陈贤武

【吴时亨】

吴时亨，海阳人。万历十三年（1585）举人。万历间（1573—1620）任福建武平、重庆酆都知县。（顺治《潮州府志》、光绪《海阳县志》、乾隆《汀州府志》）——陈贤武

【吴时烛】

吴时烛，字玉伯，潮阳县廓都人。福州同知仕训长子。丰标俊逸，慧悟迥人。淹通书史，早负才名，不喜言势利事，惟以诗文自娱。交游者皆一时才士，人甚羡之。（康熙《潮阳县志》、乾隆《潮州府志》）——陈新杰

【吴时鼎】

吴时鼎，潮阳县廓都人。思恩主簿吴男孙。诣高行粹。万历十九年（1591）岁贡生，仕琼州府训导，多教泽，士深怀之。（康熙《潮阳县志》、嘉庆《潮阳县志》）——陈新杰

【吴时嘉】

吴时嘉，潮阳人。万历四年（1576）举人，官靳州学正，升灵川知县。（康熙《潮阳县志》）——陈新杰

【吴　男】

吴男，字宗稼，潮阳县廓都人。永乐六年（1408）举人，任思恩县主簿。值县初定，男极力抚循县民，知县深为倚重。操守清洁，士民赖之，为立碑志德。（康熙《潮阳县志》、嘉庆《潮阳县志》）——陈新杰

【吴伯彰】

吴伯彰，潮阳人。洪武间（1368—1398），举儒士，官陆川县丞。（嘉靖《潮州府志》、隆庆《潮

阳县志》）——陈新杰

【吴良栋】

吴良栋，字梅窝，饶平宣化都（今属潮州饶平）人。弘治十一年（1498）岁贡，授北直河间府训导，转广西荔浦县教谕。以年逾五十，称病归。潮州知府郭春震聘为乡约正。为人不谄不渎，乡人信服，称长者。（《东里志》）——黄树雄

【吴良竖】

吴良竖，饶平弦歌都（今属潮州饶平）人。万历二十一年（1593）岁贡，曾任湖广龙阳知县，重修县学之棂星门。（顺治《潮州府志》、乾隆《常德府志》）——黄树雄

【吴鸣夏】

吴鸣夏，海阳人。万历元年（1573）岁贡。官和州州判。（顺治《潮州府志》、光绪《海阳县志》）——陈贤武

【吴季芳】

吴季芳，潮阳县廓都人。永乐二十一年（1423）举人，官安远教谕。（嘉靖《潮州府志》、隆庆《潮阳县志》）——陈新杰

【吴　经】

吴经，海阳人。弘治二年（1489）举人。授教谕。（嘉靖《潮州府志》、光绪《海阳县志》）——陈贤武

【吴　春】

吴春，字孟阳，潮阳县廓都人。宋进士吴丙裔孙。父吴泰，性好义，尝还遗金。及春，益轻财物，重然诺，有彦方风，乡族贫乏多受提挈者。岁饥，赈米百余石，全活甚众。年八十五卒。（康熙《潮阳县志》、嘉庆《潮阳县志》）——陈新杰

【吴　胄】

吴胄（？—1474），字以鉴，揭阳人。正统六年（1441）举人。成化二年（1466），授广西武缘训导。学生多以贫不能读书，且著草鞋。吴胄到官，命易以靴，并助以膏火之资，使学生得以诵读。自此，学生才有考中举人者。卒，赠通政司通政。李东阳铭其墓。（雍正《揭阳县志》、嘉靖《南宁府志》、《跑翁家藏集》）——孙杜平

【吴思谅】

吴思谅，海阳人。永乐十二年（1414）举人。官福建兴化府推官。（嘉靖《潮州府志》、光绪《海阳县志》）——陈贤武

【吴钦绅】

吴钦绅，字懋佩，大埔（今属梅州大埔）人。天启元年（1621）恩贡。性至孝，为塾师，所入悉归父母，均之兄弟，无私囊也。潜心笃学，著有《壁经问难》、《圣论衍义》，为时所宗。（顺治《潮州府

志》、嘉庆《大埔县志》）——黄树雄

【吴胤】

吴胤，潮阳直浦都人。正统三年（1438）举人，官桂林训导。（嘉靖《潮州府志》、隆庆《潮阳县志》）——陈新杰

【吴亮】

吴亮，海阳人。天顺八年（1464）恩贡。官太平府通判。——陈贤武

【吴洲】

吴洲，字士钟，号间十，别号宜衲山人，大埔人，吴与言曾孙。洲以冲龄即担负先业，内戒奢丽，外捍强御，创立祭田，修祭必躬亲。与兄瀛、弟海相友爱，诫子孙读书以孝弟为先。待人温恭，敬贤能，厚亲故，恤贫乏，赈饥救丧，捐巨资不吝。所著有《内外篇》、《犀燃鉴》诸集。吴氏故有振芳堂，洲更名为菊芳斋，揭阳罗万杰尝过之，即席赋诗以赠，且盛赞其能文好客。（民国《大埔县志》）——黄树雄

【吴宣】

吴宣，海阳上莆都（今属潮州潮安）人。宣德三年（1428）贡生。官湖广永兴知县。（嘉靖《潮州府志》、光绪《海阳县志》）——陈贤武

【吴真义】

吴真义，海阳人。正统年间（1436—1449）岁贡。授贵州贵县县丞。（嘉靖《潮州府志》、光绪《海阳县志》）——陈贤武

【吴逢春】

吴逢春（1529），字沐广，海阳上莆都（今属潮州潮安）人。嘉靖三十八年（1559）进士。四十四年（1565）由行人选取河南道御史。四十五年（1566），巡视山海关，卒于任。（《明世宗实录》、《粤大记》、乾隆《潮州府志》、光绪《海阳县志》、《明代科举与文学编年》）——陈贤武

【吴悦】

吴悦（1576—1636），字朝怿，号丽明，海阳登隆都（今属潮州潮安）人。万历三十一年（1603）举人。由广宁教谕升四川马湖推官，摄巴州知州。时张献忠部横行四川，巴州邻邑已失陷。吴悦以忠义励人，城得守。为上司所推荐，擢云南新化知州。四川巡抚特致函云南布政使推举，有"全蜀循良第一"。未赴而卒，年六十一。祀乡贤。著有《吴州牧文存》一卷。（顺治《潮州府志》、光绪《海阳县志》、《银湖吴氏族谱》）——陈贤武

【吴朔】

吴朔，字子元，揭阳（今属汕头

金平）人。治《书经》，成化二十二年（1486）中式第六十五名举人。正德二年（1507），授福建将乐知县。（《成化丙午科广东乡试录》、雍正《揭阳县志》、乾隆《将乐县志》）——孙杜平

【吴继乔】

吴继乔（1498—1582），字世达，号之溪，揭阳人。嘉靖七年（1528）举人第九名，二十九年（1549），中会试乙榜，授湖广宜章知县。居官清节凛然，一尘不染。署桂阳时，值江西寇李文彪大肆劫掠，讹者以为桂阳军所为。大吏欲行诛剿，继乔抗言力争，事得白，一军得活。三十七年（1557），起补江华。清苦自持，淳朴无欲。时江西客民激变，继乔抚恤周至，民深德之。卒坐公累，浩然赋归。继乔初事王守仁，家居以后，益讲学无怠，启迪后进，多所造就。卒，通判海阳张大会为铭其墓，盛誉其为"南州哲士，岭海真儒"。著有《格俗条约》，郭子章知潮日，多所采纳。（雍正《揭阳县志》、乾隆《宜章县志》、道光《永州府志》、《吴氏族谱》、《榕城二集》）——孙杜平

【吴继澄】

吴继澄，初名良佑，字雨清，号少松，饶平宣化都（今属潮州饶平）人。父伦，字见文，号松斋。继澄为嘉靖三十六年（1557）岁贡，选浙江宜山训导。三十八年（1559）转南直靖江训导，参修县志，为作后序。隆庆间（1567—1572）辞官归。继澄平日留心史事，于乡里掌故多有札记。陈天资撰《东里志》，继澄采访旧闻，搜罗遗编，助辑成书，尤于《人物》一门加以论断，简切允当，称信史。（《东里志》、《饶平县志补订》、嘉靖《靖江县志》）——黄树雄

【吴 球】

吴球，字崇器，潮阳贵山都人。弱冠始刻励读书，尤精医术。尝授里中，师道尊严，训诲有方，卒循规矩，得其学者，往往发迹。魏江、陈冼皆其高弟，凡过其门者必式焉。（吴禄《吴氏世谱》）——陈新杰

【吴 梓】

吴梓，字叔材，潮阳县廓都人。福州同知仕训第三子。性笃好刚介，厉节操，不屑世俗龌龊之行。凡族戚乡党贫苦无依者，每济恤而提挈之，人有难纷，辄思为排解。尤博涉古籍，工书，字体与兄并名，人称"两难"。（康熙《潮阳县志》、嘉庆《潮阳县志》）——陈新杰

【吴铮南】

吴铮南，海阳人。弘治十八年（1505）岁贡。授湖广靖县训导。（嘉靖《潮州府志》、光绪《海阳县志》）——陈贤武

【吴惇绥】

吴惇绥，字学冠，潮阳人。诸生。性温纯，笃于孝友，一家无闲言，与人交恂恂若孺子，族戚多饫其惠。生平累试前茅，举动尤不苟，邑人士高其品学，每尊事之。年逾古稀，潜心《易》义，犹手不释卷。卒年八十一。（康熙《潮阳县志》、嘉庆《潮阳县志》）——陈新杰

【吴　清】

吴清，饶平柘林（今属潮州饶平）人。聚众入海，绰号大王。嘉靖元年（1522），侵饶平下湾乡，适长乐乡兵来援，吴清败遁。三年（1524）受抚，旋复叛，攻海丰大海岭，为官兵所击杀。（乾隆《潮州府志》）——黄树雄

【吴　清】

吴清，海阳人。天顺三年（1459）举人。官广西南宁府同知。（嘉靖《潮州府志》、光绪《海阳县志》）——陈贤武

【吴　琳】

吴琳，潮阳县廓都人。义行吴春子。博学工诗文，著《考槃集》，江右何昱为之序。集名出《诗经·卫风》，娱乐于泉石，为有隐德者之作也。（康熙《潮阳县志》、嘉庆《潮阳县志》）——陈新杰

【吴　琠】

吴琠，字蕴之，吴耀次子，饶平苏湾（今属汕头澄海）人。弘治十四年（1501）举人，正德九年（1514）任京山知县。时有割里之议。琠以京山为楚冲要之地，全里尚不足供役，遂力争，得寝。县故无城，盗数剽掠。琠封之以石。京山之有城自琠始。（康熙《饶平县志》、康熙《澄海县志》、康熙《安陆府志》）——黄树雄　杨映红

【吴朝喜】

吴朝喜（1475—1556），字子悦，号格轩，海阳人。治《书经》，中弘治十四年（1501）举人。正德六年（1511），授直隶太湖教谕。有学行，甫一年，以忧去。起补宝应。每晨起，集诸生谈白沙之学。十五年（1520），升南监助教。擢靖江王府长史。嘉靖二十年（1541），进阶中顺大夫。卒年八十二。（嘉靖《潮州府志》、光绪《海阳县志》、民国《太湖县志》、嘉靖《宝应县志》、《南雍志》、《纡玉楼集》、《陵海吴氏族谱》）——陈贤武

【吴道坤】

吴道坤，字育予，隆澳后宅乡人。天启七年（1627）举人第七名，主考官以大器期之。时太仓张溥组织"复社"。天下才俊之士向风注社籍者极众。道坤入复社，后被列入"东林党人榜"。道坤无后，亦无遗着，郡、邑志乘均缺载其诗文。然其所为

文既编入张溥所刻《国表》(全书已佚)中,则其学问之优,可想见矣。(民国《南澳县志》、1952年《饶平县志续补》)——黄迎涛

【吴 煊】

吴煊,潮阳县廓都人。福州同知仕训孙。廪贡,官大埔教谕。行优材裕,为邑推重。(嘉庆《潮阳县志》、光绪《潮阳县志》)——陈新杰

【吴 禄】

吴禄,又名天禄,字廷奉,籍名寿,号竹溪清叟,潮阳贵山都人。修纂宗书,户部侍郎、前任湖广布政使司参政莆阳邹一山为作序。(吴禄《吴氏世谱》)——陈新杰

【吴 裕】

吴裕(1443—1501),字敬昆,揭阳人。举人吴胄子。成化八年(1472)进士,授南京户部主事,丁父忧。起补户部主事,监督京、通仓粮。历升吏部文选员外、稽勋郎中。持节册封王府。弘治改年(1488),调吏部文选郎中。时尚书王恕掌吏部,竭力肃清选法。吴裕夙夜尽职,能承其意,凡擢用人才,务合公议。三年(1490),擢右通政,督理武官诰命。十二年(1499),擢太仆寺卿。会蒙古骑兵数掠大同一带,边将倡议出师征伐,而战马多病死,吴裕发数千匹,又出库银添买。以治政过劳,而卒于官。卒后被赐祭、葬。弟笏,

字敬书,弘治五年(1492)举人。(《明孝宗实录》、嘉靖《潮州府志》、《瓠庵家藏集》)——孙杜平

【吴 愚】

吴愚,号少松,程乡人。万历元年(1573)举人。初任宝坻教谕,升广西昭平知县,居家孝友。加意人才,多所造就。作令清慎,卓有政声。平猺有功,钦取考选,未赴卒于任。(康熙《程乡县志》)——黄晓丹

【吴 鹏】

吴鹏,海阳人。洪武二十九年(1396)举人。官山东郓城县教谕。(嘉靖《潮州府志》、光绪《海阳县志》)——陈贤武

【吴 溥】

吴溥,海阳人。永乐十八年(1420)举人第五名。官县丞。(嘉靖《潮州府志》、光绪《海阳县志》)——陈贤武

【吴殿邦】

吴殿邦(1585—1641),又名尔达,号海日,海阳枫溪(今属潮州枫溪)人。治《礼记》,万历四十年(1612)中解元,四十一年(1613)中进士。授福建永定知县。有才名,能吏治。崇文教而申改学宫,课士类而创置书院。蠲免里役常规,厘剔吏胥夙弊。听讼无冤民,衡鉴多奇士。通邑感之,勒碑建祠。历官通政参议、尚宝寺卿、兵部职方司郎中。天

启六年（1626）削职归。崇祯二年（1629），在"钦定逆案"中以依附魏忠贤定为"交结近侍，又次等论，徒三年，输赎为民"。他风流儒雅，照耀一时。罢官里居，结社匏谷。招集宾朋，互相倡和。吟咏之外，兼工书画。著有《古欢堂集》、《匏谷诗集》、《艺园文集》等。（《明熹宗实录》、《明史》、顺治《潮州府志》、光绪《海阳县志》、康熙《永定县志》）——陈贤武

【吴墀】

吴墀（1556—1614），字邦宣，吴与言子，大埔湖寮（今属梅州大埔）人。墀为贵家子弟，而绝无纨绔习气。万历十三年（1585）中举人。于宗族乡里多有义举。湖寮旧苦于差役，墀力陈于当事，一时编户俱受其赐。卒年五十有九。著有《纪年纂要》、《蒙求注释》，藏于家。（顺治《潮州府志》、康熙《埔阳志》、民国《大埔县志》）——黄树雄

【吴聪】

吴聪，海阳人。明初以举人材官授山东高唐州判。（嘉靖《潮州府志》、光绪《海阳县志》）——陈贤武

【吴德修】

吴德修，海阳人。万历间（1573—1620）授东郎知县。（光绪《海阳县志》）——陈贤武

【吴璃】

吴璃，字孔璧，海阳人。永乐十九年（1421）进士，初授主事。迁江西抚州通判，正统（1436—1449）中改福建汀州。时卫卒强悍，汀守华亭陆徵者，璃同年也，合绳之以法，莫不褫服。擢知黎平府。（顺治《潮州府志》、光绪《海阳县志》、乾隆《汀州府志》、光绪《抚州府志》、《两溪文集》）——陈贤武

【吴衡】

吴衡，海阳人。建文元年（1399）举人。永乐十三年（1415）仕贵州石阡府教授。能振起文教，诱掖士类。在郡二十年，士怀思之。转直隶池州教授。（嘉靖《潮州府志》、万历《贵州通志》、光绪《海阳县志》）——陈贤武

【吴燮】

吴燮，海阳人。宣德四年（1429）贡生。官福建漳州府推官。（嘉靖《潮州府志》、光绪《海阳县志》）——陈贤武

【吴耀】

吴耀，字孟经，饶平苏湾（今属汕头澄海）人。天性孝友，信义早著。事母孝。兄弟爱洽，凡所入悉付公用。合家六十余口，同爨五十余年。家训严肃，务敦本业，恪遵古道。乡人仰其行谊，凡事不决者就质之，片言而解。次子琠任京山知县，

耀寄书，惟以清慎相勖。（康熙《饶平县志》、乾隆《潮州府志》、嘉庆《澄海县志》）——黄树雄　杨映红

【何大章】

何大章，字子俊，海阳人。嘉靖十六年（1537）举人。选福建将乐教谕。丰姿俊逸，师范庄严。两典文衡，多得奇士。三十二年（1553），升国子助教。三十五年（1556），擢试广西道御史。明年，巡盐长芦。扶正触邪，高才见忌。三十七年（1558），升江西佥事，分巡南瑞。旋致仕归。寻卒，年才强壮。（《明世宗实录》、《兰台法鉴录》、顺治《潮州府志》、光绪《海阳县志》、《闽书》、《钦定国子监志》、《井丹先生集》、嘉庆《长芦盐法志》、光绪《江西通志》）——陈贤武

【何天锡】

何天锡，潮阳县廍都人。隆庆元年（1567）贡生，官如皋训导。（隆庆《潮阳县志》）——陈新杰

【何世枢】

何世枢，号松村，大埔双坑（今属梅州大埔）人。为人志气豪迈，而科第不遂，嘉靖三十九年（1560）任湖广江华县锦田司巡检，政声日起，将擢用，旋丁艰回籍，服阕起复，病卒，年四十有九。（同治《大埔县志》、民国《大埔县志》）——黄树雄

【何仕浩】

何仕浩，海阳棠荆（今属梅州丰顺）人。崇祯元年（1628）岁贡。授广东惠州教授。（顺治《潮州府志》、光绪《海阳县志》、光绪《丰顺县志》）——陈贤武

【何仕㝛】

何仕㝛（1572—1638），号纯弼，字文定，海阳棠荆（今属梅州丰顺）人。生而颖异，能文章，工吟咏。万历十年（1582）举人，任湖广衡山县知事。后以国事日非告归。与饶平黄锦、海阳吴殿邦、揭阳郭之奇、罗万杰等十七人结陶社，推为社长，相与论诗文，探国故。说者谓陶社诸君子虽在野而不忘国事。（光绪《海阳县志》、光绪《丰顺县志》）——陈贤武

【何　仲】

何仲，海阳人。明初以举茂才授揭阳训导。（嘉靖《潮州府志》、光绪《海阳县志》）——陈贤武

【何其蕴】

何其蕴，潮阳县廍都人。如皋训导天锡子。崇祯间（1628—1644）贡生，官柳州府教授。（光绪《潮阳县志》）——陈新杰

【何野云】

何野云，原籍江西丰城。潮民间称"虱母仙"。明初从陈友谅败，佯狂来此，然终不得其详。居止无定，

多在凤港卢家。其乡外有冢累然，传为所葬处。野云精于青乌之术。至潮为人择地而多不阡穴，听人自得之。矢口成谶，后吉凶皆如券。每遇其坐处，则多吉地，故人往往阴识之以为验。有山门城，传为野云所筑，故又称"仙城"。潮阳贵屿何仙陵、仙湖福天宫、峡山龙尾庙所供奉龙尾圣王、龙尾老爷，据称所祀神即何野云。（雍正《江西通志》、光绪《潮阳县志》）——陈新杰

【何朝谷】

何朝谷，海阳人。正德二年（1507）举人。授江西上饶教谕。（嘉靖《潮州府志》、光绪《海阳县志》）——陈贤武

【何源义】

何源义，号和埜，大埔双坑（今属梅州大埔）人。素性长厚，重道隆师。年四十始起家，多有义举。尝施两处渡租，乡人为立碑。复以金六百余两置祖尝产，并施神宫香灯田租。子四，长登魁，康熙五十三年（1714）武举人，封武德将军。（同治《大埔县志》、民国《大埔县志》）——黄树雄

【余广孝】

余广孝，澄海苏湾（今属汕头澄海）人。崇祯九年（1636）举人，官至御史。（康熙《澄海县志》、光绪《海阳县志》）——黄树雄　杨映红

【余　成】

余成，海阳下外（今属汕头澄海）人。成化十九年（1483）举人。正德四年（1509）官福建龙岩知县。重建县署前后堂，修县丞厅，改主簿廨为典史廨，重修谯楼，修建学宫，移明伦堂于后殿，诸事多有建置。（康熙《澄海县志》、乾隆《潮州府志》、道光《龙岩州志》）——黄树雄　杨映红

【余　应】

余应，海阳人。明初以举茂才授海阳训导。（嘉靖《潮州府志》、光绪《海阳县志》）——陈贤武

【余春㮣】

余春㮣（一作"溉"），字醒械，饶平宣化都（今属潮州饶平）人。举人余磐曾孙。天启七年（1627）举人。官福建诏安知县。（顺治《潮州府志》、光绪《海阳县志》）——陈贤武

【余奕黄】

余奕黄（？—1644，一作"奕皇"），原名志学，号惟复，海阳人。万历四十六年（1618）举人。崇祯八年（1635）任广东高明教谕。严气正性。士矜式之。讲课惟以文艺，不问修赘。捐款修崇圣祠，重建黉门。离任，绅士制锦歌颂。去之日，生徒依依不忍舍。升四川马湖推官。丁母艰

归。服阕，将赴补，闻甲申国变，卒。（顺治《潮州府志》、光绪《海阳县志》、光绪《高明县志》）——陈贤武

【余 洪】

余洪，潮阳县廓都人。御史余真从孙。成化五年（1469）贡生，官庆远训导，升英山教谕。（嘉靖《潮州府志》、隆庆《潮阳县志》）——陈新杰

【余 祐】

余祐，海阳人。宣德二年（1427）贡生。官广西田州同知，进阶四品朝列大夫。天顺五年（1461）潮州韩文公祠重修时，作为致仕绅士参与其事，并助银。（嘉靖《潮州府志》、光绪《海阳县志》）——陈贤武

【余 珙】

余珙，字伯旋，饶平南洋（今属汕头澄海）人。成化十三年（1477）举人。性孝友，因亲老不外出求官者十余年。亲没，始就广西梧州教授。弘治十五年（1502）擢为福建清流知县，刚正廉介，不避权势。毁淫祠，兴学校。重修城隍庙、嵩溪桥等。因为民请命，得罪权势，辞职归，民怀思之，请祀名宦。珙一生清介自持，于势利无所屈。去官归田，蔬食布衣，一如寒士。海瑞曾题联赞其"清"，至今存于其祠堂。（嘉靖《潮州府志》、嘉靖《清流县志》、康熙《澄海县志》）——黄树雄　杨映红

【余 真】

余真，字景清，潮阳县廓都人。为诸生时，以明习典故闻。洪武二十六年（1393），贡入太学，屡试异等，廪上舍。会大臣有荐其才者，特授广西道监察御史。坐上书言事，辞触忌讳，谪四川按察司知事。居官冰蘖自持，蜀人呼为"雪白"。为人谦谦有容，夷险一致，人谓其有德君子。寻以病卒。（嘉靖《潮州府志》、隆庆《潮阳县志》、雍正《广东通志》）——陈新杰

【余 朔】

余朔，饶平人。曾任宿松县训导，嘉靖二年（1523）任信丰教谕。（嘉靖《赣州府志》、顺治《潮州府志》、康熙《信丰县志》）——黄树雄

【余 浚】

余浚，饶平人。正德八年（1513）举人。正德十五年（1520）为南直当涂训导，嘉靖十三年（1534）为浙江临安知县。（嘉靖《太平府志》、万历《杭州府志》、康熙《饶平县志》）——黄树雄

【余 善】

余善，字崇一，潮阳县廓都人。御史余真玄孙。少得真遗训，既乃从陈白沙游。操履端诚，一言不苟。有

友疾笃，善周旋其侧，至为浣濯无厌，人以为难。正德十三年（1518），应贡北上，谒王守仁于赣州，王待以殊礼，目送之。寻授横州训导。以母老乞归。家居倡明正学，远近负笈者踵至，号曰"道学先生"。（隆庆《潮阳县志》、康熙《潮阳县志》）——陈新杰

【余 熙】

余熙，饶平宣化都（今属潮州饶平）人。万历七年（1579）举人。万历一十七年（1589）任南直临淮教谕。行止豁达平易，士子乐于亲近向学。赞仪多以资助贫士，士甚德之，为立生祠于明伦堂侧。擢广西安化知县，官至湖广桂阳知州。（康熙《临淮县志》、康熙《饶平县志》）——黄树雄

【余 聪】

余聪，海阳人。永乐九年（1411）举人。官福建建安县丞。（嘉靖《潮州府志》、光绪《海阳县志》）——陈贤武

【余 磐】

余磐，字良渐，饶平宣化都（今属潮州饶平）人。嘉靖二十二年（1543）举人，三十五年（1556）任湖广顺昌知县。才识精敏，善恶分明。邑多诬告，痛惩以法，刁风始息。又平倭寇客兵作乱，焚烧掳掠，连续三四年，民不聊生，余磐调度捍御，城赖以安。嘉靖四十一年（1562）升湖广武岗知州。（康熙《饶平县志》、乾隆《顺昌县志》、乾隆《武岗州志》）——黄树雄

【余 蕴】

余蕴，饶平苏湾（今属汕头澄海）人。正德二年（1507）举人第四名，八年任浙江萧山知县（顺治《潮州府志》作"贵溪知县"，误）。（《正德二年丁卯科广东乡试录》、康熙《澄海县志》、康熙《萧山县志》）——黄树雄 杨映红

【佘国明】

佘国明，揭阳人。教授佘一议父。寿一百。万历三十五年（1607），奉诏赐给冠带，给予米帛，并给一丁侍养。（雍正《揭阳县志》）——孙杜平

【佘国玺】

佘国玺，号南塘，揭阳人。嘉靖三十一年（1552）举人，授南直太和教谕。言行质直，识见明达，课士多功。隆庆四年（1570），升扬州如皋知县。居官不染苞苴，不避权贵。县有都御史子，占人田宅，夺人妻妾，告状者数百人。国玺即拘至县，按法治之。旋解官归。居乡恬淡，不履公庭，当道有疑案，必造庐咨询。持家严肃，勖以诗书。子一询，万历贡生，官知县；侄一议，万历贡生，官教授。（雍正《揭阳县志》、乾隆

《太和县志》、崇祯《泰州志》）——孙杜平

【佘荐卿】

佘荐卿，字宏甫，澄海渔洲（今属汕头澄海）人，附籍普宁。天启七年（1627）举人。励操行，杜迹公门。乡苦水患，捐金筑堤，人蒙其利。建奎文阁，置义田，月集文士论文，困乏者助之。时海寇肆虐，帅众设堡固守。岁饥则出米赈恤，全活甚众。卒，祀于乡祠。（康熙《澄海县志》、乾隆《潮州府志》、乾隆《普宁县志》）——黄树雄　杨映红

【角　韶】

角韶，海阳人。万历二十年（1592）贡生。万历间（1573—1620）任浙江景宁县知县，修三胜书院。晋广西浔州府同知。天启年间（1621—1627）任云南建水知州。（顺治《潮州府志》、光绪《海阳县志》、新编《建水县志》、《中国书院史》）——陈贤武

【邹　旷】

邹旷，海阳人。洪武十一年（1378）贡生。官刑部主事。（嘉靖《潮州府志》、光绪《海阳县志》）——陈贤武

【邹　迪】

邹迪，字时吉。父守愚任户部侍郎，福建莆田人，至邹迪娶翁万达女，始籍海阳。嘉靖四十年（1561）举人。受知于内阁首辅王锡爵，授中书舍人，转户部主事。督理白粮，厘剔奸弊。寻卒，祀乡贤。著有《青那山人集》。（顺治《潮州府志》、光绪《海阳县志》）——陈贤武

【邹　鎏】

邹鎏，字石可，海阳人。举人邹迪孙。事母以孝闻。崇祯四年（1631）进士。授户部主事，迁员外郎、郎中，出知襄阳府。张献忠据谷城，襄阳几陷。练兵筹饷，出奇制胜，固守四月，城获保全。御史林铭球叠荐署郧襄监军副使。通禁旅兵变，谕辞解之。张献忠诈降，当事议发帑犒军。鎏谓献忠不可信，且无尺寸功，不宜擅动库藏，执不可。旋以母老乞归。桂王时晋太仆少卿。清顺治十年（1653），潮州总兵郝尚久反清失败后，大学士郭之奇奏称潮郡已恢复陷，邹鎏、梁应龙、洪梦栋等皆怀忠义，宜量加升擢。会明军李定国以攻新会败归，遂不复出。著有《可园诗文集》。子衍珊，崇祯九年（1636）举人。（乾隆《潮州府志》、光绪《海阳县志》）——陈贤武

【汪巨瀚】

汪巨瀚，惠来县龙溪都人。万历十六年（1588）举人，两中会试副榜，授徐闻县教谕，历仕江西兴国知县。（雍正《惠来县志》、乾隆《潮州府志》、嘉庆《雷州府志》）——

周修东

【沈一芝】

沈一芝,号玉简,海阳上莆都(今属潮州潮安)人。事继母如母,抚三庶弟皆有恩。幼聘孙氏,比长陋而眇,孙请毁盟。芝拒毁前盟,卒娶之。中万历二十五年(1597)举人,以疾不谒选。(乾隆《潮州府志》、光绪《海阳县志》)——陈贤武

【沈 仕】

沈仕,海阳上莆都(今属潮州潮安)人。成化十三年(1477)举人。官南宁府通判。(嘉靖《潮州府志》、光绪《海阳县志》)——陈贤武

【沈 玑】

沈玑,字宋庭,海阳上莆都(今属潮州潮安)人。成化七年(1471)举人第四名。(嘉靖《潮州府志》、光绪《海阳县志》)——陈贤武

【沈乔楠】

沈乔楠,字培之,本为福建诏安三都人,入饶平县学,嘉靖二十八年(1549)中举人。曾任江西上饶县教谕,嘉靖四十年(1561)被聘为广西同考官。历任江西上饶、南直仪真知县,隆庆间(1567—1572)任福建南安府教授。《东里志》有沈楠,字朝器,号象峰,嘉靖二十八年举人,官仪真知县。当为同一人。(隆庆《仪真县志》、康熙《诏安县志》、康熙《上饶县志》)——黄树雄

【沈 旺】

沈旺,海阳上莆都(今属潮州潮安)人。永乐九年(1411)举人。官广西桂平知县、南宁府通判。(嘉靖《潮州府志》、光绪《海阳县志》)——陈贤武

【沈鲁瞻】

沈鲁瞻,海阳人。明初以儒士,授潮州训导。(嘉靖《潮州府志》、光绪《海阳县志》)——陈贤武

【沈殿一】

沈殿一,程乡人。崇祯时(1628—1644)任大埔城守。隆武即位福建,殿一统兵勤王,授副总兵,历著劳绩。明亡不出。(光绪《嘉应州志》)——黄晓丹

【宋仕明】

宋仕明,潮阳县廓都人,普宁籍。万历元年(1573)举人,官邯郸教谕,升彭泽知县。有诗作存世。(雍正《广东通志》、光绪《潮阳县志》、《潮州诗萃》)——陈新杰

【宋永奎】

宋永奎,字葆光。程乡人。邑增生。早失怙,事母以孝闻。为人尚气节,急人之难,于宗族敬睦无间。督学张天麟喜其优行,旌曰"义媲希文"。(康熙《程乡县志》、乾隆《嘉应州志》、光绪《嘉应州志》)——黄晓丹

【宋兆禴】

宋兆禴（1598—1640），字尔孚，号喜公，揭阳人。崇祯元年（1628）进士。三年（1630），授江西广昌知县。六年（1633），起补浙江仁和。莅任五载，清简爱民。公余，与诸生会文赋诗于吴山，又订刻蔡清《〈四书〉〈易经〉蒙引》，以惠多士。以廉困失欢于御史，解官归里。越年而卒，年四十三，舆论惜之。知县张明弼论其为人，谓在汉陈寔、梁商之间。所著有《学言余草》、《旧耕堂稿》，邑人尚书郭之奇、浙江太仆李日华皆为之序。李谓其诗有白之旷朗和适、苏之豪迈卓越，郭则谓其磊落敦至之品，又不尽以诗重。（雍正《揭阳县志》、乾隆《建昌府志》、《潮州耆旧集》、《恬致堂集》、《萤芝全集》、《宛在堂文集》、《四书蒙引》）——孙杜平

【宋汝翼】

宋汝翼（1568—1630），原名弼勋，字志彦，号绳勖，揭阳人。知县宋兆禴父。生而聪颖，少即能记数千言，长而慷慨倜傥。与人率直，遇事义形于色，里人多就质之。年二十为诸生，数蹶场屋，遂弃举子业，纵情诗酒。间习医卜、天文、地理诸家言，皆有所得，尤精于医。晚与尚书郭之奇父等结颐珍社，相与砥砺德行，行古人之道，以挽颓风。（《宛在堂文集》）——孙杜平

【宋茂柏】

宋茂柏，字节卿，海阳人。隆庆四年（1570）举人。万历十八年至二十年（1590—1592）任广西博白知县。（顺治《潮州府志》、光绪《海阳县志》）——陈贤武

【宋　翰】

宋翰，字易梧。程乡龟浆（今属梅州梅县）人。家贫嗜学。年十三，负笈游闽从学。年十八，见知于潮州知府郭子章，以童子拔第一，屡试冠军，咸以科第期之。性尤孝友，父病笃，吁天身代。教授生徒，所得修金分遗兄弟族里之贫乏者。以为经生章句学无益，遂隐山中，究心理学，著有《四书管窥》、《五经流义》。顺治十一年（1654），崇祀镇平县乡贤祠。（康熙《程乡县志》、乾隆《嘉应州志》）——黄晓丹

【张一言】

张一言，字伯恕，号可山，揭阳（今属潮州潮安）人。为人德器深厚，学有渊源。正德十四年（1519）举人。嘉靖初年（1522），授江西彭泽教谕。教导士子，谆谆善诱。在任曾被礼聘为山东乡试考官，选拔人材公正廉明。升湖广永明知县，政声丕著。一言能画，尝为同县王恩作《望云遥祝图》。所著有《咏史诗注》、《怀黄集》等行世。（雍正《揭阳县

志》、康熙《彭泽县志》、《薛侃集》）——孙杜平

【张一明】

张一明，字爱泉，从海阳来普授徒，遂籍普宁。素邃毛、郑之学，从游者多。为人谦谨孝友，为后生小子所矜式。崇祯十四年（1641），岁饥，县官发册，令殷户义赈，无有应者。一明以舌耕所积，捐谷五十石。子弟之贫不能从师受业者，助以束脩笔墨之资，闾里称长德焉。卒年八十三。（乾隆《普宁县志》）——陈新杰

【张一清】

张一清，海阳人。嘉靖二十五年（1546）举人。官广西郁林知州。（顺治《潮州府志》、光绪《海阳县志》）——陈贤武

【张大会】

张大会，别号右山，海阳人。嘉靖二十五年（1546）举人。二十九年（1550），授福建罗源教谕。在任风纪峻伟，操守严明。诸生谒见，不事赘仪。提学重其学行，檄主五经书院。三十一年（1552），被聘为云南乡试考官。三十四年（1555），升光泽知县。三十七年（1558），升福州通判，寻致仕归。隆庆年间（1567—1572），迁居揭阳。士修礼问学，几无虚日。县有大政，辄造庐咨询。知县林大经、潘维岳先后皆表其闾。晚年与同志结会怡情，酌礼返俗。年七十六

卒。著有《宇内遗言》及诗词，并关教化。（雍正《揭阳县志》、康熙《罗源县志》、康熙《光泽县志》）——孙杜平

【张万钟】

张万钟，海阳人。成化十年（1474）举人。官湖广长沙府通判。（嘉靖《潮州府志》、光绪《海阳县志》）——陈贤武

【张上治】

张上治（？—1634），惠来龙溪都（今属揭阳惠来）人。崇祯七年（1634）上京谒选，授浙江淳安县主簿，尚未赴任而逝于京城，乡人方镛捐款经纪其丧事。（康熙《惠来县志》）——周修东

【张子龙】

张子龙，海阳人。嘉靖四年（1525）举人。官福建宁化知县。（顺治《潮州府志》、光绪《海阳县志》）——陈贤武

【张天保】

张天保，字键夫，惠来龙溪都（今属揭阳惠来）人。生平质俭正直，乡间推为主事。龙溪都原属海丰县，地方多盗，天保出谋献策，将盗匪平定。嘉靖四年（1525），与方宗珙上请增设县治，经理惠来县建城事务，不辞劳苦。被推举为宾筵主位。享年七十五。（雍正《惠来县志》）——周修东

【张 仁】

张仁，海阳苏湾（今属汕头澄海）人。景泰七年（1456）举人。曾任保定府通判。（嘉靖《潮州府志》、嘉庆《澄海县志》）——黄树雄 杨映红

【张氏（周乔蒨妻）】

张氏（周乔蒨妻），澄海冠山（今属汕头澄海）人，生员张凤仪之女，周乔蒨之妻。顺治十四年（1657）寇陷县城，转掠各乡，张为寇所虏，以幼儿授家姑，投河而死。（乾隆《澄海县志》、乾隆《潮州府志》、道光《广东通志》）——黄树雄 杨映红

【张氏（饶机妻）】

张氏（饶机妻），大埔人。二十四岁而寡，遗孤三岁，家资仅能糊口，茹苦抚子。不久子复夭，张氏年尚三十。族属或利其去者，逼其改嫁，张氏不从。族人饶相稔其贤，持议立嗣以续后。（康熙《埔阳志》）——黄树雄

【张凤翼】

张凤翼，字符辉（一作元辉），澄海下外（今属汕头澄海）人。罗城知县张志可子。凤翼少随父宦游，即知嗜学。及长，有文名。万历十年（1582）中举人，十七年（1592）授北直安次县教谕，转国子监学录，升刑部郎中，官至云南按察司副使。乡居倡修澄海冠山书院。垂老与弟子讲学不倦。工骈俪文，有《四六剩言》。年八十卒。性孝友，有弟游荡，尽废其产，复分己产之半与之，无吝色。（康熙《澄海县志》、乾隆《潮州府志》、民国《安次县志》）——黄树雄 杨映红

【张文宝】

张文宝（1393—1433），字儒用。程乡西阳（今属梅州梅江）人。性豪迈，自幼立志业儒，从师程乡教谕林岩，文章道德皆优，与当时文人丘仁杰、萧逢原为密友，人称程乡“三杰”。永乐十五年（1417）以《诗经》中举，十六年（1418）中会试乙榜。再次从师关西名士林厚学，潜心研读。未几因父逝在家守孝，不能参加考试。二十二年（1424）再次赴考，仍不中，其志愈坚，于是闭门谢客，专心研读五经。宣德八年（1433）带病进京赴考，会试放榜，友人告知他已中进士，文宝已病重，口不能言。皇帝胪唱召见进士时，文宝已病故。（光绪《嘉应州志》、《梅州进士录》）——黄晓丹

【张存诚】

张存诚（1490—1559），字体实，号尚里，饶平宣化都（今属潮州饶平）人。嘉靖元年（1522）举人，五年（1526）会试乙榜，授署福建南平县教谕事。嘉靖十年（1531）曾被

聘阅卷山东乡试。十二年（1533）除国子监助教。勤慎励节，人皆敬重之。十六年（1537）署南京山东道监察御史，越年实授。十八年（1539），奉敕巡视凤阳等处仓场，兼理词讼督捕。二十二年（1543）监南直乡试事，兼掌河南道监察御史印。凡所论奏，皆经国大务，人服其老成。二十三年（1544）升江西九江府知府。值时荒旱，祈雨赈济，民赖以活。二十五年（1546），因病不及出迎江都御史，被劾致仕。后虽有旨起用，终不复出，卒于家，寿七十。（《东里志》、《饶平县志补订》）——黄树雄

【张成龙】

张成龙，字世宾，别字顺阳，大埔滦洲（今属梅州大埔）人。于书无不读。值明季时局混乱，不乐应试，而究心医术。其用药不依古方，皆应手取效。总兵官吴六奇待以宾礼，一家疾病皆倚焉。卒年八十有三。（嘉庆《大埔县志》、同治《大埔县志》、民国《大埔县志》）——黄树雄

【张会宗】

张会宗（1536—?），字于震，福建晋江人，入籍澄海。隆庆五年（1571）进士，为澄海设县后第一位进士。授太常博士，以不附权臣，平迁兵部主事，督武学。历任台州、岳州知府。廉平简易，与民兴利。治台州时，修水利，筑兴福塘，凿嵩山港引水溉田，水患遂除。治岳州时，值旱涝频仍，救灾赈饥。会宗为人性豪，初虽困踬，意气自如，未尝少挫。官至云南按察司副使，致仕归。（万历《泉州府志》、康熙《澄海县志》、乾隆《晋江县志》、《隆庆五年进士登科录》）——黄树雄 杨映红

【张 旭】

张旭，字日初，惠来龙溪都（今属揭阳惠来）人。其父秉文为庠生，英年早逝。张旭上事祖父，下事寡母，家务纷集，无暇攻读父书，内心歉疚。中年生有四子，督促长子张经从师读书，晨夕课读，未有懈怠。县中有觊觎其厚产者，耽耽而视，百端侮辱，旭敛迹不出，有意避开，不与计较。及崇祯末年，山海骚乱，崇祯十三年（1640）董理修缮城垣。十五年（1642）倡义赈饥。弘光元年（1645）捐资御敌。知县赏识其练达，上报道台予以旌表门闾。子经，进士；孙灏，举人。（康熙《惠来县志》）——周修东

【张志可】

张志可，字廷时，号心南，澄海下外（今属汕头澄海）人，贡生。万历间（1573—1620）任广西罗城知县。初下车，访民疾苦，革除陋规十余条。建迎春亭于东郊，以重农事。尊崇儒学，县学廊庑、泮池俱捐俸修

茸，视昔有加。设堡浚河，利无不举。去之日，百姓立碑以纪功德焉。子凤翼，见"张凤翼"条。（嘉庆《澄海县志》、民国《罗城县志》）——黄树雄　杨映红

【张　护】

张护，海阳人。永乐三年（1405）举人。官广西桂平训导。（嘉靖《潮州府志》、光绪《海阳县志》）——陈贤武

【张护保】

张护保（一作"张保护"），名获，以字行，潮阳竹山都人。洪武十一年（1378）举人材，官兵部主事。于乡浚沟渠而课农事。有诗十首存世。（隆庆《潮阳县志》、康熙《潮阳县志》、庄山《凤山文献录》）——陈新杰

【张希载】

张希载，潮阳（一作"海阳"）人。万历四年（1576）举人。任福州检校、江西临江府通判。二十四年（1596）四月廿六日，尝与友人登乌石山，有题名镌石。（万历《福州府志》、《乌石山志》、顺治《潮州府志》、光绪《海阳县志》）——陈新杰、陈贤武

【张　纲】

张纲（1426—1457），字东常，号三峰，程乡西阳（今属梅州梅江）人，张文宝次子。从师程乡训导欧阳

滦、丘仁杰。景泰元年（1450）举人。中举后，办私塾教育其弟张绂及一批学子，如李素、翁积德、丘叔麟等，于天顺元年（1457）带领张绂、李素等一同进京赴考，纲中进士，不足一月因病去世。著有《三峰集》。（《梅州进士录》）——黄晓丹

【张　杰】

张杰，海阳人。正德十一年（1516）贡生，授陕西永昌训导。（嘉靖《潮州府志》、光绪《海阳县志》）——陈贤武

【张　昊】

张昊，海阳人。永乐九年（1411）举人。官国子监博士。（嘉靖《潮州府志》、光绪《海阳县志》）——陈贤武

【张秉忠】

张秉忠，字渭源，惠来龙溪都（今属揭阳惠来）人。县学廪膳生，万历二十四年（1596）岁贡，四十四年（1616）授新安县教谕。新安学官没有配套斋舍，士子多有缺员。秉忠到任后，捐出俸禄修缮学宫，设立章程，训授士子。任满升连平州学正，以新安教学法诲连平州士子。不久，逝于任上，州民为之哀悼。（康熙《惠来县志》、雍正《惠来县志》、光绪《广州府志》）——周修东

【张　珆】

张珆，字台玉。程乡攀桂坊（今

属梅州梅城）人，世居徐溪。祖父守约，化州训导。父一弘，庠生。玠少读祖父书，阅史至忠孝事，辄悲歌辍食，以节烈自拟。崇祯十七年（1644）选贡，授东莞训导。顺治三年（1646），总督佟养甲入粤，庶吉士张家玉不肯剃发，与惠州韩知琰纠众会于莞城，以玠摄县篆，同谋拒守。大兵至，战败殉节。三弟廪生玿，闻难往觅玠尸，卒于道，尸不可返，招玠魂葬小密。玠文章皆有根柢，著有《苍苍亭集》、《寓闽录》。（康熙《程乡县志》、乾隆《嘉应州志》、光绪《嘉应州志》）——黄晓丹

【张显志】

张显志，大埔三河（今属梅州大埔）人，岁贡生。大埔初立时，建城邑，立学校，营宫廨，保境安民，显志之力居多。（乾隆《潮州府志》、嘉庆《大埔县志》）——黄树雄

【张奕灵】

张奕灵，字濆生，大埔广林（今属梅州大埔）人。明季由监生考授州同，入清不仕。好善乐施，有贷者辄焚其券。康熙十三年（1674），耿精忠反清，潮州总兵刘进忠相应，世局混乱。奕灵出资赡各乡之无力者，互为防守，遂保全乡里。时邑俗里长凌虐甲户，奕灵嘱其子以状闻，全县百姓皆戴德。尝捐修启圣祠，置田四十亩为科举费，年九十三卒，祀乡贤。（嘉庆《大埔县志》、同治《大埔县志》、民国《大埔县志》）——黄树雄

【张　洪】

张洪，海阳人。万历十八年（1590）贡生。官山东临清州判。（顺治《潮州府志》、光绪《海阳县志》）——陈贤武

【张　埙】

张埙，揭阳龙溪都（今属潮州潮安）人。正德九年（1514）贡生。授广西思恩府训导。（嘉靖《潮州府志》、光绪《海阳县志》、《庵埠志》）——陈贤武

【张　琏】

张琏（？—1562），饶平乌石村人。初为库吏，杀人亡命，聚众为伍，被推为首领，万历三十九年（1611）称帝，国号"飞龙"，自称"飞龙人主"，势力及于福建、江西、浙江、广东四省。万历四十一年（1613），总兵刘显、参将俞大猷攻破其寨，张琏被杀（一说逃往印尼苏门答腊）。（乾隆《潮州府志》、《饶宗颐潮汕地方史论集》）——黄树雄

【张鸿图】

张鸿图，字映紫，惠来龙溪都（今属揭阳惠来）人。天性孝友，凡有所获，归之父母。为诸弟婚室，不以自私，惟耽嗜书史。少时参与童子

试，为知县周之祯首拔士，每试俱名列前茅。以序应崇祯十七年（1644）岁贡。友教生徒，半列学宫。子庚，举人。（乾隆《潮州府志》、康熙《惠来县志》、雍正《惠来县志》）——周修东

【张鸿猷】

张鸿猷，大埔滦洲（今属梅州大埔）人。崇祯三年（1630），随其父率乡兵御寇，父子俱战死。康熙元年（1662），生员张余诏等以前功上之，仍给免本户差徭帖，子孙优免如故。（乾隆《潮州府志》、嘉庆《大埔县志》）——黄树雄

【张　琚】

张琚，号居玉，程乡攀桂坊（今属梅州梅城）人，世居徐溪。操尚清涤，绝游戏沉湎。自为诸生时，多购奇书，日以阳明先生《十八则》为读书功课，兄弟互相师友。崇祯十二年（1639）举人。屡上公车，不第。结庐周溪讲学训子侄，人号"旋溪先生"。（康熙《程乡县志》）——黄晓丹

【张　景】

张景，程乡人。廪生。性毅才敏，屡试冠军。明末寇乱，避居程镇界口，与土弁杨乾有忿。顺治四年（1647）春，清兵入镇，路经其家，乾虿语执杀，合邑冤之。（康熙《程乡县志》、乾隆《嘉应州志》、光绪《嘉应州志》）——黄晓丹

【张　瑀】

张瑀，海阳人。永乐十五年（1417）举人，授广西阳朔教谕。（嘉靖《潮州府志》、光绪《海阳县志》）——陈贤武

【张谨恪】

张谨恪，潮阳人。隆庆间（1567—1572）岁贡，官龙岩县丞。（光绪《潮阳县志》）——陈新杰

【张　璿】

张璿，字元玑，揭阳（今属揭阳榕城）人。少与太仆吴裕从同里蔡颙学。成化十九年（1483）举人，授浙江湖州训导。弘治五年（1492），升国子学录。覃恩进阶，敕语有"以身为教，岂徒课授之勤；随事效忠，勿诿官阶之滞"云。官至广西庆远同知。（《钦定国子监志》、雍正《揭阳县志》）——孙杜平

【陆大策】

陆大策（？—1536），字一士，号竹溪，海阳人。弘治间（1488—1505），知府叶元玉闻其名，召见，辞以诗。倾盖相与语，为忘分交。然陆卒不轻蹰叶门，高隐有德，为清修逸士。不以才艺擅，然书法瘦硬通神。（《薛侃集》、光绪《海阳县志》）——陈贤武

【陆　正】

陆正，字符吉，饶平弦歌都（今

属潮阳饶平）人。幼聪敏，然七次乡试不第，以生员终老。正之次子应瑄，康熙十二年（1673）进士。（康熙《饶平县志》）——黄树雄

【陆应珪】

陆应珪，字山甫，号海观，陆宽子，陆卿兄，饶平弦歌都（今属潮州饶平）人。崇祯十五年（1642）举人。淹贯博学，明达世务。明亡，闭门读书，不与外事。清顺治六年（1649）为广东兴宁教谕，八年（1651）归，十年（1653）死于郝尚久之乱。（乾隆《潮州府志》、道光《广东通志》、光绪《海阳县志》）——黄树雄

【陆学龄】

陆学龄，海阳人。崇祯年间（1628—1644）岁贡，授江西宁都教谕。（顺治《潮州府志》、光绪《海阳县志》）——陈贤武

【陆　宝】

陆宝，号我朝，饶平弦歌都（今属潮州饶平）人。生而醇谨，好善力学，而九试不利。设馆授徒，受业成名者甚众。有三子：正、祺、扆箴。另见本辞典各条。（康熙《饶平县志》）——黄树雄

【陆载岳】

陆载岳，海阳下外（今属汕头澄海）人。成化十九年（1483）举人，曾任江西德兴知县。（顺治《潮州府志》、康熙《澄海县志》、同治《德兴县志》）——黄树雄　杨映红

【陆　卿】

陆卿，原名漾波，字导甫，一字青芷，号汉东，晚号钓叟。饶平弦歌都（今属潮州饶平）人。陆宽子。崇祯十二年（1639）举人，授广西桂林知县。明亡不仕，筑园于郡郊，名曰漈园，谢俗客，唯与方外交。玩剑吟诗，超然尘表。曾去家纵游，南至端州苍梧，北经吴越至于齐、鲁、燕、赵。所至观察形势，结交豪杰，以期一日能有所用，行径颇有似于顾炎武，由是声名远播于遗民间。陆卿善诗，悲歌感慨，一发于诗文之中，风流跌宕，才气纵横。与王渔洋以诗交往。草书尤入精妙。后卒于广州。有《回风草堂诗集》、《夏草》、《放言》、《吴越百吟》等。（顺治《潮州府志》、道光《广东通志》、光绪《海阳县志》、《饶平县志补订》）——黄树雄

【陆　宽】

陆宽，字符瑜，榜名子琳（一作子林），饶平弦歌都（今属潮州饶平）人。万历二十八年（1600）举人，授湖广善化县教谕，曾掌修《善化县志》。天启三年（1623）任广西岑溪县教谕，升广西永福知县，卒于官。长子应珪，次子陆卿（漾波），各见"陆应珪""陆卿"条。（康熙

《饶平县志》、道光《广东通志》）——黄树雄

【陆宸箴】

陆宸箴，榜名禧，字三思，号迎侯，又号献可，饶平元歌都（今属潮州饶平）人。少而颖异，弱冠中副榜，归而发愤，刺股而目不窥园三载。崇祯十五年（1642）中举人，其应试文为士人争相传诵。宸箴为人重意气，慷慨好施，挥金不顾。明亡，寻地避世，吟诗歌啸，不问世事。后两赴会试，均落榜。康熙十年（1671），遂以举人选授直隶涞水知县。任上立保甲，革火耗，修文庙，纂县志，凡利民济物之事，竭力举行，而丝毫不加派于民。历任九载，辞归。平居惟诲儿孙，肆歌咏以乐天年。捐俸修路四十余里，行人颂之。倡建文峰塔以培一县之文风。寿八十一终。箴工诗，所著有《观花阁留花吟》、《琴言》、《涞水县志》等传世。（康熙《饶平县志》、康熙《易州志》、乾隆《易州志》、乾隆《涞水县志》）——黄树雄

【陆黼】

陆黼，号懿斋，揭阳人。嘉靖元年（1522）贡生。十四年（1535），授广东封川教谕。状元林大钦尝游其门。（乾隆《揭阳县志》、道光《封川县志》、《何恃堂稿》）——孙杜平

【陈一元】

陈一元，海阳南桂都（今属潮州潮安）人。嘉靖十九年（1540）举人。官直隶东流知县。（顺治《潮州府志》、光绪《海阳县志》、民国《潮州陈氏友庆堂族谱》）——陈贤武

【陈一松】

陈一松（1498—1583），字宗岩，海阳南桂都（今属潮州潮安）人。嘉靖二十六年（1547）登进士。初授翰林院庶吉士，二十八年（1549）任兵部职方司主事，出为福建布政司参议。隆庆元年（1567），升湖广按察司副使。因母病，乞归养母。侍母衣不解带，尽心服侍；母终后，筑墓庐直至服满。隆庆三年（1569），升陕西布政司左参政。四年（1570），晋福建按察司按察使。隆庆五年（1571）四月，升江西左布政使。十一月，擢应天府府尹。六年（1572），任大理寺卿。万历元年（1573），升工部右侍郎。二年（1574），命提督修理昭陵工程。三年（1575），晋工部左侍郎。同年十月，屡疏乞回籍葬母，许之。十一年（1583）七月病逝于乡，赐祭葬。有《玉简堂集》行世。（《明实录》、乾隆《潮州府志》、光绪《海阳县志》、《明代科举与文学编年》）——陈贤武

【陈一定】

陈一定,字克静,号瑞溪,揭阳人。举人陈大同子。嘉靖四十三年(1564)举人。隆庆间(1567—1572),授广东琼山教谕。万历元年(1573),聘为湖广乡试同考官。二年(1574),升广西怀集知县。在任勤于抚字,缓于催科,又修建学宫,增置学田,剔奸御盗,政绩伟然。七年(1579),升广西象州知州。十一年(1583),升广西思恩同知。(《万历元年湖广乡试录》、雍正《揭阳县志》、乾隆《琼州府志》、《梧州府志》、同治《象州志》、光绪《广西通志》、民国《怀集县志》)——孙杜平

【陈一厚】

陈一厚,字贞吾,程乡西阳(今属梅州梅江)人,舜文子。嘉靖四十年(1561)举人,任大名滑县教谕,升广西武缘知县。(康熙《程乡县志》、光绪《嘉应州志》)——黄晓丹

【陈一唯】

陈一唯,海阳人。万历二十七年(1599)岁贡。授广东龙门训导。(顺治《潮州府志》、光绪《海阳县志》)——陈贤武

【陈一敬】

陈一敬,程乡西阳(今属梅州梅江)人,舜文子。嘉靖三十四年(1555)举人,任广西上思州知州。(康熙《程乡县志》、光绪《嘉应州志》)——黄晓丹

【陈一储】

陈一储(1522—1579),字克宅,号养泉,潮阳贵山都人。嘉靖二十二年(1543)由儒士中举,授漳浦教谕。擢平和知县,时有贼魁王槿踞险倡乱,一储阴收其党为间谍,阳使招降,槿不疑,因缚之。爱民如子,政教有声,福建巡抚陆北川旌其功。(康熙《潮阳县志》、乾隆《潮州府志》、雍正《福建通志》)——陈新杰

【陈九畴】

陈九畴,字奂寅,号木山,潮阳直浦都人。宋潮阳令汤征裔孙。增生。万历六年(1578)居族长,增置始祖公、万里公及隐冈公祭租共八百余石。续修宗谱,有功于族。(《柳冈陈氏族谱》)——陈新杰

【陈大有】

陈大有,字思恒,揭阳人。嘉靖元年(1522)举人。会试,病卒于京。弟大同,字思得。嘉靖十年(1531)举人第八名。从弟大就,字思正,嘉靖七年(1528)举人,官广西兴安知县。(雍正《揭阳县志》)——孙杜平

【陈大纶】

陈大纶,字拱拔,号钟池,后改

号见云,饶平宣化都(今属潮州饶平)人。万历四十三年(1615)举人,崇祯元年(1628)任浙江遂安知县。(《东里志》、康熙《饶平县志》、康熙《遂安县志》)——黄树雄

【陈大咸】

陈大咸(?—1542),号静庵,海阳大和都(今属潮州潮安)人。嘉靖五年(1526)丙戌科进士。授户部主事,升郎中,十五年(1536)任驻苏州浒墅关榷使,始纂《浒墅关志》。二十一年(1542)除广西梧州府知府。同年九月卒于任。(顺治《潮州府志》、光绪《海阳县志》、《竹镇纪略》、民国《潮州陈氏友庆堂族谱》)——陈贤武

【陈大朔】

陈大朔,字宏初,号养晦,海阳南桂都(今属潮州潮安)人。嘉靖年间(1522—1566)岁贡。授建平府教授。(顺治《潮州府志》、光绪《海阳县志》、民国《潮州陈氏友庆堂族谱》)——陈贤武

【陈大期】

陈大期,字世望,饶平秋溪都(今属潮州潮安)人。嘉靖元年(1522)举人。曾从广东学使魏校游。八年(1529)选授福建宁德教谕。常与诸生歌诗诵书,会文肄射,以陶成器。后辞归,饶平县令罗胤凯屡荐之。(崇祯《闽书》、康熙《饶平县志》、乾隆《福宁府志》)——黄树雄

【陈大智】

陈大智(?—1643),惠来西坑楼人。崇祯年间(1628—1644)山寇,甚有膂力。崇祯十六年(1643)正月十八日攻破木坑楼杭美(今属揭阳惠来)乡,自此势力益盛,无所忌惮。三月十六日,陈大智乘署理知县万邦俊返回饶平县,阴谋袭击县城,抢劫仓库,纵放狱犯。哨官余嘉听闻,整兵御敌,诱导贼人至虎头山,设计擒之,众兵合力将其击毙于大道上。其党羽吴铳老、黄大鬃等亦相继被各乡擒杀。(康熙《惠来县志》)——周修东

【陈大器】

陈大器,字国成,号石塘,潮阳县廓都人。正德十一年(1516)举人。翌年登进士,选任东阳知县,以卓异擢御史,历巡直隶、山东、广西,差竣,典试广西。旋授河南道监察御史,在官二载,颂声载道。大器作邑循良,立台风采,敛退乡居,物望推重,偕同年萧与成辈雅集东山水帘亭。文气磅礴,诗亦松秀,有诗文若干存世。(《小山类稿》、《粤西文载》、雍正《畿辅通志》、嘉庆《潮阳县志》)——陈新杰

【陈与成】

陈与成(?—1509),字君实,

号南塘，饶平宣化都（今属潮州饶平）人。年十五，往福建莆田从名师游，获交四方之士。成化十九年（1483）中举人，授北直安平教谕，后调近为福建浦城教谕。施教有方，门下人才济济。弘治十七年（1504）擢为南直繁昌知县。居官以兴学为己任。旧学宫浅狭，乃迁建于县治东之东山。正德三年（1508），繁昌旱，捐俸赈灾，全活者甚众。其为人以孝义称，勇于为善，不念旧恶，不畏权贵。终以积劳成疾，正德四年（1509）辞归，不久卒于家。(《东里志》、康熙《饶平县志》、嘉靖《繁昌县志》)——黄树雄

【陈才用】

陈才用（1345—1407），号梅坡，程乡程江（今属梅州梅县）人。陈德兴子。有田逾万亩，食佃三千家。明洪武年间（1368—1398）任解粮官。洪武四年（1371）、八年（1375）两次受命解粮赴京，均依期完成，深得洪武帝赞赏，欲升其职。然陈才用以兴修水利和办学之事为先，愿求回乡，开凿和尚塘，积水灌田，独资创办"景食""德才"两学堂，乡人感德，立社祀之。(光绪《嘉应州志》)——黄晓丹

【陈万卷】

陈万卷，号笃守居士，潮阳县廓都人。宋扬州司法梦龙世孙。侄成周双亲早丧，抚之成人。嘉靖三十六（1557）春，有黄冠道人晋谒，与谈天，人甚悉，既授食，辞以辟谷，为大书"种德"二字以颜其堂，书法甚超卓。四世同居，后成周子瑞龙、孙惇临俱显达。(嘉庆《潮阳县志》、光绪《潮阳县志》)——陈新杰

【陈义①】

陈义（1468—?），字宜之，饶平信宁都（今属潮州饶平）人。弘治十一年（1498）举人，十五年（1502）进士，授北直唐县知县。(康熙《饶平县志》、《弘治十五年进士登科录》、万历《保定府志》)——黄树雄

【陈义②】

陈义，海阳人。永乐十八年（1420）举人，授福建南安县丞。(嘉靖《潮州府志》、光绪《海阳县志》)——陈贤武

【陈广】

陈广，号秋田，海阳南桂都（今属潮州潮安）人。洪武年间（1368—1398）岁贡。官广东海阳训导。(嘉靖《潮州府志》、光绪《海阳县志》、民国《潮州陈氏友庆堂族谱》)——陈贤武

【陈氏（陈思鸣女）】

陈氏（陈思鸣女），南洋（今属汕头澄海）人。嘉靖二十七年（1548）冬，倭寇破南洋，思鸣携妻

及女避之。倭得思鸣及女。思鸣以所携金银尽予倭寇，以望得脱。倭释思鸣而执其女以行。思鸣夺其女，倭怒而杀思鸣。陈氏坚抱父尸，不肯去，遂并为寇所杀。（乾隆《潮州府志》、乾隆《澄海县志》）——杨映红

【陈子佐】

陈子佐，字巽泉，惠来酉头都（今属揭阳惠来）人。为县学生员。谦谨冲穆，好贤乐施，卓然有古贤人风度。万历三十年（1602）大饥荒，斗米价值二钱，乡人至挖草根以果腹，子佐捐稻谷八百石以赈，救活不少饥民。知县方之矩呈报上司，制匾旌奖，有"义赈乡邦"之褒，后以儒林齿德二赴宾筵。（康熙《惠来县志》、雍正《惠来县志》）——周修东

【陈王郁】

陈王郁（1578—1645），字钦文，原号敛拙，更号从周，潮阳黄陇都（今属汕头潮南）人。上杭知县则崧七世孙。以布衣舌耕终身。今存童年时所作五律一首。（《陈氏族谱》）——陈新杰

【陈王恩】

陈王恩（1575—1645），字钦泽，号拱清，潮阳黄陇都（今属汕头潮南）人。上杭知县则崧七世孙。崇祯十七年（1644）春正月，闽贼姜世英流劫都里，族众逃避无地。是年冬月，王恩暨族弟王肇率众竭力协建寨前河边未完墙垣六十余丈，而后面东西周围，尚未浚沟恃险。翌年，闽贼李班三乌合亡命党伙一万七千余人觊探不备，乘虚攻围七夜日不下，退屯贵屿。王恩趁机率众开沟设栅。隆武二年（1646），有土寇庄火烧老（即东浦贼庄三）侵掠。永历二年（1648），复有罗大总（即惠来贼罗英）来犯。皆赖城垣坚固，合寨七围得以保全。县主奖给德行冠带荣身。（《陈氏族谱》）——陈新杰

【陈　历】

陈历，字元凤，号守义，潮阳直浦都人。宋潮阳令汤征裔孙。正统间（1436—1449），捐粟一千石赈饥亡，敕立亭旌义。（《柳冈陈氏族谱》）——陈新杰

【陈天佑】

陈天佑（？—1553），饶平宣化都（今属潮州饶平）人。为所城保长，勇于任事，有胆力。嘉靖三十二年（1553），海盗何亚八进犯饶平，官军怯懦不敢战。海寇乘势攻柘林、大港、下岱、下湾，到所城。天佑率众固守，受伤不下阵。适邻乡援至，海寇退，所城得安。七天后，天佑以伤重卒。（《饶平县志补订》）——黄树雄

【陈天资】

陈天资（1504—？），字汝学，号

石冈,晚号真乐翁。饶平宣化都(今属潮州饶平)人。本漳州李氏子,为饶平人陈经甲所养。嘉靖十年(1531)中举人,十四年(1535)成进士。授户部主事,十九年(1540)升郎中,分司河间。转兵部郎中,出为四川叙州府知府。三十一年(1552),父丧回籍守制。三十六年(1557)任贵州按察司副使。四十年(1561)前后为辽东经略使,曾上疏请开登州海禁。四十四年(1565)为江西左参政,分守湖西,驻扎临江。擢山东右布政使。隆庆元年(1567)转湖广左布政使,二年(1568)正月致仕。天资博学能文,尤留心乡邦文献,著有《东里志》,分沿革纪、疆域志、境事志、风俗志、学校志、人物志、物产志、艺文志,保存了很多地方史料和文献。著有《石冈集》,已佚。(《东里志》、《明实录》、万历《河间府志》、万历《贵州通志》、民国《辽阳县志》)——黄树雄

【陈无隐】

陈无隐,饶平宣化都人(今属潮州饶平)人。家贫,靠妻子织布佐家。一日,以妻所织布卖得三金。回家细看,乃假金,实为铜。无隐外出,其妻以假金换粟。无隐回,知其事,怒斥之,追之还粟。(《东里志》、顺治《潮州府志》、康熙《饶平县志》)——黄树雄

【陈元庄】

陈元庄,惠来龙溪都(今属揭阳惠来)人。元庄尝往潮阳,于旅舍床褥中捡到商人遗留金钱,便整天守在旅舍,待商人返后全数归还。数年后,元庄有事赴潮阳,归时已上客船,该商人闻元庄在舟中,敦请其留宿。是夜,风雨大作,全舟漂没,元庄幸免于难。元庄晚年无子,捐龙溪都田租为城隍庙祀田及县学科举赡养之费,其余产业数百两银子,赠与族中生员为读书补贴。(康熙《惠来县志》、雍正《惠来县志》)——周修东

【陈　元[①]】

陈元,海阳人。永乐二十二年(1424)进士。官太常寺博士。(嘉靖《潮州府志》、光绪《海阳县志》)——陈贤武

【陈　元[②]】

陈元,海阳人。明初以举茂才授福建龙岩训导。(嘉靖《潮州府志》、光绪《海阳县志》)——陈贤武

【陈元勋】

陈元勋(1563—1600),字砺谦,澄海下外(今属汕头澄海)人。早慧,读书一目十行,及长,为八股文,称绝一时。万历四年(1576)举人,二十年(1592)成进士,授应天府教授。二十五年(1597)充浙江乡试同考官。升国子监助教,转户部贵

州司主事，剔弊除奸，肃清户政，有能吏声。以病归里，寻卒。（康熙《澄海县志》、乾隆《潮州府志》、《万历二十年壬辰科进士履历便览》）——黄树雄　杨映红

【陈元烈】

陈元烈，号学谦，澄海下外（今属汕头澄海）人。陈元勋弟。万历二十八年（1600）举人，三十六年（1608）授江西万安知县，以清操著，擢户部主事。卒，祀乡贤。元烈三世共产，一门孝友，居乡行善积德，为世所称。子邦埈，天启七年（1627）举人；孙守钥，康熙二年（1663）举人。（乾隆《潮州府志》、嘉庆《澄海县志》、同治《万安县志》）——黄树雄　杨映红

【陈元谅】

陈元谅，惠来龙溪都人。萍乡知县元谦弟。少有志行，不慕势利。嘉靖二十五年（1546）举人，为惠来建县后最早得中科甲者。仕教谕。（乾隆《潮州府志》、雍正《惠来县志》）——周修东

【陈元谦】

陈元谦（1510—1592），惠来龙溪都人。举人元谅之兄。嘉靖十六年（1537）岁贡，三十九年（1550）仕江西萍乡知县。有诗《与客问答即事》等五首。（乾隆《潮州府志》，康熙、雍正《惠来县志》、同治《萍乡县志》）——周修东

【陈元鏒】

陈元鏒，海阳人。成化十一年（1475）贡生。授南直隶盱眙主簿。（嘉靖《潮州府志》、光绪《海阳县志》）——陈贤武

【陈见龙】

陈见龙，字衍德，潮阳县廓都人。万历七年（1579）乡试亚魁，署安远教谕，迁永春知县，清苦自持，廉慎有声。擢建宁府同知。三十五年（1607），升知府。遇事精明，修举废坠。三十七年（1609），洪水，城署倾颓，多方葺治，不动官绶，不程民力，皆捐资竣役。凡桥渡、埠亭，俱焕然改观。革漕运馈遗公费，衿弁咸被其赐。四十七年（1619），重修文庙。泰昌元年（1620），任处州知府。历两浙盐运使，以疾乞休。卒祀潮州乡贤祠。（雍正《浙江通志》、雍正《福建通志》、康熙《潮阳县志》、乾隆《潮州府志》）——陈新杰

【陈长遂】

陈长遂，海丰龙溪都（今属揭阳惠来）人。为岐石里梅峰居士陈正功堂侄。洪武三十年（1397）贡生，仕广西临桂县丞。（雍正《惠来县志》）——周修东

【陈　介】

陈介，海阳下外（今属汕头澄海）人。府学生员。嘉靖十六年

(1537）举人，隆庆二年（1568）任山东盐运司判官，历官至南京户部郎中。（《嘉靖十六年丁酉科广东乡试录》、康熙《澄海县志》、乾隆《潮州府志》、《山东盐法志》）——黄树雄　杨映红

【陈从燮】

陈从燮（1579—1621），号翼程，揭阳人。万历三十七年（1609）举人，未仕而卒。（雍正《揭阳县志》、《德里陈氏族谱》）——孙杜平

【陈氏（方高妻）】

陈氏（方高妻），潮阳陈我达女。十五岁时，许聘惠来隆井都方端洁次男方高，后方高随父读书潮阳，未出嫁而方高去世。陈氏惊恸倒地，坐轿奔丧，自忖虽未见丧夫，然公婆之谊固已前定。丧事毕，屏处一室，代方高供膳粥，不敢稍息。潮阳、惠来两县生员共奇其节，列状举为列女，府县赠匾有加，仍令惠来年给存恤银五两。公婆先后卒，陈氏办理丧事毕。一日，请于伯兄方育，恳立次侄方泰为方高之后，方育允许。陈氏遂与方育扶公婆棺木至山，完成葬事，路过夫墓，遣嗣子命石工镌碑，将其夫妇名字分两行刻下。翼日回家，闭户而逝，时年三十二。潮阳知县王训为题其墓曰"贞女"。（雍正《惠来县志》）——周修东

【陈氏（许光大妻）】

陈氏（许光大妻），大埔人。年二十四孀居，独守一女。贫甚，旦夕不能给。光大旧负时名，与揭阳举人郑育渐相善，郑育渐为置田五十石赡之。而陈以贞苦，地方官员奏闻，岁给粟帛，卒年九十。陈氏之母潘氏，亦以节孝旌扬。陈女许氏，适庠生杨时芬，亦以孀守称未亡人，年七十有三。三世并以节孝称。（康熙《埔阳志》）——黄树雄

【陈氏（孙隆甫妻）】

陈氏（孙隆甫妻），惠来龙溪都人陈廷颗女，西头都生员孙隆甫妻。出嫁三载而隆甫卒。家无担石之储，陈氏仍矢志守节。三年后，经理其夫之墓。勤事两位婆婆，抚育一女，历次办理葬丧，俱以女红收入作为费用。乡间高其苦节。后其女嫁与生员方有乾，亦以守节著称，世称"孙门双节"。享年九十。（雍正《惠来县志》）——周修东

【陈氏（李溪仙妻）】

陈氏（李溪仙妻），澄海华窖乡（今属汕头澄海）人，许字鸥汀人李溪仙。正统元年（1436），溪仙为贼人所杀，陈氏年十七，泣赴夫家，于夫家守节三十余年。（康熙《澄海县志》、嘉庆《澄海县志》）——杨映红

【陈氏（吴喜妻）】

陈氏（吴喜妻，?—1519），潮阳举练都人。生有丽质，自幼知大义。正德十四年（1519），贼首曾钯头流劫，陈氏被执，贼欲污之，极口怒骂，投崖不死，胁以刃，骂愈厉。贼怒，至碎着，剖其胸，终骂不绝口。贼去，得其尸旷野中，犹怒目上视，两手坚持其衣不解云。府县闻而壮之，为立碑江浒，以彰其烈。（嘉靖《潮州府志》、康熙《潮阳县志》、《大清一统志》）——陈新杰

【陈氏（辛鼎饪妻）】

陈氏，澄海鸥汀（今属汕头龙湖）人。太学生辛鼎饪妻。鼎饪死，陈氏年二十有七，孀居数十年。里人高其义，请于有司，旌其闾。（雍正《澄海县志》、道光《广东通志》）——杨映红

【陈氏（周维藩妻）】

陈氏，澄海沟下（今属汕头澄海）人，嫁冠山诸生周维藩。天启年间（1621—1627），维藩卒于旅舍，陈氏闻讣，投水，未死，复绝食，七日仍不死。孀守四十年，子鲁开，邑庠生。（乾隆《潮州府志》、嘉庆《澄海县志》、道光《广东通志》）——杨映红

【陈氏（程鸣龙妻）】

陈氏（程鸣龙妻），惠来龙溪都人。适西头都程鸣龙。出嫁一年，陈氏刚怀孕，鸣龙以火灾去世。生下一男，矢志不渝，供养公婆，教子成人。及公婆去世，丧葬如礼。年六十余。知县林正康赠匾其门。（雍正《惠来县志》）——周修东

【陈氏（谢元汴母）】

陈氏（谢元汴母），澄海沟下（今属汕头澄海）人。户部主事陈元勋女。谢宗镶妻。宗镶卒，陈氏年二十八而寡。翁卒于官，既而嫡姑庶姑相继殁，门户衰薄，陈氏以一身持家。课其子元汴，卒成进士。陈氏年逾七十，以寿终。（乾隆《潮州府志》、乾隆《澄海县志》、道光《广东通志》）——杨映红

【陈　文①】

陈文，更名文清，海阳人。成化元年（1465）举人。授直隶镇江教授。（嘉靖《潮州府志》、光绪《海阳县志》）——陈贤武

【陈　文②】

陈文，潮阳峡山都人。成化四年（1468）举人第三名，官知县。（嘉靖《潮州府志》、隆庆《潮阳县志》）——陈新杰

【陈文复】

陈文复，海阳人。洪武十七年（1384）举人。官直隶安庆府教授，升户科给事中。（嘉靖《潮州府志》、光绪《海阳县志》）——陈贤武

【陈文举】

陈文举，潮阳人。嘉靖十五年（1536），任安溪县巡检。（康熙《安溪县志》）——陈新杰

【陈文卿】

陈文卿，号塞轩，海阳登云都（今属潮州潮安）人。成化十九年（1483）岁贡。授福建宁德训导，知县事。（嘉靖《潮州府志》、光绪《海阳县志》、民国《潮州陈氏友庆堂族谱》）——陈贤武

【陈以鼎】

陈以鼎，字世亨，饶平秋溪都（今属潮州潮安）人，府学生，嘉靖二十二年（1543）举人，户部主事（一作"刑部主事"），祀乡贤。（顺治《潮州府志》、康熙《饶平县志》、光绪《海阳县志》）——黄树雄

【陈孔诚】

陈孔诚，潮阳招收都人。淳朴防谨，兼通阴阳、树艺之说。宅前有榕数十株，数邀宾友携子弟往游其间，弹琴赋诗，意甚乐。或坐盘石，投竿而钓，悠然有防于心，因自号"榕江"。吴宽撰《榕江记》载其事。（吴宽《家藏集》）——陈新杰

【陈世荣】

陈世荣，揭阳（今属汕头金平）人。隆庆元年（1567），乘倭乱纠集两千余人，髡发为假倭，四处肆劫，后为总兵汤克宽擒斩。（乾隆《潮州府志》、嘉庆《澄海县志》）——黄树雄　杨映红

【陈世俊】

陈世俊（1480—1534），字钟英，号东溪，揭阳（今属汕头金平）人。正德八年（1513）举人。五上春官不第。授福建漳平知县。持身廉洁，待下慈祥，不事矫矫行、赫赫威。其务实薄敛，省刑撙费，有循良之风。由是见迁上司，改广西梧州教授，未赴。居乡敬老爱善，不责人之不及，即非礼相待，亦曲加礼遣。在北京会试时，同县举人谢天经病卒，为之殡敛扶柩，并携其妾还里。（嘉靖《漳平县志》、雍正《揭阳县志》、《潮州文粹》）——孙杜平

【陈　古】

陈古，海阳人。明初以举人材授御史。（嘉靖《潮州府志》、光绪《海阳县志》）——陈贤武

【陈可晰】

陈可晰，号惕乾。程乡攀桂坊（今属梅州梅城）人。陈舜文孙，陈一厚子。由岁贡历任至宁波教授。倡明正学，玉成后进，尤忠孝天植。守新制，庐茔周年。善事嫡庶二母，得其欢心。教子侄，族姓睦姻，和气无争。邑饥，竭所藏修金助赈。崇祯元年（1628）寇逼近县城，服其行义，相戒毋犯其里。明亡，号泣而逝，年七十七，祀乡贤祠。（康熙《程乡县

志》）——黄晓丹

【陈由衷】

陈由衷，潮阳人。庠生。隆庆六年（1572），分校《潮阳县志》。（隆庆《潮阳县志》）——陈新杰

【陈仕宝】

陈仕宝（1435—1503），字景贤，号介庵，揭阳（今属潮州潮安）人。天顺八年（1464）进士，授南京户部主事，迁本部郎中。司事肃清。成化十九年（1483），升四川夔州知府。持身廉洁，为民兴利除害。以在官勤慎，升陕西参议、参政，未几辞官归。（雍正《揭阳县志》、正德《夔州府志》、《龙溪陈氏族谱》）——孙杜平

【陈仕辅】

陈仕辅（1437—1497），字景哲，号怡庵，揭阳（今属潮州潮安）人。参政陈仕宝弟。府学生，恩授七品承事郎。（乾隆《揭阳县志》、《龙溪陈氏族谱》）——孙杜平

【陈立】

陈立，字世成，号古柏，海阳人。进士陈轩祖。有隐操。为诗文得唐人法度，有《古柏稿》。卒年七十七。（嘉靖《潮州府志》、光绪《海阳县志》）——陈贤武

【陈玄】

陈玄，海阳人。永乐十八年（1420）举人。授太常博士。（嘉靖《潮州府志》、光绪《海阳县志》）——陈贤武

【陈民则】

陈民则，饶平大埕（今属潮州饶平）人。嘉靖末倭寇掠大埕，民则藏于复壁。二贼争掳其庶弟，不能均，将杀之。民则自复壁出，愿俱被掳去，乞勿杀其弟，贼乃各掳一人以去。后其弟还，免于害，而民则不知所终。（康熙《饶平县志》、乾隆《潮州府志》）——黄树雄

【陈邦宠】

陈邦宠（1508—1576），字伯龙，号岐冈，揭阳人。嘉靖间（1522—1566）岁贡。历教两学，迁南直六安州同，升湖广郧阳抚院经历。生平雅重儒道。万历初年（1573），见县学祀典不敷，捐田以为祭费。知县林大经因其好义，特以嘉奖。（乾隆《揭阳县志》、民国《潮州陈氏有庆堂族谱》）——孙杜平

【陈邦奎】

陈邦奎，字士文，澄海下外（今属汕头澄海）人，陈元勋次子。万历四十三年（1615）举人。曾任广东南海教谕，崇祯九年（1636）被聘为贵州乡试同考官。崇祯十四年（1641）擢湖广蕲州知州。时张献忠攻楚，所至无完城。奎以书生治兵事，众皆以为危，然其临机应变，皆有方略，蕲州独安堵无事。后以病归。居家不事

生产。百口同居，终身无间言，乡人称之，名其巷曰"孝友巷"。（康熙《澄海县志》、乾隆《潮州府志》、咸丰《蕲州志》）——黄树雄　杨映红

【陈邦埈】

陈邦埈，见"陈元烈"条。

【陈邦基】

陈邦基，字士厚，澄海下外（今属汕头澄海）人。陈元勋子。与叔父元烈同中万历二十八年（1600）举人。性恬淡，日闭户著述，所著有《古帝王绎》、《孝经绎》、《孔子世家绎》诸书，藏于家。卒祀乡贤。（顺治《潮州府志》、康熙《澄海县志》）——黄树雄　杨映红

【陈邦瑛】

陈邦瑛，原名元辉，字奇畅，澄海下外（今属汕头澄海）人。性奇颖，一目数行下。年十四补邑庠生，县令冯明玠深器之。两中乡试副榜，清顺治五年（1648）选为岁贡生。未仕卒。子士振，康熙二年（1663）举人。（乾隆《潮州府志》、乾隆《澄海县志》）——黄树雄　杨映红

【陈达衢】

陈达衢（1543—1606），字启晦，号龙峰，潮阳贵山都人。平和知县一储子。隆庆六年（1572），分校《潮阳县志》。万历元年（1573）举人。任南海教谕，聘为应天同考官，所得多知名士，詹事区大相器之，制文以

赠。后迁靖州通道知县。（隆庆《潮阳县志》、嘉庆《潮阳县志》）——陈新杰

【陈成允】

陈成允（1520—1588），字质夫，号潜轩，潮阳黄陇都（今属汕头潮南）人。万历十五年（1587），纂修《漳潮蓬洋族谱》。天启元年（1621），漳浦蓬山宗亲、戊午（1618）科举人陈朱图诣洋汾，汇修大宗族谱，溯本穷源，实赖此先修传信之益。（《陈氏族谱》）——陈新杰

【陈　成】

陈成，字时亮，号解若，饶平隆眼都（今属汕头澄海）人。少有文名，然科场屡试不利，年逾五十始中乡试副榜。授徒乡里，从学者甚众。敦睦亲族，倡建家庙。崇祯中卒，年七十余。（《饶平县志补订》）——黄树雄

【陈成周】

陈成周，字岐凤，潮阳县廓都人。幼时丧父，鞠于季父万卷。比长，日诵千余言，能通《尚书》大义。尝与姻娅周孚先从碧山先生刘瑞葵游，以赋质单弱，乃杜门为终隐计。家居无疾言厉色，人有犯者，徐以礼晓譬，卒使其愧服。季父万卷为贼所掠，质而要其财，成周出百金赎之。乡里贫乏者，多所存恤。因子瑞龙贵，赠中宪大夫。（康熙《潮阳县

志》、乾隆《潮州府志》）——陈新杰

【陈成宜】

陈成宜（1515—1582），字俊夫，号南巢，潮阳黄陇都（今属汕头潮南）人。上杭知县则崧五世孙。嘉靖间（1522—1566），倭寇犯潮阳及于洋汾，乡众佥保寨长，成宜倡议协筑坛岐寨土围以御，保守无虞，县主奖给冠带荣身，功登县志。（《陈氏族谱》、《历代世系策》）——陈新杰

【陈至言】

陈至言，海阳人。宗器子。嘉靖二十二年（1543）举人。官湖广城步知县。（顺治《潮州府志》、光绪《海阳县志》）——陈贤武

【陈至德】

陈至德，号叠峰，潮阳直浦都人。宋潮阳令汤征裔孙。嘉靖二十二年（1543）举人，官应天府溧阳教谕，升楚府教授。三十三年（1554）为族谱撰序，今存。（嘉靖《潮州府志》、隆庆《潮阳县志》、《潮州西湖山志》、《柳冈陈氏族谱》）——陈新杰

【陈光世】

陈光世（1518—1586），字复振，号雪坡，惠来龙溪都（今属揭阳惠来）人。十岁能文，博览群书，善吟咏，工音律。应嘉靖二十八年（1549）岁贡，选入国子监，归授弟子里间中。三十七年（1558）漳州人诱导倭寇为乱，夜袭岐石，光世被掳，以琴、书感动贼首，得以生还。嘉靖间（1522—1566），光世参与筹划平定倭寇之策，其功甚大。隆庆元年（1567），光世赴部谒选，授山东钜野知县，以信义服人。为猜忌者所中伤，遂浩然而归。为文典瞻切当，著有《雪坡集》四卷。（顺治《潮州府志》、康熙《惠来县志》）——周修东

【陈光泰】

陈光泰，海阳人。成化四年（1468）举人。官福建沙县知县。弘治四年（1491）主持修筑城墙。翌年离任。（嘉靖《潮州府志》、光绪《海阳县志》、新编《沙县志》）——陈贤武

【陈光朝】

陈光朝，号振寰，揭阳人。天启四年（1624）举人，不仕。为人端直和厚，尤敦族谊。尝积日用余资，仿宋范仲淹遗意，置义田以助族人婚娶丧葬。居恒以继书香勖子孙，长子德炜，崇祯间（1628—1644）岁贡，余俱廪生。（雍正《揭阳县志》）——孙杜平

【陈同安】

陈同安（1440—1523），字勉之，饶平宣化都（今属潮州饶平）人。父陈瑶，由吏员渐迁至福建同安主

簿,同安即生于同安主簿官署,故以名。同安三岁丧母,十六丧父,而后始知向学。凡经传子史,无不涉猎,尤善吟诗。弘治三年(1490)谒选,授江西雩都典史,廉以立身,勤以莅事,有惠政贤声。九年(1496),辞官归,以诗书训迪子孙,卒于家。子陈珖,见"陈珖"条。(《东里志》、嘉靖《赣州府志》、康熙《雩都县志》)——黄树雄

【陈则崧】

陈则崧(1397—1487),字维华,号敦行,潮阳黄陇都(今属汕头潮南)人。元昆山知州垂裕孙。宣德四年(1429)恩贡,仕仁和教谕,进秩上杭知县。(《陈氏族谱》、《历代世系策》)——陈新杰

【陈廷臣】

陈廷臣,海阳下外(今属汕头澄海)人。弘治八年(1495)举人,正德六年(1511)任江西永丰知县。(康熙《澄海县志》、同治《永丰县志》)——黄树雄　杨映红

【陈廷相】

陈廷相,海阳人。弘治十八年(1505)贡生。授浙江兰溪主簿。(嘉靖《潮州府志》、光绪《海阳县志》)——陈贤武

【陈廷策】

陈廷策,字颖夫,一字觐墀,海阳人。崇祯十七年(1644)拔贡。性孝友,乐行善事,举山林隐逸,不就。著有《旸山诗文集》。卒祀乡贤。(乾隆《潮州府志》、光绪《海阳县志》)——陈贤武

【陈　传】

陈传,海阳人。成化元年(1465)举人。成化二十三年(1687)任福建连城教谕。学术正大,善于课士。甫三年,以疾去。(嘉靖《潮州府志》、光绪《海阳县志》、乾隆《连城县志》)——陈贤武

【陈延浩】

陈延浩,字裕养,潮阳贵山都人。给事中陈江、陈洸从孙。诸生。天性纯孝,年十六,侍母卢氏疾,旦夕榻旁,衣不解带者数月。迨母病笃,延浩匍匐吁天,血泪俱下。母寻愈。崇祯二年(1629),知县蒋元彦表其闾。(康熙《潮阳县志》、嘉庆《潮阳县志》)——陈新杰

【陈仲庄】

陈仲庄,惠来龙溪都人。嘉靖十一年(1532)岁贡,仕海南临高县教谕。(嘉靖《潮州府志》、雍正《惠来县志》、光绪《临高县志》)——周修东

【陈　齐】

陈齐,字可修,海阳南桂都(今属潮州潮安)人。洪武十一年(1378)贡生。由教授升浙江临海知县。(嘉靖《潮州府志》、光绪《海

阳县志》、民国《潮州陈氏友庆堂族谱》）——陈贤武

【陈兴道】

陈兴道，潮阳隆井都（今属汕头潮南）人。恭城知县陈猷侄。赋性淳厚，矢志下帷，面壁读经。万历三十七年（1609）举人第六名，官寿昌知县。政清刑简，民甚德之。拂衣赋归，尤恬淡自守。（康熙《潮阳县志》、嘉庆《潮阳县志》）——陈新杰

【陈　江】

陈江（1475—1552），字世殷，号珊潮，潮阳贵山都人。少敏学博，磊落豪迈。弘治十四年（1501）举人。正德九年（1514）登进士，授南京户科给事中。值中官萧敬用事于内，太监刘允纷扰于外，江朝拜官而夕奏劾，一时权奸震慑。西部边防粮饷不继，江策其必变，累疏乞将抄没财物，以足边饷，不报。不数月，甘州五卫作乱，杀巡抚许铭，西部扰攘。内外之臣，皆服其机先。居谏垣仅岁余，章疏数十。嘉靖二年（1523），以养病乞恩家居。晚年雅娱于诗酒之间。（康熙《潮阳县志》、嘉庆《潮阳县志》）——陈新杰

【陈汝桂】

陈汝桂，海阳人。万历三十四年（1606）举人第三名。授广东番禺教谕。（顺治《潮州府志》、光绪《海阳县志》）——陈贤武

【陈守钥】

陈守钥，见"陈元烈"条。

【陈　安】

陈安，海阳人。洪武二十年（1387）举人。官国子监助教。（嘉靖《潮州府志》、光绪《海阳县志》）——陈贤武

【陈　观】

陈观，海阳人。永乐三年（1405）举人。官交趾扶宁主簿。（嘉靖《潮州府志》、光绪《海阳县志》）——陈贤武

【陈孝念】

陈孝念，海阳人。天启年间（1621—1627）岁贡。授四川长宁教谕。（顺治《潮州府志》、光绪《海阳县志》）——陈贤武

【陈志道】

陈志道，潮阳人。万历间（1573—1620）贡生，官建昌主簿。（康熙《潮阳县志》）——陈新杰

【陈志颐】

陈志颐，字养洛，海阳秋溪都（今属潮州枫溪）人。万历元年（1573）举人，初授广西庐陵教谕，七年（1579）任广西乡试同考官。晋广西宣化知县，工部虞衡司主事。万历十二年（1584）奉命参，督造明神宗的定陵，十八年完工。出任广西庆远知府，二十四年（1596）改任梧州

知府。入祀名宦祠。万历二十七年（1599）调任贵州按察司副使，并受到"赐金币、内膳"的奖励。丁忧，服满，逝于家。有《优游堂集》十卷。（顺治《潮州府志》、乾隆《潮州府志》、光绪《海阳县志》）——陈贤武

【陈芳塘】

陈芳塘，海阳上莆都（今属潮州潮安）人。万历间（1573—1620）授南直隶宁国府理刑厅。（光绪《海阳县志》）——陈贤武

【陈克昌】

陈克昌，字应文，海阳人。父彦恭。永乐十八年（1420）举人，卒业国子监。宣德七年（1432），擢为浙江宁波推官。端谨重厚，持操清白。每折狱，详谳明恕，吏无容奸。正统八年（1443）正月升四川道监察御史。论事知大体，绰然着声望于时。后卒于官。（《兰台法鉴录》、《明英宗实录》、萧镃《尚志集》、嘉靖《潮州府志》、光绪《海阳县志》）——陈贤武

【陈 轩】

陈轩（1439—1520），字廷策，号弦庵，海阳人。成化八年（1472）进士。弘治十四年至十六年（1501—1503）任广西太平知府。卒年八十二。（嘉靖《潮州府志》、光绪《海阳县志》、《明代科举与文学编年》）——陈贤武

【陈求默】

陈求默，澄海鮀江都（今属汕头金平）人。隆庆元年（1567），林道乾率众数千人攻溪东寨，求默率乡众仅数百人御之，相持数十日，寨中食尽而官军终不救，乃突围出，统其众驻于潮州府城外。道乾知求默在府城，即率众围城，必欲得求默。主事者竟拟献求默，潮人哗然，乃止。求默心不自安，率其众奔闽，莫知所终。（康熙《澄海县志》）——黄树雄 杨映红

【陈时进】

陈时进，海阳人。隆庆四年（1570）举人。官知县。（顺治《潮州府志》、光绪《海阳县志》）——陈贤武

【陈时溢】

陈时溢，号千山，潮阳竹山都人。天顺四年（1460），海寇魏崇辉等据夏岭为乱。时溢倡义守凤山寨，却贼数万众，有功于社。（《井丹诗文集》）——陈新杰

【陈 助】

陈助，字孟豫，号睿轩，潮阳直浦都人。宋潮阳令汤征裔孙。正统间（1436—1449），捐粟一千六百斛赈饥，又立祭田一百亩遥祭先祖。（《柳冈陈氏族谱》）——陈新杰

【陈　佐】

陈佐，海阳人。景泰七年（1456）举人。授江西抚州教授。（嘉靖《潮州府志》、光绪《海阳县志》）——陈贤武

【陈　言】

陈言，惠来龙溪都人。万历元年（1573）岁贡，四年（1576）任广西郁林州训导。（乾隆《潮州府志》、光绪《郁林州志》）——周修东

【陈应豸】

陈应豸，潮阳人。万历三十年（1602），岁饥，捐资赈济，收路亡者埋葬之。四十六年（1618），飓风大作，沿海无完舍，应豸自恤流民，流离者得以安置。（乾隆《潮州府志》、嘉庆《潮阳县志》）——陈新杰

【陈应宾】

陈应宾，饶平大埕（今属潮州饶平）人。性孝友。年二十三，父遭疾疫，亲朋皆畏避。应宾侍父调汤，不解带者累月。父卒，兄嫂相继以病，应宾不忍去，奉汤药不辍。兄嫂殁，宾亦病卒，人嘉其义而痛其不幸。（康熙《饶平县志》）——黄树雄

【陈应梦】

陈应梦，海阳人。万历二十八年（1600）拔贡。官河南南阳通判。（顺治《潮州府志》、光绪《海阳县志》、乾隆《普宁县志》）——陈贤武

【陈应麟】

陈应麟，字经成，号乾山，海阳人。温雅美丰仪，望之知为君子，居家内外肃然。尝罹内难，处之雅有德意。工诗，渊穆近古。初闻王阳明良知之说，未省。晚岁风疾，坐斗室中垂二十年，静中体之，始信及，甚悔其晚也。嗣是少作诗，时或写意，自有真味。学使魏校延主书院，固辞不就。（《薛侃集》、光绪《海阳县志》）——陈贤武

【陈　汭】

陈汭，号守约，又号允汭，海阳南桂都（今属潮州潮安）人。宣德元年（1426）举人。授广西永淳训导。（嘉靖《潮州府志》、光绪《海阳县志》、民国《潮州陈氏友庆堂族谱》）——陈贤武

【陈良弼】

陈良弼（1604—1645），字玄扶（康熙后志书避讳作"元扶"），澄海苏湾（今属汕头澄海）人。明崇祯三年（1630）举人，十年（1637）进士。授行人司行人，曾为册封靖江、益藩副使。操守甚峻，馈遗无所受。以闻望升任南京河南道监察御史。十五年（1642），奉命巡视南直等处仓屯，兼巡视西北二城。时南京戒严，良弼行保甲法，奸宄屏迹，不敢妄为。十七年（1644），李自成攻陷北京，翰林学士项煜先投降，后逃

至南京，朝士以项有素望多护其短，拟官复原职。良弼独抗疏斥其为"窃逃偷生之臣"，朝士或讥其太激。后项煜奸迹败露，众皆服良弼先见之明。清兵南下，南京城陷，良弼欲归故里，病卒于福建。卒年四十二。著有《太湖用兵纪略》一卷。(《崇祯十年丁丑科进士三代履历》、乾隆《潮州府志》、乾隆《澄海县志》)——黄树雄　杨映红

【陈启光】

陈启光，潮阳隆井都（今属汕头潮南）人。知县陈猷玄孙。万历四十年（1612）举人。惇孝友，知节概，有先民遗风。（康熙《潮阳县志》、嘉庆《潮阳县志》）——陈新杰

【陈　铁】

陈铁，海阳人。举人陈钰弟。天顺三年（1459）举人。官福建汀州同知。（嘉靖《潮州府志》、光绪《海阳县志》）——陈贤武

【陈　纯】

陈纯，陈统之弟，海阳下外（今属汕头澄海）人。景泰四年（1453）举人，官福建古田知县。（嘉靖《潮州府志》、乾隆《澄海县志》）——黄树雄　杨映红

【陈　纲】

陈纲，字文举，潮阳县廓都人。景泰二年（1451）贡入国子监。授高州石城知县。时值岁饥，捐俸以赈流亡，至家属而下则常食以竹实。有恩信及民，且善捕盗。成化八年（1472），以总督军务都御史韩雍及镇守巡按官联章奏荐，遂擢高州通判，俾随副使孔镛抚治夷民。再迁庆远同知。纲为人辨给，有治才，雍每檄置幕下，咨以军事，遇敌辄出入阵中，能得士之死力。西贼闻其名多遁去。在庆远最久，卒于官。以子昂赠奉政大夫。（《明实录》、隆庆《潮阳县志》、《大清一统志》）——陈新杰

【陈者高】

陈者高，字心祷，澄海人，廪生。崇祯十七年（1644）应岁贡，辞不就。预感世道将变，尝行歌于市，且歌且泣，人皆以为狂生。明亡，题其门曰："世人皆无，吾岂独有；世人皆亡，吾岂独存。"遂闭户饿死。（康熙《澄海县志》、乾隆《潮州府志》）——黄树雄　杨映红

【陈其诏】

陈其诏，号行川，饶平秋溪都（今属潮州枫溪）人。嘉靖三十四年（1555）举人，历任广西武宣、江西余干知县。（康熙《饶平县志》、嘉庆《武宣县志》、光绪《余干县志》）——黄树雄

【陈其美】

陈其美，字卿实，海阳隆津都（今属潮州潮安）人。举人陈学可子。万历四年（1576）举人。少孤，

事母至孝，疾病不离侧，汤药必亲尝。上京赴试道卒。（乾隆《潮州府志》、光绪《海阳县志》）——陈贤武

【陈若山】

陈若山，揭阳人。居恒济人甚多，而取物甚薄。县尝遇寇，贼至其门，相戒莫犯若山。后经通判张大会等上报其事，当道奖给绢帛，优免徭役。年七十卒。（雍正《揭阳县志》）——孙杜平

【陈 英】

陈英，海阳人。天顺三年（1459）举人。官光禄寺署正。（嘉靖《潮州府志》、光绪《海阳县志》）——陈贤武

【陈尚志】

陈尚志，字士道，号练石山人，惠来大坭都（今属汕头潮南）人。琳子。崇尚理学，守身庄严。万历二十五年（1597）举人，杜门读书，不涉外事。家居滨海，适有番舶为飓风漂没，船夫及商人身负千金投宿，欲以尚志家为寄居之处，愿以金银相赠，尚志操持清介，谢绝金银。著有《桑梓会约》，每逢朔望之日，率乡人研讨学习。知县方之矩嘉其节概，结为莫逆之交。嗣子昌年，岁贡。（康熙《惠来县志》、雍正《惠来县志》）——周修东

【陈 尚[①]】

陈尚，见"方德"条。

【陈 尚[②]】

陈尚，海阳人。景泰元年（1450）举人。授广东惠州训导。（嘉靖《潮州府志》、光绪《海阳县志》）——陈贤武

【陈尚恪】

陈尚恪，海阳南桂都（今属潮州潮安）人。嘉靖年间（1522—1566）岁贡。授湖广衡州儒学教职。（顺治《潮州府志》、光绪《海阳县志》）——陈贤武

【陈 果】

陈果，字尚烈，海阳下外（今属汕头澄海）人。弘治八年（1495）举人，十六年（1503）任福建顺昌教谕。学行优长，教诱有道，徙县学于县治西，以培文风。正德七年（1512）擢衡山知县。（《弘治八年乙卯科广东乡试录》、正德《顺昌邑志》、康熙《澄海县志》、道光《衡山县志》）——黄树雄　杨映红

【陈国英】

陈国英，字六辅，惠来西头都（今属揭阳惠来）人。父其谕，县学生员，笃孝乐施，以淳厚为世所称。国英少年时选为县学廪膳生，攻苦为文，力摹先辈。九赴省试俱落第，以序应崇祯十七年（1644）岁贡。生平多大节，塾师吴达彝被仇诬盗，国英

代白其冤状，竟省费获释以归。遭乱不仕，吟咏自适。著有《青松居草》、《问禅篇》及《秋声集》，邑人方之孝序刻以传。子龙光，亦能诗，克世其业。（乾隆《潮州府志》、康熙《惠来县志》、雍正《惠来县志》）——周修东

【陈国卿】

陈国卿，字和介，号天陛，揭阳人。武进士陈强祖。少聪敏，精精学，工制举。髫龄补县学生。明末，九军贼刘公显率党攻县蓝田都，群盗响应，营其先人坟山。国卿闻讯，即以钱米往馈贼，请徙其营，贼止受金。国卿以贼重利轻谷，卜其必败，后果其然。入清，终身不出。康熙间（1662—1722）卒，年八十三。（乾隆《揭阳县志》、《石庵文集》）——孙杜平

【陈昌言①】

陈昌言，字可师，号试斋，饶平宣化都（今属潮州饶平）人。弘治五年（1492）举人，十年（1497）授广西郁林州学正，正德六年（1511）官湖广郴州知州。（康熙《饶平县志》、康熙《郴州志》、光绪《鬱林州志》、《东里志》）——黄树雄

【陈昌言②】

陈昌言（1496—？），字德夫，揭阳人。嘉靖二十三年（1544）进士，授山东平原知县。三十一年（1552），升国子博士。官终福建福州同知。（《嘉靖二十三年进士录》、雍正《揭阳县志》、乾隆《平原县志》、《钦定国子监志》）——孙杜平

【陈 录】

陈录，字光沛，号鼎漠，潮阳直浦都人。宋潮阳令汤征裔孙。官顺天府经历。（《柳冈陈氏族谱》）——陈新杰

【陈明表】

陈明表（1537—1600），字献夫，号北庭，陈鍚曾孙，饶平秋溪都（今属潮州枫溪）人。嘉靖三十七年（1558）举人，隆庆二年（1568）任福建清流教谕，隆庆四年（1570）被聘为江西乡试同考官，五年（1571）升广西平南知县，一意与民休息，故又被改为教职，补为柳州教授。不久父丧守制。万历十二年（1584）补南直松江教授，十四年（1586）升广西平乐通判，又以不忍催科对簿，遂辞归。家居十余年，万历二十八年（1600）卒。（《林忠宣公全集》、康熙《饶平县志》、康熙《清流县志》、崇祯《松江府志》）——黄树雄

【陈明禹】

陈明禹，海阳人。崇祯年间（1628—1644）贡生。授广东四会训导。（顺治《潮州府志》、光绪《海阳县志》）——陈贤武

【陈明俊】

陈明俊，饶平宣化都（今属潮州饶平）人。万历四十三年（1615）举人，官至教谕。（《东里志》、顺治《潮州府志》、康熙《饶平县志》）——黄树雄

【陈明职】

陈明职（1555—1624），字继录，号光宇，潮阳招收都（今属汕头濠江）人。万历三十年（1602）拔贡，初授大同府通判，转云南知州，升靖江府左长史。有经济才。（康熙《潮阳县志》、《豪山陈氏族谱》）——陈新杰

【陈明德】

陈明德（？—1535），字思准，学者称"海涯先生"，海阳辟望乡（今属汕头澄海）人。明德生而颖异。早年闻陈白沙之教，竟弃科举，苦心励行，人目为怪。后来从薛侃学习王阳明心学，又与杨骥兄弟聚讲金山。嘉靖七年（1528）拜谒王阳明于广州，学问益进。十一年（1532），薛侃筑宗山书院，延明德居之，十四年（1535），卒于书院。其为教，虽本于良知而其要必归于"孝、悌、忠、信"，故出其门者多践履笃实之士。广东学使魏校（1483—1543）督学至潮，欲延为生员师，不就。季本谪居揭阳，与明德为友，相得甚欢。四方知名之士来潮者，多造其门请益。（顺治《潮州府志》、康熙《澄海县志》、《薛侃集》）——黄树雄 杨映红

【陈临节】

陈临节，一名守命，字元赐，号瑞庭，潮阳直浦都人。宋潮阳令汤征裔孙。仕福建典史，升雷州大使。（《柳冈陈氏族谱》）——陈新杰

【陈　昂[①]】

陈昂，程乡东厢（今属梅州梅江）人。以资例授指挥使，多年赈助，屡奉奖励。弘治三年（1490），捐资重新文庙。十一年（1498），陈白沙先生作《修学记》，并书其名，以志劝云。（康熙《程乡县志》、乾隆《嘉应州志》）——黄晓丹

【陈　昂[②]】

陈昂，潮阳县廓都人。庆远同知陈纲子。弘治间（1488—1505）例监，官梧州通判。（隆庆《潮阳县志》）——陈新杰

【陈　昂[③]】

陈昂，海阳人。天顺八年（1464）岁贡。授广西柳州训导。（嘉靖《潮州府志》、光绪《海阳县志》）——陈贤武

【陈季芳】

陈季芳，字以华，潮阳举练都人。幼聪颖，博通经史。建文四年（1402）举人。永乐二年（1404）登进士，授户部主事，转行人司行人。

六年（1408），以平交趾功，朝廷赐金砂二斗，擢常州府知府。任间训导风俗，树立方轨，爱民重士。后以丁艰解官，士民攀辕不舍。服阕，起补建宁知府，政简刑清，所在多循吏声名。（雍正《广东通志》、嘉庆《潮阳县志》、光绪《潮阳县志》）——陈新杰

【陈秉铨】

陈秉铨，字公钥，潮阳县廓都人。广西副使惇临孙。生平好善。岁歉煮粥赈济，全活千人。万历四十六年（1618），大水，被漂没死者，随处收瘗之，给孤贫钱米，日以为常。先是惇临备兵右江，秉铨侍帷幄，多赞划。祖父殁，父母亦相继逝，独力拮据，抚异母弟尤笃。既乃读书国子监，受知于琅琊焦竑，与同郡林熙春为忘年友。晚年不复出，隐于所居之大观草堂，焦竑为之记。卒年七十三。（康熙《潮阳县志》、乾隆《潮州府志》）——陈新杰

【陈 岳】

陈岳，字舜咨，海阳人。正德十一年（1516）举人。嘉靖间（1522—1566）授福建怀集教谕。七年（1528）任浙江乡试同考官。嘉靖十五年至二十年（1536—1541）任广西横州知州。（嘉靖《潮州府志》、光绪《海阳县志》、《明代科举与文学编年》）——陈贤武

【陈 质】

陈质，字奇愚，海阳秋溪都人（今属潮州枫溪）人。父为军籍，明制当世袭为兵。质上京求免。明太祖特许之，谓国家得一卒易，得一才难。谕兵部豁其军籍，礼部允质入太学读书。后中洪武二十九年（1396）举人，授江西安福教谕。（顺治《潮州府志》、康熙《饶平县志》）——黄树雄

【陈所献】

陈所献，字君赓，号泰俞，世居海阳，籍隶普宁县学。幼丧父，家贫嗜学，其行为乡党所推重。天启元年（1621）举人。崇祯元年（1628）成进士，除保定推官。居官清约如寒士，公暇惟书史自娱。时有权势宦官至治所，官僚指其不为礼，几致祸，后闻其廉正，为之改容。上官交荐，将入吏部，骤卒于官，年四十八。柩归，行李萧然。（乾隆《普宁县志》、雍正《广东通志》、乾隆《潮州府志》、光绪《海阳县志》）——陈贤武

【陈 炜】

陈炜，海阳人。嘉靖元年（1522）贡生。授山东兖州训导。（顺治《潮州府志》、光绪《海阳县志》）——陈贤武

【陈学可】

陈学可，字子敬，号古亭，海阳

隆津都（今属潮州潮安）人。少从薛侃讲道中离山，得闻心学。嘉靖十九年（1540）举人。二十九年（1550）任福建泰宁令。邑故称盗薮，至收捕殆尽。毁淫祠，整风俗。三十年（1551）丁母忧。服阕，补直隶青阳令。豪户某坐罪，暮夜怀金求免。厉色却之，论如法。调湖广汉川。岁饥，多逋赋，上官檄催如星火。苦心调剂，民困苏而正供如额，咸推应变才。时朝廷兴土木，民不堪命。乃上书力请停采。远近皆蒙其福。逾年丁父艰，筑室墓旁。四十一年（1562）春，倭寇犯隆津，发其祖茔。携重资尾贼数百里赎遗骸归。哀毁不释，寻以疾卒。（乾隆《潮州府志》、光绪《海阳县志》、新编《泰宁县志》）——陈贤武

【陈学乾】

陈学乾，字子健，揭阳人。嘉靖十六年（1537）举人。二十年（1541），授南直亳州学正。历知福建泰宁、江西德安、湖广新化、广西平乐四县，政声大著。其在新化时，在县界设堡，请兵戍守，以绝盗患；在平乐时，修缮兵甲，训练土著，以息猺氛，二任政绩最伟。隆庆中（1567—1572），升江西南康通判，督理景德陶厂烧造。万历初（1573），迁本省南安同知。升王府长史。著有《陶政录》。子旸，监生，万历间（1573—1620）官南安府经历。（雍正《揭阳县志》、光绪《亳州志》、康熙《泰宁县志》、《德安县志》、同治《新化县志》、道光《宝庆府志》、光绪《平乐县志》、同治《南康府志》、《饶州府志》、万历《南安府志》、嘉靖《江西省大事志》）——孙杜平

【陈宗虞】

陈宗虞，字应明，号古崖，揭阳人。嘉靖七年（1528）举人第七名，授江西宜春知县。二十五年（1546），升陕西陇州知州。堂弟宗鲁，号印石。治《书经》，嘉靖二十五年（1546）中举人，初授福建光泽教谕。三十六年（1557），升南直扬州通判，调江西临江。宗虞嗣孙济时，号鼎衡，万历三十七年（1609）举人第三名，未仕卒。（《嘉靖二十五年广东乡试录》、万历《扬州府志》、康熙《袁州府志》、康熙《光泽县志》、康熙《陇州志》、雍正《揭阳县志》、《古溪陈氏族谱》）——孙杜平

【陈宗器】

陈宗器，饶平人，弘治十一年（1498）举人，曾任广西思恩知县，正德间（1506—1521）任惠州府归善知县。（康熙《饶平县志》、雍正《归善县志》）——黄树雄

【陈 建】

陈建（一作"陈建子"），字仰川，惠来县惠来都人。年轻时从商，

囤积居奇。邑中有狡黠者,窥其诚实易欺,付款时杂以劣币,积至年末,陈建开柜发现钱币真假相半,便将假钱择出而弃于河中。如是者数年,后人感其德,骗子遂绝迹。陈建延师课子,殷勤尽礼。其师清贫未能祭祀祖先,陈建代为置办祭品以祭祀。邑人重其德行,举为宾筵。子孙皆是有名生员,有梦弼者,顺治十二年(1655)恩贡。(雍正《惠来县志》)——周修东

【陈参前】

陈参前,海阳人。崇祯二年(1629)岁贡。授福建建宁推官。(顺治《潮州府志》、光绪《海阳县志》)——陈贤武

【陈承勋】

陈承勋,揭阳人。治《书经》,嘉靖三十一年(1552)中举人。初授湖广永兴教谕。隆庆间(1567—1572),升江西临江推官。会修府志,承勋协力赞成之。(雍正《揭阳县志》、《嘉靖三十一年广东乡试录》、万历《郴州志》、隆庆《临江府志》)——孙杜平

【陈孟壮】

陈孟壮,饶平宣化都人(今属潮州饶平)人。虽至贫,分毫不苟取。曾至黄冈贩米,归家量之,多一斗。黄冈距其家三十里,孟壮不惮路远送还。又曾渡海到南澳砍柴,因大风不能回,绝粮数日。同行者多盗田间番薯以食,孟壮以为不义,竟饿数日。其生平操行皆类此。(《东里志》、康熙《饶平县志》、《鹿洲集》)——黄树雄

【陈经效】

陈经效(1489—1539),字子献,号集斋,海阳人。进士陈轩子。嘉靖十六年(1537)贡生,官福建将乐训导。编有《〈四书〉、〈春秋〉、〈小学〉便览》。卒年五十二。(顺治《潮州府志》、光绪《海阳县志》、《潮州市文物志》)——陈贤武

【陈 垣】

陈垣,号五荣,海阳磁窑(今属潮州饶平)人。永乐九年(1411)举人,习《春秋》,未仕卒。垣为弘治十七年(1504)解元陈珫之叔祖。(《东里志》)——黄树雄

【陈 政】

陈政,海阳苏湾(今属汕头澄海)人。成化十年(1474)举人,官通城知县。(嘉庆《澄海县志》)——黄树雄 杨映红

【陈 荣】

陈荣,海阳人。洪武二十九年(1396)举人。官训导。(顺治《潮州府志》、乾隆《潮州府志》、光绪《海阳县志》)——陈贤武

【陈南野】

陈南野,潮阳竹山都人。时溢之

孙。初海上久安，诸寨圮废，因与其弟山谷浚渠列栅，以益其险。嘉靖三十八年（1559），倭寇袭凤山，南野独身率子弟负版锸先登，与众泣誓，定约束，勤兵以守。明年正月，复来攻。数月间，贼三度侵扰，南野登寨督战，乡之子弟亦无不以一当百者。贼兵屡有伤亡，终无可如何而去。南野以保障有功称于当时，副使林大春为之序。（《井丹诗文集》、康熙《潮阳县志》）——陈新杰

【陈思谦】

陈思谦（？—1536？），字益执，号碧洋，揭阳（今属汕头金平）人。知县陈世俊子。嘉靖四年（1525）广东乡试第一，明年联捷进士，授福建浦城知县。简亢严重，安善锄豪。浦俗尊尚浮屠，思谦毁其磬钵以铸祭器。民有"清如水，明如神"之歌。以忤按察罢归。十二年（1533），以荐复官，补北直抚宁。为政刑清讼简，吏畏民怀。在官八月，擢户部主事。旋以父讣归。服阕，将赴北，以病卒。思谦在京尝晤浙江王畿，由是潜心理学，与同乡薛侃、翁万达、林大钦书札往来，论学不倦。（《闽书》、康熙《抚宁县志》、《薛中离全集》、《翁东涯集》、《东莆文集》）——孙杜平

【陈钥】

陈钥，潮阳县廓都人。尝居竹山都凤山乡，后回迁。举人陈珙孙。嘉靖十三年（1534）举人，任河南涉县知县。二十一年（1542），任竹溪县知县，时县经寇乱，复业者少，钥劳心抚字，劝民耕作，申请减溪民赋税十分之三，民怀安宅之乐。聪明俊雅，政教严明，祀名宦祠。两校南畿、湖广试事。有诗数首存世。（雍正《河南通志》、《凤山文献录》、《大清一统志》、同治《竹溪县志》、《潮州西湖山志》）——陈新杰

【陈钦】

陈钦，潮阳举练都人。景泰四年（1453）举人，官宣平教谕。（嘉靖《潮州府志》、隆庆《潮阳县志》）——陈新杰

【陈钦宸】

陈钦宸，字国学，潮阳县廓都人。宋进士存义之裔。万历元年（1573）举人，初授新会教谕，迁光化知县。有豪强欺压孤弱，事发，贿以千金，却而收治法办。又捐俸修葺文庙，新襄阳岳祠，刊刻《杜子美全集》等。致仕归，士民勒石，推为"廉介第一"。（康熙《潮阳县志》、乾隆《潮州府志》）——陈新杰

【陈香】

陈香，海阳人。天顺二年（1458）贡生。官广西柳州卫知事。（嘉靖《潮州府志》、光绪《海阳县志》）——陈贤武

【陈复昌】

陈复昌,潮阳县廓都人。宋潮阳县令仕颖裔孙。建文元年(1399)举人,官金华知县。有陈氏谱序一篇存世。(嘉靖《潮州府志》、隆庆《潮阳县志》)——陈新杰

【陈 修】

陈修,海阳人。永乐二十一年(1423)举人。官顺天冀州知州。(嘉靖《潮州府志》、光绪《海阳县志》)——陈贤武

【陈 俊】

陈俊,号拔林,揭阳人。天启元年(1621)举人第十一名。尝与缙绅同修涵元塔,赎回双峰寺租。卒年仅三十,知县冯元飚亲至其家祭奠。(雍正《揭阳县志》、民国《潮州陈氏有庆堂族谱》)——孙杜平

【陈 衍】

陈衍,海阳下外(今属汕头澄海)人。景泰元年(1450)举人。成化三年(1467)任广东吴川知县。秉心清慎,处事公平。劝农兴学,革弊除奸,士民悦服。卒于官,舆论惜之。(嘉靖《潮州府志》、康熙《澄海县志》、崇祯《吴川县志》)——黄树雄 杨映红

【陈衍祺】

陈衍祺,潮阳县廓都人。天启间(1621—1627)拔贡,官徐州判官。(康熙《潮阳县志》)——陈新杰

【陈胤庆】

陈胤庆(1558—1645),字奕载,号鸿祈,潮阳县廓都人。广西副使惇临子。县学生,恩荫监生,敕授登仕左郎、鸿胪寺序班,册封靖江王钦诏两广正使特从,经筵覃恩,领赏二次,累举乡宾饮正。闻京畿陷没,愤郁不食数日,终于正寝。葬石坟粮石山下,按察使、进士杨佐国行县勒碑。(《潮阳陈氏族谱》、康熙《潮阳县志》、光绪《潮阳县志》)——陈新杰

【陈 亮】

陈亮,海阳人。洪武二十年(1387)举人。官江西进贤教谕。(嘉靖《潮州府志》、光绪《海阳县志》)——陈贤武

【陈彦恭】

陈彦恭,海阳人。永乐间(1403—1424),尝以学官论征交趾事忤文皇帝,旨谪遣从英国公张辅南伐。间关戎行,备尝辛苦。及归,复教职。复上章陈天下利病于朝班之间,其名遂显。任国子助教,卒于任。(嘉靖《潮州府志》、光绪《海阳县志》)——陈贤武

【陈 总】

陈总,字宗纪,号庸淡,潮阳直浦都人。宋潮阳令汤征裔孙。敦笃之士,为众所重。永乐十七年(1419)续修宗谱,有功于族,解元刘玘为撰

序。(《柳冈陈氏族谱》)——陈新杰

【陈举立】

陈举立,海阳人。万历十三年(1585)岁贡。授淮府教授。(顺治《潮州府志》、光绪《海阳县志》)——陈贤武

【陈　洸】

陈洸(1478—1534),字世杰,号东石,潮阳贵山都人。南京户科给事中江从弟。正德二年(1507)举人。六年(1511)登进士,授户科给事中。是年冬谒王阳明,为王门弟子。转北京吏科给事中,会议大礼,洸抗疏,附尚书席书议,为科道官所劾。初洸以进士守制居乡,与潮阳知县宋元翰不相能,互攻讦,酿成大案。嘉靖七年(1528),元翰削职为民,洸冠带闲住。有诗文若干存世。(《明实录》、《王阳明全集》、《山斋文集》、嘉庆《潮阳县志》)——陈新杰

【陈　宪】

陈宪(1452—1526),字崇章,号石城,一号直庵。饶平宣化都(今属潮州饶平)人。父华,寿逾百龄。宪受学于内兄曹宗,治《春秋》。成化十六年(1480)中举人。是科为饶平置县后首科。饶平五人及第,又皆治《春秋》,乡人以为祥瑞,县城为建五麟坊。授南直临淮教谕。丁母忧,服满,补北直武清县教谕,调福建莆田教谕,弘治十七年(1504)升邵武府教授。明武宗正德(1506—1521)初,许内外官员父母年老者告归侍亲,终养复职。宪遂以父老归养,同僚绘《辞禄归养图》以荣其行。父没逾三载,始进京铨选,正德九年(1514)授漳州教授。后辞归,卒于家。宪一生为教职,以施教造士为职责。然遇时政有不便于民者,辄择机陈于当道,惠民不浅。(《东里志》、康熙《饶平县志》、嘉靖《邵武府志》、万历《漳州府志》)——黄树雄

【陈祖训】

陈祖训,潮阳峡山都人。崇祯十五年(1642)举人。生平淡泊自守,耻于干谒。讲明《尚书正义》,门徒从游者甚众。父八旬余,孺慕承欢,老而益挚,以孝行闻。清康熙十一年(1672),知县张宏美聘修县志,虽未成书,而百余年之参稽,遂斐然可观矣。(康熙《潮阳县志》、乾隆《潮州府志》)——陈新杰

【陈　昶】

陈昶,海阳人。永乐二十一年(1423)贡生。官云南都司。(嘉靖《潮州府志》、光绪《海阳县志》)——陈贤武

【陈　统】

陈统,海阳(今属汕头澄海)人。宣德元年(1426)举人第三名,

官福建古田教谕。（顺治《潮州府志》、乾隆《澄海县志》）——黄树雄 杨映红

【陈 哲】

陈哲，字奂明，号柳山，潮阳直浦都人。宋潮阳令汤征裔孙。刚正有方，授义官。倡立始祖蒸尝。（《柳冈陈氏族谱》）——陈新杰

【陈 珖】

陈珖（1474—?），字朝用（一作"朝川"），号竹邻，饶平磁窑（今属潮州饶平）人。陈同安第五子，周用妹婿。弘治十七年（1504）解元。正德十二年（1517）任广西平乐同知。嘉靖十一年（1532）擢南京户部员外郎，分司杭州北关，嘉靖十二年（1533）以"素行不谨"被黜。（《东里志》、万历《杭州府志》、康熙《平乐县志》、《饶平县志补订》）——黄树雄

【陈 珠】

陈珠，海阳人。天顺年间（1457—1464）贡生。授广西柳州训导。（嘉靖《潮州府志》、光绪《海阳县志》）——陈贤武

【陈 珽】

陈珽，海阳人。成化十三年（1477）举人。授江西上犹教谕。（嘉靖《潮州府志》、光绪《海阳县志》）——陈贤武

【陈 珣】

陈珣，海阳人。宣德元年（1426）举人。授广西马平训导。（嘉靖《潮州府志》、光绪《海阳县志》）——陈贤武

【陈 致】

陈致，字宗宁，号归田，潮阳直浦都人。宋潮阳令汤征裔孙。任广东布政使司属官。创修宗谱。（《柳冈陈氏族谱》）——陈新杰

【陈振翩】

陈振翩（1577—1643），字大猷，号图南，潮阳招收都人。宋潮州知州开峰裔孙。崇祯六年（1633）岁贡，任肇庆开建训导。莅任，慨学宫久圮，遂捐俸起建学宫，修复射圃社学，及创建两学廨舍。上廉其能，交章推荐，委署合浦县事。历东安教谕，升廉州教授。所至有声，卒于任。（康熙《潮阳县志》、《豪山陈氏族谱》）——陈新杰

【陈致中】

陈致中，程乡人。医士，任本县医学训科。（康熙《程乡县志》）——黄晓丹

【陈 钰】

陈钰，海阳人。景泰元年（1450）举人。授广西庆远府训导。（嘉靖《潮州府志》、光绪《海阳县志》）——陈贤武

【陈　高】

陈高，海阳人。嘉靖年间（1522—1566）岁贡。授广西横州训导。（顺治《潮州府志》、光绪《海阳县志》）——陈贤武

【陈　益】

陈益，号陶隐，海阳南桂都（今属潮州潮安）人。洪武年间（1368—1398）岁贡。由山东淄川知县嗣调湖广按察司知事。民国《潮州陈氏友庆堂族谱》名作"陈谦"。（嘉靖《潮州府志》、光绪《海阳县志》）——陈贤武

【陈　祥】

陈祥，程乡人。以文学任浙江西安知县。（康熙《程乡县志》）——黄晓丹

【陈继英】

陈继英，字用明，海阳下外（今属汕头澄海）人。府学生员。嘉靖十三年（1534）举人，授江西崇义教谕，二十二年（1543）被聘为应天乡试同考官。二十六年（1547）升江西吉安龙泉知县。（《嘉靖十三年甲午科广东乡试录》、《嘉靖二十二年癸卯科应天府乡试录》、康熙《澄海县志》、康熙《龙泉县志》）——黄树雄　杨映红

【陈继登】

陈继登，澄海人，居海阳。天启七年（1627）举人。曾任广东遂溪教谕。（康熙《澄海县志》、乾隆《潮州府志》、光绪《海阳县志》）——黄树雄　杨映红

【陈骏惠】

陈骏惠，澄海鮀江（今属汕头金平）人。万历十年（1582）举人。授广东连州学正。升福建长汀知县，曾募修仙隐观。（康熙《澄海县志》、乾隆《连州志》、乾隆《长汀县志》）——黄树雄　杨映红

【陈　理】

陈理，字子文，号和斋，晚号竹居子，饶平宣化都（今属潮州饶平）人。成化十六年（1480）举人，十七年（1481）授山东庆云训导。弘治初年（1488），朝廷有就近养亲之例，遂移江西德兴训导。居职崇风化，严规约。又与致仕在籍的南京礼部尚书孙需相唱和，声名大著。擢福建浦城知县。廉以律身，严以驭下，惠以治民。得疾，遂弃官归。居乡以道义结社，为世所宗。嘉靖初，广东学使魏校聘为大馆师。循循善诱，品藻公明，地方人才多出其门。（《东里志》、康熙《饶平县志》、咸丰《庆云县志》、顺治《浦城县志》）——黄树雄

【陈　理】

陈理，号恒坦，揭阳（今属潮州潮安）人。景泰元年（1450）举人第十八名，天顺元年（1457）会试乙

榜。有诗文集传世。(雍正《揭阳县志》、《龙溪陈氏族谱》)——孙杜平

【陈　教】

陈教,潮阳县廓都人。永乐三年(1405)乡试第二,官丹阳训导。(嘉靖《潮州府志》、隆庆《潮阳县志》)——陈新杰

【陈　敏】

陈敏,海阳人。天顺六年(1462)举人。授福建兴化训导。(嘉靖《潮州府志》、光绪《海阳县志》)——陈贤武

【陈惇临】

陈惇临(1539—1606),字彦庄,潮阳县廓都人。知府瑞龙子。隆庆元年(1567)举人。万历十四年(1586)登进士,谒选闽县知县,下车裁冗费,罢渔饷,惩恶雪冤,宽以因事,民循之,治第一。疏论人才,搜隐逸,用直臣;又条奏救荒六事,上谕可。授湖广佥事,设社仓,置学田。移辖湖南,分守上湖南道。调南京广西道监察御史,平思明府叛乱,论功晋广西右参议,分守左江。值交南款关入贡,上命督师验实。统诸司抵镇南关,宣布朝廷德威,交人帖服。而惇临竟以深入不毛,卧疾卒。赠太仆寺少卿。子文明,万历十九年(1591)举人。(《方麓集》、万历《福州府志》、康熙《潮阳县志》、雍正《湖广通志》、雍正《广西通志》)——陈新杰

【陈添民】

陈添民,海阳苏湾(今属汕头澄海)人。洪武年间(1368—1398)举儒士,任程乡训导。(嘉靖《潮州府志》、乾隆《嘉应州志》)——黄树雄　杨映红

【陈添桂】

陈添桂,海阳人。诸生庄苾之家僮。苾家故饶。隆庆二年(1568),林道乾破东沟寨,庄生阖门匿复壁中,添桂被获。寇穷其主所在,添桂答以避走入郡。贼怒,初断左手,不吐。复断右足,亦不吐。贼怒甚,断其头去。生在复壁中备闻其语,出见遇害状,哭之。恸葬以子礼。每伏腊祭报为常。(《林忠宣公全集》、顺治《潮州府志》、光绪《海阳县志》)——陈贤武

【陈　渊】

陈渊,饶平下岱(今属潮州饶平)人。性孝友。年十六丧父,事母笃谨。抚育二幼弟成立,分产自受其瘠者。后二弟亡,渊复抚二弟之子。处乡和易,德行素孚于人,人有争者,一言即解。(光绪《饶平县志》)——黄树雄

【陈谋道】

陈谋道(1601—1667),字念一,号兆荣,潮阳黄陇都(今属汕头潮南)人。揭阳县学生。有七律一首存

世。(《陈氏族谱》)——陈新杰

【陈　谏】

陈谏,潮阳人。嘉靖三年(1524)贡生,官修仁教谕。(嘉靖《潮州府志》、隆庆《潮阳县志》)——陈新杰

【陈　琥】

陈琥,海阳人。弘治四年(1491)贡生。授训导。(嘉靖《潮州府志》、光绪《海阳县志》)——陈贤武

【陈　琠】

陈琠,揭阳(今属潮州潮安)人。嘉靖三十三年(1554)贡生,授广西思恩训导,升福建永定教谕。教学有法,士子宗之。琠初从王守仁学,得致良知之学。归里授徒,从游日众。致仕后,益砺志节。(乾隆《揭阳县志》)——孙杜平

【陈紫微】

陈紫微(一作"陈紫薇"),号懋斋,饶平宣化都(今属潮州饶平)人。正德十一年(1516)举人,江西饶州教授。(《东里志》、康熙《饶平县志》、同治《饶州府志》)——黄树雄

【陈景遇】

陈景遇,潮阳县廓都人。广西副使惇临曾孙。岁贡,官安定训导。(康熙《潮阳县志》、嘉庆《潮阳县志》)——陈新杰

【陈　铿】

陈铿,号澹薄,海阳南桂都(今属潮州潮安)人。永乐九年(1411)岁贡。授工部主事。(嘉靖《潮州府志》、光绪《海阳县志》、民国《潮州陈氏友庆堂族谱》)——陈贤武

【陈舜文】

陈舜文,号清溪,程乡西阳(今属梅州梅江)人。弱冠食饩于庠,力行孝弟,兄析产而贫,复延同居。兄死,以祖居让其子,兄二子三女咸使婚嫁得所。嘉靖间(1522—1566)以岁贡授澄迈训导,深得士心,致仕归,立社学以教育子弟。又注《乡约六训书》,朔望与乡人讲习。丧事不用浮屠,皆依文公家礼。嘉靖末(1566)群寇横行,独不犯其乡。(顺治《潮州府志》、乾隆《嘉应州志》、光绪《嘉应州志》)——黄晓丹

【陈　童】

陈童,海阳人。洪武二十九年(1396)举人。官福建清流教谕。(嘉靖《潮州府志》、光绪《海阳县志》)——陈贤武

【陈　谟】

陈谟,海阳人。成化二年(1466)岁贡。授王府纪善。嘉靖四十年(1561)至隆庆三年(1569)任广西上思州知州。(嘉靖《潮州府志》、光绪《海阳县志》、新编《上

思县志》）——陈贤武

【陈 瑚】

陈瑚，饶平人，陈同安四子，陈珖之兄。正德十一年（1516）岁贡，嘉靖六年（1527）任泗水训导。（《东里志》、光绪《泗水县志》）——黄树雄

【陈瑞龙】

陈瑞龙（1516—1562），字体乾，别号云涧，潮阳县廓都人。儒士成周子。嘉靖十六年（1537）举人。二十九年（1550）成进士。越二年，授南京户部主事。三十五年（1556），转员外郎，会有诏修高庙园陵，当事者特才公，擢工部郎中。乃简役度材，节繁汰冗，亲执朴行筑，而挞其不勉者。甫九月而工竣，迁一级，铨转兴化知府。由是取道还潮，奉其母如兴化官邸。四十一年（1562），母卒，哀毁扶柩将归。倭寇侦知，猝集兴化城下，客兵又乘衅通贼，孤城危急。城中父老无不涕泣请留者，而当事督抚亦移书强起视事。瑞龙乃缟素行师，调水军一万与其所部丁壮夹击据守之。又募山中射虎者，协水兵，授以方略，夜捣贼营，贼大溃败。然竟忧劳过度，疽发背，卒。百姓哀之。后两月，州城遂陷。子三：长惇临，进士；次惇复，庠生；次惇渐，监生。（隆庆《潮阳县志》、康熙《潮阳县志》、雍正《广东通志》、《潮州

西湖山志》）——陈新杰

【陈 瑄】

陈瑄，海阳人。正统九年（1444）举人。授国子监博士。（嘉靖《潮州府志》、光绪《海阳县志》）——陈贤武

【陈献经】

陈献经，揭阳人。嘉靖二十二年（1543），以《书经》中式第十二名举人。（雍正《揭阳县志》、《嘉靖二十二年广东乡试录》）——孙杜平

【陈 鉴】

陈鉴，号西河，揭阳人。少即倜傥，侍叔恭谨。洪武年间（1368—1398），叔坐事远戍陕西。鉴悯叔未有后，毅然请以身代。后殁于戍所。族人义之，将其配祀祖祠。崇祯间（1628—1644），诸生陈仕清特为之传。（雍正《揭阳县志》、《西寨村志》）——孙杜平

【陈 猷】

陈猷，字康年，潮阳隆井都（今属汕头潮南）人。弘治五年（1492）举人。初授广西临桂知县，改灌县。正德十一年（1516），任恭城知县。所在多治绩。时源瑶不靖，猷修缮兵甲、训练土著以保障地方。又修学校、葺县治。后卒于官，士民哀之。（《粤西文载》、康熙《潮阳县志》、雍正《广西通志》、嘉庆《潮阳县志》）——陈新杰

【陈　瑸】

陈瑸，字宾王，一字息六，号利宾，又号亶洲，福建漳州镇海卫籍。少随父游潮，寻卜居南澳隆澳后宅乡，遂为澳人。瑸受业于黄道周之门，磊落有壮志，尤喜谈兵。由漳州镇海卫学中天启元年（1621）举人，五年（1625）登进士第。旋授浙江慈溪知县。县滨海，刘香等海上活动猖獗，瑸设法防御，民赖以安。复筑河渠，兴利除弊，与民休息。丁艰，服阕补永嘉令。又迁江西袁州推官。内升户部，出为湖广参议，适排瑶动乱，乃提师平息。会张献忠攻破荆、襄，陷常、澧。当事移专阃湖南，奉敕提调七省军务。瑸于衡、永募得精兵六百人，将士皆奋勇争先，遂复常、武。乘胜入澧州，凯奏回常德。未几，张献忠复犯澧州，瑸檄四川总兵温如征率兵五千守常、武，如征弃城西奔，瑸腹背受敌，崇祯十六年（1643）十二月八日因众寡不敌。师溃，瑸被杀。事闻，赠都察院右副都御史，予特祠，赐祭葬，谥"忠贞"，荫一子。漳人哀之，以瑸与道周、陈士奇原系同里师友，为勒"三忠碑"于铜山之麓，永志忠荩。清康熙三十七年（1698），与士奇并祀漳州漳、浦县两学乡贤。乾隆四十一年（1776），追谥忠烈。（民国《南澳县志》、《饶平县志续补》）——黄迎涛

【陈嘉猷】

陈嘉猷，惠来西头都人。嘉靖十五年（1536）岁贡，授浙江温州泰顺教谕，升温州训导。（乾隆《温州府志》、乾隆《潮州府志》）——周修东

【陈　铡】

陈铡，饶平秋溪都（今属潮州潮安）人。弘治五年（1492）举人，正德三年（1508）任湖广鄳县知县。鄳县原无城，流贼为害，铡始议建城。（嘉靖《衡州府志》、康熙《饶平县志》）——黄树雄

【陈端言】

陈端言，号警凡，饶平秋溪都（今属潮州枫溪）人。隆庆元年（1567）举人，万历九年（1581）任江西袁州推官。沉静清严，惠威并用。民以讼至，细心剖决，吏胥不能作奸。署宜春知县。库吏盗金钱，事觉，必置于法，绝不假贷，一郡肃然。十五年（1587）任福建泉州同知，十九年（1591）改浙江衢州同知。时人称其哲状有四，而要归之于"清"。（康熙《饶平县志》、万历《泉州府志》、天启《衢州府志》）——黄树雄

【陈　慧】

陈慧，海阳（今属潮州）人。崇祯二年（1629）恩贡。官广东阳春知县。（乾隆《潮州府志》、光绪

《海阳县志》）——陈贤武

【陈璋】

陈璋，字邦玉，号怡重，揭阳人。成化十六年（1480）举人，未仕卒。（雍正《揭阳县志》、民国《潮州陈氏有庆堂族谱》）——孙杜平

【陈璇】

陈璇，字治之，学者称为会川先生，揭阳人。正德十四年（1519）举人。嘉靖十一年（1532），授广西灵川教谕。在任大修学校，毁淫祠。其教学以躬行实践为本。升堂讲经，娓娓不倦。对待学生，爱如子弟，或有贫困，常予资助。二十三年（1544），升福建松溪知县。政简刑清，颇受县民爱戴。（雍正《揭阳县志》、民国《灵川县志》、康熙《松溪县志》）——孙杜平

【陈敷】

陈敷，海丰龙溪都（今属揭阳惠来）人。天顺八年（1464）贡生，仕广西南宁知事。（雍正《惠来县志》）——周修东

【陈镐】

陈镐，揭阳蓬洲（今属汕头市区）人。永乐十八年（1420）举人，官光禄寺署正。（嘉靖《潮州府志》、康熙《澄海县志》）——黄树雄 杨映红

【陈德纯】

陈德纯，海阳上莆都（今属潮安）人。嘉靖二十八年（1549）举人。三十五年（1556）任浙江龙游教谕，升湖广临湘知县。寿九十三。（顺治《潮州府志》、光绪《海阳县志》、天启《衢州府志》、《潮州市文物志》）——陈贤武

【陈德麟】

陈德麟，海阳人。明初以举书律授刑部主事。（嘉靖《潮州府志》、光绪《海阳县志》）——陈贤武

【陈侗】

陈侗，字元广，号粹然，潮阳直浦都人。宋潮阳令汤征裔孙。有善举，授义官、承事郎。（《柳冈陈氏族谱》）——陈新杰

【陈徵】

陈徵，潮阳县廓都人。鼎恭侄。成化九年（1473）贡生，官南安训导。（嘉靖《潮州府志》、隆庆《潮阳县志》）——陈新杰

【陈褒】

陈褒，号敏轩，陈宪子，饶平宣化都（今属潮州饶平）人。正德八年（1513）举人。官至知县。（《东里志》、康熙《饶平县志》、乾隆《潮州府志》）——黄树雄

【陈器玉】

陈器玉，海阳人。宣德十年（1435）贡生。官重庆同知。（嘉靖《潮州府志》、光绪《海阳县志》）——陈贤武

【陈　衡】

陈衡，海阳下外（今属汕头澄海）人。景泰四年（1453）举人，曾任江西安远教谕。（嘉靖《潮州府志》、康熙《澄海县志》）——黄树雄　杨映红

【陈　璨】

陈璨，字崇文，海阳人。举人陈珣弟。景泰四年（1453）举人。成化四年（1468）任江西袁州万载知县，律己莅事，兴利除害，廉干日著。五年（1469）亢旱，十年（1474）霖雨，害苗稼特甚，时又猛虎当道咥人，璨祷于城隍之神，旱则雨降，霖则晴应，虎则他逸，邻邑称为"三异"。时常有盗贼出没，设法略缉捕。远近复有除害之誉。成化十三年（1477）刻印过沐景颐辑《沧海遗珠》四卷。（嘉靖《潮州府志》、光绪《海阳县志》、民国《万载县志》、《中国古籍版刻辞典》）——陈贤武

【陈　懋①】

陈懋，号盛之，海阳南桂都（今属潮州潮安）人。天顺八年（1464）贡生。官广西庆远府推官。（嘉靖《潮州府志》、光绪《海阳县志》、民国《潮州陈氏友庆堂族谱》）——陈贤武

【陈　懋②】

陈懋，字子㳺，号恬斋，饶平大埕（今属潮州饶平）人。成化二十三年（1487）以岁贡入大学读书，正德元年（1506）授雍府审理，改广西藤县知县，因见催科鞭民于道，心有不忍，遂自请改教职，遂调为广西柳城教谕，秩满归乡。懋好学不倦，老而弥笃。嘉靖（1522—1566）初，广东学使魏校聘为大馆师。懋立身清白，一尘不染。卒，竟至贫不能葬，得饶平县令罗胤凯等捐助，始得安葬。祀乡贤。（嘉靖《潮州府志》、《东里志》、康熙《饶平县志》）——黄树雄

【陈　颢】

陈颢，潮阳招收都（今属汕头濠江）人。隐士孔诚子。天顺六年（1462）举人，官吴江教谕。（嘉靖《潮州府志》、隆庆《潮阳县志》、吴宽《家藏集》）——陈新杰

【陈　彝】

陈彝，海阳（今属潮州饶平）人。刚正有勇力，为乡人所推。宣德元年（1426），倭寇在通事刘秀勾引下，入泊湾港，肆掠乡里。陈彝时年已迈，率众拒之。倭寇集兵攻其乡，民众走避莲花、鲤鱼二寨。彝遂率众下山力战，杀其头目，倭寇大败，争相登舟入海。彝乘胜追击，杀敌无数，地方遂安。（顺治《潮州府志》、康熙《饶平县志》）——黄树雄

【陈　骥】

陈骥（1412—1479），字伯谦，

揭阳（今属潮州潮安）人。参政陈仕宝父。府学生。后以子贵，累封南京户部郎中。生平秉德蹈义，读书好古，乡人称之为"守道先生"，给事中潮阳萧龙为作《守道说》。（《龙溪陈氏族谱》、《潮州耆旧集》）——孙杜平

【陈 瓒】

陈瓒，潮阳县廓都人。宣德元年（1426）举人，官上犹训导。（嘉靖《潮州府志》、隆庆《潮阳县志》）——陈新杰

【陈 耀】

陈耀，海阳人。永乐十八年（1420）举人。授兵科给事中。（嘉靖《潮州府志》、光绪《海阳县志》）——陈贤武

【陈 毯】

陈毯，字孟符，号玉浦，潮阳直浦都人。宋潮阳令汤征裔孙。正统间（1436—1449），捐粟一千六百斛济饥，授义官。（《柳冈陈氏族谱》）——陈新杰

【陈 馨】

陈馨，字敬郁，号确坡处士，潮阳直浦都人。宋潮阳令汤征裔孙。庭训有方，人皆称之。卒之日，吊者盈门。弟子揭阳林松吊以诗云："不见先生面，只见先生子。先生子皆贤，先生死不死。"（《柳冈陈氏族谱》）——陈新杰

八 画

【范守志】

范守志，潮阳峡山都人。万历七年（1579）举人，官资阳知县。（康熙《潮阳县志》）——陈新杰

【范时馨】

范时馨，潮阳峡山都人。万历七年（1579）举人，官抚宁知县。（康熙《潮阳县志》）——陈新杰

【范嘉桂】

范嘉桂，号丹阳，潮阳峡山都人。嘉靖三十七年（1558），与侄时芳中同榜举人。翌年，会榜，以溢额见遗，授永兴知县。居官慈善正直，冰洁自守，修儒学。寻改楚府审理正。卒后祀永兴名宦祠。（康熙《潮阳县志》、雍正《福建通志》、嘉庆《潮阳县志》）——陈新杰

【林一豸】

林一豸，字子明，揭阳人。嘉靖十三年（1534），治《书经》，中式举人第六十五名。（雍正《揭阳县志》、《嘉靖十三年广东乡试录》）——孙杜平

【林一星】

林一星，海阳人。嘉靖年间（1522—1566）贡生。授广西河池州学正。（顺治《潮州府志》、光绪《海阳县志》）——陈贤武

【林一清】

林一清,海阳人。嘉靖元年(1522)举人。官湖广永明知县。(顺治《潮州府志》、光绪《海阳县志》)——陈贤武

【林一新】

林一新,惠来西头都人。万历三年(1575)拔贡,仕汀州清流学训导,升肇庆府学教授。(乾隆《潮州府志》、同治《汀州府志》)——周修东

【林干】

林干,海阳人。永乐六年(1408)举人。官广西柳州教授。(嘉靖《潮州府志》、光绪《海阳县志》)——陈贤武

【林士选】

林士选,平远大柘(今属梅州平远)人。永乐初举人材科,任河南左布政使。(康熙《程乡县志》)——黄晓丹

【林士科】

林士科,号登明,饶平人。弱冠为普宁学廪生,为人静默寡言。崇祯十三年(1640),诏内外四品以上官,各举堪为州县一人,尚书黄锦荐士科,为"庚辰特用",授江西新城知县。时土寇名花殃者,横行数十年,士科到任,选丁壮,授方略,直捣贼巢擒获,民赖以安。(乾隆《普宁县志》)——陈新杰

【林大有】

林大有(1515—?),字端时,号东庐,潮阳县廓都人。嘉靖十三年(1534)举人。以治《书经》登十七年进士,授户部主事。先后奉诏督河南、山东、江西漕运,清除积弊,挽输无滞。差竣,转户部员外郎,出任袁州同知。严嵩延之,不肯附。时嵩所私之人犯法,置于理,嵩衔之,改福建盐运司同知。任间恤商便民,馈遗悉却,闽人于水口立生祠祝之。秩满告归,祭酒邹守益作《廉说》以赠。(《嘉靖十七年进士登科录》、万历《福州府志》、康熙《潮阳县志》)——陈新杰

【林大达】

林大达,潮阳人。庠生。隆庆六年(1572),分校《潮阳县志》。(隆庆《潮阳县志》)——陈新杰

【林大材】

林大材,字和坡,潮阳峡山都人。倭寇乱,母与兄俱窜,误陷贼营。大材只身冒险寻得其兄,因相与救母脱于难。至于创祭业、敦族谊、施恩于人,不告人知,有陈太丘之行。以子萃芳贵,赠户部主事。(康熙《潮阳县志》、乾隆《潮州府志》)——陈新杰

【林大春】

林大春(1523—1588),字邦阳,号井丹,潮阳县廓都人。少嗜

《史》、《汉》,工古文辞。嘉靖二十九年(1550)进士。除行人,两使秦中、泉南,藩王及大臣以金帛赠,却之。晋户部主事,奉命使辽东,赍帑二十五万给军。转员外郎,出为湖广江防佥事,丁内艰归。四十二年(1563),起补河南睢陈道佥事,驻扎陈州。执法不避权贵,忤故相高拱,调去。四十五年(1566),拱免相,起广西苍梧佥事。改浙江提学佥事,奉诏选贡士,皆得人,吏部尚书杨博廉其能,晋秩副使,浙江提学如故。迨高拱复相,遂罢归。家居十八年,杜门著述。于桑梓利病必备悉达之官,时倭寇攻城,大春与知县郭梦得,募丁壮捍卫,城赖以安。招收都混迹蒮苻,当道欲遣师屠之,春为力阻,全活万人。尝奉诏预修《世庙实录》,隆庆六年(1572),纂修《潮阳县志》,时称良史才。著《井丹诗文集》十八卷。祀郡乡贤祠。(《大清一统志》、顺治《陈州志》、康熙《潮阳县志》、乾隆《潮州府志》、《粤西文载》)——陈新杰

【林大钦】

林大钦(1511—1545),字敬夫,号东莆。海阳东莆都(今属潮州潮安)。幼聪颖嗜学。以不足二十一周岁折桂嘉靖十一年(1532)壬辰科状元,授翰林院修撰,是潮汕唯一一位文科状元。是科主考官夏言事先按"成式"要求贡士"毋立异",并按此精神选定二卷。林大钦因外出而文风与成式不类,其卷违例,原是选不上,吏部尚书汪鋐得之,以示大学士张孚敬。已定二卷,览之曰:"虽破格,甚明健可诵也。"取为第三。既呈览,上御批第一。因座师张、汪二人时被目为"奸佞",故在中状元三年后,即以母老乞归,结讲堂于桑浦华岩山,与乡子弟讲贯六经,究性命之旨。有《东莆先生文集》六卷。(顺治《潮州府志》、光绪《海阳县志》、《林大钦集》、《皇明三元考》)——陈贤武

【林大俊】

林大俊,揭阳人。嘉靖年间(1522—1566)贡生。四十年(1561),授南直高邮学正。终益府教授。(乾隆《揭阳县志》、光绪《处州府志》)——孙杜平

【林大策】

林大策,普宁人。万历间(1573—1619)贡生。仕知州。(乾隆《普宁县志》)——陈新杰

【林万化】

林万化,惠来酉头都(今属揭阳惠来)人。隆庆六年(1572)岁贡,仕乳源教谕。子应楚,贡生。(乾隆《潮州府志》)——周修东

【林万春】

林万春,海阳上莆都(今属潮州

潮安）人。万历二十九年（1601）岁贡。官广西宜山知县。（顺治《潮州府志》、光绪《海阳县志》）——陈贤武

【林　义】

林义，海阳人。正统十年（1445）进士。官大理寺评事。（嘉靖《潮州府志》、光绪《海阳县志》）——陈贤武

【林子仪】

林子仪，潮阳人。儒士。景泰六年（1455），预修《潮阳县志》。（隆庆《潮阳县志》）——陈新杰

【林子峻】

林子峻，海阳人。举人林桂森孙。嘉靖二十二年（1543）举人。嘉靖间（1522—1566）任福建罗源知县。隆庆二年至五年（1568—1571）任广西灌阳知县。（顺治《潮州府志》、光绪《海阳县志》）——陈贤武

【林友珩】

林友珩，平远人。庠生。性孝友，亲有疾，能作婴儿戏，遂其欢心。亲殁，居丧尽诚。兄弟七人，一堂师友，世其家学，究心《皇极》、《天官》诸书，手纂《易隐》、《史评》、《诗抄》等集。（康熙《程乡县志》、乾隆《嘉应州志》）——黄晓丹

【林日昭】

林日昭，海阳人。嘉靖元年（1522）举人。官江西袁州通判。（顺治《潮州府志》、光绪《海阳县志》）——陈贤武

【林日章】

林日章，海阳东莆都（今属潮州潮安）人。举人林济民子。嘉靖七年（1528）举人。（顺治《潮州府志》、光绪《海阳县志》）——陈贤武

【林日谕】

林日谕，字道中，海阳东莆都（今属潮州潮安）人。举人林安民子。嘉靖十年（1531）岁贡。二十七年（1548）授湖广安乡县丞。三十四年（1555）升辰溪教谕。官终教授。（顺治《潮州府志》、光绪《海阳县志》、康熙《安乡县志》）——陈贤武

【林从茂】

林从茂，海阳人。嘉靖二十二年（1543）贡生。授广西武缘训导。（顺治《潮州府志》、光绪《海阳县志》）——陈贤武

【林氏（方一鸣妻）】

林氏（方一鸣妻），惠来县惠来都人，本都生员方一鸣妻。十六岁时过门，服事家婆庄氏孝顺恭谨，抚育前妻三个儿子，自孩儿至成人，衣食婚嫁，疾病祸患，皆林氏维持调护。三十岁其夫去世，其子应祷尚幼，林

氏亲为教督，门内雍雍，士论以为难能可贵。署县令刘文英赠匾嘉奖曰"保艾垂芳"。其子应祷于顺治十四年（1657）考中举人，林氏数载后才去世，享年七十四。（雍正《惠来县志》）——周修东

【林氏（方曰燧妻）】

林氏（方曰燧妻），惠来酉头都（今属揭阳惠来）人，隆井都东陇生员方曰燧妻。二十二岁时，其夫去世，遗下孤儿兆元才八月，丈夫继母吴氏素性严厉，曰燧去世后，林氏服事之更加恭谨，辛勤教育者数十年。及其子兆元应崇祯间（1628—1644）岁贡，孙灿为有名生员，稍为开颜。享年八十五。（雍正《惠来县志》）——周修东

【林氏（陈有备妻）】

林氏（陈有备妻），海阳辟望（今属汕头澄海）人，陈明德子陈有备妻。陈氏十八岁嫁与陈有备，二十岁夫死，陈氏立誓守节。后有备父陈明德病逝，林氏纺织奉养家姑，家计愈落，潮州府同知刘魁嘉赞林氏节义，捐俸金四十两置田以赠其家。嘉靖二十九年（1560）卒，年七十九。（顺治《潮州府志》、嘉庆《澄海县志》）——黄树雄　杨映红

【林氏（周瑚妻）】

林氏（1544—1633），潮阳人。户部主事林绍从侄女，周瑚妻。周瑚父周浑早卒，瑚才周岁，母亲陈氏苦节抚之。待到娶妻林氏才一年，而周瑚亦逝，且无子息。林氏以家婆守寡在堂，家公与丈夫二棺未葬，饮泣茹荼，日事纺织，不与世俗交往。家婆去世，哀毁尽礼。族侄光镐为编入《周氏家乘》，知县蒋一清、曾如川并以"节孝"双旌之。嗣子笃奂，以行谊称。孙光缙，庠生。（康熙《潮阳县志》）——周修东

【林氏（萧守绅妻）】

林氏（萧守绅妻），潮阳县廓都人。入门数年夫病，病剧时以凤逋为虑，林氏罄变所有妆奁偿之，以慰其夫。未几，夫殁，林氏年二十，哀痛几不欲生。时犹有遗腹也。不数月，姑复病，俗以痨瘵传染莫敢近，林氏朝夕侍汤药，每食含而哺之。遗腹生男夭折，惟自隐痛，戒婢毋泄，恐伤姑心。姑继殁，躬理二丧，哀毁形瘵，观者感泣。姑殁时，夫两妹皆幼，爱育备至。比长，殚心力治妆遣嫁，夫弟皆庶孽，一视如亲者。嘉靖十二年（1533），翰林萧与成为之传。（康熙《潮阳县志》、乾隆《潮州府志》）——陈新杰

【林氏（詹一泰妻）】

林氏（詹一泰妻），惠来人。生员詹一泰之妻，北流知县一惠之嫂。一泰勤学早逝，林氏时年二十，仅有一子。家贫纺绩自给，上事严厉家

婆，下抚幼弱孤子。及夫弟一惠登科出仕，家业颇丰，林氏痛惜夫君不及见，终身不忍茹荤，蔬食者六十年，卒。子梦魁，以孝闻。（雍正《惠来县志》）——周修东

【林 凤①】

林凤，海阳人。景泰四年（1453）举人。授广西修仁教谕。（嘉靖《潮州府志》、光绪《海阳县志》）——陈贤武

【林 凤②】

林凤，潮州人。聚众海上。万历元年（1573）屯南澳之钱澳，北上到闽台沿海，为福建总兵胡守仁所败。次年，率战舰六十二艘，水陆军各两千人，从澎湖南航。时菲律宾人和华侨苦于西班牙殖民者的虐政，欢迎林凤前往。二十九日林凤抵达马尼拉湾的马里莱斯。首次进攻马尼拉，获胜，击毙西班牙驻菲总指挥戈尹特。但因伤亡过重，贻误战机，未能一鼓作气攻下马尼拉，夺取西班牙驻菲总督府。十二月二日，率主力向马尼拉发动第二次进攻。兵分三路前进，先锋率领一千五百多人突入马尼拉，由于敌城防御坚固，又有西班牙舰六艘、西兵数百从后袭击，加之后续部队未能及时增援，致孤军作战，伤亡惨重。随率队北上，退至傍佳施栏仁牙因湾，并在此建都，自称国王，向当地居民传授中国先进农业耕作技术和手工艺。万历三年（1575），为西班牙军所围。苦战四月，突围"复走西番"，不知所终。西人记载作Lima-hong（林阿凤），日人曾译为李马奔。（《万历武功录》、《明史》）——陈贤武

【林凤朝】

林凤朝，字应时，海阳人。隆庆元年（1567）举人。万历十二年（1584）任广西陆川知县。（顺治《潮州府志》、光绪《海阳县志》）——陈贤武

【林凤腾】

林凤腾，海阳人。正德十四年（1519）副榜贡生。授山东莱阳儒学教职。（嘉靖《潮州府志》、光绪《海阳县志》）——陈贤武

【林文华】

林文华，海阳人。举人林睿曾孙。万历二十八年（1600）举人。官山东博兴知县。（顺治《潮州府志》、光绪《海阳县志》）——陈贤武

【林文寿】

林文寿，揭阳龙溪都（今属潮州潮安）人。嘉靖三年（1524）贡生。授广东陵水训导。（顺治《潮州府志》、光绪《海阳县志》、《庵埠志》）——陈贤武

【林 文】

林文，字载道，号希斋，揭阳（今属潮州潮安）人。正德十一年

(1516)举人。十六年(1521),授浙江西安教谕。居官以身率物。时王守仁居越,往来侍讲,学问益明。在任尝聘为江西乡试同考官。嘉靖七年(1528),升国子学正,与助教薛侨靡切交修,隐有雅望。丁艰归,寻卒。(《嘉靖元年江西乡试录》、天启《衢州府志》、雍正《揭阳县志》、《钦定国子监志》、《薛中离全集》)——孙杜平

【林文骢】

林文骢,海阳人。嘉靖十六年(1537)岁贡。授益王府长史。(顺治《潮州府志》、光绪《海阳县志》)——陈贤武

【林世赏】

林世赏,惠来酉头都(今属揭阳惠来)人。万历十六年(1588)举人,任四川大竹知县。(乾隆《潮州府志》)——周修东

【林平阳】

林平阳,海阳人。嘉靖间(1522—1566)授福建大田巡检,署知县事。(光绪《海阳县志》)——陈贤武

【林仕猷】

林仕猷,字汝文,揭阳人。元至正末(1368),仕潮州教授。洪武初年(1368),再举儒士,授揭阳教谕,升潮州教授。仕猷学问赅博,尤善吟咏,名动京师。著有诗集,学士宋濂作序。卒年六十六。(嘉靖《潮州府志》、《宋学士全集》、《潮汕金石文徵》)——孙杜平

【林尔张】

林尔张(?—1644),字四维,惠来龙溪都(今属揭阳惠来)人。韶州府训导应选长子。崇祯间(1628—1644)岁贡,崇祯十三年(1640)授湖南天柱知县,升桂阳知州,调任靖州知州,皆在湖南多难之地,以才干闻。十七年(1644),靖州为张献忠部所困,尔张守御两月不懈,援绝城陷,骂贼不屈死,民立"林公祠"祀之。(雍正《惠来县志》)——周修东

【林 训】

林训,海阳人。洪武十一年(1378)贡生。官交趾都司经历。(嘉靖《潮州府志》、光绪《海阳县志》)——陈贤武

【林永熙】

林永熙,潮阳人。儒士。景泰六年(1455)预修《潮阳县志》。(隆庆《潮阳县志》)——陈新杰

【林在宸】

林在宸,惠来酉头都人。万历三十六年(1608)岁贡,崇祯五年(1632)任开建教谕,约九年(1636)升广州教授。(乾隆《潮州府志》、道光《开建县志》、光绪《肇庆府志》)——周修东

【林有纪】

林有纪，字典三，惠来钓鳌石（今属揭阳惠来）人。父月阳，万历三十一年（1603）随妻兄方廷兰赴任，于处州病故。有纪年未弱冠，走数千里外，扶榇以归。其后读书县学，勤学敦行。遭刘香变乱，其母方氏被贼掳掠，有纪适逢出远门，闻母被难，即欲以身赎母，族人恐不能两全，力为劝阻，有纪不听劝说，入军营见贼，愿以身代，贼人释放其母归，约备赎金赎回有纪。因逾期赎金不至，有纪被杀。（康熙《惠来县志》、雍正《惠来县志》）——周修东

【林有声】

林有声（1532—1596），字邦瑞，潮阳县廓都人。副使大春胞弟。隆庆四年（1570）举人。授三水教谕，在任上，以言行为士范，校艺崇雅黜浮，文教大振。万历十八年（1590），升夹江知县，历四年，兴革悉当。二十二年（1594），迁福州通判，驻镇三洋，盗贼肃清，未几辞归。（康熙《潮阳县志》、嘉庆《潮阳县志》、《潮州西湖山志》）——陈新杰

【林有造】

林有造，惠来县惠来都人。崇祯元年（1628）贡生，崇祯七年（1634）任惠州长乐训导，捐俸建西斋舍，添置祭器。任满升桂林义宁教谕。（乾隆《潮州府志》、康熙《长乐县志》、道光《义宁县志》）——周修东

【林有源】

林有源，字日应，潮阳砂浦都人。嘉靖二十八年（1549）举人，四十四年（1565）进士。授户部湖广司主事、监督临清钞关，历迁本部员外、郎中。隆庆间（1567—1572），任福建兴化知府。（隆庆《潮阳县志》、康熙《潮阳县志》、雍正《山东通志》、《潮州西湖山志》）——陈新杰

【林光祖】

林光祖（1508—?），字以谦，号益轩，揭阳（今属潮州潮安）人。学正林文子。嘉靖十六年（1537）乡试第三，二十三年（1544），会试第六，授刑部主事。历升江西广信知府。在任以敦崇礼教为先务，曾复修上饶县学明伦堂和怀玉书院，又捐刻《杜律测旨》和《叠山文集》二书。三十六年（1557），升广西兵备副使。生平有志于阳明之学，尝与浙江王畿往复寓书论道。（《嘉靖十六年广东乡试录》、《嘉靖二十三年进士登科录》、嘉靖《潮州府志》、万历《广西通志》、乾隆《怀玉山志》、同治《广信府志》、《新刻重订叠山谢先生文集》、《王龙溪集》、《杜集书目提要》）——孙杜平

【林廷举】

林廷举，海阳人。进士林厚长子。正统十年（1445）进士。九月，授云南道御史，巡按直隶，寻改巡视两浙盐法。十一年（1446）九月，有僧四人私建佛寺于彰义门外，奏付法司，坐当杖充边卫军。十三年（1448）三月，上奏凿通卫河遏漳水转入，庶免民患，且可增卫水以资漕运。从之。（嘉靖《潮州府志》、光绪《海阳县志》、《日知录集释》）——陈贤武

【林廷皋】

林廷皋，海阳人。进士林厚第二子。景泰四年（1453）举人，顺天中式。天顺间（1457—1464）授福建侯官训导。（嘉靖《潮州府志》、光绪《海阳县志》）——陈贤武

【林乔松】

林乔松，字贞夫，号澄川，澄海下外（今属汕头澄海）人。沙县训导林顺少子。嘉靖四十年（1561）举人。隆庆初（1567）授河南林县教谕，万历二年（1574）升浙江景宁知县，六年（1578）升杭州通判，俱有惠政。转云南安宁知州，擒缅甸首领，械送京师，论功受上赏。以老乞休，归十余年而卒。（康熙《澄海县志》、万历《彰德府志》、万历《杭州府志》、同治《景宁县志》）——黄树雄　杨映红

【林乔新】

林乔新，海阳人。正德二年（1507）贡生。授福建松溪教谕。（嘉靖《潮州府志》、光绪《海阳县志》）——陈贤武

【林　壮】

林壮，海阳人。永乐二十一年（1423）举人。官直隶磁州同知。（嘉靖《潮州府志》、光绪《海阳县志》）——陈贤武

【林　兴】

林兴，海阳龙溪都（今属潮州潮安）人。嘉靖间（1522—1566）为海丰典吏，以谨饬闻。后谒选得广东端州腰古驿丞，转贵州卧龙番长官司吏目，益励清苦。逾年告归。卒年八十三。（《林忠宣公全集》、乾隆《潮州府志》、光绪《海阳县志》）——陈贤武

【林兴祖】

林兴祖（1361—1411），字伯祯，祖籍福建福清。父子华，元末以员外郎出镇潮州，天下大乱，罢官后遂家于潮。七岁父亡，事母至孝。洪武（1368—1398）初举为孝廉，授山东蓬莱主簿，旋因事降龙江驿丞，母忧服阕，改扬州府仪征递运大使。扬郡中饥，兴祖怀郡牒昼夜兼程赴闽，求拯于采访使夏原吉，民食以济。知府丁原振荐于朝，擢南直当涂知县，改工部都水郎，升广西右参议。时用兵

安南，随军出征，周视险易，绘图以进，并请不可滥行诛戮。安南平，设郡县，调任交趾参政。绥辑降附，振起凋残，政声日起。又两年，往朝京师，行至藤县而殁，年五十一。有《棠荫清趣集》。（嘉靖《广东通志》、嘉靖《潮州府志》、光绪《海阳县志》）——陈贤武

【林汝桂】

林汝桂，字世贺，揭阳（今属汕头金平）人。治《书经》，嘉靖十六年（1537），中举人。历江西南康通判、贵州独山知州，终靖江王府审理。（《嘉靖十六年广东乡试录》、雍正《揭阳县志》、乾隆《独山州志》、同治《南康府志》）——孙杜平

【林寿芝】

林寿芝，字兰谷，惠来龙溪都（今属揭阳惠来）人。弱冠时补县学生员，万历四十年（1612）中举，赴京试落第归，杜门静养。后谒选，授江西南丰知县。到任才两月，封山盗寇煽乱，入犯县境，寿芝率领义旅，歼灭盗匪，县境安定。邑人于安禅寺前创建"林宰祠"，合祀林润、林寿芝，匾曰"保障殊勋"。退休后，创建宗祠，置办书田。敦厚崇礼，力挽颓风。为时所称道。（康熙《惠来县志》、雍正《惠来县志》、雍正《江西通志》、乾隆《潮州府志》）——周修东

【林进之】

林进之，揭阳（今属潮州潮安）人。推官林维翰父。诸生。寿九十三。官府礼举乡宾，赐给绢帛。（雍正《揭阳县志》）——孙杜平

【林　杞】

林杞，字世乔。祖居程乡大柘乡，住邑城内道前。性颖敏，笃学嗜古，淹洽群书。十五补邑生员，屡试冠军，为明朝五经拔贡，顺治初年（1644）补岁贡。同人多心折其文，恒以科第期之，而数奇不偶。爰就教职，初任韶州训导，再补归善，两任广州教授。惟与诸生讲学课文，此外无治如也。以故，每当临升，门弟子辄依依不忍去，为之绘图，以志不忘。屡膺宪褒。方将内擢，不幸卒于任所。次子运捷，康熙十七年（1678）举人。（康熙《程乡县志》、乾隆《嘉应州志》、光绪《嘉应州志》）——黄晓丹

【林吾翰】

林吾翰，字钦宁，号羽丰，潮阳县廓都人。光泽知县树薰孙。少笃孝友，尤湛理学。天启四年（1624）举人，翌年会试中进士第三百二十名，值魏珰窃柄，裁去五十人，而吾翰与焉。乃以义命自安，归益肆力于古今文章。公车中，与江南杨球善。后杨知潮州，吾翰公谒之余不干以私事，人目为"古君子"。晚年创义租七百

石以供祀事，置铺租二十余两以输赋役，立《敦睦》、《奉垂》二册，俾子孙世守之。卒年六十六。（乾隆《潮州府志》、嘉庆《潮阳县志》）——陈新杰

【林肖吾】

林肖吾，原籍福建漳浦，天启间（1621—1627）流寓惠来县鲁阳乡，佃耕蔡氏庄田，遂落籍于龙溪都谢塘乡，并将家属从漳浦迁至。子学贤，举人，后举兵造反。（康熙《惠来县志》）——周修东

【林时芳】

林时芳，号我峰，潮阳县廓都人。嘉靖二十八年（1549）举人，官漳浦教谕，升德化知县。四十二年（1563），调宁德知县，当倭贼陷城之后，招抚痍瘵，筑城凿濠，改易县治，创分司，建庙学。在邑四年，日不遑食，夜无安寝，民赖以苏。迁独山知州。（雍正《福建通志》、隆庆《潮阳县志》、《潮州西湖山志》）——陈新杰

【林时雨】

林时雨，字士化，饶平苏湾（今属汕头澄海）人。嘉靖十三年（1534）举人第五名，经魁。（《嘉靖十三年甲午科广东乡试录》、康熙《澄海县志》、康熙《饶平县志》）——黄树雄　杨映红

【林伯春】

林伯春，程乡人。以儒士任山东诸城主簿。（康熙《程乡县志》）——黄晓丹

【林希荫】

林希荫，字宜民，自号贫乐翁，揭阳（今属汕头金平）人。性庄重寡欲，敦孝行。父因非命客死他乡，借资返乡葬之。奉母尽礼，母殁，在墓旁筑庐守孝三年。永乐年间（1403—1424），朝廷选举孝廉，府县荐之，辞而不赴，终身赋闲。天顺年间（1457—1464），海寇作乱，路过其家，严戒同党勿加损害。希荫少能属文，博通五经，尤精《春秋》。著有《逍遥歌》、《二十四孝》等七言诗行世。（嘉靖《潮州府志》、雍正《揭阳县志》）——孙杜平

【林应春】

林应春，海阳（今属潮州潮安）人。万历七年（1579）恩贡。授南直嘉定主簿。（顺治《潮州府志》、光绪《海阳县志》）——陈贤武

【林应选】

林应选，字五标，惠来县龙溪都（今属揭阳惠来）人。崇祯十一年（1638）岁贡，授韶州训导，学官冷落，清苦自甘。不久升府学教授。时当明清鼎革之际，应选遂挂冠而归。闲居家中，年已七十余，犹训导后人读书，好学不倦。子尔张，靖州知

州。(康熙《惠来县志》) ——周修东

【林灵芝】

林灵芝,潮阳人。庠生。隆庆六年(1572),分校《潮阳县志》。(隆庆《潮阳县志》) ——陈新杰

【林际亨】

林际亨,字丹九,又字一桂,镇平(今属梅州蕉岭)人。南明隆武时期(1645—1646)举人。隆武二年(1646),清兵入镇平,林际亨起乡兵扼长潭拒之。都督许友信屡攻不下,伙同镇平县令吴芝玑,三次写信劝降。丹九复书表以春秋夷夏之防,严词拒绝。三年(1647),丹九母殁,哀叹道:"国亡母殁,可以死矣!"在长潭一线天顶投崖而死。乡人私谥为"文节先生",并于长潭建祠纪年。遗文有《龙潭寨自志》、《恋贫赋》、《续正气歌》、《醉乡记》、《三答许有信书》等。(《石窟一征》) ——黄晓丹

【林若峰】

林若峰(1521—1585),号翔南,揭阳人。万历元年(1573)贡生,授浙江定海教谕,兼署县事。升淮王教授。两司教职,训诲士子,并著贤声。(乾隆《揭阳县志》、《古乔乡志》) ——孙杜平

【林枝香】

林枝香,海阳人。崇祯九年(1636)贡生。授广东高州训导。(顺治《潮州府志》、光绪《海阳县志》) ——陈贤武

【林 松】

林松(1505—?),字乔年,别字冬岭,揭阳人。嘉靖二十年(1541)进士,明年,授浙江兰溪知县。二十五年(1546)服阕,即以原任聘为顺天乡试同考。旋补福建龙溪知县。为政宽简。在任作兴学校,清查学租。升南京户部主事,历迁本部员外、郎中。三十六年(1557),升云南临安知府。是年京察,被降湖广茶陵同知。三十九年(1560),量移广西思恩同知。升广西按察佥事,分巡左江道。卒,大理寺卿潮阳周光镐为铭其墓。在茶陵日,曾修嘉靖《茶陵州志》。(《嘉靖二十年进士题名录》、《嘉靖二十五年顺天府乡试录》、《明世宗肃皇帝实录》、雍正《建水州志》、万历《兰溪县志》、嘉靖《龙溪县志》、乾隆《龙溪县志》、康熙《茶陵州志》、雍正《揭阳县志》、乾隆《揭阳县志》、嘉庆《广西通志》、《遵岩集》、《格俗条约》) ——孙杜平

【林 昊】

林昊,海丰龙溪都(今属揭阳惠来)人。身材魁梧,动作敏捷,能随机应变。成化八年(1472)以举人材仕海南卫知事。(雍正《惠来县

志》）——周修东

【林国显】

林国显，绰号小尾老，饶平人。曾与乡人沈门、田浪广等纠集部众，由海道进攻浙江黄岩，复犯漳州，攻南澳。嘉靖四十一年（1562），引倭寇入侵澄海。随后盘踞饶平上底林家围，其势力活动于闽广二十余年。林凤为其族孙，吴平为其侄婿。（乾隆《潮州府志》、乾隆《澄海县志》、乾隆《南澳志》）——黄树雄

【林国祥】

林国祥，平远人。嘉靖四十二年（1563）总兵俞大猷往程乡剿蓝松山贼，遣国祥入。贼将留之，国祥不从，遂遇害。（顺治《潮州府志》）——黄晓丹

【林 昇】

林昇，潮阳县廓都人。以儒士中成化十九年（1483）举人，弘治间（1488—1505），任上杭教谕，不受贫士贽礼，署县，人服其廉。升古田知县。（嘉靖《潮州府志》、隆庆《潮阳县志》、万历《福州府志》）——陈新杰

【林 昕】

林昕，字弘耀，号钝斋，揭阳人。成化十六年（1480）举人第一名，授云南昆阳知州。抵任，首兴学校，设立教官。州学被灾，重为增建。有巨寇闻其政教，即来归顺，余党亦皆发誓约定弃兵归农。又州治之东海口每年逢汛暴溢，林昕为其疏渠以泄其洪，因之灌溉农田，计数万亩。升江西广信同知。在任清复被地方军队诬告而服役者三十六户，百姓称其惠爱。吏部拟荐升金事，而竟引病致仕。（雍正《揭阳县志》）——孙杜平

【林明元】

林明元，潮阳县廓都人。光泽知县树薰孙。万历十六年（1588）举人，官贵池知县。（康熙《潮阳县志》）——陈新杰

【林鸣鸾】

林鸣鸾（1496—1547?），字应时，号竹洲，揭阳人。正德八年（1513）举人。嘉靖十四年（1535），授浙江嘉兴同知。居官廉静明肃，始终一轨，强者畏而弱者爱，士民颂德无已。历南京户部员外、郎中，官至贵州都匀知府。（嘉靖《嘉兴图记》、雍正《揭阳县志》、《飞鸿亭集》）——孙杜平

【林 岩】

林岩，字廷俊，号梅轩，揭阳（今属汕头金平）人。林希荫子。诸生。性刚强耿介。在家注重礼节，经常抚恤孤寡，周济贫乏。又设立家规，联合宗族。乡里有不善之徒，不用前往官府处治，总是质询林岩。一生积善行义，不改父风。曾从新会陈

白沙游,精通理学。著有《家礼集说》行世。(嘉靖《潮州府志》、康熙《澄海县志》)——孙杜平

【林秉乐】

林秉乐,揭阳人。素敦品行,获赐冠带。卒年九十三。(乾隆《揭阳县志》)——孙杜平

【林 佳】

林佳,海阳人。崇祯元年(1628)恩贡。官户部主事。清顺治十年(1653),清军陷潮州城,闯进府邸,抱其父之柩,詈骂而死。南明永历朝追赠为荣禄大夫(从一品)。(乾隆《潮州府志》、光绪《海阳县志》)——陈贤武

【林佳相】

林佳相(?—1649),字子枝,澄海下外(今属汕头澄海)人。崇祯十五年(1642)举人。才气豪迈,嗜诗及古文词,独不喜为科举之学。明亡之后,益绝意进取,结庐隐居,精研佛学,有世外之志。(顺治《潮州府志》、康熙《澄海县志》)——黄树雄 杨映红

【林 岱】

林岱,潮阳人。弘治七年(1494)贡生,官南靖训导。(嘉靖《潮州府志》、隆庆《潮阳县志》)——陈新杰

【林学贤】

林学贤(?—1646),惠来龙溪都人。原籍福建漳浦,天启年间(1621—1627),随其父林肖吾落籍龙溪都。崇祯六年(1633)冒籍普宁,考入府学,中崇祯十二年(1639)举人。弘光元年(1645)七月,闻清军南下,遂与弟赞南、有声,生员林时发等,密谋起兵。事为知县沈惟煌(属南明政权)所觉,写信诘问。学贤复函以示其辅明抗清之志。惜惟煌不以为然,未与之共商义举。后学贤为清兵所擒,斩于市。(乾隆《潮州府志》、新编《惠来县志》)——周修东

【林宗英】

林宗英,程乡(今属梅州)人。以聪明正直任北直隶怀柔县丞。(康熙《程乡县志》)——黄晓丹

【林孟森】

林孟森,字永茂,号西湖静隐,原籍福建莆田。和厚乐《易》,能文章。不喜仕进,隐于潮阳峡山都和平里,终日衣冠危坐,未尝少易。建书堂,课子孙,孝义相处,敦亲睦邻,四世同居,里人称为"义门先生"。(嘉靖《广东通志初稿》、嘉靖《潮州府志》、康熙《潮阳县志》)——陈新杰

【林 绍】

林绍,字伯箕,潮阳隆井都(今属汕头潮南)人。弘治十一年(1498)举人。正德三年(1508)成

进士，授户部主事。奉命赍金币犒辽左军，宣布德意，边伍感奋。会宦官刘瑾擅权，欲援为党，绍毅然拒绝，遂上疏以终养乞归。家居修文庙，建宗祠，济荒睦里，世称其德。（康熙《潮阳县志》、乾隆《潮州府志》、雍正《广东通志》）——陈新杰

【林绍宗】

林绍宗，海阳东莆都（今属潮州潮安）人。嘉靖二十八年（1549）举人。嘉靖间（1522—1566）任江西九江知县，升云南乌蒙知府。（顺治《潮州府志》、光绪《海阳县志》、新编《九江县志》）——陈贤武

【林春长】

林春长，惠来酉头都人。万历十五年（1587）岁贡，授平乐府经历，升平乐府教授。（乾隆《潮州府志》）——周修东

【林 垌】

林垌，揭阳龙溪都（今属潮州潮安）人。成化二年（1466）岁贡。任福建漳浦教谕。（嘉靖《潮州府志》、光绪《海阳县志》、《庵埠志》）——陈贤武

【林 荣】

林荣，潮阳砂浦都人。宣德四年（1429）举人，官江华教谕。（嘉靖《潮州府志》、隆庆《潮阳县志》）——陈新杰

【林树薰】

林树薰，字舜山，潮阳县廓都人。隆庆元年（1567）恩贡。万历间（1573—1619），任光泽知县，学田旧鬻充费，赡士苦无资，树薰谋久远计，适奸民傅尚谋卖寺田事发，上司行县审结，因廉其实，遂请以田赡学，邑士受赐。在任九载，会以病告归。卒年六十一。（《福建通志》、康熙《潮阳县志》、嘉庆《潮阳县志》）——陈新杰

【林 厚】

林厚，字文载，海阳人。参议林兴祖子。与揭阳林希荫俱以孝行称。永乐间（1403—1424），举乡试经魁，十九年（1421）成进士。宣德二年（1427），授河南郑州知州。设施以宽厚为主。重建州治仪门，修筑郑州城。在任九载，三度为乡试同考官。擢刑部郎中。正统六年（1441），奉诏四川审狱，建言八事；明年，复言禁刁讼、告讦及择理刑官、勘重囚务凭赃具四事，悉从之。十年（1445），升山西右参政。景泰四年（1453），因沿边士卒疾疫丛生，请求在卫设立医学，选军中擅长医术者任医官、医士。竟被劾以变乱旧章。黜为民。（《明英宗实录》、《明史》、嘉靖《广东通志》、嘉靖《潮州府志》、《水东日记》）——陈贤武

【林　挺①】

林挺（1596—1681），原名君拔，字兆连，号汇侯，普宁人。幼多颖异，壮岁游庠，屡试辄为高等。然久困科场始拔贡。立身处世，与古为徒，所从游多德高望重、真诚相待者。尝于省试途中殡葬同行友人。生平学问宏深，为文不拾人牙慧。授生多所成就。（乾隆《普宁县志》）——陈新杰

【林　挺②】

林挺，潮阳县廓都人。天顺七年（1463）例监，官赣县训导，升溧水教谕。（嘉靖《潮州府志》、隆庆《潮阳县志》）——陈新杰

【林　贵】

林贵，海阳人。永乐二十二年（1424）进士。授行人司行人。天顺元年至四年（1457—1460）任广西太平知府。（嘉靖《潮州府志》、光绪《海阳县志》、新编《崇左县志》）——陈贤武

【林　顺】

林顺，字守和，澄海下外（今属汕头澄海）人。性孝友，有兄早卒，抚其幼孤如已子。嘉靖七年（1528）以贡生选授福建沙县训导。士有穷乏者，竭俸资之。尝为贫士林文朝娶妇，士林传为美谈。沙县学租先以兵兴借助军饷，久而不还，前任皆莫敢言，顺力白当道，复之。其为人古貌古心，积学励行，于《春秋》尤有心得，惜无传其学者。以疾归，士甚德之。少子乔松，见"林乔松"条。（顺治《潮州府志》、康熙《澄海县志》、民国《沙县志》）——黄树雄 杨映红

【林奕兰】

林奕兰，惠来龙溪都（今属惠州龙门）人，恩贡林器之子。万历五年（1577）拔贡，任增城训导，四十八年（1620）任崖州学正。（乾隆《潮州府志》、乾隆《琼州府志》、嘉庆《增城县志》）——周修东

【林　总】

林总，潮阳县廓都人。永乐六年（1408）贡生，官莆田教谕。（嘉靖《潮州府志》、隆庆《潮阳县志》）——陈新杰

【林济民】

林济民，字逢泰，海阳东莆都（今属潮州潮安）人。成化二十二年（1486）举人。授福建龙岩教谕，升直隶赣榆知县，有廉惠称。祀名宦。卒年六十四。（嘉靖《潮州府志》、光绪《海阳县志》、乾隆《龙岩州志》）——陈贤武

【林　祖】

林祖，字述古，号元节，潮阳招收都（今属汕头濠江）人。少孤，从乡先生张奂学。元末奉母避乱，行遇獠贼，仓猝溃散，遂失其母庄氏所

在。祖乃旦夕悲号呼天，遍走山谷中，求之多年不获。一日，忽于程乡犬吠挚见到其母，为獠人所阻。祖乃潜赴梅州诉之，得还，相离已十四年矣。时人以为系祖之孝诚所感。洪武三年（1370），县举明经，以母老不就。十三年（1380），知府白叔敏复以孝廉荐，赴京师，授四川巴县县丞。寻迁为河间府通判。卒于致仕。（《明一统志》、《万姓统谱》、《粤大记》、嘉靖《潮州府志》、隆庆《潮阳县志》）——陈新杰

【林 统】

林统，海阳人。永乐二十一年（1423）举人。官奉议卫经历。（嘉靖《潮州府志》、光绪《海阳县志》）——陈贤武

【林 逊】

林逊（约1350—1389），字志学，潮阳酉头都（今属揭阳惠来）人。宋潮阳尉林盛之裔，与同郡杨璧师事海阳蔡希仁，传《古文尚书》，尤究心当世之务。洪武十七年（1384）举人，越年成进士，授迪功郎、闽县县丞。岁饥请赈，全活甚众。为夏原吉所知，从群吏入觐，赐敕以归。因上书请厉沿海捕鱼之禁，上优诏褒答焉。在官四年，比福清知县之命至，不及拜卒，年四十。著《尚书经义》藏于家。（隆庆《潮阳县志》、雍正《广东通志》、《潮州西湖山志》）——陈新杰

【林 珙】

林珙，海阳人。正统六年（1441）举人。授直隶全椒教谕。（嘉靖《潮州府志》、光绪《海阳县志》）——陈贤武

【林 垌】

林垌，揭阳（今属潮州潮安）人。成化二年（1466）贡生。弘治三年（1490），授福建仙游教谕。九年（1496），调漳浦学。孙维翰，官常德推官。（乾隆《揭阳县志》、乾隆《仙游县志》、康熙《漳浦县志》）——孙杜平

【林真寿】

林真寿（一作"陈真寿"），潮阳贵山都人。永乐三年（1405）贡生，官交趾应平税课大使。（嘉靖《潮州府志》、隆庆《潮阳县志》）——陈新杰

【林桂森】

林桂森，海阳人。举人林敞子。正德二年（1507）举人。官福建政和知县。十二年至十三年（1518—1519）任龙岩知县。（嘉靖《潮州府志》、光绪《海阳县志》、乾隆《龙岩州志》）——陈贤武

【林 钰】

林钰，字衷立，潮阳黄陇都（今属汕头潮南）人。户部主事萃芳之弟，廪贡生。赋性淳厚，建祖祠，置

义租,每逢贫无告者,不吝周济,潮人以君子称之。(康熙《潮阳县志》、嘉庆《潮阳县志》)——陈新杰

【林隽胄】

林隽胄,字介文,一字时山,普宁人。大理寺右寺副铭球子。负才博学,通经史诸子百家,以文名,尤工于诗。崇祯十七年(1644)恩贡。永历间(1647—1661),授兵部职方主事,谢病归。隐居昆山,日以诗歌自娱,谈经讲学,娓娓不倦。清顺治八年(1651),部文行征以原官起用,辞以母老,不出。著有《时山集》、《西溪草堂诗集》藏于家。卒年八十九。(《宛在堂集》、乾隆《普宁县志》、《明遗民传记资料》)——陈新杰

【林衷葵】

林衷葵,潮阳县廓都人。天启间(1621—1627)恩贡,官许州知州。(康熙《潮阳县志》)——陈新杰

【林益封】

林益封,字慎余,海阳(今属潮州潮安)人。以父林熙春荫官太常簿,升上林苑监。在太常时与同官钱守廉善。钱后由侍御出守潮州,益封未尝干以私。历资应得部郎,东厂索赂,拒之。竟为所抑。年六十一卒于官。南明时赠正议大夫(三品)。(顺治《潮州府志》、光绪《海阳县志》)——陈贤武

【林继习】

林继习,字思传,号清渠,潮阳县廓都人,知县继述弟。嘉靖十九年(1540)举人,两赴会试,俱中副车。考授麻城教谕,文行兼修,为士人楷模。三十七年(1558),聘为江西乡试同考官,选拔十三人,俱知名士。擢安化知县,任间勤政恤民,缉平盗贼,安化百姓建祠祀之。退居林下,惟以诗文自娱。捐己地筑后溪口,并修大坑村陂岸,乡人至今受益。(康熙《潮阳县志》、乾隆《潮州府志》、《潮州西湖山志》)——陈新杰

【林继业】

林继业,揭阳人。同知林昕子。尝构精舍于邑之南溪,延请名贤薛侃、杨珙、吴继乔、陈珫、杨维执等讲学。(乾隆《揭阳县志》)——孙杜平

【林继伦】

林继伦,惠来县惠来都人。嘉靖二十二年(1543)岁贡,仕湖南会同训导。(乾隆《潮州府志》)——周修东

【林萃芳】

林萃芳(1577—1652),字众茹,号六引,潮阳峡山都人。万历三十四年(1606)举人,天启二年(1622)登进士,授中书舍人。七年(1627),分校北闱,得士金铉、陈于泰等。寻迁户部陕西司主事,统领河西榷务。

崇祯三年（1630），挂冠归。居家济贫赈饥，修东山大忠祠，创和平里鱼渡租，岁入一百五十金，助县学生童膏火。（康熙《潮阳县志》、乾隆《潮州府志》）——陈新杰

【林 彬】

林彬，海丰龙溪都（今属揭阳惠来）人。宣德十年（1435）贡生，仕忠义卫经历。（雍正《惠来县志》）——周修东

【林 梓】

林梓，海丰龙溪都（今属揭阳惠来）人。正德十四年（1519）贡生，仕江西安远教谕。（雍正《惠来县志》）——周修东

【林 爽】

林爽，饶平宣化都（今属潮州饶平）人。弘治十七年（1504）举人，正德十五年（1520）任广西永淳知县，升桂阳知州。（康熙《饶平县志》、雍正《广西通志》）——黄树雄

【林 辅】

林辅，海阳人。永乐六年（1408）举人。官交趾平河知县。（嘉靖《潮州府志》、光绪《海阳县志》）——陈贤武

【林 崧】

林崧，字莲峰，原名干曙，号孚久，潮阳黄陇都（今属汕头潮南）人。幼孤，有至性。年十八始读书，崇祯三年（1630）举人。南明隆武间（1645—1646），山贼、海寇交相作乱，盘踞滧水、贵山二都作巢穴。知县陈之昂以林崧素孚德望，委其安抚，贼解散。乡居三十年，敝庐不蔽风雨，常三餐不继，仍潜心经史，老而弥笃。卒年八十六。著有《塈饴社课》、《北征草》及《莲鹤山居偶集》五卷。（康熙《潮阳县志》、乾隆《潮州府志》、《陈氏族谱》）——陈新杰

【林 崇①】

林崇，海阳人。万历三十二年（1604）贡生。授教谕。（顺治《潮州府志》、光绪《海阳县志》）——陈贤武

【林 崇②】

林崇，海阳人。举人林森子。成化四年（1604）贡生。授广西泗城州吏目。（嘉靖《潮州府志》、光绪《海阳县志》）——陈贤武

【林 铭】

林铭，字朝器，海阳人。弘治二年（1489）举人。任顺天大兴教谕，累迁至襄府右长史。王疾不视事。少监米亨同左长史袁任擅权恣肆，铭面斥之，讦闻于王。丁内艰归。起复，疏请蠲盐钞，潮民德之。改淮府长史，进阶四品，致仕，卒。（嘉靖《潮州府志》、光绪《海阳县志》）——陈贤武

【林铭球】

林铭球（1586—1645），字彤石，号紫涛，祖籍福建漳浦，及第后占籍普宁。天启四年（1624）乡试第七名，为忌者以籍贯攻摘除名。崇祯元年（1628），准附福建会试，成进士，授行人司行人。考选擢江西道御史，奉差巡按宣大、湖广，迁河南按察司，起补光禄寺监事，转大理寺右寺副。因继母老，乞归养。家居二载而明亡。潮地寇起，遂集士庶父老训行乡约，联子弟兵守望相助，贼相戒不敢犯境。逢国难忧愤，寝疾而卒。著《西台疏草》、《宣云按楚奏疏》、《按楚文告》、《监军纪略》、《谷云草》、《浮湘草》、《怡云堂集》。（《明史》、《绥寇纪略》、康熙《潮州府志》、雍正《湖广通志》）——陈新杰

【林 章】

林章，海阳人。正统三年（1438）举人。官广西庆远同知。（嘉靖《潮州府志》、光绪《海阳县志》）——陈贤武

【林 淳】

林淳，字崇古，大埔湖寮（今属梅州大埔）人。万历四十五年（1617）岁贡，铨选广州训导，凡八载，升广西平南知县。任满，例得知州，以不能媚权司，去官。淳为生员时，文章被传为轨范，一时官吏荐绅争延致师席。其远道负笈者，岁不止百数。有贵人子挟贵而骄，则拒之。凡师淳者，皆有懿行可述。其为训导时，辑为学之切于修己治人者八条，为诸生讲习。任平南知县时，奸民喜讼，胥吏故纵之以牟利，民多流亡。淳至，示以祸福，教以礼让，人多感化。居乡，人无少长皆畏敬之。卒年六十有六。（顺治《潮州府志》、康熙《埔阳志》）——黄树雄

【林维翰】

林维翰，字周甫，号会山，揭阳（今属潮州潮安）人。教谕林坰之孙。嘉靖三十七年（1558）举人。万历五年（1577），授浙江遂安训导。七年（1579），聘为江西乡试考官。九年（1581），升湖广桃源知县。终常德推官。（《万历七年江西乡试录》、雍正《揭阳县志》、乾隆《遂安县志》、光绪《桃源县志》）——孙杜平

【林绵道】

林绵道，惠来县惠来都人。嘉靖二十年（1541）岁贡，仕江西南安训导。（乾隆《潮州府志》）——周修东

【林 瑛】

林瑛，潮阳县廓都人。正统十二年（1447）举人，官兴国知州，升柳州同知。（嘉靖《潮州府志》、隆庆《潮阳县志》）——陈新杰

【林朝臣】

林朝臣，海阳人。嘉靖十九年（1540）岁贡。授福建宁化教谕。（顺治《潮州府志》、光绪《海阳县志》）——陈贤武

【林朝曦】

林朝曦（？—1563），程乡雁洋（今属梅州梅县）人。嘉靖三十八年（1559）与潮州张琏，大埔萧晚、罗袍等分别起义，各据一方，聚众十万，在福建、广东、江西、浙江等地先后组织起义。四十一年（1562），为俞大猷所率官兵追捕俘获。（光绪《嘉应州志》）——黄晓丹

【林　森】

林森，海阳人。永乐二十一年（1423）举人。官江西建昌教谕，直隶当涂知县。（嘉靖《潮州府志》、光绪《海阳县志》）——陈贤武

【林　敞】

林敞，海阳人。成化元年（1465）举人。授福建泉州教授。（嘉靖《潮州府志》、光绪《海阳县志》）——陈贤武

【林　嵘】

林嵘，潮阳砂浦都（今属汕头濠江）人。弘治十一年（1498）贡生，官太平训导。（嘉靖《潮州府志》、隆庆《潮阳县志》）——陈新杰

【林　鲁】

林鲁，潮阳贵山都人。永乐七年（1409）贡生，官交趾顺化卫经历。（嘉靖《潮州府志》、隆庆《潮阳县志》）——陈新杰

【林　善】

林善（1447—？），字体元，揭阳人。成化十六年（1480）举人第三名，弘治三年（1490）进士，官刑部主事。（《弘治三年进士登科录》、雍正《揭阳县志》）——孙杜平

【林道乾】

林道乾，澄海人（一说为惠来人）。少为县吏，后聚众起事。嘉靖十四至十五年（1535—1536）攻福建诏安等地，为都督俞大猷所败，败走北港，至占城。后再犯潮州。时因地方多事，兵力难分，朝廷勉为招抚。既就抚，居潮阳招收都。复叛。万历元年（1573），总督殷正茂带兵征剿，道乾为总兵张勋所破，逃至今柬埔寨，为把水使。后化名率船队至暹罗，与暹王歃血为盟。万历四年（1576），居暹罗渤泥，为"客长"。道乾死后，当地人名北大年港为"道乾港"。一说道乾于万历元年（1573）三月国内战败后赴水死。（《万历武功录》、乾隆《潮州府志》、《明代名人传》）——黄树雄　杨映红

【林　湜】

林湜，揭阳人。例贡。弘治间（1488—1505）授福建长汀县丞。正

德五年（1510），升清流知县。抵任，值江、闽、广三省交界山贼张番坛、李四仔、钟聪、刘黄镛等作乱，邻县宁化为寇所破，林浞多方设备，为之增筑城墙、垛子等。七年（1512），三省官兵会剿，始平其乱，林浞与有功焉。（雍正《揭阳县志》、光绪《长汀县志》、康熙《清流县志》、康熙《宁化县志》）——孙杜平

【林　鉴】

林鉴，海阳人。成化二十三年（1487）贡生。正统十二年（1447）举人。授浙江诸暨教谕，湖广常德教授。（嘉靖《潮州府志》、光绪《海阳县志》）——陈贤武

【林　锦】

林锦，字美中，号月峰，海阳人。嘉靖十五年（1536）岁贡。为广东学使魏校所识拔。继从湛甘泉游。嘉靖十五年，授福建漳浦训导。升湖广武昌教授，三十年（1551）卒于官。（《甘泉先生续编大全》、《庄渠遗书》、嘉靖《潮州府志》、光绪《海阳县志》、康熙《漳浦县志》）——陈贤武

【林源远】

林源远，海阳人。弘治十四年（1501）举人第三名。官江西南昌通判。（嘉靖《潮州府志》、光绪《海阳县志》）——陈贤武

【林　谨】

林谨，字宜敬，揭阳人。嘉靖七年（1528）举人。十三年（1534），授浙江海宁教谕。十六年（1537），聘为广西乡试同考官。升袁州教授。二十四年（1545），升国子助教。（《嘉靖十六年广西乡试录》、嘉靖《海宁县志》、康熙《袁州府志》、雍正《揭阳县志》、《钦定国子监志》）——孙杜平

【林熙春】

林熙春（1552—1631），字志和，别号仰晋，海阳龙溪都（今属潮州潮安）人。万历十一年（1583）进士。授湖广巴陵令，清浮粮，豁差役。以内艰归。服阕，补福建将乐县。修学宫，建杨龟山祠。寻擢户科给事中，历任礼科、兵科，至工科都给事中，多所建白，如参东封、减织造、请免采回青诸疏，皆于国体有关。二十三年（1595）冬，兵部考选军政。帝欲寻端罪言官，一时被间斥者三十四人。阁臣、部臣疏救，诏旨转严。御史马经纶抗疏，帝大怒，贬三秩。熙春率同官上疏，帝益怒，左迁茶陵州判官，遂引疾去。三十四年（1606），量移广西贺县。天启初（1621），恩诏起废，历转至大理寺卿，所任各能其官。寻疏乞休，章六上，晋户部左侍郎予告。敕将先朝建言事宣付史馆，特赐驰驿。居乡为地方陈利病甚

切,其在郡者,如争监税,释疲役,倡建凤凰台、三元塔,修玉简塔,筑铳城于海口,浚三利溪,修龙头、东集等桥。又倡修文庙、乡贤祠,捐资赎浮屠田百亩为诸生科试卷资。在乡者如筑许陇堤桥,建文昌阁,创龙溪会馆,减龙溪里役十分之四,诸所兴革,不遗余力。潮中士庶咸称颂之。家富藏,勤于著述,所著有《赐闲草》、《赐还草》、《赐传草》、《城南书庄草》、《掖垣出山疏草》行世。年八十卒,特赠三代尚书,谥忠宣。(《明实录》、《明史》、《林忠宣公全集》、顺治《潮州府志》、光绪《海阳县志》)——陈贤武

【林锷】

林锷,海阳人。崇祯十七年(1644)恩贡。授湖广东安教谕。(顺治《潮州府志》、光绪《海阳县志》)——陈贤武

【林璇】

林璇,海阳人。景泰元年(1450)举人。授教谕。(嘉靖《潮州府志》、光绪《海阳县志》)——陈贤武

【林璞】

林璞(1425—?),字蕴中,海阳人。举人林环弟。天顺七年(1463)进士。授江西戈阳知县。(嘉靖《潮州府志》、光绪《海阳县志》、《明代科举与文学编年》)——陈贤武

【林璘】

林璘,海阳人。天顺年间(1457—1464)贡生。授广东连州训导。(嘉靖《潮州府志》、光绪《海阳县志》)——陈贤武

【林懋晋】

林懋晋,潮阳隆井都(今属汕头潮南)人。万历元年(1573)举人,官开建教谕,升诏安知县。(康熙《潮阳县志》)——陈新杰

【林馨椿】

林馨椿,海阳人。万历十六年(1588)举人。天启元年至五年(1621—1625)任广西恭城知县。(顺治《潮州府志》、光绪《海阳县志》)——陈贤武

【林夔】

林夔,海阳人。嘉靖三十一年(1552)贡生。授福建建宁训导。(顺治《潮州府志》、光绪《海阳县志》)——陈贤武

【欧阳初】

欧阳初(?—约1412),原名僧保,字遂初,潮阳县廓都人。幼孤,家贫,母王氏纺织教育。初聪敏力学,尽孝致养。洪武二十三年(1390)乡试经魁,二十六年(1393),授泉州府学教授,其教人先德行而后文艺,大振颓风,一时闽士出其门者多矜名节。修文庙及朱文公祠,为泉士所宗。秩满调柳州教授,

有成绩。永乐十年（1412）丁母忧，以疾卒于家。祀泉州先贤祠。（《粤大记》、《万姓统谱》、隆庆《潮阳县志》）——陈新杰

【欧　琼】

欧琼，揭阳人。弘治二年（1489），治《书经》，中式举人第三十七名。（雍正《揭阳县志》、《弘治二年广东乡试录》）——孙杜平

【欧景珠】

欧景珠，海阳人。永乐十五年（1417）举人。授广西兴业教谕。（嘉靖《潮州府志》、光绪《海阳县志》）——陈贤武

【罗大力】

罗大力，本名宏，一号英练，大埔甲古村（今属梅州大埔）人。能食斗米，膂力绝伦，兼精武艺。明清之际投郑成功为偏将，屡立战功。后郑败退台湾，大力遁归乡里，埋姓名，故人少知其名，群以"大力公"称之。（民国《大埔县志》）——黄树雄

【罗万杰】

罗万杰（1613—1677），字贞卿，号庸庵，揭阳人。崇祯七年（1634）进士。十年（1637），授行人司行人。两奉使命，册封吉、荆二府。十三年（1640），被召对便殿，帝赐给纸笔，问"修、练、储、备"四事。万杰敷陈利弊，切中时艰。擢吏部主事，历转验封、考功、文选主事。升验封员外，掌文选郎中。旧例，员外不与铨事。会尚书郑三俊加意整肃吏治，澄清铨政，以其诚实不阿，破格用之。在职一年，矢公矢慎，每遇黜陟官员，必经三思。十五年（1642），奉命主考河南乡试，时寇破开封，事遂被阻。明年，丁忧归里。甲申国变，万杰愤不欲生。会弘光立，因倾家产，约同志勤王。永历三年（1649），起为右佥都御史。詹事郭之奇上《恢闽次第疏》，奏请分由万杰统吴六奇、赖其肖等部，与郝尚久部，两路窥闽。四年（1650），郝尚久反正，万杰与李士淳、赖其肖、谢元汴各自起兵，阴图响应。未几，尚久事败，万杰解散健勇，恸哭入山。先后遁居于揭阳、大埔等地。及清定鼎，简求遗逸，当道为具荐牍，敦劝出山，万杰作诗却之。林居三十年，足迹罕入城市。病革，遗命题其碣曰"明龙山樵夫罗某之墓"。乡人私谥"文节先生"。时人拟为晋之陶渊明、明之叶希贤。著有《瞻六堂集》，清长洲沈德潜为之序。（雍正《揭阳县志》、《明季潮州忠逸传》、《罗万杰诗文集》）——孙杜平

【罗氏（黄一瓒妻）】

罗氏（黄一瓒妻），罗一训孙女。年十八归一瓒，十九岁夫殁，立誓不再嫁，蔬食持戒。里人天童道忞大师

母赖氏出家为尼,罗氏师事之。道悫归省,为命法名曰"行清",创慈云庵于黄氏祖居侧。罗氏节孝慈和,乡人莫不钦礼。卒年七十,揭阳进士罗万杰为作《行清小传》以表彰之。(康熙《埔阳志》)——黄树雄

【罗拱阳】

罗拱阳(1575—1634),字端瑛,号衍六,揭阳人。员外罗万杰父。县学生。天性仗义,重于孝友,勤于学问。天启五年(1625),尝捐租助学,以为祭祀之用。广东提学佥事张玮嘉奖其义行。卒,赠吏部员外,崇祀乡贤。(《明史》、乾隆《揭阳县志》、《罗万杰集》)——孙杜平

【罗 洪】

罗洪,揭阳(今属梅州丰顺)人。诸生。品行为世推重。正德元年(1506),提学陈钦按临潮州,欲具牍荐之,旋因陈卒而事罢。嘉靖初(1522),御史季本谪县主簿,举为乡宾,并委为乡约长。性喜吟咏,徜徉山水之间,有《和陶归田百咏》。(雍正《揭阳县志》、《国朝献徵录》)——孙杜平

【罗 统】

罗统(1440—1531),字仕传,号竹岩,揭阳(今属梅州丰顺)人。员外罗万杰七世祖。以年高德劭,朝廷赐给寿官,地方举以乡宾。寿九十有二。(雍正《揭阳县志》、《上阳罗氏族谱》)——孙杜平

【罗 铭】

罗铭,号清谨,潮阳人。性刚果,谙练韬钤。成化十六年(1480),两广蛮侯大狗叛,铭杖策军门上方略,大帅韩雍一见奇之,用为参谋,随营征讨,所向辄有功。蛮平,超擢中军副将。寻奉委招抚荔浦、马平诸蛮,次及苍梧、阳朔,以劳瘁卒于王事。(嘉庆《潮阳县志》、光绪《潮阳县志》)——陈新杰

【罗惟政】

罗惟政(1385—1460),程乡溪南堡(今属梅州梅县)人。好诗书,性强记。永乐六年(1408)举人,十年(1412)进士,任北京刑部主事,治狱多所平反。后以养亲归,筑居于今梅县程江"秋官第",为梅县程江罗氏开基祖。(康熙《程乡县志》、《梅州进士录》)——黄晓丹

【罗淑予】

罗淑予,大埔枫朗(今属梅州大埔)人。明季为生员,入清后不肯剃发,被逮入狱,旋以病释,隐居大埔缘福峯,自称明之遗民,不闻世事,惟以琴书自娱。尤擅琴,为广东汉乐史之重要人物。(民国《大埔县志》)——黄树雄

【罗 琳】

罗琳,字宣宏,号达叟,潮阳人。少颖异,博览群书,慷慨有志

节，由庠生游京师，肄业国子监。景泰元年（1450）中应天府举人，以国子司业赵琬、提学李龄荐授承事郎，旋擢河间府推官。卸任后筑学舍于北麓，聚生徒讲学，从游者甚众。（嘉庆《潮阳县志》、光绪《潮阳县志》）——陈新杰

【罗　惠】

罗惠，号后山，饶平宣化都（今属潮州饶平）人。嘉靖二十八年（1549）举人。历任南直凤阳教谕、广西平乐教授，擢知县。其为人貌朴而气和，志豪而才敏，著有《罗后山诗集》。（顺治《潮州府志》、康熙《饶平县志》、光绪《凤阳县志》、《潮州艺文志》）——黄树雄

【罗　普】

罗普（1487—1529），字守约，饶平宣化都（今属潮州饶平）人，国子监生。正德八年（1513）举人，嘉靖二年（1523）进士。授江西德兴知县。四年（1525）调繁任浙江常山知县。入觐，卒于途。（《嘉靖二年癸未科进士登科录》、嘉靖《潮州府志》、康熙《饶平县志》、同治《德兴县志》、康熙《常山县志》）——黄树雄

【罗　瑞】

罗瑞，大埔清远（今属梅州大埔）人。耆年而隐逸者，寿足一百，时称人瑞。（康熙《埔阳志》）——黄树雄

【岳　琬】

岳琬，见"岳镇"条。

【岳　嵩】

岳嵩，见"岳镇"条。

【岳　镇】

岳镇，号晦村，饶平宣化都（今属潮州饶平）人。成化元年（1465）举人，福建漳州通判。弟琬，成化十六年（1680）举人，官广西平南知县（顺治《潮州府志》作"福建南平知县"）。弟嵩，弘治五年（1492）举人，广西融县教谕。（《东里志》、嘉靖《潮州府志》、康熙《饶平县志》）——黄树雄

【金文业】

金文业，饶平隆眼城（今属汕头澄海）人。嘉靖二十八年（1549）广东举人第四名，经魁。隆庆二年（1568）任江西南丰知县。重修县学和紫阳书院，捐建南丰书院，地方文教大振。（《嘉靖二十八年己酉科广东乡试录》、康熙《饶平县志》、乾隆《建昌府志》）——黄树雄

【金　宽】

金宽，海阳人。正统年间（1436—1449）贡生。授广西平乐训导。（嘉靖《潮州府志》、光绪《海阳县志》）——陈贤武

【周士俨】

周士俨（一作"仕俨"），字子

华，号可宾，潮阳县黄陇都（今属汕头潮南）人。举人笃庆侄孙。崇祯六年（1633）举人。潮阳东岩有题刻"点头"。（光绪《潮阳县志》）——周修东

【周氏（胡宜之妻）】

周氏（胡宜之妻），潮阳（今属汕头潮南）人，宁夏巡抚光镐侄女。少时许配惠来县大坭都胡宜之，后宜之染疾，近于残废，父母诲导，欲让其改嫁，周氏誓死不从。遂自归胡门，勉与夫合，越两载，连育二子，而其夫不久去世。周氏苦节七十余载，享寿九十而卒。今子孙蕃衍，姻戚嘉其节，制锦荣之，知县旌表其门曰"坚贞昌祚"。（雍正《惠来县志》）——周修东

【周凤冈】

周凤冈，潮阳峡山都人。正统十三年（1448）岁贡生，官云南府同知。（嘉靖《潮州府志》、隆庆《潮阳县志》）——陈新杰

【周文翰】

周文翰，饶平大埕（今属潮州饶平）人。嘉靖四十年（1561），倭寇掠大城，文翰父周政被掳，文翰挺身出，以身赎父，人称孝子。（康熙《饶平县志》）——黄树雄

【周　用】

周用（1465—1531），字舜中，初号顾影道人，后改号瞻峰，饶平大埕（今属潮州饶平）人。弘治五年（1492）举人，亚元。十八年（1505）会试中进士。观政兵部，又奉命于南京参修《孝宗实录》。正德二年（1507）授江西建昌知县，到任即以学校为急务。四年（1509）丁母忧回籍守制，八年（1513）补福建惠安知县。惩恶扬善，兴学赈饥，惠政及民。惠安县多年乡试无人中举，八年（1513）竟中二人，且出一解元。九年（1514）擢南京大理寺评事，不久迁寺副。执法平恕，决狱明允。十四年（1519）升浙江按察司佥事，提督全省学政。不久兼管南直屯田水利。唯清唯勤，赎金罚银二百余万两悉数入官，不染分毫。又修白茅港，溉田数千顷。嘉靖二年（1523）辞官归，囊无百金之资。闭门家居，足迹不履城市。日读经史，训迪子孙。嘉靖十年（1531）卒，寿六十七。著有《顾影集》。（《东里志》、嘉靖《潮州府志》、嘉靖《惠安县志》）——黄树雄

【周　乐】

周乐，潮阳县廓都人。隆庆间（1567—1572）岁贡，官罗定训导。（康熙《潮阳县志》）——陈新杰

【周　成】

周成，字朝美，号复斋，海阳人。陈白沙高弟，有志性理之学。为人敦厚谨慤，潮士从游者众。成化元

年（1465）中举人。除直隶歙县训导。立教以孝弟为先。图冠、祭二仪节于讲堂，朔望躬率诸生讲习之。终日具衣冠端坐，虽盛暑不释，诸生见之凛然。尝上《治安备览》四策，疏入，上命礼部归其书而遣之。在歙九年，一署知县事。弘治七年（1494）升任嘉定教谕。在任八年。祀名宦祠。十五年（1502），迁国子助教，累擢翰林博士。正德四年（1509）致仕。事亲以孝闻，监司为立"孝德百岁"坊于府城大街。有《古今通义》二卷、《乡约便览》一卷、《家礼节要》等书。（《明宪宗实录》、嘉靖《潮州府志》、嘉靖《广东通志》、《潮中杂纪》、光绪《海阳县志》、万历《嘉定县志》、《篁墩文集》、《徐氏家藏书目》）——陈贤武

【周光训】

周光训（1517—1584），字国敷，号玉泉，潮阳黄陇都（今属汕头潮南）人。县学生员。性至孝。庭中秋瓜，一蒂三实，乡人认为和气所致。置买祖先祀田，扶危济困，乡人受其福荫者甚多。隆庆元年（1567），下诏州县荐举孝廉，光训为有司所荐，朝廷赐给"冠带"以为褒奖。其次子笃庆将有关奖举公文及名士赠送诗文，汇为《图溪玉泉公孝廉赠录》以传世。后崇祀县孝义祠。长子笃祐，光禄寺署郎；次子笃庆、曾孙士俨，俱举人。（乾隆《潮州府志》、光绪《潮阳县志》）——周修东

【周光阳】

周光阳（1517—1562），字国升，号竹岩，潮阳黄陇都（今属汕头潮南）人。赠四川参政孚先长子。致力科举，有声县学。曾代其父赴湛甘泉讲学之约，甘泉甚器重之，使其子束之从光阳学。后应例入南京国子监读书，与当时名士交游甚广。归乡后力行善事，拓建家塾，聘请名师教授子弟。倭寇数度入侵，光阳率乡人合力防守，后知势不可为，陪同母亲避难至县城，被城中父老推举为社长，光阳出谋献策，协助官兵防卫。母杨淑人卒后，不久以忧伤过度而逝。长子笃裴，台州同知。（《泗水周氏宗乘》、光绪《潮阳县志》）——周修东

【周光命】

周光命（约1527—约1583），字国顺，号养吾，潮阳黄陇都（今属汕头潮南）人。赠四川参政孚先次子。幼而颖慧，长益机警，工记诵。孚先以其才可治产，毋令习雕虫技，故罢不业儒。时长兄光阳一意向学，光命独持门户，课田供役，经营智度，家业日饶。筑别业于峡山，延师教子，以园林觞弈为政。墓葬西胪青山赤杜岭，俗称"皇帝坟"。（《明农山堂集》、《泗水周氏宗乘》）——周修东

【周光镐】

周光镐（1536—1616），字国雍，号耿西，潮阳黄陇都（今属汕头潮南）人。赠四川参政孚先季子。嘉靖四十三年（1564）举人，隆庆五年（1571）进士，授浙江宁波推官，兼署奉化、象山、慈溪三县事。历任南京户部、吏部主事，南京吏部郎中。万历九年（1581）出守四川顺庆知府。十四年（1586）升建昌兵备道副使兼监军，二十年（1592）升陕西临邛兵备按察使，二十一年（1593）巡抚宁夏。二十三年（1595）十一月升大理寺卿，未赴任，辞官回乡，从事地方公益活动，并授徒讲学。以子笃棐任凤阳通判，赠通议大夫。著有《明农山堂汇草》四十九卷及《泗水周氏宗乘》诸作。（《明农山堂集》、顺治《潮州府志》、康熙《潮阳县志》）——周修东

【周光德】

周光德（1512—1578），字国彰，号慎斋，潮阳黄陇都（今属汕头潮南）人。弱冠与陈瑞龙从学于伯父周孚先，孚先甚为器重。不久，为提学副使田汝成所选拔，增补为县学庠生。汝成以其博瞻，将所著《药洲稿》托其校梓。倭寇祸炽，光德与兄弟捐资修筑寨堡，后避居县城，协助潮州府同知、署潮阳县令张炫劝谕强盗受抚归田。万历六年（1578）以国子监生赴京谒选，途经泰和县令唐伯元寓所，病重而逝，伯元为其经理后事。瑞龙之子、广西兵备副使陈惇临为其女婿。（《明农山堂集》、《泗水周氏宗乘》）——周修东

【周光穆】

周光穆，字国衡，号玉宇，潮阳县（今属汕头潮南）人。幼孤，事母孝敬。叔父淳风明经，家境贫寒，供养之如父。万历间（1573—1620）淳风上京谒选，赴任昌化训导时半途去世，孤孀壁立，光穆苦心经营，代为赡养。晚年家业拓裕，尤喜义好施。尝遇饥荒年，捐出仓储粮食以赈济灾民。乡中每逢有桥梁倾倒损坏，都热心修筑。胪岗石塔寺倾颓，光穆与族人建宇施租，铸钟立鼓。至清初，邑绅李应甲尝勒石以记。（康熙《潮阳县志》、光绪《潮阳县志》）——周修东

【周则义】

周则义，揭阳人。少年丧父。家境贫穷，代人耕作以养其母。农事之余，常侍母侧。虽有事，出必告，入必见。身虽饥寒，必使其母温饱无阙，时蔬江鲜，竭力供奉。其妻因贫生怨，则义遂逐走之。及母病卒，无地营葬，学正林文捐田一区与则义。葬毕，又为母庐墓三年。（嘉靖《潮州府志》、雍正《揭阳县志》）——孙杜平

【周多迥】

周多迥（1636—1714），字攸迈，号希程，潮阳黄陇都（今属汕头潮南）人。大理寺卿光镐孙，为玉峡河尾社开基之祖。幼时，随祖母避难于红口辇近二十年。以生当鼎革，城邑扰乱，以峡山为祖考退休之地，而迁居焉，诣玉峡石硖居住。博览经史，为人忠厚正直，乐善好施，和亲睦族。丧乱之后，礼仪废弛，祖先岁时之祭，缺焉不讲，多迥恻然伤之。会房族，齿宗长，倡率举行，于是俎豆之荐不坠，族人咸知有礼焉。尊为峡山、图溪、董塘、沙溪四乡族长，誉驰遐迩。初光镐二传之后，数十载未有入读县学者，自其肇祀，次年补为庠生者三人。生平嗜烹茗，乐清逸，耄耋之年康健犹壮。（《泗水周氏宗乘》）——周修东

【周多益】

周多益，字攸谦，潮阳黄陇都（今属汕头潮南）人。拔贡多逊弟。万历间（1573—1620）监生，任两淮盐运司副使。（嘉庆《潮阳县志》、光绪《潮阳县志》）——周修东

【周多遇】

周多遇，字攸会，号心菊，潮阳黄陇都（今属汕头潮南）人。高明教谕笃初侄。万历间（1573—1620）岁贡，荐为礼部儒士。（嘉庆《潮阳县志》）——周修东

【周 观】

周观，海阳人。永乐六年（1408）举人。官直隶灵璧教谕。（嘉靖《潮州府志》、光绪《海阳县志》）——陈贤武

【周 孝】

周孝，揭阳人。少年丧父。母望其克孝，以孝名之。家道甚贫，力田养母。每朝将耕，必具衣冠，揖母而出，晚归亦然。会岁旱，乡人以为惟孝诚能动天，群告知县，礼请代为祈雨。翌日而大雨如注。（嘉靖《潮州府志》）——孙杜平

【周伯玉】

周伯玉，名瑶，号霁堂，潮阳西郭人。少负志节，好古书，居家以礼自御。其妻郭真顺有贤行，伯玉每见如宾，时人称为"海滨冀子"。元至正中（1341—1368），举茂异，不就。洪武初（1368），举贤良方正，以老辞，不赴，竟以处士终其身。子三人皆以儒术显。（《粤大记》、嘉靖《潮州府志》、康熙《潮阳县志》）——陈新杰

【周孚先】

周孚先（1491—1542），字克道，潮阳黄陇都（今属汕头潮南）人。举正德十四年（1519）乡试经魁，赴京试下第，回乡后遂潜心于儒家"性命之学"，以里人吴向为师。后来又到南京，与吕怀等师从增城湛甘泉，

得"勿忘勿助"之旨，为甘泉所器重。自是不赴科举，隐居峡山，自号"西山居士"。以力田养母终其身。著有《桃溪吟稿》。后以季子光镐贵，赠四川右参政，崇祀乡贤祠。（隆庆《潮阳县志》、万历《粤大记》、乾隆《潮州府志》）——周修东

【周钛】

周钛，海阳人。举人周成次子，进士周钥弟。弘治十四年（1501）举人第四名。官广西庆远同知。（嘉靖《潮州府志》、光绪《海阳县志》）——陈贤武

【周宗礼】

周宗礼（1542—1604），字子仁，号复台，澄海冠山（今属汕头澄海）人。万历二年（1574）进士，历任刑部主事、员外郎、郎中，十三年（1585）出为江西袁州知府。迭遭兄、母之丧。守制满，补广西梧州知府，二十二年（1594）升广西按察司副使。曾与乡耆陈文明等条列利害，砌澄海上、中、下外莆堤，保障一方。（《明神宗实录》、《明农山堂集》、康熙《袁州府志》、雍正《广西通志》、《万历二年进士登科录》）——黄树雄　杨映红

【周宗道】

周宗道，宗礼兄，澄海冠山（今属汕头澄海）人。万历元年（1573）贡生，十三年（1585）任广西岑溪知县。时瑶人叛乱新平，宗道留心安抚，减额征，置官驿，建学宫，以兴士类。卒于官，民为立祠祀。（康熙《潮州府志》、乾隆《梧州府志》、乾隆《岑溪县志》）——黄树雄　杨映红

【周　政】

周政，字愧斋，饶平宣化都（今属潮州饶平）人。嘉靖间（1522—1566）岁贡生，曾任福建古田训导。嘉靖年间（1522—1566）饶平大城为倭寇所陷，周政被掳，厚索赎金。其子文翰以身代父，人称孝子。（康熙《饶平县志》、乾隆《福州府志》）——黄树雄

【周　钥】

周钥（1474—1508），字希准，海阳人。举人周成长子。弘治十五年（1502）进士。知直隶完县，以才堪治剧。十八年（1505），调束鹿。实力赈荒，民怀其德。治狱明断。祀名宦。正德二年（1507），召授兵科给事中。正德间（1506—1521），刘瑾用事，横甚，谏官惧祸者，往往自尽。正德三年（1508），新安卫指挥刘德、千户赵明互讦，瑾左袒德，命钥往勘，密属之。钥峻拒，语多伤瑾。又当时奉使还者，瑾多索贿。淮安知府赵俊许贷钥千金，既而不与。钥度不免，是年十一月，行至桃源，

乃草疏列瑾逆状，自裁。从者救之，已不能言。复取纸，书"赵知府误我"，遂卒。瑾诛，复官赐祭，且恤其家。（《明史》、《明武宗实录》、嘉靖《潮州府志》、光绪《海阳县志》、《明代科举与文学编年》、民国《完县新志》、新编《辛集市志》）——陈贤武

【周笃庆】

周笃庆，字式季，号次濂，潮阳黄陇都（今属汕头潮南）人。孝廉光训次子，大理寺卿光镐从侄。生而颖敏，温纯有礼度，十余岁时即能文，父辈俱以大器目之。未冠而补邑庠，万历四年（1576）举人。七上公车不第。居常与从叔光镐以文艺相考证，又曾分校《族谱》，拟梓光镐《明农山堂》论著而未果，竟以疾终。尝将荐举其父为孝廉时各级呈文及名士赠送诗文，结集为《图溪玉泉公孝廉赠录》以传世。（《泗水周氏宗乘》、《图溪玉泉公孝廉赠录》）——周修东

【周笃初】

周笃初，字式永，光命子，潮阳黄陇都（今属汕头潮南）人。大理寺卿光镐侄。万历年间（1573—1620）岁贡，官高明教谕。（嘉庆《潮阳县志》）——周修东

【周笃畀】

周笃畀（1573—1642），字仲迪，号简庭，潮阳黄陇都（今属汕头潮南）人。大理寺卿光镐次子。初邑庠生，补国子监生，授燕山左卫经历，升凤阳通判。少从父宦游，能诗，善行草书。（《明农山堂集》、嘉庆《潮阳县志》、民国《峡山周氏族谱》抄本）——周修东

【周笃祐】

周笃祐，字式文，号仰濂，潮阳黄陇都（今属汕头潮南）人。举人笃庆之兄。入国子监读书，奉例入资为光禄寺署丞。平生事亲愉婉，兄弟友爱。与人谦而有容，勤而好施，交游敬信，为恂恂德谦君子。万历十一年（1583）过江西泰和，谒知县唐伯元，请其撰《瑞征堂记》。子多颖，监生；孙士俨，举人。（《泗水周氏宗乘》、《图溪玉泉公孝廉赠录》、嘉庆《潮阳县志》）——周修东

【周笃棐】

周笃棐（1542—约1604），字式时，号完初，潮阳黄陇都（今属汕头潮南）人。大理寺卿光镐侄。隆庆四年（1570）登省试亚魁，万历八年（1580）谒选，授富川知县，十一年（1583）修《富川县志》。十三年（1585）四月升台州同知，署余姚知县。十四年（1586）回任，二次奉委至海上点兵给粮，查盘绍兴、金华、衢州三府边储。翌年乞休致仕。囊无长物，自此退隐，一意奉养老母。偶

尔遨游罗浮、浮丘诸山,后隐居东山北岩。三十一年(1603)奉皇储恩诏进阶朝列大夫。(《明农山堂集》、《泗水周氏宗乘》、康熙《潮阳县志》)——周修东

【周彦作】

周彦作,名砺,以字行,潮阳县廓都人。处士伯玉仲子。洪武十二年(1379),举儒士,任本县训导,升增城教谕。(隆庆《潮阳县志》、雍正《广东通志》)——陈新杰

【周彦敬】

周彦敬,名碏,以字行,潮阳县廓都人。处士伯玉长子。洪武五年(1372)举人,官栖霞知县。能诗,有《棉江欸乃》九章传世。(隆庆《潮阳县志》、雍正《广东通志》)——陈新杰

【周彦器】

周彦器,名矿,以字行,潮阳县廓都人。处士伯玉少子也。夙承父训,与兄碏、砺并受经于其母郭,而彦器尤颖悟不群,读书务得圣贤宗旨,一时儒林硕士多推让之。洪武十六年(1383)会罢制科,以茂才举,拜大理评事。居官清慎,谳狱平允。寻以廉能擢河南布政司参议,且召用,会病,卒于官,士类惜之。(嘉靖《潮州府志》、隆庆《潮阳县志》、康熙《潮阳县志》)——陈新杰

【周继绥】

周继绥,惠来大坭都人。嘉靖三十二年(1553)岁贡,仕镇海卫训导。(乾隆《潮州府志》)——周修东

【周淑妹(周大奇女)】

周淑妹(周大奇女),澄海上窖(今属汕头澄海)人。生员周大奇之女。许配澄海冠山陈氏子。嘉靖三十二年(1553)秋,海寇入村,贼首执得淑妹,欲加非礼,淑妹坚决不从,贼怒,数刃淑妹,淑妹倒地不起,贼人以为其死,悻悻而去,竟不死。道台巡视至县,乡邑生员以淑妹节烈之事禀报,道台遂以匾额旌奖,且命知县给夌资以归陈氏。后十余载,卒。(顺治《潮州府志》、嘉庆《澄海县志》、道光《广东通志》)——黄树雄 杨映红

【周淳风】

周淳风(?—1583),字克熙,号见山,潮阳黄陇都(今属汕头潮南)人。力学励志,与湖州府同知吕文峰同学,为文驯雅有思致。与族侄周光镐同补县学生员,后读书国子监,万历年间(1573—1620)恩贡。万历十一年(1583)赴京谒选,授昌化县训导。赴任时,卒于青县途中。(《泗水周氏宗乘》、光绪《潮阳县志》)——周修东

【周舜卿】

周舜卿，字希稷，号东屿，饶平宣化都（今属潮州饶平）人。周用弟。正德十四年（1519）举人。第二年参加会试，时周用为浙江按察司佥事，舜卿往省之，沿路官员馈送一概不受。嘉靖二十九年（1550）授湖广江华县教谕。严规乐育，一时全县文学彬彬，异于往时。擢广东琼州府学教授。闻长子讣，悲不自胜，竟弃官归，从此杜门谢客，不理外事，竟以终。（《东里志》、《正德十四年己卯科广东乡试录》、雍正《江华县志》）——黄树雄

【周　富】

周富，海阳人。明初以举人材授山东昌邑知县。（嘉靖《潮州府志》、光绪《海阳县志》）——陈贤武

【周　琡】

周琡（1471—1522），字大用，号图溪，潮阳黄陇都（今属汕头潮南）人。父周旭早逝，周琡年方十三，侍奉母亲郑氏至孝。自少慷慨有大节，方正严毅，轻财重义。娶棉城给事中萧龙侄女萧氏为妻。捐泗水旧居一所，肇建始祖祠堂，以尽追远之诚。赈贫周乏，怜孤助葬，乡人赖其接济米粮者多至数十家。素性简朴，与人不泛交，惟择师教子，课仆耕田而已。长子孚先，举人；孙光镐，大理寺卿。（《泗水周氏宗乘》、光绪《潮阳县志》）——周修东

【周　猷】

周猷，号复斋，饶平宣化都（今属潮州饶平）人。成化元年（1465）举人。授山东博兴知县。（《东里志》）——黄树雄

【周　濂】

周濂，字吉甫，号竹轩。饶平宣化都（今属潮州饶平）人。生性倜傥，耽嗜山水，优游名胜以自怡悦。每植奇花异卉，徜徉自适。学有渊源，被称为饶庠八才子之一。正德十四年（1519）为贡士入国子监。濂不乐仕进，而喜奖进后辈，有所得必授之，一时英贤多出其门。（《东里志》、康熙《饶平县志》、康熙《澄海县志》）——黄树雄

【郑一初】

郑一初（1466—1513），字朝朔，号紫坡，揭阳人。幼颖敏诚悫，有大志。弘治十八年（1505）进士。值宦官刘瑾擅权，以病归。卜筑读书于紫陌山六年，闭门却扫，足迹不至公室。时有乡人在狱者，怀金数百，恳为之解，一初艴然曰："名义至重，鬼神难欺！"遂叱退之。正德六年（1511）刘瑾被诛。明年（1512），授试云南道御史，克振风纪。在京尝从学王守仁，日与徐爱、顾应祥等问质究竟，得闻圣贤之学。八年（1513），因病告归，途中卒于杭州。

子大仑，嘉靖元年（1522）举人。（《明武宗实录》、嘉靖《潮州府志》、《泉翁大全集》、《薛中离先生全集》、《蓝桥郑氏家谱》）——孙杜平

【郑一统】

郑一统（1509—1542），字朝庆，号碧河，一号磨汀，揭阳人。幼笃于学，言笑不苟。嘉靖十四年（1535）进士，选翰林庶吉士。十六年（1537），散馆改编修。明年（1538），丁父忧归。二十一年（1542）起复，赴省会倒文，因病归，卒年三十四。一统夙有文名，而胸襟宽厚，馆试屡居第一，同馆皆置席推让之。及卒，同馆任瀛、康大和等遥祭以文，哭之甚哀。（《明世宗实录》、《辑志副指》、《蓝桥郑氏家谱》）——孙杜平

【郑一箴】

郑一箴，揭阳人。年高德劭。万历五年（1577），尝倡修县之竹桥、大沟桥。至天启元年（1621），大沟圮坏，其子监生郑金修复之。（雍正《揭阳县志》）——孙杜平

【郑士庶】

郑士庶，字茂夫，海阳人，原籍浙江，兄士廉于洪武二十七年（1394）官潮州教授，遂随兄占籍海阳。永乐十三年（1415）进士。除湖广道御史。宣德四年（1429），任广西柳州推官，改府学礼殿及讲堂，门庑、斋舍、廨宇、庖湢皆备，有记。升御史。正统二年（1437）任河南开封通判。时适黄河泛滥，堤决于团城之西百九十丈，入延于大梁、中牟诸邑，民不堪命。乃主修筑堤以防御。并倡修堤神庙。（《兰台法鉴录》、嘉靖《潮州府志》、光绪《海阳县志》、《原武阳武明清县志》、乾隆《柳州府志》）——陈贤武

【郑大仑】

郑大仑（1500—1553），字峻甫，号仙桥，揭阳人。御史郑一初子。正德末年（1521），副使魏校提学广东，因从之游。继从尚书湛若水，学问日进。嘉靖元年（1522）举人。十一年（1532），授浙江德清教谕。弃职归里，日以教育子弟为事。二十四年（1545），知县王凤重其文行，聘修县志。（乾隆《揭阳县志》、康熙《德清县志》、《蓝桥郑氏家谱》）——孙杜平

【郑大忠】

郑大忠，字英翰，揭阳人。长史郑天宪子。诸生。精于痘疹。岭南多瘴，痘疹盛行，心悯之，遂有志于此。初习元人朱丹溪书，未得宗旨，搜讨百家，始为豁然。二十年间，人遇痘而求医者，效者十九。或酬以金，则逊谢拒。晚汇辑百家之书，择其精当治验者，缀简成文，参以己见，补其未尽之旨，名曰《痘经会

成》。性孝友，尝置义田以资族属婚丧。年八十四卒。（雍正《揭阳县志》、《中国医籍考》）——孙杜平

【郑大章】

郑大章，海阳人。弘治十四年（1501）举人。官湖广枣阳知县。（嘉靖《潮州府志》、光绪《海阳县志》）——陈贤武

【郑 义①】

郑义，一作公义，字宜思，揭阳人。御史郑一初祖。生平博览群书，识鉴尤精。正、嘉年间（1506—1566），知县陶桢、主簿季本莅县，并先后造访嘉奖。以年高诏赐寿官，累蒙官府恩给肉帛，礼举乡宾。享年九十有三，无疾而卒。（雍正《揭阳县志》、《蓝桥郑氏家谱》）——孙杜平

【郑 义②】

郑义（1377—1443），字伯集，号耘庵，晚更号在翁，潮阳县廓都人。其先维扬人，元初家于潮义。年十五而孤，性警敏嗜学。既壮，遂贯通经史，旁搜诸子、星历之书。至六书之法，靡不精诣。最后锐情于诗，卒以诗名。永乐九年（1411）乡试第一，署梧州北流教谕。宣德初（1426），擢周府右长史。在国十八年，辅导之功为多，进阶奉政大夫，脩正庶尹。寻上书乞骸骨，不报，竟卒于位。其子女多联姻玉牒者。著有《右史集》、《梅花百咏》及《潮阳郑氏族谱》。（《粤大记》、《潮阳郑氏族谱》、隆庆《潮阳县志》、雍正《广东通志》）——陈新杰

【郑广文】

郑广文（1509—?），字右山，潮阳隆井都（今属汕头潮南）人，赋性颖异，工为文。嘉靖十年（1531）举人，同榜状元、殿撰林大钦特器重之。寻授抚州府通判，清慎多惠政，民德之。时修皇宫，奉命采木于牛头山。事竣，赋归。创祖先祭业，举《四礼》以训子孙。结庐于神山之阳，与二三知交诗文相酬唱焉。（康熙《潮阳县志》、嘉庆《潮阳县志》、《潮州西湖山志》）——陈新杰

【郑广姐】

郑广姐，潮阳县廓都人。周府右史郑义孙，而兵马指挥郑曼女也。广姐生有殊质，卜之当大贵。义授以诗书，辄能解悟。稍长，言笑不苟，举止端庄。及义擢相周王，在位久，子孙俱至大梁，广姐遂得以隽异选为项城王妃，天子闻而遣官持节即其邸第封之。既正位受册，节俭好礼，翊赞于内，遂成贤王之名。先后赏赐千计，郑妃不敢自私，尽以佐王国中费，其余颁之王宫，下及众媵侄娣无不乐受其惠。（隆庆《潮阳县志》、郑义《潮阳郑氏族谱》）——陈新杰

【郑之驯】

郑之驯,潮阳县廓都人。知府文奎曾孙。贡生,官古田知县。(万历《福州府志》、嘉庆《潮阳县志》)——陈新杰

【郑天叙】

郑天叙,字有典,揭阳鮀江(今属汕头金平)人。弘治五年(1492)举人。曾任兴安知县。(嘉靖《潮州府志》、康熙《澄海县志》、雍正《揭阳县志》)——黄树雄 杨映红

【郑天爱】

郑天爱,字国护,饶平宣化都(今属潮州饶平)人。嘉靖七年(1528)举人。万历五年(1577)任广西罗城知县。时议施行一条鞭法,民称不便。天爱上条陈,民安之。(顺治《潮州府志》、康熙《饶平县志》、道光《广东通志》、《粤西文载》)——黄树雄

【郑天宪】

郑天宪,字宗善,号棉淇,揭阳人。嘉靖十三年(1534)举人。三十五年(1556),授广西来宾知县。在官礼士爱民,颇有清操。任间,有土著韦氏等六人倡乱,天宪单骑深入其地,谕以威信,韦氏等俱输诚服罪。又创置学田、惠济仓等。以卓异升四川雅州知州。在任多所建设,如筑雅州城、建武侯祠、静学书院等。升晋府长史,以大中大夫致仕。(康熙《潮州府志》、雍正《揭阳县志》、乾隆《揭阳县志》、民国《来宾县志》、《中国医籍考》)——孙杜平

【郑 元】

郑元,海阳人。景泰七年(1456)岁贡生。官湖广永州知州。(嘉靖《潮州府志》、光绪《海阳县志》)——陈贤武

【郑元复】

郑元复(1522—1598),字正初,号见心,潮阳县廓都人。通判庆宸子。嘉靖三十四年(1555)举人,官高阳教谕,日课诸生,贫者助其资斧,高阳相国孙承宗,时方幼,试童子科,元复培植之甚,至后为一代名臣。升高阳知县,任间尝重修县学。隆庆间(1567—1572),调建宁府通判,与泰和郭子章同僚。万历九年(1581),郭来任潮州知府,元复家居,非公事不至府庭,郭重之,竖亭以彰其德。(雍正《畿辅通志》、乾隆《福建通志》、嘉庆《潮阳县志》)——陈新杰

【郑仁安】

郑仁安,潮阳峡山都(今属汕头潮南)人。郁林知州郑顼从子。弘治五年(1492)举人,官嶍峨知县。(嘉靖《潮州府志》、隆庆《潮阳县志》)——陈新杰

【郑仁慈】

郑仁慈,潮阳峡山都(今属汕头

潮南）人。嵝峨知县仁安弟。正德三年（1508）贡生，官武宣教谕。（嘉靖《潮州府志》、隆庆《潮阳县志》）——陈新杰

【郑月江】

郑月江，海阳人。正德十六年（1521）贡生。授江西石城教谕。（嘉靖《潮州府志》、光绪《海阳县志》）——陈贤武

【郑氏（陈所学妻）】

郑氏（陈所学妻），潮阳神山里人。适惠来县西头都生员陈所学。其夫早逝，郑氏矢志从之而死。公婆曰："尔有遗腹，何得轻言死！"郑氏勉强听从公婆之言，截发自誓。已而生男，教之读书，辛勤积蓄，以增家产。享年七十。（雍正《惠来县志》）——周修东

【郑氏（莫如虚妻）】

郑氏（莫如虚妻），潮阳人。桂林同知莫应魁生母。教子成名，嫡庶双节，同建坊于和平乡。（光绪《潮阳县志》）——陈新杰

【郑氏（萧守镇妻）】

郑氏（萧守镇妻），潮阳县廓都人。郑承谅女也。归萧二载，年十八而夫卒，以舅姑老无他子，忍死事之。父母欲夺其志，郑氏因不复归省。母乃以病笃绐往永诀，入门知为计，阳顺之，密令侍婢与姑约，操舟过讯，遂同载归。日奉舅姑益谨。万历初（1573），建坊旌表，缙绅郑雯、林大春各褒以诗文。卒年八十五，竟与镇同月日，闻者异之。（康熙《潮阳县志》、嘉庆《潮阳县志》）——陈新杰

【郑　文】

郑文，潮阳举练都人。成化十九年（1483）举人，官铅山教谕。（嘉靖《潮州府志》、隆庆《潮阳县志》）——陈新杰

【郑文奎】

郑文奎（1422—1506），字永章，号慎斋，潮阳县廓都人。务使佐龙六世孙。幼岐嶷，有大志。正统十二年（1447）举人。景泰五年（1454）登进士，授广西监察御史。性耿介，治狱详慎。任御史九年，清勤如一日。成化间（1465—1487），擢重庆知府，以风宪体行，吏畏民怀。复补云南知府，有权贵者索馈献，文奎无所有，引疾归。筑燕归堂，赋诗自娱。（雍正《四川通志》、康熙《潮阳县志》、嘉庆《潮阳县志》）——陈新杰

【郑文显】

郑文显，潮阳人。崇祯间（1628—1644）岁贡，官新会教谕。（光绪《潮阳县志》）——陈新杰

【郑文卿】

郑文卿，字素显，海阳大和都（今属潮州潮安）人。进士郑谅季子。弘治八年（1495）中南京乡试举

人。尝捐己资作沟桥通津渡，以便居民。乡人颂之。正德元年（1506），进阶中顺大夫（四品）。卒年八十一。（嘉靖《广东通志》、嘉靖《潮州府志》、光绪《海阳县志》）——陈贤武

【郑以让】

郑以让，潮阳人。万历间（1573—1620）府学岁贡，官博罗训导。（康熙《潮阳县志》）——陈新杰

【郑允升】

郑允升，澄海中外（今属汕头澄海）人。天启七年（1627）举人，崇祯十二年（1639）任南直铜陵知县。慈明有守，惩奸革弊。修方位圩，人称"郑公圩"。守御有方，民甚赖之。十七年（1644）主修《铜陵县志》，为作序。升太平府同知。（康熙《澄海县志》、乾隆《潮州府志》、乾隆《铜陵县志》、乾隆《太平府志》）——黄树雄　杨映红

【郑　生】

郑生，海阳人。天顺四年（1460）贡生。官湖广岳州知事。（嘉靖《潮州府志》、光绪《海阳县志》）——陈贤武

【郑用光】

郑用光，潮阳人。国子学正用康弟。万历十三年（1585）举人，官清远教谕，升温州推官。（康熙《潮阳县志》）——陈新杰

【郑用康】

郑用康，潮阳人。万历间（1573—1620）岁贡，官国子监学正。（康熙《潮阳县志》）——陈新杰

【郑　立】

郑立，潮阳人。弘治五年（1492）举人，官罗城教谕。（嘉靖《潮州府志》、隆庆《潮阳县志》）——陈新杰

【郑弘彝】

郑弘彝，饶平人。嘉靖四年（1525）举人第二名，官沭阳知县。（康熙《饶平县志》、乾隆《潮州府志》）——黄树雄

【郑邦宁】

郑邦宁，海阳人。宣德十年（1435）岁贡。授顺天定兴县丞。（嘉靖《潮州府志》、光绪《海阳县志》）——陈贤武

【郑　玑】

郑玑（1420—1481），字文象，潮阳附廓都人。正统十二年（1447）举人，署灵川教谕，寻擢宁波教授，入为国子监学正。其立教必严于义利之辨，自身取予不苟，士多感化者。历官二十载，后卒于京，死至无以为殓，其清苦如此。（嘉靖《潮州府志》、隆庆《潮阳县志》、雍正《广东通志》）——陈新杰

【郑　臣】

郑臣，海阳人。嘉靖十三年（1534）举人。嘉靖二十三年至二十五年（1544—1546）任江西雩都知县。二十五年（1546）修《雩都县志》。转湖广湘潭知县。（顺治《潮州府志》、光绪《海阳县志》、同治《雩都县志》）——陈贤武

【郑有周】

郑有周（1504—?），字郁之，号龙田，揭阳（今属潮州潮安）人。嘉靖十四年（1535）进士，授都察院知事。累升福建佥事、湖广参议。二十六年（1547），以拾遗例，为科道所劾罢职。（《明世宗实录》、《嘉靖十四年进士登科录》、雍正《揭阳县志》、《林榕江先生集》）——孙杜平　陈贤武

【郑贞姑】

郑贞姑，潮阳隆井都（今属汕头潮南）人。明初人。年及笄，父母俱逝，兄嫂相次亡，遗孤甫三岁，族中有贪其产业者将不利于孤，姑虑孤不能保全，矢志不嫁，以抚养遗孤。及孤长成，年方三十余，里中闻名求聘者接踵。姑一概谢绝之。年六十七卒。遗孤为之服齐三年，乡士大夫共谥之曰"全节金质贞姑"，合族祀姑于祖庙迄今。（康熙《潮阳县志》、嘉庆《潮阳县志》）——陈新杰

【郑光泒】

郑光泒，潮阳人。正德九年（1514）贡生，官处州训导。（嘉靖《潮州府志》、隆庆《潮阳县志》、康熙《潮阳县志》）——陈新杰

【郑同玄】

郑同玄（?—1650），字黄中，号练水，潮阳隆井（一作"县廓"）都人。天启七年（1627）举人。崇祯七年（1634）登进士，授六合知县。六合旧无城郭，同玄虑流寇作乱，浚濠竖栅为守御计。贼势方炽，城陷溃走。以讳误谪戍台州，到伍，观海门形势，倡立炮台。十六年（1643），奔母丧归。南明唐王聿键称号隆武，起为兵部主事。后变姓名，间道谒桂王由榔于梧州。次年（1647），桂王改元永历，仍起为兵部主事。历陕西、河南道监察御史，巡按四川，晋太仆寺少卿。值容县兵叛，遇变不屈，与长子恩贡振芳同日殉难。（《明史》、《大清一统志》、康熙《潮阳县志》、乾隆《潮州府志》）——陈新杰

【郑廷佐】

郑廷佐，海阳人。正德二年（1507）举人。授浙江孝丰教谕。（嘉靖《潮州府志》、光绪《海阳县志》）——陈贤武

【郑廷望】

郑廷望，海阳人。正德年间

(1506—1521）贡生。授浙江分水教谕。（嘉靖《潮州府志》、光绪《海阳县志》）——陈贤武

【郑 迁】

郑迁，潮阳人。嘉靖十一年（1532）府学贡生，官上饶训导。（嘉靖《潮州府志》）——陈新杰

【郑 任】

郑任，海阳人。嘉靖十五年（1536）贡生。嘉靖十七年至二十年（1538—1541）任湖广蕲阳知县。（顺治《潮州府志》、光绪《海阳县志》、新编《祁阳县志》）——陈贤武

【郑 全】

郑全，潮阳举练都人。永乐十四年（1416）贡生，官宜宾县丞。（嘉靖《潮州府志》、隆庆《潮阳县志》）——陈新杰

【郑庆宸】

郑庆宸，潮阳县廓都人。知府文奎孙。正德十一年（1516）举人，官国子监助教，漳州通判。（隆庆《潮阳县志》、雍正《广东通志》）——陈新杰

【郑守逵】

郑守逵，海阳人。万历二十一年（1593）拔贡。官广东韶州训导。——陈贤武

【郑安宁】

郑安宁，潮阳县廓都人。弘治间（1488—1505）例监，官宣化主簿。（嘉靖《潮州府志》、隆庆《潮阳县志》）——陈新杰

【郑 安】

郑安（1427—?），字康民，海阳人。治《春秋》，中正统十二年（1447）解元，景泰五年（1454）成进士。七年（1456）三月，考选为南京试监察御史。天顺元年（1457）六月，实授南京河南御史。天顺八年（1464），明宪宗刚即位，他即上奏章言八事。宪宗多所采用。成化二年（1466）二月，升陕西按察副使。（嘉靖《潮州府志》、光绪《海阳县志》）——陈贤武

【郑志谨】

郑志谨，揭阳人。永乐六年（1408）举人。十二年（1414），授湖广龙阳教谕。升顺天教授。致仕归。（雍正《揭阳县志》、嘉庆《龙阳县志》、《蓝桥郑氏家谱》）——孙杜平

【郑应可】

郑应可，潮阳人。普宁籍。隆庆间（1567—1572）岁贡，仕零陵学教谕，升桃源知县。（乾隆《普宁县志》、光绪《潮阳县志》）——陈新杰

【郑应发】

郑应发，普宁人。贡生。仕崖州学正。（乾隆《普宁县志》）——陈

新杰

【郑 灿】

郑灿,潮阳县廓都人。正德间(1506—1521)例监,官重庆州判、福宁州判。(嘉靖《潮州府志》、隆庆《潮阳县志》)——陈新杰

【郑国士】

郑国士,亦作国仕,号韩山,澄海苏湾(今属汕头澄海)人。隆庆元年(1567)举人,万历八年(1580)授江西峡江知县,多行惠政。不久以丁忧去,民为立《去思碑》,建生祠。万历十二年(1584)补浙江昌化知县。为官平易,慈和秉政,立学田,曾破获伪印案。升贵州普安知州,未到任。(康熙《澄海县志》、乾隆《昌化县志》、同治《峡江县志》、万历《贵州通志》)——黄树雄 杨映红

【郑国臣】

郑国臣(1520—1584),字嘉邻,号钦斋,海阳南桂都(今属潮州潮安)人。嘉靖二十二年(1543)举人。四十五年(1566)任横州知州,隆庆四年(1570)九月,加正五品服俸,擢湖广宝庆府同知。万历七年(1579)升广西思恩知府。十一年(1583),致仕。还乡后,增复宗祠祭业,修订家规。(《明穆宗实录》、顺治《潮州府志》、光绪《海阳县志》、《广西古代职官资料汇编》)——陈

贤武

【郑 昇】

郑昇,字尚仕,号实斋,潮阳县廓都人。周府右史郑义第三子。神采玉立,绝类离群。尚偃师县主,诰封亚中大夫、宗人府仪宾。致仕,家于河南。(《粤大记》、《潮阳郑氏族谱》)——陈新杰

【郑 昂①】

郑昂,字献尊,潮阳隆井都(今属汕头潮南)人。幼丧双亲,既长,习举子业。后遂屏去,结庐神山之阳,杜门十年,潜心理学,负笈者众。有海舶破于海上,人争拾金,昂不视,邑人高之。后以子同玄贵,赠如其子官。著《性理要略》、《说诗转解》诸书。(康熙《潮阳县志》、嘉庆《潮阳县志》)——陈新杰

【郑 昂②】

郑昂,潮阳人。弘治二年(1489)岁贡,官靖州判官,升建昌卫知事。(嘉靖《潮州府志》、隆庆《潮阳县志》)——陈新杰

【郑 旻】

郑旻(1523—1583),字世穆,号邹山,一号峚山,揭阳人。嘉靖三十五年(1556)进士,授兵部主事,历升本部郎中。出知北隶大名、河南归德。蠲免逋租,革除利弊,政绩卓然。擢贵州、西山提学副使。甄藻人材,百不失一。万历六年(1578),

迁湖广参政。时张居正柄政，仕其乡者，疲于奔命。旻独正身率物，不激不随。百务厘举，庭无留牍，时以为难。擢四川按察使。十年（1582），迁广西右布政。明年，转贵州左布政。稽察匿田，厘正诡籍，豪右畏惧。到官不一月而卒，百姓哀之。旻生平慷慨多大志，学问精粹，所著有《哀拙稿》、《崟山谈言》等。（《嘉靖丙辰同年世讲录》、雍正《揭阳县志》、乾隆《揭阳县志》、《明神宗实录》、万历《黔记》）——孙杜平

【郑　忠】

郑忠，程乡人。万历元年（1573）举人，任广西梧州府学训导。（康熙《程乡县志》）——黄晓丹

【郑岳端】

郑岳端，海阳人。成化年间（1465—1487）贡生。授福建古田训导。（嘉靖《潮州府志》、光绪《海阳县志》）——陈贤武

【郑育渐】

郑育渐，字德进，号丹木，揭阳人。布政郑旻子。万历四年（1576）举人，援例遥授都察院都事。性孝友尚义。父卒于贵州，亲扶榇归，祭葬皆竭己力，不受赙赠。有友卒而妻女贫，为捐田税赡之。性好楼居，闭门著书，深体《易》理。（雍正《揭阳县志》）——孙杜平

【郑学乾】

郑学乾，潮阳县廓都人。官口府典仪。（光绪《潮阳县志》）——陈新杰

【郑　绅】

郑绅，海阳人。宣德七年（1432）贡生。授福建宁化主簿。（嘉靖《潮州府志》、光绪《海阳县志》）——陈贤武

【郑绍烋】

郑绍烋，字世微，号宝峰，潮阳县廓都人。嘉靖十年（1531）举人，任寿州知州。尝释放重罪死囚，州人感戴之，建生祠以祝。未几，迁思恩府同知，廉明益著。莅任二年，晋阶朝列大夫，寻以年例乞休。民思恩追其功，祀寿州名宦祠。（康熙《潮阳县志》、嘉庆《潮阳县志》、《潮州西湖山志》）——陈新杰

【郑经正】

郑经正，字世平，号碧川，潮阳黄陇都（今属汕头潮南）人。自少孝友，稍长以《尚书》名家。正德十四年（1519），与弟经哲同中举人。闻湛甘泉讲学于广州，兄弟偕往学焉，得其宗旨以归。嘉靖间（1522—1566），任广西永福知县。调福建长泰知县，崇文行，禁奢淫，宽征输，省徭役。阅一载，士民颂德，部方拟优擢，以亲老乞归。缙绅林魁制锦赠送。（康熙《潮阳县志》、雍正《福

建通志》、雍正《广西通志》、嘉庆《潮阳县志》）——陈新杰

【郑昺】

郑昺，海阳人。天顺年间（1457—1464）贡生。官福建建阳主簿。（嘉靖《潮州府志》、光绪《海阳县志》）——陈贤武

【郑昭姐】

郑昭姐，潮阳县廓都人。周府右长史郑义女，拜镇平郡镇国将军夫人。生子立为镇平王，仍追尊母郑曰镇平王妃。（隆庆《潮阳县志》、郑义《潮阳郑氏族谱》）——陈新杰

【郑 贵】

郑贵，海阳（今属梅州大埔）人。成化七年（1471）举人。十一年（1475）任泰州学正，后任博白知县。（崇祯《泰州志》、康熙《埔阳志》、乾隆《潮州府志》）——黄树雄

【郑思诚】

郑思诚，惠来龙溪都人。嘉靖十四年（1535）岁贡，十九年（1540）仕湖广郴州训导，三十四年（1555）任广西宾州教谕。（万历《郴州志》、万历《宾州志》、乾隆《潮州府志》）——周修东

【郑科伟】

郑科伟，字简卿，一字璿夫，揭阳人。举人郑育渐孙。明季诸生，有时名，善楷书。少丧父，为育渐所抚养，课以经史，苦学不倦。事祖父、母，孝养备至。生平仗义重气节，死于郝尚久之乱。乡人私谥"敦烈先生"。（雍正、乾隆《揭阳县志》）——孙杜平

【郑 重】

郑重，字尔鼎，惠来龙溪都人。自幼继承父志，谨慎敬事二兄，怜爱培育庶妹，悯族中孤寡，缩减家产，以济急难。胸怀豪爽而随和，与人交往，如坐春风，亲戚老少无不倾慕。乌禽嶂大盗煽动作乱，一路抢掠，至其家门，咸诫之。感恩而去，合家赖以安。晚年寄兴诗酒。子国光，贡生。（雍正《惠来县志》）——周修东

【郑 俊】

郑俊，海阳人。正统十四年（1449）岁贡。授广西柳州同知。（嘉靖《潮州府志》、光绪《海阳县志》）——陈贤武

【郑养孝】

郑养孝，潮阳人。崇祯间（1628—1644）恩贡，官修仁训导。（光绪《潮阳县志》）——陈新杰

【郑 冠】

郑冠，潮阳隆井都（今属汕头潮南）人。崇祯九年（1636）举人，官南京试用知县。（康熙《潮阳县志》）——陈新杰

【郑 祜】

郑祜，海阳人。洪武十一年

（1378）贡生。官广西浔州推官。（嘉靖《潮州府志》、光绪《海阳县志》）——陈贤武

【郑祖绍】

郑祖绍（？—1638），揭阳人。明季官都司。崇祯十一年（1638），有流贼数百破县之竹桥寨。知县张明弼同典史陶鸿翙督乡兵驰救，祖绍率家丁赴援。因与鸿翙奋勇先驱，渡河决战，不幸两人战死。张明弼及翰林郭之奇伤之，各为诗文以祭。（《榕城集》、《宛在堂文集》）——孙杜平

【郑泰明】

郑泰明，潮阳峡山都（今属汕头潮南）人。弘治间（1488—1505）岁贡，官赣州学正。（嘉靖《潮州府志》）——陈新杰

【郑　泰】

郑泰，潮阳峡山都（今属汕头潮南）人。弘治九年（1496）贡生，弘治十五年（1502）官赣州训导。（嘉靖《潮州府志》、隆庆《潮阳县志》、同治《赣县志》）——陈新杰

【郑　顼】

郑顼，潮阳峡山都（今属汕头潮南）人。赣州训导郑泰弟。成化十三年（1477）举人，官马平知县，升郁林知州。弘治八年（1495），为副使萧銮叙状。（嘉靖《潮州府志》、《萧氏族谱》）——陈新杰

【郑　埙】

郑埙，海阳人。天顺三年（1459）举人。官广西浔州通判。（嘉靖《潮州府志》、光绪《海阳县志》）——陈贤武

【郑　恭】

郑恭，潮阳人。正德十年（1515）贡生，官恭城训导。（隆庆《潮阳县志》）——陈新杰

【郑　朔】

郑朔，海阳人。成化二十年（1484）甲辰科进士。授户部主事。（嘉靖《潮州府志》、光绪《海阳县志》）——陈贤武

【郑　谅】

郑谅（1436—？），字廷察，号云横，海阳大和都（今属潮州潮安）人。幼抱志不凡，甫弱冠，行事多气节。成化五年（1469）进士。授南京户部清吏司主事，晋户部郎中兼管钞关税。矢心清苦，励志操持。后乞休田里。闭门训课，绝迹公庭。（嘉靖《潮州府志》、光绪《海阳县志》、《明代科举与文学编年》）——陈贤武

【郑黄道】

郑黄道，号灼凡，海阳人。崇祯五年（1632），督学魏浣初拔全粤岁荐第一。十六年（1643）选广东龙门教谕。以守陴功，擢永宁知县。以时局骚乱，无心于仕，赋归。黄道少发

奋下帷，潜心理学，所著《四书解义》、《尚书解义》，悉阐圣贤之奥，以羽经翼传。从游多一时名士，如太常陈良弼、太仆梁应龙、大参薛联桂、员外曾华盖、提学杨钟岳、知县翁如麟辈，皆尝问学焉。(《韩江闻见录》、光绪《海阳县志》、道光《龙门县志》)——陈贤武

【郑　曼】

郑曼，字尚平，号愚斋，潮阳县廓都人。周府右史郑义长子。早服庭训，后从主事刘玘习举子业，念二亲仕远方，弗终其业。以女项城王妃贵，敕封文林郎、南城兵马副指挥。(《粤大记》、《潮阳郑氏族谱》)——陈新杰

【郑　崇】

郑崇（1389—1453），字秉义，号古城，海阳南桂都（今属潮州潮安）人。永乐十七年（1419）岁贡。洪熙元年（1425）典试，名列第一，铨选大理寺司务，转右评事。时宁王朱权在江西南昌横征暴敛，民怨沸腾。崇奉钦差之命勘理，日夜兼程，微服私访，不避权贵，上疏奏明真相，当地百姓深为感激。宣德五年（1430）擢太仆寺丞。阅三载，特升两浙都运使盐运同知（从四品）。后辞职归里，建宗祠，置祀田，修家谱。(嘉靖《潮州府志》、光绪《海阳县志》、《鲲江郑氏族谱》)——陈贤武

【郑　隆】

郑隆，海阳人。永乐十八年（1420）举人。官南京留守卫经历。(嘉靖《潮州府志》、光绪《海阳县志》)——陈贤武

【郑　琼】

郑琼，海阳大和都（今属潮州潮安）人。弘治十二年（1499）己未科进士。授徐州仓户部分司郎中。正德十一年（1516），晋浙江绍兴知府。嘉靖二年（1523）二月，为福建都转监运使司运使。(《明世宗实录》、嘉靖《潮州府志》、光绪《海阳县志》、万历《绍兴府志》、《全本徐州府志》)——陈贤武

【郑朝泽】

郑朝泽，海阳人。嘉靖年间（1522—1566）岁贡。授江西奉新训导。(顺治《潮州府志》、光绪《海阳县志》)——陈贤武

【郑景振】

郑景振，潮阳隆井都（今属汕头潮南）人。万历十三年（1585）举人，官崇善知县、淮府审理正。(康熙《潮阳县志》)——陈新杰

【郑舜举】

郑舜举，潮阳县廓都人。武缘知县嘉惠子，正德七年（1512）贡生，官柳州训导。(嘉靖《潮州府志》、隆庆《潮阳县志》)——陈新杰

【郑普逊】

郑普逊，揭阳人。洪武二十年（1387）举人，除四川监察御史。（嘉靖《潮州府志》、《兰台法鉴录》）——孙杜平

【郑　棨】

郑棨，饶平人。弘治十年（1497）乡试副榜，官桂阳州判官。（嘉靖《潮州府志》、光绪《饶平县志》、同治《桂阳州志》）——黄树雄

【郑　谦】

郑谦，潮阳县廓都人。宣德十年（1435）贡生，官南平训导，升什邡教谕。（嘉靖《潮州府志》、隆庆《潮阳县志》）——陈新杰

【郑瑞岳】

郑瑞岳，海阳人。嘉靖三十七年（1558）贡生。授福建侯官教谕。（顺治《潮州府志》、光绪《海阳县志》）——陈贤武

【郑　瑄】

郑瑄，海阳人。嘉靖七年（1528）举人。官岷府长史。嘉靖三十二年至三十四年（1553—1555）任广西横州知州。（顺治《潮州府志》、光绪《海阳县志》）——陈贤武

【郑　亶】

郑亶（1428—1496），字崇信，潮阳附廓都人。少读书双髻山宝峰岩，深得《尚书》宗旨。天顺三年（1459）乡试，中举人第三，授宁波通判。时有豪绅诬民结党谋逆，系狱三年。亶辨其冤释之。寻升嘉兴府同知，至即厘奸剔弊，抚驭有方，一时境内谧如。以终养归，筑精舍于双髻山读书故处，人目为子云宅。（康熙《潮阳县志》、雍正《广东通志》）——陈新杰

【郑廉恭】

郑廉恭，潮阳隆井都（今属汕头潮南）人。嘉靖三十一年（1552）举人。洁清自好，耻事干谒。隆井盐场有岁征埕课，以海上盗贼出没，民多逋亡，株连族里，廉恭解囊代输，乡民德之。（康熙《潮阳县志》、乾隆《潮州府志》）——陈新杰

【郑静人】

郑静人（1449—1491），女，潮阳黄陇都（今属汕头潮南）人，为举人郑经正、经哲祖姑。配周旭为妻。生育名家，贞正有德。周旭有志于学，屡试不中，不幸早世，其子周琚年方十三。郑氏秉持家政，端严勤俭，又缓急有度。祖居泗港乡，有族人欺其孤寡而加以倾轧。遂移居桃溪，艰辛开创，益拓基业。教子义方，绰有树立。孙孚先，举人；玄孙光镐，大理寺卿。（《明农山堂集》、《泗水周氏宗乘》）——周修东

【郑嘉惠】

郑嘉惠（1446—1522），字邦吉，

号梅径，潮阳附廓都人。务使佐龙七世孙。成化十年（1474）举人。弘治七年（1494），任武缘知县。武缘为瑶、僮杂居地，嘉惠至，训以礼教，修学校，给馆资，集诸生课督之。嘉惠在官清谨，留心民瘼。秩满方拟拔擢，因母老乞归，童叟攀辕，立碑志去思焉。赋归后，结庐于双髻山宝峰岩，终年七十七。（康熙《潮阳县志》、嘉庆《潮阳县志》、雍正《广西通志》）——陈新杰

【郑嘉誉】

郑嘉誉，潮阳县廓都人。知府文奎子。成化十三年（1477）举人，官含山、合肥两县知县。（隆庆《潮阳县志》、雍正《广东通志》、嘉庆《潮阳县志》）——陈新杰

【郑熙运】

郑熙运，号亮友，饶平宣化都（今属潮州饶平）人。崇祯三年（1630）举人，十七年（1644）任福建诏安教谕。入清，康熙元年（1662）任广东吴川县教谕。（顺治《潮州府志》、康熙《诏安县志》、康熙《吴川县志》）——黄树雄

【郑銮】

郑銮，海阳人。成化四年（1468）贡生。授长官司吏目。（嘉靖《潮州府志》、光绪《海阳县志》）——陈贤武

【郑精辉】

郑精辉，潮阳县廓都人。武缘知县嘉惠曾孙。万历十六年（1588）举人，官长沙府通判。（康熙《潮阳县志》）——陈新杰

【郑　璋①】

郑璋，海阳人。正统年间（1436—1449）贡生。授太仆寺丞。（嘉靖《潮州府志》、光绪《海阳县志》）——陈贤武

【郑　璋②】

郑璋，潮阳人。成化间（1465—1487），任河南陈留知县。（雍正《河南通志》）——陈新杰

【郑聪也】

郑聪也，潮阳附廓都人。沉机善谋，有勇略。南明隆武二年（1646），土寇黄亮采猖獗，将逼金浦，聪也合乡勇千余人，截江击之，贼大败。翌年，土寇张礼攻城，屯于塔山下，距金浦五里，聪也伏奇兵于山后击之，斩获无数，贼闻风不敢复犯。金浦一乡赖以安定。以孙之侨贵，累赠中宪大夫。（乾隆《潮州府志》、嘉庆《潮阳县志》）——陈新杰

【郑　颛】

郑颛（一作"郑禺"），潮阳县廓都人。赣州训导郑泰弟。嘉靖十二年（1533）贡生，官闽清教谕。（嘉靖《潮州府志》、隆庆《潮阳县志》、万历《福州府志》）——陈新杰

【郑寯】

郑寯（1441—1492），字天民，海阳人。进士郑安弟。成化十七年（1481）进士，观政吏部，期满任吏科给事中。弘治二年（1489）九月，奉命查勘顺天、保定等府官地，这些庄田为历代皇帝赏赐给太监，因年久而其人已故，本当入官，但为某些权贵所侵占，他认真负责，登记造册上报，由户部收回国库。弘治五年（1492），卒于官。（《明实录》、嘉靖《潮州府志》、光绪《海阳县志》）——陈贤武

【郑璠】

郑璠，潮阳隆井都（今属汕头潮南）人。嘉靖二十三年（1544）贡生，官永康训导。（嘉靖《潮州府志》、隆庆《潮阳县志》）——陈新杰

【郑璘】

郑璘，海阳人。弘治年间（1488—1505）贡生。官顺天冀州州判。（嘉靖《潮州府志》、光绪《海阳县志》）——陈贤武

【郑儒修】

郑儒修，潮阳举练都人。万历间（1573—1620）岁贡，官陆川教谕。（康熙《潮阳县志》）——陈新杰

【赵日新】

赵日新，字新民，潮阳县廓都人。举人赵相子。新会陈白沙门人，辨问根极旨要。白沙称其"忠信之人，可与共学"。成化间（1465—1487），日新为生员时，受潮州知府周鹏之遣，请白沙作《潮州三利溪记》，白沙并赠以诗。与同门湛甘泉最友善。弘治五年（1492）举人，仕罗城教谕。（《陈白沙集》、康熙《潮阳县志》、乾隆《潮州府志》）——陈新杰

【赵氏（周敦艮妻）】

赵氏（周敦艮妻），潮阳黄陇都（今属汕头潮南）人。十八岁时守寡。服事公婆至为孝顺。家公性情严厉，赵氏供具必亲。一日进食，适婢女到市场购买明矾返，误落茶杯中，茶汤尽黑，家公怀疑媳妇下毒。赵氏跪地解释，终不能得，家公命仆人将茶汤下到饭中，让狗试食。赵氏遂取茶自饮，尽一杯竟不死，其事乃白。自是家公愈是器重赵氏，赵氏亦尽心服侍，以终其身。世孙廷凤，侍卫；文明、为宪，俱举人。（隆庆《潮阳县志》、雍正《潮州府志》）——周修东

【赵凤仪】

赵凤仪，饶平隆眼都（今属汕头澄海）人。宋太祖子燕懿王赵德昭之后。弘治九年（1496）岁贡，正德初（1506）为南直太湖县丞，政尚平恕。未几，辞官归，行囊萧条。卒于家。

有司题"太湖平政"四字于其家庙，以记其清。（同治《太湖县志》、《饶平县志补订》）——黄树雄

【赵　允】

赵允，字执中，潮阳人。洪武间（1368—1398），任长乐县丞，勤兴民利，十一都海塘堤坏害稼，允为修筑，至今赖之。（《大清一统志》、乾隆《福州府志》、嘉庆《潮阳县志》）——陈新杰

【赵　宁】

赵宁（道光《宁都县志》作"赵凝"），饶平隆眼城（今属汕头澄海）人。弘治十四年（1501）举人，正德十六年（1521）任江西宁都知县，卒于官。（嘉靖《赣州府志》、康熙《饶平县志》、道光《宁都县志》）——黄树雄

【赵必先】

赵必先，字伯腾，潮阳县廓都人。祖和父台衡有令德，俱以诸生享期颐。登崇祯六年（1633）举人。朴直耿介，以古人自期，足迹不履公庭者六十余载。漳浦黄道周褒以诗。年九十卒。（康熙《潮阳县志》、乾隆《潮州府志》）——陈新杰

【赵时举】

赵时举（1510—？），字存晦，号韦男，饶平隆都（今属汕头澄海）人。宁海知州赵通子。嘉靖十三年（1534）举人，嘉靖二十九年（1550）进士，授湖广黄州推官。决狱明正，案无滞牍。又请免积逋十八万，楚人德之。致仕归，与乡先达作怡老会。著有《白云馆集》。（顺治《潮州府志》、康熙《饶平县志》、《嘉靖二十九年进士登科录》）——黄树雄

【赵良弼】

赵良弼，潮阳县廓都人。正德二年（1507）举人，官临淮教谕。（嘉靖《潮州府志》、隆庆《潮阳县志》）——陈新杰

【赵即耀】

赵即耀，潮阳人。崇祯间（1628—1644）拔贡，官衢州通判。（嘉庆《潮阳县志》）——陈新杰

【赵　相】

赵相，字文卿，号西庵，潮阳县廓都人。宋进士嗣助世孙。成化四年（1468）举人。事继母尽孝。陈白沙讲学江门，相师事之，得其宗旨。既归，乃寄兴于名山胜迹间，多所题咏。寻以征辟不就，筑所居曰"西圃书室"，日课诸子。白沙题其堂，有"草树云霞分大块，古今经史属诸儿"之句。有诗数首传世。（康熙《潮阳县志》、乾隆《潮州府志》）——陈新杰

【赵　勋】

赵勋，潮阳县廓都人。正统三年（1438）举人，官神策卫经历。（嘉

靖《潮州府志》、隆庆《潮阳县志》）——陈新杰

【赵　通】

赵通，字士睿（道光《广东通志》作"字士庆"），号半村，饶平隆都（今属汕头澄海）人。弘治十七年（1504）举人，正德七年（1512）任山东宁海州知州。值水旱频仍，通请蠲免赋役，发粟赈灾，民来归者千余家。每朔望视学，必五鼓至，亲为诸生讲授，士民爱敬之。廉正有为，公庭肃然，人不敢干以私。然为官过峻，不能善待公差人，卫卒胡明乘隙诬诉，被论罢官。士民于州门立"爱民赵公去思碑"。子时举，见"赵时举"条。（嘉靖《宁海州志》、康熙《饶平县志》）——黄树雄

【赵　瑀】

赵瑀，潮阳人。耆硕。永乐十七年（1419），预修《潮阳县志》。（隆庆《潮阳县志》）——陈新杰

【赵　鹏】

赵鹏，潮阳人。正德十四年（1519）贡生，官儋州训导。（嘉靖《潮州府志》、隆庆《潮阳县志》）——陈新杰

【赵嘉宾】

赵嘉宾，潮阳举练都人。嘉靖二十五年（1546）贡生，官通川学正。（隆庆《潮阳县志》）——陈新杰

【赵熙绍】

赵熙绍，普宁人。贡生。仕龙川县学训导。（乾隆《普宁县志》）——陈新杰

【胡氏（姚一慎妻）】

胡氏（姚一慎妻），潮阳隆井都（今属汕头潮南）人。兵部郎中姚瑗曾孙妇也。年二十八而夫亡，子孤甫六岁，矢节教之。倭寇袭县，既退，胡氏还乡族所寄近二千金。寿百岁卒，同郡刘子兴、周光镐各为文纪其事。子亨衢，岁贡，授南昌县丞。（康熙《潮阳县志》）——陈新杰

【胡文奎】

胡文奎，字让玉，惠来大坭都人。颇负文名，为县学廪生，应万历三十九年（1611）岁贡，四十五年（1617）任韶州府训导，教育士子独具法度。捐俸修缮张九龄风度楼。任职期满，升广西横州学正。待人接物，温和纯正，使人如坐春风。未久，在任上去世。横州生员为之惋惜。（康熙《惠来县志》、同治《韶州府志》）——周修东

【胡文惠】

胡文惠，海阳人。洪武中（1368—1398）知河南泌阳。县革而复设，民杂处两界中，恃以逃赋。莅任抚字公平，民皆归化。并为辨疆界，俾其复业，民遂安堵。升四川重庆推官。卒。（嘉靖《潮州府志》、

【胡世和】

胡世和，见"庄淑礼"条。

【胡　佑】

胡佑，海阳人。永乐二十一年（1423）举人。授广西陆川教谕。（嘉靖《潮州府志》、光绪《海阳县志》）——陈贤武

【胡明汉】

胡明汉，惠来大坭都（今属仙庵镇）人。嘉靖四十年（1561）岁贡，隆庆年间（1567—1572）仕昌化教谕，升福建镇海卫学正。（乾隆《潮州府志》、雍正《惠来县志》、乾隆《琼州府志》）——周修东

【胡　侪】

胡侪，海阳人。洪武二十九年（1396）举人。永乐三年（1405）任福建安溪教谕。（嘉靖《潮州府志》、嘉靖《安溪县志》、光绪《海阳县志》）——陈贤武

【胡　惠】

胡惠，潮阳人。洪武十四年（1381），任泌阳知县，县革而复设，民杂处两界，恃以逃赋，惠抚字公平，民皆归化。复为辨疆界，俾其复业，民遂安堵。复重建县学。（《明一统志》、雍正《河南通志》）——陈新杰

【胡嘉用】

胡嘉用，潮阳峡山都（今属汕头潮南）人。嘉靖十年（1531）拔贡。十九年（1540）官长泰训导，升抚州教谕。（嘉靖《潮州府志》、隆庆《潮阳县志》、乾隆《长泰县志》）——陈新杰

【柯化鹏】

柯化鹏（1593—1682），号声朝，揭阳（今属梅州丰顺）人。万历四十六年（1618）举人，授浙江温州推官。谳狱清明平允，曲为囚犯求活，不忍妄下朱笔。任满而归。居乡有义行。崇祯四年（1631），县大饥荒，化鹏倡赈一方，民赖其保全性命者多。明季山贼窃发，其亲属有被胁而陷身不义者，化鹏诛杀之。虽处多难之乡，而敛锷韬光，匪类不能为害。（雍正《揭阳县志》、《柯氏族谱》）——孙杜平

【柯氏（许何俞妻）】

柯氏，海阳人，龙门训导柯翔凤之女，适澄海冠山（今属汕头澄海）生员许何俞。何俞母老，柯氏侍养尽孝。清顺治年十年（1653），郝尚久反清，何俞携妻子避乱，柯氏被执，夺刃自杀。（乾隆《潮州府志》、乾隆《澄海县志》、道光《广东通志》）——黄树雄　杨映红

【柯文绍】

柯文绍（1512—1570），号玉井，

海阳登云都（今属潮州潮安）人。嘉靖十六年（1537）举人。历云南楚雄、广西宜山知县、梧州同知。（顺治《潮州府志》、光绪《海阳县志》、《井里乡志》）——陈贤武

【柯汉】

柯汉（1433—1513），字时昭，潮阳黄陇都（今属汕头潮南）人。景泰七年（1456）举人。成化二年（1466）登进士，授泉州推官。复建晋江县学，创石井书院，立苏魏公祠，筑造铜鱼桥，多善政。理学家蔡清为诸生时，得汉鉴拔，后为名臣。寻迁衡州府同知，转南安知县。告归后，筑阳溪草堂，与罗一峰、张东海遥证性命之学。（康熙《潮阳县志》、乾隆《潮州府志》、道光《晋江县志》）——陈新杰

【柯廷慎】

柯廷慎，号敏予，饶平弦歌都（今属潮州饶平）人。诚朴仁厚，喜施予，亲朋借贷艰于偿者，无论多寡，焚其券。两度被举为乡宾，邑人制锦赠之。（康熙《饶平县志》）——黄树雄

【柯良缙】

柯良缙，字德升，号笔山，潮阳黄陇都（今属汕头潮南）人。衡州同知柯汉子。弘治十七年（1504）举人。正德十二年（1517）任江西万年知县，治万凡三载，清慎简易，不事烦苛，善政深入民心。去之日，遮道挽留，乃驰驿以去。十四年（1519）五月调德兴。嘉靖元年（1522），调广西武缘知县，历著政声。里居捐修本邑黄陇都祥符塔，都、邑文峰卓然。（嘉庆《潮阳县志》、《粤西文载》、《澹定轩夜课笔记》）——陈新杰

【柯国楹】

柯国楹，字育侨，饶平弦歌都（今属潮州饶平）人。性谦谨，嗜书史，惜七试不第，崇祯十四年（1641）选为岁贡。志称其"成人之美，济人之厄；宁人负我，无我负认人"。（康熙《饶平县志》、乾隆《潮州府志》）——黄树雄

【柯河】

柯河，潮阳黄陇都（今属汕头潮南）人。衡州同知柯汉弟。天顺间（1457—1464）例监，官龙溪知县。（嘉靖《潮州府志》、隆庆《潮阳县志》）——陈新杰

【柯挺之】

柯挺之（一作"挺芝"），潮阳黄陇都（今属汕头潮南）人。衡州同知柯汉孙。通《五经》，下笔数千言。正德五年（1510）举人。嘉靖初（1522），任广西博白教谕。六年（1527），申请迁博白县学于城东旧址。总督征主苍梧书院。（雍正《广东通志》、雍正《广西通志》、康熙

《潮阳县志》）——陈新杰

【柯振萼】

柯振萼，字时馨，潮阳黄陇都（今属汕头潮南）人。衡州同知柯汉曾孙。孝友笃学，普宁县学廪生。万历三十年（1606）副榜，授英德训导。尝还遗金，助族里举火，岁饥，赈谷千斛，以好义称。崇祯间（1628—1644），举德行名儒，潮、普两县佥以振萼应按院，有"孝友表俗，经略匡时"之褒，未及起用卒。（康熙《潮阳县志》、嘉庆《潮阳县志》）——陈新杰

【柯　琔】

柯琔，揭阳龙溪都（今属潮州潮安）人。正德九年（1514）贡生。授湖广宁远教谕。（嘉靖《潮州府志》、光绪《海阳县志》、《庵埠志》）——陈贤武

【柯　望】

柯望，海阳人。处士。安贫嗜学，博极群书，尤精于《易》，时人称其清介。卒之日，无以殓。门人殡之。（光绪《海阳县志》、《韩江闻见录》）——陈贤武

【柯翔凤】

柯翔凤，海阳人。崇祯年间（1638—1644）岁贡。十一年至十五年（1638—1642）授广东龙门教谕。（顺治《潮州府志》、光绪《海阳县志》、道光《龙门县志》）——陈贤武

【柳国桢】

柳国桢，潮阳峡山都人。万历十三年（1585）举人，官横州知州、邵武府通判。（康熙《潮阳县志》）——陈新杰

【柳　彧】

柳彧，海阳人。景泰七年（1456）举人。官广西柳州知府。（嘉靖《潮州府志》、光绪《海阳县志》）——陈贤武

【柳　彰】

柳彰（1430—？），字廷显，海阳人。天顺七年（1463）进士。官浙江佥事。（嘉靖《潮州府志》、光绪《海阳县志》、《明代科举与文学编年》）——陈贤武

【钟士楚】

钟士楚，字匪材。程乡东厢（今属梅州梅江）人。夙有文名，尤长词赋，屡试冠军，著述甚富。以泰昌元年（1620）恩贡任邠州州判，升湖广宣慰司经历，再升云南都司经历，屡摄州县篆。居官清慎，当道深器重之，有才识胆力之奖，百姓称颂廉明。丁艰回籍，行李萧然。仍设帐东社，声教益振。有土弁馈之粟，不受。清介方正之性，老而愈劲。（康熙《程乡县志》、乾隆《嘉应州志》、光绪《嘉应州志》）——黄晓丹

【钟以义】

钟以义，潮阳人。谨厚士也。念

其姻弟王廷显为刑部郎官，以讹误坐累，谪戍塞北，以义不远万里，跋涉水陆而来慰问。君子莫不嘉之，还乡之日，御史东莞罗亨信赋诗送别。（光绪《潮阳县志》）——陈新杰

【钟仕杰】

钟仕杰，潮阳县廓都人。景泰元年（1450）举人，官梧州教授。乞归，优老在家。知县吴谷欲纂修《潮阳县志》，乃出天顺五年（1461）朝廷遣官所采志书遗稿，属仕杰加以考订补阙，竟未梓行，仅存其序。（隆庆《潮阳县志》）——陈新杰

【钟永清】

钟永清，程乡人。以人材任广西武缘县主簿。（康熙《程乡县志》）——黄晓丹

【钟吉甫】

钟吉甫，程乡人。以人材任山西太平主簿。（康熙《程乡县志》）——黄晓丹

【钟 伦】

钟伦，字伯彝，饶平宣化（今属潮州饶平）人。正德八年（1513）举人，授福建罗源教谕，与知县协力重修文庙，焕然一新。擢南直义安知县。（嘉靖《潮州府志》、嘉靖《罗川志》、康熙《饶平县志》）——黄树雄

【钟 华】

钟华，程乡东厢（今属梅州梅江）人。以粮长充东厢里役，同黄乡等解粮省会，捐谷三千石助赈。巡抚韩雍题奏，敕赐义官。弘治三年（1490），捐资建明伦堂。（康熙《程乡县志》、光绪《嘉应州志》）——黄晓丹

【钟 镛】

钟镛，海阳人。永乐四年（1406）进士。官吏部主事。（嘉靖《潮州府志》、光绪《海阳县志》）——陈贤武

【侯秉度】

侯秉度，字对廷。程乡城区（今属梅州梅县）人。信宜学博侯怀义次子，南安令侯谨度之弟。少年力学，蜚声庠序。厄于数，仅以增生终其身，士类惜之。生平慷慨自负，遇事正直不阿。岁饥，出谷赈济，全活不下千人。邑东状元桥颓圮，捐资修整，人免病涉。邑令林欲昂高其谊，为匾旌"文正高风"。孙敬授，康熙十一年（1672）举人，二十六年（1687）选授四川平武知县。（康熙《程乡县志》、乾隆《嘉应州志》）——黄晓丹

【侯惟吉】

侯惟吉，程乡人。举克百夫长，除牧马所群长。（康熙《程乡县志》）——黄晓丹

【侯谨度】

侯谨度，字寅卿，号葵衷。程乡城区（今属梅州梅县）人。万历二十五年（1597）举人。心存仁厚，性

笃孝友。扩尝祀，置义田，贯逋平耀，族里靡不德之。天启六年（1626）授南安知县，廉勤自矢，其孤饥赈灾，皆取给家产。有"衙斋只用故乡钱"之谣。寇乱，守御多方，海氛以靖。以入觐途卒。长子服，由增广生援例钦注授都司金书，匍匐疏请，蒙恩邮褒，补授阶文林郎，赠父原任信宜训导侯怀义如其官，祀泉州南安名宦。（顺治《潮州府志》、康熙《程乡县志》、《侯氏族谱·梅州湾下十一世继芳公支谱》）——黄晓丹

【侯 畿】

侯畿，字定一，号止庵，南安令侯谨度季子。父去世时方八岁，奉嫡母张孺人教，不敢懈。垂髫游泮，博览经史，尤笃嗜苏长公，故其出笔如长江大河，少年即蜚声艺林。事嫡慈四十年，承颜养志如一日。为始祖祀乡贤，谋历代宗祖祀田，虽破产亦不惜。兄殁，以现成住宅分诸侄，自择祖居四分之一而廓造，曰："吾侄幼，勿使以居室故辍业"。其处族党朋友，严气正性，令人畏敬。当明清之际，土弁恣炽，亦服盛德，未尝肆毒于其族。著书自娱，授徒讲学，士风归于诚厚。以《礼记》中乡试副榜，循例考职州同知，卒年七十二。长子汝耕，选拔贡生。（康熙《程乡县志》、光绪《嘉应州志》）——黄晓丹

【饶与焕】

饶与焕（1544—1615），字道章，号印阳，大埔城坊（今属梅州大埔）人，贺一弘之婿。万历三十九年（1611）岁贡，为候选训导。曾捐建大埔南济桥。善为时文词赋，兼娴声乐，著有《小史》十卷。（乾隆《大埔县志》、《茶阳饶氏族谱》）——黄树雄

【饶与龄】

饶与龄（1543—1595），字道延，号宾印，江西按察副使饶相子，大埔城坊（今属梅州大埔）人。万历元年（1573）举人，十七年（1589）进士。试政都察院，以亲老乞归侍养，凡赈恤诸义举，悉推广之。贷者以窘告，即焚券。片纸不入公府，人以私事请托，正色拒之。二十三年（1595）起补中书舍人。拜官二月，病卒于京邸。与龄虽生长阀门，淡约如贫生。生平布衣蔬食，书史自娱，绝无声色玩好之事、儇巧机智之习。著有《新矶题咏》、《松林漫谈》。诗与其父合集称《椿桂集》。子四人：堨、堪、墱、垍。（康熙《埔阳志》、《茶阳饶氏族谱》）——黄树雄

【饶氏（唐文明妻）】

饶氏（唐文明妻），大埔滦洲（今属梅州大埔）人。年二十归文明，五载而夫亡，饶氏矢无他志，躬纺绩织纴以养姑，终无怠色。育二

子,皆成立。卒年九十三。(嘉靖《大埔县志》、康熙《埔阳志》)——黄树雄

【饶必篆】

饶必篆,大埔人。崇祯三年(1630)举人,历任云南曲靖通判,升云南道御史。(顺治《潮州府志》、康熙《埔阳志》)——黄树雄

【饶希燮】

饶希燮(1606—1681),字彦粹,号和臣,晚号梅庵。岁贡饶垍长子。崇祯十七年(1644)贡生,授国子监学正。明季动乱,曾助父执守城。顺治六年(1649)大饥荒,捐粟赈济。著有《桂花随笔》二十余卷,又作《梅花诗》百首以自况。(顺治《潮州府志》、康熙《埔阳志》、嘉庆《大埔县志》、《茶阳饶氏族谱》)——黄树雄

【饶陆海】

饶陆海,一作隆海,海阳三饶(今属潮州饶平)人。洪武十四年(1381),程乡县吏陈伏为内应,约陆海攻陷程乡。南雄侯赵庸以潮州卫官军讨之,杀陆海等百五十人,平程乡。(乾隆《潮州府志》、《天下郡国利病书》)——黄树雄

【饶其臧】

饶其臧,见"饶点"条。

【饶 典】

饶典(1517—1574),字国用,号春崖,江西按察副使饶相从弟,大埔城坊(今属梅州大埔)人。以明经入国子监。隆庆四年(1570),选授北京兴武卫经历,解饷辽东,议叙晋职,以劳卒于官。生平见义勇为。秉性刚明,持身严格。尝佐父捐资重修大埔县南梨壁石桥,长数里。嘉靖三十九年(1560),倭寇大发,城邑震动,典与县令协力堵御,全县赖以安宁。(嘉庆《大埔县志》、《茶阳饶氏族谱》)——黄树雄

【饶 金】

饶金(1452—1526),字廷锡,原字景砺,号茶山,一号肃轩,饶平县滦洲都(今属梅州大埔)人。成化十三年(1477)举人。弘治十年(1497)任福建汀州通判。刚介自持,当事曾加以非礼,挺然不屈,欲辞去,乡绅士大夫暨僚属强留之。汀州邻近江西之会昌。会昌有豪民指良为盗,陷极刑者十九人,两省巡抚檄金往审此案。金力雪其冤,赣之豪右亦伏罪。署汀州知州事,不事鞭扑而民无欠赋。两入觐,官属私费秋毫不染。擢四川剑州知州。督府闻其才,委以军事,竟积劳成疾,遂乞休,家居十七年。嘉靖四年(1525),曾被流寇挟持至三河始获释。深感清远、滦洲二都远隶饶平,官府鞭长莫及,遂请置大埔县。五年(1526)朝廷如其议设大埔县,一直至今。著有《茶

山漫稿》。(嘉靖《大埔县志》、嘉靖《汀州府志》、《茶阳饶氏族谱》)——黄树雄

【饶垍】

饶垍（1584—1643），字用操（一作用修），号恢纮，中书舍人饶与龄子，大埔城坊（今属梅州大埔）人。崇祯四年（1631）岁贡，廷试例授知县，不就。家居倡修儒学西斋，捐砌北街道，偕兄墱捐金倡建宗祠。又创建湖山禅院，施寺田，赈水火灾诸义举甚伟。子希燮，见"饶希燮"条；希本，字彦吕，号元生，顺治三年（1646）副贡；希国，字彦许，庠生。(顺治《潮州府志》、康熙《埔阳志》、嘉庆《大埔县志》、《茶阳饶氏族谱》)——黄树雄

【饶相】

饶相（1512—1591），字志尹，号三溪，大埔城坊（今属梅州大埔）人。嘉靖十三年（1534）举人第四名，明年（1535）成进士，授中书舍人，宣命湖广、云贵，行程万里，却绝馈金。十七年（1538）还京，晋户部员外郎，监山东、河南漕运，条奏四事，悉被采纳。升户部郎中。二十一年（1542），赈顺天、永平二府饥荒。二十二年（1543），以陪祀失期，谪无为州同知，权知州事。适值岁歉，发仓储赈济，劝有力者助赈，民赖以活。二十四年（1545）量移兖州通判，迁淮安同知，二十六年（1547）升南京户部郎中，二十八年（1549）出为南昌知府。南昌多豪右，宗藩尤骄纵。相至，抑宗藩之横行，从此宗藩八支相安无事。三十二年（1553）升江西按察司副使，备兵饶州，四境帖然。三十四年（1555），其父以官司入狱，乃连疏乞归。三十七年（1558）其父出狱，而相自是无复宦情。父卒后，亦不复出，家居三十余年，增祭田，筑祠堂，修族谱，设义田、义学，以飨先赡族。卒年八十。著有《三溪文集》。诗集则与其子与龄合刻为《椿桂集》。(顺治《潮州府志》、康熙《埔阳志》、《大埔进士录》、《潮州文萃》)——黄树雄

【饶点】

饶点（1572—1650），字文达，号回凡，大埔（今属梅州大埔）人。明季诸生。童年奋志力学，每读必百遍，辄历久不忘。屡考举人不第，遂家居课读为事，至修建宗祠、学舍、文昌祠诸义举，无不捐资勷成。享年七十有九。子其臧，由庠生任福建平和知县，卒于官，以忠烈著。(民国《大埔县志》)——黄树雄

【饶垠】

饶垠（1564—1626），字用和，号元冲，中书舍人饶与龄子。大埔城坊（今属梅州大埔）人。崇祯七年

(1634)以廪贡入南京国子监,授光禄寺监事,奉差督催山东、广东课税,有能声。晋良醖署署丞,告归回籍养母。性好布施,乡有罹水火者,捐金济之。时人语曰:"莫畏毁,莫畏水,公授我粲,公筑我垒。"(顺治《潮州府志》、康熙《埔阳志》、《茶阳饶氏族谱》)——黄树雄

【饶 球】

饶球(1623—1680),字协咏,号赓韶,大埔城坊(今属梅州大埔)人。崇祯十七年(1644)岁贡生。由例贡授宝庆通判,丁母丧未赴。清兵下粤,两广总督佟养甲委授为广西兴业知县,不就。康熙八年(1669)诏举山林遗逸,县府荐上,屡征不起。生平好义勇为,多才足智。焚券赈灾,义著桑梓。康熙十三年(1674),耿精忠反清,刘进忠继之,遣兵入大埔,知县刘毅志倚球为方略,暮夜有警,辄造庐问策。(嘉庆《大埔县志》、《茶阳饶氏族谱》)——黄树雄

【饶 堪】

饶堪(1573—1636),字用裁,号岱屿,中书舍人饶与龄子,大埔城坊(今属梅州大埔)人。万历三十四年(1606)广东举人第五名,惜八次会试均落第。生平俭约自持。建宗祠以祀先,创书院以训后。崇祯二年(1629),邻境告警,堪倡募乡勇,砌高瓮城为缮守计,境赖以安。崇祯六年(1633)受聘修福建《海澄县志》。九年(1636),受聘修《大埔县志》,不久卒。(顺治《潮州府志》、康熙《埔阳志》、嘉庆《大埔县志》、《茶阳饶氏族谱》)——黄树雄

【饶 鉴】

饶鉴(1461—1516),字公明,号沧溟,饶平滦洲都(今属梅州大埔)人。熟于《春秋》三传。笃学好古,制行稿朴,有古君子之风。千里负笈,受学于新会陈献章,为献章所器重。献章曾应鉴请而赋《神泉四景》诗。又赠鉴诗,末句云:"丹青如可赠,画我小昆仑。"可见其余事善画。(《茶阳饶氏族谱》、康熙《埔阳志》、《饶平县志补订》)——黄树雄

【饶 橙】

饶橙(1574—1648),字用恒,号于岸,中书舍人饶与龄子,大埔城坊(今属梅州大埔)人。万历三十一年(1603)举人,十次会试不第,年六十,选授山东宁海知州。洁己守公,剔奸鳌弊,豁免逃亡,复业者二千余家。因州临海滨,请筑二所城,以卫沿海居民。整顿里甲、杂役、解运,获赐清廉宴,进阶奉直大夫。去任日,士民建祠勒碑以志遗爱。家居创立宗祠以祀先。崇祯十七年(1644)春,"流寇"逼城,捐金守

御，乡人赖之。著有《庄言集》、《谩言集》、《白笑集》等。(顺治《潮州府志》、康熙《埔阳志》、《茶阳饶氏族谱》)——黄树雄

【洪世传】

洪世传，海阳人。弘治二年（1489）举人第五名。正德五年（1510）任江西万载知县，转南康知县。治尚威厉，竟忤上官去。(嘉靖《潮州府志》、光绪《海阳县志》、康熙《万载县志》、《南安府志·南安府志补正》)——陈贤武

【洪 幼】

洪幼，潮阳贵山都人。永乐三年（1405）举人，官桐城教谕。(嘉靖《潮州府志》、隆庆《潮阳县志》)——陈新杰

【洪先志】

洪先志，海阳人。嘉靖十六年（1537）举人。官工部主事。(顺治《潮州府志》、光绪《海阳县志》)——陈贤武

【洪 声】

洪声，海阳人。成化十二年（1476）贡生。授福建泉州训导。(嘉靖《潮州府志》、光绪《海阳县志》)——陈贤武

【洪应聘】

洪应聘，字尚迎，号槐廷，揭阳人。嘉靖二十八年（1549），以《易经》中式举人。初授江西兴国教谕，升建昌知县。持身廉洁，临民庄严。民有田赋不给，为捐廉以完其课。因守制归里。同年海瑞屡荐之，卒以养亲不赴，终老乡里。(《嘉靖二十八年广东乡试录》、天启《赣州府志》、雍正《揭阳县志》、民国《洪氏族谱》)——孙杜平

【洪良弼】

洪良弼，字光翼，揭阳（今属汕头金平）人。嘉靖十年（1531）举人。三十至三十四年间（1551—1555），任福建永定知县。(雍正《揭阳县志》、民国《永定县志》)——孙杜平

【洪宜进】

洪宜进，号龟峰，揭阳人。成化十三年（1477）举人。弘治六年（1493），授广西迁江知县。十八年（1505），调江西新城。正德改元（1506）去任。(正德《新城县志》、万历《宾州志志》、雍正《揭阳县志》、民国《洪氏族谱》)——孙杜平

【洪梦栋】

洪梦栋，字东木，海阳登云都（今属潮州潮安）人。父浚与母林氏以孝行称，梦栋能世其德。登崇祯十三年（1640）进士，未受职归。南明永历时（1647—1661），授吏科给事中。清顺治十年（1653），潮州总兵郝尚久反清，破家助饷。兵败，郁郁

死。(《宛在堂集》、乾隆《潮州府志》、光绪《海阳县志》、《胜朝粤东遗民录》）——陈贤武

【洪淑】

洪淑，潮阳贵山都人。永乐二十一年（1423）举人，正统间（1436—1449），官赣县教谕。（嘉靖《潮州府志》、隆庆《潮阳县志》、同治《赣县志》）——陈新杰

【洪朝璋】

洪朝璋，字德章，号及泉，海阳人。揭阳龙溪都（今属潮州潮安）人。嘉靖二十五年（1546）举人。授湖广通山知县。隆庆三年（1569），调广西怀集，寻判浙江安吉州。万历三年（1575），转贵州知婺川。刚方正直，盗息民安。复捐俸迁置学校，卓有循声。（顺治《潮州府志》、光绪《海阳县志》、道光《思南府志》、民国《怀集县志》、《务川历史古籍文献资料辑录》）——陈贤武

【洪廉】

洪廉，揭阳人。永乐十三年（1415）会试中式，十六年（1418）成进士。二十年（1422），由广西岑溪知县擢陕西御史。寻致仕归。廉能画，尝为郡友谢屿作《鞠堂秋晚图》。七世孙兴，官云南腾越州判。（《兰台法鉴录》、雍正《揭阳县志》、《明清进士题名碑录》、《谢氏宗谱》）——孙杜平

【姚一夫】

姚一夫，潮阳隆井都（今属汕头潮南）人。嘉靖三十七（1558）岁贡，官教谕。（隆庆《潮阳县志》）——陈新杰

【姚一兑】

姚一兑，潮阳县廓都人。署阳山知县继睦子。天启间（1621—1627）岁贡。秉性侃直有大节，出其门者多名士。推让己产与堂兄，尤人所难。（康熙《潮阳县志》、嘉庆《潮阳县志》）——陈新杰

【姚元荐】

姚元荐，字昌文，潮阳隆井都（今属汕头潮南）人。举人启岳侄。万历四十年（1612）举人，任德兴知县，以廉能称。县学新生宾兴，例以千金馈，悉峻却之，助以读书费。时江右苦漕运，诸县拮据，士民感其廉，代输恐后。及乞养归，助赆者千人，元荐概无所受。以寿终。（康熙《潮阳县志》、嘉庆《潮阳县志》）——陈新杰

【姚日熙】

姚日熙，揭阳人。府学生。万历七年（1579），以《书经》中式举人第三十二名。（雍正《揭阳县志》、《万历七年广东乡试录》）——孙杜平

【姚升闻】

姚升闻，潮阳隆井都（今属汕头

潮南）人。南昌县丞亨衢从弟，官鸿胪寺序班。（光绪《潮阳县志》）——陈新杰

【姚从茂】

姚从茂，字允腾，潮阳隆井都（今属汕头潮南）人。幼年丧父，哀慕终身，内外称孝。生平古道自持，乐善好施，有隐德。天顺间（1457—1464），夏岭贼航海攻城，流劫乡邑。独至从茂家门，戒勿犯，不火而还。以子瑷赠兵部郎中。（康熙《潮阳县志》、嘉庆《潮阳县志》）——陈新杰

【姚　从】

姚从，潮阳县廓都人。宣德四年（1429）贡生，官贵州长官司吏目。（嘉靖《潮州府志》、隆庆《潮阳县志》）——陈新杰

【姚氏（詹光升妻）】

姚氏（詹光升妻），潮阳隆井都（今属汕头潮南）人，惠来县西头都生员詹光升妻。二十五岁时，光升去世，遗下庶出一子，姚氏抚育如己生。勤绩助读，操凛冰霜，始终不渝。至六十三岁去世。（雍正《惠来县志》）——周修东

【姚玉润】

姚玉润，潮阳隆井都（今属汕头潮南）人。南昌县丞亨衢子。生员，官两浙盐运司运副。（光绪《潮阳县志》）——陈新杰

【姚东阳】

姚东阳（1523—1595），字国光，号明山，潮阳隆井都（今属汕头潮南）人。嘉靖二十五年（1546）举人。三十七年（1558），授南平教谕。四十三年（1564），由宜兴教谕升漳浦知县。廉明正直，有政声，民德之。议论伉直，操守尤清洁。寻以不乐阿附，忤监司意图，力请归田，赋《独鹤叹》以见志。时同门友龙溪人吕雯感慨赋别，有"明甫居官不索钱，担头潇洒似神仙"之句。（康熙《潮阳县志》、乾隆《潮州府志》、雍正《福建通志》）——陈新杰

【姚孙炳】

姚孙炳（1599—?），字昌旭，潮阳隆井都（今属汕头潮南）人。兵部郎中姚瑷昆孙。髫龄补县学生。天启七年（1627）举人。南海陈子壮见其文，奇之。不久，孙炳赴礼部会试，与江南杨球结为好友，后球来任潮州知府，称其立身处事如古人。崇祯十七年（1644）、南明隆武元年（1645），土寇屡犯潮阳，孙炳与知县谋，设东门城楼，出奇制胜。修祖祠，置祠租，宗族以孝称。清顺治初（1644），总督佟养甲提师南下，征为粤西守，以母老辞，终于家。（康熙《潮阳县志》、嘉庆《潮阳县志》）——陈新杰

【姚孙焜】

姚孙焜,字昌熙,潮阳隆井都(今属汕头潮南)人。兵部郎中姚瑗昆孙。年十二与弟孙炳同受知于学使者,时称"双璧"。天启七年(1627)副榜。博学多闻,性尤孝友,亲殁,哀毁备至,抚庶弟成立。处乡间,家小康而周急赈饥无吝色,交游遍海内。江右罗万藻、四明董守谕皆文字知己。晚丁世乱,赍志而终。(康熙《潮阳县志》、乾隆《潮州府志》)——陈新杰

【姚时旸】

姚时旸,潮阳人。一实子。万历间(1573—1620)岁贡,官福宁训导。(康熙《潮阳县志》)——陈新杰

【姚时益】

姚时益,潮阳隆井都(今属汕头潮南)人。治中姚琛玄孙。万历间(1573—1620)岁贡,官高州教授。(嘉庆《潮阳县志》、光绪《潮阳县志》)——陈新杰

【姚时聘】

姚时聘,潮阳隆井都(今属汕头潮南)人。兵部郎中姚瑗玄孙,官光禄寺署丞。(光绪《潮阳县志》)——陈新杰

【姚亨衢】

姚亨衢,潮阳隆井都(今属汕头潮南)人。兵部郎中姚瑗玄孙。廪生,官南昌县丞。(光绪《潮阳县志》)——陈新杰

【姚明诚】

姚明诚,潮阳隆井都(今属汕头潮南)人。弘治间(1488—1505)例监,官武缘知县。(嘉靖《潮州府志》、隆庆《潮阳县志》)——陈新杰

【姚明理】

姚明理,字一之,号烟霞,潮阳隆井都(今属汕头潮南)人,兵部郎中姚瑗季子。颖异博学,胸怀旷朗,髫龄补廪生。尝侍瑗官南曹,与华亭孙承恩同笔砚,时相酬和,文名著金陵。及归,更潜心于江门宗旨,超然物外。卒年七十七。(康熙《潮阳县志》、嘉庆《潮阳县志》)——陈新杰

【姚明清】

姚明清,潮阳隆井都(今属汕头潮南)人。治中姚琛子。弘治间(1488—1505)例监,官鲁王府典仪。(嘉靖《潮州府志》、隆庆《潮阳县志》)——陈新杰

【姚和玉】

姚和玉,潮阳隆井都(今属汕头潮南)人。生员,官口城兵马司副指挥。(光绪《潮阳县志》)——陈新杰

【姚学古】

姚学古,字官之,潮阳隆井都

（今属汕头潮南）人。嘉靖十三年（1534）举人。为诸生时，日记数千言，试辄冠军。廪上舍。尝步江浒荒莽间，遇遗金三镒，坐待失者还之，时盛称高风。及遭寇乱，亲戚流离，不惮破产而周恤之。生平留心经术，购书千卷，上门执经者履常满，孝友尤为族党所重。（康熙《潮阳县志》、嘉庆《潮阳县志》、《潮州西湖山志》）——陈新杰

【姚　绍】

姚绍（1442—1503），字廷述，潮阳隆井都（今属汕头潮南）人。治中姚琛从子，天顺六年（1462），与瑗同中举人。成化十四年（1478）登进士，授南京户部主事，历员外郎、郎中，以考最。弘治间（1488—1505），擢为广西参议，分守右江。周询民俗，虽瘴乡必至。时有东兰、南丹诸州争袭者，绍为处置得宜，土人德之。以州人所馈金佐军费。谢事之日，囊橐萧然。（《粤大记》、嘉靖《潮州府志》、隆庆《潮阳县志》）——陈新杰

【姚复古】

姚复古，潮阳隆井都（今属汕头潮南）人。漳浦知县东阳从兄。隆庆间（1567—1572），以贡任澄迈教谕，行谊学问，尝为海瑞所知。升益府教授。（光绪《潮阳县志》）——陈新杰

【姚继宗】

姚继宗，潮阳隆井都（今属汕头潮南）人。正德间（1506—1521）例监，任横州吏目、建宁检校。（嘉靖《潮州府志》、隆庆《潮阳县志》）——陈新杰

【姚继选】

姚继选，字世选，潮阳县廓都人。兵部郎中瑗之孙。少时颖异，超迈时辈，与从兄世郁齐名。嘉靖七年（1528）中举。未上春官，读书金陵，华亭孙承恩器其才，得授宜山知县。以最，升抚州通判，兴利除害，豪猾敛迹，救荒尤多惠政。历署临州摄府篆。当道方推卓异，继选以亲老告归。在家建祖祠，置文会馆。时值海盗蹂躏练江，继选筹划捍御，保障一方，乡人德之。（康熙《潮阳县志》、乾隆《潮州府志》）——陈新杰

【姚继恒】

姚继恒，潮阳隆井都（今属汕头潮南）人。署阳山知县继睦弟，与兄同食廪饩。嘉靖间（1522—1566）例监，官郁林州判官。（嘉靖《潮州府志》、隆庆《潮阳县志》、嘉庆《潮阳县志》）——陈新杰

【姚继睦】

姚继睦，字世熙，潮阳县廓都人。兵部郎中姚瑗侄孙。幼岐嶷颖悟，弱龄为廪生。嘉靖间（1522—1566），以岁贡授连州训导，署阳山

知县，卒于官。（康熙《潮阳县志》、嘉庆《潮阳县志》）——陈新杰

【姚淑允】

姚淑允，潮阳隆井都（今属汕头潮南）人。署阳山知县继睦侄孙。天启间（1621—1627）岁贡，拣选湖南桃源知县。廉洁恺弟，有循良政声。（康熙《潮阳县志》、嘉庆《潮阳县志》）——陈新杰

【姚淑明】

姚淑明（1591—?），潮阳隆井都（今属汕头潮南）人。桃源知县淑允弟。早著才名，年二十二，登万历四十年（1612）举人第三名。出知府郭子章之门，受知于刑部孙如法。（康熙《潮阳县志》、嘉庆《潮阳县志》）——陈新杰

【姚 琛】

姚琛，字弘璧，潮阳隆井都（今属汕头潮南）人。性嗜学，受《书》于乡先生许伦，得其指授。以贡入国子监，留京师不返，遂领成化七年（1471）顺天乡试第一名。其后屡举进士不第，谒选为抚州通判。二十二年（1486），署江西宜黄知县，环治坚铺舍、楼门凡数十处。尝却堂食钱及羡金，士民颂之。秩满九载，迁顺天府治中。之官甫三日，即疏乞归养，四上乃允。琛事母至孝，既出仕，奉母诫不归者累岁，至是始得请，母尚在堂，琛年已七十矣。躬甘旨，承欢若壮时。（隆庆《潮阳县志》、康熙《潮阳县志》、雍正《江西通志》）——陈新杰

【姚喜臣】

姚喜臣，字钦飏，号野唵，潮阳县廓都人。副榜孙焜子。崇祯元年（1628）拔贡。明亡后，绝意仕进，筑溪云庐于先人墓侧，日夕哀吟。海内外知名人士咸悲其志。清康熙二十六年（1687），预修《潮阳县志》。于书无所不读，诗清峭突兀如其人。著有《溪云庐诗集》。（乾隆《潮州府志》、嘉庆《潮阳县志》）——陈新杰

【姚 瑗】

姚瑗（?—约1488），字弘瓒，潮阳隆井都（今属汕头潮南）人。治中姚琛堂弟，与琛同学齐名，而天性孝友，并为族属所重。天顺六年（1462）举人，授南京兵部司务，历职方员外、武选司郎中。在武选时，尝抗疏劾奏中官蒋琮专恣之罪，忤旨逮系，得尚书王恕上书力救免。弘治初（1488），督修益王府，劳瘁甚，竟卒于官。（隆庆《潮阳县志》、康熙《潮阳县志》）——陈新杰

【姚嘉义】

姚嘉义，字国谊，潮阳人。嘉靖三十一年（1552）举人。由漳平教谕升荔波知县，汰陋规，除积蠹，县俗多同姓为婚，谒长官必带刀。嘉义援

礼晓谕，不逾时，俗革。抚、按交荐其才，以亲老告归，荔人立石志德。家居周急赈荒，让己产与弟，尤为时重。年九十卒。（康熙《潮阳县志》、嘉庆《潮阳县志》）——陈新杰

【姚霁云】

姚霁云，潮阳人。诸生。性好学嗜古，立品端介。工钟、王书法。崇祯十七年（1644），李自成破京师，崇祯殉国，霁云闻变大恸，数日不食，逢人辄跳叫，众以为癫。又数日，赴和平桥投江而死。（《蓝鹿洲集》、嘉庆《潮阳县志》）——陈新杰

【贺一弘】

贺一弘（1513—1584），字毅甫，号新溪，大埔三河（今属梅州大埔）人。嘉靖十九年（1540）举人，任福建龙岩训导，升教谕。曾应聘分校湖广乡试，所拔皆时彦。嘉靖三十年（1551）擢江西萍乡知县，以疾致仕，筑壁墩山居，吟咏自适，其诗恬淡闲适，深得丘壑之趣。平生关心桑梓，尝倡建三河镇城，请减门差以苏民困，邑人德之。著有《壁墩诗集》。（康熙《埔阳志》、康熙《平乡县志》、道光《龙岩州志》）——黄树雄

【贺复初】

贺复初，字明之，号淡斋，大埔滦洲都（今属梅州大埔）人。学行醇雅，识者咸器重之。正德年间（1506—1521），翰林院编修王思（1481—1524）谪为三河驿丞，一见叹曰：海邦何幸得此良友也。复初授徒里中，仿白鹿洞学规，出其门者多伟器。性廉介。家人持一物来，必询所从来。曾途次获金，访其人而还之。父丧，哀毁过甚，竟遘疾卒。（嘉靖《大埔县志》、顺治《潮州府志》、康熙《埔阳志》）——黄树雄

十 画

【袁大敬】

袁大敬（1554—1625），字庆寅，号澄霖，揭阳人。少有志操，言行谨饬。万历二十三年（1595）贡生。四十四年（1606），选授化州训导。适知州以事去任，岭西佥事素重大敬，遂委视篆。每阅刑狱，恻然者累日。因上章请辞。天启元年（1621），升韶州翁源教谕。大敬历教两学，着实以文行课士，不计修脯。三年（1623），迁荆府教授，以年老不就，归囊如洗。抵家，知县何望海器之，推为大宾，旌其庐曰"淑人正国"。（雍正《揭阳县志》、《袁氏贤达实录》）——孙杜平

【袁氏（陈蓬屿妻）】

袁氏（陈蓬屿妻），澄海鸥汀人，廪生袁亨长女，适陈蓬屿。清顺治十四年（1657）海寇劫寨，蓬屿遇难，袁氏负幼子逃，得不死。孀居数

十年，以苦节终。（乾隆《澄海县志》）——杨映红

【袁 龙】

袁龙（？—1654），字御卿，号渔公，揭阳人。少有卓荦不羁才，每试辄冠军。崇祯十二年（1639）举人。明年，有诏考选举人，俱以特用，龙授兵部主事，以亲老不就。时值明季，寇氛四起，桑梓多警，龙从众请，勉为约长。军需杂派，则酌其平而禁奸人之侵克；萑苻啸聚，则纠其众而令闾里之相援。保御一方，人倚为长城。永历四年（1650），征以原官，龙以太监王坤用事，复以亲老辞。清顺治十一年（1654），偕族弟绮北上会试，病卒客邸。子骏，字亶夫，康熙八年（1669）举人，官陕西灵台知县。（雍正《揭阳县志》、《袁氏贤达实录》）——孙杜平

【袁秀襟】

袁秀襟，普宁人。崇祯间（1628—1644）贡生。仕仁化县学训导。（乾隆《普宁县志》）——陈新杰

【袁 修】

袁修，揭阳人。永乐十五年（1417）举人。宣德间（1426—1435），授福建莆田主簿。在任管理赋税徭役，都能按时征集。离任时，宦囊萧然，派人归家筹资，才得成行。（雍正《揭阳县志》、同治《福建通志》）——孙杜平

【袁 莪】

袁莪，字章甫，澄海鸥汀（今属汕头龙湖）人。早慧，年十五补邑诸生。顺治十四年（1657）郑成功攻鸥汀寨急，莪父方在殡，或劝其去，莪拒去。寨破，莪抱父棺死焉。（乾隆《澄海县志》）——黄树雄 杨映红

【袁 敏】

袁敏，字伯政，号乐义，揭阳人。天资颖悟，学问博洽。宣德七年（1432）举人，授广西平乐教谕。景泰元年（1450），转江西宁都。历任两学，皆有益于名教。为大理少卿廖庄所重。卒年六十五。（雍正《揭阳县志》、乾隆《宁都县志》、《袁氏贤达实录》）——孙杜平

【袁 鲁】

袁鲁，字希参，一字景通，号确轩，揭阳（今属汕头龙湖）人。天性聪慧，为人清介。成化元年（1465）举人，授南直潜山教谕。在任持己和教人，都能一依法度，士子也都服从教导，并互相责勉。尝聘为山东乡试同考官。（《成化十九年山东乡试录》、康熙《潜山县志》、《袁氏贤达实录》）——孙杜平

【袁 温】

袁温，字经肃，号心广（一作"心寅"），澄海蓬洲都（今属汕头龙湖）人。万历二十二年（1594）举人，四十年（1612）任海丰教谕。天

启年间（1621—1627）升云南阿迷知州，修衙署，勤招徕，善政多端，民为立祠在锁水阁侧，从祀名宦。转广西浔州同知。滇地富珍贝，前官多以赃败，温独无所染，民交颂焉。以老乞休，居林下十六年。曾与陈君谔捐建鸥汀文祠，以祀文昌帝君。设私塾，购田园铺地以为学校费用。著有《迷阳集》、《昆虫草木疏》。子绮，顺治甲午（1654）举人。（康熙《澄海县志》、雍正《阿迷州志》、乾隆《海丰县志》）——黄树雄 杨映红

【袁 鉴】

袁鉴，字庆昭，号衍江，揭阳（今属汕头龙湖区）人。嘉靖四年（1525）举人。二十二年（1543），授福建连江知县。在任时有大盗劫狱，波及无辜。鉴廉察之，别其首从，刑无滥及。居官六年，清介节俭，始终如一。尝手植荔枝、龙眼于庭，民爱之，呼为"袁公果"；又以岭路多险，改砌陈溪山上，民呼为"袁公岭"。二十七年（1548），调南直上元。居官廉俭，爱民如子，日食惟蔬菜，妻子衣服垢敝，囊无余资。三十一年（1552），迁浙江常州同知。尝奉差福建，督造战舰。三十七年（1558），升北直长芦盐运同知。到任三月，见河间盐利甲天下，辄叹曰："安用此阿堵物为？"遂告归。家徒四壁，依然寒士风，而吟咏自若。隆庆改元（1567），进阶亚中大夫，赐三品服饰。寿七十三。（雍正《揭阳县志》、乾隆《连江县志》、民国《连江县志》、嘉庆《江宁府志》、康熙《常州府志》、《长芦盐法志》、《袁氏贤达实录》）——孙杜平

【莫应魁】

莫应魁，字静之，潮阳峡山都人。三岁而孤，赖嫡母彭与母郑苦节教育，遂自刻励。万历三十一年（1603）举人，授顺德教谕。同榜黄相国士俊深器重之。天启七年（1627），聘广西同考官，擢南京国子监学正，出为桂林同知。在任修簧宫。赋归后捐俸置田为奉先之资，族人以孝称之。（康熙《潮阳县志》、嘉庆《潮阳县志》）——陈新杰

【夏大勋】

夏大勋，字谦甫，号印峰，饶平隆眼城人（今属汕头澄海）人。嘉靖二十五年（1546）举人，四十四年（1565）任江西新淦知县。建尊经阁，增葺演武亭、城垣、陶母墓、金川徒舍等，不费民钱，士民称便。曾于县仪门左竖石碑，题云：不敛财，不害民；毋忿疾，毋求备。任上修成《新淦县志》，为该县现存最早之志。因力护弱民，得罪权贵，隆庆二年（1568）调为南直松江教授。兴教育才，捐私俸以助贫士，地方文教大兴。识拔诸生唐文献于贫士之中，唐

文献后官至礼部侍郎,人服其卓识。隆庆四年(1570),被聘预福建乡试,号称得人。万历元年(1573)任南直高淳知县,重建县之正义桥,移常丰仓于留晖门外,便民输运,民甚德之。以年老辞归,卒于家。(《饶平县志补订》、康熙《高淳县志》、同治《新淦县志》)——黄树雄

【夏本仁】

夏本仁,海阳人。崇祯年间(1628—1644)贡生。授工部主事。顺治间(1644—1661)任广东博罗教谕。(顺治《潮州府志》、光绪《海阳县志》、光绪《惠州府志》)——陈贤武

【夏光天】

夏光天,原名正寅,字人长,揭阳人。天启元年(1621)举人第二名,南明官兵部主事。(雍正《揭阳县志》、《南明史》、《夏氏族谱》)——孙杜平

【夏含辉】

夏含辉,海阳人。崇祯年间(1628—1644)选贡。授户部主事。(顺治《潮州府志》、光绪《海阳县志》)——陈贤武

【夏　宏】

夏宏,字用德,号铭乾,海阳隆津都(今属潮州潮安)人。举人夏建中仲子。隆庆四年(1570)举人。万历间(1573—1619)任福建诏安知县,以兴起斯文为己任,建文昌阁,兴建通济桥,置义冢三所,恤贫穷,赈鳏寡,政尚宽。万历二十五年(1597)修建连通广东的油柑岭,士民称快,颂德纪石。罢官归后,授徒讲学,著有《字考》二卷,《四库全书总目提要》著录。又有《性理书》、《铭乾子篆谱》等。卒祀乡贤。(顺治《潮州府志》、光绪《海阳县志》、康熙《诏安县志》)——陈贤武

【夏　宠】

夏宠,海阳隆津都(今属潮州潮安)人。举人夏宏弟。万历二十二年(1594)岁贡。官广东顺德教谕。崇祯间(1628—1644)任琼州府训导。(顺治《潮州府志》、光绪《海阳县志》、道光《琼州府志》)——陈贤武

【夏建中】

夏建中(1512—1577),字国正,初号双洲,后更号东皁,海阳隆津都(今属潮州潮安)人。嘉靖十九年(1540)举人。授广西浔州府桂平知县。总督闽广军务张臬平潮州张琏之乱,以其潮人知潮事,檄从征,有功,四十二年(1563)升广西横州知县。为政平易,人称循吏。有《质疑录》,渊源阳明,所为《格物》、《兴善》等篇,发前人所未发。祀乡贤。(《林忠宣公全集》、顺治《潮州府

志》、光绪《海阳县志》）——陈贤武

【夏　璇】

夏璇，海阳人。天顺三年（1459）举人。授福建南靖教谕。（嘉靖《潮州府志》、光绪《海阳县志》）——陈贤武

【夏懋学】

夏懋学，字力庸，海阳隆津都（今属潮州潮安）人。举人夏宏子。少聪颖，为文奥异，不经人道。万历四十七年（1619）进士。天启四年（1624），由浙江海宁令谪顺天府知事。曾鞭挞宦官魏忠贤爪牙，几遭不测。寻升顺天推官，擢户部山东司主事。崇祯二年（1629），解大同饷银。迁郎中。致仕归，闻甲申变，恸哭。寻卒。祀乡贤祠。（顺治《潮州府志》、光绪《海阳县志》、万历《顺天府志》、乾隆《海宁县志》）——陈贤武

【顾　瓒】

顾瓒，海阳人。天顺二年（1458）贡生。授江西清江县丞。（嘉靖《潮州府志》、光绪《海阳县志》）——陈贤武

【徐允中】

徐允中，海阳人。万历三年（1575）岁贡。授淮府教授。（顺治《潮州府志》、光绪《海阳县志》）——陈贤武

【徐廷诤】

徐廷诤，揭阳人。崇祯七年（1634）岁贡。十二年（1639），授广西来宾教谕。持身厚重威严，教导学生有法。学宫典制阙略，为捐俸倡募，设两庑先贤、先儒神牌及庙中炉鼎、祭器。每值春秋祭祀，礼仪秩序灿然。（乾隆《揭阳县志》、民国《来宾县志》）——孙杜平

【徐志道】

徐志道，饶平信宁都（今属潮州饶平）人。成化二十二年（1486）举人，正德间（1506—1521）历任江西德化、宜山知县。（嘉靖《九江府志》、康熙《饶平县志》、同治《德化县志》）——黄树雄

【徐宗铭】

徐宗铭，海阳人。天顺元年（1457）贡生。官按察司检校。（嘉靖《潮州府志》、光绪《海阳县志》）——陈贤武

【徐　洤】

徐洤，海阳人。弘治年间（1488—1505）贡生。授江西都昌儒学教职。（嘉靖《潮州府志》、光绪《海阳县志》）——陈贤武

【徐　珩】

徐珩，字天和，揭阳人。知府徐虔子。正德五年（1510），与侄日焕并中举人。十一年（1516），授浙江遂安训导。尝聘为福建乡试同考官。

十五年（1520），值庚辰科会试，徐珩偕县人余锓等北上赴考。余锓中途病笃，同行者俱以试期近而先行，独徐珩为之调理，挽扶入京。明年，余锓第进士，由此成为骨肉之交。一时人士听闻此事，以为徐珩能轻功名，急友难，无不称其道义。后历江西永丰训导、浙江缙云教谕，终南直宿州学正。（《正德十一年福建乡试录》、嘉靖《永丰县志》、雍正《揭阳县志》、乾隆《遂安县志》、乾隆《缙云县志》、光绪《严州府志》）——孙杜平

【徐 虔】

徐虔（1426—？），字宗敬，号肃轩，揭阳人。天顺元年（1457）进士，授兵部主事，累迁户部郎中。成化十五年（1479），北隶永平、河间等府大水，徐虔奉命往视，审量受灾之处，蠲免税赋，百姓无不感戴。十六年（1480），升贵州镇远知府。通达为政之道。在任兴建学校，勉励农桑，卓有成绩。在任四年，托病辞职归乡。（《天顺元年进士登科录》、《明宪宗实录》、雍正《揭阳县志》、乾隆《镇远府志》）——孙杜平

【徐 铿】

徐铿，字伯鸣，号幼林，程乡石窟（今属梅州蕉岭）人。徐嘉祉季子。嘉靖二十八年（1549）举人。三十五年（1556）任广西罗城令，免除冗役等，罗城刻碑记其事。母逝，回乡庐墓三年。再任分水县令，严禁溺女婴，祀分水名宦祠。曾上书在石窟建县，上级未接受。后遗书预言六十年后必建县，嘱子孙献出宗祠建县署。后建镇平县时，后裔徐徽献出宅基地建县署。众人服其有先见之明，据督学吴真启、何三省建议，祀程乡、镇平乡贤祠。编有《程乡徐氏宗传》。（顺治《潮州府志》、乾隆《镇平县志》、康熙《分水县志》）——黄晓丹

【徐道成】

徐道成，程乡人。由秀才任江西按察司佥事。（康熙《程乡县志》）——黄晓丹

【徐嘉祉】

徐嘉祉，字君宠，号梅林，程乡石窟（今属梅州蕉岭）人。天性孝友，九岁执母丧，哀毁如成人。继母性严，竭诚侍奉，友爱异母弟，分给肥田，自取瘦田。正德十五年（1520）恩贡，嘉靖十年（1531）任江西龙南知县，廉洁爱民，捐薪俸济贫困。辞官归家，设私塾教育青年。祀程乡、平远、镇平三县乡贤祠。（顺治《潮州府志》、康熙《程乡县志》、乾隆《镇平县志》）——黄晓丹

【徐韶奏】

徐韶奏，字九仪。程乡石窟（今

属梅州蕉岭）人。徐铿孙。十岁失怙，母余氏孀守成人，奉侍尽孝。读《诗》至《小宛》，潸然流涕。及为生员，博综群书，成一家言。屡试冠军，两抑乙榜。教学乡邑，四方负笈者日众。郡大夫延为宾师。荐授增城训导，倡明理学，力起浮靡。归田，手不释卷，著诗文甚富，里有"架有千书，囊无一钱"之谣。年七十六，不疾坐逝。（康熙《程乡县志》、乾隆《嘉应州志》、光绪《嘉应州志》）——黄晓丹

【翁万化】

翁万化，号南汀，揭阳（今属汕头金平）人。尚书翁万达堂弟。嘉靖二十年（1541）贡生。二十六年（1547），授福建长泰训导。天性雍容，恬退自守。训诲诸生，恩义兼尽。年方力强，恳求致仕。（《闽书》、康熙《长泰县志》、乾隆《揭阳县志》、民国《翁氏家谱》）——孙杜平

【翁万达】

翁万达（1498—1552），字仁夫，号东涯，揭阳鮀江（今属汕头金平）人。嘉靖五年（1526年）进士。授户部主事，升郎中，出为广西梧州知府，晋广西副使，平定安南莫登庸之乱。晋四川按察使，转陕西左布政使。寻升副都御史，巡抚陕西。再拜兵部侍郎，总督宣大、山西、保定军务。统边五六年，御蒙古俺答汗侵扰，以功晋兵部尚书兼左副都御史。父丧守制。时蒙古再次入侵，嘉靖急召万达回朝。以回迟，被降为兵部右侍郎，经略紫荆三关。嘉靖三十年（1551）京察，万达自陈年老，嘉靖疑其避事，免归，复以谢恩疏有误字革职为民，竟卒于归途。三十一年（1552）十月诏复兵部尚书，而万达已病逝。明穆宗时追赠太子太保，谥"襄敏（一作"襄毅"）。万达为"嘉靖边臣之首"，或誉之为国之干城。万达博学敏思，才气纵横，善诗文，通古今，操笔顷刻万言，并好谈性理之学。有《东涯集》、《稽愆集》、《思德堂诗集》等。（《明史》、《明实录》）——黄树雄　杨映红

【翁万琮】

翁万琮，惠来隆井都人。监生。生性至孝，父母殁，庐墓三年。一夕虎蹲墓侧若驯兽，弗介意，虎亦寻去。明季，山寇披猖，邑令命督修城垣，克期工竣。崇祯十五年（1642）岁饥，捐粟助赈。顺治二年（1645）林学贤领众攻城，内外援绝，万琮为立栅坚守，募士卒乘高下击，贼散去。六年（1649），罗英围县城，义士高亮福等击贼，捐千金以赡刍粮。万琮为人刚正不可犯，里有败行，辄畏万琮知。（乾隆《潮州府志》）——周修东

【翁万善】

翁万善，海阳人。成化十九年（1483）举人。官贵阳同知。（嘉靖《潮州府志》、光绪《海阳县志》）——陈贤武

【翁氏（方石秀妻）】

翁氏（方石秀妻），惠来隆井都人。翁中器女，惠来都方石秀妻。家婆林氏早年守寡，翁氏敬事不懈。生三女，而石秀去死。翁氏时年二十三岁，哀毁欲绝，因家婆还在，不忍仓猝而死节。适逢倭寇侵掠，房舍俱烧毁，翁氏服侍家婆借寓城中，日勤纺绩，以供甘旨。及家婆去世，合葬于家公之墓，并葬其夫。三女出嫁，乃请于族立后裔继嗣。两年后去岁，享年七十余。知县林春秀扁其门以旌表其苦节。（雍正《惠来县志》）——周修东

【翁 玉】

翁玉（1474—1549），字文璜，号梅斋，揭阳（今属汕头金平）人。尚书翁万达父。少旷达开朗，有志学问。教授里中，以经术著闻。生平好行仁义，深孚众望。万达为官，寄俸归家，玉悉用以设置义田，供应祭祀，周恤族人。又购地建乡约亭，化导一方。嘉靖九年（1530），县境歉收，知县请其住持赈济，玉捐资助赈，活命无数。明年复歉，粮价踊腾，玉又贱卖己谷，富户相率效仿，价格得以平稳。未几境内盗乱，知县又请督防御。玉亲往谕盗，晓以祸福，群皆解散。万达官虽贵显，玉每诫以廉慎。巡抚陕西时，使人迎养。有知县献金求荐，玉却之不受。累封至兵部尚书，卒赐祭葬。（乾隆《揭阳县志》、《田叔禾小集》、《世经堂集》）——孙杜平

【翁延寿】

翁延寿（1563—1641），字康静，号仁寰，惠来隆井都人，后移居惠城翁厝城脚。治《尚书》，万历二十二年（1594）考中举人第十名。三十六年（1608）应聘分纂《惠来县志》，并为撰序。四十年（1612）授上饶知县。励精图治，抚慰人民，兴利除弊，以贤能闻名，调任南京部曹。天启四年（1624）升扬州清军同知。崇祯元年（1628）考核优异，转任福建盐运使司同知，遂辞职归，装箧中唯图书画卷而已。（康熙《惠来县志》、嘉庆《扬州府志》）——周修东

【翁 凯】

翁凯，字子朝，揭阳人。宣德七年（1432），广东乡试举人第一名，官广西恭城教谕。（雍正《揭阳县志》、民国《翁氏族谱》）——孙杜平

【翁孟统】

翁孟统，揭阳（今属汕头金平）人。知县翁辅之父。天性嗜学好礼，

孝事乃母，晨昏定省，无有旷废。母氏双目失明，孟统旦夕祈祷，且舐以舌数月，母目复明。卒，祀县孝义祠。（乾隆《揭阳县志》）——孙杜平

【翁思任】

翁思任（1517—1537），字克济，号一川，揭阳（今属汕头金平）人。尚书翁万达子。诸生。尝从学于王畿、林大钦等。善楷书，得晋人体。有《通鉴纂要》。（《潮州文萃》）——孙杜平

【翁思佐】

翁思佐（1546—1601），号瞻崖，翁万达子，澄海鮀江（今属汕头金平）人。以父荫授太常寺典簿，历官至户部郎中。万达卒时，思佐年七岁，不为嫡母所喜，思佐委曲承顺，卒得母欢心。任官数年，以嫡母老，疏请归终养。（雍正《揭阳县志》、乾隆《潮州府志》、嘉庆《澄海县志》）——黄树雄　杨映红

【翁耆硕】

翁耆硕，字幼生。程乡攀桂坊（今属梅州梅城）人。天启四年（1624）举人。两次赴会试，均中副榜。其参加乡试，本以亲疾不欲赴省试，亲命之切，乃勉行。试毕，即星夜回里。中途闻讣，绝食饮者数日，抵家而报捷者先至矣。耆硕悲痛至极，虽得考中，但深以为憾。性正直严毅，每不为威武屈，邑人士以为有先正遗风。晚设教兴宁，负笈者岁百余人。（康熙《程乡县志》、乾隆《嘉应州志》、光绪《嘉应州志》）——黄晓丹

【翁　理】

翁理（1456—1518），字存道，号竹湖，饶平信宁都人（今属潮州饶平）。幼年聪敏过人，作《一经书室赋》，为人称道。成化二十三年（1487）中进士，弘治三年（1490）任福建兴化推官，十一年（1498）为南京江西道监察御史，正德三年（1508）为南直松江知府，五年（1510）擢浙江按察司副使，转湖广按察副使。不为重金所惑，置当地土官于法，士民称快。赴京补任，值宦官刘瑾擅权，遂致仕归。卒年六十三。朝廷赐以厚葬。其墓至1958年迁移，遗体尚保存完整，袍服等部分物品为广东省博物馆收藏。（《明实录》、《东里志》、崇祯《闽书》、康熙《饶平县志》、《南京都察院志》、《潮州文萃》）——黄树雄

【翁梦徵】

翁梦徵，字木纳，潮阳隆井都（今属汕头潮南）人。弘治八年（1495年）乡试经魁，授国子监博士，以清廉高节称。（隆庆《潮阳县志》）——陈新杰

【翁　辅】

翁辅,揭阳鮀江(今属汕头金平)人。翁孟统子。成化四年(1468)岁贡,十六年(1480)举人。性刚介不阿。弘治八年(1495)任广西阳朔知县。县多豪右,辅力图制之,不得志,反为所构陷,遂辞官归。行囊萧然,归家躬耕以食,然意自得也。(康熙《澄海县志》、雍正《揭阳县志》、雍正《广西通志》)——黄树雄　杨映红

【翁端锡】

翁端锡,惠来隆井都人。少年入选县学生员,兄弟自相师友,以孝友谦谨闻名于时。周人之急,息里之争,邑推为德让君子。屡赴省试俱未第,遂援例谒选,遥授光禄寺署丞,三赴宾筵。子延虞,由国学授光禄署丞;孙正家,由国学授按察司经历。俱乐善好修,勇义练达,能世其德。(雍正《惠来县志》)——周修东

【翁　樾】

翁樾,字贤杓,惠来县惠来都人。笃学励行,闭户读书,增补为县学生员,好善乐施。时明季饥馑流离,道多白骨,翁樾捐资施棺者数年。县南有河,陇美乡人苦于涉水过渡,翁樾捐资修筑石桥,行人称便。(康熙《惠来县志》)——周修东

【高曰化】

高曰化,原名长文,号寅山,海阳(今属汕头澄海)人。嘉靖三十七年(1558)举人。隆庆二年(1568)任福建长泰教谕,升推官。万历中(1573—1620)升楚王府长史。著有《宫省贤声录》。是书以楚府承奉郭伦事楚王华奎,护理有功,因记其前后之事及诗文以称颂之。(康熙《澄海县志》、康熙《长泰县志》、《澄海高氏源流志》)——黄树雄　杨映红

【高文贡】

高文贡,潮阳峡山都人。万历间(1573—1620)岁贡,官邳州学正,升靖江纪善。(康熙《潮阳县志》)——陈新杰

【高以礼】

高以礼,潮阳峡山都人。洪武间(1368—1398)举耆民,赴京,奏对称旨,特授永丰知县。(隆庆《潮阳县志》、雍正《广东通志》)——陈新杰

【高廷焕】

高廷焕,字华湖,惠来酉头都(一作"隆井都")人。少时屡为督学所器重,中崇祯六年(1633)举人。以四方纷乱,筑舍华湖山麓,恪恭事母,课子睦族,力敦行谊。弘光元年(1645)群雄争叛,廷焕聚集族戚坚堡避乱。顺治六年(1649)剧盗罗英啸聚,围困县城达四旬,内外音信断绝,援兵不至,城池行将不保。

廷焕与其子生员士俊,暗中寄信与侄亮祯、亮福计议,即出资募乡勇破敌,坚守四月,围乃解,县人德之。享年七十二。(康熙《惠来县志》、雍正《惠来县志》、道光《广东通志》、《嘉庆重修一统志》)——周修东

【高作宾】

高作宾,潮阳峡山都人。嘉靖二十一年(1542)贡生,官澄迈教谕。(嘉靖《潮州府志》、隆庆《潮阳县志》)——陈新杰

【高惟一】

高惟一,潮阳人。道士。洪武年间(1368—1398),尝修潮阳东山灵威庙。(隆庆《潮阳县志》)——孙杜平

【高　惠】

高惠,潮阳峡山都人。永乐二十一年(1423)举人,官柳城教谕。(嘉靖《潮州府志》、隆庆《潮阳县志》)——陈新杰

【高　瑜】

高瑜,潮阳县廓都人。正统五年(1440)贡生,官广信照磨。(嘉靖《潮州府志》、隆庆《潮阳县志》)——陈新杰

【郭大鲲】

郭大鲲(1516—1543),字时化,澄海下外(今属汕头澄海)人。生七月而孤。以事母孝闻。嘉靖二十年(1541)进士,授福建南靖知县。访民疾苦,夺官宦侵占之地还于民,筑陂保障民田万余顷。有讼者必谕使自息,不立期限。督抚知其能,他邑有疑案悉委之办。朝廷造黄籍征赋役,大鲲为定赋差,丝毫不失,公私信服。南靖素称地瘠而民悍,其后地饶而风淳,大鲲之力也。公暇与诸生讲学,学者宗之,称为"东溟先生"。大鲲体羸多疾,又勤于政事,常以一身兼数邑,竟以劳瘁卒于官。在官仅二年,卒年二十八。宦箧所余不过十金,不能治丧,县学教谕率众经理,始得归葬。著有《游燕稿》,藏于家,后散佚。(《嘉靖二十年辛丑科进士登科录》、康熙《澄海县志》、乾隆《南靖县志》)——黄树雄　杨映红

【郭与三】

郭与三,大埔大麻(今属梅州大埔)人。明季庠生。笃嗜诗书,常终夜苦吟。有盗潜至寨,闻书声琅然,达旦不倦,叹曰此书痴也,遂遁去。家居日以经书课儿孙,凡邻里缓急周恤备至。(嘉庆《大埔县志》、同治《大埔县志》、民国《大埔县志》)——黄树雄

【郭之奇】

郭之奇(1607—1662),字仲常,号正夫,别号菽子,揭阳人。崇祯元年(1628)进士,选庶吉士。改礼部主事。奉使册封荆藩。转员外郎。九

年（1636），主考河南乡试。事毕，转郎中，升福建提学参议。时南安伯郑芝龙声势赫奕，子成功为诸生，乞补廪生，巡抚、御史等亦欲藉此笼络。之奇坚不许。寻转副使。在任平反冤狱，拘捕豪强。时尤溪贼攻陷闽清，之奇督官兵驰剿，悉平定之。继流寇犯江西，逼走益王，长驱至闽界，福建震动。之奇请于巡抚，提兵扼守杉关，建南赖以安堵。甲申国变，之奇闻耗哀恸，率士缟素哭临。弘光初，擢詹事府詹事。隆武继立，郑芝龙当权，张肯堂为吏部尚书，皆挟宿怨，挤其落职。永历三年（1649），起为礼部侍郎。两广沦陷，永历播迁，之奇辗转于交趾、广西。六年（1652），晋东阁大学士，兼礼、兵二部尚书，督师雷州。明年，联络各地义兵，与陈奇策、王兴、邓耀等互为声援，遣官潜通宴清、郑成功，将合力起兵，谋复闽、粤。是年，郝尚久反正于潮，李定国、郑成功等亦率师入广，迭有恢复。八年（1654），晋文渊阁大学士，加太子太保。十年（1656），两广再陷，永历出奔云南。晋武英殿大学士，改兼吏、兵二部。十三年（1659），清军入滇，之奇亡命交趾。十五年（1661），为交人所执，献于清兵。明年，尽节于广西南宁。清乾隆中，追谥"忠节"。所著有《宛在堂集》、《稽古篇》等。（乾隆《揭阳县志》、光绪《揭阳县续志》、《明季潮州忠逸传》、《榕东郭氏族谱》）——孙杜平

【郭之奇妾及女】

谢氏（1615—1652），海阳人；侯氏（1621—1652），北直顺天人；陈氏（1630—1652），海阳人；并大学士郭之奇妾。郭玉（1640—1652），之奇女；郭银（？—1652），之奇侄女；并揭阳人。永历六年（1652），之奇督战雷州，移师双墩，舟泊马鞍山，浮海为家。中夜飓风大作，舟被荡覆，五人相系一绳，同没于海。事闻，钦赐祭、葬，谢、侯并赠淑人。后合葬于普宁。人称"五节墓"。（《榕东郭氏族谱》）——孙杜平

【郭世治】

郭世治（1475—1536），号敦斋，揭阳（今属潮州潮安）人。嘉靖五年（1526）贡生，授福建兴化训导（一作"教授"）。尝建九思桥于里，以利行人往来。卒，门人知县郑用宾为立墓碑。（乾隆《揭阳县志》、光绪《海阳县志》、民国《庵埠郭氏族谱》）——孙杜平

【郭仕儁】

郭仕儁（1577—1622），字守官，号龙斐，潮阳贵山都人，普宁籍。万历四十六年（1618）举人。（雍正《广东通志》、光绪《潮阳县志》、《汾阳郭氏南阳族谱》）——陈新杰

【郭用章】

郭用章（1605—1638），字伯常，号俊夫，揭阳人。大学士郭之奇兄。为人品行真纯，才思广博。府学廪生。崇祯六年（1633），授武英殿中书舍人，之奇适由翰林改官礼部。兄弟同襄王室，时称难兄难弟。（雍正《揭阳县志》、《榕东郭氏族谱》）——孙杜平

【郭　老】

郭老，饶平人。嘉靖十四年（1535）率众攻破饶平大埕，挟持致仕在籍的御史苏信，浮海抵琼南，始释信归。（乾隆《潮州府志》）——黄树雄

【郭贞姑】

郭贞姑（1440—1512），潮阳贵山都人。漳州推官邦孚祖姑。早岁许字和平马门，双亲早凋而与兄嫂相依。及笄之年，兄嫂相继仙逝，遗存褓裸孤儿，赖姑抚养。迎亲彩舆临门，幼孤牵衣哭泣。俯念兄嫂惟此一脉，毅然自剪秀发，捧上彩舆，请另求淑女，矢志抚养孤儿成长。后侄孙宦达，具以情奏，获赐"以贞存孤"匾，谥"嘉节"，世代奉祀。（《汾阳郭氏南阳族谱》）——陈新杰

【郭廷秀】

郭廷秀（1498—1544），字实夫，号讷斋，潮阳贵山都人。嘉靖七年（1528）举人。（康熙《潮阳县志》、《汾阳郭氏南阳族谱》）——陈新杰

【郭廷序】

郭廷序（1501—1547），字循夫，号介斋，潮阳贵山都人。举人廷秀弟。粹资遐志，博学笃友。嘉靖元年（1522）举人。师事香山黄佐，寓广城，益加深造。推以淑后学，皆一时隽选。操守尤清介不苟，未尝因人少损。二十年（1541），以治《诗》登进士，除贵溪知县，刚方不媚权贾，惟轻徭薄赋，端教育才，动必由礼，狱无冤。适宰臣夏言方召用，一时大吏而下，无不望风景附，惟廷序略无私附意。二十六年（1547），入觐述职，还任，病卒于扬州。著《循夫集》十卷，藏于家。（《嘉靖二十年会试录》、《粤大记》、隆庆《潮阳县志》）——陈新杰

【郭守命】

郭守命（1561—1651），名懋诰，号文宇，以字行，潮阳贵山都人。黄州通判嘉贺曾孙。天启元年（1621）贡生，官定安训导，升太平府教授，四任。署清远知县。（康熙《潮阳县志》、《汾阳郭氏南阳族谱》）——陈新杰

【郭　吾】

郭吾（1403—1480），字从卫，号南峰，潮阳贵山都人。天顺三年（1469）九月，以岁荒输粟四百石，助官赈恤江西，奉敕奖谕冠带，特授

七品承事郎。(《明实录》、隆庆《潮阳县志》、《汾阳郭氏南阳族谱》)——陈新杰

【郭应发】

郭应发,海阳龙溪都(今属潮州潮安)人。万历四十六年(1618)岁贡。授广东崖州学正,护知州篆。(顺治《潮州府志》、光绪《海阳县志》、《庵埠志》)——陈贤武

【郭应试】

郭应试(1584—1646),字国徵,号首鸿,揭阳人。大学士郭之奇父。礼部儒士,因捐输辽东兵饷,被授州同。为人坦率平易,见义勇为。崇祯三年(1630),县大饥荒,应试捐粟千石,用以赈济。远近就食,数以千计。病者给医,死者给棺,人皆戴德。清顺治三年(1646),县城被陷,群贼相戒不犯其家。以子贵,永历朝(1647—1661)累赠少保、文渊阁大学士,钦赐祭葬,崇祀乡贤。(乾隆《揭阳县志》、《榕东郭氏族谱》)——孙杜平

【郭张善】

郭张善,潮阳竹山都人。幼失双亲。力学,善经义义词。尝居家开馆塾以训乡人。永乐二年(1404)举儒士。十五年(1417)六月,赴京,自陈幼孤,赖继母抚教,愿出仕报效。诏命翰林院试其文,得《洪范九畴论》以进。上览而奇之,授检讨。后秩满考称,复任,会病卒。有诗文若干篇存世。(《粤大记》、隆庆《潮阳县志》、《双槐岁钞》、《凤山文献录》)——陈新杰

【郭 武】

郭武(1435—1512),字文德,号成庵,潮阳贵山都人。由监生任县丞。正德间(1506—1521),助莆田宗亲郭子美续修郭氏族谱。(《汾阳郭氏南阳族谱》)——陈新杰

【郭明作】

郭明作(1538—1605),字朝举,号静湖,揭阳人。大学士郭之奇祖。少岐嶷,治举子业,屡试弗售。年五十,始补普宁学生。余力兼治产业,家获素封。明作为人忍让,与物无竞,即有横逆加身,终不与较,而人自悔谢。又俭以持己,厚以待人,稍有余资,辄推惠寒士,众皆义之。举为乡宾。崇祯十五年(1642),崇祀县乡贤祠。后以孙贵,永历朝(1647—1661)累赠礼、兵二部尚书。(雍正《揭阳县志》、《宛在堂文集》、《榕东郭氏族谱》)——孙杜平

【郭 弧】

郭弧(1596—1671),原名懋弧,字守毂,号椀枢,潮阳贵山都人。赋性明敏,乐善不倦。天启元年(1621)举人,官晋江知县。(康熙《潮阳县志》、嘉庆《潮阳县志》、《汾阳郭氏南阳族谱》)——陈新杰

【郭承祚】

郭承祚，海阳龙溪都（今属潮州潮安）人。崇祯六年（1633）岁贡。授国子监司业。（乾隆《潮州府志》、光绪《海阳县志》、《庵埠志》）——陈贤武

【郭　经】

郭经，潮阳黄陇都（今属汕头潮南）人。思恩同知郭绥弟。弘治八年（1492）举人。（嘉靖《潮州府志》）——陈新杰

【郭　俨】

郭俨（1580—1645），字伯忽，号颛西，大埔人。万历三十七年（1609）举人，会试屡上未捷。其人明敏颖悟。明季混乱，寇盗纷纭，郭俨募集乡勇，捍御乡里。某次知府命其回乡召兵勇，中途为它村之民所杀。其子辅畿，见"郭辅畿"条。（顺治《潮州府志》、康熙《埔阳志》、《大埔郭氏族谱》）——黄树雄

【郭真顺】

郭真顺（1312—1436），原籍海阳。潮阳周伯玉之妻。幼而淑慧，受经于其父教谕，因得旁通子史百家言，长于古诗，尤有智辨。元末世乱，从夫伯玉走溪头寨居焉。洪武初（1368），指挥俞良辅徇潮州，征讨不服，兵将入界。郭氏时年六十，遮马前上诗颂之，且言"寨人无反状"。良辅遂释溪头寨不诛。郭氏一百二十岁时犹回母家省亲，作《归宁诗》，历数百年传诵不替。卒时一百二十五岁。有《梅花集》，已佚。后裔辑遗作为《垂徽集》。（隆庆《潮阳县志》、康熙《潮阳县志》）——陈新杰

【郭辅畿】

郭辅畿（1616—1648），字咨曙，原名京芳，郭俨子。大埔大麻（今属梅州大埔）人。自幼读书过目成诵。稍长，刻苦自励，堆积群书于坐榻之四周，谓之"坐书井"。读毕方起，谓之"出书井"。崇祯十一年（1638），郭俨以事为人所攻，避匿，辅畿亦牵连及祸，揭阳知县张明弼延致官署习词赋。明弼为江南名进士，辅畿得其指授，学业益进。崇祯十五年（1642）以第二名中举人。第二年北上参加会试，因北方战乱道阻而折回。不久明亡，唐王立于福州，辅畿赴福州，上奏请赐职从戎，被授以兵部职方司主事之职。永历二年（1648），为潮州总兵吴六奇部下所害，年三十三。其生平著作多散佚，后人辑有《洗砚堂辑钞》。（顺治《潮州府志》、嘉庆《大埔县志》、《大埔郭氏族谱》）——黄树雄

【郭维坤】

郭维坤（1522—1594），字邦仪，号一斋，潮阳贵山都人。国子监生，官新化县主簿。（《汾阳郭氏南阳族

谱》）——陈新杰

【郭维藩①】

郭维藩，字邦太，号石泉，潮阳贵山都人。嘉靖元年（1522）举人，官萍乡知县，调古田知县。（嘉靖《潮州府志》、《汾阳郭氏南阳族谱》）——陈新杰

【郭维藩②】

郭维藩（1502—?），字价夫，号两川，揭阳（今属潮州潮安）人。嘉靖二十三年（1544）进士，授江西袁州教授。二十七年（1548），升南京国子博士。迁户部主事，管榷淮关。三十三年（1554），转刑部员外。明年，升本部郎中。三十七年（1558），出知云南临安府。念母年高，疏乞归养。母卒，服阕不出。里居值寇劫掠，筑寨守御，民多赖以为利。（《嘉靖二十三年进士录》、《南雍志》、嘉靖《南京刑部志》、嘉庆《淮关统志》、雍正《揭阳县志》）——孙杜平

【郭绶】

郭绶，潮阳黄陇都（今属汕头潮南，一作"饶平"）人。弘治五年（1492）举人。正德十三年（1518），任思明土府同知。（嘉靖《潮州府志》、隆庆《潮阳县志》、雍正《广西通志》）——陈新杰

【郭敬贤】

郭敬贤（1520—1557?），字希尧，号桂溪，揭阳龙溪都（今属潮州潮安）人。嘉靖二十五年（1546）乡试第三名。三十二年（1553）进士，选庶常。三十四年（1555）改工科给事中。三十六年（1557）正月，升兵科右，四月转左，九月升礼科都给事中。敬贤在垣，每极陈时政。以疾请归，寻卒。祀乡贤。（《明世宗实录》、《掖垣人鉴》、乾隆《潮州府志》、光绪《海阳县志》、《明代科举与文学编年》）——陈贤武

【郭源】

郭源，潮阳贵山都人。贵溪知县廷序孙。宣德七年（1432）举人，官来宾教谕。（嘉靖《潮州府志》、隆庆《潮阳县志》、嘉庆《潮阳县志》）——陈新杰

【郭嘉贺】

郭嘉贺（1496—1549），字邦孚，号耻斋，潮阳贵山都人。贵溪知县廷序侄。天资卓荦，好学不倦。正德十四年（1519）举人。先授漳州推官，律己爱民，刑清政理，以忧去。嘉靖二十四年（1545），起补泉州府推官，声望焯起。凡他郡难决之狱，悉以委之，无不信服者。擢黄州通判，为官清廉，府县向化。（嘉靖《潮州府志》、嘉庆《潮阳县志》、道光《晋江县志》、《汾阳郭氏南阳族谱》）——陈新杰

【郭　聪】

郭聪，字仕达，揭阳（今属潮州潮安）人。正德五年（1510）举人，初授福建瓯宁主簿。嘉靖八年（1529），升广西恭城知县。（雍正《揭阳县志》、光绪《恭城县志》）——孙杜平

【郭　潜】

郭潜（1456—1566），字能汉，号西浒，潮阳贵山都人。寿登百岁，田地一百五十顷，有司赠匾，为潮阳名叟。（《汾阳郭氏南阳族谱》）——陈新杰

【唐以典】

唐以典，字耀璧，惠来龙溪都（今属揭阳惠来）人。不喜奔竞名利，潜心苦读，注解经书，故读书人多以为师。应天启二年（1622）恩贡，起初考上州别驾一职，然苦于候调，愿改县丞选调，崇祯元年（1628）授上海县丞。到任减轻额外漕粮，清除蠹弊，厘革奸伪，增加粮草运送。转南京中都卫经历。退休时两袖清风，逢恩晋升官阶。享年七十一。侄子祖述，崇祯恩贡；从侄世炫，顺治岁贡。（康熙《惠来县志》、乾隆《潮州府志》、同治《上海县志》）——周修东

【唐有实】

唐有实，字国华，号旦斋，揭阳（今属潮州潮安）人。嘉靖十年（1531）举人。三十二年（1553），授河南中牟知县。居官清廉勤敏，剔蠹兴利。四十年（1561），调广西平南。（雍正《揭阳县志》、同治《中牟县志》、道光《平南县志》）——孙杜平

【唐伯元】

唐伯元（1541—1598），字仁卿，号曙台，澄海苏湾（今属汕头澄海）人。嘉靖四十年（1561）举人，万历二年（1574）成进士，历仕江西万年、泰和知县，升南京户部主事。十二年（1584）冬，朝廷以王阳明从祀孔庙，唐伯元上疏反对，被黜为海州判官。旋迁保定推官，历礼部主事、尚宝司丞，至吏部文选司员外郎掌郎中事。万历二十五年（1597），唐伯元以章奏多留中，难以任事，遂自请告回籍。翌年夏四月，病逝于潮州。天启三年（1623）明熹宗追封唐伯元为太常寺少卿。著述甚多，现存有《醉经楼集》、《泰和志》、《二程类语》、《白沙文编》、《铨曹仪注》等。（《明史》、《明实录》、《醉经楼集》）——黄树雄　杨映红

【唐具兆】

唐具兆，字带溪，惠来人。从少性情淳厚，奉母和颜悦色，孝敬备至。嘉靖时（1522—1566）倭寇抢掠至潮，掳劫其母，具兆救母心切，径入贼营，请以己身赎母。贼人欲手刃其颈，具兆屹然不为所动。贼人感其

救母之诚，相顾嗟叹，称其为孝子，便将其母子一同释放。具兆后长寿，年九十举乡饮之宾，终年逾百。其后裔书礼传家，簪缨不绝。（道光《广东通志》）——周修东

【唐泽】

唐泽，海阳人。正德五年（1510）举人。进士薛侃婿。官通判。（嘉靖《潮州府志》、光绪《海阳县志》、《薛氏族谱》）——陈贤武

【唐祖荫】

唐祖荫，字启元，惠来龙溪都人。少负气节，博学能文，为县学廪膳生。晋江大学士黄景昉为生员时，一见作生平交，共师贡生黄祥岳。祖荫从福建归，拟赴省试，景昉赠诗有"黄金台上方搜宝，定拔珊瑚出海滨"之句。时际明季，绝意功名，教授生徒以自娱。（雍正《惠来县志》）——周修东

【黄一谊】

黄一谊（《海阳县志》作"一宜"），海阳（今属梅州大埔）人。嘉靖七年（1528）举人。嘉靖二十六年（1547）任江西上高知县，曾铸铜爵。（康熙《埔阳志》、同治《上高县志》）——黄树雄

【黄一渊】

黄一渊，字积水，黄㡷曾孙，大埔湖寮（今属梅州大埔）人。幼颖悟笃学能文，与同里隐士蓝嗣兰、程乡举人李梬为莫逆之交，日以诗文相切磋，人谓其诗文近韩愈杜甫。崇祯四年（1631），选为岁贡。明末，一渊与乡人在湖寮各隘口设关，晨启暮闭，乡里赖以保全。南明隆武帝即位于闽，未几闽省陷，隆武被害，一渊遂不复出，抱节终老，人呼为黄处士。一渊负才任侠，因此见忌，清顺治（1644—1661）初竟为仇家所杀。一渊善诗，亦长于文，被誉为明季岭东诸家之冠。著有《遥峰阁集》。（嘉庆《大埔县志》、《潮州艺文志》）——黄树雄

【黄一道】

黄一道（1484—1545?），字唯夫，号月溪，揭阳（今属梅州丰顺）人。教授黄勋子。正德十六年（1521）进士，授户部主事。嘉靖二年（1523），浙、直饥旱，江北水灾，疏请停止织造，裁革渔蠹。三年（1524），大礼议起，与编修王元正、给事中张翀等三十六人赴左顺门哭谏，被逮入狱，廷杖甚酷。曾两奉差督理汉阳粮储及临清钞关。历升本部郎中。在部十余年，深为尚书秦金、许瓒所称。十三年（1534），擢升福建兴化知府。在任遏制强暴，平息奸盗，疏通钱法，挽救旱灾，复修城池、学校、桥梁等，所修宁海桥海

堤，为功最巨。一道性刚果强直。邑人侍郎林文俊为一道会试座主，相交甚厚。会其族弟杀人，治罪当死，祈求开恩。一道拒之。其弟行贿大吏，腾造流言，反诬一道受赃。明年大计，言官以拾遗例，交劾一道，罢免归里。士民为之叹悼。(《正德十六年进士登科录》、《明世宗实录》、《明史》、万历《汉阳府志》、康熙《临清州志》、雍正《揭阳县志》、乾隆《莆田县志》、《霍文敏公集》、《方斋存稿》、《愚谷集》)——孙杜平

【黄三槐】

黄三槐(？—1646)，揭阳(今属梅州丰顺)人。中崇祯三年(1630)举人第三名。隆武二年(1646)，九军贼破县城，抢掠妇女，屠杀绅士，三槐因罹其难。(雍正《揭阳县志》)——孙杜平

【黄万金】

黄万金(一作"万全")，海阳(今属潮州)人。嘉靖年间(1522—1566)岁贡。授福建泉州训导。(顺治《潮州府志》、光绪《海阳县志》)——陈贤武

【黄子伟】

黄子伟，海阳(今属潮州)人。天启年间(1621—1627)岁贡。授广西永福训导。(顺治《潮州府志》、光绪《海阳县志》)——陈贤武

【黄乡】

黄乡，程乡万安都(今属梅州梅江)人。富而好施，家世充里役，解粮抵省会。岁大饥，愿出谷三千石助赈，赴巡抚韩雍呈明，以所解粮充赈，自备补解。韩义之，题奏，敕为义民，敕碑水南黄氏旧居道左旌表。(康熙《程乡县志》、乾隆《嘉应州志》、光绪《嘉应州志》)——黄晓丹

【黄元溥】

黄元溥，海阳人。成化八年(1472)贡生。官广西太平府通判。(嘉靖《潮州府志》、光绪《海阳县志》)——陈贤武

【黄巨林】

黄巨林，见"黄渠林"条。

【黄仁华】

黄仁华(1331—1382)，号德庵，揭阳人。洪武初(1368)举聪明正直，授广西博白县丞。十一年(1378)，进阶迪功郎。十五年(1382)，卒于官。(嘉靖《潮州府志》、《黄氏族谱》)——孙杜平

【黄氏(方有裔妻)】

黄氏(方有裔妻)，惠来大坵都黄南阳女，惠来都方有裔妻。过门四年，而有裔早逝，黄氏因其夫淹死在城外郊野，寄放棺木于赤山祠，朝夕奔哭，哀动行人。含辛茹苦，课子读书，宗人怜其苦节，制锦以赠。县学

生员共同举荐于县府，知县方之矩赠匾其门曰"完贞"。（雍正《惠来县志》）——周修东

【黄氏（林东奇妻）】

黄氏（林东奇妻），澄海冠陇（今属汕头澄海）人，儒士林东奇妻。嘉靖四十四年（1565）秋，山寇夜劫其家，黄氏窜身池中，为贼寇所得，欲行不轨，拒不受辱，骂贼以死。（顺治《潮州府志》、乾隆《澄海县志》、道光《广东通志》）——杨映红

【黄氏（林良缉妻）】

黄氏（林良缉妻），惠来龙溪都黄处士女，惠来都林良缉妻。十七岁嫁到林家，生子一移。才一年，而良缉去世，黄氏誓不再嫁。上事祖公婆，下抚孤儿。值寇贼为乱，备历艰辛。一移成立，勉以克家。及祖公婆丧后，并公婆葬在浅土者，悉殡葬如礼。姻戚嘉其节，制锦荣之。卒年七十余，孙廷耀列青衿。（雍正《惠来县志》）——周修东

【黄凤翔】

黄凤翔，字时从，澄海人。性方正，好学。崇祯六年（1633）岁贡生。十五年（1642）任福建永安知县，政尚和平，士民德之。清顺治年间（1644—1661），重出任封川县训导，捐俸修学，课士有法。（康熙《澄海县志》、雍正《永定县志》、道光《封川县志》）——黄树雄　杨映红

【黄文炳】

黄文炳，字子吉，号元宇，海阳人。万历十年（1582）举人。十七年（1589），授广东新兴教谕。二十三年（1595），擢国子监学录，升兵部司务，累迁至户部郎中。三十五年（1607），擢云南副使、金腾兵备道。值边境不靖，当事者谓非兵十万、饷四十万不可，文炳只用十之一，不旬月而克奏肤功。四十年（1612），升贵州参政。寻以平滇寇功，升职一级，赏银二十两。历贵州按察使、右布政使。四十七年（1619），乃挂冠归。天启元年（1621），起为广西左布政，寻罢。文炳有文武才，扬历中外，勇于搏虎屠龙。祀乡贤。[《明神宗实录》、天启《滇志》、乾隆《潮州府志》、乾隆《贵州通志》、《国子监志》、道光《肇庆府志》、《林忠宣公全集》、光绪《海阳县志》、《顺宁府（县）志五部》]——陈贤武

【黄　文①】

黄文，海阳人。景泰七年（1456）贡生。授直隶昆山主簿。（嘉靖《潮州府志》、光绪《海阳县志》）——陈贤武

【黄　文②】

黄文，深澳人。南澳游兵右哨捕

盗把总。万历二十九年（1601）五月初十日，倭船一艘百余人突至云盖寺。副总兵黄岗督文及游兵把总方矩等，率舟师击之，倭见官兵至，砍桩逃遁。文奋勇扬帆追之，擒斩殆尽，文亦被害。（民国《南澳县志》、《饶平县志续补》）——黄迎涛

【黄以裕】

黄以裕，揭阳人。长史黄仕凤之叔。两次被赐绢帛。寿九十。（雍正《揭阳县志》）——孙杜平

【黄允德】

黄允德（？—1562），号雪松，饶平鸿埕里（今属潮州饶平）人。性豁达，乡里士绅礼重之。督子孙读书严肃。至市书摊，见有益于身心性命者，辄购归。性方严，不容人过。有胆力，善运槊。嘉靖四十一年（1562），倭寇破大埕。允德时年已七十余，避难城中，率众巷战，被掳，义不受辱，自缢死。（《东里志》、康熙《饶平县志》）——黄树雄

【黄　龙】

黄龙，潮阳峡山都人。嘉靖三十四年（1555）举人，官宿松教谕，升南京礼部司务。（隆庆《潮阳县志》）——陈新杰

【黄仕凤】

黄仕凤（？—1620?），字君瑞，号仪廷，揭阳人。万历十年（1582），以《书经》中式举人第十四名。授浙江湖州通判。二十八年（1600），以解白粮赴部迁延，为户部、光禄寺疏参，夺俸三月。后升沈府左长史。及归，同年侍郎林熙春时解官在里，赠诗有"梁园赋就乞闲身，逐客那应倍怆神"句。（《明神宗实录》、《万历十年广东乡试录》、雍正《揭阳县志》、《林忠宣公全集》）——孙杜平

【黄用直】

黄用直，字宗弼，潮阳竹山都人。少有奇气，十岁读书能通其大旨。缙绅长老一见以神童称之。一日早起如厕，得遗金一囊于道，用直覆之不以告人，但拱立以俟。俄而失主至，用直问得其状，指取金去，不受赠，亦不告以姓名，其奇节如此。弘治十一年（1498）中举人，授国子学正，出为长汀知县，清介绝俗，为一时群吏最。吏多忌之者，竟坐与上官不合罢归。汀民建祠祀之。（隆庆《潮阳县志》、康熙《潮阳县志》、乾隆《汀州府志》、雍正《广东通志》）——陈新杰

【黄　用】

黄用，潮阳人。正德元年（1506）岁贡生，官平乐训导。（嘉靖《潮州府志》、隆庆《潮阳县志》）——陈新杰

【黄　宁】

黄宁，海阳人。宣德二年（1427）贡生。授吏目。（嘉靖《潮

州府志》、光绪《海阳县志》）——陈贤武

【黄　礼】

黄礼，程乡人。由文学任湖广桂阳州州判。（康熙《程乡县志》）——黄晓丹

【黄　训】

黄训，海阳人。宣德十年（1435）举人。官广西柳州同知。（嘉靖《潮州府志》、光绪《海阳县志》）——陈贤武

【黄廷诤】

黄廷诤，海阳人。崇祯元年（1628）岁贡。授浙江台州教授。（顺治《潮州府志》、光绪《海阳县志》）——陈贤武

【黄廷新】

黄廷新，海阳人，寓兴宁东郊。精秘术，然不轻示人，或称黄先生，则谢曰：我故屠人子。年七十卒。（乾隆《潮州府志》、光绪《海阳县志》）——陈贤武

【黄凤兴】

黄凤兴（1532—1562），字国达，号肖雪，饶平鸿埕里（今属潮州饶平）人。允德子。少随父作商贸。性孝友醇朴，举家欢然无间。偶觉疏财，见人困乏，施与无吝。又喜与贤豪长者游，年三十一以疾卒。子琮，见"黄琮"条。（康熙《饶平县志》）——黄树雄

【黄凤盛】

黄凤盛（1535—1611），号若山，饶平鸿埕里（今属潮州饶平）人。允德子，河清弟。为人笃实，醇厚孝友。嘉靖（1522—1566）之末，凤盛父允德为倭寇所掳，凤盛出入锋刃之间寻父无所惧。凤盛长兄早没，与仲兄河清相依。兵火之后，家徒四壁，遂弃举子业，躬耕以成兄志。性乐施济，常分其所入之半以赡给贫乏，晚年益广，乐此不疲。子锦，见"黄锦"条。（顺治《潮州府志》、康熙《饶平县志》）——黄树雄

【黄兴义】

黄兴义，海阳人。天启年间（1621—1627）举儒士，官福建漳州卫经历。（顺治《潮州府志》、光绪《海阳县志》）——陈贤武

【黄汝弼】

黄汝弼，惠来酉头都人。嘉靖四十四年（1565）岁贡，仕开建训导。（乾隆《潮州府志》、道光《开建县志》）——周修东

【黄守谦】

黄守谦，字文卿，揭阳（今属汕头鮀浦）人。嘉靖七年（1528）举人，授江西德化训导，升南京武学教授。二十六年（1547），升湖广云梦知县。为人正直有坚持，请托游说之徒皆不能从事。每逢朔望，亲谒学宫，必令学生谈论学问，动遵古法。

（雍正《揭阳县志》、同治《德化县志》、光绪《德安府志》）——孙杜平

【黄如麟】

黄如麟，海阳人。崇祯元年（1628）岁贡。授广东南海训导。（顺治《潮州府志》、光绪《海阳县志》）——陈贤武

【黄孝先】

黄孝先，潮阳县廓都人。正统三年（1438）举人，官江元教谕。（嘉靖《潮州府志》、隆庆《潮阳县志》）——陈新杰

【黄　辰】

黄辰，海阳人。成化年间（1465—1487）岁贡。授湖广辰州训导。（嘉靖《潮州府志》、光绪《海阳县志》）——陈贤武

【黄秀川】

黄秀川，饶平弦歌都（今属潮州饶平）人。为人好善乐施，德行宽厚，建祠筑桥，周贫乏，舍医药，施棺木，乡族戴德，为之制锦旗以祝寿。年八十六卒。（康熙《饶平县志》）——黄树雄

【黄希奭】

黄希奭，海阳人。万历七年（1579）举人第三名。官湖广靖州知州。（顺治《潮州府志》、光绪《海阳县志》）——陈贤武

【黄　亨】

黄亨，潮阳县廓都人。永乐十五年（1417）乡试第二名，官阳朔训导。（嘉靖《潮州府志》、隆庆《潮阳县志》）——陈新杰

【黄应朝】

黄应朝，见"黄琮"条。

【黄怀德】

黄怀德，平远人，生员。正德六年（1511）黄镛等作乱，怀德集乡勇张克等抵御，当事荐为捕盗巡检，未拜卒。——黄晓丹

【黄良丰】

黄良丰（1506—1582），海阳人。家世业冶，性至孝，父母色不悦，辄奉杖跪请必解颜乃已。执父丧，三年饮水不茹荤，结庐墓侧，日鬻冶以养母，夜则就宿焉。或与之食，必归以遗母。居母丧，值倭寇至，抱棺曰：母无恐，儿在此。倭感动引去。督学旌其门，曰"孝子之门"。万历十年（1582）十二月初四病卒，年七十七。十一年（1583），潮州同知摄州守何敢复为墓志铭。（顺治《潮州府志》、光绪《海阳县志》、《潮州志补编》）——陈贤武

【黄　诏】

黄诏，字天翰，号抑斋。饶平鸿埕里（今属潮州饶平）人。弱冠即才甚捷，诗词援笔立就，不事雕饰。惜屡试不第。正德十年（1515）循资

入国子监，选授湖广春陵县训导，迁江西上高县教谕，再升福建镇海卫教授。三地之士，多赖陶镕，以成大器。晚年归乡，前来问学之士络绎不绝。饶平县令罗胤凯称其为"乡英领袖"。子儒馨，见"黄儒馨"条。(《东里志》、康熙《饶平县志》)——黄树雄

【黄茂桂】

黄茂桂，程乡松源（今属梅州梅县）人。生员。世有隐德，好善乐施，族旧子侄无力从学者，为延师训诲。崇祯元年（1628），官兵剿贼，混及良善，则力为保全。县令陈燕翼奉文卖旧祠地，茂桂买为别业。陈令以其价购攀桂坊地，创建七贤书院，未几毁于寇。顺治间（1644—1661），茂桂暨男生员炯请于署县钦州知州施洪烈，愿捐出复祀七贤，永为七贤祠。县令王仕云修成，为之记。（康熙《程乡县志》、乾隆《嘉应州志》、光绪《嘉应州志》）——黄晓丹

【黄奇遇】

黄奇遇（1599—1666），字亨臣，号平斋，揭阳人。少以文章知名。崇祯元年（1628）进士。四年（1631），授北直固安知县。到任惩前饬后，一意抚循，严于奸猾，宽于良善。又捐资筑城，采修邑乘。七年（1634）入觐，值司礼太监张彝宪总理户、工二部事，奇遇独不为屈。尝署东安，革除侵派银三千余两，百姓感之。十一年（1638），考选翰林编修，与修《熹宗实录》。历升中允、庶子、少詹。旋丁忧归。永历即位肇庆，召用未赴。三年（1649），擢詹事府詹事，兼礼部左侍郎，掌本部事，充经筵讲官。明年，晋礼部尚书，经筵如故。时诏选庶吉士，并推教习，奇遇与同县郭之奇皆在荐。时有吴、楚之分，奇遇党于楚，之奇党于吴，且有小嫌，至是相争不下。寻兼兵部尚书。后吴党陷之益亟，奇遇三疏乞归。未逾年，广东再陷，奇遇杜门不出，自署绿园居士。卒年六十八。(雍正《揭阳县志》、《明季潮州忠逸传》、《明史》、《三柏轩集文存》)——孙杜平

【黄尚锦】

黄尚锦，惠来龙溪都人。万历四十年（1612）举人。有《修儒学亭路碑记》。（雍正《惠来县志》、乾隆《潮州府志》）——周修东

【黄　昆】

黄昆，海阳人。景泰七年（1456）举人。授江西南昌训导。（嘉靖《潮州府志》、光绪《海阳县志》）——陈贤武

【黄国芳】

黄国芳，揭阳人。隆庆间（1567—1572）贡生。万历初，授福建建安训导。八年（1580），升广东

电白教谕。终均州学正。兄国英，字卿之，嘉靖七年（1528）举人第三名。（雍正《揭阳县志》、康熙《建安县志》、道光《电白县志》）——孙杜平

【黄国卿】

黄国卿（1511—1563），字君任，号沧溪，揭阳人。嘉靖二十三年（1544）进士，授浙江温州推官。自持廉直，论谳精核，执法仁恕，全活者多。历升南京户部主事、郎中。三十四年（1555），出知江西吉安府。大计将行，修撰罗洪先为序以赠，谓其"有公仪休之廉，而不为绝物；有黄霸之明，而不为已甚"云云。擢江西副使，提督学校。端轨程度，士习丕变。四十一年（1562），升浙江参政，督理粮储。明年，以治官过劳卒，而时福建按察使新命已下。国卿为人端正廉洁，久宦不营生产，归橐唯图书数卷而已。（万历《广东通志》、万历《温州府志》、《罗洪先集》、《乡邦人文》）——孙杜平

【黄鸣夏】

黄鸣夏（？—1645），字亨叔，惠来西头都人。少年便胸怀奇志，增补为县学生员。顺治二年（1645）林学贤起兵，围攻县城，鸣夏奉知县沈惟煌之命，出城招集乡勇赴援，行至径口关，为贼兵所害。其后知县赠匾予以旌表。（康熙《惠来县志》）——周修东

【黄河清】

黄河清（1537—1607），字国祥，饶平鸿埕里（今属潮州饶平）人。父允德。嘉靖四十年（1561），倭寇祸烈，随父避难所城。四十一年（1562）正月，所城陷，河清因伤足被掳，幸而逃脱。兵燹之后，家徒四壁，遂设帐授徒。万历五年（1577）为广东四会县训导，十七年（1589）擢南雄府教授，所至皆整饬学风，育才培士。万历二十七年（1599），告休归里。三十五年（1607）卒于家，年七十一。去世之日，家无余财，唯以修身笃学勉励后人。子琦，见"黄琦"条。（顺治《潮州府志》、康熙《饶平县志》）——黄树雄

【黄河渊】

黄河渊，程乡人。以秀才任广西宣化县丞。（康熙《程乡县志》）——黄晓丹

【黄　参】

黄参，潮阳砂浦都（今属汕头濠江）人。洪武二十八年（1395）岁贡。永乐间（1403—1424），任福建瓯宁知县，升交趾州同知。（嘉靖《潮州府志》、隆庆《潮阳县志》、雍正《福建通志》）——陈新杰

【黄春华】

黄春华，程乡西厢（今属梅州梅江）人。幼丧父，事母尽孝。母殁，

庐墓三年,御史朱东光、县令叶时敏旌表其门。(康熙《程乡县志》、乾隆《嘉应州志》)——黄晓丹

【黄荧】

黄荧,潮阳县廓都人。洪武二十年(1387)举人,官修仁教谕。(嘉靖《潮州府志》、隆庆《潮阳县志》)——陈新杰

【黄相】

黄相,海阳人。弘治五年(1492)举人。官知县。(嘉靖《潮州府志》、光绪《海阳县志》)——陈贤武

【黄贵】

黄贵,海阳人。永乐二十二年(1424)进士。官知府。(嘉靖《潮州府志》、光绪《海阳县志》)——陈贤武

【黄勋】

黄勋(1456—?),字守勋,揭阳(今属梅州丰顺)人。成化十九年(1483)举人,二十三年(1487)中会试乙榜,授江西新淦教谕。以振士风、扶正学为己任。日与学生讲诵,资币不受,其贫而勤者,分膳周给。在官六载,迁广西柳州教授。耻见士风卑诣,励以气节。谒见知府但作长揖,即被督责,不为所动。在任岁余,告病归里。终老县之龙山。(《霍文敏公集》、雍正《揭阳县志》)——孙杜平

【黄复香】

黄复香,字绍馨,潮阳竹山都人。事亲能孝,父殁,哀毁骨立,丧葬尽礼。后复香体父志,创建祖祠,置祭田。其扶危济困,人尤德之。卒年八十二。(康熙《潮阳县志》、乾隆《潮州府志》)——陈新杰

【黄俊】

黄俊,海阳人。天顺年间(1457—1464)贡生。官经历。(嘉靖《潮州府志》、光绪《海阳县志》)——陈贤武

【黄衍熙】

黄衍熙,普宁人。天启间(1621—1627)贡生。仕杭州府学训导。(乾隆《普宁县志》)——陈新杰

【黄炯】

黄炯,海阳人。永乐十六年(1418)进士,二十年(1422)授四川道御史。(《兰台法鉴录》、嘉靖《潮州府志》、光绪《海阳县志》)——陈贤武

【黄举】

黄举,潮阳直浦都人。景泰七年(1456)贡生,官博白知县。(嘉靖《潮州府志》、隆庆《潮阳县志》)——陈新杰

【黄洪钟】

黄洪钟,海阳人。天启四年(1624)贡生。官湖广黔阳知县。

（顺治《潮州府志》、光绪《海阳县志》）——陈贤武

【黄 珙】

黄珙，海阳（今属梅州大埔）人。成化十年（1474）举人。官南直镇江通判。（康熙《埔阳志》、嘉靖《潮州府志》）——陈贤武

【黄真远】

黄真远，海阳人。建文元年（1399）贡生。官唐府奉祀副，北直隶真定府推官。（嘉靖《潮州府志》、光绪《海阳县志》）——陈贤武

【黄真福】

黄真福，海阳（今属汕头澄海，一作"潮阳"）人。洪武二十三年（1390）岁贡，建文元年（1399），中应天举人，官唐府奉祠副。（嘉靖《潮州府志》、康熙《澄海县志》、康熙《潮阳县志》）——黄树雄 杨映红

【黄 准】

黄准，潮阳县廓都（一作"直浦都"）人。宋潮州知州黄詹裔孙。正统九年（1444）贡生，官岑溪训导。（嘉靖《潮州府志》、隆庆《潮阳县志》、康熙《潮阳县志》）——陈新杰

【黄 㢀】

黄㢀（1514—1582），字文断，号及泉，大埔湖寮（今属梅州大埔）人。世业农，年十八始知读书，慷慨有大志。嘉靖三十四年（1555）中举人，明年（1556）成进士，授浙江长兴知县。长兴瓮城堙废，㢀莅任三日，即兴役限日修复之，城刚完而倭寇至，长兴得以幸免于荼毒。县有挟邪术倡乱者，数日间聚众至数千人，㢀杖杀罪首，余众不问，一方赖以安定。嘉靖三十九年（1560）擢南京户部主事，升郎中。四十四年（1565）出为江西赣州知府。赣州通闽粤吴楚，关税历来多陋规。㢀痛加裁革，或移佐军储。时赣州境内谢任、叶恺等人恃险阻塞山谷，聚众数万，㢀且捕且抚。曾单骑入垒，晓之以理，叶恺等约日受降，因上司贪功而功败垂成。后终得平息，以其地设定南县。㢀因"措置定南事宜切中肯綮"，隆庆四年（1570）擢福建按察司副使。改广西参议，不久丁母忧去。服满，拟起补原职。而守赣者失库金数千，追累及㢀，万历三年（1575）降为衢州知府。往三月，思乡致病，遂挂冠归家，十年（1582），一夕饮醉而逝，年六十九。有子七人。四子继章，万历二十二年（1594）举人。曾孙一渊，见"黄一渊"条。（天启《赣州府志》、顺治《潮州府志》、康熙《埔阳志》、光绪《长兴县志》、《潮州耆旧集》）——黄树雄

【黄 理】

黄理，海阳人。宣德十年

(1435）贡生。官山东莱州通判。（嘉靖《潮州府志》、光绪《海阳县志》）——陈贤武

【黄鐩】

黄鐩，号少沧，揭阳人。按察黄国卿子。万历十一年（1583）岁贡。十三年（1585），授福建永安训导。居官刚正不阿，清廉不苟。立会课士，捐俸济贫。曾两署知县。代理期间，首先更正征输，照依一条编法，命县属各甫派役，且不科罚里甲，刑清而讼简。又增筑学宫照壁及开辟学前街路。政教卓然。福建巡抚周采荐其贤能，被升为王府属官。黄鐩上书乞休，浩然而归。去后，士民为立永怀碑。（乾隆《揭阳县志》、万历《永安县志》）——孙杜平

【黄铼】

黄铼，海阳人。天顺六年（1462）举人。官江西赣县知县。（嘉靖《潮州府志》、光绪《海阳县志》）——陈贤武

【黄梦泮】

黄梦泮，惠来酉头都人。天启四年（1624）岁贡，六年（1626）授三水训导。崇祯间（1628—1644）任澄迈教谕，升江西南安教授。（乾隆《潮州府志》、光绪《广州府志》、乾隆《琼州府志》）——周修东

【黄梦星】

黄梦星，海阳人。从王阳明游，其父翁保，字坦夫，命之越中侍学数月。一告归省不两月复至。阳明问之，梦星说："梦星奉父命不远千里而来，每归省，求为弥月之留，不许。吾父盖亟欲梦星之承教先生也。"阳明于翁保之卒，书卷以示梦星。（《薛侃集》、光绪《海阳县志》）——陈贤武

【黄梦选】

黄梦选（？—1646），号宾王，揭阳（今属梅州丰顺）人。为诸生有声于时。性刚毅，多膂力，身长七尺，腰大八围。崇祯初年（1628），以破海寇功，题加都司衔。山寇劫县，屡次讨平。崇祯七年（1634），县衙役千余人作乱，并招集满城亡命之徒，相从抢劫官库，放走监犯，知县陈鼎新将被害。梦选率兵攻贼，亲杀贼首三人，余党悉数就擒，恢复揭之疆土，保全陈之性命。以功授碣石都司，行都指挥事。莅任四载，海寇绝迹。后致仕家居。清顺治三年（1646），九军贼破县，威胁梦选出任贼职，梦选抗拒不从，由是遇害。子家骒，崇祯六年（1633）举人。（雍正《揭阳县志》）——孙杜平

【黄爽】

黄爽，字文明，揭阳人。嘉靖二十八年（1549）举人，授湖广衡阳教谕。四十年（1561），聘为应天乡试同考官，大学士申时行、通政吴自峒、参政吴天洪，皆其所取士。四十

二年（1563），升国子助教。隆庆初（1567），升福建邵武同知，多有惠政。未几告归。年七十卒。（雍正《揭阳县志》、乾隆《福建通志》、《钦定国子监志》）——孙杜平

【黄渠林】

黄渠林（一作"黄巨林"），饶平宣化都人（今属潮州饶平）人。生平乐善好施。曾道见遗银十两，守之以待失主。年饥荒，有农妇盗割其家之禾，为渠林所见，妇急避走，林唤之回，多给其禾。临终，将负贷之券尽数焚毁，诫家人不得再问。（《东里志》、康熙《饶平县志》）——黄树雄

【黄　琦】

黄琦，字聘元，号玱闻，饶平鸿埕里（今属潮州饶平）人。河清子。万历二十八年（1600）举人。性狷洁，布衣蔬食，处之淡如。会试屡不第，遂构室潮州府城金山之巅，攻读经史，竟以攻苦得疾，终年四十九。着有《杜诗集约》。（顺治《潮州府志》、康熙《饶平县志》）——黄树雄

【黄　琮】

黄琮（1552—1640），字思元，号玉田，饶平宣化都鸿埕里（今属潮州饶平）人。祖允德，父凤兴。万历十年（1582）举人，二十六年（1598）成进士，授大理寺评事。持法平恕，号能活人。三十二年（1604）升江西饶州知府。却例金，饬学宫，置学田，修桥筑堤，所费尽取诸赎金，分文不取于民。又于省城购地建仓，饶属输米省城者得以有地收贮，免受吏胥之刁难。饶州淮藩宗室有骄纵不羁者，琮绳之以法。三十六年（1608）告假归。不久起为江西临江知府。三十七年（1609）升云南按察司副使，提督学政。刊印经籍，以急士需。重修五华书院，为会文之所，文教蔚然。升本省右参政。万历四十二年（1614）二月转福建右参政，分巡福宁道。破倭寇，闽省得安。转左参政，四十四年（1616）三月升右布政使，四十六年（1618）转左布政使。左布政使管全省钱粮，为膏腴之职，琮一无所染。提调闽省乡试，厉行节约。朝廷矿税内使在地方多不法，琮设法钳制之。后以年老告归。家居多为善举，筑东津堤，建急水塔。又建家庙，和睦亲族。琮善为文，晚年所撰尤称巨制，号称文宗。著有《燕寓草》、《滇游草》、《闽游草》，惜未刊行。字学苏轼，又擅花鸟，得者珍之。子鹤龄，字德甫，一字升六，又字秉六，号心玉。泰昌元年（1620）恩贡，授南直滁州吏目，未赴任卒。子祚龄，生员，早卒。其妻许氏年二十三，不再嫁，数十年侍奉公婆，始终不懈，获赐建天褒节孝

坊。祚龄子应朝,明末随叔祖黄锦等扶助福王,曾任江西督饷同知,晋兵部员外郎。后为乱兵所害。(《明实录》、顺治《潮州府志》、《饶平县志补订》)——黄树雄

【黄 雄】

黄雄,揭阳人。同知黄爽弟。嘉靖三十一年(1552),由府学中式举人。初授山东武定学正。隆庆间(1567—1572),迁河南开封教授。万历三年(1575),升广西恭城知县。精于吏治,刻意节爱。县驻有桂林卫军屯,年向县索要数倍于常之丁米。黄雄请以稻谷五百斤准作公粮一石输送军屯,剩余稻谷,收贮社仓,作为备赈之用。每岁为该县节省官帑百余金。去任,百姓为勒去思碑。(雍正《揭阳县志》、《嘉靖三十一年广东乡试录》、崇祯《武定州志》、万历《开封府志》、光绪《恭城县志》)——孙杜平

【黄 锐】

黄锐,字汝新,揭阳人。按察黄国卿侄。嘉靖三十四年(1555)举人,授福建政和教谕。隆庆中(1567—1572),升江西九江教授。万历元年(1573),聘为湖广乡试主考。终江西大庾知县。(《万历元年湖广乡试录》、万历《南安府志》、康熙《建宁府志》、同治《九江府志》、雍正《揭阳县志》)——孙杜平

【黄道临】

黄道临,字士皇,号天咸,揭阳人。同知黄爽孙。性聪敏,多计略,读书一览成诵。中崇祯三年(1630)举人,南明时官光禄少卿。道临母早逝,事两继母无异于所生。(雍正《揭阳县志》、《南明史》)——孙杜平

【黄 瑚】

黄瑚,号六泉,揭阳人。按察黄国卿侄。嘉靖四十年(1561),以《书经》中广东乡试举人。隆庆四年(1570),任南直太和知县。政尚宽和,心存教养。在任平均土地,辟建文昌门,颇受士民爱戴。历官二载去任,老少号泣遮道,几不能成行。后,民为其塑像立祠。(《嘉靖四十年广东乡试录》、雍正《揭阳县志》、乾隆《太和县志》)——孙杜平

【黄 锦】

黄锦(1576—1658),字孚元,先号绸存,后号绸庵,饶平宣化都鸿埕里(今属潮州饶平)人。万历三十七年(1609)举人,天启二年(1622)进士。选翰林院庶吉士,散馆授检讨。以博学能文,熟谙当代掌故,宰辅叶向高荐参修《神宗实录》。时魏忠贤专权,拟在太学建生祠,许以黄锦为国子监司业,锦拒之,趁册封藩使之机回籍。崇祯元年(1628)忠贤败,锦始回京。历侍讲,

转国子监司业，重新校订十三经、二十一史。转詹事府，数年间历官至掌坊左庶子，充经筵讲官，且管诰敕。其间曾请假回籍葬双亲。崇祯十年（1637）七月，陪推阁员，九月为武举总裁，十一月升少詹事。其间多次借为皇帝讲经之机进谏。十一年（1638），朝廷曾议割饶平宣化下半都归漳州，锦争之，乃止。十二年（1639）十月，晋礼部左侍郎。十三年（1640）春，典贡举。十四年（1641）晋南京礼部尚书。十五年（1642）以病告归。崇祯十七年（1644），清兵入关，明亡。隆武帝在福州即位，起为礼部右侍郎，晋尚书，回籍联络潮惠各路兵马勤王。清顺治十年（1653）郝尚久在潮州起兵复明，锦倾家助军。郝尚久败死，锦藏匿得免。顺治十五年（1658）卒，年八十三。锦工诗善书，着有《笔耕堂集》。有四子。次子殿龄，崇祯十五年（1642）举人。孙华，能诗，工书，有《四牧堂诗集》。（《䌷庵居士自述》、顺治《潮州府志》、《饶平县志补订》）——黄树雄

【黄 鹏】

黄鹏（1499—？），字抟之，号南溟，揭阳人，潮阳籍。嘉靖十一年（1532）进士，授福建闽县知县。治官诚实。追征粮赋，不扰于民，而岁计有余。内升南京兵部主事，历本部员外、郎中。居官正直诚实，不徇时好，遇事侃侃，无所回避。升广西南宁知府，未到官而卒。（《嘉靖十一进士同年序齿录》、雍正《揭阳县志》、《闽书》）——孙杜平

【黄 滢】

黄滢，字元浩，潮阳县廓都人。滢幼时，其父以部解北上，客死于虔州，贫不能归葬。稍长，母告以故，自是遂刻意儒业。景泰七年（1456）中举人，母亦寻殁，滢乃匍匐徒步走虔州，负父骨以归，因合葬焉。服阕，赴会试，以乙榜授沅州学正。成化间（1465—1487）改万州，请徙学于今治，教谕有方。后贬漳州训导，竟卒于漳。（隆庆《潮阳县志》、康熙《潮阳县志》、雍正《广东通志》）——陈新杰

【黄源禄】

黄源禄，揭阳人。永乐十二年（1414）举人，历官直隶太和、福建武平等县训导。弟源寿，与禄同榜中式，官罗江教谕。（雍正《揭阳县志》、乾隆《汀州府志》、《潮汕袁氏族谱》）——孙杜平

【黄殿龄】

黄殿龄，见"黄锦"条。

【黄 嘉】

黄嘉，海阳人。永乐二年（1404）进士。官国清知县，吏部主事。（嘉靖《潮州府志》、光绪《海阳县

志》）——陈贤武

【黄 榜】

　　黄榜，海阳人。嘉靖十九年（1540）举人。授广西义宁知县。嘉靖二十三年（1544）任上纂修《义宁县志》。升浙江湖州同知。（顺治《潮州府志》、光绪《海阳县志》、《广西方志编纂史》）——陈贤武

【黄 鼎】

　　黄鼎，饶平人。授徒普宁，专代人讼词，因事系于狱，以赂得免。自以受辱，永历二年（1648）八月，乘乱引潮阳人李芳等突入普宁县署，抄掠一空，又与其他各路兵马相互攻战，普宁沦为战场。永历五年（1651）为总兵郭虎所杀。（乾隆《潮州府志》、乾隆《普宁县志》）——黄树雄

【黄毅中】

　　黄毅中（？—1646），字吉哉，揭阳（今属梅州丰顺）人。崇祯六年（1633）举人，十六年（1643）成进士。清顺治三年（1646），九军贼破县城，抢掠妇女，屠杀绅士，毅中因罹其害。（雍正《揭阳县志》、道光《广东通志》）——孙杜平

【黄鹤龄】

　　黄鹤龄，见"黄琮"条。

【黄履谦】

　　黄履谦，揭阳人。为人博雅温厚，四座如沐春风。万历十二年（1584）贡生。二十八年（1600），授琼州澄迈训导，升儋州学正。调福建南平教谕。终益府教授。（乾隆《揭阳县志》、嘉庆《澄迈县志》、民国《南平县志》）——孙杜平

【黄儒馨】

　　黄儒馨（1507—1569），字禹德，号乐琴，饶平鸿埕里（今属潮州饶平）人。黄诏第三子。幼年多病，未能继续举业。长后奔走于岭海之间，养家糊口。曾为南直宣城驿丞。嘉靖三十一年（1552），擢旌德县县丞。三十五年（1556），摄县事。时倭寇嚣张，旌德县无城池防护，民众不安。儒馨率民于要害处设鹿角、蒺藜等障，倭寇不敢入境。归田后入老君山，治农圃，课儿孙，不干时事。时县令苛刻，不得已进城谒令，陈说民意。令为感动，民困得苏。嘉靖四十年（1561），倭寇患烈，遂与兄弟移居黄冈。隆庆三年（1569）卒，年六十三。儒馨工书法，又擅琴，故自号乐琴。（《东里志》、乾隆《旌德县志》、《饶平县志补订》）——黄树雄

【黄 濂】

　　黄濂，海阳（今属梅州大埔）人。嘉靖元年（1522）举人，曾任隆安知县。（顺治《潮州府志》、康熙《埔阳志》）——黄树雄

【黄翼坦】

　　黄翼坦，普宁人。贡生。仕永安

县学教谕。（乾隆《普宁县志》）——陈新杰

【黄瞻之】

黄瞻之，潮阳人。嘉靖间（1522—1566），任永安县学训导。（顺治《永安县志》）——陈新杰

【黄　耀】

黄耀，号辉庵，海阳江东都（今属潮州潮安）人。建文元年（1399）举人第二名。官直隶扬州教授。（嘉靖《潮州府志》、光绪《海阳县志》）——陈贤武

【萧士瑛】

萧士瑛，字君材，潮阳人。修撰与成玄孙，普宁廪膳生。名噪艺苑，然六试皆失意，应崇祯十一年（1638）岁贡。天性好友，乐善抚恤，倜傥好义，贫乏者藉以殡葬婚娶，其懿行见推乡评。（乾隆《普宁县志》）——陈新杰

【萧大和】

萧大和（1481—1547），字廷命，号凌寒，潮阳县廍都人。义行萧玱长子。正德间（1506—1521）例监，官岑州判官。（嘉靖《潮州府志》、隆庆《潮阳县志》、《萧氏族谱》）——陈新杰

【萧大经】

萧大经（1502—?），字宗胄，号伯元，潮阳县廍都人。安顺知州萧泰孙。嘉靖四年（1525）例贡，官福建布政司都事。（隆庆《潮阳县志》、《萧氏族谱》）——陈新杰

【萧大继】

萧大继（1511—?），字宗远，又字近之，号石峰，潮阳县廍都人。安顺知州萧泰孙。嘉靖间（1522—1566）例监。（隆庆《潮阳县志》、《萧氏族谱》）——陈新杰

【萧与成】

萧与成（1494—1579），字宗乐，号铁峰，潮阳县廍都人。南京户科给事中萧龙子。文章博赡，性行端直。正德八年（1513）解元。十二年（1517）登进士，选翰林，授国史检讨。嘉靖二年（1523），预修《武宗实录》，赐金绮，晋官修撰。四年（1525），丁外艰归。县有虚粮数千石，白当事以桥税代抵。东南滨海罹倭患，倡士民守御。沿河沙壅，以己资疏浚。晚年建"半闲园"于城西，与客论文赋诗。家居凡三十余年。著《铁峰先生遗稿》四卷。（《万姓统谱》、《小山类稿》、康熙《潮阳县志》、乾隆《潮州府志》）——陈新杰

【萧与洁】

萧与洁（1510—?），字宗白，号鹤皋，潮阳县廍都人。修撰与成弟。嘉靖（1522—1566）岁贡生，官光禄寺署丞。有诗存世。（嘉靖《潮州府志》、《潮州诗粹》、《萧氏族

谱》）——陈新杰

【萧之益】

萧之益，潮阳县廓都人。宋潮阳令萧洵裔孙。崇祯间（1628—1644）拔贡，官钦州训导。（康熙《潮阳县志》、《萧氏族谱》）——陈新杰

【萧子名】

萧子名，程乡万安（今属梅州梅江）人。洪武十四年（1381），海饶贼寇城，领民兵平之。二十年（1387），安远贼寇城，指挥吴某驻兵境上，县令遣叶文保与子名领民兵协讨平之。（康熙《程乡县志》、乾隆《嘉应州志》、光绪《嘉应州志》）——黄晓丹

【萧元澄】

萧元澄，字若洁，号冲元，大埔白堠（今属梅州大埔）人。积学怀才，惜科场屡屡失利。平生敦本恤族，乐善好施，族人感之。明季授福建龙溪知县，寻告归，年七十而卒。（嘉庆《大埔县志》）——黄树雄

【萧日华】

萧日华，海阳人。万历七年（1579）举人。授教谕。（顺治《潮州府志》、光绪《海阳县志》）——陈贤武

【萧氏（郑中穆妻）】

萧氏（郑中穆妻），潮阳人。萧氏年二十三，夫殁。遗二孤幼，户庭萧索，独艰难拮据。待庶子如所生，教育之，俱年成立。事姑尽孝，以勤俭余积广列祖烝尝，族里重之。崇祯间（1628—1644），知县杨灼旌曰"节孝维风"。年八十六卒。（康熙《潮阳县志》）——陈新杰

【萧文郁】

萧文郁，海阳隆津都（今属潮安）人。永乐二十一年（1423）举人。官湖广益阳县教谕，广西南宁教授。（嘉靖《潮州府志》、光绪《海阳县志》）——陈贤武

【萧文明】

萧文明，大埔白堠（今属梅州大埔）人。性谨厚，力学不倦，家居以吟咏自适。好施与，里中贫乏者，咸蒙其惠。尝捐田三十余亩，为文庙公费，举乡饮宾，卒年八十有四。（嘉庆《大埔县志》）——黄树雄

【萧引龙】

萧引龙，字次圭，潮阳县廓都人，普宁籍。诸生。博览群书，潮普人士咸师事之。崇祯三年（1630）举人。与进士试，以数奇未第。持身廉节，屏迹公庭，居家孝友。晚年筑室修静，立说著书，守正自好，惟以训俗型方为己责。揭阳罗万杰与之交厚，有诗多首寄怀之。卒年六十六。（《瞻六堂集》、康熙《潮阳县志》、乾隆《普宁县志》、《潮州诗萃》）——陈新杰

【萧正四】

萧正四（1384—1455），字仕岳，号玉真，潮阳县廓都人。宋潮阳令萧洞八世孙。正统十一年（1446），以岁荒，出粟一千石赈饥，奉敕奖谕。（隆庆《潮阳县志》、《萧氏族谱》）——陈新杰

【萧　龙】

萧龙（1434—1512），字宜中，潮阳县廓都人。副使萧銮侄。幼聪慧，善属对，御史郑文奎、进士刘玘器异之。天顺三年（1459）举人。成化二年（1466）登进士，任南京户科给事中兼管湖事。时湖册晒暴，有名无实，龙厘清剔除之。遇国家大计，辄抗疏引论，不避嫌怨。时遭权要借端倾陷，戍万全卫。士从游者近百人。会恩诏恤诸戍臣，兵部尚书马文升复为辩诬，复故职。致仕后，倡建东山大忠祠，又于城西筑草堂，自号"湖山逸叟"，著有《湖山类稿》。（康熙《潮阳县志》、乾隆《潮州府志》）——陈新杰

【萧弘化】

萧弘化（1493—？），字廷赞，号梅峰，潮阳县廓都人。丰城训导弘德弟。嘉靖元年（1522）举人，官开化知县。（嘉靖《潮州府志》、《萧氏族谱》）——陈新杰

【萧　弘】

萧弘，潮阳隆井都（今属汕头潮南）人。成化十九年（1483）举人，官铅山教谕。（嘉靖《潮州府志》、隆庆《潮阳县志》）——陈新杰

【萧弘德】

萧弘德（1481—1565），字廷亮，号百逆，潮阳县廓都人。宋潮阳令萧洞裔孙。嘉靖九年（1530）贡生，官丰城训导。（嘉靖《潮州府志》、《萧氏族谱》）——陈新杰

【萧廷玉】

萧廷玉，字子颖，号砥瑕，海阳隆津都（今属潮州潮安）人。举人萧大钧侄。万历十九年（1591）举人。天启二年（1622）任归化知县。慈祥醇朴，爱恤百姓。均赋薄敛，与民休息。邑有奸猾，廉知之辄绳以法。五年（1625）以入觐，罢去。公论惜之。（顺治《潮州府志》、光绪《海阳县志》、民国《明溪县志》）——陈贤武

【萧廷达】

萧廷达（1476—？），名泗，以字行，号西庄，潮阳县廓都人。封检讨廷国弟。正德八年（1513）举人，初授歙县教谕，聘典福建文衡。嘉靖初（1522），寻擢潜江知县。刚介清苦，人所难及。修学校，建仓储。江汉水溢，噬学宫，督民筑堤为障，民藉以安，立专祠祝之。（《明一统志》、隆庆《潮阳县志》、雍正《湖广通志》、嘉庆《潮阳县志》）——陈新杰

【萧廷国】

萧廷国,名滗,以字行,潮阳县廓都人。性孝友,雅尚礼仪,不群于俗,积书教子,谆谆以勤学修行为训,足不履公门,乡人重之。以子与成贵,封检讨。(嘉靖《潮州府志》、雍正《广东通志》)——陈新杰

【萧汝为】

萧汝为(1484—1528),字宗舜,号静轩,潮阳县廓都人。江夏县丞萧清从孙。正德五年(1510)举人第二名。(隆庆《潮阳县志》、《萧氏族谱》)——陈新杰

【萧守镇】

萧守镇(一作"守鉴"),字宗谷,号学南,潮阳县廓都人。宋潮阳令萧洞裔孙。官龙泉县丞。(光绪《潮阳县志》、《萧氏族谱》)——陈新杰

【萧来凤】

萧来凤,潮阳县廓都人。修撰与成侄。有奇才。嘉靖十九年(1540)解元。与从弟端蒙同举于乡,官海阳县学训导。(隆庆《潮阳县志》、康熙《潮阳县志》、《潮州西湖山志》)——陈新杰

【萧时丰】

萧时丰(约1578—1645),字稚德,澄海鮀江(今属汕头金平)人。万历四十年(1612)举人,历八次会试,至崇祯十年(1637)始成进士。初授福建莆田知县,在任仅七月,以病改漳州府学教授。转国子监助教,升户部员外郎,管神机厂务,督理粮饷。时军兴旁午,时丰尽力经理其事,皆有成绩。崇祯十七年(1644)李自成攻入北京,时丰备受考掠,不久卒。(《崇祯十年丁丑科进士三代履历》、嘉庆《澄海县志》、《萧氏族谱》、《溪东萧氏家谱》)——黄树雄 杨映红

【萧时馨】

萧时馨,海阳人。天启年间(1621—1627)岁贡。授广东高要主簿。(顺治《潮州府志》、光绪《海阳县志》)——陈贤武

【萧伯清】

萧伯清,海阳人。嘉靖三十六年(1557)贡生。授广西庆远教谕。(顺治《潮州府志》、光绪《海阳县志》)——陈贤武

【萧良卿】

萧良卿(1508—1549),字廷宦,号月塘,潮阳县廓都人。安顺知州萧泰第六子。官锦衣卫千户。(光绪《潮阳县志》、《萧氏族谱》)——陈新杰

【萧良球】

萧良球(1485—?),字廷奉,别字敬夫,潮阳县廓都人。萧鼎次子。正德间(1506—1521)例监,官崇善知县。(隆庆《潮阳县志》、《萧氏族

谱》）——陈新杰

【萧琉】

萧琉（1463—1537），字宜伟，号东冈，潮阳县廓都人，副使萧銮之侄。性淳厚，有义行。正德二年（1507），邑饥，琉罄百金助赈。时评事林富以直谏谪县丞，睹其事，义之。及林总制两粤，书"尚义"二字匾赠，并具疏以闻，奉旨赐义官，闾里荣焉。（嘉庆《潮阳县志》、《萧氏族谱》）——陈新杰

【萧茂新】

萧茂新，潮阳县廓都人。官余杭县丞。（光绪《潮阳县志》）——陈新杰

【萧学夔】

萧学夔，潮阳县廓都人。南京户科给事中萧龙世孙。万历三年（1575）岁贡，官晋江训导。（康熙《潮阳县志》、《萧氏族谱》）——陈新杰

【萧定】

萧定（约1556—1618），字彦得，号止玄，澄海苏湾（今属汕头澄海）人。由选贡中万历二十二年（1594）顺天举人，三十八年（1610）成进士，以母年八十余，不就职，乞归终养。曾捐建潮州城西延寿寺。家居食贫不啻诸生时。（顺治《潮州府志》、乾隆《澄海县志》、《万历三十八年庚戌科进士序齿录》、《林忠宣公全集》）——黄树雄 杨映红

【萧居成】

萧居成，字韶鸣，大埔滦洲（今属梅州大埔）人，万历六年（1578），以百总从征岭西罗旁之乱，身被数十创，论功擢守备，未授职而亡，诏加武略将军，世袭百户。（乾隆《潮州府志》、康熙《埔阳志》）——黄树雄

【萧贻祝】

萧贻祝（1571—1622），字次旦，号我穆，潮阳县廓都人。端晋次子，官鸿胪寺序班。（光绪《潮阳县志》、《萧氏族谱》）——陈新杰

【萧贻朔】

萧贻朔，字次倩，号海印，潮阳县廓都人。修撰与成之孙。万历二十一年（1593）膺普宁恩贡，授平阳通判。尝督兵擒回民造反者。平反冤案，活四十余人。历署清军同知及隰州、翼城等县篆。迁左州知州，四十年（1612），迁建州学于城南门。禁民火葬，请优免"一条鞭法"，左州百姓德之，立生祠奉祀。告老归梓，遇年荒，煮粥济饥，全活无数。又捐己租以供普库饩资，为士林所重。著《三晋山居诗草》。（康熙《潮阳县志》、雍正《广东通志》、乾隆《普宁县志》）——陈新杰

【萧信】

萧信,号少川,潮阳人。嘉靖四十年(1561),任广西怀集教谕。善教,尝捐金十两,置学田若干亩,岁入租于学,以资功用。(《粤西文载》、雍正《广西通志》)——陈新杰

【萧泰】

萧泰(1446—1527),字宜安,号竹轩,潮阳县廓都人。赐承事郎萧铃长子。好研究古今学问,成化十年(1474)举人,后两上春闱不遇,遂入国子监。善结交天下名士,出诗文相酬应,往往见重于世。陈白沙尝次韵寄赠之。后仕安顺知州,弘治三年(1490),告归。倡修祖祠并捐祠租六十石以供祀事。暇时雅咏舒怀,垂老不倦。(康熙《潮阳县志》、嘉庆《潮阳县志》、《萧氏族谱》)——陈新杰

【萧铃】

萧铃(1418—1481),字景锵,号毅庵,潮阳县廓都人。义民正四之子。自少警敏,有谋为。轻财重义,戚党不能自存与婚丧无以卒事者,时资助之,倒囷不顾。其是非曲直,有不讼于官而取质于铃者。天顺三年(1459),岁凶,铃赈米八百斛,诏义之,赐七品秩为承事郎。(道光《广东通志》、《萧氏族谱》)——陈新杰

【萧逢机】

萧逢机(1570—1621),字汝玉,号泰宇,程乡石扇(今属梅州梅县)人。博雅嗜学,生平诚直不欺,见义必为无倦色。孝友尤其天性,执亲丧,哀毁骨立,为亲卜葬,独捐百余金,经营安厝并置尝产,未尝谋诸兄,令其均出。兄因赌博破家,析己产以与侄,尤人所难。县令林欲昂以孝友奖焉。子梦龙,字觏衷。继志以孝,事亲儒慕,终身存没如一日,扩祖尝祀,设义田以赡族丁,睦里邻,济贫乏,乡邑咸颂之为长者。持躬简朴,秉德坚毅。一生好古,有古人风。前广东主考徐懋曙旌表曰"潜德启后"。历任徐、陈诸县令。屡请乡宾,不赴,教子侄成名儒。(康熙《程乡县志》、《入粤始祖·萧梅轩宗支统谱》)——黄晓丹

【萧清】

萧清(1435—1490),字宜真,号寅斋,潮阳县廓都人。宋潮阳令萧洵裔孙。天顺八年(1464)岁贡生,官江夏县丞。(嘉靖《潮州府志》、《萧氏族谱》)——陈新杰

【萧敬德】

萧敬德(1507—?)字廷作,潮阳县廓都人。江夏县丞萧清从子。嘉靖二十二年(1543)举人,历知柳、沔、商三州,升韩府左长史。有诗传世。(嘉靖《潮州府志》、《潮州诗

粹》、《潮州西湖山志》、《萧氏族谱》）——陈新杰

【萧 鼎】

萧鼎（1424—1465），字伯铉，海阳（今属潮州潮安）人。天顺七年（1463）进士。任工部虞衡司主事，总理北直隶遵化铁冶。革宿弊，课羡而民不困，完旧逋课以万计。历温州知府，为民兴利除害，清操愈厉。毁淫祠百余，僧尼少者使还俗。会岁旱，徒步以祷，深自咎责，遂大雨。岁余，以疾归。逝年四十二。（嘉靖《潮州府志》、光绪《海阳县志》、弘治《温州府志》、万历《温州府志》、雍正《浙江通志》、《李东阳集》）——陈贤武

【萧景清】

萧景清（1406—1455），名从源，以字行，潮阳县廓都人。副使萧銮从弟。正统三年（1438）举人，官兴国训导。（嘉靖《潮州府志》、《萧氏族谱》）——陈新杰

【萧善登】

萧善登（1501—?），字宗乔，潮阳县廓都人。嘉靖四年（1525）举人。十七年（1538），任赣县知县，迁广信府通判。（嘉靖《潮州府志》、同治《赣县志》、《萧氏族谱》）——陈新杰

【萧 游】

萧游（1471—1531），字廷义，号虚舟，潮阳人。高士，不乐仕进，纵情诗酒。尤工草书，人争宝之。有词作存世。（光绪《潮阳县志》、郭思恩《潮汕书画人物录》）——陈新杰

【萧 銮】

萧銮（1404—1473），字景和，潮阳县廓都人。程乡教谕德俊曾孙。清介绝俗，有治才。宣德元年（1426）举人，明年成进士，初除行人司行人，擢江西道监察御史。正统间（1436—1449）任广西提学佥事，以德行率生徒，儒风丕振。寻复职。丁内艰，起补湖广佥事。因发按察使、黄州知州杨珏奸谋，坐戍边，以生母忧免。终制，复官如故，起补福建佥事。迨宪宗登位，始擢为山西副使，按权奸张瑄专肆之罪不稍贷，官司慑服。居二岁，再疏乞休。抵舍不数年卒。（万历《福州府志》、嘉靖《潮州府志》、隆庆《潮阳县志》）——陈新杰

【萧端升】

萧端升，字曰阶，号自麓，潮阳县廓都人。修撰与成季子。嘉靖二十五年（1546），与仲兄端贲同中举人。偕过桐江间，往石莲洞学于罗洪先（号念庵）者数月，得窥宗旨。继焦竑（字弱侯）、袁黄（号了凡）讲学新泉书院。久之，授柳州罗城知县，不就。万历八年（1580），改新会教

谕，日与诸生讲学东亭。在任修文庙、置田祀陈白沙，倡明正学。秩满，迁琼州教授，有渡海相从者。考订朱熹《家礼》、邱浚《家礼仪节》，折衷己意，曰《谕琼礼要》。赋归，家居尤严礼教，有《正俗会约》。享寿八十三。祀琼州、新会名宦祠、潮州乡贤祠。（雍正《广东通志》、康熙《潮阳县志》、乾隆《潮州府志》）——陈新杰

【萧端贡】

萧端贡（1524—1582），字曰质，潮阳县廓都人。修撰与成仲子。嘉靖二十五年（1546），与季弟端升同中举人，授广西灵川知县。在任咨恤民隐，刑清化洽，考核优等。迁延平府同知，署理知府，政平守洁、兴学育才，嫉恶亲贤，厘奸剔蠹。时属县有剧盗猖獗，端贡定计平贼。尝征兵浙西，军纪肃然。历摄福建南平、将乐、大田、连城诸县，所至廉能有声。著有《广韵府》及《梅花百咏》。祀灵川、延平名宦祠。（雍正《福建通志》、雍正《广西通志》、康熙《潮阳县志》、乾隆《潮州府志》）——陈新杰

【萧端渐】

萧端渐，潮阳县廓都人。修撰与成第五子。庠生。学行为艺林最。隆庆六年（1572），分校《潮阳县志》，校正独多。（隆庆《潮阳县志》、康熙《潮阳县志》）——陈新杰

【萧端蒙】

萧端蒙（1521—1554），字曰启，号启明，潮阳县廓都人。修撰与成长子。自少沉静，通五经，熟史迁、老泉之学。嘉靖十九年（1540）举人，明年成进士，选庶吉士。上重其才，二十二年（1543），授山东道御史，稽屯伍，清畿内军纠官邪，悉报可。二十四年（1545），巡按贵州，请增试额。旋途病，告归。三十二年（1553），俺答入寇，复起为浙江道御史，奉诏选延安、绥德精兵入卫，还，赐金绮。寻按江西，江西藩王素骄纵，自制，抚大吏，皆敛手。端蒙上疏劾藩王不道，捕麾下治之，境内肃然。三十三年（1554），奉诏赴阙，议迁大理寺，会病卒。江右人专祠以祀。陈时政十余疏，其文修雅迈俗，有《同野集》。（雍正《广东通志》、葛万里《别号录》、康熙《潮阳县志》、嘉庆《潮阳县志》）——陈新杰

【萧 墱】

萧墱（1605—1668），字坦卿，号善从。程乡攀桂坊（今属梅州梅城）人。祖居石扇。少颖慧，读书过目成诵，垂髫列生员。崇祯六年（1633）中举人。为文根性命、惟翼圣是任，李士淳深引重推。天性尤挚，事二亲养志承欢，内外无间言。

亲逝，读礼不少渝，以纯孝闻远近。宗祖蒸尝咸综理妥侑，处族和而厚。交友朋诚信相孚。曾有友密寄金或托代置产者，待殁后，悉以产息并金各召其子还之。死生贵贱弗二也。邑岁饥，行赈者再，全活无数。明末寇陷城，奉母避乡，砦重罹兵灾，颠沛时犹雇人瘗骷掩骼。排难解纷，息讼宁人，历终身靡虚日，有怀德图谢者，却其金不受。家居三十余年，非公未尝私谒，品望屡重于当道，或劝告其铨选，以亲终不捧檄。九上公车，赍志以殁。卒之日，老稚咸涕下，远近会葬者千人。康熙二十年（1681），公呈督学陈肇昌批允崇祀学宫乡贤祠。（康熙《程乡县志》、光绪《嘉应州志》、《入粤始祖·萧梅轩宗支统谱》）——黄晓丹

【萧懋道】

萧懋道，揭阳人。治《易经》，嘉靖二十五年（1546），中式举人第四十二名。会试因怀夹被革功名。子誉，万历二十五年（1597）举人。崇祯元年（1628），授浙江仙居知县。（雍正《揭阳县志》、光绪《仙居县志》、《嘉靖二十五年广东乡试录》）——孙杜平

【萧瓒】

萧瓒（1439—1499），字宜瑄，号癯叟，潮阳县廓都人。给事中萧龙胞弟。成化十三年（1477）举人。性孝友，兄遭诬成万全，瓒上春官不赴，访兄于戍所，往返万里者至再，依依不忍舍。大臣与京中权贵同谪者，咸羡慕感叹。及龙归，瓒始于弘治六年（1493），出任荔波知县。其民皆狑獠瑶僮之辈，法律难以施行，瓒宽抚而慈惠之，且鼓励耕稼，导以礼仪。因不屈于上司，竟辞官归家。（康熙《潮阳县志》、《萧氏族谱》）——陈新杰

【曹杨山】

曹杨山，程乡人。术士，任本县阴阳学训术。（康熙《程乡县志》）——黄晓丹

【曹　宗】

曹宗，字宗道，海阳宣化都（今属潮州饶平）人。幼年聪敏，号称神童，读书能通大义，尤精于《春秋》。弱冠中成化七年（1471）举人。入太学，为国子监祭酒丘浚（1418—1495）所赏识，使著《春秋通典》。官至国子监助教。丁母忧，回籍守制，卒于家。所著诗文繁多，其诗飘逸洒脱，独具风格，惜多毁于兵火，唯零篇存于《东里志》。曹宗生平乐于培养后进，循循善诱，讲学不断，一时俊彦多从之游。（《东里志》、《成化七年广东乡试录》）——黄树雄

【曹　鼎】

曹鼎，海阳人。成化七年

（1471）举人。授直隶宿州学正。（嘉靖《潮州府志》、光绪《海阳县志》）——陈贤武

【龚昌衍】

龚昌衍，字九万，惠来龙溪都（今属汕尾陆丰）人。崇祯三年（1630）庚午科考中举人，后仕南直隶宿迁知县。宿迁地当冲要，事务繁重，往来驿马骚扰，朝夕疲于奔命。昌衍到任后，悉心抚慰，而自持严格，清介朴素。二载后辞职归，行李萧条，仅有图书数部而已。（康熙《惠来县志》、雍正《惠来县志》）——周修东

【龚萧钦】

龚萧钦，字宏伟，海阳人。擅技勇。崇祯十七年（1644）澄寇黄海如乱，时郡城兵力单薄，绅庶捐饷，募乡兵五百，请之当道，设金城营拔，萧钦统之，授都司职衔。海如数围城，萧钦挺身力战，贼众披靡，桑梓赖以保全。清军定潮，金城营废，以原职随军门平粤有功，升参将。（乾隆《潮州府志》、光绪《海阳县志》）——陈贤武

【龚 誉】

龚誉，海阳人。宣德元年（1426）举人。官陕西山阳知县。（嘉靖《潮州府志》、光绪《海阳县志》）——陈贤武

【盛凤仪】

盛凤仪，字景端，海阳人。成化元年（1465）岁贡。授福建仁化训导，贤声著闻。转安溪教谕，署县事。拓学地，新殿庑。秩满乞休，生徒遮留至数百里。祀名宦。（嘉靖《潮州府志》、光绪《海阳县志》、康熙《安溪县志》）——陈贤武

【盛若林】

盛若林（1509—？），字子才，号初阳，海阳人。祖进士盛端明，父岁贡盛瀚。以治《诗经》中嘉靖十七年（1538）戊戌科进士。历任户部福建司主事，广西兵备道副使。妻翁氏。（顺治《潮州府志》、光绪《海阳县志》、《明代科举与文学编年》、《湖南图书馆古籍线装书目录》）——陈贤武

【盛若果】

盛若果，海阳人。祖进士盛端明，父岁贡盛瀚，进士盛若林五弟。隆庆六年（1572）贡生。官湖广常德通判。（顺治《潮州府志》、光绪《海阳县志》）——陈贤武

【盛若树】

盛若树，号钟阳，海阳人。祖进士盛端明，父岁贡盛瀚，进士盛若林二弟。嘉靖十年（1531）举人。（顺治《潮州府志》、光绪《海阳县志》）——陈贤武

【盛端明】

盛端明（1470—1550），字希道，海阳人。父盛凤仪为福建安溪学官

时，掘地得宋端明殿学士希道先生墓碑，故名与字取焉。弘治十一年（1498）解元，十五年（1502）进士，选庶吉常。历官右副都御史，督南京粮储。劾罢，家居十年。嘉靖（1522—1566）中，复起用为礼部右侍郎，寻拜工部尚书，改礼部加太子少保。端明素负才名，著有《四丁集》、《程斋类稿》、《程斋近稿》、《程斋汇稿》、《盛尚书集》、《知微录》、《邛须录》、《程斋医抄撮要》、《程斋医抄秘本》等。又居乡尝筑北门堤，以壮捍御。卒年八十一。赠太子太保，谥荣简。（《明史》、嘉靖《潮州府志》、光绪《海阳县志》）——陈贤武

【盛　瀚】

盛瀚，海阳人。进士盛端明子。嘉靖年间（1522—1566）岁贡。官广西融县知县。（顺治《潮州府志》、光绪《海阳县志》）——陈贤武

【盛　夔】

盛夔，海阳人。永乐六年（1408）举人。官浙江余姚主簿。（嘉靖《潮州府志》、光绪《海阳县志》）——陈贤武

【崔士风】

崔士风，字邦定，号云峰，饶平苏湾都人（今属汕头澄海）人。家贫力学，不慕荣华，与人无争。喜吟咏，尝结南洋诸老为社，有《山林闲集》、《二十四孝诗》，藏于家，已散佚。（康熙《饶平县志》、康熙《澄海县志》、《潮州艺文志》）——黄树雄

【章曰慎】

章曰慎，海阳北厢都（今属潮州枫溪）人。进士章熙子。隆庆元年（1567）恩贡。官云南曲靖通判。（顺治《潮州府志》、光绪《海阳县志》）——陈贤武

【章　焕】

章焕，海阳北厢都（今属潮州枫溪）人。嘉靖七年（1528）举人。官广西桂林同知。（顺治《潮州府志》、光绪《海阳县志》）——陈贤武

【章　程】

章程，字思陵，海阳北厢都（今属潮州枫溪）人。举人章焕孙。万历十三年（1585）举人。（顺治《潮州府志》、光绪《海阳县志》）——陈贤武

【章　熙】

章熙（1506—1575），字世曜，号西峰，海阳北厢都（今属潮州枫溪）人。举人章焕二弟。嘉靖二十三年（1544）进士，官行人。迁户部员外郎，主管太仓银库司泉府。先前，奸商、宦官利用税户纳银的机会作伪舞弊，熙订法规，严整顿，以能干称。丁父忧。服满，补广西按察司佥

事，分巡苍梧道。因执法严厉为人所忌，免官归田。(《井丹林先生文集》、乾隆《潮州府志》、光绪《海阳县志》、《明代科举与文学编年》)——陈贤武

【淡文升】

淡文升，潮阳人。宣德间(1426—1435)，任长阳知县。(《万姓统谱》、《明伦汇编氏族典》)——陈新杰

【梁之屏】

梁之屏(1579—1631)，字明树，号向葵，饶平信宁都人(今属潮州饶平)人，后迁海阳。梁岳子。之屏少与同县黄琮齐名。中年研习阳明之学，多有发明，时人拟之为海陵王艮(心斋)。家乡东津出海口堤决，之屏倡筑堤，力任其事，迄于功成，民赖其利。长子应龙，进士；次子应华，字德御，号厚臣，崇祯十二年(1639)举人，未仕卒。(康熙《饶平县志》、乾隆《潮州府志》、《潮州灵光集》、《东津梁氏谱志》)——黄树雄

【梁仕仁】

梁仕仁，程乡性孝友，兄仕魁早丧，遗孤未周岁，弟仕禄客死，留下遗腹子。家遭不幸，仕仁心痛，于是终身不娶，抚养两侄，以己家资分而授之，乡里目为畸士。(光绪《嘉应州志》)——黄晓丹

【梁存义】

梁存义，字仰州。程乡松口(今属梅州梅县)人。少孤，事母孝，友于兄弟，乐善好施。一门敦睦，人以为和气致祥。崇祯十七(1644)年，知县严尔琮旌曰"燕誉名贤"。(康熙《程乡县志》、乾隆《嘉应州志》、光绪《嘉应州志》)——黄晓丹

【梁应龙】

梁应龙(1597—1677)，字霖海，原籍饶平，海阳东厢都(今属潮州湘桥)人。崇祯元年(1628)进士。授直隶太平府推官，调任四川保宁府推官。到任后，日夜筑城，并修筑梁山、土地二关，守住交通险要之地。蜀帅侯良柱冒功报捷，谎称得贼首一千九百余级，实则杀戮行人以足其数。应龙奉御史符予以处置，乱始平息。后转兵部主事、户部员外郎，升福建福宁道。明亡，弃官归乡，常怀反清复明之志。曾捐资筑东津堤、浚饶平河口陂。永历时起为太仆寺少卿。永历七年(1653)，潮州总兵郝尚久举兵反清，参与谋划。不久，起事失败，再次隐匿。清顺治十五年(1658)为饶平撰《重建饶平县文庙碑》，署衔"太仆寺少卿"，仍怀遗民之心。终年八十一。(乾隆《潮州府志》、光绪《海阳县志》、《东津梁氏谱志》)——陈贤武

【梁应华】

梁应华，字德御，号厚臣，原籍饶平，海阳东厢都（今属潮州湘桥）人。进士梁应龙仲弟。崇祯十二年（1639）举人。永历二年（1648），潮州总兵车任重拥兵骄恣，借口惠潮巡道李光垣曾执笞其部卒，击杀道府县长官，并纵卒横行。应华以利害劝之，使兵祸消退。清顺治间（1644—1661）知府吴颖称其倜傥有义气，遇乱能镇。（康熙《潮州府志》、《东津梁氏谱志》）——陈贤武

【梁　岳】

梁岳（1559—1641），字伯元，号鸿山，饶平信宁都人（今属潮州饶平）人。年十四即博通经史，留心理学。万历三十七年（1609）为岁贡，授广东徐闻县训导。时值黎人之变，调西粤"狼兵"赴援，道出徐闻，肆掠无忌。岳上书，请将"狼兵"自琼航海遣归，既节刍粮，又免扰民。弟子为人中伤，梁岳力为伸雪。迁福建兴化府教授。著有《读史评》、《尚书讲义》。居家以"靠圣贤一边做去，务在正直做人"为家训。卒于家，年八十三。子之屏，另有传。（顺治《潮州府志》、康熙《饶平县志》、道光《琼州府志》、《潮州灵光集》、《东津梁氏普志》）——黄树雄

【梁养辉】

梁养辉，广州广海卫人。负至性，笃人伦。世为本卫千兵，长序应袭，辉悯叔氏衰替不振，遂以世职让之，并其资业尽举以赠。挈家入潮，始立籍梅州，再迁而居澄海。且耕且读，躬行仁义，里人皆化之。乡有疑难事，及婚土争斗，必就取平。孙岳，曾孙应龙、应华、犹龙，均有传。（康熙《程乡县志》、乾隆《嘉应州志》、光绪《嘉应州志》）——黄晓丹

【梁惟宝】

梁惟宝，平远人。生平克敦孝行，当明季鼎革，寇盗横行，父士友为贼党陈益荣诬陷，酷吏盈门，追呼逼协。惟宝方茂年，挺身出代父受刑。庭讯之日，委屈陈词，郡丞感叹，称为孝子，系狱三载，卒雪父冤。康熙十三年（1674），潮镇刘进忠叛，惟宝率众避寇圣人寨。寨长派役，不给者悉为代偿，群寨俱溃，此寨独存，故名曰"剩一寨"，后伪为"圣人寨"。（光绪《嘉应州志》）——黄晓丹

【梁　瑛】

梁瑛，字璞完。程乡沙垅坝（今属梅州梅江）人。武举梁俨之孙。性行纯朴，尤笃孝友。为诸生时，屡试冠军，声名藉甚。世居沙垅坝，洽邻睦族，乡有不平事，不以口排解，惟

务至性动人，人皆化之。应天启六年（1626）岁贡，未廷试卒。子正基，诸生，亦有声艺林；孙奇定，顺治十四年（1657）举人。（康熙《程乡县志》、乾隆《嘉应州志》、光绪《嘉应州志》）——黄晓丹

十二画

【彭　安】

彭安（1450—1502），字修平，潮阳举练都人。成化七年（1471）举人，初授建宁知县，弘治间（1488—1505），任安溪知县。（嘉靖《潮州府志》、康熙《安溪县志》、《贵屿古今人物辞典》）——陈新杰

【彭　郁】

彭郁，海阳人。正统九年（1444）举人。授江西建昌训导。（嘉靖《潮州府志》、光绪《海阳县志》）——陈贤武

【彭　悌】

彭悌，海阳人。正统九年（1444）举人。景泰间（1450—1456），官江西赣县教谕，安徽含山知县。（嘉靖《潮州府志》、光绪《海阳县志》、同治《赣县志》）——陈贤武

【彭　寅】

彭寅（1442—1528），字修三，潮阳举练都人。弘治八年（1495）举人。嘉靖间（1522—1566），历官江西南康、上犹、崇义知县。能诗文。（嘉靖《潮州府志》、万历《南安府志》、雍正《广东通志》、《贵屿古今人物辞典》）——陈新杰

【董世廉】

董世廉，海阳人。嘉靖间（1522—1566）授湖广靖州主簿，升广西靖江府主簿。（光绪《海阳县志》）——陈贤武

【韩元勋】

韩元勋（1608—1650），字昌颖，号雪岩，又号奕候。平远县八尺镇人。崇祯十年（1637）进士，授行人司行人，奉命册封琉球王。十一年（1638），奉诏回京，升任浙江道监察御史，巡按福建，所至纲纪肃然。明亡后隐居故里。（乾隆《嘉应州志》、嘉庆《平远县志》）——黄晓丹

【辜兰凰】

辜兰凰，海阳人。明进士辜朝荐之女，贡生夏含曜室。顺治十年（1653）潮州城陷，凰恐受辱，自经。著有《啸雪庵集》、《易解集》。温廷敬辑《潮州诗萃》录其诗，"并悉其梗概，益叹辜公忠节之有贤女继美也。"（光绪《海阳县志》、《潮州诗萃》）——陈贤武

【辜朝采】

辜朝采，字端章，号愿小，海阳人。诸生。进士辜朝荐弟。少劬学，兄朝荐贵，不改寒素，聚书四香堂，

朝夕键户,虽至戚罕识其面。明亡,弃诸生,遁迹海外十余年,晚岁归里,卒。所著述甚富,今不传。(乾隆《潮州府志》、陈衍虞《莲山诗集》)——陈贤武

【辛朝荐】

辛朝荐(1598—1668),字端敬,号在公,海阳东莆都(今属潮州潮安)人。崇祯元年(1628)进士,授南直桐城知县,迁安庆推官。入为山东道御史,改户科给事中。疏劾首辅温体仁。十二年(1639)秋,督催三楚练饷一百二十万,未四月报竣。忧归。服阕,补礼科左给事中。十七年(1644),以前督饷称旨,升户科都给事中,督南直隶、江西、广东、广西四省粮饷。出都而国变。南明时擢太仆少卿,晋佥都御史。郭之奇再荐兵部右侍郎、副都御史。后依郑成功,成功致敬,与卢若腾、王忠孝、徐孚远等同为"七公",军国大事,一皆咨决。晚渡台湾,卒。以寓贤崇祀台湾鹿港文开书院。(康熙《潮州府志》、光绪《海阳县志》、《南明史》)——陈贤武

【程世鹏】

程世鹏,字万里,号碧溪,揭阳(今属揭阳空港)人。正德十四年(1519)举人。嘉靖间(1522—1566),授福建永福教谕。在任倡修行谊,严整法度。每逢朔望,必集诸生熟习诗礼,令其遵行,一时风俗为之不变。历知福建宁德、浙江常山二县。在宁德时,尝刊元陈普《石堂遗集》。二十七年(1548),升山东胶州知州。州人通判赵完璧赠世鹏诗,有"一变旷闻周礼教,千年喜见汉循良"之句,其治胶政绩,略窥一斑。(雍正《揭阳县志》、万历《福州府志》、天启《衢州府志》、道光《胶州志》、《海壑吟稿》、《元诗选三集》)——孙杜平

【程光颐】

程光颐,海阳人。嘉靖三十七年(1558)贡生。万历间(1573—1619)任广东乐会、文昌教谕,授广州训导。(顺治《潮州府志》、光绪《海阳县志》、咸丰《文昌县志》、宣统《乐会县志》)——陈贤武

【程宏道】

程宏道,海阳人。嘉靖年间(1522—1566)岁贡。授广西岑溪训导。(顺治《潮州府志》、光绪《海阳县志》)——陈贤武

【傅大聘】

傅大聘,字莘野,海阳上莆都(今属潮州潮安)人。嘉靖二十八年(1549)举人。隆庆四年至万历二年(1570—1574)任广西苍梧知县,有声。以抗直忤上官归。与海瑞同年,海瑞以都御史召用,道出苍梧,手书"清慎勤"三字颜其堂,又为撰《傅

氏义庄记》。卒年九十五。(乾隆《潮州府志》、光绪《海阳县志》)——陈贤武

【傅天佑】

傅天佑，字道星，一字滋庚，海阳上莆都(今属潮州潮安)人。曾祖举人傅大聘。读书嗜古，性侠喜游，足遍海内，意不可一世。中崇祯十五年(1642)举人，授御史。旋弃去，隐于缁流，自号僧成龙。年友陈衍虞谓其"半著乌纱半袈裟，非僧非俗狂如故"，编修李士淳亦谓其为"道星儒而兼释，有官而不爱官"者。(《榕城集》、《罗万杰诗文集》、《三柏轩集文存》、《莲山诗集》、顺治《潮州府志》、光绪《海阳县志》)——陈贤武

【释法宣】

释法宣，饶平人。永乐年间(1403—1424)说法少林寺，有《无闻和尚诗集》。(《潮州艺文志》)——黄树雄

【释超月】

释超月(1568—1702)，俗姓宋，号乙镜(俗称"宋禅祖师")，惠来靖海所人。少以磨豆腐为生，后佣于麦姓殷户，以勤劳得家主器重，许配以婢。未婚而妻为豪强所污，谋杀豪强未遂，避祸他乡。栖于惠普交界小庵，复为开元寺苦力僧。崇祯六年(1633)始于普宁草庵(清风寺)剃发受戒。后云游天下名山，清康熙六年(1667)途经韶关曲江，收徒国弥，同于南华寺礼奉六祖金身，凡三载。时已逾百岁，遂与国弥回惠，住于榕石庵。与邑中观政进士张经相投契，张经择城郊东栅兴建殿宇，超月于东栅大峰祖师庙东侧结庐，后称超月院。(新编《惠来县志》)——周修东

【曾大德】

曾大德，揭阳人。寿七十二。子：敬，由举人仕知县；信，寿七十八。信子迈，举人。(雍正《揭阳县志》)——孙杜平

【曾子传】

曾子传，饶平弦歌都(今属潮州饶平)人。万历二十七年(1599)岁贡，泰昌元年(1620)任广西北流知县。(顺治《潮州府志》、乾隆《北流县志》)——黄树雄

【曾仕贵】

曾仕贵，程乡人。以人材任广东乐昌县罗家渡巡检。(康熙《程乡县志》)——黄晓丹

【曾用升】

曾用升，字时甫，又字起东，号九虚，海阳登云都(今属潮州潮安)人。祖举人曾球。万历二十九年(1601)进士，授行人。三十六年(1608)选云南道御史，上疏论时政，廷折首辅。巡抚河南，首弹税监胡

滨，定宗室勤涝等重案；按卫辉，参赵府承奉丁宁；按开封，参周府承奉徐进，复参安吉王不法数事，权贵敛手。又建白朝政十事。三十九年（1611），河南灾荒，请求蠲免和赈济。出为湖广按察司副使。天启二年（1622），召入为尚宝司少卿。时魏忠贤权势震赫，用升独挺然自立。阉党将其列入《东林同志录》。以丁外艰归，家居课子弟，睦邻里。性落落寡合，家无余稿，卒不数年，二子贫不能自赡。（《明通鉴》、光绪《海阳县志》、民国《广东通志未成稿》、《明季党社考》）——陈贤武

【曾用临】

曾用临，海阳人。庠生。万历间（1573—1619）授广西兴业训导。（光绪《海阳县志》）——陈贤武

【曾 迈】

曾迈（1578—1607），原名思道，字志甫，揭阳人。少负才名。高攀龙谪县典史，因从之游，以文见重。万历二十五年（1597）中式举人。五予会试不第，因广识海内名士，如宣城汤宾尹、钱塘黄汝亨等，皆成莫逆之好。曾迈能诗文，尤嗜同郡林大钦诗，曾刻其集行世。卒年三十七。著有《曾志甫集》，晋江何乔远两为之序，谓其诗近汉魏、文仿班固云云。（雍正《揭阳县志》、《林东莆全集》、《镜山全集》）——孙杜平

【曾 传】

曾传，潮阳人。耆硕。永乐十七年（1419），预修《潮阳县志》。（隆庆《潮阳县志》）——陈新杰

【曾守基】

曾守基，揭阳人。寿一百岁，奉诏赐给冠带，给予米帛，荫给一丁侍养。（雍正《揭阳县志》）——孙杜平

【曾希尧】

曾希尧，字伯勋，海阳人。能读书，教授里中，事父母得其欢心。晚岁好远游，著有《远游集》、《郡邑纪异》。年七十卒于家。（乾隆《潮州府志》、光绪《海阳县志》）——陈贤武

【曾 纲】

曾纲，潮阳县廓都人。弘治间（1488—1505）例监，官□□按察司知事。（嘉靖《潮州府志》、隆庆《潮阳县志》）——陈新杰

【曾国光】

曾国光，海阳人。万历年间（1573—1619）贡生。授广西苍梧县训导。（顺治《潮州府志》、光绪《海阳县志》）——陈贤武

【曾 牧】

曾牧（1369—1448），字守民，潮阳附廓都人。始积学工书，屡举不第。洪武二十三年（1390）以贡入国子监，二十九年（1396），领应天府

举人第二名。永乐间（1403—1424），仕南京兵部司务，稍迁户部员外，居官质直有守。晚年退休归里，行箧萧然，乡评重之。（隆庆《潮阳县志》、康熙《潮阳县志》、雍正《广东通志》）——陈新杰

【曾宗器】

曾宗器，揭阳人。洪武（1368—1398）初举聪明正直（一作"儒士"），授广西临桂县丞。十五年（1382），擢灵川知县。（嘉靖《潮州府志》、雍正《揭阳县志》、嘉庆《广西通志》）——孙杜平

【曾　荣】

曾荣，海阳人。永乐十八年（1420）举人。授广西平乐训导。（嘉靖《潮州府志》、光绪《海阳县志》）——陈贤武

【曾养志】

曾养志，字尚道，澄海中外（今属汕头澄海）人。隆庆四年（1570）举人，曾任江西广信府通判。（康熙《澄海县志》、道光《广东通志》）——黄树雄　杨映红

【曾继兴】

曾继兴，字昭鼎，深澳人，饶平籍。明季，任江西奉新县巡检。时从善乡李淑八等作乱，继兴设计剿贼，着绩勒碑。当道嘉其谋略，改武职，升授南昌府守备。子，日省，清举人，四川垫江令。（《南澳县志》、1952年《饶平县志续补》）——黄迎涛

【曾　球】

曾球（1525—?），号见虞，海阳登云都（今属潮州潮安）人。嘉靖三十四年（1555）举人。隆庆二年（1568）知福建南靖。抚疲民，兴学校，葺城郭，皆身莅其役。邑西桥南田恒苦旱，为凿新渠以资灌溉。又开浚城濠接引溪流而东，二十四乡俱得灌溉。复建文庙两庑并棂星门。祀名宦祠。万历元年（1573），官泉州府通判。（乾隆《潮州府志》、光绪《海阳县志》、《南靖文史资料》）——陈贤武

【曾捷第】

曾捷第，字暗奇。镇平（今属梅州蕉岭）人。幼嗜学，长慷慨好施，以忠义自许。明崇祯初（1628），镇平贼散屯大峰嶂等处，劫其家，杀二叔。捷第纠众破贼巢，杀数百级，擒贼首黄一虎等。唐王在福州即位，授连城知县，随罢归，后隐浮屠。顺治十六年（1657），上杭贼据仙水隘等处，又劫其家。捷第同千总张钦龙兄弟连合乡勇，散金约誓，覆破贼巢，斩贼首刘鸿，擒九爪龙等，械送潮州弃市。年八十二卒，尽焚其所为文稿。遗命："墓碑勿书官职，但云明曾某之墓。"（光绪《嘉应州志》）——黄晓丹

【曾敬】

曾敬（1572—1640？），字雍简，揭阳人。天启七年（1627）举人，官江西东乡知县。秩满归，卒于家。崇祯年间（1628—1644），尝刻海阳林大钦《田园闲咏》、无锡高攀龙《续近思录》行世。妻黄氏（？—1646），于敬殁后，守节教子。子四人，俱诸生。顺治二年（1645），九军贼破县，黄氏誓不为贼辱，闭户自缢死。次女郭曾氏（1606—1646），为同县中书舍人郭用章妻。性刚决。当县破时，为贼掠去。厉声骂贼，不屈而死。（雍正《揭阳县志》、《榕东郭氏族谱》、《林东莆全集》、《榕城集》）——孙杜平

【曾瑚】

曾瑚，号华山，海阳登云都（今属潮州潮安）人。万历元年（1573）岁贡。授福建仙游教谕。（顺治《潮州府志》、光绪《海阳县志》）——陈贤武

【曾瑀】

曾瑀，海阳人。成化十年（1474）举人。授湖广麻城教谕。（嘉靖《潮州府志》、光绪《海阳县志》）——陈贤武

【曾源】

曾源，海阳人。成化十年（1474）举人。弘治八年（1495）任广西北流知县。（嘉靖《潮州府志》、光绪《海阳县志》）——陈贤武

【曾缙绶】

曾缙绶，海阳人。永乐十二年（1414）举人。授交趾万兴典史。（嘉靖《潮州府志》、光绪《海阳县志》）——陈贤武

【曾懋孝】

曾懋孝，海阳人。崇祯年间（1628—1644）岁贡。授广东饶平教谕。（顺治《潮州府志》、光绪《海阳县志》）——陈贤武

【曾璧】

曾璧，潮阳县廓都人。正统十二年（1447）举人，官浙江市舶司提举。（嘉靖《潮州府志》、隆庆《潮阳县志》）——陈新杰

【温若渊】

温若渊，字先益。程乡松源（今属梅州梅县）人。仗义好施，岁饥，常首倡赈济。时山寇窃发，上宪督兵进剿，所释良民赖存活者无数。庭训子孙，皆蜚噪艺林。邑文庙旧无香灯，捐田租一十石，奉为圣殿及诸祠香资、元宵花灯费用。知县王吉人阅前志，嘉其义，旌其庐曰"文正高风"，祀忠孝祠。（康熙《程乡县志》、乾隆《嘉应州志》、光绪《嘉应州志》）——黄晓丹

【温绅】

温绅，字景裕。宣德十年（1435），潮州知府王源修造东门外济

川桥，发簿十邑劝捐。绅捐米一千石。知府阅簿喜甚，有"三阳不及一程乡"之语。（光绪《嘉应州志》）——黄晓丹

【温唯道】

温唯道，字仪振，庠生。明季鼎革后，人多散亡，唯道招集赈恤，康熙十三年（1674），土寇肆扰，择井塘地方可守，捐资倡率弟子乡人捍御，寇至围攻，绝粮水，窘甚。唯道乘危环守，邻乡避寇者多就之，保全甚重。（光绪《嘉应州志》）——黄晓丹

【温　楫】

温楫，字慈舟。程乡松源（今属梅州梅县）人。少颖悟，读书过目成诵，弱冠补博士弟子。天性孝友，居心刚正而恻怛，寒儒有志者，馆餐之。周贫乏，不望报。潮州知府刘柱国重其行，以宾礼待。顺治二年（1645）大饥荒，担石价三两，自捐粟百余煮粥赈饥，活命无数。三年（1646），寇破城退后，楫聚集众守，寇复至莫能入。遭戮者，募人掩埋。族邻争坝地，构讼不休，捐置水口地以处息。因持正，忤土弁罹祸。合邑共愤，争为白冤。子恒炫泣控当道，雪父仇。且能读父书，中乡试副榜。（康熙《程乡县志》、乾隆《嘉应州志》、光绪《嘉应州志》）——黄晓丹

【温　禧】

温禧，字锡臣，号梅野，程乡城西人。洪武间（1368—1398），以明经荐任程乡县儒学训导。后调湖广汉阳府学，陈情乞就母禄养，准调潮州府儒学。即使严冬盛暑，侍立母侧不稍怠慢。母卒，二日不饮，丧葬尽礼。年六十而终。学者称"梅野先生"。金事梁观按梅州，嘉其孝，榜录之励俗。（康熙《程乡县志》、《大埔县温氏源流》）——黄晓丹

【谢一麟】

谢一麟，性耿直，读书明大义。五世祖有田庄一区在雁洋堡，宦豪某谋占之。族人诉于官。明季纪纲堕坏，平民无得直者，因压断归某。一麟奋不顾身，控于府，府断如令，某方磬折堂中，一麟以抗言杖至数百，两臂肉飞，匍匐拾肉置案上。然仍未决。一麟系狱累年，至子侄五人相继游庠诉于学使，乃释狱完案，卒归汶阳。（光绪《嘉应州志》）——黄晓丹

【谢大昂】

谢大昂，海阳人。嘉靖二十二年（1543）贡生。授福建龙溪训导。（顺治《潮州府志》、光绪《海阳县志》）——陈贤武

【谢大宾】

谢大宾，揭阳人。桂林经历谢麟趾子。幼年随父之任，麟趾夫妇并殁

广西，大宾能为摒挡诸事，并扶柩回里。及长，遭逢易代，自以身为明官之后，不求仕进，以布衣终老。卒年八十二。（光绪《揭阳县续志》）——孙杜平

【谢天庆】

谢天庆，程乡万安（今属梅州梅江）人。质性醇厚，里称长者。常集古今善恶往事，规戒里族子弟。里有不平，则多方解释；岁或不稔，则多方劝赈，乡人德之。其子辉亮，有令才，投笔从戎，保障桑梓。康熙五年（1666）崇祀乡贤祠。（光绪《嘉应州志》）——黄晓丹

【谢天经】

谢天经（1477—1526），字正之，号静山，揭阳人。太仆吴裕女婿。性敏行端。中正德十一年（1516）举人第十一名。嘉靖五年（1526），以会试病卒于京，同县陈世俊为经纪其丧。有子光业，官四川潼川知州。（雍正《揭阳县志》、《潮州文萃》、民国《谢氏宗谱》）——孙杜平

【谢元汴】

谢元汴（约1613—约1670），字梁也，号霜崖，谢应诏孙，澄海蓬洲都（今属汕头市区）人。生有异质，才气过人，读书过目成诵。父宗鑛，早逝。元汴奋励攻读，为时名士。崇祯十五年（1642）中顺天举人，第二年（1643）联捷成进士。拟入翰林，以母老不就。归一年，明亡。福王即位，往归之，作《朋党论》，侃侃数千言，忠义激烈。授兵科给事中。福王凡事多咨之，元汴亦毅然自任，切论弊政。元汴口讷，寡言笑，而刚直负气，事多直行己意，以此不容于时。不久归乡，居平远多年，联络潮州各地反清势力，以图复明。后见大势已定，遂奉母返潮州居住。元汴文如其人，倔强自喜，不顾绳墨而豪气奇荡，识者有取焉，著有《谏垣草》。诗集有《放言集》、《烬言集》、《和陶集》、《霜吟集》，后结为《霜山草堂诗集》。又有制艺文《讷斋真稿》，清代广东学政惠士奇（1671—1741）曾选入《岭南三家文选》。（康熙《澄海县志》、乾隆《潮州府志》、《明季潮州忠逸传》、《崇祯十六年癸未科进士三代履历》）——黄树雄　杨映红

【谢五娘】

谢五娘，海阳人。万历中才女，有《读月居诗》一卷，今佚。钱牧斋《列朝诗传》尝选入其诗九首。曾被逮摘入狱，不知何故。清彭孙通、郑昌时均盛赞其诗。（《列朝诗集》、乾隆《潮州府志》、光绪《海阳县志》、《松桂堂全集》、《韩江闻见录》）——陈贤武

【谢以质】

谢以质，海阳人。隆庆间

(1567—1572）授福建南安县训导。（《南安府志·南安府志补正》）——陈贤武

【谢孔成】

谢孔成，海阳人。明初以耆民，授湖广黔阳知县。（嘉靖《潮州府志》、光绪《海阳县志》）——陈贤武

【谢正蒙】

谢正蒙（1563—1631），字子圣，号中吉，惠来县惠来都人。万历十六年（1588）戊子科举人，三十三年（1605）授湖广安乡知县。治邪剔弊，治绩卓异。三十八年（1610）奉召赐宴，誉为"清廉天下冠"。四十年（1612）考授监察御史，奏陈时弊，不避权贵。四十二年（1614）巡按直隶，督理两淮盐政，废除陋规，减轻税赋，体恤商人。捐俸修堤，引淡消咸，变荒滩为良田。四十四年（1616）任满未代，母卒守制。四十六年（1618）服阕，升河南左参议兼佥事，分巡大梁道。辞不赴任，悠游林下十余年。赠父王仪河南参议。正蒙卒后入祀乡贤祠。著有《柏台疏草》四卷及诗文集。（康熙《惠来县志》、康熙《安乡县志》）——周修东

【谢仕】

谢仕，揭阳渔洲（今属汕头市区）人，永乐十一年（1414）举人，官交趾黎江主簿。（嘉靖《潮州府志》、乾隆《澄海县志》）——黄树雄 杨映红

【谢乐夫】

谢乐夫，字松江。每值岁饥，煮粥发粟，费至七八百石，不少吝。族有黠生，负债颇巨，以瘠田偿之，田在镇平乌土场山中。明末，诸佃为盗，租又久抗不纳，乐夫夷然受之，而诸佃闻田归乐夫，均将拖欠田租归还。（光绪《嘉应州志》）——黄晓丹

【谢　永】

谢永，揭阳人。永乐十八年（1420）举人。二十二年（1424），擢工科给事中。洪熙元年（1425），因奏事不明，黜为泰州判官。遗文《种德堂记》。（《明仁宗实录》、《明宣宗实录》、嘉靖《潮州府志》、雍正《揭阳县志》、崇祯《泰州志》、《敦煌洪氏族谱》、《潮汕袁氏族谱》）——孙杜平

【谢有相】

谢有相，字邦重，号松谷，大埔（今属梅州大埔）人。监生。万历四年（1576）授福建龙溪县主簿，摄知县。廉明惠爱，有政声。曾捐俸代民完欠赋，不足则变卖家产，阖邑戴之，为立祠以祀。（同治《大埔县志》、乾隆《龙溪县志》）——黄树雄

【谢光业】

谢光业（1510—1599），字廷统，号三峰，别号怀静，揭阳人。举人谢天经子。少聪悟，下笔辄有奇气。嘉靖二十二年（1543）举人，授广西桂林推官。详狱惟慎，大吏贤之。擢四川潼川知州。到任却贿赂，除秕政，平易近人，不事苛核。州苦派盐饷重，民负逃租、被收监而死者相望。光业捐俸代偿，又详请题免，人庆更生。去官之日，民为塑像建祠祀之。（乾隆《揭阳县志》、《谢氏宗谱》）——孙杜平

【谢光阳】

谢光阳，普宁人。万历间（1573—1619）贡生。仕兴安知县。（乾隆《普宁县志》）——陈新杰

【谢光秋】

谢光秋（1526—1580），字廷夏，号冬椿，揭阳人。嘉靖二十五年（1546）举人，官广西融县知县。弟光积（1527—1602），字廷会，号真亭。与兄同科中式。万历五年（1577），授河南孟县知县。堂弟光阳（1537—1619），字廷春，号少谷。万历三十六年（1608）贡生，官广西兴安知县。（雍正《揭阳县志》、民国《孟县志》、民国《谢氏宗谱》）——孙杜平

【谢光宾】

谢光宾（1522—1596），字廷尚，号月泉，揭阳人。弱冠进学。由监生援例仕江西武宁主簿，兼署县篆。致仕归里，举为乡宾，当事两赠匾额，一曰"步室升异"，一曰"节爱流芳"。年七十五卒。（嘉靖《武宁县志》、乾隆《揭阳县志》、民国《谢氏宗谱》）——孙杜平

【谢　屿】

谢屿（1475—?），字鲁之，号玉川，揭阳人。由监生援例仕四川梁山知县。次子光祖，字默斋，援例仕福建建安主簿；光祖长子谟（1551—1630），号克修，援例仕兵马司指挥；三子咏，援例仕鸿胪寺序班。谟子应甲，字元鼎。天启四年（1624），中式广西武举。（雍正《揭阳县志》、民国《谢氏宗谱》）——孙杜平

【谢兆熙】

谢兆熙，惠来县惠来都人，河南左参议谢正蒙次子。南京国子监监生。生性恬淡，持身躬敬，为世所称。时人谓为正蒙清廉所贻。后赴省试，卒于羊城，士林悼焉。（康熙《惠来县志》、雍正《惠来县志》）——周修东

【谢兆熊】

谢兆熊，惠来县惠来都人。河南左参议谢正蒙长子。仕湖广布政司都事、福建都使司经历，卓然有能干之声。（康熙《惠来县志》、雍正《惠来县志》）——周修东

【谢名选】

谢名选（？—1646），字钦甫，潮阳人，侨居揭阳。少能文，负气节。补揭阳学生，为吏部罗万杰所重。顺治三年（1646），九军贼破县城，母李氏惧为贼污，抱石投河。名选急救之，因得免难。母谕逃命，名选不忍舍去，阖家因此被拘。母乘机偕名选妻陈氏及妹纯玉自缢，贼遂将尸弃于城下，而母经宿复活，佯装得以逃归。贼初威逼名选负尸出城，名选恸哭骂贼，贼大怒，遂将名选肢解。乱事稍平，家人始得收其尸。（雍正《揭阳县志》、《瞻六堂集》）——孙杜平

【谢安岳】

谢安岳，海阳城南关人。隆庆四年（1570）举人。万历十八年（1590）至二十一年（1593）任广西上思知州，进阶四品。（顺治《潮州府志》、光绪《海阳县志》、《上思县志》）——陈贤武

【谢　纪】

谢纪（1416—1485），字弘毅，别号养心，海阳城南关（今属潮州湘桥）人。事母蔡氏（翰林蔡福南女）以孝闻。敦礼义，捐田赡族，设乡塾以教乡人。好施予，见遗骸未葬及贫不能殓者，悉捐资以助。里中称义士。成化二年（1466）应例尚义输谷，授将仕佐郎。祀乡贤。卒年六十八。有《养心闲集》。（嘉靖《潮州府志》、光绪《海阳县志》、《养心闲集》）——陈贤武

【谢　钊】

谢钊，潮阳贵山都人。正统七年（1442）贡生，官北流县丞。（嘉靖《潮州府志》、隆庆《潮阳县志》）——陈新杰

【谢应时】

谢应时，海阳岭头人。崇祯间（1628—1644）授山东嘉祥知县。（光绪《海阳县志》）——陈贤武

【谢应诏】

谢应诏（？—1623），字愧惊，澄海蓬洲都（今属汕头市区）人。万历十三年（1585）举人，三十三年（1605）任陕西保安知州。重浚河渠，功德及民。调陇州知州。以事左迁，历广西桂林和江西建昌判官，卒于官。为政和易近民，乡居醇谨不苟。长子宗鑛，早逝。次子宗鎧，见"谢宗鎧"条。孙元汴，见"谢元汴"条。（顺治《潮州府志》、康熙《陇州志》、道光《保安州志》、《林忠宣公全集》）——黄树雄　杨映红

【谢良介】

谢良介，号一斋，海阳城南关（今属潮阳湘桥）人。乡贤谢纪曾孙，进士谢湖子。嘉靖元年（1522）举人。（嘉靖《潮州府志》、光绪《海阳县志》）——陈贤武

【谢良庆】

谢良庆，号复斋，海阳城南关（今属潮阳湘桥）人。乡贤谢纪曾孙。正德五年（1510）举人。（嘉靖《潮州府志》、光绪《海阳县志》、《养心闲集》）——陈贤武

【谢良奎】

谢良奎，澄海蓬洲都（今属汕头市区）人。嘉靖四十年（1561）岁贡，授浙江台州府学训导，转楚府教授。妻、子相继卒于家，遂辞归。居家慕义好德，每有婚礼，辄为宾相，一切谨遵《文公家礼》，其后澄海乡俗于吉凶礼犹遵古制不敢苟者，良奎之教也。晚年性愈和厚，于人无可否，县令委为约长。（康熙《澄海县志》、乾隆《潮州府志》）——黄树雄　杨映红

【谢君锡】

谢君锡，海阳人。嘉靖三十五年（1556）由贡生授福建福安训导。性谨量宽，接人以和，不妄言笑，不苟取予，士皆爱而敬之。三十八年（1559）四月，倭寇犯境，君锡守小西门。率兵拒敌二日，流矢贯面，犹强忍不退。少顷，贼陷北城，兵溃。回学宫，服朝服，触死文庙。事闻当道，移檄嘉褒，有"输忠全节"之语。（顺治《潮州府志》、光绪《海阳县志》、万历《福安县志》）——陈贤武

【谢国宾】

谢国宾，字日升，海阳大和都（今属潮州枫溪）人。万历四十年（1612）岁贡。官直隶平湖知县。（顺治《潮州府志》、光绪《海阳县志》）——陈贤武

【谢　昌】

谢昌，海阳人。明初以儒士，授潮州训导。（嘉靖《潮州府志》、光绪《海阳县志》）——陈贤武

【谢　咏】

谢咏（1543—1598），字思咏，号慎修，揭阳人。建安主簿光祖子。少负大志。补增广生，三赴乡试不中。援例入南京国子监，得鸿胪寺序班，饬躬修职，娴于礼度。万历二十二年（1594）告归。居家敦于行谊，乡评重之。年五十六卒，大理寺卿周光镐铭其墓。次子王佐（1577—1631），字翼鼎，天启五年（1625）岁贡。（乾隆《揭阳县志》、《明农山堂集》、《揭阳文物志》、民国《谢氏宗谱》）——孙杜平

【谢宗侯】

谢宗侯（1587—？），字振敕，海阳人。攻苦力学，手不释卷。场屋久不售，志益坚。年四十七中崇祯六年（1633）乡试第四。性昂藏刚决，负义侠，善计事。未仕卒。（顺治《潮州府志》、光绪《海阳县志》）——陈贤武

【谢宗誉】

谢宗誉，海阳隆津都（今属潮州潮安）人。宣德元年（1426）举人。任浙江新城训导。（嘉靖《潮州府志》、光绪《海阳县志》）——陈贤武

【谢宗鍹】

谢宗鍹（？—1650），字儒美，号莱屿，澄海蓬洲都（今属汕头市区）人。谢应诏次子。宗鍹幼从宦游，工于制艺之文，崇祯十二年（1639）乡试第一，人争传其应试文章。会试不第，遂绝意仕进。长于诗，博览汉魏三唐之诗文，潜心风雅，力追古人。其为诗，醇雅秀丽，饶有风韵，一时邑之言诗者皆宗之。晚年益淡于世味，闭户苦吟。有《御冷斋诗集》、《观古堂集》、《遁斋遗稿》。（康熙《澄海县志》、乾隆《潮州府志》、《明季潮州忠逸传》、《潮州艺文志》）——黄树雄　杨映红

【谢承志】

谢承志，字德宁，号尚斋，海阳城南关（今属潮阳湘桥）人。贡生谢浩孙。嘉靖十三年（1534）举人。官四川顺庆府同知。（顺治《潮州府志》、光绪《海阳县志》）——陈贤武

【谢绍传】

谢绍传，揭阳人。诸生。天性孝友。屡经提学、府、县等申奖，获赐冠带。卒年七十八。（乾隆《揭阳县志》）——孙杜平

【谢绍讷】

谢绍讷，海阳人。太学生。曾捐资助通判章曰慎修复潮州西湖南岩胜迹。有宅名余绍堂，曾刊刻万历间（1573—1619）潮州同知庄诚的《韩山汇稿》二卷，现有传本藏南京图书馆。（顺治《潮州府志》、光绪《海阳县志》、《醉经楼集》）——陈贤武

【谢绍祖】

谢绍祖，字小沧，海阳城南关（今属潮阳湘桥）人。举人谢良庆孙。嘉靖三十一年（1552）举人。三十六年（1557），授直隶如皋教谕，纂修县志。转怀远令。四十年（1561）冬十一月，升融县知县，建县学启圣祠。迁兴化经历。四十三年（1564），擢知宁州。禁民间之赖债，革衙门之宿弊，鞠狱以洗冤抑，捐俸以修学宫。升岷府长史去。著有《如皋志》。（万历《南昌府志》、康熙《潮州府志》、嘉庆《广西通志》、道光《福建通志》、《天一阁书目》、《潮州诗萃》）——陈贤武

【谢绍谊】

谢绍谊，字正轩，海阳县城南关（今属潮阳湘桥）人。嘉靖间（1522—1566）庠生。因退寇有功，以军功授广西宜山县丞，升福建兴化府经历。（顺治《潮州府志》、光绪

《海阳县志》、《谢氏族谱》）——陈贤武

【谢　荣】

谢荣，潮阳人。文士。永乐十七年（1419）预修《潮阳县志》。（隆庆《潮阳县志》）——陈新杰

【谢　思】

谢思，海阳隆津都（今属潮州潮安）人。与兄谢懿同登万历三十七年（1609）举人。官四川泸州知州。（顺治《潮州府志》、光绪《海阳县志》）——陈贤武

【谢　勋】

谢勋，号新田。程乡谢田（今属梅州梅县）人。质美好学，下笔立说千言。年十四首拔童子试。嘉靖四年（1525），广东学使林希元于诸生中拔勋为奇才，屡试第一。治《春秋》，中嘉靖十六年（1537）举人，嘉靖二十年（1541）、二十三年（1544）两次会试均中副榜，除广西桂平县令。复迁江西九江府德安令。桂平人思之，祠祀名宦。两任俸金，俱奉父分诸弟，居家惟佩"敬恕"二字。年八十卒。徐铿与友善，为之纪行实，自逊不及勋者五。（康熙《程乡县志》、乾隆《嘉应州志》、光绪《嘉应州志》）——黄晓丹

【谢　珪】

谢珪，字允爵，海阳人。成化十四年（1478）进士。授福建长汀知县。逾七年，迁县学外门于东左，遂创仪门。升漳州同知。（嘉靖《潮州府志》、光绪《海阳县志》、《八闽通志》）——陈贤武

【谢　珹】

谢珹，字上臣。程乡丙村（今属梅州梅江）人。岁贡生。读书以程、朱为宗，不务浮华，夜不置榻，倦则隐几而卧。潮寇窃发，率众筑土堡，乡里获安。崇祯十五年（1642）岁饥，捐米百石于严子渡煮赈，救活甚众。曾训诸子曰："古人有言，学所以学为忠与孝也。勿第为文章以博取青紫，勿安于骄惰以饰智惊愚。"时服其论。（光绪《嘉应州志》）——黄晓丹

【谢　恭】

谢恭（1446—1511），字殷仪，号直庵，揭阳人。成化间（1465—1487）贡生，弘治间（1488—1505）官福建寿宁知县。（康熙《寿宁县志》、雍正《揭阳县志》、民国《谢氏宗谱》）。——孙杜平

【谢　浩】

谢浩，字有大，号存斋，海阳城南关（今属潮阳湘桥）人。乡贤谢纪孙。举人谢澍四弟。弘治二年（1489）贡生。正德九年（1514）至十四年（1519）任福建上杭知县。十年（1515），上杭县城南门敌楼坏，督修。（嘉靖《潮州府志》、光绪

《海阳县志》、《养心闲集》)——陈贤武

【谢野亨】

谢野亨，海阳人。正统九年（1444）举人第二名。授广西象州学正。（嘉靖《潮州府志》、光绪《海阳县志》)——陈贤武

【谢铭举】

谢铭举，海阳人。明初以儒士，授潮州教授。（嘉靖《潮州府志》、光绪《海阳县志》)——陈贤武

【谢 琳】

谢琳，海阳人。嘉靖十三年（1534）举人。官四川庆符知县。妻薛氏，为进士薛守经四姐。（顺治《潮州府志》、光绪《海阳县志》)——陈贤武

【谢 琦】

谢琦，海阳人。弘治二年（1489）举人。弘治十年至正德四年（1497—1509）授福建富川教谕。（嘉靖《潮州府志》、光绪《海阳县志》、正德《漳州府志》)——陈贤武

【谢 琥】

谢琥，海阳人。嘉靖二十年（1541）贡生。授广西天河教谕。（顺治《潮州府志》、光绪《海阳县志》)——陈贤武

【谢景祥】

谢景祥，海阳人。正统十三年（1448）贡生。授经历。（嘉靖《潮州府志》、光绪《海阳县志》)——陈贤武

【谢 湖】

谢湖（1468—?），字有容，号易庵，海阳城南关（今属潮阳湘桥）人。乡贤谢纪孙。成化十九年（1483），与兄澍联中举人。二十三年（1487）成进士，初授大理左评事。弘治六年（1493），以讞狱诖误左迁直隶六合知县。明年，调繁当涂。刚断有为。九年（1496），升广西梧州府同知。十二年（1499），擢知太平府。十四年（1501）改平乐。十八年（1505）八月，升广西右参政，掌田州府事。正德三年（1508），降调思恩同知。五年（1510），升福建佥事。祀平乐名宦。（《明实录》、顺治《潮州府志》、乾隆《六合县志》、同治《梧州府志》、万历《太平府志》、《养心闲集》、《大崖李先生文集》、《明代科举与文学编年》)——陈贤武

【谢 鉴】

谢鉴（1477—?），字殷照，号东川，海阳城南关（今属潮阳湘桥）人。乡贤谢纪子。弘治二年（1489）拔贡。官州判。（嘉靖《潮州府志》、光绪《海阳县志》、《养心闲集》)——陈贤武

【谢雍】

谢雍,字希邵,号默斋,揭阳人。景泰四年(1453)举人。成化七年(1471),铨试优等,授福建建宁知县。居官廉能有为,吏民惮服。十九年(1482),升广西太平同知。尝署任知府。晋阶四品。(雍正《揭阳县志》、嘉靖《建宁县志》、《太平府志》、《瀛洲谢氏通谱》)——孙杜平

【谢猷】

谢猷,海阳人。万历十六年(1588)戊子科举人。官湖广临武知县。(顺治《潮州府志》、光绪《海阳县志》)——陈贤武

【谢嘉宾】

谢嘉宾(?—1646),字中喜,揭阳人。万历四十六年(1618)举人,官湖广临武知县。清顺治三年(1646),九军贼破县城,抢掠妇女,屠杀绅士,嘉宾因罹其害。(雍正《揭阳县志》、《瀛洲谢氏通谱》)——孙杜平

【谢銮】

谢銮,字轩恪,号庸庵,海阳城南关(今属潮阳湘桥)人。乡贤谢纪侄。景泰四年(1453)举人。天顺七年(1463)癸未科会试,贡院失火焚死,钦赐进士。(乾隆《潮州府志》、光绪《海阳县志》)——陈贤武

【谢澍】

谢澍(?—1484),字有霖,号勿斋,海阳城南关(今属潮阳湘桥)人。乡贤谢纪孙。与弟湖同登成化十九年(1483)举人。(嘉靖《潮州府志》、光绪《海阳县志》、《养心闲集》)——陈贤武

【谢濬】

谢濬,又名承祺,号南关,海阳城南关(今属潮阳湘桥)人。举人谢承志弟。嘉靖十九年(1540)拔贡。仕山东泰安州判。(顺治《潮州府志》、光绪《海阳县志》、《谢氏族谱》)——陈贤武

十三画

【蓝田学】

蓝田学,字于程,大埔清远都(今属梅州大埔)人。嘉靖三十八年(1559),木窖陈村(一作"陈才")、郑吕养等聚众起事,蓝田学时为生员,与生员吴与言、里正邬如晋,遣人致书郑吕养,谕以祸福,郑吕养等竟感悔受抚。四十五年(1566)选为岁贡,为福建安溪训导,历思恩府教授,擢广西藤县知县,未赴卒。(康熙《埔阳志》、乾隆《潮州府志》、乾隆《安溪县志》)——黄树雄

【蓝遇试】

蓝遇试,字仕登,大埔湖寮(今属梅州大埔)人。早年丧父,事母至

孝。文章气节，动以古人自期。子弟见必具衣冠。于性命之旨研究深邃，惠潮学者多出其门。年八十一卒。（康熙《埔阳志》、乾隆《潮州府志》）——黄树雄

【蓝遇奎】

蓝遇奎（1536—1626），字任文，号聚所，大埔湖寮（今属梅州大埔）人。万历二十五年（1597）岁贡，二十九年（1601）授北直保定满城训导，升肇庆府广宁县教谕。修学宫，置祭器，悉竭俸为之。诸生贫乏者则资助之。升益王府教授，告归，寿九十一。遇奎之妻为黄扆长女。（同治《大埔县志》、乾隆《广宁县志》、《蓝氏协忠公房谱》）——黄树雄

【蓝遇选】

蓝遇选，字一宇，大埔清远都（今属梅州大埔）人。由生员肄业南京国子监，授北京北城兵马司正指挥。时魏忠贤用事，宦官欺凌平民。遇选毅然不阿，多所平反。宦官怀恨，将阴中以法，同乡修撰黄士俊忧之，以其倔强，恐非明哲保身之道。遇选厉声曰："吾宁蹶被骞驴出都门，不能助若辈陷噬百姓也。"遂辞归。（乾隆《潮州府志》、嘉庆《大埔县志》）——黄树雄

【蓝嗣兰】

蓝嗣兰，字柳溪，号芳谷，大埔同仁（今属梅州大埔）人。明末以八股小题文章闻名。与同里黄一渊为莫逆交，以诗文气节相砥砺。一渊慷慨激烈，而嗣兰和平恬静，淡于仕进，明季隐居不出。顺治间（1644—1661）吴六奇闻嗣兰名，遣使馈以金帛，嗣兰婉辞。喜读唐宋大家文，所纂《族谱》及文章得其神似。性爱洁，扫除一室无纤尘。出之田间，见稗草，即解履除之。农夫惰者戏语曰，待蓝芳谷来。晚年筑小隐庵，课子读经，辑朱子《家礼》以训族人。（乾隆《潮州府志》、嘉庆《大埔县志》）——黄树雄

【蒲　芳】

蒲芳，大埔三河（今属梅州大埔）人。贡生，曾任福建永福县训导，后补长沙府训导。生平笃行信义，好汲引后学，以兴文教，被誉为大埔三河一方斯文鼻祖。（嘉靖《潮州府志》、康熙《埔阳志》）——黄树雄

【赖其肖】

赖其肖，字未若，号若夫，镇平（今属梅州蕉岭）人。父名如深，为云南云州知州。其肖生而歧嶷，机警灵敏。崇祯六年（1633），上《请开筑镇平县城池呈稿》，总督熊文灿上报朝廷，报可，当年设立镇平县。甲申国变，唐王立于福州，改年号为隆武，其肖练乡兵自卫。创立武兴营，佥都御史张家玉募兵循梅，其肖应

之，家玉奏授其肖职方司主事。清兵入粤，其肖率兵援张家玉、陈子壮等，义师败，其肖收众保镇平西北之长潭，据险自固，其后清兵至，而其肖竟不知所终。遗文有《请开筑镇平县城池呈稿》、《答宋应乾抗节书》等。（《石窟一征》、《明季潮州忠逸传》）——黄晓丹

【赖　顺】

赖顺，饶平弦歌都（今属潮州饶平）人。万历十三年（1585）举人，二十年（1592）仕广东吴川教谕。（顺治《潮州府志》、康熙《饶平县志》、光绪《吴川县志》）——黄树雄

【简廷辉】

简廷辉，字云拱，号征阳，海阳人。八岁能文，声名籍甚。中天启四年（1624）举人。绝迹公门，事二亲至孝，待宗党和气可亲。（乾隆《潮州府志》、光绪《海阳县志》）——陈贤武

【詹一纲】

詹一纲，字肃宇，号正朝，詹一惠从弟，惠来西头都人。二十岁考中生员，为知府郭子章赏识。万历二十一年（1593）选贡，入国子监。三十七年（1609）谒选，授保定府通判。督理宣府粮饷，驻扎赤城，整肃边防，广施恩惠。任满考核，政绩最优，升广西河池知州。教化瑶壮，兴办学校，发展教育，州民感戴。至一纲辞官归家，州民追念，建祠立像奉祀。闲居林下三十余载，屡膺宾筵达一十八次。（雍正《惠来县志》）——周修东

【詹一惠】

詹一惠，字养吉，号正迪，惠来西头都人，后移居惠城。宋福建莆田进士詹重宝十三世孙，贡生詹九成从子。万历七年（1579）选贡，入读国子监。登万历十年（1582）省试举人六十三名，授上犹知县，改北流县知县。其治理因革，次第有序，修缮学宫，挖浚城河，士庶闻风顺服。一惠性格坦率，不愿折腰权贵，为官未三载，便告归家居。三十六年（1608），应知县游之光之聘，参与纂修《县志》，著《三礼约言》，以挽颓风，并撰有诗文稿二卷。（乾隆《潮州府志》、乾隆《重修北流县志》）——周修东

【詹元尊】

詹元尊，字玉田，饶平弦歌都（今属潮州饶平）人。嘉靖（1522—1566）中任宗人府典膳佐郎。后辞归。在乡多有义举。曾集乡勇固守抵御张琏，民赖以安。（康熙《饶平县志》、乾隆《潮州府志》）——黄树雄

【詹氏（方孟川妻）】

詹氏（方孟川妻），惠来西头都。詹明哲女，惠来县隆井都东陇村

方孟川妻。二十一岁时,生子曰启,孟川去世,詹氏将以身殉节,祖父方宗珙劝阻之。詹氏乃拭泪俯从,勉治家产。享年八十岁,其时已是四世同堂。(雍正《惠来县志》)——周修东

【詹氏(张秉文妻)】

詹氏(张秉文妻),惠来龙溪都(今属揭阳惠来)人,本都生员张秉文妻,乡贤处士张旭之母。秉文功读儒学,于棉城结社角艺,一年很少在家居住,詹氏以妇代子,奉侍公婆。秉文生性旷达,不事生产种植,詹氏椎髻布衣,日勤纺绩,以助家用。秉文去世时,子张旭尚幼,詹氏含辛茹苦二十多年。其孙张经七岁时,詹氏授以圣谕六箴,鸡鸣晨课,时时诵说,衣食艰难,不可忘诗书耕种。(雍正《惠来县志》)——周修东

【詹氏(林一桂妻)】

詹氏(林一桂妻),惠来酉头都人。十六岁时嫁与本都生员林一桂,后生下一子。不久,一桂赴试,客死于外,詹氏闻讣,号痛几绝,誓不欲生。公婆泣下劝谕,乃守孀茹苦,教子勤读。公婆克当欢心,族戚咸为称誉。六十余岁去世。知县游之光详报宪司以褒扬。(雍正《惠来县志》)——周修东

【詹早华】

詹早华,初名福晚,后改名早华,饶平弦歌都(今属潮州饶平)人。崇祯年间(1628—1644)充七社粮长。时军需催迫,且预征后三年田赋。华垫付虽多,遇贫者未尝责偿,乡里重之,有争讼者得其一言即解。县令赠以匾曰"齿德嘉宾"。(光绪《饶平县志》)——黄树雄

【詹安国】

詹安国(1478—?),字元凯,饶平弦歌都(今属潮州饶平)人。生而英异,重然诺,尚气节。正德五年(1510),漳州土寇肆虐。安国年三十三,率乡勇数百人越省剿之。亲冒矢石,所向披靡,论功授指挥。卒赠"平闽鹰扬烈士"。(乾隆《潮州府志》)——黄树雄

【詹启祚】

詹启祚,澄海鳄浦(今属汕头金平)人,崇祯十二年(1639)举人,官高州教授。清顺治十四年(1657)授香山教谕。(乾隆《潮州府志》、乾隆《澄海县志》、光绪《高州府志》、康熙《香山县志》)——黄树雄 杨映红

【詹宗亨】

詹宗亨,饶平弦歌都(今属潮州饶平)人。嘉靖间(1522—1566),有漳州土匪勾引倭寇入饶平劫掠,宗亨以乡绅统乡勇征剿,经深林,中计遇伏,只身匹马格斗而死。(光绪《饶平县志》)——黄树雄

【詹梦魁】

詹梦魁,字云岛,惠来西头都人。自幼父丧,笃孝寡母林氏。其后母卒,梦魁悲伤过度,形容枯槁,葬母于东山,庐墓十二载。知县许直奖匾曰"慈云锡类"。山林暇日,梦魁以诗文自娱,著有《东山遗稿》,其子起元为之刊行。(雍正《惠来县志》)——周修东

十四画

【蔡一萼】

蔡一萼,隆澳人。家贫,父早没,遗二幼弟,萼力稿养母,抚二弟成立,乡间咸称孝友。副总兵马如锦表其闾曰"孝友"。(民国《南澳县志》)——黄迎涛

【蔡一慎】

蔡一慎,字省凡,澄海上外(今属汕头澄海)人。万历三十三年(1605)岁贡,授本省连山训导,捐俸修学宫,课士有法。以老乞归,卒年七十六。(乾隆《潮州府志》、嘉庆《澄海县志》、民国《连山县志》)——黄树雄 杨映红

【蔡大用】

蔡大用(1505—?),字道行,海阳东莆都(今属潮州潮安)人。以治《诗经》中嘉靖十四年(1535)进士。十七年(1538)选云南道御史。(《兰台法鉴录》、顺治《潮州府志》、光绪《海阳县志》、《明代科举与文学编年》)——陈贤武

【蔡天应】

蔡天应,海阳人。嘉靖元年(1522)举人。授顺天馆陶教谕。(顺治《潮州府志》、光绪《海阳县志》)——陈贤武

【蔡元祯】

蔡元祯,字见涯,澄海冠山(今属汕头澄海)人。嘉靖间(1522—1566)选贡,曾任江西吉水教谕,年老辞归,当地名贤邹元标(1551—1624)有诗相送,称其"一官甘寂寞,三载著勤劳",品行为世所重。(康熙《澄海县志》、乾隆《潮州府志》)——黄树雄 杨映红

【蔡长宜】

蔡长宜,海阳人。弘治十七年(1504)举人。官福建瓯宁知县。(嘉靖《潮州府志》、光绪《海阳县志》)——陈贤武

【蔡文兰】

蔡文兰,字兔生,澄海下外(今属汕头澄海)人。年十五补县学生员,后负笈漳浦,从黄道周(号石斋,1585—1646)学。家虽甚贫而操行高洁,为世所称。崇祯十六年(1643)以副榜为贡生。明亡,更名守文,弃儒业,遁迹荒村,时啸歌以见志,众皆窃笑,目为怪人。未几卒。著有《乱后草》、《海东旅人

集》。(乾隆《潮州府志》、乾隆《澄海县志》、《明季潮州忠逸传》)——黄树雄　杨映红

【蔡正绪】

蔡正绪，潮阳县廓都人。庆远同知蔡春子。弘治十七年（1504）举人，官南城知县。（嘉靖《潮州府志》、隆庆《潮阳县志》）——陈新杰

【蔡　本】

蔡本，海阳人。永乐十六年（1418）贡生。官广西横州检校。（嘉靖《潮州府志》、光绪《海阳县志》）——陈贤武

【蔡　厉】

蔡厉，字如愚，海阳人。永乐九年（1411）贡生。官广西平乐知府。（嘉靖《潮州府志》、光绪《海阳县志》）——陈贤武

【蔡用生】

蔡用生，海阳人。永乐二十一年（1423）举人。官江西南康同知。（嘉靖《潮州府志》、光绪《海阳县志》）——陈贤武

【蔡邦纪】

蔡邦纪，一作邦玘，字修之，揭阳蓬洲（今属汕头金平）人。正德五年（1510）举人，授南直临淮教谕，勤于施教，义利之辨甚严。以丁忧去。嘉靖十年（1531）任南直青阳知县。十七年（1538）任广西义宁知县。刚毅有执，立石门堡，创三界桥，征鸡笼贼巢，创南隅书院，皆御暴安民、劝俗养士之政。任满致仕。（万历《青阳县志》、康熙《临淮县志》、嘉庆《澄海县志》、道光《义宁县志》）——黄树雄　杨映红

【蔡廷用】

蔡廷用，海阳人。万历三十四年（1606）举人。官福建漳浦知县。（顺治《潮州府志》、光绪《海阳县志》）——陈贤武

【蔡　伦】

蔡伦，字次轩，海阳上莆都（今属潮州潮安）人。嘉靖元年（1522）举人。历任江西建昌知县，升直隶颍州知州。（顺治《潮州府志》、光绪《海阳县志》）——陈贤武

【蔡汝汉】

蔡汝汉，字子行，饶平苏湾（今属汕头澄海）人。嘉靖二十二年（1543）举人，授江西万年县教谕（同治《万年县志》作"蔡如汉"），二十八年（1549）被聘为陕西乡试同考官，三十二年（1553）任永明知县。（《嘉靖二十二年癸卯科广东乡试录》、《嘉靖二十八年乙酉科陕西乡试录》、嘉靖《潮州府志》、康熙《澄海县志》、康熙《永州府志》）——黄树雄　杨映红

【蔡守文】

蔡守文，即蔡文兰。

【蔡　阶】

蔡阶（1567—1637），号粤梅，程乡龟浆（今属梅州梅县）人。蔡居尧次男。贡生，万历三十七年（1609）任广西洛容知县。（乾隆《嘉应州志》）——黄晓丹

【蔡志宁】

蔡志宁，海阳人。洪武三年（1370）举人。官顺天通州卫知事。（嘉靖《潮州府志》、光绪《海阳县志》）——陈贤武

【蔡　材】

蔡材，揭阳人。成化四年（1468），以《书》中式举人第十一名。八年（1472），授福建宁化教谕。弘治二年（1489），调江西金溪。六年（1493），升翰林待诏，侍亲王读书。（《成化四年广东乡试录》、雍正《揭阳县志》、嘉靖《汀州府志》、乾隆《金溪县志》、《明孝宗实录》）——孙杜平

【蔡肖夫】

蔡肖夫，潮阳人。万历间（1573—1620）贡生，官贺县教谕，升岷府教授。（康熙《潮阳县志》）——陈新杰

【蔡时声】

蔡时声，海阳人。万历四年（1576）贡生，由饶平学。授县丞。（顺治《潮州府志》、光绪《海阳县志》）——陈贤武

【蔡希仁】

蔡希仁，海阳人。洪武三年（1370）解元。洪武七年至十一年（1374—1378）知山东福山，为政公勤，修举废坠，赋役均平，民怀惠焉。洪武九年（1376），主持于县城西门外建社学一所，招收十五岁以下儿童就读。官陕西府谷知县。（嘉靖《潮州府志》、《潮中杂纪》、康熙《福山县志》）——陈贤武

【蔡亨嘉】

蔡亨嘉（1490—1577），字元会，号月川，潮阳举练都人。嘉靖七年（1528）举人。二十六年（1547）成进士，通政司观政，授福建龙溪知县，在任励廉节，兴教育，风化焕然一新，功及后世。三载考绩，复擢江西建昌通判，有政声。有诗文数篇存族谱中。（隆庆《潮阳县志》、雍正《福建通志》、神仙里蔡厝厅《潮阳蔡氏族谱》）——陈新杰

【蔡际春】

蔡际春，潮阳隆井都（今属汕头潮南）人。文学喜时子。廪生。宏博肖乃父。而尤端谨楷模，以故都人士出讲席下者不止百十人，居然一师匠矣。（《明农山堂集》）——陈新杰

【蔡　纯】

蔡纯，潮阳县廓都人。天顺五年（1461）贡生，官潼川训导。（嘉靖《潮州府志》、隆庆《潮阳县

志》）——陈新杰

【蔡若中】

蔡若中，字邦至，揭阳人。嘉靖十九年（1540），以《易经》中式举人第七十四名。赴省起文，卒于途。（雍正《揭阳县志》、《嘉靖十九年广东乡试录》）——孙杜平

【蔡尚义】

蔡尚义，字仕路，饶平苏湾（今属汕头澄海）人。正德二年（1507）举人，选授北直海州学正。十二年（1517）任茶陵州学正。为人纯朴不苟，学术尤笃实，士心咸服。嘉靖四年（1525）升福建龙岩知县。修桥筑亭，多有建树。（康熙《澄海县志》、嘉庆《海州志》、嘉靖《茶陵州志》、道光《龙岩州志》）——黄树雄　杨映红

【蔡国宾】

蔡国宾，海阳人。弘治年间（1488—1505）贡生。官知县。（嘉靖《潮州府志》、光绪《海阳县志》）——陈贤武

【蔡　泽】

蔡泽，字居仁，海阳下外（今属汕头澄海）人。成化十三年（1477）举人，十四年（1478）授江西上高县教谕，十九年（1483）被聘为山东乡试同考官。升广西平乐府教授。学规严整，科甲辈出。擢国子监助教，仕至靖江王府长史，进阶四品。正德十一年（1516）秋乞归故里，据称武宗以"于公之门"四字赐建坊于故里，世称"于门金桥坊"。（嘉靖《潮州府志》、康熙《澄海县志》、同治《上高县志》、《成化十九年癸卯科山东乡试录》）——黄树雄　杨映红

【蔡宗瑚】

蔡宗瑚，揭阳人。嘉靖三十一年（1552）岁贡，授福建古田训导。资性笃实，不猎声名，和蔼可亲，士皆敬爱。引疾乞归。（乾隆《揭阳县志》、乾隆《古田县志》）——孙杜平

【蔡　宜】

蔡宜，潮阳贵山都人。宣德八年（1433）贡生，官藤县训导。（嘉靖《潮州府志》、隆庆《潮阳县志》）——陈新杰

【蔡居尧】

蔡居尧（1524—1597），号觉轩。程乡龟浆（今属梅州梅县）人。为诸生时，贼陈绍禄焚劫，剿之不克，议抚。贼称"须蔡秀才至，当事檄"，居尧往，贼即散去。隆庆二年（1568）贡生，任南昌教授。凡俸赟所入，即庀材修学宫。致仕归。祀乡贤祠。（顺治《潮州府志》、康熙《程乡县志》、《蔡氏族谱·梅县白渡沙坪诒燕公支系谱》）——黄晓丹

【蔡承瑚】

蔡承瑚，字华夫，海阳上莆都

（今属潮州潮安）人。少有隽才。崇祯十三年（1640）进士。授直隶昆山知县。为治静正，邑人德之。巡抚黄希宪为承瑚房师，虑其弗胜繁剧，疏请调简。去之日，民皆流涕，立碑颂其德。清顺治二年（1645），寇破海邑。七月，黄海如复劫掠上莆等乡。承瑚集乡兵先后败之。自是贼远遁。南明永历时（1647—1660），授光禄寺少卿。所著有《中庸藏》、《枕善居集》行世。（乾隆《潮州府志》、光绪《海阳县志》）——陈贤武

【蔡　春】

蔡春，潮阳县廓都人。成化十三年（1477）举人，官庆远同知。（嘉靖《潮州府志》、隆庆《潮阳县志》）——陈新杰

【蔡　荣】

蔡荣，海阳人。洪武二十六年（1393）举人。官湖广当阳知县。（嘉靖《潮州府志》、光绪《海阳县志》）——陈贤武

【蔡　俨】

蔡俨，潮阳县廓都人。永乐十八年（1420）举人，官怀远教谕。（嘉靖《潮州府志》、隆庆《潮阳县志》）——陈新杰

【蔡　信】

蔡信，海阳人。成化六年（1470）贡生。授浙江汤溪训导。（嘉靖《潮州府志》、光绪《海阳县志》）——陈贤武

【蔡　俊】

蔡俊，揭阳人。万历七年（1579）举人，授琼州乐会教谕，升永平知县。二十八年（1600），迁江西饶州同知。致仕归，倡建乡约，修复桥路。数举大宾。（雍正《揭阳县志》、万历《琼州府志》、同治《饶州府志》）——孙杜平

【蔡　晟】

蔡晟，海阳苏湾（今属汕头澄海）人。永乐六年（1408）举人，官王府教授。（嘉靖《潮州府志》、康熙《澄海县志》）——黄树雄　杨映红

【蔡　朔】

蔡朔，海阳大和都（今属潮州枫溪）人。正统六年（1441）举人。授南京户部云南司主事，署郎中事，天顺二年（1458）实授福建清吏司郎中。七年（1463）二月，授湖广宝庆府知府。秋抵任。天顺八年（1464）重刻解缙《解学士文集》并作序。（嘉靖《潮州府志》、光绪《海阳县志》）——陈贤武

【蔡　铨】

蔡铨，潮阳县廓都人。庆远同知蔡春弟。正德十六年（1521）贡生，官灵川知县。（嘉靖《潮州府志》、隆庆《潮阳县志》）——陈新杰

【蔡喜时】

蔡喜时（1514—1572），字汝及，号见涯，潮阳隆井都（今属汕头潮南）人。宋宝祐进士蔡震裔孙。甫四岁，双亲俱丧。稍长方就塾，即颖慧殊绝，旁通诸经传子史，塾师为之避席。已而补县学生，然不屑于时师训诂，嗜攻古文辞，其古近体诗无不合作，兼体风谣。又喜草书，挥毫洒壁，酷似江门古健体。教谕刘绂雅重之。时知县属其纂修县志，喜时引避弗获，而时人至有怀重贿以属干请者，概峻拒之。隆庆五年（1571）岁贡生。知县黄一龙重其贞士，加意赆送，起家方就试南宫，赍志以殁。（《明农山堂集》、隆庆《潮阳县志》）——陈新杰

【蔡雄元】

蔡雄元，揭阳人。嘉靖三十四年（1555）举人。万历二年（1574），授福建漳平教谕，升福州怀安知县。（万历《福州府志》、雍正《揭阳县志》、道光《龙岩州志》）——孙杜平

【蔡　锜】

蔡锜，海阳人。崇祯九年（1636）举人。官广西桂林通判。（顺治《潮州府志》、光绪《海阳县志》）——陈贤武

【蔡福南】

蔡福南（一作"蔡福男"），海阳隆眼都（今属汕头澄海）人。洪武十八年（1385）进士，授翰林院检讨。福南以三甲进士而授翰林院检讨，为特例。（嘉靖《潮州府志》、康熙《饶平县志》、《皇明进士登科考》、《双槐岁钞》）——黄树雄

【蔡嘉豪】

蔡嘉豪，潮阳举练都人。正德十四年（1519）举人，官顺昌教谕。（嘉靖《潮州府志》、隆庆《潮阳县志》）——陈新杰

【蔡　端】

蔡端，海阳人。万历三十七年（1609）岁贡生。四十六年（1618）授广东从化训导，天启三年（1623）升翁源教谕。（顺治《潮州府志》、光绪《海阳县志》、康熙《从化县志》）——陈贤武

【蔡肇胤】

蔡肇胤（1586—1667，一作"蔡肇仞"，旧志避雍正讳亦作"蔡肇允"），字九敏，澄海凤冈（今属汕头澄海）人。少孤，事母孝。为人仁恕好施。崇祯十六年（1643）拔贡。明亡，遂绝意应举。清顺治二年（1645）寇破邑城，一盗感其恩，护其家出城外，获免于难。曾参修县志，著有《诗经臆说》、《澄乘略》、《诗匀》诸集，年八十二卒。（康熙《澄海县志》、《蔡族宗谱》）——黄树雄　杨映红

【蔡　瑾】

蔡瑾，潮阳峡山都人。宣德元年（1426）举人，官南安训导。（嘉靖《潮州府志》、隆庆《潮阳县志》）——陈新杰

【蔡　颙】

蔡颙，字伯昂，揭阳人。景泰四年（1453）举人。成化十一年（1475），授广西太平通判，监督梧州盐税，为巡抚韩雍器重。升广西象州知州。在任值粮食歉收，蔡颙开仓发粟，赈济饥民，违背当道之意，于是致仕回乡。晚年，授徒里中，太仆寺卿吴裕、同知张璹俱出其门。临终，赋诗有"律己未尝逾矩度，持身特欲绝尘污"之句。（《太平府志》、雍正《揭阳县志》）——孙杜平

【蔡德璋】

蔡德璋（一作"蔡德彰"），字玉冈，澄海蓬洲都（今属汕头市区）人。万历十年（1582）举人，经魁，十六年（1588）任广西武缘知县，与唐伯元等为友。著有《集遗》，为王天性所撰《澄海县志》之初稿。（《万历十年壬午科广东乡试录》、康熙《澄海县志》、雍正《广西通志》、《潮州艺文志》）——黄树雄　杨映红

【蔡　徽】

蔡徽，海阳下外（今属汕头澄海）人。永乐六年（1408）举人第五名，经魁。（嘉靖《潮州府志》、康熙《澄海县志》、道光《广东通志》）——黄树雄　杨映红

【蔡耀初】

蔡耀初，字天荣，号毓玄，澄海下外（今属汕头澄海）人。天启元年（1621）举人，历任贵州黎平、南直池州府推官。操守峻厉，有廉能声。御史史可法（1601—1645）深奖之，荐为庐州同知。致仕，归装惟图书数卷而已。士民观者，莫不叹赞。明末地方乱，寇以其廉吏也，相戒不犯。有邻家子为寇所指名者，逃入其家，亦得免于难。（乾隆《潮州府志》、乾隆《澄海县志》、《海阳辟望蔡氏族谱》）——黄树雄　杨映红

【廖广渤】

廖广渤，字衍泉，海阳人。举人廖瑚子。性嗜学，年十五进泮，食饩十七年。万历十七年（1589）拔贡。仕荆州通判。以母老乞终养。母卒服阕，补浙江台州通判，署天台县事。兴利除害，民颂召杜。居乡好善乐施。适东津堤陷，倡修完固，田庐无淹没之患，乡人德之，推乡饮大宾十二次。五代同堂。卒年八十八。（乾隆《潮州府志》、光绪《海阳县志》）——陈贤武

【廖见一】

廖见一，见"廖钦训"条。

【廖长椿】

廖长椿（1619—1716），字承启，号儒朋，大埔人。早失怙恃，幼年历经忧患，励志诗书。为人恬淡宽恕，怀仁仗义。时逢清初三藩之乱，永定城陷，妇幼多被掳掠，公不惜倾囊代赎，众皆感德。以教读为业，所得修金，分润兄弟，修筑祖坟，创置祀田，孝悌著称。寿98岁，世称百岁公。县绅士吴砥柱等为之请旌曰："文行并优，才德俱美。"知县旌匾曰"圣朗人瑞"。（乾隆《潮州府志》、嘉庆《大埔县志》、《大埔县廖氏源流》）——黄树雄

【廖 正】

廖正，海阳人。成化元年（1465）举人。授福建邵武教授。（嘉靖《潮州府志》、光绪《海阳县志》）——陈贤武

【廖京元】

廖京元（1581—1638），字志化，号与翰，别号午峰，大埔长窖（今属梅州大埔）人。万历四十三年（1615）举人。崇祯六年（1633）任江西乐安知县，著《格言》以训百姓。因不能迎合当道，改为广西按察司经历，后改署为盐课司提举，到任后夙弊一清。寻署兴业知县。县处僻壤，民风未驯，积案颇多，京元以礼义引导之，狱讼一空。擢南宁府通判，就任月余卒。兄登元，字志弼，号与瀛。万历二十七年（1599）拔贡生。任山东临清州判官。清白自励，甘受淡泊，家居二十余年，惟以穷经研史、敦宗睦族为事，赋性宽和，虽樵夫牧童亦油然与之亲近，邑人郭辅畿称其有柳下之风。（崇祯《抚州府志》、嘉庆《大埔县志》、《大埔县廖氏源流》）——黄树雄

【廖拱辰】

廖拱辰，海阳人。成化七年（1471）举人。官知县。（嘉靖《潮州府志》、光绪《海阳县志》）——陈贤武

【廖钦训】

廖钦训（1489—1549），字书绅，号廉斋，大埔湖寮（今属梅州大埔）人。补潮州府学生员。信学崇行，遵古以礼。其父客死外地，千里奉遗骸归，哀毁骨立，作《续招魂》之赋。后弃举业，居林泉以老。子见一，号卓轩，好记地方史事，无不备书，谈大埔掌故首推之。（康熙《埔阳志》、乾隆《潮州府志》、《大埔县廖氏源流》）——黄树雄

【廖 泰】

廖泰，字哲庸，海阳人。性至孝，父葬庐墓三年。晚自置轩，曰"尚质"，因以为号。士林高其行为，诗歌纪之。（光绪《海阳县志》）——陈贤武

【廖衷赤】

廖衷赤，字荩孟。世居程乡城西门外（今属梅州梅县）。隆武元年（1645）举人，明亡，不准与会试。食贫力学，诗酒自娱。文章淹雅立就，邑中著作多出其手。性和易，不形喜愠，三尺童子咸乐近之，然人不可干以私。甲寅之变，群小嫉其正直，设计窘辱，郁郁成疾，不数年而卒。所著有《诗经讲章》、《五园集》等书。（康熙《程乡县志》、乾隆《嘉应州志》、光绪《嘉应州志》）——黄晓丹

【廖登元】

廖登元，见"廖京元"条。

【廖 瑚】

廖瑚（1523—?），字邦美，海阳人。嘉靖二十二年（1543）举人。二十六年（1547）授福建平和教谕，两与乡闱，分校名得人。三十一年（1552）与知县赵进倡议捐俸重建县儒学，工费悉绅士乐助，无需公帑，规模视前制豁如也。寻转衡府纪善。乞养归，时年三十二。亲没，居丧以孝称。（顺治《潮州府志》、光绪《海阳县志》、道光《平和县志》）——陈贤武

【廖 睿】

廖睿，字文聪。程乡万安（今属梅州梅县）人。人材魁梧，顾黑而威。永乐元年（1403）选贡，八年（1410）登进士，十九年（1421）赴选考称旨，特擢北都御史，恩赐御扇，以示优异。出巡四川狱，狱有丰裁，吏民畏威怀德，抗疏不合归里。大兴水利，疏流灌溉白土、莆心坝田数百亩，乡民赖以生存。（康熙《程乡县志》、光绪《嘉应州志》）——黄晓丹

【熊 佐】

熊佐，字志瑞，程乡人。生平敦孝友，勉子孙，以义方睦乡邻，好施与，遇邻有嫌怨事，力为劝息，所有馈送银两，非已物，存放生息。清初，夫役繁重，即以赡夫役不足，复与兄熊佶、熊偘、熊棠各捐田租二石济之，乡人感德，立祀于其乡三神官侧。（光绪《嘉应州志》）——黄晓丹

【熊伯璘】

熊伯璘，程乡西厢（今属梅州梅江）人。与黄乡、钟华同充本邑里役，解粮赴京，抵省投批。正统六年（1441），捐谷一千石赈济。会大饥，巡抚韩雍矫批借赈发归里，璘同黄、钟三人自陈，愿出粟三千石助赈。韩义之，题赐冠带义民。适伯璘殒，复题加赠义官，竖旌表。（康熙《程乡县志》、乾隆《嘉应州志》、光绪《嘉应州志》）——黄晓丹

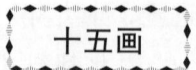

【樊贞女】

樊贞女,潮阳峡山都人。年及笄而父母丧,二弟一妹俱幼。女因矢志不嫁,以抚育弟妹为己责,一时里中大姓闻而求婚者,媒妁相望于道,女一无所许,闻者义之。及弟妹婚嫁毕,女年甫三十,求者未已。遂屏去媒氏,绝不令往来。弟辈或不受教,辄为泣涕诫之。年至七十余卒。缙绅先生姚瑗、刘纲、柳彧辈,咸共谥之曰"贞"。(隆庆《潮阳县志》、嘉庆《潮阳县志》)——陈新杰

【颜 志】

颜志,见"方德"条。

【潘大宾】

潘大宾(1496—?),字钦之,号思轩,海阳东莆都(今属潮州潮安)人。年二十四,中正德十四年(1519)解元。嘉靖八年(1529)进士。明年,授兵科给事中。十年(1531),主考浙江乡试。十二年(1533)八月升礼科都给事中。十四年(1535)会试弥封官。同年,诏褫科、道掌印官,俱贬为民,大宾及焉。隆庆二年(1568),以恤录恩,赠太常少卿。(顺治《潮州府志》、光绪《海阳县志》、《皇明三元考》、《掖垣人鉴》、《明实录》、《明代科举与文学编年》)——陈贤武

【潘友焕】

潘友焕,海阳人。洪武年间(1368—1398)举博学宏词,授直隶滁州州判,升松江府丞。(嘉靖《潮州府志》、光绪《海阳县志》)——陈贤武

【潘 氏】

潘氏,海阳人。进士潘大宾女。适弘治十七年(1504)解元、员外郎陈珖孙陈谅。谅早卒,有女无子。婆母薛氏(举人薛俊长女)有心疾,潘氏设床板于床前护之,积四十余年不少懈事闻。万历九年(1581)奉旨旌表。女陈氏,适廪生许光太;陈氏女许氏,适庠生、赠太仆寺少卿杨时芬(1565—1597),均以节闻。崇祯九年(1636)奉旨旌表。由奉祀香灯的杨闱、杨闾、杨开于崇祯年间(1628—1644)建世旌节孝坊于潮州城内。又为潘氏建百岁坊。(万历《广东通志》、光绪《海阳县志》、《潮州郡北杨氏教忠堂族谱》)——陈贤武

【潘文明】

潘文明,字朝选,揭阳(今属潮州潮安)人。弘治十七年(1504)举人第四名,历知江西玉山、广西永淳二县,俱以兴废起坠为己任。升福建漳州通判。居官廉明而有威严,尤

留意于狱讼之事。在任曾值囚犯造反，拦路残杀官员，但对潘文明，则相戒不要侵犯。离官归里，以礼让为人所重。（嘉靖《广信府志》、乾隆《南宁府志》、雍正《揭阳县志》）——孙杜平

【潘　泗】

潘泗（1496—?），潮阳峡山都人。幼家贫，好学，博览群书。正德十一年（1516）举人。十五年（1520）成进士，授行人司行人。为官清肃，帝赐匾"威仪四海"。（康熙《潮阳县志》、光绪《潮阳县志》）——陈新杰

【潘思用】

潘思用，海阳东莆都（今属潮州潮安）人。嘉靖二十八年（1549）岁贡。授福建浦城训导、长宁教谕。（顺治《潮州府志》、光绪《海阳县志》、嘉庆《新修浦城县志》）——陈贤武

【潘　高】

潘高，海阳人。举人潘荣子。弘治六年（1493）贡生。官广西浔州推官，有廉名。（嘉靖《潮州府志》、光绪《海阳县志》）——陈贤武

【潘　恕】

潘恕（1494—1544），字行之，号南窗，海阳人。举人潘高子。嘉靖元年（1522）乡试第四名，嘉靖十一年（1532）进士。观刑部政，授江西新建知县，调合肥。在任外去边幅，中存封畛，胥徒里甲，一见辄识之不忘。置学田数百亩，岁入租以给贫士。约嘉靖二十年（1541），擢南京户部山西司主事，以望推榷淮阳舟税，秩满擢本部广西司员外郎，未几转郎中，逝于任上。在任时建有延宾堂、门吏房三间和庖湢所三间。（顺治《潮州府志》、光绪《海阳县志》、嘉庆《合肥县志》、《潮州市文物志》）——陈贤武

【潘惟大】

潘惟大，海阳人。永乐间（1403—1424）授国子监，考授广东花县知县。（光绪《海阳县志》）——陈贤武

【潘维翰】

潘维翰，海阳人。举人潘璘子。万历二十三年（1595）岁贡。崇祯间（1628—1644）任琼州训导，升楚府郡王教授。（顺治《潮州府志》、光绪《海阳县志》）——陈贤武

【潘　谦】

潘谦，海阳人。永乐三年（1405）举人。官广西柳州教授。（嘉靖《潮州府志》、光绪《海阳县志》）——陈贤武

【潘　璘】

潘璘，字林阳，海阳人。嘉靖二

十八年（1549）举人。授湖广随州学正，升新宁知县，迁福建泉州通判，擢云南沾益知州，皆著治声。有文学，尝预修郡志。（顺治《潮州府志》、光绪《海阳县志》）——陈贤武

十六画以上

【薛　元】

薛元，海阳人。嘉靖年间（1522—1566）岁贡。授楚府郡王教授。（顺治《潮州府志》、光绪《海阳县志》）——陈贤武

【薛氏（陈邦基妻）】

薛氏（陈邦基妻），海阳薛陇乡（今属潮州潮安）处士薛茂楷之女。生而贞淑，年十七岁未字。澄海举人陈邦基闻其贤，聘为继室。越二年，邦基没，薛氏抚育前室长子守钦，一如己出。清初澄海迁界，薛氏携诸孤徙居潮州城南，辗转流离，卒令子孙成立，乡人咸称之。（乾隆《澄海县志》）——杨映红

【薛守经】

薛守经（1533—1560），字子权，号绣溪，揭阳（今属潮州潮安）人。嘉靖三十五年（1556）进士，观政兵部，授工部主事。寻卒，年仅二十七。守经天资颖悟，书过目成诵，文章高华风逸，顷刻立就。生平有志于著书，惜乎未就。（《嘉靖丙辰同年世讲录》、《薛氏族谱》、《井丹先生集》）——孙杜平

【薛谷光】

薛谷光，字彦之，号松山，揭阳龙溪都（今属潮州潮安）人。洪武间（1368—1398）举儒士，应明经科，授山东阳谷知县。（嘉靖《潮州府志》、光绪《海阳县志》、《薛氏族谱》）——陈贤武

【薛林氏】

薛林氏（1518—1576），揭阳人。给事中薛宗铠妾。嘉靖十四年（1535），宗铠因劾尚书汪鋐，下狱杖死，氏年十八，即欲绝食。继念正室在病，诸孤方幼，含哀扶柩，间关归里。到家，正室死，姑又丧，氏忍饥茹苦，拮据营葬。从此未曾归宁。抚子薛洪成立，洪以父荫，后官武定同知。卒年五十九。户部侍郎林熙春为之传。万历四十二年（1614），奉诏建坊，旌表曰"忠门奇节"。（雍正《揭阳县志》）——孙杜平

【薛　昊】

薛昊，字仕泰，号端斋，揭阳龙溪都（今属潮州潮安）人。洪武间（1368—1398）应例入监，授湖广黄州府靳州吏目。（《薛氏族谱》）——陈贤武

【薛侃】

薛侃（1486—1545），字尚谦，号中离，揭阳（今属潮州潮安）人。正德十二年（1517）进士。嘉靖改元（1522），授行人司行人。七年（1528），起复原官。奉使山东。寻转司副，再迁司正。疏请陆九渊、陈献章从祀文庙，九渊允祀。十年（1531），疏请定立皇储。时大学士张孚敬、少詹事夏言不和，孚敬因与太常卿彭泽诬侃，借机欲害夏言。帝诏下廷鞫，侃被拷掠，惟自引咎，不诬及一人。时以"真铁汉"称之。事白，被削为民。侃未第时，即师王阳明于南京，其后弟侨、侄宗铠等，皆游其门，自是王学盛行于岭南。侃在籍，益力学，从游者百余人，曾先后讲学于归善、东莞等地。卒年六十。隆庆改元（1567），复原官，赠御史。有《研几录》、《图书质疑》、《经传正义》等书。今人汇辑有《薛侃集》。（《明史》、嘉靖《广东通志》、《潮州府志》、《明儒学案》、《凤陇薛氏族谱》）——孙杜平

【薛侨】

薛侨（1500—1564），字尚迁，号竹居，揭阳（今属潮州潮安）人。薛侃弟。嘉靖二年（1523）进士。六年（1527），授国子监助教。七年（1528），聘为顺天乡试同考官，得士马一龙，后官南京司业。升工部主事，监理浙江南关。在任改廨舍，修关志。历升兵部员外、郎中。十七年（1538），任会试同考官。明年，以首辅夏言等疏请，改右春坊右司直兼翰林检讨。薛侨早年与兄侃、侄宗铠等并学于王阳明，辞官后，纠集潮士立"一真会"，继续发明良知之学。有《竹居薛先生文集》、《一真录》、《两浙南关志》等。（《明世宗实录》、《嘉靖七年顺天府乡试录》、《钦定国子监志》、雍正《揭阳县志》、《薛氏族谱》、《玉华子游艺集》、《俨山集》）——孙杜平

【薛采】

薛采，海阳东厢都（今属潮州湘桥）人。举人薛雍孙。万历二十八年（1600）举人。修《三山古迹志》，未完而卒。子学参续成之。（顺治《潮州府志》、光绪《海阳县志》）——陈贤武

【薛学参】

薛学参，字周鲁，海阳东厢都（今属潮州湘桥）人。诸生。举人薛雍曾孙，举人薛采季子。事亲至孝。兄弟有五，甘苦与共，尺帛不私。母患目疾，晨起以舌舐其眵，旋愈。明季潮大乱，负母避东山之夆客乡。时土寇四掠，相戒不入其庐。学参博览诸史百家，究心濂洛书，以圣贤自

期。闻甲申之变，恸哭累月。续修父薛采所著《三山古迹志》（三山为福州别名）及先世诗文，藏于家。（乾隆《潮州府志》、光绪《海阳县志》）——陈贤武

【薛宗铠】

薛宗铠（1498—1535），字子修，号东泓，揭阳（今属潮州潮安）人。学正薛俊子。嘉靖二年（1523）进士，历知江西贵溪、福建将乐、建阳三县。其在建阳，政绩最著。剔奸裁费，修学建桥，又置赡士田，复考亭后，严淹女禁。十年（1531），擢礼科给事中，历刑科右给事中、户科左给事中。十四年（1535），上疏极论吏部尚书汪铉险佞。汪铉伺间用微言激帝怒，遂下诏狱，受杖八十，五日而死。人士惜之。隆庆改元（1567），追赠光禄寺少卿。曾先后从昆山魏校、姚江王守仁学。著有《石林洞稿》等书。（《皇明应谥名臣备考录》、《掖垣人鉴》、《薛氏族谱》）——孙杜平

【薛　俊】

薛俊（1474—1524），字尚哲，一字尚节，号靖轩，揭阳（今属潮州潮安）人。自少端谨，不事嬉游。弘治十七年（1504）举人，正德三年（1508）乙榜，授福建连江训导。俊为人气度宽和，仪范俨雅。诸生馈遗，辞受惟义，而复周其贫者。福建提学杨某器重之，以闽清、古田二县僻陋鲜才，委选俊秀者充学员。居官七载，士习民风丕变。十年（1515），升江西玉山教谕。时学宫圮毁，庙门之外若牧所。俊白于当道修治之。举凡祀宫、经阁、业舍、门庑，无不焕然。在任尝聘为湖南乡试考官。嘉靖二年（1523），升国子学正。明年丁内艰，奔归至江西贵溪卒。俊幼从同乡陈琨讲性理之学，而教其弟侃。及侃受业王守仁，得闻其说。在玉山日，适王守仁过县，因执弟子礼。（乾隆《连江县志》、嘉靖《广信府志》、《钦定国子监志》、《国朝献徵录》、《薛中离先生全集》）——孙杜平

【薛　洪】

薛洪（1532—1597），字梁南，号吕阳，海阳龙溪都（今属潮州潮安）人。进士薛宗铠子。四岁宗铠死于谏，母丁氏痛哭殉节，慈母林氏携洪扶榇南归。八岁能属文，督学吴鹏器之，补郡学。隆庆初（1567），诏恤忠臣后，读书国子监。寻乞归养。母卒，泣血三年。服阕选云南武定同知，有廉能声。复乞休，庐墓五载。让产于从弟。著有《梁南诗集》。卒祀武定名宦。初与尚书翁万达女指腹为婚，翁女早殇，娶举人盛若树长

女。(《林忠宣公全集》、顺治《潮州府志》、光绪《海阳县志》、《薛氏族谱》)——陈贤武

【薛虞畿】

薛虞畿，字舜祥，海阳东厢都（今属潮州湘桥）人。薛瞾之孙。万历六年（1578）拔贡。隐韩山之麓，以农圃自娱。著有《春秋别典》十五卷，书未脱稿而下世，由弟虞宾续成之。清乾隆年间（1736—1795）编入《四库全书》。又有《听雨蓬稿》、《海滨列女传》一卷。(《四库全书总目提要》、顺治《潮州府志》、光绪《海阳县志》)——陈贤武

【薛　雍】

薛雍，字子容，海阳东厢都（今属潮州湘桥）人。先世闽人，父瞾自正德元年（1506）至二年（1507）间避乱入饶平，四迁至海阳东津。嘉靖十年（1531）由饶平学中举人。以亲老不会试，读书金山。喜参稽天下之务，旁及天官历律之书。著有《拯庵文集》、《南潮诗集》。(顺治《潮州府志》、光绪《海阳县志》)——陈贤武

【薛　瞾】

薛瞾，字崇文。本福建漳州人。正德年间（1506—1521），漳、潮交界处乱，遂携家入潮，附籍于饶平，后迁居海阳。性喜读书，手不释卷。言笑不苟，人皆重之。暨入潮三十年，足迹不至城市，人呼为"清野翁"。著有《清野集》三卷，已散佚。二子雍、玄，俱有父风，另有传。(顺治《潮州府志》、康熙《饶平县志》、《潮州文萃》)——黄树雄

【戴次胄】

戴次胄（一作"以胄"），字希文，潮阳隆井都（今属汕头潮南）人。洪武元年（1368），举明经赴京，送翰林院考选，授四川简县县丞。(嘉靖《潮州府志》、嘉庆《潮阳县志》)——陈新杰

【戴　冋】

戴冋，潮阳人。儒士。弘治二年（1489），纂修《潮阳县志》。与吴向唱酬，有诗一首传世。(隆庆《潮阳县志》、康熙《潮阳县志》)——陈新杰

【戴　玠】

戴玠，潮阳人（一作"海阳人"）。举儒士，永乐三年（1405），任安溪县丞。兴学校，课农桑，除烦苛，招复流移，梗化者谕之不悛，然后绳之以法。安溪称治。授河间府通判。(黄仲昭《八闽通志》、嘉靖《安溪县志》)——陈新杰

【戴　昊】

戴昊，海阳登瀛都（今属潮州潮安）人。天顺二年（1458）贡生。

授训导。（嘉靖《潮州府志》、光绪《海阳县志》）——陈贤武

【戴宗辅】

戴宗辅，海阳登瀛都（今属潮州潮安）人。永乐六年（1408）举人。官福建漳州推官。详刑折弊，人心悦服。（《闽书》、嘉靖《潮州府志》、光绪《海阳县志》）——陈贤武

【戴　晃】

戴晃（1605—1683），字伯元，号宾日，大埔（今属梅州大埔）人。少读书，潜研经训。明亡之后，甘以遗老自晦。吴六奇（1607—1665）屯兵三河，援之入幕。会清廷诏至，六奇幕客咸莫喻旨意。晃至，引伸经训，为之疏节详解，六奇称善，由是重晃。晃之佐六奇幕也，非其夙心，故于军书戎政，鲜所参与。日惟闭门讲诵，授其二子经，七年如一日。迨二子学成，遂以老辞归，六奇馈赠优厚，晃于修脯外一无所取。既归，益自韬晦，不就岁贡之征。家居闭户，一意穷经。其著述虽莫得而传，然郡邑乡里凡治经者皆折衷于晃。康熙二十二年（1683）卒于家，年七十九。（民国《大埔县志》）——黄树雄

【戴　瑀】

戴瑀（？—1392），海阳登瀛都（今属潮州潮安）人。行己峻洁，经学修明。洪武中举聪明正直，授江西南丰令。均赋税，锄奸黠，宿弊尽革，治化一新。二十四年（1391），建言九事，受洪武帝嘉奖，召擢左佥都御史。质直公正，能持大体，斥贪植良，内外震肃。次年，卒于官。赐恤祭葬。（《明分省人物考》、嘉靖《潮州府志》、光绪《海阳县志》）——陈贤武

【戴　儒】

戴儒，海阳人。成化十三年（1477）举人，成化二十一年（1485）任湘乡教谕。通今博古，诲人不倦，每课生徒，定差等，皆大服群心。暇则游名胜，所至辄有题咏。（康熙《埔阳志》、康熙《湘乡县志》）——黄树雄

【魏　白】

魏白，字瑞李，号郁园，揭阳人。幼而颖异，凡经史义蕴，触类旁通。洪武二十九年（1396）举人第四名，授江西兴国县丞。赋性刚方，不屈于人，遂辞官归。（雍正《揭阳县志》、《潮阳贵屿魏氏族谱》）——孙杜平

【魏志简】

魏志简，海阳下外（今属汕头澄海）人，嘉靖十六年（1537）举人，官威州知州。（嘉靖《广东通志》、嘉靖《潮州府志》、乾隆《澄海县志》）——黄树雄　杨映红

【魏宪举】

魏宪举,原姓李,潮阳县廓都人。儒士。建文四年(1402)举人,授中江教谕,升兴化教授。后子龄复姓李。(隆庆《潮阳县志》、雍正《广东通志》)——陈新杰

【魏　斌】

魏斌,潮阳县廓都人。弘治(1488—1505)中,官古田县丞,和易有守,礼士恤民。值岁旱,步祷天平山龙井,霖雨随至,民以为积诚所感。(乾隆《福建通志》、光绪《潮阳县志》)——陈新杰

【魏锡元】

魏锡元(一作"锡寰"),字宾岳,潮阳县廓都人。万历四十六年(1618)举人。天启间(1621—1627),漳浦陈朱图诣黄陇都洋汾乡修族谱,锡元为作序。(康熙《潮阳县志》、《陈氏族谱》)——陈新杰

二至三画

【丁乃潜】

丁乃潜（1883—1928），原名惠馨，字旭卿，又字文涤，晚年更名乃潜，号讷庵，丰顺汤坑人。丁日昌仲子。光绪十九年（1893）中副榜，遂无心功名。二十九年（1903）捐升道员，分发浙江候补。辛亥革命后，居家专攻医术，以诗自娱。诗初主深峭，后归平淡，曾刚父极称之。有《匏存室诗草》二卷及《拟寒山诗》。能书，初学苏轼、赵孟頫，晚年参以刘石庵，自成一格。（民国《丰顺县志》）——陈贤武

【丁大发】

丁大发，字维鲁，海阳（今属潮州潮安）人。康熙年间（1662—1722）太学生。擅诗。（《古瀛诗苑》、《潮州诗萃》）——陈贤武

【丁日昌】

丁日昌（1823—1882），字禹生，又作雨生，号持静，丰顺汤坑人。贡生出身，受惠潮嘉道李璋煜嘉许，聘用入幕。咸丰四年（1854），海阳吴忠恕率众围攻潮州，归里集乡兵千人驰援进剿，立军功，选授琼州府学训导。九年（1859），任江西万安县令，旋入曾国藩幕。同治元年（1862），赴广东办理厘务。翌年二月，由李鸿章奏调，至上海督办火器军务。三年（1864），任苏淞太道，继兼江南制造局总办。创建轮船招商局。次年，成立上海机器制造厂总局，推荐容闳赴美购机器、聘技师，制造厂逐步扩大为江南造船厂。同时还在上海浦东设立炮兵学校，培养炮兵人才。四年（1865），任两淮盐运使，他一到任就从重处理走私漏税、瓜分营私等违法案件。六年（1867），任江苏布政使，十二月，改江苏巡抚。整顿吏治，改革军队。光绪元年（1875）八月，任福建巡抚，主持福州船政局。十一月，兼摄台湾学政。任上曾渡海巡阅台湾全岛，兴水利，设义学，开采煤矿，架设电报线。在家养病期间，曾

召集潮州、香港绅民，并派人到新加坡、暹罗、台湾等地，募赈灾款二百余万两帮助朝廷救灾。五年（1879），以总督衔，会办海防兼总理各国事务大臣。以洋务能员著称。从政不忘育才。在潮州先后募款扩建金山书院、韩山书院和榕江书院；在丰顺倡办蓝田书院、鹏湖书院，促成同治九年（1870）第一批学生留美和光绪三年（1877）第一批学生留欧，造就詹天佑、严复等一批人才。其藏书甚丰，且多宋元善本，编成《持静斋书目》五卷，为近代中国著名藏书家之一。有《抚吴公牍》等，今均收入《丁禹生政书》。——陈贤武

【丁成章】

丁成章，海阳东厢都（今属潮州湘桥）人。乾隆三十三年（1768）戊子科第五十九名举人。授福建邵武同知。（乾隆《潮州府志》、光绪《海阳县志》）——陈贤武

【丁志德】

丁志德（1847—1901），号琴轩，丰顺汤坑人。以军功，历任南澳游击、虎门水师提标中军参将，光绪二十八年（1902）升协镇广东大鹏水师等处地方副将，官至碣石镇总兵。年五十五病逝于广州。（《清代缙绅集成》、《丰顺历史名人》）——陈贤武

【丁培珊】

丁培珊（1865—1924），号云波，丰顺汤坑人。光绪二十三年（1897）拔贡，授州判。宣统元年（1909）选为广东咨议员。后任广西省学务公所课长。民国元年（1912）署理广西客县知事，在任年余，解绶归里。1918年任丰顺县立中学校长，在职六年，于新学颇有建树。（民国《丰顺县志》、1995年《丰顺县志》）——陈贤武

【丁黄榜】

丁黄榜，字伯川，海阳（今属潮州潮安）人。康熙年间（1662—1722）秀才。擅诗。（《古瀛诗苑》、《潮州诗萃》）——陈贤武

【丁维忠】

丁维忠，海阳人。邑县学庠生。顺治十年（1653）寇变，父元应被掳，持金往赎。贼少之，忠请以身代。贼释忠父而杀忠，忠父抱尸恸哭，葬于西湖山北，勒石曰"全孝丁维忠之墓"。（乾隆《潮州府志》、光绪《海阳县志》）——陈贤武

【丁惠康】

丁惠康（1868—1909），字叔雅，号惺庵，丰顺汤坑人。丁日昌第三子。幼随父居揭阳，受父教诲，博览家藏群书，常作诗文。二十岁赴京读书，结交名流，与谭嗣同、陈三立、吴保初合称"清末四公子"。忧国伤时，研讨方略。曾入两广总督岑春煊幕府，赴日本考察学校，后在广州主

办学堂事务。辞职后在北京闲居，郁度晚年，逝于京。以诗名世，时称"第二之龚定庵"。有《惺庵遗稿》一卷、《丁徵君遗集》二卷。（《陈石遗集》、《秋园文钞》）——陈贤武

【丁韵初】

丁韵初（1886—1920），名鸿胪，丰顺汤坑人。丁乃潜次子。幼承家学，尤善吟事。曾任潮安县财政课长。因劳得病，卒时年仅35岁。能诗，陈衍言其"孝而能文，天夺之速若此"，有《哭韵初世兄》诗五首悼之，称其"三世诗家世所无"。有《问樵诗草》传世，录宣统元年（1909）至民国五年（1916）年所作诗百余首。（《陈石遗集》）——陈贤武

【万年馨】

万年馨，潮阳县廓都人。例职。素业医，济人之急，垂老不倦。（光绪《潮阳县志》）——陈新杰

【马士璧】

马士璧，普宁铁山都人。监生。心存利济，建有光文石桥，又修汤坑至犬眠山路约七、八里。值岁饥，平粜，督学以"学行兼优"旌之。（光绪《普宁县志》）——陈新杰

【马大遻】

马大遻，字景遻，号云川，潮阳人。诸生。性孝友，事兄尤谨，年七十余犹懔然受责。淹通经史，工文艺，与世无忤。炙其风者若饮醇醪。（嘉庆《潮阳县志》）——陈新杰

【马飞龙】

马飞龙，潮阳人。行伍。乾隆二十年（1755），任澄海左营守备。（嘉庆《澄海县志》）——陈新杰

【马飞雄】

马飞雄，潮阳峡山都（今属汕头潮南）人。道光十二年（1832）武进士。（光绪《潮阳县志》）——陈新杰

【马天球】

马天球，潮阳县廓都人。监生。年一百有二。子文呈，亦监生，年九十四。俱五代同堂。（光绪《潮阳县志》）——陈新杰

【马氏（陈名望继室）】

马氏（陈名望继室），潮阳人。马登麟女。年十七，嫁濠浦陈名望为继室。阅四月，名望病故，遗前氏子呱呱固在抱也。母欲夺其志，氏泣求母毋夺其志。乃苦节抚孤。年六十五卒。同治十三年（1874）旌。（光绪《潮阳县志》）——陈新杰

【马氏（郑环妻）】

马氏（郑环妻），潮阳县廓都人。夫工书法，马氏能以润笔资宏施予。年九十一。孙钟英，生员。（光绪《潮阳县志》）——陈新杰

【马功显】

马功显，榜姓谢，惠来大坭都

人。康熙三十八年（1699）举人第十六名。仕湖广安陆知县，雍正六年（1728）补任震泽县知县，奉部文建先农坛。九年（1731）任茂名教谕。（乾隆《潮州府志》、乾隆《江南通志》、乾隆《震泽县志》、光绪《茂名县志》）——周修东

【马龙图】

马龙图（一作"负图"），晋江人，潮阳籍。行伍。乾隆四年（1739），任泉州城守营右军守备。九年（1744），任中营参将。十一年（1746）闰三月，任城守营参将。十三年（1748）闰七月，任北路协副将，署兴化协副将。二十一年（1756）四月，由潮州镇总兵奉谕调补台湾镇总兵。二十四年（1759），任福建水师提督。二十六年（1761）正月，于浙江提督任上被劾挪用存营公项，解任鞫治。（《乾隆年各部造内阁清册》、《清实录》、乾隆《续修台湾府志》、道光《晋江县志》、《清史稿》）——陈新杰

【马有宠】

马有宠，揭阳人。贡生。尝与弟有容捐建路亭，以便行人往来。（乾隆《揭阳县志》）——孙杜平

【马有略】

马有略，潮阳峡山都人。日本明治大学法政毕业。宣统元年（1909），授法政科举人，历任法部主事、地方检察官、大理院推事等职。民国时，为上海律师公会会员。子大猷，以声学、物理学研究成就蜚声于时。（新编《潮阳县志》、《律师的百年迁回》）——陈新杰

【马成勋】

马成勋（？—1856），潮阳县廓都人。黄冈右营把总。咸丰六年（1856），战殁于仙鹤门。（光绪《潮阳县志》）——陈新杰

【马光甲】

马光甲，潮阳峡山都人。慷慨好义。顺治三年（1646），时值土寇庄三之乱，光甲捐资筑堡，里人赖以安。有避难者，发粟赡之。寇围县城，光甲阴合乡勇断贼饷道，围解去。事闻，县奖给冠带。（康熙《潮阳县志》、乾隆《潮州府志》）——陈新杰

【马汝奇】

马汝奇，潮阳峡山都人。义勇光甲子，有父风。诸生。顺治十二年（1655），惠来营土弁余仁据县城，既又攻焚和平，汝奇赴平南王尚可喜处发其奸，十五年（1658），尚可喜临潮，诱给仁等入郡，仁与其党余钦、刘亮俱弃市。海寇邱辉掠濒江，捕鱼者坐失业，汝奇设法捍卫，寇不敢犯。康熙十三年（1674），潮镇刘进忠叛，远近风靡，汝奇独不附，系狱几毙，及清兵临潮始免。供刍粮，上

谋划，积劳成疾卒。（乾隆《潮州府志》、《潮州志》）——陈新杰

【马如龙】

马如龙，号莘飞，潮阳峡山都人。尝读书匡庐山。光绪二十三年（1897）举人。丘逢甲掌教东山书院时，尝赴和平里与如龙等雅集，诗柬往来甚频。丘有《寄怀莘飞、隽卿》诗。（《清光宣两朝潮州贡士录》、《岭云海日楼诗钞》）——陈新杰

【马时立】

马时立，潮阳峡山都人。例贡。居家以尚义闻。从弟早逝，遗孤年幼，妇将改嫁，时立力劝婉谕，并岁时周恤，其自置产业与诸侄均分。乡里间施檩埋尸垂数十年不倦，人以"长者"称，远迩无间焉。（嘉庆《潮阳县志》、光绪《潮阳县志》）——陈新杰

【马岳眷】

马岳眷，丰顺汤坑人。乾隆十八年（1753）举人。四十六年（1781）任广东德庆州训导，五十二年（1787）署三水县教谕，五十三年（1788）正月转阳春县，九月离任。（光绪《丰顺县志》、光绪《德庆州志》、民国《阳春县志》）——陈贤武

【马绍祖】

马绍祖，字尚铃，潮阳峡山都人。例贡。家素丰，慷慨好施。雍正四年至五年（1726—1727）间，连岁饥荒，绍祖倡赈济。乾隆十七年（1752），运谷于和平埠，减值出售，并煮粥以救济饥民。其余如修路桥、筑寨垣、葺天后宫，及置祠租，善行颇多。年六十八卒。（乾隆《潮州府志》、嘉庆《潮阳县志》）——陈新杰

【马胜柔】

马胜柔，普宁铁山都人。监生。性刚正，居乡里，遇事义形于色，强者惮之，弱者倚焉。咸丰四年（1854）许亚梅之乱，胜柔率乡众助官军抵拒。地居普、惠通衢，当贼寇蜂屯，两县往来无阻者，胜柔力也。阅数年故，远近惜之。（光绪《普宁县志》）——陈新杰

【马梦龙】

马梦龙，潮阳峡山都（今属汕头潮南）人。雍正十一年（1733）武进士。（嘉庆《潮阳县志》）——陈新杰

【马登云】

马登云（1748—1820），字汉阶，号震天，潮阳贵山都人。乾隆三十七年（1772）武进士，授武德骑郎，南澳水师营观政。后在广州开设精武馆，自任教头。四十六年（1781）冬，应苏州潮州会馆董事会之聘，赴苏州主理馆事，为会馆撰碑记。阅三载届满，告老归家。著有《武论》

传世。(光绪《潮阳县志》、《潮州会馆史话》、《贵屿古今人物辞典》)——陈新杰

【马韶华】

马韶华,潮阳县廓都人。嘉庆十二年(1807)举人。二十四年(1819),分纂《潮阳县志》。(嘉庆《潮阳县志》)——陈新杰

【王三命】

王三命,饶平元歌都(今属潮州饶平)人。同治二年(1863)恩科武进士第十名,钦点侍卫花翎。(光绪《饶平县志》)——黄树雄

【王三颂】

王三颂,饶平元歌都(今属潮州饶平)人。同治四年(1865)武进士第十三名,钦点花翎侍卫。(光绪《饶平县志》)——黄树雄

【王三锡】

王三锡,饶平元歌都(今属潮州饶平)人。道光三十年(1850)武进士,授御前侍卫加参将衔。咸丰间(1851—1861)官湖北蕲州营都司。(同治《大冶县志》、光绪《饶平县志》)——黄树雄

【王士广】

王士广,即詹士广。

【王士城】

王士城,澄海蓬洲都(今属汕头市区)人。少遭变而贫,竭力奉侍双亲,友爱二弟。复义及乡井,凡有裨益者,悉力行之。雍正元年(1723)以德行赐赠八品,享寿九十。子孙多为缙绅。(雍正《澄海县志》)——蔡文胜

【王士铨】

王士铨,字孟揆,澄海人。附贡生,援例授县丞。义行素著,曾散钱施棺;董理修筑南北堤,又建两亭于南堤以利行人。(雍正《澄海县志》、乾隆《澄海县志》)——蔡文胜

【王大勋】

王大勋,字鼎臣,潮阳县廓都人。同治三年(1864)顺天举人,官罗定州学正。光绪十年(1884),分纂《潮阳县志》。有诗作传世。(光绪《潮阳县志》、《潮州诗萃》)——陈新杰

【王万春】

王万春,海阳(今属潮州潮安)人。嘉庆三年(1798)武解元,七年(1802)武进士。授侍卫,乾清宫行走,湖南抚标游击,署长沙协副将。(光绪《海阳县志》)——陈贤武

【王之彦】

王之彦,字俊三,澄海苏湾都(今属汕头澄海)人。其父久习儒学,之彦赋资聪颖,禀受庭训,嗜学不倦。事继母如生母,抚弟遗孤如亲子,与族戚和睦相处。年逾八十犹矍

铄不减少壮。乡里叹为人瑞。年九十卒。(乾隆《澄海县志》、乾隆《潮州府志》)——蔡文胜

【王之瑀】

王之瑀,揭阳人。仕江西广昌县丞,升河南弘农卫经历。尝捐资修县神山大埔渡,置租三十石,半以给渡夫之食,半以修渡船之用。且立规勒石,以垂永久。行人便之。(雍正《揭阳县志》)——孙杜平

【王之福】

王之福,揭阳人。积功官至广东水师提标右营游击,加副将衔。光绪四年(1878),奉旨免骑射。明年,晋封振威将军。六年(1880),为两广总督张树声所劾革职。(《清德宗实录》、光绪《揭阳县续志》、民国《东莞县志》)——孙杜平

【王飞鹏】

王飞鹏,澄海苏湾都(今属汕头澄海)人。嘉庆五年(1800)武举人。嘉庆七年(1802)武进士。任花翎侍卫,官直隶燕河路都司。(嘉庆《澄海县志》)——蔡文胜

【王 开】

王开,澄海人。雍正二年(1724)武举人。雍正五年(1727)武进士。官罗源守备。(嘉庆《澄海县志》)——蔡文胜

【王日昌】

王日昌,海阳大和都(今属潮州枫溪)人。乾隆元年(1736)恩科举人。连捷明通进士。(光绪《海阳县志》)——陈贤武

【王 氏】

王氏(1792—1901),潮阳黄陇都(今属汕头潮南)人,溪尾乡周光亭妻。享寿一百一十岁,身历六朝。(《泗水周氏宗乘续编》)——周修东

【王氏(高伯允妻)】

王氏(高伯允妻),十八岁时出嫁惠来高伯允,谨守妇道。四年后其夫亡故,遗下一女,茕茕无告,含辛茹苦,服事公婆,孝养倍挚,持家勤俭,抚育侄子良信作为嗣子,视如亲生。尝捐金购地,命其子建造祖祠,以妥先灵。雍正四年(1726)、五年(1727)连年饥荒,王氏脱下首饰以助赈济。享年七十二岁。遗嘱让出胝田作为夫弟祭祀之租,以报答其继立之义。其女念母苦节,晨夕不离母侧,誓不嫁人,七十岁时还是处子之身,人称节孝。(乾隆《潮州府志》)——周修东

【王丹绍】

王丹绍,澄海苏湾都(今属汕头澄海)人。性孝友。幼丧母,事继母尽孝。事兄如父,衣食必先奉之。兄亡,与嫂侄同居,白首共产,未尝有私。(乾隆《澄海县志》、嘉庆《澄海县志》)——蔡文胜

【王凤岐】

王凤岐，揭阳人。监生。尝遇饥荒，出谷平粜，并义捐社谷。卒年七十四。（乾隆《揭阳县志》）——孙杜平

【王文正】

王文正，普宁黄坑都人。生平乐善好施，修桥路，施茶棺，至老不倦。卒年八十一。（光绪《普宁县志》）——陈新杰

【王文礼】

王文礼，号仰平，澄海下外莆都（今属汕头澄海）人。能明举业要义，旁及星历、地理诸书。性孝义端方，内外无间。明布政使黄琮、尚书黄锦皆故交，方其贵盛时，未尝干以私，深自远避。顺治二年（1645），黄海如陷澄城，绅士多罹难。独不犯文礼之宅，服其德也。（康熙《澄海县志》、雍正《澄海县志》）——蔡文胜

【王文鹭】

王文鹭，字吾亭，澄海蓬洲都（今属汕头市区）人。王世德之子。长厚敦行。有族人贫不能卒学，文鹭馆于家，延师课督。其舅死，遗孤不能自存，鹭给以衣食。亲戚以急难告者，倾囊相助。（乾隆《澄海县志》、嘉庆《澄海县志》）——蔡文胜

【王心广】

王心广，澄海蓬洲都（今属汕头市区）人。品行端方，不近声色，待人谦和平易，享年一百零四岁。恩授八品顶戴，为建"升平人端"坊于县署前街。（雍正《澄海县志》、嘉庆《澄海县志》）——蔡文胜

【王世佳】

王世佳，字植三，深澳人。任南澳镇海门营守备。谦恭下士，慈惠爱人，统驭士卒恩威并著，哨下众巡勇为报答其德政敬送"惠爱恩深"匾。（民国《南澳县志》、《南澳海防史图录》）——黄迎涛

【王世德】

王世德，字肇周，澄海蓬洲都（今属汕头市区）人。诸生。以学问、品行为时人所重。弟王正谷先亡，世德抚恤幼侄甚于亲生。雍正四年（1726）大饥，族人多就食其家，存活甚众。生平待人以诚，不与人计较。（乾隆《澄海县志》、嘉庆《澄海县志》）——蔡文胜

【王石庵】

王石庵，普宁黄坑都人。善医，声闻远近。寿六十余。（光绪《普宁县志》）——陈新杰

【王仙溪】

王仙溪，潮阳县廓都人。职监。以孙大勋，赠征仕郎中书衔、罗定学正。（光绪《潮阳县志》）——陈新杰

【王永吉】

王永吉，字德潜，澄海苏湾都（今属汕头澄海）人。例贡生。乐善好施，勇于为义。东洲堤决，捐资倡修，主持工役，不辞辛劳。乾隆六十年（1795）大饥，人心惶惶。永吉出银二百两助赈，毫无吝色。澄海知县戴锡纶赞其高义，表其庐曰"好礼可风"。年八十一卒。（嘉庆《澄海县志》）——蔡文胜

【王邦武】

王邦武（？—1855），普宁黄坑都人。少与许亚梅、林亚廷、吴亚干善。咸丰四年（1854），许亚梅等谋不轨，稔知邦武智勇，招之，不从。及贼围普城，官军闻贼忌邦武，急召至。邦武登城窥阵，知贼乌合，大呼可破，乃身先士卒，殊死战。贼始以计诱，继以言恐，武不为夺。计前后十余战，斩首无数。七月十五，贼退据北山。五年（1855），知府文晟率兵前剿，邦武慨然从。冲锋陷阵，所向披靡，忽暗箭横飞，毙于阵。祀义民祠。（光绪《普宁县志》）——陈新杰

【王式正】

王式正，即詹式正。

【王成高】

王成高（？—约1729），字岳峻，澄海蓬洲都（今属汕头市区）人。康熙四十四年（1705）举人。授儋州学正，甫到任，即捐修文庙，建学舍，整饬士习，受化育者甚众。（雍正《澄海县志》、嘉庆《澄海县志》、乾隆《琼州府志》）——蔡文胜

【王同书】

王同书，丰顺人。乾隆年间（1736—1795）岁贡。乾隆五十三年至五十九年（1788—1794）任广东新会教谕。（光绪《丰顺县志》、光绪《广州府志》）——陈贤武

【王刚斋】

王刚斋，潮阳县廓都人。职监。以子大勋，赠征仕郎中书衔、罗定学正。（光绪《潮阳县志》）——陈新杰

【王廷选】

王廷选，字殿荐，普宁人。疏财好义，未尝勉强。遇里人有困乏，告必应。每以棺木赠贫无以送终者，且加以钱帛。乡里无不悦服。（乾隆《普宁县志》）——陈新杰

【王兴顺】

王兴顺（1828—？），澄海蓬洲都（今属汕头市区）人。咸丰二年（1852）以来，潮属各邑多年大雨，洪水泛滥。时值太平天国举旗反清，兴顺与海阳县吴忠恕、陈阿十及潮阳陈娘康于三年（1853）在桑浦山结盟，策划响应。兴顺回乡聚众抗粮，农民入伙者众。四年（1854）五月，

兴顺约同吴忠恕、陈阿十、陈娘康揭竿而起，破下坑、龙田，围攻澄海城，双方激战，伤亡惨重。八月，兴顺为配合吴忠恕围攻潮州城，带兵攻打鸥汀寨。十月，吴忠恕兵败被杀，兴顺孤立无援。其时，澄海、揭阳、惠州官军前来围攻，兴顺寡不敌众，率少数部属突围，乘船出海，后不知所终。（1992年《澄海县志》、2013年《汕头市龙湖区志（1979—2003）》）——蔡文胜

【王寿仁】

王寿仁，字拾蕉，大埔古埜（今属梅州大埔）人。少与何探源同受知于广东学使李星元。体弱多病，道光二十三年（1843）失偶，有《悼亡》诗，哀痛之余，弥觉神伤。其卒之年，辑《阴骘文疏证》，内有《惭悔篇》，阅者伤之。著有《抱琴山馆诗》。（民国《大埔县志》）——黄树雄

【王寿石】

王寿石（1854—1918），澄海人。年二十余，赴台承接父业，后赴暹罗为英商创合成兴，又创泰来商号，遂成商界闻人，同侨均以王泰来称之。成名后，乐于公益，深得同侨称道。（《澄海县华侨志》）——蔡文胜

【王吾先】

王吾先，揭阳人。尝捐建仓廒，以贮社谷。卒年八十四。（乾隆《揭阳县志》）——孙杜平

【王利见】

王利见，澄海下外莆都（今属汕头澄海）人。幼聪敏，长于诗。雍正十年（1732）举人。乾隆元年（1736）由"明通"授翁源县学教谕，勤于课士。在官十年，受教者甚众。（乾隆《澄海县志》、嘉庆《澄海县志》）——蔡文胜

【王应兰】

王应兰，字岳扬，澄海蓬洲都（今属汕头市区）人。弱冠为廪生。康熙四十九年（1710）岁贡。性至孝，为人刚直方正，廉洁自守，屡拾遗金，辄还其人。远近称为君子。生徒经指授多成名。（雍正《澄海县志》、乾隆《澄海县志》）——蔡文胜

【王应铨】

王应铨（1732—1801），号三樵，潮阳峡山都（今属汕头潮南）人。应铨聪慧有至性，六岁知书，工联对。弱冠从温陵张北拱游。时相国梁国治任惠潮道，合课潮属九邑诸生，拔应铨第一。乾隆三十三年（1768）举人。明年，赴怀庆主讲。后以母老不远行，家居教授，岁相从者百余人。六十年（1795），选孝丰知县，政简刑清，公余惟课士论文，堂上履常满。嘉庆五年（1800），充浙江同考官，所拔者多知名士。明年，卒于

官，囊箧萧然，士民醵金以助归榇，白衣冠送者千余人。（嘉庆《潮阳县志》、光绪《潮阳县志》）——陈新杰

【王宏图】

王宏图，海阳人。康熙六十年（1721）武进士。（乾隆《潮州府志》、光绪《海阳县志》）——陈贤武

【王良弼】

王良弼，普宁黄坑都人。咸丰四年（1854），许亚梅之乱，良弼约邻乡沈、李二姓集围固守，互为声援，并荐邑绅李树英、方尔能于县。邦武为其族侄，亦所荐也。后入总兵林幕，以功保县丞。（光绪《普宁县志》）——陈新杰

【王　纲】

王纲，海阳人。雍正年间（1723—1735）岁贡。授福建长乐教谕。（乾隆《潮州府志》、光绪《海阳县志》）——陈贤武

【王纶召】

王纶召，海阳人。康熙二十六年（1687）举人。授山西怀仁知县。擅诗。（乾隆《潮州府志》、光绪《海阳县志》、《潮州诗萃》）——陈贤武　蔡文胜

【王者香】

王者香，潮阳人。行伍。咸丰三年（1853），任潮阳营千总。（光绪《潮阳县志》）——陈新杰

【王若庇】

王若庇，字锡民，普宁人。生平勤俭笃实，事父母尝恐不得其欢心，待昆弟从无嫌介意，周恤乡里亦无德色。训示子孙日以立身行己为重，反复叮咛，娓娓不倦。康熙二十五年（1686）后，潮阳知县彭象升旌曰"德孚行得"。卒年八十五。（乾隆《普宁县志》）——陈新杰

【王国充】

王国充，潮阳峡山都（今属汕头潮南）人。例贡。倜傥有大志，孝友仗义，为乡党所推。鼎革时，练江以南寇掠无虚日，国充募丁壮，储刍粮，自树一帜，为官军声援。海寇邱辉、三十二等皆望风而靡，沙陇五堡悉安耕凿。乱平，课子孙读书。岁饥，助赈施槥，倾资不惜。卒之日，远近闻者泣下。（乾隆《潮州府志》、嘉庆《潮阳县志》）——陈新杰

【王国璋】

王国璋，揭阳人。县学生。年八十四，获赐肉帛。（乾隆《揭阳县志》）——孙杜平

【王　金】

王金，海阳丰政都（今属梅州丰顺）人。吴六奇标将。因屡立战功，授都司佥书管游击事。顺治二年（1645），普宁土寇林参寰进攻县城，以计擒斩。是年六月，澄海土寇黄海

如围困潮州城,率部解其围。继而彭仕炳作乱,阵擒之。翌年,海寇郑藩进攻潮阳,不久又攻镇平,率部歼灭。四年(1647),又督师收复长乐。十六年(1659),兴宁发生饥荒,移粟万石赈济。论功,由都司、游击,擢升为饶平镇右营参将。卒入祀县乡贤祠。(光绪《丰顺县志》)——陈贤武

【王命佑】

王命佑,海阳人。康熙三十一年(1692)岁贡。由普宁学,授广东遂溪训导。(乾隆《潮州府志》、光绪《海阳县志》)——陈贤武

【王 朋】

王朋,澄海人。康熙五十六年(1717)武举人。雍正元年(1723)武进士。(嘉庆《澄海县志》)——蔡文胜

【王周成】

王周成,揭阳人。禀赋慈厚。尝捐地与族众建祠。年八十,被授予顶戴。(乾隆《揭阳县志》)——孙杜平

【王 学】

王学,字学道,号道肩。澄海苏湾都(今属汕头澄海)人(一说"海阳人")。性敏能文。明天启七年(1627)举人。清顺治十二年(1655)授广州府三水县教谕。时当乱后,文庙倾颓,详请倡修。训士以德行,士风丕变。年七十四告老归里。年七十七卒于家。(康熙《澄海县志》、光绪《海阳县志》)——蔡文胜

【王 泽】

王泽,乳名神扶,字文谟,号春台,海阳城内(今属潮州湘桥)人。由府学案首入泮,咸丰六年(1856)举人第三十八名。授江西河口厅督捕同知,调定南厅抚民同知。卒于官。(光绪《海阳县志》)——陈贤武

【王定邦】

王定邦,深澳人。行伍。南澳镇标左营把总。乾隆五十五年(1790)五月,由金门镇标左营右哨千总署福建铜山营守备。越年调署金门镇标左营守备。(《粤闽南澳职官志》)——黄迎涛

【王定镐】

王定镐,字静山,海阳人。光绪间(1875—1908)廪贡生。生平笃于友谊,曾刊亡友吴少樵遗墨,为时所称。精史学,尤熟明史,有《明史质鉴》。又有《时事谠言》,大抵不满西学,对于新政排击不遗余力。《焉用斋遗稿》二卷,卷上收文三十篇,卷下录诗二百十四首,门人吴兆蓉编,吴湘参订,民国十四年(1925)铅印本。(《潮州艺文志》)——陈贤武

【王 拱】

王拱（1703—1772），字泽照，号景辰。澄海苏湾都（今属汕头澄海）人。清雍正十三年（1735）举人，乾隆十七年（1752）进士，授直隶顺义知县、督理蓟州丰润县营田粮运。三十六年（1771）改授琼州府教授兼管琼台书院。著有《仿槐堂诗钞》。（《莲下镇志》、《潮州艺文志》）——蔡文胜

【王 钦】

王钦，普宁人。监生。仕监利县丞。（乾隆《普宁县志》）——陈新杰

【王彦士】

王彦士，字如璧，澄海下外莆都（今属汕头澄海）人。博通经史，尤工书法。少随父至粤，为南海县庠生。父殁，能善体父志，友爱诸弟。百口之家，内外和睦。当道旌其第曰"埙箎奏雅"。子王辅，雍正元年（1723）进士。（雍正《澄海县志》、嘉庆《澄海县志》）——蔡文胜

【王 洪】

王洪（1837—1912），字文命，号春海（一号"春澥"），海阳城内（今属潮州湘桥）人。举人王泽六弟，名画家王显诏祖父。年十八，补为生员，旋以优行为廪膳生。江苏巡抚丁日昌在籍，与潮州总兵方耀颇宏奖诸生，为二人所重。公正不阿，方耀奉治潮积案，洪所活冤人甚多，有来谢者，笑却之。潮州创建"八邑会馆"于省城，颇有挠者，累年不能就，及洪董其事，遂以落成。援例得广东高要县训导。张百熙督学广东，重之，专奏赏五品衔。性嗜古，鉴别精审，所萃者奇富。擅书法，小楷遒丽。（《密教讲习录》）——陈贤武

【王逢禄】

王逢禄，行伍，深澳人。乾隆间（1736—1795）任南澳镇标左营右哨千总。（乾隆《南澳志》）——黄迎涛

【王家桢】

王家桢，海阳人，拔贡。乾隆五十一年（1786）至五十六年（1791）任广东儋州学正。（道光《广东通志》、光绪《海阳县志》）——陈贤武

【王梦扬】

王梦扬，字万程，澄海苏湾都（今属汕头澄海）人。母早丧，事继母如亲母。及父逝，抚养训诲继母所育弟妹。后以贡生为遂溪县训导，勤于课士，迁教谕。生平蔬食布衣，敦崇朴约。（雍正《澄海县志》）——蔡文胜

【王 辅】

王辅，澄海人。雍正元年（1723）武进士。（嘉庆《澄海县志》）——蔡文胜

【王铨衡】

王铨衡，惠来县惠来都人。乾隆九年（1744）举人，十年（1745）进士，任云南恩乐知县。（道光《广东通志》、乾隆《潮州府志》）——周修东

【王得权】

王得权（？—1862），普宁黄坑都人。倜傥裕谋勇。咸丰六年（1856），随总兵卓兴赴赣州剿太平军有功，赏给蓝翎，回籍，委署和平汛把总。同治元年（1862），又随往高州平乱，屡挫狂锋，以疾卒于军。（光绪《普宁县志》）——陈新杰

【王　清】

王清，海阳人。由俸满千总中式雍正二年（1724）武进士。授泉州城守游击，雍正十一年（1733）升厦门右营游击，十三年（1735）晋参将，升闽安协副将。（乾隆《潮州府志》、光绪《海阳县志》、民国《厦门市志》）——陈贤武

【王淑园】

王淑园，揭阳人。秉性好善，持身端正。年八十五，被授八品顶戴。（乾隆《揭阳县志》）——孙杜平

【王　琳】

王琳，号玉山，丰顺建侨环中人。咸丰八年（1858）戊午科恩贡。家贫，以经术教于乡间，丁日昌曾执贽门下劝其入仕，以年老辞谢。善诗。尚气节，秉正嫉邪。八十一岁逝。（光绪《丰顺县志》）——陈贤武

【王景仁】

王景仁（1843—1895），又名宽益，号寿岩，澄海蓬洲都（今属汕头市区）人。邑增生，善词章。力学穷居，每寄情酬唱，藉写其牢骚抑郁之才。所为诗，清丽入骨，得自性灵。曾为饶平隆都（今属汕头澄海）陈慈云业师。慈云尝叩师门，搜出遗稿，为之辑成《小辋川集》五卷，列入《绣诗楼丛书》行世。（《潮州艺文志》、《王景仁与〈小辋川诗集〉》）——蔡文胜

【王雷阳】

王雷阳（1618—1722），普宁人。顺治十一年（1654），始游于庠。有文名，教授生徒，虽屡困科场，志益壮。康熙五十二年（1713）万寿特科，雷阳进场已九十一岁，监临满命坐、问答、赐茶品外，监试周天健赠匾曰"国瑞"。又三年（1716），录科，雷阳居二等第一名，督学郑壮其志，为嘉奖之。六十一年（1722），享寿百岁终。（乾隆《普宁县志》）——陈新杰

【王锡章】

王锡章，潮阳县廓都人。乾隆（1736—1795）岁贡。嘉庆二十四年（1819），分纂《潮阳县志》。（嘉庆

《潮阳县志》）——陈新杰

【王履祥】

王履祥，澄海人。康熙（1662—1722）初年沿海"迁界"，履祥移居海阳县鳄溪乡，课徒讲学。平生敦本好施。蓬洲堤崩坏已久，捐资修筑。（乾隆《澄海县志》）——蔡文胜

【王懋修】

王懋修，号亮生，丰顺建桥人。弱冠投笔从戎，曾在台湾基隆任左营、正营文案，台湾前敌粮台，赏五品顶戴。光绪三十一年（1905）任广西宜山县丞，三十二年（1906）兼署宜山知事，代理庆远知府。以襄办赈捐案出力，赏戴蓝翎。民国二年（1913）十月署丰顺知事，三年（1914）一月卸任。在任力谋建设，如创办各区警察等。居乡则独力募捐，建沙田圩、一渡水、青潭等处石桥。因改建潮州城王氏宗祠，寄居潮州五年。六年（1917）冬，闽军攻击潮城，与驻潮粤军鏖战于城门外，炮声震天，民众惊恐。修与海阳举人王延康邀请同人，冒夜冒险出城，面请在城外国教士，同往前敌调停，恳请闽军出境，以保全地方。使闽军退，地方安。越年，潮郡人民立碑于开元寺，以纪其实。卒于潮城，年六十四。（光绪《丰顺县志》、民国《丰顺县志》）——陈贤武

【王泽高】

王泽高（？—1787），南澳人。行伍。曾任台湾左营外委。乾隆四十九年（1784）捐建深澳武帝庙。升澎湖右营把总。台湾林爽文乱起，泽高赴台平乱。五十二年（1787）三月，庄大田聚众攻桶盘栈，泽高战死。事闻，照阵亡例赏恤，入祀台南昭忠祠。云骑世袭完，再给恩骑尉罔替。（嘉庆《续修台湾府志》、《平台纪事本末》、光绪《台湾通志》）——黄迎涛

【王麟书】

王麟书，字兴宗，澄海人。性嗜学，博闻强记，淹贯群书。为诸生时受聘修纂《澄海县志》。乾隆三十九年（1774）举人。磨勘官签出其考卷中"淳氏之子"四字，以为杜撰，议罚停会试三科。总裁程景伊指出其出自《法帖考正》，嘱主考李调元检书示之，磨勘官乃愧服。由是麟书名满都下。益都进士李文藻，宿学也，一见称为"王书厨"。及李文藻任揭阳知县，聘其主讲榕江书院。后以年老不赴选，授翰林院典簿，终老于家。（嘉庆《澄海县志》、《潮州志补编》）——蔡文胜

【韦　乙】

韦乙，普宁人。署潮镇右营青屿千总。（光绪《普宁县志》）——陈新杰

【方士仪】

方士仪，普宁洪阳人。例贡。谨慎和谦，疏财仗义。乾隆间（1736—1795），岁饥，赈济者三。卒，知县李青、伊桂先后以"义敦桑梓""望重南山"旌之。举人余光宗作挽歌，有"邑赖而翁为补救，犹国柱石药参苓"之句。（光绪《普宁县志》）——陈新杰

【方士达】

方士达，字殿拔，普宁人。职监。存心利济，雍正四年（1726）及五年（1727），岁饥，士达罄其家积，倡始平粜，复举义赈，命妻李氏煮粥，务躬亲检点，不敢出童仆手，所苏者众。（乾隆《普宁县志》）——陈新杰

【方士贤】

方士贤（1684—1744），字殿英，号可希，普宁人。贡生日煌长子。少读书，能诗文，波磔有法。雍正四年（1726）及五年（1727），岁饥，捐米助赈。十二年（1734），由监生谒选，署溧水知县。越年，调江南赣榆知县。署南捕通判，时值蝗灾，首请散赈，亲督厥事，生活者万家。赣有漕米例由民征民运于海道中，民之失事重科者，惨不胜算。士贤为力陈于上宪，咨部得准将米色折价官收官解，民始无累。总督以"循声在南"奖之。乾隆九年（1744），移咨赴江推补，以旧疴作而不起，卒。有诗数首存世。（雍正《江南通志》、乾隆《普宁县志》、《潮州诗萃》）——陈新杰

【方士昌】

方士昌，普宁人。职监开树子。少勤学，淹通经史，擅诗词。武艺娴熟谙韬略。乾隆六年（1741）武举。十年（1745）登武进士。后赴泉州，遂居其地。（乾隆《普宁县志》、《方氏奉先堂族谱》）——陈新杰

【方士第】

方士第，字殿述，普宁人。庠生道崇次子。职监。性慷慨，重然诺，有祖父风。普人称趋公慕义救灾恤者，必首推士第。雍正四年（1726），岁大饥，捐米义赈。五年（1727），又大饥，倡绅士设厂煮粥，督赈半月有余。复以饿殍载道，出己资市席数百捆，掩埋胔骸。修学宫，建关帝三后殿，创昆冈书院，筑培风塔，皆众推总理，尽心竭力，未尝有倦色。当道前后嘉奖之。（乾隆《普宁县志》）——陈新杰

【方士雄】

方士雄，普宁洪阳人。乐善好施。乾隆六十年（1795）、嘉庆元年（1796），大饥，数赈不靳。仲子元黄亦善体父志，饥民多赖全活。（光绪《普宁县志》）——陈新杰

【方士敦】

方士敦，字莲士，惠来东陇人。光绪十五年（1889）副魁。著有《莲村诗词集》。（《惠来历代县长考略》）——周修东

【方大业】

方大业，字廷宴，普宁洪阳人。少聪慧，结庐于城郊马头山村，躬耕力学。嘉庆二十一年（1816）举人第五名。（《方氏奉先堂族谱》）——陈新杰

【方大进】

方大进，潮阳附廓都人。道光二十四年（1844），任南澳镇标海门属达濠营守备。（光绪《潮阳县志》）——陈新杰

【方广益】

方广益，字谦之，惠来县惠来都人。由庠生入读国子监。事亲甚谨，不赴铨选，置产分给弟侄。祖祠为营弁占住，自买屋十二间易归，以祭祀先祖。赋性好善乐施，尝出己资赎回贫女数人，归其父母以嫁。广益还捐资砌石，修建东西两门外大路，往来称便。康熙三十六（1697）、三十七年（1698）连遭饥荒，广益捐粟于文昌阁助赈。晚年犹设教城西，以礼持躬，诱掖后进。知府张克嶷旌表其门曰"孝友垂芳"。享年七十岁。（雍正《惠来县志》、道光《广东通志》）——周修东

【方之孝】

方之孝，字孺子，惠来县惠来都人。巨津州知州廷兰孙，举人鏞子。十四岁时，伯父方钟为族仇所杀，父亲相继去世，之孝与从兄嘉客间关险阻，历告当道，最终手刃诸凶。后入府城师从陈衍虞，为学使何三省所首拔，每试俱前茅。笃志潜修，淹通经传及诸史百家，尤邃于古诗文辞。顺治八年（1651）中举人第八名，十一年（1654）北上赴试，舟经南京，选次程墨，盛行书坊。以病旋舟。十四年（1657）再赴京试，至赣州卒，年仅三十七岁，人皆惜之。著有《心远堂集》。（康熙《惠来县志》、雍正《惠来县志》、乾隆《潮州府志》）——周修东

【方习圣】

方习圣，惠来县人。乾隆十七年（1752）恩贡。幼孤，事母孝。生平嗜学，授徒以程朱语录，不沾沾举子业。十九年（1754），渡台男妇百余人遭风，幸不死，流丐于道。习圣醵金遣之归。（乾隆《潮州府志》、道光《广东通志》）——周修东

【方子隆】

方子隆，惠来人。县学生员。勇于从义，至老不倦。顺治二年（1645），举人林学贤造反，围攻惠来城接连几月，危若累卵。子隆捐家财募乡勇三百人，由靖海所兼程冒围而

入，与翁一珙等誓死以守。倾囊捐助丁壮粮米，卒保危城。上司高其义举，赠以冠带。（乾隆《潮州府志》）——周修东

【方丰】

方丰，普宁人。花翎都司。历年带勇剿办东江、嘉应军务立功，后积劳病故，议恤应荫子八品监生。（光绪《普宁县志》）——陈新杰

【方开元】

方开元，字学长，普宁人。贡生。性和缓，嗜义好善，乡人号为"菩萨"。每周人之急如营办家务，董建明伦堂舍，捐资助修钱湖桥及造培风塔，创昆冈书院，皆尽力襄事。雍正四年（1726），岁饥，平粜煮赈，皆义举之大者。知县宁修旌之。（乾隆《普宁县志》）——陈新杰

【方开达】

方开达，字学时，普宁人。庠生。勤学敦行，尤慕义乐施，克承父训。康熙六十年（1721），修学宫，首董其事，司建文昌阁，呈准分县学额。雍正五年（1727）及六年（1728），连遭岁饥，平粜煮赈，施棺席，皆竭力为之。雍正八年（1730）、乾隆三年（1738），两举优行，人无异议，佥称其有先民遗风。卒年七十一。（乾隆《普宁县志》）——陈新杰

【方开亨】

方开亨，字学正，普宁人。职监惟义子，监生。有父风，性孝惠，好行善事，尝目击里中有危困事，解囊以赠，且无德色。雍正五年（1727）及六年（1728），连岁大饥，设粥赈济，施槥掩胔，列宪旌其门，有"做好人自家方便，能周急举世讴歌"之语。（乾隆《普宁县志》）——陈新杰

【方开树】

方开树，字学会，普宁人。监生开亨胞兄弟，职监。一门尚义，习若性成，每闻有义举，必醵金助公，不肯落人后。雍正五年（1727）及六年（1728），饥馑迭至，饿殍遍野，开树煮粥，活人甚众。（乾隆《普宁县志》）——陈新杰

【方天机】

方天机，普宁人。以临淮典史署县丞，勤慎奉公，能尽其职。布政使许松桂以"世禄洪都"颜其居。（光绪《普宁县志》）——陈新杰

【方天宝】

方天宝，惠来靖海所人。登乾隆元年（1736）举人，十年（1745）进士，授清溪知县。二十一年（1756）改雷州府教授。好学能文，深于经术，掌教雷阳书院，师范严正，启迪有方。士之被其裁成者，为文皆有法度可观。（道光《广东通

志》、乾隆《潮州府志》、嘉庆《雷州府志》）——周修东

【方天锦】

方天锦，普宁人。持躬端谨，兢兢奉法，三月全完粮课，为县民率先，知县萧麟趾以"奉日输诚"旌之。职候选县丞。（光绪《普宁县志》）——陈新杰

【方元炳】

方元炳，惠来人。乾隆五十五年（1790）岁贡，授新兴训导。（光绪《肇庆府志》）——周修东

【方云起】

方云起，号湘雯，普宁黄坑都人。聪颖过人，言语朴讷。乾隆五十九年（1794）举人，选授东安教谕。训后进，课程严肃，理解精明，游其门者多名下士。著《树木堂文稿》。（光绪《普宁县志》）——陈新杰

【方日足】

方日足，普宁黄坑都人。监生。咸丰四年（1854），许亚梅之乱，捐资捍御，力保危城。七年（1857），知县郝有金旌以"克襄义举"，以昭激劝。（光绪《普宁县志》）——陈新杰

【方日煌】

方日煌，字学瀛，号云斋，普宁人。幼耽图籍，好学不倦，补县学生，历试辄冠军。康熙五十年（1711）岁贡。性端方，遇事敢言，亲友有纷难者悉为排解。县有公举董事，略无倦容。暇则以文艺训儿曹。普宁诸生多出其门下。年五十四卒。以子士贤官知县，赠文林郎。（乾隆《普宁县志》）——陈新杰

【方日耀】

方日耀，又名日让，字学锦，普宁人。监生。少好读书，性恬静，不与外事。训子以淳厚行善为本。雍正四年（1726）及五年（1727），岁饥，子苍璧等助赈，皆日耀之训也。卒年五十三。（乾隆《普宁县志》）——陈新杰

【方　长】

方长，普宁人。潮阳营把总，署和平汛。同治十二年（1873），任潮阳营中军守备。（光绪《潮阳县志》、光绪《普宁县志》）——陈新杰

【方仁勇】

方仁勇（？—1865），普宁黄坑都人。都司玉云长子，六品蓝翎。同治四年（1865），太平军犯嘉应，仁勇卒于军中。（光绪《普宁县志》）——陈新杰

【方氏（王玉振妻）】

方氏（王玉振妻），普宁黄坑都人。平镇营都司方玉云女。生有异禀，不与群儿嬉。年十八于归，读女学，通孝经大义，事姑以孝谨称。生一女甫五岁，夫故，矢志守贞。性幽静，足不出闺门。卒年三十六。（光

绪《普宁县志》）——陈新杰

【方氏（谢光登妻）】

方氏，惠来人。二十岁时，出嫁儒士谢光登，克尽妇道。未及四载，其夫去世，方氏矢志守节，上事尊长，下抚孤儿，最终其子得以成立，入读县学。去世时五十六岁。（雍正《惠来县志》）——周修东

【方氏（翁朝聘妻）】

方氏，惠来人，生员翁朝聘妻。二十岁时过门，四载后朝聘去世，留一女。方氏勤于纺绩，孝事公婆，以丈夫之胞侄弘拔为嗣，抚育教诲，名列县学生员。八十岁去世。（雍正《惠来县志》）——周修东

【方氏（林拔志妻）】

方氏，惠来县人，适林拔士。二十三岁时，其夫去世，方氏怀孕九月，诞而得男。家无片产，宵旦织纴，以奉六旬家婆，鞠育孤儿，至于成立。守寡三十余载卒。（雍正《惠来县志》）——周修东

【方氏（林尔彍妻）】

方氏，惠来县龙溪都人，韶州教授林应选次子文学林尔彍妻。方氏过门时才十七岁，七年后而其夫去世，膝下无子，止育一女，方氏裂肠断发，愿以身殉，以公婆衰老无依，便强留残喘，以女红自给，公婆生病，方氏亲侍汤药，不离左右。其女长大后出嫁廪生方淳。方氏痛惜其夫无子，继立文绍为嗣。苦节六十七年后才去世。（雍正《惠来县志》）——周修东

【方 文】

方文，普宁人。历署饶平营游击、澄海营参将，补惠来营游击，调南韶连镇左营游击。花翎副将衔，尽先参将。（光绪《普宁县志》）——陈新杰

【方文灿】

方文灿（1700—1778），号厚庵，普宁洪阳人。恩贡生，选临高县教谕。（《方氏奉先堂族谱》）——陈新杰

【方文振】

方文振，字德臣，普宁人。庠生。性刚正，轻财义举。普宁上社之寨仔洋、冯厝寨、埠塘埔、新沟、冷水坑、乌泥坑数乡，昔皆山隈硗田，不通水利，一遇干旱，求渗滴灌溉不可得。康熙二十年（1681），文振过其地，适久不雨，桔杆无所施，皆悬耒愁叹。因为四顾审视，倡众筑磜，然工程浩大，罔敢有出声应者。文振慨然解囊鸠工，择吉起筑浚沟，由暗径山远流五里许至深旺池，始为汇注，厚筑陂岸，曰磜下陂；立甲巡视，分疏淌流，自是受灌溉者十余里，横竖计田三千余亩，费镪四百余。迄今人怀其德。（乾隆《普宁县志》）——陈新杰

【方文璘】

方文璘，惠来县惠来都人。顺治十三年（1656）岁贡，十五年（1658）仕韶州府训导，十八年（1661）调惠州府长宁县训导。（乾隆《潮州府志》、同治《韶州府志》、光绪《惠州府志》）——周修东

【方玉云】

方玉云（1818—1858），字允升，普宁黄坑都人。任侠善谋，授黄冈左营把总，从游击长桂平韶关，破黄锋围，知府吴寿称为壮士，劳以白金二十两，保授蓝翎千总。咸丰四年（1854），许亚梅攻城，玉云在籍，知县潘铭宪邀同协守。七月，贼围城急，铭宪亲援桴鼓，分阵守御。贼用火药轰屋墙裂，玉云被压，血流殷殷，不暇顾视，亲督火炮连环迸发，毙贼无数。旋遣王邦武率死士缒城出，从东安横贯贼阵，大败之。六年（1856），从总兵官寿山赴赣州，与太平军大战东门外，斩首百余级。遂与总兵卓兴分略属邑，贼平，授平镇营千总、尽先守备。八年（1858），以功加都司衔署都司事，旋奉檄剿汀州；十月师抵上杭，汀州知府某弃城遁，至饷不给，忧愤卒于军中。（光绪《普宁县志》）——陈新杰

【方玉堂】

方玉堂，普宁人。历任黄冈协右营把总，平镇营千总。署都司。（光绪《普宁县志》）——陈新杰

【方正镐】

方正镐，字肇丰，普宁人。监生。性庄重，见义必为，乡族咸相矜式。普宁县学二公馆，各有田租，租为僧所占，正镐率绅士里排鸣于官，悉得复。（乾隆《普宁县志》）——陈新杰

【方世祥】

方世祥，字子哲，普宁人。贡生。为人尚忠厚，好施予，与物无忤，都里无少长皆爱之。兵燹之际，富室多不保，世祥以平日能济人，故无恙。卒年六十六。乾隆间（1736—1795），以子宪韶贵，赠如子官。（乾隆《普宁县志》）——陈新杰

【方　发】

方发（？—1850），普宁人。蓝翎都司。道光三十年（1850），奉委剿办高州等处股匪，攻破馒头岭、南山、白花塘等坚巢十余处，积劳身故。奉旨优恤，长子方杰世袭。（光绪《普宁县志》）——陈新杰

【方　吉】

方吉，普宁人。任罗定协中军都司护理副将事。调黄冈协中军都司各营事。赏花翎。（光绪《普宁县志》）——陈新杰

【方先声】

方先声，字仰文，惠来县惠来都人，教谕昌岐子。乾隆六年（1741）

举人，十年（1745）会试入选明通榜，任长乐县训导，十五年（1750）升龙门县教谕。道德文章，为时式矜。子挺芳，生员；玄孙乃斌，丰顺等县县长。（乾隆《潮州府志》、光绪《广州府志》、《似园文存》）——周修东

【方廷标】

方廷标，普宁人。贡生。有诗作存世。（《潮州诗萃》）——陈新杰

【方廷辅】

方廷辅，号仁山，普宁洪阳人。岁贡生。历任龙川、乳源、长宁等县教谕，上宪推升惠州教授，以年迈辞，致仕。嘉庆三年（1798），岁饥，平粜施粥，生平义举甚多。（光绪《普宁县志》）——陈新杰

【方廷縈】

方廷縈，榜姓蔡，惠来县惠来都人。饶平学，康熙三十五年（1696）举人副榜。有诗《望双荐山》、《游榕石庵》。（雍正《惠来县志》）——周修东

【方 华】

方华，普宁人。黄冈协右营把总，调署潮镇右营千总。（光绪《普宁县志》）——陈新杰

【方仰欧】

方仰欧（1842—1926），字碧秋，号绍修，普宁洪阳人。同治元年（1862），优取县学增生。光绪二年（1876），署甘肃宁夏知县。时天大旱，民不聊生，仰欧开仓放赈，教种甘薯，民赖以苏。（光绪《普宁县志》、《方氏奉先堂族谱》）——陈新杰

【方 壮】

方壮，普宁人。武生，蓝翎尽先游击。署惠来游击。（光绪《普宁县志》）——陈新杰

【方壮猷】

方壮猷，揭阳人。乾隆六十年（1795）举人。嘉庆十七年（1812），授广东香山教谕。（光绪《揭阳县续志》、光绪《香山县志》、《广东贡士录》）——孙杜平

【方 江】

方江（？—1861），普宁人。蓝翎千总。咸丰十一年（1861），在高州大井地方打战出力，受伤阵亡。奏请恤，奉旨照准。（光绪《普宁县志》）——陈新杰

【方声鸣】

方声鸣，海阳人。乾隆二十五年（1760）恩科举人。吏部拣选知县。（光绪《海阳县志》）——陈贤武

【方声亮】

方声亮（1680—1744），字学虞，号博正，普宁人。修职郎方瀚子。少颖异，博览广记，靡不淹贯，工制艺及诗古文词。康熙四十四年（1705）举人第七。本县有应该兴作之处，声

亮皆请于当事而首为之倡，如重修圣庙、建文昌阁及造分司公馆，指画多出其手。雍正四年（1726），谒选授南昌府武宁知县，洁清自持，训士爱民。先是武宁有积逋至五万余，声亮承追，虑催科有妨抚字，乃设法使上下两使初不扰民，三年之内，宿欠一清。解组后，武宁之民依恋不舍，立祠以纪其功。能诗，七古最为矫健。著《澹宁堂诗文集》藏于家。（《世宗宪皇帝朱批谕旨》、乾隆《普宁县志》、《潮州诗萃》）——陈新杰

【方苍璧】

方苍璧，普宁人。监生日耀子。贡生。有诗作存世。（《潮州诗萃》）——陈新杰

【方连山】

方连山（？—1854），普宁黄坑都人。家贫力农，知大义。咸丰四年（1854），许亚梅围城，遭其党借进上方氏祠宿，连山不纳。贼突至，缚连山于石柱，备极惨虐，连山自分必死，骂不绝口，遂遇害，投尸溪中。知县潘铭宪感其义，优加赠恤。（光绪《普宁县志》）——陈新杰

【方时偕】

方时偕，惠来人。当顺治二年（1645）之变，捐金募丁壮三百，由靖海所入援县城五十余日，最终歼灭其魁首。（乾隆《潮州府志》）——周修东

【方　利】

方利，见"谢大略"条。

【方应丁】

方应丁，号先庚，海阳人。普宁廪膳生。遭父丧，哀毁尽礼，事继母如所生。会世乱，筑围自固，乡族赖之。两经郝尚久、刘进忠之叛，清师久顿城下，应丁率众供军实。修南门堤，建文昌会馆，不吝捐资。顺治十八年（1661）岁贡，署东莞教谕。康熙二年（1663），实授从化训导，卒于官，年七十五。（雍正《广东通志》、乾隆《普宁县志》、光绪《海阳县志》）——陈新杰　陈贤武

【方应芝】

方应芝，字宗堂，惠来县惠来都人。力耕孝亲，赋性过人。顺治六年（1649）遭罗英之变乱，应芝哀恸其兄缺乏子嗣，便舍弃其子，负侄可智以逃，得以远祸。年五十卒，无后嗣，族人高其义举，立同姓可蕃为嗣子，可智仍命次子辉明为嗣孙。辉明后入读国子监，曾孙特钦等有声县学。（康熙《惠来县志》、道光《广东通志》）——周修东

【方应奎】

方应奎，号先娄，海阳人。应丁弟。笃行力学。父有遗产，悉推与兄应丁，自甘蔬布。食饩邑庠，康熙十六年（1677）岁贡。届期，以吴友年老，让之。后以岁贡终。（乾隆《潮

州府志》、光绪《海阳县志》）——陈贤武

【方应祷】

方应祷（1617—1702），原名应祧，字彦特，号维城，惠来县惠来都人。浮梁知县方鲁孙。十岁父一鸣去世，依母勤读经书。顺治十四年（1657）中举人第五十三名。康熙十九年（1680）授四川南川知县。在职四年，轻徭薄赋，劝课农桑。二十六年（1687），与纂《惠来县志》。潮州两遭寇警，应祷捍城筹饷，边防完固。邑有奸商李云龙等屡次偷采茅坪矿山，应祷上书督抚，力陈弊害，恳请勒石永禁。致政二十年，三膺宾筵。子峄，岁贡；孙锡道，举人。（雍正《惠来县志》、乾隆《潮州府志》）——周修东

【方宏道】

方宏道，字学兼，普宁人。雍正元年（1723）举人。久负文名，淹通经史。五年（1727）、八年（1730），均中乡试副榜，后进争师之。性爽直，尤好义，岁荒捐赈，及请复洑、洋二都，皆欣然首倡。卒年仅四十一，士林惜之。（乾隆《普宁县志》）——陈新杰

【方　武】

方武，普宁人。历署兴宁、崖州营都司，代理崖州协副将、儋州营游击。花翎副将衔。（光绪《普宁县志》）——陈新杰

【方青钱】

方青钱，字文庄，号徽恭，普宁洪阳人。少具文才，力学不倦，博通经史。弱冠入县学，联捷中举人，以学优署教番禺。家居倡建祖祠，撰有《志略》存焉。（《方氏奉先堂族谱》）——陈新杰

【方　直】

方直，惠来人。优贡，乾隆五十九年（1794）任石城县训导。（民国《石城县志》）——周修东

【方林捷】

方林捷，字联三，普宁人。职监。守备鼎爵子。康熙十三年（1674），平南王兵讨刘进忠之乱，久住普宁，军粮悉经措置，无匮无扰，众服其才，亦赖以安。（乾隆《普宁县志》）——陈新杰

【方　轮】

方轮，字殿眉，普宁人。诸生道崇子。府学生。性毅才敏，尝为义学师，造就多人。县有断肠毒草，乡愚辄以自尽赖人。轮思除其患，恳知县刊示谕民，且捐纸板，遍乡劝化，而毒草害人之患少息。（乾隆《普宁县志》）——陈新杰

【方国乔】

方国乔（1663—?），字殿揆，普宁人。性敏好学，少游泮，屡试高等。康熙四十五年（1706），贡生。

五十二年（1713），推选训导，以亲柩未葬，辞不就职。家居乐善好施，雍正四年（1726）及五年（1727），与绅士捐资义赈。（乾隆《普宁县志》、乾隆《潮州府志》）——陈新杰

【方国斌】

方国斌，字千人，惠来县惠来都人。连城县丞方正孙。为县学生员。生平孝友忠义，抚养其兄遗孤，关怀备至。顺治六年（1649），罗英围城，国斌慷慨仗义，捐家产千金，敦请挚友高亮福、亮祯会同陈廷斌，自胪岗埠亲带壮士设伏禄昌北山等处，合邑赖以生全。（雍正《惠来县志》、顺治《潮州府志》）——周修东

【方昌岐】

方昌岐，字仰文，号荣西，惠来县惠来都人。家骏长子。嘉庆十三年（1808）岁贡。任龙门、长乐两县教谕。著有《普陀山房词》。子先声，龙门县教谕。（新编《惠来县志》）——周修东

【方金亮】

方金亮，惠来县人。附贡，道光二十七年（1847）署任惠州和平教谕。（光绪《惠州府志》）——周修东

【方　宝】

方宝（？—1826），字璞山，普宁洪阳人。赠振威将军方源第五子。勇力超群，随父在军，每战辄冲锋陷阵，以守备用。同治元年（1862），随兄耀赴援高州，连破贼军村、芝麻岭等处数十巢，伤重阵亡。赐恤次子、武生方定光袭云骑尉。（光绪《普宁县志》）——陈新杰

【方　录】

方录，字学抡，普宁人。少有文名，多闻强记，子史百家，手不停披，年十四即入县学。康熙五十四年（1715），罗秉琦来任知县，知其学，延居师席，生徒以文名显者前后相接。后任知县至，皆畀以课士责，至老不倦。六十年（1721）督学惠士奇劝学岭南，专取淹雅有实学者，岁试拔录冠一军，享年七十。（乾隆《普宁县志》、乾隆《潮州府志》）——陈新杰

【方承显】

方承显，字作士，普宁人。敦厚成性，事亲克尽孝思，慕义乐施，至老不倦。督令子开达，修学赈饥，康熙五十一年（1712）后，知县田云翼贤之，给有"齿德可风"匾额优奖。（乾隆《普宁县志》）——陈新杰

【方绍伸】

方绍伸，字淡斐，普宁人。庠生明作次子，亦诸生。存心仁厚，乐施与，周人之急如若不及。康熙四十七年（1708），潮疆不靖，各佃感平日抚恤高义，竭力共保其家。奠安之

日，复备衣食送回。（乾隆《普宁县志》、《方氏奉先堂族谱》）——陈新杰

【方经纶】

方经纶，字振常，普宁人。显嘉第三子。生即灵慧，涉猎经史，寒暑不辍，以屡试冠军补廪膳生。下笔思发泉涌，有大家气魄。乾隆元年（1736）乡试，主司阅具卷，叹为奇才，因房荐甚迟，已满额而罢。卒年仅二十六，朋侪咸痛惜之。（乾隆《普宁县志》）——陈新杰

【方　茹】

方茹，普宁人。监生。花翎升用都司，立功，后积劳病故，照例赏恤。（光绪《普宁县志》）——陈新杰

【方　树】

方树，普宁人。任黄冈协右营千总，署理右营守备。历任鲤湖、棉湖汛、揭阳城守，尽先守备。（光绪《普宁县志》）——陈新杰

【方挺芳】

方挺芳（1830—1899），字荔生，号莲村，先声子，昌岐孙，惠来县惠来都人。邑增广生员，道光三十（1850）贡生。设帐授徒，终身讲学，游其门者多知名士。著有《莲林文集》。（《似园文存》、新编《惠来县志》）——周修东

【方显嘉】

方显嘉，字碧山，普宁人。少丧父，事母以孝闻。早岁入国子监。为人倜傥好施，有寒爨无烟者以贫告，助之无少吝。尝捐田为先农祠地。雍正五年（1727）及六年（1728），连遭岁荒，同子贡生经国、经杰、廪生经纶，煮粥赈之。经国亦好义喜施，敦恤亲邻，抱负不凡，惜早卒。（乾隆《普宁县志》）——陈新杰

【方　勋】

方勋（1839—1889），号铭山，普宁洪阳人。赠振威将军方源第四子。光绪十年（1884），法寇福建，马尾吃紧，勋奉命赴闽，以功晋福建汀、漳、龙兵备道。十五年（1889），西班牙寇台湾，勋率潮勇三千赴台抗敌，六月廿二日，于凤山全军殉国。朝廷旌表，钦加布政使司衔，克勇巴图鲁、二品爵位。民国三十四年（1945），台湾光复，国民政府于凤山县为建"潮军忠义祠"，至今犹存。（光绪《普宁县志》、《方氏奉先堂族谱》）——陈新杰

【方贻蕙】

方贻蕙，普宁人。庠生绍伸孙。力学，务躬行实践。父愈陶，字光行，号黎生，成童即补县学生。贻蕙能读父书兼绳祖武。每闻义举，常耻不自己出。里邻赖其相周者指不胜屈。逝世之日，慕风而吊者远近踵相

接焉。（乾隆《普宁县志》）——陈新杰

【方钟岳】

方钟岳，普宁城东人。方士俊子。幼聪颖好学，十岁能文，十四补县学，十九为廪膳生。乾隆二十八年（1763）岁贡。卒年六十。（光绪《普宁县志》）——陈新杰

【方修良】

方修良，普宁人。监生。宽和乐易，辑睦乡邻，义闻仁声，流传远近。道光十七年（1837），府县陆续旌之。（光绪《普宁县志》）——陈新杰

【方　恬】

方恬，普宁人。署潮镇右营守备。军功花翎游击衔，尽先都司。（光绪《普宁县志》）——陈新杰

【方美利】

方美利，见"谢大略"条。

【方美和】

方美和（1834—1905），字际永，号眉峰，普宁人。义行献荣第四子。长身伟貌，沉毅有威，能轻其财，人称仁厚长者。训育儿孙，多成大材。（《方眉峰公永思录》）——陈新杰

【方炳文】

方炳文，普宁人。廪贡生。署福建漳州海防通判。（光绪《普宁县志》）——陈新杰

【方宪韶】

方宪韶，普宁人。乾隆间（1736—1795）监生，官四川按察司经历。有诗作存世。（光绪《海阳县志》、《潮州诗萃》）——陈新杰

【方　恭】

方恭，普宁人。军功。同治十年（1871），署潮阳营中军守备，历任陆路提标中军参将，各营后营、潮镇左营、潮州营游击。光绪九年（1883），尽先补用副将，督标中营游击，强勇巴图鲁。（光绪《普宁县志》）——陈新杰

【方桂东】

方桂东（1857—1907），号纬星，惠来酉头都（今属揭阳惠来）人。光绪五年（1879）武举人，九年（1883）随方耀调防钦州，驻石城县。治军严明，深得上司器重。升游击，尽先补用参将。驻石城，助民修路造桥，兴教育，奖生产，功绩卓著。民众为建生祠，以志去思。尝于广州黄沙办述善堂，汕头办同济堂，惠来县城办劝善堂，赠棺施药，赈恤穷人。铺筑惠来周田岭径石级，建造公圩石桥灰路。三十三年（1907）调防博罗，卒于任上。得赏戴蓝翎，晋封武功将军并赐葬。（《申报》、新编《惠来县志》）——周修东

【方　峡】

方峡，字白溪，惠来县惠来都

人。南川知县应祷四子。同胞兄弟五人，俱为县学生员，而方崃文名尤著，屡试名列前茅。生平豁达多才，为先祖增拓祭租，创建宗祠，慷慨好施，为世楷模。享年七十二岁。长子锡道，举人。（雍正《惠来县志》）——周修东

【方　峰】

方峰，普宁人。贡生。长厚性成，积德累仁，老而弥笃。道光二年（1822），知县陈春林嘉之，旌以"维义长存"，普宁人藉以风世励俗焉。（光绪《普宁县志》）——陈新杰

【方　豹】

方豹，惠来县惠来都人。县学生员。五世同居共食，邑人称之。康熙十三年（1674）适逢刘进忠之变，方豹族侄被掠，勒索赎回重金，方豹慨然变卖家产，换得百两银子将其赎回，人高其义。生平喜好前辈格言，晚年手不停披，有所得，书之座右。学使翁嵩年以"齿德高士"旌表其门间。子方禧，孙元嵩，俱为武举人。（雍正《惠来县志》、雍正《广东通志》）——周修东

【方逢吉】

方逢吉，字羽君，惠来县惠来都人。孝亲信友，家贫力学。与举人张灏等一时名士相友善，为文立就，每试俱名列高等，从学甚众，为士人之

楷模。应康熙四十三年（1704）岁贡。享年八十六岁。（雍正《惠来县志》、乾隆《潮州府志》）——周修东

【方逢源】

方逢源（？—1850），普宁黄坑都人。任把总。道光二十四年（1844），潮阳黄悟空倡双刀会，煽诱乡愚。知县许锡勋派逢源协剿灭之。三十年（1850），太平军乱起，大吏委锡勋募勇赴剿。逢源从至翁源县界，敌骤至，挺身拒战，死之。赠千总，荫一子。（光绪《普宁县志》）——陈新杰

【方留耕】

方留耕（？—1709），字安斋，惠来隆井都人。父以岁贡赴廷试，返程时逝于途中，留耕千里扶棺而归，赤足痛哭，见者为之感动泣下。服事高龄祖父尤其谨慎，友爱诸弟，能得其母欢心。所教授生徒，多入选县学。由廪生中康熙四十七年（1708）举人，赴试礼闱，中途染病，抵家数月而逝。进士许腾鹤等门人与其子嗣昆、嗣拔共襄葬地，克尽师生之谊。（雍正《惠来县志》）——周修东

【方兼斋】

方兼斋，名不详，兼斋为字号，惠来东福村人。尝任参军、通判，擅诗，丁日昌《百兰山馆古今体诗》中多有与其唱和之作。丁日昌有句：

"遥瞻东福（参军所居乡名）集群英。"（《百兰山馆古今体诗》）——周修东

【方 祥①】

方祥，惠来人。事父母承欢无间。伯兄死，无后，为置产以存其祀。弟早丧，遗孤若崇甫周岁，抚之成立，无殊己出。岁饥，夜获盗，面如菜色，更与钱米，遣之。有饥民刘佑生携女求鬻，越五年来省女，相持而泣，祥恻然命携之归，焚券不索价。生平不道人短，自壮至老，足迹不履公庭。（乾隆《潮州府志》）——周修东

【方 祥②】

方祥（？—1863），普宁洪阳人。少倜傥。咸丰六年（1856），随族叔方源统带前营兵，克复清远。复随提督、兄耀克复安远、平远、信宜各县，保蓝翎尽先都司。同治二年（1863），驰援八尺，与太平军康王、传王奋战阵亡。子继清袭荫黄冈右营外委。（光绪《普宁县志》）——陈新杰

【方继兴】

方继兴，普宁人。历任河婆、棉湖汛。尽先都司，抚标右营守备。（光绪《普宁县志》）——陈新杰

【方 菁】

方菁，号蕴斋，惠来人。廪贡生，乾隆四十二年（1777）任惠州府龙川县训导。复登五十四年（1789）举人第二十二名，五十六年（1791）任万州学正，嘉庆元年（1796）任江苏徐州府萧县知县，嘉庆四年（1799）十二月调任江宁府句容知县。（光绪《惠州府志》、《粤屑》、《清代官员履历折单片》、《广东全省历科解元题名录》）——周修东 孙杜平

【方 营】

方营（？—1861），普宁人。守备。咸丰十一年（1861），带勇赴高州剿贼，受伤阵亡。赐恤世袭云骑尉。（光绪《普宁县志》）——陈新杰

【方辅臣】

方辅臣，普宁人。武生，任黄冈协右营千总。历署樟林渡仔头千总。（光绪《普宁县志》）——陈新杰

【方 野】

方野，普宁人。署水师提标中营守备。（光绪《普宁县志》）——陈新杰

【方野春】

方野春，普宁人。督标后营守备，署樟林、庵埠汛。蓝翎，补都司。（光绪《普宁县志》）——陈新杰

【方 彩】

方彩，普宁人。花翎都司。历年带勇剿办东江、嘉应军务立功，后积劳病故，议恤应荫子八品监生。（光

绪《普宁县志》）——陈新杰

【方　象】

方象（？—1861），普宁人。蓝翎千总。咸丰十一年（1861），在高州大井地方打战出力，受伤阵亡。奏请恤，奉旨照准。（光绪《普宁县志》）——陈新杰

【方惟义】

方惟义，字贻善，号庄惠，普宁人。职监，候选州同。（《方氏奉先堂族谱》）——陈新杰

【方鸿元】

方鸿元，惠来人。增贡生。同治三年（1864）署香山县教谕。（光绪《香山县志》）——周修东

【方　隆】

方隆（？—1861），普宁人。守备。咸丰十一年（1861），与方营等带勇赴高州剿贼，受伤阵亡。赐恤世袭云骑尉。（光绪《普宁县志》）——陈新杰

【方联升】

方联升，潮阳人。行伍。嘉庆十八年（1813），署三河千总。十九年（1814），升守备。（同治《大埔县志》）——陈新杰

【方朝安】

方朝安（1869—1941），字靖山，号学稼子，惠来人，廷邦次子。光绪年间（1875—1908）补廪贡生。曾任广州黄沙述善堂总理、述善两等小学堂董事长。著有《秀水诗文集》。（新编《惠来县志》）——周修东

【方鼎爵】

方鼎爵（？—1652），字毅正，普宁人。平日义侠性成，武艺习熟，受平南王牌札为守备之职。顺治五年（1648），土寇屠掠乡寨，里党宗族赖其保全。九年（1652），贼复犯普界，鼎爵奉檄带兵以御，贼众大至，奋勇力战，殁于阵中，乡县悯之。（乾隆《普宁县志》）——陈新杰

【方策韬】

方策韬，惠来人。武举人，同治元年（1862）任潮州镇潮阳营守备。（《潮州志》）——周修东

【方敦际】

方敦际，字溯崖，惠来陇头人。父承读，谨厚好学，九十岁时还参与宾筵盛会。敦际行四。制艺以王慎中、唐顺之等艺文为基，每试俱名列前茅。选为县学廪膳生员，人皆称为"诸生祭酒"。喜为文词，遇奇花幽岩，俱寄之于诗。然享年不永，士论惜之。著有《买笑囊集》（一作《买笑集》）。子大鹗，监生。（雍正《惠来县志》）——周修东

【方道崇】

方道崇，字学隽，普宁人。年十六补府学生。恬静笃学，廉隅自饬。知县安定枚高其文行，延为义学师。日与诸弟子讲明经义，丹铅之外绝不

闻外事，严课程，历晦明不少辍。雍正六年（1728），知县蓝鼎元复敦请训士，潜修如前，故有"耆儒硕德"之褒。（乾隆《普宁县志》）——陈新杰

【方献年】

方献年，普宁人。生有至性。少时，父遭富袋寮黄姓掳勒，径往替返。及长习医，倡建祖祠，置祭田。（光绪《普宁县志》）——陈新杰

【方献荣】

方献荣，字运声，普宁人。生平事亲贤孝，读书能明大义。咸丰四年（1854），许亚梅攻城，献荣率子侄辈偕邑人日夜守御，贼退后，人竞争赏，荣不与闻，以为协力守御，乃士民之本分耳。（光绪《普宁县志》）——陈新杰

【方献泉】

方献泉，普宁洪阳人。谦恭忠厚，急公好义。咸丰四年（1854），许亚梅之变，捐资筑栅，率三子以守御，事平，赏功六品衔。卒年八十。（光绪《普宁县志》）——陈新杰

【方锡道】

方锡道，榜姓江，惠来县惠来都人。应祷孙，方崃长子。康熙五十三年（1714）举人，序选知县。（雍正《惠来县志》、乾隆《潮州府志》）——周修东

【方锦芳】

方锦芳，惠来人。增贡生。咸丰元年（1851）七月署东莞县训导。（民国《东莞县志》）——周修东

【方 鹏】

方鹏，普宁鹅翁葛人。少随总兵卓兴军，咸丰六年（1856），龙都之役，敌众我寡，势甚危。两军皆阵鼓声作，鹏大呼陷阵，全军乘势齐发，声震山谷。敌疑援至，遂大溃。总兵亟叹赏之，以外委署饶平汛。卒于家。（光绪《普宁县志》）——陈新杰

【方 煜】

方煜，字檀之，惠来隆井都人。少为县学廪膳生，每试辄前茅。力敦孝弟，言择行端，教授生徒，多为名士。应康熙二十五年（1686）岁贡，考选训导。赴京廷试，未仕而卒。子留耕，举人。（雍正《惠来县志》）——周修东

【方 源】

方源（1816—1867），字小川，普宁洪阳人。倜傥有大志。道光三十年（1850），两广太平军蜂起，源奋然请于当道，自募乡勇五百，赴高廉。咸丰五年（1855），血战石城、灵山、钦州、博白间，剿灭巨寇刘八、苏龙三、李士青等股。复灭艇匪伍文炳于梧州。同治二年（1863），奉敕先赴韶州，由南平至南雄，连败

刘老三、刘洞等股；五月，移赴高州，先后破化州官桥圩罗阿大，剿石城石角圩之朱十四，破淡竹水大平店之董十一等股，于信宜歼李映超全股，凯旋回省。是时源诸子俱在军，所部潮普勇之名远近流著。五年（1866）夏，西赴梧州平乱。立解城围，旋请假回籍。六年（1867）夏，巨寇陈金缸由湖南扰粤，清远危甚。源闻，即籍选劲勇一千七百赴省，大府益以三百人，进扎清远，连破营垒千余所，围遂解。陈金缸余部窜匿深山。五月，积劳成疾，卒于阵中。源仲子耀以寇势尚盛，不敢稍懈，卒平巨寇，陈金缸授首。以子耀贵，诰赠振威将军。（光绪《普宁县志》）——陈新杰

【方　福】

方福（？—1854），普宁人。蓝翎，拟保守备，拔补黄冈营外委。咸丰四年（1854），奉调带勇剿办北江连、英、清等处，攻破贼巢，克服城池，出力积劳病故。（光绪《普宁县志》）——陈新杰

【方静臣】

方静臣（1860—？），惠来县惠来都东陇人。挺芳子，昌岐曾孙。幼承庭训，兄弟十一人中，最以孝友推重侪辈。洎壮，随提督方耀剿匪两粤，出入戎行者十载，数以劳勚奖许上峰。已而退处家园，日督子弟就学。有长者风范。子乃斌，民国任丰顺等县县长。（《似园文存》）——周修东

【方嘉发】

方嘉发，普宁人。贡生世祥子。乾隆元年（1736）进士，官知县。有诗作存世。（《潮州诗萃》）——陈新杰

【方嘉登】

方嘉登，字尔宪，普宁人。蓝鹿洲门人。进士嘉发弟。乾隆十一年（1746）岁贡。二十七年（1762），授增城训导，署从化教谕，居官尽职，言旋之日，官绅徂道者以百计。大学士漳浦蔡新。新赠联云："琼林旧预金昆宴，玉酒新凝宝树香。"尝与兄同登豪冈山，有诗纪游。（《棉阳学准》、光绪《普宁县志》、《潮州诗萃》）——陈新杰

【方毓麟】

方毓麟（一作"璘"），惠来人。廪贡生。咸丰二年（1852）四月署东莞县教谕。（民国《东莞县志》）——周修东

【方衡山】

方衡山，普宁黄坑都人。有隐德。因会乡，佃户欠租，乡众呈官差拘男妇数十人，衡山力请释放。尝捐资开修城河。咸丰四年（1854），许亚梅之乱，阴献护城、结援二策于方玉云，终身不自以为功。（光绪《普宁县志》）——陈新杰

【方 禧】

方禧，惠来县惠来都人。方豹子。康熙五十年（1711）辛卯科武举人第四名。子元嵩，雍正七年（1729）武举人。（雍正《惠来县志》、乾隆《潮州府志》）——周修东

【方 鳌】

方鳌（？—1888），又名昌海，字莱峰，号武毅，普宁洪阳人。咸丰初（1851），太平军渐炽，乃弃文就武，从提督方耀转战两粤、江西、湖南、福建数省，由大军功擢尽先补用游击，给尚勇巴图鲁，赏戴花翎，历署兴宁、五华、潮州城、肇庆协中军各都司。同治十二年（1873），加副将衔。光绪三年（1877），奉旨准免骑射。越年，筹办晋豫帐捐，保以参将序补。七年（1881）补抚标右营游击。十年（1884），调署潮镇中军游击。十三年（1887），升补钦州镇参将，复因海防出力，保以副将补用。十四年（1888）二月，在中军署疾卒。生平勇于赴义，在籍时，从方耀办理潮属积案，歼渠魁，擒著盗，修城垣，董局务，凡有益于民间者，无不次第设施。嗣奉母命，捐千金助饷，得旨赐"急公好义"字样，准予建坊。（光绪《普宁县志》、《方氏奉先堂族谱》）——陈新杰

【方 瀚】

方瀚（1656—1742），字贻镐，普宁人。监生。处庭帏有至性，与人交，慷慨嗜义，施与一无所吝。若延师训子以绍家学，皆堪为式于乡。乾隆元年（1736），旨下府县有司，凡生、监年八十以上，准给八品冠带，时瀚已八十一岁，得与恩赐。（乾隆《普宁县志》）——陈新杰

【方 耀】

方耀（1834—1892），字照轩，普宁洪阳人。弱冠随父方源在军。自咸丰元年（1851）至九年（1859），在粤境累战有功。十年（1860）六月，以游击尽先补用，嗣进参将。同治元年（1862）六月，补琼镇右营都司，署三江协副将。二年（1863）秋，耀与副将卓兴连破肇、罗各寨，复信宜城，并复广西岑溪县。以功擢副将，加总兵衔。四年（1865）二月，却太平军汪海洋部于大埔，叙功记名总兵。闰五月，与郑绍忠会闽军，克平和、诏安，加提督衔。七年（1868）三月，署南韶连镇总兵，旋调署潮州。八月，实授南韶连缺。因办九县积案，耀创为"选举清乡法"，先办陆丰县斗案，最著者为治潮阳县沙陇一案。清查强占民田，悉归本户。勾稽积欠前粮，丈量输赋，关税额岁增巨万。创设书院、义学，潮人赖之。得旨交军机处记名提督，

赏穿黄马褂。光绪三年（1877），调署广东陆路提督。九年（1883），海防甚亟，署广东水师提督。十一年（1885），诏实授。十八年（1892）六月，卒于行营。诏优恤，宣付国史馆立传，赐祭葬。子廷珍，号幼轩，以县学生荫户部主事。（《清史列传》、光绪《普宁县志》、《潮州志补编》）——陈新杰

【邓尔瑊】

邓尔瑊，字玉仙，大埔三河（今属梅州大埔）人。光绪二十九年（1903）举人。旋以家贫亲老，乃遍游南洋暹罗各岛，所著诗文颇多，其《南游草》尤为人所称道。光绪三十四年（1908）任暹罗《启南报》主笔，民国后以疾卒于暹，年四十三岁。（民国《大埔县志》）——黄树雄

【邓林梅】

邓林梅（1714—1768），字景行，号介峰，惠来龙溪都（今属揭阳惠来）人。熙载曾孙。聪敏好学，登乾隆九年（1744）举人，十九年（1754）进士。二十九年（1764）谒选，授四川遂宁县知县。有贤名，聘为戊子科省闱同考官。卒于任上。（道光《广东通志》、乾隆《潮州府志》）——周修东

【邓熙载】

邓熙载，字舜良，惠来龙溪都人。妻子过世不再娶。日习骑射，力能挽强弓。顺治二年（1645）林学贤造反，熙载召集乡勇相捍御，诸村落倚之若长城。学贤慕其勇猛，招之，熙载怒，撕裂来书，义勇感激乡人。康熙三年（1664），苏利余党郑三自龙江流劫庵尾角，熙载率丁壮赶往增援，入夜被流贼围困，遂遇害。次日，其兄弟收敛其尸，犹僵坐不倒。曾孙林梅，乾隆进士。（乾隆《潮州府志》、道光《广东通志》）——周修东

五 画

【石　榴】

石榴，女，失姓氏，潮阳人。幼鬻豪棍某为婢，性贞静简默，举止端庄，颇识字，似非厮贱者流。及长，有姿色，豪棍遂居奇以待善价。县城前后溪多疍船，购以多金，豪棍诺之，女跪泣求免，豪棍不听，乃投井而死。越日起之，颜色不改。闻者为之痛恨。（嘉庆《潮阳县志》）——陈新杰

【卢士芳】

卢士芳，一作仕芳，字馨伯，饶平元歌都（今属潮州饶平）人。顺治十七年（1660）举人。性刚方，慷慨好施，乐为族里解纷，里人义之。（康熙《饶平县志》）——黄树雄

【卢氏（方秉国妻）】

卢氏，惠来人方秉国妻。过门才一载，其夫亡故，膝下无子，卢氏痛家婆年老无依，请求继嗣，以延夫君之后。卢氏忍死苦守，依靠针线活以作供养，以俭勤起家。嗣子夭折，遗下幼孙三人，卢氏复与媳妇辛勤鞠育，皆得以成立。每逢饥荒年，出粟平粜助赈，乡邻受惠者多。惠来知县张玿美褒奖曰"巾帼一人"。享年八十三岁。（乾隆《潮州府志》）——周修东

【卢氏（林翼之妻）】

卢氏，惠来龙溪都（今属揭阳惠来）人。崖州学正林奕兰侄子翼之妻。其夫去世时卢氏才二十五岁，毁容绝食，欲以身殉，以公婆在堂，幼子在抱，勉强就食。邻妇有劝以再嫁者，卢氏即厉声正色以拒之。时值沿海斥地内迁，艰苦备尝，卢氏勤事织纴，以作奉养，公婆有疾，药必亲尝，不离左右。苦节四十余年，为时人所称道。（雍正《惠来县志》）——周修东

【卢文杰】

卢文杰，澄海县下外莆都（今属汕头澄海）人。侨居罗定州，补东安县学生，康熙十八年（1679）岁贡。博涉书史，擅古文诗词，工书法，草隶兼长。康熙年间（1662—1722）澄海知县王岱重其学，聘修《澄海县志》。选官饶平训导，未赴任卒。（雍正《澄海县志》、嘉庆《澄海县志》）——蔡文胜

【卢邦栋】

卢邦栋（1862—?），字子材，澄海下外莆都（今属汕头澄海）人。诸生。擅书法，学柳公权，近《神策军碑》，结体端正俊丽，引筋入骨，圆融苍劲。（《澄海历代书法概览》）——蔡文胜

【卢 和】

卢和，惠来靖海所人，居于县城东郊涂城。身长七尺，鼍面长须，为县中壮丁。顺治二年（1645），本县举人林学贤造反，攻打县城，围困数月，援兵莫至，内外信息不通。县令沈惟煌与绅士商议求救，召卢和议事，命其突围赴府城求援。卢和黑夜从城南缒出，匍匐膝行十五里，至神泉，延海岸线而东，由潮阳入潮州府城呈送求救信。如是者二十四次，援兵至，惠来城之围得解。（《鹿洲初集》）——周修东

【卢逸兴】

卢逸兴，惠来人。乾隆元年（1736）岁贡，任儋州训导。（乾隆《潮州府志》）——周修东

【卢淑娘】

卢淑娘，澄海下外莆都（今属汕头澄海）人。十岁通小学、毛诗，嫁陈氏子。遇乱，贼杀其夫。淑娘被

执,不受辱,自投水死。(康熙《澄海县志》、道光《广东通志》)——蔡文胜

【叶士聘】

叶士聘,字君会,澄海中外莆都(今属汕头澄海)人。少业儒,因变乱弃学。性情敦厚,乐成人之美。他姓有卖田于士聘者,其族人欲赎为祭业而不敢言。士聘知之,曰:"此孝思也。"遂归还之。人皆以为长者。子叶志宽,雍正八年(1730)进士。(乾隆《澄海县志》、嘉庆《澄海县志》)——蔡文胜

【叶志宽】

叶志宽(1700—1765),字孟学,号栗轩。澄海中外莆都(今属汕头澄海)人。叶士聘之子。雍正四年(1726)中举人,八年(1730)成进士,分发广西,以知县即用。历署富平、昭平两县知县,历任恭城县、直隶宁河县、青县知县,兴水利,劝农桑,建义仓,政简刑清。乾隆十七年(1752)秋青县蝗虫害稼,志宽因捕蝗有功,升河南裕州知州,捐俸以代民役。后调郑州知州,修书院,助膏火以造就人才。会中牟县杨河崩决,分拨抢修,身先吏民,数十昼夜不懈,堤工告竣,遂以积劳成疾告休。后卒于家。(嘉庆《澄海县志》)——蔡文胜

【叶拂云】

叶拂云,字白也,一字铁柯,澄海人。清初诸生。其诗作根源汉魏,泽以四唐诸家,落腕谋篇,峥嵘博雅。著有《龙桥诗集》。(《潮州艺文志》、《潮州诗萃》)——蔡文胜

【叶湑】

叶湑,字豹园,惠来县惠来都人。中康熙二十九年(1690)举人第六名。受业于进士张经之门,得其讲画指授。为文规模大家,闱墨印出,人争传之。性狷介不妄取,自授徒酬金外,硁硁自持,布衣蔬食,自得其乐。长子秉煌,有声县学。(雍正《惠来县志》、乾隆《潮州府志》)——周修东

【叶照林】

叶照林,字东山,丰顺人。著有《医方易简续编》。(《中华医学大辞典》)——陈贤武

【史 晟】

史晟,字伯寅,揭阳人,一作饶平人。康熙二十五年(1686)举人,授山西夏县知县。在任增筑城垣,修葺义学。夏人怀德,立祠祀之。二十六年(1687),调四川建始县。县当明季兵乱,加以吴、谭之变,百姓逃亡,田亩荒芜,公廨学宫,鞠为茂草。晟殚力经营,建瓦房以肃治体,修学宫以俾向学。又招徕流民,给以牛种。政绩卓著。三十三年(1694),

擢盛京承德知县。县多权贵，晟自持耿正，四境肃然。以母忧归，而卒于家。(雍正《揭阳县志》、光绪《夏县志》、道光《建始县志》、民国《沈阳县志》)——孙杜平

【丘元俊】

丘元俊，揭阳人。县学生，屡被赐粟帛。卒年九十六。(乾隆《揭阳县志》)——孙杜平

【丘世机】

丘世机，揭阳人。例贡生。性至孝。少贫而有志，勤于营生，藉以养亲。尝割股和药，治愈母疾。后家渐裕，益力行善事。卒年七十五。(光绪《揭阳县续志》)——孙杜平

【丘权达】

丘权达，丰顺汤坑人。同治年间(1862—1874)，任汤坑保安局董。时溺女婴之风盛行，倡建育婴堂收养弃婴，并向各乡劝捐义仓。丰顺知县赠他"急公好义"之匾。(光绪《丰顺县志》)——陈贤武

【冯开得】

冯开得(？—1882)，字异宏，海阳大和都(今属潮州潮安)人。行伍出身。任广东增城参将。光绪七年(1881)年老致仕。次年病卒于乡。(光绪《海阳县志》)——陈贤武

【冯氏(徐明哲妻)】

冯氏(徐明哲妻)，潮阳人。年廿四夫亡故，冯痛不欲生。时以舅姑在堂，孤才三龄，乃强起治事。茹荼集蓼，久而弥坚。或有他议者，厉色拒之。及舅姑继殁，殡葬皆冯氏经营。训子孙尤有义方。府县旌其间。卒年七十四。(康熙《潮阳县志》、嘉庆《潮阳县志》)——陈新杰

【冯秉铨】

冯秉铨，字祖禹，海阳丰政都(今属梅州丰顺)人。康熙十四年(1675)乙卯科举人，由普宁学。三十年至三十八年(1691—1699)任河南南阳府叶县知县。在任修廒十间，以储米谷，民称便。(乾隆《潮州府志》、光绪《海阳县志》、康熙《叶县志》)——陈贤武

【冯衍经】

冯衍经，字纯儒，海阳丰政都(今属梅州丰顺)人。顺治十一年(1654)甲午科举人。子世远，娶吴六奇女。(乾隆《潮州府志》、光绪《丰顺县志》)——陈贤武

【弘觉禅师】

弘觉禅师，见"道忞"条。

六 画

【邢九雏】

邢九雏，字叙畴，海阳登云都(今属潮州潮安)人。有文名，设帐郡城，从学多知名士，陈昌期、郑昌时等出其门。乾隆三十年(1765)举

人，出宰河南，初署阌乡，嘉庆六年（1801），转桐柏、长葛等县，荐署南阳同知，督理黄河，钦赐彩缎。补授灵宝县知县。居官勤政事，案无留牍。九年（1804）卒于官。著有《三鳣堂文集》四卷。（乾隆《潮州府志》、光绪《海阳县志》、嘉庆《南阳府志》、《桐柏县大事记》）——陈贤武

【邢光熙】

邢光熙，海阳登云都（今属潮州潮安）人。以父雄高袭云骑尉。嘉庆间（1796—1820）历署广东连州千总、惠来营守备，九年（1804）任新宁营守备。（光绪《海阳县志》、光绪《广州府志》）——陈贤武

【邢维新】

邢维新，字励轩，海阳登云都（今属潮州潮安）人。以祖雄高袭云骑尉。道光间（1821—1850）补授督标左营守备，十年（1830）任广东新宁营守备，十八年（1838）任江苏苏州杨舍都司。端雅和蔼，乐亲士人。二十年（1840）夏，英军入侵，长江戒严。时营有马步守兵及余丁二百余名，在斜桥港口炮台扼守。一英舰抵港，见军容甚盛，不测深浅，怯退。自五月至于八月解严，时历盛暑，日则操防，夜则巡瞭，始终勿怠。里中群不逞，亦无敢窃发讹言。日至而市井晏然。里人感其保障功，为立《都阃邢公保障江乡碑》碑纪功绩。升泰州营游击、江浙太湖协副总兵。（光绪《海阳县志》、光绪《广州府志》、《张家港旧志汇编》）——陈贤武

【邢朝凤】

邢朝凤，揭阳人。监生，选授安徽凤阳县丞，未赴任。雍正四年至五年（1726—1727），连岁饥荒，朝凤捐谷助赈，又尽倾己谷，减价平粜。生平捐助尤多，如修双峰寺、东关石桥等，皆鼎成之。（乾隆《揭阳县志》）——孙杜平

【邢雄高】

邢雄高（？—1796），海阳登云都（今属潮州潮安）人。膂力过人，乾隆四十二年（1777）三月，由行伍出身拔潮州镇标右营额外外委。六月，补城守营外委。四十五年（1780），升把总。五十二年（1787），从征台湾，在茑松庄、竹篱厝等处屡获胜仗，升千总，署潮州镇左营守备。嘉庆元年（1796）三月，奉调随征楚南叛军，收复乾州。又随剿鸦溪、大波垫、大坝坪各苗寨。七月以搜捕苗寨功，赏戴花翎。嗣攻三盆坪要隘，克竹山坡，九月进取平泷，乘胜深入险阻，为叛军所扼，力战死。二年（1797），大吏奏闻，诏赐恤赠云骑尉，世袭罔替。（光绪《海阳县志》、《国朝耆献类征初编》）——陈贤武

【邢麟阁】

邢麟阁,海阳登云都(今属潮州潮安)人。以曾祖雄高袭云骑尉。咸丰间(1851—1861)补提标中营守备,十年(1860)升南澳镇右营游击,十一年(1861)任水师提标中营参将。五月,以克复广西梧州府城,赏戴花翎。晋广东龙门协副将,同治四年(1865)十二月至五年(1866)署阳江镇总兵。(光绪《海阳县志》、光绪《广州府志》、民国《阳江志》)——陈贤武

【戎世芳】

戎世芳(1794—1868),名漱亭,字世芳,号馥斋,惠来靖海所人。咸丰六年(1856)恩贡〔一作"咸丰五年(1855)岁贡"〕,设帐授徒于乡。著有《馥斋集》。书法王右军,得秀媚韵味。(《惠来历代县长考略》)——周修东

【吕一麟】

吕一麟,字守士,海阳登云都(今属潮州潮安)人。吕玉璜季子。有《红杏山房诗钞》。(光绪《海阳县志》、《潮州艺文志》)——陈贤武

【吕三阳】

吕三阳,饶平城内人。心存古道,翛然俗表。饶邑风气,女嫁不得意,或自轻生,其父兄必勒索赔命钱,方准夫家收殓。三阳家极贫。女嫁张姓,死于非命,分文不取。平时所得束金,稍有余,即于小沟砌小石桥以济徒涉。闲暇遍巡城内书馆,汇收字纸焚化。年老未得功名,毫不介意,总以鼓舞人材为已任。家徒壁立,处之泰然,读书谈道外无他慕。(光绪《饶平县志》)——黄树雄

【吕玉璜】

吕玉璜,号小伊,海阳人。经历吕光裕长子。廪贡生。先自登云都(今属潮州潮安)移居郡城。少孤,其母潘恭人延师课读,与弟玑璜俱有声庠序。家丰于资,玉璜乃潇洒出尘,绝无富豪气。性耽吟咏。道光间(1821—1850)选授广东曲江训导。履任数月即解组归。图书满室,以风雅自娱,与黄兆荣、廖日昌诸名士骚坛角逐,称盛一时。著《刻烛吟馆诗钞》,有道光五年刻本。(光绪《海阳县志》)——陈贤武

【吕玑璜】

吕玑璜,号珮仙,海阳登云都(今属潮州潮安)人。吕玉璜弟。有隽才。早逝。有《嘤其鸣斋诗集》。(光绪《海阳县志》、《潮州艺文志》)——陈贤武

【吕光裕】

吕光裕,字德辉,号文亭,海阳登云都(今属潮州潮安)人。监生,就职经历。天性慷慨,家丰于资而乐施予。乾隆六十年(1795),岁饥,斗米千钱,民大窘。时光裕与林叶两

家合办长汀官盐，请于鹾使金之昂，设四关为粥以赈，其老稚不克赴者，另厂给以钱。知府韩义平棐，光裕首捐三千金、米四百石为众倡。当是时饥民攘夺满道路，兵吏莫可谁何。光裕虑民之不靖也，解囊与约，人日百钱，期半月止，潜弭其患，民赖以苏，潮人至今啧啧称尚义。（光绪《海阳县志》）——陈贤武

【吕廷铨】

吕廷铨，普宁人。副榜。仕萧山知县。（乾隆《普宁县志》）——陈新杰

【吕应恭】

吕应恭，字锺异，饶平汤溪社（今属潮州饶平）人。赋性刚果，读书聪颖，屡受知于学使。未遇时，设教饶、海、揭、澄，及门发达者甚多。明末清初时局混乱，应恭与举人刘道璋共谋防御之策。曾捐建官路太平石桥，行人便之。（康熙《饶平县志》）——黄树雄

【吕应璜】

吕应璜，字公瑜，吕应恭胞弟，饶平汤溪社（今属潮州饶平）人。顺治十一年（1654）中举人，选为贵州龙泉知县。后家居。重建祠庙，劝释纠纷，众咸归之。康熙年间（1662—1722）潮州乱，应璜逃影深林，不履城市者四载。（康熙《饶平县志》、乾隆《贵州通志》）——黄树雄

【吕茂凯】

吕茂凯，见"林茂凯"条。

【吕钟琇】

吕钟琇，字集九，一字集莹，饶平元歌都（今属潮州饶平）人。雍正四年（1726）举人，十二年（1734）署福建漳平知县，捐修城隍庙。乾隆元年（1736）任福建将乐知县。才干明敏，兴利除害。有牟利者凿石烧灰，山林几无完体，琇严禁之。建文昌阁，督役治河，多有惠政。九年（1744）改台湾凤山知县，以政绩卓异进京觐见。（乾隆《将乐县志》、乾隆《台湾府志》、光绪《饶平县志》）——黄树雄

【吕祥麟】

吕祥麟，号吉士，海阳登云都（今属潮州潮安）人。吕玉璜长子。咸丰二年（1852）举人。有《漱绿山房稿》。（光绪《海阳县志》、《潮州诗萃》、《潮州艺文志》）——陈贤武

【吕瑞麟】

吕瑞麟，字蔼士，又字敏士，海阳登云都（今属潮州潮安）人。廪生。吕玉璜次子，温丹铭称"其诗颇有家风"。有《绿雨窗稿》。（光绪《海阳县志》、《潮州诗萃》、《潮州艺文志》）——陈贤武

【朱之伟】

朱之伟，字俊坊，饶平隆都（今

属汕头澄海）人。咸丰六年（1856）岁贡。同治九年（1870）冬，饶平县令张兆庚延请主讲县琴峰书院。历四年，非公事不入见。隆都居韩江下流，屡受水患，历来筑堤御水，其经费皆按田均派，立簿查稽，但年久田多变卖，按簿催收，多有无田空垫者。十一年（1872），伟面请县令，示谕绅董，别立新簿，令变业者查核登记，故有田者不得逃派，无田者不至空垫。至抽派公置产业，每年利息，足供买杉木费用，人尤便之。（光绪《饶平县志》）——黄树雄

【朱之法】

朱之法，名楷，澄海人。增贡生。尝从学海阳名儒陈方平。方平辑注《七家诗》，延为襄校。光绪二十八年（1902），任广东罗定训导。（民国《罗定县志》、《七家诗辑注》）——孙杜平

【朱子贵】

朱子贵，字天石，潮阳县廓都（一作"饶平"）人。潮州府学生。慷慨尚义。顺治六年（1649）前，应贡诸生因清察讹误，通省被议者五百四十五人，子贵与焉。淹滞八载，子身丐大吏咨题，又格于部议，被驳者再三。子贵乃策蹇走京师。会平远姚鑑官部郎，为白其事，得允一体开复。绅士义之。（康熙《潮阳县志》、嘉庆《潮阳县志》、雍正《广东通志》、乾隆《潮州府志》、《饶平县志补丁》）——陈新杰

【朱天泽】

朱天泽，惠来龙溪都人。康熙四十七年（1708）恩贡，雍正五年（1727）任新安县教谕，升肇庆府教授。（雍正《惠来县志》、乾隆《潮州府志》、光绪《广州府志》）——周修东

【朱乌姐】

朱乌姐，潮阳洋乌都人，父德轩诸生，先亡，母亦继殁，女以小弱弟不能存活，绩女红资助。有以定婚请者，女不之许也。年六十八卒，弟为服齐三年。（嘉庆《潮阳县志》）——陈新杰

【朱孔璋】

朱孔璋（1719—？），字其瓒，号琢斋，丰顺东陋人。由监生就选，分发至广西。乾隆十五年（1750），初任全州山枣司巡检，调任桂林府参军，转泗城府凌云县丞。二十三年（1758）六月升授直隶大名府元城知县，翌年先后转云南楚雄府广通、福建仙游知县。在仙游七年，剖断词讼，夜以继日，务期得情。催科而民不扰，考试严绝弊窦。修学宫、南桥。三十六年（1771），高宗皇帝出巡山东，闽浙总督委派朱孔璋为特使，前往迎驾，进贡礼品。高宗赏赐锦缎。不久，调往贵州省，历任铜

仁、荔波、玉屏等县知县。后升任独山知州。在任五载，兴利除弊，殚心民事，民有召父之歌。擢升候补道。所到之处，均有政绩。志称其"居官廉明，居家孝友"。（光绪《丰顺县志》、民国《仙游县志》）——陈贤武

【朱光鼎】

朱光鼎，号毅斋，海阳人。道光十六年（1836）岁贡生。世居枫溪，家贫设帐郡城。父墓在西厢之原，每归家必造墓拜焉。素行端谨，淡然寡营，乡里无长幼咸钦重之。巡道李璋煜称其经明行修，不为利欲所染，特设养正义塾，延课《孝经》、《朱子》、《小学》为乡塾倡。尝赴乡闱，主司拟魁选，已而撤去。光鼎自是绝进取意。晚年学益笃，言动以礼，日有所事，夜必书之。其于居敬为己之功，实能力行不倦。（光绪《海阳县志》）——陈贤武

【朱　陈】

朱陈，惠来龙溪都人。朱黄子。应康熙二十九年（1690）岁贡。肃性谦和，言论笃实。精于医术，经常以医药济人。子振龄，监生。（雍正《惠来县志》、乾隆《潮州府志》）——周修东

【朱鸣玉】

朱鸣玉，丰顺𨻧隍人。道光二十一年（1841）由廪贡生考授仁化县教谕，捐奉倡修学宫，督课士林，诱掖维殷，邑人歙然尊之。翌年离任。年六十六卒。（光绪《丰顺县志》、同治《仁化县志》）——陈贤武

【朱学俊】

朱学俊，揭阳人。候选州同。雍正五年（1727）饥荒，学俊首倡义赈，施赠棺木，掩埋枯骸，县人共推长厚。（乾隆《揭阳县志》）——孙杜平

【朱　黄】

朱黄，字人玉，惠来龙溪都（今属揭阳惠来）人。生性恬静，勤奋好学，在县学中绰有文誉。清初捐资筑堡守御，躬不辞瘁，乡间赖之。生平朴茂寡言，是非不与人计较，里人有互争者，得朱黄一言劝解而消除。人称其有古君子之风。子朱陈，岁贡；孙振龄，监生。（雍正《惠来县志》）——周修东

【朱　雄】

朱雄，潮阳洋乌都人。康熙二年（1663）武举，官扬州卫领运千总。（光绪《潮阳县志》）——陈新杰

【朱遍昱】

朱遍昱，澄海苏湾都（今属汕头澄海）人。生平孝友仁慈。有余积即以分恤贫苦。遭遇变乱，犹延师课子，不因乱废学。年九十八卒。（雍正《澄海县志》）——蔡文胜

【朱锦洲】

朱锦洲，字兴铭，号瀛波，丰顺东㴔人。由廪贡考取兵部主事。同治九年（1870）任广西阳朔知县，后迁平乐府通判，桂林府理瑶分府、龙州同知。历任皆以廉俭自持，又能柔顺地方绅耆，政简刑清，盗息民安，黎庶称赞。任满告病不复出。光绪六年（1880），以剿办禁匪立功奏保，钦加道衔，以知府尽先补用，授朝议大夫。（光绪《丰顺县志》）——陈贤武

【朱演潮】

朱演潮，海阳人。光绪间（1875—1908）授潮州城守营千总。（光绪《海阳县志》）——陈贤武

【朱　樑】

朱樑（1620—1681），号秋壮，字万宗，丰顺下汤社（今属梅州丰顺）人。顺治十二年（1655）由行伍补授饶平营千总，升大埔城守营守备。康熙十三年（1674），流寇郑河桂、葛丁标等患城，克之，擢大埔营游击。十五年（1676），滇黔兵变，奉调克复龙门、连州等地，补副将。十七年（1678），廉州叛，徙任廉镇左营游击，救援钦州，克复合浦、灵山二县，生擒逆帅祖泽清，招抚余党，全廉悉平。十九年（1680），积劳成疾，卒于灵山官署，享年62岁。康熙五十二年（1713），诏赠昭勇将军，谥恭安，崇祀县学乡贤祠。（光绪《丰顺县志》）——陈贤武

【朱　翼】

朱翼，字石崖，惠来龙溪都人。雍正元年（1723）岁贡。尝与谢天选等受聘分纂《惠来县志》。（雍正《惠来县志》、乾隆《潮州府志》）——周修东

【朱攀桂】

朱攀桂，丰顺龙岗上林坑人。乾隆五十四年（1789）举人。任广东龙川县教谕。（光绪《丰顺县志》）——陈贤武

【邬士煌】

邬士煌，惠来人。乾隆三十三年（1768）举人，乾隆四十八年（1783）署任东流知县。（道光《广东通志》、嘉庆《东流县志》）——周修东

【邬有备】

邬有备，惠来人。生员。十岁能文，十五岁学诗古文辞，为宿学所称赏。为人沉静，动必以礼。每谓科举之学，足以误人，教子弟必先行谊而后文艺，所立规条，皆圣贤之学。从游者百余人。（乾隆《潮州府志》）——周修东

【庄大进】

庄大进，潮阳县廓都人。乾隆四十二年（1777）武举，官黄冈千总、署潮镇守备。（光绪《潮阳县

志》）——陈新杰

【庄大受】

庄大受，海阳人。康熙四十四年（1705）武举人。官至常州游击。（光绪《海阳县志》）——陈贤武

【庄　山】

庄山（1764—1781），字鸣国，潮阳竹山都人。幼岐嶷，资性颖异。县举荐童子科，达之上宪，咨部廷试候用，其往来赋答间应对如流。及十二三岁，词赋擅名，经、古见售，列县学生员，潮人美之，都人士咸诧异之。生平低唱浩歌，长篇小令悉以百数，不能悉记。存诗共六十一首，以《三十夜月诗》最有名。乾隆四十一年（1776），辑《凤山文献录》，有功于乡邦文献。惜年十八而逝。（《凤山文献录》）——陈新杰

【庄子爵】

庄子爵，普宁人。生平喜为善，见有义举，辄为赞襄。仙陂溪不通舟楫，行人褰衣而涉，子爵募众造桥，往来行役皆便之。雍正四年（1726）及五年（1727），连年岁饥，人多菜色，子爵勉力助赈，里人蒙活者众，海阳知县美其行，旌曰"齿德堪仪"。卒年七十。（乾隆《普宁县志》）——陈新杰

【庄氏（马维盘妻）】

庄氏（马维盘妻）（1785—？），潮阳峡山都人。年廿九守节。光绪十年（1884），已届百岁。（光绪《潮阳县志》）——陈新杰

【庄氏（陈时达妻）】

庄氏（陈时达妻），潮阳人。年二十守节。岁饥赈粥。知县魏燕超赠曰"德昭恩锡"。子元勋，例贡；孙纪瑞，武举。（光绪《潮阳县志》）——陈新杰

【庄东来】

庄东来，普宁人。少敦内行，家庭雍睦，里人有雀角争，遇东来无不解。康熙十三年（1674），流劫四出，东来集乡壮，亲减膳设食，以资捍御，乡寨卒免于难。其后斥地内迁，男女流离，东来抚恤不倦，里老请县旌之曰"英年侠烈"。卒年八十二。（乾隆《普宁县志》）——陈新杰

【庄尔猷】

庄尔猷，普宁人。性善好施，尝造桥修寨，设义冢于路掩埋骸骼，至老不倦。雍正元年（1723），恩例授八品顶戴。潮阳绅士上其实行，请旌于府县。（乾隆《普宁县志》）——陈新杰

【庄汝济】

庄汝济，号乐清，饶平宣化都（今属潮州饶平）人。家传医学，中年出以问世，治辄有效。上自当事下至穷家，求医者殆无虚日，汝济亦无分昼夜，风雨寒暑，道里远近，咸赴焉。医贫者心益切，人无贵贱，莫不

感悦。顺治十年（1653）郝尚久起兵反清，清军四镇合兵讨之，知汝济能医，善礼之。两广总督亦敬重汝济。凡地方利害，兵燹约束，汝济亦时为公言。年八十余卒。（康熙《饶平县志》、乾隆《潮州府志》）——黄树雄

【庄应元】

庄应元，澄海鮀江都（今属汕头金平）人。诸生。性好施与。凡借贷者，皆给之。雍正四年（1726）、五年（1727）澄邑大饥。应元竭力捐赈，全活者众。年七十卒。孙庄云龙，乾隆十八年（1753）武举人。（乾隆《澄海县志》、嘉庆《澄海县志》）——蔡文胜

【庄炎煌】

庄炎煌，号晓初，揭阳人。同治九年（1870）岁贡。性冲夷，笃于孝友。少力学，文名藉甚。屡试不利，卒以明经老。游其门者，成就甚众。举人曾述经，为其高足云。中年以后，留心经学，宗尚顾炎武，无汉、宋门户之见。卒年六十。（光绪《揭阳县续志》）——孙杜平

【庄春馨】

庄春馨，字弢士，海阳人。为人沉毅有干略，能文章。为邑诸生，康熙十二年至康熙十三年（1673—1674）间海寇蜂起，乡里戒严，佥举春馨为约正，练乡勇，立寨栅，贼莫敢犯。里中有不平，咸质成之，十余年无履讼庭者。晚年以康熙三十九年（1700）岁贡授浙江昌化训导，未任卒。（乾隆《潮州府志》、光绪《海阳县志》）——陈贤武

【庄　政】

庄政，海阳人。光绪间（1875—1908）任广西补用分府，署那地州恩州汉堂。（光绪《海阳县志》）——陈贤武

【庄标振】

庄标振，字昭球，普宁人。有醇行，奉九十六岁老母，晨夕问视，必亲承色笑，虽老衰不倦。仙溪陂桥地当省会要冲，行人病涉，倡捐建造以通往来。雍正四年（1726）及五年（1727），连年岁饥，出所积助赈。潮阳知县魏燕超旌曰"齿德可嘉"。复在府城助赈，海阳知县颜旌曰"荣旌齿德"。（乾隆《普宁县志》）——陈新杰

【庄勋士】

庄勋士，普宁人。幼颖异，力田之暇，亦勤诵读。与人交，缓急相济，无鄙吝习。雍正四年（1726）及五年（1727），连年饥馑，勋士出其所积助赈，道路饿毙者，施棺席掩埋，声传远迩，潮阳知县魏燕超旌曰"德义流风"。卒年七十九。（乾隆《普宁县志》）——陈新杰

【庄钧清】

庄钧清，澄海鮀江都（今属汕头金平）人。嘉庆九年（1804）恩赐举人。嘉庆十三年（1808）进士。钦赐翰林。（嘉庆《澄海县志》）——蔡文胜

【庄起凤】

庄起凤（1808—1889），字明辉，一字翔初，号铁锋老人，普宁人。嘉庆四年（1799）武进士，官至广东平海参将。咸丰十年（1860），以事革职。"以余闲肆画"，尤工画马，喜作《八骏图》、《百马图》。作书率多草体，错落有致。（《潮汕书画人物录》）——陈新杰

【庄常春】

庄常春，海阳人。咸丰十一年（1861）拔贡。广西补用知州，历署灵川、陆川、岑溪、灌阳、永滛等县知县。（光绪《海阳县志》、《陆川人物志》）——陈贤武

【庄得球】

庄得球，揭阳人。副贡庄印光祖。为人周详审慎。卒年八十五。（乾隆《揭阳县志》）——孙杜平

【庄朝荐】

庄朝荐，普宁人。幼丧父母，友爱克勤。尝造白坑湖桥以利行旅。雍正四年（1726）及五年（1727），岁饥，捐赈周恤邻里，潮阳知县魏燕超旌曰"耆硕人瑞"。享年七十三。（乾隆《普宁县志》）——陈新杰

【庄道康】

庄道康，海阳人。廪贡生。光绪间（1875—1908）选授广东德庆州训导。（光绪《海阳县志》）——陈贤武

【庄　曾】

庄曾，字鲁庵，惠来县惠来都人。九岁能文，登顺治十一年（1654）举人第九名。念父早逝，编辑其父事迹，请名家撰序，以垂不朽。因盗寇作乱，与弟庄烔于县城建造住宅，与诸位叔父同居，安聚雍睦。庄曾还创建祖祠，以妥先灵，捐献田租作为祭业。十四年（1657）同挚友方之孝北上赴考，中途之孝病危，庄曾为其料理后事，诸同人重其义举。（康熙《惠来县志》、雍正《惠来县志》、乾隆《潮州府志》）——周修东

【庄富发】

庄富发，普宁人。署潮镇右营千总。（光绪《普宁县志》）——陈新杰

【庄腾飞】

庄腾飞（1743—1805），号云霄，潮阳直浦都人。勇力过人，颇通兵事，由行伍补黄冈协把总，寻升左部千总。乾隆五十二年（1787），台湾林爽文之变，随征有功，迁增城守备。旋又出师广西、湖南等处，擢江

南泰兴都司，晋寿春游击。嘉庆十年（1805），告归，卒。（嘉庆《潮阳县志》、光绪《潮阳县志》）——陈新杰

【庄嘉受】

庄嘉受，普宁人。署福建围头千总，升泉州营南安县都司。（光绪《普宁县志》）——陈新杰

【庄韶光】

庄韶光，揭阳人。监生。生平嗜学好义。雍正四年（1726），尝出谷赈荒。乾隆十三年（1748），又出谷平粜。本县知县屡予褒奖。卒年八十。（乾隆《揭阳县志》）——孙杜平

【庄德容】

庄德容（1819—1868），字瑞溪，潮阳贵山都人。道光（1821—1850）间廪贡生，历署龙门、花县、河源教谕。晚年课授生徒。（光绪《普宁县志》、《贵屿古今人物辞典》）——陈新杰

【庄赞采】

庄赞采，即饶赞采。

【刘九韬】

刘九韬（1628—1690），字夔若，饶平宣化都（今属潮州饶平）人。少具勇略。顺治间（1644—1661）投军，转战陕浙，所向有功，累升山西平阳镇总兵，给世职，勋名甚著。朝廷大臣黄机重其忠清严肃，与之联姻。康熙二十九年（1690）卒。（《饶平县志补订》）——黄树雄

【刘于山】

刘于山，海阳人。附贡生。道光间（1821—1850）署广东封川训导。道光二十八年（1845）在城内刘公祠创建青藜书院。（光绪《海阳县志》）——陈贤武

【刘士煌】

刘士煌，饶平元歌都（今属潮州饶平）人。乾隆四十四年（1779）举人，五十二年（1787）任安徽婺源知县，五十五年（1790）调安徽蒙城知县，曾重修县学和经锄书院。（光绪《饶平县志》、光绪《安徽通志》、民国《婺源县志》）——黄树雄

【刘大力】

刘大力，字梁载，号裕斋，饶平元歌都（今属潮州饶平）人。雍正十一年（1733）武进士。身长八尺，勇力过人。乐善好施。乾隆五十一年（1786）饥荒，大力出私积，按丁口分济各户，赖以活者数百人。（乾隆《潮州府志》、光绪《饶平县志》）——黄树雄

【刘大河】

刘大河（1714—？），海阳东厢都（今属潮州湘桥）人。乾隆十年（1745）进士。乾隆十九年（1754）授安徽宁国知县，转知太平县，二十三年（1758）九月任广州府教授。三

十三年（1768）离任。（乾隆《潮州府志》、光绪《海阳县志》、嘉庆《宁国府志》、光绪《广州府志》、《清代官员履历档案全编》、《清代缙绅集成》）——陈贤武

【刘大栋】

刘大栋，榜姓郑，饶平元歌都（今属潮州饶平）人。雍正二年（1724）举人，乾隆六年（1741）任广东海康县教谕。（乾隆《潮州府志》、嘉庆《海康县志》、光绪《饶平县志》）——黄树雄

【刘大斌】

刘大斌，潮阳县廓都人。乾隆十八年（1753）武举，官碣石中营把总。（光绪《潮阳县志》）——陈新杰

【刘飞澜】

刘飞澜，海阳人。咸丰年间（1851—1861）任潮阳营千总。（光绪《海阳县志》）——陈贤武

【刘天柱】

刘天柱，惠来人。康熙五十六年（1717）岁贡。雍正十三年（1735）任新安县训导。（乾隆《潮州府志》、光绪《广州府志》）——周修东

【刘元伯】

刘元伯，字次侯，普宁人。康熙三十三年（1694）岁贡，好学积德，为梓里所推重。乾隆十三年（1748），兵燹之后，鲤湖十三寨山民抗官拒租。十九年（1754），汪溶日来任知县，乘清查保甲之便，邀元伯同往劝谕，民翕然悉改前习，都里德之。卒年九十二。（乾隆《普宁县志》、乾隆《潮州府志》）——陈新杰

【刘公显】

刘公显（？—1651），揭阳人。明季武生。顺治二年（1645），聚兵叛乱，时号九军，声势猖獗。并僭号"后汉"，改元"大昇"。旋受闽将陈豹之招，引赴福州，啖之以官。明年（1646）六月，会清总督佟养甲、提督李成栋提兵至潮，公显投诚，授以职衔，令之随征。九月，公显合金甲贼破县，毁文庙，拆城隍，开库狱，焚黄册，大肆杀掠，缚执官民。十月，闽加公显为左军都督。继犯府城、潮阳，皆不利。四年（1647），海寇挟明益王子朱由榛至揭，土寇附合之，立为监国，以图兴复，并遣使与九军结。未几，由榛为清军擒杀。五年（1648），公显部再犯府城，败归。既闽定国公郑鸿逵率舟师至潮阳，公显导之入揭。倚藉其威，焚劫乡寨。六年（1649），鸿逵舟师与清总兵郝尚久战，公显助之。八年（1651）五月，公显为清总兵班志富所杀，传首县城。既而班志富、郝尚久督兵剿其寨。（鸳鸯寨）余党被杀者千余人，至是乃平。（雍正《揭阳县志》、乾隆《揭阳县志》）——孙

杜平

【刘氏（陈义妻）】

刘氏，深澳人。年十六嫁夫陈义。数月，夫以充伍戍台湾。姑老且病，刘氏典簪珥以奉汤药。及殁，鬻衣被以备殡殓。或劝其称贷，氏拒之。年二十四夫回，生一子，又二年而夫死。刘氏茹蘖守节，抚育幼孤，以长以教。子必焕克承母志，绩学有声黉序。（民国《南澳县志》）——黄迎涛

【刘氏（陈有豪妻）】

刘氏（陈有豪妻），普宁黄坑都人。年二十守节。寿百岁。五世同堂。（光绪《普宁县志》）——陈新杰

【刘文华】

刘文华，字云樵，惠来西头都（今属揭阳惠来）人。尝汇集群书，博采众长，纂辑《保产金丹》四卷，论述胎前产后摄养之法，刘文焕（章甫）校正，有光绪十二年（1886）仁寿堂刻本。（新编《惠来县志》）——周修东

【刘文浚】

刘文浚，海阳人。顺治间（1644—1661）生员，官贵州都匀兵巡道佥事。（光绪《海阳县志》）——陈贤武

【刘玉树】

刘玉树，海阳东厢都（今属潮州湘桥）人。道光十年（1830）岁贡生，候补儒学训导。（光绪《海阳县志》、《潮州桃坑刘氏族谱》）——陈贤武

【刘世振】

刘世振，揭阳人。雍正四年（1726），县遇饥荒，世振捐谷协赈，为署县柴玮褒奖。乾隆元年（1736），被授八品顶带。卒年八十五。（乾隆《揭阳县志》）——孙杜平

【刘世登】

刘世登，新会人，附籍海阳。康熙三十三年（1694）进士。（乾隆《潮州府志》、光绪《海阳县志》、道光《广东通志》）——陈贤武

【刘世德】

刘世德，揭阳人。监生，候选理问。生平好行善事，尝捐修渡口桥梁。知县刘业勤礼请为乡宾。（乾隆《揭阳县志》）——孙杜平

【刘本盛】

刘本盛，字兆功，澄海下外莆都（今属汕头澄海）人。性宽和，尤笃亲谊。族戚中有丧葬之事，辄先往相助。相力不能举者，酌量周济。虽家无隔宿之粮，犹安然处之。（嘉庆《澄海县志》）——蔡文胜

【刘召选】

刘召选，大埔滦洲（今属梅州大埔）人。乐善好施，凡义举皆不惜资。曾捐三百金修路。于石门岭下建

石桥一座，费二百金。施百金于大通渡添置渡田。（同治《大埔县志》）——黄树雄

【刘廷锳】

刘廷锳（？—1865），号子才，潮阳黄陇都（今属汕头潮南）人。慷慨喜任侠，业贾于吴门。咸丰三年（1853），太平军蹂躏江南，廷瑛募乡人子得一千五百人，申明约束，往投提督邓绍良效力，鏖战三次，敌破胆亡去。十年（1861），太平军围京口，相持近五载。其卒保危城者，刘部潮勇与练勇之力也。同治四年（1864），复以少击众，破敌于高资。五年（1866）正月十六日，提督余万清规复镇江府城，檄廷锳前驱。时廷锳已由都司改捐道员矣，著芒屦当先临阵，炮穿腿骨，犹负伤督战不退。异归，逾旬余卒。奉旨照三品官阵亡例，赐恤予骑都尉世职，祀京师昭忠祠，宣付国史馆立传。子守正亦先战殁于北门，荫云骑尉。（《十朝诗乘》、光绪《潮阳县志》）——陈新杰

【刘　任】

刘任，潮阳人。雍正七年（1729）二月，任陆丰右营守备，升本标右营游击。（乾隆《陆丰县志》）——陈新杰

【刘守正】

刘守正，见"刘廷锳"条。

【刘进翔】

刘进翔，澄海上外莆都（今属汕头澄海）人。乾隆三十五年（1770）武举人。三十六年（1771）武进士。官香山都司。（嘉庆《澄海县志》）——蔡文胜

【刘克江】

刘克江，海阳人。由行伍出身。乾隆六年（1741）十月任崖州中军守备，八年（1743）转春江中军都司（驻广东遂溪），十一年（1746）离任。（光绪《海阳县志》、乾隆《崖州志》、民国《阳春县志》）——陈贤武

【刘时达】

刘时达，饶平元歌都（今属潮州饶平）人。雍正八年（1730）武进士，乾隆十二年（1747）任南昌卫守备。十八年（1753）以伪造大臣谏止南巡奏稿一案被杀。（乾隆《潮州府志》、同治《南昌府志》、光绪《饶平县志》、《清实录》）——黄树雄

【刘时颖】

刘时颖，字愚山，海阳登荣都（今属潮州湘桥）人。康熙三十二年（1693）以书经中式举人第八名。五十一年（1712）至五十五年（1716）任河南阳武知县。四十二年（1703），途经番禺时，带回香蕉苗二株种植。以后繁殖推广，周围农村也多有种植，使溪口村成为香蕉主产区。擅

诗。(乾隆《潮州府志》、光绪《海阳县志》、乾隆《阳武县志》、《潮州诗萃》)——陈贤武

【刘学遴】

刘学遴，揭阳人。贡生。修身方正，崇本敦义。尝捐金建祖祠。闻人善事，每多赞助。凡遇县中义举，如兴修学宫、捐题社谷、砌筑桥路等，皆踊跃争先，为乡里所称许。(乾隆《揭阳县志》)——孙杜平

【刘 注】

刘注，字力谦，号益庵，澄海人，居海阳。康熙三十八年（1699）举人，授湖北江陵令。江陵为湖北剧县，赋役烦重，里胥因缘为奸，莅任后罢去科派，民困以苏。兼护理荆州府同知，两湖理事分府同知。嗣补顺天府平谷县。甫下车，辄革陋规十余条。雍正四年（1726）岁饥，请于朝，截漕五千石以备赈借，全活者十余万家。平谷县宜稻，为作桔槔灌田，岁获倍于麦。兼护理古北口同知事。年余乞归。(乾隆《潮州府志》、光绪《海阳县志》、《潮州桃坑刘氏族谱》)——陈贤武、蔡文胜

【刘诤一】

刘诤一，字直卿，海阳人。康熙年间（1662—1722）诸生。事亲孝，抚兄遗孤若己出，期功。数十口合爨六十余年。里族不能葬者，予以地；不能敛者，予以帛。以子时显贵赠文林郎。(光绪《海阳县志》)——陈贤武

【刘居敬】

刘居敬，海阳东厢都（今属潮州湘桥）人。乾隆四十四年（1779）举人。候选知县，任广东四会教谕。(光绪《海阳县志》、《潮州桃坑刘氏族谱》)——陈贤武

【刘承昆】

刘承昆（1785—1856），别署承坤，澄海苏湾都（今属汕头澄海）人。无意仕途，醉心学问。修习之余，设帐授徒，从学者众。道光十三年（1833）秋大水，苏湾一带堤溃，大饥，承昆尽倾家资以济灾民。晚年仍倾心文事，咸丰六年（1856）卒于家。(《澄海历代名贤录》)——蔡文胜

【刘绍耀】

刘绍耀，海阳东厢都（今属潮州湘桥）人。农人，素不知书，天性笃孝，刲股以愈母病。后母卒，哀毁骨立，宗党重之。(雍正《海阳县志》、光绪《海阳县志》)——陈贤武

【刘映华】

刘映华（1781—?），一名育李，字成蹊，号实谷，饶平元歌都（今属潮州饶平）人。嘉庆三年（1798）举人，与其兄映春同榜，一时传为美谈。道光二年（1822）中进士，曾任广州府学教授。擅诗文，诗《东井八

景》为人传诵，另有遗文数百篇。（道光《广东通志》、《道光二年壬午恩科会试同年齿录》、光绪《饶平县志》）——黄树雄

【刘映春】

刘映春，饶平元歌都（今属潮州饶平）人。嘉庆三年（1798）举人。系同榜举人映华之兄。兄弟同榜，传为佳话。道光七年（1827）署贵州普安知县，八年（1828）调贵州安平知县，九年（1829）署安南知县。（咸丰《安顺府志》、咸丰《兴义府志》、光绪《饶平县志》）——黄树雄

【刘勋猷】

刘勋猷，号荛峰，大埔人。乾隆二十七年（1762）举人。性嗜学，苦读一十余载，惜六次会试不第，以知县衔补化州学正。性峭厉，每当作文之时，闻鸡犬声，即怒不可遏。而授徒讲学，则口如悬河，旁搜博引，累千万言而不厌其烦，故游其门者，多能有成。（嘉庆《大埔县志》、道光《广东通志》、光绪《化州志》）——黄树雄

【刘祖谟】

刘祖谟，海阳隆津都（今属潮州潮安）人。家贫喜读书，湛深经术。乾隆三十五年（1770）恩科举人，三上春官，不售，遂绝意进取。家居课徒自给，视荣利泊如也。生平勤于撰述，尝以六经笺注虽繁，尚多疑义，旁搜载籍，考其异同，而折衷御纂之说，著《周官集解》、《仪礼集解》、《公羊传释义》、《谷梁传释义》等书，共若干卷。擅诗。（光绪《海阳县志》、《潮州诗萃》）——陈贤武

【刘起凤】

刘起凤，字翔千，揭阳人，饶平籍。康熙二十三年（1684）举人。四十九年（1710），授广东博罗教谕。能诗。（康熙《潮州府志》、雍正《揭阳县志》、乾隆《博罗县志》、《广东贡士录》、《古瀛诗苑》）——孙杜平

【刘起振】

刘起振（1648—1751），字颖之，海阳登云都（今属潮州潮安）人。雍正十三年（1735）乙卯科举人，年八十八中乾隆元年（1736）进士，选庶常，予告归，赐检讨。十六年（1751），乾隆南巡，由粤东至浙江杭州迎驾，赐诗赠匾"词垣耆瑞"及貂皮、荷包等物，加侍读衔，时年百有三岁。及归里卒。（乾隆《潮州府志》、光绪《海阳县志》）——陈贤武

【刘振汉】

刘振汉，普宁人。岁贡元伯之子。康熙四十九年（1710）岁贡。父子白首共处，谈经讲学十余载，尤世所罕觏。（乾隆《普宁县志》）——陈新杰

【刘振耀】

刘振耀,字明璧,澄海上外莆都(今属汕头澄海)人。幼聪慧能文,及长,屡试不第,乃弃文从商。居江苏吴县南濠,以疏财仗义为人所重,一时称为长者。(乾隆《澄海县志》、嘉庆《澄海县志》)——蔡文胜

【刘峰锐】

刘峰锐,字崇文,潮阳县廓都人。蓝鹿洲门人。乾隆元年(1736)举人。七年(1742)明通榜进士,官连平州学正。(《棉阳学准》、嘉庆《潮阳县志》)——陈新杰

【刘家修】

刘家修,饶平元歌都(今属潮州饶平)人。乾隆五十七年(1792)举人,嘉庆九年(1804)任兴宁县训导,卒于任。(道光《广东通志》、咸丰《兴宁县志》、光绪《饶平县志》)——黄树雄

【刘 铮】

刘铮,海阳东厢都(今属潮州湘桥)人。乾隆三十九年(1774)举人。授国子监典簿。(光绪《海阳县志》、《潮州桃坑刘氏族谱》)——陈贤武

【刘焕登】

刘焕登(？—1763),海阳东厢都(今属潮州湘桥)人。乾隆九年(1744)举人。未出仕。(光绪《海阳县志》、《潮州桃坑刘氏族谱》)——陈贤武

【刘淑奇】

刘淑奇,字日亮,海阳人。康熙年间(1662—1722)人。品行端方,性孝友,自幼不攻举子业,好读古书,穷奥义。著《格致新言》。卒年八十一。(光绪《海阳县志》)——陈贤武

【刘维坤】

刘维坤,字球德,号恭山,大埔大麻(今属梅州大埔)人。道光三十年(1850)署福建长汀知县。居官清洁,革陋规,除弊政,邑民爱戴,送匾曰"新罗阴雨",卒于官,年四十三。(同治《大埔县志》、光绪《长汀县志》)——黄树雄

【刘彭年】

刘彭年,揭阳人。例贡生。为人敦厚,勤勉营生。事亲尽孝,济人尽心。咸丰七年(1857)及同治四年(1865),两遭饥荒,米价腾贵,彭年皆倡设厂施粥,负责办理平粜。邻里多赖存活。时械斗风行,夜防盗劫,又约同里富户出资募勇,日夜巡守。城坊百姓,得以安枕。卒年六十七。(光绪《揭阳县续志》)——孙杜平

【刘景祉】

刘景祉,字恭惠,饶平南关(今属潮州饶平)人。生平温柔忠厚,自奉俭约,而修桥造路以及矜孤恤寡诸善事,不吝重资,总以利物济人为急

务，始终如一。（光绪《饶平县志》）——黄树雄

【刘善元】

刘善元（1696—1779），字孟仁，字体轩，别字梅村，大埔同仁（今属梅州大埔）人。乾隆元年（1736）举人，二十六年（1761）大挑，选任河南荥阳知县，上司委署南阳府军捕水利同知，二十七年（1762）为河南乡试同考官。倡建汴源书院，捐俸为士人膏火。因厌烦繁剧，请改教职，改广东连州学正，历署连山、阳山两县教谕，栽成士类极多，以年老归，卒八十有四。（嘉庆《大埔县志》、乾隆《续河南通志》、《刘氏族谱文荣公（湖寮）世系》）——黄树雄

【刘道璋】

刘道璋，号丹霞，饶平元歌都（今属潮州饶平）人。崇祯九年（1636）举人。时乱机已现，道璋遂无出世意。明亡，各地骚乱。道璋与乡人吕应泰共谋防御，地方赖之以安。顺治五年（1648），福建漳州人余仁、余魁纠众袭潮，道璋率众御之，饶平得安。后见大局已定，遂出仕，十六年（1659）任广东阳山县教谕，调连江教谕，施教化俗，均著成绩。（乾隆《潮州府志》、光绪《广州府志》）——黄树雄

【刘 璜】

刘璜，字望溪，饶平元歌都（今属潮州饶平）人。乾隆十二年（1747）举人，十六年（1751）成进士。曾任广东韶州府教授，擢山东蒙阴知县。薄赋恤民，大著清誉。任满归，士民极力挽留。璜擅词章，其八股文被岭南士子奉为典范，有《刘望溪稿》行世。《潮州诗萃》录存其《南归咏怀》、《寄示儿理英》等诗。又有论韩愈《鹦鹉赋》书法之文存世。（道光《广东通志》、同治《韶州府志》、《饶平县志补订》）——黄树雄

【羊英科】

羊英科，原名兴泰，潮阳海门千户所人。行伍出身。道光二十一年（1841），以澄海营参将，摄南澳总兵。咸丰四年（1854），以大鹏协副将署南澳总兵。（光绪《潮阳县志》、民国《南澳县志》、《粤闽南澳职官志》）——陈新杰

【关济嬴】

关济嬴，号蓬洲，丰顺桥背人。授千总衔。同治四年（1865），太平军谭体元部大股自嘉应州窜入北溪，人心震骇。协助知县率团练堵御，劳绩卓著。（民国《丰顺县志》）——陈贤武

【江凤鸣】

江凤鸣（1699—1796），揭阳人。乾隆五十三年（1788）赐举人，明年会试，赐翰林检讨。卒年九十八岁。

(《清高宗实录》、光绪《揭阳县续志》）——孙杜平

【江鸣祝】

江鸣祝，揭阳人。监生。性好读书，有远志，足迹不入城市，日与兄相友爱。年八十，犹手一卷不辍。临终，惟诫子孙读书安分。少与直督郑大进同学。乾隆三十二年（1767），大进丁忧回里，力赞知县增建梅岗书院，鸣祝捐资助成。后大进官督、抚，屡贻书相邀，鸣祝辞而不赴。卒年八十二。（光绪《揭阳县续志》）——孙杜平

【江 岱】

江岱，字觐曾，号东崖，大埔长治（今属梅州大埔）人。道光十一年（1831）举人，会试三次入围，俱以额溢见裁，众惜之。居家孝友，人无间言。温恭廉洁，宽恕接物。二十七年（1847）任本省高州府石城教谕，前后十余年，训饬士子，学风日上。丁艰回籍，卒年六十二。（同治《大埔县志》、光绪《石城县志》）——黄树雄

【江钟琰】

江钟琰，字碧崖，揭阳人。能诗，登《古瀛诗苑》。（《古瀛诗苑》）——孙杜平

【江留篇】

江留篇，榜姓许，字念于，号泗友，揭阳人。由潮阳学中康熙八年（1669）举人。二十七年（1688），授山西广灵知县。三十一年（1692），调浙江武义县。到任置学田，修学宫，修县志，一时文风丕振。又葺修武庙、文昌阁，创建聚奎塔、松林寺等。四十三年（1704），擢安吉知州。（雍正《揭阳县志》、乾隆《大同府志》、嘉庆《武义县志》、乾隆《安吉州志》、光绪《潮阳县志》、《何恃堂稿》）——孙杜平

【江御阁】

江御阁（1724—?），海阳人。乾隆九年（1744）举人。乾隆三十七年（1772）选授湖北荆州府松滋知县。（光绪《海阳县志》、《清代官员履历档案全编》）——陈贤武

【江 毅】

江毅，字垂刚，澄海苏湾都（今属汕头澄海）人。性孝友守信，仗义好施。晚年补廪生。乾隆五十九年（1794）洪水涨发，堤岸震动。江毅率乡众尽力捍御。及水高于堤，无所措手足，堤始决。知县张映衡令其董理修堤之事。亲戚邻里中无力派捐者，悉出己资代纳。乾隆六十年（1795）饥荒，斗米千余，族亲困顿，竭力周恤，人咸称之。（嘉庆《澄海县志》）——蔡文胜

【池延宗】

池延宗，号石麟，大埔人。祖母蓝氏，崇祀节孝祠。延宗幼丧父，恃

依祖母，克自树立。早岁能文，博览群书，性廉介，教书自给。大埔进士罗滫、萧宸捷等皆出其门。康熙二十三年（1684）选为岁贡，四十四年（1705）任广州从化训导。课士有方，勤谨尽职。历官九载，以老乞归。曾参修康熙《埔阳志》，卒年八十有二。（康熙《埔阳志》、嘉庆《大埔县志》、康熙《从化县新志》）——黄树雄

【汤　宽】

汤宽（？—1729），字寿侯，潮阳附廓都人。少丧父，事母克孝。由行伍拔补海门守备。矫捷过人，谙习水性。康熙五十一年（1712），南澳镇总兵统师巡海，值飓风暴起，战舰沉没。宽一跃入海，援救落水士卒百余人。调广海营守备。剧盗黄亚扁聚党作乱，宽督舟师扫靖之，擢香山副将。雍正七年（1729），升金门镇总兵，未任卒。（乾隆《潮州府志》、嘉庆《潮阳县志》）——陈新杰

【汤锡锜】

汤锡锜（一作"汤锡琦"），字飞卿，饶平宣化都（今属潮州饶平）人。同治元年（1862）举人第二名，光绪六年（1880）大挑一等，以知县选用。中法战争爆发，奉命帮办潮海防务。以运弹械至台湾，录功补云南河阳知县。河阳为澄江府首邑，政务防剧，案牍堆积如山，监狱几满，胥吏舞弊，把持词讼。锡锜革陋规，清积案，惩治不法胥吏。数月之间，平冤狱十数起，积案以空，百姓有"神君"之称。境内疫作，死亡甚众，官员多避去。有劝锡锜避地，锡锜正色拒之，竟卒于任，士民痛哀悼之，公推乡绅上表，乞予优恤，得赠四品衔。（《饶平县志补订》、民国《云南通志》）——黄树雄

【许一松】

许一松，海阳人。性孝友，家贫力学，素业农。读书暇，辄助其弟耕以赡亲养。乾隆三十五年（1770）举人，家居自娱，澹于仕进。尝辟州学，不就。卒年八十余。（光绪《海阳县志》）——陈贤武

【许乃英】

许乃英，海阳人。同治间（1862—1874）授平镇营把总，署本营千总。（光绪《海阳县志》）——陈贤武

【许士宪】

许士宪，字尔荣，澄海下外莆都（今属汕头澄海）人。幼丧父，事母至孝，兄弟和睦。性刚直方正，不趋权贵，乡里慕从者众，推为会长。年九十一卒。（乾隆《澄海县志》、嘉庆《澄海县志》）——蔡文胜

【许大略】

许大略，饶平隆都（今属汕头澄海）人。乾隆七年（1742）武进士，

十八年（1753）任漳州海澄营守备，二十二年（1757）署台湾澎湖水师北路淡水营都司，二十三年（1758）擢贵州黎平参将。（乾隆《潮州府志》、光绪《黎平县志》、光绪《台湾通志》）——黄树雄

【许大彰】

许大彰，字如晦，号深洲，揭阳人。少笃学能文。应童子试，为知府黄安涛拔置案首。知县张熙宇、姚柬之咸器重之，有国士之目。以乡试落第，咸丰二年（1852）选贡，或劝其勉就州判，以作出山之计。大彰笑谢之。性耽经史，终日手披不辍。为文轻微澹宕，不效时尚。以教授终老。经其栽培者，多所成就。（光绪《揭阳县续志》）——孙杜平

【许山斗】

许山斗，澄海苏湾都（今属汕头澄海）人。乾隆十五年（1750）举人。官会宁知县。（嘉庆《澄海县志》）——蔡文胜

【许飞翔】

许飞翔，海阳人。咸丰间（1851—1861）授潮州镇中营千总。（光绪《海阳县志》）——陈贤武

【许开泰】

许开泰，澄海人。雍正十三年（1735）举人。官建昌知县。（嘉庆《澄海县志》）——蔡文胜

【许元龙】

许元龙，普宁人。诸生。好游邀，有诗若干首存世。（《潮州诗萃》）——陈新杰

【许日进】

许日进，海阳人。嘉庆六年（1801）举人。二十五年（1820）任广东增城训导，道光三年（1823）调香山训导。（光绪《海阳县志》、光绪《广州府志》）——陈贤武

【许日钦】

许日钦，字省之，海阳上莆都（今属潮州潮安）人。性慷慨。同治四年（1865）春夏间饥，日钦尽数先出其家积谷平粜，未几谷价平，乡里赖其全活甚众。辛、杨两姓构争，几酿巨祸。日钦多方排解，为垫金二百，遂息。宏安寨聚族万人，日钦于卖米薯各家时，默令减价以资贫户，而偿其折阅，人鲜有知者。生平抑抑持躬，虽居巨族擅厚资，未尝以疾言遽色一加乎人。故人无亲疏，闻日钦名皆敬服。子四，镜河、镜波俱庠生。（光绪《海阳县志》）——陈贤武

【许日炽】

许日炽（1679—1753），字鲁常，海阳隆津都（今属潮州潮安）人。清康熙五十四年（1715）登进士。初任山西夏县知县，革陈规陋俗，减轻百姓负担。雍正六年（1728），授解

州知州。九年（1731），升泽州知府。十二年（1734）四月，升刑部安徽司员外郎。旋任太平知府，雍正十三年（1735）改福建泉州知府。离任之日，"士民送者至数百里外，为一时贤守云"。乾隆元年（1736）升任广西左江兵备道，任所与安南接壤。在任整饬边吏、了解敌情、正确处理边界关系，边境安宁。因劳绩卓著，两次得到晋京引见。乾隆十一年（1746），以老乞休，归家时囊中萧然，自号"何有老人"，改字广平，著有《何有老人别录》，又有《从事筹边集》。（乾隆《潮州府志》、光绪《海阳县志》、光绪《夏县志》、光绪《解州志》）——陈贤武

【许日章】

许日章（1743—？），字君青，澄海下外莆都（今属汕头澄海）人。由优贡生捐教谕，乾隆三十九年（1774）中顺天乡试举人。四十年（1775）联捷进士，借补龙门县教谕，选授湖南清泉知县。居官廉正，一毫不以扰民。后因病辞官，囊箧萧然，士民凑资赠之方得归里。卒于家。（嘉庆《澄海县志》）——蔡文胜

【许日新】

许日新，字象文，澄海下外莆都（今属汕头澄海）人。幼孤，事母孝。中年入伍，以捕获海寇有功，授左营外委。雍正四年（1726）饥荒，捐谷助赈。居乡刚正自守。年六十九卒。（乾隆《澄海县志》、嘉庆《澄海县志》）——蔡文胜

【许　晃】

许晃（1755—？），南澳人。行伍。历拔南澳左营外委，乾隆四十九年（1784）捐银助修深澳武帝庙。洊升南澳镇左营千总。五十二年（1787）渡台参与平定林爽文之乱。嘉庆八年（1803）署金门镇左营守备。九年（1804）三月，在虎头山洋面追拿朱卑等，获盗多名，盗船、炮械若干。赴京引见。十年（1805）任福建水师提标左营守备。十一年（1806）升署福建水师提标前营游击。越年实授水师提标前营游击。十四年（1809）署铜山营参将。其后缘事被参革。十四年（1809）闽浙总督以参革水师提标前营游击缉捕出力，奏请随帮缉捕，以观后效。（《明清台湾档案汇编》、光绪《金门志》、道光《厦门志》）——黄迎涛

【许从尚】

许从尚，海阳人。光绪五年（1879）八月代防嘉应理屯务守御所千总，六年（1880）九月卸任。（光绪《嘉应州志》）——陈贤武

【许氏（马景受妻）】

许氏（马景受妻），潮阳黄陇都人。守节抚四岁孤，年饥赈济。孙载华，岁贡。（光绪《潮阳县志》）——

—陈新杰

【许氏（方立名妻）】

许氏（方立名妻），普宁黄坑都人。侍卫许炳高季女。年廿七，夫遇贼害，许氏四子俱幼。廉得戕夫贼方亚爱，率子历郡县呈诉，阅十余年，及提督方耀至，缉获歼之。（光绪《普宁县志》）——陈新杰

【许世钟】

许世钟，程乡人，其父许家光原为澄海诸生，后因朝廷"迁海令"移居落籍程乡。康熙五十四年（1715）考取武举人，五十七年（1718）中武进士。（嘉庆《澄海县志》、《梅州进士录》）——黄晓丹、蔡文胜

【许　龙】

许龙（1621—1684），号庆达，澄海苏湾都（今属汕头澄海）人。明末海寇充斥，沿海皆受荼毒而澄邑尤甚。许龙聚众据苏湾都南洋一带，擅海上鱼盐之利以自雄，海寇出入皆惮之。明亡后归附清廷。后授潮州总兵，加都督衔，屡与郑成功争战。顺治年间（1644—1661），于苏湾都捐建文昌祠，广捐祭田，嘉惠学子。又曾捐建南洋城内关帝庙。康熙初年（1662），朝廷有沿海"斥地"之令，南洋一带应斥，许龙迁延不行，卒得缓迁。后平南王尚可喜至郡，迁之程乡。居数年，奉召入京。晋封荣禄大夫，赐爵号"精奇尼哈番"，赏入正黄旗。康熙二十三年（1684）卒于京，子许天凤袭其职。（康熙《澄海县志》、嘉庆《澄海县志》、《重修敕书楼碑记》）——蔡文胜

【许加晋】

许加晋，潮阳县廓都人。署饶平守备。（光绪《潮阳县志》）——陈新杰

【许弁瑟】

许弁瑟，揭阳人，海阳籍。康熙十一年（1672），中举人第十七名。十四年（1675），授广东花县教谕。子煌，五十三年（1714）武举。弟弁会，五十六年（1717）武举。（康熙《潮州府志》、雍正《揭阳县志》、民国《花县志》、《广东贡士录》）——孙杜平

【许达廪】

许达廪，海阳人。贡生。授广东开平训导。（光绪《海阳县志》）——陈贤武

【许成章】

许成章，海阳人。乾隆三十三年（1768）武亚元。官广东碣石镇副将。（光绪《海阳县志》）——陈贤武

【许廷奎】

许廷奎，字璧园，澄海下外莆都（今属汕头澄海）人。性慕义，生平以任恤为念。雍正元年（1723）澄海县初设社仓。廷奎首捐粟以为众倡。

四年（1726）大饥，给米粥以活族人，散积粟几尽。澄海知县闻其高义，凡邑中堤务皆委办焉。子许飞江，雍正元年（1723）举人。（乾隆《澄海县志》、嘉庆《澄海县志》）——蔡文胜

【许廷弼】

许廷弼，揭阳人。州同许德树子。监生，捐提举衔，官浙江镇海县丞。能继父志，慷慨好施。仿宋范仲淹遗意，并遵父手定规章，特置田百余亩，按口给粮，以赡族之贫者。时论称之。（光绪《揭阳县续志》）——孙杜平

【许兴泰】

许兴泰，揭阳人。举人许元凯子。康熙五十三年（1714），中式举人第九名。（雍正《揭阳县志》、《广东贡士录》）——孙杜平

【许步云】

许步云，海阳人。咸丰间（1851—1861）任广东清远营守备。（光绪《海阳县志》）——陈贤武

【许希逸】

许希逸（1838—1889），字菊坡，揭阳人。清廪贡生，福建候补通判。同治（1862—1874）中，入巡抚丁日昌幕。光绪（1875—1908）中，聘为县志分纂。有《堆墨斋诗钞》。（光绪《揭阳县续志》、《许氏宗谱》）——孙杜平

【许启铎】

许启铎，澄海下外莆都（今属汕头澄海）人。乐善好施。曾捐资修广济桥及佐成冠山书院。赈荒周急，乡党高其义。（雍正《澄海县志》）——蔡文胜

【许启铨】

许启铨，字翼之，澄海下外莆都（今属汕头澄海）人。性敦笃，九岁丧父，十五岁丧母。又值沿海迁斥，乃弃儒从商，所得悉以周济亲戚困急。澄海复界后，召集族人建祖祠，修祀典，以忠厚训子孙。年八十卒。（雍正《澄海县志》）——蔡文胜

【许　尾】

许尾，潮阳县廓都人。廪生玉书子。咸丰四年（1854）四月，大长陇乡陈娘康、梅花乡郑油春起事，二十九日，攻陷县城之西南。五月初四日，知府吴均督后溪、岭东民兵，败贼于北坛、红桥等处，西南克服。先是，贼自望楼岭俯窥北关，许尾等屡以少敌众，摧贼锋，及西南陷，乃联络岭东以为犄角。时贼趋北坛，蔽两翼下。许尾与余和（举人用宾从孙）麾旗直前，所向皆披靡。（光绪《潮阳县志》）——陈新杰

【许武安】

许武安（1825—1905），字佑光，号为龙，祖籍海阳上莆都（今属潮州潮安），生于马来西亚槟城。其父许

栳合。年弱冠，继父业，致力于蔗糖生产，创高兴糖厂于高渊、霹雳，办浴丰商行于吉楼，成为北马实业界巨子。为人刚直，性豪侠，交游广，且精通英语，有孟尝君之风。当选为霹雳州议政局华人代表，槟榔屿殖民地华民参事局委员，故民谣有"江福钱，武安势"。同治十三年（1874），马来半岛霹雳境内因华工冲突，沿海盗寇侵扰，英国殖民地政府因其有功于当地治安，特聘任为顾问官，为霹雳政府建功不鲜。曾受清王朝封赠从四品朝议大夫。临终之时，曾嘱其子三年后扶柩归国，子辈遵嘱实行，如期扶父柩返梓，安葬于桑浦山径口杜鹃坟，碑文为"朝议大夫英国参政许公墓"。（《马来亚潮侨通鉴》、《槟榔屿潮州人史纲》）——陈贤武

【许其琛】

许其琛，字献廷，澄海苏湾都（今属汕头澄海）人。晚清举人。为人耿介，无意出仕，于莲阳济川桥畔设馆训蒙，间或吟咏挥毫。书法宗颜真卿，又精研刘墉及何绍基用笔之法，颇得其妙。书作雍容华滋，遒媚恬静。书名为时人所称道。（《澄海历代书法概览》）——蔡文胜

【许茂苑】

许茂苑，普宁铁山都人。生平乐行善事，乾隆间（1736—1795），造铁山溪木桥，以济行人。知县萧麟趾以"心希利济"旌其庐。（光绪《普宁县志》）——陈新杰

【许茂芫】

许茂芫，字尔扬，揭阳人。郎中许国佐子。父为贼害，年方幼，随母兄流亡十余年。顺治末年，寇乱稍定，始返故居。时诸贼被剿抚之下，死亡殆尽，茂芫痛父死非命，无可申雪，愤不欲生。尝遇贼子，奋拳将其击毙。市人大惊，既知其故，咸啧啧称赞，誉为真孝子。茂芫因再亡命十年。后始复归。课督子弟读书，皆有所成立。后以寿终。（光绪《揭阳县续志》）——孙杜平

【许茂繁】

许茂繁，字诚斋，揭阳人。知县许登庸父。生平力崇正学，尤深《尚书》，教授生徒，垂三十年。性孝悌，乐施予，见族人有拖欠虚粮者，则为代输；悯贫民有死而无葬者，为捐置义冢。卒年七十五。（雍正《揭阳县志》）——孙杜平

【许国卿】

许国卿，揭阳人。教谕许显谟父。例贡生。生平好行善事。尝购田置义冢，以利族人。卒年七十九。（光绪《揭阳县续志》）——孙杜平

【许和俞】

许和俞，澄海人。诸生。颖异嗜学，深研圣贤精蕴，为文一本先正。虽科场屡挫而攻苦益力。生平尊祖睦

族，心无城府，与人不责备求全，有长者风。年七十二卒。（雍正《澄海县志》）——蔡文胜

【许栳合】

许栳合（？—1870），号定税，海阳上莆都（今属潮州潮安）人。许德枢子。从事种植业，为北马实业家与种植家。在威省沓都加湾的庶园，有万名员工。同治三年（1864），槟城韩江家庙（即潮州会馆）创立时，是发起人之一。同治元年（1862）重修广福宫时，献银一百大元。曾受清王朝封六品布政司理，晋五品奉政大夫。同治九年（1870）归国，乡居至逝世，卜葬于桑埔山李厝望，称"定税公墓"。（《马来亚潮侨通鉴》、《槟榔屿潮州人史纲》）——陈贤武

【许宜璧】

许宜璧，揭阳人。监生，候选理问。生平好善。遇有建亭修路以及赈灾等事，无不量力为之。（乾隆《揭阳县志》）——孙杜平

【许绍英】

许绍英（？—约1713），号尔华，澄海下外莆都（今属汕头澄海）人。家贫嗜学。康熙十三年（1674），靖南王耿精忠反清。绍英携幼弟读书凤髻山中，攻苦益力。后乱平归里，从学者日众，以善诱导称。五十二年（1713）中举人。寻卒。（雍正《澄海县志》、乾隆《澄海县志》）——蔡文胜

【许春熙】

许春熙（1848—1901），字子荣，揭阳人。为人笃诚，遇事明决。壮年经商于广州、嘉应等地。后受总兵黄金福之托，复分商于新加坡。春熙亲至其地，研究风俗、贸易现状，用人任事，秩然有序。当地陋习，华工回国，则被解雇。工恐失业，至有终身不敢返者。春熙以为不近人情，因变其例，而约以一年收支有盈利者，给予奖赏，三年为佣者，给旅费回。因此人皆努力工作，商业日隆。及身致富，创祠宇，置常产，赈贫乏，立乡规，为族所赖。后援例捐封朝议大夫。光绪末（1908），台湾进士许南英内渡，避居汕头，春熙敦念族谊，邀寓其家。即为推解、谋出处。及卒，南英为志其墓。子振纲，廪贡生，蓝翎主事衔。能诗，有《桃溪吟草》。（《地都区志》、《窥园留草》、《五世诗绳》）——孙杜平

【许钟英】

许钟英，澄海苏湾都（今属汕头澄海）人。康熙八年（1669）举人。官嘉定知县。（嘉庆《澄海县志》）——蔡文胜

【许钟岳】

许钟岳，海阳人。廪贡生。道光间署广东新兴、东莞训导。（光绪

《海阳县志》）——陈贤武

【许炳荣】

许炳荣，揭阳人。中书科中书衔。生平慷慨好义。或遇纷争，力为排解；或遇饥荒，量力救济。又尝捐修山庵、山路等。（光绪《揭阳县续志》）——孙杜平

【许炳煌】

许炳煌，字曜星。隆澳人，同治（1862—1874）漳学增生。工书法。光绪十年（1884）与隆澳绅衿章捷升等在隆澳金山麓创建"隆江书院"。（民国《南澳县志》）——黄迎涛

【许觉全】

许觉全（1611—？），普宁洑水都人。生平忠厚居心，和易接人，远近俱敬为长者。康熙四十九年（1710），觉全寿登百岁。潮阳知县彭象升以其事上闻，奉旨建"升平人瑞"坊。（乾隆《普宁县志》）——陈新杰

【许起穆】

许起穆，号邃斋，揭阳人。为人厚重朴实，终身不履公门。有友欠金数百，起穆未向人言及。其后家人见券，请让索偿。起穆默然，潜焚其券。问其缘故，起穆曰："彼实亏本，而非背义之人，我已忘之矣！"次子大彰，为廪膳生，每与考试，起穆必诫以替考，以其上干例禁、暗坏心术。卒年七十八。（光绪《揭阳县续志》）——孙杜平

【许莲峰】

许莲峰（1693—？），饶平人，入海阳学。雍正四年（1726）举人，五年（1727）成进士。十年（1732）任河南长葛知县，葺修县署、尊经阁、书院，文教兴盛。任上曾得东魏《敬史君碑》，移于县经山书院，该碑在书法史上颇受重视。（乾隆《潮州府志》、乾隆《长葛县志》、光绪《饶平县志》、《清代官员履历档案全编》）——黄树雄

【许　峰】

许峰，海阳人。贡生。乾隆二十八年（1763）十月补广西西隆州同，驻八阳。三十二年（1767）九月题补布政司经历。（《清代缙绅集成》）——陈贤武

【许梓材】

许梓材，号朴庵，揭阳人。贡生，历署广东翁源、和平、仁化、嘉应、南雄等州、县学官。为人谦逊厚道，淡泊荣利，生平未曾与人相忤。在官与诸生讲学，惟以道义相切磋。虽生活清贫，而恬然自安。为大吏所嘉奖。道、咸年间，土匪滋事，梓材屡充县团练局司事，踊跃奉公。知县王治博奖给"众志成城"匾，乡里以之为荣。卒年七十余。（光绪《揭阳县续志》）——孙杜平

【许雪秋】

许雪秋（一作"许雪湫"，

1875—1911），原名有若，又名梅，海阳上莆都（今属潮州潮安）人。父是南洋富商。幼年时随父到新加坡，长大后继承父业，并捐得道台的官衔。生性慷慨好客，有"小孟尝"之称。光绪二十八年（1902）结识黄乃裳，受黄影响，倾向反清革命。三十一年（1905）赴汕头，密谋反清起义，事情不幸泄漏，再逃回南洋。三十二年（1906）在新加坡加入同盟会，被孙中山委为中华民国军都督。三十三年（1907）五月参与潮州黄冈起义，六月参与惠州起义，事败后出走香港、新加坡。宣统三年（1911）辛亥革命爆发，回潮汕主持军事，组织民军，攻克潮汕，旋为清降将、潮州、梅州绥靖督办吴祥达杀害。民国十三年（1924），国民政府下令褒扬许雪秋，追认为"中华民国烈士"。（《革命逸史》、民国《潮州志补编》）——陈贤武

【许得升】

许得升（？—1858），潮阳县廍都人。由惠来营外委，从征太平军。咸丰八年（1858），战死于六合。（光绪《潮阳县志》）——陈新杰

【许　琦】

许琦，饶平元歌都（今属潮州饶平）人。乾隆二十五年（1760）恩科举人，四十年（1775）任太湖知县，重修崇圣祠。（道光《广东通志》、同治《太湖县志》、光绪《饶平县志》）——黄树雄

【许联元】

许联元，饶平人，康熙六十年（1721）武进士。（乾隆《潮州府志》、光绪《饶平县志》）——黄树雄

【许雄标】

许雄标，字子英，海阳人。行伍出身。光绪二十八年（1902）任潮州镇标中营头司把总。（光绪《海阳县志》、《清代缙绅集成》）——陈贤武

【许鼎新】

许鼎新，字茅子，澄海蓬洲都（今属汕头市区）人。诸生。顺治十四年（1657）冬，郑成功部属海舰数千突袭鸥汀。鼎新统众捍卫，随机应变，相持七昼夜，后寨破被执，慷慨而死。（康熙《澄海县志》）——蔡文胜

【许　斌】

许斌（？—1769），字允权，号全庵。澄海下外莆都（今属汕头澄海）人。许日新之子。由行伍历官海口都司。曾委守盐务，念穷民生计艰难，停免盐规钱。海口白沙港泥泞崎岖，捐俸修筑。旋升左翼镇右营游击，又升授闽浙督标水师营参将。乾隆三十四年（1769）统领福建水师官兵赴云南与入侵缅军交战。九月十八日于云南新街哈坎地方剿贼，奋勇冲杀，占据沙滩，攻打贼寨。十一月初

八日在老官屯地方被炮伤阵亡。朝廷加赠总兵，赐祭葬，荫子弟一人为云骑尉，世袭恩骑尉，入祀昭忠祠，翰林院立传。（嘉庆《澄海县志》、道光《广东通志》、《潮州志补编》）——蔡文胜

【许　禄】

许禄，深澳人。行伍。任南澳镇标左营把总。乾隆四十九年（1784），升任福建水师提标前营千总。办事勇往，熟悉水师。五十二年（1787）八月，由福建水师提标左营守备调补澎湖水师左营守备。（《粤闽南澳职官志》）——黄迎涛

【许登庸】

许登庸，字揆叙，号萍川（一作"佃川"），揭阳人。康熙三十八年（1699），由澄海学中举人第八名，五十四年（1705）成进士。雍正三年（1725），选授山西太原知县。到任更新学校，体恤民隐，政声上下翕然，为大学士田从典所重。明年，告官归里。聘为榕城书院山长，循循善诱，士子多所成就。乾隆二十四年（1759），再赴"鹿鸣宴"，人以为荣。登庸天性孝友，事父以孝闻，抚养孤侄，一如所生。居恒训诲子弟，以恕为先。卒年八十八。有《四书节解》。子重光，二十五年（1760）武举人，官安徽滁州卫千总。（雍正《揭阳县志》、乾隆《揭阳县志》、乾隆《澄海县志》、道光《太原县志》、《清史稿》）——孙杜平

【许虞音】

许虞音，字琯岩，澄海苏湾都（今属汕头澄海）晚清时人，著有《莲洋村人诗学》。（《潮州艺文志》）——蔡文胜

【许腾鹤】

许腾鹤（？—1771），字集之，惠来龙溪都人，定居惠来都东郊（今属揭阳惠来）。家世贫寒，曾祖生员逢祥早逝，曾祖母黄氏抚养幼孤；父文润督其力学，始有所立。康熙五十二年（1713）举人，雍正八年（1730）进士，特简福建试用。十二年（1734）任福建归化知县，有政绩。乾隆八年（1743）秋，补授湖北蕲水知县。敦崇理学，始创蕲阳书院，每岁捐俸六十金，延师课士，试前列者给纸笔以奖励之。次年学宫倾圮，劝谕阖邑输金重建，经营伊始，忧讣适至，未竟其事而去。后复任陕西洛川知县。（同治《汀州府志》、乾隆《潮州府志》、乾隆《蕲水县志》、光绪《黄州府志》）——周修东

【许　瑶】

许瑶（约1810—1890），字澄斋，号七危居士，澄海下外莆都（今属汕头澄海）人。少时以好学不倦，尊师重道，老成持重称誉乡里。清道

光年间（1821—1850）为庠生，后无意仕途，潜心学问，主讲冠山书院，倡理学于乡。广东提督学政李棠阶莅潮，访其庐而谒焉，叹为理学宗传。年逾八十，仍力学不懈，诲人不倦。著有《论语集说》、《大学看读》、《孟子摘要》、《史鉴当知录》、《西园家藏》。(《潮州艺文志》、1992年《澄海县志》)——蔡文胜

【许德枢】

许德枢，海阳上莆都（今属潮州潮安）人。乾隆年间"卖猪仔"过南洋，在马来西亚槟榔屿威南一个种植园当劳工。因不堪劳役，曾跳海逃逸，传为鳄鱼所救，园主异其命大，招回任监工。有年，始得赎身创业。于蔗糖业中崭露头角，曾被霹雳王委任为槟榔屿州参议议长。(《马来亚潮侨通鉴》、《槟榔屿潮州人史纲》)——陈贤武

【许德树】

许德树，字皋友，号森元，揭阳人。监生，州同衔。少丧父，事母甚谨，抚侄如子。生平乐善好施。晚年，得宋范仲淹义庄条约，毅然自任其责，筹划未尽而卒。年六十一。御史镇平钟孟鸿为铭其墓。(光绪《揭阳县续志》)——孙杜平

【纪士苑】

纪士苑（1655—1742），字琼玉，普宁人。幼嗜学，以不若人为耻。及教授生徒立身行己，娓娓不倦。家清贫，临财不苟取。雍正四年（1726）及五年（1727），岁饥，质衣备赈，当事嘉其好义，匾曰"齿德兼优"。年八十二，值恩诏尚引年，赐八品顶带。(乾隆《普宁县志》、乾隆《潮州府志》)——陈新杰

【纪之彝】

纪之彝，澄海蓬洲都（今属汕头市区）人。康熙八年（1669）举人。官番禺教谕。(嘉庆《澄海县志》)——蔡文胜

【纪绍典】

纪绍典，号帝书，澄海蓬洲都（今属汕头市区）人。康熙三十五年（1696）岁贡。弱冠即以课授为业，晚年从游日集，惟以道德文章相砥砺，有古人风，颇为士林所重。长子纪继志补弟子员，克承父学。(雍正《澄海县志》、乾隆《澄海县志》)——蔡文胜

【孙士奇】

孙士奇，揭阳人。生平励志力学，教授子弟，善于诱掖。乾隆元年（1736），被授八品顶带。卒年八十三。(乾隆《揭阳县志》)——孙杜平

【孙大凤】

孙大凤，号瑞鸣，揭阳人。天性孝友，抚侄如子。课督子孙，以潜心学问、致力孝悌为根本。又尝增置祭

田，以祀先人。为乡里所推重。年逾七十八。（雍正《揭阳县志》）——孙杜平

【孙天喜】

孙天喜，揭阳人。监生。为人孝以事亲，方以训子，兼乐善好施，和邻睦里。道光二十四年（1844），土匪黄悟空扰乱，天喜率领乡人捍御，阖族以安。咸丰七年（1857），县遇饥荒，施食济民，救活甚多。乡间道路桥梁，每尝捐资修葺。卒年九十二。（光绪《揭阳县续志》）——孙杜平

【孙文煌】

孙文煌，揭阳人。乾隆十七年（1752），被赐肉帛。卒年八十三。（乾隆《揭阳县志》）——孙杜平

【孙方谷】

孙方谷，号文石，揭阳人。生平尽心好学，有心功名，而运不济。督教子孙，攻举子业，子孙多为诸生。卒年八十三。（雍正《揭阳县志》、乾隆《揭阳县志》）——孙杜平

【孙正夫】

孙正夫，揭阳人。少能文章，父悯其不遇，为援例入监，正夫让与其弟。尝在乡筑堤修堰，建桥造路等。卒年八十三。（乾隆《揭阳县志》）——孙杜平

【孙仕隆】

孙仕隆，揭阳人。性孝友，通晓书义。知县陈树芝敬重之。卒年八十三。（乾隆《揭阳县志》）——孙杜平

【孙永藩】

孙永藩，字承上，号登夫，揭阳人。监生，候选州判。生平孝友，和睦族亲，救荒蠲债，事多为人称许。以孙奋扬贵，诰赠武翼大夫。卒年八十三。（乾隆《揭阳县志》、《孙氏表斋公房谱》）——孙杜平

【孙玑光】

孙玑光，揭阳人。监生。持身严饬，为族正近三十年，能和睦乡里。卒年八十。（乾隆《揭阳县志》）——孙杜平

【孙在京】

孙在京，海阳人。康熙二十年（1681）岁贡。授广东阳江训导。（光绪《海阳县志》）——陈贤武

【孙有伦】

孙有伦，本姓郑，号大霖（一作"大林"），饶平信宁都（今属潮州饶平）人（一作"樟林人"），入海阳县学。性颖敏，博览群书，为文闳肆有度。康熙二年（1663）中举人，二十一年（1682）中进士。未仕卒。（嘉庆《澄海县志》、光绪《饶平县志》、《康熙二十一年壬戌科同年序齿录》）——黄树雄　蔡文胜

【孙廷相】

孙廷相，揭阳（今属揭阳空港）

人。知县孙容光父。雍正四年至五年间（1726—1727），连年大饥，廷相或出谷赈济，或施棺埋葬，县人感戴。（乾隆《揭阳县志》）——孙杜平

【孙克家】

孙克家，字贞荦，惠来西头都（今属揭阳惠来）人。笃古尚行，淹博群书。家学世传《毛诗》，其他经义亦多所发明。顺治八年（1651）参与省试，其科试卷本可列为魁首，竟为主事者所抑。不久选为该年恩贡。性笃友爱，诸弟辈力田不能自给，克家每年以教授生徒所入学费，一半分给诸弟，一半购买奇书。后遁迹陇亩，以诗酒自娱，不肯俯仰世态，为时高士。卒年七十七。著有《遗音》二卷藏于家。（康熙《惠来县志》、雍正《惠来县志》、乾隆《潮州府志》）——周修东

【孙时宪】

孙时宪，揭阳人。雍正四年（1726），县遇饥荒，时宪出谷平粜，在县设粥施食。署县柴玮予以褒奖。被授顶带。卒年九十二。（乾隆《揭阳县志》）——孙杜平

【孙伯谋】

孙伯谋，揭阳人。乾隆二十年（1755）岁贡。四十二年（1777），选授广东长宁县训导。（乾隆《揭阳县志》、光绪《惠州府志》）——孙杜平

【孙君壮】

孙君壮，揭阳人。事亲克谨。康熙初年（1662），海寇扰乱地方，父母年皆垂暮，惊惶奔窜之际，君壮多方调护，父母终得无恙。又尝拾得澄海商人遗金，慨然璧还，而不受报。年八十四，被授冠带。（乾隆《揭阳县志》）——孙杜平

【孙奋扬】

孙奋扬（1708—？），字恩成，号郁文，揭阳人。雍正五年（1727）武进士，初授福建长福营左军守备。乾隆十八年（1753），以人材健壮、谙练营务，调台湾城守营右军守备。在任约束士卒，训练以素。擢贵州永安营都司。永安土著仲姓，素来强梗，与水西头目、陇地诸苗，时常剽掠人口财物，大为民害。奋扬会同郎岱厅同知顾光合力督兵，擒剿剧盗宋应龙等二十余人，处以刑法，诸贼逃散，不敢侵扰地方，民获安宁。二十八年（1763），升四川顺庆营游击。前后军政，两膺卓异，清勤惠爱，所至有声。辞官后，与诸弟相友爱，以名节道义相勉励。身居乡里，修堤筑堰，周急息争，为民所依赖。尝被举为乡宾。生平能诗善画，尤工墨牡丹。（乾隆《揭阳县志》、乾隆《台湾府志》、《清代官员履历档案全编》、《明清台湾档案汇编》、《琼斯堂

集》）——孙杜平

【孙国武】

孙国武，揭阳人。好学能文，艰于一试。年老，犹披诵不衰。生有至性，事兄如父。尝让兄以公屋，兄质于人，国武恬然以处，绝无间言。兄殁，丧葬之费，全由己出。抚养孤侄，无异所生。教授生徒，善于诱导。士绅许之，特备列行实，上闻学政。乾隆十八年（1753），代理知县武启图奖以"望重乡间"匾。（乾隆《揭阳县志》）——孙杜平

【孙国球】

孙国球（1688—1747），字君懋，又字元略，号受亭，海阳东莆都西林乡（今属潮州潮安）人。康熙五十六年（1717）举人，叙选知县。乾隆元年（1736）会试明通进士。初在刑部观政，三年（1738）选四川泸州同知。雍正元年（1723）重修《东莆西林孙氏族谱》。（光绪《海阳县志》）——陈贤武

【孙国乾】

孙国乾，揭阳人。由武童生投效惠州军营。咸、同之际，先后平定粤、皖、浙、闽、黔、甘等省太平军及回族暴乱，积功至广东记名提督。光绪二十七年（1901），两广总督陶模以其勤奋供差、讲求捕务，请留广东差遣。三十三年（1907），署理南澳总兵。明年（1908），调署潮州。

历任皆有官声，时人以其与知府陈兆棠、提督方耀，目为潮州"三良"。（光绪《揭阳县续志》、民国《南澳县志》、《政治官报》、《陶勤肃公奏议遗稿》、《绣诗楼诗集》）——孙杜平

【孙受育】

孙受育，揭阳人。生平好善，屡兴义举，为乡里敬重。乾隆二十五年（1760），获赐肉帛。卒年八十六。（乾隆《揭阳县志》）——孙杜平

【孙定安】

孙定安，号文山，揭阳人。贡生，候选直隶州同。为人有至性，事父母以孝闻。生平以勤俭起家，而乐善好施，凡遇振穷恤贫、赈灾弭患，无不尽力尽为。尝捐巨款送潮州扶轮堂，俾考试遇雨时，盖搭芦蓬，方便生童听点。为士人所歌颂。卒年七十八。（光绪《揭阳县续志》、《孙氏表斋公房谱》）——孙杜平

【孙承亮】

孙承亮，海阳（今属潮州潮安）人。乾隆四十五年（1780）岁贡。授广东海康教谕。（光绪《海阳县志》）——陈贤武

【孙映辉】

孙映辉，海阳东莆都西林乡（今属潮州潮安）人。乾隆三十九年（1774）举人。授山东金乡知县。告病回乡。嘉庆十年（1805）三月，因

取水灌溉田地与邻乡争夺，被控操纵械斗、残杀多命，并且从中敛财分肥。为广东巡抚孙玉庭奏褫职。后复山东青城知县，署曹州府同知。（光绪《海阳县志》、《清实录》）——陈贤武

【孙　俊】

孙俊（1804—1835），号伟人，揭阳人。州同孙定安子。性至孝。生平好推解，重然诺，手散万金，寒微者多受其惠。先由附贡捐理问。道光十五年（1835），乡试中副榜，寻卒，年仅三十二。生平能文章，工诗画，有声于时，为知府黄安涛、修撰林召棠所称许。著有《四百八十二峰游草》、《吟香馆诗钞》等。（光绪《揭阳县续志》、《道光乙未恩科直省乡试同年全录》、《孙氏表斋公房谱》、《吟香馆诗钞》）——孙杜平

【孙庭俊】

孙庭俊，揭阳人。贡生，候选翰林待诏。雍正四年至五年间（1726—1727），县大饥荒，庭俊捐资协赈，遇其贫者，赠以棺木，又修冢掩埋尸骨，为闾里所称。（乾隆《揭阳县志》）——孙杜平

【孙炳奎】

孙炳奎，揭阳人。咸丰十一年（1861）拔贡。同治元年（1862），中顺天乡试举人。（光绪《揭阳县续志》、《广东贡士录》）——孙杜平

【孙宪夫】

孙宪夫，揭阳人。习儒家业。生平好施恩行德。乾隆元年（1736），获赐粟帛。卒年七十五。（乾隆《揭阳县志》）——孙杜平

【孙家栋】

孙家栋，字君国，号乃丰，揭阳人。游击孙奋扬父。候选县丞。雍正四年（1726）饥荒，在县煮粥济民。后以子贵，累赠武翼大夫。卒年七十一。（雍正《揭阳县志》、《孙氏表斋公房谱》）——孙杜平

【孙家盛】

孙家盛，揭阳人。贡生。性好仗义。尝修桥造路，方便行人；凿田疏河，引导淡水；筑堤填堰，裨益农田。所费甚巨，又不辞劳瘁，为乡里所称。（乾隆《揭阳县志》）——孙杜平

【许登元】

许登元，揭阳人。郎中许国佐孙。候选州同。为人公慎，且有果断，被推任本县九都约正。雍正四年（1726）饥荒，登元在县倡赈，设厂煮粥，人获其济。署县柴玮奖以"望重榕江"匾。（乾隆《揭阳县志》）——孙杜平

【孙家梁】

孙家梁，揭阳人。生平筑堤修堰，不辞劳瘁。乾隆十七年（1752），获赐肉帛。卒年八十五。（乾隆《揭

阳县志》）——孙杜平

【孙家榜】

孙家榜，揭阳人。贡生。生平守朴好学，邻里咸称其年德俱优。卒年七十八。（乾隆《揭阳县志》）——孙杜平

【孙家樘】

孙家樘，揭阳人。天性孝友，老而弥笃。乾隆十七年（1752），获赐肉帛。卒年九十。（乾隆《揭阳县志》）——孙杜平

【孙容光】

孙容光（1708—?），揭阳人。雍正七年（1729），由监生中式举人第二十名。乾隆十六年（1751），选授福建永定知县。（乾隆《揭阳县志》、民国《永定县志》、《广东贡士录》、《清代官员履历档案全编》）——孙杜平

【孙　教】

孙教，揭阳人。为人淳厚，乐善好施。年八十九，被授予顶戴。（乾隆《揭阳县志》）——孙杜平

【孙跃龙】

孙跃龙，海阳人。乾隆三十三年（1768）岁贡。授广东新兴儒学。（光绪《海阳县志》）——陈贤武

【孙敬德】

孙敬德，号充信，揭阳人。秉性温和纯粹。位居族长，子弟有相争者，能以道理感化之，而不扰官府，里人咸就敬德评正是非，时有汉陈太丘之称。署县魏能定闻其贤能，举为乡宾，奏给冠带，以示奖励。寿九十。（雍正《揭阳县志》）——孙杜平

【孙朝财】

孙朝财，号修敬，揭阳人。为人朴实俭约，买卖为生。家非小康，而好施济。常置一扑满，日纳盈余其中。至除夕之日，沿门分赠贫户，人各百钱。行之数十年不倦。同治四年（1865），县遇饥荒，士绅设厂施粥，遇天暑雨，贫民络绎奔趋。朝财急购蓑笠，赠与冒雨贫民。又虑暑雨伤人，煮茶以供解暑。又尝修建灰路、雨亭，人皆称善。晚年，被举乡宾。（光绪《揭阳县续志》）——孙杜平

【孙畯夫】

孙畯夫，揭阳人。乾隆十七年（1752），获赐肉帛。卒年八十。（乾隆《揭阳县志》）——孙杜平

【孙虞声】

孙虞声，揭阳人。副贡孙公助祖。县学生。生平事亲克孝，待人温恭。任约正二十余年，行事不偏不倚。工于文章，名著学校。知县蔡端奖给"行高词坛"匾。卒年九十三。（乾隆《揭阳县志》）——孙杜平

【孙　煌】

孙煌，海阳人。康熙九年（1670）岁贡。授广东保昌训导。

(光绪《海阳县志》）——陈贤武

【孙静山】

孙静山（1800—1889），揭阳人。恩赐八品。卒年九十。（光绪《揭阳县续志》）——孙杜平

【孙寿山】

孙寿山（1800—1887），揭阳人。拣选卫守备。卒年八十八。（光绪《揭阳县续志》）——孙杜平

【孙嘉猷】

孙嘉猷（1659—1730），字君为，揭阳人。监生。雍正四年（1726），遇县饥荒，出谷赈济邻里，人多赖其救济。又尝捐修祖祠、设置祭业等。卒年七十二。子：嗣英（1707—1792），字恩雄，号子元，监生；嗣蛰（1714—1792），号隐梧，被举乡宾。（乾隆《揭阳县志》、《京岗孙氏三房世系简表》）——孙杜平

【孙 徽】

孙徽，号勤知，揭阳人。天性颖异，素负大志，有卓荦不羁之才。为诸生，众推翘楚。事双亲至孝，奉养得其欢心。双亲殁后，终身长斋。年逾耄耋卒。孙如锦，号维熙，揭阳人。游击孙奋扬祖。事亲至孝。顺治三年（1646），九军贼刘公显等攻陷县城，其父死于乱中。如锦誓报父仇，不顾家产，走赴省府，沥血鸣冤，终得仇人偿命。知县奖之以匾。（雍正《揭阳县志》）——孙杜平

七 画

【麦逢春】

麦逢春（一作"麦连春"，1751—1787），澄海下外莆都（今属汕头澄海）人。少以勇略闻，入行伍。乾隆五十年（1785）授海门营把总。五十二年（1787），随征台湾林爽文，以功擢千总。复领兵救诸罗路，经大仑庄遇敌万余，围之数匝。逢春奋勇突围，刃敌无数，以众寡不敌阵亡，年三十有七。赠武德骑尉，赐祭葬。荫其子云骑尉，世袭恩骑尉。（嘉庆《澄海县志》、《潮州志补编》）——蔡文胜

【芮 思】

芮思（1854—1922），字经虑，号慎之。澄海蓬洲都（今属汕头市区）人，后移居澄海县城。贡生。幼聪慧，读书过目成诵，博学广识。擅书法，尤精楷、行书。初以颜真卿为法则，又受清中期帖学诸家影响，法度严谨，笔画苍浑。（《澄海历代书法概览》、《汕头历代书法人物录》）——蔡文胜

【严世垣】

严世垣，深澳人。以行伍积功，累授碣石镇标中营游击。咸丰六年（1856）二月，海丰属汕尾地方红白匪肇乱，随本镇总兵进剿，战殁于阵。事平，奉旨优恤。追赠参将，荫

袭云骑尉世职。子道长，官至虎门守备。（民国《南澳县志》）——黄迎涛

【严诚宾】

严诚宾，深澳人。少习医，得名师传授，悬壶问世，活人无算，时有"神医"之誉。乾隆五十六年（1791），巡检陈宝林以"青囊济世"额表之。（民国《南澳县志》）——黄迎涛

【苏 才】

苏才（1734—1832），字箕斗，号菲谷，潮阳贵山都人。幼嗜学，天资明敏，贯穿经传，驰骋古今，师事同邑余泽山学博——出于江左何义门；故所为文，雄深雅健。嘉庆九年（1804）举人，屡上公车不第。道光元年（1821），大挑二等，授东莞县教谕，莅任九年，归掌三都书院。著有《封建井田扩论》、《喷饭集》、《恒德堂稿》。（光绪《普宁县志》、《潮州艺文志》）——陈新杰

【苏飞腾】

苏飞腾，普宁人。监生。慷慨有义举，雍正四年（1726）及五年（1727），连年失收，出其余积助赈，列宪旌之。又尝倡建寨垣，为闾里计，人咸德之。（乾隆《普宁县志》）——陈新杰

【苏子宾】

苏子宾（1748—1831），字祖建，潮阳贵山都人。乾隆三十九年（1774），署理台湾北路右协副将。剿海盗，抚民政，有声于时。（《贵屿古今人物辞典》）——陈新杰

【苏文正】

苏文正，潮阳县廓都人。康熙五十六年（1717）举人。偕赵举鹏创塔馆双忠祠租，知县闵黯勒石记之。雍正四年（1726）及五年（1727），岁大饥，尝慷慨倡赈。（嘉庆《潮阳县志》）——陈新杰

【苏文燨】

苏文燨，字朝旭，普宁人。性端方，好学不倦，年十六补县学生。和宗睦族，义捐田三十余亩以赡族人。应雍正二年（1724）岁贡。四年（1726），岁饥，捐粟助赈，列宪旌之曰"德施闾里"。年七十六。（乾隆《普宁县志》）——陈新杰

【苏 汉】

苏汉（1868—?），字卓人，揭阳人。县学廪生。精于经学。光绪二十一年（1895），广东学政徐琪考试至潮，获其卷大喜，备文咨送广雅书院读书。（《粤轺集》、《广雅书院同舍录》）——孙杜平

【苏 权】

苏权，字日岩，普宁人。少丧父，家贫无以养母，不惮跋涉营微利以供菽水。母病，走百里外采药疗之。及母殁，哀毁骨立。后家业稍

裕，每以贫时失养为恨。生平笃行善事，乐施予，周急赒丧，靡有懈色。值岁荒，开廪助赈，全活甚众，乡人称其厚德。晚年援例入国子监。（乾隆《普宁县志》、乾隆《潮州府志》）——陈新杰

【苏　成】

苏成，饶平人。明末聚众盘踞碣石卫。顺治三年（1646）攻占惠来县城，踞按察分司行署，与另一首领林学贤互相攻杀。（雍正《惠来县志》、乾隆《潮州府志》）——黄树雄

【苏光岳】

苏光岳，惠来人（一作"海阳人"）。副贡。雍正八年（1730）任封川县教谕。（道光《封川县志》）——周修东

【苏华国】

苏华国，字燕又，揭阳人。由澄海学中式康熙五十九年（1720）举人。八赴会试不第。乾隆七年（1742），中会试乙榜，授贵州婺川知县。婺川土地素来贫瘠，民不知蚕桑之利，又加以县境山路崎岖，所在丛篁密箐，多有潜伏盗贼。华国到任，教导人民以蚕织，夷平山路之险阻，民甚依赖。又值岁旱，捐俸倡赈，境内百姓，得以获苏。又建义学一所，并置馆谷，用以教育士子。九年（1744），调充贵州乡试同考官。十二年（1747），改广东曲江教谕。华国

生平重视伦常，曾捐资建祠堂、立祭业。卒年六十一。（乾隆《揭阳县志》、道光《思南府志》、光绪《曲江县志》）——孙杜平

【苏后来】

苏后来，海阳大和都（今属潮州潮安）人。康熙十一年（1672）岁贡，由惠来学。二十二年至二十六年（1683—1687）授广东高明训导。（乾隆《潮州府志》、光绪《海阳县志》、康熙《肇庆府志》）——陈贤武

【苏兆龙】

苏兆龙，海阳大和都（今属潮州潮安）人。光绪二年（1876）丙子科武举人，二十年（1894）甲午恩科武进士。钦点营用守备。（光绪《海阳县志》）——陈贤武

【苏作哲】

苏作哲，字若愚，海阳人。光绪年间（1875—1908）岁贡生。擅诗。（光绪《海阳县志》、《潮州诗萃》）——陈贤武

【苏彤绍】

苏彤绍，字仲衣，号兰园，海阳大和都（今属潮州潮安）人。事父孝，爱庶弟尤笃。康熙五十二年（1713）进士，选庶常，授检讨。有识鉴，曾于康熙丁酉科、庚子科分校顺天乡闱，辛丑科分校礼闱，称得士。雍正元年（1723）状元于振出其门。（乾隆《潮州府志》、光绪《海

阳县志》、《清秘述闻三种》）——陈贤武

【苏其来】

苏其来，海阳（今属潮州潮安）人。嘉庆五年（1800）举人。二十年至二十二年（1815—1817）授广东乐昌教谕。（光绪《海阳县志》、同治《韶州府志》）——陈贤武

【苏景眉】

苏景眉，海阳大和都（今属潮州潮安）人。乾隆四十五年（1780）举人。嘉庆二年（1797）知婺源，十二年至二十三年（1807—1818）授安徽宁国知县，十六年（1811）倡建文昌宫，每岁春秋致祭。转太平、首阳、舒城等地知县，升庐州同知。（光绪《海阳县志》、新编《宁国县志》、新编《婺源县志》）——陈贤武

【苏 游】

苏游（？—1861），潮阳贵山都人。任都司。咸丰十一年（1861），太平军将领李侍贤纠数十万薄杭州。浙江提督张玉良自江岸来援，密饬参将周璧从中策应，屡次血战不得脱。十一月廿八日，城陷，周璧率都司苏游、千总周锦等战殁于杭州。（光绪《潮阳县志》）——陈新杰

【杜士乐】

杜士乐，澄海苏湾都（今属汕头澄海）人。生活于乾隆、嘉庆年间（1736—1820）。幼聪颖，善观察，喜学画。久在广州六榕寺附近售画，颇受世人喜好，曾为广州陈家祠绘制壁画。所作山水人物，挥洒自如，苍劲浑厚，构图饱满，纵横有致，淹滋蕴秀，引人入胜。（《汕头历代书画人物录》、《涂城春秋》）——蔡文胜

【杜纯修】

杜纯修，字殿柱，澄海苏湾都（今属汕头澄海）人。监生，慷慨好施。乾隆六十年（1795）大饥，捐谷赈济，知县戴锡纶以"学景希文"旌其家。其时海寇骚扰，纯修募乡勇昼夜防守，乡里获安。知县张映衡给袍帽褒奖。（嘉庆《澄海县志》）——蔡文胜

【杜学诗】

杜学诗，海阳人。乾隆五十年（1785）岁贡。授东安教谕。（光绪《海阳县志》）——陈贤武

【杜孟喜】

杜孟喜，字良星，普宁人。髫年为县学生。性恬静嗜学，甘淡薄，尝与翰林林景拔、举人黄太卿、贡生王奇芳、同庠蓝鸣高，结庐于马嘶岩，讲明理学，吟咏自适，有古学者风，出其门者多知名之士。（乾隆《普宁县志》）——陈新杰

【杜 潜】

杜潜，字子磻，澄海苏湾都（今属汕头澄海）人。少业儒，因世乱废

学。性沉毅能谋。清初，澄地因沿海"迁界"，民当内徙。杜潜率亲属迁居揭阳棉湖，所全甚众。乐善好施，凡力所能及者，未尝稍倦。（乾隆《澄海县志》、嘉庆《澄海县志》）——蔡文胜

【巫马光】

巫马光，丰顺人。乾隆二十八年（1763）岁贡。乾隆四十二年至四十七年（1777—1783）任广东顺德训导。（光绪《丰顺县志》、光绪《广州府志》）——陈贤武

【杨九畴】

杨九畴（1727—1798），号龟川，丰顺紫荆洞人。乾隆三十年（1765）岁贡。乾隆五十八年至嘉庆三年（1793—1798）任广东惠州府博罗训导。每月朔望必传诸生讲经义诗文于学舍，正谊明道，士风丕变，人誉为"龟山复起"。卒于任，年七十二。（光绪《丰顺县志》、光绪《惠州府志》、民国《博罗县志》）——陈贤武

【杨士薰】

杨士薰（1623—1688），字伯解，号南麓，大埔白堠（今属梅州大埔）人。顺治十一年（1654）拔贡，授教习，不就。家居，教诸子读书，谓须从圣贤处寻取人伦之道，于日用间体会，久之自当有得。康熙七年（1668）水灾，百侯土堡毁圮，士薰倡修之。又与诸大姓商议，改革里中派役之法，谋均役之策，分五股轮值，自是各户稍得宁居。其子孙科举极众，衣冠之盛为岭外所仅见者。（乾隆《潮州府志》、嘉庆《大埔县志》、《百侯杨氏文萃》）——黄树雄

【杨大和】

杨大和（一作"杨太和"，1818—1867），号保卿，大埔白堠（今属梅州大埔）人。同治三年（1864），署福建建宁、建阳知县，迭办琉球贡使，以劳瘁致病，同治六年（1867）卒，年方五十。（同治《大埔县志》、民国《建宁县志》）——黄树雄

【杨万宁】

杨万宁（1714—?），字联国，揭阳人。为人深沉稳重，喜读书，少有文誉。乾隆三年（1738）举人第三名。两历教谕。十六年（1751），升四川名山知县。二十一年（1756），起补湖南嘉禾。二十三年（1758），以卓异调任巴陵。巴陵为岳州首县，号称冲要繁剧。万宁饶才干，善应付，百事俱办，不扰百姓。县有滨湖之地，为民占牧，或取草料以粪田，被渔民所阻。万宁亲为审定，允民占牧取草。又查收漕粮，革其弊端。筑堤挖塘，资其灌溉。两度代理岳州知府。总督李侍尧、巡抚富勒浑疏荐为靖州知州，格于部议，事皆作罢。旋

代理澧州知州。在澧保全堤垸五十余处，民为立碑纪功。时值朝廷征剿缅甸，万宁奉派往芷江、怀化等县，协助接济驿马、物料。著有劳绩，升靖州知州。赴任时，被委带帑银十万两，分赏常德、沅州、澧州等地将兵，染疾卒于长沙。万宁出仕三十余年，家无遗产，时论贤之。（乾隆《揭阳县志》、同治《嘉禾县志》、光绪《名山县志》、光绪《巴陵县志》、《清代官员履历档案全编》）——孙杜平

【杨上擎】

杨上擎，揭阳人，饶平籍。雍正元年（1723），中式举人第五名，吏部即选知县。（雍正《揭阳县志》、《广东贡士录》、《李氏族谱》）——孙杜平

【杨之茂】

杨之茂（1613—?），字百年，澄海下外莆都（今属汕头澄海）人（一作"海阳人"）。康熙二年（1663）举人。性耿介，不随流俗。慷慨好义，急难扶困，赎蔡宦裔女于婢中，配良家子。长于古文诗词，所著有《庸训》、《度岁草》、《霖湖集》等。（康熙《澄海县志》、雍正《澄海县志》、光绪《海阳县志》）——蔡文胜

【杨之徐】

杨之徐（1659—1731），字沛若，号慎斋，大埔白堠（今属梅州大埔）人。康熙十四年（1675）举人，二十七年（1688）成进士，三十四年（1695）任河南光山知县。甫下车，即访询百姓疾苦，有不便于民者，尽行裁革；听狱断讼，誓不受贿。又改革户籍编审之法，吏无科扰，民免羁累。三十五年（1696）康熙亲征噶尔丹，大军过境，军书旁午，刻时取应，不遑暇食，之徐犹日览词讼，判决如流。曾捐俸修文庙，以司马光涑水祠旧址置义学，延请名师，人皆踊跃来学。又博访旁蒐，删繁补漏，修成《光山县志》。曾任河南乡试同考官，得士六人，悉一时知名士。三十六年（1697）大计，以耿直为当事者所忌，罢官回里。晚年仿范仲淹义田之例行于族中，贫苦者多赖之。生平好学不倦，手抄经史性理诸子百家不下万卷，尤潜心研究孙奇逢（1585—1675）之《理学宗传》。著有《企南轩诗文集》、《企南轩编年录》等。子七人，缵绪、黼时、演时，别见本辞典各条。（乾隆《大埔县志》、乾隆《潮州府志》、民国《光山县志》、《百侯杨氏文萃》）——黄树雄

【杨子玗】

杨子玗，揭阳人。诸生杨奇谟子。监生。曾倡储社谷，以备饥荒。后被举为约正，行事务合公论。（乾隆《揭阳县志》）——孙杜平

【杨子琅】

　　杨子琅，揭阳人。举人杨步青、联长父。监生。在国子监，以擅书法著名于时。垂老，手不释卷。生平孝事父母，乐为善举。治家严整，教诲有方。雍正十年（1732），被推任族正。知县陈树芝敬重之。卒年八十八。（乾隆《揭阳县志》）——孙杜平

【杨开会】

　　杨开会（1799—1836），原名开拓，字绍志，一字朴庵，海阳人。道光十三年（1833）进士。授知县。十五年（1835）抵闽，充同考官，所得皆名士。大吏委审案，有不能平反者，即托辞婉谢；其可以直行已意者，则虚衷讯问，不以鞭扑示威，一时称为明干。是冬，署永安县。甫下车，杜干谒，缉盗贼，革陋规。先是永安衙蠹视控案轻重索告者金，名曰"汤圆钱"，有多至百余元者。出示严禁，贫民始得赴诉。每征收，恐吏役骚扰，亲诣乡村劝谕，民争输纳。邑中浇俗，每杀病丐于富家，冒为尸亲吓勒。一一查明，按律惩办，图赖之风遂革。案牍之暇，尤喜培士类，每月必亲至书院论文励品，娓娓不倦，听讲者常数百人。十六年（1836），下乡征收，中暑卒，年三十八。民感之，为立遗爱碑。（光绪《海阳县志》、新编《永安市志》）——陈贤武

【杨天培】

　　杨天培（1721—1773），字孟瞻，号西岩，大埔白堠（今属梅州大埔）人。乾隆九年（1744）举人。十三年（1748）成进士，授贵州龙泉知县。龙泉土风兼具楚蜀。天培悉心抚治，不敢以殊俗相轻，邑人感德。二十四年（1759）为贵州乡试同考官，所得皆知名士。以不肯委曲以事上官，且苦其束缚，遂自请改教职，二十七年（1762）补惠州府学教授。在教六年，修文庙，教乐舞，养士作人，文教彬彬，尤重经世致用之学。工于诗，宦迹所至，喜游名山水以寄兴，与名公赋诗往来无虚日。礼部侍郎程景伊（？—1780）称其诗本诸性情，不事雕饰，有唐宋人规模。著有《西岩文稿》、《西岩诗钞》，以及《奇姓录》、《方言录》、《杨氏谱系考》等。又辑有《潮雅拾存》。杨天培也是清代广东汉乐的代表人物之一。（嘉庆《大埔县志》、光绪《惠州府志》、《大埔进士录》、《潮州灵光集》）——黄树雄

【杨天梁】

　　杨天梁，号木斋，大埔人。监生，乾隆二十九年（1764）署江西九江府经历，借补赣县典史，实授南宿州县尉。捕盗必得真赃，赈灾必期实惠，捐廉裁减硝饷，创建文祠，口碑载道。（同治《大埔县志》、同治

《九江府志》、光绪《宿州志》）——黄树雄

【杨天衢】
杨天衢，揭阳人。乾隆十七年（1752）举人。二十七年（1762），授广东增城教谕。明年，调陵水县。（乾隆《揭阳县志》、道光《琼州府志》、民国《增城县志》）——孙杜平

【杨中龙】
杨中龙（1764—?），号北海，大埔白堠（今属梅州大埔）人。乾隆五十七年（1792）举人，嘉庆元年（1796）进士，授内阁中书舍人。十五年（1810）出为浙江衢州府同知，政声文誉，藉藉人口。嗜酒善书，人有求书者，约以酒换。擅诗，《拟杜少陵秋兴八首》为时所称，有《北海诗文稿》。（嘉庆《大埔县志》、《嘉庆起居注》、《大埔进士录》）——黄树雄

【杨中迪】
杨中迪，大埔人，乾隆四十五年（1780）举人，曾任福建清流知县，任上重修清流县儒学。（嘉庆《大埔县志》、民国《清流县志》）——黄树雄

【杨长发】
杨长发，字虬峰，海阳上莆都（今属潮州潮安）人。进士杨钟岳曾孙。乾隆二十二年（1757）进士。二十三年（1758）授吏部考功司额外主事。工六体，于行隶尤精。有《会城记行诗》一卷，录诗百五十首，皆乾隆四十四年（1779）冬往还会城纪行之作。又有《燕中草》。（光绪《海阳县志》、《清代缙绅集成》、《潮州艺文志》）——陈贤武

【杨仁风】
杨仁风，号熏南，海阳人。诸生。家贫落拓，跅弛不羁，事母甚孝。咸丰四年（1854），吴忠恕乱，围城几殆。贼领黄学胜踞北厢，仁风以官命往说。学胜降，为贼党李如珠所觉，执送忠恕，大骂不屈死之。（光绪《海阳县志》）——陈贤武

【杨从龙】
杨从龙（1803—1868），字学海，大埔人。道光十一年（1831）举人，二十四年（1844）以知县分发山西，二十六年（1846）署万泉知县。仁慈平恕，而遇事勇决，无巨细必躬亲。晨起即视事，判决如流，从不隔宿。下乡概以一日往返，费悉自给，不以取诸民。三十九年（1859）补潞城知县，葺试院，建号舍，士咸称便。咸丰元年（1851年），充山西乡试同考官，出门下者十九人，得山西解额三之一。清廷与太平军战急，调江南大营差遣，屡航海回粤催饷，保加知府衔。五年（1855）回原任，旋告归。同治四年（1865），左宗棠督师来粤剿太平军余部，驻大埔三河镇，檄调

随营,以克复嘉应州城,保奏赏戴花翎,因病不复出。(民国《大埔县志》、光绪《潞城县志》、《道光辛卯恩科广东乡试题名录》)——黄树雄

【杨氏(姚扬辉妻)】

杨氏(姚扬辉妻),潮阳县廓都人。年廿九夫亡,遗二子尚幼,杨氏矢志抚之。时一门叔父俱业商,杨氏独弗之欲也。日惟勉诸子读书就傅。长子庆洽,髫龄遂见赏于知府黄安涛,冠童子军。明年为廪生,有为之贺者,杨氏欿然。于是庆洽益自奋隽,道光十七年(1837)拔贡。庆洽文章品谊为后进师,皆杨氏教也。咸丰五年(1855),旌。卒年八十四。次男庆澄,附贡。(光绪《潮阳县志》)——陈新杰

【杨氏(詹平治侧室)】

杨氏(詹平治侧室),普宁松溪庄人。贡生元榜庶母。年二十守节,嫡派子孙二百余人,眼见七代,寿百岁。(光绪《普宁县志》)——陈新杰

【杨文宠】

杨文宠,字藩卿,海阳人。康熙八年(1669)岁贡。授广东电白训导。有《篆园诗集》。(乾隆《潮州府志》、光绪《海阳县志》、《古瀛诗苑》)——陈贤武

【杨文振】

杨文振(1708—1748),字式允,号东川,大埔白堠(今属梅州大埔)人。杨瓒烈弟。少聪颖,过目成诵,经史百家无不通,为文奥衍宏博。年未冠,广东学使惠士奇(1671—1741)见而奇之,许为岭南名士。乾隆元年(1736)中举人,十年(1745)成进士,授刑部安徽司主事,上官皆器重之。越一年,以病假归里。家居数载,为人排难解纷,以严见惮。屡息族中讼狱。子弟不遵者严责之,又从而训诲之,冀其复归于善而后已。年四十一卒。著有《种德堂文稿》。子为龙,三十年举人,官四川彭县知县。(嘉庆《大埔县志》、《百侯杨氏文萃》、《大埔进士录》)——黄树雄

【杨为櫆】

杨为櫆,程乡人。雍正四年(1726)举人,五年(1727)登会试明通榜。任广西合浦教谕。(《梅州进士录》)——黄晓丹

【杨允玺】

杨允玺,字御章,号钦斋,杨梦时子。大埔人。雍正二年(1724)中举人,十三年(1735)署福建浦城知县,次年转正。浦城当闽浙孔道,邮传络绎,允玺应付裕如。革陋规,兴文教,弭盗安民,百废俱举。乾隆七年(1742)调署台湾知县。台多闽粤人寄籍,允玺禁民械斗。职满,以疾归,台人立碑铭德。卒年五十七。长子寿鼎,岁贡生,任琼州府定安训

导。次子寿磐，举人，任陕西郿县知县。(乾隆《潮州府志》、嘉庆《大埔县志》、乾隆《台湾县志》)——黄树雄

【杨玉辉】

杨玉辉，海阳上莆都（今属潮州潮安）人。参议杨钟岳曾孙。乾隆二十四年（1759）己卯科举人。三十二年（1767）任广东始兴教谕，三十三年至三十六年（1768—1770）任清远训导。(光绪《海阳县志》、光绪《广州府志》、道光《直隶南雄州志》)——陈贤武

【杨玉衡】

杨玉衡，海阳人。拔贡。乾隆三十二年（1767）二月选广东始兴县教谕，四十九年（1784）授博罗县教谕，五十七年（1792）转南海县教谕。(《清代缙绅集成》、光绪《广州府志》、光绪《惠州府志》)——陈贤武

【杨世达】

杨世达（1672—?），字辑五，号兼斋，揭阳人。澄海学附贡生。康熙四十年（1701），授广东遂溪县教谕。在职勤勉育人。学有祠租二百石，献为学生科举费用。五十七年（1718），升河南登封知县。在任十年，诚教慈惠，多所建置。历署宜阳、宝丰、嵩县。去后，民为立祠祀之。雍正六年（1728），起复永城县。七年（1729），调汤阴县。凡境内祠庙载典礼者，举如学宫、城隍、周文王、岳忠武等庙，皆鼎新之。县东南地势低下，每岁田禾被淹，世达创修普济河、广济等渠十余处，又在卫河之滨筑涵洞，水有所归，灌民田二千余顷，民多赖以为利。又尝纂修《县志》、重刊《精忠庙志》。告休归里，创建远近桥梁十余处，乡人立碑记之。子有祜，官至云南昆阳知州。(乾隆《揭阳县志》、《登封县志》、《汤阴县志》、《彰德府志》、道光《遂溪县志》、光绪《宜阳县志》、《精忠庙志》、《清代官员履历档案全编》)——孙杜平

【杨世勋】

杨世勋，字竹尹，澄海人。咸丰间（1851—1861）诸生。勤学好古，复留心程朱陆王之学，以理学教授乡里，门下弟子颇众。著有《岭南道学录》、《师范》。诗亦天机潇洒，有从容自得之趣。著有《蔗尾吟草》。(《潮州艺文志》、《潮州诗萃》)——蔡文胜

【杨世基】

杨世基，隆澳人。生员。康熙二十七年（1688）呈请南澳总兵转呈广东巡抚，准岁科两试各取澳生一名附入潮州府学，沿为定例。(乾隆《南澳志》、民国《南澳县志》)

【杨世鼎】

杨世鼎（1702—?），字象园，海

阳人。雍正七年（1729）拔贡，由南雄州学。乾隆七年（1742）至八年（1743）授浙江常山知县。十二年（1747）九月补河南辉县，承办金川军需，修理三关义学，十三年（1748）修葺县城内城，民历久不忘。十四年（1749）离任。（乾隆《潮州府志》、光绪《海阳县志》、道光《辉县志》、《清代官员履历档案全编》、《清代缙绅集成》、新编《常山县志》）——陈贤武

【杨世榜】

杨世榜（？—1691），字名园，揭阳人。以例贡授行人司副。生平孝事父母。一门百余人，皆同居而不析产。性忠厚好学，周穷振乏，好行其德。乡有土堡倾塌，为捐资修筑。卒，按察使杨缵绪铭其墓。（雍正《揭阳县志》、乾隆《揭阳县志》、《企南轩编年录》）——孙杜平

【杨仕添】

杨仕添（1853—1910），原名元增，号泽臣，海阳龙溪都（今属潮州潮安）人。父母早亡。同治八年（1869）飘洋到新加坡，初为杂货行贩，后转习珠业。创杨添发号于珠烈街，以营珍珠起家，有"珍珠客"之称。光绪三十三年（1907）义勇演武亭创建时，捐金五十元。曾得清政府诰封中宪大大，赏戴花翎。旋晋升为正二品资政大夫，并蒙慈禧太后及光绪帝颁赐御书"福寿"二字。五十余岁患偏枯疾回国，未及二年，终于故里。（《马来亚潮侨通鉴》）——陈贤武

【杨立高】

杨立高，字渔山，海阳人。光绪十二年（1886）岁贡。一官不就，晚署号"韩江渔父"。著有《爱吾庐吟草》一卷。子、媳皆能诗，合刊有《三渔集约钞》。卒于光绪末年。（光绪《海阳县志》、《三渔集约钞》）——陈贤武

【杨兰芳】

杨兰芳，海阳人。雍正九年（1731）岁贡。授澄海县教谕。（乾隆《潮州府志》、光绪《海阳县志》）——陈贤武

【杨必诜】

杨必诜，字和孙，号煦斋，大埔人。乾隆十二年（1747）举人，历署福建沙县事，授安溪知县，调惠安知县。理繁治剧，挥洒自如，所至有声，士民爱戴。未几罢职。后仍以知县用，以母老未就。凡桑梓利弊，殚心区画，不辞其瘁，乡人悦服。卒年六十有九。（嘉庆《大埔县志》、嘉庆《惠安县志》）——黄树雄

【杨必振】

杨必振，字祥匦，杨之徐孙，大埔城坊（今属梅州大埔）人。乾隆六年（1741）举人，拣选为两淮盐大

使，因厌繁剧，遂引退。曾曰："人心静则如珠在渊，动则如瓢在水。吾不能随波逐流，何如守拙以养静？"闻者莫不叹服。（嘉庆《大埔县志》、乾隆《潮州府志》、道光《广东通志》）——黄树雄

【杨必蕃】

杨必蕃（1707—1743），字椒谷，号近堂，大埔城坊（今属梅州大埔）人。杨之徐孙。少聪颖，过目成诵，弱冠有文名。雍正十年（1732），潮州知府龙为霖集生童肄业韩山书院，极赏必蕃，推为潮属名士，府试拔置冠军。乾隆元年（1736）中举人，七年（1742）成进士，年三十余而卒，怀才未展，士林惜之。生平著作未梓，藏于家。（嘉庆《大埔县志》、乾隆《潮州府志》、《大埔进士录》）——黄树雄

【杨永德】

杨永德，字尚絅，普宁人。父早逝，事母尽孝，未尝学问而举动自令绳尺。生平喜周恤，廉静自持，耕作之余，一以延师教子为务。康熙八年（1669），知县段藻重其行，举乡饮，膺冠带，匾曰"齿德嘉宾"。卒年七十三。（乾隆《普宁县志》）——陈新杰

【杨吉】

杨吉，字显吉，别字玉溪，大埔滦洲都（今属梅州大埔）人。明清之际，其父筑长春寨以自固，吉助父捍卫乡里。顺治十二年（1655），在饶平总兵吴六奇军前效力，授千总衔，后升守备衔。吉智勇兼备，曾击破郑阿发、田养民等的侵袭，乡里赖以安宁。性孝友，兄弟同居至五十余人，不言分爨事。（嘉庆《大埔县志》、乾隆《潮州府志》）——黄树雄

【杨芝】

杨芝（1774—1806），字昭阳，号蕙畹，一号兰坡，揭阳人。性聪慧。年十八始学举业，命笔即工。嘉庆七年（1802）成进士，以即用知县分发广西。初署浔洲通判。在任勤政爱民，循良之声渐起。十年（1805），补授武缘知县。适有命案，当赴乡亲验，芝抱病而出，途冒瘴气，旧疾增重，回署数日而卒。命不副才，人咸惜之。（光绪《揭阳县续志》、《清仁宗实录》、嘉庆十一年春《缙绅全书》、《清代科举人物家传资料汇编》）——孙杜平

【杨有伟】

杨有伟，字瑞挺，揭阳人。监生。禀性淳朴，讲修伦理。日以文义与兄贡生宗震相切磋，名其斋曰"谈经"。老益嗜学。生平持身甚约，而于建祠堂、置祭田等，事属报本者，则见义勇为，倾资鼎助。（乾隆《揭阳县志》）——孙杜平

【杨有祜】

杨有祜（1737—?），字瑞笃，揭阳人。知县杨世达子。例贡生。乾隆二十九年（1764），援例捐通判，选授直隶永平府。三十四年（1769），擢沧州知州。明年，为州人控告藉差科派及徇私匿盗事，解部审问。四十七年（1782），调云南昆阳知州。（乾隆《揭阳县志》、光绪《天津府志》、《清高宗实录》、《缙绅全书》）——孙杜平

【杨有聘】

杨有聘，字叔珍，海阳人。贡生，加捐县丞。乾隆二十三年（1758）十二月署理甘肃山丹县典史，二十六年（1761）二月题隆德县典史，二十八年（1763）正月重署山丹县，五月卸事。（《清代缙绅集成》、《山丹县志》）——陈贤武

【杨有禔】

杨有禔，字瑞庆，揭阳人。贡生。少丧父，事母维谨。禀性仁厚，心怀任恤。雍正四年（1726），县大饥荒，米珠薪桂，贫民乏食，有禔捐资赈济。明年复饥，再行赈济。两年所费甚巨。（乾隆《揭阳县志》）——孙杜平

【杨成梧】

杨成梧（1692—1760），字敬思，号莃亭，大埔人。雍正七年（1729）举人，乾隆十年（1745）进士，十八年（1753）任韶州府教授。旋丁母忧。服阕，绝意仕进，闭门讲学，远近学者翕然宗之。为文脱稿立就，悉遵先正法程，著有《蛾子山房讲义》、《四书文稿》。（嘉庆《大埔县志》、乾隆《潮州府志》、同治《韶州府志》、《大埔进士录》）——黄树雄

【杨　贞】

杨贞，号翠环，海阳丰政都（今属梅州丰顺）人。少谙兵略。顺治元年（1644），澄海海寇黄海如围攻潮州，贞随吴六奇率领军队征讨，激战于笔架山。后在平定钟凌秀、叶阿婆、揭阳九军刘公显作战中，屡立战功。吴六奇镇守饶平后，升任裨将。十年（1653），潮州总兵郝尚久倒戈附明，贞佐吴六奇运筹决策，输助饷械，战事平息后，贞升授参将。历守大埔、饶平、揭阳三属，壁垒萧然。凡军国事务，行之莫不动中肯綮。后以老乞归，筑寨于紫荆围，为杨氏始基祖。康熙十二年（1673）逝，入祀县乡贤祠。（光绪《丰顺县志》）——陈贤武

【杨廷才】

杨廷才，号诚笃，海阳龙溪都（今属潮州潮安）人。康熙四十三年（1703）例贡。四十七年（1707）授广东南雄训导，廉州府教授。（乾隆《潮州府志》、光绪《海阳县志》、道

光《直隶南雄州志》）——陈贤武

【杨廷科】

杨廷科，字璧堂，澄海下外莆都（今属汕头澄海）人。乾隆五十三年（1788）举人，官番禺教谕。著有《桂楼诗草》。（嘉庆《澄海县志》、《潮州诗萃》）——蔡文胜

【杨仲兴】

杨仲兴（1694—1775），字直廷，号訒庵，程乡下市（今属梅州梅江）人。雍正七年（1729）举人，八年（1730）进士，授福建清流知县。乾隆三年（1738）改任广西桂林府兴安知县。在任期间，深察下情，关心民间疾苦，广建社仓，备荒赈灾，疏通河道，修筑堤防，因"功甚巨"擢升广西思恩府同知，再迁任江西瑞州知府。为官廉洁贤能，政绩卓著，受乾隆皇帝召见，并赐"貂皮药锭"嘉奖。不久，转任福建延邵兵备道。乾隆三十九年（1774）升迁湖北按察使，后任补刑部郎中。杨仲兴为官三十余年，足迹遍及福建、广西、江西、湖北等省，所到之处，勤政爱民，兴利除弊，注重教育。善古文，文风"朴实廉悍，有如其人"。编著有《四余偶录》二卷，《读史提要》四卷，《观察记略》二卷，《性学录》一卷及《诸子文钞》、《唐宋八家文钞》等。（光绪《嘉应州志》、道光《广东通志》）——黄晓丹

【杨名博】

杨名博，惠来人（一作"大埔人"）。乾隆六年（1741）举人，七年（1742）入选明通榜，十三年（1748）任开建教谕。隆师儒，矜品式，课诸生必先器识而后文艺，职称司铎。（乾隆《潮州府志》、道光《开建县志》）——周修东

【杨州俊】

杨州俊（1619—1653），字人杰，号蒲公，大埔白堠（今属梅州大埔）人。明湘阴知县杨开之子。开举家在湘阴殉节，州俊家居闻变哀恸，冒险间关走岭北求父骸，以道梗不得达。清顺治八年（1651）中举人。十年（1653）郝尚久反清，州俊弃家遁去，被执，不屈，竟遇害。乾隆五十七年（1792）特旨令军机大臣查明从前殉郝尚久之难未受世职诸臣，以州俊六世嫡裔光烈承袭恩骑尉世职罔替，嘉庆八年（1803），开、州俊俱入祀海阳忠义祠。（嘉庆《大埔县志》、《百侯杨氏文萃》）——黄树雄

【杨州弼】

杨州弼（1632—1692?），字元赍，揭阳（今属梅州丰顺）人，大埔籍。举人杨世乔子。康熙十七年（1678）岁贡。甲寅之变，剧盗盘踞八乡，剽窃潮、惠地方，大为民害。十九年（1680），州弼奉委团练子弟，会合官骑剿贼，身履行阵，击斩千余

级，救回男女五百余人，八乡以平。叙功授训导职。（乾隆《揭阳县志》）、《企南轩编年录》、《百侯杨氏文萃》）——孙杜平

【杨兴耀】

杨兴耀，潮阳人。诸生。有句云："理钓云埋屐，弹琴月满身。"卒后，陈青瀛哭之以诗，云："生涯冷淡才难恃，世态炎凉泪暗流。"（《潮州诗萃》）——陈新杰

【杨寿鼎】

杨寿鼎，见"杨允玺"条。

【杨寿磐】

杨寿磐，字展裔，号衍园，大埔白堠（今属梅州大埔）人。乾隆三十三年（1768）举人，历任琼州府会同县训导，擢陕西郿县知县。以疾归里，卒年七十有一。著有《渐亭诗文稿》。子尧佐，五十九年（1794）举人。（嘉庆《大埔县志》、道光《广东通志》）——黄树雄

【杨芳泽】

杨芳泽，海阳（今属潮州潮安）人。由揭阳学。雍正六年（1728）岁贡。授广东龙川、和平教谕。（乾隆《潮州府志》、光绪《海阳县志》）——陈贤武

【杨克教】

杨克教，字锡誉，普宁黄坑都人。承处士杨辉煌义方训，质直宽厚，深明大义，里有纷争，每急趋排解，不使成衅。咸丰初（1851），举乡饮大宾。四年（1854），许亚梅之乱，克教与弟锡承、锡荣、克荣，及同乡郑业受，率众助官军击贼，时任知县潘铭宪旌曰"边邑屏藩"，详请赏给军功八品。卒年八十八。（光绪《普宁县志》）——陈新杰

【杨时宪】

杨时宪，大埔人。雍正元年（1723）举人，乾隆十年（1745）任陕西山阳知县，十三年（1748）改嘉应州训导，参修乾隆《嘉应州志》。（乾隆《潮州府志》、嘉庆《大埔县志》、乾隆《嘉应州志》、乾隆《续商州志》）——黄树雄

【杨应箕】

杨应箕，揭阳人。县学生。性情仁厚，遇岁饥荒，常出己有，周恤饥穷。卒年八十一。（乾隆《揭阳县志》）——孙杜平

【杨启浩】

杨启浩，海阳上莆都（今属潮州潮安）人。参议杨钟岳仲子。例贡生，授广东龙川教谕。（光绪《海阳县志》）——陈贤武

【杨启遴】

杨启遴，普宁人。贡生。有诗作存世。（《潮州诗萃》）——陈新杰

【杨其琛】

杨其琛，号韫田，海阳人。光绪年间（1875—1908）诸生。通中西算

学。光绪《海阳县志》分采访之一。著有《天学易知录》。（光绪《海阳县志》）——陈贤武

【杨奇谟】

杨奇谟，字登之，揭阳人。训导杨子琳之父。县学生。九岁丧父，事母甚谨。性刚方，好仗义。生平尤以敬宗睦族为首务，尝倡立烝尝田、兴建祠堂。康熙初年，知县张方圣举为九都约正，其后，知县蔡端又奖其品行端方。（乾隆《揭阳县志》）——孙杜平

【杨昆山】

杨昆山，本姓李，海阳人。雍正元年（1723）恩科武进士。（乾隆《潮州府志》、光绪《海阳县志》）——陈贤武

【杨国崧】

杨国崧（1859—1919），字筱亭，又署小亭，号耕云樵子，江宁上元人，光绪间（1875—1908）为官粤东，曾任潮州府巡警局委员，遂家于海阳城内。其居曰"思补轩"。工六法，得时贤称叹。有《筱亭画剩》。（《潮州艺文志》）——陈贤武

【杨昌时】

杨昌时（1614—1666），字纯庵，澄海苏湾都（今属汕头澄海）人。性至孝。弱冠能文，受知于督学吴贞启，历二十余年。以贡生授职，推辞不受。日惟授生徒育英才为念。操履端方，为乡里所重。康熙三年（1664）沿海"迁斥"，哀鸿遍野，昌时捐资筑围，全活梓里数百人。营建必先圣祠、祖庙而后及楼室池园，知所重也。子杨钟岳，官福建督学。（乾隆《澄海县志》、嘉庆《澄海县志》、乾隆《潮州府志》）——蔡文胜

【杨秉】

杨秉，深澳人。乾隆十四年（1749）任南澳镇标右营左哨千总。（乾隆《南澳志》）——黄迎涛

【杨岱生】

杨岱生，榜姓林，饶平人。雍正元年（1723）举人，乾隆二年（1737）官广东连平州学正。（道光《广东通志》、光绪《饶平县志》）——黄树雄

【杨受昭】

杨受昭，号融川，大埔白堠（今属梅州大埔）人。其父杨中迪，曾任福建清流知县。受昭自幼随父在任，见家业因公赔累一空，遂灰心于仕途。善琴书，工吟咏，有遗卷盈箱，后悉焚之。平生最恨恃强凌弱。遇墟期必曳杖巡视，虽弱小赴墟无索骗之虞。（同治《大埔县志》、《大埔文史》）——黄树雄

【杨受道】

杨受道，号敬斋，澄海下外莆都（今属汕头澄海）人。由贡生授海门

训导，升金乡教谕，留心教化，士论称之。其在海门时，置学田三百五十亩以赡学者。诸生感其义，请祀名宦。（嘉庆《澄海县志》）——蔡文胜

【杨周若】

杨周若，饶平宣化都（今属潮州饶平）人。康熙年间（1662—1722），黄海如攻占潮州、澄海，贫民凡来贷者毫无吝予，被掳者赠金以赎。又与从侄朝斗尽出家财募敢死士御之，乡里得安。（康熙《饶平县志》）——黄树雄

【杨宗雯】

杨宗雯（1691—？），字瑞贺，揭阳人。性倜傥。雍正元年（1723）武进士，授四川重庆右营守备。乾隆九年（1744），转浙江定海。十四年（1749），擢瑞安水师营都司。（乾隆《揭阳县志》、乾隆《瑞安县志》、光绪《定海厅志》、《清代官员履历档案全编》）——孙杜平

【杨　孟】

杨孟，号翠华，海阳丰政都（今属梅州丰顺）人。少负勇略，倡义捍卫。顺治初随吴六奇征讨土寇叶阿婆等，屡立战功。吴六奇驻镇饶平后，授为中军参将，驻扎三河，接转军储。率部所至，地方皆庆安宁。后隐居于叶华村，乐善好施，乡人皆感其恩德。（光绪《丰顺县志》）——陈贤武

【杨绍图】

杨绍图，揭阳人。气量温和，品行敦笃。尝置田祀祖、捐谷济贫。每遇人为善，辄加鼓励，以成其美。性好经籍，屡试不利，而力学不懈，为士林所称。（乾隆《揭阳县志》）——孙杜平

【杨绍琦】

杨绍琦，普宁桂江都人。例贡。持躬端谨，宽心仁厚，悍俗为化。道光十年（1830），于洑水、桂江、铁山等都适中处，建三都书院，力为之倡，儒术以盛，士林德之。邻里之贫乏者周恤之，至老不倦。（光绪《普宁县志》）——陈新杰

【杨思恭】

杨思恭，字亨治，号敬亭，程乡松口（今属梅州梅县）人。乾隆二年（1737）进士，授山西宁乡知县，五载卒于任上。著有《恤囚论》。《梅水诗传》录其《宁乡杂记》五首。（《梅州进士录》）——黄晓丹

【杨钟嵀】

杨钟嵀，潮阳人。康熙二十六年（1687）武举，潮镇右营千总，普宁城守。（乾隆《普宁县志》、嘉庆《潮阳县志》）——陈新杰

【杨钟岳】

杨钟岳，号大山，澄海苏湾都（今属汕头澄海）人。杨昌时之子。

顺治十四年（1657）中举人，十八年（1661）成进士。康熙三年（1664）补殿试，以二甲第二名供职翰林院，后改户部主事，出京监督通州仓及凤阳税务。立法详尽，积奸滑吏无敢欺者。九年（1670）任会试同考官。事竣，出为福建学使，振拔孤寒，乐育士类，有选取人才之能。升参议，旋以丁忧离职。家居三年，凡郡邑有大役，府县必使人禀命而后奉事。修文庙，建宗祠，赈贫乏，置义冢，造路桥，筑堤防，为善于乡，功甚多。后徙家海阳之仙乐乡。服满回京，甫至京城而卒。祀乡贤。著有《搴华堂文集》。孙杨长发，乾隆二十二年（1757）进士。（乾隆《澄海县志》、嘉庆《澄海县志》、道光《广东通志》）——蔡文胜

【杨钟岱】

杨钟岱，澄海苏湾都（今属汕头澄海）人，移居海阳上莆都（今属潮州潮安）。参议杨钟岳仲弟。监生。授国子监典簿。（光绪《海阳县志》）——陈贤武

【杨钟嵤】

杨钟嵤，澄海苏湾都（今属汕头澄海）人，移居海阳上莆都（今属潮州潮安）。参议杨钟岳季弟。授内阁中书舍人。（光绪《海阳县志》）——陈贤武

【杨　炯】

杨炯，字恒宽，大埔人。乾隆九年（1744）举人，授山东郓城知县。位任八月，洁己爱民，邑人德之。三十八年（1773）改新会教谕，训士有方。（嘉庆《大埔县志》、民国《大埔县志》、道光《新会县志》）——黄树雄

【杨洪简】

杨洪简（1848—1911），字少山，号渔子，海阳人。杨立高子。光绪二十年（1894）岁贡生。十四年（1886），海阳知县卢蔚猷发起修《海阳县志》，聘为总采访之一。自称"邑乘重修忝采风，搜罗几欲遍瀛东"。有《澹如书室诗集》二卷。（光绪《海阳县志》、《三渔集约钞》）——陈贤武

【杨昶时】

杨昶时，字鹤侣，大埔白堠（今属梅州大埔）人。杨士薰孙。性敏捷，为文挥笔千言立就。雍正十三年（1735）举人。历任两淮刘庄场盐课大使、广东电白场监大使，卒于官。（嘉庆《大埔县志》、乾隆《潮州府志》、嘉庆《如皋县志》）——黄树雄

【杨载岳】

杨载岳（1727—1810），字厚斋，潮阳县廓都人。诸生。任侠而好义。乾隆四十六年（1781），应祥符知县

之聘，客河南，有分发知县林起凤与之同乡，病且死焉。素非戚属，而载岳倾囊代殡，且醵金扶榇以归，邑人士义之。嘉庆十五年（1810）恩赐举人。（嘉庆《潮阳县志》、光绪《潮阳县志》）——陈新杰

【杨乘时】

杨乘时，号艾园，大埔人。乾隆十九年（1754年）岁贡生。嗜诗书，敦孝友，自为诸生有声誉，邻邑争延请。每岁暮还家，书籯必运至亲所，以所得脩金分诸兄弟。卒年七十有一。著有《学庸书说》，藏于家。（嘉庆《大埔县志》、乾隆《潮州府志》）——黄树雄

【杨高士】

杨高士，澄海人。康熙五十六年（1717）举人。官松滋知县。（嘉庆《澄海县志》）——蔡文胜

【杨祥鑫】

杨祥鑫，号宴棠，大埔白堠（今属梅州大埔）人。经商沪上，暇则读书，后纳捐，得涿州知州。履任后，问民疾苦，兴利剔弊，政声卓著。旋丁内艰归，见清政日非，遂绝意仕进，延师教子，作沪上寓公。辛亥革命后，绝口不谈时事，卒年六十有九。（民国《大埔县志》）——黄树雄

【杨黄氏】

杨黄氏，揭阳人。生员杨燿煌之祖母。生平治家严肃，妯娌和睦。五代同堂。寿至百岁。（光绪《揭阳县续志》）——孙杜平

【杨梦史】

杨梦史，即范梦史。

【杨梦时】

杨梦时，杨之徐次子，字式愚，号蝶庄，大埔白堠（今属梅州大埔）人。乾隆元年（1736）恩贡生。生平刻意问学，自题其斋名曰"宝阴馆"，教授子弟数十年不懈。弟、子、侄先后中举人、进士多人，皆梦时教之。年七十以诗酒自娱，尤酷爱花竹，人以为有陶渊明遗风。卒年八十二。著有《宝阴馆文稿》。（嘉庆《大埔县志》）——黄树雄

【杨　捷】

杨捷，字敏亭，海阳人。嘉庆六年（1801）进士。授内阁中书。擅诗，郑昌时有"凤池今得飞鸣句，来倡鸡坛领鹤群"。（光绪《海阳县志》、《韩江闻见录》）——陈贤武

【杨铭瑜】

杨铭瑜（1657—1744），字玉者，普宁黄坑都人。性嗜学，然艰于童子试，专延名师勤督诸子。为人公正无私，乡族间每有纷争，辄取正于铭瑜。乾隆元年（1736），寿八十，恩赐耆老。（乾隆《普宁县志》）——陈新杰

【杨清裔】

杨清裔，字绍立，大埔白堠（今属梅州大埔）人。博览群书，淹通经史，凡所寓目，终身不忘。尤酷嗜《庄子》、《楚辞》，与族侄天培唱和无虚日，所作诗古文词脍炙人口。乾隆十七年（1752）恩科举人，未及仕而卒。（嘉庆《大埔县志》、道光《广东通志》）——黄树雄

【杨淞】

杨淞（1821—1896），字镜川，海阳人。知县杨遇恩子。同治六年（1867）举人，五上公车不第。署嘉定知县，曾主讲揭阳书院，循循善诱，造就多成才。十年（1871），在总兵方耀主持下，会同邑绅朱以锷等在城堤边马路全线舂筑灰沙土龙骨七百八十丈，深二丈余，对消除城堤城基渗漏起了一定作用。光绪三年（1877），因豫省灾荒严重，赴南洋各埠劝捐晋赈、分济豫赈尤为出力，保给奖五品衔。以吟咏自娱，诗宗香山，律诗对仗精工，格律深稳，而才气亦足以副之，不为长庆体所限，亦一时诗坛中之射雕手也。著有《养和山馆诗草》六卷、《潮州兴利除弊论》、《格言》一卷。十四年预修《海阳县志》，为分纂之一，未脱稿卒。（光绪《海阳县志》、《潮州诗萃》）——陈贤武

【杨维翰】

杨维翰，普宁黄坑都人。增生。学问纯粹，理解详明，善课生徒，游其门者多成就。年九十卒。（光绪《普宁县志》）——陈新杰

【杨琼】

杨琼，字履旋。程乡（今属梅州梅江）人。康熙五十二年（1713）恩科举人，同年连捷进士。历任宁洋知县，有政声。改教职。历任广东龙门教谕、高州教授。掌教书院。讲明经义。士习于端，科第半出其门。丁艰归，优游林下者十余年。恬淡寡营。士林重之。（光绪《嘉应州志》）——黄晓丹

【杨联长】

杨联长（1721—?），揭阳（今属揭阳榕城）人。乾隆六年（1741）举人。三十三年（1768），考选贵州青溪知县。旋改教职。明年（1769），授广东顺德教谕。子集乔，四十二年（1777）举人。（乾隆《揭阳县志》、咸丰《顺德县志》、《清代官员履历档案全编》）——孙杜平

【杨朝斗】

杨朝斗，饶平东界大港（今属潮州饶平）人。性孝友好学，重义轻利。年十九，进府学，日以读书为务，视功名淡如也。父母卒，善事庶母，视庶弟如同胞，抚弟遗孤如已子。康熙十三年（1674）潮州兵乱，

有妇女为乱兵所掳，朝斗屡捐金赎之。年八十一卒。（康熙《饶平县志》）——黄树雄

【杨朝端】

杨朝端，普宁黄坑都人。有胆识，知大义。咸丰四年（1854），许亚梅之乱，率乡人击贼大捷。卒年七十余。（光绪《普宁县志》）——陈新杰

【杨　森】

杨森，号槐庭，大埔人。乾隆二十七年（1762）举人，历任南海等九县教谕，升广西廉州府教授。性醇学博，廉隅自励，教授诸生，勉以敦崇实学，力行孝弟，先器识而后文艺，所至士风为之一变。著有诗稿，未梓，遗失。（嘉庆《大埔县志》、道光《广东通志》、光绪《广州府志》）——黄树雄

【杨辉振】

杨辉振，普宁黄坑都人。监生。秉性刚直，里中不平事，每就正于辉振。精于医，人有疾，每助以方药，远近戴德。卒年八十。子克宪、锡荣俱监生。（光绪《普宁县志》）——陈新杰

【杨遇恩】

杨遇恩，号晖圃，海阳人。由国学生入资，选授山东安邱县丞，得大宪知。俸满，举卓异，历署朝城、巨野、寿光、长清、博兴、安丘等县事。以丁内艰归。服阕，选授浙江桐乡县丞，旋署浦江、桐庐等县事，即由部推，升授江苏嘉定知县。任五年，调署震泽县事。年六十卒于官。当权桐庐时，缺瘠苦，厨恒不给。有以私干者，愿赍二千金求伸其事，遇恩却之，曰："汝事不直，虽万金弗可夺也。如直，予自伸之，乌用此为。"嘉定为江苏美缺，遇恩莅任五年，以清亏帑，至变家产抵之。最后权震泽，适英人犯江界。一日，谍者言英兵已入泖河。泖河，吴江近境也。震泽与吴江同城，吴江令某闻信，先移眷避之。幕僚因以劝，遇恩讫不动。后报者云："入泖河者，实渔船，非兵船。"众乃服其识操。遇恩历官清勤，而胸次复浩落。殁后囊无余钱，家属几不克自存。（光绪《海阳县志》）——陈贤武

【杨景灏】

杨景灏，字幼梁，号森川，榜性张，大埔人。雍正二年（1724）举人，历任东莞、新会教谕，儋州学正。教士必先德行而后文艺，所至有声。其在东莞时，为邑人修文庙，置魁阁，东莞科名因而日盛。（嘉庆《大埔县志》、乾隆《新会县志》、民国《东莞县志》）——黄树雄

【杨　瑞】

杨瑞（1693—1774），字旭举，号辑园，深澳人，海阳籍。父次木，

以谨厚称。稍长，投镇标为兵丁，勤奋异同伍，积劳洊拔偏裨。康熙六十年（1721），台湾朱一贵作乱。廷命闽浙总督觉罗满保驰赴厦门督师，诏厦门提督施世骠、南澳总兵蓝廷珍会师进剿。五月杪，廷珍发南澳，从焉。七日间，连战皆捷，收复府治。冲锋陷阵，先登拔城，一贵被俘。录功居首。擢副将加总兵衔。雍正三年（1725），补福建水师提标前营游击。十三年（1735），迁同标游击。乾隆（1736—1795）初，累迁福建澎湖协副将，升海坛镇总兵。旋调别镇，复镇海坛。二十九年（1751），补授台湾挂印总兵，移署福建全省水师提督。诰授武显大夫（乾隆中改武显将军），加三级。乾隆三十二年（1767）秋，致仕，回居本籍。三十八年（1673），卒于里第。瑞在行间六十余年，自目兵以至专阃，忠勤严正，身后无余财，不愧清白吏家风。子某，由二品荫生，官甘肃隆德知县。（民国《南澳县志》）——黄迎涛

【杨揩云】

杨揩云（亦作"杨缙云"，1723—1798），一名文恭，字步山，号楠圃，大埔人。乾隆二十一年（1756）举人。二十六年（1761）恩科进士，授环县知县。会邑大饥，请赈，按户给领，民受实惠，时称为"清白大令"。以不善事上官，罢归。后甘省以捏赈报灾案，历任者多不得免，揩云独守拙无累，识者贤之。（嘉庆《大埔县志》、乾隆《潮州府志》、《大埔进士录》）——黄树雄

【杨锦鹏】

杨锦鹏，字云庄，揭阳人。少有俊才，尝学经商，贸易于江、浙、皖、闽等地。曾得异方，研制成药。时提督卓兴在茂名剿贼，兵多病殁，军心惶惶。锦鹏因携药献卓兴，救活病者无数。晚年益好行善，虽为微物，亦不欲伤，每赎回放生。（光绪《揭阳县续志》）——孙杜平

【杨缙铨】

杨缙铨，字甄品，号衡堂，大埔人。乾隆十二年（1747）举人，三十年（1765）授琼州府会同县教谕。以气节励诸生，黜浮崇实，清操自持。修《会同县志》。升知县，辞不就，日以讲学论文为事，年七十余犹手不释卷，著有《友梅居全集稿》。（嘉庆《大埔县志》、乾隆《会同县志》）——黄树雄

【杨漱弓】

杨漱弓，字巩宇，一字协衷，号相圃，大埔白堠（今属梅州大埔）人。康熙三十五年（1696）举人，五十二年（1713）授湖广常宁知县。为官勤慎。县承兵燹后，漱弓极意安抚，募民垦荒。旱潦间作，发仓储以

赈济之，又修桥梁之圮废者。在官三年，以亲老乞归终养。布衣草履，日唯闭户课子，足迹不履公庭。乡里曾遇丧乱，骸骼暴露，潄弓为收葬一百七十多具。卒年六十八。（乾隆《潮州府志》、乾隆《大埔县志》、同治《常宁县志》、《百侯杨氏文萃》）——黄树雄

【杨演时】

杨演时（1711—1774），又名骏绪，字式显，号半崖，大埔白堠（今属梅州大埔）人，杨之徐第七子。乾隆三年（1738年）举人，十年（1745）进士，选庶吉士，与胞兄缵绪、黼时俱入翰林，时称"一腹三翰院"。十三年（1748）授编修，不久乾隆亲考翰林，演时列四等，免职归。居家专心讲学，潮州知府周硕勋聘掌海阳龙湖书院，其乡之士习文风翕然丕振，登科者多人。时修《潮州府志》，周硕勋悉咨访之。曾主讲广西秀峰、福建鳌峰等书院，究心理学，谓为学务将圣人道理，从心体验，徒摭拾词章以弋取科名无益也。著有《紫来堂诗文集》。子德常，附贡生，曾参修嘉庆《大埔县志》。子德棠，四十八年（1783）副榜，历任龙川教谕、德庆州训导、封川教谕。（嘉庆《大埔县志》、《大埔进士录》）——黄树雄

【杨暹】

杨暹，普宁人。贡生。有诗作存世。（《潮州诗萃》）——陈新杰

【杨德贤】

杨德贤，号润之，揭阳人。为人温和敦厚，乐善好施。少丧父，事母以孝著称，与兄相友爱。子孙再世同居，有古义门之风。晚年益笃品行，严督子侄，乡人以为法式。知县郑濂礼请乡宾，赐给冠带，并赠匾曰"羽仪乡国"。年逾七十二。（雍正《揭阳县志》）——孙杜平

【杨德瑞】

杨德瑞，字哲符，号湛斋。大埔白堠（今属梅州大埔）人。黼时子。乾隆十八年（1753）举人，历署直隶昌平、霸州、隆平等县知县，旋补唐山知县。唐山地瘠民贫，德瑞极意抚循，请于上官，借资口粮种子，沿为定例。在唐山十六年，承办大小差务二十余次，皆洁己奉公，不忍累民，以卓异首荐，候升。不久母丧丁忧，以疾卒于家。（嘉庆《大埔县志》）——黄树雄

【杨德徵】

杨德徵（1731—1785），字运符，号骏庵，大埔白堠（今属梅州大埔）人。黼时子。乾隆十二年（1747）举人。三十一年（1766）署云南安宁知州。地近缅甸，时值边境不靖，军需紧迫，德徵设法转运，粮饷无误期，

而民不扰，上司深嘉许之。历任云南平彝、贵州湄潭知县，因事降调，后起补，四十九年（1784）授巴东知县，未满一载，以疾卒于官舍。（嘉庆《大埔县志》、《清代官员履历档案全编》）——黄树雄

【杨毅道】

杨毅道，字仲永。程乡（今属梅州梅江）人。康熙时人。弱冠游泮，沉酣经、史、子、集，为时文沉博奥峭，邑令王仕云器重之。学使迟某奇其文，特拔恩贡。书法迫摹钟繇，极神似，性平易近人，庭闱间尤蔼然。（光绪《嘉应州志》）——黄晓丹

【杨　潮】

杨潮，字尔海，海阳上莆都（今属潮州潮安）人。参议杨钟岳子。康熙三十二年（1693）捐资筑田头堤，修水闸。雍正四年至五年（1726—1727），邑大祲潮，捐米散赈，频年不倦。观察刘俨、知府李濂、胡恂先后表其庐。（乾隆《潮州府志》、光绪《海阳县志》）——陈贤武

【杨翰周】

杨翰周，大埔城坊（今属梅州大埔）人。敦本好义，曾捐助仙基坪、小湖口二渡，助修方公桥，虽倾橐不少吝。寿八十有九。（嘉庆《大埔县志》）——黄树雄

【杨儒经】

杨儒经，字纶夫，号黎山，海阳龙溪都（今属潮州潮安）人。康熙八年（1669）举人，仕中书。潮俗里长催粮多干没，儒经首请顶排归宗，民称便。四十年（1701），董修北堤，系一舟于岸侧，风日不避，民怀其劳。（乾隆《潮州府志》、光绪《海阳县志》）——陈贤武

【杨　溁】

杨溁，字还冶。程乡（今属梅州梅江）拔贡。幼好学，有至性。母病，衣不解带，日夜跪北斗，吁以身代。邑大饥，倾资囊，纠兄弟之有力者相助，载钱数十万以赈族人。任长宁教谕，每月具盘餐食与诸生，课文谈论读书行已之要。（乾隆《嘉应州志》）——黄晓丹

【杨黼时】

杨黼时（1708—1795），又名留绪，字式衮，号逊亭，大埔白堠（今属梅州大埔）人，杨之徐第六子。雍正十三年（1735）举人，十四年（1736）进士，选庶吉士，散馆授编修。乾隆三年（1738），为山西乡试副考官，所取悉知名士。八年（1743）翰林大考，得四等（末等），改授湖北黄梅知县。清白自矢，政清刑简，境内肃然。以疾辞归。后家居四十余年，足迹不履公庭。性朴而介，布衣蔬食，萧然自得。六十年（1795），黼时寿八十有八，届重宴鹿鸣之期，以疾卒于家。著有《颉英斋

诗文集》。子四，德徵、德瑞、德邵、德彰，俱举人。（嘉庆《大埔县志》、乾隆《潮州府志》、乾隆《黄梅县志》）——黄树雄

【杨缵烈】

杨缵烈（1695—1760），字式达，号前村，大埔白堠（今属梅州大埔）人。为诸生时即为广东学使惠士奇（1671—1741）所赏识，索其文稿，亲为之序。以拔贡生中乾隆元年（1736）顺天乡试举人，十年（1745）会试，以名额满溢，列明通榜。十三年（1748）选授惠州府和平县教谕。后主讲琼州苏泉书院，勤于讲解，严立课程，教人读书，以《四书》为主，其余经史必约之以《四书》，士多从之。其于诗文外兼研金石，曾考证琼州明昌塔之来历，考辨精审，为时所称。后受聘修《大埔县志》，考献征文，时称该洽。著有《环山书屋内外集》。（嘉庆《大埔县志》、光绪《琼山县志》、《百侯杨氏文萃》）——黄树雄

【杨缵绪】

杨缵绪（1697—1771），又名缵时，字式光，号紫川，晚年号节庵，大埔白堠（今属梅州大埔）人。杨之徐子。康熙五十六年（1717年）举人，六十年（1721）进士，选庶吉士，雍正元年（1723）三月授吏部验封司员外郎，九月为会试分校官，十一月转浙江道监察御史。二年（1724），因会审庄亲王管家焦弘勋案，得罪权贵，革职回籍。十一年（1733），受聘主讲广州粤秀书院，立条约，重实行，陶铸英才甚多。乾隆元年（1736），起用为知府，先借补位陕西阶州知州。二年（1737）题补为庆阳知府。不久母丧守制，服阕起补松江知府。松江滨海四县，居民大半煎灶盐为业，此前设肆专卖，严禁贩卖私盐。缵绪乃请改革，允许"肩商"至县领盐引，"课轻引便"，民不犯法。乾隆九年调（1744）广西桂林知府，十五年（1750）调泗城知府，摄镇安知府。十九年（1754）升浙江金衢严道道台。二十二年（1757），乾隆皇帝南巡，缵绪奏对称旨，擢陕西按察使，二十四年（1759），以老乞休。三十二年（1767）曾受聘端溪书院。生平以名节自励。负经济才，淹通经史，饱览群书，尤精于性理周易，著有《佩兰斋诗文集》。子三：德基、德培、锡恩。德基，号悃斋，乾隆十二年（1747）举人。历任高要县训导、钦州学正、琼山教谕。广东学使翁方纲称其为岭南醇儒。德培，附贡。锡恩，乾隆十二年（1747）与兄德基同中举人。孙中迪，乾隆四十五年（1780）举人，历任福建泰宁、清流、寿宁等县知县。（嘉庆《大埔县志》、

《清实录》、《百侯杨氏文萃》）——黄树雄

【李三捷】

李三捷，字鲁园。大埔人。乾隆三十三年（1768）举人，四十五年（1780）大挑二等，补广东高明县训导，以实学课士，诚恳不懈。任满候选知县，未及谒选卒。著有《诗韵归母》、《等韵谱》，藏于家。（嘉庆《大埔县志》、乾隆《北流县志》、《大埔进士录》）——黄树雄

【李于钰】

李于钰，字朗山。程乡人。族内有粮丁无者，历来赔累甚苦。钰年二十游泮，得分沾祖遗学田铺租，倡议将此金买置义田，收其租以完丁粮，由是免累。好读书，不问家事，结庐高峰下，屋侧粮山捐出为义冢。有《溪声堂集》，预修邑志。年八十四卒。（光绪《嘉应州志》）——黄晓丹

【李士加】

李士加（？—1854），普宁洪阳人。国子监生。咸丰三年（1853），土匪龙十八蹂躏高州，乃弃文就武，率乡壮百余人赴剿。时龙十八踞螺镜圩，士加协官军围攻，尽歼之，保尽先守备赏顶戴花翎。四年（1854），随潮州知府吴均办下洋积匪，以劳卒。（光绪《普宁县志》）——陈新杰

【李士茂】

李士茂，揭阳人。监生。生平事母甚谨，好行善事。尝倡捐修筑县西石路，凡三十余里，拮据筹办，历时半载。行人获便。（乾隆《揭阳县志》）——孙杜平

【李士恭】

李士恭，字抱肃，澄海下外莆都（今属汕头澄海）人。父早丧，与叔相依。叔没，抚堂侄如同胞。生平行谊端方，睦族好施，课子一以义方。晚年持素，不为俗染。年八十二卒。子李孟智，国子监生。（雍正《澄海县志》）——蔡文胜

【李士桂】

李士桂，字义一，海阳人。少孤，事母孝，抚兄子有恩。轻财好学，时招博学能文之士与子游。康熙中迁界展复，罄产以助族人牛种，建祖祠拓祭业，人推长者。（光绪《海阳县志》）——陈贤武

【李士璞】

李士璞（1613—1674），字琢侯，号楚生，揭阳人。顺治十五年（1658）会试，中式贡士第十九名。十八年（1661），始补殿试，成进士。康熙九年（1670），选授内阁中书。十一年（1672），聘为顺天乡试同考官，所拔多为知名士。未几请假归里，途次广州而病卒。生平持身俭朴，待人平易。未及大用，时论伤

之。子霞藻，号彰园，例贡，官工部主事。（雍正《揭阳县志》、《尖山村志》）——孙杜平

【李大猷】

李大猷，字莘仰，澄海蓬洲都（今属汕头市区）人。由行伍充澄海协左营把总，从征台湾林爽文，勇往杀敌，著有劳绩。后出海赴澳门捕盗，遇飓风淹毙。照阵亡例荫子弟一人以把总补用。（嘉庆《澄海县志》）——蔡文胜

【李上园】

李上园，本姓郑，字永青，海阳人。康熙二十九年（1690）庚午科举人。四十八年（1709）选授四川顺德府邻水知县。（乾隆《潮州府志》、光绪《海阳县志》）——陈贤武

【李之蕃】

李之蕃，字有民，普宁人。髫年嗜学，卓荦不群，搦管为文，辄高其流辈。弱冠补县学生，历试高等，以命数不济老于科场。生平端品行，事亲以礼，训子以义。卒年六十六。（乾隆《普宁县志》）——陈新杰

【李 乡】

李乡，字篇乡。程乡人。正直忠信，人有争斗，得其言莫不悦服。明末赋重，族多逃亡，乡以一身任通户徭役，招聚抚义，胥获安全。邻里告乏，辄罄力赴之。干戈扰攘，延师课绪孙不辍。其妻杨氏，深沉有识，曾遇乞者，觉其有异，善待遣之。越日寇至，邻居一空，独乡一家家犬无恙。杨氏后及见诸孙昌盛，而乡先卒。（光绪《嘉应州志》）——黄晓丹

【李丰植】

李丰植，普宁洪阳人。布政司理问衔。性聪颖，习岐黄。嘉庆二十五年（1820），时疫流行，沿门传染，丰植制辟疫方以济，活人甚多，时称"卢扁"。（光绪《普宁县志》）——陈新杰

【李开发】

李开发，潮阳人。行伍。乾隆十三年（1748），任澄海右营千总。（嘉庆《澄海县志》）——陈新杰

【李开科】

李开科，普宁人。廪贡生。署顺德县学教谕。（光绪《普宁县志》）——陈新杰

【李天保】

李天保，海阳人。乾隆二十年（1755）五月选授四川广元县典史。（《清代缙绅集成》）——陈贤武

【李天章】

李天章，字焕文，海阳人。乾隆四年（1739）五月选授江宁宣课大使。（《清代缙绅集成》）——陈贤武

【李元枢】

李元枢，普宁洪阳人。性仁慈，乡邻有争竞事，必力为排解，人感其

诚，无不消弭者。道光十六年（1836），巡抚祁以"讲让息争"旌之。（光绪《普宁县志》）——陈新杰

【李元顺】

李元顺，号甲三，海阳（今属潮州枫溪）人。行伍出身。咸丰元年（1851），随征高廉叛军有功，赏七品顶戴，并赏戴蓝翎。调赴扬州助剿。七年（1857），克复镇江，拔补千总。提督冯子材颇重之，连年调堵剿丹阳等处，皆得力。累保升至副将，加总兵衔。同治四年（1865），金陵戡定，镇江撤防，元顺带勇回籍遣散。值太平军李世贤部陷闽漳，属县诏安与潮邻壤，势甚危急，惠潮嘉道凤安详请元顺赴饶属黄冈防堵。元顺与凤安商办，以诏安虽属邻疆，有唇亡齿寒之势，力请救援于督办东江军务李福泰，为逸口所阻，诏安卒陷。然时犹出兵勇与贼战，贼甚惮之，不敢逾潮境，称为"小李将军"。未几，丰顺警报又至，调抵北溪坝堵剿，屡战皆捷。五年（1866），闽浙总督左宗棠檄为泉州前营游击，嗣保奏以总兵升用。历署桐山营游击、泉州城守营参将、总兵衔补用副将、台湾北路协副将、福建陆路提标游击。光绪四年（1878），补授兴化协副将。以请假归里，卒于家。（光绪《海阳县志》）——陈贤武

【李元皋】

李元皋，号和斋，程乡松口（今属梅州梅县）人。雍正元年（1723）举人，八年（1730）成进士。元皋自幼聪颖，博通经史，中进士后授福建松溪知县。在任期间，兴利除弊，狱讼清简。为官清正，不善逢迎上司，因事忤长官，告假归里，卒于家。（光绪《嘉应州志》、《梅州进士录》）——黄晓丹

【李云翔】

李云翔，澄海人。乾隆十七年（1752）举人。官金山知县。（嘉庆《澄海县志》）——蔡文胜

【李日业】

李日业，字明华，澄海下外莆都（今属汕头澄海）人，性宽厚方正。与兄弟族党相处以和为贵。经营家计弗尚奢华，惟延师课子为务。澄海知县张鲤旌曰"望重梓里"。寿登九十。子李时英，国子监生，宽厚有父风。（雍正《澄海县志》）——蔡文胜

【李长源】

李长源，字永汇，号昆泉，揭阳人。嘉庆十八年（1813）举人，大挑一等以知县用，不愿出仕。聘为本县榕江书院山长。能诗，海阳郑昌时赠诗有"七字渊源讨玉溪，逢君假笔赋无题"之句。（光绪《揭阳县续志》、《韩江闻见录》、《尖山村志》）——

孙杜平

【李从龙】

李从龙，号云溪，海阳归仁都（今属潮州潮安）人。伯父进士李逢春。父荣春，诸生，有善行。娴武略，由行伍出身，历署潮州镇潮阳、惠来等营游击。咸丰四年（1854）陈娘康起事，谋袭潮阳城，伺众无备，乘晨启城门，突以其党数百人拥入。从龙闻警，不及调兵，率左右营卒七人持刀鼓噪而出，贼众望风皆披靡遁，城赖以安。潮人士为作纪功诗而成帙。光绪三年（1877），倡建归仁都三山书院，与诸都绅置田七十余亩，散佃输租，并田东墟佣钱为岁费。（光绪《海阳县志》）——陈贤武

【李氏（李奕大女）】

李氏（李奕大女），澄海中外莆都（今属汕头澄海）人。李奕大女。年二十嫁高克望，越八载，夫亡。家本贫寒，又遭火灾。亲老儿幼，四壁萧然。含辛茹苦，稍能自给，即好周恤。甥女有因贫为婢者，捐银赎回毫无吝色。（嘉庆《澄海县志》）——蔡文胜

【李氏（吴廷蔚妻）】

李氏（吴廷蔚妻），郡博李卜臣季女。性贞顺，工词翰。嫁潮阳文学吴廷蔚。吴家贫，频年在郡城谋馆谷，依妇翁家。病剧，妻与子始买舟回里。抵家次日，即逝。李氏痛哭，绝而复苏。（《潮州诗萃》）——陈新杰

【李丹林】

李丹林，号香圃，大埔湖寮（今属梅州大埔）人。曾署安徽池州府粮厅通判，除积弊，革陋规，急公便民，誉望翕然。后调署安庆同知，关心民瘼，政声卓著，为知府所倚重。晚年致仕，家于河南，子孙多登仕。（民国《大埔县志》）——黄树雄

【李文山】

李文山，海阳人。父士桂。康熙四十七年（1707）恩贡，雍正元年（1723）举人。授嘉应州学正。四方从学，潮士掇魁知名者多出其门。（乾隆《潮州府志》、光绪《海阳县志》）——陈贤武

【李文龙】

李文龙，字淑锐，号云溪，揭阳人。举人李长源父。廪生。能诗，为广东学政李调元赏识，见载其《粤东观海集》中。长子长源，嘉庆十八年（1813）举人；三子映华，字春煦，廪生。（《粤东观海集》、《尖山村志》）——孙杜平

【李文芳】

李文芳（？—1862），普宁洪阳人。守备思高子，随父在军。咸丰七年（1857），太平军数万窜江西，围永丰县城五十余日，文芳请兵击

之，大呼陷阵，杀敌无数，围遂解，以把总用。后随总兵卓兴剿高州，阵亡。（光绪《普宁县志》）——陈新杰

【李文英】

李文英，字德蕴，号道岩，潮阳竹山都人。康熙二十一年（1682）廪贡，任东莞训导。有诗数首存世。（《凤山文献录》）——陈新杰

【李文液】

李文液，字泗集，潮阳黄陇都（今属汕头潮南）人。例贡。素好善，秋风岭后有大路埔者，其上为金狮潭，故孔道也，岁久坑水冲决，当春雨连绵，行者多陷泥淖，文液乃砌石，中架长桥，由是往来如故。（光绪《潮阳县志》）——陈新杰

【李斗耀】

李斗耀（？—1693），字光翼，号映紫，普宁人。聪慧颖异，年十二入府学，弱冠补廪膳生，康熙三十一年（1692）岁贡。恬静不预外事，为人有先正法度。负笈从游者履满户外。翌年，奉文征选教职，以疾不克赴，卒于家。（乾隆《普宁县志》）——陈新杰

【李允升】

李允升，字展玉，澄海苏湾都（今属汕头澄海）人。乾隆六年（1741）拔贡。廷试后，尚书陈云倬留其在家教习子弟。后以亲老辞归。四十五年（1780）授英德县教谕，倡明正学，学子多得教诲。卸任后，年近八旬，犹日据案作蝇头小楷，注释经史。著有《四书要解》。年九十三卒。（嘉庆《澄海县志》）——蔡文胜

【李正绳】

李正绳，普宁洑水都人。州同职。居恒周急济贫无吝色。嘉庆元年（1796），岁大祲，与监生陈连升倡捐筹赈，知县刘光晖详奉抚宪韩均，旌以"任恤可风"。三年（1798），复与许衍旭、衍才、衍庆兄弟协理公务，知县郑承雯俱以"善襄义举"旌之。（光绪《普宁县志》）——陈新杰

【李世进】

李世进（？—1863），普宁铁山都人。少赴闽军，所向奏捷，以功授都司，遂署福建提标中军，嗣克复福鼎等处，叠邀优奖。同治二年（1863），随军击漳州太平军，十二月驻龙溪之瑞香亭，贼忽大至，世进奋力决战，矢石交集，身被数十创，力竭而亡。（光绪《普宁县志》）——陈新杰

【李世参】

李世参，号莲川，揭阳人。少聪颖，笃志经史。乾隆三十年（1765）举人，三十四年（1769），考选国子监学正。为人清严，见义勇为，凡地

方诸善举，无不倾囊襄助。每遇饥荒、水灾，为之倡捐劝赈，救人无数。县创榕江书院，世参委董其事，经营巨万，而出纳公慎。三十五年至三十八年间（1770—1773），土匪池亨会、马王等先后各聚众倡乱，图谋不轨，世参谕民守卫，率旅助剿，合境转危为安，皆赖其力。生平尤敦行谊，嫂孀侄幼，尽让遗产，半分脩脯，以资其家。同县举人林沛章会试病卒，世参尽罄盘缠，为措置后事，并扶柩归里。一生仗义轻财，无意购置产业，后人穷困不堪，几不能自保。后县士民合请官府，拟祀县乡贤祠。（光绪《揭阳县续志》）——孙杜平

【李世瑜】

李世瑜，揭阳人。监生。性宽厚，为人所敬重。被举乡宾。卒年七十三。（乾隆《揭阳县志》）——孙杜平

【李可元】

李可元，字心复，澄海苏湾都（今属汕头澄海）人。祖籍澄海下外莆都（今属汕头澄海）。家贫，结庐讲学，从游者众。康熙三年（1664）沿海"迁界"，寓海阳韩江东皋，著述自娱。八年（1669）澄海展复，回归故里。其时海氛犹炽，可元捐资设栅，募勇士捍卫乡党。生平宽厚耿介，杜迹公门，年八十四犹手不释卷。子李仕誉性至孝，蔼然儒者。孙李嵩德，雍正五年（1727）进士。（雍正《澄海县志》、乾隆《澄海县志》）——蔡文胜

【李仕义】

李仕义，字行可，揭阳人。性聪明机敏，精通经史。雍正四年（1726）举人。生平志趣高尚，非公不见知县。届选期而不赴铨，授徒里中，一时学者宗之。年近九十，被举乡贤。（乾隆《揭阳县志》）——孙杜平

【李仕学】

李仕学（1692—1764），字亨敏，一字松亭，号逊斋，揭阳人。康熙间（1662—1772）例贡。历任广东新会、崖州、顺德等州县训导、教谕。乾隆二十一年（1756），升直隶天津经历，兼署长芦盐院知事。二十九年（1764），解职归，卒于途。与顺德罗天尺、梁善长等交善，尝参订《广东诗粹》。生平著述甚丰，有《初学艺引》、《逊斋诗选》、《逊斋诗稿》等。（雍正《揭阳县志》、《广东诗粹》、《李氏族谱》）——孙杜平

【李汉玉】

李汉玉，丰顺丰良人。十七岁进学，乾隆五十四年（1789）岁贡，铨选广东新兴县教谕。在任期间，学风、民风有转变。他为人厚道，操持正直，教学谆谆不倦，很多人都乐意

拜他为师。勤于著述，文名颇著。（光绪《丰顺县志》）——陈贤武

【李永锡】

李永锡，字纯之，号爱斋。澄海蓬洲都（今属汕头市区）人。李英澄之子。乾隆十二年（1747）举人，十三年（1748）中进士，授福建将乐知县。履任即查明宋代理学家杨时后裔，给以执照奉祀；纂修《将乐县志》，亲加厘定。凡有益于民生风俗者，无不先后修办。严禁葬亲数年后起骸以验吉凶之陋俗。捐俸置田以为正学书院经费。曾三次聘为福建乡试同考官，鉴拔允当。莅任七年，以疾辞归。年六十九卒。著有《植兰课余草》、《闲吟小草》、《宦次锦囊》。（嘉庆《澄海县志》）——蔡文胜

【李亚纂】

李亚纂（？—1854），普宁人。县学生。李高士族人。咸丰四年（1854）夏，毙于贼。七年（1857），知县郝有金以"深明大义"旌之。（光绪《普宁县志》）——陈新杰

【李芝升】

李芝升，普宁人。监生。性好济人之急，亲戚而来告者，虽空囊周之，无所吝。乡邻殁而无归，施棺殡葬。雍正四年（1726）及五年（1727），岁饥，命子竭捐助赈，遐迩德之。享年七十四。（乾隆《普宁县志》）——陈新杰

【李再梅】

李再梅，字子和，海阳人。行伍出身。光绪二十八年（1902）任潮州城守营头司把总。（光绪《海阳县志》、《清代缙绅集成》）——陈贤武

【李成渠】

李成渠，字万川，饶平上湾（今属潮州饶平）人。雍正七年（1729）举人。乾隆十八年（1753）官浙江遂安知县。能文，光绪《严州府志》录存其《爱日堂记》等文三篇。（光绪《饶平县志》、光绪《严州府志》、民国《遂安县志》）——黄树雄

【李成梁】

李成梁，即詹成梁。

【李扬烈】

李扬烈，普宁人。武生，署潮阳营千总。（光绪《普宁县志》）——陈新杰

【李贞澍】

李贞澍，揭阳人。府学生。父母早失，事祖母以孝闻。生平约己厚人，为族人倚赖。卒年七十三。（乾隆《揭阳县志》）——孙杜平

【李光宗】

李光宗，普宁人。贡生。任河南汜水县丞。（光绪《普宁县志》）——陈新杰

【李廷璋】

李廷璋，揭阳人。县学生。为人好义。康熙五十一年（1712），洪涝

为害，到处田宅被毁，民多失所，无可借贷。廷璋特蠲谷千石，分别周恤灾民，一方赖以安宁。又数施赠棺木、修筑桥路。卒年八十余。（乾隆《揭阳县志》）——孙杜平

【李乔】

李乔，普宁黄坑都人。品端学优，课徒严肃，足以为时法。子孙书香继起。卒年八十五。（光绪《普宁县志》）——陈新杰

【李华艳】

李华艳，字兆协，澄海蓬洲都（今属汕头市区）人。康熙二年（1663）举人，授知县。少负才气，意所弗屑，绝不假意赞同。性好施，宗族兄弟辈靠其过活数十人，人称孝友。（康熙《澄海县志》、乾隆《潮州府志》）——蔡文胜

【李兆新】

李兆新，字三锡，号谓伊，大埔湖寮（今属梅州大埔）人。康熙三十七年（1698）岁贡。性廉介而处世谦和。淹贯经史，然负才不遇，未能中举。喜作文，遇乡塾会课，耄年犹参与。卒年八十有二。著《尚书集说》及文集若干卷。（乾隆《潮州府志》、嘉庆《大埔县志》）——黄树雄

【李旭升】

李旭升（？—1890），字曜初，海阳人。李嘉诚伯祖。光绪十一年（1885）拔贡。有《衡星精舍诗钞》。（光绪《海阳县志》、《读东观书室诗草》）——陈贤武

【李兴友】

李兴友，揭阳人。武举李著曾祖。为人诚朴，恭谨宽厚。每遇年荒，屡为出谷，减价平粜，甚为乡里倚赖。卒年八十一。（乾隆《揭阳县志》）——孙杜平

【李如兰】

李如兰，号芝山，大埔湖寮（今属梅州大埔）人。道光二十六年（1846）举人。工诗文，尤精易数星学。教授乡里，平生安贫乐道。妻张氏，通文艺，闺房静好，相敬如宾，乡人传为佳话。丰顺丁日昌闻其名，礼聘教其子弟，如兰淡泊遇之，一年即辞馆还家。卒年七十八岁。著有《经腴》、《史腴》、《易数测蠡学管窥》、《台峰别墅诗文集》，惜散失。（民国《大埔县志》）——黄树雄

【李如】

李如，普宁洪阳人。少负奇气，勇力超群。咸丰（1851—1861）间，随林游击征剿太平军，遂克复龙游、阳溪等县，杀敌无数，嗣屡著战功，保蓝翎尽先都司，归广东补用。后阵亡。（光绪《普宁县志》）——陈新杰

【李纪】

李纪，字仲尉，澄海苏湾都（今

属汕头澄海）人。普宁籍，康熙四十一年（1702）举人。事父母尽心尽孝，友爱二弟，同居共食，毫无所私。后任山西芮城知县。任满，死于任所。（雍正《山西通志》、乾隆《澄海县志》、嘉庆《澄海县志》）——蔡文胜

【李芳兰】

李芳兰，字秋畹，海阳人。同治十二年（1873）癸酉科举人。选授临高县儒学，以亲老不赴。光绪三年（1877），因豫省灾荒严重，赴南洋各埠劝捐晋赈、分济豫赈尤为出力，保给奖五品衔。与修《海阳县志》。三十年至三十二年（1904—1906）以悦来兴宁行出任潮州府商会总理。三十年（1904）任海阳县保安局局绅。有《乐和堂剩稿》一卷，未刊写本。（光绪《海阳县志》、《潮州艺文志》）——陈贤武

【李芳园】

李芳园（1741—1795），字开与，海阳（今属潮州潮安）人。少有大志，熟谙书史，通晓用兵之道。乾隆三十一年（1766）中武科会试会元，殿试第四名，点传胪，授三等侍卫，分拨乾清门差务。不久，转江南都司，苏州城守参将。五十一年（1786），台湾林爽文作乱，李芳园随军出征，奉命镇守金门、厦门。他修筑城池，以便分扎营伍，且守且战，并配合大军从漳州方向发起攻击。又暗遣族侄李哲假作台商，潜入林爽文根据地大里杙打探机密，里应外合，乱遂平。五十四年（1789）升任台湾水师协副将，再升金门镇总兵，兼署提督厦门水师军务。六十年（1795）转任南澳镇总兵后，更是夙夜不懈，时常亲临前哨，巡视海滨，致积劳成疾，于是年十月左右巡船中暴病殉职。为官清廉，单身赴任，不带亲眷，归梓时宦橐萧然，仅存翰墨数幅。著有《平台遗策》。因其孙溺云澳海中，失传。（光绪《海阳县志》）——陈贤武

【李芳菲】

李芳菲，海阳隆津都（今属潮州潮安）人。乾隆二十四年（1759）举人。吏部拣选知县，授广东阳江教谕。（光绪《海阳县志》）——陈贤武

【李秀仪】

李秀仪，字仲笙，海阳（今属潮州潮安）人。行伍出身。光绪二十八年（1902）任潮州镇标右营头司把总。（《清代缙绅集成》）——陈贤武

【李作梅】

李作梅，揭阳人。少年父丧家贫，母守寡，悲伤成疾。作梅每于忧惧无措之际，能宛转承顺，终得母欢，宗族咸称其孝。卒年七十一。（乾隆《揭阳县志》）——孙杜平

【李应甲】

李应甲（1612—1677），乳名兆祥，书名春瑞，字万兴，号凤山，潮阳竹山都人。少学于父郁，博通经史，辄探性理渊源。顺治十三年（1656）举人，十七年（1660）成进士，告假归。康熙十年（1671），奉旨引见。十二年（1673），特授山东利津知县，修黉宫，缮城池，兴利除弊，大政悉举。十四年（1675），充山东同考官。护理滨州、济南府事，政绩称最。荐擢内阁中书，卒于官。著有《博古斋集》。（康熙《利津县新志》、康熙《潮阳县志》、乾隆《潮州府志》、雍正《广东通志》）——陈新杰

【李应春】

李应春，揭阳人。监生。为人纯正好学。生平督责子弟，务以敦诗悦礼。乾隆十七年（1752）饥荒，应春捐谷以恤饥贫。知县龙廷泰礼请为乡宾。（乾隆《揭阳县志》）——孙杜平

【李怀肃】

李怀肃，揭阳人。教谕李衍泌祖。寿八十四，获赐肉帛。（乾隆《揭阳县志》）——孙杜平

【李际运】

李际运，名大度，字德丰，号昌期，又号适遇，潮阳竹山都人。康熙二十九年（1690）副元，廷试即用教官。有诗二首存世。（清庄山《凤山文献录》）——陈新杰

【李玮】

李玮，澄海人。雍正元年（1723）举人。官郾城知县。（嘉庆《澄海县志》）——蔡文胜

【李青】

李青，海阳秋溪都（今属潮州湘桥）人。康熙年间（1662—1722）授湖广督标中军副将。（光绪《海阳县志》）——陈贤武

【李其仪】

李其仪（1836—1880），号子梅，大埔湖寮（今属梅州大埔）人。能文章，工诗赋，惜三次乡试不第。曾取近代名臣经世时务诸书，悉心研究，尤喜读蓝鼎元、曾国藩二公文集，心有所得，即举而教诲门人，故生徒多通时务。其文擅欧苏之长，书法颜鲁公，诗学王孟，绝肖袁随园，人争传焉。潮州总兵方耀闻其名，聘教镇署义学，教其将佐子弟。著有《春秋五传合解》四卷，又有《笔花书屋诗文集》各二卷。（民国《大埔县志》）——黄树雄

【李其昌】

李其昌（？—1675），字逊伯。程乡西阳（今属梅州梅江）人。庠生。世业儒，父成材，为善于乡，赈贫济乏，里人德之，谓其后必昌，父因以其名。顺治初随征，以功署平镇

营守备。时潮疆初定,土著握兵雄踞乡邑。其昌请于幕府,愿戮力疆场,遂得题授武昌守备,再补直隶杨村营,历升隰州专防都司。康熙六年(1667),覃恩诰封明威将军,赠父成材如其官。十二年(1673),告病回籍,优游林下,里人荣之。十三年(1674),刘进忠叛,据潮城,胁其从反。其昌正色拒之,刘党怒,掘坎活埋之,并抄杀全家,独其子以獭得逃脱。(康熙《程乡县志》、乾隆《嘉应州志》、光绪《嘉应州志》)——黄晓丹

【李其相】

李其相(1689—1762),原名萃,字猷臣,号廷辅,揭阳人。监生。援捐浙江布政司理问,起补苏州,历摄昆山、新阳、崇明、上海、娄县、吴县知县,太仓知州。题试苏州海防同知。(雍正《揭阳县志》、《李氏族谱》)——孙杜平

【李其造】

李其造,揭阳人。父母年并八十余,奉养无缺。卒年八十。(乾隆《揭阳县志》)——孙杜平

【李茂盛】

李茂盛,字隆德,澄海下外莆都(今属汕头澄海)人。业医,以小儿科重于时,所活者众。性孝友,年三十始从师受学,执弟子礼犹谨。曾师沈斯言。斯言殁,女沦为婢,茂盛赎而嫁之。(嘉庆《澄海县志》)——蔡文胜

【李英澄】

李英澄,字浩士,澄海蓬洲都(今属汕头市区)人。性孝友,家贫嗜学,至老不倦。乡人服其德行,凡有纠纷难决之事,咸听其决断。子李永锡,乾隆十三年(1748)进士。(乾隆《澄海县志》、嘉庆《澄海县志》)——蔡文胜

【李 直】

李直,字敬夫,程乡城区(今属梅州梅江)人,祖籍澄海。李德元之子,翰林李象元之侄。雍正五年(1727)进士。授翰林院检讨。——黄晓丹

【李枟岁】

李枟岁,贡生。程乡人。任琼州训导。守身严正,动循礼法,言笑不苟,土官每接见必改容。琼俗淫荡,士子服其教,皆改邪归正,彬彬有礼。(光绪《嘉应州志》)——黄晓丹

【李 松】

李松,深澳人。曾任南澳镇标左营把总。任内捐银建武庙。后随征台湾,与林爽文战于三坎店,阵亡。(乾隆《南澳志》、《侯官县乡土志》)——黄迎涛

【李郁阶】

李郁阶,号摺廷,大埔同仁(今

属梅州大埔）人。由监生援例为县丞，分发福建。上司以其能，委办侯官县上干乡积案。旋署台北新竹知县，以清讼恤民为首务。后以海防吃紧，调署澎湖通判。澎为台湾咽喉，谕各庄绅董联络团练，为防御口岸计，选沿海居民能泅入海底者，得数百人，操演水战，以积劳患背疽卒，年四十有二。（民国《大埔县志》、光绪《澎湖厅志》）——黄树雄

【李拔萃】

李拔萃，普宁桂江都人。副贡。性慷慨好施与，乾隆十七年（1752），岁饥，捐资赈济，潮州知府吴承勋以"惠济乡邻"表其闾。（光绪《普宁县志》）——陈新杰

【李国龙】

李国龙（1796—1859，一作"泽明"），擅外科手术，凡解剖驳骨，略如泰西医法。道光末居大埔县城，设药肆"种杏堂"。国龙不仅医术高妙，且著医德，凡病家延诊，不论寒暑远近，随请随到，不索步金，不受谢礼，遇贫者且助以药资，人咸德之。（民国《大埔县志》）——黄树雄

【李国权】

李国权，揭阳人。监生。为人宽厚诚实，笃学好古。教授乡里，多所成就。卒年八十三。（乾隆《揭阳县志》）——孙杜平

【李国材】

李国材（1709—1781），字献任，号良辅，揭阳人。监生。雍正六年（1728），援捐县丞。乾隆四十三年（1778），授江西南城县丞。（乾隆《揭阳县志》、《李氏族谱》）——孙杜平

【李国柄】

李国柄（1692—1751），字献权，揭阳人。监生，援捐山东茌平县丞。性喜施予。雍正四至五年间（1726—1727），县境岁荒民饥，国柄捐谷六十余石协助赈济，为当道所褒赞。（雍正《揭阳县志》、《李氏族谱》）——孙杜平

【李国栋[①]】

李国栋，字兆梁，澄海蓬洲都（今属汕头市区）人。幼年补弟子员。顺治八年（1651）中举人，授新贵知县。政宽人和，平反冤狱。公事之暇，为该县士子讲经课文，相处如同师生。康熙十一年（1672）分校乡闱，能得士。越三年，致仕。性豁达，不屑于营利。旧有田庐，悉分给诸弟。蔬食布衣，安闲自得。嗜读《左传》、《韩昌黎集》，为文雄深博大。尤工诗，时与佘志贞、陈衍虞诸君相唱和。著有《锄云山房文集》。（嘉庆《澄海县志》、乾隆《潮州府志》）——蔡文胜

【李国栋②】

李国栋,澄海人。雍正十年(1732)举人。官广济知县。(嘉庆《澄海县志》)——蔡文胜

【李国选】

李国选(1707—1742),字东曹,号耐人,揭阳人。中书李士璞孙。廪生。有《何恃堂集》,未刊。(《尖山村志》、《何恃堂集》)——孙杜平

【李国桐】

李国桐(1699—1753),原名蔼,字猷潜,一字猷泽,揭阳人。武生,援例捐贡。雍正十三年(1735),授福建南平县丞。乾隆四年(1739),调台湾凤山。八年(1743),升直隶东明知县。(乾隆《揭阳县志》、乾隆《延平府志》、乾隆《凤山县志》、乾隆《东明县志》、《李氏族谱》)——孙杜平

【李明杓】

李明杓,字兆居,澄海蓬洲都(今属汕头市区)人。生平勤朴和厚,治家严肃,惟延师课督为务。免租推惠,感者甚众。享年八十有一。澄海知县张鲤旌曰"硕德延龄"。(雍正《澄海县志》)——蔡文胜

【李明造】

李明造,海阳人。顺治十四年(1657)举人。擅绘事。(乾隆《潮州府志》、雍正《海阳县志》、光绪《海阳县志》)——陈贤武

【李明琏】

李明琏,字宏辑,海阳人。秀才。康熙、雍正年间人。有《药栏诗稿》。(《古瀛诗苑》、《潮州诗萃》)——陈贤武

【李明德】

李明德,普宁人。任福建流福营都司。花翎游击衔。(光绪《普宁县志》)——陈新杰

【李鸣球】

李鸣球,字符玉,澄海苏湾都(今属汕头澄海)人。监生。少孤,事母孝,喜施与。乡中苦于水患,乾隆三十七年(1772),捐资倡筑卡路堤,乡民赖之。年五十八卒。孙李华,嘉庆十三年(1808)副榜。(嘉庆《澄海县志》)——蔡文胜

【李 呢】

李呢(?—1854),普宁洪阳人。咸丰四年(1854)许亚梅攻城,李呢奋勇击贼阵亡。世袭云骑尉。(光绪《普宁县志》)——陈新杰

【李季开】

李季开,字宜润。性孝友,卓荦豪迈,读书能过目成诵。遇戚友贫困,辄领囊相赠,不少吝。持家端严,不信巫祝,尝曰:"凡世族远长、命位丰约,只在处心行事上。"人以为名言。(光绪《嘉应州志》)——黄晓丹

【李岳英】

李岳英,字伟亭,号模南,揭阳人。由例贡生考授即用知州。广东学政惠士奇举荐优行。授云南宁州知州,补昆阳同知,升光禄署正,皆不就职。雍正四年至五年(1726—1727),县境饥荒,岳英首倡捐赈,知县陈树芝榜列"第一"以奖之。著有《家训十则》及《惜字文》,检讨程乡李象元、教谕南海黄进为之序。(雍正《揭阳县志》、《李氏族谱》)——孙杜平

【李 质】

李质(1757—1819),字位长,号竹窗,揭阳人。经历李仕学侄。例贡生。嘉庆元年(1796),举孝廉方正。事亲以孝闻。父殁,筑"慕云台"于园,每事登临,流涕不已,哀慕终身。(《兰圃诗钞》、《李氏族谱》)——孙杜平

【李金声】

李金声,普宁洪阳人。岁贡。孝友治家,学问纯粹,善课生徒,游其门者多成就。同治间(1862—1874),提督方耀延为贵屿局董,排难解纷,普宁士民咸颂其德。卒年八十。(光绪《普宁县志》)——陈新杰

【李学存】

李学存,揭阳人。捐按察知事。生平好善。时乡俗多械斗,常与子大成,从中调停排解,不惜资财。尝修山路,以利行人。道光十九年(1839),知县张熙宇旌以"笃亲好义"。卒年八十五。(光绪《揭阳县续志》)——孙杜平

【李 学】

李学,海阳龙溪(今属潮州潮安)人,原籍澄海。雍正元年(1723)举人。乾隆七年(1742)进士。(乾隆《潮州府志》、光绪《海阳县志》)——陈贤武、蔡文胜

【李宝森】

李宝森,号谷生,大埔湖寮(今属梅州大埔)人。李其仪子。庠生。以经济文章受知台湾巡抚刘铭传及直隶提督聂士成,入参戎幕,历保至候选同知。入民国后与诸遗逸诗酒唱和。(民国《大埔县志》)——黄树雄

【李宗臣】

李宗臣,字敬衷,澄海苏湾都(今属汕头澄海)人。耽经嗜古,弱冠即入郡庠。后虽久困科场而志益坚,且立书田以励后进。赈贫恤孤,都里感之。年八十五卒。(雍正《澄海县志》)——蔡文胜

【李实联】

李实联,字梓成,普宁人。职监。天资朴懋,好为济人事。雍正四年(1726),大歉,粒米为珠,实联白母郑氏捐米百余石,周济穷苦,都里多赖,列宪嘉奖。(乾隆《普宁县

志》）——陈新杰

【李孟开】

李孟开，字呈润。程乡人。为人正大和易，笃于伦理。父性严毅，事之悉得其欢心。母老。弟季开，夫妻俱丧，遗子女六人，衣食、婚嫁、教训，皆视己子，期愿适母意。康熙三十五年（1696）岁饥，捐米赈济，全活甚众。以子象元贵，愈谦约。（光绪《嘉应州志》）——黄晓丹

【李绍芳】

李绍芳，澄海蓬洲都（今属汕头市区）人。雍正七年（1729）举人。官万州学正。（嘉庆《澄海县志》）——蔡文胜

【李经文】

李经文，号约斋，丰顺砂田人。幼负异资，胸有大志。十八岁时，县令江廷隆以伟器相期，县试拔置第一名，补潮州府学生。博极群书，尤长于考据，以古文为制义，不屑拘于时。但应乡试十三科，竟有七科不获选。绝意科举，专门从事著述，教授弟子，县内隽秀之士，多出其门下。精画工。后以增生选贡补训导。八十岁逝。著有《三易通义》及各种遗稿数十册，已佚。（民国《丰顺县志》）——陈贤武

【李经国】

李经国，名士佳，号匡佐，又号弼卿，潮阳竹山都人。游大兴县学。乾隆三十九年（1774）优贡，任高明、昌化两县训导，署儋州学正。有诗十余首存世。（《凤山文献录》）——陈新杰

【李春芳】

李春芳，乳名王瓒，书名位受，字修祜，号馥庄，又号元宪，潮阳竹山都人。同州通判联登子。县学生。乾隆间（1736—1795），尝续辑凤山文献，有文二篇存世。（《凤山文献录》）——陈新杰

【李标桂】

李标桂，海阳人。雍正年间（1723—1735）岁贡。加功同知。（乾隆《潮州府志》、光绪《海阳县志》）——陈贤武

【李树英】

李树英，普宁洪阳人。监生。生平见义必为。道光二十一年（1841），议开城河，慨捐倡之，知县韩凤翔以"仁厚可风"旌其间。咸丰四年（1854），许亚梅之乱，捐资助饷，发粟赡军，时任知县潘铭宪详请奖以六品军功。（光绪《普宁县志》）——陈新杰

【李树勋】

李树勋，海阳人。武生。光绪间（1875—1908）以军功补授罗定左营守备，尽先都司。（光绪《海阳县志》）——陈贤武

【李奎光】

李奎光,号璧堂,普宁洪阳人。县学生。幼颖异,进士饶之、举人苏才、贡生郭肯堂,咸器重之。弱冠应童试,县、府、院试俱冠军。咸丰四年(1854)土匪攻城,奎光年近八旬,慷慨愤激,犹率族固守,知县潘铭宪称为"矍铄翁"。卒年八十七。(光绪《普宁县志》)——陈新杰

【李拱星】

李拱星,普宁黄坑都人。廪生。历署增城、新会、连平、翁源、新兴等县训导,孚人伦望。一切利物济人事乐行不倦,知县韩凤翔以"为善可风"旌之。(光绪《普宁县志》)——陈新杰

【李映梅】

李映梅,字晴溪,又字晴帆、香溪,海阳人。道光二十九年(1849)拔贡。授广东开建训导。工书擅画。(光绪《海阳县志》、《潮州诗萃》)——陈贤武

【李思高】

李思高,普宁洪阳人。咸丰初(1851)从军,隶游击林某营。前后数十战,俱奋勇争先,林深奖之。迨同治四年(1865),随军克龙游、阳溪等县,保蓝翎守备尽先补用。(光绪《普宁县志》)——陈新杰

【李 勋】

李勋(1841—1887),字镜侬,号赞欤,一号卣乙,澄海苏湾都(今属汕头澄海)人。少聪颖,幼年学文,辄惊其长老。及冠,补县学弟子员。光绪十一年(1885)广东全省拔贡考试第一名,同年中举人。李勋博学多才,通经史,蓄书甚富,颜其室曰"半豹堂"。著有《金刚经注释》、《蕙绸山庄诗集》、《说映》。(《说映》、新编《澄海县志》)——蔡文胜

【李钦明】

李钦明,揭阳人。光禄寺署正李国梓孙。嘉庆六年(1798),中式举人第二名。(光绪《揭阳县续志》、《广东贡士录》、《李氏族谱》)——孙杜平

【李俊芳】

李俊芳,揭阳人。少倜傥有胆略。顺治初年(1644),寇乱未息,村落多被蹂躏,俊芳献出家财,训练乡勇,多方设法捍卫抵御,一乡赖以保全无虞。十四年(1657),清军征剿余寇,俊芳投效潮州军营,总兵王国光给以千总衔札,并随军从征,历经血战。寇平,告归养母。居乡,尝凿山筑陂,以资灌溉,乡里赖之。(乾隆《揭阳县志》)——孙杜平

【李俊英】

李俊英,名大雅,字德望,号叔彦,又号旁求,潮阳竹山都人。康熙五十六年(1717)副榜。五十九年

(1720)中举人,任高要县教谕。升授连州学正,加国子学正衔。有诗若干传世。(《凤山文献录》、雍正《广东通志》)——陈新杰

【李俊耀】

李俊耀,揭阳人。举人李仕义祖。寿八十六,获赐肉帛。(乾隆《揭阳县志》)——孙杜平

【李衍济】

李衍济,揭阳人。为人谦和厚重。知县刘业勤举为乡宾。卒年八十四。(乾隆《揭阳县志》)——孙杜平

【李奕馨】

李奕馨,潮阳县廓都人。明詹事府丞李龄裔孙。诸生。雍正七年(1729),以照墙栏外湫隘,奕馨让自家屋地拓之,知县闵黯为作记。(光绪《潮阳县志》)——陈新杰

【李炳正】

李炳正(1699—?),又名陈炳珍,海阳隆津都(今属潮州潮安)人。雍正元年(1723)举人。乾隆十年(1745)授四川达州东乡知县,署达州知州。十七年(1752)任广东番禺教谕。(乾隆《潮州府志》、光绪《海阳县志》、光绪《广州府志》、《清代官员履历档案全编》)——陈贤武

【李炳勋】

李炳勋,普宁铁山都人。善医。有孕妇临蓐,气几绝。炳勋视之,见妇左脸有青色,云:"有二胎,一生一死。"以药下之,果然。提督方耀亟奖之。子焕奎、孙洪治世其术。(光绪《普宁县志》)——陈新杰

【李洽赐】

李洽赐,字兴愈。澄海蓬洲都(今属汕头市区)人。幼孤,事母惟谨。生平慷慨仗义。怜乡田屡遭水患,率众就新地、旧地、流尾三乡筑关涵捍卫,不惜倾囊。乡人德之。(乾隆《澄海县志》、嘉庆《澄海县志》)——蔡文胜

【李 泰】

李泰,潮阳人。行伍。乾隆四十年(1775),任澄海左营守备。(嘉庆《澄海县志》)——陈新杰

【李恭臣】

李恭臣,字念庐。程乡人。以孝荐闻。雍正十年(1732)贡选,授新会训导,俸满调鹤山训导,居官请介,解组归,行李萧然,无担石之蓄。(光绪《嘉应州志》)——黄晓丹

【李振标】

李振标(1834—1899),字光大,潮阳贵山都人。咸丰二年(1852)武举人,授连平守备,诰封恩骑尉。(光绪《潮阳县志》、《贵屿古今人物辞典》)——陈新杰

【李振祥】

李振祥（？—1854），普宁桂江都人。监生。咸丰四年（1854），许亚梅之乱，振祥率族人擒贼解县，道经陈桐径，被贼党追夺，遂遇害。子袭云骑尉。（光绪《普宁县志》）——陈新杰

【李晓伯】

李晓伯，揭阳人。为人好善，妇孺皆知其名。尝见白骨露于野，为之收埋。知县前后奖以匾额。（光绪《揭阳县续志》）——孙杜平

【李特万】

李特万，澄海蓬洲都（今属汕头市区）人。与弟兆寅，俱业儒教读。顺治十四年（1657），郑成功部将屠鸥汀寨，特万与弟兆寅、母陈氏、妻庄氏、兆寅妻陈氏、子侄四人共九口自焚死。（康熙《澄海县志》）——蔡文胜

【李称先】

李称先，字坤载，揭阳人。岁贡生。天性纯挚，侍奉父母维谨。学问精粹，品行端正。四方士子，争从之游。理解义旨，精细周详，经其指授为文者，皆有法度。每逢学校来聘，称先听于亲命，获允始行。所得薪资，必先备佳肴以奉双亲。及亲年迈，不离左右。至于亲殁，大事费用，不求兄弟均平。一生安贫守道，不妄干权要，人皆敬重。（乾隆《揭阳县志》）——孙杜平

【李隽友】

李隽友，普宁人。顺治十三年（1656）举人。仕知县。（乾隆《普宁县志》）——陈新杰

【李逢亨】

李逢亨，字方厦。嘉应州城内（今属梅州梅江）人，翰林李象元之孙，李端之子。乾隆十六年（1751）进士，选翰林院庶吉士。授内廷教习，加一级，候补知县。（乾隆《嘉应州志》、光绪《嘉应州志》）——黄晓丹

【李逢春①】

李逢春，本姓林，海阳人。雍正二年（1724）举人。授新田知县。（乾隆《潮州府志》、光绪《海阳县志》）——陈贤武

【李逢春②】

李逢春，海阳归仁都（今属潮州潮安）人。嘉庆七年（1802）武进士。授侍卫，历任贵州大定协镇副将。（光绪《海阳县志》）——陈贤武

【李高士】

李高士，见"谢大略"条。

【李　高】

李高，澄海苏湾都（今属汕头澄海）人。乾隆十五年（1750）武举人。官香山都司。（嘉庆《澄海县志》）——蔡文胜

【李培英】

李培英，普宁桂江都人。性颖异，英年补县学廪膳生。道光五年（1825）入国子监，淡泊于荣利，于居侧辟书舍，耄犹好学。潮阳知县吴均因公驻贵屿，闻书声琅琅，步月过访，入门挹其言论风采，因书"益壮书屋"以额其门。（光绪《普宁县志》）——陈新杰

【李象元】

李象元（1661—1746），字伯猷，号惕斋，程乡（今属梅州梅城）人，一作澄海籍。秉性正直，持躬谨慎而气度谦和，接人以礼。康熙三十年（1691）进士，钦点翰林院庶吉士。三年后散馆，授翰林院检讨。三十八年（1699）典试山东，所得多名士。学有根柢，精研性命之旨。好读书。据案展卷，寒暑无间，学行被称为粤东最。解组归，犹力学，成就后进，娓娓不倦。尤笃宗谊。于族之贫者，周恤备至。性朴而介，平居蔬食布衣，安之若素，而于非义之财，挥斥弗顾。临终犹谆谆训子孙作清白吏。（乾隆《潮州府志》、光绪《嘉应州志》）——黄晓丹

【李清时】

李清时，字和玉，潮阳黄陇都（今属汕头潮南）人。例职。乡居山谷，其南当潮惠通衢之雷公岭，峻而险，石径崎岖，行人苦甚，遂捐资修为石路，自孝子亭至松柏林乡，计程十余里，阔六七尺，行人德之。（嘉庆《潮阳县志》、光绪《潮阳县志》）——陈新杰

【李清昭】

李清昭，潮阳黄陇都（今属汕头潮南）人。义行清时之弟，例职。慕兄高义，于惠来界之西坑店，捐修石路，与雷岭相接。人称"二难"。（嘉庆《潮阳县志》、光绪《潮阳县志》）——陈新杰

【李鸿勋】

李鸿勋，号立夫，大埔人。少聪颖，家贫就佣广州某药肆，稍暇即读书，有浙籍某幕常至肆，见鸿勋好学不倦，挈之就学。学成，佐广东巡抚幕，适飓风大作，水浸广州，同城督抚各封奏，而水灾大小不符，朝廷旨令覆奏，督抚俱恐，乃共商请鸿勋主稿，会衔覆奏，中云："以大报小者，纾君之忧；以小报大者，恤民之隐。"高宗阅奏，叹曰："真天下之名幕也。"鸿勋于是驰誉一时。长子枚，廪贡生，曾任潮州府学训导；次子枫，监生，历任江苏吴江、青浦等县知县，升太仓知州。（民国《大埔县志》）——黄树雄

【李鸿章】

李鸿章，潮阳贵山都人。庠生。好行善事。雍正四年（1726），岁饥，捐米助赈，施棺席收埋道路胔骸。列

宪闻而旌之。贵屿西门外为潮、普通衢，遇霪雨泥泞，行旅维艰；其北门旧有灰路，亦日久崩塌；又浮山桥、吴桥头桥，俱相次倾圮。鸿章前后捐资五万七千为土木费，或筑或修，往来行人均受其赐。又尝捐资三万倡修寨垣。年七十，犹好义不倦。（乾隆《普宁县志》）——陈新杰

【李维桢】

李维桢，字岱林，丰顺城北人。李汉玉堂侄。嘉庆六年（1801）举人。大挑一等，任河南济源知县。在任数年，以节操自励，剔弊兴建。及奉调汝阳县，亏空颇巨，由家乡汇去五千金填清后方赴新任。汝阳屡受汝水侵犯，励精竭力，屡修河堤，防护得力。遇灾必躬亲拯救，治行为历任之最。积劳致疾，乞辞职。当地士民争相上书挽留。屡辞不获，卒于任，年六十余。士民皆哀悼之。宦囊如洗，由家乡汇款方得由眷属扶柩回乡。（光绪《丰顺县志》、民国《丰顺县志》）——陈贤武

【李维彬】

李维彬，丰顺城北人。李维桢弟。嘉庆十二年（1807）举人。大挑二等，道光八年（1828）至十年（1830）任广东崖州学正。（光绪《丰顺县志》、光绪《崖州志》）——陈贤武

【李联章】

李联章，字协秀，号朴庵，大埔人。乾隆三十年（1765）举人，历署平番、金县知县，旋署凉州府茶马同知。五十年（1785）调近改授广东龙门县训导。尝刊《先正格言》以省躬课士，至老不倦，著有《诗文详解》指导后学，乡之才隽者多出其门，卒年七十。（嘉庆《大埔县志》、道光《龙门县志》）——黄树雄

【李联登】

李联登（1718—1777），乳名关，书名士浃，字纯周，号瀛洲，潮阳竹山都人。少聪颖，力于学，弱冠以文字知名。乾隆十二年（1747）举人。十六年（1751）成进士。二十五年（1760），奉旨引见，特授陕西白水知县，刑清政简，约己爱民。二十七年（1762）及三十年（1765），两充同考试官，拔取多名下士。调泾阳兼理华阴县，护理华州知州。三十一年（1766），委护台湾府道事兼管学政。三十二年（1767），升授同州府通判。归园后筑三余书舍俾子读书。有诗十余首传世。（《凤山文献录》、嘉庆《潮阳县志》、光绪《潮阳县志》）——陈新杰

【李雄科】

李雄科（？—1860），号英廷，潮阳县廓都人。行伍。道光十九年（1839）任潮阳营把总，历官廉州营

守备。方太平军起，即立功戎马间。咸丰十年（1860），统帅张国梁围江宁，夺雨花台据之，挑骁将守险，雄科预焉。敌来争，辄击以火器，制敌死命者且数月。会大雨雪，枪炮俱湿，敌抄出官军后，以长枪队突之，师失恃遂溃。雄科率数骑绕阵出，过某桥，日已晡矣，丛薄伏发，攒矛洞胸，坠马死。奉旨赐恤。（光绪《潮阳县志》）——陈新杰

【李景昉】

李景昉，号东岩，揭阳人。举人李长源孙。廪贡生。能文，见载《文鹄集》、《文府集》。卒年六十六。子炳荣，字世埔，号照庭。附贡生。光绪年间（1875—1908），广东学政徐淇按临至潮，试经古第一。（《尖山村志》）——孙杜平

【李登云】

李登云（1714—1784），字亨山，号错轩，揭阳人。经历李仕学弟。乾隆十八年（1753）、二十四年（1759），两中乡试副榜。知县王玺、刘业勤先后延请为近圣、榕江书院掌教。（乾隆《揭阳县志》、《李氏族谱》）——孙杜平

【李　瑜】

李瑜（1696—1743），字梅若，又字元谨，号东田，大埔人。雍正七年（1729）举人，八年（1730）联捷成进士，补北流知县，清勤自矢，杜绝私托，悍俗悉变。两次为乡试同考官，所得皆佳士。擢宁明知州。宁明改土归流未久，号称难治，瑜相机处置，地方赖以安宁。擢泗城知府。以病乞归，至南宁旅次卒，年四十八。（嘉庆《大埔县志》、乾隆《北流县志》、《大埔进士录》）——黄树雄

【李　梗】

李梗，字其础，程乡松口（今属梅州梅县）人。李士淳子。崇祯十二年（1639）举人。事亲孝，承顺奉养二十余年，淡于仕进。仪容秀伟，品端望重，尤嗜古好学。属笔思如涌泉，工书法，直逼钟、王，有《溪声堂法帖》、《函秘斋诗文集》行世。（光绪《嘉应州志》）——黄晓丹

【李嵩德】

李嵩德，字眉川，澄海苏湾都（今属汕头澄海）人，祖籍澄海下外莆都（今属汕头澄海）。李可元之孙。康熙五十九年（1720）中举人，雍正五年（1727）成进士。里中苏北文昌祠旧毁于兵火，嵩德率乡人收回故址，捐资修葺。雍正年间，澄海知县宁时文聘修《澄海县志》。（乾隆《澄海县志》、《盐灶志》）——蔡文胜

【李　焜】

李焜，字蕴熙，号陟瞻。程乡雁洋（今属梅州梅县）人。李世崇仲

子。能文善武。顺治七年（1650），清军定岭南，随吴六奇纳款领兵守大埔。十年（1653）三月，郝尚久据潮州反清，其部将孟秋等由饶平犯境，以守御功题授都司金书，寻调饶平，计擒伪都督黄球、张凤、胡榜等，由是督府重之。未几，改授同知，以乞养归。康熙十三年（1674），潮镇刘进忠叛，诱之不从，继劫以兵，焜筑棋枰寨誓死拒之。生平孝友，惠周族党。尝请于当事免其乡徭役之半，乡人德之，称"盛德先生"。卒年七十四，后祀忠孝祠。（康熙《程乡县志》、光绪《嘉应州志》、《雁洋李氏族谱》）——黄晓丹

【李滉】

李滉，海阳人。康熙元年（1662）岁贡生。三十一年（1692）授广东清远训导。（光绪《海阳县志》、光绪《广州府志》）——陈贤武

【李嘉元】

李嘉元，字叔寅，程乡（今属梅州梅城）人。性宽厚，孝友信义，人皆爱重之。康熙三十五年（1696）举人，授四川南充令。清操自励，政简讼平。邻邑有难狱，承委鞫之，不烦刑讯而得到其情实。兴学课艺，士风振起，每燕处则述古名贤事勉其子。卒于官，橐无余资，同官士民助治丧榇还，有送及隣境始返者，其遗爱在人如此。（光绪《嘉应州志》、乾隆《潮州府志》）——黄晓丹

【李嘉】

李嘉（1637—1682），字伊柔，号泳是，揭阳人。例监生。性狷洁，乐于施予。善待朋友，孝事父母。尝礼聘贤师，以课族人，故其族多彬雅之士。教子严而有方。长子岳花、次子岳英，俱为例贡，岳英官光禄寺署正。（雍正《揭阳县志》、《李氏族谱》）——孙杜平

【李端①】

李端，行伍。云澳人。乾隆间（1736—1795）由南澳镇标左营把总升任千总。（乾隆《南澳志》）——黄迎涛

【李端②】

李端，字山立，程乡城区（今属梅州梅江）人，翰林李象元长子。康熙五十年（1711）举人，雍正元年（1723）恩科进士。选翰林院庶吉士。官江南荆溪知县。荆溪赋繁弊积，一一清釐有方。民饥设赈，身亲稽核，无人失所。邑多山濒湖，素称盗薮。抵任数月，即访缉巨窝，境内肃清。年四十以勤劳卒。著有《松磁公遗集》。（乾隆《潮州府志》、光绪《嘉应州志》）——黄晓丹

【李精基】

李精基，程乡松口（今属梅州梅县）人。雍正元年（1723）举人，

乾隆元年（1736）进士，授湖北兴山知县。（《梅州进士录》）——黄晓丹

【李德元】

李德元，程乡（今属梅州梅江）人。雍正十三年（1735）举人，乾隆元年（1736）登会试明通榜。任广东阳江教谕。（《梅州进士录》）——黄晓丹

【李磐石】

李磐石，澄海蓬洲都（今属汕头市区）人。乾隆二十五年（1760）举人。官南海训导。（嘉庆《澄海县志》）——蔡文胜

【李澄栋】

李澄栋，字槐玉，澄海苏湾都（今属汕头澄海）人。捐官州同。慷慨仗义，为其祖捐祭田数十亩。亲戚靠其过活者十余家。乾隆四十七年（1782）监犯越狱，澄栋率乡勇助捕获之。知县崔田见题"厥有表率"匾额及诗、联奖赏。（嘉庆《澄海县志》）——蔡文胜

【李霞藻】

李霞藻，字伯采，号彰园，揭阳人。中书李士璞子。康熙二十三年（1684）例贡。考选训导，署广东饶平教谕。三十二年（1693），升国子监典簿。三十五年（1676），迁部司务。终工部主事。幼承父训，能识大义。雍正四年至五年间（1726—1727），县大饥荒，霞藻捐谷协助赈济。（乾隆《揭阳县志》、《尖山村志》）——孙杜平

【李耀祖】

李耀祖，字庸若，普宁黄坑都人。监生。先是有水自寨仔洋溪过富美，直趋于河，耀祖捐金筑溪子口堤，注其水为陂，曰"坞陂"，乡田数千亩至今获水利焉。（乾隆《普宁县志》）——陈新杰

【李麟也】

李麟也（1653—1743），普宁黄坑都人。生平笃行乐施，宽和接物。乾隆元年（1736），诏有司举八十岁以上清白良民，授八品冠带，时麟也八十四岁，例得恩赐，人以为长厚之报。（乾隆《普宁县志》）——陈新杰

【连吉锦】

连吉锦（？—1864），潮阳洋乌都（今属汕头潮南）人。官守备。同治三年（1864），攻黄家冈，中炮殁。得旨照例给恤，荫云骑尉。（光绪《潮阳县志》）——陈新杰

【连 兴】

连兴（？—1863），潮阳洋乌都（今属汕头潮南）人。守备吉锦之侄。始以勇目复泸溪，及调赴汝宁，平捻军陈大喜，益自奋。同治二年（1863），总兵余继昌略息县，兴以千总随之，捐躯于方寨。得旨照例给恤，荫云骑尉。（光绪《潮阳县

志》）——陈新杰

【连　美】

连美，潮阳洋乌都（今属汕头潮南）人。任三江口协中军都司。光绪（1875—1908）间，署海门参将。（光绪《潮阳县志》）——陈新杰

【连逢时】

连逢时，潮阳洋乌都（今属汕头潮南）人。附贡，署茂名训导。（光绪《潮阳县志》）——陈新杰

【连登瀛】

连登瀛，潮阳洋乌都（今属汕头潮南）人。增贡，署电白训导。（光绪《潮阳县志》）——陈新杰

【吴干将】

吴干将，潮阳县廓都人。诸生惇绥子。康熙二年（1663）举人亚魁。二十八年（1689），任兰阳知县。三十四年（1695），任卫辉府汲县知县。（雍正《广东通志》、雍正《河南通志》、康熙《潮阳县志》）——陈新杰

【吴大玮】

吴大玮，饶平高堂乡（今属潮州饶平）人。生平慷慨乐施。乾隆五十九年（1794）饥荒，就乡中贫乏者每人赈粟五斗，共计两次，约施粟二千余石，乡里德之。（光绪《饶平县志》）——黄树雄

【吴　万】

吴万，字我皆，普宁黄坑都人。职监。为人尚义，宗族里间有困难事，为之纾解，倾己囊无艰涩状。康熙十三年（1674）叛镇变起，草寇蠢聚，万父惠宇旧以守备职家居，乃请于父，纠贡山、洚溪、章宁数乡之民，修寨立栅，联络捍御保身家，数乡老幼始终恃以无恐，迄今称德焉。年八十而卒。（乾隆《普宁县志》）——陈新杰

【吴广誉】

吴广誉，即詹广誉。

【吴之彦】

吴之彦，海阳人。康熙十九年（1680）岁贡。授广州府教授。（光绪《海阳县志》）——陈贤武

【吴子豪】

吴子豪，惠来人。嘉庆十一年（1806）岁贡，是年授广州府从化县训导。（光绪《广州府志》）——周修东

【吴开歧】

吴开歧，丰顺城北人。博学多通，为文务典雅，屡试不第，专事读书课子。搜辑古今异闻奇事，汇为二卷，名曰《灵异记》，道光年间刊行，意在借此警世。（民国《丰顺县志》）——陈贤武

【吴天锡】

吴天锡（1742—1808），海阳（今属潮州潮安）人，一说澄海人。乾隆三十六年（1771）举人。五十三

年（1788）授广东感恩县教谕，六十年（1795）任南海县教谕，嘉庆三年（1798）升福建泰宁知县，转广西梧州府岑溪知县。十三年卒，年六十七。（光绪《海阳县志》、道光《广东通志》、新纂《南海市政府志》）——陈贤武

【吴元发】

吴元发，字开宽，号瑞斋，丰顺横坑人。乾隆三十六（1771）辛卯武科举人第二十八名。平生仗义疏财。四十三年（1778）与同乡武举人朱应魁一同上京会试。到京后，朱应魁病，为其请医治疗。医治无效而卒，乃备棺木装殓。试后，出资运棺柩至其家中。（光绪《丰顺县志》）——陈贤武

【吴元韬】

吴元韬，海阳人。武举人。光绪间（1875—1908）授阳江镇右营中军守备。（光绪《海阳县志》）——陈贤武

【吴日炎】

吴日炎（1686—1746），字升谷，号敬存，自号三山老人，揭阳人。幼而好学，七岁能文，十四岁中康熙三十八年（1699）举人，有神童之誉。五十七年（1718），选授湖南酃县知县，绰有政声。雍正七年（1729），行取补刑部主事。十一年（1733），升本部员外郎。生平嗜学，晚喜著述，有《浣雪堂稿》、《半秋堂诗》、《金台后草》数种。（《清代官员履历档案全编》、乾隆《揭阳县志》、《陵海吴氏族谱》）——孙杜平

【吴　升】

吴升，即高升。

【吴　凤】

吴凤，海阳人。由吏员迁进山司巡检。（光绪《海阳县志》）——陈贤武

【吴氏（吴六奇女）】

吴氏，海阳丰政都（今属梅州丰顺）人。吴六奇女。适黄居中。康熙中，黄居中任广西苍梧教谕。康熙十三年（1674），广西将军孙延龄随吴三桂叛清，得梧州守兵响应，叛兵闯进吴氏房间，吴氏奋起抗击，后自刎。（《清史稿·列女传》）——陈贤武

【吴凤章】

吴凤章（1718—1783），号声和，潮阳贵山都人。乾隆九年（1744）举人。十三年（1748）登进士，任松阳知县，毁淫祀，除害安民。又县西田常苦旱，因势利导，改水为西流，一时变瘠为腴，口碑载道。（嘉庆《潮阳县志》、光绪《潮阳县志》）——陈新杰

【吴六奇】

吴六奇（1607—1665），字鉴伯，号葛如，绰号吴钩，海阳丰政都（今

属梅州丰顺）人。幼读诗书，广涉经史。嗜酒好赌，荡尽家产而充为邮卒。后浪迹粤闽江浙。在浙江海宁，遇名士查伊璜赠资遗归，并荐入伍。明末，山寇屡发，与其弟吴标训练乡勇，筑寨自保，为汤田通判所嘉许，委守丰顺营，率兵先后讨平了地方各股盗贼。顺治五年（1648），清师由闽入粤，吴六奇"率先效顺"，授副总兵官，驻扎饶平。参与平定潮州，授挂印总兵官左都督、太子少保，晋少傅兼太子太傅。殁后赠少师兼太子太师，谥顺恪，赐祭葬，祀乡贤。余暇读书，工书法。著有《忠孝堂文集》。子十三人，四人曾任总兵之职，世称"一门五总兵"。其墓在大埔县湖寮虎山下，御制碑文、祭文，遣官祭葬。（光绪《丰顺县志》）——陈贤武

【吴文升】

吴文升，字章虹。海阳苏寨村（今属潮州潮安）人，生于澄海。弱冠能文，康熙四十二年（1703）举人。生平恬静，读书自娱。时有社甲官埔百余亩，乡人久占，谕以义，立为漏泽园，远近咸颂焉。年九十余卒。（雍正《澄海县志》）——蔡文胜

【吴文郁】

吴文郁，字伟周，揭阳人。康熙三十七年（1698）拔贡。生平闭门读书，不干外事。为文醇正冲雅，学者宗之。生平待人接物，恭谨温顺，有儒者风。即遇横暴，亦不计较。人与相交，如饮醇醪。为同县翰林林景拔所称许。卒年四十八。（乾隆《揭阳县志》）——孙杜平

【吴玉振①】

吴玉振，丰顺县城人。乾隆十九年（1754）岁贡。任广东新安县教谕。（光绪《丰顺县志》）——陈贤武

【吴玉振②】

吴玉振（？—1857），潮阳黄陇都（今属汕头潮南）人。惠来营外委也。咸丰七年（1857），剿太平军，于镇江阵亡。（光绪《潮阳县志》）——陈新杰

【吴世正】

吴世正，惠来人。乾隆五年（1740）岁贡，仕徐闻县训导。（乾隆《潮州府志》）——周修东

【吴世杰】

吴世杰，字英堂，饶平隆都（今属汕头澄海）人。为人性行纯正，治学一以朱子为依归。家富而平居不异于寒士，授徒研经之外，不闻外事。光绪末年，改隆都文昌祠为诚正学堂，世杰于宣统初年为校长。本其所学，一以育士。辛亥革命后，退隐于先人之临流仙馆，时与诸生谈文，不失风人之旨。卒寿九十。（《饶平县

志补订》）——黄树雄

【吴世勋】

吴世勋（？—1867），号伯元，大埔人。同治四年（1865）任湖南江华知县。修城池文庙，课士劝农，捐俸以助。在任二年，卒于官。（同治《大埔县志》、同治《江华县志》）——黄树雄

【吴世璜】

吴世璜，号筱珊，大埔湖寮（今属梅州大埔）人。同治三年（1864）举人，三次会试不第，以大挑补授保康知县。清讼狱，革陋规，劝民垦荒，种植畜牧养鱼以裕生计。时召集绅耆，谈文学，兴礼教。逾年而风俗大变。调补汉阳知县，忽遘病而逝，年六十有一。（民国《大埔县志》）——黄树雄

【吴世骥】

吴世骥（1805—1855），号兰臬，丰顺县城南（今属梅州丰顺）人。吴亦材第四子。幼习经史，少抱大志。十四岁入学，十八岁中拔贡，任武英殿重刊《康熙字典》校录官，选授青海西宁县教谕。道光十三年（1833），登进士，历任礼部精膳司主事，仪制司员外郎，掌祠祭司郎中兼乐部和声署署正，礼部则例馆提调，实录馆校对。京察一等，记名御史，以繁缺知府用。在京供职十余年，办事、治弊有惠声，僚友服其贤。擅诗，才思雄杰。五十一岁病逝，时论惜之。子永智，光绪元年（1875）中举人，授户部主事。孙昌坤，十一年（1885）中举人，任国子监学正学录。孙昌华，授户部主事，后迁陆军部员外郎。民国初年挈眷属居于南京。（光绪《丰顺县志》）——陈贤武

【吴　汉】

吴汉，海阳丰政都（今属梅州丰顺）人。吴六奇弟。明弘光间（1645），从六奇举义。清顺治三年（1646），清兵自闽入粤，六奇令汉迎降。叙功授参将衔，管潮州城守事。六奇移镇三河，迁三河守备。顺治十二年（1655），六奇开阃饶平，以守备分防大埕所，调西林寨守备。论从前平郝尚久功，超擢饶镇中军参将。康熙元年（1662），从征长毛贼，斩林亚斗于阵。既又从招降明南澳镇将杜辉等，录功加左都督衔，调琼州协副将，从疾致仕。（光绪《丰顺县志》）——陈贤武

【吴永智】

吴永智，丰顺城南人。吴世骥子。光绪元年（1875）举人，顺天中式。官户部山东清吏司主事。（光绪《丰顺县志》）——陈贤武

【吴式亨】

吴式亨（？—1646），字辉庵，揭阳人，原籍福建同安人。明崇祯间（1628—1644），由武生补揭阳西营把

总。顺治三年（1646），九军贼刘公显等声势猖獗，式亨纠集乡民筑寨，戮力捍御。士民依附者甚多，赖其保全性命。清军平定潮州，式亨被授参将，驻防揭阳。先后擒杀贼首刘汉益、吴元等。后土寇陈拔五等攻潮阳凤山，合县震动，知县陈之昂遣人请援，式亨抱病督兵，深入贼境，为其所杀。及总督佟养甲统兵至潮，为题准优恤，各立祠于揭、潮二地。（乾隆《揭阳县志》、康熙《潮阳县志》）——孙杜平

【吴有功】

吴有功，本姓林，字勋士，澄海苏湾都（今属汕头澄海）人。康熙四十五年（1706）岁贡。淡泊处世，为文极尽义理精要。循循善诱，及门科甲显者甚众。所著有《纲鉴纂要》、《格言录》、《见闻集》诸稿。（嘉庆《澄海县志》、乾隆《潮州府志》、《潮州艺文志》）——蔡文胜

【吴成炽】

吴成炽，海阳丰政都（今属梅州丰顺）人。吴启爵子。任广东曲江县训导。（光绪《丰顺县志》）——陈贤武

【吴成勋】

吴成勋，海阳丰政都（今属梅州丰顺）人。吴启虬第四子。吏员，任江西乐平县典史。（光绪《丰顺县志》）——陈贤武

【吴成象】

吴成象，海阳丰政都（今属梅州丰顺）人。吴启晋子。康熙二年（1663）岁贡。二十六年（1687）授广东封川教谕。（光绪《海阳县志》、康熙《肇庆府志》）——陈贤武

【吴光桬】

吴光桬，潮阳峡山都（今属汕头潮南）人。乾隆四年（1739）武进士，官三等侍卫，历宁夏都司，升本营游击。（嘉庆《潮阳县志》）——陈新杰

【吴廷桢】

吴廷桢，海阳人。光绪间（1875—1908）任福建县丞，署福建邵武知县。（光绪《海阳县志》）——陈贤武

【吴廷鸿】

吴廷鸿，丰顺人。监生。任广西庆远府宜山县丞。（光绪《丰顺县志》）——陈贤武

【吴廷梓】

吴廷梓，惠来人。光绪二年（1876）进士，翌年恩赐翰林检讨。寿逾九十卒。（《清光宣两朝潮州贡士录》）——周修东

【吴庆平】

吴庆平（1774—1841），字泰绪，号静海，丰顺田背（今属梅州丰顺）人。吴元发侄。嘉庆六年（1801）武科进士，充广东全省塘务。在职期

间,整顿陋风,除积弊。公务之余,嗜翰墨。粤督吴荣光很赏识他的才能,书赠"忠勤尽职"。因父丧归里,矢志奉母,没再赴任。二十五年(1820),倡建宗祠、学宫。居家三十多年,常以礼义德行教诲乡人。(光绪《丰顺县志》)——陈贤武

【吴庆腾】

吴庆腾(1837—1914),名合弟,海阳登隆都(今属潮州潮安)人。咸丰三年(1853)十七岁时,赴新加坡从商。商余之暇,与华社领袖陈永锡、刘荣丰、王柘榴、陈亚两等十人,共捐资四千元,购置醉花林俱乐部于庆利路,开潮侨社团组织之先声。光绪六年(1880)大水,龙湖堤溃,捐资赈饥恤寒。此外,施棺救厄,造桥修路,不遗余力。例捐同知衔加三级,封三代中议大夫。(《马来亚潮侨通鉴》)——陈贤武

【吴亦材】

吴亦材,号任斋,丰顺丰良(今属梅州丰顺)人。吴六奇五世孙。幼聪慧,十四岁时考取秀才,乾隆四十二年(1777)拔贡,五十一年(1786)中顺天乡闱举人。历任广东龙门、感恩等县教谕,嘉庆四年(1799)任嘉应州学正,七年(1802)迁广西马平知县。倡建邑中文庙、考棚、普济桥、文塔、善庆祠等。有《吴任斋先生遗稿》。卒年八十。子世骥为道光癸巳科进士,孙永智为光绪乙亥科举人,曾孙昌坤为光绪乙酉科举人。(光绪《丰顺县志》、光绪《嘉应州志》)——陈贤武

【吴　江】

吴江,惠来人。乾隆二十一年(1756)举人,三十三年(1768)任广东雷州府遂溪县教谕,五十年(1785)任甘肃平凉府华亭知县,五十三年(1788)任惠州府博罗县教谕。(道光《广东通志》、乾隆《潮州府志》、嘉庆《雷州府志》、光绪《惠州府志》、《清代官员履历折单片》)——周修东

【吴佐熙】

吴佐熙(1848—1930),字荷生、仲穆,号叔园、西园,惠来人。光绪十一年(1885)拔贡。授职四川直隶州州判,以亲老告近,改官湖南。福州刻武英殿聚珍版丛书,以佐熙博雅,调任参校。三年书成,积资补授福建永春直隶州州同,丁忧回籍。三十年(1904)再任。廉隅自饬,亲士爱民,与同僚和衷共济。尝兼办厘捐,前后近十年,未尝苛扰。兼任州立中等学校监督,颇著成绩。工擘窠书,遒劲似何绍基,人争求之,佐熙不以为烦。宣统三年(1911)冬弃官归里,家无余财,寓汕头,鬻书自给。其子孙多入仕籍及为学校教职员者。著有《陵海吴氏族谱》十二卷。

(民国《永春县志》、《灵光集》）——周修东

【吴伯楫】

吴伯楫，海阳人。康熙四十二年（1703）岁贡。雍正十年至乾隆三年（1732—1738）授广东从化训导。（光绪《海阳县志》、光绪《广州府志》）——陈贤武

【吴伯龄】

吴伯龄，原名昌期，号式乔，丰顺人。进士吴世骥之孙。潮州府学廪生，以博学能文著称。先后受聘赴饶平、海阳讲学。师从嘉应温仲和，求学金山书院，锐意讲求新学。光绪三十一年（1905）任丰顺县师范传习馆国文历史教习，继任劝学所所长、丰顺县教育会长、县立高等小学堂校长等职历十余年。宣统元年（1909）被知县单梦祥举为孝廉方正。民国三年（1914），广东省政府令各县开征上盖税，此为前所未有。知县暨各地方团体纷纷呈请免除，均不获准。吴伯龄以关系一县民生大事，独上书痛陈地方贫瘠之苦状，终奉准豁免。五十九岁卒。（民国《丰顺县志》）——陈贤武

【吴应凤】

吴应凤（1842—1880），号芷舲，揭阳人。廪膳生。生平好施惠及人。尝修路造桥、掩骸赠衣，人感其德。为人高洁，落落寡合。文章冥心孤诣，工于书画，尤擅画兰，笔墨间有逸致。有《画兰集》，编修番禺吴道镕为之序。（光绪《揭阳县续志》、《岭南画徵略续录》）——孙杜平

【吴应奎】

吴应奎，字受荣，惠来龙溪都（今属揭阳惠来）人。秉性明达，读书晓大义，遇事敢为，有古豪侠风。康熙四十四年（1705），流贼潜藏山谷，经常暗中出劫，为民祸害。应奎以潮州府学生员，首创防戍之议，呈请分设梅林、黄沙庵及海丰高塘凹、揭阳河婆等营汛。至今居民安枕，皆应奎筹划之力。（雍正《惠来县志》）——周修东

【吴宏亮】

吴宏亮，字仲烈，普宁人。生长田间，颇识大义，凡邻有贫乏相贷，力不能偿者，即焚其券。雍正四年（1726）及五年（1727），连岁饥，宏亮于塘边市中煮粥分赈，施棺木以埋道路死者，潮阳知县魏燕超旌之。（乾隆《普宁县志》）——陈新杰

【吴启丰】

吴启丰（1646—1689），号文源，海阳丰政都（今属梅州丰顺）人，吴六奇次子。荫授五品京秩。康熙四年（1665）吴六奇卒，特旨命启丰管辖六奇旧营，不为例。是年，继镇，不改父政。复捐凤凰社田一百八十七亩、粮食一百五十七石入儒学，以备

修缮圣庙及科举卷资路费之用。立碑在学，委守祠官、前本镇守备金文琳司管租事。八年（1669），镇裁，移贵州安笼镇总兵、左都督。康熙十三年（1674），解组归里。（光绪《丰顺县志》）——陈贤武

【吴启志】

吴启志，饶平隆都（今属汕头澄海）人。道光年间（1821—1850）重修湘子桥，又出资修虎朴潭堤，县令旌匾曰"见义勇为"。（光绪《饶平县志》）——黄树雄

【吴启虬】

吴启虬（1650—1727），字云源，海阳丰政都（今属梅州丰顺）人。吴汉之子。康熙五年（1666）武举人，历任陕西宁夏卫千总、守备、掌印守备兼游击事。爱民恤兵，合镇仰若父母，以年老告休。（嘉庆《大埔县志》、道光《广东通志》）——黄树雄

【吴启相】

吴启相，号调源，海阳丰政都（今属梅州丰顺）人。吴六奇第十子。武庠生，随兄启爵征克澎湖，功加左都督，授拱极营游击，升任怀来参将。雍正四年（1726），升广东虎门副将。享年七十一岁。（光绪《丰顺县志》）——陈贤武

【吴启晋】

吴启晋（1634—？），号长源，海阳丰政都（今属梅州丰顺）人，吴六奇长子。自幼聪颖，性孝友，有文才，读书尤手不释卷，能得父欢心。少佐治兵，参与帷幄，但非其所志。顺治十四年（1657），年二十三岁，中式顺天乡试举人第八十名。房师洪琮以大器期之。惜年不永，先于父吴六奇卒。（光绪《丰顺县志》）——陈贤武

【吴启镇】

吴启镇，号立源，海阳丰政都（今属梅州丰顺）人，吴六奇第三子。由海阳学生员以父荫授光禄寺署正。康熙十三年（1674），潮州总兵刘进忠乱，随师恢剿，屡著功绩，改授潮州黄冈副将。以城池衙署为其父所经营缔造，兵后残毁，即劻勷建。凤凰山太平寺亦为其父所创建，经乱颓废，倡捐重修。军兴之际，有采买诸恶例，至是一并革除。惩游勇，保良民，绍式父兄楷模，地方德之。卒年四十五岁。其妻为明进士罗万杰之女。子成亨，又聘万杰季子基蒙之女为妻。基蒙之女年十五归吴。成亨二十五岁殁，妻苦志守节。启镇妻痛忍子早丧之悲，助媳抚养孤孙，享寿六十五岁。（光绪《丰顺县志》）——陈贤武

【吴启爵】

吴启爵（1649—1694），字縻源，号梅源，海阳丰政都（今属梅州丰

顺）人，吴六奇第四子。郡诸生，以父荫而授正黄旗侍卫，随施琅从征台湾，克澎湖有功，授山西太原总兵。勘定黎叛又设水尾、太平、薄沙、宝停并旧设乐安共五营，各据要路，分兵驻防为善后计。再调天津镇总兵，行至雷州，卒。祀名宦。（道光《广东通志》、光绪《丰顺县志》、道光《琼州府志》）——陈贤武

【吴际盛】

吴际盛，普宁人。贡生。仕上元知县。（乾隆《普宁县志》）——陈新杰

【吴纯声】

吴纯声，揭阳人。监生，援捐二品封职。为人敦厚，爱人以德，亲族贫乏，时加周恤。光绪二年（1876），捐资助修学宫。四年（1878），又捐资助赈山西。知县奖以"乐善好施"匾。（光绪《揭阳县续志》）——孙杜平

【吴　青】

吴青，字史臣，又字子勋，潮州龙溪都（今属潮州潮安）人。以画为业，善写水墨鱼虾，笔精细而劲健。以画鱼尤具特色，时人称为"吴青鱼"。民国四年（1915），参加南京全国绘画赛会，其《鲤鱼》获金牌奖。其画作见于著录者有作于光绪十四年（1888）龙虾图及十七年（1891）季夏画四条屏。（《潮州历代书画录·潮州市卷》）——陈贤武

【吴其瀚】

吴其瀚（1856—1917），字海帆，别字仲瑜，丰顺城南（今属梅州丰顺）人。十九岁进县学，二十岁补廪膳生，光绪十一年（1885）以拔贡中式举人。主讲鹏湖书院历十年，士林敬之。辛亥革命时县署改安民局，举为长，旋奉改委县长，历十余日辞职。律己严亲，待人以诚。著有《养源堂诗文集》二卷。（光绪《丰顺县志》、民国《丰顺县志》）——陈贤武

【吴若赐】

吴若赐，揭阳人。性忠厚诚朴，人称长者。卒年九十一。（乾隆《揭阳县志》）——孙杜平

【吴茂凯】

吴茂凯，见"林茂凯"条。

【吴忠恕】

吴忠恕（？—1854），海阳上莆都（今属潮州潮安）人，靠种田及做生意过活，擅武技。咸丰二年（1852）至三年（1853）间，韩江下游的海阳潘刘堤两次溃决，人民流离失所，地方政府却横征暴敛。忠恕遂乘潮州知府吴均率兵攻打潮阳义军陈娘康之机，于咸丰四年（1854）五月十五日，在桑浦山聚众起事。六月，分兵据鹳巢、古楼，驻潮州城内的海阳知县刘镇和都司金国梁率官兵进驻

龙湖寨。围攻彩塘。吴忠恕大破之，乘胜进军潮州。潮州知府吴均为保住潮州，急从各县调兵增援，并撤去刘镇知县之职，委派潮阳知县汪政署理海阳知县，汪政率官兵驰援潮州。农历九月十八日夜，汪政倾巢而出，偷袭吴忠恕东津主营，意溪乡士绅钟鸿逵、钟英才又率乡勇作为内应，两路夹攻，义军无备，全线溃败。十月吴忠恕被捕。凌迟。此事历时虽只五月（是年闰七月），却在潮州的历史上产生了极为深远的影响。（光绪《海阳县志》、民国《潮州志》）——陈贤武

【吴金锡】

吴金锡（1832—1875），字石山，一字晚修，号修亭，海阳人。性方严，致力宋儒语录性理诸书，尤服膺朱子《语类》。岁科两试，司文衡者多拔以冠多士。邑有扶轮堂，厚积产，助士子乡费，例以岁科第一人司出纳，金锡数获送，劳金外一介不妄取，人服其廉。总兵方耀镇潮日，延至内署课子弟，时相款语，问及治匪事，意不合，遂舍去。辑有《道学性理精言》、《朱子语类录要》、《榕村集说》。（《似园文存》、民国《广东通志稿》）——陈贤武

【吴炎】

吴炎，惠来人。雍正十三年（1735）岁贡，任连州训导。（乾隆《潮州府志》）——周修东

【吴宝球】

吴宝球，佐熙子，惠来人。十五岁能通小学，岁考名列第一。学使徐琪尝赠以诗。光绪二十八年（1902）六月初七日分发广西试用知县，署桂平知县，三十二年（1906）实任。三十四年（1908）初，以短欠各年分正杂钱粮、税契银和存仓兵粮米被革职。宣统二年（1910）宝球将短欠各项银两解交司库兑收。（民国《桂平县志》、《粤轺集》、《申报》）——周修东

【吴宝瑜】

吴宝瑜（1885—1967），字芷荪，惠来人，吴佐熙第五子。两广高等学堂文科、广东法政专科毕业，宣统元年（1909）拔贡，时称"父子拔元"。谒选得直隶州州判，分发江西，未赴。执教福建永春州中学堂，其时佐熙兼任中学堂监督，至三年（1911）冬去职。入民国，尝任江苏省阜宁县长，主修《阜宁县新志》二十二卷。（民国《阜宁县新志》、民国《永春县志》、新编《惠来县志》）——周修东

【吴定标】

吴定标，深澳人。行伍。乾隆二年（1737），任南澳镇标右营把总。十九年（1754）三月，由左翼镇右营内河水师守备升任广东香山协左营都

司。嗣调香山协中军都司兼管左营事。二十一年（1756）六月，调任春江协中军都司。（1956年《粤闽南澳职官志》）——黄迎涛

【吴绍宗】

吴绍宗，字学可，潮阳县廓都人。明福州同知仕训孙。康熙十七年（1678）岁贡。二十六年（1687），编辑《潮阳县志》。寻授清远县训导。课士有方，以老归。巡抚彭鹏表其闾。卒年八十二。有《完节会编》及诗文若干传世。（嘉庆《潮阳县志》、光绪《潮阳县志》）——陈新杰

【吴珍如】

吴珍如，惠来人。嘉庆五年（1800）岁贡，是年授乳源县训导。（同治《韶州府志》）——周修东

【吴　南】

吴南，南澳人。乾隆二十二年（1757），南澳镇标右营左哨二司把总，升千总。（乾隆《南澳志》）——黄迎涛

【吴树棠】

吴树棠，字伯愚，惠来华湖人。光绪廪生，宣统三年（1911）岁贡，曾任惠来县劝学所所长，是惠来县立中学创办人之一。著有《春晖楼诗钞》。（新编《惠来县志》）——周修东

【吴秋园】

吴秋园，揭阳人。尝修理桥路，捐设祭产。乾隆元年（1736），被授八品顶带。卒年九十二。（乾隆《揭阳县志》）——孙杜平

【吴修敏】

吴修敏，字懋斋，饶平高堂乡（今属潮州饶平）人。生平轻财好义。咸丰七年（1857）岁饥米贵，于乡中倡捐，赈济邻里贫乏者。同治三年（1864），以办团练抗太平军有功，保举为都司。（光绪《饶平县志》）——黄树雄

【吴屏翰】

吴屏翰，潮阳峡山都（今属汕头潮南）人。乾隆元年（1736）武进士。（嘉庆《潮阳县志》）——陈新杰

【吴耿临】

吴耿临，普宁人。幼颖异，七岁即学为文，九岁与童子试，入县学。州人皆耳而目之。制艺之外，复喜为诗词。惜寿短折，未竟其志，乡党咸悯之。（乾隆《普宁县志》）——陈新杰

【吴　恭】

吴恭，本姓蚁，字云成（一作云城），原籍澄海，编籍于惠来隆井都。自少父丧，事母以孝闻。膂力绝伦，由行伍出身，提拔为蓬州营把总，不久移守惠来营，屡建军功，历千总，

擢守备。康熙十五年（1676）正月提督严自明讨伐刘进忠失利，收溃兵回省，夜抵惠来。游击卢大时病故，邑中惊恐。吴恭署事，诣军门，请驻师南郊，以免大军夤夜入城，震动人心。自明勉强同意。吴恭紧闭城门加强巡缉。是夜，城外军噪，大肆焚掠，城内获免。后海寇沿海劫掠村落，吴恭同千总周辅率精锐御洪魁老于赤沙澳，斩首无数。为人恭俭自持，兵民安辑。年七十一卒。子女各十二人，文凤、仕廷、仕升，俱列黉序。（雍正《惠来县志》、乾隆《潮州府志》）——周修东

【吴砥柱】

吴砥柱，字尹岐，号伊溪，大埔湖寮（今属梅州大埔）人。康熙五十三年（1714）举人。喜奖进后学，谈文终日不倦。曾倡重建大埔湖寮社学，募建东山塔。年八十三，选授番禺县教谕，未赴任卒。（嘉庆《大埔县志》、乾隆《潮州府志》、道光《广东通志》）——黄树雄

【吴　烈】

吴烈，海阳人。猿臂善射，自弱冠起家行伍出身。嘉庆元年（1796）至二年（1797）间官云南，为景蒙营中军守备。参与平苗之役，多有奇功。（光绪《海阳县志》、《韩江闻见录》、《新纂云南通志》）——陈贤武

【吴恩培】

吴恩培（1839—1900），号瑶谷，大埔湖寮（今属梅州大埔）人。同治七年（1868）以府学第二名为廪生。光绪七年（1881），为某巨商子作枪替，被褫去功名，时年已四十七矣。至五十岁，更名应试，又中第三名，故虽未中举，而蜚声庠序。生平扶危济困，排难解纷，凡社会公益事业，靡不乐为。（民国《大埔县志》）——黄树雄

【吴效爵】

吴效爵，揭阳人。训导李云翔父。生平好为义举，尝捐建社仓。被授冠带，并举乡宾。（乾隆《揭阳县志》）——孙杜平

【吴　羔】

吴羔，字曙明，号栎垫，大埔同仁（今属梅州大埔）人。笃志穷经，才学宏富，所作诗文词脍炙人口。屡次参加科举均不遇，以著述自娱，人叹为沧海遗珠。康熙三十四年（1695），大埔人杨之徐为河南光山知县，聘其修《光山县志》。卒年七十七，之徐为作诔，推重备至。著有《四书隅反》、《易经易简》、《诗经颐谈》、《礼记捷义》、《西山录》及《曙明诗文集》等。（嘉庆《大埔县志》、《潮州艺文志》）——黄树雄

【吴　凌】

吴凌（1831—1913），字子云，

潮州龙溪都（今属潮州潮安）人。自学成材，金石书画皆有成就。提倡写生，举凡人物、山水、花卉、鸟兽均属所长，喜大写意，用笔奔放，水平较高。书法行草俊逸。擅诗，晚年设塾课徒，培养不少人才。民国四年（1915），在南京举办的全国绘画赛会中，人物画《锦上添花》获得金牌奖。作品汕头市博物馆、澄海博物馆有收藏。（《潮州历代书画录》）——陈贤武

【吴家璋】

吴家璋，字萃瓒，惠来人。监生。秉性嗜学，多藏书，尤敦孝友，勇于为义。县西总铺洋乃通衢要道，地窪注水，行者苦之。家璋捐修灰路，行人称便。河头堡南濒大海，当夏秋潮涨，为田庐害，乃筑堤疏水，民赖以安。雍正四年（1726）、五年（1727）连岁饥荒瘟疫，食饿者，收遗骸，倾资弗惜。庚戌飓风破海舶，有攀木浮至惠者，询其里居，为具装遣归。邑令欲表其行，家璋曰："是皆应为事，非沽名也。"卒谢之。（乾隆《潮州府志》）——周修东

【吴祥光】

吴祥光，海阳登隆都（今属潮州潮安）人。光绪间（1875—1908）授广东水师提标前营，补东莞营都司，转碣石右营都司，水师营尽先游击，代行碣石水师镇总兵，赏换花翎三品顶戴，授振威将军。光绪十二年（1886），倡议重修登隆书院。发起派捐巨款，大修韩江南堤八四五一丈，增高培厚，外附灰篱。耗资二十一点四四万两，是历代南北堤最大一次修堤。三十二年（1906）正月，以救护遭风船户难民，受奖叙。擅书。（光绪《海阳县志》、《潮州志补编·人物志》）——陈贤武

【吴梦龙】

吴梦龙，字禹社，饶平信宁都（今属潮州饶平）人。魁梧好学，有经济才，为当道器重。以母多病，不求仕。时逢迁界，梦龙别购田宅，分授亲族，赈饥救难，生平懿行类此。（康熙《饶平县志》）——黄树雄

【吴　梓】

吴梓，字采儒，揭阳人。增广生。康熙十三年（1674），将军尚之孝领兵来潮，讨伐叛变潮州总兵刘进忠，地方苦于供应，民夫多饥饿服役。梓出入行营，竭力协调保护，保全民夫无数。时有谋利之辈，开挖铅锡，引水伤禾，梓率众阻止，以护田园。又尝浚通梅冈水源，以资灌溉，乡里感德。子麟瑞，附贡生；子德昆，官广东茂名训导。（乾隆《揭阳县志》）——孙杜平

【吴常恭】

吴常恭，饶平元歌都（今属潮州饶平）人。同治三年（1864），太平

军攻打福建诏安县，诏安与饶平接壤，恭聚族募勇，以保乡里。事平，保举同知衔，赏戴蓝翎。（光绪《饶平县志》）——黄树雄

【吴常煅】

吴常煅（？—约1817），字锡福，号祉菴，大埔人。乾隆五十七年（1792）举人，嘉庆十六年（1811）任茂名训导。在任六年，士风丕变。年七十余，卒于官。居乡倡建东山、文明两处社学，乡人德之。（同治《大埔县志》、光绪《茂名县志》）——黄树雄

【吴惇绶】

吴惇绶，字学冠，潮阳县廓都人。明福州同知仕训从侄。诸生。性温纯，笃于孝友，一家无闲言。与人交，恂恂若孺子，族戚多受其惠。生平累试前茅，举动尤不苟。邑人士高其品学，每尊事之。年逾古稀，潜心《易》义，犹手不释卷。卒年八十一。（康熙《潮阳县志》、嘉庆《潮阳县志》）——陈新杰

【吴 清】

吴清，潮阳人。官吴川都司。（光绪《潮阳县志》）——陈新杰

【吴 淞】

吴淞，号半江，潮阳县廓都人。少颖异，勤学不倦，尤湛深经学。乾隆五十七年（1792）举人。嘉庆七年（1802）登进士，以知县签分山西，适河东饥，大吏遣赈之。补文水知县，县素号难治，兼以连年荒歉，道馑相望，力请于上台，得发粟数千石，合县德之。土豪韩乐以事触法犯，株连数百人，淞奉委问状，开释甚众，大狱遂息。旋调大宁知县，积劳成疾卒。（嘉庆《潮阳县志》、光绪《潮阳县志》）——陈新杰

【吴彭翰】

吴彭翰，海阳人。康熙三十年（1691）岁贡。授广东文昌训导。（光绪《海阳县志》）——陈贤武

【吴斯道】

吴斯道（1760—1851），饶平外浮山（今属潮州饶平）人。为人笃志好学。创建学堂，延师课督，乡里称为善人。中年学习岐黄眼科，不较利资，惟心存济世。至于和睦亲邻，周恤困乏，远近莫不倚赖，有司赠以"五叶衍祥"匾额。（光绪《饶平县志》）——黄树雄

【吴敬受】

吴敬受，潮阳峡山都（今属汕头潮南）人。家无中产而廉介自持。一日，拾遗金五十余两，守之以还失者，其人感泣，再拜而去。（嘉庆《潮阳县志》、光绪《潮阳县志》）——陈新杰

【吴朝升】

吴朝升，深澳人。嘉庆三年（1798），任南澳镇标右营把总。嗣调

任广东澄海协把总,七年(1802)守放鸡山汛。因疏于防,盗船驶入澄海县地方图劫。革职发往伊犁效力,十年(1805)六月,期满三年,请准释回。补外委,升补海门营把总。(1956年《粤闽南澳职官志》)——黄迎涛

【吴舒熹】

吴舒熹,丰顺龙蟠围(今属梅州丰顺)人。乾隆三年(1738)戊午科副贡生。任广东韶州府乐昌县儒学。(光绪《丰顺县志》)——陈贤武

【吴善长】

吴善长,号晓溪,大埔同仁(今属梅州大埔)人。以贫不能卒儒业,屡质衣物供塾师。生平惜字纸,即溷厕中,见必洁而拾置诸篚瓦器,有字者悉藏纳,行之久,无少倦。(嘉庆《大埔县志》)——黄树雄

【吴道扬】

吴道扬,字少樵,海阳人。光绪年间(1875—1908)诸生。屡困场屋,有诗自纪其事。擅诗。友人王定镐为刊《吴少樵遗墨》。(《潮州诗萃》)——陈贤武

【吴 焯】

吴焯,惠来县惠来都人。顺治十一年(1654)举人,拣选知县。(雍正《惠来县志》、乾隆《潮州府志》)——周修东

【吴 锡】

吴锡,潮阳黄陇都(今属汕头潮南)人。外委玉振族人,同治间(1862—1874),战死于余杭。(光绪《潮阳县志》)——陈新杰

【吴 鹏】

吴鹏(1821—1914),名泰鹏,号举轩,丰顺丰良(今属梅州丰顺)人。自幼聪颖,同治元年(1862)壬戌恩科副贡,叙选文林郎、直隶州州判。不力仕进,为丰顺鹏湖书院山长。以诲人不倦,县内隽秀之士,多出其门下。光绪十年(1884年),丰顺县令王承鉴续《县志》,聘请为总纂。(光绪《丰顺县志》、民国《丰顺县志》)——陈贤武

【吴腾龙】

吴腾龙,字任试。程乡人。庠生。八岁失怙,事母至孝,赋性平直。明末,遭土弁钟佐弼诈骗田屋,赴控监院给还,后获安业励志。康熙三十六年(1697)岁饥,赈谷一百硕,递年减价平粜,恤贫焚券,造桥修路,施茶解渴,助丧葬孤。遇族怜门争,多方排解,里党公众朔望讲约,义化乡人。且庭训森严,延师重道,新见五子皆进庠,孙曾衣冠称盛。(光绪《嘉应州志》)——黄晓丹

【吴肇昌】

吴肇昌,字炽堂,澄海蓬洲都

(今属汕头市区)人。监生。禀性醇厚，好善乐施，凡有告急者，予之，毫无吝色。南溪堤为七村保障，每遇夏秋之交，洪涛泛滥，肇昌即出资购木煮粥，令人日夜防守，数十年赖以安堵。横窖乡外道路塌陷，满地泥泞，不堪行走。肇昌捐银百余两倡修，筑以灰石，行人便之。(嘉庆《澄海县志》)——蔡文胜

【吴德崑】

吴德崑，字仲埙，揭阳人。康熙年间(1662—1722)例贡，授广东茂名训导。在任六载，教化大行。训诲诸生，必重报本。以忤上官，竟引退归。及家居，非公不履县庭，为列宰所重，礼貌有加。年六十一，被举乡宾。(雍正《揭阳县志》、光绪《茂名县志》、《何恃堂稿》)——孙杜平

【吴潘强】

吴潘强，海阳凤书陇里(今属潮州潮安)人，生于道光中期，精于泥塑。(新编《潮州市志》)——陈贤武

【吴履和】

吴履和(1699—1783)，大埔湖寮(今属梅州大埔)人。乾隆十八年(1753)举人，二十六年(1761)进士，三十八年(1773)任山西曲阳知县。(嘉庆《大埔县志》、光绪《曲阳县志》、《大埔进士录》)——黄树雄

【吴翱】

吴翱，号傅衡，丰顺丰良莘陂(今属梅州丰顺)人，道光二十九年(1849)拔贡。历掌本邑鹏湖书院、饶平琴峰书院、揭阳梅冈书院等，士林皆以品学推崇。咸丰四年(1854)、同治四年(1865)地方动乱，作为士绅，参与筹划出力，以训导升授知县用。倡修文庙。年逾七十卒。(光绪《丰顺县志》)——陈贤武

【邱工釐】

邱工釐，字黼臣，大埔白堠(今属梅州大埔)人。诸生，有文名，毕生授徒为业，邑中世家阀阅争相延聘，门下多知名士。其教学尚根柢，一洗专事八股试帖之弊，且常得风气先。学者称黼臣先生，著有《训蒙史梯》一卷。(民国《大埔县志》)——黄树雄

【邱开拓】

邱开拓，字壶山，号汝告，饶平元歌都(今属潮州饶平)人。道光十一年(1831)举人。善文章，以孝友闻。于族人不吝周济。兄弟已分爨，其弟负债累累，开拓悉为代偿，其德之厚可见。(光绪《饶平县志》)——黄树雄

【邱元遂】

邱元遂(1712—1755)，字体乾，号健庵，大埔白堠(今属梅州大埔)人。六岁能文，援笔立就，深得舅父

杨缵绪器重。十三岁考取秀才，受知于广东学使惠士奇（1671—1741），称为神童。雍正十年（1732年）中举人，乾隆元年（1736年）成进士，八年（1743）授江西建昌知县，捐俸建修江书院，公余集诸生评文论道，亲自定甲乙，如训子弟，由是文风日盛。九年（1744）任江西乡试同考官，所得多知名士。十一年（1746）署德安知县。为官小心勤慎，洁己爱民，境内晏然。以母老乞归，创祀田，修祖祠，族人咸赖之，卒年四十有四。（嘉庆《大埔县志》、同治《建昌县志》、乾隆《德安县志》、《大埔进士录》）——黄树雄

【邱云龙】

邱云龙，海阳人。道光间（1821—1850）任潮州镇右营千总代理兴宁都司。（光绪《海阳县志》）——陈贤武

【邱世德】

邱世德，号估人，饶平元歌都（今属潮州饶平）人。乾隆九年（1744）举人。二十七年（1762）任广东从化教谕，二十八年（1763）调万州学正，三十四年（1769）任茂名教谕，三十六年（1771）迁广州府教授，四十九年调廉州府教授。（道光《广东通志》、光绪《饶平县志》）——黄树雄

【邱石】

邱石，字清玉，普宁黄坑都人。志略超群。咸丰二年（1852），太平军围桂林，随都统乌兰泰跟踪追剿。越三年回籍，适陈娘康倡乱，围攻潮阳，石从知府吴均进讨。四年（1854），复随知府文晟讨许亚梅，历著战功，赏戴花翎加五品衔。同治元年（1862），署汤坑汛。卒年五十八。（光绪《普宁县志》）——陈新杰

【邱对欣】

邱对欣，见"邱殿章"条。

【邱对勤】

邱对勤，字雨田，对颜之弟，大埔白堠（今属梅州大埔）人。道光十二年（1832）举人，数上会试不第，掌教琼台书院以终。生平博览群书，尤工骈体及诗古文词。所作长短歌行，跌宕淋漓，直窥元白之室。著作甚多，诗篇尤富，无力付梓，多散失。（同治《大埔县志》）——黄树雄

【邱对颜】

邱对颜，字玉珊，晚字金门，大埔白堠（今属梅州大埔）人。擅诗，尝纵海船遨游潮、惠、琼、广间，考察厄塞形胜及屯戍战守之备，作诗十六篇，名《粤海镜要》。中岁移家广西廉州。一生科场不利，以诸生终其身。所著《听松山馆诗》若干卷。（同治《大埔县志》）——黄树雄

【邱有造】

邱有造，字髦如，饶平县城（今属潮州饶平）人。性乐善好施。雍正五年（1727）岁荒，捐金数百两施粥五天，阖邑赖焉。知县奖给以"世泽普施"四字匾额。（光绪《饶平县志》）——黄树雄

【邱光汉】

邱光汉，丰顺人。老诸生。作画雅静有士气。尝访李云岩于小胜乡山居，谈宴甚欢，写小帧赠之，并系以诗云："君似平原常好客，我惭灵运嘈游山，相逢笑指云深处，道有深居卜此间。""花木环阶树拥庐，山居风景似蓬壶. 他年重话今宵事，合画萧斋夜饮图。"（《高斋随笔》、《岭南画征略》）——陈贤武

【邱传芳】

邱传芳，字曜东，大埔人。精医术，尤精于小儿疫疠等科，经手诊无不立愈。卒年八十四。（同治《大埔县志》）——黄树雄

【邱名雄】

邱名雄（？—1814），潮阳招收都（今属汕头濠江）人。任南澳右营外委。嘉庆十九年（1814），哨于瓷屿洋，巨风桅折，同行商谋避风，名雄厉声曰："临难捐躯，分也。茫茫大海将焉避之？"舟沉没覆，遂死。（光绪《潮阳县志》）——陈新杰

【邱壮临】

邱壮临，饶平元歌都（今属潮州饶平）人。乾隆六年（1741）举人，越年（1742）中会试明通榜。八年（1743）授广东始兴县教谕，二十二年（1757）调广东石城县教谕，二十五年（1760）调广东开平县教谕，二十八年（1763）迁广西钦州学正。（道光《广东通志》、道光《肇庆府志》、光绪《饶平县志》）——黄树雄

【邱 兴】

邱兴，普宁黄坑都人。咸丰三年（1853），随副将膺保讨贼漳州。四年（1854），吴忠恕攻潮，兴尽力守御。七年（1857），随军克服嘉应州。同治四年（1865），贼复破嘉应，兴又随军恢复，累功赏戴花翎补用都司。积劳成疾卒，年四十一。（光绪《普宁县志》）——陈新杰

【邱玖华】

邱玖华，字石卿，程乡松口（今属梅州梅县）人。父邱仑泰为乐昌教谕，学识渊博，精于《易经》，从其受经者年达百余人，声誉日隆。雍正十一年（1733）中进士，选翰林院庶吉士。得雍正帝赏识，赐书"宏毅堂"匾额，以任重道远许之。乾隆元年（1736）授翰林院检讨。三年（1738）转任山西道监察御史，上疏论在京九卿失职，惊动朝野，当权者

忌之。后迁刑部郎中，出任保宁府知府。任内振饬纲纪，境内社会秩序良好，百姓安居乐业。在任一年便被免职。离任时，当地百姓夹道欢送。（光绪《嘉应州志》、道光《广东通志》）——黄晓丹

【邱轩昂】

邱轩昂（1690—1763），字元澍，号名亭，海阳大和都（今属潮州潮安）人。雍正元年（1723）会试贡士，因挂念母老多病，匆匆归梓，次年补行殿试，赐进士出身。初授河北深泽知县。下车日，廉知民苦浮粮。为力请豁除，深泽之民至今德之。乾隆八年（1743）转河南巩县。十年（1745）修成《巩县志》四卷，是该县现存最早的清代县志。（乾隆《潮州府志》、光绪《海阳县志》、《清代官员履历档案全编》）——陈贤武

【邱步琼】

邱步琼（1782—1867），字瑶林，号梅坡，海阳（今属潮州潮安）人。嘉庆九年（1804）举人，初授甘肃漳县知县，道光九年（1829）十二月转秦安县，十三年（1833）晋秦州知州，所至有声。回籍后，凡筑堤、甃城、浚三利溪、修广济桥，设义仓以备荒岁，创扶轮堂以惠士林。一切善举，无不悉心筹划。二十四年（1844），黄悟空竖旗倡乱，巡道李璋煜、知府吴均延入署商办，用其谋筹。咸丰四年（1854），吴忠恕乱，郡城危如累卵。密告巡道曹履泰，谕西路诸大族绅耆各出义勇卫城，城赖以安。当事急时，勇粮不继，众大哗，得其一言而定。贼平，毁家代偿，生平廉洁，不取非分财。当道重之，延主城南讲席，前后共十六年。同治三年（1864），奉旨重赴鹿鸣宴。祀乡贤。（光绪《海阳县志》、新编《秦安县志》）——陈贤武

【邱步璿】

邱步璿，海阳人。道光四年（1824）岁贡。同治六年（1867）至九年（1870）任广东德庆州训导，晋奉直大夫。（光绪《海阳县志》、光绪《德庆州志》）——陈贤武

【邱作霖】

邱作霖，字国升，号甘野，大埔同仁（今属梅州大埔）人。乾隆六十年（1795）恩科举人，解元。掌教香山县丰山书院，各属以文就正者无虚日，门下多名士。以丁艰，又病足，竟未能参加会试，士林惜之。卒年六十。著有《名文辩正》、《易经精义》、《甘野文稿》等。（嘉庆《大埔县志》、《请秘述闻》）——黄树雄

【邱应发】

邱应发，字春山，海阳人。道光年间（1821—1850）海阳学岁贡。（光绪《海阳县志》、《韩江闻见录》）——陈贤武

【邱应鳌】

邱应鳌,饶平泰石乡(今属潮州饶平)人。生平慷慨好施。向佃户收租,只随方便,遇贫家未尝责偿。寿八十四岁。孙凤池,乾隆二十六年(1761)倡捐修文庙,邑令宫文雅赠以匾曰"功在泮宫"。(光绪《饶平县志》)——黄树雄

【邱京堂】

邱京堂,海阳人。咸丰三年(1853)任潮阳营都司。(民国《潮州志》)——陈贤武

【邱青藜】

邱青藜,饶平元歌都(今属潮州饶平)人。乾隆三十三年(1768)中顺天榜举人。三十七年(1772)任河南南乐知县,重修文庙、崇圣祠等。四十年(1775)任福建永安知县,五十一年(1786)任贵州平远知州,五十二年(1787)升遵义知府。(光绪《饶平县志》、光绪《南乐县志》、民国《贵州通志》)——黄树雄

【邱性善】

邱性善,饶平元歌都(今属潮州饶平)人。乾隆元年(1736)恩科举人,四年(1739)成进士。(乾隆《潮州府志》、道光《广东通志》、光绪《饶平县志》)——黄树雄

【邱建猷】

邱建猷(1796—1854),字尔嘉,号迪甫,大埔人。道光八年(1828)举人,十五年(1835)成进士,选庶吉士,散馆授翰林院检讨,十九年(1839)充国史馆协修官,纂辑《大清一统志》。转山西道监察御史,二十四年(1844)出为松江知府,未到任调常州知府。父丧守制,服阕,补江西赣州知府,未到任调南康知府。南康地瘠民贫,建猷不以为意,下车伊始,首问地方利病,择其可行者施之。葺白鹿洞书院,立院规八条,亲与诸生讲解。特旨召见。咸丰二年(1852)调署饶州知府,数月复任南康知府,不久以母老告养回籍。晚年掌教韩山书院,四年病卒于书院。所著诗文集藏于家。(民国《大埔县志》、同治《南康县志》、《大埔进士录》)——黄树雄

【邱承载】

邱承载,惠来人。雍正十年(1732)岁贡,十一年(1733)任东安县训导。(乾隆《潮州府志》、道光《东安县志》)——周修东

【邱顺升】

邱顺升(?—1860),潮阳县廓都人。太平军之乱,以行伍派防江西,补惠州营外委。咸丰十年(1860),属总兵冯子材麾下,转战至常州,死焉。(光绪《潮阳县志》)——陈新杰

【邱晋昕】

邱晋昕（1830—？），字翰臣，号云岩，大埔人。邱建猷子。同治六年（1867）与弟晋亨同中举人。光绪六年（1880）成进士。以知县用，历署福建晋江、霞浦、南平知县。晋江素号难治，俗健讼，喜械斗。晋昕恩威并济，终其任无复斗者。调霞浦。霞浦民醇事简，而适中法战争爆发，大军过境，晋昕因应得宜，民以安堵。调南平。严行保甲。丁艰，服阕起署邵武府知府。两充福建乡试同考官。光绪二十四年（1898），以老告归，居家数年卒。晋昕于文学颇自负，尝自评为诗第一，古文次之，骈文又次之，识者以为不谬。著有《九十九峰诗文钞》。（民国《大埔县志》、《大埔进士录》）——黄树雄

【邱宸徽】

邱宸徽，号敬亭，大埔人。乾隆二十四年（1759）举人，历任陕西宜君知县，署宝鸡县事，有惠政。四十八年（1823）补鄜州同知，调商州，分防龙驹寨。公余出题课士，文风丕变。居官十三年，致仕归，卒年七十二。（嘉庆《大埔县志》、道光《鄜州志》、民国《宝鸡县志》）——黄树雄

【邱梦赉】

邱梦赉，字弼周，大埔湖寮（今属梅州大埔）人。康熙五十三年（1714）举人。入户部学习，期满发往直隶以知县用。丁母艰回籍，未及起复而卒。生平正直好义，倡置渡产，捐修水利，有功于乡里。（嘉庆《大埔县志》、道光《广东通志》）——黄树雄

【邱清联】

邱清联，饶平元歌都（今属潮州饶平）人。乾隆七年（1742）进士。（乾隆《潮州府志》、道光《广东通志》、光绪《饶平县志》）——黄树雄

【邱琼章】

邱琼章，丰顺蓝田邱屋寨人。同治二年（1863）拔贡。光绪二十四年（1898）补福建永春直隶州盐埔州同。（光绪《丰顺县志》、《清代缙绅集成》）——陈贤武

【邱崙泰】

邱崙泰，字旋仰。程乡早失怙恃，家无立锥，然能自发奋。补生员。从学者日众，所得馆谷悉分惠宗族，淡泊怡始。康熙二十年（1681）举人，任河南唐县知县。政尚仁慈，以德化民，凡涤积弊、绝苞苴、劝农桑、培士气、饮射读法，一以至诚，有古循良风。后代簪缨不断，人多寿考，子孙以为祖先盛德之报。（光绪《嘉应州志》）——黄晓丹

【邱嗣琼】

邱嗣琼（？—1667），字班侯，

饶平元歌都（今属潮州饶平）人。康熙十七年（1678），以副榜充贡士。好学能文，秉性正直，乐善好施，读书讲艺而外，不问他事。（康熙《饶平县志》、乾隆《潮州府志》）——黄树雄

【邱殿章】

邱殿章，榜姓萧，字复斋，大埔白堠（今属梅州大埔）人。乾隆二十七年（1762）举人，选为曲江教谕，历连山教谕、儋州学正，擢琼州府教授。所至课文励行，俱以身教，于寒士尤加奖恤，士子奉之如严父。性恬淡笃学，至老不倦，卒于官，遗书数簏而已。著有《韶濩正音诗稿》。子孙占籍於琼山。其孙刘对欣，入籍琼州，中进士，官至涿州知州。（同治《大埔县志》、道光《琼州府志》、道光《广东通志》、光绪《曲江县志》）——黄树雄

【邱德钦】

邱德钦，即詹德钦。

【邱 澍】

邱澍，字悦之，澄海下外莆都（今属汕头澄海）人。监生。性仗义，持正不阿。当清初澄海"迁斥"移民时，周恤族人，有古人风。（嘉庆《澄海县志》）——蔡文胜

【邱攀桂】

邱攀桂，潮阳竹山都人。乾隆十八年（1753）武举，官温州千总。（光绪《潮阳县志》）——陈新杰

【邱耀德】

邱耀德，字榕庄，海阳人。家贫笃学，凡经义训诂莫不研究。由拔贡登乾隆三十年（1765）举人，五十六年（1791）署贵州毕节知县，体恤隐断，事不避权贵，因此得罪大吏，五十七年（1792）解组归。所著有《易辞训纂》，未梓卒。（光绪《海阳县志》、《韩江闻见录》、《大定府志》）——陈贤武

【何以告】

何以告，号森湖，大埔人。乾隆二十七年（1762）举人。选授安肃知县，奉办东陵大差。安肃当要冲，差务繁杂，以不称上官意，卸任。数月复任，邑人大喜，送"重见青天"匾。任满补枣强知县，委署冀州知州。丁母艰归，服阕起复，未抵任，病卒，年七十有二。（同治《大埔县志》、嘉庆《枣强县志》）——黄树雄

【何龙翔】

何龙翔（1803—1880），字海珊，大埔城坊（今属梅州大埔）人。光绪元年（1875）举孝廉方正科，五年（1879）以知县选用，加六品衔，时龙翔年已七十有七，明岁冬以病卒于家。龙翔以词章制艺闻于时，同治末参修《大埔县志》。工书法并精绘事，不轻许人。喜吟咏，不善谋生，

常设教馆于龙川、揭阳，晚岁授徒城内，游其门者多显达。（同治《大埔县志》、民国《大埔县志》）——黄树雄

【何同璋】

何同璋，字子昆，大埔双里（今属梅州大埔）人，如璋之弟。同治九年（1870）中举人。曾任兵部主事，暇则与人结吟社。时相唱和。每一艺出。咸争誉之。十二年（1873）以微疾卒于官。（同治《大埔县志》、民国《大埔县志》）——黄树雄

【何行之】

何行之，揭阳人。嘉庆三年（1798）举人。道光十三年（1833），授广东海丰教谕。十九年（1835），调陆丰学。后升琼州教授。（光绪《揭阳县续志》、咸丰《琼山县志》、光绪《惠州府志》）——孙杜平

【何如璋】

何如璋（1838—1891），字子峨，大埔人。咸丰十一年（1861）举人，同治七年（1868）进士，选庶吉士，散馆授编修。如璋虽治桐城古文之学，而知世变已亟，非拘常习故者所可拯救。早年往来津沪，即与中外士商游，询访英美牧师，得其国情及政术大概。入翰林，尤究心当世之务，与其弟兵部主事同璋相互切磋。尝谒李鸿章，李一见大异之。光绪二年（1876）晋侍讲，加二品顶戴，充出使日本大臣。中国使臣之驻日本者，自如璋始。居日本四年，力争国权，图阻日本吞并琉球。期间著有《使东述略》。八年（1782）任满回国，补授翰林院侍讲学士，升詹事。九年（1783）任福建船政大臣。十年（1784），中法战争爆发，马港海战中福建水师大败。获咎遣戍张家口，十四年（1788）秋释归，主讲韩山书院，所识拔多知名士。光绪十七年（1791）卒于韩山院舍。著有《袖海楼诗文钞》、《管子析疑》等。子五人，寿朋自有传，见"何寿朋"条。（民国《大埔县志》、《大埔进士录》）——黄树雄

【何寿朋】

何寿朋（1866—1921），字士果，民国后以字行。大埔人。何如璋子。光绪十四年（1888）举人，二十四年（1898）成进士，官江西知县。随黄遵宪出使日本。见时局已变，归而谋以学救国。二十六年（1890）创设东文学堂于潮州，又主教金山书院，提倡西学。二十八年（1892），在汕头创办《岭东日报》，二十九年（1893）总教汕头同文学堂。教授之外，更为筹募经费补助维持。三十年（1894）作为出使日本大臣杨枢随员再次出使日本，充商务委员，历充清华学校监督兼管理游学生送学事。游学生人众，多有要求，寿朋因应得

宜，舆论翕服。宣统元年（1909），调吉林提学司佥事，兼全省调查局总办。三年（1911），补吉林府知府。各种施为，皆卓卓可观。民国成立，选为国会参议院议员。后返粤，参加孙中山的正式国会。在粤三年，凡有地方利害，悉引义力争。（民国《大埔县志》、《大埔进士录》）——黄树雄

【何孚光】

何孚光，号尹崖，大埔城东（今属梅州大埔）人。学有根柢，屡试不售，援例入贡。时咏朱子"心田留待后人耕"之句训家，门风尤齐整。卒年六十四，著有《三筥草堂诗文稿》。（同治《大埔县志》）——黄树雄

【何君晋】

何君晋，揭阳人。生平持身端正，孜孜为善。乾隆三十六年（1771），被授八品顶带。卒年九十四。（乾隆《揭阳县志》）——孙杜平

【何秉钧】

何秉钧，号衡石，大埔高寨（今属梅州大埔）人。乐善好施，尤好修桥路，大埔自城西迄高寨三十里之路，捐筑倡修。光绪十四年（1888），大埔举人邱晋亨集股种桑，设养蚕局，聘顺德男女各一人为教导师，秉钧赞襄其事，最为竭力。生平敬礼文士，自以少读书为憾，恐再令子弟失学，乃捐置田租三石，增益村塾经费。（民国《大埔县志》）——黄树雄

【何亮】

何亮，程乡石坑（今属梅州梅县）人。潮州府澄海协镇右营千总。少充健儿，每有征战，哮噉身先诸校，战功甚伟，得授千总。善驭兵，量机决策，长于将略。都司白虎视亮为心腹，资筹尽与之谋。刘进忠将叛，檄令全潮将士赴郡城，亮随虎至。进忠以伪宁粤将军印行事。亮曰："以逆犯顺者亡，进忠忘国厚恩，敢为叛逆，亡在旦夕耳。誓诛此贼，方快我心！"虎遣亮等密请援师恢复，谋泄，遂遇害。亮之兄弟妻子被杀者九人。事闻，奉旨赏恤，荫其子何阁龙千总。（光绪《嘉应州志》）——黄晓丹

【何探源】

何探源（1817—1871），又名兆星，字衍明，号秋槎，大埔人。道光二十三年（1843）举人，咸丰九年（1859）进士，选庶吉士，不久丁艰回里，又以母老不出，遂受聘主讲潮州韩山书院，凡六年。第二次鸦片战争后，中英签订条约，潮州列为开放口岸。英人有入城之约，潮人阻之经年，广东巡抚郭嵩焘（1818—1891）驰书商询，探源与潮州人士协调，得

以顺利在汕头开埠，事后经保奏，得花翎五品顶戴。同治七年（1868），回京，随乙丑科（1865）庶吉士散馆，选补四川阆中知县。九年（1870）充四川乡试同考官，所得多知名士。调署开县知县，同治十年（1871）秋病卒于官，年五十五。著有《咏梅山馆诗集》、《抚像轩诗抄》、《北游诗抄续北游诗抄》等。其诗学元白长庆体，多写民间疾苦，《大埔新乐府》七章尤有名。（民国《大埔县志》、《大埔进士录》）——黄树雄

【何寅初】

何寅初，号春台，大埔高寨（今属梅州大埔）人。幼随父经商，中年家渐裕。同治三年（1864），太平军陷大埔，人民仓皇走山谷，有不食连日者，寅初与弟镜珊煮粥分赈饥者。后仿常平法，置义仓，春贷秋纳，岁以为常。复提倡公积，年得田租四石，以资村塾，资助贫儿不至失学。（民国《大埔县志》）——黄树雄

【何朝章】

何朝章，号衮臣，大埔人。光绪十七年（1891）举人。工诗善书。为人谦恭忠厚，古道照人，排难解纷，片言而释。著有《寿根山舍诗文集》。（民国《大埔县志》）——黄树雄

【何斌全】

何斌全，澄海下外莆都（今属汕头澄海）人。乾隆二年（1737）武进士。（嘉庆《澄海县志》）——蔡文胜

【何　鑫】

何鑫，号鼎臣，大埔仁崧里（今属梅州大埔）人。贡生，乡试屡不售，同县先达何探源、杨锡荣均器重之。同治三年（1864），杨锡荣官四川开县知县，聘入幕，兼阅盛山、汉丰两书院课卷，士风为之一振。两次为乡试同考官，取士称得人。七年（1868），何探源任四川阆中知县，聘鑫司会计，兼阅县试卷。十年（1871），何探源调开县知县，卒后亏帑以万计，鑫为悉心筹画，清厘弥补，始得交代归柩，人咸义之。居家教授后辈，整族规修族谱，办乡团育婴局诸义举，无役不从，卒年七十有一。著有《蜀游记》，藏于家。（民国《大埔县志》）——黄树雄

【余大有】

余大有，海阳人。乾隆三十六年（1771）三甲武进士。（光绪《海阳县志》）——陈贤武

【余大进】

余大进，海阳人。乾隆二十六年（1761）武会元、传胪。授三等侍卫，福建福安游击，台湾左营游击，修建游击署中镜清堂、岸舫。升碣石镇总

兵。(光绪《海阳县志》、光绪《福安县志》、《续修台湾县志》)——陈贤武

【余飞鸿】

余飞鸿,号梧园,澄海苏湾都(今属汕头澄海)人。早年投笔从戎,历任碣石左营守备。乾隆五十二年(1787年),随汀邵都督征剿台湾林爽文,由台湾北路登岸攻复笨港、元长庄等处,随援诸罗县,获敌首林爽文,北路平。又从参赞剿南路水底寮琅桥等处,获敌首庄大田、蔡福,南路平。前后四十余阵,杀敌无数,擢碣石右营都司。后委署碣石镇中军游击,带舟师往钦州缉捕洋匪,生擒匪众二十余名。旋升左翼镇左营游击。因积劳病剧,年四十七卒。(嘉庆《澄海县志》、道光《广东通志》)——蔡文胜

【余元绮】

余元绮,见"余作祥"条。

【余云会】

余云会,饶平黄冈(今属潮州饶平)人。早岁家贫,拙于谋利,诸弟不肯同爨。及后颇得赢余,诸弟生涯落寞,每求周济,无不倾囊相助,卒以贫终,毫无怨言。(光绪《饶平县志》)——黄树雄

【余文烺】

余文烺,字学省,海阳人。家贫,敦行力学。邑令张士琏聘主东隅义塾,多所成就。岁饥以寒儒倡赈修脯,既尽,典衣继之。雍正七年(1729)拔贡。八年(1730),拔贡廷试第一,授河南舞阳令。善征收,严保甲,夙弊一清。未几,卒于官。(乾隆《潮州府志》、光绪《海阳县志》)——陈贤武

【余文辉】

余文辉(?—1741),行伍,深澳人。雍正年初,任南澳镇标左营把总,嗣升任南澳镇标左营千总(左哨)、福建水师提标前营守备,于乾隆六年(1741)二月任内病故。(196年《粤闽南澳职官志》)——黄迎涛

【余世芳】

余世芳,饶平黄冈(今属潮州饶平)人。咸丰十年(1860)洪水决崩城南古巷官堤,乡邻受患,世芳倡捐筑修堤,城南十数乡赖以无虞。乡人有欲勒芳名以传不朽者,世芳力止之。其恬淡如此。(光绪《饶平县志》)——黄树雄

【余世泽】

余世泽,字衍勋,澄海苏湾都(今属汕头澄海)人。少孤,事母至孝。伯父卒于客邸,世泽年未弱冠,赤足护柩归葬,抚幼弟俾得成家立业。(嘉庆《澄海县志》)——蔡文胜

【余世德】

余世德,潮阳县廓都人。典史。署三脚屯州同,以弟用宾,赠徵仕郎中书衔、乳源教谕。(光绪《潮阳县志》)——陈新杰

【余用宾】

余用宾,字昌泽,号苹坡,潮阳县廓都人。品行超卓,文字兼古今整散,旁及于律诗、骈体,靡不吐属雅隽。道光十四年(1834)举人。同治十年(1871),主讲潮阳东山书院,崇本抑末、一以先正为宗,而躬修倡之,士风为之丕变。知县吴均、李福泰俱倚重之。生平严于持己,为士夫式。两选乳源、新会教谕,俱引疾乞休。年七十二卒。著有《三益轩诗草》,未梓。(光绪《潮阳县志》)——陈新杰

【余兰溪】

余兰溪(1818—?),字国卿,别字湘芷,揭阳人。道光二十九年(1849)拔贡。(光绪《揭阳县续志》、《道光己酉科明经通谱》)——孙杜平

【余西邻】

余西邻(1705—?),饶平宣化都(今属潮州饶平)人。乾隆六年(1741)举人,七年(1742)进士,十六年(1751)任山西平顺知县,十七年(1752)任广西怀远知县。(乾隆《柳州府志》、光绪《饶平县志》、《清代官员履历档案全编》)——黄树雄

【余刚毅】

余刚毅,字泽宪,饶平黄冈(今属潮州饶平)人。素长厚。岁荒不吝施济,县令赠匾额曰"慷慨布施"。(光绪《饶平县志》)——黄树雄

【余壮猷】

余壮猷,饶平黄冈(今属潮州饶平)人。乾隆六十年(1795)岁歉收,人不聊生,猷捐资赈济,并劝谕族中殷户竭力帮助,穷乏者得以按口分给。道台给以匾曰"一乡善士"。(光绪《饶平县志》)——黄树雄

【余克长】

余克长,澄海苏湾都(今属汕头澄海)人。雍正十三年(1735)举人。官虞乡知县。(嘉庆《澄海县志》)——蔡文胜

【余步瑶】

余步瑶,字玉阶,饶平人,诸生。擅诗,著有《覆瓮集》。(《潮州艺文志》、《潮州诗萃》)——黄树雄

【余时光】

余时光,号东璧,澄海苏湾都(今属汕头澄海)人。余慎修之子。乾隆二十七年(1762)援例授州同,分发福建委用。历任宁德、周墩、闽县考试官,监武夷山茶税兼崇安县事,署布政使经历。三十年(1765)委办科场事务。题授永春州同,清慎

自持，分文不贪，清除积弊。后以疾归。六十年（1795）饥荒，捐银百两赈荒，澄海知县以"春台翊赞"匾额旌奖。年七十三卒。（嘉庆《澄海县志》）——蔡文胜

【余作祥】

余作祥，字淑侯，饶平元歌都（今属潮州饶平）人。少孤力学，事母孝。岁荒，作粥以赈，数月不倦。教授澄海，多所造就。与其子元绮合著有《诗程捷解》四卷，学者称为毛源先生。有司以"文行兼优"四字褒奖之。康熙二十六年（1687）选为岁贡，未仕卒。（康熙《饶平县志》）——黄树雄

【余 昂】

余昂，揭阳人。监生。性淳朴悫谨，崇兴礼让。与弟相友爱，白首无间。知县刘业勤礼请为乡宾。卒年七十九。（乾隆《揭阳县志》）——孙杜平

【余鸣冈】

余鸣冈，饶平黄冈（今属潮州饶平）人。幼清贫，长业经商而成家业，毫无私积，及兄弟分爨，其子侄无所依靠者，皆赖冈周济。（光绪《饶平县志》）——黄树雄

【余钟秀】

余钟秀，字思应，澄海苏湾都（今属汕头澄海）人。监生，少孤，事母以孝闻。延名师以训子弟，凡贫寒难于交费的，皆资助之。常于苏湾都南洋文祠集都内人士课诗文，请乡先辈品评，加以奖励。虽月费数十金弗吝也。孙余时光，永春州同。（嘉庆《澄海县志》）——蔡文胜

【余钟岳】

余钟岳，字子祥，海阳人。嘉庆三年（1789）举人。道光十五年（1835）至十八年（1838）任嘉应州训导。（光绪《海阳县志》、光绪《嘉应州志》、《韩江闻见录》）——陈贤武

【余既成】

余既成（？—1911），一名余丑，饶平黄冈（今属潮州饶平）人。清末饶平"三合会"组织首领。光绪三十三年（1907）初，在饶平发动起义，任临时军政府副司令，史称"丁未起义"。终因寡不敌众，起义失败，辗转至香港，一度被捕入狱，拟引渡给清政府，经同盟会多方营救出狱。出狱后赴新加坡谒见孙中山先生。辛亥革命胜利后回潮州，于训练士兵时，枪支走火身亡。（《饶平县志补订》）——黄树雄

【余家学】

余家学，饶平黄冈（今属潮州饶平）人。幼家贫，长经商得巨富，而性孝友，分爨兄弟互相推让，远近叹服。（光绪《饶平县志》）——黄树雄

【余密娘】

余密娘,饶平黄冈城西(今属潮州饶平)人。适新埠村陈陶。夫家贫,操舟度日。密娘年近三十而夫逝,仅遗两孤及老姑在堂,家无立锥之地。密娘矢志抚孤,惟赖十指针工,苦心抚养,虽日仅一餐,毫无他志。数年后,夫弟颇得赢余,月助斗米,余氏守志益坚,持节益严,邻里皆称道焉。享寿六十余岁而卒。(光绪《饶平县志》)——黄树雄

【余隐豹】

余隐豹,号垂裕,饶平黄冈(今属潮州饶平)人。生平敦行不息,诸凡造梁修堤,无不黾勉从事,地方官员赠匾曰"渠范可风"。(光绪《饶平县志》)——黄树雄

【余 辉】

余辉,潮阳人。乾隆四十六年(1781),任镇平守备。(乾隆《镇平县志》)——陈新杰

【余景星】

余景星,号曜台,大埔人。嘉庆十五年(1810)举人。道光九年(1829)补仁化训导,十四年(1834)调崖州学正,补封川教谕,任满,擢山东莘县知县,未抵任卒,年六十七。素性孝友,厚重温文,历司教职,学规齐肃。(同治《大埔县志》、道光《琼州府志》、同治《仁化县志》)——黄树雄

【余 颖】

余颖,字在川,海阳人,少孤,事母孝,友爱兄弟。家无儋石之储,族党中有婚丧不能举,及无力延师者,悉助之。工绘事,尤善写真,传神阿堵,殆有天授。先受知于广东巡抚杨文乾,即后任两广总督杨应琚之父。乾隆十九年(1754)杨应琚莅粤,延颖入幕,绝口不言地方事,固问之。颖曰:"蔡家围堤且圮,不筑将贻冲决忧。"公允之,克日鸠工修筑,郡城阴受其福。"年七十七卒于羊城旅寓。(光绪《海阳县志》)——陈贤武

【余道启】

余道启,澄海苏湾都(今属汕头澄海)人。雍正四年(1726)举人。七年(1729)广西同考官。(嘉庆《澄海县志》)——蔡文胜

【余嗣襄】

余嗣襄,即陈嗣襄。

【余慎修】

余慎修,号德斋,澄海苏湾都(今属汕头澄海)人。监生。淳厚朴实,不攀附权贵。儿子余时光援例授福建永春州同知,慎修谆谆告诫其清介自持。时颜若愚为福建藩司,手书"天锡纯嘏"四字以赠,巡抚庄有恭也赠以"紫诰叠封"匾额。年八十六卒。(嘉庆《澄海县志》)——蔡文胜

【余　黎】

余黎，字直方，饶平葛口乡（今属潮州饶平）人。生平恤寡周贫。乾隆年间（1736—1795）岁荒，悉罄所积粒食赈济，远近颂之。（光绪《饶平县志》）——黄树雄

【余　襄】

余襄，字思赞，饶平黄冈（今属潮州饶平）人。生平洁己奉公，为族正十余年，亲仁善邻，内外无间。嘉庆年间（1796—1820）瑞光书院几于倾圮，襄倡捐修葺，海防同知丁祖望奖以"嘉惠士林"匾额。（光绪《饶平县志》）——黄树雄

【佘士俊】

佘士俊，字伯慎，号康海。澄海蓬洲都（今属汕头市区）人。康熙九年（1670）岁贡生。敦义自好，义声动乡里。十三年（1674）靖南王耿精忠叛清，地方纷乱，富家患劫者密以金托，寇退如其数付还。平生潜心笃学，有《笔樵文集》、《近体诗集》行世。（雍正《澄海县志》、乾隆《澄海县志》）——蔡文胜

【佘之麟】

佘之麟，号蔚呈，揭阳人。秉性忠厚，外刚内和。生平博通经史，工为诗赋，文章深探理奥。中康熙四十一年（1702）副榜，四十四年（1705）举人，未任而卒。（雍正《揭阳县志》）——孙杜平

【佘开东】

佘开东，揭阳人。副贡佘昌瑞父。生平筑堤修堰，为一方利赖，品望重于乡里。乾隆三十六年（1771），被赐肉帛。卒年八十四。（乾隆《揭阳县志》）——孙杜平

【佘元起】

佘元起，字伯伟，揭阳人。顺治十一年（1654）举人。有文名。康熙二十六年（1687），知县郑濂延请同修县志。二十九年（1690），授陕西蒲城知县。到任，即聘为乡试分考，所荐之士，皆为名流。又力陈当道，给民垦荒，蠲免赋役二万三千有奇，并请改折米豆等项，蒲民戴德。县民孟大孺作乱，力抗官军，元起设计擒之。后引老归。卒年七十三。（雍正《揭阳县志》、康熙《蒲城县续志》）——孙杜平

【佘日照】

佘日照，澄海蓬洲都（今属汕头市区）人。雍正元年（1723）武举人。八年（1730）武进士。官福建福宁中军守备。（嘉庆《澄海县志》）——蔡文胜

【佘有进】

佘有进（1805—1883），澄海鳄浦都（今属汕头市区）人。父佘庆烈为普宁县吏。有进幼承庭训，能诗文。十八岁赴新加坡谋生。先为各船舶理账，后受聘于大商号"金瑞号"

为司帐。二十五岁为船舶业代理人。不数年发达致富,为星洲种植胡椒、甘蜜之创始人,其时潮人最大之甘蜜园主。又兼营棉织业及茶叶,与欧人交易,商号为"有进公司"。咸丰元年（1851）后,常为法庭召为陪审员,凡有关华侨案件,多所咨询。同治二年（1863）,以华人唯一代表参加新加坡各籍侨领讨论殖民地转归英皇直辖问题。翌年,被任命为高级陪审员。同治九年（1870）海峡殖民地转归英皇直辖后,有进为第一任太平局绅。至同治十一年（1872）加任名誉推事,助理司法行政。其时该地流传有"陈天蔡地佘皇帝"之谚。光绪九年（1883）九月卒于新加坡。著有《新加坡华侨社会史》。（1992年《澄海县志》、2013年《汕头市金平区志》）——蔡文胜

【佘运琏】

佘运琏,揭阳人。监生。生平和睦宗族,平息争讼。知县熊约祺奖给"义门硕德"匾。与妻江氏年俱八十三,被赐粟帛。（乾隆《揭阳县志》）——孙杜平

【佘志贞】

佘志贞（又作"佘志正"）（1643—约1705）,原名艳雪,号峿州。澄海蓬洲都（今属汕头市区）人。佘良佐之子。儿时寄读于澄海县城佘氏族亲"习静"书斋,后因避乱随母逃至揭阳县渔湖居住。顺治十七年（1660）中举人,康熙十八年（1679）成进士,建府第于潮州城。志贞中进士后,选为翰林院庶吉士,后授翰林院编修,历官左右赞善庶子,升侍讲、侍读学士,入直南书房,充政治、唐诗类函两局纂修官。在史馆二十余年,每召试皆称旨而得赏赐。二十九年（1690）任山东乡试正主考官,所取皆名士,成进士者一十八人。四十一年（1702）考试词臣,名列第二。其为人笃实温雅,奉职清慎。四十二年（1703）奉命祭告西岳,诸外臣奔走馈遗恐后,而志贞卒无所染。其治家严肃,一以孝友读书垂训,不使子弟参与外事。后卒于京,家徒四壁。著有《螭坳草》。子佘启鋐,贡生,授新兴县训导。（嘉庆《澄海县志》、道光《广东通志》、《澄海历代名贤录》）——蔡文胜

【佘良佐】

佘良佐,字旭韬,澄海蓬洲都（今属汕头市区）人。诸生。性敏力学,虽终生未能中举,犹泰然自得,诗酒自娱。事亲至孝,胸怀坦直,明辨是非,慷慨乐善。顺治二年（1645）地方纷乱,倡筑堡垒,设栅门堵御,安全甚众。五年歉收,捐资赈饥。卒后祀乡贤。子佘志贞,康熙十八年（1679）进士。（雍正《澄海县志》、嘉庆《澄海县志》）——蔡

文胜

【佘启祥】

佘启祥，字颖仲，澄海蓬洲都（今属汕头市区）人。职监生。为人和厚，敦亲睦族，乐善好施。康熙五十五年（1716）澄地大饥，启祥捐米百石赈饥。知县刘琦龄旌奖匾额。子佘大铭，康熙五十年（1711）举人。（雍正《澄海县志》、嘉庆《澄海县志》）——蔡文胜

【佘启锽】

佘启锽，字清仲，澄海蓬洲都（今属汕头市区）人。职监生。孝友刚正，乐捐输。蓬洲堤防颇赖其修筑之功，乡里推为长者。孙佘日照，雍正八年（1730）进士。（雍正《澄海县志》、嘉庆《澄海县志》）——蔡文胜

【佘启鋐】

佘启鋐，见"佘志贞"条。

【佘学善】

佘学善，号美哉，揭阳人。为人沉静有谋略。当明清易鼎、社会动荡之际，学善以能保全桑梓，为众推重。知县郑濂请为乡宾，赐给顶带，并赠匾曰"为天下式"。年逾七十三。（雍正《揭阳县志》）——孙杜平

【佘学遹】

佘学遹，字延祚，揭阳人。知县佘元起父。生平品行笃实，乐善好施，隐居乡野，乡党称为正直处士。为人博学，大力演绎经史、著述箴铭，以此启迪后学。族人亲戚，得其培养者甚多。（雍正《揭阳县志》）——孙杜平

【佘章文】

佘章文，字季藩，号斐亭。澄海下外莆都（今属汕头澄海）人。雍正八年（1730）拔贡。性恬敏，工书画，不落俗套。曾以画境构小斋以居，地不盈亩而深折幽雅，悠然有山林之意。为言园亭者所推重。（乾隆《澄海县志》、嘉庆《澄海县志》）——蔡文胜

【佘就中】

佘就中（1587—?）字侗夫，号玉云。澄海蓬洲都（今属汕头市区）人。少业儒，赴考不第。教授生徒近七十年，缙绅多出其门，受其业者甚广。寿登百岁，耳目犹聪明，身体强健，谈诗文，娓娓不倦。至玄孙共五代相见。（康熙《澄海县志》、乾隆《潮州府志》）——蔡文胜

【佘　筠】

佘筠，字碧亭，海阳枫溪人。嘉庆年间（1796—1820）优贡生。擅书。郑昌时《百怀人》有诗怀之。（光绪《海阳县志》、《韩江闻见录》）——陈贤武

【邹兰绮】

邹兰绮，字乔辉，海阳人。乾隆

六十年（1795）乙卯科举人，亚元。郑昌时《百怀人》有诗怀之。（光绪《海阳县志》、《韩江闻见录》）——陈贤武

【邹庆昌】

邹庆昌，号兆平，丰顺横坑人。嘉庆九年（1804）武科举人。由兵部签掣漕标，以把总用。性严正，课督后进不偶恕，排难解纷，人多畏服。道光间（1821—1850），商同邑绅倡建普济桥。（光绪《丰顺县志》）——陈贤武

【邹庆春】

邹庆春，字豫来，海阳人。澄海诸生。康熙二十三年（1684）岁贡。少颖异，博学能文，履洁怀清，为一时师范。顺治十七年（1660），知府吴颖重修府志。当兵燹之后，文献无征，庆春不辞劳瘁，极力搜罗得成书。为吴颖所器重。（乾隆《潮州府志》、光绪《海阳县志》）——陈贤武

【邹国瑜】

邹国瑜，见"邹鸾章"条。

【邹祖培】

邹祖培，字淑田，大埔长治（今属梅州大埔）人。平生绝意仕进，朝夕沉酣经义，而于毛诗及三礼独窥深奥。丁日昌为江苏巡抚时，延致幕府，暇则课授其子弟。日昌丁内艰归里，仍聘其主汤坑书院。祖培雅好山水，凭吊古今，流连歌咏，传诵一时。晚年筑和睦堂于山麓，卒年六十有四。著有《毛诗解》、《三礼考》各若干卷，藏于家。（民国《大埔县志》）——黄树雄

【邹祝耀】

邹祝耀，原籍程乡人，迁居揭阳。幼丧父母，为兄嫂抚养成人。生有勇略。年十五，效力行伍。康熙十三年（1674），随清军讨伐叛变潮州总兵刘进忠，被札授千总。临阵奋勇杀敌，多著功劳。乱平，将被升擢，因兄嫂生病，辞归乡里。十六年至十七年间（1677—1678），山贼将作乱，祝耀亲督乡壮，力以除平，乡里赖其安堵。（乾隆《揭阳县志》）——孙杜平

【邹桐乡】

邹桐乡，海阳人。与澄海姚炳奎评选《美基篇》，有道光二十一年（1841）十思堂刻本。（《潮汕文献书目》）——陈贤武

【邹鸾章】

邹鸾章，字和垣，大埔（今属梅州大埔）人。道光十二年（1832）武举，治军于黔蜀之边久而功著，以战功官至四川提督。致仕后竟以贫不能归里，年八十三岁卒。子国瑜，字次垣，随父在军三年，以功保知县。南旋，舟覆于江津龙门滩，落水死。国瑜子鼎祺，字瑞人，习佐幕治狱，

有重名，名州剧邑争相礼聘，客幕川中二十余年，后充川东商务局提调，管盐局，权知永川、蓬溪二县，所至有声。清亡后不复出，卒年七十一。（民国《大埔县志》、光绪《秀山县志》）——黄树雄

【邹清华】

邹清华，号闻秋，丰顺丰良人，廪贡生，参与修光绪版《丰顺县志》，为总纂。（光绪《丰顺县志》）——陈贤武

【邹朝阳】

邹朝阳（1735—?），海阳人。乾隆二十六（1761）辛巳科进士。三十八年（1773）任江西南昌府靖安知县。四十一年（1776）转九江县。四十二年（1777）卸职。（光绪《海阳县志》、《清代官员履历档案全编》、新编《九江县志》、新编《靖安县志》）——陈贤武

【邹鼎祺】

邹鼎祺，见"邹鸾章"条。

【邹　瑞】

邹瑞，海阳丰政都（今属梅州丰顺）人。明崇祯武学生，与吴六奇为挚交。六奇起练乡兵，瑞为之佐积功由守备累迁中军游击。康熙三年（1664），大埔木窖贼黄伊日、伊萃等，掳杀惠州协副将平和蔡满，据乡以叛。瑞奉福、广两省总督及本镇檄，率参将杨贞进剿，事平，曲宥不株连，保全善良甚众。木窖人建生祠祀之。以招降南澳郑成功部之劳叙功，授骁骑将军，擢本镇中军参将。是年，升副将，仍掌中权。八年（1669），饶镇撤，分设黄冈协、饶平营，改授饶营游击。捐县城猪市铺三间，每月输租银二两于学，为生员科举之费。立碑于学署内。十年（1671），移湖广德安协副将。（光绪《丰顺县志》、民国《丰顺县志》）——陈贤武

【邹锡朋】

邹锡朋，见"邹锡祺"条。

【邹锡祺】

邹锡祺，字雨三，大埔长治（今属梅州大埔）人。父国栋，以军功保知县。锡祺从父邹鸾章曾任四川提督，以锡祺办文案，得保举知县，分发福建，授邵武县丞。廉正爱民，事必躬亲，从不假手胥吏，严禁胥吏下乡扰民。请鹾免浮粮，创立和平义仓及和平书院，兴养立教，治行炳然，循良为八闽第一。寻以母老乞假终养回籍。清季变法，罢科举，立学校，锡祺与县令筹办官立小学。又在长治倡建富文书院，附设学校。兄锡朋，号悔初，附贡生，光绪初为台湾镇总兵。（民国《大埔县志》、光绪《邵武府志》）——黄树雄

【邹鹏飞】

邹鹏飞，号云衢，丰顺横坑澄海

(今属梅州丰顺)。嘉庆十二年(1807)武科举人。兵部签掣督运衔,归潮州镇左营任职。适母丧,遂不复出。乡有沟灌溉农田,屡次遭大水有损,倡修复。整饬乡规。请示县衙禁绝贩卖鸦片及赌博。卒年五十四。(光绪《丰顺县志》)——陈贤武

【邹缵功】

邹缵功,字宗煌,号留庵,丰顺横坑(今属梅州丰顺)人。乾隆四十二年(1777)岁贡。嘉庆五年(1800)至八年(1803)任广州府教授。(光绪《丰顺县志》、光绪《广州府志》)——陈贤武

【辛氏(黄右妻)】

辛氏(黄右妻)(?—1657),澄海蓬洲都(今属汕头市区)人。顺治十四年(1657),郑成功部将甘辉破鸥汀寨,为泄愤大肆杀戮。辛氏被执至营,暗藏利刃欲行刺,事露被杀。(嘉庆《澄海县志》、乾隆《潮州府志》)——蔡文胜

【辛　雄】

辛雄,字起鹏,澄海蓬洲都(今属汕头市区)人。由行伍出身,历任至大鹏营参将,所至皆有廉能之名。后因受牵连解职回乡,家贫益甚,恬然处之。(乾隆《澄海县志》)——蔡文胜

【沈佩金】

沈佩金,号友兰,大埔东文部(今属梅州大埔)人。平利典史廷良子。幼随侍官舍。谙通时务。十八扶父榇归,始发奋,昼夜不辍。文追先正,诗赋尤工,弱冠后以第一名为生员,旋补廪生。敦品行,笃孝友,为乡闾望。道光二十九年(1849)钦赐副榜举人。寿八十七。著有诗文集藏于家。(同治《大埔县志》、民国《大埔县志》)——黄树雄

【沈大力】

沈大力,字伯元,海阳上莆都(今属潮州潮安)人。雍正十年(1732)武解元,十一年(1733)武进士。(光绪《海阳县志》)——陈贤武

【沈文琳】

沈文琳(?—1739),海阳上莆都(今属潮州潮安)人。幼孤,事孀母无违颜。友爱季弟,甘苦共之。乾隆三年(1738)举人。明年会试下第,归至玉山,同舟同邑蔡开隆者患疫,人不欲与俱。文琳曰:"死生有命,奈何弃之?"遂与蔡同舟,视汤药扶持如骨肉。行次安仁,以暴疾终。开隆哭之恸,病增剧,至万安亦卒。闻者悲之。(光绪《海阳县志》)——陈贤武

【沈心正】

沈心正,普宁涨水都人。少丧父,事母尽诚,未尝离膝下。友爱幼弟,至老如孩提时。与亲戚邻里相周

旋，皆款洽无间，遇缓急辄相济。雍正四年（1726）暨五年（1727），连岁大饥，心正出所贮备，赈买棺椁以收埋骸骼，潮阳知县魏燕超旌曰"素行端方"。享年七十三。（乾隆《普宁县志》）——陈新杰

【沈以諏】

沈以諏，字及也，普宁人。贡生。性颖悟，涉猎经籍，少补廪膳生。康熙三十九年（1700）岁贡。恬淡自适，不以仕进萦心，日讲诗书造就后学。卒年七十七。（乾隆《普宁县志》）——陈新杰

【沈允升】

沈允升，普宁黄坑都人。恩副贡生。为人诚实俭朴，笃学课徒，年届九十，尚娓娓述古训以诲子孙，里党钦之。（光绪《普宁县志》）——陈新杰

【沈廷良】

沈廷良，字乃畴，号茋菴，大埔东文部（今属梅州大埔）人。曾任直隶肃宁典史。强干有吏才，乾隆二十三年（1758）南巡，驻跸肃宁，奉办烟景。次年幸木兰，奉修热河道路，俱为上台推许。肃宁地洼，数被水患，廷良亲督浚沟渠。曾护送军车四百乘，完好无损，例得军功。母丧归，服阕起补平利县典史。时清军征金川，办理军务，料理马匹，得军功纪录。越五载，因病告休，卒年六十有七。子佩金，另见。（嘉庆《大埔县志》、光绪《平利县志》）——黄树雄

【沈志通】

沈志通，潮阳人。行伍。嘉庆十三年（1808），任澄海左营千总。（嘉庆《澄海县志》）——陈新杰

【沈声兴】

沈声兴（1864—1913），字嘉然，海阳上莆都（今属潮州潮安）人。曾任新加坡振发兴油公司股东、经理，振发锡米公司董事、经理，四海通银行董事，中华商务总会议员。（《彩塘镇志》）——陈贤武

【沈良弼】

沈良弼，见"沈河清"条。

【沈佳谟】

沈佳谟（1816—1869），讳启丰，号俊卿，字以成，海阳上莆都（今属潮州潮安）人。为新加坡著名侨商。与同邑银湖村吴万发（猴爷）合创万成号，每人轮流管理一年，年年加倍盈利。折股后称为"老万成"。以子绍远赠户部主事，二品封典花翎、四品衔待铨府同知。（光绪《海阳县志》、《彩塘镇志》）——陈贤武

【沈河清】

沈河清，饶平信宁都（今属潮州饶平）人，中嘉庆十五年（1810）武举人，历升至海坛总兵。历任十八年，进振威将军，给一品封典。咸丰

皇帝嘉其忠劳，御书牌匾以赐，为一时旷典。河清虽武人，而重文学，以诗书课子孙，女儿也择士人为配。子良弼，有才名，工绘事，翰墨尤佳。（光绪《饶平县志》、《饶平县志补订》）——黄树雄

【沈绍远】

沈绍远，字叔余，海阳上莆都华美乡（今属潮州潮安）人。光绪间（1875—1908）任户部贵州司主事，花翎员外郎衔。光绪十六年（1890）发起集资购上莆都彩塘市头地另建上莆书院。（光绪《海阳县志》）——陈贤武

【沈朝柱】

沈朝柱，海阳上莆都（今属潮州潮安）人。康熙十九年（1680）岁贡。由普宁学。二十八年至二十九年（1689—1690）授广东三水训导。（乾隆《潮州府志》、光绪《海阳县志》、光绪《广州府志》）——陈贤武

【沈潜学】

沈潜学，字立奎，别字伯娄，大埔东文部（今属梅州大埔）人。性磊落无俗态，做事以便人为心。康熙三十五年至三十六年间（1696—1796）岁饥，族戚告籴者皆不吝。曾造留隍渡石桥及余公塘万福桥，以便行人，流誉乡里。年七十一卒。（嘉庆《大埔县志》）——黄树雄

【张士柱】

张士柱，澄海蓬洲都（今属汕头市区）人。乾隆元年（1736）举人。钦赐国子监学正。（嘉庆《澄海县志》）——蔡文胜

【张士宪】

张士宪，饶平隆都（今属汕头澄海）人。急公好义，修筑堤防，县令赠匾曰"功同砥柱"。雍正四年（1726）岁荒，煮粥救饥，赈济三日，县令赠匾曰"善行义施"。（光绪《饶平县志》）——黄树雄

【张士登】

张士登，澄海人。嘉庆十三年（1808）举人。恩赐国子监学正。（嘉庆《澄海县志》）——蔡文胜

【张大纲】

张大纲，饶平元歌都（今属潮州饶平）人。乾隆十九年（1754）进士。（乾隆《潮州府志》、道光《广东通志》、光绪《饶平县志》、《乾隆十九年甲戌科会试录》）——黄树雄

【张大武】

张大武，潮阳县廓都人。官广东陆路提标右营守备。（光绪《潮阳县志》）——陈新杰

【张大衡】

张大衡，丰顺人。岁贡。顺治十五年（1658）任广东韶州府阳春县训导，康熙五年（1666）离任。（光绪《丰顺县志》、民国《阳春县

志》）——陈贤武

【张万杰】

张万杰，潮阳峡山都（今属汕头潮南）人。性慷慨。尝建祖祠，置祠租数百石。雍正十三年（1735），米价腾踊，万杰输粟平粜，一方受惠。卒年八十七。（嘉庆《潮阳县志》、光绪《潮阳县志》）——陈新杰

【张千秋】

张千秋，丰顺建桥人。乾隆三十六年（1771）辛卯科举人。嘉庆十一年至十三年（1806—1808）任广东惠州府归善县教谕。其宅位于建桥围东门外的"亦爱庐"。正门灰塑门匾"亦爱庐"为张千秋所书。整座建筑别具一格，十厅九井，有花园一处。（光绪《丰顺县志》、光绪《惠州府志》）——陈贤武

【张开泰】

张开泰，饶平宣化都（今属潮州饶平）人。乾隆二十六年（1761）武进士。（光绪《饶平县志》）——黄树雄

【张云经】

张云经，本大埔人。因教于普宁洑水都长岭口，遂籍焉。增广生。性钝多记，困知成学。每读一文必诵千遍，背诵即焚稿，终身不忘。后设帐于马嘶岩，质衣置寺田六亩，至今存焉。所集《四书字解句解》、《易经解》、《诗经解》，士人多宗之。惜寺遭火，稿被焚。（乾隆《普宁县志》、乾隆《潮州府志》）——陈新杰

【张友称】

张友称，大埔广陵（今属梅州大埔）人。少研程朱之理，孝友端谨，庭训义方，夫妇相敬如宾。家贫笔耕，从游者多获益身心，邑中争延聘之，著有《四书章旨》。（同治《大埔县志》）——黄树雄

【张日炽】

张日炽，字旭园，普宁人。职监。幼英敏，弱冠耽诗书，谨守礼法。长更亲睦宗族，好施予，至老不倦。延师课督儿曹，文艺之外，必训以尚礼好义，无失家声。卒年七十三。（乾隆《普宁县志》）——陈新杰

【张日辉】

张日辉，字若韬，普宁人。生平尚义，重然诺，乐施济。康熙十四年（1675），海寇邱辉流劫潮、揭、惠、普各县，沿乡掳杀，男女昼夜奔窜。日辉与揭阳生员周绍卿之父周尔正交厚，时尔正外出，仅存弱妻幼子，日辉不忍坐视，五月廿四日挈之偕往，避难于本县陈畔寨，已经安歇，忽心惊，是晚复改避于揭阳之石径乡。次日，贼果破陈畔寨，张、周两家独脱其难，时人谓义气所感，鬼神佐之。后以子中札贵，封昭信校尉。享年九十一。（乾隆《普宁县志》、乾隆

《潮州府志》）——陈新杰

【张中札】

张中札，普宁人。由武举任江南庐州卫运粮千总。加守备衔。勤慎耐劳，有裨漕务，户部坐粮厅历以"聚众有方、会计储才、绩著运漕、恪守漕政"旌之。后奉文准回籍养亲。（乾隆《普宁县志》、光绪《普宁县志》）——陈新杰

【张中阳】

张中阳（1769—1846），字旭初，海阳江东都（今属潮州潮安）人。少失怙，励志力学。弱冠冠童子军，登乾隆六十年（1795）举人，嘉庆十三年（1808）成进士。出宰贵州，历任铜仁、婺川、毕节、青溪、兴义等县事，升黄平知州。到处有声。以课最，擢刑部主事。年七十致仕，僚友饯别车盈门，大学士陈官俊赋诗赠行。中阳先由江东都移居郡城，江东四面滨水，堤屡溃，及归家，力倡修筑，乡人赖之。（光绪《海阳县志》、道光《兴义府志》、《清代官员履历档案全编》）——陈贤武

【张见龙】

张见龙，澄海蓬洲都（今属汕头市区）人。乾隆十七年（1752）武举人。官福建厦门游击。（嘉庆《澄海县志》）——蔡文胜

【张壬正】

张壬正，行伍。深澳人。乾隆间（1736—1795）任南澳镇左营千总。（乾隆《南澳志》）——黄迎涛

【张长发】

张长发，号泷川，丰顺埔仔寨人。乾隆六十年（1795）举人。嘉庆十七年至二十一年（1812—1816）任广东新会训导。（光绪《丰顺县志》、光绪《广州府志》）——陈贤武

【张氏（林木生妻）】

张氏，惠来龙溪都人。乡贤张旭女，嫁与贡生林钟杰之子木生。木生早逝，张氏年方二十岁，哀毁骨立，冰雪贞操。时逢兵燹蹂躏，张氏乃变卖首饰，孝事公婆。公婆去世后，张氏又代夫择穴安葬，孝节闻于乡里。（雍正《惠来县志》）——周修东

【张氏（林文韬妻）】

张氏，惠来林文韬妻。十八岁时过门，二十七岁其夫亡故，张氏矢志坚贞，服事公婆，存殁有礼，积攒纺织刺绣之资，用以修葺祖墓，宗族贫者不吝周恤。林姓故无宗祠，张氏捐屋地为基，命子倡建，迄今享祀不绝。乾隆六年（1741），有一妇女流乞于乡，张氏询为李氏妇，坐船至靖海港，舟覆，其夫溺亡，李妇得救幸免于难。张氏询知李妇有娠将诞，张氏恻然收留，住于他所，给与衣食。不久生下一男，出月后给予路费让其回家。守节三十余年，六十五岁去世。（乾隆《潮州府志》）——周

修东

【张凤彩】

张凤彩,字华甫,号翰九,大埔人。读书淹贯,秉性正直,乡党咸宗仰焉。康熙二十三年(1684),参修《埔阳志》,采访参订甚得其力,享寿九十有六。(嘉庆《大埔县志》)——黄树雄

【张文燝】

张文燝,字启晋,大埔滦洲(今属梅州大埔)人。康熙十三年(1674),福建人田养民率众围大埔县城,县令征乡兵捍御,燝竭力捐助,有功桑梓。(嘉庆《大埔县志》、同治《大埔县志》、民国《大埔县志》)——黄树雄

【张书云】

张书云,见"张薇"条。

【张世钱】

张世钱,号万石,大埔人。康熙四十七年(1708)举人,考授中书。任广东乐昌知县。清洁自持,听断公平。遇荒歉,出仓谷平粜,民赖全活。因厌簿书冗烦,自陈改教职,雍正十年(1732)补番禺教谕,乾隆元年(1736)调顺德教谕。捐俸修文庙及各祠宇,时集诸生月课,拔优奖赏,文风倍振。(乾隆《潮州府志》、嘉庆《大埔县志》、乾隆《番禺县志》、乾隆《顺德县志》)——黄树雄

【张可标】

张可标,号玉立,大埔广陵(今属梅州大埔)人。张奕灵子。由附贡授直隶正定县丞,有干才。康熙五十六年(1717)升崇信知县。时塞外用兵,又遇旱荒,可标加意抚循,请分给贫农牛、种、银千余两。后被部驳,穷民莫偿,可标为变产偿还。署灵台知县,除积棍,雪沉冤。雍正元年(1723)补河南巩县(巩义)知县,力行荒政,民赖以苏。奉调修河工,以病乞休。(嘉庆《大埔县志》、乾隆《潮州府志》、乾隆《巩县志》、《大埔广陵张氏族谱》)——黄树雄

【张可栋】

张可栋,号仰东,大埔广陵(今属梅州大埔)人。张奕灵子。康熙三十五年(1696)武举人,授高州千总。时高州瘟疫盛行,可栋有良方,合药施之,全活甚众。题升守备,未补缺,卒于官。(同治《大埔县志》、《大埔广陵张氏族谱》)——黄树雄

【张可梯】

张可梯(1652—1725),字于攀,大埔广陵(今属梅州大埔)人。张奕灵子。康熙三十八年(1699)岁贡,四十六年(1707)授广东吴川县教谕,署化州学正。五十五年(1716)擢福建顺昌知县。以父病,辞不赴任。未几父丧,不复出,自号"来山"。时地方差役繁重,挨户科

敛，逃亡过半，乃议捐资立安均田，劝同乡捐助置息，得谷三十余石，正户递年应差，民赖以苏息。又修浒田桥等两处路桥，行人称便。（乾隆《潮州府志》、雍正《吴川县志》、《大埔广陵张氏族谱》）——黄树雄

【张龙云】

张龙云，见"张薇"条。

【张　汉】

张汉，字东川，惠来龙溪都（今属揭阳惠来）人，进士张经三子。敦行孝弟，赋性刚直，绰有父风。生平劝善规过，抚孤恤贫，邻里尤为倚重。十三岁时入读县学，不久选为廪膳生，每试俱为高等。非公事不见官长，乡人奉为楷模。临近选贡而卒。长子绍祖，廪生；次子樟，监生。（雍正《惠来县志》）——周修东

【张礼仁】

张礼仁，丰顺埔子寨人。嘉庆年间（1796—1820）任湖北石桥司巡检，代理雪阳、竹山等县知县事。（光绪《丰顺县志》）——陈贤武

【张必成】

张必成，海阳人。乾隆五十一年（1786）举人。嘉庆四年至八年（1799—1803）授广东保昌训导，二十年至二十四年（1815—1819）升嘉应州学正。（光绪《海阳县志》、道光《直隶南雄州志》、光绪《嘉应州志》）——陈贤武

【张对墀】

张对墀（1749—1808），字阶登，别字丹崖，大埔人。少年即已淹通经史，广东学使李调元（1734—1803）选其诗赋入《粤东观海集》。乾隆四十八年（1783年）选优贡生，与嘉应才子宋湘（1756—1826）等相唱和。五十三年（1788）中举人，第二年会试，列粤省第三名。当道以粤多械斗为言，有旨酌损进士额，故是科广东进士仅二名，对墀遂落榜。后八赴会试，均不得志。嘉庆八年（1803），大埔知县洪先焘修《大埔县志》，其书半出对墀之手。九年（1804），潮州知府陈镇聘授馆，以其暇辑《韵字释同广义》，历三岁而竣，自谓生平精力瘁于此矣。卒年六十。对墀于文各体皆工，诗文稿颇多，身后其家适遭水灾，存者仅半，残蚀不可读，温廷敬选《潮州诗萃》，辑得其诗一卷。（嘉庆《大埔县志》、同治《大埔县志》、民国《大埔县志》）——黄树雄

【张对潮】

张对潮，大埔人，张对墀弟。能诗，有《蓬辣滩诗》传于世。（嘉庆《大埔县志》）——黄树雄

【张夺元】

张夺元，惠来县惠城镇人。光绪十九年（1893）武举人。其夫人产育多胎，均不育。堂侄载禧（1905—

1968）原名宗怡，选为夺元嗣子。载禧民国间尝任两广监察使署调查科长。（新编《惠来县志》）——周修东

【张成章】

张成章，普宁人。附贡生。署顺德县学教谕。（光绪《普宁县志》）——陈新杰

【张光训】

张光训，普宁洑水都人。忠厚居心，和易接物。少贫，及长课徒，诱掖不倦。勤俭自持，家日以裕。生平好施济贫，不能葬者，助以棺，积年需费多，无少吝。有计骗者，若为弗知，给钱米善遣之。乡邻推重。卒年八十七。（光绪《普宁县志》）——陈新杰

【张　传】

张传，饶平隆都（今属汕头澄海）人。急公好义，筑堤建桥诸善举，俱乐捐资。道光年间（1821—1850），府城重修湘子桥，传尤不吝题款。竣工后，道台授以"义以为上"匾额。（光绪《饶平县志》）——黄树雄

【张全斌】

张全斌，丰顺双溪李寨人。乾隆丁酉科（1777）武科解元。——陈贤武

【张汝树】

张汝树，即张树勋。

【张　宇】

张宇，见"张奎"条。

【张如衡】

张如衡（约1770—1825），字宗平，号一坡，大埔人。乾隆五十七年（1792）举人。署河南庐氏知县，两任河南乡试分校官，所得悉知名士。署西华知县，以振兴人才为务，建文庙，修书院，增廪伙，按月课士，文教大兴。调署孟津知县，不数月，兼署陕州粮捕同知。道光三年（1823）调舞阳知县，以劳瘁卒于官，年五十有六。（同治《大埔县志》、道光《舞阳县志》、民国《西华县志》）——黄树雄

【张克壮】

张克壮，南澳深澳人。行伍。海门营把总。嘉庆二十五年（1820）任广东水师提标中营守备。道光二年（1822）任阳江镇标右营都司。五年（1825）任广东水师提标右营游击。六年（1826）署顺德协副将。同年，回广东水师提标右营游击。九年（1829）署大鹏营参将捐银助修深澳武帝庙。（光绪《潮阳县志》、光绪《广州府志》、光绪《重修电白县志》、咸丰《顺德县志》）——黄迎涛

【张克诚】

张克诚（1852—1911），字子勋，大埔黄堂里（今属梅州大埔）人。

光绪元年（1875）举人，十一年（1885）倡修黄堂张氏族谱，其体颇严，其意甚善。二十一年（1895）署香山教谕。戊戌政变后，游海外，至吉隆坡，创设尊孔学堂，撰《孔教撮要》正续各十卷，宣讲理学。归国后，署花县教谕。宣统二年（1910），大埔知县胡良铨聘主本邑学务。著有《谆诲录》。（民国《大埔县志》）——黄树雄

【张更生】

张更生，饶平人。明末聚众数千，横掠乡都，顺治二年（1645）七月，与黄海如合兵窥潮州郡城，都司郭玉升伏兵击杀之。（乾隆《潮州府志》）——黄树雄

【张时勉】

张时勉（1687—？），海阳人。雍正二年（1724）举人。授广西兴业知县。（乾隆《潮州府志》、光绪《海阳县志》、《清代官员履历档案全编》）——陈贤武

【张虬】

张虬，惠来人。张淇长子。县学生员。能咏，有诗《登陆安慕义楼吊黄纯毅》。（雍正《惠来县志》）——周修东

【张作舟】

张作舟（1678—1714），字宜川，大埔人。康熙三十八年（1699）举人，四十八年（1709）进士，选翰林院庶吉士，为大埔建县以来第一位翰林。散馆授翰林院检讨，预修《大清一统志》，与诸名流砥砺德艺，尤与惠士奇（1671—1741）为莫逆之交。五十二年（1713）冬，乞假省亲，明年五月卒于家，年仅三十七，著有《春秋题解》、《礼记集解》等。（嘉庆《大埔县志》、乾隆《潮州府志》、《大埔进士录》）——黄树雄

【张　位】

张位（1848—1878），字正卿，号庄甫，大埔人。从兄薇官洛阳等地知县，挈之佐幕，事无大小悉商之，寻纳粟为河工县丞。光绪三年（1877），补河内县丞。适大饥，清廷发帑赈济，河内知县积劳致病，委理赈务。时河内饥民千百成群待赈，毙者日以百计，秽气薰蒸，疾疫大作。位晨往夜归，又间日往巡视河工，风雨不避，竟因是染病而卒。（民国《大埔县志》）——黄树雄

【张应韬】

张应韬，揭阳人。监生。传家仁厚，讲信修睦。同堂五代，孙、曾五十三人。屡被赐予肉帛。卒年九十七。（乾隆《揭阳县志》）——孙杜平

【张　灿】

张灿（1681—？），惠来县惠来都人。雍正三年（1725）由总兵陈良弼报送赴部，奉旨补放蓝翎侍卫，六年

(1741)正月补授,仕浙江温州镇标中营守备,乾隆四年(1739)十二月引见,五年(1740)正月升福州府督标水师营参将,乾隆十九年(1744)十月引见,十三年(1748)升福州府闽安镇副将。(雍正《惠来县志》、乾隆《福州府志》)——周修东

【张启华】

张启华,丰顺埔子寨人。嘉庆年间(1796—1820)署江西洋口分司,补授广丰县丞。(光绪《丰顺县志》)——陈贤武

【张际云】

张际云(1819—1895),字雨臣,大埔大靖(今属梅州大埔)人。光绪十五年(1889)钦赐举人,明年会试,钦赐翰林院编修,与其族人康熙间翰林张作舟同甲子,人赠以联云:"千秋祖泽传金监,四代孙曾拜玉堂。"士林传为佳话。(民国《大埔县志》、《大埔进士录》)——黄树雄

【张奇进】

张奇进,大埔大宁(今属梅州大埔)人。以耕种起家,喜人读书,每乡中延师,奇进虽未有子弟就塾,辄为助膳。修筑木桥二,石桥一,为族党完娶者六,为乡曲殡埋者八,大埔知县奖匾曰"林泉硕德",卒年八十有四。(嘉庆《大埔县志》)——黄树雄

【张国栋】

张国栋(1812—1895),字云生,潮阳招收都(今属汕头濠江)人。自幼聪慧敏捷。咸丰间(1851—1861)岁贡(一云"钦赐举人")。编著《井天诗话》,虽拘于乡曲之见,而道、咸间潮人诗,亦赖其保存一二。善书法,尤擅擘窠大字,字体方正,丰厚挺拔。(《潮州诗萃》、《潮州艺文志》)——陈新杰

【张国瑛】

张国瑛,字光栋,潮阳贵山都人。乾隆间(1736—1795)副榜,吏部拣选知县。道光六年(1826),任阳江教谕。尝与陈作舟等游翠峰岩,并有诗唱和。(光绪《潮阳县志》、民国《阳江县志》)——陈新杰

【张昌甸】

张昌甸(1715—1796),字千俊,别字耕野,大埔滦洲都(今属梅州大埔)人。雍正十三年(1735)举人,乾隆四年(1739)会试中明通榜,历任新会、高要教谕,委监端溪书院。二十五年(1760)始选得神池知县。神池本塞外地,设县未久,不识尊卑,昌甸教以礼义,风气渐变。在任六载,告归,以授徒为事。卒年八十有二。(嘉庆《大埔县志》、乾隆《潮州府志》、《清代官员履历档案全编》)——黄树雄

【张明杰】

张明杰，字宏臣，揭阳人。知县张锦江曾祖。为人沉稳，且有干才。康熙十三年（1674），值潮州叛变总兵刘进忠遣其余党占据揭阳，纵兵掳掠，明杰族多罹害。兵燹之余，族之叔侄流离奔散，明杰多方设法聚集有众，并为盖宅安住、买田养家，历尽艰辛。张氏合族，赖其复兴。后，知县刘锡斑礼举其为乡宾。（乾隆《揭阳县志》）——孙杜平

【张岸舫】

张岸舫，字仕攀，大埔溪南埠（今属梅州大埔）人。幼习岐黄，常谓医者意也，苟能体会入微，则治病应若桴鼓，故名其庐为耕意堂。凡遇病家延治，运用巧思，不泥方书，辄多奇效。年九十四卒。（民国《大埔县志》）——黄树雄

【张金全】

张金全，字伯捷，澄海蓬洲都（今属汕头市区）人。附贡生。好施与。康熙二十五年（1686）倡建庆丰亭关，雍正四年（1726）倡建回澜关，左右数乡赖之。澄海知县张实旌表其门。子张士登，亦好义，尝乡试遇卖女者，怜之，为之赎回遣嫁。以岁贡恩赐举人，授国子监学正衔。（乾隆《澄海县志》、嘉庆《澄海县志》）——蔡文胜

【张　庚】

张庚，字汉西，惠来龙溪都（今属揭阳惠来）人。贡生鸿图子。幼年父母双亡，好读书，十一岁补县学生员，选为廪膳生。康熙十一年（1672）省试，与侄张灏俱中举人。二十七年（1688）赴部谒选，授松江青浦知县。修缮学宫，复建尊经阁。县多奸吏，绳之以法；民间疾苦，无隐不达。有"啧啧张青天"之誉。年余以罣误罢去，民攀留者填塞城门，不得出，乃筑惠来书院居之。赓在书院，士人时载酒过之与论文，村农馈献不绝，或投瓜果菜把于门而去。未几，庚卒。子贞元年幼，妾徐氏守节抚阅二十余年，乃负骨归，民尤哀之。（雍正《惠来县志》、乾隆《潮州府志》、光绪《青浦县志》）——周修东

【张　炜】

张炜（约1657—1742），字碧亮，普宁人。精青囊术，制方炼药，服者辄验。雍正五年（1727），岁饥，疫疠大行，患者虽亲戚不敢近。炜以救人心切，不避疫秽，每早晚必挨门巡视，分送方药，不取人钱，前后起死回生不可枚数，远近感颂者载道。知县黄廷相奖曰"与良相伍"，前知县吴芮奖曰"肘后回春"。平生尤踊跃义举，凡捐助周恤，以及修桥诸事，至老不倦。享年八十六。乾隆元

年（1736），恩诏八品冠带。（乾隆《普宁县志》）——陈新杰

【张河书】

张河书，号瑞山，大埔人。家贫苦读，尝带经而锄，手不释卷。乾隆三十九年（1774）中举人，教授闾里，以身体力行为本，学者宗之，卒年六十二。（嘉庆《大埔县志》、道光《广东通志》）——黄树雄

【张　宝】

张宝，见"张继宗"条。

【张宗衍】

张宗衍，普宁溅水都人。世以忠厚传家。生子五人：秀元岁八十三，秀幹岁七十八，秀腾岁八十一，秀聪岁八十，秀玉岁八十二。一门寿考。子孙百余人同炊，人谓有张公艺家风。（光绪《普宁县志》）——陈新杰

【张　实】

张实，见"张显文"条。

【张诗深】

张诗深，字景江，号观澜，丰顺埔仔寨人。任云南蒙化府经历，调南涧巡检。（光绪《丰顺县志》）——陈贤武

【张祈爵】

张祈爵，海阳人。乾隆四十五年（1780）举人。大挑广东连州教谕。（光绪《海阳县志》）——陈贤武

【张建侯】

张建侯（1637—1736），海阳人。居家孝友，乐善好施。寿登百岁，族里请旌，不及待而殁。越二年，其孙文朗间关走京师，吁于礼部，终格成例。时同里进士刘起振，年八八成进士，选庶常，为言于同官，咸叹息。（光绪《海阳县志》）——陈贤武

【张绍华】

张绍华，字剑轩，丰顺建桥人。乾隆十八年（1753）举人。大挑一等，签掣江苏，署理松江知厅，实授常熟知县。自请就任教职，历任东安、番禺、归善、英德、恩平教谕，化州学正，升广州府学教授。计服官四十余年。凡有著作，士林所见重。品学为督抚欢询之。行年八十二，因准给假回籍。年八十七卒。（光绪《丰顺县志》、光绪《广州府志》）——陈贤武

【张绍祖】

张绍祖，字启材，惠来龙溪都（今属揭阳惠来）人，张经孙，张汉长子。县学廪膳生员。尝与谢天选等受聘分纂雍正年间《惠来县志》。（雍正《惠来县志》）——周修东

【张　经】

张经（1628—1693），字虚舟，一字稼村，惠来龙溪都（今属揭阳惠来）人，后移居惠城。顺治二年（1645），惠来城被困三月，城中粮断

势危，张经尽倾家资，发动邑人煮粥劳军，城得以保全。康熙二年（1663）由廪生考中举人三十八名，九年（1670）中进士，吏部观政，回籍候选。县学在龙江埠有学田，为势豪侵占。张经力请归还，岁得租金以育才。二十六年（1687）应知县张秉政之聘，修纂《惠来县志》，表微阐幽，人服其良史之才。二十七年（1688）赴部铨选，至皖城感疾南归。讲学还读斋，从游皆成名士。著有《书经禹贡注》、《稼村篁吟诗集》、《秋声文集》。长子张灏、次子张淇、孙张蟠，俱为举人。（雍正《惠来县志》、《广东贡士录》）——周修东

【张　标】

张标，字文升，别字靖海，大埔广陵（今属梅州大埔）人。张可栋子。历任潮镇城守营把总，守庵埠。适潮水骤涨为灾，土豪统众掠食，混抢市场。标严加弹压，地方始安。升三河千总，协理盐务。雍正（1723—1725）初年升守备，以病回籍，卒。（嘉庆《大埔县志》、《大埔广陵张氏族谱》）——黄树雄

【张树勋】

张树勋（1756—1830），一名张汝树，字尹志，号南塘，大埔人。嘉庆三年（1798）举人，十年（1805）进士，以知县分发浙江，十一年（1806）补新城知县，不迁不调凡十五年，始终未尝决一罪人，吏民感戴，有"万家生佛"之号。四次为浙江乡试同考官，所取皆知名士。归田后，囊中不名一钱，掌教海阳之龙湖、惠州丰湖二书院，凡七年。生平践履笃实，天性孝友。著有《南塘文集》。（民国《大埔县志》、道光《广东通志》、民国《新登县志》）——黄树雄

【张　奎】

张奎，字美约，澄海蓬洲都（今属汕头市区）人。性孝友，善守身，不染世事，惟以教书所得奉养双亲。与弟张彦年并过七十，友爱如少时，聚首一堂。乾隆四十一年（1776），例升贡生。邑中名士，多出其门。年八十九卒。子张宇，五十九年（1794）举人，借补长宁教谕。（嘉庆《澄海县志》）——蔡文胜

【张显文】

张显文，字卓徽，饶平元歌都（今属潮州饶平）人。壮岁偕兄渡台湾经商。寓台时值林爽文之乱，白骨如麻，遂购地为义冢。子张实，孙展成，亦能善继先志。缘乡人多出外流寓，里中多有未葬骸罐，同治十二年（1878），与同族张某倡率捐资，收聚骨骸，择地以葬，号曰张氏丛冢，且置尝田以为历年祭费，人服其义举。（光绪《饶平县志》）——黄树雄

【张　勋】

张勋（1686—1760），字子镇，号衡山，潮阳贵山都人。生平好义，乾隆十七年（1752），海阳蝗灾，勋两次载米赈济，潮州知府赠"惠济乡邻"匾。二十年（1755），捐银三千余两创建贵山书院，并置租三百石，为修脯之需，以助乡曲子弟之不能延师者。（乾隆《潮州府志》、嘉庆《潮阳县志》、光绪《潮阳县志》）——陈新杰

【张　钟】

张钟，字大石，惠来龙溪都（今属揭阳惠来）人。张经孙，张灏子。康熙四十七年（1708）恩贡。博学能诗，有《留砚堂集》。尝应知县查曾荣之聘，参与纂修《惠来县志》。（雍正《惠来县志》、乾隆《潮州府志》）——周修东

【张钦龙】

张钦龙，镇平饶塘堡（今属梅州梅县）人。顺治五年（1646），饶塘土寇窃发，钦龙率乡勇擒斩贼首黄元吉等，以军功便委把总。十五年（1656），实授潮州城守千总。值土贼刘鸿等啸聚仙水隘，杀掠曾捷第家。钦龙奉宪檄，同弟钦魁，领兵夜冲贼营，杀刘鸿帐下，斩首百余级，生擒九爪龙、刘阿已等，械送弃市。康熙（1662—1722）初年，致仕归，赴赣抚呈复编守银子隘，设防险要，地方以宁。（光绪《嘉应州志》）——黄晓丹

【张亮采】

张亮采，字伯揆，海阳人。康雍年间（1662—1735）人。太学生。有《述怀答陈双山》铭志。（《古瀛诗苑》、《潮州诗萃》）——陈贤武

【张奕灵】

张奕灵（1625—1705），字潏生（一作"睿生"），大埔广陵（今属梅州大埔）人，由监生考授州同。好善乐施。有贷者辄焚其券。清初曾在乡里设寨栅，倡连乡捍御，出资赡各乡之无力者，互为防守，寇不敢犯。时邑俗里长凌虐甲户，奕灵嘱其子可梯以状闻，请革里长，当事者准其议，百姓戴德。尝捐修大水坑渡等，又修启圣祠，置田四十亩，为士子科举费。年九十一（府县志作"九十三"）卒，祀乡贤。（乾隆《潮州府志》、乾隆《大埔县志》、《大埔广陵张氏族谱》）——黄树雄

【张彦醇】

张彦醇，字仰杏，号韫川，大埔人。道光元年（1821）举人，十四年（1833）大挑一等，二十二年（1841）署河南内黄县事，旋署临漳知县。临漳有"官价"，凡布帛菽粟以至车马夫役，视民价半给，彦醇悉革去之。自下车至解任，凡一百七日，讯结案二百有奇。二十三年

(1842)，补兰仪知县，河南州县以兰仪最苦。其地为南北孔道，差徭烦重，彦醇按日给值，税课按例输钱，欢声载道。道光二十七年（1847）请假归，年七十卒。（同治《大埔县志》、光绪《临漳县志》）——黄树雄

【张送娘】

张送娘，饶平霞寨乡张静观之女。年六岁，适与扬康乡刘家为童养媳，其夫名胜直，年及壮即远出营生，时送娘九岁。及十八岁，夫在外身故，送娘克勤克俭，养一子为嗣，茹苦含辛，没齿无怨言，邻里无不悲其遇而称其节。（光绪《饶平县志》）——黄树雄

【张炳珩】

张炳珩，深澳人。咸丰初附生，后专攻医学，其术甚深，凡求诊者多奏效。迄晚年犹研究不懈，以其心得纂成医书多种，惜未梓行。子圣功，官南澳镇左营千总，加都司衔，封炳珩如其官。孙宏祝、宏畅、汉初，绍承家学，其医亦有名。（民国《南澳县志》）——黄迎涛

【张莹】

张莹，字彦良，别字烛野，大埔滦洲（今属梅州大埔）人。应试辄不遇，而向学弥笃，其言曰："人以名成而自足其学，是以名为学也。以名不成而自废其学，是以学为名也。皆非学也。"多置书籍，葺其曾祖所遗变化轩，集弟子而训诲焉。年三十七卒。（嘉庆《大埔县志》）——黄树雄

【张桐】

张桐，普宁人。增广生云经子。过目成诵，七岁能文，十五以五经童子试冠军，进潮阳县学，岁十八而殇，乡人哀之。（乾隆《普宁县志》）——陈新杰

【张振南】

张振南，原名春，号莞生，大埔湖寮（今属梅州大埔）人。咸丰二年（1852）举人。与同邑翰林何探源、进士饶褒甲、张薇并负才名。二上会试不第。邑人邱建猷为南康知府，延教其子。澄海举人邹枚、揭阳拔贡生周易皆出其门。丰顺丁日昌聘教其子弟于揭阳，公馆课读之余，与丁论文赋诗，相得甚欢。雅善吹箫，张氏为广东汉乐代表人物之一。卒年七十岁，著有《燕游日记》、《师竹山房诗文集》。（同治《大埔县志》、民国《大埔县志》）——黄树雄

【张铬】

张铬（1851—1904），字振笙，大埔白堠（今属梅州大埔）人。张家缙子。工书法，以浙江商籍中光绪十五年（1889）举人，二十四年（1898）中进士，任直隶清苑知县，三十年（1904）死于义和团运动。

（民国《大埔县志》、《大埔进士录》）——黄树雄

【张倬云】

张倬云，见"张薇"条。

【张凌云】

张凌云，号济川，丰顺双溪人。乾隆癸卯科（1783）武科举人。历任潮州镇标、饶平、惠来、普宁、镇平、平远各营千总，嘉应州城守巡防。缉捕严肃认真，且爱养兵卒，体恤民情。因父母年老，辞职奉养。值县发生灾荒，捐题百石平粜，知县秦泰旌以"麟阁先声"匾。（光绪《丰顺县志》）——陈贤武

【张家绂】

张家绂，号叔由，大埔白堠（今属梅州大埔）人。张家缙弟。曾任罗定州训导，丁内艰归，不复出，卒年四十有七。（同治《大埔县志》）——黄树雄

【张家缙】

张家缙（1802—1864），号小亭，大埔白堠（今属梅州大埔）人。明达有吏才，委办洋务，署浙江桐乡知县。修义塾，增膏伙。补石门知县。居官廉平，有政声。丁内艰，以太平军势迫，留办军务，往援徽州、宁国等处，屡建功。历署镇海、归安、临海等县知县，题授山阴知县。同治三年（1864），回石门知县本任，积劳成疾，遂卒于官，年六十三。（同治《大埔县志》）——黄树雄

【张展成】

张展成，见"张显文"条。

【张继宗】

张继宗（？—1855），字承运，普宁大坝人。长子张晓，字升仕；次子张宝，字保良。许亚梅之乱，咸丰五年（1855），知府文晟赴剿，继宗父子偕军勇扎大坝。七月十八日夜围大坝时，宝往府城，继宗与晓拒贼，势孤无援，父子俱遇害。宝志在复仇，率众千人随官军。八月，官军破贼于北山，擒许亚梅，枭首以祭继宗父子。（光绪《普宁县志》）——陈新杰

【张梦葵】

张梦葵，普宁人。贡生。仕乐昌县学训导。（乾隆《普宁县志》）——陈新杰

【张淇】

张淇，号右川，惠来龙溪都（今属揭阳惠来）人。进士张经次子，县学廪生。与兄张灏、弟张汉并有文名，庭闱和睦，自相师友。康熙十四年（1675），族伯张廉应岁贡，赴省试，路经博罗，中暑病亡。张淇适至，亲自为其殡殓。三十五年（1696）中举人第二名。次年饥荒，首倡捐赈，全活甚众。教育诸侄如同己子。未仕而卒。遗有《嘘云集》一卷。三子张蜥，举人。（雍正《惠

来县志》）——周修东

【张越云】

张越云，见"张薇"条。

【张超群】

张超群，字述俊，别字类山，大埔东文部（今属梅州大埔）人。弱冠风格谨严，喜宋儒道学，日阅《松阳讲义》、《朱子条辨》，爱不释手，赏心者皆手自抄录。乾隆十五年（1750）中举人，未谒选卒，著有《四书讲义》三十卷，未及梓，毁于洪水。（嘉庆《大埔县志》、乾隆《潮州府志》）——黄树雄

【张朝龙】

张朝龙（？—1789），原山西大同人，后移居云澳。行伍。叙功，乾隆四十年（1775）二月，任都匀协守备；九月，赏戴蓝翎；十二月，授黔西协都司。乾隆四十一年（1776），金川讨平。叙功，加二十八等，纪录二十五次，赏戴花翎。四十二年（1777）十月，署任天柱营都司。越年（1778），实授天柱营都司。四十七年（1782）十二月，升授广东抚标右营游击。五十一年（1786）升广东抚标中军参将。五十二年（1787），台湾天地会为乱，朝龙在庵古坑杀贼无算。叙功，赏赐"诚勇巴图鲁"。越年（1788）三月，晋广东黄冈协副将。同年六月升南澳镇总兵。五十四年（1789），进剿安南杀贼阵亡，准

入昭忠祠。谕旨交部从优议恤，照原衔量加一等议恤。谥壮果。按提督例赏予骑都尉、云骑尉世职。（1956年《粤闽南澳职官志》）——黄迎涛

【张朝栋】

张朝栋，潮阳贵山都人。性孝友尚义，处乡族间，不吝施予，靠其过活者数十家，而自奉极俭约。雍正四年（1726），饥荒，知县魏燕超以倡赈，旌表其闾。（嘉庆《潮阳县志》、光绪《潮阳县志》）——陈新杰

【张鼎臣】

张鼎臣，揭阳人。为人好义。康熙十三年（1674）地方兵乱，族人逃散，鼎臣不惜变卖家产，代纳税赋。兵乱平息，族众复归乡里，买田偿还，鼎臣坚辞不受。年八十二，被授冠带。（乾隆《揭阳县志》）——孙杜平

【张登瀛】

张登瀛（1781—1849），号云帆，丰顺埔仔寨人。监生，嘉庆十五年（1810）由从九品历署浙江宁波府经历，奉化、昌化、慈溪、乐清典史，二十五年（1820）署杖锡大钱渔浦司巡检，杭州府城南税课大使。所至多惠政。道光二十年（1840），丁内艰。复补湖州府莘市巡检。二十九年（1849），因办水灾赈济事，积劳成疾，卒于官。（光绪《丰顺县志》、道光《乐清县志》）——陈贤武

【张锦江】

张锦江（1741—?），字云亭，揭阳人。乾隆三十五年（1770）举人。四十八年（1783），授广东罗定学正。嘉庆四年（1799），升福建福安知县。居官自奉俭约，廉洁有声。每遇疑案，必多方访察，务得实情，人咸畏服。（乾隆《揭阳县志》、光绪《福安县志》、民国《罗定县志》、《缙绅全书》、《清代官员履历档案全编》）——孙杜平

【张鹏翼】

张鹏翼，饶平元歌都（今属潮州饶平）人。乾隆五十四年（1789）举人。嘉庆九年（1804）任广东乳源县训导。（同治《韶州府志》、光绪《饶平县志》）——黄树雄

【张腾蛟】

张腾蛟（？—1858），字明道，号海东，潮阳县廓都人。素隶兵籍，捕盗有名。道光二十四年（1844），腾蛟以把总捕获港内乡助乱之戴毓祥，迁千总，擢都司。太平军起，两粤骚动，腾蛟率所部进攻罗镜圩，身先士卒，炮击伤左腿，辄不顾，大小一百三十余战。因调赴广西，洪山七瓮桥之捷，上闻，赏伊德尔珂克巴图鲁，腾蛟愈感奋。协剿江宁，破太平军于上方桥，累升楚雄副将加总兵衔。咸丰八年（1858），福建顺昌报警，乃抱病兴师，行抵延平府卒。腾蛟在军八年，转战六省，所有悉厚赉士卒，及敛无余资。奉旨赐恤予祭葬银，宣付国史馆立传。（光绪《潮阳县志》）——陈新杰

【张 溶】

张溶，字宏升，别字达川，大埔人。张可栋子。诸生，乡试屡不中，援例入贡，纂有《诸经注解》，年八十七卒。子中声，乾隆五十一年（1786）举人。（嘉庆《大埔县志》）——黄树雄

【张 瑶】

张瑶，号香石，自称古狂子，大埔白寨（今属梅州大埔）人。府庠生，以孝子著闻，其诗词书画，为世所珍。（同治《大埔县志》）——黄树雄

【张嘉宾】

张嘉宾，海阳（今属潮州潮安）人。由饶平学。康熙十七年（1678）副榜。三十年至四十年（1691—1701）授广东始兴训导。（乾隆《潮州府志》、光绪《海阳县志》、道光《直隶南雄州志》）——陈贤武

【张 璒】

张璒，丰顺人。曾任广东遂溪儒学教谕。（光绪《丰顺县志》）——陈贤武

【张 蜊】

张蜊，字亦字，惠来龙溪都（今属揭阳惠来）人，张经孙，张淇季

子。雍正二年（1724）补雍正元年（1723）癸卯科举人第四名。子张德，乾隆举人。（雍正《惠来县志》、乾隆《潮州府志》）——周修东

【张　薇】

张薇（1819—1892），字省卿，号星曹，中岁别号惺道人，大埔人。咸丰二年（1852）举人，同治二年（1863）进士，分发河南，以亲老改福建，闽浙总督左宗棠委办军装。寻署瓯宁知县。母丧去任，服阕仍回河南，历署镇平、杞县、唐县、洛阳、西华诸县知县，两次充河南乡试同考官。为官洁己爱人而敏于事。所至省徭役、倡仓积、劝蚕桑、清积讼、惩猾吏，尤重兴文教，义学书院费给皆倾俸以办。秉性持正，不屑趋奉，故历任多政声，而久未能升迁，后始得加四品章服，擢直隶州知州衔，然已倦于仕途，光绪十五年（1889）以修墓乞假归，十八年（1892）卒于家。著有《且庵吟草》，凡二集，广东巡抚许振祎为之序。子倬云，字伯士，以廪膳生授德庆州训导。子书云，字仲士，庠生，皆能诗，早卒。子越云，字叔士，福建候补知府，父丧回籍，以母老不复出，清亡后绝口不言政事。官云，议叙盐大使。子龙云，号六士，民国时任揭阳、紫金县知事。（民国《大埔县志》、《大埔进士录》）——黄树雄

【张　翱】

张翱（1785—1819），字思飞，号仪坡，大埔人，张树勋子。嘉庆十二年（1807）解元，十九年（1814）进士，选庶吉士。二十二年（1817）散馆，改工部屯田司主事。翱才高学博，为乡试座主花杰所器重，遣其子演春、应春就邸受学。嘉庆二十四年（1819），遽疾卒于京邸，年仅三十五，亲属无一在京，演春兄弟为运柩归葬。生平博涉书史，勤于著述，下至医卜星相堪舆之学，无不旁通。游览名胜，遍大江南北，乘兴吟哦，长篇短歌，不一而足。后人辑有《张仪坡太史诗集》。（同治《大埔县志》、《大埔进士录》）——黄树雄

【张　灏】

张灏（1647—1692），字晴川，张经长子，惠来龙溪都（今属揭阳惠来）人，移居惠城。幼年为学使赏识，每试俱前茅，文章取法欧苏。康熙十一年（1672）中省试亚元，挑选知县。因其双亲年迈，不忍远离，特向吏部请求，改选本省教职。二十七年（1688）授化州学正。捐资修学宫，劳心课士，文风大振。上司赏其才能，委署知州。洁己恤民，深受州人爱戴。三十一年（1692）卒于官。著有《濯春堂集》二卷。长子钟，恩贡；次子琛，增广生；三子钺，县学生员。（雍正《惠来县志》、乾隆

《潮州府志》、乾隆《化州志》）——周修东

【陆元武】

陆元武，揭阳人。性仁厚，好与人平息争讼，甚或出钱为之和解，人咸称长者。卒年七十四。（乾隆《揭阳县志》）——孙杜平

【陆日升】

陆日升，海阳人。乾隆十年（1745）进士。（乾隆《潮州府志》、光绪《海阳县志》）——陈贤武

【陆文振】

陆文振，海阳人。雍正年间（1723—1735）岁贡。授新安训导。（乾隆《潮州府志》、光绪《海阳县志》）——陈贤武

【陆文蔚】

陆文蔚，海阳人。顺治十四年（1657）岁贡。授兴宁训导。（乾隆《潮州府志》、光绪《海阳县志》）——陈贤武

【陆正臣】

陆正臣，揭阳人。性喜施予。雍正四年至五年（1726—1727）间，连岁饥荒，邻里多贫穷无告者，正臣日给每人五升米，人皆戴德。卒年八十一。（乾隆《揭阳县志》）——孙杜平

【陆尔峰】

陆尔峰，揭阳人。性好学，老而弥笃。教授生徒，多列县学。被授给冠带。卒年九十六。（乾隆《揭阳县志》）——孙杜平

【陆亨州】

陆亨州，揭阳人。生平好学，工于书法。被授予顶戴。卒年八十五。（乾隆《揭阳县志》）——孙杜平

【陆得勇】

陆得勇，海阳人。潮阳营把总，补陆路提标，河源千总。（光绪《海阳县志》）——陈贤武

【陆焕文】

陆焕文，海阳人。授潮州镇中营千总，署黄冈右营守备。（光绪《海阳县志》）——陈贤武

【陆应瑄】

陆应瑄，字蜀铅，饶平西城（今属潮州饶平）人。陆正之子。少聪敏，力学不倦，不问户外事。康熙十一年（1672）中举人，十二年（1673）成进士。潮州总兵刘进忠起兵反清，应瑄避祸逃隐，专意培养后学，未仕而卒。（康熙《饶平县志》）——黄树雄

【陆鹏腾】

陆鹏腾，潮阳西平人。乾隆十年（1745）武进士。（嘉庆《潮阳县志》）——陈新杰

【陈乃贤】

陈乃贤，澄海下外莆都（今属汕头澄海）人。性孝友。雍正四年（1726）饥荒，煮粥施济饥民。晚年，

有贷息不能偿还者,乃贤即将借券焚烧,免其债务。(乾隆《澄海县志》、嘉庆《澄海县志》)——蔡文胜

【陈又正】

陈又正,字端斋,澄海苏湾都(今属汕头澄海)人。性至孝。出世一周岁,父逝。及长,竭力以奉母,曲尽孝道。兄弟和睦,其乐怡怡。乾隆六十年(1795)大饥,煮粥施食于路,乡人德之。(嘉庆《澄海县志》)——蔡文胜

【陈于燨】

陈于燨,字紫岚,号茧翁,海阳人。知县陈学典子。乾隆年间(1736—1795)诸生。穷而好学,垂老不倦,终日手一编,泊如也。就目之所视,手之所抄积而成帙,名曰《枕余偶摭》。稿本,未刊。(《潮州艺文志》)——陈贤武

【陈士元】

陈士元,字辉梓,惠来龙溪都人。少时父丧,与长兄相依为命。稍长,入选县学生员。设馆授徒,收入一半分与其兄。其师范严肃,有所体会,尽言无隐,士人多事之为师。应康熙十九年(1680)岁贡。晚年作诗言志,有"从今尽把缥缃业,留付孙支绍作求"之句。次子之琇,为督学翁方纲首拔,县人以为能箕裘克绍。(雍正《惠来县志》、乾隆《潮州府志》)——周修东

【陈士伟】

陈士伟,字子章,澄海下外莆都(今属汕头澄海)人。幼年丧母,事父愉色婉容。因康熙年间沿海"迁斥",祖业飘零。士伟辛勤经营,恢复家业。生平急功好义,知县刘琦龄重修城隍庙,委其董理。雍正元年(1723)恩例给八品冠带。年八十六卒。(雍正《澄海县志》)——蔡文胜

【陈士孚】

陈士孚(?—1669),字挛之,海阳人。陈衍虞次子。明经。赴乡试八次不售。擅诗。(《莲山诗集点注》)——陈贤武

【陈士规】

陈士规,字景之,号鹤洲,海阳人。诸生。陈衍虞侄。有《咽珠堂集》。与诸弟及从子砚村早年作,合刻为《莲山家言》七种。(《潮州诗萃》)——陈贤武

【陈士显】

陈士显,字孟长,澄海下外莆都(今属汕头澄海)人。恂谨温厚,教子勤俭起家。喜施舍,周困乏,掩遗骸,不遗余力,绰有古风。(雍正《澄海县志》)——蔡文胜

【陈士修】

陈士修,海阳人。岁贡。乾隆三十年(1765)七月选广东番禺训导。(《清代缙绅集成》)——陈贤武

【陈士振】

陈士振,字刡千,澄海下外莆都(今属汕头澄海)人。少聪颖力学,及长,负气节,乐施与。中康熙二年(1663)举人,授归善教谕,丕变士习,所得俸银悉为捐助之用,有清白之风。卒于官。(雍正《澄海县志》、乾隆《澄海县志》)——蔡文胜

【陈士鼎】

陈士鼎,字位之,海阳人。陈衍虞长子。诸生。顺治十二年(1655)卒,年三十岁。著有《洞中草》。(《古瀛诗苑》、《潮州诗萃》)——陈贤武

【陈士献】

陈士献,号梅亭,揭阳(今属揭阳榕城)人。康熙十七年(1678)举人。三十三年(1694),授四川荣县知县。到任振兴学校,鼓励农桑,重士爱民。尝两聘为乡试分考官,号称得人。八年任满,升南城兵马指挥。剔抉奸究,缉捕狡猾,能善其职。后归里而卒,年七十七。侄鹏程,康熙五十二年(1713)举人。雍正十三年(1735),任广东东莞教谕。(雍正《揭阳县志》、民国《荣县志》、民国《东莞县志》)——孙杜平

【陈大成】

陈大成,揭阳人。为人和易乐善。由附生捐训导,加翰林待诏衔。卒年九十。(光绪《揭阳县续志》)——孙杜平

【陈大观】

陈大观,字恭客,澄海苏湾都(今属汕头澄海)人。例贡生。为人孝友,乐善好施。年过六旬,对双亲犹小心奉养,不离左右。与弟大英等终世同居,毫无争执。乾隆六十年(1795)大饥,捐资赡养族人。每遇水灾,辄先出己资护守堤岸,乡邻甚德之。年八十一卒。(嘉庆《澄海县志》)——蔡文胜

【陈大来】

陈大来(1787—1850),字淑泰,号春山,潮阳贵山都人。素重友谊,凡同类有窘急者,辄解囊周恤。由廪贡选英德教谕,署乐昌教谕,以文行课诸生。寻以终养乞归,讲学不倦。以子应时,赠修职郎、香山教谕。(嘉庆《潮阳县志》、光绪《潮阳县志》、《贵屿古今人物辞典》)——陈新杰

【陈大坤】

陈大坤(约1786—1846),陈功之父。云澳人,行伍。咸丰元年(1851)任南澳镇左营守备,海战骁勇,调台湾艋舺守备。道光二十六年(1846)卒。(民国《南澳县志》)——黄迎涛

【陈大捷】

陈大捷,海阳人。由行伍出身授

千总。雍正元年（1723）癸卯恩科武举人。雍正十三年（1735）随征黔省叛军，攻婁等八寨，多获首功。乾隆元年（1736）进剿羊吊、洞里、交歪、牛皮大箐等，直扫贼巢。又攻旁岑、养沙等寨，皆著劳绩。七年（1742），议叙儋州营守备，十年（1745）迁贵州永安营都司，升安笼游击，历朗洞参将。卒于官。（光绪《海阳县志》、乾隆《琼州府志》）——陈贤武

【陈　才】

陈才，潮阳人。官澄海左营守备。（光绪《潮阳县志》）——陈新杰

【陈万元】

陈万元，字其善，潮阳县廊都人。蓝鹿洲门人。乾隆十三年（1748）进士，官邱县知县，改南雄府教授。（《棉阳学准》、嘉庆《潮阳县志》）——陈新杰

【陈万盛】

陈万盛，字君冕，号毅斋，海阳（今属潮州潮安）人，侨居揭阳。训导陈天纯子。增广生。性孝友，敦行谊。母病，服侍累月，衣不解带。父殁于文昌，辗转扶柩归里，哀毁骨立，悲泣无已。仲兄早逝，嫂孀侄幼，请让己产，以益兄家。有友发狂，人皆舍去，万盛独为调护，病得痊愈，人咸许其义气。卒年六十六。子雄略，乾隆三十年（1765）举人；子雄思，乾隆五十一年（1786）举人第一名，官教谕。（乾隆《揭阳县志》、咸丰《文昌县志》、民国《潮州陈氏有庆堂族谱》）——孙杜平

【陈万善】

陈万善，字元长，揭阳人。候选州同。生平品行谨悫，有声于时。雍正四年（1726）间，岁荒民饥，万善出谷平粜，又捐米惠邻，人皆感德。（乾隆《揭阳县志》）——孙杜平

【陈上玉】

陈上玉（1743—1808），字弥英，号璞庵，揭阳人。例贡，候选训导。性耽诗文，手不释卷。著述颇丰，有《字韵亨通》、《教家要语》、《近思轩集》等。（《庵后陈氏族谱》）——孙杜平

【陈上苑】

陈上苑，海阳人。康熙年间（1662—1722）岁贡。三十八年（1699）授广东阳山教谕。（光绪《海阳县志》、光绪《广州府志》）——陈贤武

【陈义勇】

陈义勇，海阳秋溪都（今属潮州湘桥）人。乾隆三年（1738）武举人，四年（1739）武进士。（光绪《海阳县志》）——陈贤武

【陈义章】

陈义章，字得中，丰顺北胜占头

人。寿一百零三岁，亲见六代孙，绕膝百人，恩赐六品冠带，广东提学白镕赠题"升平人瑞"，按察使耆善题"盛世耆英"，知县陆翰题"开邑百龄"匾。赐建坊银，道光六年（1826）立"旌表百岁坊"于占头。（光绪《丰顺县志》）——陈贤武

【陈之元】

陈之元，字及三，又字慎庵，海阳人。家贫笃学，钞书无间风雨。聚徒讲课，不问户外事。康熙四十五年（1706）岁贡。困棘闱，以岁荐终。擅诗。（光绪《海阳县志》、《古瀛诗苑》、《潮州诗萃》）——陈贤武

【陈之论】

陈之论，字萃云，普宁人。好行善事。雍正四年（1726）及五年（1727），岁饥，出钱米助赈。又尝出资，率其子明伦、明扬，修盐岭径，惠、普通衢自是无跋涉之虞。他如和平桥、贵屿路、东洋路，俱不惜费修理，有裨于闾里族党。（乾隆《普宁县志》）——陈新杰

【陈飞龙】

陈飞龙，字云树，海阳人。监生。乾隆三十年（1765）分发福建省任吏目，三十一年（1766）九月题长汀县古城寨巡检。（《清代缙绅集成》）——陈贤武

【陈飞鹏】

陈飞鹏，海阳人。乾隆十五年（1750）举人。二十六年（1761）十一月选广东永安县教谕，四十二年至四十三年（1777—1778）任乳源教谕。（光绪《海阳县志》、同治《韶州府志》、《清代缙绅集成》）——陈贤武

【陈子良】

陈子良，揭阳人。乾隆十七年（1752），被授八品顶带。卒年八十八。（乾隆《揭阳县志》）——孙杜平

【陈子京】

陈子京（1634—1712），字西侯，农家子也。父懋诚，与邻蔡七争水积怨，时邱辉骚扰乡里，七伙之，一日率群盗追杀懋诚。子京年稍长，思父事辄暮夜饮泣，乃变产得二百金埋地中，求壮士为父复仇。适七随邱辉外出，不得。及邱辉窜台湾，七回家，京侦知之，具器械率壮士夺门先入，登其床，目眦为裂。遂共擒七至乡外尖墩，手刃之。乃发埋金酬壮士。食贫终其身。（《蓝鹿洲集》、嘉庆《潮阳县志》）——陈新杰

【陈子承】

陈子承（1720—？），字仰斋，号铁山，揭阳人。武举陈元才子。乾隆十八年（1753）拔贡，二十五年（1760）举人，初授觉罗官学教习。三十一年（1766），拣选知县，分发直隶试用。署南宫县，补授永年。五

十七年（1792），升湖南衡州通判。子承能诗善文，尤工大字。尝协修县志。（乾隆《揭阳县志》、嘉庆《衡阳县志》、《缙绅全书》、《揭西文史》、《清代文字狱档案辑》）——孙杜平

【陈子瑜】

陈子瑜，揭阳人。举人陈文藻父。生平韬光守朴，不好华缛。卒年八十六。（乾隆《揭阳县志》）——孙杜平

【陈王文】

陈王文，揭阳人。生平持己端方，友爱兄弟。邻里有矛盾者，得其片言即解。邪恶之徒，尤忌惮之。尝被举为乡宾。卒年八十五。（乾隆《揭阳县志》）——孙杜平

【陈王昭】

陈王昭，揭阳人。生平周急睦邻，建桥修路，为乡里信赖。卒年八十五。（乾隆《揭阳县志》）——孙杜平

【陈王猷①】

陈王猷（1663—1730），字良可，号砚村，又号息斋，海阳郡城（今属潮州湘桥）人。举人陈衍虞孙。康熙二十年（1681）举人，五十六年（1717）授广东连州学正，肇庆府教授。历官所至有政绩。举家孝友。著有《蓬亭偶存诗草》十五卷，附诗余草三十七首。诗古体出入韩杜，近体旁涉中晚诸家，词亦婉约可诵。（乾隆《潮州府志》、光绪《海阳县志》、《肇庆教授砚村陈公墓志铭》、《潮州艺文志》）——陈贤武

【陈王猷②】

陈王猷，字若思，揭阳人。武举陈来凤、元才祖。生平博通经史，兼涉艺术，尤精堪舆。凡有择葬、建祠，向其谘询，王猷不辞劳苦往视，尽言相告，人皆敬礼。（乾隆《揭阳县志》）——孙杜平

【陈开哲】

陈开哲，字哲之，澄海下外莆都（今属汕头澄海）人。和易仁厚，能急人之难。乾隆九年（1744），洪水冲决陇尾堤，田庐尽淹。开哲首倡筑堤，且身亲其役，七日而堤成。又尝修平郡城急水坑道百余丈，以利行人。（乾隆《澄海县志》、嘉庆《澄海县志》）——蔡文胜

【陈天玉】

陈天玉，程乡罗衣堡（今属梅州梅江）人。雍正元年（1723）举人，经多次赴京会试，于乾隆二年（1737）恩科中进士，授广东潮州府教授。（《梅州进士录》）——黄晓丹

【陈天生】

陈天生，字祉典，又字予长，惠来县惠来都人。康熙六十一年（1722）恩贡生，雍正九年（1731）任肇庆府阳江县学教谕。尝与谢天选

等受聘分纂《惠来县志》。著有《东村诗钞》。(雍正《惠来县志》、乾隆《潮州府志》、光绪《肇庆府志》)——周修东

【陈天达】

陈天达(约1612—约1703),字可行,深澳人,少孤,甚贫,岁授徒自给,为弟妹婚嫁费。时南澳虽未入清版图,闽粤已归附,故潜海应试,携家入册,居福建漳浦。康熙二年(1663)中福建榜举人。九年(1670)成进士。十三年(1674)耿精忠反清,天达携家入山,与弟子讲说经义。十六年(1677)海疆恢复,总督姚启圣将疏荐于朝,天达以老病固辞。乃止。日与亲友子弟讲学课文,年九十犹手不释卷。卒年九十有二,祀乡贤。康熙九年(1670)曾为云霄紫阳书院义学作《云霄义学记》,在云霄创建石矾塔。(民国《南澳县志》、《云霄厅志》)——黄迎涛

【陈天成】

陈天成,字琼先,揭阳人。贡生。品行芳洁。少颖慧,操笔千言立就。生平学富文史,见阿谀之辈,不假辞色。名其斋曰"月窝",内置怪石异花,时而焚香烹茶,鼓瑟歌诗,乐以终老。(乾隆《揭阳县志》)——孙杜平

【陈天材】

陈天材,海阳人。乾隆二十七年(1762)二月题浙江归安县典史。(《清代缙绅集成》)——陈贤武

【陈天纯】

陈天纯,字慧千,海阳隆津都(今属潮州潮安)人。性孝友,重然诺。弱冠补弟子员,屡试冠军。潮州总兵刘进忠未叛时,闻其名征之,不就。康熙十一年(1672)、十二年(1673)兵燹,复经学久废,天纯独以六经为本,故为文根柢深厚,力追先正,游其门者多成进士。虽屡困场屋,未尝纤毫介意。康熙四十七年(1708)与许日炽同以五经应乡试,通闱五经者仅十数人。许投卷先出,受卷官将以微疵摈斥。天纯为力争得改正,日炽遂以是科获隽。天纯仍落第,其豁然大公,视人犹已如此。龙津书院饶膏火,兼有科举费,戚里邀之入社。天纯婉辞,谓:"不可以利故贻人口实。"生平砥行砺名,动作必准礼法,虽仓猝无敢苟。康熙五十三年(1714)膺岁贡,任文昌教谕,多善教云。(乾隆《潮州府志》、光绪《海阳县志》)——陈贤武

【陈天眷】

陈天眷,字睿夫,号祜士。澄海下外莆都(今属汕头澄海)人。康熙十九年(1680)岁贡。康熙十三年(1674)刘进忠据潮州反清,天眷偕

亲戚、族人逃避海阳、揭阳间，犹讲学不倦，出其门者多名士。所得薪金悉以资族之困乏者，自甘饥寒无悔。性耿介，耻干谒，治《尚书》，尤邃于性理之学，得祖伯陈海涯"良知"之传。年八十三卒。长子利生封赠奉政大夫；次子增华中举人；三子颖发入国子监；曾孙钱浩成进士，授侍卫。（雍正《澄海县志》、乾隆《澄海县志》、乾隆《潮州府志》）——蔡文胜

【陈元才】

陈元才（1694—1778），字汉先，号健亭，揭阳人。通判陈子承父。康熙五十三年（1714）武举。性仗义，好施予。遇邻里有丧、旅行告匮，每每设法，成全所求。雍正四年（1726），县发大水，毁坏房屋、淹没人畜无数，元才为疏通障碍，杜其后患。又筑"万人冢"，以收埋遗尸。明年，县大饥荒，元才设厂煮粥，接济饥民。寒者与衣，病者赠药，死者给棺，又蠲除佃户田租、贫户钱债。两年共费千余金。乡人为之勒石，以志不忘。在乡又修建"鸿溪""天绅"二桥，建造书院、寺观等。生平嗜好书法，得颜平原笔意。晚年益耽史传，乐以忘老。知县陈树芝雅重其行，上报其好义之举。后，知县王壂又举为乡宾。乾隆三十九年（1774），重与"鹰扬宴"。年八十五卒。（乾隆《揭阳县志》、《揭西文史》）——孙杜平

【陈元和】

陈元和，字尔占，揭阳人。性耿直刚正。由诸生援捐主簿。借补福建南平大乌司巡检。当地旧有牛税，官皆由此沾益。元和到官，即时罢除。后以丁忧归。乾隆二十三年（1758），起补福安白石司，益励清操。两任共十年，百姓咸悦服。引老归里。卒年七十七。（乾隆《揭阳县志》、光绪《福安县志》）——孙杜平

【陈元祝】

陈元祝，字良庆，澄海下外莆都（今属汕头澄海）人。少孤家贫，事母孝顺。及长，往来吴粤为商，起家累万，得财未尝自私，抚弱弟孤侄成立。有借贷者，资助无所吝惜。有近亲某在京中为官，家中贫乏，元祝前后贷之至二千余金，及元祝病笃，召子侄辈取券焚之。（乾隆《澄海县志》、嘉庆《澄海县志》）——蔡文胜

【陈元哲】

陈元哲，行伍。深澳人。乾隆间（1736—1795）任南澳镇标左营千总。（乾隆《南澳志》）——黄迎涛

【陈元浚】

陈元浚，字雄深，号禹溪，澄海蓬洲都（今属汕头市区）人。笃志经学，督学使者吴鸿取为县学庠生第

一名,刻其文于《粤东试牍》,以为范文。中乾隆四十四年(1779)恩科举人第二名。嘉庆元年(1796)大挑列二等,借补香山县训导。从学者众,添设馆舍于学署旁之毛家祠,进士伍彭年,举人黄绍庭、郑廷槐皆其门徒。主澄海县景韩书院讲席数年。有《致和堂稿》、《新辑劝善编》、《觉世真经注证》行世。年八十一卒于家。(嘉庆《澄海县志》)——蔡文胜

【陈元德】

陈元德,普宁人,程乡籍。雍正二年(1724)补行癸卯正科,中举人第三名。七年(1729),任巴县知县。为诗品格自高,读之萧然意远。(雍正《四川通志》、乾隆《普宁县志》、《潮州诗萃》)——陈新杰

【陈 云】

陈云,字铭轩,海阳人。光绪二十六年(1900)恩贡。著有《睡足楼诗集》,不分卷,稿本。(《潮州艺文志》)——陈贤武

【陈云栖(沈凤石妻)】

陈云栖(沈凤石妻),字玉贤,澄海人。海阳秀才沈凤石之妻。幼喜读书,尤好吟咏。镜台奁侧,皆典籍焉。稍长工诗,惜早卒。(《潮州诗萃》)——蔡文胜

【陈云鹤】

陈云鹤,潮阳招收都人。廪贡,官顺德训导。(清光绪《潮阳县志》)——陈新杰

【陈艺蘅】

陈艺蘅,字博之,一字爱园,海阳人。陈衍虞侄。诸生。擅诗,著有《爱园诗集》。(《古瀛诗苑》、《潮州诗萃》)——陈贤武

【陈日正】

陈日正,号通亨,揭阳人。例贡生。少贫而好读书,为养亲计,弃学从商。贸易三十余年,家致小康。为人有孟尝之风,一生为人所欠之债,不下万金,临终悉焚券簿。咸丰四年(1854),寇盗四起,地方戒严,募兵筹饷,日正尽出余蓄,以助公用。知县王皆春奏报大吏,请给顶戴,日正辞之不受。咸丰七年(1857)、同治四年(1865),两遇饥荒之年,日正出谷平粜,又施食济民,乡里感德。生平事母尽孝,爱侄如子,修复先坟,捐置祭产,振穷恤贫,善举甚多。(光绪《揭阳县续志》)——孙杜平

【陈日光】

陈日光,潮阳人。行伍。嘉庆(1796—1820)间,任南澳镇标海门营千总。(光绪《潮阳县志》)——陈新杰

【陈日亮】

陈日亮,字元惠,号寅斋。澄海下外莆都(今属汕头澄海)人。父

名纲,字道朋,性孝友,勤奋好学。年二十早丧。日亮少时聪敏,及长,抱负不凡,有经世之智。援例授同知,分发湖南委用。乾隆二十七年(1762)任常德府同知,四十年(1775)任辰州府同知。历任宝庆、常德、永绥、长沙等府代理知府,口碑载道。曾奉命采办楠木,遭暴水冲失,独力赔补,义声达于上官。适逢云南用兵,委往贵州办理凯旋官船,并接解京局黑铅。历官二十余年,无不称职。上级嘉其贤劳,力拟保荐,不意以疾卒于官。(嘉庆《澄海县志》、嘉庆《湖南通志》)——蔡文胜

【陈长民】

陈长民,潮阳县廓都人。康熙二十六年(1687)乡试举人第二十五名,广东提督李士祯赠匾。尝参与校订《潮阳县志》。(雍正《广东通志》、嘉庆《潮阳县志》)——陈新杰

【陈长墉】

陈长墉(1796—?),字奕科,号勤斋,揭阳人。举人陈荣光子。道光五年(1825)拔贡。历署四川新繁、安岳、蒲江、荣县知县。十六年(1836),补授开县。在任以捐修县城功,加知州衔。二十五年(1845),调富顺知县。捐修回澜、文光两塔,以培文风。二十八年(1848),升雷波抚夷通判。居官慈惠爱民,廉洁自守,不妄取民间一钱。时命人取财于家,以资公用。父老感戴,称颂不已。(《清宣宗实录》、咸丰《开县志》、同治《富顺县志》、光绪《揭阳县续志》、光绪《雷波厅志》、《缙绅全书》、《道光乙酉科明经通谱》)——孙杜平

【陈公来】

陈公来,海阳人。康熙十四年(1675)岁贡。康熙三十三年(1694)授广东遂溪训导。(乾隆《潮州府志》、光绪《海阳县志》、嘉庆《雷州府志》)——陈贤武

【陈氏(方士虬妻)】

陈氏(方士虬妻),惠来西头都人。士虬去世,陈氏年方二十五,哀毁不食者七日,以公婆在堂,二孤在抱,勉强苦守,勤事纺绩,以奉养公婆,清苦课督,教子勤学。二子方琼、方琰俱克承训教,以孝友著声。知县嘉其德,有"节孝流徽"之赠。九十三岁时无疾而逝。(雍正《惠来县志》)——周修东

【陈氏(方天佐妻)】

陈氏(方天佐妻),惠来人。天佐去世时,陈氏年方二十一,孤儿才周岁。陈氏忍死存孤,支撑门户,备历艰辛,卒能教诲成立。去世时七十余岁。子文捷,府学生员。(雍正《惠来县志》)——周修东

【陈氏（方应祐妻）】

陈氏（方应祐妻），惠来酉头都人，举人陈琳之妹。年二十一，生一子，方六月，其夫去世，陈氏清苦守节，白首如一，事公婆以孝，尽丧祭以礼。享年七十二岁。知县赠匾，学使旌表其门。（雍正《惠来县志》）——周修东

【陈氏（吴淑秀继妻）】

陈氏（吴淑秀继妻），潮阳人。夫亡守节，抚前氏子成立，康熙二十五年（1686），知县彭象升赠曰"贞操扬徽"。（光绪《潮阳县志》）——陈新杰

【陈氏（张美辉妻）】

陈氏（张美辉妻，1784—?），潮阳县廓都人。光绪十年（1884）岁一百有一，五代同堂。（光绪《潮阳县志》）——陈新杰

【陈氏（张懋悦妻）】

陈氏（张懋悦妻），潮阳人。年二十二，举一子而夫卒。会岁凶，采桑自食，留麦饭奉姑。卒年八十八。雍正六年（1728），建坊旌表。（乾隆《潮州府志》）——陈新杰

【陈氏（陈开义女）】

陈氏（陈开义女），澄海人。廪生陈开义之女，叶茂柏之妻。成婚两载，夫卒，遗孤十月，翁姑老而贫，陈氏勤针指，重孝养，及没，竭力营办丧葬。抚孤课读，有"孟母断杼"之风。（雍正《澄海县志》）——蔡文胜

【陈氏（洪国惠妻）】

陈氏（洪国惠妻），澄海下外莆都（今属汕头澄海）人。年二十嫁冠山洪国惠。二十二岁夫卒。翁姑继逝，陈氏竭力营葬，抚子洪肇基为继。亲属颇肆侵凌，余业荡然。陈氏靠针指度生，育婴御侮，苦不堪言。肇基青年即入泮，成恩贡生，皆其母教养之力。澄海知县李书吉给匾旌奖。（嘉庆《澄海县志》）——蔡文胜

【陈氏（翁懋川妻）】

陈氏（翁懋川妻，1785—?），潮阳黄陇都人。年廿八守节。光绪十年（1884）已百岁。子昭德，职监。（光绪《潮阳县志》）——陈新杰

【陈氏（萧名山妻）】

陈氏（萧名山妻），潮阳县廓都人。年百岁。子黼臣，职监。（光绪《潮阳县志》）——陈新杰

【陈氏（魏兴享妻）】

陈氏（魏兴享妻），潮阳冈贝人。年一百有十一。告终之日，其子女皆年近九十，闻者传为盛事。（光绪《潮阳县志》）——陈新杰

【陈凤翔】

陈凤翔，惠来人。荫生。光绪初年湖南巡抚王文韶集资重刊程祖庆《练川名人画像》，凤翔负责重刊摹

像。同治七年（1868）任湖南零陵县丞，其后开缺，同治九年（1870）、十年（1871）二次回任。十二年（1873）选泰和县丞，二十一年（1881）仍在任。（光绪《湖南通志》、光绪《零陵县志》、光绪《广东文武官员各省缙绅录》）——周修东、孙杜平

【陈六三】

陈六三，普宁黄坑都人。忠厚传家，乐善不倦。乾隆十一年（1746），巡抚准旌曰"奕叶传芳"。（光绪《普宁县志》）——陈新杰

【陈文合】

陈文合（1705—1758），字任之，澄海下外莆都（今属汕头澄海）人。陈正夏之子。性和厚，寡言笑。乾隆六年（1741）举人，初授直隶束鹿知县，继调任邱县，俱有惠政。邱县地当南北要冲，凡往来有乏者，皆资之。二十二年（1757）改授江苏娄县知县。二十三年（1758）卒。（乾隆《澄海县志》、嘉庆《澄海县志》、乾隆《娄县志》）——蔡文胜

【陈文茂】

陈文茂，字岱之，澄海下外莆都（今属汕头澄海）人。少贫，及长，远涉江湖经商，发奋成业。兄弟已分家，终赖以赡其家。文茂终生无吝色，晚年捐助尤多。子陈名荣，任湖州府通判。（乾隆《澄海县志》、嘉庆《澄海县志》）——蔡文胜

【陈文选】

陈文选，揭阳人。监生。生平好为人排难解纷。卒年九十六。（光绪《揭阳县续志》）——孙杜平

【陈文炳】

陈文炳，海阳人。乾隆四十八年（1783）武解元，五十八年（1793）武进士。授侍卫。（光绪《海阳县志》）——陈贤武

【陈文萃】

陈文萃，字凝之，澄海下外莆都（今属汕头澄海）人。雍正四年（1726）、五年（1727）连年饥荒、瘟疫，文萃竭力施济。有向其借贷者，多不催讨。年三十九卒。（乾隆《澄海县志》、嘉庆《澄海县志》）——蔡文胜

【陈文裕】

陈文裕，字庆青，饶平隆都（今属汕头澄海）人。以力田起家，为乡人所信服。乾隆三十四年（1769）大水，家乡堤围毁损，文裕捐资填筑，一方赖之。晚岁尤乐善好施，有司颁牌匾曰"古稀逸叟"。（《饶平县志补订》）——黄树雄

【陈文韬】

陈文韬，澄海人。雍正元年（1723）举人。官从化教谕。（嘉庆《澄海县志》）——蔡文胜

【陈文蔚】

陈文蔚，字豹之，澄海下外莆都（今属汕头澄海）人。陈正运之子。双亲早丧，由伯父抚育。弱冠时以孝谨称。康熙四十一年（1702）中武举人，四十二年（1703）成武进士。随军至碣石，授职武德将军。未几，伯父寝疾，告假归家省视，旋以足疾辞职，退居乡间，课督子弟，敦睦族党。凡邑有善举，如修筑东林堤、文明楼诸役，皆竭力倡率。（乾隆《澄海县志》、嘉庆《澄海县志》）——蔡文胜

【陈方平】

陈方平（1827—1892），族名泽翘，字敬谨，号端崖，海阳古巷（今属潮州潮安）人。有孝行。咸丰十一年（1861）拔贡生，官会同教谕。清苦自励，广修校舍，整饬学规，选拔隽秀，惩处顽少。同治十年（1872）以母老，乞归养。加内阁中书衔。生平勤学嗜古，老而弥笃。知县卢蔚猷闻其名，延助修邑志。受诗法于镇平黄香铁先生，李子黼称其性情已真，才笔亦健。著有《梅花书屋诗钞》四卷、《详注岭南七家诗选》四卷。郑国藩称："清之季世，海阳有二大师，曰陈端崖，曰李秋畹，各以科举之学教育英俊。"（光绪《海阳县志》、《似园文存》、《潮州诗萃》）——陈贤武

【陈予迈】

陈予迈，澄海中外莆都（今属汕头澄海）人。性好施。雍正五年（1727）大饥之后，民患时疫，死者相望。予迈为之收理。乡人德之。（乾隆《澄海县志》、嘉庆《澄海县志》）——蔡文胜

【陈　玉】

陈玉，号辉山，陈攀长子。澄海下外莆都（今属汕头澄海）人。乾隆六十年（1795）举人，以国史馆校录，议叙知县。受其父教诲，赎回公蒸产业，倡立义庄，捐款料理朋友棺木，助其眷属回乡，多行善举。（嘉庆《澄海县志》、《远游诗钞》）——蔡文胜

【陈玉钰】

陈玉钰，云澳人。行伍。南澳镇标左营外委。同治十年（1871）任南澳镇标左营把总。（民国《南澳县志》）——黄迎涛

【陈玉球】

陈玉球，海阳人。雍正年间（1723—1735）岁贡。授长宁教谕。（乾隆《潮州府志》、光绪《海阳县志》）——陈贤武

【陈正开】

陈正开，字克远，潮阳贵山都人。雍正十年（1732）举人。仕四会县学教谕。（《棉阳学准》、乾隆《普宁县志》）——陈新杰

【陈正运】

陈正运，字子广，澄海下外莆都（今属汕头澄海）人。陈复平次子。博涉群书，尤邃于《易》。以孝悌闻。康熙十三年（1674）潮州总兵刘进忠反清，胁迫参与，正运抵死不从。时军务繁多，赋役紧逼，正运竭力奉公。亲戚族人有欠交赋税者，代为清还。卒后祀乡贤。子陈文蔚，康熙四十二年（1703）武进士。（雍正《澄海县志》、乾隆《澄海县志》、道光《广东通志》）——蔡文胜

【陈正夏】

陈正夏，字子寅，澄海下外莆都（今属汕头澄海）人。康熙四十一年（1702）岁贡，以经学教授乡里。尤笃亲谊，凡族人有急者，咸周济之。又捐书田于祖祠以资学者，倡捐修复套子堤。他如输义仓赈饥民，平治道路，义声闻于远近。年八十四卒。子陈文合，乾隆六年（1741）举人。（乾隆《澄海县志》、乾隆《潮州府志》）——蔡文胜

【陈　功】

陈功（1812—1887），字子豪，号克成，云澳人。少习武，善水务骑射，道光间（1821—1850）随父大坤从军于台湾艋舺营，任亲丁，屡立战功，赏戴蓝翎。同治十一年（1872）由南澳镇左营游击代理总兵。任间常冒风涛，飞帆巡海，盗艘绝迹，南峤晏然，并捐资创建云澳莟园迎云庵，去时士民思之。光绪十三年（1887）卒。（1956年《粤闽南澳职官志》）——黄迎涛

【陈世会】

陈世会（1734—？），字绎斋，海阳人。贡生，乾隆二十三年（1758）二月以新江赈事例捐纳通判，掣签得授湖南辰州府粮捕通判。（光绪《海阳县志》、《清代官员履历档案全编》、《清代缙绅集成》）——陈贤武

【陈世英】

陈世英，字奕焜，号晦岳，海阳归仁都（今属潮州潮安）人。雍正四年（1726）丙午科武举人，补用守备。——陈贤武

【陈世显】

陈世显，字智名，号誉亭。澄海下外莆都（今属汕头澄海）人。陈鸿璧长子。由贡生援例授主事。为人急公好义。乾隆三十年（1765）澄海县明伦堂、尊经阁为飓风毁坏，世显出银四百余两为倡且亲董其役。工竣，知县陆元淳亲书"誉流黉序"匾额表彰，又请惠潮嘉道台陈公题匾旌表。四十四年（1779）倡筑南桥关以御洪水、挡咸潮，知县许宪赠以"秉心塞渊"匾额。乡人勒石于棠荫亭边以颂其德。（嘉庆《澄海县志》）——蔡文胜

【陈世钢】

陈世钢，揭阳人。持身和厚，好为人息纷争。乡邻有争斗，则婉言劝解。居家谨饬，惟督子弟耕读，无故不干官府。遇有贫寒求借，量力相助。年八十二，县学呈报其事，上司以"耆德可彰"匾给予褒奖。（乾隆《揭阳县志》）——孙杜平

【陈世俊】

陈世俊，揭阳人。监生。雍正四年至五年（1726—1727）间，县遇饥荒，世俊尽倾所有，赈济乡邻。卒年七十一。（乾隆《揭阳县志》）——孙杜平

【陈世盛】

陈世盛，字智新，号月亭。澄海县下外莆都（今属汕头澄海）人。陈鸿璧次子。由贡生援例授同知，乾隆二十二年（1757）分发贵州，借补开州知州。贵州人不谙养蚕织绢，世盛招募浙江技工传授缫丝织绢之法。革除陋俗，设立书院，供给士学读书费用，科举登第人数日盛。上宪重其才干，调任代理贵阳知府。后以亲死回乡。（嘉庆《澄海县志》、1992年《澄海县志》）——蔡文胜

【陈世章】

陈世章（？—1863）。南澳人、号郁斋。行伍。道光十五年（1835）任台湾协把总。四月，出洋巡哨，在国赛港洋面触礁哨船沉失，世章随浪漂流，遇救得生。洊升福建闽安协右营都司、福建水师提标游击。奉调援苏。咸丰四年（1854）直攻瓜洲获胜，交部议叙。五年（1855），诱剿镇江金山之敌，升闽浙水师营参将，赏戴花翎。咸丰九年（1859），护理金门镇总兵。十年（1860），护理浙江提督。十一年（1861）太平军陷绍兴、萧山、诸暨，宁波危迫，陈世章败走定海。同治元年（1862），以浙江绍兴、宁波、萧山、诸暨府县各城均被太平军所陷，革职并逮问。四月初八日，已革提督陈世章乘炮船克复镇海。相继收复宁波等处郡县五城，太平军遁。同治二年病故。（光绪《慈溪县志》、《左宗棠全集》、《清穆宗实录》、《清政府镇压太平天国档案史料》）——黄迎涛

【陈世彰】

陈世彰，南澳人。咸丰九年（1859）十一月护理金门镇总兵。同治年间（1862—1874）任浙江水师提督。（光绪《金门志》、民国《南澳县志》）——黄迎涛

【陈世骢】

陈世骢，字守五，澄海人，晚清贡生，著有《西役纪程》、《吟香室文钞》。（《潮州艺文志》）——蔡文胜

【陈世瑾】

陈世瑾（1697—？），海阳上莆都

金砂寨（今属潮州潮安）人。监生。官户部营田州判（捐纳）。乾隆三年（1738）授山东东昌府莘县知县（捐纳），十一年（1746）转河南临漳知县。（光绪《海阳县志》、《清代官员履历档案全编》）——陈贤武

【陈本一】

陈本一，字正夫，饶平元歌都（今属潮州饶平）人。赋性聪慧，嗜学不倦。处家孝友，接物至诚。康熙二年（1663）举人，拣选为知县，未仕而卒。（康熙《饶平县志》、乾隆《潮州府志》）——黄树雄

【陈可奇】

陈可奇（1715—?），大埔茶阳（今属梅州大埔）人。乾隆九年（1744）举人，十年（1745）进士，十九年（1754）任三台知县，二十二年（1757）改肇庆府教授，三十一年（1766）调南雄府教授。可奇名不显，而有汉剧《打破锅》演其三台知县任上事。（嘉庆《大埔县志》、民国《三台县志》、《清代官员履历档案全编》）——黄树雄

【陈丕谟】

陈丕谟，字其荩，号豪山居士，潮阳招收都（今属汕头濠江）人。通经史、诸子百家言，尤工制义。契金正希（亮）文，至十三易稿。康熙三十五年（1696）举人。文义深刻，考官卜为名下士。凡所为文，脍炙人口。未几卒，时论惜之。（嘉庆《潮阳县志》、光绪《潮阳县志》）——陈新杰

【陈石先】

陈石先，字季璞，普宁人。幼承庭训，力学不倦。设家塾，以诗书自课子孙，彬彬有处士风。性淳厚，好义行，雍正五年（1727），岁饥，出余积为粥以苏沟壑。潮阳知县魏燕超闻而旌之。卒年七十。（乾隆《普宁县志》）——陈新杰

【陈石珍】

陈石珍，海阳人。光绪十七年（1891）举人。拣选知县。光绪《海阳县志》分阅之一。（光绪《海阳县志》）——陈贤武

【陈龙光】

陈龙光，字远心，惠来西头都人。岁贡国英子。能诗，恪守其业。顺治间（1644—1661），尝裒集其父国英诗文集刊行。康熙二十六年（1687）参纂《惠来县志》。著有《慎余草》，进士张经称为"诗律长城"。（康熙《惠来县志》、雍正《惠来县志》）——周修东

【陈龙章】

陈龙章，字其猷，澄海鮀江都（今属汕头金平）人。康熙四十三年（1704）贡生。性端方，博通经书、文艺，教授生徒，登科者多出其门。（雍正《澄海县志》）——蔡文胜

【陈平之】

陈平之，揭阳人。生平拾金不昧，人称长厚。卒年九十三。（乾隆《揭阳县志》）——孙杜平

【陈占鳌】

陈占鳌，字晓山，海阳隆津都（今属潮州潮安）人。同治六年（1867）丁卯科举人。授工部主事。光绪三年（1877），因豫省灾荒严重，迭赴新加坡、暹罗、小吕宋、槟榔屿、马六甲各埠，竭诚劝办。往返重洋数万里，捐得赈款实银八万两，劝捐晋赈、分济豫赈尤为出力，以直隶州知州分发省分尽先补用。光绪二十四年（1898），官山西冀宁道署按察使。卒于任。（光绪《海阳县志》、《李鸿章全集》）——陈贤武

【陈业振】

陈业振，字标士，澄海人。贡生，颖达能文，性孝友，与弟侄同居，亲密无间。年岁饥荒时，常捐资赈济。（雍正《澄海县志》、乾隆《澄海县志》）——蔡文胜

【陈甲第】

陈甲第，号鼎臣，揭阳人。廪生。为人不屑小利，事关大义，毅然自任。咸丰四年（1854），潮阳土寇陈娘康倡乱，不法之徒，起以响应，滋扰乡里。甲第乃倡办团练，擒其党伙，并赴县请兵，击退众贼，县获安堵。知县王皆春旌以"敌忾同仇"。时当械斗风行，甲第族蕃，属派微弱，常诫子弟安分勿争。后提督方耀清理潮州积案，缉拿亡匪，追征逋粮，族中强横士绅，多被羁押。甲第即请之县令，代为输粮解匪。而贫者尚多欠租，又典押己田，为之完税。族人得免连累。乡人诉讼多以欺诈，官难断案，知县周士俊命甲第从中调停，无不息争。半生授徒，造就甚众。同治十年（1871），广东学政何廷谦按试至潮，奖以"品端学粹"。卒年五十四。（光绪《揭阳县续志》、《清穆宗实录》）——孙杜平

【陈仕进】

陈仕进，饶平隆都（今属汕头澄海）人。乾隆三十六年（1771）举人。任广东新宁县训导。（光绪《饶平县志》、光绪《广州府志》）——黄树雄

【陈仕志】

陈仕志，揭阳人。增广生。年九十二，获赐粟帛。（乾隆《揭阳县志》）——孙杜平

【陈立善】

陈立善，普宁洑水都人。监生。孝友嗜善，施棺赒急，岁以为常。道光十二年（1832）及十三年（1833），大饥，捐银百余元赈济，每届除夕，筹钱二十余缗，分给贫窭。枫树石桥圮而复修者三次，人咸德之。（光绪《普宁县志》）——陈

新杰

【陈必捷】

陈必捷，榜姓吴，字月三，惠来龙溪都人。巨野知县陈光世曾孙。父文振，县学生员，笃学乐施，以淳厚称，年未四十而逝，遗下三子，必捷行三。必捷幼年失怙，事寡母至孝。为县学廪膳生员，以序应康熙四十九年（1710）岁贡。教授生徒，大半为惠来名士。雍正四年（1726）秋，铨部推选，以年老辞不就职。享年八十六岁。著有诗集二卷，藏于家。长子名世，为学使惠士奇所赏拔；次子鹏抟，太学生；孙文奎，例贡。（雍正《惠来县志》、乾隆《潮州府志》）——周修东

【陈必勤】

陈必勤（1730—1784），字淑震，潮阳贵山都人。素性廉介，少业儒，有诗名。既随就学于蓝太医之子，切究脉理，凡良药秘方，靡不考据精核。迨十余年，始悬壶治病，惠州、潮州两府，全活者无算。时医家竞索重价，必勤弗之较，贫困且施医赠药以济，人多德之。著有《脉诀》及《鸿宝良方》传于家。（嘉庆《潮阳县志》、光绪《潮阳县志》）——陈新杰

【陈永锡】

陈永锡（1835—1914），字声爵，号达三，海阳南桂都（今属潮州潮安）人。少年冒险渡洋至新加坡谋生。初当学徒，为东主沈佳谟所赏识，被任为万成号经理，积有余资，自创永合成号经营布匹生意，1879年再创万成顺号经营暹米、橡胶等土产生意，并在暹罗自设火砻碾米后运回星洲销售，成为星暹知名人士。1905年以前，新加坡内无中华总商会的组织，凡碰到商界中发生争执时，也多由他出面调停，在侨社中享有"鲁仲连"美称。1890年新加坡成立华人咨询局，是代表潮侨的委员之一。1909年，当选为新加坡中华商务总会协理。（《马来亚潮侨通鉴》）——陈贤武

【陈弁瑟】

陈弁瑟，本姓许，海阳人。康熙十一年（1672）举人。四十四年（1705）授广东花县教谕。（乾隆《潮州府志》、光绪《海阳县志》、光绪《广州府志》）——陈贤武

【陈邦长】

陈邦长，字钦卫，普宁人。本性笃实，勤力南亩。生平不预外事，未尝识公门，乡党推为长者。雍正四年及五年（1726—1727），岁饥，散米乡邻，人感其惠，潮阳知县魏燕超旌曰"周恤行仁"。享年八十三。其子监生德耀，能承其德，都里举为约正。（乾隆《普宁县志》）——陈新杰

【陈邦光】

陈邦光，青澳人。乾隆间（1736—1795）任南澳镇标左营右哨千总。五十一年（1786）任台湾北路营千总，以平林爽文乱有功，五十二年（1787）以千总代署鹿仔港守备，督率兵民杀退贼众，并擒贼扬振国等四人，著旌赏。五十五年（1790）任台湾北路副将事中军都司。（乾隆《南澳志》、《天地会》）——黄迎涛

【陈 式】

陈式，海阳秋溪都（今属潮州湘桥）人。因家境贫寒，十五岁即远走暹罗谋生。因为暹罗王出谋献策而被封为将军。嘉庆年间（1796—1820），以家乡母老多病为由乞请回乡。回乡后，在鹳塘石湖（今属潮州湘桥）建将军府，取名卫分府。惠潮嘉道台由于对其勒索不遂，竟诬他为海匪，并将其判罪，充军伊犁。（新编《潮州市志》）——陈贤武

【陈吉常】

陈吉常（1805—?），海阳人。道光八年（1828）举人。授甘肃山丹知县，捐纳候选同知。咸丰五年（1855）授江西南安府同知，署河北凉平知府。（光绪《海阳县志》、《清代官员履历档案全编》）——陈贤武

【陈吉祺】

陈吉祺（1829—1891），字曲祥，号朋鹤，潮阳贵山都人。咸丰二年（1852）廪贡生，署博罗教谕。从教三十年，后裔多继书香。（光绪《潮阳县志》、《贵屿古今人物辞典》）——陈新杰

【陈亚六】

陈亚六，潮阳县廓都人。精拳勇。咸丰四年（1854）四月，大长陇乡陈娘康、梅花乡郑油春起事，二十九日攻陷县城之西南。方围之未解，知府吴均所募海阳、揭阳游勇，鼓噪入县署，将为变。时岌岌危甚，亚六呼众排闼进，挺矛叱咤，叛者各气馁。乃驱而出诸北门。县是以安。（光绪《潮阳县志》）——陈新杰

【陈 芝】

陈芝，字智乾，号商山。澄海下外莆都（今属汕头澄海）人。陈睿俊之子。幼聪颖。家贫，不能就学。邑中名宿蔡璜一见深器重之，让其从游。及长，学问渊博，笔力雄健，善议论，尤长于诗词、古文。曾被聘参与修纂《澄海县志》。乾隆三十年（1765）中举人。赴京会试不第。掌教本县景韩书院者十三年，造就人才甚众。刻有《景韩书院课艺》行世。后以年老不赴选，授职国子监学录终老。（雍正《澄海县志》）——蔡文胜

【陈西铭】

陈西铭，揭阳人。乾隆十八年（1753）举人。三十二年（1767），

授广东廉州训导。（乾隆《揭阳县志》、道光《廉州府志》）——孙杜平

【陈有义】

陈有义，揭阳人。卫千总衔。生平仗义疏财，处事秉公。遇乡里有争斗，力为排解，或自出钱，弥合两家。岁暮又常施金助贫，人皆推重。（光绪《揭阳县续志》）——孙杜平

【陈有光】

陈有光，海阳人。乾隆二十五年（1760）武解元，三十年（1765）三甲武进士。（光绪《海阳县志》）——陈贤武

【陈有联】

陈有联，揭阳人。举人陈泰阶父。为人重伦常，尚任恤。乾隆十七年（1752），被赐予肉帛。卒年八十四。（乾隆《揭阳县志》）——孙杜平

【陈存泽】

陈存泽，潮阳招收都人，署澄海右营守备。（光绪《潮阳县志》）——陈新杰

【陈成宝】

陈成宝（1830？—1879），祖籍海阳龙溪都，生于马来亚霹雳州怡保，系甲必丹陈亚汉之子。早年移居新加坡，因经商成功而渐成当地华商巨富。道光二十五年（1845）倡组醉花林俱乐部，为当地各俱乐部历史之最悠久者。同治八年（1869）建宅于水仙门（即禧街，Hill Street），"潮商四大厝"之一。曾经担任新加坡鸦片专卖局局长。同治十年（1871）出任新加坡市政委员会委员，光绪元年（1875）被推举为该委员会主席，连任九年之久。同治十一年（1872）起兼任太平局绅、新加坡名誉推事、助理司法司政等职。热心资助新加坡慈善及教育事业。病逝于新加坡。新加坡中客鲁区辟有成宝路（成保路）和成宝巷（成保巷），以资纪念。（《马来亚潮侨通鉴》）——陈贤武

【陈成钧】

陈成钧，字君驭，澄海下外莆都（今属汕头澄海）人。监生。性好义。其侄少时父亲去世，成钧抚育如同己出。渔洲堤矶屡次崩溃，成钧捐巨资垒石御水。（乾隆《澄海县志》、嘉庆《澄海县志》）——蔡文胜

【陈成麟】

陈成麟，潮阳县廓都人。义行象观侄。乾隆二十四年（1759），义捐仓谷，知县孙炜旌表之。（嘉庆《潮阳县志》、光绪《潮阳县志》）——陈新杰

【陈贞标】

陈贞标，云澳人。行伍。道光十七年（1837），任南澳镇标右营守备。咸丰六年（1856）四月，以剿办广东东莞等处匪徒出力，赏戴花翎。

(1956年《粤闽南澳职官志》)——黄迎涛

【陈光岐】

陈光岐（1720—1796），又名宫，字政镐，号西院，潮阳招收都人。由府学生充乾隆四十二年（1777）岁贡。少年聪俊，奋至芸窗。正直持躬，留心乡族。与族宦陈蕃等重建祖祠。（《补纂叠石山房志》）——陈新杰

【陈光峡】

陈光峡（1732—?），又名吾，字政峦，号翠峰，潮阳招收都人。性质朴厚，潜心力学，不事浮华。嘉庆十二年（1807）钦赐副榜，十五年（1810）钦赐举人。（嘉庆《潮阳县志》、《补纂叠石山房志》）——陈新杰

【陈光梁】

陈光梁，字殿琦，普宁洑水都人。少浑朴，承父志，孝友传家。性酣诗书。乾隆十四年（1749），以监生肄业昆冈书院，知县李青器重之。及后援例贡生，训诲子侄，乐善好施，多隐德。值岁祲，分粟以赈乡邻，时有欲以其事达县者，光梁亟止之。年七十卒。（光绪《普宁县志》）——陈新杰

【陈光韶】

陈光韶，字星帆，大埔三河（今属梅州大埔）人。道光十二年（1832）举人，二十四年（1844）署宜都知县。明慎自矢，境内肃然，贼盗悉绝。曾受委办理四十余州县积案，烦剧而不乱，称能员。二十六年（1846）为湖广乡试分校官，二十七年（1847）丁母忧归，主讲潮属榕江书院。服阕，回楚，署石首知县。县卑瘠，连遭水灾，备筹赈恤，请减课税，人称颂。未几移疾归里，居数年卒，年六十三。（同治《大埔县志》、同治《石首县志》）——黄树雄

【陈光桢】

陈光桢，因避清世宗名讳，改名光正，号大岗，海阳人。雍正二年（1724）由揭阳学中举人。（乾隆《潮州府志》、光绪《海阳县志》）——陈贤武

【陈光翰】

陈光翰，号西园，大埔三河（今属梅州大埔）人。性敦厚和平，少年力学，道光十年（1830）选为岁贡，然七赴乡试，卒不第。生平好义，凡修祠置祀及排解纠纷之事，皆乐为之。曾倡募重修潮州府城茶阳公馆。（同治《大埔县志》）——黄树雄

【陈 屿】

陈屿，字昆之，号鲁山，海阳郡城（今属潮州湘桥）人。秀才。陈衍虞第七子。著有《屏山诗集》。（《古瀛诗苑》、《潮州诗萃》）——陈贤武

【陈先声】

陈先声（1692—?），字惟豫，澄海下外莆都（今属汕头澄海）人。陈延阁之子。康熙五十六年（1717）举人，雍正五年（1727）成进士，授抚阳知县。性恬静，不胜烦剧，改授教职，初补授花县教谕，继调昌化县教谕，乐育人才，士人思之，立德教碑。卒于任上。初先声家居时，受聘参与修纂雍正《澄海县志》。（嘉庆《澄海县志》、《潮州志》）——蔡文胜

【陈廷光】

陈廷光（1672—1757），字笃序，饶平隆都（今属汕头澄海）人。康熙三十二年（1693）举人，由内阁中书授直隶赞皇县令。赞皇为山邑，民醇俗陋，同姓为婚以为常。廷光禁之，并剀切劝谕，如是者三年，俗为一变。捐俸买田二顷五十余亩，专为资助科举之用，称为"科举田"。性耿介，以是不获上官赏识。雍正四年（1726），正定协营兵驻赞皇者权贷仓储二十石，总督赵之垣以此劾廷光，竟落职归。家居时，创用贝灰筑堤四千余丈，水患以除。乾隆十八年（1753），中举满一甲子，时年八十有二，重宴鹿鸣，座次为多士冠，一时士大夫皆以为荣。卒后门人私谥曰"浤泽"，里人称为"赞皇先生"。（康熙《饶平县志》、乾隆《潮州府志》、乾隆《赞皇县志》）——黄树雄

【陈廷国】

陈廷国（1658—1732），字君聘，号万宁，揭阳人。弱冠中康熙二十三年（1684）举人。考授内阁中书，因母老禄养计，改山东临淄知县。五十二年（1713），聘为乡试同考官，所取多知名士。以丁忧归。五十九年（1721），补湖广江陵县。历任力修学宫，勤训士子，颇有治声。教授陈王猷尝赠以诗，有"齐州茂宰旧名口，楚国神君复口碑"之句。卒年七十。（乾隆《揭阳县志》、光绪《荆州府志》、《豪山陈氏族谱》、《蓬亭诗草》）——孙杜平

【陈廷辉】

陈廷辉，普宁黄坑都人。监生。慷慨嗜义，乾隆间（1736—1795），岁饥，捐粟百石助赈，知县以"乐善好施"旌之。卒年八十六。（光绪《普宁县志》）——陈新杰

【陈廷墀】

陈廷墀，饶平人。性至孝。母黄氏寝疾六年，悉心侍奉，终日无倦容。康熙三十五年（1696）岁歉饥荒，廷墀途拾二十金，俟其人返还之。广东学使惠士奇褒奖之。（乾隆《潮州府志》）——黄树雄

【陈廷耀】

陈廷耀，字遴客，揭阳人。武举

陈元才父。州同衔。生平重义轻财，凡遇亲戚邻居有贫乏者，给以资本，使其营生；病者赠以方药，丧者施以衣棺。至于捐除欠债、修筑渡桥等，无不见义勇为，而待己极俭。乡里交口称赞。（乾隆《揭阳县志》）——孙杜平

【陈伟士】

陈伟士，字道友，澄海下外莆都（今属汕头澄海）人。乾隆初年，隐居澄海辟望村，淡泊名利。教授生徒，多成名士。年九十余，犹日讲经史，终朝无惰容。（嘉庆《澄海县志》）——蔡文胜

【陈延秀】

陈延秀，号均亭，大埔湖寮（今属梅州大埔）人。性宽和，与物无忤。少力学，居家称孝友。壮岁以诸生游闽幕，及门多获隽入仕途者。晚旋里讲学，训子弟，多成就。著有《鸿雪草庐诗文集》，藏于家。卒年六十五。（同治《大埔县志》）——黄树雄

【陈延阁】

陈延阁，字尔育，澄海下外莆都（今属汕头澄海）人。康熙二十年（1681）武举人。幼年丧父，奉事寡母起居惟谨，以孝养闻。性豪侠有义气，无敢干以私者。亲戚旧有借贷无力偿还者，为焚去文契数十纸。晚年率子读书课艺。子陈先声，雍正五年（1727）成进士。（雍正《澄海县志》、乾隆《澄海县志》）——蔡文胜

【陈华先】

陈华先，澄海下外莆都（今属汕头澄海）人。其父曾买邻家屋地，成议立契已月余。邻家之子归家以为贱卖而父子争吵。华先闻之，不忍其父子相争，劝父亲退还其契约。华先为人坦直，好谈论，常劝戒乡人勿争讼。课督孙儿读书，常至深夜而忘倦，治家严而有礼。（乾隆《澄海县志》、嘉庆《澄海县志》）——蔡文胜

【陈　华】

陈华，字文长，澄海苏湾都（今属汕头澄海）人。监生。为人质直好义，常济人之急。康熙年间（1662—1722）澄海"迁界"，负母携弟寄居郡城。及澄海县展复，亲友中有困顿者，悉周恤之，使得同归故里。其同乡族侄陈春英幼年聪颖好学，家贫不能卒业。陈华助其资费，后成进士，授翰林院检讨。知县张鲤书"齿德俱尊"旌奖。（嘉庆《澄海县志》）——蔡文胜

【陈华国】

陈华国，字君煌，潮阳人。蓝鹿洲门人。尝为鹿洲《棉阳学准》作序。（《棉阳学准》）——陈新杰

【陈华堂】

陈华堂,普宁黄坑都人。例贡。至性孝友,存心忠厚,每出己资,息乡邻争竞事,梓里咸钦敬之。有子六人,孙曾八十八人;五代同堂,一家男妇一百七十余人。卒年九十七。(光绪《普宁县志》)——陈新杰

【陈　全】

陈全,本姓黄,海阳上莆都(今属潮州潮安)人。康熙五十二年(1713)癸巳科殿试违式,雍正二年(1724)复试,成进士。(乾隆《潮州府志》、光绪《海阳县志》)——陈贤武

【陈兆兰】

陈兆兰,字香生,澄海下外莆都(今属汕头澄海)人。幼承家学,诗作清真质朴,警练雄沉,抒写性灵。五古出入六朝,余则盛唐以及前明,皆所取则,不拘一格。道光年间有《香生吟草》行世。(《潮州艺文志》、《香生吟草》)——蔡文胜

【陈旭年】

陈旭年(1827—1901),又名毓宜,海阳上莆都(今属潮州潮安)人。青年时期赴新加坡,以贩布为业,结识了马来贵族天猛公阿布峇加,并与其结拜。在柔佛种植胡椒和甘蜜,在沙玉河右岸开辟市场,获得柔佛河整个左岸的港主权,是当时拥有最多港契的港主。同治七年(1868),阿布峇加正式升为"柔佛大君(Maharaja)",封其为华侨侨长,并被授予资政衔。又在新加坡市区内购置房产,并与章芳琳、陈成宝在新、柔两地合资承包鸦片和酒类。在新加坡水仙门、吊桥头一带开设广丰、宜丰、宜隆、谦丰四间店,经营胡椒和甘蜜的生意。后来,他离开柔佛移居新加坡,在乞里门梭道自建一座中国式大厦(为新加坡当年潮侨四大厝屋之一),名为"资政第",并定居该屋。在故乡彩塘金砂的"斜角头"创辟新村,建从熙祠堂及大厦多幢,也名"资政第"。现为全国重点保护单位。后在故乡逝世,享年七十五岁。(光绪《海阳县志》、《马来亚潮侨通鉴》)——陈贤武

【陈名仪】

陈名仪(1734—1785),字道来,号讱士。澄海下外莆都(今属汕头澄海)人。幼聪颖,十六岁考童子试第一名,补县学生员,旋为廪生。作诗精熟,自出性灵。乾隆三十年(1765)拔贡,授仁化县教谕,益专心于古文、辞章,一时名士皆从游焉。任满以卓异荐用,调任万州学正。四十五年(1780)中乡试"亚元",四十六年(1781)会试不第。居家以诗文吟咏自娱。海阳知县邱铁香、继任姚海、揭阳知县折霁山,皆以文学、吏治冠于一时,与名仪时相

往来，交谊甚深。五十年（1785）主讲澄海县景韩书院，来学之众为数十年所未有。八月中旬去世，时年五十有一。著有《慎余堂诗集》、《榕荫堂文集》、《制艺试帖》等集行世。（嘉庆《澄海县志》）——蔡文胜

【陈名荣】

陈名荣（？—1760），字道向，号木亭。澄海下外莆都（今属汕头澄海）人。陈文茂之子。少时以孝顺继母，抚养孤侄闻名。乾隆九年（1744），澄海县东林乡堤崩，名荣捐银百两为绅士先倡。十三年（1748）依捐官成例授官浙江湖州府通判，分防南浔镇。南浔为江浙交界且北近太湖，盗贼出没。名荣严行互结之法，设快巡船。行旅赖此得以无恐。值岁饥，首捐俸米百石以劝赈。其后，署本府同知，揭发奸人，搜捕阴伏盗贼。又曾押运粮食至通州，因水道阻塞，米多霉烂，运粮者将有不可测度之罪，名荣即代为贷借银子万余两抵补，义声广传至京都。十三年至二十五年（1748—1760），任职湖州，因病卒于官。（乾隆《澄海县志》、嘉庆《澄海县志》、同治《湖州府志》）——蔡文胜

【陈名显】

陈名显，揭阳人。附贡生。雍正四年（1726）饥荒，名显多出棺木，施给穷而无告者，人称其长厚。（乾隆《揭阳县志》）——孙杜平

【陈庄重】

陈庄重，普宁人。生平乐善，敦睦宗族，遇闾里有困乏者，辄事周恤，乡党间著令闻焉。尝筑华严寺，施田以赡僧。后寺倾坏，孙监生宗宣，重修葺之。（乾隆《普宁县志》）——陈新杰

【陈兴耀】

陈兴耀，字亨焕，饶平信宁都（今属潮州饶平）人。素乐施予。尝捐三百余石田租以延师，课学外有余，悉以周济邻里。县修城垣，尤不吝题捐，县令邹绍观题其家曰"能见其大"。（光绪《饶平县志》）——黄树雄

【陈汝梅】

陈汝梅，潮阳招收都人。廪贡，署苏州通判。（光绪《潮阳县志》）——陈新杰

【陈　汤】

陈汤，惠来人。廪生。光绪十九年（1893）省试为第一，二十七年（1901）中举人第七十四名。（《广东全省历科解元题名录》、《光绪十九年癸巳恩科广东全省十三房荐卷录》）——周修东

【陈守钥】

陈守钥，澄海人。康熙二年（1663）举人。官新会教谕。（嘉庆《澄海县志》）——蔡文胜

【陈守锃】

陈守锃,字克一,澄海下外莆都(今属汕头澄海)人。监生。事亲至孝,以诚待人。乡族争执,辄为之排解。修堤助赈不吝财力。年九十卒。(乾隆《澄海县志》、嘉庆《澄海县志》)——蔡文胜

【陈守鈖】

陈守鈖,字克昆。澄海人。监生。雍正十二年(1734),邑人黄俊德以守鈖有长者之风,委之资百余金而客居吴地,事无他人知晓。后俊德覆舟死于海中。守鈖急召其子还之。又曾买布获金还其主。雅量硕德,为乡里所推重。年八十一卒。(乾隆《澄海县志》、嘉庆《澄海县志》)——蔡文胜

【陈守镔】

陈守镔(1616—1689),字克棐,别号茧庵。澄海下外莆都(今属汕头澄海)人。明户部主事陈元勋之孙。贡生。为人气概宏达,不屑细务。颖悟能文,著有《茧窝诗集》。康熙年间,受澄海知县王岱之聘,参与修纂《澄海县志》。年七十三卒。(雍正《澄海县志》、乾隆《潮州府志》)——蔡文胜

【陈守镛】

陈守镛,字克远。澄海人。性恬静,学渊博,孝友真诚。康熙四十四年(1705)举人。考选内阁中书,改授香山县学教谕。年七十八卒。(雍正《澄海县志》、乾隆《澄海县志》)——蔡文胜

【陈守镳】

陈守镳,字克盛,澄海下外莆都(今属汕头澄海)人。雍正十年(1732)客居松江,值潮涨,溺死者相枕于岸上,守镳倾囊而出,率同辈为之掩埋。当道闻于督、抚,勒其事于石。(乾隆《澄海县志》、嘉庆《澄海县志》)——蔡文胜

【陈　观】

陈观,字海门,海阳人。嘉庆十八年(1813)拔贡。擅书。(光绪《海阳县志》、《韩江闻见录》)——陈贤武

【陈寿祺】

陈寿祺(1776—1871),揭阳人。敕封登仕郎。居心正直,立品端方。家庭之内,尤相友爱。卒年九十六。(光绪《揭阳县续志》)——孙杜平

【陈进德】

陈进德,揭阳人。为人轻财重义,能持公道。邻里纠纷,得其片言立解。尝在舟中拾金,候待以还商人。后商人舟遭覆没,进德独免其难,人以为好义之报。(乾隆《揭阳县志》)——孙杜平

【陈孝天】

陈孝天(1826—1904),澄海苏湾都(今属汕头澄海)人。幼时父

母双亡，家中贫苦，往安南谋生。于中圻会安城，为殷户黎氏招为女婿。三十七岁往西贡开办红头船行，拥有巨航三十余艘，航运于苏杭、上海、天津、大连、日本、广州、雷琼、漳泉以至南洋之间。商贸日旺，富甲中圻。澄海县樟林港月窟村十九艘红头船遇海难，陈孝天承接其全部"红头船债"，垫付红头船所收批银，帮船主重造新船。于樟林港倡立侨批会党。在安南，热心公益，被选为安南侨党主席。晚年回乡，捐授潮州府千总，开发陈厝新乡，建"孝天公祠"。联合潮安、澄海、饶平三县陈姓绅士，捐资建"文范书院"。光绪二十三年（1897），于安南会安城重建潮州会馆。（2012年《澄海市志》）——蔡文胜

【陈来凤】

陈来凤（1690—1736），字仪先，揭阳人。康熙五十年（1711）武举。性豪奢，存心济物。遇贫乏告贷，多少皆无难色。雍正四年（1726），县大饥荒，在本都煮粥施食，人皆感德。（乾隆《揭阳县志》、《揭西文史》）——孙杜平

【陈　来】

陈来，普宁人。蓝翎尽先守备，署河婆汛。（光绪《普宁县志》）——陈新杰

【陈步云】

陈步云，海阳人。光绪间署直隶南皮县丞。（光绪《海阳县志》）——陈贤武

【陈步青】

陈步青，字云上，揭阳人。教谕陈国玑孙。乾隆三年（1738）举人。历广东海丰、陵水教谕，留心育人，无教官陋习。十四年（1749），擢江南英山知县。明年，调充乡试同考官。会县民结党剽掠，图谋不轨。大吏饬令步青出闱，驰督丁壮乡勇，拔取贼巢，擒获百余人，并处以法。因未获贼首，被部议革职，留县协助缉拿。当道器重步青文章德行，延请司教凌云书院，前后垂十三年。归里后，被聘为榕城书院山长。以学优品端，为士所矜式。卒年七十一。（乾隆《揭阳县志》）——孙杜平

【陈步梯】

陈步梯，号子岳，大埔同仁（今属梅州大埔）人。陈联魁子。由典吏历官德化、安平知县，咸有政声。擢澎湖通判，赈饥化俗。其任德化知县时，曾做《劝民歌》二十二首以教谕乡民。台湾巡抚唐景崧（1841—1903）保奏，特授澎湖同知，加知府衔，赏戴花翎。甲午中日战起，澎岛为孤军绝岛，外无救援，遂陷。绅民护救出，赴台北请援。终以失地遣戍新疆，不久病卒，年五十有六。（民

国《大埔县志》、民国《德化县志》、光绪《新修台湾澎湖志》）——黄树雄

【陈时夏】

陈时夏，号石笏，潮阳县廓都人。康熙二十年（1681）恩贡，授顺德训导。升博罗教谕。三十二年（1693），纂《潮阳陈氏族谱》，今存。（康熙《潮阳县志》、乾隆《顺德县志》、《博罗县志》）——陈新杰

【陈时联】

陈时联，字芳之，澄海下外莆都（今属汕头澄海）人。胸怀豪爽，刚决忠信，勇于赴义。兄弟同居，白首无间。侄儿陈钱浩远宦于蜀，凡有所缺，皆时联给之，惟以清廉勤谨勉励侄儿。（乾隆《澄海县志》、嘉庆《澄海县志》）——蔡文胜

【陈时谦】

陈时谦（1711—1786），字葵之，号益斋。澄海下外莆都（今属汕头澄海）人。陈颖发之子。聪明特出，常以经济自负。乾隆二十年（1755）照捐资治理黄河工程成例，授官江西广信府同知。宽仁待民，严缉盗贼，博得百姓称颂，也得上宪器重。代理瑞州知府，清廉自持，严饬弊政。历任广信、南康二府，皆有惠政。时谦在京时，见外廊营潮州会馆窄小，捐银千余两与举人陈芝于前门外延寿寺街建新会馆。后以属员犯错牵连，离职回乡。在家时，建祖祠，修孔庙，筑堤岸，尤率先倡举。年七十五卒。（嘉庆《澄海县志》、1992年《澄海县志》、《明清档案与潮州文化》）——蔡文胜

【陈秀升】

陈秀升（1870—1932），字钟毓，号天问先生，别署白云野史、黄石东邻、桂山小隐、希夷第二、太瘦生等，潮阳贵山都华美乡人。幼聪敏好学，四岁入塾，五岁识字千计，能切四声。光绪九年（1883）应童子试第一。十五年（1889）中秀才，入潮州金山书院，受业于翰林吴道镕门下。十七年（1891），偕族叔陈龙友入双髻山石室读书。二十三年（1897），入国子监。三十一年（1905），科举废止，遂在乡倡办联立界河小学堂，翌年任潮阳县劝学所所长。历任潮阳县立高等小学堂、六都高等小学堂校长。民国十三年（1924）倡办桂屿文学社，任社长。主撰《桂屿文学社季徵》。采辑《孔门学案》，未见。（《桂屿文学社季徵》）——陈新杰

【陈秀魁】

陈秀魁，普宁黄坑都人。监生廷辉孙。贡生。秉性正直，好学乐善，凡义举无不乐赴。修府学宫，捐金五十。县中议修水道，捐金二百。里有穷困者，常于岁暮分给钱米。有某佃负其项，贫甚，拟鬻子以偿，秀魁

闻，急止之遂焚其券。遭会匪煽乱迫挟数次，毅然自守不屈。卒年七十八，子孙入县学者五人，入国子监者八人。（光绪《普宁县志》）——陈新杰

【陈作舟】

陈作舟（1789—1849），又名楫，字利济，号笠渔，潮阳招收都（今属汕头濠江）人。署乐昌训导敏捷长子。才藻敷富，诗律尤精细，经学、古文出类拔萃。有《潮阳竹枝词》九首，风雅士率抄诵之。与镇平黄钊为诗友。潮阳自乾嘉以后，论诗推为领袖。道光十四年（1834）廪贡，署三水训导。十七年（1837），镇平黄钊任潮阳教谕，出其《读白华草堂诗二集》请序。十九年（1839）署广州教授，督学戴熙出吟稿推敲，首肯之，为写画帧四轴以馈。二十八年（1848）补罗定州训导，翌年卒于任所。著有《叠石山房诗草》、《同声集》等，未梓。（光绪《潮阳县志》、《补纂叠石山房志》）——陈新杰

【陈作梅】

陈作梅，海阳人。监生。光绪二十七年（1901）六月补山西凤台县典史。（《清代缙绅集成》）——陈贤武

【陈作霖】

陈作霖，字泽霖，潮阳招收都人。光绪间（1875—1909）府学岁贡。候选训导。翰林郑邦任业师。（《郑邦任硃卷》）——陈新杰

【陈伯良】

陈伯良（1875—1910），字训豪，号质庵。澄海苏湾都（今属汕头澄海）人。二十五岁为诸生。光绪二十九年（1903），以祖屋"味余别墅"办儿童启蒙班。三十一年至三十二年（1905—1906）赴上海、日本求学。三十三年（1907）回乡助其父陈继昌开办"开智学堂"，次年任澄海县凤山学堂校长，半年后因病辞职。宣统元年（1909）任教于开智学堂，编撰《北湾乡土志》课本。（《莲下镇志》、《三湾史略》）——蔡文胜

【陈希之】

陈希之，号竹庐，大埔同仁（今属梅州大埔）人。嘉庆十八年（1813）举人，旅京会试多年未第。年五十旋里授徒，门下士多隽材。生平著作诗古文及制艺，恒推重于时。书画尤誉噪一时。广东学使戴熙尝跋其画卷，谓非胸有书卷者不能。有《客惠州草》诗文行世。（同治《大埔县志》）——黄树雄

【陈应时】

陈应时（1799—1880），字汝霖，号雨香，潮阳贵山都人。英德教谕大来子。道光元年（1821）举人。素行醇谨，家居授徒，循循善诱，多所成就。当乡俗械斗，趋骛者以排解为名，竟取鹬蚌之利，应时独闭户不

出，邑人士服其有守。年近七十，授香山县教谕，主讲凤山书院。久之引年归。（光绪《潮阳县志》、《贵屿古今人物辞典》）——陈新杰

【陈应联】

陈应联（1727—1810），字赤山，号子人，大埔茶阳（今属梅州大埔）人。乾隆十七年（1752）恩科举人，同年中进士，时年二十六。乾隆二十五年（1760）任安徽南陵知县。任上主持重修南陵城垣，并撰有碑记。（嘉庆《大埔县志》、嘉庆《南陵县志》、《大埔进士录》）——黄树雄

【陈 沇】

陈沇，澄海苏湾都（今属汕头澄海）人。陈尚瑾之子。由贡生授韶州曲江训导。性孝友，廉而好施。侨寓兴宁时，有钟氏兄弟以争产讼者，知沇与县令交善，干以私，沇正色却之且劝以义，讼者感悟。归田后足迹不履公庭。著有《百炼钢文集》。（乾隆《澄海县志》、乾隆《潮州府志》）——蔡文胜

【陈良才】

陈良才，普宁黄坑都人。性质朴，乡里纠纷必力为排解，远近称善。五代同堂，卒年九十五。（光绪《普宁县志》）——陈新杰

【陈良位】

陈良位，惠来人。家贫，秉性狷介，晨出拾遗金，俟之。至午，有踉跄涕泣至者，询其故，曰："有女鬻为婢，今及笄，得聘资，赴赎，失诸途，行数十里始觉。"问何以为验，曰："系以朱丝。"发视，果然，遂还之。（乾隆《潮州府志》）——周修东

【陈良谟】

陈良谟，揭阳人。贡生。性好学，有大志。卒年八十一。（乾隆《揭阳县志》）——孙杜平

【陈启丰】

陈启丰，号耿西，潮阳招收都（今属汕头濠江）人。四会教谕陈蕃侄孙。道光年间（1821—1850）岁贡，官乐会教谕。尝预校陈蕃所著《经史析疑》。（《补纂叠石山房志》）——陈新杰

【陈启只】

陈启只，普宁洑水都人。幼丧父母，依其兄以底成人。析产后，与兄子轮流供奉二十余年，如事父然。生平施棺不倦，始终计费千余金。道光十三年（1833），大饥，为粥于路，以拯贫者，凡三月余。此外如修桥平路，排难解纷，多类此。卒年七十，后人犹称道不衰。（光绪《普宁县志》）——陈新杰

【陈启益】

陈启益，字稼寰，海阳人。清末诸生。有《醉墨轩诗文集》。（《潮州艺文志》）——陈贤武

【陈君谔】

陈君谔,字替否,澄海蓬洲都(今属汕头市区)人。诸生。性豪爽,具才干,好谈兵事。顺治二年(1645),"潮州五虎"之黄海如破澄城,攻鸥汀,君谔率乡人御之。后黄海如围郡城,游击李明谋为内应。君谔乘未发潜入,以计杀李明谋,又率部出击,解郡城之围。时潮地纷乱,君谔独守鸥汀,为时望所推,远近归之。郑成功常征粮于揭阳等处,鸥汀扼其要冲。君谔或截击之,或乘其去袭之。成功愤甚,立誓必灭鸥汀。君谔在日,成功未能得志。及君谔卒,继事者弗谙纪律,寨遂破,遭大肆杀戮。(康熙《澄海县志》、嘉庆《澄海县志》)——蔡文胜

【陈阿十】

陈阿十,海阳秋溪都(今属潮安)人。交游广,家富而族强,与彩塘吴忠恕、游僧"和尚亮"等人关系甚密。咸丰四年(1854)五月,海阳上莆都彩塘乡吴忠恕作乱,占据龙湖、枫溪、古巷一带,直逼潮州城下。为了响应和配合吴忠恕,陈阿十于六月二十八日举事,占据卧石、涸溪等各村,逼近潮州府城,与吴忠恕部队相呼应,使潮州城的清军腹背受敌。七月初一,率部于夜间从笔架山向城里进攻,进驻东津,占据蔡家围,切断潮州城的韩江水路。于七月二十五日突逝于军中。(民国《潮州志》)——陈贤武

【陈纶开】

陈纶开(1842—1895),字章堂,号钧璜,潮阳贵山都人。同治十二年(1873)武举人,署碣石镇右营守备,诰授武德骑尉。(光绪《潮阳县志》、《贵屿古今人物辞典》)——陈新杰

【陈纶会】

陈纶会,海阳人。拔贡,嘉庆十五年(1810)至十八年(1813)任新安教谕。(《深圳旧志三种》)——陈贤武

【陈青瀛】

陈青瀛,字瑶峰,潮阳招收都(今属汕头濠江)人。咸丰间(1851—1861)岁贡生。有诗若干首存世。(光绪《潮阳县志》、《潮州诗萃》)——陈新杰

【陈其章】

陈其章,号蕴堂,大埔浒梓村(今属梅州大埔)人。道光二年(1822)岁贡,五年(1825)举人,其八股文脍炙人口,远近从游者不乏知名士,未及谒选卒。年七十有二。遗集甚多,藏于家。(同治《大埔县志》、民国《大埔县志》)——黄树雄

【陈英华】

陈英华,潮阳直浦都人。懋桂孙。承祖遗风,咸丰八年(1858),

于直浦都平粜稻谷二千石赈灾。（光绪《潮阳县志》）——陈新杰

【陈英明】

陈英明，普宁人。义行勋士子。监生。能世父业，远近赖以赒济者甚众。乾隆六年（1741）后，知县萧麟趾匾曰"功同保赤"。（乾隆《普宁县志》）——陈新杰

【陈英洽】

陈英洽，字智烈，澄海下外莆都（今属汕头澄海）人。捐职州同。性宽厚，重义轻财，亲戚靠其过活者十余家。族中有兄弟争产，构讼不休。英洽为之调处，私出银数十两，备述其弟悔过之意以偿其兄，事遂息。其弟终身弗知也。子文思，乾隆五十七年（1792）举人。（嘉庆《澄海县志》）——蔡文胜

【陈英猷】

陈英猷（1676—1752），字式霭，号石泉，潮阳招收都（今属汕头濠江）人。弱冠倜傥有大志，重道义气节，读书直探阃奥，不屑于遵循章句。淹博经史，旁及诸子百家，嗜读孙吴兵书及武侯阵法。然自深韬晦，不露圭角，故其潜心默会，迥出寻常蹊径之外。尤精于《周易》，以为疑义甚多，既观其象，玩其辞，当极其数。晚年筑室于乡北之叠石山，仅容一榻，终日危坐，门人称"叠石先生"。历十四载，于乾隆十六年（1751）著成《演周易》四卷。（乾隆《潮州府志》、道光《广东通志》、光绪《潮阳县志》）——陈新杰

【陈林每】

陈林每，字芳远，原籍台湾，应募入莆田伍籍，寄居南澳，遂为南澳人。康熙六十年（1721），以目兵从征剿平台湾朱一贵。叙功加署都司金书，旋补守备。乾隆初年，历参将，加副将衔。八年（1743），升任福建闽安水师副将。是年十一月补授广东左翼总兵官。十年（1745）授南澳镇总兵。十四年（1749），其母王氏病故深澳，遂家于南澳。十六年（1751），补台湾总兵。署惠州提督。卒于官。（乾隆《南澳志》、民国《南澳县志》、乾隆《台湾县志》、嘉庆《台湾县志》）——黄迎涛

【陈松龄】

陈松龄（1850—1910），号长卿，潮阳县廓都人。自幼聪颖好学，早年因屡试不第，专攻医学，拜名中医郑德铭为师，又博览名家医要，遂成清末潮汕名医。施医赠药，医术精湛。光绪末年，鼠疫流行，松龄穿街走巷，为病患者诊治，救活不少。黔省状元夏同龢仰其医术医德，亲书"累代真传，济世万年"一匾相赠。著有《医案汇编》。另有《诊断南针》，未完稿。（新编《潮阳县志》）——陈新杰

【陈雨亭】

陈雨亭（1842—1905），原名承甲，又名泽润，别号雨亭。生于海阳县，十二岁举家迁入澄海鮀江都（今属汕头金平）。二十一岁赴南洋谋生，二十三岁回汕头埠与其兄开设盛源米店。后扩张为进出口商行，转运南北货。又参股辽宁营口裕仁商行，将其改组为"佣行"，代客办货。光绪四年（1878）于营口增设"裕盛长行""裕盛增行"等银号，作为汇兑融资机构。先后于蓬洲、凤山、汕头埠、营口等处建房、购房，共有房产二百余处，被誉为"潮汕第一富户"。二十八年（1902），加入汕头英兰长老会。一生乐于为善，先后于汕头创办华英学校，资助创办岭东同文学堂，扩建汕头福音医院，其辖下商行均设立慈善账户，专作修桥、造路、助学、恤贫、救灾等公益之用。（2013年《汕头市金平区志》）——蔡文胜

【陈贤龄】

陈贤龄，字石孚，澄海下外莆都（今属汕头澄海）人。郡诸生。值澄海"迁斥"，瘟疫流行，贤龄挟岐黄之术济世，人以急告，未尝以事推托，且不受谢。耄耋之年犹乐善不倦。（雍正《澄海县志》）——蔡文胜

【陈尚发】

陈尚发（1848—1902），字宗陶，澄海下外莆都（今属汕头澄海）人。同治年间（1862—1874），投于黑旗军首领刘永福麾下，同治十二年（1873）、光绪九年（1883）两度随军入越抗法。光绪九年（1883）任潮阳海门中军守备。二十年（1894）中日甲午战争爆发，南澳总兵刘永福率兵往台湾加强防务，陈尚发也随刘永福入闽赴台抗击日军，骁勇善战，屡建奇功。后因清廷与日本签订《马关条约》，割让台湾。尚发与刘永福等孤军无援，回渡厦门。后任澄海协都司，又累功擢升大鹏营协副将。二十八年（1902）殁于任所，追赠从二品衔。（《澄海历代名贤录》）——蔡文胜

【陈　尚】

陈尚，原名奇龙，号桂山，海阳丰政都（今属梅州丰顺）人。素富勇略，顺治（1644—1661）初跟随吴六奇征战四方，因战功擢升为守备。康熙九年（1670），被吴六奇派往福建入平南王尚可喜幕。办事精明能干，深得尚可喜器重。十三年（1674）升任守备，十六年（1677）晋为参将。后以老乞归。八十二岁逝。为丰顺砂田占头村陈姓始祖。（光绪《丰顺县志》）——陈贤武

【陈尚锦】

陈尚锦，字君尚，澄海下外莆都（今属汕头澄海）人。国子监生。性

友爱，有弟四人，皆提携培育使之成家立业。雍正四年（1726）澄海县大饥，尚锦往闽中运米周济亲戚。又捐资修筑套仔堤堰。（乾隆《澄海县志》、嘉庆《澄海县志》）——蔡文胜

【陈尚瑾】

陈尚瑾，字握瑜，澄海苏湾都（今属汕头澄海）人。性乐善。康熙三年（1664）沿海迁界，移家兴宁。闻澄海复界后重建学宫，即捐银六十两，并倡建文昌祠于程洋冈。知县王岱以其盛德为乡里所重，举为乡饮酒礼乡宾，书联于其门曰："亦犹行古之道，无惭月旦之评。"长子陈沆，任曲江县训导；次子陈汶为郡廪生，俱能善体父志。（雍正《澄海县志》、乾隆《澄海县志》）——蔡文胜

【陈国玑】

陈国玑（1615—1680），字仲伦，号九叙，更号荆之，揭阳人。顺治十四年（1657）举人，考拣知县。康熙十九年（1680），改广东阳山教谕，卒于官。孙文藻，字蔚夫，五十五年（1711）举人。（雍正《揭阳县志》、民国《潮州陈氏有庆堂族谱》）——孙杜平

【陈国标】

陈国标，字伯允，揭阳人。候选州同。雍正四年（1726）饥荒，同弟生员国楠、贡生国柱，共捐米一百多石，在县协助赈济。（乾隆《揭阳县志》）——孙杜平

【陈国泰】

陈国泰，深澳人。乾隆间任南澳镇标左营右哨千总。二十年（1755）任厦门左营游击，二十二年（1757）任厦门右营守备。（乾隆《南澳志》、民国《厦门市志》）——黄迎涛

【陈国望】

陈国望（约1678—1766），隆澳人。秉性聪颖，尤勤于学。每为文，辄冠。其曹人咸断为早达。然久试不售，已垂垂老。弥刻励。乾隆二十五年（1760），始进漳庠，年已八十二矣。提督学政汪廷玛移古联"皓首穷经少伏生八岁，青云得路多太公二年"以赠之，一时播为美谈，越六年卒于家。（民国《南澳县志》）——黄迎涛

【陈国瑞】

陈国瑞，潮阳贵山都人。乾隆五十四年（1789）恩科武举，授千总。（嘉庆《潮阳县志》、华美《陈氏族谱》）——陈新杰

【陈国煌】

陈国煌（1741—？），丰顺和寨人。乾隆二十七年（1762）举人。五十八至五十九年（1793—1794）任山西平阳府汾西知县。（光绪《丰顺县志》、1997年《汾西县志》）——陈贤武

【陈国鋐】

陈国鋐，字远侯，澄海人。其先祖福建莆田人，因官于澄而落籍澄海。国鋐因父死于王事，以遭难荫袭，历任至澄海协副将。时逢澄邑大饥，知县因朝廷禁海之令，不敢往邻县运米。国鋐独毅然行之，捐银数百两采购厦门大米赈济，商人也随之仿效，百姓生活赖以安定。其时海寇劫掠，商船多遇害，独国鋐舟船晏然无事。百姓深感恩德。国鋐解任后四年，兵民相率立碑以纪其功。（乾隆《澄海县志》、嘉庆《澄海县志》）——蔡文胜

【陈昌年】

陈昌年，惠来大坭都人。尚志嗣子，力学好修，清淑自持，教授生徒，多成利器。暇则吟咏寄趣，大有父风。康熙十一年（1672）应潮阳县学岁贡，享年八十岁。（康熙《惠来县志》、乾隆《潮州府志》）——周修东

【陈昌期】

陈昌期（1769—?），字启愚，海阳隆津都（今属潮州潮安）人。解元陈雄思侄。嘉庆五年（1800）解元。（光绪《海阳县志》、《韩江闻见录》）——陈贤武

【陈鸣阳】

陈鸣阳（1712—1770），字尔朝，号梧亭，潮阳县廓都（一作"贵山"）人。少孤，母孀守，受教于诸伯父。乾隆元年（1736）举人，任鲁山知县，深悉民间疾苦，凡有利于民者，知无不为。二十九年（1764），云南不靖，京兵四出，独鲁山镇静无哗，民皆安堵。寻署渚州知州，莅治数月，政声翕然。以终养乞归，年七十二卒。（嘉庆《潮阳县志》、光绪《潮阳县志》、《贵屿古今人物辞典》）——陈新杰

【陈鸣鹤】

陈鸣鹤，字和之，海阳人。襟怀潇洒，才学优长。由乾隆五十四年（1789）拔贡生官广东开平训导，六十年（1795）调万州学正，嘉庆六年（1801）升国子监典簿。谈经课士，翛然自适。时有"三豪"之称，谓下笔吟风如天马行空，以诗豪；举杯邀月如长鲸吸川，以酒豪；胸无宿翳高谈雄辩四座皆惊，以人豪。与同郡林日华友善，诗章唱酬无虚日，及闻其卒，郁郁不乐，而豪亦渐减。解组归，卒于家。著有《耕心堂剩稿》，卷首有嘉庆十年德庆温瑞桃序，录乾隆三十六年至五十五年（1771—1790）诗，多与林日华唱和之作。（光绪《海阳县志》、道光《万州志》）——陈贤武

【陈周礼】

陈周礼，字心之，一字定山，号士复，海阳郡城（今属潮州湘桥）

人。陈衍虞第五子，太学生。著有《自怡堂诗草》。（《古瀛诗苑》、《潮州诗萃》）——陈贤武

【陈性睿】

陈性睿，海阳人。顺治十一年（1654）岁贡。授广东新兴训导。（乾隆《潮州府志》、光绪《海阳县志》）——陈贤武

【陈学典】

陈学典（1691—1748），字希笏，号潜崖，海阳郡城（今属潮州湘桥）人。举人陈王猷次子。康熙五十九年（1720）举人。雍正十一年（1733）任甘肃金县知县。有《小蓬亭诗草》六卷。（乾隆《潮州府志》、光绪《海阳县志》）——陈贤武

【陈学宽】

陈学宽（1722—1789），海阳上莆都（今属潮州潮安）人。贡生。乾隆二十九年（1764），因河南水灾，开豫工例。因而得捐同知，并恩准双单月掣签即用。掣得四川夔州府通判。（光绪《海阳县志》、《清代官员履历档案全编》）——陈贤武

【陈学棨】

陈学棨，号简斋，饶平隆都（今属汕头澄海）人。乾隆五十四年（1789）恩科贡士，嘉庆初为广东保昌县训导，二十一年（1816）升和平县教谕。学规严谨，士风为之一变。居乡和厚，为人所钦服。（嘉庆《和平县志》、道光《广东通志》、《饶平县志补订》）——黄树雄

【陈 河】

陈河，潮阳贵山都人。乾隆五十九年（1794）恩科武举，授连平县典史。（嘉庆《潮阳县志》、华美《陈氏族谱》）——陈新杰

【陈治才】

陈治才，号廷魁，潮阳黄陇都（今属汕头潮南）人。吏员颖道侄孙。饶平县学生。康熙二十年（1681），协助祖叔颖道纂修族谱。三十年（1691），率族众创始祖元昆山知州祠堂于坛岐寨内，号"宁远堂"。能文，有跋文一篇存族谱中。（《历代世系策》）——陈新杰

【陈宝瑜】

陈宝瑜（1864—1902），字琼莹，自号艮山居士，海阳龙溪（今属潮州潮安）人。年十七，补博士弟子员。光绪十一年（1885）举人。江苏试用知县。未仕卒，年三十九。熟于史事，遍读《二十四史》，兼嗜古泉，搜辑颇富。逝后俱散去。著有《改二十四史草稿》、《梗斋集》、《梗斋双钩碑帖》、《皮古阁篆刻》、《自课图书丛集》、《贴本图书丛集》、《摹本》各若干卷。草创未就者，有《古诗史采》、《辑唐宋四家诗钞》、《熙性斋杂录》、《学算稿本》、《洋钱谱》、《中银谱》。（光绪《海阳县志》、《潮

州诗萃》、《密教讲习录》）——陈贤武

【陈宗功】

陈宗功，澄海人。雍正二年（1724）举人。官上虞知县。（嘉庆《澄海县志》）——蔡文胜

【陈宗虞】

陈宗虞（1859—1895），字裕民，号瀣南，别号龙友，潮阳隆井都人。年二十，补县学附生。光绪十五年（1889）举人。逾年赴礼部试，不第归。翰林吴道镕先后主金山、韩山两书院讲席九载，龙友从肄业久，劬于学而不徇时好，故多心得。十七年（1901），吴道镕归省城设馆，宗虞乃入双髻山石室读书。普宁人士钦其名，延主三都书院讲席。二十一年（1905），将再赴礼部试，疾作不果。卒。其为文少挟奇气，晚变为平夷沈澹。丘逢甲掌教潮阳东山书院，闻其名，大为赞赏。（《清光宣两朝潮州贡士录》、《陈龙友小传》、《岭云海日楼诗钞》）——陈新杰

【陈宗桂】

陈宗桂，字君筵，普宁人。少颖异，弱冠即入县学。性慷慨乐施，有困相求，无不应者。以义自勖，亦以义绳人。康熙间，知县安定枚知其至行，强起为乡约。化导邻里，剖别是非，咸服其公，至今人思之。（乾隆《普宁县志》）——陈新杰

【陈定举】

陈定举，字实宾，云澳人。乡宾辉子，千总奕功弟也。少读儒书，长习武备。乾隆六年（1741）中福建榜武举人。越年连捷成进士，观政兵部。寻发广东，署虎门守备事，补碣石镇标右营守备，以亲老乞终养归。定举性孝而慷慨，凡澳中义举，均为之倡。二十四年（1759）与陈烈等捐社谷五百石，于同知署左建仓一座以储之。二十六年（1761）捐银五百两以创建"学海书院"。复捐"文昌祠"祭银一百五十两，交生员收息，以供祭祀。其他祠庙修建，靡不捐助。戚族故旧之困穷者，咸加存恤。殁后其曾捐修祠庙，多为位以祀。邑之人谈急公好义者，至今犹以定举为首称。（民国《南澳县志》）——黄迎涛

【陈实馨】

陈实馨，潮阳招收都人。监生，以弟陈蓍，赠修职郎、四会教谕。（光绪《潮阳县志》）——陈新杰

【陈诗正】

陈诗正（1735—1785），号思亭，揭阳人。乾隆三十六年（1771）举人。（乾隆《揭阳县志》、《古溪陈氏族谱》）——孙杜平

【陈经邦】

陈经邦，字纶阁，澄海下外莆都（今属汕头澄海）人。陈兆兰之子。

著有《拙斋诗钞》。(《潮州艺文志》、《拙斋诗钞》)——蔡文胜

【陈春英】

陈春英，字华澄，号西岩。澄海苏湾都（今属汕头澄海）人（一说"海阳意溪人"）。九岁能文，年十四补邑庠生。康熙五十年（1711）乡试第一，五十二年（1713）成进士，选庶常升授翰林院检讨。充任五十六年（1717）顺天乡试、五十七年（1718）会试同考官，所取皆名士。居官时，澹泊宁静，读书不辍，或欣然有得，作蝇头小楷注其旁，日积月累，架上书籍几被注遍，考据精核。为文时披纸疾书，皆成佳篇。六十年（1721）归里，日以汲古著书为乐。（雍正《澄海县志》、嘉庆《澄海县志》、光绪《海阳县志》）——蔡文胜

【陈 珏】

陈珏（1654—1731），字比之，一字双山，海阳郡城（今属潮州湘桥）人。太学生。陈衍虞第六子，在七子中最为知名。有《砚痕堂诗文集》。与从子王猷选《古瀛诗苑》，略存吾潮诗人梗概。诗七古得香山之一体，近体亦复雅健。有《砚痕堂集》、《过庭集》行世。享年七十七岁。（光绪《海阳县志》、《潮州诗萃》）——陈贤武

【陈 贲】

陈贲，字元之，号仍朴，海阳郡城（今属潮州湘桥）人。诸生。陈衍虞侄。擅诗，著有《亦园草》。（《古瀛诗苑》、《潮州诗萃》）——陈贤武

【陈荣光】

陈荣光，揭阳人。通判陈长镛父。嘉庆十二年（1807），中式举人第五名。（《嘉庆十二年广东乡试题名录》、道光《广东通志》、《广东贡士录》）——孙杜平

【陈荣华】

陈荣华，潮阳黄陇都人。恩赐修职郎。年一百有二，五代同堂。（光绪《潮阳县志》）——陈新杰

【陈树屏】

陈树屏，普宁人。贡生。仕从化县学训导。（乾隆《普宁县志》）——陈新杰

【陈树基】

陈树基，潮阳招收都人。乾隆四十二年（1777）武举。越年（1778），署南澳千总。（光绪《潮阳县志》）——陈新杰

【陈树徽】

陈树徽，普宁洑水都人。生平忠厚好学，慷慨乐施。每值岁暮，预备钱米，分给告贫乡人。道光十年（1830），创建三都书院，踊跃捐题。二十一年（1814），县城开河，力难

独任,即偕弟侄集腋而成。通岐黄,传有专治外科膏药良方,制以济人数十年,功效甚多,乡邻推重。(光绪《普宁县志》)——陈新杰

【陈咸星】

陈咸星,普宁黄坑都人。候补守备。奉调赴博罗县,会办乡,被匪拒捕伤毙。奉旨优恤,子袭云骑尉。(光绪《普宁县志》)——陈新杰

【陈奎璧】

陈奎璧,字师韩,号仰斗。澄海下外莆都(今属汕头澄海)人。性高洁,品行端方。乾隆五十四年(1789)举人。时有官于潮者,作书嘱其晋谒京中贵人,奎璧藏而不献,后贵人事败,人乃服其高识。奎璧常隐于潮阳之东岩,从游者甚众,一经指授,皆成名士。年五十一卒。(嘉庆《澄海县志》)——蔡文胜

【陈显仁】

陈显仁,揭阳人。乾隆末年岁贡。生平事父至孝,待人真诚。见后生辈,谆谆教诲。一乡风气,化为驯谨。视内外无间言。父老啧啧称赞。(光绪《揭阳县续志》)——孙杜平

【陈思齐】

陈思齐,惠来县惠来都人。乾隆三年(1738)举人。七年(1742)春,惠来文昌宫有黄槿树中一枝忽吐红花,艳如锦绣。是年思齐以《毛诗》中会试魁元,殿试中进士,任长泰知县。(道光《广东通志》、乾隆《潮州府志》)——周修东

【陈勋士】

陈勋士,普宁人。幼好学,通岐黄书。郁郁不得志,乃以医术济人,凡其所视病,若见肺腑,无少爽。性坦直,乐善举,尝因洪水坏百里桥,倡乡众修理。康熙五十一年(1712)后,知县田云翼旌之。享年八十五。(乾隆《普宁县志》)——陈新杰

【陈 钟】

陈钟(1629—1669),字千石,惠来西头都(今属揭阳惠来)人。约四五岁时其父去世,与弟陈琳茕茕相依,弱冠同选廪膳生。孝事孤母,带头苦读。凡家务巨细,独任其劳。不以烦累其弟攻读之心,以故陈琳得肆力于学,于康熙二十九年(1690)中举。陈钟生平敏达,虽日接烦剧,而读书多颖悟,考试俱列高等,屡次参加省试,可惜英年赍志而没,且未生子,合县痛悼。陈琳以其次子为其后嗣。(雍正《惠来县志》)——周修东

【陈钟麒】

陈钟麒,潮阳人。附生。光绪十年(1884),分纂兼掌誊录《潮阳县志》。(光绪《潮阳县志》)——陈新杰

【陈钦楫】

陈钦楫,澄海苏湾都(今属汕头

澄海）人。陈良弼之孙。少遭贼乱，与祖母相依。刻苦力学，膺康熙三十七年（1698）岁贡。生平恬静，不趋权贵。对后学者循循善诱，从学者多成名士。（康熙《澄海县志》）——蔡文胜

【陈秋启】

陈秋启（1768—1854），字振文，揭阳人。知府陈瑞芝父。少年父丧家贫。一生勤俭创业，积资巨万。性好施予。道光初年，秋启尝倡建文昌祠，董修奎光阁，皆亲自相度，不遗余力。道光十三年（1833），县大饥荒，偕绅董平粜粮食，达二万石。又独自设厂施粥，食者甚众。先后又捐修府城湘子、县境渔湖等桥。屡获上官旌奖。卒年八十六。（光绪《揭阳县续志》、《榕城陈泰兴》）——孙杜平

【陈复平】

陈复平，字虞章，澄海下外莆都（今属汕头澄海）人。岁贡生。少孤，事寡母至孝。顺治二年（1645）为海寇所囚，利诱威逼皆不屈，伺机逃脱，带着神主，背负母亲逃于金砂寨。十二年（1655），金砂寨被破，以杀其妻相胁逼，复平志终不可夺，遂义而释之。复平学博养邃，文探程朱理奥。值康熙三年（1664）沿海"迁界"，避居郡东，日与生徒聚讲。亲戚贫乏者，乐而助之。八年（1669）澄海复界，复平捐资修复学宫，置田以祀先祖。三十三年（1694）堤溃，邑令使董理修筑之事，卒以成功。年八十犹键户穷经，学使樊泽达以"德行纯全"定其品。卒后祀乡贤。（雍正《澄海县志》、嘉庆《澄海县志》、道光《广东通志》）——蔡文胜

【陈 修①】

陈修，号畔野，潮阳县廓都人。性聪明，见闻博洽，下笔无当时陋习。初受时文于周大新，得其正轨，而古文尤崟嵚历落。名宿余用宾辈多师事之。道光十一年（1831）举人。尝避暑东山，日背诵《通鉴》五十篇，不差一字，有问难者，辄随口应答。（光绪《潮阳县志》）——陈新杰

【陈 修②】

陈修（1610—1686），字拓潜，惠来龙溪都人。县学生员。家贫嗜学，壮岁尝筑舍于普陀岩，守岁不到家。其学以程朱为本，又喜读《史记》、《庄子》诸书，举子业规模王、唐诸人，不肯从时好，亦不以此争得失。顺治八年（1651），集友青莲社，举人方之孝、庄曾辈，皆推其为盟主，一时文人争先携礼谒见，有武弁闻其名，愿以百金延为幕客，陈修推却不受。晚年文益古而道益穷，崟奇历落，丰于学而啬于遇，士林惜之。

著有《四书会解》。（康熙《惠来县志》、雍正《惠来县志》、乾隆《潮州府志》、《鹿洲初集》）——周修东

【陈衍隆】

陈衍隆，字伯蕃，海阳郡城（今属潮州湘桥）人。诸生。陈园公季弟，卒年二十四。温廷敬称："其诗英奇磊落，品格不下乃兄。惜其集之不传也。"（《古瀛诗苑》、《潮州诗萃》）——陈贤武

【陈衍虞】

陈衍虞（1598—1687），字伯宗，号园公，海阳郡城（今属潮州湘桥）人。明崇祯（1640）举人。入清后于顺治十四年（1657）授番禺教谕，迁广西平乐知县。是清初潮州著名的诗人，为诸生时即有文名，附名复社及壮游各地以后，所作诗文传诵益广而名益高，又与同志结京社、晋社、偶社，盟友众多，皆一时名流。温丹铭称："潮人声气之广，以园公为最。"著作等身，两修地方志乘。年臻耄耋，人称"岭海文献"，且一门子弟多能诗，绵延六代之久，以诗学传家。有诗集十四种，后由其子陈珏编成《莲山诗集》十九卷。（乾隆《潮州府志》、光绪《海阳县志》、《莲山诗集点注》、《潮州诗萃》、《全清词·顺康卷》）——陈贤武

【陈施博】

陈施博，字嗣精，普宁洭水都人。贡生光梁第四子。幼业儒，质聪敏，一时名宿皆以大器目之。乾隆六十年（1795），大饥，斗米千钱，人多菜色，与兄修道谋，出困赈济，照丁分给，乡邻来者亦量口予之。诸善举类此。卒年七十一。子八，第四子树功州同，余俱庠生、监生。（光绪《普宁县志》）——陈新杰

【陈奕传】

陈奕传，字习亨，澄海人。教书所得购置产业悉与其弟共有，不留私积。天性孝友，少丧母，哀毁骨立，事继母能得其欢心。父元庆素有脾疾，屡危殆。朝夕奉侍，累月衣不解带。奕传博通经史，学有根底，而尤善诱后进。为诸生时，院试四次第一，乾隆五十四年（1789）恩科乡试，与门徒陈奎璧同中举人。（嘉庆《澄海县志》）——蔡文胜

【陈炳荣】

陈炳荣，普宁黄坑都人。监生臣宽子。咸丰四年（1854），许亚梅倡乱，遍地蔓延，陈乡数百户无一人附贼者。炳荣勇而善谋，当贼党林亚廷攻城时，知县潘铭宪知安仁乡族甚巨，且不附贼，欲倚为外援。举人方青钱问战守计，炳荣乃献捣虚之策。如其言，贼果败去。以功赏六品顶戴。（光绪《普宁县志》）——陈新杰

【陈炳然】

陈炳然，潮阳人。举孝廉方正。光绪十年（1884），预编《潮阳县志》。（光绪《潮阳县志》）——陈新杰

【陈宣直】

陈宣直，一名金山，字利直，饶平隆都（今属汕头澄海）人。读书不拘章句，工书法，小楷尤秀逸。父兄经商，海舶及于南北洋。宣直不得已弃举业，措理家事，井井有条。太平军起事之后，地方震动，设立保安局，宣直以士绅协办团防事宜，后又助方耀"清乡"。光绪初卒，年六十。有《利直格言》一卷。（《饶平县志补订》）——黄树雄

【陈　勇】

陈勇（1664—1741），原名陈崇，字芝俊。澄海下外莆都（今属汕头澄海）人。少业渔，得纵观海上形势。康熙四十五年（1706）海寇江伦犯舟山，官军征讨不利，勇献策愿充前部击贼，总帅奇之，授卒数百人。勇夜乘小舟，出贼不意，大破之，焚其舟，亲获巨盗三十余人。以功授把总，任温州游击。时海寇张添等猖獗，勇出奇兵诱之，遂斩张添，生擒其将陈傅，余党悉平。升福建烽火营参将。雍正二年（1724）迁福建副将。首请运浙粮以济民贫。又以平台湾朱一贵有功，升海坛镇总兵。十二年（1734）以老告归。军民焚香遮道，攀辕相送。年七十七卒于家。（嘉庆《澄海县志》、乾隆《潮州府志》、《芝俊陈公墓志》）——蔡文胜

【陈　骅】

陈骅（1696—1734），字政典，号慎五，潮阳招收都人。少岐嶷，英迈奇特。雍正四年（1726）武举。与族众议修乡寨，以宁身家。督诸弟侄，或攻诗书，或习韬略，翩翩继起。卒年三十九。（嘉庆《潮阳县志》、《豪山陈氏族谱》）——陈新杰

【陈泰年】

陈泰年（1701—1777），字式瑞，号东溪，潮阳招收都（今属汕头濠江）人。少从兄英猷游，淹通载籍，工诗文。乾隆元年（1736）举人。二十八年（1763）谒选授浙江于潜知县。适新垦起征，虑为地方负累，报请准列为额外。得士心，尤善劝化。阅三载，县无冤狱。三十一年（1766），以病告归，士民饯送者接踵。抵家后，杜门谢客，隐居于叠石山房，建志道堂以处学者。著有《文集》四卷、《潜州信谳录》二卷。（嘉庆《潮阳县志》、光绪《潮阳县志》、《补纂叠石山房志》）——陈新杰

【陈班瑞】

陈班瑞，潮阳招收都人。职监。以子武举云鹤，赠修职佐郎顺德训

导。(光绪《潮阳县志》)——陈新杰

【陈起凤】

陈起凤，海阳南桂都（今属潮州潮安）人。雍正年间（1723—1735）岁贡生。授陕西布政使司理问，署汉中府通判。（光绪《海阳县志》）——陈贤武

【陈　都】

陈都（1744—1808），名周京，号鲁余，潮阳招收都人。于潜知县泰年第四子。国子监生。性宽和，重伦行。弱冠之父任所，参办幕事，钱谷漕务秩如。（《补纂叠石山房志》）——陈新杰

【陈振绪】

陈振绪，海阳人。光绪间（1875—1908）任刑部车驾司主事，福建候补道。（光绪《海阳县志》）——陈贤武

【陈钱奕】

陈钱奕，字道义，澄海下外莆都（今属汕头澄海）人。由监生捐纳选山西蒲州府经历，因病不赴任。生平慷慨好施与，有求助者，无论亲疏远近，皆给之。曾赴乡试不第，乃弃学为商，往来吴中。潮人至吴地者，皆倚重之。侄陈高飞，家贫无靠，几不能卒业，得钱奕之助甚多，后成进士。（乾隆《澄海县志》、嘉庆《澄海县志》）——蔡文胜

【陈钱浩】

陈钱浩，澄海下外莆都（今属汕头澄海）人。幼颖异，好读书。雍正元年（1723）夏四月恩科乡试武举人，冬十月恩科会试联捷武进士。由侍卫升任川北守备。时柳州苗人叛乱，钱浩上书陈述方略，潜师出境进入广西，诛杀叛乱首领。不久调升黔彭都司。两广总督重其才能，补香山协都司。小榄溪港繁多，久为盗贼巢窟。钱浩到任后访察实情，严营汛守卫，设快橹船分头捕贼，盗贼因之敛迹。历署中营游击、海门参将，所至皆有声誉。为人清廉耿介，在军中二十年，家无余资。子陈高飞，乾隆二十五年（1760）进士。（乾隆《澄海县志》、嘉庆《澄海县志》）——蔡文胜

【陈钱瀚】

陈钱瀚，澄海下外莆都（今属汕头澄海）人。少业儒，及长，弃学经商于吴越间，以轻财好施见称于时。（乾隆《澄海县志》、嘉庆《澄海县志》）——蔡文胜

【陈逢泰】

陈逢泰，揭阳人。举人陈光正父。附监，考授州同。为人刚正，为时所称。卒年七十五。（乾隆《揭阳县志》）——孙杜平

【陈高飞】

陈高飞，字孝腾，号玉川。澄海

下外莆都（今属汕头澄海）人。陈钱浩之子。幼聪敏，读书过目不忘，为文下笔千言，纵横引申。其父任香山协都司，高飞随行，师事粤东名宿郑翼亭。十七岁回籍，试辄冠军。乾隆二十一年（1756）中举人，二十五年（1760）成进士。二十九年（1764）知县金廷烈聘其修纂《澄海县志》。三十年（1765）知县陈□延为书院院长。其时书院久废，学子闻高飞之名，纷纷来归。庑舍不能容，至租赁民居借私塾以讲学。知县陈□乃为之增膏火，添建厢房，一时文风大振。高飞讲学，时人比之"丹山鸣凤"。四十二岁赴选，半途而卒。著有《风箁制义》刊行于世。（嘉庆《澄海县志》）——蔡文胜

【陈　高】

陈高，原名仕保，字启泰，号飞亭，潮阳招收都人。乾隆三十五年（1770）恩科武举，考选兵部差官。（嘉庆《潮阳县志》、《赤港陈氏族谱》）——陈新杰

【陈高经】

陈高经，揭阳人。家教严厉整饬，一门雍雍穆穆。被授八品顶戴。卒年八十二。（乾隆《揭阳县志》）——孙杜平

【陈高耀】

陈高耀，澄海下外莆都（今属汕头澄海）人。乾隆二十五年（1760）武举人。三十七年（1772）武进士。（嘉庆《澄海县志》）——蔡文胜

【陈效和】

陈效和，海阳上莆都（今属潮州潮安）人。贡生。乾隆三十年（1765）题山东济宁州县丞，管石佛关闸官事，三十三年（1768）仍在任。调广西按察使司经历，护理太平府分府。（光绪《海阳县志》、《清代缙绅集成》）——陈贤武

【陈益洵】

陈益洵，字汝似，别号少泉。澄海下外莆都（今属汕头澄海）人。陈邦奎之孙。事父母竭诚尽礼，与弟同居五十余载和睦相处。后以岁贡授连州训导，勤于教训，文风丕振。卒于任上。（乾隆《澄海县志》、嘉庆《澄海县志》）——蔡文胜

【陈益溰】

陈益溰，澄海人。陈守鈖之子。廉洁有父风，胸怀坦直，重义轻财。曾有守备魏元自福建过澄海，随带一幼婢。益溰询知系官宦家裔女，为其赎身，另备妆奁嫁与良家子。（乾隆《澄海县志》、嘉庆《澄海县志》）——蔡文胜

【陈　浩①】

陈浩，字谨英，号道春，揭阳人。进士陈强孙。乾隆四十五年（1780）武举人，署广东澄海协右营千总，管理南洋、外埠、东湖等汛军

务。(光绪《揭阳县续志》、《潮州下水门陈氏族谱》)——孙杜平

【陈　浩②】

陈浩，惠来人。登光绪十八年（1892）武进士，授蓝翎侍卫。(《岭南武术历史发展的若干反思——读〈光绪丙申大清缙绅全书·御前侍卫〉札记》)——周修东

【陈　浩③】

陈浩，潮阳贵山都人。监生。性仁厚，事母以孝闻。雍正四年（1726）及五年（1727），岁饥，捐资赈恤，凡债券悉焚之。(嘉庆《潮阳县志》、光绪《潮阳县志》)——陈新杰

【陈润平】

陈润平，字若夫，大埔茶阳（今属梅州大埔）人。康熙三十八年（1699）举人，五十七年（1718）授郫县知县。郫遭兵燹后，人文寥落，润平以暇日集诸生讲经书，如训子弟，自是文教蔚起。时兵需浩繁，民困转输，润平竭力调剂，乡里无扰。曾修堰灌十九州县粮田，其功尤巨。在任四载，告归，两袖清风，自称"吾以清白贻子孙足矣"。年八十五卒。子可奇，进士。(嘉庆《大埔县志》、乾隆《潮州府志》、乾隆《郫县志》)——黄树雄

【陈涌波】

陈涌波（1882—1912），字静山，饶平黄冈人。清末饶平"三合会"首领。光绪三十二年（1906）冬，陈涌波与乡人余既成在香港加入同盟会，并密谋回潮州策划起义。光绪三十三年（1907），陈涌波率众在饶平黄冈发动起义，一度占领黄冈，并进攻潮州，声势大振，史称"丁未起义"。终因寡不敌众，起义失败。陈涌波经厦门转香港赴新加坡，谒见孙中山先生。不久奉命回海丰，接应惠州起义。失败后避居泰国。辛亥革命胜利后，陈涌波与许雪秋回汕头，组织军队，自任司令，光复潮汕。因军阀势力混战，民国元年（1912）六月，陈涌波在汕头为军阀吴祥达所杀。(《饶平县志补订》)——黄树雄

【陈　浚】

陈浚（？—1787），字哲英，号禹功，揭阳人。进士陈强孙。乾隆四十五年（1780）武举人。五十二年（1787），授广东碣石镇右营千总，管理鲂门港，兼海丰鹅埠等汛军务。卒于官。(光绪《揭阳县续志》、《潮州下水门陈氏族谱》)——孙杜平

【陈能夏】

陈能夏，潮阳县廓都人。康熙五十三年（1714）举人。雍正四年（1726）、五年（1727），岁大饥，尝慷慨倡赈。(嘉庆《潮阳县志》)——陈新杰

【陈继馨】

陈继馨，海阳大和都（今属潮州潮安）人。顺治五年（1648）岁贡。授琼州府学训导。（乾隆《潮州府志》、光绪《海阳县志》）——陈贤武

【陈骏烈】

陈骏烈，海阳人。光绪年间附贡。著有《指元别筑吟草》。（《潮州艺文志》）——陈贤武

【陈梦日】

陈梦日，字子宣，澄海下外莆都（今属汕头澄海）人。谨而好善，凡有捐助之事皆力应之。（乾隆《澄海县志》、嘉庆《澄海县志》）——蔡文胜

【陈梦凤】

陈梦凤，海阳人。雍正十三年（1735）举人。乾隆二十二年（1757）至二十七年（1762）授广东英德教谕。（乾隆《潮州府志》、光绪《海阳县志》、同治《韶州府志》）——陈贤武

【陈盛辉】

陈盛辉，澄海下外莆都（今属汕头澄海）人。淳厚博爱，以捐助为乐。雍正四年（1726）饥荒，盛辉首倡捐赈。尽力协助修筑南桥、安定、东林诸堤。（乾隆《澄海县志》、嘉庆《澄海县志》）——蔡文胜

【陈捷升】

陈捷升，揭阳人。卫守备衔。为人宽厚乐善。有欠债不能偿还者，即为焚券。卒年八十二。（光绪《揭阳县续志》）——孙杜平

【陈　常】

陈常（？—1681），字立民，惠来龙溪都人。自幼父丧，服事寡母，以孝子闻名于世。顺治十一年（1654），以《礼经》考中省试举人。有恶少暗中将其祖墓旗杆放倒，事发，恶少献金请罪，陈常告诫而挥去。陈常还修整业师之墓，立墓田付其家人世守封扫。其行谊敦笃，见推于时。康熙二十年（1681）将治装赴京谒旋，以疾卒于家，未竟其用。邑人悼之。（康熙《惠来县志》、乾隆《潮州府志》）——周修东

【陈　冕】

陈冕，字廷服，自号借闲散人，潮阳人。监生。尝游都门。能诗，与海阳郑昌时有诗唱和。（《韩江闻见录》、《潮州诗萃》）——陈新杰

【陈敏捷】

陈敏捷（1770—1829），又名苗，字绍学，号逊斋，别号月三，潮阳招收都人。四会教谕陈蕃仲子。克承家学，尝及学海堂学长冯敏昌之门。嘉庆二十四年（1819），采辑《潮阳县志》。道光四年（1824）岁贡，署乐昌训导。有诗存世。（光绪《潮阳县

志》、《潮州诗萃》、《补纂叠石山房志》）——陈新杰

【陈彩园】

陈彩园，普宁人。性好学问，喜施予。以诗书课其子孙。雍正四年（1726），遭水灾大饥，捐粟助赈。五年（1727），复失收，又出粟赒其里邻。约于雍正十年（1732）后，知县孟五金旌其庐，曰"年高德邵"。（乾隆《普宁县志》）——陈新杰

【陈象观】

陈象观，潮阳县廓都人。恂恂有古风，创烝尝，恤贫乏，于东山建寮，收容麻风病患者。（嘉庆《潮阳县志》、光绪《潮阳县志》）——陈新杰

【陈章汉】

陈章汉，字倬亭，澄海下外莆都（今属汕头澄海）人。监生，性孝友，少丧母，事继母能得其欢心。长兄早逝，遗孤三月，抚若己子。二兄乏嗣，以次子继焉。生平仗义疏财，乐善好施。亲戚孤寡不能过活者，尽力周恤，无所吝惜。年四十一卒。子陈鸣岐，乾隆五十七年（1792）举人。（嘉庆《澄海县志》）——蔡文胜

【陈清辉】

陈清辉，字丹书，普宁人。庠常林景拔门人。颖敏博学，弱冠补县学生。康熙三十六年（1697）贡生，谒选不获，即绝意仕进，键户读书，啸歌自适。年七十六卒。（乾隆《普宁县志》）——陈新杰

【陈鸿璧】

陈鸿璧，字乃和，澄海下外莆都（今属汕头澄海）人。生平仗义好施。乾隆十五年（1750）东林、华富等堤同时冲决，上、中、下外莆三都皆成泽国。鸿璧捐银二百两倡筑之。其他如掩埋尸骨，施舍医药，修筑道路，设置渡船，所费颇多，毫无吝色。（嘉庆《澄海县志》）——蔡文胜

【陈绳祖】

陈绳祖，号眉峰，海阳人。陈学典堂兄。诸生。曾聘修雍正《海阳县志》。其别业艾亭为郡城名园。（《小蓬亭诗草》、《韩江记》）——陈贤武

【陈琴如】

陈琴如（1860—1911），海阳上莆都金砂（今属潮州潮安）人。在马来亚创谦利椒蜜行，种植胡椒、甘蜜。为新加坡中华商务总会及端蒙学校发起人之一，曾任端蒙学校第四、六届总理。（《彩塘镇志》）——陈贤武

【陈　琳】

陈琳（1633—1721），字季璋，号玉山，惠来酉头都（今属揭阳惠来）人，后移居惠城。周岁时父亡，与兄陈钟皆由母抚育，孝顺恭谨。兄

弟诗文齐名,同选为廪膳生员。康熙二十九年(1690)以《尚书》考中举人第九名。四十三年(1704)与纂《惠来县志》。后授湖北远安知县,洁己爱民。四十八年(1709)辞归,囊无余俸,士民为绘《致仕图》,作诗歌赠行。乡居时恢复祖祠,倡修文昌阁。著有《眺春草》一卷。子洸,生员,能诗。(雍正《惠来县志》、乾隆《潮州府志》)——周修东

【陈 琼】

陈琼,字玉山,号谷隐,澄海下外莆都(今属汕头澄海)人。后移居潮州城北金山。师翁铨,尽得其传。作画重写生,融汇闽、粤两派而独出心裁。其所作山水、花卉皆闲雅有致,超逸绝伦,更善画禽鸟,栩栩如生。后期专攻人物,名重一时。年九十九卒。(嘉庆《澄海县志》、光绪《海阳县志》、《汕头历代书画人物录》)——蔡文胜

【陈 超】

陈超,字义高,澄海苏湾都(今属汕头澄海)人。幼年入泮,二十岁补廪生。乾隆四十九年(1784)岁贡。五十一年(1786)中举。以父母年老,不赴京会试。博通经史,尤善诗赋。生徒成名者甚多。著有《省非诗集》、《四书解义》、《制义体裁》、《分类读编》等。年七十二卒。(嘉庆《澄海县志》、《潮州艺文志》)——蔡文胜

【陈喜渭】

陈喜渭,字伯鸿,澄海鳄浦都(今属汕头市区)人。贡生。事亲至孝,兄弟和睦,四代同居。凡亲属之艰于丧葬者,为置义园营葬。乾隆六十年(1795)大饥,喜渭捐资助赈,澄海知县戴锡纶以"仁心式懋"表其庐。年七十七卒。(嘉庆《澄海县志》)——蔡文胜

【陈喜滨】

陈喜滨,字伯江,澄海鳄浦都(今属汕头市区)人。监生。轻财重义。过水坑为鮀江、鳄浦二都往来要道,喜滨创建石桥以便行人。乾隆五十一年(1786)大旱,蓬洞、疍家园一带溪河淤塞,喜滨首倡捐款,主持疏浚。署潮州通判郑寅谷亲书"惠泽长流"以奖焉。延名师课督子侄,助族侄陈文炳赴省试及进京会试,后钦定御前侍卫。喜滨驰封昭武都尉,年七十三卒。(嘉庆《澄海县志》)——蔡文胜

【陈期昌】

陈期昌,号香九,丰顺北胜占头人。十八岁补县学生,入读潮州金山书院,光绪二十三年(1897)岁贡,补训导,未仕。筑蕙芷山房于冰山之麓,从学甚众,增筑培园以居,倡设北胜学社、北胜社书院。有《培园赋钞》三卷、《培园诗文集》八卷。五

十八岁逝。（光绪《丰顺县志》）——陈贤武

【陈联甲】

陈联甲，海阳人。康熙三十一年（1692）岁贡。授翁源训导。（乾隆《潮州府志》、光绪《海阳县志》）——陈贤武

【陈联魁】

陈联魁，号穆斋，大埔同仁（今属梅州大埔）人。咸丰十一年（1861）任福建泰宁知县，同治二年（1863）兼理建宁知县。（民国《大埔县志》、民国《泰宁知县》、民国《建宁县志》）——黄树雄

【陈　敬】

陈敬，字云泰，澄海下外莆都（今属汕头澄海）人。康熙年间应募为兵，因平吴三桂有功，加官左都督。帝召见，嘉其勇，授金门中军游击。性正直不阿，为主帅诬劾。帝惜其勇，复召见。劾者恐，使人毒杀之。（乾隆《澄海县志》、嘉庆《澄海县志》）——蔡文胜

【陈朝会】

陈朝会，潮阳贵山都人。乾隆三十五年（1770）恩科武举，官卫千总，例捐都司。（嘉庆《潮阳县志》）——陈新杰

【陈朝昌】

陈朝昌，字玉玺，惠来人。顺治五年（1648）土寇罗英围攻靖海所，千户陈袭战死，朝昌尽倾家产，犒劳守城军士。夜半缒城出，从间道请援，敌军退去。（乾隆《潮州府志》）——周修东

【陈植公】

陈植公，普宁人。勤谨朴实，以忠厚承家。伯渊如年九十四，父格臣年八十六，弟茂苑年九十一，植公年九十七，一门皆寿考。植公尤阴种其德，乾隆元年（1736）春，恩诏赐八品冠带、秩修职郎。其子监生鼎创年七十二，笃学惟勤，为邑人矜式。（乾隆《普宁县志》）——陈新杰

【陈　惠】

陈惠，字岱先，澄海下外莆都（今属汕头澄海）人。十九岁从戎，精骑射，勇略过人，由千总升授宁海守备。总督觉罗满以其娴熟水师推荐引见，赐二等侍卫，出为浙江提标中军参将，后调福建水师提标中营参将，所至整饬营伍，恩威并济。卒于任上。雍正五年（1727）潮州大饥荒，商人赴厦门采米入赈，不受阻挠，澄海赖以安定，虽陈国鋐之功，陈惠也功不可没。（雍正《澄海县志》、乾隆《澄海县志》）——蔡文胜

【陈　雄】

陈雄，字绳谦，澄海苏湾都（今属汕头澄海）人。由武生捐千总职。乾隆六十年（1795）大饥，陈雄聚族

众酌议，计祭祖用谷有余即以分济族人，尚有不足则以己资赈之。狮子山麓灰路崩坏已久，捐资修筑，行人称便。（嘉庆《澄海县志》）——蔡文胜

【陈雄思】

陈雄思，字凤山，海阳隆津都（今属潮州潮安）人。乾隆五十一年（1786）解元，授教谕。有《龙津草堂诗草》二卷。（光绪《海阳县志》）——陈贤武

【陈雄略】

陈雄略（1712—1779），字奕朱，号伟亭，潮阳贵山都人。雍正十年（1732）武举第二名，授武略骑尉，直隶协同。（嘉庆《潮阳县志》、《贵屿古今人物辞典》）——陈新杰

【陈　辉】

陈辉，字用章，云澳人。居家孝友，有二弟，一从戎，一游学。辉独竭力治产，仰事俯育，俾二弟无内顾忧。雍正四年（1726）、五年（1727），岁饥，捐谷平粜。乡有埔尾古冢崩，枯骨暴露，辉为修复。尤敬礼师儒，遇文士，虽年少必加礼。贫者解衣推食，以子奕功贵，敕封奋力校尉，年八十一卒。子定举，武进士。（乾隆《南澳志》、民国《南澳县志》）——黄迎涛

【陈鼎铭】

陈鼎铭，潮阳招收都人。署际门司巡检。（光绪《潮阳县志》）——陈新杰

【陈鼎新】

陈鼎新，海阳上莆都金砂寨（今属潮州潮安）人。陈旭年子。光绪间任江西南康知府。卒于任。（光绪《海阳县志》）——陈贤武

【陈　策】

陈策，号以来，海阳南桂都东凤乡（今属潮州潮安）人。雍正十三年（1735）副榜。乾隆十八年（1753）至二十三年（1758）任文昌教谕。（乾隆《潮州府志》、光绪《海阳县志》、咸丰《文昌县志》）——陈贤武

【陈斌才】

陈斌才，字乃川，澄海下外莆都（今属汕头澄海）人。雍正十三年（1735）举人。性正直，勇于为义。澄海县昌黎祠原有祠田数百亩，收其租赋充修祠祭祀费用。年久为豪强侵占，不纳租费，祠堂日渐崩塌。潮州同知陆镛署理澄海县事，有意清厘，而众多观望徇私，不敢揭发。斌才毅然任之，逐一丈量清出，复旧租额，祠事无废。并以其余额为景韩书院师生膏火费用，使邑中诸生得以继续学业，文风日盛。（乾隆《澄海县志》、嘉庆《澄海县志》）——蔡文胜

【陈　斌】

陈斌（？—1657），澄海人。明

清易代之际,四方多故。清顺治二年(1645),明南都被破,陈斌随黄海如揭橥勤王。三年(1646),驾舟破海阳南桂堤,淹没田园、庐舍,遂犯府城。巡道黄润中御退之。十二月同黄海如投清,随入省会,檄征梧州。至梧州,杀其帅,逃归澄海。后投郑成功,授管后劲镇,为郑成功属下骁将,屡立战功。七年(1650)闰十一月,郑成功令各镇兵在船听令,南下勤王。时陈斌与施琅不睦,率部离去。十二年(1655)五月,陈斌再率部归郑成功,授为护卫前镇。十四年(1657)七月,郑成功命陈斌守闽省罗星塔。九月,清兵水陆齐攻,陈斌被困无援,麾下兵士欲降,斌遂降。与军士一同被杀。(雍正《澄海县志》、《澄海历代名贤录》)——蔡文胜

【陈 善】

陈善,潮阳洋乌都人。官香山都司。(光绪《潮阳县志》)——陈新杰

【陈善卿】

陈善卿,澄海人。性孝友,康熙三年(1664)迁界,负母携弟,寄居郡城,勤苦力作以养家人。及兄弟去世,抚养孤侄如同己出。雍正二年(1724)被举为"老农",赐予八品顶戴。四年(1726)、五年(1727)连年饥荒,瘟疫流行,善卿捐赈施药,救活者无数。九十一岁卒。(乾隆《澄海县志》、乾隆《潮州府志》)——蔡文胜

【陈焜耀】

陈焜耀,揭阳人。监生。为人好义。雍正四年(1726),遇县饥荒,焜耀捐资以济贫乏。又捐资置租入桃山书院,以为学生求学之用。人咸义之。(乾隆《揭阳县志》)——孙杜平

【陈禄昌】

陈禄昌,惠来人。顺治六年(1649)土寇罗英复啸聚数千人,围攻惠来城,城池将被攻破,高亮福兄弟率义师赴援,集乡兵八百设伏北山麓下,令禄昌统精锐埋伏山后,亮福等自山前夹击之,贼大败,斩首二千余级,生擒巨寇罗英,斩之。(乾隆《潮州府志》)——周修东

【陈 强】

陈强,字毅川,号恕亭,揭阳人。幼年丧父。长习韬略,膂力过人。雍正元年(1723)武进士,以母老不赴选。为人孝顺友爱,敦邻睦族。雍正四年至五年间(1726—1727),境内饥荒,强出米赈济。又尝筑桥梁、修道路,乡人勒碑记其事。卒年五十八。子文峰,字奇岳,乾隆六年(1741)武举;孙浩、浚,并中乾隆四十五年(1780)武举。(乾隆《揭阳县志》、《陈石庵文

集》）——孙杜平

【陈登仕】

陈登仕，揭阳人。知府陈瑞芝子。援例捐詹事府主簿。从父剿匪广西。咸丰元年（1851），以获贼功，赏戴蓝翎。六年（1856），复以剿梧州贼匪，赐绩勇巴图鲁。晋捐知府衔。明年，贼陷梧州府城，登仕与父同被革职逮问。（光绪《揭阳县续志》、《清文宗实录》）——孙杜平

【陈登泰】

陈登泰，号驾山，大埔同仁（今属梅州大埔）人。乾隆四十四年（1779）恩科举人。讲学遍历闽汀等处，居乡课徒三十余年，门下士登科第者不少。选授琼山教谕，卒年七十一。著有《听涛楼文集》若干卷藏于家。（嘉庆《大埔县志》、道光《广东通志》）——黄树雄

【陈登榜】

陈登榜，字祚隆，号升三，揭阳人。知府陈瑞芝子。增贡生，候选通判。少有胆略，重义气。曾随父赴任广西，遇浔洲艇匪作乱，登榜独领孤军剿捕，巡抚劳崇光奏请赏戴花翎。为人好客嗜饮，时有"小平原"之号。与巡抚丁日昌微时友善。后日昌贵，登榜家道中落，而豪气如初，愈为日昌推重。性笃孝友。父殁佛山，亲往扶柩归里。因长途往返，积劳成病，卒年仅四十一。所著有《鸿雪轩诗存》，诗潇洒出尘，有唐李商隐遗韵。（光绪《揭阳县续志》）——孙杜平

【陈瑞龙】

陈瑞龙，揭阳人。县学生。尝获赐肉帛。卒年八十一。（乾隆《揭阳县志》）——孙杜平

【陈瑞芝】

陈瑞芝（1805—1872），字绳乔，号紫岩，揭阳人。由廪贡生援捐知府，分发广西。因剿太平军之功，升用道员，加运使衔。咸丰三年（1853），代理梧州知府。时浔洲艇匪嚣张，经常四处攻掠，瑞芝亲率兵勇，日夜战守，屡保梧州。明年父丧，广西巡抚劳崇光奏请夺情留任。七年（1857），艇匪纠合附近土匪，再度水陆围攻梧州，声势猖獗。时粮米缺乏，道梗援绝，瑞芝与军士固守三月，至食树叶、草纸。后众匪乘夜合力攻城，时士卒饥疲，瑞芝负伤接战，终被攻陷。瑞芝愤欲自刎，为子抱持阻止。因拟召集亡勇，预图克复。并亲赴广东乞援，会同提督昆寿往剿。三面夹攻前进，经月余乃复梧州。因此复官。而时梧州满目疮痍，百废待举，瑞芝首令士绅整饬团练，严缉盗匪，继而招抚难民，重兴学校，合郡无不戴德。在任七年，重士爱民，时有"神君"之誉。及其去任，父老攀辕哭送。同治十一年

（1872），病笃回里，途卒佛山。（光绪《揭阳县续志》、《清文宗实录》）——孙杜平

【陈瑜瑛】

陈瑜瑛（1851—1921），字佩文，号润生，大埔三河坝（今属梅州大埔）人。陈光韶孙。同治十二年（1873）举人，后授湖北竹山知县。清季守令多任用幕友，官民壅隔，瑜瑛深悉其弊，事必躬亲，终日坐堂，遇有小讼狱，两造俱到投状者，立予判遣，不少稽留，观者欢噪，呼为神明。光绪三十二年（1906），因开矿事与总督张之洞相左，坐是撤任。宣统元年（1909），改教谕，未及赴选，丁外艰归，遂不复仕，民国十年（1921）卒，年七十一。（民国《大埔县志》）——黄树雄

【陈颐璧】

陈颐璧（1724—？），号藻堂，海阳东厢都意溪（今属潮州湘桥）人（一说澄海人）。检讨陈春英孙。乾隆十七年（1752）进士。乾隆二十八年（1763）选授河南南阳府叶县知县。九月调宜阳县。（光绪《海阳县志》、《清代官员履历档案全编》、《清代缙绅集成》）——陈贤武

【陈虞耕】

陈虞耕，澄海鳄浦都（今属汕头市区）人。生平刚直不阿，素为族里所重。侄昊存克著孝友，历任约正，亦能持平秉公，有胞叔之风。族侄昭国乐善好施，复与叔多积祀业，创建祖祠，子孙后辈服其无私，佥请入祠附祭，俱寿登期颐。（雍正《澄海县志》）——蔡文胜

【陈锡书】

陈锡书，潮阳洋乌都（今属汕头潮南）人。性慷慨好义，为诸生时，同学翁奇勋被诬入狱，锡书尽力营救得释。后翁于康熙五十二年（1713）中举人。雍正二年（1724），锡书与同县举人苏巽赴京应试，舟次苏州，苏病逝，锡书经营殡殓，停之僧舍，始入都。试事毕，告诸乡人，醵金为护柩回潮。邑人称焉。（乾隆《潮州府志》）——陈新杰

【陈锡祺】

陈锡祺，海阳人。光绪间（1875—1908）附贡生。中书科中书。光绪《海阳县志》总阅之一。光绪十八年（1892），海阳知县李征庸拨出款项，饬令保安局绅士陈锡祺改建城南书院后面的斋舍，建大厅和八间斋舍，并修建大门、甬道。三十年（1904）任海阳县保安局局绅。（光绪《海阳县志》）——陈贤武

【陈锡龄】

陈锡龄，揭阳人。乾隆五十一年（1786）举人。历署山东青城、费县。嘉庆十二年（1807），补授沂水知县。子源洙，陕西同官县丞。（光绪《揭

阳县续志》、道光《沂水县志》）——孙杜平

【陈魁梅】

陈魁梅，潮阳县廓都人。职监崇诚子。母郑氏年二十六守节。廪生。光绪间（1875—1908）官德庆州训导，迁教谕。三十四年（1908）任潮阳保安公局协理。民国二年（1913），潮阳陈氏大宗祠德星堂落成，魁梅任总理。经与族绅商定，拟定族辈、书表各四十八字。（草美林《陈氏族谱》、光绪《潮阳县志》、民国《潮州志》、《光绪年间潮阳风俗调查》）——陈新杰

【陈颖发】

陈颖发，澄海下外莆都（今属汕头澄海）人。监生。重施好义，不轻然诺。凡事有利于众者，辄争先为之。邑人曾倡建金砂横渡，颖发即捐地筑雨亭以惠行者。（乾隆《澄海县志》、嘉庆《澄海县志》）——蔡文胜

【陈颖道】

陈颖道（1621—?），字解一，号有章，又号际隆，潮阳黄陇都（今属汕头潮南）人。明上杭知县则崧八世孙。不得志于时。康熙二十年（1681），本县宗亲陈时夏任教顺德，颖道随行助理绛帐，同时着手修纂族谱。赋归后，倡修本乡坛岐寨风水桥路。三十三年（1694），再修族谱。晚岁结庐寨隅，烹茗煮字，剧谈以消岁月。三十五年（1696）尚在世。《陈氏族谱》并诗文若干首，俱存。（乾隆《顺德县志》、《陈氏族谱》）——陈新杰

【陈新禧】

陈新禧（1841—1913），名家祐，海阳上莆都（今属潮州潮安）人。早岁在马来亚柔佛开辟永泰港及素里里吉舌港，种植胡椒、甘蜜。在家乡建永安里新乡。（《彩塘镇志》）——陈贤武

【陈溶德】

陈溶德，海阳人。雍正五年（1727）岁贡。授训导。（乾隆《潮州府志》、光绪《海阳县志》）——陈贤武

【陈嘉年】

陈嘉年（1779—1841），字高飞，号致祥，潮阳贵山都人。嘉庆三年（1798）武举人，十四年（1809）登恩科武进士，授韶州右营守备。后升中军参将。（嘉庆《潮阳县志》、《贵屿古今人物辞典》）——陈新杰

【陈嘉谟】

陈嘉谟，号晓峰，大埔同仁（今属梅州大埔）人。端居默识，乡人多严惮之。广东学使翁方纲赏其文，目为大器，乾隆四十五年（1780）中举人，居乡讲学，裁成者多。卒年六十三。（嘉庆《大埔县志》）——黄

树雄

【陈聚英】

陈聚英,潮阳人。副贡生。有诗存世。(嘉庆《潮阳县志》、《潮州诗萃》)——陈新杰

【陈睿俊】

陈睿俊,字子俊,澄海下外莆都(今属汕头澄海)人。性至孝,喜读书,家贫不能卒业,心常怏怏不乐。户部主事蔡璜,为邑中名宿,未成名时,授徒于乡。睿俊遣子陈芝师事之。后陈芝中乾隆三十年(1765)举人。(乾隆《澄海县志》、嘉庆《澄海县志》)——蔡文胜

【陈鹗荐】

陈鹗荐,字飞仲,程乡(今属梅州梅县)人。康熙三十二年(1693)解元,三十九年(1700)进士,选翰林院庶吉士。曾任上虞知县,年七十二卒。著有《一经堂文稿》。(光绪《嘉应州志》、《梅县客家杰出人物》)——黄晓丹

【陈翠岚】

陈翠岚,字南村,潮阳招收都(今属汕头濠江)人。于潜知县泰年季子。性孝友,敬事诸兄,老而弥笃。初苦家贫,励学不辍。于《毛诗》更征心得。继设教叠石山房,尤以敦实为务,从游学者率成名。晚膺廪贡。能诗,其题河图石云:"古今无限阴阳理,都寓深山大石头。"终年七十七。(嘉庆《潮阳县志》、光绪《潮阳县志》)——陈新杰

【陈璜】

陈璜,字琦亮,澄海下外莆都(今属汕头澄海)人。捐职州同。性慷慨,重然诺,轻财好施。乾隆五十九年(1794)沟头堤崩,倡议修筑。六十年(1795)大饥,出资助赈。嘉庆二年(1797)南界堤决,首捐百金,邑令张映衡以"倡义可风"匾额旌表。陇尾、维舟亭、套仔各堤皆捐银百数十两修筑。十五年(1810)剿捕海寇,沿海多被焚掠。又带头捐银,于南、北二港设栅筑垒,招募乡勇抵御,全县得以不受惊忧。年七十一卒。(嘉庆《澄海县志》)——蔡文胜

【陈增华】

陈增华,字子济,澄海下外莆都(今属汕头澄海)人。陈天眷次子。性慷慨,好施与。凡本县、乡里有善举,每身先之。时澄地方初恢复,民未有定业,能施者固少,又增华父兄正艰苦创业,用钱甚计较。增华独尽力助人,故尤称于时。(乾隆《澄海县志》、嘉庆《澄海县志》)——蔡文胜

【陈蕃】

陈蕃(1731—1818),字梅林,潮阳招收都(今属汕头濠江)人。于潜知县泰年仲子。从伯父英猷读书

于叠石山房。工古文辞，尤邃经学。乾隆三十年（1765）拔贡。学使翁方纲称其经学湛深，能于先正注疏外，发抒心得，以著作手期之。及丁父与继母艰，丧葬尽礼，遂隐于叠石山房。其经学懿行，信从者日众。嘉庆元年（1796），授四会教谕，节薪俸修葺县学两庑；倡建绥江书院。诲诸生必先伦行而后文艺，贫者尽力资助。在任十年归，四会人士赋诗饯别。处乡立族规，纂修家谱。二十年（1815）率邑中缙绅呈请续修县志，重修文光塔。年八十八犹能楷书小字。著《经史析疑》二十四卷、《经史余闻》四卷、诗集古文辞六卷。（嘉庆《潮阳县志》、光绪《潮阳县志》）——陈新杰

【陈震源】

陈震源，普宁黄坑都人。赋性正直。咸丰四年（1854），许亚梅之乱，近城乡寨多被贼踞，楼上乡力拒，贼不得入。官绅通信，约其图贼，众尚迟疑，震源大声鼓动。众闻言咸奋，一鼓围解。卒年六十八。（光绪《普宁县志》）——陈新杰

【陈德进】

陈德进，饶平人。乾隆五十七年（1792）举人，选英德教谕，未仕而卒。（道光《广东通志》、光绪《饶平县志》）——黄树雄

【陈德润】

陈德润（1860—1918），字玉瑶，又名阿鹅。海阳龙溪都（今属潮州潮安）。年未弱冠只身渡洋侨居新加坡。经苦斗多年，创设恒茂号、元茂号等，均为著名商号。是新加坡中华商务总会（后称"总商会"）发起人之一，民国四年（1915）被选为第十届副会长，民国六年（1917）当选为第十一届正会长。光绪三十二年（1906），筹创四海通银行，为首任及第四任总理。倡组端蒙学堂，历任董事和第十一届副总理，第十二、十三届正总理。二弟德彬，又名阿鸭，亦是当年新加坡著名布商。（《马来亚潮侨通鉴》）——陈贤武

【陈德楷】

陈德楷，潮阳贵山都人。嘉庆十八年（1813）举人，授罗定州学正。二十四年（1819），分纂《潮阳县志》。二十六年（1821），捐修贵屿桥。（嘉庆《潮阳县志》、华美《陈氏族谱》）——陈新杰

【陈德静】

陈德静，字定初，大埔人。顺治三年（1646），以功授福建龙岩守备，加怀远将军，任满归。康熙十三年（1674），福建人田养民率众犯大埔，德静奉知县之命守东门，击退敌军，保护大埔县免受劫掠。（嘉庆《大埔县志》）——黄树雄

【陈毅斋】

陈毅斋，原籍海阳隆津都（今属潮州潮安），后设帐揭阳，遂居。乾隆年间贡生。妻王德徽，次子雄思，三子雄略，均以诗鸣当时。著有《鉴略》。（光绪《揭阳县志》）——陈贤武

【陈赞尧】

陈赞尧（1823—1886），号柳生，大埔湖寮（今属梅州大埔）人。陈延秀孙。父兆蓉，以岁贡授詹事府主簿。赞尧咸丰十一年（1861）中举人。曾任广西柳城知县，每以作育人材为己任，公余辄延揽士类，相与谈道论文，竟日不倦。门下数百人，每月开官课一次，评其甲乙，分别给奖。捐俸建扶阳书院，地方文风为之一振。（民国《大埔县志》）——黄树雄

【陈赞襄】

陈赞襄，大埔湖寮（今属梅州大埔）人。陈延秀孙，陈赞尧弟。同治元年（1862）恩科举人，官琼州府文昌县教谕。（同治《大埔县志》）——黄树雄

【陈糖娘】

陈糖娘，澄海下外莆都（今属汕头澄海）人。自幼许配蔡兴祥，兴祥未及婚而夭。后夫弟又亡，糖娘闻讯怜翁姑无依，请归夫家。益勤女工，孝养翁姑。翁姑或怜而不忍食，必再三劝慰，俟食毕乃退。其自啖惟稀粥淡茶而已。（嘉庆《澄海县志》）——蔡文胜

【陈懋桂】

陈懋桂，潮阳直浦都人。道光间（1821—1850），在炮台营业杉行、米行。荒年平粜稻谷五千石赈济，揭阳知县赠"醇德高风"匾。（光绪《潮阳县志》）——陈新杰

【陈翼】

陈翼（1864—1900），字鹤生，澄海苏湾都（今属汕头澄海）人。曾受业于探花东莞陈伯陶。一生淡泊，设帐授徒为生。为晚清莲阳知名书家。其小楷取法于钟绍京《灵飞经》、赵孟頫《洛神赋》，清秀劲逸。（《澄海历代书法概览》）——蔡文胜

【陈翼高】

陈翼高，字武高，澄海下外莆都（今属汕头澄海）人。天性忠厚。弱冠母丧，哀毁骨立。长兄早逝，抚其孤如己子。尤乐行善事，尝倡修尾埭堤。乾隆六十年（1795）大饥，捐资助赈。以监生终老。（嘉庆《澄海县志》）——蔡文胜

【陈彝】

陈彝，潮阳招收都人。廪贡，署连平州学正。为陈蕃、陈翠岚弟子。（光绪《潮阳县志》、《补纂叠石山房志》）——陈新杰

【陈　藻】

陈藻,字智浩,澄海下外莆都（今属汕头澄海）人。监生,为人刚直,好直言,遇事则义形于色。乡里亲族有争执者,常请其评判曲直。喜读书,虽风雨犹诵读不辍,尤工于大小篆,名闻一时。子陈建业,乾隆四十八年（1783）举人。（嘉庆《澄海县志》）——蔡文胜

【陈　攀】

陈攀,字元翮,澄海下外莆都（今属汕头澄海）人。邑庠生。天性恳挚。幼时其父有疾,伏侍膝下,累月无倦容。父卒,奉母益谨,晨昏定省,未尝一日稍懈。视堂兄弟、从兄弟如同胞,有危难者必竭力相助。乾隆五十二年（1787）、五十九年（1794）两次大饥荒,以其束脩资助亲戚,维持生计。母卒,遂弃举子业。同族中有以小过弃其妇者,赖其挽回;有不恤其庶出之弟者,赖其诲导而分给其弟产业;有孤寡之田被侵者,赖其调停收复。长子陈玉,乾隆六十年（1795）举人。（嘉庆《澄海县志》）——蔡文胜

【陈攀桂】

陈攀桂（？—1810）,字道岩,澄海下外莆都（今属汕头澄海）人。由行伍出身。乾隆五十二年（1787）随都司麦瑞征剿台湾林爽文,屡立战功,拨为千总,带兵剿捕北路,解嘉义县之围。嘉勇公、大将军福康安奇其才,带由南路进兵,拿获首领庄大田等。南北二路力战三十二次,凯旋列为头等功,补澄海协右营把总。时洋面盗匪猖獗,黄提督着令攀桂架艇出洋搜捕,以功加叙议,擢千总,再升守备。旋授碣石营都司。自五十八年（1793）以后一十六年,皆在粤海外洋蟒洲、神泉等处,捕获贼首及其同伙不止数千人,缴获炮械、药弹、旗帜不可胜数。后改调硇州都司。积劳成疾,于嘉庆十五年（1810）病卒于家。（嘉庆《澄海县志》）——蔡文胜

【陈　耀】

陈耀,潮阳招收都（今属汕头濠江）人。兵部差官陈高之侄。乾隆五十一年（1786）武举,署海门千总。（光绪《潮阳县志》、《赤港陈氏族谱》）——陈新杰

【陈耀振】

陈耀振,字允德,潮阳招收都（今属汕头濠江）人。事母克孝,修墓建祠,以惇本为务。尤喜读书,每闻弦诵声,辄留连不去。乾隆二十八年（1763）,创置河东书院,自筹租息银一百二十两为诸生膏火资费,上宪旌表之。殁后祀于院内,颜曰"景范"。（光绪《潮阳县志》）——陈新杰

【陈耀禄】

陈耀禄（1856—1917），乳名神福，字显寿，号宗舜，又号虞宾，潮阳黄陇都（今属汕头潮南）人。明上杭知县则崧裔孙。例贡。擅诗文，工书。光绪十一年（1885），编纂《历代世系策》，今存。（《历代世系策》）——陈新杰

八 画

【范一梅】

范一梅，字理中，号雪斋，大埔溧洲都（今属梅州大埔）人。监生，循良好施，尝拨学田三百余石为子孙进学登科者奖励，并撰《学田记》以垂久远。入民国后其后裔将此田拨作中小学校经费。（民国《大埔县志》）——黄树雄

【范士芳】

范士芳（1857—1912），字俊三，自号寒瘦生，晚更号竹尹，大埔蕉坑（今属梅州大埔）人。纳捐得授福建沙县巡检、典史，署知县。好诗词歌赋及名人尺牍。字学颜真卿，工画墨竹，宣统二年（1910）北京举办全国书画展览，其四季墨竹画获一等奖，名噪艺林。（民国《大埔县志》、《大埔文史》）——黄树雄

【范氏（姚鸣岐妻）】

范氏（姚鸣岐妻），潮阳峡山都人。永兴知县范嘉桂女孙。端静知大义。年廿七而夫亡，时姑老在堂，子然五岁孤。氏仰事俯畜，足不履阃外，孀居六十余年。年九十卒。康熙二年至五年（1663—1666）间，在任知县王瑮旌之曰"贞徽淑庆"。孙成之、予之，俱庠生。（康熙《潮阳县志》、嘉庆《潮阳县志》）——陈新杰

【范文绪】

范文绪，饶平元歌都（今属潮州饶平）人，武进士国栋子。康熙二十六年（1687）举人，四十四年（1705）任湖南湘潭知县，四十五年（1706）丁忧归。（同治《湘乡县志》、光绪《饶平县志》）——黄树雄

【范引颐】

范引颐（1778—1863），号菊町（一作菊汀），大埔三河（今属梅州大埔）人。嘉应州学正彪之子。嘉庆六年（1801）选拔贡生，九年（1804）中顺天举人。十年（1805）会试，本已入选，以减额见裁。不久补广东三水县训导，善育士，人敬之。性廉介，重然诺。及辞职归，屏外事，惟课子孙，手不释卷。工诗，曾游四方，足迹半天下，皆寄于诗。尤长楹联，人多传诵。卒年八十有六。著有《律草偶存》等。（同治《大埔县志》、《大埔客家人物》）——黄树雄

【范生浣】

范生浣，字鸿辉，别字冰轩，大埔三河（今属梅州大埔）人。尝施大埔大麻义安渡田，倡建三河北城之通济桥，又修书院。康熙二十四年（1685）倡董修三河城，俱有碑记其事。后选翁源训导，以老疾辞不赴，卒年八十有六。（嘉庆《大埔县志》、乾隆《潮州府志》）——黄树雄

【范　沄】

范沄，号玉墀，大埔三河（今属梅州大埔）人。三水教谕范引颐孙。沄生于官署，幼聪颖，经祖父指引，能得其门径，于诗喜袁枚、赵翼二家，咏古诗多有创解，兼嗜绘事，习草书，人呼为"迂倪颠米"。（民国《大埔县志》、《潮州诗萃》）——黄树雄

【范国栋】

范国栋，字在经，饶平元歌都（今属潮州饶平）人。康熙二年（1663）武进士。素行端庄，县令赠匾曰"国人称贤"。子文绪，康熙二十六年（1687）举人。（康熙《饶平县志》）——黄树雄

【范秉元】

范秉元，字彝甫，大埔三河（今属梅州大埔）人。绍蕃长子。淹贯群籍，县、府、院三试皆列第一，广东学使胡长龄（1758—1814）目为岭左巨擘。嘉庆十五年（1810）乡试，以为必中解元，发榜仅中副榜，遂绝意举业。任信宜教谕二十年，所赏士多登第者。升琼州府教授，以丁忧归，家居，年七十四卒。著有《指测录》。（同治《大埔县志》、光绪《信宜县志》）——黄树雄

【范秉中】

范秉中，号寰卿，大埔三河（今属梅州大埔）人。幼随胞兄秉元读书，旋弃文就武，年十九入府学武庠第一名。居乡排难解纷，公推为三河守望公局局长，一连数载，地方安宁。（民国《大埔县志》）——黄树雄

【范绍蕃】

范绍蕃，字衍堂，大埔三河（今属梅州大埔）人。乾隆五十四年（1789）举人。道光年间（1821—1850）任湖北广济知县。广济俗素厚，文风亦盛。绍蕃公余论文课士，舆情极洽。曾遇江涨堤溃，难民十七万，迫不及上闻，开仓赈米三千余石，而以自捐补报，得免议，然负累日重，至典其家田宅以偿债，而绍蕃处之晏如也。在任六年，以年衰求改教职，改茂名教谕，旋以老告归。卒年八十有六。（同治《大埔县志》、道光《广东通志》、光绪《黄州府志》、光绪《茂名县志》）——黄树雄

【范　经】

范经，字瞻文，大埔三河（今属梅州大埔）人。性公正，以德化人。明末清初设寨捍卫乡里。清初，为乡里争免杂派，与他乡涉讼，历三年，因讼累揭债多金，破产偿之，无怨色。又曾劝阻潮州总兵刘进忠剿乡，乡人感德。年八十二卒。子元凯，举人。孙瑾光，岁贡。曾孙彪，嘉应州学正。玄孙引颐，三水县训导。（民国《大埔县志》）——黄树雄

【范荣怀】

范荣怀，号尚一，大埔三河（今属梅州大埔）人。道光二十年（1840）选贡。赋性公正，排难解纷。二十三年（1843），洪水冲田溪成荒埠，人多争地。二十九年（1849），荣怀倡同各乡绅呈请于县令，以荒埠归一乡公产，乡人颂焉。注《仪礼》，数年始就，藏于家。年六十四卒。（同治《大埔县志》）——黄树雄

【范祖庚】

范祖庚，字绳斋，云澳人。笃行力学。同治九年（1870）中会试副榜。光绪元年（1875）恩科正榜中式。历主学海书院、饶平瑞光书院讲席。门弟子受其陶铸成就殊多，隅海士林推师范焉。（民国《南澳县志》）——黄迎涛

【范振芳】

范振芳，号光史，大埔蕉坑（今属梅州大埔）人。光绪十八年（1892）岁贡。曾主丰顺丁日昌家塾，丁敬重之。每念地方生计穷蹙，乃劝乡人树桑养蚕，设局缫丝出品，称美于粤，卒因资薄而罢。大埔人在惠州老隆经商者甚众，聘振芳主茶阳会馆。惠州知府陈召棠至老隆清乡，大肆诛戮，振芳面恳从宽，一时善良得其援救者百数十人。（民国《大埔县志》）——黄树雄

【范家驹】

范家驹（1882—1944），字芝生，晚号蹶翁，潮阳峡山都人。光绪二十五年（1899）应道试，受知于督学张百熙，录补县学生员。弱冠以附贡生纳资为郎，二十九年（1903）中河南顺天乡试举人。明年登进士，殿试后就铨得主事，分度支部，累擢本部郎中，加三品衔，晋阶通议大夫。辛亥年（1911），清朝亡，遂绝意仕途，屏伏沪渎。顾无心进取，惟托世而逃名。寓海上时，与一时名流、遗老、逸民游，纷华绮丽及园林寂寞之区，踪迹不绝。民国十三年（1924），汕头孔教会成立，每登坛演讲圣道，阐发精微，听众信服。迨年五十，断读藏经，忽然大悟，迴向佛乘，以净土为宗。间浏览书史，搜金石，卓然成现代书家。所著诗文稿若干卷，未梓

行。(《范家驹传》)——陈新杰

【范营勋】

范营勋,号建堂,大埔三河(今属梅州大埔)人。家居整理学田,开办学塾,济贫修路,倡筑水兴、阴那口二处桥梁诸义举,为乡人所称颂。道光元年(1821)例得恩贡,年八十三卒。(民国《大埔县志》)——黄树雄

【范 彪】

范彪,字炳先,别字朗宇,大埔三河(今属梅州大埔)人。乾隆三十三年(1768)举人,四十八年(1783)任嘉应州学正,拔赏宋湘(1756—1826)等十余人,后俱登第成名,人服其鉴识。是时,学官门外铁匠列肆,兵勇横行,彪请于知州,悉撤去之,勒碑禁止。以谒选赴都卒,年六十有一。(嘉庆《大埔县志》、道光《广东通志》、光绪《嘉应州志》)——黄树雄

【范登潢】

范登潢,号汉滨,大埔三河(今属梅州大埔)人。乡居授徒自给,课余兼习医术,造诣颇深。病家延诊,无不药到春回,贫者且免诊金,以是名噪遐迩。卒年七十二岁。(民国《大埔县志》)——黄树雄

【范蕾淑】

范蕾淑,字荑香,大埔三河(今属梅州大埔)人。范引颐女,庠生邓耿光妻。嫁四年而寡,无子。时夫死家贫,夫家不顾恤,且有迫嫁意,遂居外家二十年。父卒,蕾淑无所依,乃矢志空门终老。能诗,嫠居后忧伤抑郁,多于诗发之,故所作多凄婉音。咏物率多借题写意,无脂粉气,诗名噪遐迩。其庵名曰"荑香静室",闺中士女通文墨者争招致之,奉之为师,敬礼不衰。诗稿近千首,人争传钞,嘉应叶华碧抄有《荑香集》,后辑为《化碧集》。(民国《大埔县志》、《潮州诗萃》、《潮州名媛集》)——黄树雄

【范锡朋】

范锡朋(1823—1894),号如蕉,大埔三河(今属梅州大埔)人。祖绍蕃,父秉元。早岁家居时创设三河义仓及救生会。三河地势低洼,夏秋间洪水为灾,锡朋募款储金,以备其患。置救生艇多艘,拯救灾民,艇坏随时添补,乡人称便。林达泉(1829—1878)任海州知州,聘入幕,后援例捐府同知。光绪四年(1878),何如璋出使日本,奏派为横滨正理事官,在任五年。日商负粤商债数十万,锡朋力与交涉,卒如数偿还,侨民爱戴之。光绪十七年(1891)署漳州知府,充税厘总局总办,所收厘税成绩独优,光绪二十年(1894),卒于差次,年七十有二。(民国《大埔县志》)——黄树雄

【林一荣】

林一荣,潮阳县廓都人。例贡。咸丰四年(1854),尝偕族人留璞、大材等拒贼于所城后。卒年八十八。(光绪《潮阳县志》)——陈新杰

【林一铭】

林一铭(1781—1847),原名峥嵘,字谦山,号小岩,一号玉峰,饶平元歌都(今属潮州饶平)人。嘉庆十五年(1810)举人,二十四年(1819)进士,即用为湖北东湖知县,兼理宜昌府通判事。历署邠、绥等州,道光八年(1828)署陕西宁陕厅抚民同知。宁陕厅未有志,遂捐俸倡修。后补授陕西乾州知州,以书院膏火无几,遂捐俸增益,文风大振。道光十四年(1834)充陕西乡试监试官。道光十六年(1836)回籍。曾任韩山书院山长。一铭博古通今,善文工诗,有《砚田轩课艺》、《砚田轩诗钞》、《宁陕厅志》。其行书苍劲有神致,有"大字盖京华"之誉。长子懋之,署福建长泰县事。(光绪《饶平县志》、《嘉庆二十四年己卯恩科同年齿录》)——黄树雄

【林于达】

林于达,字信卿,大埔湖寮(今属梅州大埔)人。林淳子。顺治八年(1651,康熙《埔阳志》作"十三年")岁贡,选广东罗定州训导,迁增城教谕。捐俸修学,人文蔚起。增城知县入觐,以县务委之,处政裕如。后奉例裁归,教子穷经,乡人奉为典型。(顺治《潮州府志》、康熙《埔阳志》)——黄树雄

【林士骐】

林士骐,海阳城内人。举人林恒享长子。有隽才,文思奥衍。同治三年(1864)举人。(光绪《海阳县志》)——陈贤武

【林士猷】

林士猷,字靖海,惠来人。善画。郑昌时《百怀人诗》有赠诗。(《潮州诗萃》)——周修东

【林士璠】

林士璠,潮阳县廓都人。诸生。慷慨好义。康熙初(1662),土寇蜂起,捐粟募族人捍御,里党以安。又倡建东山俨雅堂,立文社,置租赡祭。终年八十八。(嘉庆《潮阳县志》、光绪《潮阳县志》)——陈新杰

【林大川】

林大川,字利涉,号莲舟,海阳人。咸丰、同治年间人。国学生。与戴漉巾相唱和,时有"韩江二布衣"之目。著有《韩江记》、《西湖记》、《钓月山房诗草》等。两《记》记乾隆以后遗事逸闻,颇能旁稽备载,足补志乘之阙也。(《潮州艺文志》)——陈贤武

【林大茂】

林大茂，揭阳人。自幼应试，屡拔前茅。顺治六年（1649）岁贡。生平著书立说，诲人不倦。人称之为"端士"。卒年七十五。（乾隆《揭阳县志》）——孙杜平

【林万里】

林万里，澄海苏湾都（今属汕头澄海）人。乾隆十五年（1750）举人。官奉贤知县。（嘉庆《澄海县志》）——蔡文胜

【林万锦】

林万锦，揭阳人。康熙三十二年（1693）副榜。五十九年（1720），授广东石城教谕。（雍正《揭阳县志》、民国《石城县志》）——孙杜平

【林上发】

林上发，潮阳县廓都人。官三江口协左营守备。（光绪《潮阳县志》）——陈新杰

【林上睿】

林上睿，海阳人。雍正年间（1723—1735）岁贡。授合浦训导。（乾隆《潮州府志》、光绪《海阳县志》）——陈贤武

【林之朴】

林之朴，普宁人。监生。附籍。任北城兵马司指挥。（光绪《普宁县志》）——陈新杰

【林之茂】

林之茂，普宁黄坑都人。南安同知之干长兄。诸弟或外出或年少，之茂独力任经营，家日以裕。虽略识字而酷好儒训，以延名师，不靳重聘。生平仗义疏财，凡赈饥、疏河、修城、修学各善举，无不踊跃首倡。道光二十一年（1841）后，知县韩凤翔以"急公好义"旌之。卒年九十四。（光绪《普宁县志》）——陈新杰

【林之幹】

林之幹，普宁人。监生。署江南南安府同知。（光绪《普宁县志》）——陈新杰

【林之槛】

林之槛，字拔相，潮阳县廓都人。蓝鹿洲门人。乾隆二十五年（1760）恩贡。（《棉阳学准》）——陈新杰

【林飞腾】

林飞腾，揭阳人。候选州同。尝遇岁饥，出米平粜，又捐银助修学宫。乾隆十七年（1752），获赐肉帛。卒年八十一。（乾隆《揭阳县志》）——孙杜平

【林子章】

林子章，字文淑，惠来西头都（今属揭阳惠来）人。父向荣，县学生员，以长厚闻，教授生徒，多所成就。子章兄弟三人，俱入选县学廪膳生。康熙六年（1667）年末，子章从

葵潭罢馆归，路遇乡民陈图南携眷别徙，其时图南病发将危，子章将所带三两银子俱予相助，图南全家得以活命。八年（1669）考中举人，十一年（1672）北赴京试，至江南疾作而亡，士人俱为惋惜，陈图南尤抚棺痛悼不已。（康熙《惠来县志》、雍正《惠来县志》、乾隆《潮州府志》）——周修东

【林天木】

林天木（约1684—约1736），字毓干，号荔山，潮阳县㕑都人。明通判有声礽孙。性冲和慎默，不苟言笑，动履以宋儒为范。康熙五十九年（1720）亚元。雍正元年（1723）登进士，任石埭知县，以卓异荐内用，升户部贵州司员外郎，迁兵部职方司郎中，旋授江南道监察御史，兼视京畿西城，历充律例馆纂修官。七年（1729），任云南副考官。九年（1731），巡直隶，明年，充顺天同考官，转吏科给事中。十一年（1733），授本科掌印，钦命巡视台湾兼理学政。台为海防扼要，浚濠树栅、环列竹城，台民安之，设生祠以祀。寻以谏垣需人，召还，改兵科掌印给事中，巡易州泰陵。乾隆元年（1736），以丁祖母忧归。著家训及诗文共十卷，稿成未刻。以疾卒于家。（雍正《云南通志》、乾隆《潮州府志》、嘉庆《潮阳县志》、乾隆《续修台湾府志》）——陈新杰

【林　天】

林天，行伍。深澳人。乾隆间（1736—1795）任南澳镇标左营千总。（乾隆《南澳志》）——黄迎涛

【林天贵】

林天贵，普宁人。康熙二年（1663），任达濠营中营都司。十六年（1677），任潮阳协左营都司。（光绪《潮阳县志》）——陈新杰

【林天部】

林天部，潮阳县㕑都人。与鸿琛同族。诸生。雍正四年（1726）、五年（1727），岁饥助赈。乾隆四十三年（1778），倡筑堤防，为世所称。（嘉庆《潮阳县志》、光绪《潮阳县志》）——陈新杰

【林天章①】

林天章（1692—?），字荣汉，潮阳县㕑都人。举人吾翰孙。少颖悟，诵读之暇兼习武略，年十七，中康熙四十七年（1708）武举，授白鸽营守备。雷州四面沿海，无城廓，常有宵小出没，天章树栅，于要害处严稽察，历三年，奸宄敛迹。以母老乞归。（嘉庆《潮阳县志》、光绪《潮阳县志》）——陈新杰

【林天章②】

林天章，澄海蓬洲都（今属汕头市区）人。雍正元年（1723）举人（榜姓黄）。官定边知县，改鹤山教

谕。（嘉庆《澄海县志》）——蔡文胜

【林天翼】

林天翼，澄海蓬洲都（今属汕头市区）人。雍正元年（1723）举人。官安化知县。（嘉庆《澄海县志》）——蔡文胜

【林元扩】

林元扩，海阳人。监生。陕西蓝田令林世榕次子。康熙间（1662—1722）任京城北城兵马司副指挥。（乾隆《潮州府志》、光绪《海阳县志》）——陈贤武

【林元抡】

林元抡，字正吁，揭阳人。上犹知县林英麟父。性孝友，好施与。父母既殁，不时临墓省视。每逢祭祀，必诚必敬，虽老不稍衰少。（乾隆《揭阳县志》）——孙杜平

【林元振】

林元振，海阳人。陕西蓝田令林世榕长子。附贡生。康熙四十九年至五十一年（1710—1712）任化州训导，以善教称，长于诗。早世。（乾隆《潮州府志》、光绪《海阳县志》、光绪《高州府志》）——陈贤武

【林元柀】

林元柀，字拙山，海阳人。陕西蓝田令林世榕子。康熙间（1662—1722）县丞。著有《暑凉堂诗草》。（乾隆《潮州府志》、光绪《海阳县志》）——陈贤武

【林　云】

林云，行伍，深澳人。乾隆间（1736—1795）任南澳镇标左营右哨千总。乾隆二十五（1760）年任福建水师守备；乾隆二十八年（1763）任福建水师提标后营游击林云，调补澎湖水师左营游击。乾隆三十三年（1768）任广东平海营参将；越年任年广东春江副将。乾隆三十八年（1773）浙江处州总兵。乾隆三十九年（1774）任浙江定海镇总兵。乾隆四十四年（1779），以定海总兵职署理浙江提督。（乾隆《南澳志》、光绪《澎湖厅志》、《清代官员履历档案全编》、台湾中央研究院历史语言研究所内阁大库档案第032337号）——黄迎涛

【林日华】

林日华，号旦兮，海阳人。乾隆四十八年（1783）举人。甲辰会试南归，抵姑苏，有榕邑族戚耄年获钦赐，上京受封，中途病甚，仆人潜逃，日华为觅回，躬亲医药。俾病势就痊而后行。癸丑下第，有新选汾西知县陈国煌聘为幕宾。未几，陈卒，凡衣衾棺椁仓库案牍皆一力经纪。故人周玉章选拔廷试，卒于京，灵榇资之归里。嘉庆二年（1797），为东安县训导，倡修文庙。日华持身俭约，而见义乐为。又长于诗，著有《社庵

诗文集》、《城南书庄续草》、《留都草》、《纪行草》,编未梓卒。(光绪《海阳县志》)——陈贤武

【林日郁】

林日郁,饶平隆都(今属汕头澄海)人。仗义疏财,捐资筑乡外灰路,以便来往。县令赠匾曰"国器上庠",寿八十三卒。(光绪《饶平县志》)——黄树雄

【林中凤】

林中凤(1708—?),字雄周,澄海苏湾都(今属汕头澄海)人。生平有大志,好任侠。由商贩起家,天性阔达。在琼南时,凡有亲朋告贷者,皆力助之。援例授户部云南司员外郎,在官数月卒。(乾隆《澄海县志》、嘉庆《澄海县志》)——蔡文胜

【林中权】

林中权,行伍,深澳人。乾隆间(1736—1795)任南澳镇标左营右哨千总。(乾隆《南澳志》)——黄迎涛

【林中蓝】

林中蓝(1799—1878),字玉田,惠来龙溪都人。道光五年(1825)拔贡,咸丰元年(1851)特举孝廉方正,由军功保举同知衔。尝以所临米海岳西园雅集图记石本并诗,赠胡曦(晓岑),后与胡时相往来。著有《亦园诗文集》。子家汪,十三岁考取秀才,十五岁补增生,著有《静庐诗文集》。孙廷瑜(象西)、廷琪(美东)及侄家演(电阳),俱执业于胡曦之门。(《胡晓岑先生年谱》、《青溪五世诗辑》)——周修东

【林氏(张康荫妻)】

林氏(张康荫妻),惠来西头都(今属揭阳惠来)人,十九岁时嫁与康荫,善事公婆。康荫父上治出任淳安县主簿,卒于任上,林氏襄助其夫扶棺归葬。不久,其夫及子相继过世,林氏年方二十四岁,冰雪矢操,与其孙加堡二人相依为命,时逢兵燹,百折不磨,织纴以延旦夕,课孙成立。(雍正《惠来县志》)——周修东

【林氏(陈载之妻)】

林氏(陈载之妻),潮阳县廓都人。年一百有二,五代同堂。道光二十三年(1843),赐建坊,额曰"贞寿",并缎二匹,银二十两。子仪亭、孙履丰,俱诸生。(光绪《潮阳县志》)——陈新杰

【林氏(方君淡妻)】

林氏,惠来人。嫁举人方一位胞侄君淡。君淡下帷苦读,赍志早逝。长子七岁,次子尚在怀抱中。林氏哀毁绝食,有殉节状,公婆察觉而泣劝之。林氏勉从,矢志不二,织纴持家,清贫课子,知县孙汝谋以"清勤节烈"旌表其门。曾孙美才,岁贡。

（雍正《惠来县志》）——周修东

【林　氏】

林氏，惠来龙溪都人，靖州知州林尔张之侄孙女。自幼父丧，夙娴《内则》，出嫁陈门，四年后其夫突丧，林氏断发毁容，矢志守节，含辛茹苦，孝事公婆。知县赠匾旌表曰"孝节"。（雍正《惠来县志》）——周修东

【林氏（郑世简妻）】

林氏（郑世简妻），潮阳县廓都人。九旬余能勤纺绩，年一百有三，五代同堂。子启永，例贡，有谦德，寿八十六犹及送终。（光绪《潮阳县志》）——陈新杰

【林氏（郑靖波妻）】

林氏（郑靖波妻），潮阳人。年二十守节，捐银置书院文籍。子先达，职监。（光绪《潮阳县志》）——陈新杰

【林氏（詹肖峰妻）】

林氏（詹肖峰妻），惠来人。十九岁时过门，二十二岁时，肖峰去世，其时林氏已有孕，遂砥砺为夫守志，亲操家务，勤事纺绩。生下一男，辛勤抚养，备尝艰苦。不久，两位婆婆相继而逝，林氏以妇代子，经营丧葬，事事合礼，乡里称之。享寿九十三岁。（雍正《惠来县志》）——周修东

【林丹桂】

林丹桂，潮阳县廓都人。乾隆元年（1736）武进士。（嘉庆《潮阳县志》）——陈新杰

【林文起】

林文起，揭阳人。贡生。为人端正，公推族长。年老好学不倦。卒年九十八。（乾隆《揭阳县志》）——孙杜平

【林文衡】

林文衡，海阳人。乾隆三十三年（1768）举人。授广东和平教谕。（乾隆《潮州府志》、光绪《海阳县志》）——陈贤武

【林孔焕】

林孔焕（1699—1759），字尧文，号健斋，镇平（今属梅州蕉岭）。康熙五十九年（1720）举人，乾隆四年（1739）上京赴考，由镇平步行至江西筠门岭转乘船至会昌，见一妇携一子凄哭，问之称夫积欠官府钱粮，将终生坐牢，妇因病不能劳作，欲携子投水自尽。孔焕以盘缠替还清官府积欠粮款，李家跪谢恩人，并改子名为"李林恩"。乾隆七年（1742）孔焕中进士，授广东潮州府教授。后李林恩亦中进士，钦点翰林，任云南大理知府，力荐恩人来大理任职。林孔焕到大理府任知县后，与李林恩均廉洁爱民，人称"林青天"和"李青天"。著有《四书讲义》、《五经批

评》,人称"尧文先生"。(乾隆《镇平县志》)——黄晓丹

【林正华】

林正华,揭阳人。生平常以医药济人。卒年七十二。雍正四年(1726),县遇饥荒,其妻沈氏捐谷,散发灾民。(乾隆《揭阳县志》)——孙杜平

【林世宏】

林世宏,揭阳人。监生。尝捐修路桥、山陂,所费甚巨。屡被赐予肉帛。夫妻偕老,同堂五代。卒年九十五。(乾隆《揭阳县志》)——孙杜平

【林世忠】

林世忠(1707—?),字叔献,澄海苏湾都(今属汕头澄海)人。林有楣之孙。雍正十三年(1735)举人,乾隆十年(1745)进士。性宽厚恬静,与人无争,为时人所推重。设闸重修苏湾都南砂乡崔厝码头进水涵,以利灌溉。续修南砂林氏家谱。后授官直隶钜鹿县知县,莅任数月卒。(嘉庆《澄海县志》、《南砂乡志》)——蔡文胜

【林世雄】

林世雄,揭阳人。贡生。性温和宽厚。尝遇饥荒,出谷平粜。卒年七十。(乾隆《揭阳县志》)——孙杜平

【林世楣】

林世楣,海阳龙溪都(今属潮州潮安)人。顺治间庠生。召试第一。康熙五十五年至五十八年(1716—1719)任化州训导。(光绪《海阳县志》、光绪《高州府志》)——陈贤武

【林世榕】

林世榕,字可亭,海阳人。教谕林应璧子。九岁丧母,事继母以孝闻。登康熙八年(1669)举人,授陕西蓝田令。值岁荒,以宁静宽仁为主。日巡行原隰间,劝耕耨,捐牛种,助民垦。辟建义学,延名士为之师,躬进诸生与论文,有《课士论文》一书行世。复葺文庙,新吕祠,求四吕先生后以主祀事。改建昌黎祠,合祀柳州。以柳州故蓝田尉也。在官十二载,谢病归,闭户著述。建宗祠,增祭业,周亲故之贫乏者。病世俗停丧不葬,尝著《归厚录》二卷,以垂劝戒。盖推论风水之无凭,亲骸之不可弃,以悚动人子于至性至情而激发之,广推远引,靡所不周。至于治丧不用浮屠,尤三致意焉。又著有《瓦注草》、《世范纂》、《家礼》等书。卒年七十四。祀乡贤。(光绪《海阳县志》、《潮州艺文志》)——陈贤武

【林世璋】

林世璋,揭阳人。贡生。曾任约

正,处事公平。遇岁饥荒,调剂平粜粮食。知县黄元基礼请为乡宾。(乾隆《揭阳县志》)——孙杜平

【林　本】

林本,字务堂,揭阳人。咸丰年间(1851—1861),从潮州总兵寿山援剿江西发逆,收复赣州吉水、乐安等县城。旋统带彰信军,赴剿广东韶州,尽破山贼。同治二年(1863),时任都司,驰赴浙江,收复汤溪、金华、义乌、诸暨、萧山等县城,赏戴花翎。为闽浙总督左宗棠所重,留浙效力,收复杭州余杭等县城,截杀苏、常逃窜余匪。署福建邵武府参将,移军入闽,进剿龙岩踞贼,驰解永定之围。继又收复广东嘉应、镇平等州县。八年(1869),升福建水师总兵,署任海坛。光绪元年(1875),再署南澳。调福建闽安水师副将,卒于官,年四十八。本用兵精锐,能得士心。(《清穆宗实录》、光绪《揭阳县续志》、民国《平潭县志》、《南澳县志》)——孙杜平

【林　龙】

林龙(1773—?),字若洲,号铁笛,潮阳附廓都人。少孤,能折节读书,博览史传。所作诗文脱尽凡蹊,独开生面。然科场失意。嘉庆九年(1804)冬,至广州,闻陈昙名,贻书订交。为人倜傥,与穗中名士诗酒唱酬,不能作粤语,然自得其乐。十年(1805)初,致《时务书》于罗含章,含章为之延誉当路。含章以"失揭历任未办之盗案"去封川知县,自请出海效力,捕盗有功,升副统带。林龙与含章戍守虎门,相得如兄弟。十一年秋至十二年春间(1806—1807),林龙入读国子监。其后客居广州数年。二十四年(1819),入罗含章广州知府幕,时含章总纂《景东直隶厅志》,聘林龙为分纂。道光年间去世。著有《畔愁集》。(《潮州诗萃》、《补纂叠石山房志》)——陈新杰

【林平州】

林平州,揭阳人。县学生。尝获赐绢帛。卒年九十一。(乾隆《揭阳县志》)——孙杜平

【林仕科】

林仕科,揭阳人。监生。雍正五年(1727)岁荒,仕科见邻里匮乏者,或施米,或赠钱。又尝捐资产作为祭祀、修筑桥路之用,闾里咸称其德行。(乾隆《揭阳县志》)——孙杜平

【林用宏】

林用宏,字硕广,澄海蓬洲都(今属汕头市区)人。监生,好善乐施,济人之急。乡里有向其借贷者,贫不能还,则免之。鸥汀乡、华埔乡道路泥泞,行者苦之,用宏捐资倡修,筑以灰石,遂成坦途。年九十

卒。（嘉庆《澄海县志》）——蔡文胜

【林 礼】
　　林礼，潮阳竹山都人。监生。素业医，不索重礼，贫者助之药。年八十八，五代同堂。（光绪《潮阳县志》）——陈新杰

【林必高】
　　林必高，行伍。深澳人。乾隆间（1736—1795）任南澳镇标左营右哨千总。（乾隆《南澳志》）——黄迎涛

【林邦杰】
　　林邦杰，揭阳人。雍正元年（1723）举人。乾隆九年（1744），授广西苍梧知县。十三年（1748），改广东花县教谕。（雍正《揭阳县志》、同治《梧州府志》、民国《花县志》）——孙杜平

【林邦鉴】
　　林邦鉴，揭阳人。监生。为人好善。遇有纷争，力为排解，甚且出钱，为之弥合。乡里有善人之目。卒年八十五。（光绪《揭阳县续志》）——孙杜平

【林 芝】
　　林芝，揭阳人。县学生。家贫力学，淡泊自甘。授徒传艺，造就甚众。道、咸年间（1821—1861），械斗成风，芝每竭力劝息，乡邻赖之。卒年八十三。（光绪《揭阳县续志》）——孙杜平

【林芝泰】
　　林芝泰，潮阳人（今属汕头濠江）。自少好义，闻有说蔡忠惠造桥者，心甚慕之。乾隆八年（1743）五月，造达濠河西之渡头，行人赖免涉之苦。（嘉庆《潮阳县志》、光绪《潮阳县志》）——陈新杰

【林西成】
　　林西成，海阳隆津都（今属潮州潮安）人。清康熙年间贡生。康熙四十四年至六十年（1705—1721）任广州府训导，加一级，三度代署教授。（光绪《广州府志》、光绪《海阳县志》）——陈贤武

【林有凤】
　　林有凤，潮阳县廓都人。名医启镐子。性尤聪明，善辨色，得医家"望"字诀。有孕妇难产卒，适有凤诊他病过之，视地上恶血，命两妇女掖之立，又以一人据背，一人捻其乳根，胎忽下，妇遂更生。有患噎膈病者，服药辄呕吐，延请启镐偕陈必勤往治，药剂相同，而服后病如故。乃召有凤复诊，遽呼取原药十剂各煎之，每器加盐少许，病果愈。（嘉庆《潮阳县志》、光绪《潮阳县志》）——陈新杰

【林有年】
　　林有年（？—1844），字锡龄，普宁黄坑都人。监生。道光二十四年

（1844）冬，潮阳黄悟空犯揭阳城，有年督众登陴固守，为飞炮中脑，命垂危，犹诫众坚守，寻卒。揭阳知县王治溥以"公忠足式"旌之。以子赠奉直大夫。（光绪《普宁县志》）——陈新杰

【林有槐】

林有槐，字仰平，揭阳人。尚书黄奇遇外祖。县学生。寿至百岁。知县冯元飚敦请为乡宾，申文当道，赐给绢帛。奇遇少年丧父，赖其栽培成立。林应宏，字廷宾，揭阳人。林有槐子。诸生。性孝悌。尝建宗祠，捐置义田，以赡族人。遇其贫乏，必予周给。子潗，字仲臣。少为诸生，以道德品行著名。生平孝事父母，友爱兄弟，乐善好施。尝建祠堂以祀祖先，置义仓以赡族人。官府奖其孝友，授以教官，诸生赖其教育。年逾七十卒。（雍正《揭阳县志》）——孙杜平

【林有楣】

林有楣，字楚相，澄海苏湾都（今属汕头澄海）人。进士林世忠祖父。监生。尝筑维舟亭于溪岸，行者赖之。又创建宝林庵。亲戚孤寡者，岁给其衣食。凡遇急难者，皆量力投赠。年八十四卒。（雍正《澄海县志》、乾隆《澄海县志》）——蔡文胜

【林有源】

林有源，字维泗，海阳人。与弟教谕林应璧有"林氏双凤"之目。贡生。（乾隆《潮州府志》、光绪《海阳县志》）——陈贤武

【林有潾】

林有潾，字维岳，普宁人。监生。性正直严毅，遇里中有不平事，执义以争，秉公分剖，危言谠论，莫不折服，邑人士以为有先正遗风。（乾隆《普宁县志》）——陈新杰

【林达泉】

林达泉（1829—1878），字海岩，大埔人。咸丰十一年（1861）举人，两入丁日昌幕，与当代贤豪交，学益进，尝上书两江总督曾国藩，得嘉许。同治九年（1870），署崇明知县。十一年（1872），调署江阴。光绪元年（1875），补海州知州。浚河修桥，增筑隄防，民咸称便。广设方略捕盗，境内晏然。逢旱蝗，开仓赈济，州境不宜桑，达泉劝多植棉，设局教民纺绩，并广植桐柏杂树于城外山麓，人比之曰召伯甘棠。三年（1877）擢授台北知府。定经制，核征课，筹防垦荒，请定生番学额，设义学，聘通其语者译教之，招徕甚众。因积劳成疾，又父讣至，哀毁逾恒，疽发背，卒于官署。特赠太仆寺卿。有《林太仆文稿》。（《清史列传》、民国《大埔县志》）——黄

树雄

【林成名】

　　林成名，号蓉初，海阳人。监生。慷慨仗义。咸丰四年（1854）之乱，刘财宝引贼踞东津，围攻郡城。城中粮食将尽。适意溪钟英才引官军入乡剿办。意溪与东津毗连，成名乘机率城中团勇渡韩江助剿。时上岸鼓行而东，贼伏丛莽中，伺其过前，突起截杀。成名督团勇力战。见势不利，自投韩江死之。事闻，诏赐恤，崇祀昭忠祠。（光绪《海阳县志》）——陈贤武

【林成海】

　　林成海，字树福，揭阳人，移居县城。捐纳道衔。为人负豪气，通晓算学。同治三年至四年（1864—1865），县遭大水，继以饥荒，成海运米回乡散赈，复在城厢施食，活人不少。知县吴保瀚奖以"乐善好施"。后提督方耀来潮办理积案，成海被荐管局事。任劳任怨，为方所许。又请知县周士俊创建试舍、清丈乡田。光绪（1875—1908）初年，巡抚丁日昌荐其于李鸿章，保奏出使外洋。及将奉命，而疾卒于家。（光绪《揭阳县续志》）——孙杜平

【林光炽】

　　林光炽，海阳人。嘉庆年间（1796—1820）岁贡。授广东惠州府学训导。（光绪《海阳县志》）——

陈贤武

【林吕韬】

　　林吕韬（？—1771），深澳人。乾隆二十三年（1758）由福建澎湖水师提标前营游击，二十五年（1760）调补右营游击。二十六年（1761）升广东大鹏参将。三十二年（1767）由澄海协副将升任雷琼镇总兵。三十六年（1771）因失察万州营兵丁脱逃及下属贪污一事，恐碍功名而自戕。雷琼道王锦、琼州知府孙琦、知县李玉树等漫无觉察，又复捏饰具禀，据两广总督李侍尧、广东巡抚德保等奏俱着革职。（《乾隆帝起居注》、乾隆《琼州府志》、民国《厦门市志》、《两广总督李侍尧等乾隆三十六年九月七日奏报》）——黄迎涛

【林则璋】

　　林则璋，号汉斋，大埔白堠（今属梅州大埔）人。曾署广西理苗县丞，旋署融县知县，抵任，兴利除弊，绰有政声，不数月迁知县。同治元年（1862），当地民乱，被杀。（同治《大埔县志》）——黄树雄

【林廷元】

　　林廷元，海阳人。乾隆十二年（1747）丁卯科武举人，十七年（1752）壬申科武进士。兵部候选守备。（光绪《海阳县志》）——陈贤武

【林廷玉】

林廷玉（1871—？），字季泉，号醉仙，家浚子，惠来东港人。光绪二十七年（1901）院试补廪生，毕业于潮州金山书院，擅诗。著有《仙溪杂俎初集》八卷及《留声集》（未梓），合其父家浚所作诗，汇刊为《桥梓诗林》。（《潮州艺文志》）——周修东

【林廷宝】

林廷宝，行伍，深澳人。乾隆间任南澳镇标左营右哨千总。三十年（1765）任澎湖左营把总。四十三年（1778）护理右营游击，四十七年（1782）实授。任满调职时，将其原有房屋捐赠"海坛馆"，为天后宫香油之资。（乾隆《南澳志》、光绪《澎湖厅志》）——黄迎涛

【林廷珵】

林廷珵（1851—？），字少泉，惠来东港人。光绪二十年（1894）举人第九十四名，其父家浚有诗志庆。（《广东全省历科解元题名录》、新编《惠来县志》、《桥梓诗林》）——周修东

【林廷琪】

林廷琪，字美东，惠来龙溪都人，中蓝孙。执业于胡曦之门，二十二岁由府试第一名进郡庠，补增生，著有《孝美轩诗文钞》。（《胡晓岑先生年谱》、《青溪五世诗辑》）——周修东

【林廷琬】

林廷琬，潮阳附廓都人。署澄海守备。（光绪《潮阳县志》）——陈新杰

【林廷燏】

林廷燏，字和一，海阳人。康熙十六年（1677）以千总随将军莽援剿云贵，至藤县与贼战，有功授守备。翌年进师南宁，屡败贼于石门，安垄草坝、曲靖诸境至云南城下，伏猝起，中箭死，赠都司金书。遣官谕祭葬，荫一子卫千总。（雍正《海阳县志》、光绪《海阳县志》）——陈贤武

【林　乔】

林乔，潮阳县廓都人。嘉庆（1796—1820）恩贡。二十四年（1819），分纂《潮阳县志》。（嘉庆《潮阳县志》）——陈新杰

【林乔松】

林乔松，惠来人。嘉庆十五年（1810）署开建县训导。（光绪《肇庆府志》）——周修东

【林乔槐】

林乔槐，惠来人。嘉庆十五年（1810）任韶州府仁化县教谕。（同治《韶州府志》）——周修东

【林华春】

林华春（？—1854），号芳园，潮阳县廓都人。署揭阳营千总。咸丰四年（1854），进剿锡场贼林元凯，

遇伏阵亡。事闻，赐恤银，子袭云骑尉，次恩骑尉。（光绪《潮阳县志》）——陈新杰

【林兆圣】

林兆圣，字四合，惠来西头都（今属揭阳惠来）人。十三岁时，为童子科考试之冠，自是声名日著，每试俱名列名列前茅。家庭之中，兄弟自相师友，前来请教学问者甚多。顺治八年（1651）恩贡生，未赴廷试而逝。（康熙《惠来县志》、乾隆《潮州府志》）——周修东

【林兆贤】

林兆贤，惠来西头都（今属揭阳惠来）人，兆圣仲弟。顺治八年（1651）举人。恪敦友爱，长兄兆圣去世后，独自依恋慈母膝下，恩抚诸侄，同居雍睦，囊无私蓄。（康熙《惠来县志》、乾隆《潮州府志》）——周修东

【林如锦】

林如锦（？—1571），号桂斋，饶平县城（今属潮州饶平）人。为人魁梧奇伟。少受书，即通大意，以家贫不能卒举业，遂业农。曾为营卒所侮，归愤而从戎。历澎湖水师右营游击，累升至副总兵，授怀远将军。锦率兵征剿，身先士卒，所向皆平，加一等衔。及贵，报德不报怨，时人称为长者。（乾隆《台湾县志》、光绪《饶平县志》）——黄树雄

【林如榜】

林如榜，字蕊庄，海阳人。嘉庆五年（1800）庚申科举人。授广东澄迈教谕。擅诗。（光绪《海阳县志》、《韩江闻见录》）——陈贤武

【林孙】

林孙，澄海人。投诚清廷。嘉庆九年（1804），授广东春江协都司。明年，署新安营游击。十四年（1809），从剿洋匪总兵宝、张保仔等有功，升即用游击，赏戴花翎。调署春江协副将。十六年（1811），授浙江镇海营参将。明年，加副将衔，署福建金门镇水师总兵。二十年（1815），实授本镇总兵。二十二年（1817），擢浙江提督。（嘉庆《澄海县志》、嘉庆《新安县志》、民国《阳江县志》、《清仁宗实录》）——孙杜平

【林志上】

林志上，揭阳人。贡生。尝被举为约正，在任能息争讼。生平乐善好施，事多可称。遇岁饥荒，出谷平粜，捐助社仓。他如筑路修祠，不能概举。卒年八十三。（乾隆《揭阳县志》）——孙杜平

【林连茹】

林连茹，字可拔，普宁人。蓝鹿洲门人。雍正七年（1729）举人。十一年（1733）成进士，仕隆德知县。（乾隆《普宁县志》、蓝鼎元《棉阳

学准》）——陈新杰

【林连福】

林连福，海阳人。建瓯宁县丞，转广西苍梧教谕。（光绪《海阳县志》）——陈贤武

【林时香】

林时香，字馥震，由漳入普，居黄坑都宝镜院，后迁棉湖。遭沧桑不克卒学，窘困，鬻书为业，籍得稽考。为人性端介，寡言笑，操行谨饬，不欺襟影，享年九十一。以子景拔贵，赠如子官。（乾隆《普宁县志》）——陈新杰

【林秀芝】

林秀芝，揭阳人。监生。生平好集先贤格言，不喜方术巫祝。每遇兴修道路沟渠，屡有参与。卒年八十四。（乾隆《揭阳县志》）——孙杜平

【林秀华】

林秀华，揭阳人。监生。性孝友。生平乐善好施，不干官府。卒年八十一。（乾隆《揭阳县志》）——孙杜平

【林秀丽】

林秀丽，揭阳人。监生。生平乐善好施，尝捐建祖祠，设置祭业，浚通沟渠，修筑道路。卒年八十四。（乾隆《揭阳县志》）——孙杜平

【林作栋】

林作栋，深澳人。同治十二年（1873）岁贡。工书法。（民国《南澳县志》）——黄迎涛

【林亨士】

林亨士，揭阳人。举人林廷资祖。为人乐善好施。尝遇饥荒，出米平粜。寿九十，被授八品顶带。（光绪《揭阳县续志》）——孙杜平

【林亨蔚】

林亨蔚，字建采，澄海蓬洲都（今属汕头市区）人。少孤力学，康熙四十七年（1708）岁贡，改授恩贡。素为都里推重。日课诸生，名士多受业。著有《深柳堂集》。（雍正《澄海县志》）——蔡文胜

【林应世】

林应世（？—1673），号闾如，揭阳人。顺治十七年（1660）举人，康熙十二年（1673），考选知县，未仕而卒。天性疏爽不羁，不屑为温饱计，遇事处变，尤有卓识。顺治三年（1646），土贼攻陷县城，继又拥兵数万，进围其乡。应世倡召族人，奋力抵御。亲自击鼓督阵，杀贼千余人，卒以解围，保全性命甚众。（雍正《揭阳县志》）——孙杜平

【林应春】

林应春，海阳人。康熙五十四年（1715）岁贡。授广东封川知县。（乾隆《潮州府志》、光绪《海阳县志》）——陈贤武

【林应璧】

林应璧,字维象,海阳人。明赠尚书林熙春曾孙。生五月而孤,痛母苦节,与兄有源攻苦下帷,有"林氏双凤"之目。事母孝,六十余年承欢如一日。事兄尤谨。顺治间(1644—1661)郝尚久踞潮城叛,图出援。兄曰:"事迫矣,子行,吾侍母,兄弟同死无救于母,非孝也。"应璧出。已闻城陷,乃冒险入锋刃中,脱母兄于难。康熙十三年(1674),潮州刘进忠复叛,事母居城中,不得出。有告叛帅谓其子世榕在外通王师者,执应璧备加酷刑,不屈。久之得释。后得康熙十七年(1678)岁贡,二十三年(1684)任广东昌化教谕,捐葺县学东西二斋。履任数月卒。(乾隆《潮州府志》、光绪《海阳县志》、道光《琼州府志》)——陈贤武

【林怀贵】

林怀贵,字启正,澄海蓬洲都(今属汕头市区)人。例贡生。性坦率,好行善事。乾隆四十九年(1784)陇尾堤陷塌数十丈,乡人咸惴惴不安,计捐题抢修,势将不及。方束手之时,怀贵隐其真姓名,自号乐实轩,招集人工修筑,费银千余两,终得以安堵。(嘉庆《澄海县志》)——蔡文胜

【林沛章】

林沛章(?—1770),揭阳人。乾隆三十年(1765)举人。三十五年(1770)会试,病卒于京。(乾隆《揭阳县志》、光绪《续志》、《广东贡士录》)——孙杜平

【林 泫】

林泫,字源甫,海阳人。幼孤,力学奉母。补诸生,入程乡阴那山键户读书,不归者三年。康熙二年(1663)举人。十三年(1674)刘进忠之变,携子弟避乱阴那山,吟咏见志。(乾隆《潮州府志》、光绪《海阳县志》)——陈贤武

【林宏明】

林宏明,揭阳人。为人品行敦笃,性复温厚。生平好善乐施,为族党所称。被举乡宾。卒年七十二。(乾隆《揭阳县志》)——孙杜平

【林宏勋】

林宏勋,揭阳人。监生。幼年丧父,事母维谨。尝捐修石路,以利行人往来。卒年八十七。子志高,贡生。乾隆十七年(1752),捐谷平粜。知县顾彝奖给"市门分惠"匾。(乾隆《揭阳县志》)——孙杜平

【林 良】

林良(1692—?),复姓孙,又名兆祥、国良,海阳东莆都(今属潮州潮安)人,后移居龙湖。由普宁学中举。乾隆二年(1737)恩科进士。四年(1739)授湖北德安府云梦知县。(乾隆《潮州府志》、光绪《海阳县

志》、《清代官员履历档案全编》）——陈贤武

【林良铨】

林良铨，字朝京，号睡庐，平远大柘（今属梅州平远）人，雍正二年（1724）由岁贡生保举贤良方正科。历任四川大竹、大邑、渠县、成都等知县，后升崇庆州知州，调泸知州，政绩卓异，得乾隆皇帝召见嘉奖，后调升云南楚雄知府，补苏州总捕同知。其人慈善，从政四十多年，以廉洁、公正称。丁序贤誉其"善政善教，美不胜书，文章表于岭南，政事留于巴蜀"。著有《睡庐诗集》。（嘉庆《平远县志》、道光《苏州府志》）——黄晓丹

【林启镐】

林启镐，字荣京，号西亭，潮阳县廓都人。工岐黄，名稍亚于陈必勤，然能以医术行其德。（嘉庆《潮阳县志》、光绪《潮阳县志》）——陈新杰

【林武略】

林武略（1700—1784），惠来龙溪都（今属揭阳惠来）人。父林荣遇，字端毅。荣遇乐善好施，深受乡人敬重。有子三，武略为长子。雍正二年（1724）中武举人，五年（1727）丁未科登武进士，历任蓝翎侍卫，出任湖广武昌守备。乾隆二年（1737）间，升任直隶天津镇标旧州营都司。十一年（1746）晋升张家口协中营游击。（雍正《惠来县志》、乾隆《潮州府志》）——周修东

【林青门】

林青门，又名慕谦，字孟雷，号莲公，澄海苏湾都（今属汕头澄海）人。幼即能文，幼年补弟子员，建"传薪轩"以课生徒，及门多名士。康熙十七年（1678）岁贡。官遂溪训导。致仕后，建祖祠，修家乘，读书不倦，著有《四书讲义》、《毛诗解》、《澄南杂咏》，制义则有《自愧集》。（雍正《澄海县志》、乾隆《澄海县志》、《潮州艺文志》）——蔡文胜

【林若澜】

林若澜，字月澄，海阳人。林大川子。著有《且闲吟室诗草》。（《潮州艺文志》）——陈贤武

【林茂春】

林茂春，见"谢大略"条。

【林英麟】

林英麟（1714—？），揭阳人。雍正七年（1729）举人。乾隆十九年（1754），选授江西上犹知县。居官清操自励，重士兴学。（乾隆《揭阳县志》、光绪《上犹县志》、《清代官员履历档案全编》）——孙杜平

【林 苑】

林苑，潮阳人。行伍。乾隆八年（1743），任澄海左营把总。十一年

（1747）升千总。（嘉庆《澄海县志》）——陈新杰

【林松龄】

林松龄，潮阳县廓都人。监生，以孙天木任吏科掌印给事中，晋赠中宪大夫。（光绪《潮阳县志》）——陈新杰

【林述曾】

林述曾，海阳人。贡生。授浙江衢州府通判。（光绪《海阳县志》）——陈贤武

【林尚长】

林尚长，号文言，揭阳人。贡生。少贫而好学，事亲以孝闻。生平喜谈古人忠孝之事，用以启示后生，使其效法。每举《朱子家训》中语，教子孙虔于祭祀、勤于诗书。故遇祀先，尤加诚敬；延师教子，必优束脩。乡里纷争，力为排解。卒年七十七。（光绪《揭阳县续志》）——孙杜平

【林尚镌】

林尚镌，揭阳人。生平行谊，为人推重。府县咸予嘉奖，并举乡宾。卒年八十六。子毓芳，贡生。年八十五，获赐肉帛。（乾隆《揭阳县志》）——孙杜平

【林国栋】

林国栋，字樗岩，揭阳人。尝充县吏。生平好学工书。因先代穷困，与季弟捐置祠田，又建塾延师，一时名师宿儒，咸乐与之游。遇事疏财仗义。知县单可基敬重其行，奖以"问礼垂型"匾。（光绪《揭阳县续志》、《近韩林氏家范》）——孙杜平

【林国清】

林国清，潮阳直浦都人。持家俭约，遇善举不惜多资。京北之南炮台，一郡往来之孔道，而溪深阻之，疾风飘雨，往往苦行人。乾隆二十五年（1760），国清乃以己田创长寿庵，便于路人投宿，又于溪边募建码头，自是无病涉者。（光绪《潮阳县志》）——陈新杰

【林国梁】

林国梁，行伍，深澳人。乾隆三十八年（1773）南澳镇标右营右哨千总。（乾隆《南澳志》）——黄迎涛

【林　昂】

林昂，字东渠，惠来龙溪都人，开平训导绍鹗从子。康熙二十三年（1684）举人第三十一名，授弋阳知县。应聘分纂《惠来县志》。（雍正《惠来县志》）——周修东

【林岱生】

林岱生，即杨岱生。

【林征麟】

林征麟，字世宣，澄海蓬洲都（今属汕头市区）人。康熙二十九年（1690）中乡魁，授福建古田知县。兴利剔弊，大有成绩。卸任时，囊箧萧然。绅士赠诗成帙，请祀名宦。居

家训子孙，以敦本读书为务。长子林天翼，雍正元年（1723）举人，授湖南安化知县，为政有廉声。（乾隆《澄海县志》、嘉庆《澄海县志》）——蔡文胜

【林学信】

林学信，普宁黄坑都人。例贡。自鲤湖距梅林三十里，其中山路崎岖，自同治九年（1870），学信捐资修平，子孙继志，以时补葺，历久不懈，远近称之。（光绪《普宁县志》）——陈新杰

【林学养】

林学养（1808—1889），揭阳人。家道贫寒，能孝事父母。少时，母患偏枯，侍奉不懈。其后父又患痿疾，起坐须人扶掖。每日三餐，学养必奉杖端盘，亲侍用膳。膳毕，始为耕耘。如是多年，寒暑不辍。父母殁后，营坟安葬，前后皆极周慎。卒年八十二。（光绪《揭阳县续志》）——孙杜平

【林宗金】

林宗金，揭阳人。贡生。性孝友，和睦宗族。尝捐谷平粜、修理桥路等。卒年七十六。有子六人，均为学生、监生。（乾隆《揭阳县志》）——孙杜平

【林建勋】

林建勋，字澹川，号书卿，揭阳人。举人林伯虔父。少喜读书。因家贫充为县吏。知县王皆春奇其为人，凡遇审查案牍，必向其咨询。咸丰四年（1854），潮匪滋扰地方，因举建勋董理团练，愈加器重。又尝赠金，助其捐职。建勋后历任福建迎仙、白沙巡检、同安典史。同治年间（1862—1874），总兵方耀办理潮州积案，建勋参与其间。凡有裨益地方之事，建勋竭力以任。事竣，保奖同知衔。尝浚通普宁下游水道，并垒筑桥路，普民感德，为立祠祭拜。又尝出谷赈荒。卒年五十九。著有《樵蔗吟草》，诗风和平温厚。（光绪《揭阳县续志》）——孙杜平

【林承谟】

林承谟，海阳龙溪都（今属潮州潮安）人。乾隆十三年（1748）进士。（乾隆《潮州府志》、光绪《海阳县志》）——陈贤武

【林绍铉】

林绍铉，海阳龙溪都庄陇乡（今属潮州潮安）人。兵部职方司主事。（光绪《海阳县志》）——陈贤武

【林绍鹗】

林绍鹗，字云立，惠来龙溪都（今属揭阳惠来）人。康熙九年（1670）岁贡，十八年（1678）任开平县学训导。殚心教育，士风以振。二十二年（1682），有外籍生员赴试误期者十人，按例当概行革除，内有伦之纲者，夙擅才名，见之神色沮

丧。绍鹗将详情呈报学使，让之纲补试，恢复学籍。及次年秋试，之纲遂考中举人。不久，绍鹗病逝于官舍，囊橐萧然。凤喜歌吟，著有《时弋草》二卷。从子林昂，举人。（雍正《惠来县志》、乾隆《潮州府志》、民国《开平县志》）——周修东

【林柳兴】

林柳兴，深澳人。乾隆间（1736—1795）由南澳镇标左营把总升任千总。（乾隆《南澳志》）——黄迎涛

【林挺芝】

林挺芝（1868—1943），字紫荪（一作"芷荪"），号雾嵩，潮阳县廓都人。拔贡生，特科孝廉方正，应保和殿试，膺选二等第一名，授直隶州州判，签分湖南到省补用，不赴。历任潮阳县教育会会长，四序高等小学校、崇礼高等小学校校长。民国三年（1914），潮阳县立中学校成立，任国文教员。十一年（1922）代理校长。擅诗文、书法，著有《林挺芝诗集》，饶氏《潮州艺文志》著录，惜已佚。（《十周纪念刊》、《潮阳文史》）——陈新杰

【林显荣】

林显荣（1795—1877），字晦阁，揭阳人。由附贡捐训导。咸丰四年至五年（1854—1855），"双刀会"匪为乱，县中举办团练，众请襄助军务。显荣亲教兵法，又请兵防御险要，匪为远遁，一县安堵。潮普贵屿局闻名，因聘为董事。同治四年（1865），县遇饥荒，显荣倡捐赈济，贫民赖之保全。生平以崇正学、端人心为己任。设教五十年，造就甚众。凡事关风化者，知为不为，如孝子蔡成健、贞女陈秀娘等，恳请官府为之旌表。暮年益孜孜为善，为巡抚丁日昌敬重。卒年八十三。著有《廿四孝诗》、《尚书秘吁》、《四书串义》等。（光绪《揭阳县续志》、《近韩林氏家范》）——孙杜平

【林映日】

林映日，潮阳人。诸生。康熙二十六年（1687），参与校订《潮阳县志》。（嘉庆《潮阳县志》）——陈新杰

【林思德】

林思德，见"谢大略"条。

【林　峙】

林峙，惠来龙溪都人。雍正八年（1730）岁贡，乾隆十年（1745）任开平县训导。（乾隆《潮州府志》、光绪《肇庆府志》）——周修东

【林峥嵘】

林峥嵘，即林一铭。

【林　钟】

林钟，字函士，海阳人。康熙五年（1666）举人。力学厉操，绝迹公庭，非义不取。十三年（1674）刘进

忠之变，与友曾华盖间关重跻抵江南，寻以忧瘁，卒于旅舍。士论惜之。（光绪《海阳县志》）——陈贤武

【林　保】

林保（1828—1898），号东屏，揭阳人。咸丰（1851—1861）初年投伍，转战江西、浙江，屡立军功，赏戴花翎，赐巴图鲁勇号，升用尽先副将。同治间（1862—1874），历署南韶连镇标右营游击、陆路提标中军参将、三江口协副将。太平军之败，侍王李世贤、康王汪洋海率部南下，盘踞漳州，大犯广东。保时以副将扼守平镇一带，设奇截击，歼敌七百人，凜王刘肇钧中炮死。又与闽军收复平和、诏安。光绪八年（1882），两广总督奏免骑射。二十年（1894），两江总督张之洞以防务需员，奏请调赴江南差委。（《清穆宗实录》、《德宗实录》、同治《韶州府志》、《连州志》、光绪《揭阳县续志》、《弢园笔乘》、《古乔乡志》）——孙杜平

【林　信】

林信，深澳人。历任南澳镇标左营把总。康熙二十二年（1683），以厦门镇左营把总职随厦门镇总兵杨嘉瑞从施琅征台湾。事平，叙功。二十五年（1686）升任南澳镇标左营千总。（1956年《粤闽南澳职官志》）——黄迎涛

【林　泉①】

林泉，字秋涧，号运山，海阳人。工书画，精花鸟画。善篆刻，凡属章法、刀法、篆体，以备秦汉诸家之妙。（《韩江闻见录》、《潮州艺文志》）——陈贤武

【林　泉②】

林泉，字俊饶，号松邺，普宁人。州同之茂孙。少业儒，晚年始进泮。光绪元年（1875），钦赐副贡。五年（1879），以筹捐山西赈保选用府经历。十一年（1885），钦赐举人。性友爱，仗义疏财。道光二十五年（1845），会匪猖獗，慨捐军需数百，集众守城。县城两次修河，及保安局、修志局，皆预经理。生平严以律己，和以处众，善排解纷难，里党咸爱敬之。（光绪《普宁县志》）——陈新杰

【林　俊】

林俊（1721—1775），字顺贵，潮阳附廓都人。状貌魁伟，谙水操诸法。由行伍起家，乾隆二十四年（1759），任澄海左营千总。累迁都司、游击，所至辄有声威。参将吴必达奇之，每出哨辄与俱，所在海道险易，了如指掌。训练有方，抚循士卒，布置得宜。时必达升提督，力荐之，擢福建铜山协副将。乾隆四十年（1775），授浙江温州镇总兵。寻卒。（嘉庆《潮阳县志》、嘉庆《澄海县

志》、光绪《潮阳县志》）——陈新杰

【林彦邦】

林彦邦，海阳人。康熙十五年（1676）岁贡。授广东信宜训导。（乾隆《潮州府志》、光绪《海阳县志》）——陈贤武

【林恒亨】

林恒亨，字居叡，号笠舫，海阳人。明尚书林熙春后。道光八年（1828）戊子副榜，二十三年（1843）举人。咸丰四年（1854）土寇乱，当道延襄军务，恒亨亲历西南各乡，劝民背贼助官，分义民旗。事平，保奖知县，既乃改就教，咸丰十年（1860）选授广东新会教谕，同治元年（1862）调署番禺，同年又调回新会。能勤其官，月课亲为讲贯。解元刘子鹗、进士李辰辉皆以受其熏陶获隽。在任六年，十一年（1872）归。见新进贫者无力送册金，心为恻然，乃援新会、番禺成案踵行，使之成为制度。性严正，家居前后数十年，未尝一干外事。而于地方善举，如拓建考棚、助修贡院、筹积扶轮堂公款，无不乐为。乡党于是共为推重。卒年六十八。（光绪《海阳县志》、光绪《广州府志》）——陈贤武

【林炳星】

林炳星（1721—?），海阳郡城（今属潮州湘桥）人。乾隆三年（1738）武举人，七年（1742）二甲武进士，授御前三等侍卫。乾隆三十一年（1766）四月调任湖广督标中军副将，三十八年（1773）七月调补施南协副将，历官至湖北宜昌镇总兵。（乾隆《潮州府志》、光绪《海阳县志》、《清代官员履历档案全编》）——陈贤武

【林炳章】

林炳章，字文峰，海阳人。道光二十五年（1845）恩贡。著《文峰诗稿》。（《潮州艺文志》）——陈贤武

【林炳蔚】

林炳蔚，潮阳县廓都人。诸生。少孤，事祖母最孝，然家固寒俭，虽就馆，朝夕必归省，凡甘旨所能自致者，务博其欢心。贡生陈步云为其业师，年老穷窭，每亲馈饮食，及殁，课其孙若己子，存恤备至，又积束脩百金，代祀于培元堂享祠，时称高义。（光绪《潮阳县志》）——陈新杰

【林济川】

林济川（1809—1881），号月槎，揭阳人。少笃志励学，有文名。道光十九年（1839），中乡试副榜，选甘肃阶州州判。在任兴利革弊，尝扩建书院，增置膏火。因父老乞归养亲。侍郎吴川陈兰彬有诗赠行。济川居

家，多有义举。道光二十四年（1844），土匪四起，知县王治溥请办团练。济川以大义晓谕族人，人皆踊跃助守，县赖保全。咸丰四年（1854），土匪复起，济川亲督族人浚濠筑垒，使与县城相为犄角，合力堵御。生平事父，能博欢心，训诲子弟，一本明伦。尝捐修祖祠，设置祭业。卒年七十三。（光绪《揭阳县续志》、《广东贡士录》）——孙杜平

【林载振】

林载振（1649—1722），字俊亮，号介烈，揭阳人。检讨林耀龙曾祖。生平究心于堪舆、岐黄之学，尤精小儿麻疹科。为人仁厚，凡有求诊，应时而至，贫困而患路远者，乘驴往视，窘苦特甚者，则施医赠药。世谓之"骑驴先生"。有《麻疹全书》三卷行世，于小儿疹疾现状、变化，剖析毫芒，不失累黍。（《姚氏学苑丛刊》、《麻疹全书》）——孙杜平

【林起凤】

林起凤（1730—1781），号九苞，潮阳县廊都人。淹通经史，工书画。乾隆三十三年（1768）举人，分发河南以知县用，适黄河淤塞，昼夜督工疏导，以劳瘁卒于工所。上官惋惜，为赠资扶榇归。（嘉庆《潮阳县志》、光绪《潮阳县志》）——陈新杰

【林振业】

林振业，号敏儒，饶平城内人。乐行方便。开店于南门外，与银匠岳某店相连。岳某素好赌博，家资荡尽，谋嫁妻于黄某以偿债。妻张氏日夜啼泣，与业言之。业召岳某切责，又请黄某到店，谕以大义。黄某欣然听劝。业代偿定金，更备银二十元付岳某经纪。（光绪《饶平县志》）——黄树雄

【林振江】

林振江，惠来人。县学附生。学使徐琪于嘉应州岁考时，称其"学有根柢，不同涉猎"。（《岭南实事记》）——周修东

【林振声】

林振声，字炯全，潮阳县廓都人。白鸽营守备天章之子。父宦游外地，振声事继母以孝闻。雍正十三年（1735），继其从兄一柱之后中武解元。乾隆四年（1739），复与堂弟丹桂联登武进士。性喜营建，凡文昌阁、大魁楼暨疏通护城河诸务，靡不踊跃为之。（嘉庆《潮阳县志》、光绪《潮阳县志》）——陈新杰

【林振钊】

林振钊，潮阳县廓都人。乾隆九年（1744）举人，官兴业知县。（嘉庆《潮阳县志》）——陈新杰

【林　振】

林振，揭阳人。贡生。尝捐修渔湖四桥，以便行人。乾隆十六至十七年（1751—1752），县遇饥荒，振出

谷平粜，济人宏多。(乾隆《揭阳县志》)——孙杜平

【林振图】

林振图，见"谢大略"条。

【林振辉】

林振辉(1779—1812)，字仕河，潮阳附廓都人。嘉庆六年(1801)八月，随周参将缉盗于红罗汕，风涛汩没间，振辉如履平地，手刃贼甚众。十六年(1811)题补南澳右营把总。十七年(1872)四月，随营主追击海盗洪日茂，奋力穷前，竟毙于贼鸟枪之下。大吏请恤。(嘉庆《潮阳县志》、民国《南澳县志》)——陈新杰

【林殷臣】

林殷臣，字仲伊，海阳人。同治十二年(1873)拔贡。光绪十六年(1891)授江苏嘉定娄县知县，重修当湖书院。有《古字纪略》。(光绪《海阳县志》、《嘉定碑刻集》)——陈贤武

【林爱霖】

林爱霖，字泓联，潮阳峡山都人。蓝鹿洲门人。乾隆二十四年(1759)举人。二十八年(1763)成进士。(《棉阳学准》、嘉庆《潮阳县志》)——陈新杰

【林逢春】

林逢春(榜姓李)，字孟利，号东平，潮阳县廓都人。雍正二年(1724)举人，十一年(1733)明通举人。乾隆十一年(1746)，以知县引见，赐纱葛二匹，赋诗记遇。授新田知县，在任养士爱民，裁革陋俗；又为客籍立户，以便输纳。十二年(1747)，充湖南同考官，寻告假归家。(嘉庆《潮阳县志》、光绪《潮阳县志》)——陈新杰

【林逢熙】

林逢熙，字登翔，揭阳人。康熙二十九年(1690)举人，授广州花县教谕，未任而卒。逢熙性甘淡薄，稍有余资，即以购书。族为县之巨姓，日勉子弟为善，有不遵训者，即不与交谈。人称其为有道君子。(雍正《揭阳县志》)——孙杜平

【林 涛】

林涛，惠来龙溪都人。登康熙三十五年(1696)举人第二十一名。康熙五十年(1711)仕江南无锡知县。有《咏惠来八景》诗。(雍正《惠来县志》、乾隆《潮州府志》、乾隆《江南通志》)——周修东

【林宽城】

林宽城，普宁黄坑都人。乐行善事。道光十二年(1832)及十三年(1833)，岁饥，捐钱百缗助赈，不居其名。卒年九十四。(光绪《普宁县志》)——陈新杰

【林家浚】

林家浚(1841—1917)，字剑泉，

惠来龙溪都（今属揭阳惠来）人。其家前辈从事商业。家浚少时，在家塾培隽书室攻读。咸丰年间（1851—1861）廪生，登光绪二年（1876）副榜，十八年（1892）授本省连山厅教谕。翌年，调补肇庆府教授，不久卸任归田。著有《端庆堂诗草》、《宦游集》、《剑泉诗余》一卷，其子廷玉合所作诗，汇刊为《桥梓诗林初集》八卷、《续集》七卷。（《潮州艺文志》）——周修东

【林铭勋】

林铭勋，海阳人。光绪间（1875—1908）任潮阳右营千总。（光绪《海阳县志》）——陈贤武

【林梦鹗】

林梦鹗，字锡凝，号九峰，潮阳人。饶平县学生。蓝鹿洲门人。博涉经史，为诸生二十余载，屡试不中，不以得失介意。居恒讲学，喜栽培后进。清操峻节，足迹不及公门。年五十六卒。著《四书集解》、《唐诗笺注》、《茶经汇编》。（《棉阳学准》、乾隆《潮州府志》、嘉庆《潮阳县志》）——陈新杰

【林梦熊】

林梦熊，海阳人。康熙五十九年（1720）武举人。雍正五年（1727）武进士。授福建汀州长福营右军守备，乾隆四年（1739）升福宁中营游击。七年（1742）转台湾镇标左营游击，并与知县杨允玺率粤东商民建台湾台南潮州会馆。十三年（1748）十月调江南水师京口游击。（嘉庆《澄海县志》、光绪《海阳县志》、民国《长乐县志》、乾隆《福宁府志》、《清代官员履历档案全编》）——陈贤武、蔡文胜

【林铭光】

林铭光，海阳人。同治年间（1862—1874）授潮州镇左营千总、尽先都司，署惠来营守备。（光绪《海阳县志》）——陈贤武

【林铭玺】

林铭玺（？—1653），字玉书，普宁人。大理寺右寺副铭球弟。为人冲雅，无疾谈遽色。顺治八年（1651）举人。顺治十年（1653），郝尚久反，使人召致不赴。郝尚久怒，遣兵困迫之。铭玺不屈，集乡壮据守东山寨，寨破死焉，阖门被害，丁壮同难者八十余人，子士旌在外得免。（乾隆《普宁县志》、《大清一统志》）——陈新杰

【林彩云】

林彩云，号其聪，海阳人。乾隆间（1736—1795）授福建古田县丞，二十六年（1761）任诏安知县。署篆两月，清除迫近民居的沿溪灰窑，移置别处，并不许盖筑为铺，以碍水道。数十年熏蒸之害，一旦消除，居民颂声载道，为之立《本县主林公奉

宪革除灰窑德政》。后署南屏知县。（光绪《海阳县志》、《闽客交界的诏安》）——陈贤武

【林鸾翔】

林鸾翔，澄海苏湾都（今属汕头澄海）人。雍正七年（1729）举人。官花县教谕。（嘉庆《澄海县志》）——蔡文胜

【林鹿鸣】

林鹿鸣（1681—1740），字芳士，海阳人。雍正二年（1724）举人。雍正八年（1730）拣发广西署平乐县篆，两月请改补教职，得就试礼闱，一时高其品。乾隆四年（1739）己未科会试，本房徐公首荐，未售。年六十卒于家。著《凤城诗草》。（乾隆《潮州府志》、光绪《海阳县志》、《清代官员履历档案全编》）——陈贤武

【林望欧】

林望欧（1858—？），榜名廷昭，家滨子，家浚侄，惠来东港镇人。光绪十七年（1891）举人第六十九名，曾任陆丰龙山书院讲席。著有《高明岩居士集》。（《广东全省历科解元题名录》、《桥梓诗林初集》、新编《惠来县志》）——周修东

【林　鸿】

林鸿，潮阳县廓都人。嘉庆二十五年（1820）武进士，即赐广东水师虎门提标左营守备。（嘉庆《潮阳县志》）——陈新杰

【林鸿冕】

林鸿冕（1604—1663），字彦诞，号文度，揭阳人。县学生。性沉静而多谋略。顺治二年至三年间（1645—1646），九军贼围攻其寨，鸿冕率众奋勇出击，斩获数千人，余贼远遁。经年不敢窥伺其地，乡里赖以安堵。后台湾郑鸿逵盘踞县城四年，屡次招降鸿冕，置之不应。继而郑成功突袭其寨，拘执鸿冕，赖乡人赎以重金，始得生还。（乾隆《揭阳县志》、《古乔乡志》）——孙杜平

【林鸿琛】

林鸿琛，潮阳县廓都人。例贡。素乐善好施。县西北有曰屯巷者，旁为府县通衢，而川流广远，行者病暍。鸿琛筑石桥三洲，计九板，途人称便。雍正四年（1726）、五年（1727），连岁饥荒，复加赈济。喜施棺椁，历四十年如一日。（嘉庆《潮阳县志》、光绪《潮阳县志》）——陈新杰

【林鸿瑶】

林鸿瑶，号端青，揭阳人。传家礼让，和睦邻里。教诲子孙，济济多才。寿至百岁。（雍正《揭阳县志》、乾隆《揭阳县志》）——孙杜平

【林　溟】

林溟，惠来人。雍正间（1723—1735）监生。能吟咏，有诗《登珍珠

帘山》。(雍正《惠来县志》)——周修东

【林绿园】

林绿园，揭阳人。为人平和温恧，乐善好施。家庭之间，雍雍穆穆。夫妻父子，年皆寿考。绿园年八十，妻八十一，长子志上八十六，次秀芝八十四，次秀华八十一，次秀丽八十四，皆为贡、监。(乾隆《揭阳县志》)——孙杜平

【林琼芝】

林琼芝，海阳人。附贡生。道光间(1821—1850)任琼州府训导。(光绪《海阳县志》)——陈贤武

【林琼苑】

林琼苑，号翰郎，澄海苏湾都(今属汕头澄海)人。邑庠生。家世业儒。琼苑尤重义行。乡中有无以办丧事者，每资给之。乡人德之，匾其第曰"树德"。孙林鸾翔，雍正七年(1729)举人，官花县教谕。(雍正《澄海县志》、乾隆《澄海县志》)——蔡文胜

【林琼瑞】

林琼瑞(1613—?)，揭阳人。为人好义。所居山路崎岖，人苦跋涉，琼瑞为筑石路，以成坦途。又建桥三座，以便行人往来。前后所费，皆独自竭力出资。年九十，获赐冠带。(乾隆《揭阳县志》)——孙杜平

【林喜霖】

林喜霖，揭阳人。康熙五十二年(1713)举人。乾隆元年(1736)，授广东顺德教谕。(雍正《揭阳县志》、咸丰《顺德县志》)——孙杜平

【林朝相】

林朝相，潮阳县廓都人。廪贡，官东莞训导。性好友，母病，朝夕虔祷。葬后经年庐墓，人以为难。卒年八十二。(嘉庆《潮阳县志》、光绪《潮阳县志》)——陈新杰

【林　植】

林植，字芸皋，海阳人。著《图南书屋稿》三卷，有光绪十三年(1887)林氏敬文堂刻本。(《潮州艺文志》)——陈贤武

【林景拔】

林景拔(1665—1728)，字彦楚，号荆厓，先世漳州人，普宁籍，迁居揭阳。天资聪慧，日记千言，十岁能文。康熙五十一年(1712)进士，选翰林庶吉士，旋请假归。自励清标，不营私产，不入官府，日以诗文自娱。尝手植一柳，自称"一柳主人"。卒年六十四，士林私谥"文清"。有诗文集各三卷。(雍正《揭阳县志》、乾隆《揭阳县志》、乾隆《普宁县志》、《康熙五十一年进士录》)——孙杜平

【林舜贤】

林舜贤，揭阳人。韶州教授林钟华祖。为人好善，乡族有义举，必赞成之。嘉庆年间（1796—1820），尝邀六姓富户出资置产，以助士子考试路费。士林感德，为设位祀于韩文公庙。（光绪《揭阳县续志》）——孙杜平

【林道三】

林道三，揭阳人。为人淳朴忠厚，常为人排解。尝在盛暑，遍购葵扇、蓑笠，分赠贫民，而自匿名。同治九年（1870），捐修县东门外灰路，以便行人。（光绪《揭阳县续志》）——孙杜平

【林焯镕】

林焯镕（1872—1917），字彦卿，号硕高，海阳人。年十二，补生员。性爱酒，知音律，尤喜客，精医术，擅书画，以善为诗名于潮，识者比之唐李商隐，一时有"诗伯"之号。有《蛄寄庐诗剩》，为其从弟同史收集遗诗近体歌行三百余篇而成帙。与人尚编有《同人纪游集》。（《密教讲习录》）——陈贤武

【林焜耀】

林焜耀，揭阳人。捐州同衔。少因家贫，无以为生，远赴外洋从商，颇获厚资。归里后，凡其施棺掩骸、赠药救病等事，多可称道。（光绪《揭阳县续志》）——孙杜平

【林遐龄】

林遐龄，字仁山，揭阳人。生平究心程朱之学，累试不利。久为塾师，教诲尽心。同治十三年（1874），年近八十，始为广东学政章鋆赏识，拔取入学。光绪元年（1875）乡试，赐副贡生。遐龄为人古朴，有汉人王烈之风。乡里有互争是非，就其质正，无不欢去。子弟感化，数十年有事，不讼于官。卒年八十六。（光绪《揭阳县续志》）——孙杜平

【林献会】

林献会，揭阳人。武举林钟亮祖。监生。年高德劭。卒年八十八。（乾隆《揭阳县志》）——孙杜平

【林腾凤】

林腾凤，揭阳人。贡生。生平乐善好施，尝捐助社仓，修理桥路。卒年八十一。（乾隆《揭阳县志》）——孙杜平

【林 缙】

林缙，揭阳人。乾隆五十九年（1794）举人，浙江补用知县。嘉庆十三年（1808），聘为乡试同考官。二十年（1815），署龙泉知县，再署德清、仙居。（光绪《揭阳县续志》、光绪《龙泉县志》、光绪《仙居县志》、《广东贡士录》）——孙杜平

【林 槟】

林槟（1838—1879），字献廷，揭阳人。少怀大志，因贫投伍。从总

兵林本剿江西太平军。先后转战赣、浙、闽、粤等省。在浙余杭时，尝截杀从苏、常逃窜余匪。复移师入闽，戡定漳州、龙岩、永定等地之乱。及天京破，太平军溃败，纠合残部，奔窜南下，闽、粤人心惶惶。清廷命左宗棠统制闽、浙官兵，林本隶于左部中军，以槟为副。槟摧锋陷阵，精锐无匹，敌至比之为后"塔齐布"（塔齐布，湘军名将），终荡平残敌，收复嘉应州。戎行十载，累功赏顶戴花翎，福建尽先补用副将，晋封振威将军。年三十余，竟引退归。及在田间，总督左宗棠、巡抚丁日昌以时事方殷，屡敦劝出山，槟婉言以谢。年四十卒。（光绪《揭阳县续志》、《献廷都督七十冥寿序》）——孙杜平

【林毓田】

林毓田，普宁黄坑都人。例贡。善画兰竹，能诗。中丞丁日昌赠句云："读画品诗兼种树，采山钓水又看云。"（光绪《普宁县志》）——陈新杰

【林觐标】

林觐标，海阳人。廪贡生，道光十五年至十六年（1835—1836）任广东曲江训导。（光绪《海阳县志》、同治《韶州府志》）——陈贤武

【林德华】

林德华，惠来龙溪都人。乾隆四十八年（1783）举人第四十七名，嘉庆七年（1802）任嘉应州学正。（道光《广东通志》、光绪《嘉应州志》）——周修东

【林德镛】

林德镛，字白庵，揭阳人。天资豪宕，膂力过人。中康熙六十年（1721）武进士第一人，授二等侍卫。明年，康熙驻跸热河，德镛扈驾，宠遇甚隆。未几遽逝，时论惜之。弟德钦，乾隆四年（1739）武进士。（乾隆《揭阳县志》）——孙杜平

【林　澍】

林澍，字说友，普宁人。明御史铭球子，主事隽胄之弟。聪颖绝人，通经史百家言，十岁即入县学，然不事声华，尝以崇正学、务实行为念。折节读书，绝不与外事，有以古玩馈者，辞不受。为廪膳生三十年，充康熙二十九年（1690）岁贡，终身与物无争，非公事未尝至县治。与兄隽胄，县里称为"二难"。（乾隆《普宁县志》）——陈新杰

【林　璘】

林璘（1845—1897），原名庆麟，号琴石，别号仙溪钓徒。澄海苏湾都（今属汕头澄海）人。清末庠生。淡泊名利，于苏湾都仙美山麓自筑小别墅，取名"耕云书馆"。擅长诗文绘画，尤精画花鸟，笔墨洗练，画风清雅超逸，熔诗书画于一炉。（《莲下镇志》、《汕头历代书画人物

录》）——蔡文胜

【林 馥】

林馥，字若虚，揭阳人。训导林显荣父。尝充县吏。为人敦厚谨朴，事兄如父，手足情笃。尝分产以资仲兄匮乏，择地以迁长嫂坟墓。遇族人婚丧不能办者，助之而无德色。林氏为县大姓，人有争竞，每从其定是非。生平尤尊师礼士，勉励子弟读书。晚年力学不倦，常手披《通鉴纲目》一书。（光绪《揭阳县续志》、《近韩林氏家范》）——孙杜平

【林攀龙】

林攀龙，潮阳县廓都人。县丞天爵长子。幼习文学，长通韬略，每欲立功阃外。乾隆十八年（1753），与侄朝凤同中武举。四十二年（1778），廷选一等，授山东济宁卫守备。时地多盗薮，搜缉廓清。服官五载，以终养告归。（嘉庆《潮阳县志》、光绪《潮阳县志》）——陈新杰

【林耀龙】

林耀龙（1734—1833），揭阳人。嘉庆九年（1804）乡试，恩赐副贡。十二年（1807）乡试，恩赐举人。十四年（1809）会试，赐翰林检讨。卒年百岁。（光绪《揭阳县续志》）——孙杜平

【欧阳春】

欧阳春，饶平人。康熙五十六年（1717）举人，乾隆六年（1741）任直隶魏县知县。（光绪《饶平县志》、乾隆《大名县志》）——黄树雄

【欧阳赋】

欧阳赋，潮阳洋乌都人。道光（1821—1850）恩贡。嘉庆二十四年（1819），采辑《潮阳县志》。（光绪《潮阳县志》）——陈新杰

【欧 亮】

欧亮，海阳丰政都（今属梅州丰顺）人。清初任饶平镇中军。素以骁勇善战著称，所至之处，皆立战功。康熙十三年（1674）七月，潮州总兵刘进忠附明反清，奉命征讨，亲督所部进驻磐溪都，部署未就，突被敌军袭击，力战不敌而死。（光绪《丰顺县志》）——陈贤武

【卓仕杰】

卓仕杰，惠来县惠来都人。随征，署云南昆阳知州，补任赵州知州。（雍正《惠来县志》）——周修东

【卓 兴】

卓兴（1829—1879），字杰士，揭阳人。由勇目起家，积功至外委。咸丰四年（1854），土匪陈娘康攻掠潮阳，兴督兵驰援，擒斩无数，遂解重围。继回兵潮州，连败吴忠恕。再剿普宁北山贼，歼其贼首许亚梅等，余党悉平。升守备。六年（1856），署平镇营都司。八年（1858），复平海阳枫洋贼苏亚奇等。调督标中营都

司。九年（1859），太平军由福建窜至广东，连陷大埔、嘉应，进逼兴宁。兴奉檄往剿，敌我悬殊，乃誓师曰："不灭贼，不生还！兴身先之，却顾者斩！"士皆伏地，愿尽死力。兴策马陷阵，所向披靡。又用炮队、奇兵、火攻等，毙敌无计。直抵城下。连战七昼夜，因解兴宁之围。补琼州镇中营游击，赏给勇号。明年，广西土匪侯陈带纠合练四苦、朱子仪等突窜四会，分踞四乡，蔓延于清远、三水、高要等地。省城戒严，西、北江大震。兴以五千人奉檄驰援。抵县，相阅地势，并辅以水军，设伏诱敌，贼节节败退，死伤无数。时西路援师进至，遂与城内官兵夹击，贼夺路狂奔，四会围解。兴复进兵开建，擒其贼首。因功升用参将，加副将衔。同治元年（1862），署罗定协副将。明年，因收复信宜、高州，加总兵衔。旋授南韶连镇总兵，加提督衔。五年（1866），署潮州镇总兵。督师围攻长乐，擒太平军伪烈王洪桂芳、伪来王陆德顺，并降伪列王黄总保，收复县城。七年（1868），告病归里。兴治军严整，秋毫无犯，临敌决胜，出奇无穷，威震岭海。与同郡方耀战绩相侔，时以"方卓"并称。晚年尤好施予，为乡人所颂。（光绪《揭阳县续志》）——孙杜平

【卓伯先】

卓伯先，号菁岸，揭阳人。诸生。事父母至孝。母病，奉侍过劳成疾。与母后先二十日而卒。伯先少有才名，能文工诗，所著有《月湄草堂集》。（雍正《揭阳县志》）——孙杜平

【卓宗元】

卓宗元，字昌善，揭阳人。监生。为人好学，因贫不足养亲，转事经商，中年家致小康。生平轻财仗义，恤孤寡，周贫困，皆无吝色。道光十二年至十三年（1832—1833），连续灾荒，饿殍遍野，宗元与县中善士捐资助赈，施赠衣食，收埋尸骸。又尝捐田入学宫，以作春秋祭祀之用。世呼之为"将伯"。著有《晓儿语》十七则，皆见道之言。（光绪《揭阳县续志》）——孙杜平

【卓起元】

卓起元，揭阳人。县学生。好学能文。服侍继母，抚养幼弟，均近人道，人无间言。卒年七十。（乾隆《揭阳县志》）——孙杜平

【卓宴春】

卓宴春（1839—1890），字子义，惠来县惠来都人，行三。其家业商。宴春沉静好学，年十九以诗赋受知于提学副使殷寿彭，选入县学读书。翌年，增补为廪膳生。数赴省试不中，光绪四年（1878）循例入贡。设

"红蕉吟馆"授徒,擅诗。著有《红蕉吟馆诗钞》二卷,卓麟魁跋。(《潮州艺文志》、新编《惠来县志》)——周修东

【卓继茂】

卓继茂(1652—1704),大埔人。康熙十五年(1676),任饶平黄冈营千总。十九年(1680)升柘林守备。在任九年,致仕归,卒年五十有三。(嘉庆《大埔县志》)——黄树雄

【罗士鉁】

罗士鉁,本饶平人,入籍福建,遂为漳浦人。康熙十八年(1679)应募入伍,以功渐升至水师提标中军副将。从提督施琅(1621—1696)征台湾。署为前部,大战于澎湖,平澎台三十六岛,叙功给骑都尉世职三世,擢湖南镇箄镇总兵,未赴卒。(《饶平县志校订》、光绪《漳州府志》)——黄树雄

【罗万善】

罗万善,号子臧,丰顺上阳(今属梅州丰顺)人。学问湛深,品行修饬。中康熙二十三年(1684)举人,考授中书,后改知县,以亲老不就。盘桓家园,日事吟咏。为人恬淡,而任事慷慨。雍正四年至五年间(1726—1727),县境饥荒,万善散米赈济,人怀其惠。卒年九十一。(雍正《揭阳县志》)——孙杜平

【罗上国】

罗上国,号蔚卿,大埔枫朗(今属梅州大埔)人。生平果敢任侠。枫朗与邻乡黄沙间相距一溪,架以狭小之木桥,行人视为畏途。光绪十六年(1890),上国倡议改建石桥,独力募得万金,建成长十余丈之石桥,坚固坦平。他如驻息亭、街尾桥、白水磜石桥等,亦皆上国所募建,行人德之。(民国《大埔县志》)——黄树雄

【罗元辑】

罗元辑,字德茂,揭阳(今属梅州丰顺)人。候选州同。雍正四年至五年间(1726—1727),连岁饥荒,元辑在县施食济民,当道赠以"高谊可风"匾,用以旌奖。(雍正《揭阳县志》)——孙杜平

【罗云藻】

罗云藻(1852—1891),字文卿,揭阳人。清廪生。光绪(1875—1908)中,曾任《揭阳县志》采访。擅书画。(光绪《揭阳县续志》、《佃介眉文集》)——孙杜平

【罗长斌】

罗长斌,海阳人。道光间(1821—1850)任潮阳营千总署本营守备。(光绪《海阳县志》)——陈贤武

【罗龙光】

罗龙光(1748—1796),字九峰,

号见亭,丰顺人。乾隆五十八年(1793)癸丑科进士。中试后掣签得昆明、武进知县,毅然上表辞去就教职,授予广东琼州府教授。嘉庆元年(1796),覃恩加一级,敕封儒林郎,例赠承德郎。同年十一月病逝,终年四十九岁。(光绪《丰顺县志》)——陈贤武

【罗成章】

罗成章,号尊逊,揭阳人。性淡泊平和,与人交往,全无忤色。因贫为吏,奉公勤谨,非分不求。如有亲友因讼赴县,力为调解;或事难以周全,则解囊相助。以是一贫如洗,而绝无怨言。生平自恨读书日少,诫子勉力为学。好交文学之士,每以其子文艺质正,得所指授,喜不自胜。后子懋修选恩贡生。(光绪《揭阳县续志》)——孙杜平

【罗光照】

罗光照(?—1834),一作光炤,字映寰,一字朗亭。饶平籍。罗士鉁曾孙。乾隆五十一年(1786)参加平定台湾林爽文之役,授澎湖左营游击。嘉庆元年(1796)调江南奇营游击,二年(1797)擢川沙营参将。道光九年(1829)以年老休归,十四年(1834)卒,年八十。生平喜诗,于戎政余闲不废吟咏,有《朗亭诗存》,藏于家。(《饶平县志校订》、光绪《漳州府志》)——黄树雄

【罗廷柱】

罗廷柱,字绍长,号果泉,揭阳人。性严毅磊落,娴熟韬略。由行伍起家。乾隆二十年(1755),升浙江温州镇中营游击。是年军政卓异。明年,代理总兵事。时定海有盗夜窃,拒杀兵丁多人,入海逸去,追缉无踪。总督杨廷琚檄行各水师严捕。廷柱即奉令缉拿,获贼首王长水、贼伙陈清等二十一人。杨廷琚特为疏荐。二十二年(1757),高宗南巡,奉办大差,克胜其任。旋召见入都,获赐莽袍。二十五年(1760),调福建水师提标右营游击。升铜山营参将。三十年(1765),奉解战舰至天津,旋赴浙督运漕米回闽赈饥。擢浙江瑞安营水师副将。在任时勤操练,加以南北驰驱,积劳成疾,卒于官,年六十四。(光绪《揭阳县续志》、乾隆《温州府志》、道光《厦门志》、《清高宗实录》、《南巡盛典》)——孙杜平

【罗时宜】

罗时宜,大埔枫朗(今属梅州大埔)人。聪颖嗜读,家贫苦学。乾隆元年(1736)中举人,文名藉甚,常以敦品力学勉后进,所著诗文多散佚。子绍洙,乾隆三十六年(1771)举人。(嘉庆《大埔县志》、乾隆《潮州府志》、道光《广东通志》)——黄树雄

【罗松檩】

罗松檩，丰顺上阳（今属梅州丰顺）人，后移居揭阳新亨。罗万善次子。乾隆七年（1742）岁贡，九年举人。（光绪《丰顺县志》）——陈贤武

【罗尚德】

罗尚德，丰顺上阳（今属梅州丰顺）人。光绪间武科进士。（民国《丰顺县志》）——陈贤武

【罗国珍】

罗国珍，号岂臧，揭阳（今属梅州丰顺）人。罗万善弟。中康熙五年（1666）举人第四名。二十七年（1688），授江苏武进知县。三十四年（1695），起补云南昆明县。明年，分考本省乡试，所得皆知名士。解官归里，优游林下，昆仲白首，其乐怡怡。国珍与兄文名齐并，时有"大小宋"之目。知县郑濂倡修县志，因延襄校辑。（雍正《揭阳县志》、光绪《武进阳湖县志》、康熙《云南府志》）——孙杜平

【罗昌龄】

罗昌龄，丰顺上阳（今属梅州丰顺）人，后移居揭阳新亨。罗万善长子。雍正元年（1723）岁贡。任湖广东安县训导。（光绪《丰顺县志》）——陈贤武

【罗明伦】

罗明伦（1634—？），字德振，号未能，揭阳（今属梅州丰顺）人。生而颖异。十岁能文，十二补诸生，为吏部员外罗万杰所器重。顺治十七年（1660）、康熙二年（1663），两中副榜。为人温厚和睦，侍奉父母及继母，能尽孝敬。又尝捐田为兄立嗣，世以为悌弟云。（雍正《揭阳县志》、《上阳罗氏族谱》）——孙杜平

【罗鸣銮】

罗鸣銮，字韵村，揭阳（今属梅州丰顺）人。知县罗万善子。监生。乾隆间（1736—1795），历为浙江桐乡、平湖县丞，署石门县。二十一年（1756），补授嘉善知县。（乾隆《揭阳县志》、光绪《桐乡县志》、光绪《平湖县志》、光绪《石门县志》、光绪《嘉兴府志》）——孙杜平

【罗佳雄】

罗佳雄（1700—1759），字世岱，号在青，揭阳人。父镇瑞，康熙五十二年（1713）武举。佳雄自幼颖悟，读书晓明大义，长工举业、骑射。雍正五年（1727）中武进士，初授浙江温州卫守备。清理屯粮积弊，人服其廉。乾隆二年（1737），擢直隶天津城守都司，改驻白石口，摄广昌营。白石在紫荆关外，关税向来苛刻，佳雄陈请直督孙嘉淦减免，嘉惠百姓。又白石城小地僻，因创义学，延请塾师，以教军民子弟。十四年（1749），迁福建汀州右营游击，调台湾。号令

严明,军纪肃然。改筑镇城,官民为便。十六年(1751),擢升陕西西安城守参将。时值清军西讨,道经潼关,军务倥偬,佳雄戴星出入,事皆预先筹办。巡抚陈宏谋疏列其功,特晋一阶。后积劳成疾,竟卒于任,年六十,礼侍齐召南为志其墓。(乾隆《揭阳县志》、乾隆《台湾县志》、光绪《天津府志》、《台案汇录》、《宝纶堂文钞》)——孙杜平

【罗佩卿】

罗佩卿,号云岩,大埔城坊(今属梅州大埔)人。性孝友简朴,乐善好施,秉公赴义,团防乡邑,朝廷赏给六品衔。同治七年(1868),大埔知县钱诵清倡修城堞衙署,佩卿董理甚力。(同治《大埔县志》)——黄树雄

【罗宗璜】

罗宗璜,大埔同仁(今属梅州大埔)人。为诸生,有才名,能留心世务。当地徭役之供从丁科,粮多丁少者供役无难,粮少丁多者人不堪命,璜纠族人设丁田以供役赋,复呈请计亩配丁,以归画一,人感其德。(嘉庆《大埔县志》)——黄树雄

【罗孟震】

罗孟震,字德宣,揭阳(今属梅州丰顺)人。知县罗国珍子。例贡生。以举优行选为训导,改授主簿,遂不出仕。性慷慨,勇为义。康熙五十七年(1718),与同乡谢士豪合捐田园送县"慈济堂",又自捐山地一所作为义冢。县境饥荒,捐米赒济灾民;又捐铺租送县学官,作为祀典之需。生平义举,繁不胜书。历任知县,屡加褒奖。(乾隆《揭阳县志》)——孙杜平

【罗钦若】

罗钦若,号士窍,大埔枫朗(今属梅州大埔)人。幼失学,稍长刻苦自励,攻医术,于古来医书多精研,尤精儿科。(民国《大埔县志》)——黄树雄

【罗 绳】

罗绳,字朴轩,普宁桂江都人。聪慧好学,英年补县学廪膳生。咸丰二年(1852)贡生。光绪元年(1875),钦赐举人。性廉静,日惟敦品植学,诱掖后进,游其门者,多所成就。年登大耄,犹讲学论文,娓娓不倦。(光绪《普宁县志》、《清光宣两朝潮州贡士录》)——陈新杰

【罗鼎明】

罗鼎明,揭阳(今属梅州丰顺)人。知县罗万善、国珍昆仲父。明末府学生。秉性刚方,不交官府。生平乐善好学,约己济人。卒年八十三。以子国珍贵,官封知县。(雍正《揭阳县志》、乾隆《揭阳县志》)——孙杜平

【罗锐文】

罗锐文，字台臣，大埔清远（今属梅州大埔）人。幼孤，事母孝。母病十余年，侍汤药如一日。绝意仕进。暇辄读书不倦，为诗文有时名，著有《尘垢集》。享年八十有一。（乾隆《潮州府志》、嘉庆《大埔县志》）——黄树雄

【罗　强】

罗强（？—1868），潮阳县廓都人。由勇目起家。同治（1862—1874）初，回部白彦虎倡乱，两陕骚动。强以所部入关，遂精选达春诸营当其锋，复咸阳、长武，克莲花城，积功至副将。会移师甘肃，又转战平凉、华亭间。同治七年（1868），胡家堡之役，陷敌死之。厥后，左宗棠西征，始录其事以闻。奉旨赐恤，予袭职。（光绪《潮阳县志》）——陈新杰

【罗跻瀛】

罗跻瀛，号蓬洲，大埔人。嘉庆三年（1798）举人，大挑一等，以知县叙用。以母老改就教职。历署乳源、顺德、吴川等县教职，丁艰回籍。倡建祖祠，修文庙。受聘修嘉庆《大埔县志》，得酬百金，悉捐施为桥渡费。卒年七十。（同治《大埔县志》、道光《广东通志》、光绪《吴川县志》）——黄树雄

【罗燮堃】

罗燮堃（1848—1924），字厚初，大埔人。光绪元年（1875）恩科乡试，卷已备中，因"明心见性"语近于禅，遂黜落。曾创设普济医局济人二十余年，亲友感其诚多乐助者。（民国《大埔县志》）——黄树雄

【罗　濬】

罗濬（1661—1729），字映哲，号徽五，大埔枫朗（今属梅州大埔）人。杨之徐甥。家贫力学。康熙三十八年（1699）举人，四十五年（1706）进士，五十六年（1717）授萧县知县。洁己爱民，吏胥无敢舞弊者。曾分校江南乡试，所取多知名士。莅任三年余，以病告归。归里后以著述自娱，于《四书集注》用力尤深，有时文数百篇，惜所作诗古文辞不传，惟为罗万杰作《文节公传》一篇，载《瞻六堂集》卷首，其文苍凉呜咽，深得万杰心事，不愧一代佳作。（乾隆《大埔县志》、嘉庆《萧县县志》、《大埔进士录》）——黄树雄

【金茂和】

金茂和（1699—？），字学山，饶平隆都（今属汕头澄海）人。雍正十年（1732）举人，越年联捷成进士，授四川四充知县。四充明末为战乱所蹂躏，近百年尤未恢复。茂和加意安抚，地方渐以富庶。上司知其廉

能，调为首邑南充知县。上任未久，以丁忧回乡守制。服阕，乾隆十三年（1748）补河南新乡知县。时清军征金川，大军经县境，茂和多方筹划，供应粮草，境内安然。乾隆二十四年（1759），调安徽宿松知县，重修文庙，政声赫然。终因念古人不以三公易一日之养，遂告归养亲。居乡日与士人为文酒之会，足迹罕至城市。茂和操行纯粹，文艺精湛，凡与交者无不推服。（《饶平县志补订》、乾隆《新乡县志》、光绪《四充县志》、民国《宿松县志》）——黄树雄

【金博辅】

金博辅，饶平隆都（今属汕头澄海）人。金茂和子。曾任福建永安知县，有乃父风。（《饶平县志补订》）——黄树雄

【周一士】

周一士（1882—?），又名惟俊，字勤杰、植英，号若豪，潮阳黄陇都（今属汕头潮南）人。潮阳县附生，光绪廿九年（1903）举人第五十名。无意仕途，中举后归梓。热心于教育事业，被推为六都中学校董会董事，兼集丰行车公司董事。旋为县长胡公木聘以顾问，并聘修《潮阳县志》，历时期年。一士讷于言，倦于周旋，日惟手卷不释，或吟诗作赋，隐居以终。（《光绪癸卯恩科广东同年齿录》、《泗水周氏宗乘续编》）——周修东

【周士郁】

周士郁，澄海人。雍正四年（1726）举人。官褒城知县。（嘉庆《澄海县志》）——蔡文胜

【周大新】

周大新（?—1807），号笃斋，潮阳黄陇都（今属汕头潮南）人。通经史，工制举。文能独抒所见，不拾人牙慧。乾隆五十四年（1789）举人第三十五名。嘉庆九年（1804），大新任封川教谕。尝上《平海寇论》，落落数千言，总督那彦成大为赞赏。在任三载，卒于官。所著有《笃斋时文稿》；并承父会庵之志，著有《周易札记》，巡抚朱珪为序。道光举人陈修初受时文于大新，得其正轨。（嘉庆《潮阳县志》、光绪《潮阳县志》、《潮州艺文志》）——周修东

【周日典】

周日典，字钦雅，号庸斋，潮阳黄陇都（今属汕头潮南）人。例贡生。慷慨好义。乾隆十六年（1751）米价昂贵，倡平粜，捐资助赈，邑宰陈昶赠匾曰"富而好礼"。如学宫、魁楼、三利溪、湘子桥，俱急公无吝色。年登耄耋，五代同堂，子孙多列名县学。（嘉庆《潮阳县志》、光绪《潮阳县志》）——周修东

【周日新】

周日新，字钦扬，号德斋，潮阳黄陇都（今属汕头潮南）人。日典胞弟。例贡。事继母克孝，兄弟友爱。轻财好义，乾隆年间（1736—1795）捐资筑峡山埠灰路，以便行人。从祖晋卿无嗣，置租供祀。事继母以孝称。（嘉庆《潮阳县志》、光绪《潮阳县志》）——周修东

【周 壬】

周壬（1880—？），字修龙，号雨田，潮阳黄陇都（今属汕头潮南）人。光绪三十二年（1906）优贡，官湖南城步县知县。民国三年（1914）六月，公推为潮阳第一任民选知事。后补授湖南益阳县知事。（《光绪丙午科各省优贡同年齿录》、《泗水周氏宗乘·续编》）——周修东

【周氏（廖国高妻）】

周氏，深澳人。镇标兵丁廖国高妻，国高调戍台湾，乾隆五十二年（1787）六月阵亡，入祀昭忠祠。时氏年二十九而寡，仅一女名森娘，继弟之子振芳为嗣。苦节三十年，至嘉庆二十一年（1816）正月卒，建坊旌表。（乾隆《南澳志》、民国《南澳县志》）——黄迎涛

【周氏（萧鸣扬妻）】

周氏（萧鸣扬妻），潮阳黄陇都（今属汕头潮南）人，大理寺卿周光镐孙女。秉性贞静，夙娴姆训，二十岁时嫁诸生鸣扬，适逢家道中落，变卖妆奁以供甘旨。及公婆去世，鸣扬亦相继亡，周氏时年廿八岁，痛不欲生。父母谕以大义，乃坚心守节，教子成立。雍正四年（1726）、五年（1727）饥荒，当时周氏家已稍为宽裕，便煮粥食待者。至于修桥梁，平道路，率竭力为之，惟独不募化与佛教徒，尝曰："惑于祸福，无济于人，俗妇信释氏，广施舍以修来世，吾不为也。"享年七十八岁。（乾隆《潮府周志》、嘉庆《潮阳县志》、光绪《潮阳县志》）——周修东

【周氏（谢锡庆妻）】

周氏（？—1646），澄海人，谢锡庆妻。锡庆兄弟争产，周氏曰："人无兄弟，欲产业何为？"屡泣谏，兄弟和好如初。顺治三年（1646），郑成功部属破揭阳城，周氏适归母家，被执，诓曰："释我，愿取藏金以奉。"刚释缚，遽投水死。（嘉庆《澄海县志》、道光《广东通志》）——蔡文胜

【周凤来】

周凤来，字启辉，号仪园（一号"丹山"），潮阳县廓都人。赠庶吉士同俊子。少颖异好学。康熙四十四年（1705）解元。明年会试中式。至四十八年（1709），补殿试始成进士，选庶吉士。雍正三年（1725）散馆，改雷州教授，在任数年，以教法称

最。世宗以其教有成效，积劳多年，准给原品庶吉士致仕。治家以俭，周人之急虽倾囊不惜，不自知为寒士也。有诗文若干存世。（乾隆《潮州府志》、嘉庆《潮阳县志》、《潮州西湖山志》）——陈新杰、孙杜平

【周为宪】

周为宪（1754—?），号景尹，潮阳黄陇都（今属潮州潮南）人。性孝友，博学工书。乾隆五十四年（1789）举人第三十二名。嘉庆六年（1801）会试后，挑选一等，分发江苏，以知县试用。八年（1803）六月署苏州管粮通判。十二年（1807）署荆溪知县，廉洁爱民。时城东北二十里有河渠，岁久淤塞，为宪躬诣疏凿，田资灌溉。县民祀牌位于西庙。十三年（1808）调署桃源，期满实授。值黄河决，冲坏庐舍，力请大吏专折奏，会有旨发帑金恤灾，为亲诣乡里，逐户稽查丁口，设厂赈恤，全活万家。后以疾卒于官，囊橐萧然，邑民哀之。（嘉庆《潮阳县志》、光绪《潮阳县志》、宣统《吴县志》）——周修东

【周玉亮】

周玉亮，字若采，普宁洑水都人。为人醇厚谨饬，乐善尚义。康熙五十一年（1712），来任知县田云翼嘉之。雍正四年（1726）及五年（1727），岁大饥，道路饿殍接踵，玉亮捐资助赈，不遗余力，起沟壑中者甚众。卒年八十二。（乾隆《普宁县志》）——陈新杰

【周世铗】

周世铗，榜姓杨，潮阳人。雍正间（1723—1735）副榜，官河源教谕。（光绪《潮阳县志》）——陈新杰

【周弘进】

周弘进，揭阳人。康熙四十七年（1708）举人。五十九年（1720），授广东顺德教谕。（雍正《揭阳县志》）——孙杜平

【周召虎】

周召虎，澄海人。康熙十四年（1675）武举人。康熙十八年（1679）武进士。官天津卫掌印守备。（嘉庆《澄海县志》）——蔡文胜

【周发祥】

周发祥，号鸣西，潮阳黄陇都（今属汕头潮南）人。道光二十年（1840）岁贡。任琼州儒学教官。其妻郑氏享寿九十有三。（光绪《潮阳县志》、《泗水周氏宗乘续编》）——周修东

【周协和】

周协和，字钦经，潮阳黄陇都（今属汕头潮南）人。乾隆十七年（1752）举人第十名，拣选知县。（光绪《潮阳县志》）——周修东

【周同俊】

周同俊，字德瑜，潮阳县廓都人。诸生。幼有胆略，当土寇肆虐，众皆走避，同俊年九岁，父卧病在床，守视不忍去。父殁，躬视含殓，哀恸感人，不知身在危城中也。(乾隆《潮州府志》、嘉庆《潮阳县志》)——陈新杰

【周廷凤】

周廷凤，潮阳黄陇都（今属汕头潮南）人。乾隆六年（1741）武举人，乾隆七年（1742）武进士，授传胪官，三等侍卫，历任福建漳州游击，升厦门水师提督中军参将。后卒于任。(乾隆《潮州府志》、光绪《潮阳县志》)——周修东

【周华锦】

周华锦，又名宗夔，号涯西。潮阳黄陇都（今属汕头潮南）人。大理寺卿光镐玄孙。邑增生。其兄国贵尝从陈英猷游，华锦亦追随从学，多膺面命而发蒙。后其女淑庄，配与英猷侄陈蕃，结为秦晋之好。有《吊陈石泉先生书》《祭陈石泉先生文》等文。(《叠石山房志》、《泗水周氏宗乘续编》)——周修东

【周英高】

周英高（约1742—1826），号仰之，潮阳黄陇都（今属汕头潮南）人。道光例贡。约道光六年（1826），英高年八十五岁，五代同堂，咸丰五年（1855）署邑令王惠溥以"贵寿"匾奖之。封武略骑尉。子汝辑，武举；孙禧，候委训导。(光绪《潮阳县志》)——周修东

【周英鸿】

周英鸿，潮阳黄陇都（今属汕头潮南）人。少家贫，然励志上进，勤习武书。及长，登乾隆三十三年（1768）武举人、三十七年（1772）武进士。(光绪《潮阳县志》)——周修东

【周治源】

周治源，海阳人。咸丰年间（1851—1861）授兴宁营把总，署右营千总。(光绪《海阳县志》)——陈贤武

【周奇英】

周奇英，海阳人。康熙四十七年（1708）举人。雍正三年（1725）四月选授广东乳源教谕。(《清代缙绅集成》、光绪《海阳县志》)——陈贤武

【周佳鼎】

周佳鼎，潮阳县廓都人。乾隆间（1763—1795）贡生，官河源教谕。(光绪《潮阳县志》)——陈新杰

【周金华】

周金华，潮阳黄陇都（今属汕头潮南）人。参将周璧从兄。以功授游击。杭州之溃走，依总兵贵廷芳，后亦战殁于钱塘江。子周锦，为从叔周

璧属下千总，咸丰十一年（1861）从浙江提督张玉良援杭州，十一月二十八日城陷，与周璧等战死。（光绪《潮阳县志》）——周修东

【周姑嫒】

周姑嫒，字室桢，女，海阳人。擅诗。（《香艳丛书》）——陈贤武

【周荣千】

周荣千，澄海下外莆都（今属汕头澄海）人。乐善好施。雍正四年（1726）、五年（1727）饥荒，首倡捐赈。曾出行遇索债无偿者忿争，欲相率投河，为代还三十余金。复赎回邻家被卖为婢女子。寓居厦门时，同邑某客死，捐资殡殓，亲送棺木回乡。又助修北堤灰路，掩埋枯骨尸体。（乾隆《澄海县志》、嘉庆《澄海县志》）——蔡文胜

【周荣光】

周荣光，号石屏，潮阳黄陇都（今属汕头潮南）人。光绪十五年（1889）恩科武举人，十八年（1892）武进士，候补营府守备。荣光早登科，早得子，惜天不假年，而立而逝，故人咸谓之"三早"云。（《泗水周氏宗乘续编》）——周修东

【周荣阳】

周荣阳，字伯广，号汉溪，潮阳黄陇都（今属汕头潮南）人。县学生员，多风义，侄子孤，抚如己出，和睦乡邻。喜修桥梁以济行人。雍正四年（1726）岁饥，待哺嗷嗷，助赈未有吝色。知县魏燕超赠匾额曰"孝义可嘉"。（嘉庆《潮阳县志》、光绪《潮阳县志》）——周修东

【周俊英】

周俊英，号杰臣，潮阳黄陇都（今属汕头潮南）人。武举飞凤侄。光绪八年（1882）武举人，十六年（1890）武进士。（《光绪十六年庚寅恩科武殿试金榜》）——周修东

【周钱浩】

周钱浩，本姓陈，海阳人。雍正元年（1723）武进士。授侍卫。（光绪《海阳县志》）——陈贤武

【周逢时】

周逢时（1713—1785），字钦禄，号宜亭，潮阳黄陇都（今属汕头潮南）人。乾隆九年（1744）武举，十年（1745）乙丑科武进士。以养亲乞归，候旨听用。归乡后，广行善事，建祠祀祖，行善于乡。二十六年（1761）捐资重修胪岗石塔寺，赎回寺租，举诚实琇峰为主持。废元宵陋俗"丁酒"宴席，仅于祖祠各挂一对宫灯；罢去父母丧事以酒肴饷客之恶俗。于今风俗淳美，乡人称羡。（光绪《潮阳县志》、《泗水周氏宗乘续编》）——周修东

【周逢源】

周逢源，字希泗，潮阳黄陇都（今属汕头潮南）人。咸丰十一年

（1861）辛酉并补行乙卯、戊午科武举人。持正守端，为潮州总兵方耀所推重。溪尾宗亲祖墓山地曾为盐汀人占葬，且挟丁日昌、方耀之势相压。逢源闻讯，即躬谒方耀陈述缘由，卒使方耀下毁墓保棺之令，既确认溪尾乡之山地权，复顾全丁日昌威名。晚年与刘、钟两姓合创刘钟和铸鼎厂于两英圩。后刘、钟退股，全厂归逢源所有。嫡长孙荣光，武进士。（光绪《潮阳县志》）——周修东

【周雪溪】

周雪溪，号荻秋，揭阳人。拔贡周易之父。报捐同知衔。少丧父，事母以孝称。与人交往，胸无城府，慷慨磊落，有古任侠之风。生平乐善好义。咸丰七年（1857），米珠薪桂，雪溪倡捐赈荒，众人慕义响应，路无饿殍。同治四年（1865），太平军新破邻境诏安县，时又粮价腾贵，人心惶惶，几至事变。雪溪亟商知县吴保瀚，倡办平粜，复自捐资赈济，民赖安堵。十年（1871），县又歉收，巡抚丁日昌与知县周士俊倡设粥厂，雪溪竭力匡助，救活百姓甚多。后总兵方耀惩办潮州积案，闻名延请襄事。雪溪兴利除弊，一时百废俱修。性好吟咏，有声于时，著有《寿萱堂诗存》及《落花诗》三十首。（光绪《揭阳县续志》）——孙杜平

【周瑛】

周瑛（1747—？），号玉田，潮阳黄陇都（今属汕头潮南）人。乾隆三十年（1765）为县学生，三十四年（1769）增补廪生，三十五年（1770）中副榜恩贡，嘉庆九年（1804）授始兴县教谕。（光绪《潮阳县志》）——周修东

【周雄】

周雄，号翼轩，潮阳黄陇都（今属汕头潮南）人。县学庠生。少小有大志，及长，初贾于兴梅，后开布行于广州，既而又至桂林，开设分行，盈利日丰，遂为一乡巨富，为当时"潮阳四巨富"之一。于桃溪乡建造九头房涂库，置蒸田，修家庙，力笃子孙勤习诗书，故子孙多有登贡生、举人者。其次子日典、四子日新，有义行。（《泗水周氏宗乘续编》）——周修东

【周辉川】

周辉川，潮阳县廓都人。同治二年（1863）武进士，官蓝翎侍卫，任湖州守备。（光绪《潮阳县志》）——陈新杰

【周渭】

周渭，字钧臣，号樵云馆主，又号侣溪外史，海阳人。工花卉，潘飞声《广画中八贤歌》，有"海阳周渭花底眠，沽酒不吝价十千，美人一笑画债捐"句。曾任教于潮州镇署义

塾。(《岭南画征略》)——陈贤武

【周锡文】

周锡文,字仲福,大埔人,顺治八年(1651)任云南顺宁千总。位任三月,士民感戴,后染病回籍,惟以睦族和里为事,寿七十有三。(同治《大埔县志》)——黄树雄

【周锡龄】

周锡龄,字惠澄,号快舟,潮阳县黄陇都(今属汕头潮南)人。入读京师大学堂师范馆,习英文。师范科举人,授清学部七品小京官,中书科中书。入民国,尝任潮阳县立中学校校长。(《泗水周氏宗乘续编》)——周修东

【周靖邦】

周靖邦,潮阳人。康熙五十九年(1720)举人,官东阿知县。(嘉庆《潮阳县志》)——陈新杰

【周殿元】

周殿元,字奋卿,号捷勋,潮阳黄陇都(今属汕头潮南)人。嘉庆十五年(1810)武举人。妻张氏,年二十五守节。孙女配邑人、翰林郑邦任。(光绪《潮阳县志》)——周修东

【周慕濂】

周慕濂,别号亦莲,潮阳黄陇都(今属汕头潮南)人。生员,光绪元年(1875)举孝廉方正。总兵方耀在棉城锦缠坊建造培元堂文祠,慕濂与提督黄武贤等协助,并请分置租息,自给峡山、黄陇、举练、贵山、竹山、直浦、羊(㞪)七都新进生赆印及乡、会试程费。(光绪《潮阳县志》)——周修东

【周增祥】

周增祥,潮阳县廓都人。武进士辉川侄。光绪六年(1880)武进士、榜眼,官二等侍卫。(光绪《潮阳县志》)——陈新杰

【周儒经】

周儒经,即杨儒经。

【周　禧】

周禧,号鸿阁,潮阳黄陇都(今属汕头潮南)人。父资河,字宪图,号杏园,官授武略骑尉、兵部候选卫分府(即"卫千总")。周禧为同治年间增贡生,候委训导,尝任光绪《潮阳县志》采访。后授广东肇庆府儒学训导,署高要县令。同治十二年(1873),周禧尝协助总兵方耀拨款创建六都书院,为生童课读之所,置租三百余石,首任山长。光绪二年(1876)总兵方耀、署知县叶大同等倡建培元堂文祠,尝以教职帮理。子三锡,光绪十七年(1891)武举人。(光绪《潮阳县志》)——周修东

【周　璧】

周璧,字植玉,潮阳县黄陇都(今属汕头潮南)人。善技击,捷若飞隼。咸丰初,太平天国起义军攻

闽，周璧收乡兵应募，平定武平、将乐诸县。有太平军头目李保，最剽悍，周璧突前擒之，由是知名。寻以参将隶浙江提督张玉良军，每战辄捷。张倚之如左右手。咸丰十一年（1861），太平军将领李世贤纠数十万迫近杭州，玉良自江岸来援，密饬周璧从中策应，屡次血战不得脱。十一月二十八日城陷，率都司苏游、千总周锦等战死疆场。（光绪《潮阳县志》）——周修东

【郑士翘】

郑士翘，潮阳县廓都人。署元和县丞。（光绪《潮阳县志》）——陈新杰

【郑士翼】

郑士翼，海阳人。康熙五十九年（1720）副榜。由揭阳学中雍正元年（1723）举人。乾隆三年至十一年（1738—1746）任广东文昌教谕。阖邑立《德教碑》于明伦堂。（乾隆《潮州府志》、光绪《海阳县志》、咸丰《文昌县志》）——陈贤武

【郑士镳】

郑士镳，字金奏，饶平宣化都（今属潮州饶平）人。幼有文名，事亲以孝闻。康熙年间，海盗何左虎掠黄冈，士镳之父华若被执。士镳请以身代，被囚数月，乘间窃负其父以逃。后入吴六奇幕府，军中机宜，多出其策，人以国士目之。（乾隆《潮州府志》、道光《广东通志》、《饶平县志补订》）——黄树雄

【郑大成】

郑大成，澄海苏湾都（今属汕头澄海）人。乾隆四十四年（1779）武举人。官达濠营把总。（嘉庆《澄海县志》）——蔡文胜

【郑大进】

郑大进（1709—1782），字誉捷，别号谦基，一号退谷，揭阳人。乾隆元年（1736）进士。历直隶肥乡、南皮知县，补北运河务关同知。二十二年（1757），升正定知府。二十九年（1764），以卓异擢山东济东道。时值淫雨，高唐、茌平诸县水涨阻道。大进相度宣泄，水不为患。三十三年（1768），巡抚崔应阶荐其能，迁两淮盐运使。三十九年（1774），起授湖南按察使。明年，迁贵州布政使。四十三年（1778），授河南巡抚，以事降五级留任。明年，调湖北。旋署湖广总督。夏值江水暴涨，大进以安陆、荆州二府地滨大江，藉堤为卫，不可不固；钟祥、潜江、荆门、江陵等处，并应审地势高下、宽狭，改筑月堤，得水发江宽，不致地逼受冲。又疏言湖北教匪，贻害风俗，自今府县应据实，上闻督、抚、布、按核办，其讳匿徇纵者劾之，帝韪其言。四十五年（1780），授直隶总督。奉命查勘永定河工及陈奏保定九龙河各

事宜,无不称旨。四十七年(1782),赏戴花翎及黄马褂。八月,加太子少傅衔。十月卒,赐祭、葬如例,谥勤恪。有《爱日堂诗文稿》,编修沈廷芳、蒋仕铨并为之序,别有奏议若干卷。子维祜,官户部员外郎;维祉,乾隆四十二年(1777)拔贡,官云南提举。(《退谷府君行述》、《清史稿》、嘉庆《重修大清一统志》、道光《贵阳府志》、《岭海菁华记》)——孙杜平

【郑大钊】

郑大钊,字毓训,潮阳人。蓝鹿洲门人。醇谨好学,足迹不轻造公庭,雍正初(1723),为义塾师,课童子,克称其任。(《棉阳学准》)——陈新杰

【郑大坦】

郑大坦,揭阳人。为人慷慨好义。尝捐资开浚本都溪源,以使田苗有备无患。乡人为之勒石,以纪其功。(乾隆《揭阳县志》)——孙杜平

【郑大栋】

郑大栋,即刘大栋。

【郑大略】

郑大略(?—1790),潮阳人。行伍出身,训练有谋。乾隆三十八年(1773),任潮阳营千总。五十五年(1790),累升龙泉营都司,未任身故。(嘉庆《潮阳县志》、光绪《潮阳县志》)——陈新杰

【郑大瑜】

郑大瑜,字君奇,揭阳人。中书郑其崇子。雍正间(1723—1735)岁贡。生平博览群书,力求圣贤宗旨,不事辨章析句。晚年,益潜心于性理之学。事父母以孝称。尝捐资赈灾,救人无数,督、抚表曰"绘图贤裔",比之宋朝郑侠。(雍正《揭阳县志》)——孙杜平

【郑大楠】

郑大楠,海阳人。康熙五十一年(1712)岁贡,府学。授兴宁训导。(光绪《海阳县志》)——陈贤武

【郑大瑾】

郑大瑾,揭阳人。中书郑其崇次子。雍正八年(1730),以廪膳生为广东学政邓钟岳举报优行。乾隆元年(1736)恩贡,授广东会同教谕。雍正四年至五年间(1726—1727),岁荒民饥,在乡煮粥赈济,为闾里所倚赖。(乾隆《揭阳县志》)——孙杜平

【郑　上】

郑上(1747—1805),字克逊,深澳人。曾祖乡宾润贵,明永历间,因乱入澳,以年稚忘其籍,稍长习贾,遂家焉。祖,纯朴,字登仕,乾隆间举乡饮。父,正享,字盛元,诸生。上,秉性慷慨有大志。三十弃儒,投澳镇标效力。小心尽职,娴于

骑射。乾隆四十二年（1777），拔补澄海协标外委。积劳，擢本标右营把总，迁千总。四十八年（1783），署南澳镇标右营守备。嘉庆纪元（1796），授武信骑尉。五年（1800）十月，由碣石镇右营守备调补大鹏营中军守备。六年（1801）五月，升署龙门协右营都司。七年（1802）三月，署崖州营参将。九年（1804），署海安营游击。十年（1805）四月，升补广东碣石镇标中军游击。益清慎自持，勤于抚绥，政绩卓然。叙功加总兵衔。晋授武义都尉。是年，卒于任。以孙耀祥贵诰赠振威将军。子腾奎；孙高祥、耀祥。（民国《南澳县志》）——黄迎涛

【郑之材】

郑之材，字仲樵，潮阳峡山都（今属汕头潮南）人。同治七年（1868）武进士。能画，民国七年（1918）春，自作题画诗云："雪里寻芳喜晓晴，狐裘护我骑驴轻。梅花折得春先到，忽听天空鹤一声。"（光绪《潮阳县志》、《潮阳历代题刻》）——陈新杰

【郑之侨】

郑之侨（1707—1784），字茂云，号东里，潮阳附廓都人。雍正十三年（1735）举人。乾隆二年（1737）登进士，除铅山知县，修六桥，筑三坝，条社仓事宜五则，民便之。寻署弋阳知县。未几擢饶州府同知。摄篆郴州，置刁顽于法。俄迁宝庆府知府，驯俗兴学。晋济东泰武道、调补安襄郧兵备道。在官尤喜宏奖士类，于铅山建鹅湖书院，宝庆建濂溪书院，文教大振。六年（1741）、九年（1744）及十二年（1747），三校江西乡闱，得士称最。引归，家居近二十年。著有《六经图》二十四卷、《四礼翼》二卷、《鹅湖讲学会编》十二卷、《农桑易知录》三卷、《劝学编》六卷。（《棉阳学准》、嘉庆《潮阳县志》、光绪《潮阳县志》）——陈新杰

【郑开科】

郑开科，字敬亭。南澳深澳人。水师提标右哨二司把总，道光十三年（1833）以最为出力员弁拔补金门镇标左营左哨头司把总。调艋舺营沪尾汛把总，十八年（1838）奉派管带舵水兵至台湾府城操驾台厂修竣之顺字十三号哨舡一只，回营差缉。猝遇暴风，在鹿耳门外洋冲礁击碎，片板无存，遇救得生。嗣后署理澎湖水师左营中军守备。道光二十八年（1848）护理左营游击。咸丰二年（1852）升台湾水师协标右营守备，因与福建水师提督郑高祥系族亲，回避，调任澄海守备。（民国《南澳县志》、光绪《澎湖厅志》、《明清台湾档案汇编》、台北故宫博物院藏军机处档折件第

083662号）——黄迎涛

【郑开莲】

郑开莲，字伯青，海阳人。康雍年间秀才。有《寄园草》、《江浦吟》。（《古瀛诗苑》、《潮州诗萃》）——陈贤武

【郑天瀎】

郑天瀎，字侯迈，揭阳人。附贡生。少即明敏，读书能见大意。为诸生后，益自刻苦，为文绰有风致。屡试不遇，因援例入监。生平事父母克谨，与兄弟共产数十年。凡遇修堤筑堰、恤灾惠邻诸义举，皆踊跃乐为，有仁厚之风。（乾隆《揭阳县志》）——孙杜平

【郑元灏】

郑元灏（1831—1895），初名培勋，号洧川，普宁人。历为府县幕宾。后援例捐巡检，历任福建龙溪典史、浦城巡检。工书法。（《潮汕书画人物录》）——陈新杰

【郑氏（方承烈妻）】

郑氏（方承烈妻），惠来神泉人。生员方葵钟祖母。少习女师训诫，时值家贫，努力纺绩，以供膳食，晨昏无间。二十八岁时，承烈去世，遗下两个幼儿，郑氏不惮艰辛，矢志苦节，抚之成立。七十岁时去世。其子士明亦以孝闻，知县曾承肇旌表其门曰"孝行家传"。（雍正《惠来县志》）——周修东

【郑氏（孙献谟妻）】

郑氏（孙献谟妻），潮阳人。明经世烈嫡母。生性孝顺，其初未有子嗣，深恐其夫无后，借献谟省试之机，自聘侧室吴氏以服侍。及吴氏生子孙烈，献谟不久去世，郑氏时年二十六岁。矢志守节，抚育孙烈如亲生，延师课督。其后孙烈以廪生登岁贡，知县白章旌表其门曰"孝节双全"。（雍正《惠来县志》）——周修东

【郑氏（吴斯鉴妻）】

郑氏（吴斯鉴妻），名美金娘，饶平黄冈人。适饶平高堂廪生吴斯监。二十九岁而寡，郑氏守节抚孤，乐行善事。饶平鸡翁岭及军寨乡兼界两处修石桥，郑氏俱出资修造。寿九十三岁。（光绪《饶平县志》）——黄树雄

【郑氏（陈育开妻）】

郑氏（陈育开妻），惠来人。生员陈宗梁之母。过门时年方十七，是年其夫去世，郑氏矢志孀守，家有瘠田三十亩，上事公婆，下抚孤子，克尽其道。五十岁去世。知县旌表其门曰"孝节"。（雍正《惠来县志》）——周修东

【郑氏（林杰妻）】

郑氏（林杰妻），潮阳县廓都人。年一百有一，五代同堂。道光十四年（1834），赐建坊于北关道左，

额曰"七叶衍祥"。子时青,诸生;孙文蔚,岁贡。(光绪《潮阳县志》)——陈新杰

【郑氏(周廷拔妻)】

郑氏(周廷拔妻),潮阳附廓都人,观察郑之侨女。嫁峡山周廷拔。夫亡守节,婢蔡氏代为持家,终身不字,一时并称贞义。(光绪《潮阳县志》)——周修东

【郑氏(姚盛赞妻)】

郑氏(姚盛赞妻),潮阳县廓都人。举人姚孙炳媳也。于归三年夫亡,郑氏矢志靡他。事姑抚儿,各尽慈孝。年饥以饭食姑,而以米汤自给,姑觉而泣。雍正五年(1727),建坊旌表。(乾隆《潮州府志》)——陈新杰

【郑氏(黄飞鹏妻)】

郑氏(黄飞鹏妻),潮阳人。自少以孝谨闻。翁姑相继殁,殡葬如礼。频年岁歉,煮粥恤贫户,全活甚众。诸生姚应知,郑氏甥也,生六月而失恃,抚同己子,其慈惠大都类此。后寿至一百有五岁,五代同堂。子国宝、国辅,曾孙万年,俱武举。(嘉庆《潮阳县志》)——陈新杰

【郑文海】

郑文海,揭阳人。幼聪慧,读书一目数行。八岁能文,十四补县学生。一生利人济物,倾囊不吝。其乡滨海,田地斥卤,且苦潮、旱,三年或仅一收。乾隆二年(1737),文海自任其事,斥资为深内沟、筑外堤,数千亩之田,变瘠为腴。民受其益,为勒石记其功。(光绪《揭阳县续志》)——孙杜平

【郑心经】

郑心经(1843—1902),号醉六,号樗散人,海阳人。光绪年间(1875—1908)诸生。为人疏宕洒脱,工书画、篆刻,所作花卉,有以元人为宗的墨笔写意,也能绘蒋廷锡一路的双钩精染小品,有《印谱》一册。能诗,喜作滑稽语,见者绝倒。曾咏橄榄诗百首,一时传诵。有《鸜鹆吟馆诗钞》。晚以医自晦。(《潮州艺文志》)——陈贤武

【郑以勋】

郑以勋,字铁侯,澄海苏湾都(今属汕头澄海)人。少颖异,及长,能诗。顺治十一年(1654)岁贡。康熙十三年(1674)土寇作乱,澄海县知县王躬允劝任乡正,捐资捍御,乡里赖以安宁。著有《沧溟诗》。(雍正《澄海县志》、乾隆《澄海县志》)——蔡文胜

【郑玉珩】

郑玉珩(1683—1765),字侯玑,号乃白,潮阳峡山都(今属汕头潮南)人。自幼潜心经学,比长,负笈闽中从师,故其为文益简朴醇粹,有发前人所未发者。康熙五十六年

(1717)举人。乾隆二年(1737)登明通榜进士。十年(1745)授顺德教谕,调新会教谕。所至皆先气节后文章教诲生徒,敦敦不倦,士风因之丕变。(雍正《广东通志》、嘉庆《潮阳县志》、光绪《潮阳县志》)——陈新杰

【郑世兰】

郑世兰,字逢穆,号九畹,潮阳县廓都人。保定通判廷洽之子。以副贡任来宾知县。比丁外艰,奉母不复出,能以训俗型方为己任。县志久无征,白于知县唐文藻续修。嘉庆二十四年(1819),分纂《潮阳县志》。又如葺文庙、浚河渠,道光十二年(1832)及十三年(1833),赈饥,皆躬为之倡。处乡族中常循循礼让,凡丧葬无告者代经纪之。年六十四卒。(光绪《潮阳县志》)——陈新杰

【郑世会】

郑世会,潮阳隆井都(今属汕头潮南)人。嗜学好义。清初,海氛未靖,筑砦以固守。乡里有子弟贫者,延塾师课之,代致薪脯。雍正四年(1726)及五年(1727),连年饥荒,世会捐资赈恤。卒年八十四岁。(嘉庆《潮阳县志》、光绪《潮阳县志》)——陈新杰

【郑世泽】

郑世泽,潮阳峡山都(今属汕头潮南)人,例职。光绪四年(1878),捐河南省赈银千两。五年(1879),捐山西省千两。七年(1881),捐直隶省两千两。奉旨准予建坊,额曰"乐善好施"。(光绪《潮阳县志》)——陈新杰

【郑龙光】

郑龙光,海阳人。道光间任惠来营千总署龙冈守备。(光绪《海阳县志》)——陈贤武

【郑业宏】

郑业宏,字镜吾,潮阳人。道士。光绪二十四年(1898),重建潮阳东山小北岩真鹭堂,在此禅居修真。岩中多名人墨迹,其"石云洞"联云:"石径闲邀山色远,云峰静听水声长。"为郑镜吾自书。岩中广植竹木,凿刻浮雕,构筑亭榭,曲径通幽,蔚为一方胜景。(《潮阳小北岩石刻》)——陈新杰

【郑仕芳】

郑仕芳,号兰隐,潮阳县廓都人。博通医学,深精于张、刘、朱、李诸家之法,其治病以切脉为要。知县王惠溥祖母腹疾,久罔效,将成"格拒"。仕芳为调两月,夙痼除。两广运同寿元渭之媳患病十九月,形如怀孕,医者多误,仕芳独曰:"此石瘕症也,不急之将不治。"治之,患遂已。又如姚万传,遍体麻木,岁贡林光岳之中风不语者累月,俱俗医

敛手，无能下药，仕芳率中窾要。年七十五卒。（光绪《潮阳县志》）——陈新杰

【郑兰枝】

郑兰枝，字紫塘，海阳大和都淇园乡（今属潮州潮安）人。郑昌时祖叔。嘉庆十六年（1811）潮州府学岁贡。其最为人称道的《潮州八景诗》传诵至今。（光绪《海阳县志》、《韩江闻见录》）——陈贤武

【郑兰棻】

郑兰棻，潮阳人。增贡生，应升训导。光绪十年（1884），分纂《潮阳县志》。（光绪《潮阳县志》）——陈新杰

【郑永镠】

郑永镠，字尔兼，澄海苏湾都（今属汕头澄海）人。监生。累世同居，堂兄、仲兄相继而殁，皆乏嗣。永镠以二子过继。生平修祖祠，立祭业，资产悉与亲、堂兄弟均分，毫无私积。年七十二卒。（嘉庆《澄海县志》）——蔡文胜

【郑　章】

郑章，南澳青澳人。投诚清廷。康熙二十七年（1688）任赣州镇中营游击。署赣州协。以屯垦功加升。三十年任山西平阳营参将。三十八年调徐州，任漕标营副将。（雍正《平阳府志》、同治《赣州志》）——黄迎涛

【郑匡夏】

郑匡夏，字彤右，揭阳人。布政郑旻曾孙。顺治十一年（1654）举人。持身严正不阿，屏迹官府。当局多咨以大事，能切中利害，与谈论古今，考据精核。深为知府吴颖器重。著有《元白草》，文学韩、柳，诗宗钟、谭，俱臻极致。（雍正《揭阳县志》）——孙杜平

【郑邦任】

郑邦任（1852—1926），字熙绍，号莘吾，潮阳峡山都（今属汕头潮南）人。岁贡邦俊弟。幼聪慧，博通经史，过目成诵。同治十二年（1873）顺天中式举人，授朝议大夫、兵部候补主事。光绪九年（1883）登进士，选翰林院庶吉士，明年，分纂《潮阳县志》。十二年（1886）散馆，改即用知县。二十四年（1898）引母疾归，于家建"惜兰香馆"，读书养性。三十二年（1906）科举废，偕进士范家驹倡办六都高等小学堂。晚年建沙陇双溪嘴桥，乡人感其德，名曰"延寿桥"。有诗文数篇见其会硃卷中。（《清代硃卷集成》、《清实录光绪朝》、《似园文集》）——陈新杰、孙道平

【郑邦杰】

郑邦杰，潮阳峡山都（今属汕头潮南）人。增贡。以弟邦任，叠赠朝议大夫兵部主事。（光绪《潮阳县

志》）——陈新杰

【郑邦俊】

郑邦俊，潮阳峡山都（今属汕头潮南）人。岁贡。以弟邦任，叠赠朝议大夫兵部主事。（光绪《潮阳县志》）——陈新杰

【郑吉庆】

郑吉庆，字世佑，号积斋，潮阳县廓都人。游击郑岳孙。康熙五十年（1711）举人，五十二年（1713）武进士，授左江守备，历升右营游击。熟习韬略，有儒将风。又工画竹，能书擘窠大字。（嘉庆《潮阳县志》、光绪《潮阳县志》、雍正《广东通志》）——陈新杰

【郑有伦】

郑有伦，见"孙有伦"条。

【郑　光】

郑光，字荣园，海阳大和都（今属潮州潮安）人。嘉庆二十一年（1816）钦赐举人。郑昌时祖叔。昌时十二岁，尝就学时文与诗。（光绪《海阳县志》、《韩江闻见录》）——陈贤武

【郑廷治】

郑廷治，潮阳县廓都人。保定通判廷洽之弟。贡生。道光季年（1850），潮州盐课亏，助金三千两，诸所仗义，率为乡族先。卒年九十三。以侄世兰，封文林郎来宾知县；又以孙振乾，晋封武翼都尉金山营游击。（光绪《潮阳县志》）——陈新杰

【郑廷相】

郑廷相，号泰会，举人郑国维子。有将才，明季授都司佥事。顺治六年（1649）九军贼倡乱，廷相集乡勇摧锋陷阵，直捣贼巢，以功加游击。（光绪《海阳县志》）——陈贤武

【郑廷修】

郑廷修，普宁黄坑都人。咸丰四年（1854），许亚梅攻城，廷修与武生谢大略等集众击之，擒杀甚多。居恒和易宽容，辑睦邻里，人多化之。惠来知县张邦泰以"望重乡间"额其门。（光绪《普宁县志》）——陈新杰

【郑廷洽】

郑廷洽，字德熙，号重峰，潮阳县廓都人。慷慨多智略。嘉庆（1795—1820）间，署保定府通判，整剔盐捕有声。恰逢帝幸热河，廷洽供修途诸役，丝毫不以累民，差竣告归。适有海盗郑亚鹿聚党鸱张，久为闽粤附疽之患，廷洽募兵擒之，解省伏法。总督那彦成嘉其功，书"从公除莠"以赠。乾隆五十七年（1792），尝主持疏浚城河。六十年（1795），岁饥，捐米为倡。（嘉庆《潮阳县志》、光绪《潮阳县志》）——陈新杰

【郑廷楫】

郑廷楫，潮阳县廓都人。诸生鸿谟子，亦诸生。嘉庆二十四年（1819），采辑《潮阳县志》。撰《渔邨集》行世。（光绪《潮阳县志》）——陈新杰

【郑廷櫆】

郑廷櫆（约1590—约1660），字文湾，澄海苏湾都（今属汕头澄海）人。明天启四年（1624）举人。初授三水县教谕，入京为国子监学录。升任户部主事、户部郎中，清慎自持。入清，出任河南督粮道、湖广驿传道副使，除一切陋规。升福建按察使，平反冤狱，全活数百人。晋升江南右布政使，以湖广左布政使致仕。居上杭，寄情林壑，阅七年卒。所著有《文湾诗集》、《荥阳汇编》。（康熙《澄海县志》、《潮州清初四伟人传》、《清湖广左布政使郑廷櫆传记补正》）——蔡文胜

【郑乔龄】

郑乔龄，贡生。以子工部主事耀坤，赠承德郎、工部主事。（光绪《潮阳县志》）——陈新杰

【郑名先】

郑名先，潮阳人。官海丰训导，升孝义县丞。（光绪《潮阳县志》）——陈新杰

【郑名高】

郑名高，南澳深澳人。行伍。历拔广东海门千总。署澄海右营守备。乾隆四十九年（1784）捐银修建深澳武帝庙。乾隆六十年在潮阳尖山外洋渔船郑合利被敌掳去，因分巡不力，疏于查缉，敌犯未获，被参。（乾隆《南澳志》、《南澳县金石考略》、台湾中央研究院藏内阁大库档案第070196—001号）——黄迎涛

【郑江氏】

郑江氏（1710—1812），揭阳人。总督郑大进之夫人。嘉庆十四年（1809），氏年一百，礼臣请旨旌表。仁宗以其一品命妇，年届颐龄，诚为人瑞，特恩从优赏赉。十七年（1812）卒，寿一百有三岁。（光绪《揭阳县续志》、《清仁宗实录》）——孙杜平

【郑安邦】

郑安邦，深澳人。雍正八年（1730），南澳镇标右营把总，升千总。（乾隆《南澳志》）——黄迎涛

【郑安清】

郑安清，潮阳人。优附生。光绪十年（1884），分纂兼掌誊录《潮阳县志》。（光绪《潮阳县志》）——陈新杰

【郑安道】

郑安道，字茂周，号梅村，潮阳举练都人。作文光怪陆离，饶有奇气，比应试辄冠军，邑人士无出其右者。学使郑虎文莅潮，以出经入史目

之。揭阳郑大进著《爱日堂文集》，属偕江右蒋士铨删定，文名愈籍甚。乾隆三十四年（1769）举人。三十六年（1771）成进士。越年，潮阳知县李文藻征主东山书院，以先正根抵学共相讨论，谆谆不倦，士品文风一时称极盛。四十四年（1779），铨知县，以亲老辞。后补国子监丞，卒于官。有《西岩集》。（光绪《潮阳县志》）——陈新杰

【郑如玉】

郑如玉（1726—?），海阳人。乾隆六年（1741）辛酉科举人。三十一年（1766）四月选广东阳江县教谕管训导事，三十七年（1772）授山西代州繁峙知县。（光绪《海阳县志》、《清代官员履历档案全编》、《清代缙绅集成》）——陈贤武

【郑芸经】

郑芸经，字耕石，海阳人。光绪年间诸生。有《书带草堂诗集》，不分卷，门人詹益智校，1928年写印本。（《潮州艺文志》）——陈贤武

【郑克明】

郑克明，普宁沴水都人。性慷慨，勇于赴义。道光二十一年（1841），开河修城，各巨工以次举行，克明与监生李登朝、职员李梅等捐资襄力，同著劳勋，知县韩凤翔均以"急公好义"奖之。咸丰四年（1854）许亚梅之乱，克明率其子郑行健，武举郑清、杨练勇守阵，并捐银四百元赡军，普赖以安。（光绪《普宁县志》）——陈新杰

【郑　材】

郑材，程乡石坑（今属梅州梅县）人。少武勇，从戎，计功授潮镇左营千总。康熙十三年（1674），潮镇刘进忠叛，迫材附逆，材坚不从，誓欲杀贼，遂被害。事闻于朝，奉旨给恤，荫一子卫千总用。（光绪《嘉应州志》）——黄晓丹

【郑李嘉】

郑李嘉，揭阳人。由行伍。雍正十一年（1733），授福建水师督标左营守备。十三年（1735），调彭湖水师协右营。乾隆六年（1741），升台湾水师协左营游击。十年（1745），调彭湖水师协右营。十三年（1748），署理本协副将。（乾隆《揭阳县志》、乾隆《台湾府志》、道光《厦门志》）——孙杜平

【郑岐山】

郑岐山，字毓峦，号棉岳，潮阳县廓都人。喜任侠，勇略过人。雍正七年（1729）武举，翌年成武进士，授三等侍卫。拣选内廷，供奉乾清宫。行走谨慎，屡著劳绩。寻获扈驾诣盛京，祗谒东陵，染疾卒于京师。（嘉庆《潮阳县志》、光绪《潮阳县志》、雍正《广东通志》）——陈新杰

【郑怀敬】

郑怀敬,揭阳人。孝友传家,有长者之目。卒年九十六。——孙杜平

【郑宏名】

郑宏名,字伯镇,号有容,潮阳县廓都人。举人策名季弟。才质明敏,膂力过人。年十八值巴尔库尔不贡于朝廷,宏名将以勇健应募,父壮其志。抵哈套,血战数次,斩获无数。乾隆元年(1736)凯旋,拔补吴川守备,迁龙门都司,寻擢碣石镇右营游击。宏名虽武吏,颇涉书史,能自草征文檄。年四十卒于官。(嘉庆《潮阳县志》、光绪《潮阳县志》)——陈新杰

【郑良臣】

郑良臣,潮阳人。锦芳子。署高州都司。(光绪《潮阳县志》)——陈新杰

【郑启秀】

郑启秀,字光泮,潮阳县廓都人。惠来学。蓝鹿洲门人。乾隆间(1736—1795)贡生。(《棉阳学准》)——陈新杰

【郑君赤】

郑君赤,惠来人。土豪。康熙六年(1667),郑君赤等聚党数百人,占据鲁阳寨为营,袭劫附近乡村,攘夺牛畜。惠来知县孙汝谋会同守将李仲科,率兵擒之,余党解散。(康熙《惠来县志》)——周修东

【郑君重】

郑君重(1615—1690),字荣实,号令士,潮阳峡山都(今属汕头潮南)人。诸生。性任侠,慷慨知大义。顺治十一年至十七年(1654—1660)间,尝身质贼营,为一乡请命,知县唐祯麟旌其间。东溪淤积,不利于农,君重捐资开浚,沙陇十八乡尽得灌溉。康熙三十年(1691),乡人思其德,为立《永泽记碑》,中书舍人马光龙撰书。(乾隆《潮州府志》、嘉庆《潮阳县志》)——陈新杰

【郑其崇】

郑其崇,原姓陈,海阳人。康熙十一年(1672)举人。官内阁中书。(乾隆《潮州府志》、光绪《海阳县志》)——陈贤武

【郑茂蕙】

郑茂蕙,字日扬,一字百崖,饶平人。高祖弘彝,官沐阳知县。茂蕙幼聪颖,过目成诵,中崇祯十五年(1642)举人。时尚浮竞,茂蕙独恬淡自若。顺治十二年(1655),出为广东开建县教谕,待诸生皆有恩。时开建县令贪腐,为诸生所攻,事败,自知无力偿还,竟自杀,而以诸生所为系茂蕙主使,竟遗书诬陷茂蕙,几陷不测。赖主事者力为辩白,幸得

免。归家授徒,安意著述,诗文甚多,著有《雪净斋诗文集》。卒年七十,门人私谥为"文介"。(康熙《饶平县志》、道光《广东通志》)——黄树雄

【郑英才】

郑英才,海阳人。同治年间(1862—1874)授潮州镇中营千总,历署黄冈右营守备。(光绪《海阳县志》)——陈贤武

【郑松】

郑松,丰顺布心社人。咸丰十一年(1861)恩贡。选授广东信宜县儒学。(光绪《丰顺县志》)——陈贤武

【郑埙】

郑埙,潮阳人。嘉靖十四年(1535),由吏员任洪州知事。(万历《南昌府志》、同治《赣县志》)

【郑奋扬】

郑奋扬,以荫补澄海左营千总。历署本营及达濠、碣石守备事。累迁大鹏协右营守备。尽先都司升用参将。光绪五年(1879)闰三月加总兵衔,授武显将军。(民国《南澳县志》)——黄迎涛

【郑卓越】

郑卓越(1696—?),揭阳人。雍正四年(1726)第四名举人。乾隆六年(1741),选授广州番禺教谕。明年,调琼州陵水县。十二年(1747),升甘肃通渭知县。旋改广东钦州学正。(乾隆《揭阳县志》、道光《钦州志》、光绪《通渭县志》、《清代官员履历档案全编》)——孙杜平

【郑国光】

郑国光,字暗生,惠来龙溪都(今属揭阳惠来)人。秉性勤敏,诸子百家,寓目成诵,向其请作诗文者甚多。顺治元年(1644)选为岁贡。翌年举人林学贤啸聚造反,围攻县城,孤立无援,绝粮四月,县中惶惶不安。国光为筹划守城之策,知县沈惟煌俱遵照而行,危城赖以保全。康熙二十六年(1687),应聘分纂《惠来县志》,事竣始绝笔,享年八十岁。(《鹿洲初集》、雍正《惠来县志》、乾隆《潮州府志》)——周修东

【郑国位】

郑国位,普宁黄坑都人。生平守理安份。咸丰四年(1854),许亚梅之乱,捐款助饷,境赖以安,惠潮道曾履泰详请上宪,赏给八品顶戴。(光绪《普宁县志》)——陈新杰

【郑国栋】

郑国栋,惠来龙溪都人(一作"海阳人")。康熙三十七年(1698)岁贡。四十九年(1710)任开平教谕。(乾隆《潮州府志》、民国《开平县志》)——周修东

【郑国瑰】

郑国瑰,潮阳县廓都人。乾隆三十年(1765)武举,官海门千总。

（光绪《潮阳县志》）——陈新杰

【郑昌时】

郑昌时（1769—?），一名重晖，字平阶，嘉庆时海阳大和都淇园乡（今属潮州潮安）人。幼聪颖，读书过目成诵。十五岁补博士弟子员，食廪饩有声。知府黄安涛征求整治韩江水道方略，昌时献策并绘制《图说》，为黄所器重，延为东隅义塾掌教。其时地方多变故，巡抚祁墥到潮视察，昌时进《权宜时务万言策》，巡抚赏识其才，召为幕府参事。著作有《说隅》、《开方考》、《韩江闻见录》、《岂闲居吟稿》。其中《韩江闻见录》共十卷二百七十九篇，所记主要是韩江流域（即粤东地区）的人、物和事件，是现存潮汕文献中一部较有价值的著作。（光绪《海阳县志》、《韩江闻见录》）——陈贤武

【郑昌国】

郑昌国，字少华，潮阳人。诸生。有诗存世。（《潮州诗萃》）——陈新杰

【郑秉高】

郑秉高，潮阳人。武举有良侄。光绪三年（1877）武进士，官三品侍卫。（光绪《潮阳县志》）——陈新杰

【郑　岳】

郑岳，潮阳隆井都（今属汕头潮南）人。康熙八年（1669）武举，有勇略。十三年（1674），草寇窃发，岳时家溪头乡，集邻人守御，十三乡安堵无事。巡抚题授随征游击。（嘉庆《潮阳县志》、光绪《潮阳县志》）——陈新杰

【郑佩书】

郑佩书，字涧青，海阳（今属潮州潮安）人。郑润子。嘉庆、道光年间人。承家学，擅书画。（《韩江闻见录》）——陈贤武

【郑金龙】

郑金龙，字邦贤，揭阳人。例贡生。为人纯朴笃实，事父勤谨，乡党称孝。生平慷慨好施。尝自鬻产业，代为邻居抵债，人称其高义可风。（光绪《揭阳县续志》）——孙杜平

【郑宗利】

郑宗利，惠来人。乾隆七年（1742）岁贡，二十二年（1757）仕连州训导。（乾隆《潮州府志》、乾隆《连州志》）——周修东

【郑肩维】

郑肩维，揭阳人。举人郑行健高祖。素重品行，被举乡宾。卒年八十。（乾隆《揭阳县志》）——孙杜平

【郑建修】

郑建修，见"谢大略"条。

【郑建就】

郑建就，潮阳峡山都（今属汕头潮南）人。职监。以子邦任，叠赠朝

议大夫兵部主事。（光绪《潮阳县志》）——陈新杰

【郑承烈】

郑承烈，字国泰，饶平隆眼城（今属汕头澄海）人。生平利物济人。道光十三年（1833）岁饥，承烈乡中倡赈，以济贫民。又捐沙园数亩充饶平瑞光书院膏伙。卒年九十二。派下子孙五代同堂几及百丁，县令赠一"德盛五代"匾额。长子继进，字可亭，急公好义，有乃父风。道光二十八年（1848）七月初旬天雨，洪水冲坏堤岸三十余丈，田苗被浸，继进率人修复堤岸，乡人得以耕种，越冬大熟。嗣后每遇大水，必亲督乡人巡视，堤岸赖以保全。卒年八十九岁。（光绪《饶平县志》）——黄树雄

【郑奎扬】

郑奎扬（1716—？），原名飞扬，揭阳人。雍正十三年（1735）举人。乾隆二十五年（1760），选授贵州龙泉知县。（乾隆《揭阳县志》、《清代官员履历档案全编》）——孙杜平

【郑奎垣】

郑奎垣，潮阳县廓都人。举人策名孙，署绵州吏目。（光绪《潮阳县志》）——陈新杰

【郑科斌】

郑科斌，潮阳县廓都人。嘉庆七年（1802）武进士。（嘉庆《潮阳县志》）——陈新杰

【郑重璧】

郑重璧，潮阳附廓都人。嘉庆（1796—1820）岁贡。二十四年（1819），分纂《潮阳县志》。（嘉庆《潮阳县志》）——陈新杰

【郑顺周】

郑顺周，普宁黄坑都人。秉性正直，处世宽和，邻里龃龉，必力为排解，不使成衅。同治元年（1862），知县程汝霖以"义洽乡闾"旌之。（光绪《普宁县志》）——陈新杰

【郑　信】

郑信（1734—1782），祖籍澄海中外莆都（今属汕头澄海），泰国吞武里王朝国王。父郑镛，家贫，于清雍正年间南渡暹罗，娶暹女洛央为妻，生郑信。郑信七岁时，为暹罗财政大臣昭披耶节基收为义子。及长，入宫廷为御前侍卫。1765年封"披耶"，任哒府军政长官。该年10月，缅军大举入侵暹罗。1767年陷大城，大城王朝亡。郑信率部属五百人突围，奔往暹罗东南沿海，以尖竹汶、罗永为基地，招募华人、泰人组成新军，于1767年10月大败缅军，收复大城。时大城已成废墟，遂迁都吞武里。12月被拥立为王，建吞武里王朝。此后，郑信东征西讨，于1770年统一暹罗全国。1782年，宫廷政变，郑信被杀，年四十八岁。（2012

年《澄海市志（1979—2003）》）——蔡文胜

【郑恪】

郑恪，潮阳县廓都人。举人郑策名门人。嘉庆九年（1804）恩赐举人。十三年（1808），赐国子监学正。明年，赐翰林院检讨。（嘉庆《潮阳县志》、光绪《潮阳县志》）——陈新杰

【郑养心】

郑养心，字简在，揭阳人。监生郑养性弟。乾隆三年（1738）举人。少即好学，博览群书，深研文章理法，与兄养性自相师友。天性孝友，言动必博亲欢，敬兄爱弟，待族人远亲，而无闲言。未仕而卒。（乾隆《揭阳县志》）——孙杜平

【郑养性】

郑养性（？—1751），字帅堂，一字舜斋，揭阳人。直督郑大进父。为人品行敦笃，学问渊博。为诸生，有声于学。时士者盛行机注，不通经汲古，咸虚张声势以猎时誉，养性究心典籍，为文惨淡经营，法度严密，而持身严正，一如其文。康熙五十九年（1720），吴县惠士奇提督广东学政，崇尚经术，养性献所注《周礼》、《左传》等书，士奇称为"开百粤风气之先"。后屡试不售，以经史教授乡里。及大进从仕，例得请封，养性自以精力强壮，不从其请，因援例为监生。卒，累赠至湖北巡抚。（乾隆《揭阳县志》、《郑氏族谱》、《潮州文学史》）——孙杜平

【郑逊】

郑逊，原名衍洙，字鲁城，揭阳人。布政郑旻曾孙。顺治十七年（1660）岁贡。康熙四年（1665），授南雄保昌训导。在任教导士子，重以勉行，又力革浮夸之风，一变陋习。母丧归里，会沿海骚乱，滨海百姓，多罹荼毒。逊倡率乡人保护桑梓，人皆倚仗其力。仲弟溶，字崇瑶。康熙十一年（1672）拔贡。二十一年（1682），授万州训导。在任十五年，以善教称。尝捐修学宫，延修州志。任满，升曲阳县丞，以年老乞归。季弟其崇，号怀斋。性孝悌。康熙八年（1669）举人，官内阁中书。请假归里后，建祖祠，增祭业，周恤贫乏，排难解纷，有古乡先生之风。生平善诗工书，与兄逊、溶齐名，时称"三郑"。溶子大楠，康熙五十一年（1712）岁贡。雍正十一年（1733），授广东兴宁训导，卒于官。（雍正《揭阳县志》、乾隆《澄海县志》、道光《南雄州志》、道光《万州志》、咸丰《兴宁县志》）——孙杜平

【郑泰观】

郑泰观，字鲁瞻，普宁人。康熙五十六年（1717）岁贡。为文尚纯

正，如其品。前知县田云翼、罗秉琦之女，相继聘为义学师，训课不倦，士子宗之。卒年六十四。（乾隆《普宁县志》）——陈新杰

【郑振武】

郑振武，潮阳县廓都人。署海门千总国瑰侄。乾隆五十五年（1790）武进士。（嘉庆《潮阳县志》）——陈新杰

【郑振乾】

郑振乾，潮阳县廓都人。道光十九年（1839）武举，官金山营游击。（光绪《潮阳县志》）——陈新杰

【郑振藻】

郑振藻，字荣泽，号半园，潮阳县廓都人。明少卿同玄之子。精通文艺，为邑知名士。顺治十四年（1657）举人。康熙二十六年（1687），编辑《潮阳县志》。二十八年（1689），授息县知县，在任修文庙，立义学，捐官租百余石，为诸生修脯资。二十九年（1690），充任河南省同考官。久之，解组归。有诗文若干存焉。（雍正《河南通志》、嘉庆《潮阳县志》、光绪《潮阳县志》）——陈新杰

【郑　倩】

郑倩，字南楼，海阳大和都（今属潮州潮安）人。郑昌时族叔。乾隆三十五年（1770）举人。著有《南楼遗稿》。（光绪《海阳县志》、《韩江闻见录》）——陈贤武

【郑高华】

郑高华，字茂耿，号外峰，潮阳县廓都人。少卿同玄五世孙，曾祖振藻、祖锜皆举人。高华承家学，酷嗜古文辞，制义尤尚雅正。苦家贫，以训课为业。讲解直冠一时，负笈从者甚众。乾隆三十五年（1770）举人。明年，授贵溪知县，至即纂修县志。又明年，复修文庙，文风自是日上。四十八年（1783），充江西乡试分校官。有《贵溪县志》十四卷及诗作若干传世。（嘉庆《潮阳县志》、光绪《潮阳县志》）——陈新杰

【郑高祥】

郑高祥（1804—1877），原名永福，字永绥，号诒刚，参将上孙，千总腾奎长子。为人孝友伉爽，饶于勇略，尤谙海道夷险。道光初，充南澳镇标水手兵，随军出洋缉捕，奋勇擒贼，赏顶戴，署汛务。旋补本标右营外委。迁本营把总。叠获盗首、盗伙及匪犯，嘉其勇。道光十六年（1836），署本营守备。越年，补大鹏左营守备。十八年（1838），引见甫回。关天培即檄派在虎门太平，解缴烟土。是时，英领事义律猖狂不法，奉调出洋防剿，在九龙洋面击翻英船二艘，毙敌二十余，伤者无数，敌宵遁。叙功升吴川营都司。以防海练熟，调补大鹏都司缺，署广海游击。

二十三年（1843）获理阳江镇总兵部。二十五年（1845）总督耆英、提督赖恩爵会同专折奏准超升龙门协副将，予诰命。逾年二月到京。召对勤政殿称旨，交军机处以总兵记名。复见东书房。七月回粤，赴龙门协任。二十七年（1847）八月，擢授浙江黄岩镇总兵官。迎旨北上，蒙召见二次，赐食。三十年（1850），升授福建水师提督。统辖台澎，节制诸镇。明年，咸丰登极。恩诏赏加一级，授建威将军。赠曾祖、考如其官。荫一子一孙。二月，晋京请训。途次淮安，奉朱谕无庸来见，着速赴提督新任，遂折回闽。即亲统弁兵巡历南北洋，威望日隆。性醇孝，念母陈氏年逾七旬，爱日无多，乃奏乞终养。咸丰三年（1853）二月，奉旨准予开缺，回籍养亲。解组三日，土贼突陷厦门。倾囊募兵，助新任者拒贼。力战却之，始归。四年（1854）五月，海阳彩塘吴忠恕与同县鹳塘陈亚十、澄海外沙王兴顺等犯澄海，进围县城。高祥方居澄，带团勇往外砂，用炮轰破贼巢，贼党溃灭。地方敉宁。事闻，被优奖。光绪三年（1877）六月，卒于家。子三：奋扬、鹰扬、觐扬。（民国《南澳县志》）——黄迎涛

【郑浩】

郑浩（1863—1947），字义卿，潮阳县廓都人。年二十应院试，受知于督学叶大焯，补县学生。家本贫，课徒之暇，辄应本县东山书院课，上杭举人康咏主讲席，迭置冠军。光绪三十年（1904）正月，东行求学于日本东京法政大学。三十三年（1907），回国，以留学应学部考试，取法政科举人。次年廷试一等，以内阁中书用。准改即用知县，分发奉天，以练达见重于司使韩国钧。吉省新政需才，闻其能，咨调度支司科员，当事嘉其廉勤，迁科长。宣统元年（1909）擢吉林方正知县。甫下车，简团防，稽良歹，学垦诸政，次第兴举。狱无冤滞，盗息民安。民国六年（1917），简派监督潮海关务，咨外交部，派兼驻汕头商埠交涉员。著有《论语集注述要》三卷、《中国人种西来辩》、《东三省防疫要略》、《七十年回忆录》诸书。（《七十年回忆录》、《郑浩先生年谱》）——陈新杰

【郑润】

郑润，字润之，号雨亭，海阳人。以书画二绝擅名于世。乾隆二十九年（1764）大书法家翁方纲任广东学政，督学潮州，在一柄折扇上写诗赠邑中某位绅士，郑润见到后即摹写于扇上。第二天，绅士持郑润摹写的折扇给翁方纲看。翁几乎不能辨认，因即微服访郑润而成为艺友。翁回北京后，逢人说项，大称郑润的书法。

郑的书名随之鹊起。《吾心堂法帖》系其在乾隆四十七年（1782）临摹《宣示表》、《兰亭序》、《曹娥碑》、《乐毅论》、《圣教序》等共十二篇法书拓本之作，后附翁方纲、孙士毅等人跋，请江阴孔瑶山刻板行世。翁跋曰："雨亭临古，今日射雕手也。叹服叹服。"（光绪《海阳县志》、《潮州艺文志》）——陈贤武

【郑 浚】

郑浚，海阳人。顺治十七年（1660）岁贡，由澄海学。授四川万州训导。（乾隆《潮州府志》、光绪《海阳县志》）——陈贤武

【郑家兰】

郑家兰（1772—1860），字正初，号秋皋，丰顺县隍人。嘉庆十三年（1808）中进士，授翰林院庶吉士。十九年（1814）任福建邵武知县。二十三年（1818）任福建乡试同考官时，见闽县曾元海才思过人，谈论时势具有真知灼见，大为赏识。而当时正、副主试官均不取其为举人，郑家兰力荐。道光二年（1822），曾元海中二甲第二名进士，入翰林院。时人皆服郑氏眼光。按规定，凡新旧县令交替，需盘查常年官仓储谷、存款，以明责任。郑家兰视各仓库封条仍旧，仅盘查几仓，发现无异，未再逐一查看，便行结报。二十一年（1841），任满交接，逐仓清点，原来未查之备仓大多空虚，遂被解职。在任时，清操自持，多惠政，民咸称其为"郑菩萨"。归乡后，主讲潮州韩山书院。著有《正初文集》四卷。（光绪《丰顺县志》）——陈贤武

【郑继进】

郑继进，见"郑承烈"条。

【郑继耀】

郑继耀，潮阳人。行伍。道光间（1821—1850），任南澳镇标海门营千总。（光绪《潮阳县志》）——陈新杰

【郑象德】

郑象德（1659—1739），字毓琮，号锦山，潮阳峡山都（今属汕头潮南）人。素殷实，良田盈万。雍正四年（1726）、五年（1727），输粟赈饥。乾隆四年（1739），捐筑望上、磘刀二石桥，行者称便，知县吴廷元以"济人功普"旌其间。（嘉庆《潮阳县志》、光绪《潮阳县志》）——陈新杰

【郑 堃】

郑堃，字其载。澄海苏湾都（今属汕头澄海）人。郑焞之子。自澄海移家于郡城。博学强记，温雅能文，然诺不苟。官府延为义学师，多所造就。康熙五十六年（1717）中举人，五十七年（1718）成进士。未仕卒。（雍正《澄海县志》、乾隆《澄海县志》）——蔡文胜、陈贤武

【郑焕章】

郑焕章，潮阳县廓都人。乾隆四十年（1775）恩科武进士。（嘉庆《潮阳县志》）——陈新杰

【郑　清】

郑清，字榕溪，号和阳子，普宁横溪人。性聪颖好学。少有奇疾，医不能愈。遇异人愈之，且授以咽津炼气法，由是有道气。曾往罗浮修真数载，果能辟谷。生平乐善不倦。中丞朱、总督吉，先后以"任恤可风""义举善襄"旌之。晚年隐逸于潮阳东山南麓萧氏之磊谷别墅。芒鞋竹杖，日事吟咏，洒如也。嘉庆三年（1798），撰有《仙学正传》（一名《和阳子证道歌诗论说》）传世。（乾隆《普宁县志》、《韩江闻见录》、《潮州艺文志》）——陈新杰

【郑鸿文】

郑鸿文，号南湖，潮阳隆井都（今属汕头潮南）人。素沉默，不显圭角，读书外若不谙世务。嘉庆三年（1798）举人，署太平知县，至即清积案，庭无滞狱。时乡民争开水道，磨控多年，鸿文两持其平，事遂息。旋补遂昌知县，狂生包国勋犯法，罚租以赡书院，庠士戴德。年六十九卒于官。（光绪《潮阳县志》）——陈新杰

【郑鸿谟】

郑鸿谟，字茂训，号夏川，潮阳县廓都人。诸生。性聪颖，博览群书。终日手执一卷，焚香默坐，人间尘事不预也，自号所居曰"懒庐"。而建文昌阁、修书院、拓祖祠、赎祭田，则无不担荷之。作文有奇气，其诗则不假雕琢。尤善行草书，索书者无间远迩。卒年七十七。著有《觉来堂诗文集》，后燔于火，遂更名《秦烬集》。（嘉庆《潮阳县志》、光绪《潮阳县志》）——陈新杰

【郑淑芳】

郑淑芳，字君囟，揭阳人。诸生。能诗，登《古瀛诗苑》。（《古瀛诗苑》）——孙杜平

【郑维祉】

郑维祉，号寿岩，揭阳人。直督郑大进子。乾隆四十二年（1777）拔贡。以知县分发安徽用。四十四年（1779），署天长县，旋补太和。为官以耿介著称。境内有因盐引事，致酿大狱，株连甚广，日久未决。盐道某欲将一众绳之以法，维祉毅然力陈当道，请治其罪首，释放余众，事得平息。五十三年（1788），升云南同知。历署寻甸、马龙、阿迷三州，两署东川、曲靖府。五十六年（1791），升白盐井提举。（嘉庆《备修天长县志稿》、光绪《揭阳县续志》、民国《太和县志》、《缙绅全书》、《韩江闻见录》、《丰良郑氏族谱》）——孙杜平

【郑维祜】

郑维祜,揭阳人。总督郑大进子。援例捐员外郎,分发户部学习。乾隆四十六年(1781),补授户部山西司员外。(乾隆《揭阳县志》、《宫中档乾隆朝奏折》)——孙杜平

【郑维藩】

郑维藩,字鸿韬,号价人,潮阳廓都人。例贡。少孤,抚幼弟,友爱敦笃,内外无闲言,及析分田产,择其腴者予弟。族党有争执者前往质之,得维藩数言而争执顿息。督学吴嗣富旌表其闾。卒年八十六。以孙廷洽,加级赠朝议大夫。又以曾孙振乾,晋赠武翼都尉金山营游击。(嘉庆《潮阳县志》、光绪《潮阳县志》)——陈新杰

【郑朝栋】

郑朝栋,澄海苏湾都(今属汕头澄海)人。乾隆十二年(1747)举人。官连州训导。(嘉庆《澄海县志》)——蔡文胜

【郑策名】

郑策名,字伯丹,号实庵,潮阳县廓都人。自幼笃学,为文一遵先正。乾隆二十五年(1760)举人,越年,掌教潮阳东山书院,一时知名士如翰林郑恪、举人林起凤辈皆出其门下。至性纯笃,士林重之。(嘉庆《潮阳县志》、光绪《潮阳县志》)——陈新杰

【郑焞】

郑焞,字尔淳,澄海苏湾都(今属汕头澄海)人。贡生。仗义疏才,有告乏者咸周之。子郑堃,康熙五十七年(1718)进士。(雍正《澄海县志》、乾隆《澄海县志》)——蔡文胜

【郑登麟】

郑登麟,本姓曾,海阳人。康熙五十六年(1717)岁贡,由澄海学。授广东仁化教谕。(光绪《海阳县志》)——陈贤武

【郑瑞信】

郑瑞信,女,潮阳县廓都人。父母俱逝,遗一弟仅周岁。瑞信矢志抚弟,为议婚者悉却之。卒年七十八。(嘉庆《潮阳县志》)——陈新杰

【郑雷震】

郑雷震(1642—1717),字汝龙,号卧子,惠来龙溪都人。自幼父母双亡,出嗣胞叔,孝养如同亲父母。登康熙二十年(1681)举人,广东提督许贞闻其贤,曾聘为塾师,礼敬备至。三十九年(1700)任四川保宁府苍溪知县。廉洁自持,教民耕作,惠爱百姓。时该县苦于虎患,雷震为文祭告,鸣炮呐喊,虎患遂消,县民感激。四十年(1701),年届花甲,致仕归。以诗文自娱一十六载,足迹不至公庭。子奕煌,县学生员。(乾隆《潮州府志》、雍正《惠来县志》、嘉

庆《四川通志》）——周修东

【郑锜】

郑锜，潮阳县廓都人。息县知县振藻子。惠来县学生。康熙五十六年（1717）举人。以孙高华，赠文林郎贵溪知县。（嘉庆《潮阳县志》）——陈新杰

【郑锡三】

郑锡三，潮阳县廓都人。咸丰岁贡，任琼州训导。光绪十年（1884），分纂《潮阳县志》。（光绪《潮阳县志》）——陈新杰

【郑锦芳】

郑锦芳，潮阳县廓都人。武举焕彩子。道光九年（1829）武进士，累官鹤丽营游击。（光绪《潮阳县志》）——陈新杰

【郑锦城】

郑锦城，字子固，号愚斋，潮阳县廓都人。自小嗜好宋儒语录。道光二十三年（1843），督学李棠阶倡道于广州，以生员召至试院，授《儒门法语》、《理学宗传》诸书，锦城终日侍教无倦容。自是身体力行，内外一致。时分授里塾，为讲解，闻者兴起。生平淡泊寡营，行坐端正，和易接人。其立身大旨以居敬主静为宗，而出之以仁恕。咸丰元年（1851），举孝廉方正，舆论以为得人。年六十九卒。著《穗垣性学日记》。（光绪《潮阳县志》）——陈新杰

【郑鹏扬】

郑鹏扬，字韧初，深澳人。由军功官南澳右营千总。历署澄海左右营守备，加游击衔，授武翼都尉。（民国《南澳县志》）——黄迎涛

【郑腾飞】

郑腾飞，潮阳县廓都人。乾隆二十一年（1756）武举，官赣州左营千总。（光绪《潮阳县志》）——陈新杰

【郑腾奎】

郑腾奎，字映璧，深澳人。幼读书，长随父任。精习弓马，虽身为贵胄，绝无骄慢气。嘉庆二年（1797），由军功历保至把总。十七年（1812），升补澄海协左营千总，加守备衔。廿载不迁，恪恭供职。无觖望词色见于颜面，时称为"循分君子"。以子耀祥贵诰赠振威将军。子，高祥、耀祥。（民国《南澳县志》）——黄迎涛

【郑镂】

郑镂，揭阳人。监生。性好学。生平孝顺友爱，为家庭间表率。卒年八十三。（乾隆《揭阳县志》）——孙杜平

【郑精玉】

郑精玉，号昆山，潮阳县廓都人。饶平县学廪生。性聪慧，潜心力学，屡试屡蹶，人多扼腕，精玉以义命自安。家居授徒，游其门者多英

隽。卒年四十。后以其子肇奎贵，赠中宪大夫贵西兵备道。（嘉庆《潮阳县志》、光绪《潮阳县志》）——陈新杰

【郑福元】

郑福元，海阳人。咸丰年间（1851—1861）授潮州城守营把总署本营千总。（光绪《海阳县志》）——陈贤武

【郑肇奎】

郑肇奎（1716—？），字光星，号璧斋，潮阳县廓都人。雍正十三年（1735）举人。乾隆二年（1737）登进士，选庶吉士，散馆改礼部主事，历精膳仪制司，迁主客司员外，兵、刑二部郎中。十六年（1751），出为绍兴知府，在任五载，适大旱，开仓平粜，捐俸赈饥，全活甚众，口碑载道。起补黎平知府，黎属汉苗杂处，苗俗好斗，睚眦辄称兵相向，肇奎为兴仁讲让，俾知礼义。二十九年（1764），充《大清会典》纂修官、律例馆校正监造官。旋授山东道监察御史，掌京畿道，謇谔风厉，不避权贵。升贵西兵备道，莅任一载，卒于官。（《词林典故》、乾隆《钦定大清会典》、嘉庆《潮阳县志》、光绪《潮阳县志》）——陈新杰

【郑觐扬】

郑觐扬，千总加五品衔。孙象贤，一品荫生。（民国《南澳县志》）——黄迎涛

【郑德仁】

郑德仁，普宁黄坑都人。性豪迈，遇事义形于色。同治（1862—1874）初，世风不靖，桀黠之徒乘机抢掠，德仁力禁绝之。同治元年（1862），知县程汝霖以"风媲鲁连"表其闾。（光绪《普宁县志》）——陈新杰

【郑澄光】

郑澄光，海阳人。附贡生。光绪间（1875—1908）任户部湖广司主事。（光绪《海阳县志》）——陈贤武

【郑豫开】

郑豫开，字发远。程乡人。赋性孝友，立品端方。明季土寇拘其弟廪生豫象，索财，豫开变卖已产脱弟祸。呈请当事均屯民徭役，三屯戴德。次子琳，字定宇。礼义律身，和睦族邻，拾遗金于路，还其人，不受赞。督学郑晁给匾旌之曰："荀陈风范。"（光绪《嘉应州志》）——黄晓丹

【郑鹰扬】

郑鹰扬，赋性聪敏勤慎，稍长，投笔从戎，明习韬略。积功授澄海左营左哨千总。署南澳镇标右营守备事。光绪二十年（1894）调署澄海右营守备，加游击衔。授武翼都尉。（民国《南澳县志》）——黄迎涛

【郑瀚光】

郑瀚光,字海秋,海阳人。贡生。光绪二十八年(1902)赏花翎、工部员外郎衔主事,屯田司兼仪制司行走。(光绪《海阳县志》、《清代缙绅集成》)——陈贤武

【郑耀光】

郑耀光,潮阳县廓都人。署惠来守备。(光绪《潮阳县志》)——陈新杰

【郑耀坤】

郑耀坤,字锡常,号季舆,潮阳县廓都人。来宾知县世兰孙。少尚气节,肆力于文章。同治元年(1862)中式顺天举人,授工部主事。三年(1864),太平军陷嘉应,其党林亚吕潜至本县之云路乡,将诱集乡民为变,耀坤请于知县冒澄亟捕治之,遂随冒澄乘夜驰往新桥,集乡耆行保甲法,其党遂散。尝倡修文庙及蠲穷佃租千余石,盖勇于为义,其素性云。后卒于都门,年四十。(光绪《潮阳县志》)——陈新杰

【郑耀祥】

郑耀祥(1818—1886),原名永禄,字永康,号诒德。深澳人,提督高祥异母弟。祖若父、若兄皆起家军旅。少承陶冶,深得水战术。道光间(1821—1850),投效水师,累功至都司。历署澄海、碣石等营守备、都司、游击。咸丰四年(1854)夏,海阳吴忠恕肇乱,遣其党王兴顺诸股分犯澄海城乡。兄高祥已告养家居,起与官绅筹城守。亦适假归,兵事函承县令及兄命。偕绅衿驰赴潮阳报请吴太守均荏澄,指授防剿机宜,城围获解。十月,从兄率团勇,协同官军荡平外砂贼巢,全澄底定,耀祥与有力焉。十一年(1861)补虎门水师提标游击,加参将衔。同治元年(1862),授武义都尉。升补海口参将。以副将记名,加总兵衔,授武显将军,再晋一级授振威将军。七年(1868)移署水师提标中军参将。九年(1870)回海口参将本任。旋奉命权理阳江总兵,继兄作镇,一时荣之。嗣调署平海参将事。光绪九年(1883)署大鹏协副将。卒于官。子,鹏扬。(民国《南澳县志》)——黄迎涛

【练大佐】

练大佐,惠来人。乾隆(1736—1795)初贡生,授琼州府感恩县训导。(乾隆《琼州府志》)——周修东

【赵九龄】

赵九龄,字锡仁,号畏斋,潮阳县廓都人,饶平籍。康熙四十四年(1705)举人。性嗜学,老而弥笃,日与儿辈讲学评文,谆谆不倦。其长子奇芳与快婿林天木俱以指授成进

士。雍正四年（1726）及五年（1727），岁大饥，尝慷慨倡赈。（嘉庆《潮阳县志》）——陈新杰

【赵乃赓】

赵乃赓（1631—1735），潮阳人。少制行谨饬而乐于施与。雍正四年（1726）、五年（1727），连岁饥馑，乃赓捐资煮粥以赈济，存活甚众，知县魏燕超旌表之。享寿一百有五岁。（乾隆《潮州府志》、光绪《潮阳县志》）——陈新杰

【赵大振】

赵大振，潮阳县廓都人。嘉庆二十一年（1816）武举。道光三年（1823）武进士，官云霄守备。（光绪《潮阳县志》）——陈新杰

【赵元英】

赵元英，字仲勋，号华峰，潮阳人。淡薄自安，惟以读书为事，弱冠受知于学使王丕烈。乾隆十二年（1747）举人，授高要县教谕，课诸生先德行后文艺。能识拔英才，人服其有人伦鉴。（嘉庆《潮阳县志》、光绪《潮阳县志》）——陈新杰

【赵元镳】

赵元镳，字宗发，潮阳人。康熙五十年（1711）岁贡。少孤，事母孝，为义塾师，授徒四十余年，多所成就。卒年八十。（乾隆《潮州府志》、嘉庆《潮阳县志》）——陈新杰

【赵氏（方宪仁妻）】

赵氏（方宪仁妻），揭阳赤料乡人。年十七，归于普宁黄坑都豪冈方宪仁。康熙十三年（1674），因避寇，同翁姑移居外家。十五年（1676）十月，山寇破赤料乡，赵氏携儿女奔窜被执。贼见其姿色，促令速行，赵氏骂贼不从，贼怒乱砍，至死骂不绝口，贼取其子而去。（乾隆《普宁县志》）——陈新杰

【赵氏（萧茂惠妻）】

赵氏（萧茂惠妻），潮阳县廓都人。父母双亡有年，兄为择配，适诸生萧茂惠，而兄嫂逝。时兄子嗣汴幼，赵氏携至其家，抚如己出。后与赵氏二子俱列胶庠。赵氏年八十六卒。赵子孙每届讳日，犹祭姑于萧家云。恩贡萧廷选即赵氏曾孙。（嘉庆《潮阳县志》）——陈新杰

【赵文耀】

赵文耀，字知简，普宁人。监生。为人爽直明敏。县中有公役，众必推举，文耀亦勤劳不辞，如重建学宫及文昌阁，岁饥捐粟督赈，勤慎助理，有德于人。（乾隆《普宁县志》）——陈新杰

【赵世成】

赵世成，字仲劢，号吉士，潮阳县廓都人。举人九龄次子。潮阳义学生，蓝鹿洲门人，鹿洲称其"矫矫出群，非复寻常士"。雍正七年

(1729)，由揭阳学廪膳生应选拔贡。博通经史，为文力追先正。著有《潮州盐政论》。(《棉阳学准》、嘉庆《潮阳县志》) ——陈新杰

【赵圭锡】

赵圭锡，字价人（一作"介人"），潮阳人。诸生。道光间（1821—1850），潮阳知县韩凤翔诗咏湘桥古迹多首，圭锡次其韵，诗存。(《韩江记》、《潮州诗萃》) ——陈新杰

【赵廷魁】

赵廷魁，号持节，潮阳县廍都人。举人元英之祖。雍正四年（1726）及五年（1727），连年饥荒，廷魁捐金助赈，学使王丕烈褒之。卒年九十七岁。(嘉庆《潮阳县志》、光绪《潮阳县志》) ——陈新杰

【赵志昂】

赵志昂，潮阳黄陇都（今属汕头潮南）人。诸生。素性端正，尊德义，落落不与凡俗偶。雍正四年（1726）及五年（1727），连岁饥荒，志昂倾囊施济。凡冠婚丧祭，必遵《文公家礼》，及年九十病危，嘱其子曰："吾死慎勿为浮屠事。"正襟危坐而卒。(嘉庆《潮阳县志》、光绪《潮阳县志》) ——陈新杰

【赵纯熙】

赵纯熙，海阳大和都（今属潮州潮安）人。光绪二十年（1894）甲午科举人。二十一年（1895），参与"公车上书"，是广东签名八十六名举人之一。十四年（1888），海阳知县卢蔚猷发起修《海阳县志》，为分阅之一。(光绪《海阳县志》、《中华二千年史》) ——陈贤武

【赵　茂】

赵茂，深澳人。雍正间（1723—1735）任南澳镇标左营千总。乾隆七年（1742）四月，由苏松水师镇标游击升任太湖营参将。(1956年《粤闽南澳职官志》) ——黄迎涛

【赵奇芳】

赵奇芳，字仲仪，号东峰，潮阳县廍都人。举人九龄子。性耿直，有节概。雍正元年（1723）举人。五年（1727）登进士，授户部清吏司主事。九年（1731），任汀州府同知，十三年（1735），署知府。历署延平、邵武知府。所至悉著贤劳。乾隆元年（1736），调台湾淡水海防同知、视府篆。值土著作乱，杀害兵民，奇芳身先士卒，终克之，剿抚兼施，使台境以安。奇芳长于吏事，尤精《易》理，为制军郝玉麟所赞赏推重。(乾隆《潮州府志》、嘉庆《潮阳县志》、雍正《福建通志》、乾隆《续修台湾府志》) ——陈新杰

【赵举鹏】

赵举鹏，潮阳黄陇都（今属汕头潮南）人。有善行。雍正四年

(1726），饥荒，哀鸿遍野，举鹏平粜、施粥、掩骼，人称其惠泽。黄冈路通惠来，溽暑病暍，举鹏邀廪生姚钦芳辈，公置茶亭，筹租息以备茶水之费。又偕举人苏文正创塔馆双忠祠租，知县闵黤勒石记之。（嘉庆《潮阳县志》、光绪《潮阳县志》）——陈新杰

【赵家璋】

赵家璋，字伯峨，海阳大和都（今属潮州潮安）人。康熙三十五年（1696）举人。五十四年至五十六年（1715—1717）知江西万年县。县有瓷窑十数家，凡新任必以陋规进，款颇巨，相沿成例，家璋革之，民咸称便，为立碑颂德。以廉直忤上官罢归，绅民送行，各以瓷器献。家璋感其诚，取少许，余悉却之。时比之东汉刘宠。擅诗。（乾隆《潮州府志》、光绪《海阳县志》、新编《万年县志》、《潮州诗萃》）——陈贤武

【赵维城】

赵维城，字悟非，海阳人。光绪间（1875—1908）廪生。有《悟非诗草》一卷，稿本。（《潮州艺文志》）——陈贤武

【赵鼎辅】

赵鼎辅，潮阳县廓都人。前明举人必先侄。康熙十七年（1678）举人亚魁。醇厚积学，为乡评推重。（康熙《潮阳县志》、嘉庆《潮阳县志》、雍正《广东通志》）——陈新杰

【赵瑞星】

赵瑞星，本姓卓，海阳人。康熙四十六年（1707）岁贡，由潮阳学授广东茂名训导。（乾隆《潮州府志》、光绪《海阳县志》）——陈贤武

【赵勤全】

赵勤全，潮阳黄陇都人。宗璜之女。年及笄，双亲丧明，侍汤药晨夕不倦。亲相继逝，有一弟尚幼，女遂终身不字。家贫纺绩鞠育之，以至授室，及弟夫妇亦殁，遗一子未周岁，复抚之成立。前后营葬四棺，皆女力也。卒年八十。侄家至今奉祀焉。（嘉庆《潮阳县志》）——陈新杰

【赵鹏翼】

赵鹏翼，潮阳人。鹏程弟。同治间（1862—1874）恩贡。光绪十年（1884），分纂《潮阳县志》。（光绪《潮阳县志》）——陈新杰

【胡　山】

胡山，深澳人。乾隆四十六年（1781）任南澳镇标右营把总。任内捐银重建南澳武庙。（1956年《粤闽南澳职官志》、《南澳金石考略》）——黄迎涛

【胡氏（黄文钟妻）】

胡氏（？—1657），澄海蓬洲都（今属汕头市区）人。仙陇村儒生黄文钟妻。顺治十四年（1657），郑成功部将邱辉破鸥汀寨，掳胡氏入舟。

胡氏跃水死。(雍正《澄海县志》)——蔡文胜

【胡丹陛】

胡丹陛,字班臣,惠来大坭都人。希宪子。少以孝闻。入选县学廪膳生,潮阳、惠来二县争延为塾师。应康熙十七年(1678)岁贡,不乐仕进。居家排难解纷,有鲁仲连之风,知县以其志向高尚,敦请参加宾筵(鹿鸣宴)。享年七十二岁。孙文灿,监生。(雍正《惠来县志》、乾隆《潮州府志》)——周修东

【胡进思】

胡进思,字退思,惠来大坭都人。父有严,纯孝积学,乐善好施,克承先志。康熙二十一年(1682)岁贡,三十四年(1695)任增城县训导。陶以文艺,迪以彝伦,士风丕变。修葺文昌祠、奎星楼、邹公书院,废者以兴。增城荒民多流离,毅然捐俸赈济,为绅士首倡,全活甚众。归休林下,教训子孙。享年七十六岁。子三:宏誉、宗闽、际春。孙瑞远,俱县学生员。(雍正《惠来县志》、乾隆《潮州府志》、乾隆《增城县志》、光绪《广州府志》)——周修东

【胡良谟】

胡良谟,惠来大坭都人。乾隆四十四年(1779)举人第四十九名,连州学正。(道光《广东通志》)——周修东

【胡　涵】

胡涵,惠来大坭都人。胡瓒子。雍正二年补癸卯正科(1724)举人第十一名。(雍正《惠来县志》、乾隆《潮州府志》)——周修东

【胡　瓒】

胡瓒(1638—1708),字刚麓,惠来大坭都人。有曜子。以廪生登顺治十七年(1660)省试亚魁。康熙二十八年(1689)任浙江绍兴府嵊县知县。时值旱灾,胡瓒步行祈祷,甘霖立注,县人誉为"随车雨"。任职三月,政简刑清,遂致仕而归。士民扳留不得,拈香送别。闲居林下十余年,杜门谢客,以书史教导子孙。著有《抽簪纪略》。子涵,举人。(雍正《惠来县志》)——周修东

【柯天成】

柯天成,海阳人。康熙间(1662—1722)由吏员官福建灌口司巡检。(光绪《海阳县志》)——陈贤武

【柯氏(邱维良妻)】

柯氏(邱维良妻),普宁黄坑都人。年廿四夫故,三男俱幼,矢志靡他。辛苦鞠养,咸登国子监。寿一百有一岁。(光绪《普宁县志》)——陈新杰

【柯氏(柯翔凤女)】

柯氏(?—1653),海阳人。龙

门训导柯翔凤之女、澄海下外莆都（今属汕头澄海）生员许何俞之妻。顺治十年（1653）潮州总兵郝尚久反清，九月清兵攻克潮州。何俞携妻儿避乱，柯氏被兵所掠。骂不辍口，夺刃自杀。（康熙《澄海县志》、雍正《澄海县志》）——蔡文胜

【柯光魁】

柯光魁，字开三，惠来西头都人。天性孝友，好义乐施。康熙三年（1664）郑三等倡乱，大将军王国光督师讨之，由潮阳抵达惠来，县中绅士闻讯惊走，城中人心惶惶。光魁毅然而出，张乐结彩郊迎数十里，椎牛犒军。国光大喜，所过秋毫无犯，荐举为乡饮之宾。（乾隆《潮州府志》）——周修东

【柯先春】

柯先春，字杏侬，海阳枫溪人。附贡生。光绪十六年（1890）正月选福建大田知县。（光绪《海阳县志》、《清代缙绅集成》）——陈贤武

【柯先荣】

柯先荣，字梅村，海阳枫溪人。附贡生。光绪间（1875—1908）任工部郎中，福建候补府，署建宁、泉州等府知府，三品衔。光绪《海阳县志》分阅之一。（光绪《海阳县志》）——陈贤武

【柯廷珠】

柯廷珠（1848—?），字玉堂，云澳人。光绪二年（1876）中式第十三名举人。时南澳初征收屠捐及棺木入口税，具呈惠潮嘉道，请罢两项捐税。蒙道宪曾纪渠批准。澳人勒石纪之。（民国《南澳县志》）——黄迎涛

【柯茂青】

柯茂青，海阳人。光绪间（1875—1908）任福建候补通判，署云霄同知。（光绪《海阳县志》）——陈贤武

【柯国栋】

柯国栋，海阳人。清雍正十年（1732）武举，十一年（1733）武进士，任山东济南府城守备、登州游击。（光绪《海阳县志》）——陈贤武

【柯振捷】

柯振捷（1825—1880），又名学孟，字忠庆，号敏斋，海阳枫溪人。初执贾人业于大埔高陂。久之，携资走番禺，设肆珠江之南。有"枫溪柯松记，省城陈李济"之誉。倡建潮州八邑会馆于省城，东华医院于香港太平山麓。咸丰、同治年间（1851—1874），李鸿章幕兵建淮军，购械广东，皆为之出资筹办。光绪三年（1877），因豫省灾荒严重，赴南洋各埠劝捐晋赈、分济豫赈尤为出力，保给奖知府衔。屡为李鸿章所看重。后晋封荣禄大夫。（《李鸿章全集》、

《似园文存》）——陈贤武

【柯振蛟】

柯振蛟，海阳人。雍正七年（1729）拔贡，官高县知县。（乾隆《潮州府志》、光绪《海阳县志》）——陈贤武

【柯　焕】

柯焕，潮阳人。雍正三年（1725），任海丰县儒学训导。（乾隆《海丰县志》）——陈新杰

【柯淑玉】

柯淑玉，女，潮阳举练都人。年十八适许在中，克尽妇道。甫十载，夫病故。子建庆才三岁，柯氏念姑嫜在堂，呱呱在抱，冰霜自守，事父母以孝闻，教子成立，能以妇道兼子道、母道兼父道。年九十八，逢国大庆，屡叨恩赉。人称"女中柱石"。（嘉庆《潮阳县志》）——陈新杰

【柯滋荣】

柯滋荣，海阳人。附贡生。光绪间（1875—1908）任广西候补通判，署柳州通判，融县知县。（光绪《海阳县志》）——陈贤武

【柳恒森】

柳恒森，大埔三河（今属梅州大埔）人。嗜学绝伦，于书无不读，尤长于八股文。乾隆二十五年（1760）广东学使郑虎文评潮州名士仅数人，恒森为首。然科场不利，乾隆三十（1765）选拔贡生，未及朝考卒，年四十有七。（嘉庆《大埔县志》）——黄树雄

【蚁东星】

蚁东星，字仲升，澄海苏湾都（今属汕头澄海）人。诸生。为人孝友信义。明亡后，绝意仕途。康熙年间（1662—1722），澄海知县王岱重其品行，委修孔庙。学产蚶埕久为豪强侵占，东星率诸生竭力申诉，恢复学产。年九十四卒。（乾隆《澄海县志》、嘉庆《澄海县志》）——蔡文胜

【钟万成】

钟万成，揭阳人。为人举止端凝，乐善好施，为士绅所礼重。精通医术，遇有贫者，则施医赠药；道路有难行者，则捐资修筑。顺治十年（1653），府城沦陷，同僧海德收骸骨十余万具，造"普同"塔，葬之西湖山。又筑义塚八所，遍收枯骨。屡被当道旌奖，赐给顶带，并表其门曰"壶中恩普"，时人谓其有善报。（雍正《揭阳县志》）——孙杜平

【钟芝贵】

钟芝贵，揭阳人。由军功赏戴花翎。光绪十一年（1885），擢福建同安城守营参将。在同安日，以《县志》阙修者久，加以旧版毁于兵燹，原本存者又多残破，因为倡捐谋刻。刻成，芝贵自为之序，且拳拳寄言邑中君子，以续修为望。寻升用副将。

（光绪《揭阳县续志》、民国《同安县志》）——孙杜平

【钟声和】

钟声和，字榕林，海阳人，原籍福建上杭。诸生。咸丰（1851—1861）中，官户部主事。世业医，能诗文。有《岭海菁华记》四卷、《砚余近录》二卷，又有《三余诗集》六卷、《文集》一卷。（《潮州诗萃》、《潮州艺文志》）——陈贤武

【钟　灵】

钟灵，字炳岩，海阳人。附生。光绪元年至九年（1875—1883）官增城训导，香山训导。性长厚，有古人风。（光绪《海阳县志》）——陈贤武

【钟佩芳】

钟佩芳，字芷汀，海阳意溪（今属潮州湘桥）人。候选知县。有《卧琴仙馆全集》，为陈方平门人。（《潮州艺文志》）——陈贤武

【钟南麟】

钟南麟，程乡攀桂坊（今属梅州梅城）人。雍正三年（1725）举人，八年（1730）进士。先后任肇庆、琼州教授，恭城知县。（光绪《嘉应州志》）——黄晓丹

【钟桂芳】

钟桂芳，海阳意溪（今属潮州湘桥）人。附贡生。光绪间（1875—1908）任闽安县丞。（光绪《海阳县志》）——陈贤武

【钟倬芳】

钟倬芳，海阳意溪（今属潮州湘桥）人。附贡生。知事钟鸿逵子。光绪间（1875—1908）任刑部贵州司主事。光绪《海阳县志》分阅之一。（光绪《海阳县志》）——陈贤武

【钟鸿逵】

钟鸿逵（1830—1880），字礼通，号仪臣，海阳意溪（今属潮州湘桥）人。训导钟灵弟。事母维谨，友敬诸兄，遇事慷慨敢为。咸丰四年（1854）吴忠恕乱，踞意溪村围城，几殆。鸿逵乃与其兄武生英才等与官军合击，一鼓平之，城围遂解。论功以武擢通判，官闽中。时太平军骚扰江右、闽粤间，福建巡抚徐宗乾檄鸿逵带兵赴江，间道克复瑞金城。同治四年（1865），任诏安知县，后摄理海澄、漳浦、彰化等县及泉州马巷厅知事。中丞丁日昌少许可，独器其能。以事讦吏议归。家居严肃，以正绳子弟不少贷。（光绪《海阳县志》）——陈贤武

【钟　锃】

钟锃，字季云，号敬斋，程乡西阳（今属梅州梅江）人。例授承德郎。性敏颖，状魁梧。雍正十年（1732）举人，候补知县，五上公车不第，笃志力学，至老不倦。乾隆三十一年（1766）复上都门，应礼部

试。上谕：年老举人未第者，钦加赐职。通十五省得五十四人，皆白发皓然，公居首唱，擎签授都察院经历职衔，令右侍卫扶掖下堂。寿八十一卒。（西阳镇直坑村《钟氏族谱》）——黄晓丹

【侯如树】

侯如树，字思贞，程乡（今属梅州梅江）人。雍正元年（1723）举人，八年（1730）进士，初试用云南，任五华书院山长，厘正文体，使该地连科考中多士。时称"得师"。后授大姚县令，捐资兴修水利；当地陋俗较多，如树为之广设乡校，以礼义教化之，使之民风渐醇。卒于官。（乾隆《嘉应州志》）——黄晓丹

【侯亨仕】

侯亨仕，字优斋，澄海下外莆都（今属汕头澄海）人。捐职州同。经商为业，刻苦成家。性孝友，事父至孝，爱育二弟，白首如一。四世同居，丝毫不入私囊。邑中凡有兴建、修筑，无不首先乐捐。年七十八卒。（嘉庆《澄海县志》）——蔡文胜

【侯宗耀】

侯宗耀，揭阳人。贡生。生平孝养父母，和睦宗族。尝竭力赈施贫乏。卒年七十四。（乾隆《揭阳县志》）——孙杜平

【侯家达】

侯家达，字亨文，澄海下外莆都（今属汕头澄海）人。监生，艰苦起家，性俭朴而喜施与。有外戚少年早死，妻寡儿孤，家达月给柴米，抚其子成家。揭邑黄某欠银千余两，度不能偿，悉焚其券。凡乡里中助赈、筑堤诸善事，皆乐捐无吝色。（嘉庆《澄海县志》）——蔡文胜

【侯殿祯】

侯殿祯，字克生，澄海下外莆都（今属汕头澄海）人。幼丧母，父力课成学。兄乏嗣，为之立后，家庭和睦，闾里无间。顺治十七年（1660）中举人。康熙九年（1670）成进士，考授中书舍人。十三年（1674）潮州总兵刘进忠反清时，遁迹山谷。临终时犹惓惓于学宫之废，语不及私焉。（康熙《澄海县志》、雍正《澄海县志》、康熙《广东通志》）——蔡文胜

【饶于磐】

饶于磐，字松厦，大埔人。道光二年（1822）举人。历任文昌、高要县教谕，儋州学正。司教二十余年，以老辞归。同治间（1861—1874），修《大埔县志》，被聘为总编纂。其为文有大家风矩，著有《居儋笔记》、《史录》，其他杂著诗文多散失。（同治《大埔县志》、民国《大埔县志》）——黄树雄

【饶云骧】

饶云骧，字次骏，大埔三河（今

属梅州大埔）人。少颖敏，县试优等，惜乡试屡不中，教授乡里中一十六年。同治四年（1865），左宗棠追剿太平军余部，驻三河，云骧上书，言悉效。左虽奇其才，然未有以用之也，云骧终不遇以卒。云骧兄咸中，字谦谷，同治岁贡生，博学能文，与云骧自为师友，能诗。（民国《大埔县志》、《潮州文萃》）——黄树雄

【饶　芝】

饶芝（1771—1841），字商山，大埔茶阳（今属梅州大埔）人。嘉庆十五年（1810）举人，二十四年（1819）成进士，授浙江海盐知县。海盐为江南水乡，河道交错，窃案多发，沿海渔户多失网，芝于桥梁要道设栅置戍，盗踪顿敛。海盐养蚕，蚕种以杭州、湖州为胜。奸商以本地茧假冒杭、湖销售，芝严禁之，二年大熟。调分水知县，改建县学，修县志，舆情欢洽。性不善逢迎，道光二年（1822）以忤上官意，罢归。芝工诗文，著有《北征集》、《商山文集》。（同治《大埔县志》、光绪《海盐县志》、光绪《分水县志》）——黄树雄

【饶华元】

饶华元（1677—1727），字冠人，号介夫，大埔城坊（今属梅州大埔）人。康熙四十七（1708）举人，考授内阁中书，改知县。居家以经史自娱，课子侄，为文必宗唐宋八大家。生平好义，乐成人美，著有《西山录》、《壬癸集》诸稿，藏于家。（嘉庆《大埔县志》、道光《广东通志》）——黄树雄

【饶华太】

饶华太（1653—1729），字冠岳，号鲁瞻，大埔人。康熙四十二年（1703）岁贡，雍正五年（1727）任琼州府训导，署教授。重修学宫，整祭器，一时人文振兴。历任四载，卒于官，寿七十七。（乾隆《潮州府志》、嘉庆《大埔县志》、乾隆《琼州府志》、《茶阳饶氏族谱》）——黄树雄

【饶庆中】

饶庆中，号南圃，大埔人。学问渊博，受知于广东学使翁方纲，闽粤交聘之，学者云集。其讲学，教人先器识而后文艺。晚岁荐为岁贡，以亲老辞。卒年六十九，著有《诗赋论》，未梓。（民国《大埔县志》）——黄树雄

【饶庆捷】

饶庆捷（1739—1813），字德敏，号漫塘，大埔城坊（今属梅州大埔）人。乾隆三十年（1765）拔贡生，广东学使翁方纲目为天才，拔冠全省。乾隆三十五年（1770）中举人，四十年（1795）成进士，选庶吉士，参与编修《四库全书》。散馆授翰林院检

讨，充武英殿修撰，在馆前后十年。乾隆五十年（1785）大考，被黜，遂南归。游吴淞，淞沪之潮人聘其主会馆事。五十二年（1787）清廷征台湾，征集闽粤洋船运米五十万石赴闽，由吴淞出海，总督李侍尧聘庆捷董其事。五十五年（1790）乾隆东巡，庆捷进《集文选诗》十首和《东巡雅》十二章，召试，授内阁中书舍人。在阁五年，座主大学士嵇璜（1711—1794）命其专司抄"红本"。年六十，以年老致仕，历掌端溪、粤秀两书院。嘉庆九年（1804年）大埔知县洪先焘修《大埔县志》，聘庆捷主其事。工为诗，著有《桐阴诗集》，时人及后代评价甚高。（民国《大埔县志》、《大埔进士录》、《茶阳饶氏族谱》）——黄树雄

【饶访图】

饶访图，别字素轩，大埔（今属梅州大埔）人。平生不乐仕进，家居课子弟。咸丰三年（1853），太平军陷漳州。漳州临近大埔，人士震悚，访图助其从兄出私财募丁壮为守备，邑赖以宁。事平不言功，端居以吟咏自适，篇什甚富，惜遗著多散佚，仅存《赋墨兰》七绝四章为人所传诵。（同治《大埔县志》、民国《大埔县志》）——黄树雄

【饶访濂】

饶访濂，号莲沚，大埔（今属梅州大埔）人。廪生。道光十四年（1834）援例为教谕，二十三年（1843）委署肇庆府德庆州学正。严课士，士皆德之。在任三年，调高要县教谕，以庶母老告归。（同治《大埔县志》、光绪《德庆州志》）——黄树雄

【饶阶平】

饶阶平，后名觐光，字岳秋，号蘧若，大埔永兴甲（今属梅州大埔）人。为文学古人，即得其似。为人捉刀，名噪数省。嘉庆十五年（1810），改名觐光，乡试中举，会试落第，主丰湖书院，足疾归，年五十卒。所作时文存者三千篇。尝以史梦琦《时文备法》未备，增其法，选文论作法甚详，士子多录为指南。（民国《大埔县志》）——黄树雄

【饶步元】

饶步元，字云衢，大埔三河（今属梅州大埔）人。光绪元年（1875）恩科举人，掌教潮属各书院二十余年，以兴育人才为己任。二十四年（1898）谒选，以知县用，以亲老改就教职，历署乳源、番禺两县训导。丁生母忧归，遂不复出。（民国《大埔县志》）——黄树雄

【饶应春】

饶应春（1808—1860），号东樵，又号雨帆，海阳郡城（今属潮州湘桥）人。咸丰元年（1851）辛亥恩

科举人。选授广东海丰教谕。有《东樵诗集》。(光绪《海阳县志》、《潮安饶氏家谱》)——陈贤武

【饶应就】

饶应就,字日功,号成菴,大埔在城(今属梅州大埔)人。乾隆五年(1740)考拔贡生,学使以诗赋命题,时潮士多未娴习,独应就挥笔立成,文藻斐然,遂膺选。廷试充礼书馆纂修,授职直隶州州判,候补家居,为乡里倚重。卒年六十。(嘉庆《大埔县志》)——黄树雄

【饶鸣阳】

饶鸣阳,字举上,号竹轩,大埔白堠(今属梅州大埔)人。夙有文誉,历受龙川、饶平知县聘,阅卷评文,所赏多知名士。乾隆三十九年(1774)岁贡,四十五年(1780)乡试,以耄耋观场钦赐举人。四十九年(1784)会试,钦赐大理寺丞。为人豪爽不羁,排难解纷,不辞烦瘁。年八十余,每作蝇头小楷,书善言以劝勉人。于晴雨水旱每日有记,著有《竹轩文集》。(嘉庆《大埔县志》)——黄树雄

【饶鸣镐】

饶鸣镐(1696—1750),字苞九,别字凤轩,大埔茶阳(今属梅州大埔)人。雍正七年(1729)拔贡,十年(1732)中顺天乡试举人,十一年(1733)成进士,选翰林院庶吉士,散馆特旨授广西南宁知府。南宁古邕州地,士风不振,鸣镐立课程,勤教授,由是士皆自奋,科甲相望。南宁商贾云集,常有土棍滥充骗客货,急则走匿。鸣镐立连环保结法,设牙行印簿清查,奸无遗漏。上司知其才干,委任兼署思恩、泗城两府事。后被劾,发往军台赎罪,数年卒。(嘉庆《大埔县志》、《清实录》、《大埔进士录》、《茶阳饶氏族谱》)——黄树雄

【饶宗韶】

饶宗韶,字史琴,大埔城坊(今属梅州大埔)人。光绪十四年(1888)岁贡。二十二年(1896)援例为州判,年五十卒于梧州差次。宗韶早年研究《史记》、《汉书》,论者谓潮州风气转移,士子能知读史汉,不为八股文所囿,实自此始。能诗,由岭南三大家而上溯苏韩李杜汉魏,五七古沉雄盘郁,独出冠时。兼知医,尝自撰医案。又喜术数学,屡有奇验,著《六壬》一书,自刊行。(民国《大埔县志》)——黄树雄

【饶咸中】

饶咸中,见"饶云骧"条。

【饶重庆】

饶重庆(1755—?),字绍芳,号润圃,进士饶崇魁之侄。大埔茶阳(今属梅州大埔)人。乾隆四十二年(1777)拔贡,第二年朝考高等,授

"四库全书"校录官,肄业考授镶黄旗教习国子监,期满授贵州龙泉知县,历任桐梓、施秉、玉屏知县,署正安知州,皆有政声。著有《皇华记》及诗文稿。(同治《大埔县志》、道光《遵义府志》、《茶阳饶氏族谱》)——黄树雄

【饶炳麟】

饶炳麟,字子静,大埔大富乡(今属梅州大埔)人。三次乡试不售,以增生终。授徒四十六年,循循善诱,人争延聘之,然弗苟就。生平所膺教席,以公门为多。诉讼者以其处西宾尊位,屡有馈托关说者,必严词拒之。能诗,有《借一枝斋杂著》。(民国《大埔县志》)——黄树雄

【饶咨畴】

饶咨畴,字虞锡,别字畏垣。大埔人。乾隆二十四年(1759)选为优贡生,朝考一等。四十五年(1780)选授茂名训导。以扶植人伦为己任,遇士贫者出俸金以资助之。在任十年,告归。卒年七十有五。生性不苟言笑,日记课程,以省功过,故邑人有"理学先生"之称。著有《朴埜诗文集》。(嘉庆《大埔县志》、同治《茂名县志》)——黄树雄

【饶 峻】

饶峻,号秉斋,大埔人。以优贡考授正黄旗教习,期满授花县训导,继补化州训导,皆以实学励士。捐俸倡修化州文庙,庙貌一新。归田后,于乡梓多有善举。曾受聘修嘉庆《大埔县志》。(同治《大埔县志》、光绪《高州府志》)——黄树雄

【饶宰扬】

饶宰扬,字赍新,号德园,大埔城坊(今属梅州大埔)人。幼时贫窭,后以贸易致富,乐善好施,割膏腴立春秋祀,择茶山麓建小宗祠,捐租三十石为族中士子费,族众德之。曾曰:"毋欲暴富,欲暴富必生机心,适以取殃。"闻者叹为格言。嘉庆九年(1804)修《大埔县志》,被举为襄事,援例授州同衔。(同治《大埔县志》)——黄树雄

【饶恕斋】

饶恕斋,大埔漳北(今属梅州大埔)人。性忠厚,喜施与,闾里称长者。道光五年(1825),曾移其祝寿费为建石桥一座,名曰"永安",以利行人。(民国《大埔县志》)——黄树雄

【饶 堂】

饶堂,字公敞,号寄麓,大埔人。乾隆三十三年(1768)岁贡。为文有家法,兼擅词赋,学者翕然宗之。选授开平县训导,与诸生相切劘,文气日上。以病乞休家居,尽力于宗族之事。尝自书其墓碣曰"海螺山人大自在处"。卒年七十有九。著

有《见南轩诗文集》。（嘉庆《大埔县志》、道光《广东通志》、民国《开平县志》）——黄树雄

【饶崇魁】

饶崇魁（1737—1776），字和恒，别字秀峰，号探云，别号秀峰，大埔茶阳（今属梅州大埔）人。乾隆三十三年（1768）举人，三十六年（1771）进士，授工部营缮司主事，曾任顺天乡试同校官。三十九年（1774）奉差兼督催所事，勤于部务。乾隆四十一年（1776）卒于都，年四十。善诗，故翁方纲挽诗有"至今文誉潮阳满，从古诗才水部多"之句。著有《探云轩文稿》、《水部诗集》。（嘉庆《大埔县志》、道光《广东通志》、《茶阳饶氏族谱》）——黄树雄

【饶　商】

饶商（1703—1759），字公序，别字质居，大埔城坊（今属梅州大埔）人。乾隆元年（1736）举人。四次参加会试，都失之几中，乃居家究理学之旨，作《晰疑录》，四方问业者日益众。乾隆年间（1736—1795）修《大埔县志》，延请主稿，词严义确，人皆慑服。卒年五十有七。著有《西园初稿》、《古音纂》。（嘉庆《大埔县志》、乾隆《潮州府志》、道光《广东通志》）——黄树雄

【饶雄两】

饶雄两，字尔广，号南峤，大埔人。乾隆三十年（1765）举人。授新会教谕，在任七载，端士习，严月课，为文务宗理法。赏拔人才，人服其有知人鉴识。生平以道义自持，年八十一卒于官。（嘉庆《大埔县志》、道光《广东通志》）——黄树雄

【饶　慎】

饶慎，字淑娟，大埔黄堂里（今属梅州大埔）人，增城训导张彦谦之妻。父重庆，乾隆四十二年（1777）拔贡，官正安州判。饶慎知书，能吟咏，尤得唐人遗意。其夫彦谦亦能诗，惜唱和之什不传。（民国《大埔县志》）——黄树雄

【饶　溶】

饶溶，字集敦（一作"席敦"），大埔城坊（今属梅州大埔）人。幼年颖异，淹贯经史，康熙五十二年（1713）举人，时年已五十。两次会试不第，遂闭门以诗文自娱。因幼失双亲，晚年自号"怀蓼"，终身哀慕。著有文集五卷、诗集三卷。（乾隆《潮州府志》、嘉庆《大埔县志》）——黄树雄

【饶毓衡】

饶毓衡，号耘籽，大埔城坊（今属梅州大埔）人。家贫，课徒养母垂四十年，教授有方，门下多蜚声庠序。为人萧然高寄，不求闻达，暇则

与二三知己弹琴赋诗以为乐,时人以陶靖节比之。诗文清妙绝俗,著有《病余博笑诗集》二卷。(民国《大埔县志》)——黄树雄

【饶璋】

饶璋,字上冕,大埔城坊(今属梅州大埔)人。康熙三十二年(1693)岁贡,平生喜欢刊集先贤格言,每日自记功过,遇灾歉则倾资周济,著有《雅言轩诗文集》、《西郭别业集》。(乾隆《潮州府志》、嘉庆《大埔县志》)——黄树雄

【饶觐光】

饶觐光,即饶阶平。

【饶褒甲】

饶褒甲,字翼云,饶芝子,大埔茶阳(今属梅州大埔)人。道光二十三年(1843)举人,二十四年(1844)连捷成进士,分发陕西。到省未久,即以病告归。平生博学多才,自经传、注疏、乐律、天文、河渠、诸子百家,问答如流。所作诗赋序文骈散各体,下笔千言,倚马可待,脍炙人口者不可胜举。惜兵燹散失,未能成帙。卒年未满五十。(同治《大埔县志》、《大埔进士录》)——黄树雄

【饶霖】

饶霖,字仲郇,大埔茶阳(今属梅州大埔)人。进士饶崇魁曾孙。援例得选为江苏常州府通判。江苏粮额甲天下,每年派官督运,民苦于充役,设法豁免。调镇江府同知。为官清廉,俸不足,取给于家。公余潜心研究吏治之道,闲暇则仿赵、董笔法,秀润天成。曾祖母年耄,乞归养,家居三载,迭遭大丧,竟成疾卒,年二十七。(同治《大埔县志》、民国《大埔县志》)——黄树雄

【饶赞采】

饶赞采,字宗鲁,别字白轩,大埔城坊(今属梅州大埔)人。入澄海县学,雍正四年(1726)举人,榜姓庄。资性敏捷,有辩才,读书寓目即解,诗文尤英异过人。旁及丝竹词曲篆刻,无不精妙。卒年止三十三岁,未竟厥才。著有《阶云轩诗集》,散佚未梓。(嘉庆《大埔县志》、乾隆《潮州府志》、乾隆《澄海县志》)——黄树雄

【饶爕勋】

饶爕勋,号理廷,大埔茶阳(今属梅州大埔)人。好学不倦,家富,援例报效赈济,特授江西临川县丞,后署金谿知县,升抚州府通判。生平服官清正,以廉洁称。年五十三,卒于任。(民国《大埔县志》)——黄树雄

【施氏(余振祖妻)】

施氏,饶平黄冈余振祖继室。婚未两月而振祖亡,施氏年十七,藉针黹事亲,抚前子女如己出。饶平俗尚

停柩不葬，施氏独不惑风水之说，毅然营葬，识见尤为巾帼中所难。（光绪《饶平县志》）——黄树雄

【施　阵】

施阵，普宁人。光绪七年（1881），任潮阳营中军守备。（光绪《潮阳县志》）——陈新杰

【洪日升】

洪日升（？—1808），原名国宝，字朝玉，澄海下外莆都（今属汕头澄海）人。由武生补澄海营外委，后革职。投碣石镇效力，改今名，以获贼有功授把总。曾从总兵钱梦虎剿贼，战必居前，贼船枪炮密发，全不畏惧。嘉庆十三年（1808）闰五月，随虎门总兵林国良追海盗张保仔于新安，至鸦洋洲，炮尽力竭，援兵不至，众有退心。日升率舟师前逼贼众，手毙三人。终以寡不敌众，随林国良战死。事闻，优恤，荫袭云骑尉，世袭恩骑尉。（嘉庆《澄海县志》、道光《广东通志》）——蔡文胜

【洪氏（吴立道妻）】

洪氏（吴立道妻），惠来人。十九岁时出嫁，勤俭持家，敦行妇道，过门四载，其夫亡故，其子尚在怀抱中。洪氏欲以身殉，父母立行阻止，才断此念头。孝养公婆，甘旨无缺，家公去世，丧葬如礼。家婆病重，洪氏躬奉汤药，衣不解带者两月。教子严而有法，亲党中有告借者立即应允。生性澹泊，勤于操作，对待下人，尤为宽惠。子云从，乾隆二十五年（1760）副贡生。（乾隆《潮州府志》）——周修东

【洪凤集】

洪凤集，海阳人。嘉庆五年（1800）岁贡。授龙门儒学。（光绪《海阳县志》）——陈贤武

【洪名香】

洪名香（约1802—1869）乳名水，字征潜，号商山，深澳人。年十七投笔从戎，历配南澳镇标舟师出洋巡缉。巡洋操练，必以身先，道光六年（1826）署海门营守备。名香素得士心，钦上赏识。十六年（1836）正月补碣石镇标左营守备。八月委署香山协左营都司。力平地方顽匪。十月升本协右营都司。十九年（1839）进京引见，仍回右都任。适粤东正防夷方严之际，与参将赖恩爵奉檄统兵同驻九龙防御，旬日之内大小六战皆全胜。钦差大臣林则徐与总督邓延桢联奏请奖，乃升游击。二十年（1840）赴澳门关闸驻防。再轰毙英兵十余名。受总督嘉奖。二十三年（1843）正月护理香山协副将。与新升副将赖恩爵出海侦剿，获匪多名解省。时值各营将领缺额，以其才识被选兼任广海营游击并碣石镇标中军游击。论者谓一官而三膺荐牍，诚旷世罕匹也。

皇帝召见升赏，授崖州协副将，留署香山协。任内不独靖匪，而且督理各要海防。诏授琼州镇总兵。二十八年（1848）春又署任碣石镇总兵。两广总督徐广缙奏保，十一月署广东水师提督。咸丰元年（1851）秋，江浙剧盗窜扰粤洋，粤督乃檄其统师堵截。于闽属溜牛洋面接仗，击沉敌船数只，擒斩百余。三年（1853）夏，闽匪煽乱。漳州、厦门、铜山、潮州皆震危。提师莅潮防剿，闽匪久慑声威，不敢窜扰。虎门土匪乘其久出未归，煽乱。闻报驰归退敌。乘势剿除各路匪患，使省城及虎门各地绥安。积劳成疾。卒于任。子凤翔，候选通判；凰舞，国子监生，早亡。长孙亮，采郡庠生，由一品荫生累官福建汀州府知府。（民国《南澳县志》）——黄迎涛

【洪国宝】

洪国宝，即洪日升。

【洪秉钧】

洪秉钧，海阳人。光绪间（1875—1908）任工部郎中，江苏候补知府。（光绪《海阳县志》）——陈贤武

【洪　钟】

洪钟（？—1755），字亦元，澄海下外莆都（今属汕头澄海）人。性孝友，家贫力学。乾隆十五年（1750）中举人。十九年（1754）中明通榜，授乐昌教谕。在官一年卒。（乾隆《澄海县志》、嘉庆《澄海县志》）——蔡文胜

【洪朝和】

洪朝和，潮阳竹山都人。六品蓝翎。咸丰间（1851—1861），于镇江阵亡。（光绪《潮阳县志》）——陈新杰

【洪遇春】

洪遇春，潮阳贵山都人。嘉庆十八年（1813）解元。二十四年（1819），分纂《潮阳县志》。（嘉庆《潮阳县志》、岐北《洪氏族谱》）——陈新杰

【洪　鈇】

洪鈇，字念韬，澄海上外莆都（今属汕头澄海）人。性沉毅，善创业。清初澄地内迁，鈇率族人，经营聚居，有贫乏者资之。（乾隆《澄海县志》、嘉庆《澄海县志》）——蔡文胜

【洪　福】

洪福，行伍，深澳人。乾隆十年（1745），任南澳镇标左营左哨千总。乾隆十六年（1751），以福建水师营守备衔署理南澳镇标左营游击。任内为南澳十二座庙所缘之田，与南澳总兵倪鸿范、同知印光任、年彭年等官员，于十七年（1752）二月立《各庙缘田碑记》以证之，以免私相授受。十九年（1754）二月，调补福建

澎湖水师左营守备。二十年（1755）升闽安都司。（1956年《粤闽南澳职官志》、《乾隆十七年各庙缘田碑记》）——黄迎涛

【姚士裘】

姚士裘，字启传，号宥耆。澄海下外莆都（今属汕头澄海）人。姚可用之孙。幼聪警，耽经嗜古。明崇祯六年（1633）举人。严气正性，不苟然诺。顺治二年（1645）黄海如陷澄城，相戒不入其乡，邻里亦获安全。尝倡率修筑堤防，上中下外莆三都田万余顷赖之。司教新会、肇庆，为士楷模。迁国子监助教，擢刑部主事，执法明允。年七十四卒于官，祀乡贤。（康熙《澄海县志》、雍正《广东通志》）——蔡文胜

【姚万桂】

姚万桂，潮阳县廓都人。贡生。鬌龄入泮。比长，多善举。桥仔头为赴省试者必经之路，万桂过之，悯所苦，捐田六十余亩，置茶亭。雍正四年（1726）水旱频仍，设粥厂存恤，知县魏燕超旌表之。（嘉庆《潮阳县志》、光绪《潮阳县志》）——陈新杰

【姚天健】

姚天健（1765—1856），字行轩，号西溪渔隐。澄海下外莆都（今属汕头澄海）人。十七岁居上海、杭州，历遍江淮名山大川，嘉庆中（1796—1820）以诗驰声江淮间。其诗词不专于雕章绘句，而言中言外，时有与俗殊趣之意流露其间。著有《远游诗钞》、《倦游词草》行世。（《潮州艺文志》、1992年《澄海县志》）——蔡文胜

【姚氏（马麟祥妻）】

姚氏（马麟祥妻），潮阳人。武功知县夺标女。年廿三守节，岁饥赈粥。雍正四年（1726），知县魏燕超赠曰"节孝乐义"。五年（1727），建坊。子衍琇、衍珽俱例贡。（光绪《潮阳县志》）——陈新杰

【姚氏（萧钦妻）】

姚氏（萧钦妻）（1840—？），潮阳县廓都人。举人萧永声、省咨议局议员萧永华之母。治家严整而有常，宽容而不隘。困不自损，富而能施。诸子联翩以科第仕宦显。习知兴学之为强国，乃命其子设学于家以溉其族，诸孙男女皆就学，且谆谆以先世之礼法训之，俾勿忘。丘逢甲掌教潮阳东山书院，常过其家，素知其德，尝为作寿序，称颂备至。（《丘逢甲集》）——陈新杰

【姚氏（蔡茂明妻）】

姚氏（蔡茂明妻），普宁桂江都人。年廿三守节，寿百岁。以子蔡龙光捐职封安人。（光绪《普宁县志》）——陈新杰

【姚凤仪】

姚凤仪，潮阳县廓都人。廪贡，署长乐训导。（光绪《潮阳县志》）——陈新杰

【姚文登】

姚文登，号松荫，澄海人。清乾隆间（1736—1795）廪生。素研韵学，著有《初学检韵》，依《康熙字典》例分十二集，并遵《佩文韵府》诗韵字数，注明某字为某韵，以便稽检，尤于同声异部、同字异韵，辨之明而守之约。条分缕晰，凡例谨严。嘉庆四年（1799），文登自粤游吴，以是书就正于音韵学名家钱大昕。钱氏阅是书，推为诗赋家圭臬，为之作序。（嘉庆《澄海县志》、《潮州艺文志》）——蔡文胜

【姚可用】

姚可用，字两泉，澄海下外莆都（今属汕头澄海）人。性孝友。少嗜学，中年因考试失利而弃去。为父、祖置祭田六十亩、书田二十亩，为后人读书之资。平日恒以不终学为憾，诫子孙勤学以酬夙愿。孙姚士裘，官刑部主事。（乾隆《澄海县志》、嘉庆《澄海县志》）——蔡文胜

【姚有庆】

姚有庆，揭阳人。监生。为人仁慈善良，与物无忤。道光年间（1821—1850），潮俗习于械斗。有庆每遇横逆之事，受而不报。尝刊先哲格言，劝诫世人。尤敬惜字纸，或亲往、或雇工代往，沿路检拾，洗净焚化。各乡效仿，多立"敬字社"。卒年八十。（光绪《揭阳县续志》）——孙杜平

【姚夺标】

姚夺标，字钦会，潮阳县廓都人。副榜孙煴之子。康熙八年（1669）举人，授武功知县。任间，清积逋，招流亡，除官骡之累。岁歉，于城四门设厂赈粥，条理精密。上官奇其才，方拟用，而夺标竟告归。童叟遮道不绝。家居淡泊，食无兼蔬，时以"姚青菜"目之。（雍正《广东通志》、乾隆《潮州府志》、嘉庆《潮阳县志》）——陈新杰

【姚成仪】

姚成仪，潮阳县廓都人。职监。以孙弼贤任增城教谕、弼唐署江都知县，加级叠赠朝议大夫。（光绪《潮阳县志》）——陈新杰

【姚光先】

姚光先，即詹光先。

【姚光祖】

姚光祖，字振园，海阳人。县学生。家贫有至性，儿时事父母如成人。八岁兄卒，夜泪盈枕席，昼则佯嬉以释母忧。康熙十三年（1674），刘进忠叛，父弃家携光祖逃。光祖恋母不肯出，势迫，父挞之，乃行，避凤塘。凤塘距城二十里，望烽火起，辄

哀恸，祷天佑母，叩头流血。时城禁甚严，光祖负米潜入城视母，几陷不测。乱平，父病，侍汤药数月，目不交睫，亲为浣秽。比殁，号泣七昼夜，勺水不入口，庐墓侧三年。母殁，哀毁如丧父时。所居有燕来巢，反哺如乌。人谓纯孝所感。巡道史起贤表其门曰"南国是则"。（乾隆《潮州府志》、雍正《海阳县志》、光绪《海阳县志》）——陈贤武

【姚光辉】

姚光辉，海阳人。道光间（1821—1850）任潮州镇右营千总署本营守备。（光绪《海阳县志》）——陈贤武

【姚先登】

姚先登，字殿庸，潮阳县廓都人。康熙五十年（1711）副贡。初受知于蓝鼎元，为义塾师。根柢深厚，不同流俗。寻补昌化县教谕，俸满告归。在家修义学、捐买书籍，文人赖之。（《棉阳学准》、嘉庆《潮阳县志》）——陈新杰

【姚廷标】

姚廷标，潮阳县廓都人。同治间（1862—1874）岁贡，就职训导。光绪十年（1884），分纂《潮阳县志》。（光绪《潮阳县志》）——陈新杰

【姚廷琇】

姚廷琇，潮阳县廓都人。职监。以孙弼贤任增城教谕、弼唐署江都知县，加级叠赠朝议大夫。（光绪《潮阳县志》）——陈新杰

【姚应梦】

姚应梦，字殿轩，号昂阁，潮阳县廓都人。琼山教谕振球次子。家世以儒业显，应梦独喜技击，去而从戎。雍正三年（1725），拔补潮州镇把总，乾隆九年（1744）任崖州中军守备。后立奇功，擢福建水师提督中军参将，入都引见，题授台湾副将。莅任训练有方，恩威并著。卒于官。（《崖州志》、嘉庆《潮阳县志》、光绪《潮阳县志》）——陈新杰

【姚应镰】

姚应镰，潮阳县廓都人。光绪六年（1880）武进士。（光绪《潮阳县志》）——陈新杰

【姚序美】

姚序美，榜姓何，潮阳县廓都人。乾隆元年（1736）进士，官庄浪知县。（嘉庆《潮阳县志》）——陈新杰

【姚振武】

姚振武，潮阳县廓都人。道光十九年（1839）武举，官澄海千总。（光绪《潮阳县志》）——陈新杰

【姚振球】

姚振球，潮阳县廓都人。武功知县夺标子。官琼山教谕。以子应梦官台湾副将，赠武义大夫。雍正四年（1726）、五年（1727），岁大饥，尝

慷慨倡赈。（嘉庆《潮阳县志》、光绪《潮阳县志》）——陈新杰

【姚逢熙】

姚逢熙，又名鸿禧，字鸿祜，号鹤洲，潮阳县廓都人。举人鸿璋之弟。性豪爽，学问博雅。嘉庆十八年（1813），以拔贡中举人，授盐城知县，廉洁有守。上京赴试，凡有匮乏者资助无少吝。丁忧归，宦橐萧然。生平喜购书，家中藏书甲于一县。二十四年（1819），分纂《潮阳县志》。长于古风，所作《韩碑石鼓游子吟》诸篇皆杰作，惜其后裔不能多传。（光绪《潮阳县志》）——陈新杰

【姚　高】

姚高，深澳人，行伍。乾隆三十五年（1770）任南澳镇标右营把总。曾为放鸡山东海普陀寺题写匾额。（乾隆《南澳志》、《南澳海防史图录》）——黄迎涛

【姚敏升】

姚敏升，字充之，澄海下外莆都（今属汕头澄海）人。少孤贫，性至孝，节衣食以奉母。曾买婢，后知为名家女，竟遣归。（乾隆《澄海县志》、嘉庆《澄海县志》）——蔡文胜

【姚鸿猷】

姚鸿猷，潮阳县廓都人。乾隆三年（1738）武解元。（嘉庆《潮阳县志》）——陈新杰

【姚鼎科】

姚鼎科，字莲第，潮阳人。诸生。官训导。有诗存世。（《潮州诗萃》）——陈新杰

【姚赓臣】

姚赓臣，潮阳县廓都人。副榜孙焜子。有至性，七岁能属文，年十一，会元吴贞启督学，赏异之，待以国士。康熙二年（1663）举人，闱墨刊诵纸贵。及卒，朋辈无不悼其才。（嘉庆《潮阳县志》、光绪《潮阳县志》、雍正《广东通志》）——陈新杰

【姚弼贤】

姚弼贤，字梅丞，潮阳县廓都人。道光二十九年（1849）拔贡，任增城县教谕。素沉静，不喜与人竞，而独急公好义，济军饷、储义仓，捐题不稍后。光绪四年（1878），山西告荒，以助赈赏戴蓝翎。其立言多中窾要，知府吴均、惠潮嘉道吴赞诚，皆先后优待之，学使何廷谦饬提调官旌其间。卒年六十四。（光绪《潮阳县志》）——陈新杰

【姚弼唐】

姚弼唐，潮阳县廓都人。增城教谕弼贤弟，署江都知县。（光绪《潮阳县志》）——陈新杰

【姚瑞长】

姚瑞长，揭阳人。为人诚朴正直。乾隆元年（1736），被授顶带。

卒年九十二。(乾隆《揭阳县志》)——孙杜平

【姚锦川】

姚锦川,潮阳县廓都人。雍正十一年(1734)进士,官河南固始知县。(嘉庆《潮阳县志》)——陈新杰

【贺南凤】

贺南凤,大埔三河(今属梅州大埔)人。康熙二十九年(1690)岁贡。性至孝,喜读书,教授生徒必正冠肃容,以立志、收放心、精思实践为务,学者翕然宗之。尤潜心于《易》,著有《易经简义》。又有诗赋古文辞若干卷,《潮州诗萃》存其诗一首。(嘉庆《大埔县志》、乾隆《潮州府志》)——黄树雄

【贺穗联】

贺穗联,字香九,大埔三河(今属梅州大埔)人。道光二十九年(1849)举人。教授乡间,成材甚众。咸丰年间(1851—1861),大埔三河城为洪水冲毁,穗联倡议修复。保知州衔,晚岁筑拙哉别业于城南以终老焉。卒年六十有六。擅诗,惜卒后无人收拾,《汇山遗雅》录存其诗数十首。(民国《大埔县志》)——黄树雄

十 画

【秦崖璨】

秦崖璨(1679—?),一名佳琛,普宁洑水都人。乡宾。乾隆四十六年(1781),年一百有三,五代同堂,奉旨旌表,抚宪李赠以"升平人瑞"额,知府戴永江赠"五十同春"匾。(光绪《普宁县志》)——陈新杰

【秦联科】

秦联科,普宁洑水都人。善妇科。道光十八年(1838),知县柏贵以"儒术天心"旌之。(光绪《普宁县志》)——陈新杰

【袁标青】

袁标青(1718—1765),字册业,号光史,揭阳人。尝充府吏。少有至性,能以正道训诲子侄。生平笃好学问,贫而宴如。(乾隆《揭阳县志》、《袁氏贤达实录》)——孙杜平

【袁 骏】

袁骏,字亶夫,号成斋,揭阳人。举人袁龙子。天资敏慧,幼即机警。弱冠补府学生。康熙八年(1669)举人,授陕西灵台知县。莅任数月,卒于官。(康熙《潮州府志》、雍正《揭阳县志》、《袁氏贤达实录》)——孙杜平

【袁 绮】

袁绮,字菽卿,澄海蓬洲都(今属汕头市区)人。顺治十一年(1654)举人。康熙十一年(1672)授曲周县知县。居官廉洁,尤能选拔人才。曲周县特建祠祀之。(康熙《澄海县志》、乾隆《澄海县

志》）——蔡文胜

【袁　链】

袁链（1687—1763），字少庚，晚号鹤邻居士，揭阳人。少聪慧好学。乾隆十年（1745）进士。明年，循例就教，授惠州教授。十二年（1747），被聘为福建乡试同考官。奉文兼摄陆丰学。在惠八年，教人必先立品，论文不以诡随，经其指授，成就者甚众。十九年（1754），致仕归里，潜研先儒性命之学、经传微言，有澹台子羽之风。被举乡宾。生平雅好东坡书法，颇具面目，又善绘事，人或得之，珍同拱璧。（乾隆《揭阳县志》、《袁氏贤达实录》）——孙杜平

【袁　斌】

袁斌，澄海蓬洲都（今属汕头市区）人。乾隆二十五年（1760）举人。官海康训导。（嘉庆《澄海县志》）——蔡文胜

【袁韬略】

袁韬略，澄海蓬洲都（今属汕头市区）人。雍正元年（1723）武举人（榜姓罗）。官济宁千总。（嘉庆《澄海县志》）——蔡文胜

【袁　镇】

袁镇，字筹厓，又字秋崖，海阳人。光绪元年（1875）恩科举人。光绪三年（1877），因豫省灾荒严重，赴南洋各埠劝捐晋赈、分济豫赈尤为出力，保给奖五品衔。工书画。（光绪《海阳县志》）——陈贤武

【袁　骧】

袁骧，揭阳人。监生，考授州同。被赐予肉帛。卒年七十五。（乾隆《揭阳县志》）——孙杜平

【夏　健】

夏健（1773—1851），号象乾，揭阳人。为人风度秀整，学识渊深，持己廉让，待人仁恕。嘉庆二十四年（1819）贡生。道光二十四年（1844），授广东合浦训导。到任，兴学劝士，以造就人材为己任，俸资之外，一介不取，人皆景仰。致仕归，卒。（光绪《揭阳县续志》、《夏氏族谱》）——孙杜平

【钱士峰】

钱士峰，榜姓谢，字特轩，饶平元歌都（今属潮州饶平）人。康熙三十六年（1697）进士，四十六年（1707）官安徽来安知县，后署滁州知州。著有《蜗庐里集》、《退思小集》。（道光《来安县志》、光绪《饶平县志》、《潮州艺文志》、《潮州诗萃》）——黄树雄

【钱广用】

钱广用，字振扬，饶平元歌都（今属潮州饶平）人。素乐施济。嘉庆年间董修官路洋头溪石桥。嘉庆元年（1796）有司给"七叶衍祥"匾额。（光绪《饶平县志》）——黄

树雄

【钱长青】

钱长青（1678—?），饶平元歌都（今属潮州饶平）人。天性纯孝，父母殁，哀毁成目疾，作小楷不工，故屡试不第。子元德、元义已入府县学，长青犹不得与进。乾隆十九年（1754），长青年已七十七，犹应童子试，谓其子曰："累世书香，至吾身弗克负荷，虽死不瞑目也。"至老力学不倦，教授生徒，娓娓不倦，至夜分不寐以为常。撰有《四书讲义》、《通鉴略》。及卒，门人私谥曰"韬瑾先生"。（乾隆《潮州府志》、光绪《饶平县志》）——黄树雄

【钱学就】

钱学就，号仲成，饶平元歌都（今属潮州饶平）人。嘉庆三年（1798）举人。曾任广东高要县教谕。十八年（1813）署琼州府教授。（道光《广东通志》、光绪《饶平县志》、宣统《高要县志》）——黄树雄

【倪大猷】

倪大猷，字立齐，海阳人。乾隆十五年（1750）举人。三十四年至四十二年（1769—1777）任灵山县教谕。今灵山六峰山碑林有其《游六峰有感》七绝二首。升山东定陶知县。（乾隆《潮州府志》、光绪《海阳县志》、新编《灵山县志》）——陈贤武

【倪元藻】

倪元藻，字忠昌，号涧南，海阳人。知县倪明进子。廪生。工诗，怀才不遇以没。有《涧南遗草》。南海诗人李长荣纂《柳堂师友诗录》，合乔梓诗署之曰《鹤鸣集》。（光绪《海阳县志》、《潮州诗萃》）——陈贤武

【倪仕基】

倪仕基，揭阳人。贡生，候选州同。为人勤俭，家道日兴。遇有贫困求贷，推解无有吝色。生平尤重孝本。同堂五代，六子咸列生贡。卒时八十四，孙、曾四十人。（乾隆《揭阳县志》）——孙杜平

【倪立德】

倪立德，揭阳人。岁贡倪谦受父。为人诚挚。父母殁时，立德年已垂迈，哀毁骨立。每遇忌辰，犹作孺子啼哭。乡里闻之，皆为感动。季弟家贫，常为周济，使不失所。卒年八十。（乾隆《揭阳县志》）——孙杜平

【倪呈材】

倪呈材（1799—1885），揭阳人。武生。同治十三年（1874），重游泮水，广东学政章鋆奖给"在泮重歌"匾。卒年八十七。（光绪《揭阳县续志》）——孙杜平

【倪明达】

倪明达，海阳人。附贡生。道光

间（1821—1850）任广西施南府经历，署建始、蒲沂、来凤等知县。（光绪《海阳县志》）——陈贤武

【倪明进】

倪明进（1791—1832?），字千杰，号晋三。海阳人。少慧敏。嘉庆十八年（1813）癸酉拔贡，朝考以知县用，签掣河南，时年二十三，有弱冠县令之目。历任镇平、夏邑、桐柏、泌阳等县，所至多惠政。而以道光五年（1825）任泌阳为最。莅任，检阅旧志，求康熙三十四年志已不可得，五十三年志仅有四卷，缺略颇多，体例亦不甚合，爰集邑绅，设局续修《泌阳县志》，自八年（1828）二月始事，越十月而脱稿，成十二卷首一卷。倡建义学兴文教，士民德之，为塑像以祀。道光十二年（1832）饥荒，倡行赈济。二十三年（1843）充河南同考官，例充同考皆进士、举人，以贡生与者自明进始。年四十一，丁外艰归。嗣卒于家。著有《中洲诗集》。（光绪《海阳县志》、《河南地方志提要》）——陈贤武

【倪明蔚】

倪明蔚，海阳人。乾隆十二年（1747）武举人第四名。侍卫，官总兵。（光绪《海阳县志》）——陈贤武

【徐　上】

徐上，字平山，海阳秋溪都（今属潮州湘桥）人。少孤，事母孝。遭寇乱，罄资周族。康熙十二年（1673）进士，授峨眉知县。县自张献忠乱，人鲜知学。上集诸生勤讲课，士始稍习文艺。豪右不供差徭，偏累贫户，为编粮均役，民甚德之。（乾隆《潮州府志》、光绪《海阳县志》）——陈贤武

【徐必桢】

徐必桢，揭阳人。为人忠厚朴实，乐善重学。因乡未有读书成名者，必桢延请名师，课督子侄，优礼逾常。他如建祠报本、捐资济贫，排解纷争，和睦邻里，无不竭力以为。（光绪《揭阳县续志》）——孙杜平

【徐仲山】

徐仲山，字次岳，揭阳人，台湾彰化籍。诸生。有诗载《台湾诗乘》。（《台湾诗乘》）——孙杜平

【徐国华】

徐国华，字子英，饶平宣化都（今属潮州饶平）人。同治十二年（1873）拔贡，精于八股文，当时潮士少有出其右者。国华本澄海东陇朱氏子，母寡而贫。国华束脩所入，经东陇必倾囊以奉朱氏母，人称其孝。（《饶平县志补订》）——黄树雄

【徐宗尧】

徐宗尧，潮阳招收都人。官福建

平和县守备。(《青蓝徐氏惇叙堂谱》)——陈新杰

【徐荣贵】

徐荣贵,揭阳人。子必青,并好善不疲,常施棺济急。时值械斗成风,每得其父子一言,即为休争。(光绪《揭阳县续志》)——孙杜平

【徐　勇】

徐勇(1632—?),字壮猷,潮阳招收都人。幼失怙,事母孝。苦练武功,熟谙韬略。从军,职至把总。康熙十三年(1674),三藩作乱,四海鼎沸。凤凰洲一役,勇出奇制胜,一战成名,授千总。由潮转战闽粤云贵,屡奏佳绩。二十九年(1790),任广东右翼镇中营守备。三十五年(1776),调山西东路营参将。终贵州定广协副将加左都督。殚于王事,发背痈,卒于京。(光绪《潮阳县志》、《青蓝徐氏惇叙堂谱》)——陈新杰

【徐悦吾】

徐悦吾,潮阳招收都人。监生。官福建诏安典史,升主簿,署平和县事。(《青蓝徐氏惇叙堂谱》)——陈新杰

【徐梦凤】

徐梦凤(1683—1731),字绍典,潮阳县廓都人。少清苦,刻厉读书,贯通经史,为文雄深雅健。康熙五十三年(1714)举人。雍正八年(1730)成进士,授修仁知县,地僻事简,官民相安,甫九阅月卒于官,年四十八岁。箧中惟敝衣数件,书数十卷。士民为醵金以殓,乡里哀之。(乾隆《潮州府志》、嘉庆《潮阳县志》)——陈新杰

【徐梦麒】

徐梦麒,字忠移,潮阳县廓都人。少孤,从叔父明经辙受业,以《五经》中康熙五十年(1711)副贡。五十三年(1714)中举人。家居教授,所得修脯悉与辙子均,事叔母如母,邑人推孝友焉。先是梦麒为诸生,教授达濠,与寒士陈姓者交相善也。已而陈病且死,邀梦麒诀。陈家贫不能具殡殓,梦麒为之经营窆事。又访得陈外遇所产子也,抱送陈家,呼其父母,告以故,仍时省视,周其困乏。生平孝友方正,敦品学,重廉节,乡人以未竟其用惜之。(《蓝鹿洲集》、嘉庆《潮阳县志》)——陈新杰

【徐　韩】

徐韩,字景之,潮阳贵山都人。少丧父,母黄氏,明敏嗜学,通子史百家言,坚贞守义,授韩以《诗》、《书》,纺织篝灯,课授不辍。韩亦克孝力学副所望。康熙二十六(1687)举人,数应进士试不第。教授生徒以倡明道学为己任,出其门下者多一时英俊。生平不谒权贵,环堵萧然,漠不为意,士大夫重之。

(《蓝鹿洲集》、嘉庆《潮阳县志》）——陈新杰

【徐巽】

徐巽，原姓吴，揭阳人。潮州右营把总。康熙十六年（1677）八月，海寇江钦等率船，屡侵县境，山寇及奸宄之徒，皆与潜通。九月，渡南河劫掠渔湖。巽与水师守备赵云督舟师截击，戮杀海寇千余人，救回男女甚众。因功改授平镇营把总。（雍正《揭阳县志》）——孙杜平

【徐耀光】

徐耀光，丰顺（今属梅州丰顺）人。由附监生报捐县丞，指分福建试用，光绪七年（1881）三月初三日署台湾凤山县下淡水县丞，八年（1882）八月卸任。（光绪《丰顺县志》）——陈贤武

【翁一珙】

翁一珙，字紫垣，惠来人。处士，居家孝友。顺治二年（1645）举人林学贤造反，自七月十三日围城，至九月十一日县城接近攻破，一珙毁拆自己房屋，用木材倚仗城堞，四周建起栅栏，一夜之间而搭成，募壮丁乘高袭击敌兵，矢石交下，敌方退避。六年（1649）本土强盗罗英自六月十六日围城四十余日，攻打县城东北角，情势危急。一珙罄其家财，募丁捍卫，高亮福等援师至，城池得以保全。康熙三年（1664）迁海界，男妇依山以居，一珙捐出蔡店坑田寮，用以安插迁界之流离者。享年八十五岁。（乾隆《潮州府志》）——周修东

【翁氏（方光汴妻）】

翁氏（方光汴妻），惠来隆井都人。十七岁时出嫁方门，孝事公婆，顺事夫君。四年后其夫过世，翁氏哀毁骨立，以死自誓，众人劝以遗孤尚在怀抱，翁氏才断绝念头。孀居六十余载，知县查曾荣赠匾曰"松心荻字"，知府张克嶷赠为"盛世坤仪"。享年八十五岁。子如矩，孙映藜，俱为县学生员。（雍正《惠来县志》）——周修东

【翁氏（方亮淑妻）】

翁氏（方亮淑妻），惠来人。生员方俊之母。二十岁时，其夫去世，翁氏痛苦几绝，誓不欲生，以两位婆婆尚待奉养，孤儿尚待哺育，含辛茹苦，清节坚守。时值乱离，家产尽失，翁氏躬自织纺，以度三餐。人钦其节，尤称其孝。八十岁时，广东学使赠匾其门曰"名门孝节"。（雍正《惠来县志》）——周修东

【翁氏（方光缵妻）】

翁氏，惠来人。方光缵妻。过门三年，而夫病逝，翁氏昏聩忘餐，家人频为窥伺，翁氏含泪告曰："尔勿恐也，我上有年老家婆，下有呱呱待哺之子，自当孝养教诲，以支持方家

门户耳。"后来，其儿肯堂蜚声国学，皆翁氏勉励以成之。（雍正《惠来县志》）——周修东

【翁文斗】

翁文斗，号元极，饶平元歌都（今属潮州饶平）人。为人敦友乐施。延师教子侄，外人有来读者，束膳皆代付。顺治五年（1648）大饥，捐谷一百石赈乡亲。（康熙《饶平县志》）——黄树雄

【翁文焕】

翁文焕，揭阳人。好为善事。生平振贫恤寡、掩尸赠棺等，不能概举。卒年八十。（乾隆《揭阳县志》）——孙杜平

【翁　兰】

翁兰，字肇桢，号佩秋，海阳人。光绪十六年（1890）恩贡。十四年（1888）倡建西厢都西关新宫社之西关书院。曾为城南学堂教习。擅武技，作育人材，筹办团练，有《武备纂要》。又常言贫而至极，必流为盗，治本之计，莫过于蚕桑。乃调查养蚕种桑，将收集所得，著为《蚕桑述略》一书，归而谋于镇府方耀，设利益蚕桑局。又有《海防统论》。受职州判，过班知县。二十八年（1902），候补福建，奉职发审局。三十年（1904）任海阳县保安局局绅。年五十五卒于家。（光绪《海阳县志》、《潮州志补编》）——陈贤武

【翁邦祥】

翁邦祥，字振男，澄海鮀江都（今属汕头金平）人（一说潮阳人）。雍正八年（1730）武进士。乾隆五年（1740），由罗源营守备升任台湾南路淡水营都司，历署建宁、福建、台湾诸营，所至整饬士伍，革除陋规，兵民称之。（乾隆《澄海县志》、乾隆《续修台湾府志》）——蔡文胜

【翁有仪】

翁有仪（？—1828），字荎庵，号损斋，惠来县惠来都城内人。由贡生登乾隆五十七年（1792）举人第四名。嘉庆四年（1799）进士，十一年（1806）任福建延平府沙县知县。两次为闽闱同考官。辞官后，改东山精舍旧址为东山禅院。尝邀同年嘉应州才子宋湘莅临唱酬。现存宋湘书大门石匾"东山禅院"四个大字。有仪家大门上"进士第"三字，亦为宋湘所书。（道光《广东通志》、《清代官员履历折单片》、《广东全省历科解元题名录》）——周修东

【翁廷资】

翁廷资，字尔偕，号海庄，澄海鮀江都（今属汕头金平）人。兵部尚书翁万达玄孙。因家郡城，遂隶海阳籍。年二十八补弟子员。康熙四十一年（1702）中举人，四十八年（1709）成进士，授四川渠县知县。旋以疾辞官。广东学使惠士奇雅重其

才，请补韶州教授。继辞职归里。潮州知府龙为霖延请主讲韩山书院，士习文风翕然一变。廷资学有根柢，诗文甫脱稿，即为人取去。著有《韩山诗笺》、《楝花草》、《小署草》诸稿。（嘉庆《澄海县志》、乾隆《潮州府志》）——蔡文胜

【翁如麟】

翁如麟，号莱山，澄海鮀江都（今属汕头金平）人。兵部尚书翁万达曾孙。顺治八年（1651）举人，十五年（1658）进士。授湖广新田知县。新田为楚地之僻壤。时西山用兵，派民夫运米。上山之夫多死于炮箭，一夫雇值三十金。新田应出夫数十名，如麟哀恳于督抚，得减额。值饥馑，为民请命，获免二年之租，疮痍乃苏。在官四年，政简刑清，县治井然。后辞官归里，年五十卒。（康熙《澄海县志》、雍正《澄海县志》、康熙《潮州府志》）——蔡文胜

【翁进取】

翁进取，海阳人。廪贡生。乾隆二十二年（1757）三月选广东德庆州训导。（《清代缙绅集成》、光绪《德庆州志》）——陈贤武

【翁奇勋】

翁奇勋，字正维，号乃康，榜姓王，潮阳黄陇都（今属汕头潮南）人。十岁能文，以神童称。康熙五十二年（1713）中举人，官连州学正。（嘉庆《潮阳县志》、光绪《潮阳县志》）——陈新杰

【翁国正】

翁国正，字隆渭，惠来县惠来都人。县学增广生员。尝与谢天选等受聘分纂《惠来县志》。（雍正《惠来县志》）——周修东

【翁宗藩】

翁宗藩，字建封，惠来县惠来都人。雍正十三年（1735）举人，乾隆二十四年（1759）任济阳知县。二十五年（1760）改番禺教谕。居心诚朴，待士以礼，斋舍萧然洒如。（乾隆《潮州府志》、道光《济南府志》、光绪《广州府志》）——周修东

【翁 荃】

翁荃，字养斋，翁雅孙，饶平西城内（今属潮州饶平）人。留心掌故，博古通今。道光元年（1821），朝廷谕各地修邑志，荃博考旁稽，分类续修，历数寒暑无少闲，惜志将成而竟以病殁。（光绪《饶平县志》）——黄树雄

【翁继斌】

翁继斌，潮阳人。行伍。乾隆四十一年（1776），任澄海左营千总。（嘉庆《澄海县志》）——陈新杰

【翁 盛】

翁盛，深澳人。乾隆四十八年（1783）任南澳镇标右营左哨千总。任内捐银重建武庙。（乾隆《南澳

志》、《南澳县金石考略》）——黄迎涛

【翁彩云】

翁彩云，饶平元歌都（今属潮州饶平）人，移台湾。乾隆五十一年（1786），台湾林爽文乱，翁彩云率众抵御，保全村庄，克复城池。五十四年（1789），钦差大臣福康安题奏赏赐六品职衔，并给御书"褒忠"二字匾额以奖勤劳。未仕而卒。（光绪《饶平县志》）——黄树雄

【翁淑韩】

翁淑韩，字辉山，号发美，饶平西城内（今属潮州饶平）人。翁雅父。年五十余，雅已先进县学，保其父参加学政考试。学政言曰："父教子，子保父，天伦中乐事也。"县令知其品学兼优，给发党正戳记，县中诸事皆赖之裁曲直。（光绪《饶平县志》）——黄树雄

【翁彭龄】

翁彭龄，字际皋，号晚樵，潮阳黄陇都（今属汕头潮南）人。举人奇勋从侄孙。少孤，恪守母训。嘉庆六年（1806）举人。博学嗜古，文章见推侪辈。虽家资淡泊，处之晏如。间课督生徒，谆谆不倦。举人姚逢熙辈出其门下。二十四年（1819），预修《潮阳县志》。尝钩校天文书，未竟而卒。（嘉庆《潮阳县志》、光绪《潮阳县志》）——陈新杰

【翁辜龙】

翁辜龙，后改名椴龄，深澳人，饶平籍。由饶平县学中康熙十一年（1672）举人。三十年（1691）任四川高县知县，因事降为岳州府经历。（乾隆《高县志》、嘉庆《巴陵县志》、光绪《饶平县志》）——黄迎涛

【翁朝升】

翁朝升，海阳人。咸丰间（1851—1861）任潮州镇饶平营千总。（光绪《海阳县志》）——陈贤武

【翁　雅】

翁雅，字正峰，号序南，饶平西城内（今属潮州饶平）人。性孝友，曾保其父参加县学考试，一时传为美谈。嘉庆十三年（1808）中举人，二十二年（1817）"大挑"二等，道光二年（1822）补广东广宁县教谕，先试用为从化训导。施教数月，啧有颂声。越明年，调赴广宁本任。师道尊严，常以德行文章砥砺士子。又倡修县志，改建书院义学，力筹膏伙。道光四年（1824）科试，县学额八名，雅门下得中者六人。丁母忧归，士绅不忘盛德，为立生祠。后选补知县，屡催不就，改授翰林院典簿，寿七十有三卒。孙荃，另见。（光绪《饶平县志》、道光《广东通志》、道光《广宁县志》）——黄树雄

【翁龈龄】

翁龈龄，即翁辜龙。

【高 升】

高升，号伯高。本姓吴。澄海苏湾都（今属汕头澄海）人。少负勇略，由行伍积劳任福建金门守备。莅职廉肃，革陋规，赈饥民。擢升御前侍卫，旋升温州游击，清操益凛。离任温州之日，兵民攀辕相送。历任镇海参将、琼州水师副将、安平协副将，所至有勤绩。后督抚特荐为黄岩镇总兵，命未下卒。（雍正《澄海县志》、乾隆《澄海县志》）——蔡文胜

【高氏（方振正妻）】

高氏（方振正妻），惠来人。其夫病故，高氏年方二十三，遗下孤儿才八月，家中清贫，孑然一身，奉侍公婆惟谨。其子年幼多病，数岁还不能行走，医生谓其难以成人。高氏日夜调治，竟得成立。孀守五十余年如一日。（乾隆《潮州府志》）——周修东

【高氏（林氏妻）】

高氏（林氏妻），澄海下外莆都（今属汕头澄海）人。清初避乱租屋居于水吼桥，土贼张冲云窥妇，悦之，晚袖金诱妇。妇不从。挥刃胁之，妇跳水而死。（嘉庆《澄海县志》）——蔡文胜

【高氏（林仕显媳）】

高氏（林仕显媳）（？—1648），澄海人。年二十，育一子，乡里土豪慕其姿色，欲夺之。高氏同夫负子远避，过渡头庵。决曰："家贫无所依，恐终不免，吾得死所矣。"抱子投深流中，乡人奔救，高氏气绝矣。（嘉庆《澄海县志》、康熙《潮州府志》、道光《广东通志》）——蔡文胜

【高凤池】

高凤池（？—1856），号悟溪，潮阳县廓都人。兄凤清署江苏金匮知县，凤池往从之。值太平军陷上海，以潮勇战胜于烟墩山。咸丰六年（1856），由都司衔调赴江宁，扎紫金山当其冲，未几，营陷，偕潮阳营千总郭铭勋战死。（光绪《潮阳县志》）——陈新杰

【高凤清】

高凤清，原名廪，字桐门，潮阳县廓都人。道光八年（1828）举人，官东台知县。有组诗《潮阳竹枝词》传世。（光绪《潮阳县志》、《潮州诗萃》）——陈新杰

【高亮正】

高亮正，惠来华湖人。亮福胞弟。顺治六年（1649）土寇罗英复啸聚数千人，围攻惠来城，城池将被攻破，亮正与兄亮福率义师赴援，集乡兵设伏北山麓下，敌军大败，斩首二千余级，生擒巨寇罗英，斩之。九年

（1652）潮州镇总兵郝尚久反叛，亮正等随平南王尚可喜由揭阳进讨，解鲤湖堡之围，恢复普宁。康熙十三年（1674），潮州镇总兵刘进忠反叛，亮正又随尚可喜进讨，制造斑鸠炮，击败贼兵，论功晋升游击。（乾隆《潮州府志》）——周修东

【高亮福】

高亮福，惠来华湖人。亮正胞兄，举人廷焕从侄。顺治六年（1649）土寇罗英复啸聚数千人，围攻惠来城，城池将被攻破，亮福兄弟二人率义师赴援，集乡兵八百设伏北山麓下，令陈禄昌统精锐埋伏山后，亮福等自山前夹击之，贼大败，斩首二千余级，生擒巨寇罗英，斩之。九年（1652）潮州镇总兵郝尚久反叛，亮福、亮正随平藩王尚可喜，由揭阳进讨，解鲤湖堡之围，杀伪将柯平，恢复普宁。（乾隆《潮州府志》）——周修东

【高祖谕】

高祖谕，字汉章，澄海下外莆都（今属汕头澄海）人。康熙元年（1662）岁贡。三岁母丧，出入善体父志。及长，刻意为文，试必前茅，授徒多名士。率宗人建祖祠，修祀典，以礼仪训后生。知县樊永底雅为推重，终无干谒。（雍正《澄海县志》）——蔡文胜

【高鹏飞】

高鹏飞，榜姓林，潮阳峡山都人。雍正八年（1730）进士，官雄县知县。十三年（1735），任台湾凤山知县。（嘉庆《潮阳县志》、乾隆《续修台湾府志》、民国《台湾雾峰林氏族谱》）——陈新杰

【高满华】

高满华（1820—1882），又名楚香，澄海下外莆都（今属汕头澄海）人。成年后，别亲赴暹罗，于同宗高元盛处当佣工，以勤劳诚实、善谋划而得店主倚重，助其经营商务。后自营小生意，积蓄资金，同治十年（1871）于暹罗创高元发及元发盛等三家火砻，为旅泰华侨经营机械火砻业之首创者。历数十年经营，暹罗、香港、新加坡、广州、汕头均有商号，创下雄厚基业。为著名侨商高氏家族第一代开拓者。满华乐于公益，于广州创建"八邑会馆"；于香港创建东华医院。对赈济救灾、文化教育等，皆乐于捐助。（1992年《澄海县志》）——蔡文胜

【郭于钰】

郭于钰，揭阳人。中书科中书衔。咸丰七年（1857），县大饥荒，于钰捐谷平粜，设厂施粥，赈灾最为出力。知县潘铭宪详请上司奖叙，并给"好义急公"匾额，人以为荣。（光绪《揭阳县续志》）——孙杜平

【郭于瑾】

郭于瑾，号勤善，揭阳人。郭德杞曾孙。监生，捐道员衔。性仁慈好施，有乃祖遗风。县育婴堂荒废，溺婴日盛，于瑾恻然倡修，捐资以作经费。知县刘彬甫到任，即奖以"乐善好施"匾。自是益好施与，贫者给衣被，病者给药饵，四季为常。同治三年（1864），县遭大水，明年，又遇大饥荒，遍野饿殍，于瑾竭力周恤。施食给米，凡三阅月，费金千余，远近感德。（光绪《揭阳县续志》）——孙杜平

【郭万桂】

郭万桂，字秉最，普宁人。七岁丧父，从母氏训，刻励为文。为廪膳生二十余载，康熙二十一年（1682）岁贡。键户摊经，至老庭课不倦。后授教谕职，未任而卒。（乾隆《普宁县志》）——陈新杰

【郭之宰】

郭之宰（1636—1718），字建常，号立夫，揭阳人。郭之奇弟。为诸生，有声于时。能诗，登《古瀛诗苑》。（《古瀛诗苑》、《企南轩编年录》、《榕东郭氏族谱》）——孙杜平

【郭天桢】

郭天桢（1627—1687），字尔兴，号二则，揭阳人。郭之奇长子。永历朝（1647—1661），以父荫尚宝司丞。康熙间（1622—1722），考授贡生。能诗，有《澹渺居诗集》。（雍正《揭阳县志》、《古瀛诗苑》、《榕东郭氏族谱》）——孙杜平

【郭天健】

郭天健，大埔高陂（今属梅州大埔）人。诸生，为文有旨趣，乡有金山古寺，曾为记勒石，人咸称之。乾隆三十年（1765）与兄天奎同赴乡试归，自以为必有并第之喜。天奎中举，而猝然失足，竟不起。天健乃恍然于功名富贵之幻，自是淡泊宁静，专以读书著述自娱，著有《复初文钞》、《长发小草等集》，存于家，嘱勿付梓。（民国《大埔县志》）——黄树雄

【郭天褆】

郭天褆（1633—1706），字尔肃，号宓庵，揭阳人。尚书郭之奇次子。弱冠为诸生。永历朝（1647—1661）荫尚宝司丞。时值桂王逃乱，从父奔走绝域，历经险阻。康熙元年（1662），之奇被交趾执获，将行杀害。天褆挺身护亲，交人挥刀，斫及其颅，血涔涔下，又被殴击，几将毙命。及父成仁，不辞跋涉，扶榇归里，亲营葬事。事母以孝著闻。生平闭户潜修，毫无贵胄习气。工诗文，擅长尺牍。有《屯园尺牍》、《溪声诗集》。卒后，乡人为立《景行碑》于里。（雍正《揭阳县志》、《榕东郭氏族谱》）——孙杜平

【郭元龙】

郭元龙，字云坡，大埔高陂（今属梅州大埔）人。十次乡试不第，以秀才终其身。主饶平琴峰书院讲席五年，所造就多知名士，著有《百尺楼集》，卒年七十有四。（民国《大埔县志》）——黄树雄

【郭日绩】

郭日绩，字礼存，号后川，揭阳人。大学士郭之奇从孙。性行淳正，恬淡守素。乡党举为族正，奉为矜式。卒年七十七，私谥恭节先生。有《未若斋诗草》。（乾隆《揭阳县志》、《榕东郭氏族谱》）——孙杜平

【郭升裕】

郭升裕，号竹侯，揭阳人。知府郭绍唐父。由监生捐同知衔。少失父母，育于叔祖。因贫弃学从商，家以致富。生平乐善好施。凡学宫书院、街亭津梁、善堂义塚等修建，以及育婴恤寡、济贫施丐等救助，力所能为，行之不倦。同治四年（1865），县遇饥荒，升裕煮粥施民，赴者络绎不绝。尝在县东新建"甲东"里，并立忠节。家庙。卒年五十七。（光绪《揭阳县续志》）——孙杜平

【郭　仁】

郭仁，本姓黄，海阳人。康熙二年（1663）武解元。（光绪《海阳县志》）——陈贤武

【郭氏（周大受妻）】

郭氏（周大受妻）（1751—1839），潮阳黄陇都溪尾乡人。过门时，祖翁姑在堂。年八十九岁，下见玄孙，亲见七代，身享五代同堂。道光十九年（1839）赐额建坊，曰"七叶衍祥"。其姑翁氏九十三岁，媳赵氏九十一岁，俱五代同堂。孙岁贡发祥妻郭氏九十三岁。（光绪《潮阳县志》、《泗水周氏宗乘续编》）——周修东

【郭光祖】

郭光祖，揭阳人。通判郭朝凤父。候选州同。雍正四年（1726）间，岁荒民饥，光祖捐米一百石，在县协助赈济，又在乡煮粥施食。生平好行善事，无不竭力为之。（乾隆《揭阳县志》）——孙杜平

【郭　光】

郭光（1804—1867），字照堂，揭阳人。道光十五年（1835）举人，历任广东绥猺、连州、罗定、恩平、阳江等地教官。为人慷慨，勇于任事。如族之整顿祠祭、修辑族谱，县之助赈饥荒、倡修书院，力所能为，无不担承。尤笃亲友之谊。从叔郭廷樑、年友孙俊后先客死省城，皆为经纪后事，扶柩归葬。窗友黄鹤龄早逝，母老子孤，竭力为之抚恤，使免饥寒。居恒博览群书，勤于著述，有《铎音集》四卷、《宋史评略》十卷、

《字学拾遗》四卷、《音义千条录》二卷，另有《四书宗注》、《阐义补经遗录》、《摭古笔谈》、《代友谈》以及古今体诗文等集，贫而未梓。卒年六十四。（光绪《揭阳县续志》、《道光乙未恩科广东乡试题名录》）——孙杜平

【郭光海】

郭光海，字小瀛，大埔桃源（今属梅州大埔）人。郭铨子。十岁余毕诵诸经，年十四，从林达泉学，为所激赏。为廪膳生。尝肄业韩山书院，院长南海潘衍鋆拔识之，谓科名不在己下。但乡闱每为誊录误。同治十二年（1873）始中举，广东学使何廷谦尝曰："予按试粤东，门下士最得意者，惟戴鸿慈与郭光海。"鸿慈后官至协办大学士，而光海竟未达。肄业粤秀书院时，因苦学，旧恙复发，廷谦时慰问之，谓身存而名可徐图也，并赠以珍贵药品。值秋闱，病莫能进，廷谦叹息久之。及回京，仍屡发邮讯，而光海竟病不起，士林痛惜焉。性严正，人多畏惮。及对语，则怡怡如，故多敬且爱之。（民国《大埔县志》）——黄树雄

【郭光墀】

郭光墀，字芹甫，大埔桃源（今属梅州大埔）人。郭铨子。岁贡生，尝掌教普宁贵山书院。长于词赋，每出笔，极饶风趣。楹语宏富，脍炙人口。有《之钦小草》、《游台诗草》、《研耕集》。（同治《大埔县志》、《潮州艺文志》）——黄树雄

【郭廷集】

郭廷集，海阳龙溪都（今属潮州潮安）人。有干事才。总兵方耀清厘积案，多委任。光绪三年（1877），总兵方耀拨款，由郭廷集就潮州城北周濂溪祠旧址改建为金山书院，为潮州府九县生员肄业之所，建斋舍七十余间。同年，因豫省灾荒严重，李鸿章认为其"明翰有为"，命以福建候补同知、补用知府职衔，赴南洋各埠劝捐晋赈、分济豫赈尤为出力，举荐可补缺，后以道员尽先补用。后诰封荣禄大夫，赏顶戴花翎。光绪十二年（1886）发起禀请巡道、知府批准，出示派捐巨款，大修韩江南堤八千四百五十一丈，海阳、揭阳派西厢、北厢、同仁、大和、桃山、梅岗地方百姓通力合作，增高培厚，外附灰篱。（光绪《海阳县志》、《李鸿章全集》）——陈贤武

【郭时邦】

郭时邦，海阳人。例贡。乾隆间（1736—1795）授武陵县丞。（光绪《海阳县志》）——陈贤武

【郭　宏】

郭宏，号公毅，揭阳丰政都（今属梅州丰顺）人。初举义勇，随吴六奇援潮，后归蔡元部统率。因屡立战

功授连州千总,擢都司。顺治十四年（1657）,任连州游击。不久,奉旨追解额粮,体察下情,多方设法,州人德之,为之立生祠。晚年解甲归里。（光绪《丰顺县志》）——陈贤武

【郭良栋】

郭良栋,字汉柱,澄海蓬洲都（今属汕头市区）人。澄海县"迁斥"时,有客失银三十两,同伙争赖不决。失主欲投河,良栋力为解救,罄囊代偿,俾得全活。顺治二年（1645）,其乡鸥汀寨为郑成功部将邱辉所破后,良栋倡率重建祖祠,创建祭业,又为族人营庐舍,助婚嫁,捐资延师。知县樊永底以"望隆月旦"旌其行。年八十卒。（雍正《澄海县志》、嘉庆《澄海县志》）——蔡文胜

【郭林氏】

郭林氏,揭阳人。监生郭鸣岐妻。生平乐善。道光十二年（1832）,县遇饥荒,因命子孙以钱米分助族之贫困者,人多赖以活命。寿九十一。五代同堂。孙光,道光十五年（1835）举人,国子监学正衔;孙于钰,中书衔,福建试用盐大使。曾孙岑豪,县丞衔。（光绪《揭阳县续志》）——孙杜平

【郭昌时】

郭昌时,榜姓黄,海阳龙溪都（今属潮州潮安）人。顺治十七年（1660）举人,由普宁学。授湖广武陵知县。（乾隆《潮州府志》、光绪《海阳县志》）——陈贤武

【郭迪道】

郭迪道,字其鹏,海阳龙溪都（今属潮州潮安）人。少孤,有至性,念父贡生行纪早故,逢讳日,常歔欷流涕。事嗣母林氏、生母郑氏定省维谨,年至六旬,外出和返回都要禀告母亲,一如少时,众以为难得。以子廷集封州同,赠荣禄大夫。光绪十八年（1892）,省善后局以采访事闻,敕祀孝弟祠。（光绪《海阳县志》）——陈贤武

【郭鸣岐】

郭鸣岐,字冈业,揭阳人。举人郭光之祖。监生。生平修身不息,笃好《朱子家训》一书。尝为之分条详注,复命子全为之参证,名曰《家训屏风录》。道光十一年（1831）初镌。其后,孙光又为博引故事古义,为附录焉。至二十五年（1845）,县丞施禹泉重刊于广州,且为之序。咸丰元年（1851）,学政许乃钊按试至潮,见而善之,特举其书以牌示士子,俾作准绳。（光绪《揭阳县续志》、《家训屏风录》）——孙杜平

【郭学琠】

郭学琠（1814—1856）,字子厚,揭阳人。监生。咸丰元年（1851）,由捐职补授福建同安县丞,分驻金

门。三年（1853），土匪黄德美纠众叛乱，攻破厦门，道员被害，乘势窜下金门。学琠带兵捍御，身先士卒。乱平，总督刘韵珂上报其功，加同知衔，特授同安知县，兼摄马巷通判。时上官令捕余党尤急，会有在泉潮商二百余人，被误作匪党捉拿，行将就戮。学琠推究实情，白之上官，请予释放，皆得生还，并给盘缠回乡。六年（1856）卒于任，年仅四十三。（光绪《揭阳县续志》、民国《金门县志》、民国《同安县志》、《清代缙绅录集成》）——孙杜平

【郭注庄】

郭注庄，揭阳人。县学生。年九十二，获赐粟帛。（乾隆《揭阳县志》）——孙杜平

【郭绍宗】

郭绍宗（1731—1785），字可岱，号泰峰。澄海蓬洲都（今属汕头市区）人（一说"海阳庵埠人"）。乾隆二十一年（1756）中举人，二十二年（1757）成进士。授山东临淄知县。到任即询民疾苦，清介自守。以忤上官，改授广州府教授。古道照人，成就甚众。年五十五卒于官。（嘉庆《澄海县志》、《汕头市龙湖区志（1979—2003）》、1990年《庵埠志》）——蔡文胜

【郭绍唐】

郭绍唐，号琴舫，揭阳人。由附贡生捐刑部主事，改官福建补用知府。光绪五年（1879），署理龙岩知州。旋署龙溪知县。七年（1881），再署漳浦。绍唐夙禀父训，持身廉洁。先是巡抚丁日昌筹办山西赈捐，父升裕应捐巨款，绍唐奉檄解款十万赴天津。照例盈余，溢出千金，绍唐悉数上缴，为李鸿章所嘉许。（光绪《揭阳县续志》、光绪《漳浦县志》、民国《龙岩县志》、《榕荫草堂诗草》）——孙杜平

【郭　经】

郭经（1868—1951），字春竹，号载生，又号求是子，潮阳贵山都人。少时治儒业，肄业潮州金山书院，治经学及古文，为前院长翰林吴道镕先生、后院长翰林温仲和先生所器重。金山书院初改为学堂，潮州知府惠昌聘温仲和为总教习，郭经为分教。光绪三十二年（1906）考取官费生，游学日本法政大学法律科专门部。三十四年（1908）回国。宣统元年（1909），应中央学部考试，中式优等三十九名，奖为法政科举人。保和殿廷试一等，点主事，分发外务部和会司补用，晋授中宪大夫。入民国（1912），历任六都高等小学堂校长、湖南会同县知事、潮阳县立中学校长、北京法政专门学校、潮州省立中学教员、公立法政讲习所校长、汕头国粹学校教员，兼入律师会执行律师

职务。尝任惠州、信阳、江宁、徐州、广州、汕头等处检察官。三十五年（1946）受聘为《潮州志》修志委员会委员。古文私淑方望溪。今人汇辑其遗文为《郭经先生文存》。（《自叙》、《郭经先生事迹编年》）——陈新杰

【郭春华】

郭春华，揭阳人。光绪七年（1881）恩贡，内阁中书衔。擅书。（光绪《揭阳县续志》）——孙杜平

【郭　荣】

郭荣（1853—？），字敏业，号菊士，揭阳人。候选知府郭信元子。同治十二年（1873）拔贡。光绪四年（1878），署广东临高县教谕。捐升内阁中书。归，主本县棉湖书院。（光绪《揭阳县续志》、光绪《临高县志》、《同治癸酉科明经通谱》、《瞩云楼诗存》）——孙杜平

【郭树云】

郭树云，号伯棠，大埔大麻（今属梅州大埔）人。历任云南河西、会泽二县典史，办理军务，勤于巡守，精于筹饷。同治元年（1862），以功升知县，加五品衔，后为太平军所执，遇害。（同治《大埔县志》）——黄树雄

【郭振翮】

郭振翮，本姓陈，海阳归仁都（今属潮州潮安）人。康熙四十一年（1702）举人。历任直隶安平、衡水知县。（乾隆《潮州府志》、光绪《海阳县志》）——陈贤武

【郭留楫】

郭留楫，海阳龙溪都（今属潮州潮安）人。雍正二年（1724）补举人。候选知县。（光绪《海阳县志》）——陈贤武

【郭　铨】

郭铨，号铜君，大埔桃源（今属梅州大埔）人。庠生。豪于诗，脱口天然。生平有侠气，尚义举，兄弟析产不问肥硗。尝捐租三十六石为乡人公费。邑议修文庙，倡捐二百金。时家已中落，毫不介意。乡邻有不平事，不惮挺身赴诉，触县令，陷于缧绁。每日在狱中，朗诵《左传》，经年不辍。县令悔而释之。生平以奖掖后进为己任，晚年作擘窠大字尤奇纵，著有《小吟山馆诗稿》。（同治《大埔县志》、民国《大埔县志》）——黄树雄

【郭铭勋】

郭铭勋（？—1856），潮阳县廓都人。潮阳营千总。咸丰六年（1856），战殁金山。（光绪《潮阳县志》）——陈新杰

【郭敏高】

郭敏高，揭阳人。为人豪宕，千金到手即空。同治四年（1865），再逢饥荒，敏高设厂施赈，穷人多赖保

全。又尝延医救贫妇，施棺济乡人。卒年三十二，人皆惜之。(光绪《揭阳县续志》)——孙杜平

【郭维屏】

郭维屏（1825—1889），字象春，号树南，潮阳贵山都人。道光二十六年（1846）岁贡生。光绪五年（1879），钦命吏部候选。十五年（1889），授广州龙门县训导，未任卒。能诗。(光绪《潮阳县志》、《潮州诗萃》、《汾阳郭氏南阳族谱》)——陈新杰

【郭超南】

郭超南，字成任，号用兹，海阳龙溪（今属潮州潮安）人。雍正九年（1731）廪贡生。家素丰，好行善。十三年（1735）任广东香山训导。适有马南宝者，宋末倾家殉国难，旧志佚其名，超南力请于令，得附入《县志》"人物传"。又有苦节郑氏，家贫不能自达，为申请获旌。二十一年（1743）秩满假归。卒祀忠义孝弟祠。(光绪《海阳县志》、光绪《广州府志》)——陈贤武

【郭朝凤】

郭朝凤（1714—？），字仪之，揭阳人，普宁籍。监生，援捐通判。乾隆二十年（1755），选授福建福州通判。二十四年（1759），改授河南府杜平。(乾隆《揭阳县志》、《缙绅全本》、《清代官员履历档案全编》)——孙杜平

【郭朝宗】

郭朝宗，号环洲，大埔大麻（今属梅州大埔）人。长厚好义，贫不苟取。曾遇洪水覆渡，拼命救十余人，不受谢，不言劳。后家裕，能孝养乡里，义举乐为之。长子筠，由例贡授光禄寺署正。四子慎修，由附贡援例中书。(嘉庆《大埔县志》)——黄树雄

【郭敦业】

郭敦业，揭阳人。郭德杞子。生平乐善好施，有乃父风。曾创建祖祠，增置祭产，以助祀典。道光十二年（1832），县大饥荒，道殣相望。族有贫乏者，敦业按人给粮，使免流徙在外。又纠集绅商，捐款赈济，活人甚众。卒年七十余。累赠通奉大夫。(光绪《揭阳县续志》)——孙杜平

【郭瑞秉】

郭瑞秉（1762—1854？），揭阳人。咸丰四年（1854），土匪许亚梅倡众谋乱，声言直取棉湖。子孙念其年老，请以避贼。瑞秉以杖击地，坚誓不从。复挺身率众，共为守御，夙夜匪懈。贼闻有备，舍而东窜，寻为官军所灭。(光绪《揭阳县续志》)——孙杜平

【郭殿捷】

郭殿捷，字逊三，普宁人。诸生。与海阳陈珏（号双山）善，有

诗唱酬。著《慕斋诗文集》。(《潮州诗萃》)——陈新杰

【郭德杞】

郭德杞(1749—1852),揭阳人。性刚直不阿,见善勇为,一乡推为祭酒。凡遇掩骸赈饥之事,以及县中兴建,必捐巨款。每岁捐金赠棺,率以为常,子孙奉行不改,人以为难。道光二十九年(1849),寿一百一岁,朝廷赐给坊金、缎匹等。卒年一百四岁。驰赠通奉大夫。(光绪《揭阳县续志》)——孙杜平

【唐开俊】

唐开俊,字岩士,惠来龙溪都(今属揭阳惠来)人。文学唐瑀子,祖荫侄。事继母以孝称。其兄去世,时当刘进忠变乱,供役维艰,开俊抚养孤侄,早暮课其力学,迄今五世同居。生平严苛,自奉俭朴。周恤穷乏,敦睦乡邻。惠来知县王俣赠匾曰"孝义典型"。子易,侄时发,俱为县学生员。(雍正《惠来县志》)——周修东

【唐元勋】

唐元勋(1774—?),惠来龙溪都人。嘉庆十三年(1808)举人第二十一名,道光八年(1828)任惠州府永安县教谕,十一年(1831)、十二年(1832)及二十三年(1843)以教谕兼署永安县训导。(《广东全省历科解元题名录》、道光《广东通志》、光绪《惠州府志》)——周修东

【唐 凤】

唐凤,字羽云,潮阳人。康熙七年(1668),以都司佥事守贺县,军法严明,桂岭诸猺、獞惮之。孙延龄附吴三桂叛,凤诣督府陈破敌方略,督府令以援剿游击镇岑溪。时土镇蜂起,凤破斩其伪总兵林万胜、孙云客于藤县义昌乡,败其伪总兵王邦相、张宏防等于容县坡,里民赖以安。凤素得民心,且平易近人,乡人来见者,与之酒食衣服,讯所在形势,敌情每先知之,所向辄胜。后卒于官。(《大清一统志》、雍正《广西通志》)——陈新杰

【唐世炫】

唐世炫(一作"世燿"),字九望,惠来龙溪都人。上海丞以典从子。事亲至老,依依孺慕。友爱二弟,分家产时,宁可选择瘠田。读书有声县学,为文以程朱为本,教授弟子孜孜不倦。应顺治十一年(1654)岁贡,授高州训导。劳心奖诱,士气倍扬。学宫墙垣颓倒,殚力修筑。秩满,康熙二年(1663)调封川县教谕。重廉耻,戒轻浮,士风大振。卒于任上,士庶执绋,立碑永志。长子圻,生员;次子培,举人。(雍正《惠来县志》、乾隆《潮州府志》、道光《封川县志》、光绪《高州府志》)——周修东

【唐其翔】

唐其翔，号梧生，人呼为梧叟，别号笠云山人。隐居大埔三河山客洞，所谓南谷者也。性高洁，有石癖。工书，兼精篆刻。书法苍莽秀劲，逼真米芾。喜诗，日以诗酒自娱。其诗清微淡远，不食人间烟火。（民国《大埔县志》）——黄树雄

【唐拱极】

唐拱极，澄海苏湾都（今属汕头澄海）人。乾隆五十七年（1792）岁贡，擅书法。其书法从颜体入手，楷书结体严谨、点画圆整、端庄沉实，而整体面貌又如赵孟頫之饱满圆润，匀称流畅，即所谓"颜底赵面"。（《澄海历代书法概览》）——蔡文胜

【唐　宽】

唐宽，字敬五，惠来龙溪都（今属揭阳惠来）人，生员唐璇第三子。生性孝友，潜心读书，弱冠蜚声县学。中康熙四十一年（1702）第三名副榜举人。壮年益力学，博极群书，远近英彦争执弟子礼。知县查曾荣聘修《惠来县志》。未及出仕，六十五岁去世。著有《覆瓿》、《吹万》、《拟古》、《吼雪》诸集，藏于家。子倬，太学生，乡人以为其能读父书。（雍正《惠来县志》）——周修东

【唐　培】

唐培，字冠林，惠来龙溪都（今属揭阳惠来）人。封川县教谕世炫子。登康熙十一年（1672）举人第八名，部檄至，以继母年老，恋恋膝下。痛兄唐圻艰于子息，命子承继，将婚而没，复命季男为嗣。与同榜第六名张灏以气节自持，足不履官府之庭。生平宽和乐易，常以读书行善教训乡人。选巩昌府两当县知县，三日卒于北京客舍。长子鋐，监生；次子镰，监生，授州同。扶榇归。（雍正《惠来县志》、乾隆《潮州府志》）——周修东

【唐　璇】

唐璇，字伯玉，惠来龙溪都（今属揭阳惠来）人。上海丞以典孙。十三岁，父祖骆早逝，唐璇体悟母志，克自刻励。弱冠入读县学，绰有文名。尝与南川知县方应祷辈，创立青莲社，以角艺文。为文以程朱为本，大凡曾受其教学讲解者，或入读县学，或选为廪膳生，多刚正有声。唐璇屡赴省试，俱落第。生平秉正刚直，不以私事晋谒权贵，但事关县脉及学租，则力为倡议。著有《解鸣和居书说》。子宽，副榜举人。享年七十七岁。（雍正《惠来县志》）——周修东

十一画

【黄丁巳】

黄丁巳（1797—1889?），揭阳人。为人安分守己，与物无忤。受人

困辱，全不介怀。晚举乡宾。寿逾九十二。（光绪《揭阳县续志》）——孙杜平

【黄士高】

黄士高，大埔人，明季诸生，入清后为贡生。大埔高陂黄氏家族之得科名，自士高始。饶平总兵吴六奇闻其名，聘为西席。六奇以士高居室风水欠佳，欲助其别建屋宇，以资久居，士高以有妨张、李二姓住宅，固辞不可。其宅心忠恕可见。（民国《大埔县志》）——黄树雄

【黄士魁】

黄士魁，揭阳人，饶平籍。康熙二十三年（1684），中式举人第九名，官陕西沔阳知县。（康熙《潮州府志》、雍正《揭阳县志》、《广东贡士录》）——孙杜平

【黄大光】

黄大光，海阳人。咸丰间（1851—1861）授潮州镇中营千总，署本营守备。（光绪《海阳县志》）——陈贤武

【黄大武[①]】

黄大武，字贤垌，澄海蓬洲都（今属汕头市区）人。附贡生。敦笃孝友，喜读书，乐施与。乾隆十五年（1750）邑有石牌堤溃，乡民方修筑，适洪水暴至，无所措手。大武倾囊捐资，始克鸠工，秉烛夜治，保全田庐无数。（乾隆《澄海县志》、嘉庆《澄海县志》）——蔡文胜

【黄大武[②]】

黄大武，字荣京，号绍周，潮阳县廓都人。乾隆三十九年（1774）武举，翌年成武进士，选青州营守备，在任八载，兵民爱戴。历迁都司游击，署福建长福营参将，查办匪兵夏鸣雀匿名揭款一案，保全弁兵无数。嘉庆八年（1803），补福建水师提标、中军参将，捐俸备器械、选舫樯，法纪森严，海氛以净。年五十四卒于厦门官署。（嘉庆《潮阳县志》、光绪《潮阳县志》）——陈新杰

【黄大荣】

黄大荣，海阳人。咸丰间（1851—1861）授潮州镇左营千总，署南雄都司。（光绪《海阳县志》）——陈贤武

【黄大养】

黄大养，潮阳人。官厦门前营守备。（光绪《潮阳县志》）——陈新杰

【黄大卿】

黄大卿，榜姓陈，字君扬，普宁人。康熙五十三年（1714）举人。少负才名，为文有大家风格。雍正十三年（1735），任仁化县学教谕，捐俸修尊经阁，训迪有方，士风丕振。后以病告归，卒年七十。（乾隆《普宁县志》）——陈新杰

【黄大鹏】

黄大鹏，丰顺金汤市人。由行伍，升潮州黄冈协右营把总。咸丰二年（1952）、三年（1853）间随左副都御史柏俊从征太平军江南大营，攻镇江城，为炮火所伤而阵亡。（光绪《丰顺县志》）——陈贤武

【黄万英】

黄万英，揭阳人。县学生。生平敦行好学，督课子弟，多以成材。卒年八十二。（乾隆《揭阳县志》）——孙杜平

【黄万选】

黄万选，字简之，饶平北城内（今属潮州饶平）人。享寿九十有四，亲见五代同堂，号为人瑞，同治元年（1862）有司给"八叶衍祥"匾额。（光绪《饶平县志》）——黄树雄

【黄义德】

黄义德，潮阳直浦都人。廪贡，署番禺训导。（光绪《潮阳县志》）——陈新杰

【黄之骥】

黄之骥（1786—1831），号仲昂，澄海上外莆都（今属汕头澄海）人。举人黄蟾桂之子。嘉庆十三年（1808）乡试亚元。为文汪洋恣肆，说理尤粹。澄海知县慕其文行，聘教景韩书院，又尝掌教揭邑，两县学士赖以成才者甚众。生平以名节自励，于公益尤为用心，请增北港灰白新发坪五百余亩为景韩书院院产，募银十二万两建文祠，置产业；又请于当道，准予米麦粮类免饷；于上中下三都堤防均逐段按田亩合作分工，使之巩固。至若恤宗亲、设赈济，尤多致意焉。（《灵光集》）——蔡文胜

【黄飞腾】

黄飞腾，揭阳人。附贡生，候选训导。读书敏悟，旁究医术，常以扶危救难。亲友患病就医，诊治多不受谢；贫穷者，兼赠以药。同治四年（1865），时疫流行，活人无数，为乡邻所称许。（光绪《揭阳县续志》）——孙杜平

【黄子震】

黄子震，字东长，澄海人。雍正十年（1732）举人。性敦厚，为乡里约正，务息事宁人。应聘参与修纂《澄海县志》。（乾隆《澄海县志》、嘉庆《澄海县志》）——蔡文胜

【黄天祐】

黄天祐，字忞岩，澄海苏湾都（今属汕头澄海）人。性旷达，不屑细务，诗酒之外无所知。康熙二十六年（1687）中举人，授三水知县，以耽误公务罢职。继因亏公帑系澄狱中，当道察非其罪，得释。当系狱时，犹吟啸如平日。每岁所得诗，必使人持付其子藏之。一时传为趣谈。（嘉庆《澄海县志》、《潮州西湖山

志》）——蔡文胜

【黄天寅】

黄天寅（1680—1745），字锡万，号统三。澄海苏湾都（今属汕头澄海）人。康熙四十四年（1705）武举人，五十四年（1715）武进士，授御前侍卫，出为乍浦营游击。历任浙江黄岩镇右营游击、湖北提标营游击，升江西宁石营参将，以军功封怀远将军。在任时，一切陋规，悉去之。及老致仕，家贫几不能自存。有族人以百金助之，转以给他人。其慷慨好施，多类此。（嘉庆《澄海县志》）——蔡文胜

【黄元长】

黄元长，字子善，揭阳人。生员。雍正四年至五年间（1726—1727），连岁饥荒，元长在县助赈。又奉道员方某劝谕，出谷四十石，入藏县仓，用以平粜。先后获知县及各官员赠匾旌奖。（雍正《揭阳县志》）——孙杜平

【黄元臣】

黄元臣，隆澳人。少失怙恃，长事佃渔，然膂力过人。有大志，喜习武。闻屏山寺僧某精技击，往师之。如是三年，技大进。弃渔从军，初补目兵，以材武见重于上官，复屡擒海盗，积功拔补外委，累迁千总。乾隆三十一年（1766），补香山协右营守备，时年已六十六。旋擢本协右营都司，调钦州龙门协中军都司佥书，兼左营都司。三十二年（1767），调署新安营游击事，补授水师提标左营游击，晋参将。寻升香山协副将，授武功大夫，加三级。引年归，居家广行善行，称一方长者。逾年卒。（民国《南澳县志》）——黄迎涛

【黄元枢】

黄元枢，字子慎，澄海人。乾隆元年（1736）由恩贡授固安知县，性刚介，执法无所挠。邑有王姓园地为旗庄马氏所占，讼之官，历任皆瞻徇。元枢廉得其情，断归王。马即夤缘翻案。元枢径以事闻于上官，并置关说者于法。一时直声震都下。岁饥赈济，不遗不滥。上官嘉其能，调广平。甫两月，丁父艰。服满补山东荏平。兴利除弊，清操如一。罢官归，阖邑泣送焉。（乾隆《潮州府志》）——蔡文胜

【黄元榜】

黄元榜，海阳人。乾隆十七年（1752）进士。（乾隆《潮州府志》、光绪《海阳县志》）——陈贤武

【黄元裳】

黄元裳，揭阳人。乾隆二十四年（1759）举人。三十九年（1774），授广东高要教谕，升钦州学正。（乾隆《揭阳县志》、道光《高要县志》、《广东贡士录》）——孙杜平

【黄元骧】

黄元骧，字天闲，原籍漳浦，随父盛任潮州镇中营游击入潮。由把总起家，累官山东登州总兵，都督佥事。明韬略，勤绥辑，有名将风。康熙（1662—1722）末年山东沿海炮台共有一百座，皆为烟墩加炮位之简陋结构，形同虚设。雍正（1723—1735）初年，黄元骧主张以三合土筑成坚固城堡，雍正帝采纳其建议，开始在山东沿海要冲之地重建炮台，从雍正四年（1726）到雍正十年（1732）共建成炮台二十座。雍正四年（1726）十一月以年老致仕，遂落籍海阳。（光绪《海阳县志》、《清实录》、《山东海洋贸易与海洋文化研究》）——陈贤武

【黄日高①】

黄日高（1695—?），海阳龙溪大桥村（今属潮州潮安）人。康熙五十六年（1717）举人。候选知县。乾隆七年（1742）至九年（1744）任广西思恩府武缘知县。（乾隆《潮州府志》、光绪《海阳县志》、新编《武鸣县志》）——陈贤武

【黄日高②】

黄日高，潮阳招收都（今属汕头濠江）人。五品顶戴藏韬子，官湄洲守备，世袭云骑尉。（光绪《潮阳县志》）——陈新杰

【黄日攀】

黄日攀，揭阳人。性孝顺。父好弈棋，客至其家，日攀必强留饭。及父年老，食多哽噎，日攀命妻断婴儿乳，以之供饮老父。生平喜观书史，虽老而不遇，多能资助寒士。被授冠带。卒年九十六。（乾隆《揭阳县志》）——孙杜平

【黄仁勇】

黄仁勇（1762—1817），字良越，号智斋，海阳人。貌殊伟，精武艺，虎头燕颔，膂力绝伦，能挽二石弓。乾隆四十六年（1781）中文秀才。乾隆五十七年（1792），年二十余中武举。嘉庆元年（1796），殿试一甲第一名，赐武进士及第，授头等侍卫。七年（1802），署金门镇中军游击。十六年（1811），上疏请求解甲归田。自奉甚约。但不忘为桑梓造福，在农田水利建设方面做出贡献。（《嘉庆帝起居注》、《清实录》、光绪《海阳县志》、光绪《金门志》、《粤屑》）——陈贤武

【黄从龙】

黄从龙，字云峰，号士模，饶平元歌都（今属潮州饶平）人。乾隆五十七年（1792）举人。曾孙大光，字玉山，为同治十一年（1872）举人。（道光《广东通志》、光绪《饶平县志》）——黄树雄

【黄氏（吴禹昭妻）】

黄氏（吴禹昭妻），潮阳招收都人。年一百有三。长媳余氏年九十七，次媳黄氏八十三岁，季媳邱氏八十七岁，俱五代同堂。督学殷寿彭赠曰"期颐衍庆"。（光绪《潮阳县志》）——陈新杰

【黄氏（林良贤妻）】

黄氏（林良贤妻），嫁惠来林家。二十二岁而寡，服事公婆，抚养孤儿，内外无缺。捐出陪嫁首饰以修建祖祠，创立烝田。东溪山水骤发，田庐淹没。其子告知族众将导水筑堤，黄氏复捐出金钱，以毕其役。其他善行如开辟仄径，建造桥梁，为世所称。守节五十余年，四代一堂，享寿七十一岁。（乾隆《潮州府志》）——周修东

【黄氏（徐作揖妻）】

黄氏（徐作揖妻），潮阳人。明敏好学，通子史百家言。及笄于归，篝灯助读，与徐俨若良友。越十载，夫亡，黄氏坚贞守义，严课诸孤，以女工给朝夕，虽集蓼茹荼，晏如也。子徐韩，举人。（乾隆《潮州府志》）——陈新杰

【黄氏（萧美峰妻）】

黄氏（萧美峰妻），潮阳人。家贫，守节，抚孤，又育孤侄如己出。（光绪《潮阳县志》）——陈新杰

【黄氏（颜著明妻）】

黄氏（颜著明妻），潮阳人。年二十九，家贫守节，知县赠曰"节操可风"。卒年一百有一，亲见五世。（光绪《潮阳县志》）——陈新杰

【黄凤鸣】

黄凤鸣，号美传，饶平城内人。由贡生历署训导，嘉庆五年（1800）署东莞教谕。生平好善乐施，倡修饶平天后宫、望海岭德风亭。出资建火神庙、文昌祠，并置祭业。后裔亦能继承其志。（光绪《饶平县志》、民国《东莞县志》）——黄树雄

【黄凤】

黄凤（1705—1783），字殿宇，号飞阁，潮阳招收都人。行伍出身。乾隆三十五年（1770），任台湾协副将。三十八年（1773）秋，调署南澳总兵。（嘉庆《续修台湾县志》、民国《南澳县志》、《青蓝黄氏永思堂族谱》）——陈新杰

【黄文学】

黄文学，海阳人。乾隆年间（1736—1795）岁贡。授东安教谕。（光绪《海阳县志》）——陈贤武

【黄文秸】

黄文秸，揭阳人。康熙间（1662—1722）例贡。三十六年（1697），授广东三水教谕。五十年（1711），调海康。五十九年（1720），升广州教授。（雍正《揭阳

县志》、嘉庆《三水县志》、嘉庆《海康县志》、光绪《广州府志》）——孙杜平

【黄文煌】

黄文煌（1611—?），号端行，揭阳人。为人忠信仁厚，事亲至孝。明、清二朝官府，先后各以匾旌奖之。（雍正《揭阳县志》）——孙杜平

【黄正忠】

黄正忠，字献彩，程乡人。早岁投笔从戎，随提师剿捕海寇杨二，又移师进征雷州及新安碣石等处，艰险不避，累建战功。康熙十年（1671）提督中军茹熊克扣兵饷，军士皆怨。正忠间关七千里，入京控奏案内胪款十八，计赃八千多，奉旨茹熊革职，派兵四名护送正忠回籍，粤军颂德。次年闽杭贼者童超臣等寇掠程乡，正忠率众杀贼，民赖以安。（光绪《嘉应州志》）——黄晓丹

【黄世杰】

黄世杰，字直方，号文岱，揭阳人。少有才名，与直督郑大进友善，同见知于学政惠士奇。乾隆七年（1742）进士，叙选知县，未仕。生平淡泊名利，笃志贤儒。在县设教，从学者众，多所造就。县修学宫，与进士许登庸合力赞成其事。著有《四书精选备要》、《史鉴叶韵》等，皆有裨益学者。（光绪《揭阳县续志》）——孙杜平

【黄世谟】

黄世谟，字允明，揭阳人。武进士黄壮猷父。贡生。禀性谦恭。家庭和睦，每以刻薄寡恩诫子弟。生平慎言端品，为人敬重。署县黄大鹤举为黄氏族正。邻里间有矛盾，请其解决，往往争讼平息。有陈太丘之风。（乾隆《揭阳县志》）——孙杜平

【黄龙遇】

黄龙遇，普宁洑水都人。生平笃信孝友，好学重本，建祖祠，设家塾，日培彦伦，课督宗人子弟。（光绪《普宁县志》）——陈新杰

【黄平运】

黄平运，海阳人。康熙五十六年（1717）岁贡。雍正十一年（1733）授广东德庆训导。（光绪《海阳县志》、光绪《德庆州志》）——陈贤武

【黄　平】

黄平（?—1770），字奕集，普宁黄坑都人。事亲愉色婉容，人言无间。卒后，诏安进士陈丹心为立传。（光绪《普宁县志》）——陈新杰

【黄　甲】

黄甲，海阳人。康熙二十一年（1682）任广东阳山训导。（光绪《广州府志》）——陈贤武

【黄仕俊】

黄仕俊，一作士俊，号蒙庵，揭

阳人。顺治十七年（1660）举人第三名。康熙元年（1662），授直隶衡水知县。（康熙《潮州府志》、雍正《揭阳县志》、乾隆《衡水县志》、《何恃堂稿》）——孙杜平

【黄仙春】

黄仙春，原名中通，字理卿，潮阳竹山都人。宋潮州知州詹之裔。淡泊守礼，慨然有志于濂、洛薪传，潮、揭士人多师事之。顺治八年（1651）举人，授龙泉知县。莅任九阅月，引年归。优游林下，以诗酒自娱。卒年八十。著有文稿行世。（康熙《潮阳县志》、《鹿洲初集》、嘉庆《潮阳县志》）——陈新杰

【黄立庄】

黄立庄，潮阳贵山都人。母病，亲为濯足，起卧必扶持，经数月无惰容。母寻愈，后十余年，母卒，枕块食素三载。（嘉庆《潮阳县志》）——陈新杰

【黄永山】

黄永山，潮阳人。康熙五十二年（1713）武举，官江苏督漕守备。（光绪《潮阳县志》）——陈新杰

【黄永昌】

黄永昌，普宁洑水都人。贫而乐善，中年从军，平台湾归途中遇海阳客李某同宿逆旅，李有黄金、银千余，原藏里衣，因浴遗失，黄拾得之。李时惘惘，未之觉也，行出门方悟，回寻无踪，声泪交下，黄询其金数相符，举以还之，李感喟，叩天颂祷。卒年八十八。（光绪《普宁县志》）——陈新杰

【黄邦纶】

黄邦纶，普宁黄坑都人。习医，设馆于大坝，额曰"仁寿"，称黄仙。子孙多继其业。（光绪《普宁县志》）——陈新杰

【黄邦彦】

黄邦彦（1736—1805），字钦赐，海阳人。乾隆三十年（1765）副榜，三十三年（1768）岁贡。授文昌教谕，侍母至孝，未赴任。（光绪《海阳县志》）——陈贤武

【黄再全】

黄再全，又名业振，字扬福，海阳金砂（今属潮州潮安）人。壮年南渡星洲，于35岁创福隆号，为潮人殷商。同治六年（1867）倡建潮州江夏堂，是新加坡氏族团体之首创者之一。民国二年（1913）在家乡创办镕金国民学校，亲聘名师，自任校董。（《彩塘镇志》）——陈贤武

【黄有清】

黄有清，潮阳人。世袭恩骑尉。同治五年（1866），任潮阳营千总。（光绪《潮阳县志》）——陈新杰

【黄有德】

黄有德（1705—1782），字声亭，号眷斋，海阳上莆都（今属潮州潮

安）人。乾隆二年（1737）进士。十三年（1748）补授云南易门令。居官十载，清廉不欺，带头捐资发动县城的官绅、百姓重修城内沟渠，易民戴德，为建生祠。任间两聘云南乡闱同考官。二十年（1753）致政归，当道慕名，先后聘主潮阳东山、澄海景韩、惠州丰湖等书院。（光绪《海阳县志》、《清代官员履历档案全编》）——陈贤武

【黄至刚】
　　黄至刚，惠来人。乾隆五十八年（1793）岁贡，授高明县训导，与修《高明县志》。嘉庆五年（1800）钦赐举人。（光绪《肇庆府志》、光绪《高明县志》）——周修东

【黄师印】
　　黄师印，揭阳人。性敦孝悌。曾建祖祠，并置蒸尝田产。康熙末年（1707—1714），知县刘锡玠给匾奖励。卒年七十八。（乾隆《揭阳县志》）——孙杜平

【黄廷栋】
　　黄廷栋，海阳人。乾隆五十三年（1788）举人第四名，经魁。（光绪《海阳县志》）——陈贤武

【黄廷勇】
　　黄廷勇，潮阳县廓都人。乾隆三年（1738）武举，官东昌卫漕运守备。（嘉庆《潮阳县志》、光绪《潮阳县志》）——陈新杰

【黄乔岳】
　　黄乔岳（1850—1910），字惠然，澄海上外莆都（今属汕头澄海）人。举人黄蟾桂之玄孙。幼颖悟好学，尤喜诗文医籍。为治母眼疾，刻苦攻读医书，访寻民间验方、秘方，深究病理。后以医为业，整理医案，编撰《眼科全书》，于眼科七十二症状，均有图示及辨证施治之法。（1992年《澄海县志》、《澄海江夏黄氏源流》）——蔡文胜

【黄伟连】
　　黄伟连，字旭海，饶平（今属潮州饶平）人。以孝弟称，人言无间，县官赠匾曰"盛世耆英"。康熙六年（1667）岁荒，子巨川捐米煮粥救饥，县官给以匾额曰"慈惠三饶"。（光绪《饶平县志》）——黄树雄

【黄伟球】
　　黄伟球，字玉左，饶平人。以事母孝著闻，县令赠其扁曰"孺慕动天"。（康熙《饶平县志》）——黄树雄

【黄　伟】
　　黄伟，海阳人。乾隆三年（1738）岁贡。授连山训导。（光绪《海阳县志》）——陈贤武

【黄传茂】
　　黄传茂，揭阳人。廪贡生黄甲儒父。少即失母，竭力事父，勤慎不懈。为人敦和，排难解纷，乡邻感

德。后移居县城钉屐街。同治年间（1862—1874），钉屐铺屋，两因乡人械斗，为官府、豪族所拆毁。传茂因性善良，居所独被保全。（光绪《揭阳县续志》）——孙杜平

【黄仲惠】

黄仲惠，字象敏，揭阳人。例贡生。长从祖、父经商，后贸易于广州，以忠信勤俭起家。为人浑厚宽和，友爱诸弟。生平向学，好购蓄书籍。人或笑其痴，仲惠答以留资后人学习。又揭阳陋俗，延师教学，束脩多用轻洋银，仲惠则改为重者，后遵为例。卒年五十四。临终之际，惟嘱子弟读书，以振家声。子孙多为贡生、庠生。人以为重学敬师之报。（光绪《揭阳县续志》）——孙杜平

【黄华珍】

黄华珍，普宁黄坑都人。父黄杨、子舜甫，均以医名。嘉庆二十一年（1816），知县赵俊以"功深三折"旌其门。（光绪《普宁县志》）——陈新杰

【黄　华】

黄华，字太华，原籍饶平宣化都大埔人，生于潮州郡城。明南京礼部尚书黄锦孙，举人黄殿龄子。丰标潇洒，诗笔轶宕，书法师其祖，擅名于时，草书尤胜。康熙（1662—1722）初，游于庠，因天赋爽迈，不屑于举业，以青衿终。有《四牧堂集》。（《饶平鸿程黄氏传芳录》、《潮州艺文志》）——陈贤武

【黄兆荣】

黄兆荣（1786—1831），字采南，海阳人。嘉庆十五年（1810）举人。道光八年（1828）官广东清远教谕。十一年（1831）卒于官。少负才名，中年贫病交加。赖友人吕小伊时拯之，且为刊其集。其诗思新语颖，时露锋锷。著有《警枕存钞》。（光绪《海阳县志》、《潮州诗萃》、《潮州艺文志》）——陈贤武

【黄旭吉】

黄旭吉，澄海上外莆都（今属汕头澄海）人。少孤，事母以孝闻，又乐善好施，族党称之。顺治二年（1645），清兵入关，各处变乱。旭吉携弟兆祥家于澄海苏湾都梅州村，艰苦经营，衣食稍足，即为延师课儿辈，子孙辈后多成名。孙黄国宝，乾隆十年（1745）进士。（雍正《澄海县志》、乾隆《澄海县志》）——蔡文胜

【黄色秀】

黄色秀，揭阳人。廪生。为人好学能文。平生仗义疏财，好为排难解纷。遇不平事，据理力争。君子见而倾心，小人也不敢轻悔。（光绪《揭阳县续志》）——孙杜平

【黄庆元】

黄庆元，字善之，深澳人。神采

清严,性行端敏。读书达世务,兼擅词翰,挥毫遒逸如其人,小楷弥胜,作画亦佳。未及壮,以门荫袭云骑尉,归标效力。积劳补守备。寻迁都司。道光二十二年(1842),擢水师提标右营游击。时洋夷俶扰,会匪披猖,堵剿擒剃,屡着战功。二十五年(1845),升署平海营参将,是年八月丁忧。服阕,二十七年(1847)十二月,以广东龙门协副将署理阳江镇总兵官。二十八年(1848)五月,授琼州镇总兵官。自归标后,专攻兵家,水战法尤谙练。与同里洪名香,称粤疆水师名将。凡遇水师要缺需员,大府辄先就两人中奏请调补,每互为交替。二十九年(1849),名香镇虎门,庆元则建牙琼岛。节钺相望,闾里交荣。(民国《南澳县志》)——黄迎涛

【黄壮略】

黄壮略(?—1773),字学三,揭阳人。为人躯干魁梧,志气远大。乾隆二十五年(1760)武进士,试授福建汀州右营守备,历湖北宜昌镇、施南协中军。擢贵州安笼右营都司。三十八年(1773),派往四川,征剿金川土司。前后打仗三十余次,功列超等,为定西将军阿桂器重。以劳卒于军中。朝廷准将事迹入《忠良传》,祀昭忠祠,并荫一子为七品监生。(乾隆《揭阳县志》、《清史稿》)——孙杜平

【黄汝坚】

黄汝坚,字淑庭,程乡人。援例铨选县丞。生平慷慨好义,凡有益于乡里者,无不勇为。时渡江津一带河浅水急,岸皆沙土,每值春夏水涨,河岸崩颓,动辄数丈,雍正(1723—1735)初益甚,渐及铺宇。汝坚捐资,自渡江津至大榕阁,连筑数石,堆以御之,而后几百年,借此堆之力,西街再无水患。知州王者辅以"梓乡砥柱"额旌之。(光绪《嘉应州志》)——黄晓丹

【黄如松】

黄如松,字贤表,澄海下外莆都(今属汕头澄海)人,监生。为人淳朴勤谨,好行善事。曾有佃户积欠租谷累年,如松闻其家贫,悉免除之。乾隆六十年(1795)大饥,亲戚中有困乏者,倾囊周恤,毫不吝惜。(嘉庆《澄海县志》)——蔡文胜

【黄进平】

黄进平(1798—?),字仰山,深澳人。饶勇力,有大志。道光(1821—1850)末,洋夷内侵。海上多事,奋袂投充水兵。靖洋荡寇,迭建勋劳。由偏裨渐升至海坛镇总兵。同治(1862—1874)初,升授福建水师提督,驻节厦门。治军严肃,持躬清俭,廉俸之外一文不以苟取,苞苴馈赠概行屏绝,厦之人咸以"黄勿

钱"称之。以是军民和洽，洋海晏安。卒后，家无余财，营葬苟简，不如制。过其墓下者，多叹廉吏可为而不可为也。（民国《南澳县志》、《左宗棠全集》）——黄迎涛

【黄远登】

黄远登，惠来龙溪都人。嘉庆年间（1796—1820）岁贡，为一方巨富。注重培育人材，创办山房教学。一家四子，或进邑庠，或捐州同，成为书香门第。孙，黄衢，同治间（1862—1874）岁贡。（新编《惠来县志》）——周修东

【黄劳谦】

黄劳谦，潮阳直浦都人。宋潮州知州黄詹裔孙。嘉庆三年（1798）举人。以孙黄章赠奉直大夫、刑部七品小京官。（嘉庆《潮阳县志》）——陈新杰

【黄克瑕】

黄克瑕，饶平元歌都（今属潮州饶平）人。享寿一百岁。康熙二十八年（1689）县令赠以匾额曰"齿高德隆"。（光绪《饶平县志》）——黄树雄

【黄杨氏】

黄杨氏，揭阳人。贡生杨有禔之母。年二十八而寡，时子幼、翁姑老。黄杨氏矢志孀守，赡养无亏，健持门户，三十年如一日。雍正四年至五年间（1726—1727），连遭饥馑，氏捐银一千余两，命子设粥厂，以赈饥贫。十一年（1733）被旌奖。（雍正《揭阳县志》）——孙杜平

【黄连茹】

黄连茹，号吉南，大埔枫朗（今属梅州大埔）人。雅好文词，尤多义举。道光十六年（1836），修九峻岭茶亭，增田租一十五石。又募建高陂路茶亭，寺观路桥向募辄捐。（同治《大埔县志》）——黄树雄

【黄时荣】

黄时荣，惠来人。挨贡，嘉庆十三年（1808）任惠州府博罗县训导。（光绪《惠州府志》）——周修东

【黄秀文】

黄秀文，揭阳人。性严正，待人谦谨。尝被赐予粟帛。卒年八十五。（乾隆《揭阳县志》）——孙杜平

【黄应泰】

黄应泰，字中溪，潮阳人。蓝鹿洲门人。雍正十三年（1735）拔贡。（《棉阳学准》）——陈新杰

【黄应旌】

黄应旌，号受伯，揭阳人。府学生。为人慷慨好义，公正无私。知县张晓推荐为九都约正，申报道、府旌奖。后知县胡鹤翥又奖以"熙朝廉正"匾额。卒年八十九。（光绪《揭阳县续志》）——孙杜平

【黄　灿】

黄灿，海阳人。乾隆元年至七年

(1736—1742）任广东儋州营守备。（光绪《海阳县志》、乾隆《琼州府志》）——陈贤武

【黄良才】

黄良才（1726—1791），字孟一，海阳江东都（今属潮州潮安）人。乾隆十九年（1754）拔贡。四十一年至四十五年（1776—1780）任广东雷州训导。（光绪《海阳县志》、嘉庆《雷州府志》）——陈贤武

【黄君容】

黄君容（1709—1814），普宁洑水都人。性敏好学，至老，父子相对谈诗书，不涉外事，卒年一百有六。子显桂廪贡生。后嗣昌炽，称望族焉。（光绪《普宁县志》）——陈新杰

【黄陈氏】

黄陈氏，揭阳人。武举黄国祥、袭祥之祖母。年二十三守寡，誓志抚孤。生平孝事翁姑，和睦妯娌。闺范肃然，间里称之。（光绪《揭阳县续志》）——孙杜平

【黄武贤】

黄武贤（1821—1898），又名琼林，字侯光，潮阳直浦都人。道光三十年（1850）应募从戎。咸丰四年（1854）十月，随曾国藩征湖北，此役有功，旨赏顶戴花翎。咸丰十一年（1861），调浙江巡抚左宗棠处副总兵。同治三年（1864），奉召入京，晋见慈禧太后和同治皇帝，封建威将军，升甘肃西宁镇挂印总兵官。十一年（1872），擢云南提督。光绪元年（1875），奉召赴新疆，讨伐犯境之敌，收复乌鲁木齐、玛丽斯、吐鲁番及南疆。三年（1877），晋阶一品，重赴云南任职。七年（1881），告归。二十二年（1896），开浚关埠南炮台十八个村庄间河道，乡民德之。（光绪《潮阳县志》）——陈新杰

【黄其蕃】

黄其蕃，字寿之，海阳人。行伍出身。光绪二十八年（1902）任潮州镇标左营守备左哨千总。（光绪《海阳县志》、《清代缙绅集成》）——陈贤武

【黄英钟】

黄英钟，字建铭，揭阳人。训导黄飞腾父。例贡生。为人谦让，乐善好施。尝置祭业以祀先，让家财以与兄，亲戚中有孤寡贫乏者，周恤无遗。他如造桥修路，踊跃参与。乡邻无不嘉赞。卒年八十三。（光绪《揭阳县续志》）——孙杜平

【黄 英】

黄英，惠来县惠来都人。雍正七年（1729）武举人，八年（1730）武进士，任江苏抚标右营都司。（雍正《惠来县志》、乾隆《潮州府志》）——周修东

【黄松亭】

黄松亭（1835—1918），澄海下外莆都（今属汕头澄海）人。早年于汕头贩卖鱼露，后合创"森峰号"批局于汕头埠。又自制苎布及水衫裤，配寄往新加坡代售。后因账务未清，亲至新加坡收账，旋与杜崇烈、黄基业等人，合资创办森峰栈，经营绸布及汇兑民信生意，后又创"孔明斋纸料店"，经营香汕纸料、账簿文具。1905年，新加坡同侨发起创办新加坡中华总商会，松亭为发起人之一。1906年，参与发起创设四海通银行，并任该行首任经理。同年与杨缵文、蓝金升、蔡子庸等潮商发起筹办端蒙学校。（《澄海县华侨志》、《石叻澄邑先哲传略》）——蔡文胜

【黄杰者】

黄杰者，揭阳人。秉性平和，素重名义。与妻江氏年并八十八。（乾隆《揭阳县志》）——孙杜平

【黄雨珠】

黄雨珠，饶平元歌都（今属潮州饶平）人。生平睦族亲邻，勇于从义。饶之琴峰书院，旧乏膏伙，珠独捐田相助，县令赠以匾额曰"惠及艺林"嘉奖之。（光绪《饶平县志》）——黄树雄

【黄奋飞】

黄奋飞，揭阳人。乾隆十九年（1754）岁贡。四十一年（1776），授广东三水训导。为人品端学邃，善于诱导。从其学者，多所成就。卒年八十二。（乾隆《揭阳县志》、嘉庆《三水县志》）——孙杜平

【黄卓喜】

黄卓喜，深澳人。乾隆间（1736—1795）由南澳镇标左营把总升任千总。（乾隆《南澳志》）——黄迎涛

【黄尚贲】

黄尚贲，海阳人。康熙二十二年（1683）岁贡。授归善训导。（光绪《海阳县志》）——陈贤武

【黄昆藏】

黄昆藏，揭阳人。为人淳静寡欲。年八十五，被授予顶戴。（乾隆《揭阳县志》）——孙杜平

【黄国宝】

黄国宝，字宗大，澄海人。黄子震之子。雍正七年（1729）举人，乾隆十年（1745）进士，有文誉，性情淡泊，不善钻营。未仕卒。（乾隆《澄海县志》、嘉庆《澄海县志》）——蔡文胜

【黄国辅】

黄国辅，字贤礼，号弼亭，潮阳县廓都人。武举国宝弟。幼励学，以勋业自期。乾隆三年（1738）武举。有孝行，以母垂老侍养，遂不复北上。久之，母逾百岁，力为之请旌。助修文庙、书院及郡凤凰台。凡桥

梁、道路，靡不捐资乐助，当事者赖之。（嘉庆《潮阳县志》、光绪《潮阳县志》）——陈新杰

【黄昌期】

黄昌期，字尚副，号慰若，大埔同仁（今属梅州大埔）人。道光三年（1823）岁贡。生平厚重，动循礼法，尝焚香默坐养心弥月。著有《四书文引》藏于家。批选古时文各八十篇，名《换骨金丹》，学者宝之。郡邑俊彦多出其门，言行为人佩服。卒年七十有三。（同治《大埔县志》、民国《大埔县志》）——黄树雄

【黄昌遇】

黄昌遇，澄海下外莆都（今属汕头澄海）人。乾隆三十三年（1768）举人。官长宁教谕。（嘉庆《澄海县志》）——蔡文胜

【黄昌亶】

黄昌亶，潮阳直浦都人。诸生。以仁孝闻。家小康，凡祖祠、祭田靡不竭力为之，亲戚尤多所周恤，知县旌之。（嘉庆《潮阳县志》）——陈新杰

【黄垂裕】

黄垂裕，揭阳人。武进士黄壮猷、壮略祖。性温厚仁和，利人济物，善行素著。卒年七十二。（乾隆《揭阳县志》）——孙杜平

【黄和长】

黄和长（1662—1772？），揭阳人。为人诚朴，导和纳粹。乾隆十七年（1752），被授八品顶带。二十七年（1762），获赐肉帛。三十七年（1772），年一百一岁，朝廷赏赐坊金、缎匹，准予建坊。（乾隆《揭阳县志》）——孙杜平

【黄 金】

黄金，潮阳县廓都人。官拱极营游击。（光绪《潮阳县志》）——陈新杰

【黄金福】

黄金福，潮阳竹山都人。云南提督武贤侄，简放总兵，阿克敦巴图鲁，署惠州协副将。（光绪《潮阳县志》）——陈新杰

【黄学亮】

黄学亮，潮阳贵山都人。父寝疾数载，药必亲尝。性尤好施，临终谕其子：凡称贷所不能偿者，焚其券。知府周题匾额旌表之。（嘉庆《潮阳县志》、光绪《潮阳县志》）——陈新杰

【黄 河】

黄河，字际清，揭阳人。廪膳生。为人好读书，重器识，言动有礼，一乡敬仰。好勇斗狠之风，悉被感化。尝集训俗格言，用以劝诫世人。一生考试不利，终以诸生老。（光绪《揭阳县续志》）——孙杜平

【黄宗有】

黄宗有，揭阳人。县学生。生平

周济邻里，敦睦宗族，垂老不衰。年九十，被授八品顶带。（乾隆《揭阳县志》）——孙杜平

【黄承贻】

黄承贻，字述之，海阳人。少供职惠潮嘉道署，受知于刚毅，会刚别迁，转荐于方耀所。时方耀清办九属匪案，文檄旁午，多出承贻手。后方耀提督惠州，转督虎门，承贻皆囊橐笔从，凡上下行文件，非承贻不惬耀意。历保至知县，分省广西，巡抚黄槐森与承贻有旧，委署兴安县。事未行，有同官某，年老候补过十载矣，不得一职慰亲心，乞承贻援手，承贻为言于槐森，让以己职，槐森心善之，别委承贻平乐通判，寻命提调志书局。以疾卒，年四十九。（《似园文存》、《潮州志补编》）——陈贤武

【黄承箕】

黄承箕，字文豹，饶平隆都（今属汕头澄海）人。进海阳县学。少家贫苦学，课徒以奉母。顺治十四年（1657）中举人，康熙九年（1670）中进士。为人谨厚，不事奢华。虽登第，恂恂如诸生时。殿试后归家，未几而卒，时人惜之。（康熙《饶平县志》、光绪《海阳县志》）——黄树雄

【黄春川】

黄春川，普宁黄坑都人。例贡。秉性正直，乐行善事，乡邻构衅，善为排解。咸丰四年（1854），许亚梅之乱，助官军击贼，时任知县潘铭宪以"好义可风"旌其庐。卒年八十八。子孙百余人。（光绪《普宁县志》）——陈新杰

【黄荩臣】

黄荩臣，字永忠，号文行，大埔湖洋（今属梅州大埔）人。性刚正，好善乐施，修义学，捐银江口渡费，修新渡口桥梁，又修龙江寺路。咸丰七年（1857）饥荒，发资赈，邻里沾惠。（同治《大埔县志》）——黄树雄

【黄　标】

黄标（1741—1803），字殿豪，深澳人。幼孤，负薪养母。读书识大义，膂力过人。甫弱冠，充本澳镇标步兵，拔补外委，迁把总。乾隆四十一年（1776），擢本标右营千总。四十五年（1780）补香山协右营守备。寻署左营都司事。移家居焉。越年，调署新安营游击。整饬营伍，宽猛相济。五十五年（1790）夏，吴昌盛等寇龙门，奉檄率水师随阳江协副将林国良进剿。录功补都司。以迭获海洋巨匪，历广海寨游击、海门营参将之职。嘉庆三年（1798）叙功擢澄海协副将。未几，升授左翼镇总兵官。命总统巡洋水师，责以肃清海盗。以屡着劳绩，赏顶戴花翎。因杀贼立功，着从优叙加三级。旋奉召陛见，授武

显将军。八年（1803），复与孙全谋出海捕贼，贼望风遁广州湾。全谋以相持日久，虑有风涛患，不如分兵。乃分其兵以去。独守要隘。贼困甚，嗣侦知官兵船少势孤，悉众冲突出。寡不敌众，乃发炮烟迷贼艘，佯作追捕状，全师引退。愤懑成疾，寻坐师久无功，吏议夺职留任。是年十一月，卒于电白军次，所著有《测天赋注》、《海疆理道图》、《广东诸洋图说》诸书行于世。子琮，海门营参将。（民国《南澳县志》）——黄迎涛

【黄咸熙】

黄咸熙，海阳人。附贡生。咸丰六年至八年（1856—1858）署广东文昌教谕。（光绪《海阳县志》、咸丰《文昌县志》）——陈贤武

【黄显生】

黄显生，揭阳人。家境贫甚。年十二丧母，哀毁骨立，事继母如所生。父病，夜祷于天，愿代己身。及其病愈，发誓长斋礼佛，以延父寿。后父殁，庐墓三年。卒年六十三。雍正十二年（1734），祀县孝义祠。（乾隆《揭阳县志》）——孙杜平

【黄　钟】

黄钟，号金圃，大埔同仁（今属梅州大埔）人。嘉庆十四年（1809）岁贡。潜心理学，游其门者成就甚众。选授广西廉州训导，署教授，士林翕然宗之，致仕后家居六载卒，年八十六。（同治《大埔县志》）——黄树雄

【黄俊升】

黄俊升（？—1862），潮阳竹山都人。以游勇应募江南，拒太平军有功，授黄冈营外委。同治元年（1862），战殁于昭文县白茆口。奉旨恩准承袭云骑尉。（光绪《潮阳县志》）——陈新杰

【黄俊民】

黄俊民（？—1865），潮阳竹山都人。黄冈营外委俊升弟。以游勇应募江南，拒太平军有功，补额外。同治四年（1865），太平军首领汪海洋窜嘉应州，俊民趋白宫市御之，寡不敌众，殒焉。奉旨恩准承袭云骑尉。（光绪《潮阳县志》）——陈新杰

【黄俊英】

黄俊英，潮阳竹山都人。署惠来守备。（光绪《潮阳县志》）——陈新杰

【黄俊德】

黄俊德，潮阳直浦都人。监生。以孙黄章，赠奉直大夫、刑部七品小京官。（光绪《潮阳县志》）——陈新杰

【黄衍启】

黄衍启，字元迪，海阳隆津都（今属潮州潮安）人。宋进士黄时晦之裔。弱冠知名，益自刻苦，不以得

失撄心。时杨之茂、曾华盖及潮知名士倡立简社，衍启率二子宗睿、有源相与赏奇析义，讲学不倦。事亲以孝闻。敦礼义，周急乏，为人排难解纷，远迩咸质成焉。康熙十三年（1674）刘进忠之变，乡里多警，衍启绸缪固圉，积劳瘁病卒。著有《笔露》、《合组诗草》、《读史评》。（雍正《海阳县志》、光绪《海阳县志》）——陈贤武

【黄衍参】

黄衍参，字元唯，世居海阳隆津都（今属潮州潮安）。少倜傥有大志。顺治（1644—1661）初，郑成功踞台湾，往来厦门行劫海上。三年（1646）春，贼党黄海如乱，人惊风鹤。衍参谍贼将至，以牛酒犒师于十里外，与其兄衍肇阴部署乡勇御之。贼知有备，乃引去。康熙元年（1662），诏迁海界，惟隆津未迁。至三年（1664）海氛愈警，特诏都统伊里布、兵部侍郎硕图覆勘，隆津亦在所迁之列。时衍参尚少，陈之当事，情词恳切，得免。康熙十三年（1674），潮州镇刘进忠闻吴三桂、耿精忠等"三藩之乱"，纳款于耿精忠，纵贼之入龙湖。衍参往见其首领，晓以利害，龙湖得无恙。雍正年间（1723—1735）以例贡授广东和平训导。（光绪《海阳县志》）——陈贤武

【黄庭经】

黄庭经，字逸临，潮阳县廓都人。同治元年（1862）举人，官翁源县训导。光绪十年（1884），分纂《潮阳县志》。有诗作传世。（光绪《潮阳县志》、《潮州诗萃》）——陈新杰

【黄客青】

黄客青，字霞樵，饶平元歌都（今属潮州饶平）人。康熙十一年（1672）举人。少而颖悟，力学能文，尤工于诗。行履端重，孝友素著，学者景仰之。未仕而卒。（康熙《饶平县志》）——黄树雄

【黄炎】

黄炎，字思俊，程乡东街（今属梅州梅江）人，雍正七年（1729）举人，乾隆二年（1737）登会试明通榜。历任江南芜湖、来安知县。（《梅州进士录》）——黄晓丹

【黄桂荣】

黄桂荣，字翼臣，海阳人。光绪二十七年（1901）举人。三十年（1904）任海阳县保安局局绅。（光绪《海阳县志》）——陈贤武

【黄桂桢】

黄桂桢，因避清世宗名讳，改名桂正，字丹树，原籍饶平宣化都大埕人，生于郡城。知县黄熺子。雍正二年（1724）武举人。授兴宁营都司。迨归田，不问地方事，间邀士大夫作

文酒之会，时论高之。（光绪《海阳县志》、《饶平鸿程黄氏传芳录》）——陈贤武

【黄振刚】
黄振刚，海阳人。道光间（1821—1850）任潮州城守营千总。（光绪《海阳县志》）——陈贤武

【黄振纲】
黄振纲，字钦向，澄海下外莆都（今属汕头澄海）人。监生。四世业医，少承家学，深悉医理，以意为医，所活男女不可胜数。又好施医赠药以赈贫苦。次子黄士栋承其业。（嘉庆《澄海县志》）——蔡文胜

【黄振科】
黄振科，海阳人。道光间（1821—1850）任潮州镇右营千总，署饶平营守备。（光绪《海阳县志》）——陈贤武

【黄振烈】
黄振烈（？—1788），字希义，潮阳附廓都人。骁勇善战。乾隆五十二年（1787），林爽文乱台湾，振烈奉调剿之。身冒炮石，叠次擒获计百余名，论功补碣石左营守备。明年，署本营游击，适海盗张保仔拥众二百艘，横行洋面，提督孙念谋帅振烈等当先截捕，遇于大铲洋，两军冲突，首尾衔接，振烈奋不顾身，用火器毁其舟，时风势猛，延及己舟，遂死。（嘉庆《潮阳县志》）——陈新杰

【黄振蛟】
黄振蛟，海阳人。雍正七年（1729）府学拔贡。授四川高县知县。（光绪《海阳县志》）——陈贤武

【黄　峰】
黄峰，揭阳人。乾隆十七年（1752），被授八品顶带。卒年九十二。（乾隆《揭阳县志》）——孙杜平

【黄　钰】
黄钰，字宝宅，惠来葵潭人。岁贡。先世业铁，由嘉应至惠占籍，尚操客话。其父能医，督诺躬及子洽学。家中藏书颇多。胡曦尝客居其家，借数部书籍用以校阅。其次子尝从胡曦问业。（《胡晓岑先生年谱》）——周修东

【黄逢泰】
黄逢泰，揭阳人。监生，尝充本都约正。生平立身端正，尝被举为乡宾。卒年九十一。（乾隆《揭阳县志》）——孙杜平

【黄逢清】
黄逢清（？—1801），丰顺人。岁贡生。嘉庆元年（1796）任澄迈县训导。六年（1801）卒于官。（光绪《丰顺县志》、光绪《澄迈县志》）——陈贤武

【黄海如】
黄海如（？—1650），澄海苏湾都（今属汕头澄海）人。少时给事

郡邑为吏。崇祯之季，见四方多故，海上纷扰，遂投南澳镇标从军，以迭获海盗积功，劄授游击，驻扎南澳镇。清顺治二年（1645），闻清兵破明南都，乃招纳陈斌、唐奇观等揭橥勤王，攻澄海县城，劫库放囚，杀举人戴星、贡生郭云龙、生员十余人。闰六月初三日，率众攻府城，参将刘远征集民兵固守十日始退。七月复至，会丰顺吴六奇、金城营把总萧钦统乡兵至，海如遂退。九月往闽投郑成功，十一月移哨故里澄海县埭头村。三年（1646）十一月率众投清，总督佟养甲遣其镇雷州。六年（1649）夏杀雷州知府赵最，以舟师至潮，突攻府城。潮州总兵郝尚久等苦战，海如寡不敌众，退踞黄岗。七年（1650）六月，引郑成功部数万围府城，五旬不解，后清兵从漳州来援，方解围离去。闰十一月，郑成功令各镇兵在船候命，南下勤王。海如得讯，即率兵泛海回雷州。未至，雷州先为清总兵闫可义所占。海如与战于平岗坡，败溃，收残部入海。遇大飓，舟覆死焉。（雍正《澄海县志》、乾隆《潮州府志》、民国《南澳县志》）——蔡文胜

【黄家桢】

黄家桢，海阳人。拔贡。嘉庆元年至二年（1796—1792）任广东博罗教谕。（光绪《海阳县志》、光绪《惠州府志》）——陈贤武

【黄祥瑞】

黄祥瑞，世职云骑尉，深澳人。行伍。光绪二十年（1894）九月，以候补守备署任南澳镇标左营守备。二十三年（1897）二月，以承修师船迁延草率，玩误洋防，被革职。（1956年《粤闽南澳职官志》）——黄迎涛

【黄继英】

黄继英（1792—1850），澄海下外莆都（今属汕头澄海）人。出身贫寒，于嘉庆年间（1796—1820）往马来西亚谋生。后往实叻（新加坡）当苦力。道光五年（1825）转入印度人开办织布厂。稍有积蓄，遂于道光九年（1829）开办"致成染坊"。事业蒸蒸日上，开设致成栈，其子赴暹罗开设黄和记铁行、谦信益等商号。道光十五年（1835）于实叻（新加坡）开设"致成批局"，为潮汕第一家批局。（《澄海江夏黄氏源流》、1992年《澄海县志》）——蔡文胜

【黄乾正】

黄乾正，揭阳人。生平业商，好为善事。揭俗好溺女婴，前人设育婴堂，有名而无实。乾正力劝整顿，议立良规，慎雇乳母。每旦环城巡视，遇有弃婴，急为收养。如姓可知，更为登记。候其长成，配以良家，不致错嫁同姓，或沦为娼、尼。行之数十年不倦。（光绪《揭阳县续

志》）——孙杜平

【黄梦华】

黄梦华，潮阳直浦都人。府学恩贡。直浦兴隆市为前明知县王銮、黄一龙建"王黄二公祠"，梦华为撰《记》。（光绪《潮阳县志》）——陈新杰

【黄梦缉】

黄梦缉，幼孤，事母孝。雍正四年（1276），岁饥捐赈，知县旌其闾。（嘉庆《潮阳县志》）——陈新杰

【黄辅臣】

黄辅臣，字寅庵，澄海苏湾都（今属汕头澄海）人。幼孤，躬耕力学，补邑诸生。康熙五年（1666）苏湾都"迁界"，辅臣迁居兴宁，以教授为乐。年八十五犹赴省试。长子黄肇开，三十五年（1696）举人，历任洪洞、孝义知县，俱有治声。（雍正《澄海县志》、嘉庆《澄海县志》）——蔡文胜

【黄 跃】

黄跃（？—1855），普宁黄坑都人。膂力过人，胆气尤壮。咸丰四年（1854），陈娘康倡乱，许亚梅继之，四境骚然。跃诣县请效力，领十夫与勇目王致，合陈矫捷、郁小石、虔之秋等，每击贼进则争先，退则殿后，贼闻两人名，心胆为摧，累保补用守备。五年（1855）秋，随知府文晟军，时西湖乡负隅，跃与致奋力击之，毙贼数十人，以后应不至，均殁于阵。（光绪《普宁县志》）——陈新杰

【黄崇光】

黄崇光，海阳人。咸丰间（1851—1861）授潮州镇左营把总，军功尽先都司。同治九年（1870）二月代防嘉应兼理屯务守御所千总，十年（1871）二月卸任。光绪十一年（1885）八月复任，十四年（1888）二月卸任。（光绪《海阳县志》、光绪《嘉应州志》）——陈贤武

【黄 敏】

黄敏，惠来人。县学生员，岁考第二名。《粤东观海集》卷三录其诗《赋得叶公书龙（得龙字五言六韵)》。（《粤东观海集》）——周修东

【黄敏惠】

黄敏惠，号初平，饶平县城内（今属潮州饶平）人。好善不倦。道光年间（1821—1850）有凤凰山乡陈某，以小媳冒为己女卖之。敏惠不知为媳，买作小婢，名唤红梅。越数年，梅之夫适挑柴卖与敏惠家，邀留午饭，梅与其夫相对涕泣。敏惠盘问得实，遂即送还。饶平城东古庙至双溪、南关口至石桥头两处路崎岖，俱雇工修坦，乡人便之。（光绪《饶平县志》）——黄树雄

【黄 章】

黄章，号宪斋，一号冠甫，潮阳

直浦都人。举人劳谦之子。九岁工诗赋，比长益博学能文。嘉庆六年（1801）拔贡，翌年朝考一等第二名，以七品小京官用，签分刑部江苏清吏司。与同郡诗人洪肇基、郑昌时俱知名，郑昌时有诗赠之。（嘉庆《潮阳县志》、《韩江闻见录》、光绪《潮阳县志》）——陈新杰

【黄鸿飞】

黄鸿飞，字君衍，号友石，饶平人。明崇祯十六年（1643）拔贡，入清官至中书舍人。为人慷慨疏财，遇困乏不吝厚资以相周济。四方人士游学至饶平，皆给食宿。督子侄惟以读书为第一务。子孙俱入县学，人皆谓其生平课督之力也。（康熙《饶平县志》、乾隆《潮州府志》）——黄树雄

【黄鸿学】

黄鸿学，普宁洑水都人。生平训蒙为业，敦行嗜善，倡立"惜字宝文社"。凡方便事皆乐行不倦。卒年七十二。（光绪《普宁县志》）——陈新杰

【黄　寅】

黄寅，号兰溪，大埔人。嘉庆十二年（1807）举人，性笃孝，长于诗，著有《黄兰溪诗草》。（民国《大埔县志》）——黄树雄

【黄维纲】

黄维纲（？—1793），字学选，号秉三。澄海下外莆都（今属汕头澄海）人。乾隆二十五年（1760）举人。三十七年（1772）"大挑"，分发江西，署万载知县，后署吴城同知。四十二年（1777）授分宜知县。到任即以崇文教、兴民行为急务，凡有关学校、风化者，次第修举，纂修《分宜县志》。该地俗多溺女，维纲再三晓谕严禁，恶俗始息。邑有昌化河，为川楚闽粤要津，湍急多覆溺之患。维纲捐俸倡建浮桥，桥旁置瓦屋二十余间，岁收其租以资修葺。四十四年（1779）、五十一年（1786）分校乡闱，所举咸称得士。莅任十七载，案无重辟，民无滞冤。五十八年（1793）方以卓异加级候升而以疾卒于官。民立祠祀之。（嘉庆《澄海县志》、道光《广东通志》）——蔡文胜

【黄　琮】

黄琮（？—1846），字节庵，深澳人。左翼镇总兵官标次子也。勇略有父风，由监生援例捐千总。嘉庆二十二年（1817）秋，发广州协右营效力。旋署千总改内河水师。历署虎门提标千总、守备，碣石镇标守备、都司。道光二年（1822）夏，总督阮元以琮自幼随父捕盗，娴习水师，改外海水师。十三年（1833）冬，署大鹏协右营守备。卸署，回香山营。获盗刘富等。又获阳江马尾洋、海丰龟龄

洋劫盗梁富业、吴水秀等,并船只、炮械若干。大府嘉奖,给五品顶戴,记大功。十九年(1839)正月,署香山右营守备。题补碣石右营守备。是年,钦差大臣林则徐至粤缴烟土。总督邓廷桢、提督关天培交荐琮可大用,遂檄催诸舡船缴烟土。未几,英军大举进攻虎门,拒之于虎门、沙角、火角炮台连日接战,受火器伤。事闻,赐白金三十两。赴吴川营都司任。升署碣石左营游击。复调来省。和议定,回本任,送部引见。回,奉檄护理崖州协副将印务。寻授海门参将,未赴。二十六年(1846)卒于崖州。(民国《南澳县志》)——黄迎涛

【黄朝恩】

黄朝恩,号石臣,海阳人。行伍出身。道光三十年(1850),由饶平营千总署潮州镇左营守备,属本省高、廉等处股匪刘八等骚动,征兵潮州。咸丰元年(1851),奉檄随征,贼溃窜,逐北至广西,卒获刘八,歼其党。两广总督徐广缙重之。二年(1852),擢守备,荐擢都司。时江南太平军攻及两湖。徐广缙以朝恩一军骁勇善战,由广西梧州调赴楚省。十月抵长沙,与贼接仗,屡捷,追至湖北武昌东门外,贼筑垒洪山拒守。朝恩默审形势,鼓士卒上山,连破十余垒,贼乃弃武昌遁去。钦差大臣湖北提督向荣奏闻,赏金牌等物。嗣迁游击。然湖北虽平,而江南发党犹分踞镇江、扬州等处,连年廑庙社忧,向荣乃调朝恩合大军进剿。朝恩与诸将和衷决策,遂克复扬、镇二城。事闻,恩纶褒嘉,赐火龙刀、缎匹,异数也。八年(1858),授参将,寻迁副将。同治元年(1862),特擢西宁挂印总兵,诰授振威将军。二年(1863),以告病回籍。年六十卒于家。(光绪《海阳县志》)——陈贤武

【黄鼎辅】

黄鼎辅,揭阳人。贡生,尝任约正。雍正七年(1729),捐创登冈义学,以振文风。又捐修登冈桥路,他如建祖祠、置祭田,义举尤多。(乾隆《揭阳县志》)——孙杜平

【黄遇春】

黄遇春,潮阳县廓都人。惠来把总。以子庭经,赠征仕郎中书衔、翁源训导。(光绪《潮阳县志》)——陈新杰

【黄遇澄】

黄遇澄,海阳人。附贡生。光绪间(1875—1908)任福建候补府,署厦门同知。(光绪《海阳县志》)——陈贤武

【黄智节】

黄智节(1727—?),字乃贞,海阳登隆都(今属潮州潮安)人。出

身于商人家庭，先世通过海上贸易，发家致富。幼好学，乾隆年间（1736—1795）贡生。乾隆二十六年（1761），因河南水灾，开豫工例。因而得捐同知，并恩准双单月掣签，即用。掣得甘肃凉州府同知缺。又得于乾隆皇帝引见。在任期中因加固堤围有功，屡受朝廷嘉奖，晋知府，封赠祖孙三代为中宪大夫。（光绪《海阳县志》、《清代官员履历档案全编》）——陈贤武

【黄道】
　　黄道，惠来酉头都人。补康熙十九年（1680）岁贡，考选训导。（雍正《惠来县志》、乾隆《潮州府志》）——周修东

【黄道禧】
　　黄道禧，字仲喜，海阳人。秀才。顺治、康熙年间（1644—1722）人。有《莆园诗稿》。（《古瀛诗苑》、《潮州诗萃》）——陈贤武

【黄登庸】
　　黄登庸（1720—1797），字开叙，潮阳直浦都人。少颖异，经史过目成诵。乾隆元年（1736）举人，任故城知县，下车先询民疾苦，陋例悉罢去之，民困以纾。任满归后，应赤寮张勋礼聘，设教于贵山书院，从游者甚众。卒年七十七。（嘉庆《潮阳县志》、光绪《潮阳县志》）——陈新杰

【黄瑞升】
　　黄瑞升，饶平城内人。黄凤鸣子。倡修东溪桥、双流寺暨各处路桥庵庙。（光绪《饶平县志》）——黄树雄

【黄瑞吉】
　　黄瑞吉，澄海下外莆都（今属汕头澄海）人。康熙五十二年（1713）收埋枯骨数千具，建家神堂于南门外城边。雍正四年（1726）大饥，捐资首请赈济以活饥民。五年（1727）大疫，复收埋路毙尸骸不计其数。虽因行善几至贫困而不悔。知县宁时文详报"义人"，奉上宪赐"好义可风"匾额。年八十四卒。（嘉庆《澄海县志》）——蔡文胜

【黄瑞光】
　　黄瑞光，饶平城内（今属潮州饶平）人。黄凤鸣子。道光年间（1821—1850）曾任广东曲江训导，升教谕。归籍后，倡建饶平飞龙径惠风亭，以便行人。（光绪《饶平县志》、光绪《曲江县志》）——黄树雄

【黄勤饶】
　　黄勤饶，饶平元歌都（今属潮州饶平）人。家贫，年三十余未娶。西城外有陈某知其笃实，妻以女。勤饶舍农从商，家渐饶裕。十余年后，其岳家陈氏嗣绝，勤饶屡为之择继，卒无成者，因立尝田数亩，以供祀事。

生平多行方便，尤能重道尊师。第三子从龙中举人。（光绪《饶平县志》）——黄树雄

【黄锡侯】

黄锡侯，潮阳招收都人。南澳总兵黄凤子，乾隆五十一年（1786），官广东右翼镇中军游击。（光绪《潮阳县志》）——陈新杰

【黄鹏飞】

黄鹏飞，海阳人。道光二十九年（1849）优贡。历官至广西思恩知府。（光绪《海阳县志》）——陈贤武

【黄鹏奋】

黄鹏奋，字峻文，号角滨，海阳隆津都（今属潮州潮安）人。举人黄一锦叔。乾隆十八年（1753）拔贡，二十四年（1759）举人。吏部拣选知县。（光绪《海阳县志》）——陈贤武

【黄新德】

黄新德，海阳人。读书不多，好遣文，人皆笑之。由吏员为广西藤县窦家寨巡检，摄藤县典史。康熙十四年（1675），抗击响应吴三桂之广西将军孙延龄部，众议弃城遁。新德泣谕士民死守，不屈被杀。（光绪《海阳县志》、《清史稿》）——陈贤武

【黄煌色】

黄煌色，号弘昭，揭阳人。秉性恭顺谨慎，好义急公。任约长三十余年。康熙十三年（1674），潮州总兵刘进忠叛乱，县霖田都处惠、潮交界，流贼四处出没，煌色倡率防御，保全桑梓。年逾七十卒。（雍正《揭阳县志》）——孙杜平

【黄嘉祥】

黄嘉祥，字启祥，澄海下外莆都（今属汕头澄海）人。国子监生。四岁丧父，就学于外祖家，后弃学从商。稍足自给，即为外祖建祠屋，为寡姐料理蒸尝祭业。居乡时，倡率赈荒、筑堤。人有负债者，度力不能偿，即破券与之。（乾隆《澄海县志》、嘉庆《澄海县志》）——蔡文胜

【黄　裳】

黄裳，字之华，澄海下外莆都（今属汕头澄海）人。生有夙惠，为诸生时试辄冠军。明崇祯十二年（1639）举人。清康熙九年（1652）会试副榜。授增城教谕，建学宫，制祭器，士风丕变，风气井然。十七年（1660）升任江南芜湖知县。邑当南北要冲，势族豪右错处。黄裳惟刚介，一切利兴弊去，势豪敛迹。修海忠介祠，建孔道浮桥，一时称之。分校武闱，所拔俱干城之器。子郭仁，康熙二年（1663）武举第一名。（康熙《澄海县志》、雍正《澄海县志》、康熙《增城县志》）——蔡文胜

【黄肇开】

黄肇开，字伯深，澄海苏湾都

（今属汕头澄海）人。黄辅臣长子。康熙二十三年（1684）举人。由洪洞知县调孝义知县、摄署临县，俱有治声，卸任时士民攀辕相送。归里九载，杜门不出，唯以孝友课儿辈为事。（雍正《澄海县志》、乾隆《澄海县志》）——蔡文胜

【黄德祖】

黄德祖，饶平元歌都（今属潮州饶平）人。雍正十年（1732）举人。历任广西永福知县，升四川忠州知州。（乾隆《潮州府志》、光绪《饶平县志》）——黄树雄

【黄德容】

黄德容，字和亭，饶平（今属潮州饶平）人。黄氏为饶平大姓巨族，而德容为人谦厚，从未欺凌弱小。其诗文为人称道。光绪八年（1882），有司拟修府志，谕各县修志以备采撷，德容被聘为《饶平县志》总纂。饶平岩邑，藏书既少，时日又短，助修志者唯诸生翁荃一人，而一年后县志终脱稿，有功于地方文献不鲜。（光绪《饶平县志》、《饶平县志补订》）——黄树雄

【黄鹤举】

黄鹤举，号昂箓，别号肩三，饶平人。中书舍人黄鸿飞胞兄。居心敬恕，足迹不入公门，日惟课儿迪孙，乐善布施，广惠桑梓，官民誉之。（康熙《饶平县志》）——黄树雄

【黄器用】

黄器用，海阳人。康熙年间（1662—1722）岁贡。授广东博罗训导。（乾隆《潮州府志》、光绪《海阳县志》、光绪《惠州府志》）——陈贤武

【黄 熺】

黄熺，字湛斋，原籍饶平宣化都，生于郡城。明南京礼部尚书黄锦第四世孙。康熙五十三年（1714）举人。雍正间（1723—1735）任广东崖州学正。州在琼岛，自清代八十余年来，未有登科举者。莅任后，月集诸生庠士课艺会文，罗购群书，俾资习诵，奖精纯，庇寒畯，由是士知感奋，文风暂振。迁安徽亳州太和知县。寻谢事归里。（乾隆《潮州府志》、光绪《海阳县志》、康熙《崖州志》、《饶平鸿程黄氏传芳录》）——陈贤武

【黄藏韬】

黄藏韬（？—1858），潮阳招收都（今属汕头濠江）人。咸丰八年（1858），以五品顶戴援顺昌，殁于阵。（光绪《潮阳县志》）——陈新杰

【黄 鎏】

黄鎏，号旭亭，大埔人。乾隆二十一年（1756年）举人，历任南雄、保昌训导，士林颂之。（同治《大埔县志》）——黄树雄

【黄　璧】

黄璧（约1657—?），字尔易，号小痴。澄海下外莆都（今属汕头澄海）人。以善画名。少时拜翁铨为师，善画山水。壮岁游温陵，入武夷，至西湖、虎丘，归而登罗浮，足迹遍天下名胜，历数十年，技益进，如山川、草木、鸟兽虫鱼，泼墨淋漓，脱去畦町，自成一家。草书亦出类拔萃。其为人高傲清介，不媚权贵。俗子求画，虽百金不与，其家故贫，人皆笑以为痴。晚年慕元人黄大痴笔意，因自号"小痴"。（乾隆《澄海县志》、道光《广东通志》、《小痴大雅》）——蔡文胜、陈贤武

【黄蟾桂】

黄蟾桂（1763—1809），号月堂，又号一峰。澄海上外莆都（今属汕头澄海）人。弱冠补县学生员，中乾隆五十一年（1786）举人。生平谨言慎行，一生以课授生徒为业，善诱后进，历二十余年。膺拔萃掇巍科者，多出其门。蟾桂留心时务，志在经世，于治盗贼、立族正、筑堤防、兴利除弊之政多上书于当道，以期造福于乡井。著有《立雪山房文集》、《立雪山房诗集》、《月堂文稿》、《诗说纂要》、《立雪山房试帖汇集》等。（《立雪山房文集》、《灵光集》）——蔡文胜

【黄耀华】

黄耀华，潮阳人。乾隆六年（1741）任金门镇水师中军左营守备。（民国《进门县志》）——陈新杰

【黄耀武】

黄耀武，潮阳人。嘉庆十六年（1811），以福建闽安协升浙江黄岩镇总兵。（《清实录》、光绪《潮阳县志》）——陈新杰

【黄麟科】

黄麟科，饶平城内人。黄凤鸣孙。曾捐资创筑石桥于河灵古庙，置产施茶，又置田入天后宫，为香灯费。（光绪《饶平县志》）——黄树雄

【黄麟阁】

黄麟阁，饶平城内人。黄凤鸣孙。曾重修东溪桥，并修筑河灵古庙。（光绪《饶平县志》）——黄树雄

【黄麟趾】

黄麟趾，饶平城内人。黄凤鸣孙。曾捐资重修饶平双流寺。（光绪《饶平县志》）——黄树雄

【黄　衢】

黄衢（1819—1883），字云阶，号云峰，惠来龙溪都（今属揭阳惠来）人，岁贡远登之孙。县学生员，喜作诗，有文名。同治间举岁贡。光绪初年赴京谒选，派赴广西象州为州府佐吏，加捐同知衔。署西林知县，

调柳州雒容知县。八年（1882）辞归。尝为西林县人、云贵总督岑毓英赏识，闻其归田，书匾"两袖清风"以赠。著有《榕垣自励》长排百韵律诗。（新编《惠来县志》）——周修东

【萧一经】

萧一经，号薪斋，大埔茶阳（今属梅州大埔）人。嘉庆二十一年（1816）举人，道光十年（1830）补新宁教谕，在任三年，受聘为当地宁阳书院山长，丁艰归，服阕，授翁源教谕，卒年六十有七。（同治《大埔县志》、道光《新宁县志》）——黄树雄

【萧大中】

萧大中，字正学，号至川，大埔（今属梅州大埔）人。雍正七年（1729）举人，乾隆二年（1737）会试中明通榜，选授合浦教谕，升钦州学正。十七年（1752）叙选陕西高陵知县，任二年，卒于官。（嘉庆《大埔县志》、光绪《高陵县志》）——黄树雄

【萧　山】

萧山，潮阳县廓都人。道光（1821—1850）恩贡。嘉庆二十四年（1819），采辑《潮阳县志》。（光绪《潮阳县志》）——陈新杰

【萧之祐】

萧之祐，潮阳县廓都人。好善乐施，置塔馆后祠祠租供双忠祀事。雍正十三年（1735），捐资赈饥，知县吴廷翰旌表之。（嘉庆《潮阳县志》、光绪《潮阳县志》）——陈新杰

【萧飞翔】

萧飞翔，潮阳县廓都人。武举人凤子。道光十五年（1835）武进士。授浔州府前卫清军绿营同知。（光绪《潮阳县志》、《萧氏族谱》）——陈新杰

【萧元溥】

萧元溥（1615—1689），字若充，号然美，大埔人。博学能文，以教授生徒为生。性端严，子孙有过必严责，里党咸敬畏之。著有《尚书要解》、《知濠园诗文集》。卒年七十有五。（乾隆《潮州府志》、嘉庆《大埔县志》、《大埔萧氏源流考》）——黄树雄

【萧云龙】

萧云龙，潮阳人。增生。光绪十年（1884），分纂兼掌誊录《潮阳县志》。（光绪《潮阳县志》）——陈新杰

【萧见龙】

萧见龙，惠来人。乾隆五十年（1785）岁贡，是年十月任阳春县训导。（光绪《肇庆府志》、民国《阳春县志》）——周修东

【萧介臣】

萧介臣（1638—1707），字欲鸣，

号无技。程乡人。平远县廪生，康熙十七年（1678）岁贡生，十九年（1680）廷试，即授肇庆府新兴县教谕，后升任雷州府教授。（嘉庆《平远县志》、《入粤始祖·萧梅轩宗支统谱》）——黄晓丹

【萧氏（周成章妻）】

萧氏（周成章妻），潮阳人。嫁例贡周成章，年二十七，夫亡，遗孤二。欲以身殉，家婆劝谕之。萧氏感悟，乃抚养二男长大成家。享年八十九岁。乾隆三十六年（1771）建坊"节孝""清标彤管"予以旌表。长子颖遇，例贡；次子英彦，妻郑氏亦守节。（嘉庆《潮阳县志》、光绪《潮阳县志》）——周修东

【萧氏（郑乔龄妻）】

萧氏（郑乔龄妻）（？—1862），潮阳县廓都人。萧荣阳女也。生而聪慧，习女诫，年十八归郑。越十载，夫卒，萧氏匍匐治丧，奉太姑暨舅姑惟谨。未几，舅来宾令郑世兰弃世，姑年亦垂暮，顾貌诸孤皆幼，独擗挡家计，勉之读书不少假。咸丰（1851—1861）间，岭南不靖，萧氏迭次助饷以万计。族豪霸占田产，日肆欺凌，诫子励志科名，逆来顺受。后族豪以罪伏法，田产复还。卒，尚书、顺德罗文恪为之传。子耀奎，廪生；耀坤，举人，工部主事。孙列胶庠者三人。（光绪《潮阳县志》）——陈新杰

【萧凤翥】

萧凤翥（1857—1920），号仙渠，亦作仙衢，潮阳县廓都人。光绪十一年（1885）拔贡。二十七年（补行庚子）（1901）举人，官江西直隶州知州，升同知。秉性正直，学问渊博。二十八年（1902），任县立高等小学堂校长，文昌第一官立小学校及本族四序高等小学校教员、校长，培植新进人士甚众。旋任县劝学所长，督导尤力。因得县民爱戴，被推选为本县教育学会会长，保安局团长，及总商会会长。民国元年（1912），中央政府成立参政两院，凤翥被选为潮州区众议院议员。二年（1913），当选潮阳县参议会议长。四年（1915），由省委任为潮阳县立中学校长。著有《东游政学考察记略》。（《最近官绅履历汇录》、《潮州人物志》、《清光宣两朝潮州贡士录》）——陈新杰

【萧玉电】

萧玉电，潮阳县廓都人。乾隆元年（1736）武解元。（嘉庆《潮阳县志》）——陈新杰

【萧永华】

萧永华（1873—1910），号琼珊，潮阳县廓都人。举人永声弟。诸生。捐兵部郎中。光绪三十二年（1906），任汕头总商会总理。三十四年（1908），任潮阳保安公局总理。宣统

元年（1909），任广东省咨议局议员。丘逢甲掌教潮阳东山书院，尝有诗酬赠萧氏昆仲。工诗文，擅书法。（《丘逢甲集》）——陈新杰

【萧永声】

萧永声（1870—1904），字朝荣，号墀珊，潮阳县廓都人。萧钦长子。儿时读书之余，能佐父业。弱冠走京师，留意当世要务，不沾沾章句之学。光绪二十六年（1900）、二十七年（1901）恩正并科举人。旋纳资为郎，晋江苏补用道。遭父丧，绝意仕进，在籍经营实业。任汕头市总商会第一届总理。集市民资，兴办点灯、自来水，其他工业如角石之制糖厂、怡安街之榨油厂，次第设施。时汕海沿岸坦地多握诸外人手，知异日辟埠，必生阻力，且为国家主权计，设法暗为收回。有耶士麻地面积千数百井，有意居奇，君不计值，立与承受。其他小工场盐照，亦择要承领。其高瞻远瞩，识见大有过人者。易近人，称贷立应。惜体素弱，寿不称才。故死之日，哀震闾里。（《萧墀珊传》）——陈新杰

【萧永康】

萧永康（1872—1943），字朝颐，号寿臣，潮阳县廓都人。光绪二十年（1894）举人，授分部主事，福建补用知府。二十六年（1900），向东山书院捐学田。三十四年（1908），潮阳保安公局成立，任协理民国十六年（1927），倡修潮阳双忠行祠。翌年双忠行祠董事会成立，任主任。（新编《潮阳县志》、《萧氏族谱》）——陈新杰

【萧永章】

萧永章，字遹祚，号膺斋，大埔人。萧元溥孙。岁贡生。逢饥荒年，平粜煮赈，闾里戴德。（乾隆《潮州府志》，嘉庆《大埔县志》、《大埔萧氏源流考》）——黄树雄

【萧丝纯】

萧丝纯，号粹轩，大埔人。萧秉中子。援例以县丞分发广西，借补全州山角司巡检。迎养双亲，每饮食必亲侍奉。丁母艰，服阕选授安徽歙县县丞，以父年高不敢远离。父促之行，到任数月，闻讣回籍，遂再无志仕途。卒年六十有一。（嘉庆《大埔县志》）——黄树雄

【萧邦炽】

萧邦炽（1646—?），潮阳人。年逾一百二十，五世同堂。乾隆二十一年（1756），请旌，恩赐修职郎，建坊于东山半路亭，额曰"升平人瑞"。（光绪《潮阳县志》）——陈新杰

【萧有高】

萧有高，潮阳人。行伍。道光九年（1829），任潮阳营千总。（光绪《潮阳县志》）——陈新杰

【萧成中】

萧成中,字善学,大埔人。萧大中弟。屡试不售,援例为贡生。取与不苟,遇有关名教事,侃侃而谈,里党服其公,事无巨细多取决焉。卒年七十二。(嘉庆《大埔县志》)——黄树雄

【萧成龙】

萧成龙,潮阳县廓都人。官廉州守备,署本营游击。(光绪《潮阳县志》、《萧氏族谱》)——陈新杰

【萧光日】

萧光日,潮阳县廓都人。乾隆三年(1738)武举人,翌年成武进士,官台湾南路守备,升龙固都司,署本营游击。(嘉庆《潮阳县志》、《萧氏族谱》)——陈新杰

【萧乔木】

萧乔木,字参云,澄海鮀江都(今属汕头金平)人。明户部郎中萧时丰孙。以监生考授州佐。事亲至孝。康熙迁界之后,家业中落,奉事双亲如平时,时父年逾八十,乔木年亦六旬,依依孺慕,人以老莱子目之。性忠厚,不谈人过,扶危济困,尤多厚德。(雍正《澄海县志》、乾隆《澄海县志》)——蔡文胜

【萧庄娘】

萧庄娘,潮阳人。姚氏之未归妇也。父母早逝,弟幼家贫。及夫讣至,饮泣益誓不嫁,日抚弟以成立。弟亡,又育孤侄,戚党义之。(嘉庆《潮阳县志》)——陈新杰

【萧步云】

萧步云(1732—?),号青峰,揭阳人。幼聪慧好学,年十四补县学生。乾隆三十五年(1770)举人。四十九年(1784),授广东乐会训导。五十一年(1786),升陵水教谕。五十九年(1794),调曲江县。嘉庆元年(1796),升江苏兴化知县。历任有声。(乾隆《揭阳县志》、道光《琼州府志》、咸丰《兴化县志》、光绪《曲江县志》、《缙绅全书》、《萧氏族谱》)——孙杜平

【萧系尹】

萧系尹(1674—1745),字勖任,号重轩。程乡东郊下市(今属梅州梅县)人。雍正元年(1723)进士。历任河南省武安、郏县知县。改授惠州府教授。敕授文林郎,卒于惠州学署。(《入粤始祖·萧梅轩宗支统谱》)——黄晓丹

【萧连高】

萧连高,海阳人。咸丰间(1851—1861)授潮州镇中营把总,署本营千总。(光绪《海阳县志》)——陈贤武

【萧系成】

萧系成(1674—1716),字勖义,程乡东郊下市(今属梅州梅县)人。岁贡生。职授连州训导。(《入粤始

祖·萧梅轩宗支统谱》）——黄晓丹

【萧系闳】

萧系闳（1679—1749），一作系宏，字勖迪，号霞岭。程乡东郊下市（今属梅州梅县）人。康熙四十四年（1705）举人，笃志力学，和易近人。曾任仙游知县。刚上任时，民苦青黄，系闳恻然。设法置厂，分口授米，全活甚众。县有劣监吴汉，纠集亡命，盘踞大蛰山作乱，时四城紧闭，男女惊惶。系闳和颜安众，设计擒之。首恶按法，胁从释不究，民赖以安。解组客舍，民给饔飧不绝，至有馈物不留姓名者。归家承欢继母，克尽子道。友爱昆弟，后先无间。潮州知府王者辅高其文行，延掌书院，士林宗之。（《入粤始祖·萧梅轩宗支统谱》）——黄晓丹

【萧系禹】

萧系禹（1666—1729），字勖畴，号做亭。程乡东郊下市（今属梅州梅县）人。岁贡生，初任万州训导，后升补肇庆府训导。（《入粤始祖·萧梅轩宗支统谱》）——黄晓丹

【萧应选】

萧应选，字殿钦，本大埔人。早失双亲，携幼弟移居普宁之新安，以有此地淳朴风，因家焉。惟日训子弟读书务农为事。性乐善好施，雍正四年（1726）、五年（1727），岁饥，绅士合捐煮赈，应选令子生员汉杰赴场分理，众咸称德。又尝倡修百里桥以利行人，前督学王奖曰"白发黄眉"，享寿八十三。（乾隆《普宁县志》）——陈新杰

【萧良芳】

萧良芳（？—1854），潮阳县廓都人。从讨山东捻军，以果敢闻。咸丰四年（1854），高唐州之役，由把总殁于阵。得旨荫云骑尉，次袭恩骑尉。（光绪《潮阳县志》）——陈新杰

【萧际荣】

萧际荣，字丽川，大埔白堠（今属梅州大埔）人。萧咸子。嘉庆二十四年（1819）岁贡，咸丰元年（1851）恩科钦赐举人，铨授乐会县训导，年迈，辞不赴任，设帐大埔茶阳多年，又主讲文明书院，邑令举为族正。年八十余卒。（同治《大埔县志》、民国《大埔县志》）——黄树雄

【萧纯佑】

萧纯佑，大埔白堠（今属梅州大埔）人。萧翱材孙。雍正十三年（1735）举人，历任廉州合浦县、琼州府昌化县教谕，陕西大荔知县等。（乾隆《潮州府志》、乾隆《大埔县志》）——黄树雄

【萧纶焕】

萧纶焕（1688—1796），字勖缘，号燮亭。程乡人。任万州、崖州训

导。敕封大夫。(《入粤始祖·萧梅轩宗支统谱》)——黄晓丹

【萧纶锡】

萧纶锡,潮阳县廓都人。解元来凤从孙。康熙二年(1663)举人第七名。二十六年(1687),编辑《潮阳县志》。(康熙《潮州府志》、嘉庆《潮阳县志》)——陈新杰

【萧其宽】

萧其宽,字顺明,一作舜民,后更字栗夫,号弘庵,大埔人。萧元溥子,康熙十三年(1674),福建人田养民率众骚扰大埔,其宽捐谷二千余石,备器械,严守御,乡里赖安。(乾隆《潮州府志》、嘉庆《大埔县志》、《大埔萧氏源流考》)——黄树雄

【萧若谷】

萧若谷,大埔白堠(今属梅州大埔)人。顺治十年(1653)郝尚久反清,一度声势大振。康熙十一年(1673),若谷集乡壮保守乡里。十四年(1676)郝尚久捕将朱缵犯大埔湖寮,大埔县令刘毅志檄若谷领乡壮随城守朱梁击之,若谷为前锋,破敌于穿垄窠。县申其功,授守备衔,旌匾曰"德领雄略"。(嘉庆《大埔县志》)——黄树雄

【萧昆产】

萧昆产,字君晖,潮阳县廓都人。诸生。素敦名节。尝修文庙庭墀,恤贫乏,赎回里人之女,乡人义之。以子萧敦,封征仕郎、内阁中书。(乾隆《潮州府志》)——陈新杰

【萧秉中】

萧秉中,字理学,大埔人。萧大中弟。铨职县丞。有肆应才,家政秩然,建祠增尝,周贫恤寡,乡人称之,卒年八十。(嘉庆《大埔县志》)——黄树雄

【萧金声】

萧金声,字君绂,潮阳人。诸生。康熙二十六年(1687),参与校订《潮阳县志》。有诗镌东岩石上。(嘉庆《潮阳县志》)——陈新杰

【萧肃端】

萧肃端(1635—1719),女,峡山周多迥妻,御史萧端蒙侄孙女。读书识大义,事公婆以孝顺闻名。尝作诗,有雅人深致。享年八十三岁。(嘉庆《潮阳县志》、光绪《潮阳县志》)——周修东

【萧荣阳】

萧荣阳(1767—?),号翠岭,潮阳县廓都人。诸生。尝居东岩之磊谷。道光二十六年(1846),岁八十,夫妇齐眉,重行合卺礼,征诗殆遍,为一时韵事。(光绪《潮阳县志》)——陈新杰

【萧荩卿】

萧荩卿,字玉堂,潮阳县廓都

人，移居平和。咸丰十一年（1861）拔贡。光绪二年（1876）举人。翰林郑邦任业师。（光绪《潮阳县志》、《郑邦任硃卷》）——陈新杰

【萧树人】

萧树人（1842—1922），字寿仁，号眉仙，潮阳县廓都人。县学附生。能诗，亦善雕刻、绘画、园艺。光绪初年，建造潮阳私家庭园——西园，中西合璧，为粤东乃至岭南名园。光绪十年（1884），知县周恒重修《潮阳县志》，树人任绘图兼采访。丘逢甲掌教东山书院时，树人为之作《东山寻秋图》。二十年（1894）前后，游寓羊城，入广东学政、袁枚弟子徐琪幕，尝绘《茸胜三十二景图》，冠于徐琪著《粤东茸胜记》卷首。又徐琪茸"药洲八景"，嘱树人绘图，自题诗并跋。宣统元年（1909），复建造潮阳磊园，假山、楼阁、草树，搭配得宜，巧夺天工。（光绪《潮阳县志》、《书隙窥潮》、《萧氏族谱》）——陈新杰

【萧咸】

萧咸，字熙圃，大埔人，萧虞弟，与兄同中乾隆三十年（1765）举人。曾任两浙鸣鹤盐场大使。莅官七载，民如无官焉。有暇则以笔墨自娱，里中能文者咸归之。后致政归，士民惘然若失。能诗，著有诗集。（乾隆《潮州府志》、嘉庆《大埔县志》、光绪《慈溪县志》）——黄树雄

【萧钦】

萧钦，字鸣琴，号挥五，潮阳县廓都人。幼年家贫，诚实守信，聘为怡和洋行买办。嗣后，创办捷盛营造厂。光绪十四年（1888），偕澄海等地绅商捐资建同庆善堂，设立义渡。疏浚城河，便利潮、普、惠三县与汕头之间客货运输。捐资助修黄河堤防等。十八年（1892）斥资五万，购置客轮八艘，成立汕潮揭轮船公司。又与族人合资，开设汕头、揭阳怡和庄银号。开办船务行、华资卷烟厂、榨油厂等。复独资二十万，购得汕头基督教浸信会礼拜堂左右海滩等地，为汕头房地产翘楚。所建私家园林西园，闻名遐迩。光绪末逝世，终年五十二。（新编《潮阳县志》）——陈新杰

【萧重光】

萧重光（1717—1798），字邦清，号碧波，潮阳县廓都人。幼聪颖，博览群书，未冠受知于学使王丕烈。乾隆元年（1736）举人。十三年（1748）登进士。十五年（1750）授定襄知县，以爱民称。二十四年（1759）及二十七年（1762），两次参校山西秋闱，所取多名下士。三十五年（1770）以疾归，民饯送遮道。抵家修文庙、竣城濠、捐赈谷，率为

士大夫倡。六十年（1795）重预鹿鸣筵宴。（嘉庆《潮阳县志》、光绪《潮阳县志》）——陈新杰

【萧豹变】

萧豹变，字振灼，号德辉，潮阳县廓都人。素有武略。官黄冈协右营千总。乾隆间（1736—1795），以军功迁京城巡捕西门守备。（嘉庆《潮阳县志》、光绪《潮阳县志》）——陈新杰

【萧宸捷】

萧宸捷（1661—1725），字俞聘，号筠洲，大埔白堠（今属梅州大埔）人。父翙材。宸捷幼聪颖，伯父翱材深异之。然而科场不顺，康熙五十年（1711年），宸捷年五十一，始中举人第二名。五十七年（1718）成进士，选庶吉士，大埔百侯之入翰林者，宸捷为第一人。六十年（1721）授编修，充《省方盛典》纂修官。雍正三年（1725），朝廷以词臣过多，诏铨叙类分，宸捷以部郎候补，命未下，以疾卒于京邸，士大夫多惜之。生平孝友，气度雍容。其在翰林时，不受请托，不喜交接，惟酷嗜图书，购藏满室，寒暑手不释卷，故学问纯正渊博，为当世名流所称。著作甚富，惜多散佚，《椒远堂诗钞》录存其诗56首。宸捷继室李氏享寿103岁，大埔百侯有牌坊。（乾隆《潮州府志》、乾隆《大埔县志》、《大埔进士录》）——黄树雄

【萧常经】

萧常经，字毅轩，大埔城坊（今属梅州大埔）人。少习八股，科举未售，遂学医，治病不受谢。生平孝友，同堂四代二十余口同居，人无间言。卒年九十有二。（同治《大埔县志》）——黄树雄

【萧彩凤】

萧彩凤，潮阳人。行伍。道光十八年（1838），任潮阳营千总。（光绪《潮阳县志》）——陈新杰

【萧象行】

萧象行（1641—1726），字欲敏，号琼峰。程乡人。萧瞪子。由监生考授州同，晋阶儒林郎。事亲敬养备至。母陈氏年逾太耋，定省不懈。母殁，庐墓茹素三年。待昆弟友恭无间，尤乐行善事。康熙三十六年（1697）岁饥，捐谷百石助赈；四十六年（1707），捐百五十金助修文庙；洋门桥圯，独力建造，复捐租为久固计；族戚贫不能婚葬者，资之；告贷辄应，不能偿，卒不取。临终焚券约数千金，其乐施类如此。（乾隆《嘉应州志》、《入粤始祖·萧梅轩宗支统谱》）——黄晓丹

【萧象钜】

萧象钜（1654—1733），字欲孝，谥孝瑾。程乡人。萧瞪子。海阳县庠生，改国学，考授州判。生有至性，

垂髫时，念曾祖泰宇家传，不可不继述。年十五丁父忧，连丁继母忧，哀毁骨立。康熙十三年（1674）寇变，奉生母陈氏避处石扇（今属梅州梅县区）。生葬尽礼。乡邻告乏，悉遵母命，量力周恤。孝友家风，从此益著。持己严介，忠信服人，乡人咸有端正之称。三十七年（1698）贼劫，有趋而呼曰："此仁人也，幸勿伤！"初补生员，援例入国学。子孙登仕版，青衿济济，益振乡贤之泽。殁后学宪惠士奇旌表："遗范长垂。"知县刘谧"孝瑾"。（乾隆《嘉应州志》、《入粤始祖·萧梅轩宗支统谱》）——黄晓丹

【萧焕新】

萧焕新，潮阳县廓都人。嘉庆十六年（1811）武进士。官韶州守备。能诗擅书，有诗镌潮阳东山巨石上。（嘉庆《潮阳县志》、《萧氏族谱》）——陈新杰

【萧　琰】

萧琰，潮阳县廓都人。乾隆二十四年（1759）武举，官海门千总。（光绪《潮阳县志》）——陈新杰

【萧　斯】

萧斯，号蓼川，潮阳县廓都人。初师事王应铨，工帖括。乾隆三十三年（1768），膺副贡，授翁源教谕，教泽广传。俸满终于家。（嘉庆《潮阳县志》、光绪《潮阳县志》）——陈新杰

【萧雄光】

萧雄光，潮阳人。行伍。乾隆五十年（1785），任潮阳营千总。（光绪《潮阳县志》）——陈新杰

【萧翙材】

萧翙材，字匪枳，号鸣西，大埔白堠（今属梅州大埔）人。翱材弟。诸生。治家有法，和睦乡里，年八十卒。子宸捷，另见"萧宸捷"条。（嘉庆《大埔县志》）——黄树雄

【萧　敩】

萧敩，潮阳县廓都人。康熙四十四年（1705）举人，官内阁中书。（嘉庆《潮阳县志》、雍正《广东通志》）——陈新杰

【萧　虞】

萧虞，大埔白堠（今属梅州大埔）人。萧成中子。乾隆三十年（1765）举人。五十年（1785）任新田知县，曾建火神庙。在籍曾参与修嘉庆《大埔县志》。（嘉庆《大埔县志》、嘉庆《新田县志》）——黄树雄

【萧殿芳】

萧殿芳，揭阳（今属揭阳榕城）人。知县萧步云父。为人端正。乾隆十七年（1752），被授八品顶戴。卒年九十三。（乾隆《揭阳县志》）——孙杜平

【萧殿章】

萧殿章，即邱殿章。

【萧肇泰】

萧肇泰（1672—1747），字哲勋，揭阳（今属揭阳空港）人。少承家训，博通经史。乡试累考不利，而志益昂。年五十七，中雍正七年（1729）举人。以年老不仕，在乡设馆授徒。性勤朴，笃友爱。宗人萧步云少试揭阳学，人讦其冒籍，肇泰力排众议，遂得入学。（乾隆《揭阳县志》、《萧氏族谱》）——孙杜平

【萧翱材】

萧翱材（1628—1687），字匪棘，号稚仞，后更号右溪（一作"又溪"），大埔白堠（今属梅州大埔）人。顺治八年（1651）举人，十五年（1658）进士，为清代大埔第一位进士。康熙元年（1662）任巴陵知县。时清廷对各地反清势力用兵，巴陵为往来要冲大道，徭役既繁，征输尤急，翱材不忍以是病民，尝作《催科》、《劝垦》二诗以悯民，为时所称。因不媚上官，故被指以耽癖诗文废事，劾罢。里居建大小宗祠，乡族间争讼，多所劝息。卒年六十。有《松存轩诗文集》、《咏史筳音集》、《青柳堂四书文》等行世。（乾隆《潮州府志》、乾隆《大埔县志》、康熙《岳州府志》、《椒远堂文钞》）——黄树雄

【萧彝章】

萧彝章，字遹孝，号伦先，别号兼山。大埔白堠（今属梅州大埔）人。萧元溥孙。性嗜书，尝捐资修大埔溪北水圳，后人赖之。（乾隆《潮州府志》、嘉庆《大埔县志》、《大埔萧氏源流考》）——黄树雄

【梅春魁】

梅春魁，号占亭，潮阳招收都（今属汕头濠江）人。少勇健，能跨越丈余大沟。效力水营，嘉庆十年（1805），任澄海右营把总。值剧盗流劫外洋，前驱截捕，屡战屡克，擢达濠守备，历升香山协副将、虎门中军参将。时士卒赌博成风，请于提督力禁之，由是士卒革面。道光元年（1821），由广东水师提标参将升南澳总兵，遍查要害，布置悉当，又时至所属阅兵，申号令，严赏罚，虽亲故不可干以私，识者服其威信。年四十九卒于官。（嘉庆《潮阳县志》、《澄海县志》、《清实录》、光绪《潮阳县志》、民国《南澳县志》）——陈新杰

【曹　俊】

曹俊，本姓张，海阳人。康熙五十三年（1714）举人。授江西南康知县。（光绪《海阳县志》）——陈贤武

【曹飞扬】

曹飞扬，南澳深澳人。由行伍拔

澄海右营右哨头司把总。道光十一年（1831）任广东碣石镇中营游击，在任间捐银助修深澳恩主古庙。十五年（1835）任广海寨游击。道光十九年（1839）署海门营参将。二十二年（1842）任龙门协副将，讲求武备，不遗余力，饬属巡洋，海面安靖，商民赖之。捐廉创建育才书院，教武营子弟。并饬标下左右两营，每年捐资若干以充膏火。不惜重资，聘通儒司铎。岛民咸念其功，设长生禄位于育才书院，岁时奉祀。（光绪《新宁县志》、台湾中央研究院藏内阁大库档案第 18344—001 号、民国《钦县志》）——黄迎涛

【盛良弼】

盛良弼，字梦岩，号寄园，海阳人。清末诸生。生平惟工吟咏，好山水游。清操异常，落落然与世俗寡合。少好为名大家文字，刻意而揣摩之，为嘉应张彦高、湖南张竹筠两先生所重。而尤肆力于声诗，能独树一帜。清廷鼎革，披道士服，束发入山，伴狂痛哭。著有《寄园吟草》、《续草》，俱稿本，未付梓。（《潮州艺文志》）——陈贤武

【康寿峰】

康寿峰（？—1853），字云初，深澳人。道光九年（1829）廪膳生，援例五品散官。工诗词、娴书法，于画更擅长，作兰尤精妙。咸丰三年（1853）卒，年才大衍。著有《偶寄集》，藏于家。（民国《南澳县志》）——黄迎涛

【康耀美】

康耀美，字留余，深澳人。廪生。嘉庆十九年（1814），为贡生，入国子监。性孝友，慷慨有远略，不拘拘于章句之学。壮年，继父业事贸迁。赢积日巨。捐三处田园充圣庙祀产。复舍隆澳前江沙坦一片，入该地关帝庙。晚年，益广善行，捐大小共六处为义冢。县城北门桥原架以木，购石易之。他若赒赡戚党，利济困穷诸善举，殆难数计。漳州余甘岭麓吼狮溪，为一方孔道，湍急滩险，仅恃舟济，渡者畏之。耀美独斥巨金，创筑石桥，以惠行旅。漳人于桥头建祠以祀。道光初，援赈捐例，奖授知府衔。道光十二年（1832），同知崔炘以"善行福助"旌其间。卒后，阖澳绅衿呈厅核准，辅祀周公祠。（民国《南澳县志》）——黄迎涛

【章纯儒】

章纯儒（？—1759），字弼亭，澄海蓬洲都（今属汕头市区）人。性敏悟，博涉强记，喜为诗词古文。乾隆十八年（1753）拔贡，选发江苏，历任无锡、如皋、昆山、上海等县考试官，所到之处皆有声誉。二十一年（1756）乾隆南巡，纯儒任淮安府通判，承办銮渡黄船并随驾官员乘

坐船只，蒙旨褒谕。又曾奉委疏通海州境内顶冲、义泽、六里、东门等河口淤滩，皆办理妥贴。二十四年（1759），授新阳县知县，未到任，卒。（乾隆《澄海县志》、嘉庆《澄海县志》）——蔡文胜

【章捷升】

章捷升，字克进，隆澳人。咸丰间（1851—1861）诸生。谦冲澹朴，持家有礼法，训迪后进，循循不倦，为人谋尤忠信。光绪十一年（1885），倡建隆江书院。月会课三次，优者奖以金，用资膏火。由是子衿竞奋，人文蔚起，皆其倡导之力也。民国（1912—1949）初卒，享寿九十。（民国《南澳县志》）——黄迎涛

【梁大有】

梁大有，程乡松口（今属梅州梅县）人，雍正十三年（1735）举人，乾隆七年（1742）登明通榜进士。任广东乳源教谕。（《梅州进士录》）——黄晓丹

【梁大勇】

梁大勇，潮阳人。行伍。乾隆六十年（1795），任澄海右营千总。（嘉庆《澄海县志》）——陈新杰

【梁日映】

梁日映，字擎士，澄海上外莆都（今属汕头澄海）人。康熙二十年（1681）解元。为文奇横恣肆，为人风节矫然，杜迹公门，甘守寒素。未仕而卒。（雍正《澄海县志》、乾隆《澄海县志》）——蔡文胜

【梁日暾】

梁日暾，字肯新，海阳人。进士梁应龙子。秀才。康雍年间（1662—1735）人。有《深柳堂集》。（《古瀛诗苑》、《潮州诗萃》）——陈贤武

【梁为经】

梁为经，程乡松口（今属梅州梅县）人，雍正四年（1726）举人，乾隆元年（1736）进士，任河北威县知县，后改任广东南雄教授。（《梅州进士录》）——黄晓丹

【梁作则】

梁作则（1706—？），字以田，海阳东厢都（今属潮州湘桥）人。乾隆七年（1742）进士。乾隆二十年（1755）七月选陕西汉中府洋县知县。二十二年（1757）于县城南街购地建房，创置定淳书院。三十年（1765）离任。（光绪《海阳县志》、嘉庆《汉中府志》、《清代官员履历档案全编》、《清代缙绅集成》）——陈贤武

【梁犹龙】

梁犹龙，字君虎，一字卧翁，饶平信宁都人，落籍海阳东厢都（今属潮州湘桥）。明进士梁应龙弟。康熙九年（1670）进士。未几卒。与弟梦剑合撰有《二梁合稿》。（光绪《海阳县志》、《鹿洲全集》、《古瀛诗苑》）——陈贤武

【梁奇定】

梁奇定,程乡人。幼失怙恃,友爱兄弟,始终无间。笃学嗜古,壮年中举人。任连州学正,讲学课文,士风丕变。(光绪《嘉应州志》)——黄晓丹

【梁梦剑】

梁梦剑,字德峻,号平洲,海阳东厢都(今属潮州湘桥)人。进士梁犹龙堂弟。康熙二十六(1687)举人,四十四年至四十七年(1705—1708)任建宁知县。时剧贼宁毅流劫江闽。梦剑狱中积匪,系其妻孥,佯使越狱入贼伙。贼不疑,卒诱擒之,一方宁谧。续纂康熙《建宁县志》。以老归。著有《蓼处堂诗集》。(乾隆《潮州府志》、光绪《海阳县志》、新编《建宁县志》)——陈贤武

【梁　衡】

梁衡(1686—?),海阳人。康熙五十三年(1714)举人。乾隆三年(1738)任山东济南府陵县知县。(光绪《海阳县志》、《清代官员履历档案全编》)——陈贤武

十二画

【彭开亮】

彭开亮,字尔荣,普宁人。监生。幼丧父,事以尽诚,其母享年九十七,开亮以白首承色笑,无少衰。生平业岐黄,兼卖药济人,操行淳朴,遇里党有困乏者,亦量力以为任恤。康熙五十一年(1712)后,知县田云翼旌其门曰"醇厚延龄"。卒年七十。(乾隆《普宁县志》)——陈新杰

【彭日高】

彭日高,深澳人。乾隆四十一年(1776)南澳镇标右营右哨千总。五十二年(1787)任海丰县碣石守备,时浙江温州船户遭劫,通判何钟即亲驾船出洋,追至二十余里,贼人欲图拒捕,日高闻讯驶至,四面围拿,将盗犯十三名,一并擒获。(乾隆《南澳志》、《清高宗实录》)——黄迎涛

【彭秀宇】

彭秀宇,丰顺下汤人。任安徽广德知州。(光绪《丰顺县志》)——陈贤武

【彭顺懿】

彭顺懿,潮阳仙村龙港乡人,峡山周国贵妻。笃志持家,抚育幼孤,与家人和睦相处。家翁见背,其灵柩未葬,置居家中,时清廷下令禁止,违者严惩。为防官府查办,彭氏与诸子乘夜移灵柩于南山,暂寄宝林山地,待择地安葬。未久,灵柩为流沙所没。既觉,彭氏议原地不动。后经堪舆审察,以为吉穴,遂取名曰"虎荫穴"。此赖彭氏倡议天葬之功也。彭氏后与国贵弟宗夔之妻吴氏妯娌称"一门双节"。(光绪《潮阳县志》、

《泗水周氏宗乘续编》）——周修东

【彭骋骅】

彭骋骅，号伯骏，大埔城坊（今属梅州大埔）人。教授乡里，凡讲四书五经章句，诸家注解，及秦汉以来著述，无一字误，发明大义，折衷朱子。士子从游者颇众，显达者亦不少。卒年七十有三。（同治《大埔县志》、民国《大埔县志》）——黄树雄

【彭盛武】

彭盛武，丰顺仙洞坳下村人。任黄冈协副将。（光绪《丰顺县志》）——陈贤武

【彭捷任】

彭捷任，丰顺龙岗人。任福建长乐知县。（光绪《丰顺县志》）——陈贤武

【彭景云】

彭景云，字玉鸾，号松岩，丰顺岩下汤（今属梅州丰顺）人。道光三十年（1850）岁贡，同治十二年（1873）钦赐举人。好学，老而弥笃，通史籍，能文善诗，自署兰溪居士。光绪间（1875—1908）与吴鹏同修县志，倡设良乡义学。著作颇多，手自编定者有《时艺》六卷、《试贴诗》二卷、《碧桃山房文钞》八卷、《击钵草》二卷、《春情集》一卷，未刊。（民国《丰顺县志》）——陈贤武

【彭　龄】

彭龄，丰顺下汤头人。任江西永丰县主簿。（光绪《丰顺县志》）——陈贤武

【彭腾瑞】

彭腾瑞，字星阶，大埔人。早岁随诸兄经商粤赣间，光绪（1875—1908）初年援例以县丞仕江西，寻晋知县。同乡知府澄海朱以鉴嘉其有干济才，授以《牧令全书》、《道齐正轨》二书，并劝其购阅沪上报章，因而熟知中外时务。历任德化、瑞昌、安福等知县，以折狱明察称，有实惠于民。保升知府，光绪三十四年（1908）入京引见，备承嘉奖，回省后历办禁烟总局，提调吉安榷运差务，皆能剔除积弊。辛亥革命后卜居沪上。预知革命军兴，故促诸子先后赴日，宦囊所入尽为游学之资，分习政法医工诸专科，卒皆有所成。（民国《大埔县志》）——黄树雄

【董　泽】

董泽，海阳人。光绪间（1875—1908）任福建南日县丞。（光绪《海阳县志》）——陈贤武

【董宗鲁】

董宗鲁，海阳人。雍正二年（1724）岁贡。授广东东莞儒学教官。（光绪《海阳县志》）——陈贤武

【韩古真】

韩古真，字月香，女，海阳人。

明举人傅天佑妾。擅诗。(《潮州诗萃》)——陈贤武

【辜氏（陈绍德妻）】

辜氏（陈绍德妻），澄海下外莆都（今属汕头澄海）人。年十七受聘与陈绍德为妻，未嫁而绍德亡。绍德独子家贫，母孀守失明。辜氏奔丧奉养婆母，抚育嗣子，内外亲戚和睦。(嘉庆《澄海县志》)——蔡文胜

【辜文麟】

辜文麟（？—1711），字其石，号鲲洲，海阳东莆都（今属潮州潮安）人。明进士辜朝荐孙。康熙三十九年（1700）进士。四十四年（1705），知福建安溪县事，兼署德化，倡兴学校，修建龙津桥。有漳寇陈五显者，结伙于白花林，讨平之。以溺水死。能诗，陈王猷谓其诗有"才高庾信剧清新"之句。(光绪《海阳县志》、乾隆《安溪县志》、《潮州诗萃》)——陈贤武

【辜叶简】

辜叶简，海阳东莆都（今属潮州潮安）人。康熙五十年（1711）岁贡。雍正八年（1730）授广东阳春县训导，乾隆四年（1739）离任。(光绪《海阳县志》、民国《阳春县志》)——陈贤武

【傅玉林】

傅玉林（1767—？），字晓山，海阳龙溪都（今属潮州潮安）人。举人傅修长子。举乾隆五十九年（1794）顺天举人，六十年（1795）进士。嘉庆六年（1801），授湖北宜昌府兴山知县。转知福建福安县，革陋规，恤民隐，勤吏治。逾岁入为吏部郎中。县民攀辕卧辙，奔走省会乞留，格于例不行。玉林以名父子为嘉庆所赏识，至京兼充圆明园差官，日从事鞬马，以体弱不任劳，遂得疾卒。(光绪《海阳县志》)——陈贤武

【傅廷珍】

傅廷珍，字维贺，深澳人。精拳术，光绪间（1875—1908）曾助官军擒贼，叙功赏五品顶戴。归澳镇标以千总候补。受聘往汕头教授武技，受业者至数百人，多有名于时。通医理，着手成春。总兵官万起顺奖以匾曰"效验如神"。(民国《南澳县志》)——黄迎涛

【傅延焘】

傅延焘（1799—？），字少彦，号松泉，海阳龙溪都（今属潮州潮安）人，按察使修之孙，吏部郎中玉林之子。道光五年（1825），年廿七，中顺天举人。大挑以知县用，分发浙江。十一年（1831）七月，署永嘉知县，倡修中山书院。十二月调慈溪县，坐事摘去顶戴。十六年（1836），再署龙泉、归安二县，复署钱塘、秀

水。二十一年（1841），丁忧。二十六年（1846），以办奉化匪徒聚众案得力，浙江抚臣为之奏请，破格升补定海同知。善弈，有《尊天爵斋弈存》、《弈录》各一卷行世。（《道光乙酉科乡试同年齿录》、《清实录》、光绪《海阳县志》、光绪《永嘉县志》、光绪《处州府志》、光绪《归安县志》、《贩书偶记》）——陈贤武

【傅孙铭】

傅孙铭，南澳人，光宣间（1875—1911）任南澳镇标右营把总。（1956年《粤闽南澳职官志》）——黄迎涛

【傅　岩】

傅岩，海阳龙溪都（今属潮州潮安）人。按察使修之孙，吏部郎中玉林之子，知县延焘之弟。中顺天举人，出知山东寿光县。咸丰五年（1855），捐俸延师，整顿同文书院，倡导募款购置近郭田，每年可收租金200吊，供作书院经费。（光绪《海阳县志》、新编《寿光县志》）——陈贤武

【傅　修】

傅修（1739—1812），字俊成，号竹漪，海阳龙溪都（今属潮州潮安）人。明御史天佑裔。世居上莆都（今属潮州潮安），至父徙浮洋，以贫懋迁，生修于龙溪庵埠。幼颖异，读书过目成诵。叔父荣万虑其穷或辍业，常资之。乾隆二十七年（1762）举人，挑发山西，补山阴令。洁己爱民，循声卓著。荐升直隶遵化州牧。遵化重关深隘，畿北要区，修抚绥得宜，边民悦服。逾年，擢大名府知府，旋移守保定。赈恤饥民，不遗余力。迁山西冀宁道。未几，署按察使，兼权布政使。特旨调任直隶按察使。粤东距京八千里，公车报罢，南还者每苦旅费不足。凡谒修，修皆殷勤留署，以俟再举。一月会文数次，公余亲校阅，或封送京中名辈评骘，当曰款留八人，先后皆成进士。嗣因军机大臣兼管顺天府尹某欲曲保其乡人为京县，总督颜检不允会奏。尹某恨极，多方倾陷。上怜修才，然不欲废吏议，乃落修职，发往江苏，以知州用。江苏大吏稔修名，闻其来喜甚，甫到省即假守扬州。治扬一如治保定。适权贵某入都，道出维扬，密遣所私讽修馈送，代谋复职。修笑谢之。某闻而衔之。入觐时，上果垂询修近状，某以老耄不堪任事对。修遂不获召用。嘉庆十七年（1812）卒于官，年七十四。囊无余资，僚友伙助始成殓。妻子无力归榇故乡，乃葬修于所茇处，而寄居甘泉。（光绪《海阳县志》）——陈贤武

【傅家正】

傅家正，澄海人。康熙三十二年（1693）举人。官和顺知县。（嘉庆

《澄海县志》）——蔡文胜

【傅家桢】

傅家桢，字兼山，海阳人。康熙三十二年（1693）举人，宰山西和顺县。在官十载，多德政。卒于任，旧逋数千民争输以速归其丧。（雍正《海阳县志》、光绪《海阳县志》）——陈贤武

【傅清河】

傅清河，字应瑞，号衍澄，深澳人。嘉庆间（1796—1820），投澳镇标下为目兵。以屡获海盗功，历官千总。二十五年（1820），署达濠守备事。道光三年（1823），调补水师提标右营中军守备。五年（1824）擢香山协左营都司，迁游击，升海门营参将。在行间久习，谙兵法。而秉性忠勤，治军严正。应世接物则谦冲儒雅，肝胆照人。尤喜与文人、学士交，桓桓秩秩，有古大将风。子鸿基，优附贡生、候选训导。（民国《南澳县志》）——黄迎涛

【释仁智】

释仁智（1814—1902），云澳蔡氏子，俗名隆。生于云澳茗园村一农户，兄弟四人居末。稍长披剃为僧，至雄镇关拜师学黄檗宗。后行脚江苏、江西、常州、宜兴之显亲寺，徒众至四百余人。历为各大丛林方丈道德弥隆，一时称贤圣僧焉。道光间（1821—1850）重返南澳，辟叠石岩以居，广纳徒众，广播佛道。是为叠石岩开山之祖。光绪十六年（1890）刘传林为南澳同知，与仁智讨论禅理深相契合，偕同登果老山而留题刻。光绪二十八年（1902）在叠石岩圆寂。（民国《南澳县志》）——黄迎涛

【释本果】

释本果，字硕堂，号旷园，别署蕉庵、鹤泽渔翁，俗家湖北江陵。住锡潮阳仙城西畴报资寺，任方丈。康熙三十二年（1693）蒐集有关灵山文献，编辑《正弘集》，三十四年（1695）梓行。（《重刻灵山正弘集》）——陈新杰

【释印元】

释印元，字亦那，又称萍叟，海阳人。顺治、康熙年间（1644—1722）人。擅诗。（《古瀛诗苑》、《潮州诗萃》）——陈贤武

【释明意】

释明意，本姓郑，潮阳人。住石井岩三峰寺。海阳郑昌时有诗怀之。（《韩江闻见录》、《潮州诗萃》）——陈新杰

【释语山】

释语山，潮郡人。以避难剃发为僧。顺治（1644—1661）初，明吏部罗万杰侨寓盘湖庵，延语山参禅。相投契久之，于盘湖五里外西华山，辟径芟榛，构精舍一区，潜修净业，足

迹不履村市。精于六书，有问者辨析音义，井井有条；或叩禅宗，则曰："君辈方读书为世用，无庸向此间理会也。"雅不喜剃度法嗣，常语人曰："人无戒，性贪懒，为僧祗造孽耳。"有幼孤者，恳之，许暂留服役。日夕课以采樵灌园，兼令识字。稍长即还俗。寿九十三，为僧七十年，一夕趺坐圆寂。识者谓其口不谈禅，乃深于禅者。（乾隆《潮州府志》、光绪《海阳县志》）——陈贤武

【释振际】

释振际，康熙时人。修行于海阳河内桂坑（今属潮州湘桥）之东山庵，素不识字，将圆寂日忽吟一绝云："寄迹韩江六十秋，弥陀接引往西游。白云作地青天路，恭别檀那勿苦留。"（光绪《海阳县志》）——陈贤武

【释海德】

释海德，饶平人，俗姓萧，幼出家于揭阳观音堂。清初战乱，揭阳积尸如山，海德收尸作同归冢。顺治十年（1653）潮州总兵郝尚久反清，失败后清兵屠城，横尸遍野，海德与义士收遗骸，作普同塔于葫芦山。（乾隆《潮州府志》、道光《广东通志》）——黄树雄

【释超雪】

释超雪，字宜白，海阳人，福州籍。通经史，娴诗词兼擅书法。清初，逃禅居宁都深澳金山北之金山寺，后移锡福建闽县之鼓山崱屴寺。晚年，归潮州。潮州总兵马三奇于郡城西郊建"竹林庵"，延超雪为方丈，寻圆寂。金山禅寺额，即超雪所书也。（《潮州诗萃》）——陈贤武

【释道忞】

释道忞（1596—1674），字木陈，别号山翁，俗姓林氏，大埔同仁社之新丰里人。少习儒业，后到庐山开先寺出家。中间一度还俗。二十七岁再度出家。后嗣法于宁波天童寺。顺治十六年（1659）入京为皇帝说法，赐号弘觉禅师。康熙十三年（1674）卒。著有《语录》三十卷，又有《布水台集》、《北游集》、《奏对录》等。（《续指月录》、《清初僧道忞及其〈布水台集〉》、《山翁忞禅师随年自谱》）——黄树雄

【释鉴辨】

释鉴辨（1807—1875），俗姓张，惠来人。年二十八，剃度于本县榕石庵。倾家产，供造十八罗汉，受具开元寺，炼烧左手指二。其时常住者缺粮，鉴辨日出募缘供众。继而移居碣石永福寺，遂戒口不语，日刺心血书《弥陀方》等大经，或以施人。如是者十余年。同治十三年（1874）除夕，忽开口自言寿尽。明年三月十二日，当为众开示法要。至是日，尚无恙，谈笑如常，命沙弥烧水浴身，浴

毕，更衣趺坐，仍为众讲说经旨，忽曰："吾去矣。"遂瞑然长逝。光绪二年（1876）建塔。（《缵槐堂集》）——周修东

【释照唐】

释照唐，字羽梵，澄海名家子，晚祝发邑之塔山寺。知诗学禅，有道气。与知县王岱作方外交。（康熙《澄海县志》、《了庵集》）——孙杜平

【释德薪】

释德薪，字起南，俗姓陈，海阳（今属潮州潮安）人。陈衍虞族子，得法崆峒，晚归潮，于清初筑华严庵于郡城西郊，日与士大夫唱酬，人称南禅师，著《劫灰诗集》。又有《义安弘释集》。（光绪《海阳县志》、《潮州艺文志》）——陈贤武

【童德光】

童德光，号裳玖，大埔石门岭（今属梅州大埔）人。工诗，善隶，尤长于画，其画山水人物不与世俗争研斗靡，笔力所至，情景逼真，得其画者如获拱璧。（民国《大埔县志》）——黄树雄

【曾日省】

曾日省，字三吾，深澳人。南昌守备继兴子。少失怙，家贫，嗜学，虽盛夏隆冬手不释卷。生平孝友醇谨，与物无竞。吴六奇镇饶平，日省方为诸生，重其学行，品藻嘘植，以成其志。顺治十七年（1660），中举人，谒选得四川垫江知县，有惠政。寻致仕，徙居县城，日以课儿孙为事，间或与耆贤酌酒论文，士人奉为楷模。（民国《南澳县志》、1952年《饶平县志续补》）——黄迎涛

【曾日羲】

曾日羲（？—1760），字德斋，澄海下外莆都（今属汕头澄海）人。乾隆十七年（1752）举人。资性敏悟，能理烦解纷，乡人有难决者，皆质询之。二十三年（1758）秋旱，日羲为设水运法，取远水以资灌溉，田园得以丰收。后人传其法且纪其事。二十五年（1760）下第归，卒于江南。（乾隆《澄海县志》、嘉庆《澄海县志》）——蔡文胜

【曾中孚】

曾中孚（1835—？），号虚舟，揭阳人。知州述经、右丞习经之父。武生，蓝翎候补把总。诰赠资政大夫。子四，长述经，光绪十五年（1889）举人，官福建直隶州知州，历署上杭、建宁县；三习经，十八年（1892）进士，官度支部右丞；四秉经，附贡，官户部主事。（光绪《揭阳县续志》、《武城曾氏族谱》）——孙杜平

【曾氏（林来青妻）】

曾氏（林来青妻），潮阳人。年一百有四。其媳某氏亦年九十四。俱

五代同堂。（光绪《潮阳县志》）——陈新杰

【曾文正】

曾文正，字其昭，海阳人。康熙二十九年（1690）举人。为人温雅若讷，遇公事则侃侃而谈，俱中肯綮。大鉴乡堤溃，波及上莆、龙溪、南桂三都，连年水患不息，文正合三都绅耆陈之当事，纠同乡民各输工料，垒石御之，亲自督理不辞劳瘁，三都水患以除，士民德之。（光绪《海阳县志》）——陈贤武

【曾文树】

曾文树（1731—1823），揭阳人。监生。生平好善，尤尊师重道。以年老，被赐职衔。五代同堂，亲见七世。道光二年（1822），当道奖以"七叶衍庆"匾额。卒年九十三。（光绪《揭阳县续志》）——孙杜平

【曾世进】

曾世进，丰顺新寨人。乾隆六年（1741）举人。大挑分发江西，任德安知县，三十三年（1768）三月题建昌知县管县丞事，升宁州知州。（光绪《丰顺县志》、《清代缙绅集成》）——陈贤武

【曾成元】

曾成元，一作永承，海阳人。顺治六年（1649）岁贡，授刑部员外郎。（乾隆《潮州府志》、光绪《海阳县志》）——陈贤武

【曾廷兰】

曾廷兰（1832—1889），字秋墅，号吟花主人，海阳郡城人。优增生。有《吟花别墅诗钞》二卷，前有同治元年（1862）自序，光绪十四年（1888）刻本。（《潮州艺文志》）——陈贤武

【曾华盖】

曾华盖，字乃人，一字喟莪，又字文垣，海阳人。曾栋奇子。幼颖敏，能文章。康熙九年（1670）进士。潮州总兵刘进忠雅重之，华盖察其有异志，遁去。十三年（1674）进忠叛，阴使人招华盖，不可得。康熙二十一年（1682）谒选授浙江寿昌令，有善政，二十二年（1683）修《寿昌县志》十二卷。二十四年（1685）擢吏部考功司员外郎，转稽勋司。二十九年（1690）典湖广乡试，所取皆楚中名士。旋以同官诖议携级归。著有《喟莪诗文集》四卷（内有《鸿迹猿声集》、《徵车草》、《鷞寄堂诗集》、《楚游纪事诗集》）。年七十卒。（道光《广东通志》、乾隆《潮州府志》、光绪《海阳县志》、新编《建德县志》）——陈贤武

【曾刘氏】

曾刘氏（1784—1888?），揭阳人。按察司知事曾修经母。年二十九，夫死守节，抚养三子成立。光绪十年（1884），广东学政叶大焯旌以

"筠节松龄"匾。十四年（1888），曾刘氏尚存，时年一百有五岁。子孙五代同堂。（光绪《揭阳县续志》、《清德宗实录》）——孙杜平

【曾声高】

曾声高，号岐山，揭阳人。右丞曾习经祖。咸丰六年（1856），土寇许亚梅将下棉湖。时县援兵未至，人心惶惶。声高因陈大义，集丁壮，布置栅垒，填塞湖口。兼以湖水阻阔，贼难径渡。众志益坚，相持近十日。后知府文晟督兵进剿，贼被平定。声高因功，由监生保叙六品职。生平慷慨好施，亲族贫者，婚嫁病丧，多赖伙助。（光绪《揭阳县续志》）——孙杜平

【曾其名】

曾其名，海阳人。雍正四年（1726）岁贡。乾隆八年（1743）二月授广东儋州训导。（乾隆《潮州府志》、光绪《海阳县志》、道光《广东通志》、《清代缙绅集成》）——陈贤武

【曾国凤】

曾国凤，海阳上莆都（今属潮州潮安）人。乾隆三年（1738）举人。乾隆八年至十一年（1743—1746）授顺德教谕。（光绪《海阳县志》、光绪《广州府志》）——陈贤武

【曾命毅】

曾命毅，海阳人。康熙三十三年（1694）岁贡。授广东英德训导。（乾隆《潮州府志》、光绪《海阳县志》）——陈贤武

【曾学思】

曾学思，字大经，揭阳人。雍正五年（1727）饥荒，设棚煮粥，以济饥民，又帮助当社藏谷。获知县屡次嘉奖。（乾隆《揭阳县志》）——孙杜平

【曾栋奇】

曾栋奇，字砥慈，海阳人。早孤，事母至孝。通经学古，以诸生屡蹶场屋，益力学不倦。知府吴颖聘修顺治府志。生平严气正性，颦笑不苟，学者称为"曾夫子"。（光绪《海阳县志》）——陈贤武

【曾逢春】

曾逢春，海阳人。雍正元年（1723）武进士。（光绪《海阳县志》）——陈贤武

【曾　高】

曾高，潮阳洋乌都人。道光（1821—1850）间任海门参将。（光绪《潮阳县志》）——陈新杰

【曾益盛】

曾益盛，本姓谭，海阳人。雍正二年（1724）举人，授浙江於潜知县。（乾隆《潮州府志》、光绪《海阳县志》）——陈贤武

【曾　掌】

曾掌，深澳人。乾隆三十三年

(1769）任南澳镇标右营左哨千总。（乾隆《南澳志》）——黄迎涛

【曾赓隆】

曾赓隆，字洙柏，海阳人。幼颖敏，好读书，探奇抉奥，矻矻穷年，耄而弗倦。仿周兴嗣《千字文》著《千字对》，组织百家，囊括万有，属对精工，搜罗宏富，并自加注释，刊而行之。乾隆元年（1736），以耆年恩赉八品冠带。享寿八十六。（光绪《海阳县志》）——陈贤武

【温天水】

温天水，澄海县苏湾都（今属汕头澄海）人。乾隆十八年（1753）举人。官番禺教谕。（嘉庆《澄海县志》）——蔡文胜

【温文桂】

温文桂，程乡人。康熙间北城兵马司指挥。康熙五十二年（1713）任州同，署州事。雍正初，遣内阁学士何国宗视胶莱河，文桂时已迁他职，条奏胶莱河形势："臣为州同时所目睹，不可行粮艘，惟两岸民田陂水藉河为宣泄。宜用民力疏浚，则民不怨而田无水患。"国宗采其议，与山东巡抚会奏，止胶莱河海运。以松源为州城之偏隅，欲赴求学，往返经旬，极为不便，重新创办松源义学，设置膏火供学子油灯。（光绪《嘉应州志》）——黄晓丹

【温安海】

温安海（1674—1757），字子澄，谥文诚，程乡县金盘堡（今属梅州梅县）人。康熙三十八年（1699）举人，三十九年（1670）联捷成武进士，钦点銮仪卫治仪正，甘肃掌印行都使司，诰授通议大夫。（雁洋莆里《温氏族谱》）——黄晓丹

【温奇弢】

温奇弢，程乡人。忠孝温若渊孙。幼失怙，至性过人，事母以孝闻。初居城内，遭寇氛，依母避难松源，随欢益笃；里有纷争，多方解释。岁饥，常乐介赈，多所全活。知县刘广聪尊其德，延为乡宾，旌曰："慷慨慕义。"其子早夭，以侄士鏳为嗣。士鏳孝友性成，事母孺慕终身。兄死无子，以己子淑广为其后，曲全嫂节，无贻生母忧。八世祖茔流失甚久，寻获修筑。凡建祠立尝，直乐为己任。存心积德，人称"克绳祖武"。（光绪《嘉应州志》）——黄晓丹

【温学思】

温学思，见"温清"条。

【温奎龙】

温奎龙，字始发，号慎初，大埔城内（今属梅州大埔）人。以例贡授州同。平生乐善好施，见义勇为。善游泳，有失足溺水者，辄往救，无不得生还。同治三年（1864），梅县、

兴宁等地时病流行，奎龙以自制良药治之，救人无数。（民国《大埔县志》）——黄树雄

【温恒炫】

温恒炫，字尚贸。程乡人。生而颖悟，性笃孝友。父楫，廪生，因严正忤祸土弁，随母避难松源。长游泮，诉父冤于直指达部，部议下，土弁伏辜。归益勖学，中康熙二十六年（1687）副榜。惟以承欢慈颜，训诲后学为务，知县曹延懿延掌书院，旌曰："师范文学。"藩司鲁超旌其坚贞不屈曰："士林模楷。"长子埋，岁贡。次子涛，廪生。孙钟衍，国学生。（光绪《嘉应州志》）——黄晓丹

【温　清】

温清，字捷英，澄海苏湾都（今属汕头澄海）人。十岁丧父，偕弟力田以养母，衣食无缺，笃爱诸侄如亲子。清初沿海"迁界"，族戚有不能自存者，竭力周济之。年八十二卒。子温学思，字冲如，康熙四十一年（1702）副榜。性至孝，竭力奉事父母。后父母相继殁，哀毁骨立。服满后，与门人述先人事，不禁涕泣。年六十九卒。（乾隆《澄海县志》、乾隆《潮州府志》）——蔡文胜

【游氏（黄宏雨妻）】

游氏（1687—1788），普宁洑水都人，黄宏雨妻。素性温恭，相夫克尽妇道，年廿九夫故，长幼二子尚小，幼子犹在抱。上事翁姑，佐理家政，抚诸孤，备极勤劳，乡里称之。寿一百有二岁。（光绪《普宁县志》）——陈新杰

【游世标】

游世标，潮阳竹山都人。贡生，以子殷享，赠文林郎、郧西知县。（光绪《潮阳县志》）——陈新杰

【游定海】

游定海，海阳丰政都（今属梅州丰顺）人。康熙五年（1666）解元。（光绪《丰顺县志》、《清秘述闻》）——陈贤武

【游殷享】

游殷享，号愚溪，潮阳竹山都人。乾隆三十三年（1768）举人，授郧西知县。甫下车，即萃诸生讲学，间召乡老，剀谕民知向化。有不法者，立即拘捕，境赖以安。五十年（1785），蝗灾，殷享亲诣四郊，募民夫扑灭，量其多寡示赏，不数日悉除，田禾无害。以丁父忧回籍。（嘉庆《潮阳县志》、光绪《潮阳县志》）——陈新杰

【寒　婆】

寒婆，失姓氏，普宁人。孝妇。相传天大雨雪，妇恐姑寒，送衣前往，冻死于望天石山下。山径因得名寒婆径。后人立庙祀之，石上镌"冻媪寒婆"四大字。至今来往行人，必

拾草少许置于庙侧，积多则焚之，以暖其寒云。（乾隆《普宁县志》）——陈新杰

【谢士峰】

谢士峰，即钱士峰。

【谢大海】

谢大海（1805—1880），澄海蓬洲都（今属汕头市区）人。青年时随师学医，于乡间设"仁术堂"行医。因曾误诊病人而感医术肤浅，避居潮阳，矢志苦学十载，深悉中医治病之术，于潮阳挂牌行医，论理深博，医术高超，医德为人所称誉，终成一代名医。（1992年《澄海县志》）——蔡文胜

【谢大略】

谢大略（？—1856），普宁人。咸丰四年（1854）夏，陈娘康陷惠来，六年（1856）六月望后，分其党数千由鲤湖扰普宁，大略与同邑武生林振图，生员李高士、方利；职监郑建修、谢捷发、林思德、方美利、林茂春等九人迅集子弟奋臂而兴，誓在灭贼。枕戈之夕，沐浴焚香，祷于关庙。诘旦忽闻杀贼声若千万军者，人以为神作，勇气百倍，遂生擒贼目林亚芬等三人，歼其党百余人，余贼溃走。（光绪《普宁县志》）——陈新杰

【谢万琮】

谢万琮，揭阳人，海阳籍。康熙二年（1663）举人。二十九年（1690），授江西吉水知县。（康熙《潮州府志》、雍正《揭阳县志》、道光《吉水县志》）——孙杜平

【谢 义】

谢义，普宁人。署福建汀州游击。花翎副将衔。（光绪《普宁县志》）——陈新杰

【谢及时】

谢及时，字端章，号莘农，大埔人。嘉庆六年（1801）举人，历任琼州府会同县、肇庆府四会县训导，升儋州学正，士林皆受培植。卒年八十三。（同治《大埔县志》、道光《琼州府志》）——黄树雄

【谢之浩】

谢之浩，海阳人。十岁能文，弱冠入郡庠，历试二十余科数奇不遇，以诗书训子弟。晚年邃于理学，多所阐发。著《大易说文》、《学庸句解》。年逾八十以寿终。（光绪《海阳县志》）——陈贤武

【谢天泽】

谢天泽，深澳人。事母王氏以孝闻，母寿百岁。生平好义，乡党有急，必周恤之。雍正四年至五年（1725—1726），岁饥，捐米赈济，全活甚众。建筑城外玉带堤、三官堂；修葺城隍庙、屏山寺，皆慷慨捐输，力董其事。九年（1730）举福建诏安县乡饮大宾。年九十卒。子：纯，国

子监生。捐建书院，捐社仓谷，修北帝庙。好义，有父风。（乾隆《南澳志》、民国《南澳县志》、1952年《饶平县志续补》）——黄迎涛

【谢天官】

谢天官（1655—1754?），揭阳（今属揭阳空港）人。传家孝友，立品端方。乾隆元年（1736），被授八品顶带。十九年（1754），寿至百岁，妻黄氏九十八岁，朝廷赏给坊金、缎匹，准予建坊。（乾隆《揭阳县志》）——孙杜平

【谢天锤】

谢天锤，海阳人。康熙二十七年（1688）岁贡，由揭阳学。授广东高明训导。（光绪《海阳县志》）——陈贤武

【谢元选】

谢元选，榜姓蔡，字万青，一字仰蒙，惠来县惠来都人。谢正蒙孙，兆熙长子（一作"黄榜之子"）。父赴省试，卒于羊城，时元选年少，扶柩归。康熙四十四年（1705）省试举人第六名。雍正三年（1725）奉旨复姓，四年至五年（1725—1726）任湖广荆州府石首知县。受聘分纂《惠来县志》，九年撰有《重修县志序》。（雍正《惠来县志》、乾隆《石首县志》）——周修东

【谢　元】

谢元，行伍，深澳人。乾隆四十九年（1784），由南澳镇标右营左哨二司把总，升千总。任内捐银重建武庙。五十二年（1787）四月在台湾剿匪阵亡。（乾隆《南澳志》）——黄迎涛

【谢元瀛】

谢元瀛（1631—?），字定夫，饶平元歌都（今属潮州饶平）人。清顺治十一年（1654）举人，十五年（1658）进士。康熙二年（1663）任浙江石门知县。为政崇尚宽简。洞察奸究，革除弊政，不遗余力。石门地当交通要冲。时值清兵征厦门，兵马路经石门，当地丁役几不足十之一，征役繁重，民怨载道。元瀛多方吁请，得以少减，民困稍舒。石门县东南旧有一地，因战乱久已荒芜，而赋税照旧册征收．元瀛请于有司，情词凄恻，按院"初阅之胆寒，再阅之伤心，三阅之泪下"。终得旨豁免。其为民请命多类此。曾泐碑于县署大堂，教民以栽桑之法，其讲求农艺而勤民事，亦为难能。康熙三年（1664），因县内囚犯越狱，免官，士民惜之。家居后，捐资置田五十亩，岁收以赡亲族志之贫乏者。（康熙《饶平县志》、《康熙十五年戊戌科进士履历便览》、光绪《石门县志》）——黄树雄

【谢友德】

谢友德，字湘兰，深澳人。广东

水师提标左营游击署任海门参将国泰之子，好读书，喜习吏事。弱冠补生员，旋入营学书记。所为文告，戎幕前辈咸叹弗及。同里提督洪名香闻其才，以次女妻之。友德丰仪凝重，酬应有礼度，粤中文武缙绅竟与论交，爰是才名流布。由军功累至道员，方拟赴浙候补，将行竟卒。（民国《南澳县志》）——黄迎涛

【谢日进】

谢日进，海阳人。道光间（1821—1850）任潮州城守营把总，署本营千总。（光绪《海阳县志》）——陈贤武

【谢文在】

谢文在（1722—?），海阳人。乾隆九年（1744）举人。三十一年（1766）四月选广州府教谕管训导事，三十七年（1772）任湖北宜昌府巴东知县，转山东嘉祥县。（光绪《海阳县志》、《清代官员履历档案全编》、《清代缙绅集成》）——陈贤武

【谢心悟】

谢心悟，镇平（今属梅州蕉岭）人。性刚方，娴于武勇。明季草寇蜂起，乡人推为福安寨长。兄心学，从弟心备、心瓒、心益，俱庠生。相与运谋决策，立栅捍卫。寇至，则率子弟、乡人与战，群寇屡北，以故畏谢家兵，不敢窥福安。顺治四年（1647），清兵平潮州，惟镇平未下，副将文贵金等师讨之。过金盘，知福安勇略，延心悟兄弟咨访，各署以职，令率子弟乡兵前驱，连克数寨。至油坑口，飞龙寨贼伪降，兄弟力战。心学、学德、心瓒及心学之子皆殁于阵；心悟、心益受伤，逃而免。（光绪《嘉应州志》）——黄晓丹

【谢玉娘】

谢玉娘，揭阳人，海阳文学陈艺蘅继室。艺蘅为陈衍虞从子，一家群从，皆耽吟咏。艺蘅诗尤俊爽。玉娘与闺门唱和，足称佳偶。惜早年殂谢，艺蘅有诗之。（光绪《海阳县志》、《潮州诗萃》）——陈贤武

【谢　汀】

谢汀，字伯新，海阳人。康熙三十五年（1696）举人。授内阁中书。（光绪《海阳县志》）——陈贤武

【谢出类】

谢出类，字泰就，号简亭，揭阳人。性英迈有勇略。雍正四年（1726）县遇饥荒，出类捐谷助县分赈。八年（1730）登武进士，未仕。（乾隆《揭阳县志》、《潮州谢氏族通谱》）——孙杜平

【谢式南】

谢式南，字复申，揭阳人。康熙间例贡。四十六年（1707），授广东三水教谕。为人真诚雅朴，平易近人。诸生谒见，为讲经义，终日不倦。每逢月吉，宣读皇训，即命题课

艺，篝灯评阅，寒暑不辍。贫士修贽，一概不取。凡事关文运者，无不力为，如改学宫照墙、填前塘等。官府之事，绝口不道。人或横被诖诬，力为申救，如同己溺。（雍正《揭阳县志》、嘉庆《三水县志》、《潮州谢氏宗谱》）——孙杜平

【谢光耀】

谢光耀，号皓月，揭阳人。为人慷慨，推解不吝。道光十二年（1832），县大饥荒，光耀同绅士倡捐巨款，又自设厂施粥，使贫弱者均沾其惠。事闻，大吏以"友谊敦任恤"旌奖之。十七年（1837），县建文祠，光耀主其事，又倾囊以助其成。人咸叹服，以为难及。卒年七十余。赠通奉大夫。（光绪《揭阳县续志》）——孙杜平

【谢廷诏】

谢廷诏（1634—1704），字华笏，惠来县惠来都人。七岁能文，十四岁增补为县学生员。顺治六年（1649）罗英横行攻掠，廷诏购潮岗山以筑寨，为县城犄角。当罗英攻城，廷诏亲率壮丁数百，在其后骚扰。罗英疑援兵至，不敢逼城濠。及后罗英兵败，县城赖以保全。康熙二年（1663）考中举人，授湖广新田知县，整饬民风，振作士气，政通人和。归休林下，熟知税亩弊端，吏书中饱，请勘印簿，邑粮遂均。享年七十一岁。子锡缙，贡生。（雍正《惠来县志》、雍正《广东通志》）——周修东

【谢名嵩】

谢名嵩，揭阳人。监生。性情温雅，行事无偏倚。尝仗义救人。卒年七十五。（乾隆《揭阳县志》）——孙杜平

【谢如晦】

谢如晦，字养亭，揭阳人。布衣。天性孝友。因父母早丧，不及将养，择地营墓，庐守三年，由是名重乡里。士大夫慕其行谊，多礼敬之，如晦罕以高贵轻人。乡人有争斗者，咸就其辨问。（雍正《揭阳县志》）——孙杜平

【谢运开】

谢运开，饶平中饶（今属潮州饶平）人。性笃孝。父得病，运开晨夕侍，衣不解带，十三年如一日。延师课子弟，邻里子弟贫者准与同塾。次子元瀛，进士。（康熙《饶平县志》）——黄树雄

【谢志远】

谢志远，即詹志远。

【谢宏恩】

谢宏恩，海阳人。乾隆四年（1739）进士。（光绪《海阳县志》）——陈贤武

【谢陈荣】

谢陈荣，海阳人。道光间

(1821—1850）任潮州城守营把总，署黄冈千总。（光绪《海阳县志》）——陈贤武

【谢国史】

谢国史（1708—1779），字孟载，海阳人（一作"澄海人"）。雍正四年（1726）举人，八年（1730）进士，授瓮安令。会苗彝陷黄平、余庆等州县，毗连瓮安。国史团练乡勇，恢复余庆，民怀其德，肖像祀焉。以军功调遵义。乾隆四年（1739）复调毕节，土瘠民贫，艰于输将，为设法搭解，捐俸弥补。七年（1742）二月，以特简升贵州都匀府独山知州。丁外艰归，十七年（1752）起复，九月补四川重庆府涪州知州。下车清积案，建义学。两署夔州守，清勤益著。解绶归。善诗词，工书。卒年七十二。（光绪《海阳县志》、《清代官员履历档案全编》、《清代缙绅集成》、道光《大定府志》）——陈贤武

【谢国泰】

谢国泰，深澳人。行伍。由士卒积功，历把总、千总。道光十一年（1831）升任崖州营水陆守备。十二年（1832），改为崖州专管水师守备。十七年（1837），擢南澳镇标左营游击。十八年（1838），调任广东水师提标左营游击。嗣升署本标海门营参将。道光中（1821—1850），禁烟案起。广州、虎门、九龙、澳门各海口，驱逐英、法、美、荷各贩烟土船舶。十九年（1839）三月二十六日，有双桅夷船一只，由西南外洋驶至长山尾寄椗售土。国泰闻报，遂带同通事、引水赴该船，谕缴烟土。据称船内无烟，系阻风雨到此停泊，风静即行。赋性慈厚，信之不疑。后以此事被参，以年老诏令休致。子，友德，有传。（民国《南澳县志》）——黄迎涛

【谢国恩】

谢国恩，海阳大和都（今属潮州潮安）人。乾隆五十七年（1792）武举人，嘉庆七年（1802）武进士。（光绪《海阳县志》）——陈贤武

【谢忠哲】

谢忠哲，海阳人。优贡。乾隆七年（1742年）至十六年（1751）任广东番禺训导。（同治《番禺县志》）——陈贤武

【谢秉成】

谢秉成（1852—1900），字德荣，号芷升，揭阳人。中书谢炼之子。为人刚方，博览群籍。光绪二年（1877），补县学生。二十三年（1897），补廪膳生。在学有声誉。（光绪《揭阳县续志》、民国《谢氏宗谱》）——孙杜平

【谢金度】

谢金度，海阳人。康熙二年

（1663）举人。二十五年（1686）授广东花县教谕。（光绪《海阳县志》、光绪《广州府志》）——陈贤武

【谢学圣】

谢学圣（1692—？），字复守，号乃愿，揭阳人。昌化训导谢起凤子。幼有夙慧，九岁能文。弱冠补弟子员。恪守父训，以文章知名。年廿九岁，登康熙五十九年（1720）解元。乾隆十年（1745），授山西交城知县。有《耕读集》。（雍正《揭阳县志》、光绪《交城县志》、民国《谢氏宗谱》）——孙杜平

【谢绍举】

谢绍举，字钦邻，揭阳籍，入海阳学。少孤，事母孝，亲没无以葬，负土成坟。性谦和，乐施正己励俗，乡人推为约正。卒祀乡贤。（光绪《海阳县志》）——陈贤武

【谢思恭】

谢思恭，字六吉，号南溪，海阳人。嘉庆、道光年间（1796—1850）人。诸生。擅画人物、花鸟，兼善书法。郑昌时《百怀人》有诗怀之。潮州市博物馆收藏有其山水人物中堂一轴。（《韩江闻见录》、《潮州历代书画录·潮州市卷》）——陈贤武

【谢炳经】

谢炳经，字观韬，揭阳人。通奉谢光耀子。年甫成童，适父染病，即能代为打理家政、生意。长能承继家业。性好施予。咸丰、同治年间（1851—1874），县中修书院、建学宫、浚城壕以及省城修贡院，炳经无不急公好义，踊跃捐款。居恒延请师儒，厚给脩脯，课督子弟，不遗余力。又与诸弟相友爱，一家百口，无异烟人，人比之颜、柳家风。卒赠通奉大夫。（光绪《揭阳县续志》）——孙杜平

【谢　炼】

谢炼（1834—1879），字益潆，号巢云，揭阳人。廪贡生，中书科中书衔。性聪慧孝友，见义勇为。同治三年（1864），太平军攻陷诏安县，潮州戒严，乡里富户将往香港避祸。炼倡言大义，力劝抵御，并集耆老，立乡约，人心始定。又尝创建宝峰书院、重修龙头桥。生平砥节砺行，授徒所得，悉分亲友，绝不吝惜。卒年四十六。著有《南行纪程》、《红药吟馆诗钞》。（光绪《揭阳县续志》、民国《谢氏宗谱》）——孙杜平

【谢起凤】

谢起凤，海阳人。雍正年间（1723—1735）岁贡。授广东昌化训导。（光绪《海阳县志》）——陈贤武

【谢晋爱】

谢晋爱，揭阳人。为人诚朴，不善治产。家非富有，顾好施与。晋爱乡当往郡要道，轿夫商贩络绎相望。

每逢夏月，辄在舍旁煮茶赠人。生平不识字，出门必携布袋，路遇丢弃字纸，为之拾纳。由是家益衰落。卒后，子孙始以勤俭致家。（光绪《揭阳县续志》）——孙杜平

【谢振瑛】

谢振瑛，海阳人。乾隆三十年（1765）举人。授浙江龙泉知县，六十年至嘉庆十二年（1795—1807）任广东连平州学正。（光绪《海阳县志》、光绪《惠州府志》）——陈贤武

【谢衷寅】

谢衷寅（？—1681），字斯亮，本海丰籍。少负笈从其父授生徒潮阳，笃志力学，于世味淡如也。康熙八年（1669）举人第三。普宁知县段藻延为子师，讲业之外，有请托者一切谢绝，段益器重之。约身励俗，为举人，十年不改寒素。十五年（1676），海氛肆虐，衷寅匿影穷山以免。十八年（1679）成进士，未奉大用而归。二十年（1681），将北上，窘于治行装，寻以疾卒于家，人咸悼之。（康熙《潮州府志》、乾隆《普宁县志》）——陈新杰

【谢　祥】

谢祥，行伍，深澳人。乾隆二十一年（1756）二月，任南澳镇标右营右哨千总。嗣升广东左翼镇左营守备，三十年（1765）病故任上。

（1956年《粤闽南澳职官志》）——黄迎涛

【谢梦春】

谢梦春（1758—？），字鹤堂，又字碧堂，海阳人。励志苦学。嘉庆六年（1801）进士，七年（1802）授河南偃师知县。偃师地瘠民贫，又居要冲，官苦乏而供亿烦。莅任，吏以陋规进，笑不受。原孔子像置于黄大王庙内，此举对先师不敬，将圣像移至县城文庙内，并于十年（1805）七月立《恭移圣像碑》（今属为洛阳市文物保护单位）。大吏按临，夫役供给，费甚巨，不派民一钱，亏帑变家产抵之。及解组归，四壁萧然。（光绪《海阳县志》、《韩江闻见录》、《河南文物》）——陈贤武

【谢捷发】

谢捷发，见"谢大略"条。

【谢捷榜】

谢捷榜，揭阳人。秉性好义。生平两拾遗金，共三百两，皆慷慨璧还，卒不受酬。知县刘业勤奖以"廉介可风"匾。（乾隆《揭阳县志》）——孙杜平

【谢　铭】

谢铭（1806—？），字玉鼎，海阳人。擅工笔人物，情意逼真。80岁作画精力似青年，故有"谢十八"之称。潮州市博物馆收藏有山水人物立轴二幅，题款是"岁在庚午夏日，

玉鼎谢铭"。为馆藏三级品。(《潮州历代书画录·潮州市卷》)——陈贤武

【谢清荣】

谢清荣,海阳人。咸丰间(1851—1861)授潮州镇右营千总,署黄冈右营守备。(光绪《海阳县志》)——陈贤武

【谢 涵】

谢涵,海阳人。庠生。康熙间(1662—1722)授浙江处州龙泉知县。(光绪《海阳县志》)——陈贤武

【谢绳武】

谢绳武,字仰乔,号继齐,深澳人。咸丰七年(1858)岁贡,即用教谕。(民国《南澳县志》)——黄迎涛

【谢 琦】

谢琦,海阳人。康熙三十一年(1692)拔贡。授广西灵山教谕。(光绪《海阳县志》)——陈贤武

【谢赐履】

谢赐履,揭阳人。生平好义乐善,尝捐地建宗祠,并输租为祀典之需,其他惠泽甚多。雍正四年(1726),知县李景运以其品行高尚,奖给"齿德绍徽"匾。被授八品顶戴。卒年八十四。(乾隆《揭阳县志》)——孙杜平

【谢曾炎】

谢曾炎,字友上,澄海蓬洲都(今属汕头市区)人。父早卒。曾炎少嗜学明礼,事母以孝闻。尤好施与,凡以捐建告者,皆力行之。子谢国史,雍正八年(1730)进士。(乾隆《澄海县志》、嘉庆《澄海县志》)——蔡文胜

【谢 棨】

谢棨,字信之,号戟韬,普宁人。性聪敏,嗜学好问。康熙三十一年(1692)恩贡,授长宁训导。生平喜习静,从不入市肆,日与二三知己剧谈诗文,以玉成后进为念。在任作兴人文,俾学者有所取法,及卒于官,诸生追慕不忘。(乾隆《普宁县志》)——陈新杰

【谢 谦】

谢谦(? —1681),揭阳人,侨居省城。少慷慨有大志,喜排难解纷。经商海南。康熙十八年(1679),奉檄密探海疆形势,带领粮船,路经琼州,值海寇杨二等犯儋州。当道命与琼山知县茹铉协剿,谦出奇计,诈敌设伏,大败海寇。明年,杨二又纠合海寇谢昌、冼九、叶橄榄等,聚众万余,大犯琼州。朝廷因命顺德总兵蔡璋、虎门水师副将张瑜为正、副总统,领水兵万人赴琼援剿。蔡璋询问海南情形,谦为出谋划计,自请率船前导。二十年(1681),杨二、谢昌等占据海口所城,迫降琼州水师副将王珍,黎族首领杨胡须又连陷澄迈、

安定等县，将合兵攻琼州。谦船与贼遇于海上，被贼围攻，鏖战一夜，众寡不敌，谦被创力穷，投水而死，同船士卒二十三人被杀。后诸贼被平，朝廷议功叙赏，谦独不及，士民扼腕，共为立碑，以彰其功。（雍正《揭阳县志》、康熙《琼山县志》）——孙杜平

【谢献玉】

谢献玉，揭阳人。监生。性好图书，孜孜不倦。屡试不售，因援例入监。晚年，每见少年勤于诵读者，则啧啧称羡。邻里有鼠雀之争，必力为劝解。遇有亲朋告急，即囊中羞涩，未尝推辞。被举为族正。（乾隆《揭阳县志》）——孙杜平

【谢锡勋】

谢锡勋（1864—1913），字安臣，一作"鹦臣"，海阳人。光绪十五年（1889）举人。二十一年（1895），列名"公车上书"广东签名表八十六名举人之一。官福建将乐知县，颇有政绩。适鼎革，以财赋墨误被羁。士民为吁请代偿，得释。在押时，同志组汉潮报馆于汕头，延为遥主笔政。嗜学博览，尤工诗曲。有《小草堂诗集》二卷，前有民国十三年（1924）陈衍序；附《潮州荔枝词》百首，有光绪三十四年自序。又有《谢鹦臣先生诗集》、《鮀江春饯集》。（光绪《海阳县志》、《潮州诗萃》、《潮州艺文志》、《密教讲习录》）——陈贤武

【谢简捷】

谢简捷（1626—?），原名简拔，字子茅，揭阳籍，海阳人。贫困授徒，苦心力学。康熙十二年（1673）进士，授内阁中书，未任而卒。生平谦卑自牧，使人如坐春风。曲体亲心，侍奉备至。所著有《戒心》、《旅吟》、《南还杂咏》等诗草。（雍正《揭阳县志》、《古瀛诗苑》）——孙杜平

【谢简撰】

谢简撰，字子莪，海阳人。进士谢简捷弟。康熙二年（1663）举人，以荣不逮亲，祭必陨涕，操行清介如其兄。未仕卒。（乾隆《潮州府志》、雍正《海阳县志》、光绪《海阳县志》）——陈贤武

【谢腾瑞】

谢腾瑞，深澳人。行伍。咸丰六年（1856）任南澳镇标右营千总。同年七月，以剿贼出力，赏蓝翎。光绪十六年（1890）任南澳镇标右营游击。后升海门营守备。（1956年《粤闽南澳职官志》）——黄迎涛

【谢　澼】

谢澼（1687—约1742），字伯涵，澄海蓬洲都（今属汕头市区）人。雍正九年（1731）援例授山东汶上县县丞。乾隆元年（1736）升湖南

醴陵知县，建养济院，置义冢以惠孤贫。清理久被吞没学田二百余亩给义学，有造士之称誉。乾隆四年（1739）调任宁远知县，卒于官。（乾隆《澄海县志》、嘉庆《澄海县志》、嘉庆《湖南通志》）——蔡文胜

【谢嘉龙】

谢嘉龙，字世友，揭阳人。同知谢雍六世孙。性刚烈正直。生平敦宗睦族，教学有法。子孙多为学生、监生。（雍正《揭阳县志》）——孙杜平

【谢镇藩】

谢镇藩（1724—？），号侯庵，海阳人。乾隆九年（1744）举人。二十四年至二十六年（1759—1761）任广东琼州府崖州学正，二十九年（1764）升顺天府平谷知县，二月调松江府娄县知县。（光绪《海阳县志》、《清代官员履历档案全编》、《清代缙绅集成》）——陈贤武

【谢　藩】

谢藩，字芝原，又字伯敬，海阳人。康熙三十三年（1694）进士。历官至吏部郎中。四十五年（1706）任会试同考官。后坐考试事革职。（光绪《海阳县志》、《清秘述闻三种》）——陈贤武

【谢　懿】

谢懿，揭阳人。授职州同。为人慷慨好义。明、清之交，县治屡遭兵燹，流民甚多，懿竭力赈饥，施棺掩骸。潮州知府梁文煊奖给"允协乡评"匾。卒年八十。（光绪《揭阳县续志》）——孙杜平

【谢麟书】

谢麟书，惠来县惠来都人。谢正蒙孙，兆熙次子。沉静寡言笑，嗜学不倦。早年入选揭阳县学廪膳生，学者奉为仪型。诗文与兄元选齐名，时有"二难"之称。（雍正《惠来县志》）——周修东

十三画

【蓝　山】

蓝山（1699—1772），字淑正，号晴峰，大埔湖寮（今属梅州大埔）人。乾隆元年（1736）举人。授兴县知县，以母老改东莞教谕。在任四年，乞归终养。母饶氏寿一百有二，山年七十犹依依膝下，人以老莱子目之。生平勤学好问，老而弥笃，曾受聘修《大埔县志》。卒年七十四。（嘉庆《大埔县志》、民国《东莞县志》、《大埔县姓氏录》）——黄树雄

【蓝子超】

蓝子超，号远亭，大埔湖寮（今属梅州大埔）人。康熙二十五年（1686）拔贡，五十九年（1710）授琼州府乐会县教谕，以气节文章励士，严立课程，教诲有方，文风大

振；倡修文庙，增设祭器。在任八年，卒于官。（嘉庆《大埔县志》、乾隆《琼州府志》、道光《广东通志》）——黄树雄

【蓝文煜】

蓝文煜，大埔湖寮（今属梅州大埔）人。增贡生。以孝友闻于乡里。咸丰四年（1864），太平军侵大埔，文煜倡率团练，捍卫乡曲，乡里得以宴安。咸丰七年（1867）大饥，经营施赈，贫乏赖以生全。（同治《大埔县志》）——黄树雄

【蓝作楫】

蓝作楫，字用济，号弼亭，大埔同仁（今属梅州大埔）人。乾隆五十年（1785）恩贡，嘉庆三年（1798）举人，选授龙冈教谕，因年迈未赴任，卒年八十有六。（嘉庆《大埔县志》）——黄树雄

【蓝应袭】

蓝应袭（1700—1753），字士贤，号韩江，大埔人。雍正十年（1732）举人，乾隆元年（1736年）署福建安溪知县。甫下车，米价高腾，开仓平粜，邑人赖之。理讼判决如流，恤民重士。历署霞浦、莆田、宁化、南安等县事，兴利革弊，所至有声。两充福建乡试同考官，所得多名士。调上元知县，勤政休讼，有"蓝青天"之称。任上重修《上元县志》。十八年（1753）升江苏邳州知州。旋以疾乞归，遂不复出。其居官，不事逢迎，绝苞苴，杜私谒，时有清操、爱民、造士等《十颂》，盖纪实也。（民国《大埔县志》、乾隆《安溪县志》、道光《上元县志》）——黄树雄

【蓝明高】

蓝明高，字生凤，普宁人。庠生。性坦直，不立崖岸。尝延知名士于家，集乡中子弟课之。有业不能进者，乃复开导，视如子侄焉。康熙三十六年（1697），乡人周俊文卖耕牛于海丰，汛兵诬以盗，执送县。明高一日夜疾走一百四十里，为力辩其诬，得释。四十二年（1703），碣石刘总镇查拿海盗三十二余党，差弁兵四出伺采，所获径行械送省狱。时有张元士与从弟张良士争田构怨，良士贿伺探，指元士为海党，旋即捕去。明高知其诬，自诣镇力结元士非盗。檄县查，潮阳知县彭象升白之，乃免。其他行事多类此。（乾隆《普宁县志》、乾隆《潮州府志》）——陈新杰

【蓝金升】

蓝金升（1859—1919），澄海苏湾都（今属汕头澄海）人。幼时家贫，为生计远赴新加坡。自置小船经营日用品杂货贸易。后于暹罗创办裕盛厂，于新加坡创办裕盛栈，购置轮船，往来两地之间。先后创立创信

盛、裕昌盛两号，首创新加坡潮商之二盘米业，并代理糖业，于新加坡、香港、暹罗等地创立商行，遂成商界闻人。1905年新加坡华商倡立中华总商会，金升为发起人之一。1906年与蔡子庸等倡组端蒙学校。同年与黄松亭等联合倡组四海通银行。晚年于家乡樟林布袋围建设南盛里新乡，创办镇平小学于家祠。后病逝于故里。（《澄海县华侨志》、《石叻澄邑先哲传略》）——蔡文胜

【蓝采薰】

蓝采薰，大埔湖寮（今属梅州大埔）人。贡生。秉性刚直，慷慨好义，以勤俭起家，自奉节省，凡理祖尝，修桥渡，助赈施棺，即捐资不惜。邻有数姓绝祀，亦捐资以为祀典享。寿九十有一。子文煜，另见。（同治《大埔县志》）——黄树雄

【蓝钦奎】

蓝钦奎（1706—1785），字景先，程乡城区（今属梅州梅江）人。雍正十年（1732）举人，十一年（1733）进士，殿试三甲第三名，由户部主事晋升郎中。乾隆十年（1745）出任西安知府，后迁任山西按察使，三十年（1768）署理山西巡抚，兼提督。任内清正廉洁，政绩卓著。五十年（1785），乾隆皇帝举办首次千叟宴，蓝钦奎赴宴。乾隆赐御笔所书匾额和珠宝等珍品。未几卒。（《梅州进士录》、光绪《嘉应州志》）——黄晓丹

【蓝　植】

蓝植（1766—1847），名簧序，字定学，号霞圃，别号竹溪钓叟，大埔湖寮（今属梅州大埔）人。乾隆五十九年（1794）举人。性端方廉介，以正训人，门下士多隽材。道光十一年（1831）授东莞教谕。在任九年，以作养人才为己任，邑人士咸敬焉。年老，授太常博士衔归。精书法，曾为潮州韩山书院题匾。（同治《大埔县志》、民国《东莞县志》、《大埔县姓氏录》）——黄树雄

【蓝辞青】

蓝辞青，潮阳招收都（今属汕头濠江）人。乾隆五十一年（1786）举人，官兴宁县教谕。（嘉庆《潮阳县志》）——陈新杰

【蓝蔚雯】

蓝蔚雯（？—1857），号子青，又号蔗生，原籍大埔，寄籍浙江定海。道光时（1821—1850）以诸生援例得知县，至江苏，历署丹阳、新阳、常熟、吴县知县，所在有声。道光二十三年（1843），以卓异授上海知县，人呼为蓝青天。以得罪权要，恐蹈不测，旋引疾归。二十七年（1847），复出再任上海知县。二十九年（1849）擢松江海防同知。咸丰三年（1853）署松江府事，平定小刀会

之乱，署苏松太道，卒赠光禄寺卿。（民国《大埔县志》、《吴煦档案选编》）——黄树雄

【赖　长】

赖长（1834—1884），字云亭，普宁桂江都人。倜傥有勇略。咸丰七年（1857），从湘军于江西，累功保授蓝翎都司。十一年（1861），左宗棠奉命督师援浙，檄委前锋，击退太平军李世贤部。同治二年（1863），两浙肃清，授游击，留浙补用，并赏换孔雀翎。三年（1864）九月，金陵太平军窜扰汀漳等处，官军由浙援闽。四年（1865）四月，赏著勇巴图鲁，擢副将，改留福建补用。九月，太平军汪海洋部陷嘉应，官军自闽进剿；十二月，克复州城，换给明安巴图鲁，加总兵衔，署闽浙督标左营参将。旋奉调赴陇，总理制造局务。复檄往肃州助剿回部，擢尽先总兵，关陇肃清，加提督衔。光绪四年（1878），新疆平，赏头品顶戴。十年（1884），擢尽先提督。乞假归，甫数月卒。（光绪《普宁县志》）——陈新杰

【赖文经】

赖文经（1810—1861），普宁桂江都人。性伉直，娴技勇。咸丰七年（1857），赖长方以候补守备驰赴江浙进剿太平军，文经从征，积功由蓝翎把总赏换花翎，擢游击，历署湄洲营水提后营海坛镇标右营游击。十一年（1861），于石码游击署任内积劳成疾卒，诰授武显将军。（光绪《普宁县志》）——陈新杰

【赖　营】

赖营，普宁人。任福建参将。花翎副将衔。（光绪《普宁县志》）——陈新杰

【赖惠宇】

赖惠宇，普宁人。庠生。生平慷慨好施，里邻有待以举火者。雍正四年（1726），岁饥多窃，或盗其稻，家人获之，欲以送官，惠宇曰："彼以饥故，何忍加法？"竟释之。五年（1727），复大饥，出粟备赈，野有饿莩，施棺木以掩埋，当事重其行，匾曰"老成硕德"。（乾隆《普宁县志》）——陈新杰

【詹一渐】

詹一渐，字崇峰，饶平人。幼丧父，事母张氏以孝闻。明季之乱，母走失异方。一渐寻访十余年，至桂林，竟遇于途。时张氏年已七十，形容憔悴，几不复识，闻声曰："吾母也。"及归，房产为强者所踞，亦不与计较，侍母以终。（光绪《饶平县志》）——黄树雄

【詹士广】

詹士广，字德岸，号克轩，榜姓王，饶平元歌都（今属潮州饶平）人。雍正四年（1726）举人。以养母

不赴会试。兄式正任陕西汧阳知县，士广独理家政，一钱尺帛不以自私，服食器用取其旧，育诸侄如己子。生平约以自奉，不吝施予，家居十载，手不释卷。乾隆七年（1742）中明通进士。九年（1744）任广西东安县教谕，卒于官。子熙载，字奋庸，号喜堂，三十九年（1774）举人。（乾隆《潮州府志》、道光《东安县志》、光绪《饶平县志》）——黄树雄

【詹士翀】

詹士翀，见"詹云翼"条。

【詹广誉】

詹广誉（1699—？），榜姓吴，字昌孟，号涵川，一号香林，饶平元歌都（今属潮州饶平）人。詹云翼三子。雍正五年（1727）进士。历署江西广丰、于都、安仁、上饶、玉山等县知县。乾隆元年（1736）、三年（1738）两次为江西乡试分考官。喜文章，勤造士，在广丰知县任上重建明伦堂、尊经阁，筑丰溪书院。又请修城垣，增其式廓，重葺城隍庙。擢山东滨州知州，调东平知州，敕授奉直大夫，遂筑圣旨亭，名为敕书楼，以为后人课读之所。（光绪《饶平县志》、乾隆《广信府志》、《清代官员履历档案全编》）——黄树雄

【詹子淦】

詹子淦（1806—1864），号小舫，饶平元歌都（今属潮州饶平）。笃信好学，重义轻财。兄远出十载，淦事嫂如兄，抚侄犹子。同治三年（1864），太平军占福建平和、诏安二县，饶平戒严，淦协助官兵昼夜巡视，兵败被掳，遂遇害，年五十有九。（光绪《饶平县志》）——黄树雄

【詹云翼】

詹云翼，饶平元歌都（今属潮州饶平）人。雍正二年（1724）恩科举人。好义乐施，为乡里所推。生子十二：振声、骏声、广誉、豹略、燕誉、春光、承召、德贵、思恭、春顺、春项、春频，皆有功名，一门科甲之盛冠于饶平。（光绪《饶平县志》）——黄树雄

【詹仁锡】

詹仁锡，字体斋，饶平上饶（今属潮州饶平）人。家贫，教馆为生。诲人不倦，从游者多蒙教益。咸丰三年（1853）选为恩贡。（光绪《饶平县志》）——黄树雄

【詹立名】

詹立名，普宁黄坑都人。咸丰元年（1851）钦赐举人。生平笃志经籍，勤课后进，忠厚朴诚，与世无忤。年一百有一，无疾而终。子孙蕃衍。（光绪《普宁县志》）——陈新杰

【詹式正】

詹式正，榜姓王，字符良，号一

斋，饶平元歌都（今属潮州饶平）人。雍正七年（1729）举人，乾隆元年（1736）任广东乳源县教谕，以政绩卓异为皇帝引见。十一年（1746）升陕西沔阳知县，十四年（1749）调陕西宝鸡知县。（道光《沔阳县志》、同治《韶州府志》、民国《宝鸡县志》、光绪《饶平县志》）——黄树雄

【詹朴山】

詹朴山，饶平元歌都（今属潮州饶平）人。生平乐善不倦。雍正四年（1726），捐资万余贯建庙宇于乡后。落成后，复立膏伙租费，每年十二月初七集乡中文人会课。前五名皆得从厚奖赏，士人多勉奋。（光绪《饶平县志》）——黄树雄

【詹成梁】

詹成梁，字次玉，号韩植，饶平人（一作普宁人），入海阳籍。少赋性鲁，刻苦研诵，遂工制艺，为学者师。康熙三十八年（1699）举人，榜姓李。康熙五十四年（1715）任福建松溪知县。兴文教，修义学。曾充福建乡试同考官，能得士。考课得最，荐于朝。雍正元年（1723）告休归里，后进执经请业者踵门不绝。（乾隆《潮州府志》、乾隆《福州府志》、乾隆《普宁县志》、光绪《饶平县志》）——黄树雄

【詹光先】

詹光先，榜姓姚，字莹川，饶平元歌都（今属潮州饶平）人。雍正元年（1723）举人，曾任福建永定知县。（乾隆《潮州府志》、道光《广东通志》、光绪《饶平县志》）——黄树雄

【詹志达】

詹志达，号正轩，惠来人。年逾百岁，奉旨建坊，覃恩封七品文林郎，赏给"升平人瑞"匾额和缎、金。其四子大烈（1859—？），字士名，号苞孙，又号弼周，光绪二十三年（1897）拔贡。（《广东光绪丁酉科拔贡同年录》）——周修东

【詹志远】

詹志远（1679—？），榜姓谢，字静夫，号山重，别号重之，饶平元歌都（今属潮州饶平）人。康熙五十二年（1713）举人。雍正二年（1724）成进士，十年（1732）任山西陵川知县，有惠政。孙燨元，字理斋，中乾隆四十五年（1780）举人。（乾隆《潮州府志》、乾隆《陵川县志》、《清代官员履历档案全编》）——黄树雄

【詹时光】

詹时光，号照万，饶平元歌都（今属潮州饶平）人。慷慨乐施，明季曾署广西平乐县丞。时多民变，光率众防御，寝食皆在城上，土民为立

碑焉。顺治五年（1648）岁饥，人心思变，光出所贮以饷族戚，相与固守乡井。饶平毗连闽疆，闽士多来游学，至者皆授馆餐，人颂德焉。享寿六十三岁。（康熙《饶平县志》）——黄树雄

【詹时敏】

詹时敏，字逊修，号砚由，饶平元歌都（今属潮州饶平）人。乾隆十八年（1753）举人，曾任云南江川、元谋知县。三十六年（1771）督军有功，特升中甸武彝府知府。（光绪《饶平县志》、民国《云南通志》）——黄树雄

【詹良弼】

詹良弼，字敬甫，号宣亭，别号思盘，饶平元歌都（今属潮州饶平）人。雍正二年（1724）进士，任刑部主事。七年（1729）改授直隶怀来知县。乾隆年间（1736—1795）任广州府教授。良弼与兄志远同榜进士，一时传为佳话。（乾隆《潮州府志》、乾隆《宣化府志》、道光《广东通志》）——黄树雄

【詹其渊】

詹其渊，字弥昌，饶平宣化都（今属潮州饶平）人。乾隆二十七年（1762）举人，曾任山东观城知县。（道光《广东通志》、光绪《饶平县志》）——黄树雄

【詹肯构】

詹肯构（1698—?），字华斌，号继堂，一号竹邨，饶平元歌都（今属潮州饶平）人。乾隆元年（1736）举人，四年（1739）中进士，钦点为翰林院庶吉士，授编修，二十三年（1758）任监察御史。其在翰林，以学问渊博为人称道。官御史，则持重详慎，非真知灼见不轻纠举，不检细故，不意气用事，人服其雅量。其书法有名于世。曾修《詹氏宗谱》。（乾隆《潮州府志》、光绪《饶平县志》、《清代官员履历档案全编》）——黄树雄

【詹宗纬】

詹宗纬，字士颖，饶平元歌都（今属潮州饶平）人。乾隆九年（1744）举人，曾任贵州南笼知县。（乾隆《潮州府志》、道光《广东通志》、光绪《饶平县志》）——黄树雄

【詹实颖】

詹实颖，字秋穗，号谷亭，饶平元歌都（今属潮州饶平）人。由附贡中顺天副榜，再中乾隆十八年（1753）举人。实颖与其兄登高、德钦一门三人皆为举人，传为佳话。（光绪《饶平县志》）——黄树雄

【詹经方】

詹经方，字秋潭，饶平元歌都（今属潮州饶平）人。詹黼黻之子。

性孝友乐施。同治六年（1867）大饥，斗米价近千钱。经方倡平粜，殷户有不肯从者，经方为陈说大义，借其米粟以广施济，乡邻赖之。又捐资募勇，广助军需，保举为州同。（光绪《饶平县志》）——黄树雄

【詹经纶】

詹经纶，字鸣鸾，饶平元歌都（今属潮州饶平）人。詹黼黻子。同治三年（1864），太平军破福建诏安等地，经纶协助办理团练，出力捐资。事平，由监生保举选用为州同，复办军需，加奖运同衔。卒年七十有八。（光绪《饶平县志》）——黄树雄

【詹春光】

詹春光（1714—？），字华东，号木堂，饶平元歌都（今属潮州饶平）人。詹云翼之子，兄广誉、豹略均中进士。春光中乾隆四年（1739）进士，因诸兄弟皆出仕，故在家养亲终老。及亲殁，乾隆十八年（1753）始出仕，授山西徐沟知县，摄介休县事，任山西乡试分考官。后归乡，建学田二十亩，为子孙辈读书膏伙。（乾隆《太原府志》、光绪《饶平县志》、《清代官员履历档案全编》）——黄树雄

【詹星斗】

詹星斗（1653—1754），惠来人。品行端方，居家孝友，屡试皆落第，而志向不挫。八十七岁时才增补为县学生员。寿届百岁，上请旌表，加恩为国子监学正衔，兼赠宫锦，以表彰人瑞。（乾隆《潮州府志》）——周修东

【詹钟奇】

詹钟奇，字发秀，号叠峰，别号约斋，饶平元歌都（今属潮州饶平）人。乾隆十二年（1747）举人，历任海丰、归善二县教谕，升罗定州学正，四十五年（1780）升雷州府教授。（道光《广东通志》、光绪《饶平县志》）——黄树雄

【詹耿道】

詹耿道，惠来人。生员。倜傥有干才，遇事义形于色。惠来县上割潮阳，下划海丰地，分上下都，田肥瘠不一，吏胥相沿作奸，重为民累。雍正十一年（1733），耿道赴府陈状，檄下清釐税亩，即命耿道董其事，编定科则，输将称便。乾隆十九年（1754），飓风坏商舶，难民多丐于市，耿道给口粮，遣之归。悯其乡水旱不虞，倡众筑陂，以资渟泄，举邑称之。（乾隆《潮州府志》）——周修东

【詹豹略】

詹豹略（1698—？），饶平元歌都（今属潮州饶平）人。詹云翼四子，乾隆元年（1736）进士，即选奉天开源知县，十三年（1748）告假，奉旨养亲。（乾隆《潮州府志》、光绪

《饶平县志》、民国《开源县志》）——黄树雄

【詹 琏】

詹琏，惠来人。县学生员。能咏，有《避暑东山寺》诗。（雍正《惠来县志》）——周修东

【詹 琮】

詹琮，见"詹璈"条。

【詹敬文】

詹敬文，字孟铨，惠来西头都人。县学廪膳生员。雍正年间（1723—1735）尝与谢天选等受聘分纂《惠来县志》。（雍正《惠来县志》）——周修东

【詹 斌】

詹斌，字鼎揆，号钧堂，饶平元歌都（今属潮州饶平）人。乾隆二十八年（1763）进士，历任云南太和、湖南酃县、绥宁、福建永安、晋江等县知县。（嘉庆《湖南通志》、道光《晋江县志》、道光《永安县志》、光绪《饶平县志》）——黄树雄

【詹道跃】

詹道跃，饶平上饶（今属潮州饶平）人。性孝友，有耆德。生八子，皆授以耕读。康熙十三年（1674）仇家诬以窝窃，被押捕县衙。未一月而家中来报生孙者三，报生曾孙者六。县试揭榜，首魁乃其第七子詹帝赉。县令叹曰，安有子孙众多若此而肯为非者。释之，并题赠匾曰"成人有德"，乡人荣之，号所居之楼曰"高阳楼"。（光绪《饶平县志》）——黄树雄

【詹登高】

詹登高（1719—？），字汉阶，号牧亭，饶平元歌都（今属潮州饶平）人。雍正十三年（1735）举人，历任四川平武、福建建阳知县，曾重建建阳荐山书院。（光绪《饶平县志》、民国《建阳县志》、《清代官员履历档案全编》）——黄树雄

【詹 璈】

詹璈，又名以镛，字云林，号孟云，饶平元歌都（今属潮州饶平）人。道光二年（1822）举人，十二年（1832）恩科进士。授浙江桐乡知县，先署新昌县事，廉明公正，不徇于私。十九年（1839）充浙江乡试同考官。丁母忧回籍，宦囊空乏，阖邑士绅多送程仪。归家后，葬亲不徇俗见。其正大光明类多如此。善书，其字飘逸秀润，为时所重。弟詹琮，字璧林，道光二十四年（1844）举人。（光绪《饶平县志》、民国《新昌县志》）——黄树雄

【詹 韶】

詹韶，字广凤，饶平人。拔贡。生性孝友，博极群书，慷慨好义。明末大乱，乡人避寇石壁寨。男女被杀者众。寇退，韶收众尸，葬以大冢，

为文祭之。清初，潮镇潮州总兵郝尚久反清，有人乘势杀掠，韶捐资筑堡，招流亡相助守，民赖以安。继而疫起，病者延医，死者施棺，虽倾家弗惜。长于诗，年四十余，弃举子业，与岭南诸名士结珠江社，日以著作自娱，手辑《尚书发微》四卷。（乾隆《潮州府志》、道光《广东通志》）——黄树雄

【詹德钦】

詹德钦，原名士钦，字若异，号润堂，榜姓邱。雍正七年（1729）举人，乾隆十年（1745）中明通进士。（乾隆《潮州府志》、光绪《饶平县志》）——黄树雄

【詹德莹】

詹德莹，字学凯，号晋亭，饶平元歌都（今属潮州饶平）人。乾隆七年（1742）进士。其兄詹德瑛，字玉阶，乾隆十二年（1747）举人。（乾隆《潮州府志》、道光《广东通志》、光绪《饶平县志》）——黄树雄

【詹德瑛】

詹德瑛，见"詹德莹"条。

【詹　鲲】

詹鲲，字芸圃，号图南，饶平元歌都（今属潮州饶平）人。嘉庆九年（1804）举人。任广西博罗县教谕。为人端正，尤精《周易》，著有《周易集解》、《图南稿》等。（光绪《饶平县志》）——黄树雄

【詹黼黻】

詹黼黻，字文锦，饶平元歌都（今属潮州饶平）人。为人乐捐资。其乡北片有广济桥，系通往大埔之路。黼黻倡题修建，乡人便之。延师尤出至诚，人共钦其耆德。（光绪《饶平县志》）——黄树雄

【詹耀彩】

詹耀彩，字普照，饶平元歌都（今属潮州饶平）人。嘉庆三年（1798）举人，后大挑一等，即选知县，未仕而卒。（道光《广东通志》、光绪《饶平县志》）——黄树雄

【詹耀璘】

詹耀璘，字昭瑞，号石溪，饶平元歌都（今属潮州饶平）人。乾隆二十四年（1759）举人。曾任陕西肤施知县、甘肃庄浪知县。（乾隆《庄浪志略》、道光《广东通志》、光绪《饶平县志》）——黄树雄

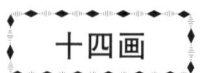

十四画

【蔡一克】

蔡一克（1593—？），号五能，澄海苏湾都（今属汕头澄海）人。性长厚，敦行自好，为族里推重。康熙十二年（1673）八十岁时，会恩例给肉帛殊典，署府事同知仇昌祚有月旦高评之奖，举邑乡饮正宾授顶戴。子茂植，官达濠副将，犹循循如儒生，

皆一克家教之验。(康熙《澄海县志》、雍正《澄海县志》)——蔡文胜

【蔡一诚】

蔡一诚,字省一,澄海中外莆都(今属汕头澄海)人。性至孝,喜周济贫乏。有邻吴氏子孤贫无所依,育之以至成立。知县赵良佑嘉其行,命董理修筑南北堤,时年逾七十,相度经营,冒风日,慎出纳,堤防磐固。病危时训子孙曰:"若曹能守一经安四业者,即克家子也。"年九十六卒。(雍正《澄海县志》、乾隆《潮州府志》)——蔡文胜

【蔡士正】

蔡士正,字大周,澄海下外莆都(今属汕头澄海)人。康熙五十九年(1720)武举人,任徐州卫督粮千总,勤慎奉公,多著劳绩,后解任回乡。年六十一卒。(乾隆《澄海县志》、嘉庆《澄海县志》)——蔡文胜

【蔡士杰】

蔡士杰,澄海下外莆都(今属汕头澄海)人。乾隆三十五年(1770)举人。官嘉应州学正。(嘉庆《澄海县志》)——蔡文胜

【蔡大孙】

蔡大孙,澄海蓬洲都(今属汕头市区)人。清朝末年活动于新加坡、柔佛一带,为当地苏丹所信任,委为"甲必丹",为柔佛属麻坡地方之开基者。致力于麻坡公共事业建设,创设渔业市场、工人码头、电渡码头,深为同侨所称道。(《澄海县华侨志》)——蔡文胜

【蔡大娘】

蔡大娘,潮阳洋乌都人。蔡升达之女。年十六父母继逝,念祖父年逾八旬,弟方五龄,遂守贞不字。事祖抚弟,以孝友闻。茹苦三十六载。卒,弟文镐为素服三年。(嘉庆《潮阳县志》)——陈新杰

【蔡之宾】

蔡之宾,澄海下外莆都(今属汕头澄海)人。生平淳笃好义。康熙三十六年(1697)丁厝围堤崩,淹没田庐,之宾倡议捐资修筑,亲自董理其事,不避寒暑,堤围赖以修复。年八十卒。(雍正《澄海县志》、乾隆《潮州府志》)——蔡文胜

【蔡之基】

蔡之基(约1669—1762),字崇职,惠来龙江人。监生。父早卒,事母至孝。仲、季两兄先逝,抚遗孤如己子,一钱尺帛不以私。雍正四年至五年(1726—1727)大饥荒,加以瘴疠瘟疫,灾民遍道。之基倾资助赈,复倡义酿金,航海告籴,减价平粜,全活者众。乾隆二十六年(1761)冬,之基捐资修复邑西十五里中心、囊沟、铺司三桥,虽严寒,犹扶杖督工罔懈。工竣,逾月而殁,年九十有

四。(乾隆《潮州府志》)——周修东

【蔡子庸】

蔡子庸（1847—？），名英，以字行。澄海下外莆都（今属汕头澄海）人。先时于国内经商，汉口、上海均设有商号。同治十三年（1874），因见南洋贸易日盛，遂决意赴新加坡。创设成发绸庄，兼营红烟、陶瓷。后与友人合资创办元发栈，专营米糖；又于曼谷设立四间火砻。遂成商界闻人。光绪三十一年（1905），新加坡华商倡组中华总商会，子庸为发起人之一；光绪三十二年（1906）与同侨倡办端蒙学校，并任该校总理。新加坡英殖民地政府委任其为华民政务司署参事。子庸居新加坡数十年，热心当地及故乡慈善。对家乡米荒也尽力支援。晚年回乡养老，逝于故里。（《澄海县华侨志》、《石叻澄邑先哲传略》）——蔡文胜

【蔡开隆】

蔡开隆（1691—1739），字忠之，号景峰，海阳东莆都（今属潮州潮安）人，揭阳县学生。雍正元年（1723），诏选文行兼优之士贡太学，得士一百七人，为东粤首选。司业孙嘉淦深重之。肄业诚心堂（国子监六堂之一），以亲老归里，益肆力诗、古文词。宾朋过从，必款洽尽欢，饮十数巨觥不醉。酒后耳热，议论风生，皆经史精言，一座为之倾倒。乾隆元年（1736）中举人，四年（1737）会试下第。归舟次万安病卒，年四十九。（乾隆《潮州府志》、光绪《海阳县志》）——陈贤武

【蔡元泗】

蔡元泗，揭阳人。生平济困恤孤，年老不倦。卒年八十七。（乾隆《揭阳县志》）——孙杜平

【蔡　元】

蔡元，字完赤，海阳东厢都（今属潮州湘桥）人。初随总兵吴六奇征战粤东，顺治七年（1650），郡城寇警，六奇帅兵赴援，以二百卒逼城下，贼披靡去，择地于韩江东岸筑寨防守，建成蔡家围，也称意溪寨，与府城互为犄角。后随吴三桂部将王辅臣征剿，官至总兵。平三藩时，随王辅臣阵前倒戈。康熙二十一年（1682）至康熙三十年（1691）自镇江移镇襄阳，任镇守湖广襄阳等处地方总兵官、右都督、加二级。二十三年（1684），到武当山朝圣，见观宇破落，捐俸倡修，又捐修山路，并立《重修复真观暨神路碑记》。后因事罢官回乡。卒年七十二。（乾隆《潮州府志》、乾隆《襄阳府志》、《大岳太和山纪略》、《清代军政官吏与武当山宫观建筑维修》）——陈贤武

【蔡云芳】

蔡云芳，普宁桂江都人。性朴而

好学，自奉淡泊，延师则礼意甚隆。逾壮游庠，屡困科场，援例就训导。（光绪《普宁县志》）——陈新杰

【蔡中孚】

蔡中孚，字辅卿，海阳人。事亲至孝，家贫累日不食而甘旨，必以时进。中康熙五十九年（1720）举人，寻卒。巡道姚士琳为置田赡其家，邑人梓其遗文。（雍正《海阳县志》、光绪《海阳县志》）——陈贤武

【蔡氏（马天球妻）】

蔡氏（马天球妻），潮阳县廓都人。年一百有一，五代同堂。（光绪《潮阳县志》）——陈新杰

【蔡氏（李克生妻）】

蔡氏（？—1669），澄海苏湾都（今属汕头澄海）人。李克生妻。婆婆去世，丈夫亡故，蔡氏矢志抚养幼孩。康熙八年（1669）邱辉攻乡，蔡氏背子避难，至程洋冈，阻于溪水不能得渡，恐为追兵所辱，置子于林中，投水而死。追兵退后，其夫之弟寻得其子，抱归抚养。（嘉庆《澄海县志》、道光《广东通志》）——蔡文胜

【蔡氏（陈有年妻）】

蔡氏（陈有年妻），普宁黄坑都人。道光二十四年（1844），有年带勇守揭阳城，御贼阵亡。蔡氏年廿五，奉姑抚子，备极艰辛。后孙曾林立。卒年七十二。（光绪《普宁县志》）——陈新杰

【蔡氏（洪祇先妻）】

蔡氏，澄海下外莆都（今属汕头澄海）人。冠山洪祇先妻。夫早卒，遗三幼子，家无余积。蔡氏织纴度日，又遭变乱，携儿奔窜，孀守抚孤，终得孤儿成立。（雍正《澄海县志》）——蔡文胜

【蔡　氏】

蔡氏（1771—1872），揭阳人。为人甘贫耐苦。晚年，因子经营有道，家致小康，而训子孙，必诚以勤俭。同治十一年（1872）卒，寿一百有二岁。四子并为监生。（光绪《揭阳县续志》）——孙杜平

【蔡　凤】

蔡凤，海阳丰政都（今属梅州丰顺）人。顺治十二年（1655），海寇陷澄海、揭阳和普宁三县，随吴六奇前往扫平。有功，吴六奇保荐为随征戎旗守备。十八年（1661）以征讨潮阳黄元尚军等有功而受到赏奖。康熙二年（1663），奉命先后招抚南澳守将杜辉、吴陛等投诚，并会剿大埔木窖乱军。因屡立战功，授戎旗都司衔。十三年（1674）潮州总兵刘进忠反清，平南王尚可喜督师征讨，奉命随军征讨，斩获甚众，擢升为守备，翌年奉命征讨店前王元伟、王兰等军，加授都司管事，防守要隘，补授右哨六局二旗管队。（光绪《丰顺县

志》）——陈贤武

【蔡文正】

蔡文正（？—1794），字和亭，澄海下外莆都（今属汕头澄海）人。性醇谨，幼遵庭训，闭门读书，经史子集，无不通晓。为学使翁方纲溪赏识。乾隆三十五年（1770）举人。五十二年（1787）大挑，借补新兴县教谕，建义渡，修文阁，日与诸生讲课，不曾旷缺。五十九年（1794）卒于任上。知县李德舆赠匾"孝恭清肃"。（嘉庆《澄海县志》、《潮州志补编》）——蔡文胜

【蔡心侬】

蔡心侬（1857—？），又名维田，号渡亭耕夫。澄海苏湾都（今属汕头澄海）人。少时佃耕田园，酷爱书画，用功甚勤，后抵香港，犹勤画不辍。诗书画印皆精，尤擅以水墨画竹，其法自郑板桥出而笔致趋于平和。其书师法郑板桥，用笔以方入圆，柔里见刚。篆刻师法皖浙印派而融会新意，以画意入印，平实隽雅。（1992年《澄海县志》、《汕头历代书画人物录》）——蔡文胜

【蔡 申】

蔡申，潮阳竹山都人。署潮州镇左营守备，赏锋勇巴图鲁。（光绪《潮阳县志》）——陈新杰

【蔡召似】

蔡召似，海阳人。明进士蔡承瑚孙。有《四书借说》，清初陈衍虞序有云："负卓识奇才，阐扬圣谛，为阙里功臣，可不谓家学之盛欤！"（《潮州艺文志》）——陈贤武

【蔡西基】

蔡西基，字之修，澄海下外莆都（今属汕头澄海）人。九岁丧父，事母至孝。其弟无子，以子过继。家贫好学，三十岁应考，得县试冠军，为廪生。乾隆十五年（1750）成恩贡生。三十一年（1766）授东安县教谕。在职三年，东安士民制锦祝寿，咸以之为荣。谢职后，家居教授子弟，惟以敦宗睦族为务，不参与外间之事。族人有纷争者，每由其裁决。年九十五卒。（嘉庆《澄海县志》）——蔡文胜

【蔡贞女】

蔡贞女，潮阳竹山都人。龙仔乡蔡恂夫之女也。兄嫂殁，遗子云岩始六岁，女代抚之。及于归，彩舆在门，儿牵衣涕泣，如恋慈母。女乃大恸，因剪发还夫家，恤儿以终其身。今双髻猫金星顶有曰"贞姑海田蔡氏墓"，即其遗墓也。（嘉庆《潮阳县志》）——陈新杰

【蔡当辉】

蔡当辉，澄海下外莆都（今属汕头澄海）人。清初国子监生，为人谦让自律，人咸称道。子蔡士正，康熙五十九年（1720）武举人。（乾隆

《澄海县志》、嘉庆《澄海县志》）——蔡文胜

【蔡同高】

蔡同高（？—1726），字世广，澄海下外莆都（今属汕头澄海）人。先世居海阳，同高始移居澄海。性敦厚，重然诺，笃于孝友，人有急难，赴之唯恐不逮。祖父蔡相体，为邑诸生。父蔡长焞，举康熙三十二年（1693）武闱，授普宁讯千总。祖、父俱工书法。同高少聪慧，好学能文，学颜鲁公书法，临摹神似，尤喜唐名家碑帖，兼有父祖家法。雍正元年（1723）为学使惠士奇赏识，选为拔贡。四年（1726）赴省试，卒于羊城。（雍正《海阳县志》、嘉庆《澄海县志》）——蔡文胜

【蔡先攀】

蔡先攀，澄海人，一作南澳人。由军功。道光二十一年（1841），授达濠营守备。二十九年（1849），署碣石镇游击。再署都司。咸丰五年（1855），贼陷海丰，继踞鲘门炮台，先攀偕绅士击退之。七年（1857），署虎门镇右营游击，兼署中军参将。十年（1860），署香山协副将。明年，因两广总督劳崇光奏保，以记名水师总兵用，升署崖州协副将。同治元年（1862）莅任。六年（1867）告归。（光绪《潮阳县志》、光绪《惠州府志》、光绪《香山县志》、光绪《崖州志》、民国《东莞县志》、《清文宗实录》、《清穆宗实录》）——孙杜平

【蔡廷荻】

蔡廷荻，字兼山，澄海下外莆都（今属汕头澄海）人。监生。立身温和敦厚，持身质朴。平生足迹不入官府。乡邻有纷争，力为劝解。里中咸推为长者。性好学，老而弥笃，课子弟无倦容，所教亲属连续登科。年逾七旬而终。第五子蔡钟英，乾隆六十年（1795）举人，官清远县训导。（嘉庆《澄海县志》）——蔡文胜

【蔡廷魁】

蔡廷魁，揭阳人。生平敬亲爱弟。每遇饥荒，赈济乡邻。授给顶带。卒年八十二。（乾隆《揭阳县志》）——孙杜平

【蔡兴珠】

蔡兴珠，字弼明，普宁人。生平诚朴，慕义好施，少穷困，惟力耕以养双亲，及积俭成家。其兄早逝，抚侄如己子。崇祯十六年（1644）以后，四郊风声鹤唳，犹延师教子焉。后山东门外一路窄小，耕牛往来多伤禾苗，自买粮田为大路，乡邻德之。亲戚有贫而告者，无不周恤。顺治十六年（1659），知县胡贡策匾其门曰"年寿德邵"。卒年九十二。（乾隆《普宁县志》）——陈新杰

【蔡兴哲】

蔡兴哲，字君颖，澄海下外莆都

(今属汕头澄海)人。以孝友任恤为乡人所重,亲友靠其过活者常数十家。知县樊永底闻名委任其主持建尊经阁。县城北郊为田间小路,车马甚多,行人苦于泥泞,兴哲捐资筑灰路。又套仔堤崩废已久,兴哲首捐百金修复。雍正四年(1726)、五年(1727)潮州饥荒,饿死道旁者相望,兴哲平粜煮粥,救活者众。年八十卒,赠文林郎。子澄西,任寿春都司;次子澄光,康熙五十九年(1720)武举人。(乾隆《澄海县志》、嘉庆《澄海县志》)——蔡文胜

【蔡兴嘉】

蔡兴嘉,澄海下外莆都(今属汕头澄海)人。捐官内阁供事。七岁丧母,哀痛如成人。成年后常往暹罗、波斯等地经商。后因父年老,闭门不出,专心侍父。父有病,昼夜扶持不倦。兴嘉于兄弟排行中最小,对待兄长谦逊和顺,老而弥笃。(乾隆《澄海县志》、嘉庆《澄海县志》)——蔡文胜

【蔡次岳】

蔡次岳,深澳人。年十六失怙。家贫,躬渔樵以养其母,抚其幼弟三人。生平奉母命,出入必以告。母病十年,药非亲尝不以进。治家和而有法,至老,兄弟、子孙四代四十人同居合爨,内外无间言。年六十六卒。(乾隆《南澳志》、民国《南澳县志》)——黄迎涛

【蔡安国】

蔡安国(1757—1843),深澳人。乾隆五十四年(1789)由南澳镇标左营外委补授南澳镇标左营把总。嘉庆九年(1804)以福建烽火门参将职衔署理闽安协副将务。十三年(1808)署澎湖水师副将。十八年(1813)任台湾水师协副将,期间曾兼任台湾水师协左营游击,越年(1814)以老休致。(《粤闽南澳职官志》)——黄迎涛

【蔡芳璧】

蔡芳璧,惠来人。乾隆十三年(1748)岁贡,三十年(1765)任顺德县训导。(光绪《广州府志》)——周修东

【蔡连辉】

蔡连辉,字仁夫,号蕴斋。澄海下外莆都(今属汕头澄海)人。乾隆三十年(1765)举人,乾隆三十一年(1766)进士。工诗能文,擅楷书。参与修纂乾隆《澄海县志》。其所作《咏澄海八景》诗,流传颇广。(乾隆《澄海县志》、《汕头历代书画人物录》)——蔡文胜

【蔡步云】

蔡步云,字作金,号坦斋,云澳人。父曰宗,名诸生。步云二十四岁游潮郡庠,旋以优行补廪膳生。广东

学使李棠阶莅潮，器其品诣。试事毕，挈至广州读书，授以身心性命之学。受教孜孜钻研，有所得辄录于册，由是学日粹。尤喜诱掖后进，称一方名德。（民国《南澳县志》）——黄迎涛

【蔡应龙】

蔡应龙，海阳人。雍正年间（1723—1735）岁贡。授国子监学正。（光绪《海阳县志》）——陈贤武

【蔡应堂】

蔡应堂，深澳人，光绪二十年（1894）任南澳镇标右营守备。（民国《南澳县志》）——黄迎涛

【蔡怀清】

蔡怀清，字澄波，揭阳人。屡应乡试不举。光绪中，尝取今文《孝经》，参考诸家注疏，斟酌异同，附以己意，详为解释。殚力三年，著成《孝经绎说》。（《潮州艺文志》）——孙杜平

【蔡启懋】

蔡启懋，字仁锡，澄海下外莆都（今属汕头澄海）人。蔡澄西之子。援例授河南襄城知县，继调中牟知县。两县俱为交通要冲，徭役特烦。中牟县地濒黄河，办理徭役之事尤要。启懋倾资竭力，不使民负累，百姓交相称颂。后以母老辞官回乡。（乾隆《澄海县志》、嘉庆《澄海县志》）——蔡文胜

【蔡纯悫】

蔡纯悫，普宁洑水都人。庠生。善幼科，全活小儿甚众。今子孙皆以医名家。（光绪《普宁县志》）——陈新杰

【蔡青钱】

蔡青钱（1702—?），字泉亭，海阳人。雍正二年（1724）举人。雍正三年至九年（1725—1731）任广东从化教谕，八年（1730）晋广东崖州学正。乾隆十二年（1747）四月，选凉州府古浪知县，转四川綦江知县。十九年（1754）重修綦江县治南瀛山书院。（光绪《海阳县志》、《清代官员履历档案全编》、《清代缙绅集成》、乾隆《琼州府志》）——陈贤武

【蔡若坤】

蔡若坤，澄海苏湾都（今属汕头澄海）人（一说海阳人）。康熙十一年（1672）武举人。官会川军民卫守备。（嘉庆《澄海县志》）——蔡文胜

【蔡茂植】

蔡茂植，澄海苏湾都（今属汕头澄海）人。蔡一克之子。诸生。后投笔从戎，授达濠副将。程洋冈蔡氏宗祠始建于明成化年间，后遭拆荡毁。清康熙九年（1670）重建后座，而前栋拜亭及两庑尚阙。十五年（1676），茂植捐金二百有奇而庙貌丰观厥成。二十三年（1684），澄海知县王岱重

建学宫，茂植独建启圣祠、明伦堂二处。（康熙《澄海县志》、《康熙四十九年蔡氏宗祠崇祀配享碑记》）——蔡文胜

【蔡茂椒】

蔡茂椒，字荣启，海阳人。太学生文学廷献子。少失怙，事母尽孝。伯兄早卒，抚诸孤犹子，比长皆为授室。推恩宗族俟举火者十数家。尤嗜学，礼贤师课子，皆有成立。长日魁，列成均。次日高，郡诸生。季青钱，登雍正二年（1724）举人。（雍正《海阳县志》、光绪《海阳县志》）——陈贤武

【蔡奇逢】

蔡奇逢，澄海下外莆都（今属汕头澄海）人。康熙四十七年（1708）恩贡生。笃学能文，为表兄翰林杨钟岳所器重，延聘为子弟师。奇逢从不以财利为念，敦于孝友，厚待亲戚。儿子蔡朝扬，岁贡生。曾孙蔡钟英，举人，任清远县训导。（雍正《澄海县志》、嘉庆《澄海县志》）——蔡文胜

【蔡叔度】

蔡叔度，海阳人。康熙十一年（1672）岁贡。二十五年至三十九年（1686—1700）授广东石城训导。（乾隆《潮州府志》、光绪《海阳县志》、光绪《高州府志》）——陈贤武

【蔡鸣冈】

蔡鸣冈，字仁勤，澄海下外莆都（今属汕头澄海）人。监生，性长厚，质直好义。曾买一婢，见其举止端庄，细询之知为良家女，遂遣其归家，赠以金使择配。乾隆六十年（1795）大饥，捐粟助赈，复出资赡养族属。（嘉庆《澄海县志》）——蔡文胜

【蔡秉进】

蔡秉进，字之渐，澄海下外莆都（今属汕头澄海）人。补县学廪生，学问渊博，品行端方。明末清初，海氛扰攘，尽出己资赎回亲戚妇女十余人。岁逢饥荒，卖己田以赡贫者。黄海如攻澄城，戒兵众莫入其庐，逃于其宅者多得获全。其次子蔡应辰、孙蔡宏周承其遗风，雍正年间（1723—1735）澄海知县宁时文奖以"清时伟器"匾额。（乾隆《潮州府志》、嘉庆《澄海县志》）——蔡文胜

【蔡学渊】

蔡学渊，字紫珊，海阳人。光绪二十年（1894）举人。二十八年（1902）赏花翎、户部员外郎衔主事贵州司兼四川司行走。三十年（1904）任海阳县保安局局绅。（光绪《海阳县志》、《清代缙绅集成》）——陈贤武

【蔡学瀛】

蔡学瀛，字仙舫，澄海人。光绪

间（1875—1908）岁贡，著有《自讼斋读史百咏》。（《潮州艺文志》）——蔡文胜

【蔡相体】

蔡相体，字任士，号眉亭。海阳诸生，落藉澄海。事父母恪尽子职，有兄三人，友爱甚笃，家训严肃，乡间式之。长于诗，工书法。诗以岑嘉州为宗，字得颜鲁公笔法。子长焞，康熙三十二年（1693）举人；长熹，康熙五十九年（1720）副榜。孙祖坤、同高俱拔贡，祖坤复登雍正四年（1726）副榜。（雍正《澄海县志》、乾隆《澄海县志》、光绪《海阳县志》）——蔡文胜

【蔡相枚】

蔡相枚，海阳东厢都（今属潮州湘桥）人。总兵蔡元子。荫生。康熙间授浙江仁和县丞。（光绪《海阳县志》）——陈贤武

【蔡思仁】

蔡思仁，揭阳人。知县蔡旅平祖。少时贫困，能以勤俭起家。父殁，负土成坟。母体羸弱，侍养不离左右。尝被赐予肉帛。卒年八十一。（乾隆《揭阳县志》）——孙杜平

【蔡钟英①】

蔡钟英，见"蔡廷获"条。

【蔡钟英②】

蔡钟英，见"蔡奇逢"条。

【蔡俊心】

蔡俊心（1662—?），原名若炆，字桂，号月攀，澄海苏湾都（今属汕头澄海）人。监生。康熙年间（1662—1721）于家乡苏湾都程洋冈村创设"大娘巾蔡氏卫生馆"，按宫廷秘方遵古法研制妇科药丸，疗效卓著。又博采百药诸书，缀成歌诀，编纂《中医妇科难症医籍》十二卷为家藏。其子孙名医辈出，妇科"大娘巾产后药丸"及妇产科医术远近驰名。（《广东省古村落·程洋冈村》）——蔡文胜

【蔡　彦】

蔡彦，澄海苏湾都（今属汕头澄海）人。清雍正年间（1725—1735）于樟林创隆成号船埕。其时樟林红头船漂洋过海，航程遥远，须冒风险，非有一定资本者不能为也。因之，洋船债应运而生。贷其本后，洋船平安往返债主则厚纳其利，否则一笔勾销。蔡彦为洋船主兼洋船债主之著者。先后两度往南洋载米平粜江西一带灾民，捐巨资修复黄河崩堤。（《广东省古村落·程洋冈村》、《闲堂杂录》）——蔡文胜

【蔡　说】

蔡说，惠来人。雍正元年（1723）举人，任嘉应州学正。（乾隆《潮州府志》）——周修东

【蔡 恭】

蔡恭，澄海苏湾都（今属汕头澄海）人。康熙五十二年（1713）举人。官什邡知县。（嘉庆《澄海县志》）——蔡文胜

【蔡振华】

蔡振华，澄海下外莆都（今属汕头澄海）人。由行伍补千总，署春江协右营守备。出洋缉捕，于新安大铲圩洋面遇贼，力敌受伤落水而亡。照例抚恤，荫袭云骑尉世职，袭次完时，给予恩骑尉，世袭不变。（嘉庆《澄海县志》、道光《广东通志》）——蔡文胜

【蔡 轼】

蔡轼，海阳人（一说澄海人）。康熙五年（1666）武举人。授江苏镇江卫千总。（光绪《海阳县志》）——陈贤武

【蔡旅平】

蔡旅平，揭阳人。乾隆三十六年（1771）举人。五十一年（1786），署江西新昌知县。明年，补授广丰知县。（乾隆《揭阳县志》、道光《新昌县志》、同治《广信府志》）——孙杜平

【蔡家泰】

蔡家泰（1868—1904），字立封，澄海苏湾都（今属汕头澄海）人。少时于村中加合号糖房为童工，后任职于樟林船埕，随红头船往返于潮州、暹罗间，喜文史，对家乡山川古迹寻根溯古。（《莲下镇志》）——蔡文胜

【蔡继绅】

蔡继绅（1745—1835），乳名子为，号经猷，别号荐堂，澄海下外莆都（今属汕头澄海）人。乾隆三十九年（1774）举人，官茂名教谕。嘉庆十九年（1814）七十岁致仕回乡，受澄海知县李书吉之聘，纂辑《澄海县志》。主讲澄海县义塾景韩书院十余年，及门掇科第者踵相接；邑建同善祠，继绅董其事且捐资行善举；又于里中倡筑堤矶，浚沟洫，兴水利。九十岁赴朝廷鹿鸣重宴，瑞开澄邑之先。（嘉庆《澄海县志》、《重宴举人蔡荐堂》）——蔡文胜

【蔡 菁】

蔡菁，海阳人。行伍出身，同治五年（1866）八月任代防嘉应兼理屯务守御所千总，九年（1870）二月卸任。十年（1870）十二月复任，十一年（1872）二月卸任。后授潮州镇左营把总。（光绪《海阳县志》、光绪《嘉应州志》）——陈贤武

【蔡盛威】

蔡盛威，揭阳人。营铁店业。为人平和忠厚，心存利济。家非富足，每遇亲友有急，推解不吝。年八十，被举乡宾。（光绪《揭阳县续志》）——孙杜平

【蔡　跃】

蔡跃，海阳人。乾隆六年（1741）举人。九年至十六年（1744—1751）任广东从化教谕。（光绪《海阳县志》）——陈贤武

【蔡得贵】

蔡得贵，深澳人。行伍。乾隆间（1736—1795）任南澳镇标左营千总。（乾隆《南澳志》）——黄迎涛

【蔡朝琦】

蔡朝琦，字廷伟，普宁人。监生。少好读书，通经史，尤嗜《朱子家礼》，奉为修齐准则。尝以财假人，念其贫，不取偿。一日，贷钱者将二缗至，问其故，曰："不能自存。鬻一子，特留此以偿耳。"朝琦遽归其钱，促使赎子，其人谓余钱已垂手散尽。朝琦复足其数予之，并焚前券，加一缗为生计。其他行事多如此。卒年六十六。（乾隆《普宁县志》）——陈新杰

【蔡雄略】

蔡雄略，海阳人。咸丰间（1851—1861）任潮阳营千总，补贵州长寨守备。殉难，恩袭云骑尉。（光绪《海阳县志》）——陈贤武

【蔡登云】

蔡登云，字作梯，步云之弟。才逾冠，补漳郡生员。再试一等，补廪膳生。广东学使李嘉端选刻试牍，登云制艺亦在选中，文誉益蜚驰。同治三年（1864）膺岁荐，穷经敦品，与兄步云齐名。（民国《南澳县志》）——黄迎涛

【蔡献图】

蔡献图，字羲画，普宁黄坑都人。诸生。尝负笈江西，就学罗万藻之门。为文力追先正，然屡厄科场，以顺治十一年（1654）贡泽官。康熙二十八年（1689），授信宜训导，训迪多方，深得士心。三十年（1691）署电白教谕，又视县篆三月，为上官所奖异。掌教十余载，因高州祖某煽乱，遁迹东安西宁境上。至贼平，呈明准补原任。又二载归家，年已七十五。生平任真行恕，处乡族不靳施与，不避艰险，卒年七十八。（乾隆《普宁县志》）——陈新杰

【蔡嗣令】

蔡嗣令，揭阳人。监生。性谦恭忠厚，与人无竞。乡邻纷争，力为排解，信可服人，无不欢去。人推为长者。（光绪《揭阳县续志》）——孙杜平

【蔡　璕】

蔡璕，字宗瑾，澄海下外莆都（今属汕头澄海）人。天性聪敏，读书过目成诵。幼年受祖父蔡永孚家传易学。十三岁补县学生员。工书画篆刻，诗酒歌咏，潇洒倜傥，超出常辈。（嘉庆《澄海县志》）——蔡文胜

【蔡　熙】

蔡熙，号载园，澄海苏湾都（今属汕头澄海）人。道光十五年（1835）举人，十八年（1838）成进士，历任云梦、安陆、枝江等县知县，为官廉正。（《广东贡士录》、《莲下镇志》）——蔡文胜

【蔡　璜】

蔡璜（？—1763），字大冲，小字梦得，澄海下外莆都（今属汕头澄海）人。少聪慧，稍长，有文名。家贫犹自奋发，雍正十三年（1735）举人。乾隆十七年（1752）成进士，授户部主事。户部主事事务较他部繁杂，同僚多委之书吏，而璜独自亲为，虽严寒盛暑，未尝少息。二十八年（1763）以母丧归，卒于途。（乾隆《澄海县志》、嘉庆《澄海县志》）——蔡文胜

【蔡　蕃】

蔡蕃（1694—1746），澄海苏湾都（今属汕头澄海）人。康熙五十年（1711）举人。性至孝，为侍母不赴京试。雍正八年（1730）其母殁。十一年（1733）始成进士。乾隆元年（1736）廷试，授广州府学教授。在官十年卒。（嘉庆《澄海县志》）——蔡文胜

【蔡德永】

蔡德永，普宁黄坑都人。存心向善，虽力不足而勉为义举。康熙五十年（1711），在县东南山墘大路施茶三年。又修钱湖桥路，五十三年（1714），桥为大水冲崩。越年（1715），知县罗秉琦知其平日向善，俾董事倡捐重造，更辟桥门泄水，有碑勒其名。卒年六十。（乾隆《普宁县志》）——陈新杰

【蔡德新】

蔡德新，丰顺蓝田都（今属梅州丰顺）人。行伍出身。咸丰九年（1859），太平军石达开部围嘉应州，奉命率队赴援。其子清泉、渊泉、侄思创及阿鸾、阿连五人，均率所部任前锋，先后入城助守。德新与次子龙泉率三百余人在教子岌猛攻，以寡不敌众，被困重围中，均战殁。渊泉协民壮婴城固守，时大雾弥漫，河水盛涨，外援阻绝。六月十六黎明，城陷。兼权州篆文成暨渊泉所部三百余人在巷战中，同日阵亡。同治七年（1868），经丁日昌奏请，追赠守御所千总，给予世袭云骑尉，祀昭忠祠。（光绪《丰顺县志》、民国《丰顺县志》）——陈贤武

【蔡澄仪】

蔡澄仪，澄海下外莆都（今属汕头澄海）人。贡生，性好施。乾隆元年（1736）飓风，水决伤民墓无数，澄仪出资掩埋并捐出粮围以作义冢。东林堤崩溃，董理、督修该堤，使北堤衢路往来便利。（乾隆《澄海县

志》、嘉庆《澄海县志》）——蔡文胜

【蔡澄西】

蔡澄西，字常驭，澄海下外莆都（今属汕头澄海）人。蔡兴哲之子。康熙五十年（1711）武举。力于为善。偶郊行闻老妪负债将卖女以偿，如数赎之，弗通姓名而去。任寿春都司时，有海阳县倪、王二家之子因饥荒被贩于此，遂赎而归其家。在官九年，多惠政。卒之日，兵民皆哀思之。（乾隆《澄海县志》、嘉庆《澄海县志》）——蔡文胜

【蔡澄彩】

蔡澄彩，澄海下外莆都（今属汕头澄海）人。蔡兴嘉之子。例贡生，经商于吴越间，承孝友家风，内外长幼无间，常摹揭《泷冈阡表》以教子弟。（乾隆《澄海县志》、嘉庆《澄海县志》）——蔡文胜

【蔡　樾】

蔡樾，字维荫，号万间。澄海上外莆都（今属汕头澄海）人。宽厚温雅，重孝友。康熙二十九年（1690）举人，授天长县知县，有廉能，平均赋役，豁免税收羡余。又置义冢数十亩以惠孤贫。五十年（1711）任江南乡试考官，所取者皆知名之士。丁忧回籍守孝，卒于家。（雍正《澄海县志》、乾隆《澄海县志》）——蔡文胜

【蔡燧兴】

蔡燧兴，字秋海，海阳人。康熙三年（1664）副榜贡生，澄海县学生。擅诗。（乾隆《潮州府志》、《古瀛诗苑》、《潮州诗萃》）——陈贤武

【蔡攀龙】

蔡攀龙，海阳人。乾隆年间（1736—1795）授潮州右营千总，署城守营守备。（光绪《海阳县志》）——陈贤武

【蔡麟祥】

蔡麟祥（1842—1887），字瑞堂，澄海蓬洲都（今属汕头市区）人。监生。才识明敏，尤工书画。同治间（1862—1874），援例以通判分发福建委用。光绪四年（1878），代理澎湖，清勤自矢。词讼随问随结，案无留狱；除暴安良，胥吏不得弄弊。尤留心文献，纂修《澎湖厅志》。履任未久，又调署恒春县知县。恒春为新建邑，三面环海，台风濒多。七年（1881）、八年（1882）台风、地震相继，麟祥上禀台澎道赈灾，率众修复城垣官署。八年（1882）四月，调任彰化知县。时嘉义、彰化两县，辖境辽阔，薮盗实冠全台。麟祥禀请派兵会剿，直捣匪巢，捕获匪首许添丁。台湾道员陈鸣志会文嘉奖。后卒于彰化任上。（《澄海历代名贤录》）——蔡文胜

【廖日昌】

廖日昌,字寅谷,海阳人。道光二十七年(1847)岁贡生。设帐明善义塾于郡城叩齿庵内。有《小丛桂室诗集》。(光绪《海阳县志》、《潮州诗萃》)——陈贤武

【廖文旦】

廖文旦(1736—1792),字廷槐,别号槐亭,大埔长教(今属梅州大埔)人。乾隆二十五年(1760)举人,四次参加会试,皆以额溢落第,殊不介意,砥行愈自刻苦,故文章人品为时推重,闽赣延请课授无虚岁。本可选官,自陈亲老,不愿受职。乾隆五十一年(1786),岁大饥,数米而炊,而以其余赡饿者。卒年五十有六,门人私谥"文懿"。(嘉庆《大埔县志》、《大埔县廖氏源流》)——黄树雄

【廖世麟】

廖世麟,饶平人,以孝友著闻。曾与福建平和县商人曾思振贸易江西,至樟树镇,思振殁,麟以思振之货物并所得值,赴平和还其子,远近呼为"廖至诚"。(光绪《饶平县志》)——黄树雄

【廖应秋】

廖应秋(1639—1716),字承荐,号次轩,大埔长教(今属梅州大埔)人。康熙二十八年(1689)岁贡。居乡修桥设渡,捐租施茶,行人沐惠。康熙五十五年(1716)选授肇庆府开建县训导,因病卒于京邸,年七十有八。(嘉庆《大埔县志》、乾隆《潮州府志》、《长教风采》)——黄树雄

【廖振起】

廖振起,南澳人。南澳镇标右营二哨二司把总。升澄海协右营左哨千总。道光二十五年(1845)署香山协左营都司。二十八年(1848)之前,任广东阳江左营游击。同年捐资助建深澳五福古庙。升香山协右营都司。咸丰元年(1851)降调。(光绪《香山县志》、《南澳县金石考略》、台湾中央研究院藏内阁大库档案第194953—001号)——黄迎涛

【廖树震】

廖树震,见"廖润湖"条。

【廖润湖】

廖润湖,大埔同仁(今属梅州大埔)人。例贡生。孝友好义,尝捐田亩以设渡船及茶亭。生五子,长树震,有父风,客姑苏,倡建会馆。居乡则捐建河头双溪二渡。(嘉庆《大埔县志》)——黄树雄

【廖森娘】

廖森娘,深澳廖国高女。幼许字同里吴朝升,未娶。嘉庆三年(1798),朝升以镇标把总守放鸡山,因罣误革职充军,音问杳然,讹传已死。母家议改嫁,森娘不可。越十年,朝升蒙赦归,次年完娶。方朝升

之至戍所也，松筠（1754—1835）适为将军，颇优遇之。迨遇赦，还澳，复投军，总兵胡干錸以公事命朝升赴省，松筠适任两广总督，召见道故。而函嘱镇将照拂之，遂拔补外委，寻迁海门营把总。森娘竟获荣封以终。（乾隆《南澳志》、民国《南澳县志》）——黄迎涛

【谭　元】

谭元（？—1805），字俊魁，号用九。澄海下外莆都（今属汕头澄海）人。谭嘉碧之孙。乾隆十二年（1747）举人，补增城教谕，迁儋州、崖州学正。任满，升新津知县。因父丧回乡丁忧，澄海知县金廷烈聘修《澄海县志》。丧服满后，补直隶平山知县，缉盗贼，劝农桑，禁货店囤积以解织布之困，罢官价采买以便贩米之商。历署灵寿、井陉知县，经营田滩，民咸戴其德。嘉庆十年（1805）办顺义县驿务，以疾卒于差所。柩回平山县，绅民泣奠者填街塞巷。其子扶柩回乡时宦囊萧条，图书之外，竟无长物。（嘉庆《澄海县志》）——蔡文胜

【谭　史】

谭史，号莳园，丰顺灵水（今属梅州丰顺）人。由增贡任广东兴宁县训导，甚得士心。同治四年（1865）补署信宜教谕。光绪八年（1882）钦赐副贡。（光绪《丰顺县志》）——陈贤武

【谭廷俊】

谭廷俊，字特峰，丰顺大田（今属梅州丰顺）人。谭嵩鹏孙。嘉庆十二年（1807）举人。工文章，乐善不倦。日按功过格而行，举动语默，以士先器识而后文艺为正己化人之要务。著《太上感应篇辑参》，未刊而逝。咸丰四年（1854）遭兵燹而损三分之一，由其孙锡承修补成四卷梓行。（光绪《丰顺县志》、民国《丰顺县志》）——陈贤武

【谭宏谟】

谭宏谟，丰顺大田（今属梅州丰顺）人。谭嵩鹏长子。监生。任甘肃巩昌府洮州照磨厅兼司狱事。（光绪《丰顺县志》）——陈贤武

【谭益盛】

谭益盛，号德举，海阳丰政都（今属梅州丰顺）人。谭文芳之子。雍正元年（1723）癸卯恩科举人。乾隆十年（1745）至二十年（1755）任浙江于潜知县。在职期间，化浇俗，长仁风，县邻近七邑绅民称为"神君"。两次充任浙江乡试同考官。归里，建家庙，修族谱，置义田以资奖励学子就学。（光绪《丰顺县志》、《临安县志》）——陈贤武

【谭　深】

谭深，号怀川，海阳丰政都（今属梅州丰顺）人。潭潚弟。雍正元年

(1723）恩科举人。乾隆二十五年（1760）任广东曲江教谕，兴学校，励气节，正文体。诸生具贽，概不受。有贫寒者，周恤之。捐奉重修学宫。莅任三载告归，士人为立去思碑。以子嵩鹏封文林郎。（光绪《丰顺县志》、同治《韶州府志》）——陈贤武

【谭紫蟾】

谭紫蟾，字纯一，丰顺大田（今属梅州丰顺）人。谭嵩鹏次子。贡生。乾隆二十四年（1759）三月任福建瓯宁县丞，署光泽知县，三十三年（1768）转南平县。起复赴补以金川务繁，简发蜀省，三十九年（1774）二月署理四川珙县事。四月转西昌县。四十三年（1778）补授鄱阳知县。从军金川，叙功保升即补知州，代理宁远知府，奏调江西，署南昌、建昌分府。（光绪《丰顺县志》、《南平市志》、光绪《珙县志》、《鄱阳县志》）——陈贤武

【谭　策】

谭策，字俊文，澄海下外莆都（今属汕头澄海）人。康熙四十四年（1705）岁贡。性聪颖，能背五经，尤精于《中庸》义疏。讲学海、潮、澄三邑，名士多出其门。居躬耿介，取与不苟，不染尘俗。亲族互争，辄一言以解。年七十卒。（雍正《澄海县志》）——蔡文胜

【谭登佑】

谭登佑，字士佐，澄海下外莆都（今属汕头澄海）人。孝友力学，与物无忤。生平不趋权贵。（乾隆《澄海县志》）——蔡文胜

【谭嵩鹏】

谭嵩鹏，丰顺大田（今属梅州丰顺）人。乾隆六年（1741）举人。曾两次任福建督醝大使，福州府罗源知县，均未及一年。十六年（1751），任平和知县数阅月，民皆息争嗣。十七年（1752），调明溪县。二十三年（1758）转汀州归化县，在任六年，重整圭化书院，增膏火，多立乡校，设惠民仓，教养兼尽。因不阿时好，解组归田。百姓相送至三十里外，制绵、贞珉、建生祠。（光绪《丰顺县志》、《明溪县志》）——陈贤武

【谭锡璋】

谭锡璋，丰顺大田人。任湖北潜江分司。（光绪《丰顺县志》）——陈贤武

【谭嘉碧】

谭嘉碧，字奇钲，澄海下外莆都（今属汕头澄海）人。少孤，事母至孝。性嗜学，好行善事，赈孤恤寡。生平不趋权贵，人称仁厚长者。孙谭元，乾隆十二年（1747）举人。（乾隆《澄海县志》、嘉庆《澄海县志》）——蔡文胜

【谭夔】

谭夔,丰顺人。监生。任湖北磨盘司巡检,署沔阳州同兼摄州篆。(光绪《丰顺县志》)——陈贤武

【熊卓】

熊卓,程乡人。康熙三十八年(1699)武举人,三十九年(1700)联捷登武进士榜。(《梅州进士录》)——黄晓丹

十五画以上

【颜世德】

颜世德(1647—1741),字德一,普宁人。监生。至性纯笃,少丧父。友爱兄弟,抚孤侄如己子。有友人郑昆者托以三岁幼孤,为之养育保护,不食其言,至今阖县传之,以为有古人信义之风。雍正四年(1726)及五年(1727),瘟疫流行,世德施丹药,全活甚众。乾隆元年(1736),恩诏加锡耆老,世德时年九十,授八品冠带。(乾隆《普宁县志》)——陈新杰

【潘义勇】

潘义勇,普宁人。雍正四年(1726)武举人,越年(1727)联捷武进士。仕漳州城守营守备。——陈新杰

【潘允】

潘允,字鹤斋,饶平人。少博学能文,随本县进士詹环赴任,为幕宾。有司委办团练军务,以防太平军。允临机决断,多次打退太平军,上司嘉其干略,保荐为江苏候补知县。后回籍,为县城局绅,捐资团勇,竭力防堵,尤为三饶所倚赖。同治四年(1865),奉命驰赴各乡整顿团练,与官军夹击太平军。事平论功,保举为知县,赏戴蓝翎。曾约三饶士绅联名,请准饶平文武学永增名额各二名。同治十一年(1872),请镇军方耀拨给罚银五千圆,以为文武学校公费。修饶平东溪桥、奎星阁、琴峰书院、三饶义学,均有实效,阖邑钦服。卒年七十有三。(光绪《饶平县志》)——黄树雄

【潘宗赵】

潘宗赵(?—1719),号鏄村,海阳人。父在田,廪生,沉潜笃学。幼承父训,有文名,登康熙四十四年(1705)举人。父病十年,家贫力供洗腆。季父诸弟皆待衣食,怡怡无闲言,与人言巽而法,人乐与游。五十八年(1719),出宰贵州施秉,莅任三日卒。(雍正《海阳县志》、光绪《海阳县志》、《黔东南人物》)——陈贤武

【潘隆】

潘隆,潮阳人。行伍。乾隆十七年(1752),任澄海右营千总。(嘉庆《澄海县志》)——陈新杰

【薛子珊】

薛子珊，见"薛贻谋"条。

【薛邦伟①】

薛邦伟，深澳人，道光五年（1825）岁贡。福建顺昌教谕。（民国《南澳县志》）——黄迎涛

【薛邦伟②】

薛邦伟，潮州人。拔贡。道光三十年至咸丰二年（1850—1852），任广东新安训导。（光绪《广州府志》）——陈贤武

【薛廷江】

薛廷江，深澳人，行伍。历任南澳镇标左营把总、千总，乾隆四十二年（1777）四月，任福建水师提标前营守备，同年护理金门镇右营游击。（乾隆《南澳志》、《厦门市志》、光绪《金门志》）——黄迎涛

【薛贻谋】

薛贻谋（？—1881），字辅庭，澄海人。诰封奉政大夫。壮年弃学从商。性朴直敦信，业用恢宏。同治三年（1864），潮州水灾，米价腾贵，哀鸿遍野。贻谋因从外洋运米至汕头，减值平粜，穷乡僻壤，均沾其惠，为时称颂。生平好与文人、畸士往来，且能接济寒微。知府大埔丘晋昕未第时，尝主其家。及卒，晋昕挽之以诗，中曰："雷陈敦气谊，嵇向重英豪。频振杨公粟，能分范叔袍。"子二：长子森，有文誉。次子珊（1851—?），绍承父业，主同泰行，益为扩大。为人豪迈有父风，御史南宁钟德祥、翰林绍兴蔡元培来汕，皆蒙款接。光绪二十七年（1901），德祥赐环南归，道经汕头，寓居其家，赠诗有"得君接待如家里，一笑谁知姓不同"句。（《九十九峰草堂集》、《钟德祥集》、《黄际遇日记》）——孙杜平

【薛培琳】

薛培琳，深澳人。咸丰八年（1858）任南澳镇标左营游击。累官顺德协副将。（1956年《粤闽南澳职官志》）——黄迎涛

【薛培瑶】

薛培瑶，深澳人。光绪十七年（1891），任南澳镇标右营守备。（民国《南澳县志》）——黄迎涛

【薛联桂】

薛联桂，字忠达，海阳东厢都（今属潮州湘桥）人。举人薛雍之元孙。性孝友，事亲有至行。登南明隆武元年（1645）举人。顺治十三年（1656）郑成功改厦门为思明州，出任知州事，录劳加布政司参议。入清授江西布政司参政，江西督粮参政，江省输漕，百万官民交困。清侵匪，革陋规，漕舰无朽败。旗屯绝横索，漕政一新。尝捐银五百两修筑东厢堤，邑人赖之。（雍正《海阳县志》、光绪《海阳县志》、民国《潮州志补

编》)——陈贤武

【薛 然】

薛然,号起藜,海阳(今属潮州潮安)人,侨居揭阳。为人直节有义气,诚挚有坚持,不苟同众好。顺治(1644—1661)初年,县人林鸿冕率众御寇,延为参谋,除暴安良,与有力焉。生平博学,善为著述,辑有《闻见录》,详记鼎革间事。又著有《辍惊汇纂》、《四书辨疑》等书。(雍正《揭阳县志》)——孙杜平

【戴凤来】

戴凤来,号仪九,大埔汶上(今属梅州大埔)人。家贫力学,同治七年(1868)县试第一,有《咏史》八首即试场之作,士林多为传诵。(民国《大埔县志》)——黄树雄

【戴邦彦】

戴邦彦,字仕楠,号存夫,大埔人。康熙五十四年(1715)岁贡,雍正十年(1732)授东安县训导,署教谕。课行论文,士风丕变,历任五载,告归。生平好义,捐建土堡,置渡造桥,好行其德,卒年八十有一。(乾隆《潮州府志》、嘉庆《大埔县志》、乾隆《东安县志》)——黄树雄

【戴廷恩】

戴廷恩,字君亮,澄海中外莆都(今属汕头澄海)人。质敏能文。为人敦大节,事继母恪尽子职。怀才不遇,设教于家,严而有方。长子戴弘铭,中雍正四年(1726)举人,皆其教也。(雍正《澄海县志》、乾隆《澄海县志》)——蔡文胜

【戴春荣】

戴春荣(1849—1919),字忻然,大埔人。少家赤贫,赴南洋,后发家。性好学。光绪二十七年(1901),各省设学堂,捐巨资助立潮州、大埔及新加坡槟榔屿十余校,凡十五万金。又倡设医局施药,捐助北京及潮、埔医局,凡三万余金。其他慈善之举甚多。光绪三十三年(1907)潮州大饥,输粟数十万石为平粜。遇他省灾荒,亦必捐巨帑助赈。驻英使臣以春荣为侨民信赖,檄充槟榔屿领事官。法部大臣戴鸿慈(1853—1910)促春荣入都补职,春荣以年已六十,精力渐衰,而时局日艰,不果行。清亡后谢事不复出,卒年七十一。(民国《大埔县志》、民国《广东通志稿》)——黄树雄

【戴 荣】

戴荣,字用善,号隐尔,大埔人。明清之际,时势混乱,数统领民众,练兵防御,地方赖以安宁。入清,以军功授参将,驻防惠州,嗣致仕。(同治《大埔县志》)——黄树雄

【戴 高】

戴高,字秋楼,大埔大麻(今属

梅州大埔）人。以父经商于外，少即支撑门户，筑听鹏山馆于其里，诗得天真，有《咏梅山馆诗集》。（民国《大埔县志》）——黄树雄

【戴清源】

戴清源，海阳人。附贡生，授翰林院孔目。咸丰年间（1851—1861）任汕头漳潮会馆司理，处事公正，有威信，得到大家好评。为光绪年间（1875—1908）《海阳县志》总阅之一。（光绪《海阳县志》）——陈贤武

【戴濂巾】

戴濂巾，字陶然，号潜夫，海阳人。与林大川相唱和，时有"韩江二布衣"之目。有《归来居诗草》四卷，末附《词钞》，首有张莘田序，称其清新渊雅，卓尔不群，大抵皆自性灵中出。有光绪九年（1883）刻本。（《潮州艺文志》）——陈贤武

【魏文华】

魏文华，字茂光，澄海下外莆都（今属汕头澄海）人。家贫嗜学。康熙四十一年（1702）举人。益刻意进修，为文必以先正文章为规范，待人和厚谦逊。未仕卒。（雍正《澄海县志》、乾隆《澄海县志》）——蔡文胜

【魏以德】

魏以德，揭阳人。乾隆十七年（1752），县遇饥荒，以德出米数百石，在县平粜。知县顾彝奖以"惠济乡邻"匾。（乾隆《揭阳县志》）——孙杜平

【魏廷俊】

魏廷俊，潮阳县廓都人。官福宁镇右营守备。（光绪《潮阳县志》）——陈新杰

【魏起泰】

魏起泰，普宁桂江都人。廪贡生，捐署连州学训导。性严正，生平笃学不倦，文章古雅，选评《汉唐诸名家古文集》。（光绪《普宁县志》）——陈新杰

【魏 寅】

魏寅，号和斋，潮阳人。雍正四年（1726），岁大饥，捐俸倡赈，厂设南北，惠均男女。次年，复设粥厂于本县城塔馆。揭阳知县陈树芝撰《赈济碑记》盛称之。（嘉庆《潮阳县志》）——陈新杰

参考文献

宋

（宋）方大琮著：《铁庵方公文集》，《北京图书馆古籍珍本丛刊》第 89 册，书目文献出版社，1993 年版。

（宋）佚名著：《宋宝祐四年登科录》，《文渊阁四库全书》，上海古籍出版社，2003 年版。

（宋）佚名著：《绍兴十八年同年小录》，《文渊阁四库全书》，上海古籍出版社，2003 年版。

（宋）林光朝著：《艾轩集》，《文渊阁四库全书》，上海古籍出版社，2003 年版。

（宋）林希逸著：《竹溪鬳斋十一稿续集》，《文渊阁四库全书》，上海古籍出版社，2003 年版。

（宋）赵与泌修，黄严孙纂：《仙溪志》，《文渊阁四库全书》，上海古籍出版社，2003 年版。

（宋）梁克家纂修：《淳熙三山志》，《宋元方志丛刊》，中华书局，1990 年版。

元

（元）脱脱等撰：《宋史》，中华书局，1977 年版。

明

（明）林大春著：《井丹诗文集》，《潮州文献丛刊》，香港潮州会馆印行，

1979年版。

（明）马性鲁修：正德《顺昌邑志》，明正德刻本，《爱如生中国方志库》。

（明）王耒贇修，许一德纂：万历《贵州通志》，明万历二十五年刻本，《爱如生中国方志库》。

（明）王应山著，陈叔侗、卢和校注：《闽大记》，中国社会科学出版社，2005年版。

（明）王应山著，林家钟、刘大治校注，福建省地方志编纂委员会整理：《闽都记》，方志出版社，2002年版。

（明）王叔杲修，朱得之纂：嘉靖《靖江县志》，明隆庆三年刻本，《爱如生中国方志库》。

（明）王国桢续修：万历《保定府志》，明万历三十五年增修本，《爱如生中国方志库》。

（明）方岳贡修，陈继儒纂：崇祯《松江府志》，明崇祯三年刻本，《爱如生中国方志库》。

（明）方瑜纂修：嘉靖《南宁府志》，明嘉靖四十三年刻本，《爱如生中国方志库》。

（明）叶溥修，张孟敬纂：正德《福州府志》，明正德十五年刻本，《爱如生中国方志库》。

（明）申嘉瑞修，李文、陈国光纂：隆庆《仪真县志》，明隆庆刻本，《爱如生中国方志库》。

（明）冯元飚修，郭之奇纂：崇祯《揭阳县志》，《广东历代方志集成·潮州府部（一六）》，岭南美术出版社，2009年版。

（明）冯曾修，李汎纂：嘉靖《九江府志》，明嘉靖刻本，《爱如生中国方志库》。

（明）邢址修，陈让纂：嘉靖《邵武府志》，明嘉靖刻本，《爱如生中国方志库》。

（明）刘伯缙修，陈善纂：万历《杭州府志》，明万历刻本，《爱如生中国方志库》。

（明）刘应钶修，沈尧中纂：万历《嘉兴府志》，明万历二十八年刊本，《爱如生中国方志库》。

（明）阳思谦修：万历《泉州府志》，明万历刻本，《爱如生中国方志库》。

（明）苏宇庶纂修：万历《旌德县志》，明万历二十七年刻本，《爱如生中国方志库》。

（明）杜应芳修，陈士彦纂：万历《河间府志》，明万历刻本，《爱如生中国方志库》。

（明）李自滋修，刘万春纂：崇祯《泰州志》，明崇祯刻本，《爱如生中国方志库》。

（明）李贤等修撰：《明一统志》，《文渊阁四库全书》，上海古籍出版社，2003年版。

（明）李龄著：《宫詹遗稿》，《四库禁毁丛书》，北京出版社，1997年版。

（明）吴思立修，陈尧道等纂：嘉靖《大埔县志》，《广东历代方志集成·潮州府部（一〇）》，岭南美术出版社，2009年版。

（明）吴禄修：《吴氏世谱》，清抄本，潮阳吴氏家藏。

（明）何乔远纂修：崇祯《闽书》，崇祯刻本，《爱如生中国方志库》。

（明）余文龙、谢诏纂修：天启《赣州府志》，清顺治十七年刻本，《爱如生中国方志库》。

（明）宋濂等撰：《元史》，中华书局，1977年版。

（明）张治纂修：嘉靖《茶陵州志》，明嘉靖四年刻本，《爱如生中国方志库》。

（明）陈九畴续修：万历《柳冈陈氏族谱》，1980年抄本，潮阳陈氏家藏。

（明）陈树芝纂修：雍正《揭阳县志》，《广东历代方志集成·潮州府部（一六）》，岭南美术出版社，2009年版。

（明）陈桂芳编：嘉靖《清流县志》，明嘉靖刻本，《爱如生中国方志库》。

（明）陈烜奎纂修：崇祯《肇庆府志》，明崇祯六年至十三年刻本，《爱如生中国方志库》。

（明）邵有道纂：嘉靖《汀州府志》，明嘉靖刻本，《爱如生中国方志库》。

（明）范涞修，章潢纂：万历《南昌府志》，明万历十六年刻本，《爱如生中国方志库》。

（明）林云程修，沈明臣纂：万历《通州志》，明万历刻本，《爱如生中国方志库》。

（明）林应翔修，叶秉敬纂：天启《衢州府志》，明天启二年刊本，《爱如生中国方志库》。

（明）林熙春著：《林忠宣公全集》，广东省立中山图书馆藏，清康熙刻本。

（明）林㷆纂：万历《福州府志》，明万历二十四年刻本，《爱如生中国方志库》。

（明）罗青霄纂修：万历《漳州府志》，明万历元年刻本，《爱如生中国方志库》。

（明）周光镐著：《明农山堂集》，泰国影印民国甲寅重刊本，1983年版。

（明）周光镐编：《泗水周氏宗乘》，泗水周氏宗乘编修委员会编重刊本，1995年版。

（明）周诗修，李登纂：万历《江宁县志》，明万历二十六年刻本，《爱如生中国方志库》。

（明）周宪章纂修：万历《归化县志》，明万历四十二年增修本，《爱如生中国方志库》。

（明）郑义编：《潮阳郑氏族谱》，清抄本，潮阳石鼓郑氏家藏。

（明）胡汉纂修：万历《郴州志》，《天一阁藏明代方志选刊》，上海古籍书店，1962年版。

（明）施沛编：《南京都察院志》，明天启刻本，《中国基本古籍库》。

（明）莫尚简修，张岳纂：嘉靖《惠安县志》，明嘉靖刻本，《爱如生中国方志库》。

（明）顾炎武撰：《天下郡国利病书》，《四部丛刊》，上海书店出版社，1984年版。

（明）郭廷序著：《郭循夫先生集》，潮阳双百鹿斋刊本，民国重印本。

（明）郭春震纂修：嘉靖《潮州府志》，《日本藏中国罕见地方志丛刊》，书目文献出版社，1991年版。

（明）郭棐著，黄国声、邓贵忠点校：《粤大记》，中山大学出版社，1998年版。

（明）郭棐纂修：万历《宾州志》，《日本藏中国罕见地方志丛刊》，书目文献出版社，1991年版。

（明）唐伯元著，朱鸿林点校：《醉经楼集》，中华书局，2014年版。

（明）唐胄修：正德《琼台志》，明正德刻本，《爱如生中国方志库》。

（明）黄一宠修，林大春纂：隆庆《潮阳县志》，《广东历代方志集成·潮州府部（一三）》，岭南美术出版社，2009年版。

（明）黄仲昭修纂，福建省地方志编纂委员会旧志整理组、福建省图书馆特藏部整理：《八闽通志》，福建人民出版社，1990年版。

（明）黄瑜撰，魏连科点校：《双槐岁钞》，中华书局，1999年版。

（明）黄锦撰：《笔耕堂诗集》，清刻本，广东省立中山图书馆藏。

（明）曹志遇纂：万历《高州府志》，明万历刻本，《爱如生中国方志库》。

（明）康河修，董天锡纂：嘉靖《赣州府志》，明嘉靖刻本，《爱如生中国方志库》。

（明）解缙等编纂：《永乐大典》，中华书局，1986年版。

（明）薛侃著，陈椰校：《薛侃集》，上海古籍出版社，2014年版。

（明）戴璟、张岳等纂修：嘉靖《广东通志初稿》，书目文献出版社，1991年版。

（明）魏时应修，张榜纂：万历《建阳县志》，明万历二十九年刻本，《爱如生中国方志库》。

清

（清）阿克当阿等修，姚文田等纂：嘉庆《扬州府志》，《中国方志丛刊》，成文出版社，1974年版。

（清）丁鹿寿纂：道光《海门县志》，民国抄本，《爱如生中国方志库》。

（清）于卜熊修，史本纂：乾隆《海丰县志》，《中国方志丛刊》，成文出版社，1966年版。

（清）于万培修，谢永泰续修：光绪《凤阳县志》，清光绪十三年刊本，《爱如生中国方志库》。

（清）于成龙等修，张九征等纂：乾隆《江南通志》，广陵书社，2010年版。

（清）于学纂修，黄之璧等纂：康熙《高明县志》，《中国方志丛刊》，成文出版社，1974年版。

（清）王士俊修：康熙《清流县志》，清康熙四十一年刻本，《爱如生中国方志库》。

（清）王之正等修，沈展才等纂：乾隆《陆丰县志》，《中国方志丛刊》，成文出版社，1966年版。

（清）王之正纂修：乾隆《嘉应州志》，清乾隆十五年刻本，《爱如生中国方志库》。

（清）王必昌纂：乾隆《台湾县志》，清乾隆十七年刊本，《爱如生中国方志库》。

（清）王民皞纂修：雍正《阿迷州志》，清抄本，《爱如生中国方志库》。

（清）王寿松修，李稽勋纂：光绪《秀山县志》，清光绪十七年刊本，《爱如生中国方志库》。

（清）王岱纂修：康熙《澄海县志》，潮州市地方志办公室影印本，2005年版。

（清）王建中修，刘绎纂：同治《永丰县志》，清同治十三年刻本，《爱如生中国方志库》。

（清）王珏修：康熙《长泰县志》，清康熙二十六年刻本，《爱如生中国方志库》。

（清）王基巩纂修：康熙《安乡县志》，《中国方志丛刊》，成文出版社，1975年版。

（清）王彬修，朱宝慈纂：同治《江山县志》，清同治刊本，《爱如生中国方志库》。

（清）王彬修，徐用仪纂：光绪《海盐县志》，清光绪二年刊本，《爱如生中国方志库》。

（清）王崧修：光绪《揭阳县志》，《广东历代方志集成·潮州府部（一七）》，岭南美术出版社，2009年版。

（清）王琛修，张景祁纂：光绪《邵武府志》，清光绪二十六年刊本，《爱如生中国方志库》。

（清）王植纂修：乾隆《新会县志》，清乾隆六年刻本，《爱如生中国方志库》。

（清）王瑞成修，张浚纂：光绪《宁海县志》，清光绪二十八年刊本，《爱如生中国方志库》。

（清）王楠纂修：康熙《罗源县志》，清康熙六十一年刻本，《爱如生中国方志库》。

（清）王锦修：乾隆《柳州府志》，清乾隆二十九年刻本，《爱如生中国方志库》。

（清）王暠重修：乾隆《新宁县志》，清嘉庆九年补刻本，《爱如生中国方志库》。

（清）王肇赐修，陈锡麟纂：同治《新淦县志》，清同治十二年活字本，《爱如生中国方志库》。

（清）王德瑛纂修：道光《舞阳县志》，清道光十五年刻本，《爱如生中国方志库》。

（清）王赠芳等修，成瓘等纂：道光《济南府志》，《中国地方志集成·山东府县志辑》，凤凰出版社，2004年版。

（清）毛昌善修，陈兰彬纂：光绪《吴川县志》，清光绪十四年刊本，《爱如生中国方志库》。

（清）方立经纂修：乾隆《涞水县志》，清乾隆二十七年刻本，《爱如生中国方志库》。

（清）方鼎修：乾隆《晋江县志》，清乾隆三十年刊本，《爱如生中国方志库》。

（清）玉山修，李孝经纂：同治《常宁县志》，清同治九年刻本，《爱如生中国方志库》。

（清）甘文蔚修：乾隆《昌化县志》，清乾隆十三年刊本，《爱如生中国方志库》。

（清）卢师职修，赖汉辰纂：光绪《普宁县志》，《广东历代方志集成·潮州府部（二六）》，岭南美术出版社，2009年版。

（清）卢兆鳌修，余鹏举等纂：嘉庆《平远县志》，上海书店出版社，2003年版。

（清）卢蔚猷纂修：光绪《海阳县志》，潮州市地方志办公室、潮州市档案馆影印本，2001年版。

（清）申良翰修：康熙《香山县志》，清抄本，《爱如生中国方志库》。

（清）田明曜等修，陈澧等纂：光绪《香山县志》，《中国方志丛刊》，成文出版社，1967年版。

（清）丘逢甲著：《岭云海日楼诗钞》，安徽人民出版社，1984年版。

（清）丘逢甲著，广东丘逢甲研究会编：《丘逢甲集》，岳麓书社，2001年版。

（清）冯兰森修，陈卿云纂：同治《上高县志》，清同治九年刻本，《爱如生中国方志库》。

（清）冯德材等修，文德馨等纂：光绪《郁林州志》，《中国方志丛刊》，成文出版社，1966年版。

（清）宁时文等纂修：雍正《澄海县志》，《广东历代方志集成·潮州府部（二七）》，岭南美术出版社，2009年版。

（清）达春市修，黄凤楼纂：同治《九江府志》，清同治十三年刊本，《爱如生中国方志库》。

（清）朱成阿修：乾隆《铜陵县志》，民国十九年铅印本，《爱如生中国方志库》。

（清）朱庆椿纂修，查彦校：道光《昆阳州志》，美国华盛顿大学图书馆藏。

（清）朱荣实修，傅如筠纂：同治《石首县志》，清同治五年刻本，《爱如生中国方志库》。

（清）朱珪修：乾隆《福宁府志》，清光绪重刊本，《爱如生中国方志库》。

（清）伍炜修：乾隆《永定县志》，清乾隆二十一年刻本，《爱如生中国方志库》。

（清）仲振履修，仲振覆纂：咸丰《兴宁县志》，民国十八年铅印本，《爱如生中国方志库》。

（清）任果修：乾隆《番禺县志》，清乾隆三十九年刻本，《爱如生中国方志库》。

（清）任衔蕙修，杨元锡纂：嘉庆《枣强县志》，清嘉庆九年刻本，《爱如生中国方志库》。

（清）庄大中纂修：乾隆《东安县志》，清乾隆六年刻本，《爱如生中国方志库》。

（清）庄山辑：《凤山文献录》，不明年份手抄本，潮阳凤山李氏家藏。

（清）庄成修：乾隆《安溪县志》，清乾隆二十二年刻本，《爱如生中国方志库》。

（清）刘广聪纂：康熙《程乡县志》，《广东历代方志集成·潮州府部（三五）》，岭南美术出版社，2009年版。

（清）刘从龙纂修，刘闳儒续修：康熙《遂安县志》，清康熙二十四年增修本，《爱如生中国方志库》。

（清）刘业勤纂修：乾隆《揭阳正续志》，成文出版社，1974年版。

（清）刘抃原本，惠登甲增修，黄德容、翁荃增纂：光绪《饶平县志》，《广东历代方志集成·潮州府部（一八）》，岭南美术出版社，2009年版。

（清）刘抃等纂修：康熙《饶平县志》，《广东历代方志集成·潮州府部（一八）》，岭南美术出版社，2009年版。

（清）刘俨修：康熙《萧山县志》，清康熙十一年刊本，《爱如生中国方志库》。

（清）刘济宽纂，陆殿邦纂：道光《英德县志》，清道光二十三年刻本，《爱如生中国方志库》。

（清）孙义修，陈树兰纂：道光《永安县续志》，民国二十九年铅印本，《爱如生中国方志库》。

（清）刘道著修：康熙《永州府志》，清康熙九年刻本，《爱如生中国方志库》。

（清）刘溎年等修，邓抡斌等纂：光绪《惠州府志》，《中国方志丛刊》，成文出版社，1966年版。

（清）刘履泰修：康熙《湘乡县志》，清康熙十二年刻本，《爱如生中国方志库》。

（清）齐翀修纂：乾隆《南澳县志》，《广东历代方志集成·潮州府部（三二）》，岭南美术出版社，2009年版。

（清）齐德五修，黄楷盛纂：同治《湘乡县志》，清同治十三年刻本，《爱如生中国方志库》。

（清）许应骙撰：《重修敕书楼碑记》，汕头市莲下镇许厝村许氏家庙藏。

（清）许应鑅修，曾作舟纂：同治《南昌府志》，清同治十二年刻本，《爱如生中国方志库》。

（清）阮元等修，陈昌齐等纂：道光《广东通志》，《续修四库全书》，上海古籍出版社，2002年版。

（清）阮景咸修：乾隆《长葛县志》，清乾隆十二年刻本，《爱如生中国方志库》。

（清）孙胤光修，李逢祥纂：康熙《长乐县志》，《中国地方志集成·广东府县志辑》第23册，上海书店、巴蜀书社、江苏古籍出版社出版，1992年版。

（清）孙能宽修：雍正《归善县志》，清雍正二年刻本，《爱如生中国方志库》。

（清）孙蕙修：康熙《长乐县志》，清康熙二年刻本，《爱如生中国方志库》。

（清）李书吉等修，蔡继绅等纂：嘉庆《澄海县志》，《广东历代方志集成·潮州府部（二七）》，岭南美术出版社，2009年版。

（清）李本洁修：乾隆《广宁县志》，清乾隆十四年刻本，《爱如生中国方志库》。

（清）李永锡修：乾隆《将乐县志》，清乾隆三十年刻本，《爱如生中国方志库》。

（清）李圣年纂修：乾隆《太平府志》，清抄本，《爱如生中国方志库》。

（清）李佑之修：康熙《雩都县志》，清康熙元年刻本，《爱如生中国方志库》。

（清）李述武修：乾隆《巩县志》，清乾隆五十四年刻本，《爱如生中国方志库》。

（清）李春芳修：《李氏族谱》，光绪年间抄本，潮阳李氏家藏。

（清）李勋著：《说呎》，民国三十八年版，潮汕历史文化研究中心藏。

（清）李垒纂修：咸丰《金乡县志》，清同治元年刊本，《爱如生中国方志库》。

（清）李调元著：《粤东观海集》，《广州大典》第五十七辑第十七册，广州出版社，2015年版。

（清）李棻修，章朝栻纂：嘉庆《连江县志》，清嘉庆十年刻本，《爱如生中国方志库》。

（清）李清馥撰，徐公喜、管正平、周明华点校：《闽中理学渊源考》，凤凰出版社，2011年版。

（清）李鸿楷纂修：乾隆《高县志》，清乾隆二十七年刻本，《爱如生中国方志库》。

（清）李斯佺纂修：康熙《高淳县志》，清康熙二十二年刻本，《爱如生中国方志库》。

（清）李葆贞修，梅彦骝纂：顺治《浦城县志》，清顺治八年刻本，《爱如生中国方志库》。

（清）李遇时修：康熙《岳州府志》，清康熙二十四年刻本，《爱如生中国方志库》。

（清）李瑾修：乾隆《旌德县志》，清乾隆十九年刻本，《爱如生中国方志库》。

（清）李瀚章等修，曾国荃等纂：光绪《湖南通志》，岳麓书社，2009年版。

（清）李馨纂修：乾隆《郫县志书》，清乾隆十六年刻本，《爱如生中国方志库》。

（清）杨文骏修，朱一新、黎佩兰纂：光绪《德庆州志》，《中国方志丛刊》，成文出版社，1974年版。

（清）杨芊纂，张登高续纂：乾隆《易州志》，清乾隆十二年刻本，《爱如生中国方志库》。

（清）杨乔纂修：康熙《平乡县志》，清乾隆十六年刻本，《爱如生中国方志库》。

（清）杨孝宽修，李联芳纂：光绪《续修平利县志》，清光绪二十三年刻本，《爱如生中国方志库》。

（清）杨芬修、林玉叶、叶芹协修：乾隆《化州志》，《故宫珍本丛刊》，海南出版社，2001年版。

（清）杨受廷修，马汝舟纂：嘉庆《如皋县志》，清嘉庆十三年刊本，《爱如生中国方志库》。

（清）杨宗昌修：康熙《信丰县志》，清康熙三年刻本，《爱如生中国方志库》。

（清）杨泰亨修，冯可镛纂：光绪《慈溪县志》，清光绪二十五年刻本，《爱如生中国方志库》。

（清）杨桂森纂修：道光《保安州志》，清道光十五年刻本，《爱如生中国方志库》。

（清）杨朝珍编：《百侯杨氏文萃》，1929年排印本，广东省立中山图书馆藏。

（清）杨楚枝修，吴光纂：乾隆《连州志》，《故宫珍本丛刊》，海南出版社，2001年版。

（清）杨霁修，陈兰彬等纂：光绪《高州府志》，《中国地方志集成·广东府县志辑》，上海书店、巴蜀书社、江苏古籍出版社出版，1992年版。

（清）杨德麟续修：雍正《灵川县志》，清乾隆二十九年刻本，《爱如生中国方志库》。

（清）连柱等纂修：乾隆《广信府志》，清乾隆四十八年刻本，《爱如生中国方志库》。

（清）吴九龄修：乾隆《梧州府志》，清同治十二年刊本，《爱如生中国方志库》。

（清）吴大猷纂：光绪《四会县志》，民国十四年刊本，《爱如生中国方志库》。

（清）吴世进修，吴世荣增修：光绪《严州府志》，清光绪九年重刊本，《爱如生中国方志库》。

（清）吴坤等修，何绍基等纂：光绪《安徽通志》，清光绪四年刻本，《爱如生中国方志库》。

（清）吴宗焯修，温仲和纂：光绪《嘉应州志》，《广东历代方志集成·潮州府部（三六）》，岭南美术出版社，2009年版。

（清）吴宜燮修：乾隆《龙溪县志》，清乾隆二十七年刻本，《爱如生中国方志库》。

（清）吴联熏增纂：光绪《漳州府志》，清光绪三年刻本，《爱如生中国方志库》。

（清）吴裕仁纂修：嘉庆《惠安县志》，民国二十五年铅印本，《爱如生中国方志库》。

（清）吴颖纂修：顺治《潮州府志》，潮州市地方志办公室影印本，2003年版。

（清）吴篪修，李兆洛等纂：嘉庆《东流县志》，《中国地方志集成·安徽府县志辑》，巴蜀书社，1998年版。

（清）何庆钊修，丁逊之等纂：光绪《宿州志》，清光绪十五年刊本，《爱如生中国方志库》。

（清）何梦瑶纂，刘廷栋续纂：乾隆《岑溪县志》，民国二十三年铅印本，《爱如生中国方志库》。

（清）佚名：康熙《续定海县志》，清康熙抄本，《爱如生中国方志库》。

（清）佚名修：乾隆《会同县志》，清乾隆十九年刻本，《爱如生中国方志库》。

（清）佚名编：《潮（海）阳辟望蔡氏族谱》，余庆堂刻本，广东省立中山图书馆藏。

（清）佚名纂：嘉庆《建始县志》，清嘉庆十七年增修抄本，《爱如生中国方志库》。

（清）佚名：《（赵氏）祖保公派下齿录》，道光二十一年刻本，潮阳赵氏家藏。

（清）余丽元纂修：光绪《石门县志》，清光绪五年刊本，《爱如生中国方志库》。

（清）余国修，潘运皞纂：康熙《滁州志》，清康熙十二年刊本，《爱如生中国方志库》。

（清）余瀚重修：道光《开建县志》，《中国地方志集成·广东府县志辑》，上海书店、巴蜀书社、江苏古籍出版社，1992年版。

（清）邹汉勋修，朱逢甲纂：咸丰《兴义府志》，清咸丰四年刻本，《爱如生中国方志库》。

（清）邹汉勋纂：咸丰《安顺府志》，清咸丰元年刻本，《爱如生中国方志库》。

（清）邹兆麟等修，区为梁等纂：光绪《高明县志》，《中国方志丛刊》，成文出版社，1974年版。

（清）应先烈纂修：嘉庆《常德府志》，清嘉庆十八年刻本，《爱如生中国方志库》。

（清）应宝时修，俞樾纂：同治《上海县志》，《中国方志丛刊》，成文出版社，1975年版。

（清）汪兆柯纂修：道光《东安县志》，民国铅印本，《爱如生中国方志库》。

（清）汪祖绶等修，熊其英、邱式金纂：光绪《青浦县志》，《中国地方志集成·上海府县志辑》，巴蜀书社，1991年版。

（清）汪森：《粤西文载》，《文渊阁四库全书》，上海古籍出版社，2003年版。

（清）汪敩灏修，王闿运纂：同治《桂阳州志》，清同治七年刻本，《爱如生中国方志库》。

（清）沈瑜庆、陈衍纂：《福建通志》，江苏广陵古籍刻印社，1986年版。

（清）沈恩华修：同治《南康县志》，清同治十一年刻本，《爱如生中国方志库》。

（清）宋如林修，石韫玉纂：道光《苏州府志》，清道光四年刻本，《爱如生中国方志库》。

（清）宋如楠修，赖朝侣纂：道光《永州县三志》，清道光二年刊本，《爱如生中国方志库》。

（清）宋嗣京修，蓝应裕等纂：康熙《埔阳志》，《广东历代方志集成·潮州府部（一〇）》，岭南美术出版社，2009年版。

（清）张士琏纂修：雍正《海阳县志》，潮州市地方志办公室影印本，2002年版。

（清）张小迂编：《广东贡士录》，《广州大典》，广州出版社，2015年版。

（清）张天骏撰：《芝俊陈公墓志》，汕头市澄海区博物馆藏。

（清）张允观纂修：乾隆《重修北流县志》，《故宫珍本丛刊》，海南出版社，2001年版。

（清）张志奇修：乾隆《宣化府志》，清乾隆二十二年重刊本，《爱如生中国方志库》。

（清）张希京修，欧樾华纂：光绪《曲江县志》，清光绪元年刊本，《爱如生中国方志库》。

（清）张应星纂修：康熙《耒阳县志》，清康熙五十五年刻本，《爱如生中国方志库》。

（清）张坦修，成师吕等纂：乾隆《石首县志》，《故宫珍本丛刊》第141册，海南出版社，2001年版。

（清）张其文纂修：康熙《龙泉县志》，《爱如生中国方志库》。

（清）张玿美纂修：雍正《惠来县志》，《古瀛志乘丛编》，潮州市地方志办公室影印本，2007年版。

（清）张厚郿修，乐明绍纂：嘉庆《新田县志》，民国二十九年翻印本，《爱如生中国方志库》。

（清）张鸿恩纂修：同治《大埔县志》，《广东历代方志集成·潮州府部（二一）》，岭南美术出版社，2009年版。

（清）张维祺、李棠纂修：乾隆《大名县志》，清乾隆五十四年刻本，《爱如生中国方志库》。

（清）张尊德修，谭篆纂：康熙《安陆府志》，清康熙八年刻抄本，《爱如生中国方志库》。

（清）张德遵纂：道光《新宁县志》，清道光三年刻本，《爱如生中国方志库》。

（清）阿思哈修：乾隆《续河南通志》，清乾隆三十二年刻本，《爱如生中国方志库》。

（清）陈玉垣修：嘉庆《巴陵县志》，清嘉庆九年刻本，《爱如生中国方志库》。

（清）陈邦器修，李嗣泌纂：康熙《郴州总志》，清康熙二十四年刻本，《爱如生中国方志库》。

（清）陈光贵修：《赤港陈氏族谱》，道光十八年抄本。

（清）陈兆兰著：《香生吟草》，清道光刻本，揭阳市博物馆藏。

（清）陈步梯修，林豪纂：光绪《甲午新修台湾澎湖志》抄本，《爱如生中国方志库》。

（清）陈时夏编：《潮阳陈氏族谱》，康熙三十二年，抄本。

（清）陈和志修，倪师孟、沈彤纂：乾隆《震泽县志》，《中国方志丛刊》，成文出版社，1970年版。

（清）陈经邦著：《拙斋诗钞》，清光绪刻本，揭阳市博物馆藏。

（清）陈珏编：《古瀛诗苑》，潮州市饶宗颐学术馆影印本，1997年版。

（清）陈蕃续修：《豪山陈氏族谱》，嘉庆二十三年抄本，民国三十二年重印本，汕头大学图书馆藏。

（清）陈梦舟修：康熙《云梦县志》，清康熙七年刻本，《爱如生中国方志库》。

（清）陈常铧修，臧承宜纂：光绪《分水县志》，民国三十二年刊本，《爱如生中国方志库》。

（清）陈鸿修，刘凤辉纂：同治《仁化县志》，清光绪九年刻本，《爱如生中国方志库》。

（清）陈惟清修，闵芳言纂：同治《建昌县志》，清同治十年刻本，《爱如生中国方志库》。

（清）陈朝羲纂修：乾隆《长汀县志》，清乾隆四十七年刻本，《爱如生中国方志库》。

（清）陈锳修：乾隆《顺昌县志》，清乾隆三十年刻本，《爱如生中国方志库》。

（清）陈颖道修：《陈氏族谱》，康熙三十三年写本，潮阳陈氏家藏。

（清）陈蕃等纂，《补纂叠石山房志》，潮汕文库系列，暨南大学，2018年版。

（清）陈蕭修，吴彬纂：同治《德化县志》，清同治十一年刻本，《爱如生中国方志库》。

（清）陈耀禄修：《陈氏族谱》，光绪十一年写本，潮阳陈氏家藏。

（清）邵陆纂修：乾隆《庄浪志略》，清乾隆三十四年抄本，《爱如生中国方志库》。

（清）英启修，邓琛等纂：光绪《黄州府志》，《中国方志丛刊》，成文出版社，1976年版。

（清）林杭学纂修：康熙《潮州府志》，潮州市地方志办公室影印本，2000年版。

（清）欧阳骏修，周之镛纂：同治《万安县志》，清同治十二年刻本，《爱如生中国方志库》。

（清）明谊修，张岳松纂：道光《琼州府志》，清光绪补刊本，《爱如生中国方志库》。

（清）罗天桂修：嘉庆《和平县志》，清嘉庆二十四年刻本，《爱如生中国方志库》。

（清）罗文思纂修：乾隆《续商州志》，清乾隆二十三年刻本，《爱如生中国方志库》。

（清）罗璧纂修：道光《汧阳县志》，清道光二十一年刻本，《爱如生中国方志库》。

（清）金廷烈纂修：乾隆《澄海县志》，《广东历代方志集成·潮州府部（二八）》，岭南美术出版社，2009年版。

（清）金鉷修：雍正《广西通志》，清雍正十一年刻本，《爱如生中国方志库》。

（清）周杰修，严用光纂：同治《景宁县志》，清同治十二年刻本，《爱如生中国方志库》。

（清）周秉彝修，周寿梓纂：光绪《临漳县志》，清光绪三十年刻本，《爱如生中国方志库》。

（清）周恒重修、张其翰等纂：光绪《潮阳县志》，《广东历代方志集成·潮州府部（一五）》，岭南美术出版社，2009年版。

（清）周硕勋纂修：乾隆《潮州府志》，潮州市地方志办公室、市档案馆影印本，2001年版。

（清）周斯亿修，董涛纂：光绪《曲阳县志》，清光绪三十年刻本，《爱如生中国方志库》。

（清）郑大进纂修：乾隆《正定府志》，清乾隆二十七年刻本，《爱如生中国方志库》。

（清）郑业崇修，杨颐等纂：光绪《茂名县志》，《中国方志丛刊》，成文出版社，1967年版。

（清）郑国藩著：《似园老人佚存文稿汇抄》八卷《诗稿汇抄》二卷《附录》一卷，汕头万安一横街印务铸字局承印，民国铅印本，汕头市图书馆藏。

（清）郑采宣、陈虞昭修，崔达纂：雍正《灵川县志》，《中国方志丛刊》，成文出版社，1975年版。

（清）郑鼎勋修：雍正《江华县志》，清雍正七年刻本，《爱如生中国方志库》。

（清）法式善撰：《清秘述闻》，中华书局，1982年版。

（清）宗源瀚等修：同治《湖州府志》，清同治十三年刊本，《爱如生中国方志库》

（清）定祥修，刘绎纂：光绪《吉安府志》，清光绪元年刊本，《爱如生中国方志库》。

（清）屈大均著：《广东新语》，《清代史料笔记丛刊》，中华书局，1985年版。

（清）孟庆云修，杨重雅纂：同治《德兴县志》，清同治十一年刊本，《爱如生中国方志库》。

（清）赵开元修：乾隆《新乡县志》，清乾隆十二年石印本，《爱如生中国方志库》。

（清）赵尔巽修：《清史稿》，中华书局，1977年版。

（清）赵廷机修：康熙《寿宁县志》，清康熙二十五年刊本，《爱如生中国方志库》。

（清）赵英祚修，黄承臌纂：光绪《泗水县志》，清光绪十八年刻本，《爱如生中国方志库》。

（清）胡之锳修，周学曾纂：道光《晋江县志》，清抄本，《爱如生中国方志库》。

（清）胡启植、王椿修，叶和侃等纂：乾隆《仙游县志》，《中国地方志集成·福建府县志辑》，影印本，上海书店出版社，2000年版。

（清）胡复初修，黄昺杰纂：同治《大冶县志》，清同治六年刻本，《爱如生中国方志库》。

（清）侯钤修，萧凤翥纂：道光《衡山县志》，清道光三年刻本，《爱如生中国方志库》。

（清）俞渭修，陈瑜纂：光绪《黎平县志》，清光绪八年黎平府志局刻本，《爱如生中国方志库》。

（清）饶桐阴修：《茶阳饶氏族谱》，光绪刻本，广东省立中山图书馆藏。

（清）施有方修，武勋朝纂：光绪《南乐县志》，清光绪二十九年刊本，《爱如生中国方志库》。

（清）施闰章修：康熙《袁州府志》，清康熙九年刻本，《爱如生中国方志库》。

（清）娄一均修：康熙《邹县志》，清康熙五十四年刊本，《爱如生中国方志库》。

（清）洪先焘、白书田修纂：嘉庆《大埔县志》，《广东历代方志集成·潮州府部（二一）》，岭南美术出版社，2009年版。

（清）费淳、沈树声纂修：乾隆《太原府志》，清乾隆四十八年刻本，《爱如生中国方志库》。

（清）姚天健著：《远游诗钞》，道光元年刊本，汕头市澄海区博物馆藏。

（清）姚循义修：乾隆《南靖县志》，清乾隆八年刻本，《爱如生中国方志库》。

（清）秦炯纂：康熙《诏安县志》，清同治十三年刻本，《爱如生中国方志库》。

（清）敖式楒修，梁安甸纂：光绪《信宜县志》，清光绪十七年刻本，《爱如生中国方志库》。

（清）聂缉庆、张延修，桂文炽、汪瑔纂：光绪《临高县志》，《中国方志丛刊》，成文出版社，1974年版。

（清）贾懋功修：道光《顺昌县志》，《中国方志丛刊》，成文出版社，1974年版。

（清）顾人骥修：乾隆《上杭县志》，清乾隆二十五年刻本，《爱如生中国方志库》。

（清）徐琪著：《岭南实事记》，光绪二十二年刻本，美国哥伦比亚大学中文图书馆藏。

（清）徐琪著：《粤轺集》，《广州大典》，广州出版社，2015年版。

（清）徐振玑修：《青篮徐氏族谱》，清抄本，徐氏家藏。

（清）徐景曾纂修：乾隆《顺德县志》，清乾隆十五年刻本，《爱如生中国方志库》。

（清）翁元圻修，黄本骥纂：嘉庆《湖南通志》，清刻本，《爱如生中国方志库》。

（清）高举修，徐养忠纂：乾隆《蕲水县志》，《故宫珍本丛刊》，海南出版社，2001年版。

（清）高攀桂修，梁士彦纂：嘉庆《武宣县志》，清嘉庆十三年刻本，《爱如生中国方志库》。

（清）郭惠南等编：《大埔郭氏族谱》，广东省立中山图书馆藏。

（清）郭遇熙纂修，蔡廷镰等续修：康熙《从化新志》，清雍正八年续修本，《爱如生中国方志库》。

（清）席芬修：乾隆《武岗州志》，清乾隆二十二年刻本，《爱如生中国方志库》。

（清）唐文藻纂修：嘉庆《潮阳县志》，《广东历代方志集成·潮州府部（一四）》，岭南美术出版社，2009年版。

（清）宾尚武修，翟富文纂修：宣统《来宾县志》，《中国方志丛刊》，成文出版社，1975年版。

（清）黄大成纂修：康熙《平乐县志》，清康熙五十六年刻本，《爱如生中国方志库》。

（清）黄心菊等纂修：道光《东安县志》，《中国地方志集成·广东府县志辑》，巴蜀书社，1992年版。

参考文献

（清）黄乐之修，郑珍纂：道光《遵义府志》，清道光刻本，《爱如生中国方志库》。

（清）黄永纶修，杨锡龄纂：道光《宁都县志》，清道光四年刻本，《爱如生中国方志库》。

（清）黄岗竹纂修：乾隆《赞皇县志》，清乾隆十六年刻本，《爱如生中国方志库》。

（清）黄鸣珂修，石景芬纂：同治《南安府志》，《中国方志丛刊》，成文出版社，1975年版。

（清）黄思藻纂修：道光《广宁县志》，民国二十二年补刻本，《爱如生中国方志库》。

（清）黄蟾桂著：《立雪山房文集》，暨南大学出版社，2016年版。

（清）萧应植、陈景埙纂修：乾隆《琼州府志》，《故宫珍本丛刊》，海南出版社，2001年版。

（清）萧应植修：乾隆《琼州府志》，乾隆刻本，《爱如生中国方志库》。

（清）萧麟趾修，梅奕绍等纂：乾隆《普宁县志》，《广东历代方志集成·潮州府部（二六）》，岭南美术出版社，2009年版。

（清）曹师圣纂：乾隆《德安县志》，清乾隆二十一年刻本，《爱如生中国方志库》。

（清）曹德赞纂修：道光《繁昌县志》，清道光六年增修，民国二十六年重印本，《爱如生中国方志库》。

（清）盛元纂修：同治《南康府志》，清同治十一年刻本，《爱如生中国方志库》。

（清）盛熙祚纂修：雍正《吴川县志》，清雍正九年刻本，《爱如生中国方志库》。

（清）常明等修，杨芳灿、谭光祜等纂：嘉庆《四川通志》，巴蜀书社，1984年版。

（清）崔炳炎撰：《光绪年间潮阳县风俗调查》，宣统元年石印本，汕头潮汕历史文化中心藏。

（清）崔晓然修，杨笃纂：光绪《潞城县志》，清光绪十年刻本，《爱如生中国方志库》。

（清）符兆鹏修，赵继元纂：同治《太湖县志》，清同治十一年刊本，《爱如生中国方志库》。

（清）符鸿修，欧阳泉纂：道光《来安县志》，清道光刻本，《爱如生中国方志库》。

（清）章振萼纂修：康熙《上犹县志》，《中国方志丛刊》，成文出版社，1975年版。

（清）梁宏动修：乾隆《南雄县志》，清乾隆十八年刻本，《爱如生中国方志库》。

（清）屠英等修、胡森、江藩等纂：道光《肇庆府志》，《中国方志丛刊》，成文出版社，1966年版。

（清）彭贻荪修，彭步瀛纂：光绪《化州志》，清光绪十六年刻本，《爱如生中国方志库》。

（清）彭衍堂修，陈文衡纂：道光《龙岩州志》，清光绪十六年重刊本，《爱如生中国方志库》。

（清）葛曙纂修：乾隆《丰顺县志》，《广东历代方志集成·潮州府部（三〇）》，岭南美术出版社，2009年版。

（清）葛曙纂修，许普济续修，吴鹏续纂：光绪《丰顺县志》，《广东历代方志集成·潮州府部（三〇）》，岭南美术出版社，2009年版。

（清）蒋廷桂修，陈兰彬纂：光绪《石城县志》，清光绪十八年刻本，《爱如生中国方志库》。

（清）蒋起龙纂修：康熙《夏县志》，清康熙四十七年刻本，《爱如生中国方志库》。

（清）程维雍修，白遇道纂：光绪《高陵县志》，清光绪十年刻本，《爱如生中国方志库》。

（清）傅天竉纂，汪溶日续纂：康熙《养利州志》，清康熙三十三年刻本，《爱如生中国方志库》。

（清）储家藻修，徐致靖纂：光绪《上虞县志》，清光绪二十五年刊本，《爱如生中国方志库》。

（清）曾曰瑛等修、李绂等纂：乾隆《汀州府志》，《中国方志丛刊》，成文出版社，1967年版。

（清）曾晖春修，查望洋纂：道光《义宁县志》，清道光四年刻本，《爱如生中国方志库》。

（清）温恭修，吴兰修纂：道光《封川县志》，《中国方志丛刊》，成文出版社，1974年。

（清）谢沄，朱象珽纂修：道光《义宁县志》，《中国方志丛刊》，成文出版社，1975年版。

（清）谢昌霖修，刘国光纂：光绪《长汀县志》，清光绪五年刊本，《爱如生中国方志库》。

（清）谢庭熏修，陆锡熊等纂：乾隆《娄县志》，清乾隆五十三年刊本，《爱如生中国方志库》。

（清）蓝应袭修：乾隆《上元县志》，清乾隆十六年刻本，《爱如生中国方志库》。

（清）蓝鼎元著：《鹿洲初集》，《近代中国史料丛刊》，文海出版社，1977年版。

（清）雷正修：乾隆《陵川县志》，清乾隆五年刻本，《爱如生中国方志库》。

（清）雷学海修，陈昌齐等纂：嘉庆《雷州府志》，《中国地方志集成·广东府县志辑》，巴蜀书社出版，1992年版。

（清）锡荣、王明璠修，熊清河等纂：同治《萍乡县志》，《中国方志丛刊》，成文出版社，1975年版。

（清）锡德修，石景芬等纂：同治《饶州府志》，《中国方志丛刊》，成文出版社，1975年版。

（清）蔡淑修，陈辉璧纂：康熙《增城县志》，《广东历代方志集成·广州府部（三一）》，岭南美术出版社，2009年版。

（清）蔺绣纂修：乾隆《大埔县志》，《广东历代方志集成·潮州府部（一〇）》，岭南美术出版社，2009年版。

（清）臧宪祖纂修：康熙《潮阳县志》，《广东历代方志集成·潮州府部（一三）》，岭南美术出版社，2009年版。

（清）管一清纂修：乾隆《增城县志》，《中国方志丛刊》，成文出版社，1974年版。

（清）暴大儒修，廖其观纂：同治《峡江县志》，清同治十年刻本，《爱如生中国方志库》。

（清）黎学锦、徐双桂修，史观纂：道光《保宁府志》，《中国地方志集成

·四川府县志辑》，巴蜀书社，1992年版。

（清）潘文芮纂修：乾隆《贵州通志》，清紫江存素堂抄本，《爱如生中国方志库》。

（清）潘克溥纂修：咸丰《蕲州志》，清咸丰二年刻本，《爱如生中国方志库》。

（清）潘绍诒修，周荣椿等纂：光绪《处州府志》，《中国方志丛刊》，成文出版社，1974年版。

（清）潘拱辰纂修，黄鉴补遗：康熙《松溪县志》，民国重刊本，《爱如生中国方志库》。

（清）额哲克等修，单兴诗纂：同治《韶州府志》，《中国方志丛刊》，成文出版社，1966年版。

（清）薛绍元修：光绪《台湾通志》，清原稿本，《爱如生中国方志库》。

（清）薛乘时修：乾隆《黄梅县志》，清乾隆五十四年刻本，《爱如生中国方志库》。

（清）戴肇辰等修，史澄等纂：光绪《广州府志》，《中国方志丛刊》，成文出版社，1966年版。

（清）魏宗衡纂修：康熙《临淮县志》，清康熙十二年刻本，《爱如生中国方志库》。

《清实录》，中华书局，1986年版。

佚名修：《（西港）赵氏族谱》，清代手抄本，广东潮阳赵氏藏。

民国

（民国）方清芳修，王光张纂：民国《德化县志》，民国二十九年铅印本，《爱如生中国方志库》。

（民国）龙云、周钟岳纂修：民国《云南通志》，民国三十八年铅印本，《爱如生中国方志库》。

（民国）叶觉迈修，陈伯陶纂：民国《东莞县志》，《中国方志丛刊》，成文出版社，1967年版。

（民国）刘织超修，温廷敬等纂：民国《大埔县志》，《广东历代方志集成·潮州部（二二）》，岭南美术出版社，2009年版。

◆ 参考文献 ◆

（民国）刘显世修，杨恩元纂：民国《贵州通志》，民国三十七年铅印本，《爱如生中国方志库》。

（民国）刘钟英修，马钟琇纂：民国《安次县志》，民国二十五年增刊本，《爱如生中国方志库》。

（民国）刘禹轮修，李唐纂：民国《丰顺县志》，《广东历代方志集成·潮州府部（三一）》，岭南美术出版社，2009年版。

（民国）江碧秋修，潘宝箓纂：民国《罗城县志》，民国二十四年铅印本，《爱如生中国方志库》。

（民国）许希之修，晏兆平纂：民国《光山县志》，民国二十五年铅印本，《爱如生中国方志库》。

（民国）李树枏修，吴寿崧纂：民国《昭平县志》，民国二十三年铅印本，《爱如生中国方志库》。

（民国）李毅修，王毓琪纂：民国《开源原县志》，民国二十年铅印本，《爱如生中国方志库》。

（民国）吴鸿藻编：《潮州灵光集》，汕头市图书馆藏。

（民国）何一鸾修，臧承宣纂：民国《连山县志》，民国十七年铅印本，《爱如生中国方志库》。

（民国）余棨谋修，张启煌纂：民国《开平县志》，《中国方志丛刊》成文出版社，1966年版。

（民国）陈一堃、王集吾修，邓光瀛纂：民国《连城县志》，《中国方志丛刊》第239册，成文出版社，1975年版。

（民国）陈石修，郑丰稔纂：民国《泰宁县志》，民国三十一年铅印本，《爱如生中国方志库》。

（民国）陈秀生编：《桂屿文学社季征》，潮阳桂屿文学社，民国十四年版。

（民国）林廷玉编：《桥梓诗林》，汕头文明商务印书局，1916年版。

（民国）林志茂纂修：民国《三台县志》，民国二十年铅印本，《爱如生中国方志库》。

（民国）林挺芝编：《十周纪念刊》，潮阳县立中学，民国十五年版。

（民国）林善庆修，王琼纂：民国《清流县志》，民国三十六年铅印本，《爱如生中国方志库》。

（民国）罗柏麓、姚桓纂修：民国《遂安县志》，民国十九年刻本，《爱如生中国方志库》。

（民国）金城修，陈畲纂：民国《新昌县志》，民国八年铅印本，《爱如生中国方志库》。

（民国）赵模修，王宝仁纂：民国《建阳县志》，民国十八年铅印本，《爱如生中国方志库》。

（民国）俞庆澜修，张灿奎纂：民国《宿松县志》，民国十年刊本，《爱如生中国方志库》。

（民国）洪己任修：《洪氏族谱》，汕头三瑞堂，民国十一年铅印本。

（民国）钱江修，范毓桂纂：民国《建宁县志》，民国八年铅印本，《爱如生中国方志库》。

（民国）徐士瀛修，张子荣纂：民国《新登县志》，民国十一年铅印本，《爱如生中国方志库》。

（民国）萧儒编：《椒远堂文钞》，2004年重印本，广东省立中山图书馆藏。

（民国）曹骥观修，强振志纂：民国《宝鸡县志》，民国十一年铅印本，《爱如生中国方志库》。

（民国）梁伯荫修，罗克涵纂：民国《沙县志》，民国十七年铅印本，《爱如生中国方志库》。

（民国）葛韵芬修，江峰青纂：民国《婺源县志》，民国十四年刻本，《爱如生中国方志库》。

（民国）斐焕星修，白永贞纂：民国《辽阳县志》，民国十七年铅印本，《爱如生中国方志库》。

（民国）温丹铭编：《潮州文萃》，汕头市图书馆藏。

（民国）温丹铭著：《温丹铭先生诗文集》，天马集团出版公司，2014年版。

（民国）温廷敬辑，吴二持、蔡起贤校点：《潮州诗萃》，汕头大学出版社，2001年版。

（民国）蓝荣熙等修，吴英华纂：民国《阳春县志》，《中国地方志集成·广东府县志辑》第39册，上海书店、巴蜀书社、江苏古籍出版社，1992年版。

（民国）蔡文谟修：《潮阳（神仙里蔡厝厅）蔡氏族谱》，民国二十二年手抄本,广东潮阳蔡氏藏。

(民国)翟文选修,王树枬纂:民国《奉天通志》,民国二十三年铅印本,《爱如生中国方志库》。

(民国)潘龙光修,张嘉谋纂:民国《西华县续志》,民国二十七年铅印本,《爱如生中国方志库》。

(民国)戴仁修纂:民国《沐阳县志》,民国排印本,《爱如生中国方志库》。

《申报》,影印本,上海书店,1981年版。

(民国)郑凤超著:《(神山)郑氏受姓著代世系》,广东省立中山图书馆藏。

当代

[美]富路特、房兆楹主编:《明代名人传》,北京时代华文书局,2015年版。

《汕头市龙湖区志》编纂委员会编:《汕头市龙湖区志(1979—2003)》,花城出版社,2013年版。

《南砂乡志》编纂领导组编:《南砂乡志》,2002年排印,潮汕历史文化研究中心藏。

《莲下镇志》编纂委员会编:《莲下镇志》,广东人民出版社,2011年版。

《庵埠志》编纂委员会编:《庵埠志》,新华出版社,1990年版。

《雁洋李氏族谱》,2004年排印,李氏家藏。

《澄海县华侨志》领导组编:《澄海县华侨志》,1989年排印,潮汕历史文化研究中心藏。

《澄海县盐灶志》编写工作领导组编:《盐灶志》,1987年排印,潮汕历史文化研究中心藏。

乃裕主编:《广东省蕉岭县古氏概况》,1998年排印,潮汕历史文化研究中心藏。

大埔广陵张氏族谱编委会编:《大埔广陵张氏族谱》,2001年排印本,潮汕历史文化研究中心藏。

大埔县温氏源流编辑委员会编:《大埔县温氏源流》,2004年排印,潮汕历史文化研究中心藏。

大埔县廖氏源流编纂委员会编：《大埔县廖氏源流》，2002年排印本，潮汕历史文化研究中心藏。

王弘愿著述，于瑞华主编：《密教讲习录》，华夏出版社，2009年版。

太平天国历史博物馆编：《吴煦档案选编》，江苏人民出版社，1983年版。

方氏奉先堂族谱编修委员会编：《方氏奉先堂族谱》，方氏奉先堂族谱编修委员会印行，2001年版。

古勇辉著：《嘉应古氏源流考》，1990年排印，潮汕历史文化研究中心藏。

华桥胡氏族谱编写组编：《漳湖建潮公胡氏族谱》，2000年排印，潮汕历史文化研究中心藏。

江庆柏编著：《清代人物生卒年表》，人民文学出版社，2005年版。

汕头市金平区地方志编纂委员会编：《汕头市金平区志》，方志出版社，2013年版。

汕头市博物馆编：《小痴大雅——清初黄璧书画艺术作品集》，岭南美术出版社，2016年版。

汕头市澄海区地方志编纂委员会编：《澄海市志》，方志出版社，2012年版。

孙淑彦著：《惠来历代县长考略》，惠来县地方志办公室，2007年版。

李才进编著：《三湾史略》，广东人民出版社，2007年版。

李志贤编著：《石叻澄邑先哲传略》，新加坡澄海会馆，2015年版。

杨义河编纂：《大埔白侯杨氏善庆堂祠记》，2011年排印，潮汕历史文化研究中心藏。

佚名修：《（南田）蔡氏族谱》，不明年份手抄本，广东潮阳南田蔡氏藏。

佚名修：《溪南陈氏族谱》，台湾文献汇刊第3辑第4册，厦门大学出版社，2004年版。

汪叔子撰：《岭南武术历史发展的若干反思——读〈光绪丙申大清缙绅全书·御前侍卫〉札记》，《学术研究》，2002年第5期。

陈历明辑：《明清实录潮州事辑》，艺苑出版社，1998年版。

陈介成编著：《大埔客家人物》，广东人民出版社，2008年版。

陈长胜汇集：《世系资料录》，1993年，手抄本，广东潮阳田心陈氏藏。

陈民编：《贵屿古今人物辞典》，潮阳市贵屿镇志编纂组，1997年排印本。

陈孝彻撰：《王景仁与小辋川诗集》，载澄海市文博研究会编：《文博信息百期选》，内部资料，2000年排印。

陈宜耘撰：《清宫档案中的潮州籍官员》，潮州市文化广电新闻出版局编《明清档案与潮州文化》，广东人民出版社，2008年。

陈梅湖总纂：民国《南澳县志》，2007年影印。

陈梅湖撰：《潮州清初四伟人传》，陈梅湖总纂：《南澳县志》附录，2007年排印。

陈新杰编：《郭经先生文存》，未刊稿，编者自藏本。

林习经编：《青溪五世诗辑》，香港海天出版社，1965年版。

林清水著：《石窟河史话》，广东省蕉岭县地方志办公室，2008年版。

罗香林编：《胡晓岑先生年谱》，《黄遵宪传记资料》，天一出版社，1981年版。

周修东著：《书隙窥潮》，作者自藏手稿。

周修东著：《宋潮州七贤年谱丛刊》，天马出版公司，2011年版。

周修东撰：《澹定轩笔记》，未刊稿。

郑氏金浦系族谱编纂委员会编：《潮阳金浦系族谱（第一册）》，2012年排印，潮汕历史文化研究中心藏。

赵春晨编：《丁日昌集》，上海古籍出版社，2010年版。

钟喜焯等修，江珣等纂：民国《石城县志》，《中国方志丛刊》第179册，成文出版社，1974年版。

饶宗颐总纂，温丹铭分纂：《潮州志补编·人物志》，潮州海外联谊会，2011年版。

饶宗颐总纂：《潮州志》，潮州市地方志办公室，2005年版。

饶锷、饶宗颐著：《潮州艺文志》，上海古籍出版社，1994年版。

饶锷纂修：《潮州西湖山志》，潮州市地方志办公室，2006年版。

秦国经主编：《清代官员履历档案全编》，华东师范大学出版社，1997年版。

黄光武撰：《清湖广左布政使郑廷樾传记补正》，《地域文化的构造与播迁》，中华书局，2012年版。

黄光舜编著：《闲堂杂录》，内部印行，1996年版。

黄志环、邓旺林、黄伟平编著：《大埔进士录》，2013年版。

黄挺、陈占山著，杜经国审定：《潮汕史（上册）》，广东人民出版社，2001年版。

萧学法主编：《大埔县萧氏源流考》，1993年排印，潮汕历史文化研究中心藏。

萧秋南重修：《溪东萧氏族谱》，汕头大学图书馆藏复印本。

萧浩延等编：《入粤始祖·萧梅轩宗支统谱》，广东梅州萧氏梅轩公宗亲联谊会，2012年版。

梅州市政协文化和文史资料委员会编：《梅州进士录》，2012年排印，潮汕历史文化研究中心藏。

梅州编辑委员会编：《绍德堂杨氏族谱》，2009年排印，潮汕历史文化研究中心藏。

梅县白渡沙坪蔡氏族谱编纂委员会编：《蔡氏族谱·梅县白渡沙坪诒燕公支系谱》，2010年排印，潮汕历史文化研究中心藏。

梅县梅江区杨氏族谱编委会编：《杨氏族谱》，2003年排印，潮汕历史文化研究中心藏。

龚延明主编：《天一阁藏明代科举录选刊》，宁波出版社，2016年版。

梁金荣、梁得炎主编：《东津梁氏谱志》，2000年排印，潮汕历史文化研究中心藏。

惠来县地方志编纂委员会编：《惠来县志》，新华出版社，2002年版。

蔡仰颜主编：《汕头历代书画人物录》，槟榔屿潮州会馆，2011年版。

蔡英豪等编撰：《广东省古村落·程洋冈村》，岭南美术出版社，2013年版。

蔡炫辉编著：《澄海历代书法概览》，中国书画出版社，2008年版。

蔡照浩著：《重宴举人蔡荐堂》，2001年排印，潮汕历史文化研究中心藏。

潮阳县地方志编委会编：《潮阳县志》，广东人民出版社，1997年版。

潮阳南阳郭氏理事会编：《（汾阳）南阳郭氏族谱》，1991年排印，潮汕历史文化研究中心藏。

潮阳萧氏宗亲联谊总会编：《萧氏族谱》，天马出版有限公司，2006年版。

潘醒农编著：《马来亚潮侨通鉴》，新加坡南岛出版社，1950年版。

澄海区政协文史和学习委员会编：《澄海历代名贤录》，2013年排印，潮汕历史文化研究中心藏。